国家社科基金
GUOJIA SHEKE JIJIN HOUQI ZIZHU XIANGMU
后期资助项目

《尚書孔傳》訓詁研究

邵妍／著

上

上海古籍出版社

2020年度國家社會科學基金後期資助項目

（項目批準號：20FTQB005）

國家社科基金後期資助項目
出版説明

後期資助項目是國家社科基金設立的一類重要項目,旨在鼓勵廣大社科研究者潛心治學,支持基礎研究多出優秀成果。它是經過嚴格評審,從接近完成的科研成果中遴選立項的。爲擴大後期資助項目的影響,更好地推動學術發展,促進成果轉化,全國哲學社會科學工作辦公室按照"統一設計、統一標識、統一版式、形成系列"的總體要求,組織出版國家社科基金後期資助項目成果。

全國哲學社會科學工作辦公室

序

門生邵妍教授的《〈尚書孔傳〉訓詁研究》將問世,來信囑寫序言,當然義不容辭。

邵妍從我讀博士研究生,是 2012 年 9 月 1 日開始的。當時我正在主持《十三經注疏彙校》項目,以《尚書注疏彙校》爲起首。每天坐班校經的同學十幾位,圍坐在山東大學中心校區老晶體樓南樓"校經處"。邵妍就加入了校經團隊。在完成了《尚書注疏彙校》以後,又參加了《周易注疏彙校》,前後兩年之久。

考慮到邵妍碩士階段師從著名語言學家馮春田教授,打下了踏實的漢語史基礎,而她每天坐班校《尚書注疏》,又對經典注疏比較熟悉,所以進入校經處不久,我就因地制宜,建議她的博士論文題目爲《〈尚書孔傳〉訓詁研究》。她在校經之餘,著手搜集博士論文的基礎材料。我建議學習丁福保,先作《尚書孔傳類詁》,在此基礎上分專題討論,形成博士論文。

邵妍作《尚書孔傳類詁》,花費了大量精力。凡是《孔傳》單獨解釋字詞的訓詁材料,當然首先做成了條目。問題是《孔傳》中很多對《尚書》經文的串講,其中包含大量訓詁材料,需要釐析出來,做成訓詁條目。有些訓詁條目,需要尋求旁證,才可以確立。例如孔穎達的疏,後人的《尚書》注釋,權威的辭書,各種經書舊注,都要頻繁參考。所以工作量大,而且複雜。在一些前人誤解或者模棱兩可的條目下,則需要加按語考證,以便說明立目的理由。經過艱苦仔細的分析,最後從《孔傳》中釐析出了 7 000 多條訓詁材料。這些條目,大約一半是阮元《經籍籑詁》沒有單獨立目的。參照《爾雅》的分類,她把釐析出的 7 000 餘個訓詁條目分成了 20 小類,形成《尚書孔傳類詁》。

接下來撰寫"述論",實際上是按《類詁》的 20 個小類,逐類討論《孔傳》訓詁的基本內容、類型、方法和特色,形成了 20 個小節,再歸併成幾章,博士論文就形成了初稿。"述論"爲上篇,《類詁》爲下篇。由於我的經學基礎薄弱,在論文寫作之初及初稿完成後,又請劉曉東先生對邵妍的論文進行了切實指導。

　　邵妍申請畢業論文答辯時，我作爲導師的評語是："邵妍的《〈尚書孔傳〉訓詁研究》是具有原創性的、很有學術分量的博士論文。該論文的基礎部分是經過長期努力、爬梳考訂而成的《尚書孔傳類詁》。該《類詁》是第一次對《尚書孔傳》的訓詁成果進行的全面系統的發掘整理，本身就具有重要的學術價值。本文的論述部分共分 5 章 18 節，對《尚書孔傳》的訓詁條例、訓詁方法和訓詁成就，進行了分類討論，總結其共性和每一類的特性，實事求是地揭示了《尚書孔傳》的内在規律。本文在總結《尚書孔傳》訓詁學成就方面稱得上是具有創新意義的優秀成果。本文還對《尚書孔傳》的年代和真僞進行了一定的探索，也同樣具有創新意義，尤其是《尚書孔傳》與《説文》《廣雅》的複雜關係，是前人很少關注的，對認識《孔傳》的年代尤具啓發意義。建議提交審核，申請答辯，並授予博士學位。"2016 年 5 月底，邵妍的論文通過答辯，並獲得"優秀"成績。

　　邵妍讀博士研究生期間，是泰山學院教師。泰山學院領導照顧她，讓她能够把主要時間用在讀博士研究生上，所以她撇家捨業四年，在全家支持下，以非凡的毅力參加校經，並撰寫論文，圓滿完成了學業。其後她又回到泰山學院任教。然而她没有停止對《尚書孔傳》的研究，不斷研讀原文，修改完善論文。

　　2020 年 10 月，《〈尚書孔傳〉研究》獲批國家社科基金後期資助項目，經過進一步系統修改完善，2024 年交上海古籍出版社出版。回首創始之初，也有 12 年了。她自己在教學科研上不斷取得好成績，已破格晉升爲教授。這特別值得欣慰。

　　我們做任何研究，都要深入研讀原典，廣泛參考其他文獻，對原始材料條分縷析，排比分類，深入討論，總結規律，發現特點，從而揭示研究對象的深刻内涵和獨特的歷史地位。邵妍的研究過程，可以説具有一定的示範意義。

　　我作爲一名教師，指導過的本科生、碩士研究生、博士研究生、博士後、訪問學者，數量非常大，合作從事國家科研項目的學生，一批又一批，也已非常多。他們從事的職業並不都是學術研究，但是我認爲無論哪個行業，要做好工作，都需要調查研究，從這個意義上説，都應該像邵妍這樣去努力。希望大家在各自的崗位上都能取得創造性的好成績。

杜澤遜

2024 年 12 月 19 日，於廣州返回濟南高鐵途中

目　　録

序 ……………………………………………………………… 杜澤遜　1

緒　論 ……………………………………………………………………… 1
　一、研究緣起 …………………………………………………………… 1
　二、研究意義 …………………………………………………………… 6
　三、研究範圍 …………………………………………………………… 6
　四、《尚書孔傳類詁》編製及立目 …………………………………… 14
　五、研究目標 ………………………………………………………… 21

上編　述　論

第一章　《尚書孔傳》普通語詞的訓釋 ………………………………… 25
　第一節　《尚書孔傳》普通語詞的内容及歸類標準 ………………… 25
　第二節　《尚書孔傳》普通語詞的訓詁方法 ………………………… 32
　第三節　《尚書孔傳》普通語詞訓詁的特點 ………………………… 65
　第四節　《尚書孔傳》普通語詞訓詁之討論 ………………………… 68

第二章　《尚書孔傳》禮儀制度類詞語的訓釋 ………………………… 73
　第一節　《尚書孔傳》釋親的内容及方法 …………………………… 73
　第二節　《尚書孔傳》釋官的内容及方法 …………………………… 80
　第三節　《尚書孔傳》釋器的内容及方法 …………………………… 87
　第四節　《尚書孔傳》釋樂的内容及方法 …………………………… 102
　第五節　《尚書孔傳》釋官的内容及方法 …………………………… 106
　第六節　《尚書孔傳》釋人的内容及方法 …………………………… 117

第三章　《尚書孔傳》天文地理類詞語的訓釋 ………………………… 127
　第一節　《尚書孔傳》釋天的内容及方法 …………………………… 127

第二節　《尚書孔傳》釋地的内容及方法…………………………… 138

第三節　《尚書孔傳》釋丘的内容及方法…………………………… 155

第四節　《尚書孔傳》釋山的内容、方法及成就 ………………… 157

第五節　《尚書孔傳》釋水的内容、方法及成就 ………………… 165

第四章　《尚書孔傳》動植物類詞語的訓釋…………………………… 180

第一節　《尚書孔傳》訓釋草木的内容及方法……………………… 180

第二節　《尚書孔傳》釋魚的内容及方法…………………………… 186

第三節　《尚書孔傳》釋鳥的内容及方法…………………………… 187

第四節　《尚書孔傳》訓釋獸畜的内容及方法……………………… 190

第五章　關於《尚書孔傳》的若干問題………………………………… 194

第一節　《尚書孔傳》訓詁的依據…………………………………… 194

第二節　《尚書孔傳》訓詁的特點…………………………………… 201

第三節　《尚書孔傳》訓詁的價值…………………………………… 209

下編　尚書孔傳類詁

《尚書孔傳類詁》編纂説明………………………………………… 217

《尚書孔傳類詁》凡例……………………………………………… 222

目録 ………………………………………………………………… 223

一　釋詁 …………………………………………………………… 224

二　釋言 …………………………………………………………… 539

三　釋訓 …………………………………………………………… 656

四　釋親 …………………………………………………………… 670

五　釋宫 …………………………………………………………… 677

六　釋器 …………………………………………………………… 682

七　釋樂 …………………………………………………………… 704

八　釋官 …………………………………………………………… 706

九　釋人 …………………………………………………………… 725

十　釋天 …………………………………………………………… 747

十一　釋地 ………………………………………………………… 764

十二　釋丘 …………………………………………………… 788

十三　釋山 …………………………………………………… 789

十四　釋水 …………………………………………………… 798

十五　釋草 …………………………………………………… 810

十六　釋木 …………………………………………………… 814

十七　釋魚 …………………………………………………… 816

十八　釋鳥 …………………………………………………… 817

十九　釋獸 …………………………………………………… 819

二十　釋畜 …………………………………………………… 821

筆畫索引 ……………………………………………………… 823

參考文獻 ……………………………………………………… 847

後　記 ………………………………………………………… 853

緒　論

《尚書》孔安國注,經過宋元明清時期學者的考證,到乾隆官修的《四庫全書總目》,明確認定非漢孔安國注,而大約是晉人的僞作,學術界稱之爲"僞孔傳",本書稱《尚書孔傳》(或稱"孔傳")。本書以《尚書孔傳》爲研究對象,通過對其文本的徹底釐析,分類歸納出其注解《尚書》的訓詁內容、訓詁方法,總結其訓詁體系,分析《孔傳》的學術價值及其在訓詁學史上的地位。

一、研究緣起

筆者選擇《〈尚書孔傳〉訓詁研究》作爲博士論文題目,得緣於參加導師杜澤遜教授主持的"十三經注疏彙校"之"《尚書注疏》彙校"項目,通過對校不同版本的《尚書注疏》,熟悉了《尚書孔傳》,經導師建議,選定了這一課題。從學術上考慮,選題的理由有兩點:

(一)《尚書孔傳》具有較高的研究價值

首先,《尚書孔傳》完整。《孔傳》是唯一流傳存世的唐以前對《尚書》全面作注的材料。馬融、鄭玄、王肅的《尚書》注都已經不傳了,現在見到的都是後代輯本。雖然筆者不敢說《孔傳》一定比馬、鄭、王注水平高,但僅就文獻材料的完整性來說,《孔傳》確實具有不可磨滅、不可代替的價值。而且《孔傳》的訓詁色彩濃厚,這是值得研究的客觀原因。

其次,《尚書孔傳》對後世影響非常大。隋唐之際,權威經學家相信孔傳本《古文尚書》爲真,且篇目比之馬、鄭、王注本爲備,故陸德明《經典釋文》、顏師古《五經定本》,以及孔穎達《五經正義》均使用孔傳本,而沒有選馬、鄭、王注本。由於《五經正義》是官修定本,加之科舉考試的導向作用,使得《尚書孔傳》逐漸盛行,而馬、鄭、王注逐漸亡佚。此後的《尚書》研究者無不受《孔傳》的影響。

再次,前人對《尚書孔傳》的研究少。宋代開始對《古文尚書》展開疑辨,且不斷有人懷疑,到清代閻若璩、惠棟研究認爲,孔傳本《古文尚書》是僞書已成定案。由於對孔傳本的否定,所以清代乾嘉以來,學者對於《尚書孔傳》比較排斥,認爲它價值不高,研究的學者也不多,大部分研究者都在搜集整理馬、鄭、王注。像孫星衍《尚書今古文注疏》、王鳴盛《尚書後案》等,都比較排斥孔傳本《古文尚書》。但無論怎麼輕視和排斥《孔傳》,都不能百分之百地否定它。像《尚書後案》雖然專門以鄭注爲標準,但同時也附上了《孔傳》,有時甚至用《孔傳》來串解經義。吳承仕《經典釋文敘錄疏證》中說:"此本雖僞,尚完備無缺,固學者所不能廢。"① 焦循《尚書補疏敘》云"爲魏晉間人之傳,則未嘗不與何晏、杜預、郭璞、范甯等先後同時。晏、預、璞、甯之傳注,可存而論,則此傳亦何不可存而論。"② 他們承認《尚書孔傳》之僞,但又重視其作爲魏晉人傳注的時代價值。直到晚清王先謙《尚書孔傳參正》③,才又真正重新注意到《尚書孔傳》。

因此,《尚書孔傳》本身的完整性、對後世影響非常大且前人研究較少,使得我們對《尚書孔傳》有了重新審視及價值評判的必要。

(二) 專門針對《尚書孔傳》訓詁問題的研究比較薄弱

近代以來,《尚書孔傳》的研究基本圍繞出現時間、作者、真僞、校勘等問題進行討論,專門針對《尚書孔傳》訓詁問題的研究相對薄弱。

專著方面:劉師培《尚書源流考》④對《尚書》真僞源流的考訂頗爲精審。他認爲《尚書》流傳史上出現過兩次僞《孔傳》,一次是在魏初,一次是東晉初之梅氏本。張西堂《尚書引論》于第六章特別着重提出梅鷟"差不多已將僞古文的破綻儘量尋出",並認爲"僞孔傳出于王肅"。⑤ 陳夢家《尚書通論》專節論證了孔傳本《古文尚書》的作者和出現時代。他認爲"孔傳本的出現,當介於西晉永嘉和劉宋元嘉之間,也就是第四世紀的東晉。它出現於江左,乃是南人之學","東晉孔安國雖不能確定他必是孔傳本的作者,但孔傳本的編者還是和他同時的"。⑥ 馬雍《尚書史話》第三部分對《孔傳》的產生以及辨僞進行了梳理。他認爲《孔傳》出現於"東晉、南朝之間","冒充孔安國所作","它的學術價值,可與鄭玄、王肅等人的注解相提並論"。⑦ 蔣善國《尚書綜述》在第五編中,對"僞《孔傳》的由來和出現時代"、"僞《孔傳》作者問題"等作了詳細的考辨,認爲"僞《孔傳》可能是在太康三年到太

---

① （清）吳承仕:《經典釋文敘錄疏證》,中華書局,2008 年,第 66 頁。
② （清）焦循:《尚書補疏》,上海古籍出版社,1996 年。
③ （清）王先謙撰,何晉點校:《尚書孔傳參正》,中華書局,2011 年。
④ 劉師培:《尚書源流考》,江蘇古籍出版社,2011 年。
⑤ 張西堂:《尚書引論》,陝西人民出版社,1958 年,第 11、160 頁。
⑥ 陳夢家:《尚書通論》,中華書局,1985 年,第 242—243 頁。
⑦ 馬雍:《尚書史話》,中華書局,1982 年,第 59—60 頁。

康十年間的數年間"作成的,孔晁有作僞《孔傳》的可能性,其傳文"博採西晉時所傳的各家《尚書》訓注,加以作者創見,僞託孔安國"。① 劉起釪在《尚書源流及傳本考》②、《尚書學史》③、《尚書研究要論》④等幾部著作中,均明確提出東晉豫章内史梅賾獻孔傳《古文尚書》并始立學官,而皇甫謐的《帝王世紀》引用孔傳《古文尚書》五十八篇一事,實不足據,《晉書》所説的《古文尚書》系統傳授,也是編造的一個託始於鄭沖的僞《古文尚書》傳授系統,對於孔傳《古文尚書》的篇目構成,劉氏也有明晰的論述。張岩的《審核古文〈尚書〉案》⑤則力主《孔傳》作者爲漢代孔安國。

　　還有一些著作也涉及《尚書孔傳》真僞問題的研究,如劉德漢等《尚書研究論集》⑥、許錟輝《尚書著述考》⑦、程元敏《尚書學史》⑧等等。

　　論文方面:錢宗武《〈尚書〉述略》(《益陽師專學報》,1989 年第 3 期)指出"《孔傳》彙集了前人的研究成果,比漢儒的傳注更加精審,有很高的學術價值,是閲讀《尚書》的重要訓詁材料";李學勤《〈尚書孔傳〉的出現時間》(《古籍整理研究學刊》,2002 年 1 月第 1 期)通過皇甫謐《帝王世紀》數引《孔傳》,證明《孔傳》于魏晉間業已存在;王樹民《〈古文尚書〉與僞孔安國〈尚書傳〉》(《文史知識》,2003 年 10 月)則對《古文尚書》和"《孔傳》"的流傳及辨僞進行了扼要的梳理;鄭傑文《〈墨子〉引〈書〉與歷代〈尚書〉傳本之比較:兼議"僞〈古文尚書〉"不僞》(《孔子研究》,2006 年第 1 期)對《墨子》引《書》進行專門研究,認爲"梅賾抄襲前世古籍中《尚書》引文而僞造古文《尚書》"的傳統觀點應重新研究,或許梅賾古文《尚書》是一個民間所傳古文《尚書》的真實傳本;陳以鳳的《〈尚書孔傳〉成書問題新探》(《史學史研究》,2010 年第 1 期)通過《孔傳》與《小爾雅》兩書釋詞的比較研究,認爲孔安國確曾訓解古文《尚書》,且其解經成果被收入《小爾雅》。而從"傳"字本義、與"孔叢子"的聯繫、孔氏家學傳承等方面看,今本《孔傳》當是包括孔安國在内的孔家學者的集體作品,是漢代孔氏家學的產物;丁鼎《"僞〈古文尚書〉案"平議》(《古籍整理研究學刊》,2010 年第 2 期)認爲"隨着郭店戰國楚墓竹簡的出土和上海博物館藏《戰國楚竹書》的問世,人們對傳世本《古

①　蔣善國:《尚書綜述》,上海古籍出版社,1988 年,第 324、354、361、364 頁。
②　劉起釪:《尚書源流及傳本考》,遼寧大學出版社,1987 年,第 49 頁。
③　劉起釪:《尚書學史》,中華書局,1989 年,第 4 頁。
④　劉起釪:《尚書研究要論》,齊魯書社,2007 年,第 21 頁。
⑤　張岩:《審核古文〈尚書〉案》,中華書局,2006 年,第 19 頁。
⑥　劉德漢等:《尚書研究論集》,黎明文化事業股份有限公司,1981 年。
⑦　許錟輝:《尚書著述考》,臺灣編譯館,2003 年。
⑧　程元敏:《尚書學史》,五南圖書出版公司,2008 年。

文尚書》的真偽問題進行了新的審視和研究。這些新的研究成果證明閻若璩論證傳世本《古文尚書》爲偽書的方法和結論在學理和邏輯上均存在漏洞和軟肋,從而使閻氏的結論發生了動搖。雖然目前徹底推翻閻氏的結論爲時尚早,但起碼説明閻氏的結論遠非定論,是可以繼續探討的";錢宗武《〈孔傳〉或成于漢末晉初》(《南京師範大學文學院學報》,2011 年 3 月第 1 期)運用語言學方法,從語言所具有的時空性和社會性的角度切入,推測《孔傳》或成于漢末晉初;陳以鳳《近三十年的晚出古文〈尚書〉及〈孔傳〉研究述議》(《古籍整理研究學刊》,2013 年 3 月第 2 期)指出晚出古文《尚書》及《孔傳》的真偽問題是一椿傳統的學術公案,至今懸而未決。

　　白林政《建國後"偽〈古文尚書〉"及〈尚書孔傳〉研究平議》(曲阜師範大學碩士學位論文,2008 年)和李艷芳《東晉古文〈尚書〉真偽研究》(遼寧師範大學碩士學位論文,2009 年)均談到了《尚書孔傳》的作者、出現時間、真偽等問題。程興麗《魏晉南北朝〈尚書〉學研究》(揚州大學博士學位論文,2012 年)闢專章介紹孔安國《古文尚書傳》研究,但是也僅從偽《古文尚書》出現時間、傳授系統、作者、來源、辨偽以及影響六個方面略作探討。

　　此外,有學者從校勘角度對《尚書孔傳》進行研究。像金良年《〈尚書〉孔傳校讀劄記》(《文史》,2013 年 8 月第 3 期)以乾隆仿相臺本爲底本,校勘文字衍誤並加以考證。杜澤遜《尚書注疏彙校》①,除了經、疏的校勘,亦對《孔傳》文本進行了全面系統的比勘,對學習研究或整理使用《孔傳》具有重要的參考價值。

　　有學者從詮釋角度對《尚書孔傳》進行研究。如顧頡剛、劉起釪《尚書校釋譯論》②專釋今文尚書 28 篇,其中涉及大量對《孔傳》訓釋的校訂和考釋,是今文《尚書》注釋的集成之作;張兵《〈洪範〉詮釋研究》(山東大學博士論文,2005 年)中,擇要對《洪範》一篇的《孔傳》與馬、鄭、王注進行了簡要比

---

① 杜澤遜:《尚書注疏彙校》,中華書局,2018 年。該書以明萬曆北京國子監刻《尚書注疏》(簡稱"北監本")爲底本,校勘所用的主要版本有宋刻單疏本(簡稱"單")、宋刻八行本(簡稱"八")、李盛鐸舊藏宋刻本(簡稱"李")、宋王朋甫刻本(簡稱"王")、宋刻纂圖互注本(簡稱"纂")、宋魏縣尉宅刻本(簡稱"魏")、蒙古平水刻本(簡稱"平")、魏了翁《尚書要義》(簡稱"要")、元相臺岳氏刻本(清乾隆重刻,簡稱"岳")、元刻明修十行本(簡稱"十")、明永樂刻本(簡稱"永")、明嘉靖李元陽刻本(簡稱"閩")、明崇禎毛氏汲古閣刻本(簡稱"毛")、清乾隆武英殿刻本(簡稱"殿")、清乾隆內府鈔《文淵閣四庫全書》本(簡稱"庫")、清乾隆內府鈔《摛藻堂四庫全書薈要》本(簡稱"薈")、清嘉慶阮元南昌府學刻本(簡稱"阮")等 18 個版本。本書所引經注文字,皆出自《尚書注疏彙校》所影印北監本《尚書注疏》;校勘所用文字,皆引自《尚書注疏彙校》。

② 顧頡剛、劉起釪:《尚書校釋譯論》,中華書局,2010 年。

對;錢宗武《〈尚書〉詮釋研究》①,對今文《尚書》從詞彙和語法角度加以詮釋,對《孔傳》也有論及。當然,僅通過對《尚書》單篇或今文的詮釋,還不足以系統全面地探討《尚書孔傳》訓詁内容、方法及其價值。

有學者從語法角度對《尚書孔傳》進行研究,像孫浪《今文〈尚書〉經文和〈孔傳〉虚詞對比研究》(揚州大學碩士學位論文,2010年),考察了《孔傳》虚詞的用字變化,但也僅限於對今文的討論;郭愛濤《〈尚書孔傳〉虚詞研究》②用語言學的理論和方法考察《孔傳》的虚詞,並進行詳盡的描寫以及系統的比較研究。只是該研究把《孔傳》獨立於經文之外,有時容易造成論據的偏頗。例如,其文中探討《孔傳》辨僞功能時舉到一個例子:"《孔傳》中,'自己'作己稱代詞,僅有1例。在句中作兼語,可譯爲'自己':'用人之言,若自己出。(《仲虺之誥》孔傳)'"他的結論是:"己稱代詞'自己'最早是見于東漢期間,那麽,認爲《孔傳》是西漢孔安國所著的觀點,就是值得懷疑的。"但是這個例子對於"自己"的判定有誤。此處的"自己"當是"自+己",是一個介賓結構,"自"有"從"義,并未和"己"合爲一個自稱代詞"自己"。

近年對《孔傳》訓詁方面的研究鮮少,僅見徐新强、馬士遠《〈尚書孔傳〉成書蠡測——從訓詁學角度與〈詩經毛傳〉〈毛詩鄭箋〉比較》(《孔子研究》,2017年第6期)一文,從異形同訓字(異體字)形成的歷時性特點出發,比較《尚書孔傳》《詩經毛傳》中的同訓異形字及"連文而訓"的訓詁學方法,最終還是落腳在《孔傳》成書的時間,非對《孔傳》訓詁問題的系統研究。

綜上所述,目前對《尚書孔傳》的研究,主要集中在成書時間、作者、真僞等問題的研究上,對《孔傳》訓詁問題的專門研究幾乎没有涉及過。筆者推測這種情況跟它的真僞問題有關。

但是,真僞問題不能成爲研究的任何障礙。因爲所謂僞書,只是説《尚書孔傳》不是漢代孔安國所著,但其作爲晉人的作品,《孔傳》依然是非常重要的學術資料。黄侃《漢唐玄學論》云:"書籍有真僞,學術但論是非。"③也恰恰因爲存在真僞問題,需要從訓詁學的角度對《孔傳》進行深入的研究。因爲人們在研究真僞問題的時候更多的是從歷史、地理等角度著力,從訓詁學角度對真僞問題的研究則十分薄弱。

---

① 錢宗武:《〈尚書〉詮釋研究》,河南大學出版社,2017年。
② 郭愛濤:《〈尚書孔傳〉虚詞研究》,河南大學出版社,2017年。
③ 黄侃:《黄侃論學雜著》,上海古籍出版社,1980年,第483頁。

二、研究意義

黄侃《講尚書條例》中指出："今《尚書》，除二十八篇外，皆僞書，已無待論。然亦出自魏人……僞《書》自不可據，而僞《傳》則過半可從。"①給予了《尚書孔傳》較高的評價。那麼，對《尚書孔傳》訓詁的研究也就具有了重要意義。

首先，有助於對經文的準確理解。《尚書》文字古奧難懂，古人形容其"佶屈聱牙"。歷代傳授《尚書》者均會對其進行疏解，《孔傳》對《尚書》的疏解簡潔明晰，多單字單注，直接訓釋之外還有串講中的訓釋，這對於理解經文有很大的幫助。《尚書》古注，唐以前的完整保存的只有《孔傳》了，從孔穎達《尚書正義》往上考察就是《孔傳》，中間並沒有其他橋樑。孔穎達《正義》對經、注的進一步疏解，也是建立在《孔傳》的基礎上，兩者相輔相成，對正確理解《尚書》有很大的幫助。

其次，有助於總結《尚書孔傳》的訓詁體系。通過分類分析《孔傳》的訓詁内容，歸納《孔傳》的通例，總結出《尚書孔傳》訓詁方法、特點及訓詁體系。中國的訓詁學史的成就主要是兩個方面：一個是對古書的訓解，像《毛詩故訓傳》、鄭玄《三禮》注等；另一個是訓詁專書，像《爾雅》《方言》《釋名》等。對古注來説，總結其訓詁體系繞不過《尚書孔傳》。唐以前存下來的古注很有限，《尚書孔傳》是一家，總結《尚書孔傳》的訓詁體系，有利於訓詁學史研究的完善。

第三，有助於對其他經書舊注的訓詁研究。本書的研究思路、方法及成果，不僅能彌補《尚書孔傳》研究之不足，而且可以爲其他經書舊注的訓詁研究起到參考借鑒作用，甚至對漢語詞彙構造、意義類型等方面的研究也具有參考價值。

三、研究範圍

上文論述了選擇《尚書孔傳》訓詁問題進行研究的緣起，下面對本書的研究範圍進行説明和闡述。

（一）關於幾個問題的説明

在明確研究範圍之前，有幾個需要説明的問題，這是本書寫作的基礎和前提。

1. 關於《尚書》的真僞

目前能看到並使用的是託名漢孔安國作注的《古文尚書》。宋代開始對

---

① 黄侃：《黄侃論學雜著》，第 442 頁。

孔傳本《古文尚書》展開真偽討論,到清代形成定案。清代官修《四庫全書總目》正式承認《古文尚書》當中的25篇爲偽書,歷史上稱爲"偽古文"。

對於近年來因出土文獻帶來的一些新的討論,筆者認爲這些討論固然是有意義的,但暫時還不能動摇以上的基本結論。至於這些偽篇爲什麽偽,筆者在這裏不作探討,僅將《古文尚書》和《今文尚書》篇目對應列表如下:

孔傳《古文尚書》與伏生《今文尚書》篇目異同表

所屬	孔傳《古文尚書》(58篇)	伏生《今文尚書》(28篇①)
虞書	堯典	堯典
	舜典	
	大禹謨	
	皋陶謨	皋陶謨
	益稷	
夏書	禹貢	禹貢
	甘誓	甘誓
	五子之歌	
	胤征	
商書	湯誓	湯誓
	仲虺之誥	
	湯誥	
	伊訓	
	太甲上	
	太甲中	
	太甲下	
	咸有一德	

① 28篇真古文中,《堯典》中分出《舜典》,《皋陶謨》中分出《益稷》,《盤庚》析成上、中、下3篇,《顧命》分出《康王之誥》,共33篇,加上25篇偽古文,共58篇。

所屬	孔傳《古文尚書》(58篇)	伏生《今文尚書》(28篇)
商書	盤庚上	盤庚
	盤庚中	
	盤庚下	
	説命上	
	説命中	
	説命下	
	高宗肜日	高宗肜日
	西伯戡黎	西伯戡黎
	微子	微子
周書	泰誓上	
	泰誓中	
	泰誓下	
	牧誓	牧誓
	武成	
	洪範	洪範
	旅獒	
	金縢	金縢
	大誥	大誥
	微子之命	
	康誥	康誥
	酒誥	酒誥
	梓材	梓材
	召誥	召誥

所屬	孔傳《古文尚書》（58 篇）	伏生《今文尚書》（28 篇）
周書	洛誥	洛誥
	多士	多士
	無逸	無逸
	君奭	君奭
	蔡仲之命	
	多方	多方
	立政	立政
	周官	
	君陳	
	顧命	顧命
	康王之誥	
	畢命	
	君牙	
	冏命	
	吕刑	吕刑
	文侯之命	文侯之命
	費誓	費誓
	秦誓	秦誓

2. 關於《尚書孔傳》的真僞

《古文尚書》中無論是真篇還是僞篇，都有託名孔安國的注，也就是《孔傳》。前人經過考證，認爲是“僞孔傳”，出現在東晉。筆者認爲這一結論到現在爲止是可信的。因爲迄今爲止，還没有任何出土文獻能够證明《尚書孔傳》出現在西漢。

3. 關於《孔傳》與《尚書》馬、鄭、王注的關係

傳統上認爲《尚書孔傳》是在東晉這一時期產生，出於馬融、鄭玄、王肅

《尚書》注之後,劉宋之前。這一説法筆者認爲成立。此外,關於《孔傳》和馬、鄭、王注的關係問題,本書暫不作全面考證,只是在必要的時候加以分析和説明。

明確了上述幾個問題之後,下面對本書的研究範圍進行説明。

（二）本書的研究範圍

本書的研究範圍是《古文尚書》所有篇目①《孔傳》的訓詁。前人對於"訓詁"的討論有很多。

《説文解字》云:"訓,説教也,從言,川聲。""詁,訓故言也。從言,古聲。"段玉裁注云:"訓者,説教也。訓故言者,説釋故言以教人,是之謂詁……訓故者,順釋其故言也。"兩者意思非常相近,"訓詁"這兩個字連用,始於漢代的《毛詩詁訓傳》,一般認爲,"詁訓"就是"訓詁"。

孔穎達在《詩經·周南·關雎》疏文中,也對"訓"和"詁"分別作了解釋。他認爲"詁者,古也。古今異言,通之使人知也。訓者,道也,道物之形貌以告人也"。還爲"訓詁"下了定義:"詁訓者,通古今之異辭,辨物之形貌,則解釋之義盡歸于此。"

對於孔穎達的説法,陸宗達認爲"詁和訓是解釋語言的兩個不同法則,'詁'是解釋異言的。所謂'異言'就是同一事物因時代不同或地域不同而有不同的稱呼……'訓'是'道形貌'的。所謂'道形貌'就是對文獻語言的具體含義,進行形象的描繪、説明。這就不只是以詞來解釋詞,而且要用較多的文字來達到疏通文意的目的。它包括對詞的具體含義和色彩的説明、對句子結構的分析、對修辭手法的闡釋以及對古人思想觀點和情感心理的發掘,内容十分豐富。它所解釋的語言單位不只是詞,還包括句、段、篇"②。

黄侃在《文字聲韻訓詁筆記》中説"詁者故也,即本來之謂。訓者順也,即引申之謂。訓詁者,用語言解釋語言之謂。若以此地之語釋彼地之語,或以今時之語釋昔時之語,雖屬訓詁之所有事,而非構成之原理。真正之訓詁學,即以語言解釋語言,初無時地之限域,且論其法式,明其義例,以求語言文字之系統與根源是也"③。這個解釋,臺灣陳新雄等認爲已經具有了詞義

---

① 《舜典》之《孔傳》,乃南朝齊姚方興於大航頭發現并呈獻。陸德明《經典釋文敘録》認爲姚方興所獻《孔傳》乃採馬融、王肅之注而僞造,不可信從,仍用王肅注。不論姚方興僞造與否,《舜典》的《孔傳》存疑,故本書在釐析訓詁材料時把《舜典》篇的《孔傳》排除在外。此外,一些只有小序的篇目,亦把其序文之《孔傳》作爲研究對象。

② 陸宗達:《訓詁簡論》,北京出版社,1983年,第2—5頁。

③ 黄侃、黄焯:《文字聲韻訓詁筆記》,上海古籍出版社,1983年,第181頁。

系統的觀點，即解釋詞義時，首先推詞的本義，然後沿其詞義發展線索，找尋其不同之引申義，如此方能完成對一多義詞詞義系統之解釋①。

王寧《訓詁學》一書中認爲"訓詁就是以掃除古代文獻中語言文字障礙爲實用目的的一種工具性的專門工作"。指出訓詁工作是用語言解釋語言的行爲，主要有三種：1. 注釋工作；2. 纂集工作；3. 考證工作。其中，"注釋工作"總體上可以分爲兩大類，即文意訓釋和詞義訓釋。這兩種的區別不在於注釋的單位，而在於注釋的要點。詞義訓釋是對客觀詞義進行表述，而文意訓釋是在詞義訓釋的基礎上，講解詞在文中的具體含義，疏通句、段、章的思想内容②。

黃孝德在《〈訓詁學初稿〉第三次修訂版代序》中認爲："傳統訓詁更是一門用語言解釋語言的具有廣泛研究内容的應用性和解釋性的學問。有人把訓詁學看成注釋學，這是有一定道理的。古籍注釋雖然不是訓詁學的唯一内容，但卻是訓詁學的一個重要表現形態。隨着注釋對象的轉變，其訓釋内容、訓釋目的、訓釋方法，也是非常複雜的、可變的。實際情況是傳統訓詁所涉及的研究對象十分複雜，凡是人類精神和物質生活的方方面面：大到宇宙變化、天文地理、人類起源、歷史沿革、宗教哲學、三教九流、陰陽八卦；小到生老病死、穿衣吃飯、風俗習慣、典章制度，都是傳統訓詁所涉研究内容。其中，不乏古代文、法、理、工、醫、農諸多學科的優秀成果。但這些成果都分散在各類著作及注釋之中，從今天的學科知識來看，傳統訓詁，因事涉語義和廣義文化事物的解釋，包羅萬象，似乎没有學科邊際。其中，問題多多，也是事實，無法否定。"③

圍繞着"訓詁"一詞，前人各抒己見，總括起來大致包括詞義的解釋、句義的串講、史實的考辨以及義理的疏通或闡釋等幾個方面，但大家都認同黃侃先生的"訓詁是用語言解釋語言的學問"，中心的工作是對詞義的訓釋，所以本書的研究限定在詞義訓釋這個範圍之内。

《尚書孔傳》中除了對詞義的訓詁之外，還包括一些史實及義理方面的内容。但因爲本書的研究並不涉及對上古史實的考證，故對因史實認定不同而導致的訓詁不同，不作過多的糾纏。例如：

①《堯典》："朕在位七十載。"《孔傳》："堯年十六，以唐侯升爲天

---

① 陳新雄：《訓詁學》，臺灣學生書局，1997年，第1—2頁。
② 王寧：《訓詁學》，高等教育出版社，2010年，第2—3頁。
③ 周大璞：《訓詁學初稿》，武漢大學出版社，2011年。

子,在位七十年,則時年八十六,老將求代。"

    ②《金縢》:"我之弗辟,我無以告我先王。周公居東二年,則罪人斯得。"《孔傳》:"辟,法也。告召公、太公,言我不以法法三叔,則我無以成周道,告我先王。周公既告二公,遂東征之,二年之中,罪人此得。"

    例①《孔傳》主要敘述了堯即位、在位以及打算讓位的史實,除了"載"對於應訓作"年"之外,幾乎沒有詞義訓釋的内容。

    例②《孔傳》訓"辟"作"法"。《釋文》引《説文》云:"辟①,法也。从辟从井。《周書》曰:'我之不辟②。'"《釋文》引馬融、鄭玄作"謂避居東都",爲躲避義。也就是説馬融、鄭玄與《孔傳》的訓釋不同,一個是要躲避王位或流言③,一個是要法辦三叔。後世也對這一史實説法不一。根據"清華簡"《金縢》的研究成果,"居東二年","清華簡"明確作"石(宅)東三年"④,這就和"周公東征三年"的史實相吻合了。那麽,《孔傳》"辟"訓作"法"就是正確的。當然本書的研究只是圍繞着"辟,法"這一訓詁材料,其背後所涉及的史實並非本書研究的重點。

    此外,從經學家的角度,對經義闡發的内容也不過多涉及。例如:

    ③《堯典》:"昔在帝堯,聰明文思,光宅天下。"《孔傳》:"言聖德之遠著。"

    ④《説命中》:"爵罔及惡德,惟其賢。"《孔傳》:"言非賢不爵。"

    例③《孔傳》"言聖德之遠著"是對經文"昔在帝堯,聰明文思,光宅天下"經義的闡釋。同樣的,例④《孔傳》"言非賢不爵",也是對"爵罔及惡德,惟其賢"經義的闡釋。類似僅對義理的闡發,没有詞義訓釋的内容,本書在研究中也不過多涉及。

    當然,詞義的訓詁和義理的闡發又有所聯繫。《清史稿·戴震傳》云:"震之學,由聲音、文字以求訓詁,由訓詁以尋義理,謂義理不可空憑胸臆,必

---

① "辟",《説文解字》作"𨋢"。
② "辟",《説文解字》作"𨋢"。
③ (清)王先謙《尚書孔傳參正》第611頁引史公云"讀'辟'爲'避',訓爲避位"。孫星衍《尚書今古文注疏》第332頁引《周頌·雝》疏引鄭以"武王十二月崩,成王三年二月禫,周公避流言而出"。
④ 清華大學出土文獻研究與保護中心編,李學勤主編:《清華大學藏戰國竹簡》(壹),中西書局,2010年,第17、160頁。另見劉國忠:《走近清華簡》,高等教育出版社,2011年,第105—108頁。

求之于古經。求之古經而遺文垂絶，今古懸隔，必求之古訓。古訓明則古經明，古經明則賢人聖人之義理明，而我心之同然者，乃因之而明。義理非他，存乎典章制度者也。"①也就是説，義理的闡發是建立在詞義訓詁的基礎之上的，詞義的訓詁蘊於義理之中。

需要明確的是，在釋詞和解句過程中伴有語法闡釋和説明修辭手段等內容，古人由於對語法和修辭等概念不甚明晰，認爲那也是對詞義的解釋，包含在訓詁當中的。

這種語法或修辭的內容，如果是一種解釋行爲，已經有了固定的含義，可以作爲訓詁的內容。例如，《大誥》"曰：'有大艱于西土。'"中，"曰"《孔傳》訓作"語更端也"，是説"曰"作爲句首語助詞存在，屬於一種解釋行爲，不是補充詞本身没有的成分，所以可以認定爲對詞的解釋。再如，《堯典》"光被四表，格於上下"、《洛誥》"惟公德明光于上下"指天地中的"上下"，《孔傳》均訓作"天地"，屬於一種借代的修辭手法，雖然是修辭，但已經賦予了"上下"固定的含義，因此類似這種情況，也可以認定爲是對詞義的訓釋。

如果單純是修辭手法，而非詞義解釋行爲，則不能算作訓詁。像"大貝，如車渠"，"星，民象"，用了比喻的修辭手法，並非一種固定的含義。

需要注意的是，《孔傳》中還有一些有訓詁形式，也並非是對詞義的解釋。例如：

"曆數，謂天道"（《大禹謨》"天之曆數在汝躬"孔傳）。雖然用"某，謂某"的形式進行訓釋，但"天道"並非"曆數"的釋義，《經籍籑詁》也未立目，故此種類型不能當作訓詁材料立目。

"相，謂攝政"（《大誥》"周公相成王"孔傳）。"謂攝政"是通過上下文義得來的意思，非"相"的本義或引申義，故類似的情況也不能當作是訓詁材料。

"可願，謂道德之美"（《大禹謨》"慎乃有位，敬修其可願"孔傳）。"可願"本身没有"道德之美"的意思，屬於言外之意，不算訓詁。

《文侯之命》"父義和"，《孔傳》對應"文侯同姓，故稱曰父"。《孔傳》是説爲什麽在"義和"前用"父"字，解釋用字原因，不構成訓詁。

總之，本書主要對《尚書孔傳》釋詞和解句中詞義訓釋的內容進行研究，對有關義理和史實的內容不過多涉及，對某些不是詞義訓釋的情況則予以適當辨别。

---

① 趙爾巽等：《清史稿》，中華書局，1977年，第481卷13198頁。

四、《尚書孔傳類詁》編製及立目

編製《尚書孔傳類詁》，是本書研究的基礎和重點。筆者把《孔傳》中直接的訓詁資料和隱伏於串講中的訓詁資料進行集中的清理和切分，在需要的條目下加以按語，基本參照《爾雅》框架進行分類，形成《尚書孔傳類詁》。

（一）《尚書孔傳類詁》編製依據

《尚書孔傳類詁》的編製，之所以基本參照《爾雅》的分類框架，主要是基於以下幾個方面的考慮：

第一，古代的訓詁資料，有所謂的"雅學"一路。類詁之體起於《爾雅》，後來仿作者有《小爾雅》《廣雅》，以及宋代陸佃《埤雅》，清人陳奐《毛詩傳義類》等。特別是《爾雅》，作爲中國最早最權威的一部訓詁專書，其分類方式，構建起此後傳統訓詁學分類的基礎，影響深遠。像陳奐《毛詩傳義類》和張舜徽《鄭雅》，都參照了《爾雅》的分類框架，分別對《毛傳》和鄭玄對經典的訓釋進行了分類。因此，《尚書孔傳類詁》也以《爾雅》的分類框架作爲參考。

第二，孔穎達探尋《尚書孔傳》訓詁資料的來源時，對其某些訓釋來自《爾雅》這一特殊現象有所揭示。疏文中常常有"釋詁文""釋言文""釋訓文""釋地云"等説法，帶有某種提示作用。也就是説，《尚書孔傳》和《爾雅》的訓釋，存在着一定的聯繫。而且孔穎達在《尚書正義》中已經試圖揭示兩者之間的關係。

第三，《爾雅》雖涵蓋類別廣泛，但《孔傳》對某些詞語的訓釋無法歸到其中的任意一類，只得新增類別。例如《孔傳》所釋職官、人名類詞語爲數不少，但無法直接歸到《爾雅》十九類中的某一類，故本書在《爾雅》分類的基礎上增加"釋官"和"釋人"兩個類別①。此外，像禮制類、刑制類詞語的訓釋，雖然數量較少，本書也酌情予以歸類。因此，《尚書孔傳類詁》是"基本參照"《爾雅》的分類框架，對《孔傳》的訓詁材料進行歸類研究。

目前，《尚書孔傳》之類詁尚付闕如，故本書釐析《孔傳》訓詁條目，將同一類型的訓詁資料排比在一起，編成《尚書孔傳類詁》（以下或稱"類詁"），並在此基礎上，揭示《尚書孔傳》的訓釋内容、訓詁方法、存在問題，考量其訓詁水平。

---

① 《爾雅》19 類爲釋詁、釋言、釋訓、釋親、釋宮、釋器、釋樂、釋天、釋地、釋丘、釋山、釋水、釋草、釋木、釋蟲、釋魚、釋鳥、釋獸、釋畜。其中"釋蟲"類，《孔傳》没有涉及，加上新增的"釋官"和"釋人"類，《尚書孔傳類詁》共分成了 20 類。

(二)《尚書孔傳類詁》立目標準

《尚書孔傳》訓詁材料的鏊析,包括對直接的訓詁材料和隱伏在串講中的訓詁材料的鏊析,本書製定了相應的鏊析立目標準。

1. 直接訓詁材料的鏊析立目

直接的訓詁材料比較容易鏊析,往往直接摘引《孔傳》原文立目。例如:

①《禹貢》:"浮于濟、漯,達于河。"《孔傳》:"順流曰浮。濟、漯,兩水名。因水入水曰達。"

②《說命上》:"王言,惟作命,不言,臣下罔攸稟令。"《孔傳》:"稟,受。令,亦命也。"

③《堯典》:"平在朔易。"《孔傳》:"易,謂歲改易北方。平,均。"

④《泰誓中》:"剝喪元良。"《孔傳》:"元,善之長。良,善。"

⑤《益稷》:"《簫韶》九成,鳳皇來儀。"《孔傳》:"雄曰鳳,雌曰皇,靈鳥也。"

⑥《大禹謨》:"禹乃會群后,誓與師曰。"《孔傳》:"軍旅曰誓。"

上例中,《孔傳》訓釋都屬於直接的訓詁材料,以"某,某""某,某也""某,謂某""某曰某"等形式出現。

大部分可以直接立目。例①和②《孔傳》對詞義的訓詁,不需要進一步切分,可以"稟,受"、"令,命"、"順流曰浮"、"因水入水曰達"等立目;例③"平,均"可直接立目;例④中"良,善"可直接立目。

兩詞合釋的可以拆分成兩條。像例①中"濟、漯,兩水名",可拆成"濟,水名"、"漯,水名"兩個條目。

有時需要進一步切分立目。像例③中"易,謂歲改易北方",並不能直接作爲詞條立目,還需要進一步切分,把真正的訓詁材料鏊析出來,以"易,改易"立目;例④中"元,善之長",也需要進一步切分,因爲"善"可能來自"元"後面的"良",故將"善"剝離出去,以"元,長"立目。

相互依存的兩個被釋詞,如果後世成詞了可立爲一目。像例⑤中"鳳"和"皇",是相互依存的兩個詞,故編製《類詁》時,立目爲"鳳皇,雄曰鳳,雌曰皇,靈鳥也"。

有時需要參考《經籍籑詁》等訓詁專書立目。像例⑥"軍旅曰誓",雖然是訓詁的形式,但《孔傳》的訓釋只是一種解釋行爲,並非釋義。不過因《經籍籑詁》立目了,所以本書也把它當作訓詁材料立目。類似的還有"會同曰誥"等。

以上是從《尚書孔傳》的直接訓詁材料中釐析訓詁條目的做法。但是《孔傳》大量的訓詁材料隱伏在串講當中,需要進行切分,這是本書面臨的一個重要難題。

2. 串講中訓詁材料的釐析立目

只有把直接的訓詁材料和隱伏在串講中的訓詁材料全部釐析出來,本書才能全面地對《尚書孔傳》的訓詁內容及方法等進行分析和研究。因此,切分串講中的訓詁詞條是本書研究的基礎和核心工作。那麼,什麼樣的訓詁材料能切分,切分的原則是什麼,以及如何切分是本書面臨的問題。

首先,能夠切分的一般是對經文進行逐字翻譯的串講材料。經文中的某個詞,和《孔傳》中的某個詞在意思上對應,把這種一一對應的內容釐析出來,參考《爾雅》《廣雅》《經籍籑詁》《辭源》《漢語大詞典》《故訓匯纂》等立目。例如:

> ①《微子之命》:"皇天眷佑,誕受厥命。"《孔傳》:"大天眷顧湯,佑助之,大受其命。謂天命。"
> ②《冏命》:"繩愆糾謬,格其非心。"《孔傳》:"言恃左右之臣,彈正過誤,撿其非妄之心。"

例①《孔傳》"大天眷顧湯,佑助之,大受其命"基本是對經文"皇天眷佑,誕受厥命"的翻譯,可以釐析出"皇,大"、"眷,眷顧"、"佑,佑助"、"誕,大"、"厥,其"等條目。同樣的,例②的串講,可以釐析出"繩,彈正"、"糾,彈正"、"愆,過"、"謬,誤"、"格,檢"、"非,非妄"等詞條。

其次,關於詞條的切分的原則,本書掌握的原則就是被釋詞要切到最小,能夠獨立成詞爲止。例如:

> ①《大禹謨》:"毋!惟汝諧。"《孔傳》:"言毋,所以禁其辭。"
> ②《立政》:"三亳、阪尹。"《孔傳》:"及亳人之歸文王者三所,爲之立監,及阪地之尹長,皆用賢。"
> ③《湯誥》:"茲朕未知獲戾于上下。"《孔傳》:"此伐桀未知得罪於天地。"

例①《孔傳》"言毋,所以禁其辭",是對"毋"功用的解釋,故可以從中切出"毋,禁"作爲詞條立目。例②"阪尹",《孔傳》對應作"阪地之尹長",但是"阪尹"還可以進一步切分,因爲"阪"和"尹"語義上不夠緊密,結構鬆散,可以獨立成詞或者和其他詞結合構成新詞,所以可繼續分作兩條"阪,阪地"和"尹,尹長"。例③"獲戾"對應"得罪","獲"和"戾"對應"得"和"罪"意思的相加,所以切分成"獲,得"、"戾,罪"兩條立目。

第三,對句子進行逐字翻譯時,往往會爲了照顧翻譯的完整性,沾連一些原本不屬於某個詞詞義的語法功能之類的其他內容,這些多餘的內容要摒棄,還原詞本身的意義。例如:

《洛誥》:"作周孚先。"《孔傳》:"爲周家立信者之所推先。"

上例中可以對應釐析出"作,爲"、"孚,信"、"先,推先"等條目。其中"孚",《孔傳》對應"立信者",但是"立信者"是串講當中所沾連出來的語法功能義,而非"孚"本身的意思,所以在切分的時候要把沾連的內容去掉,立目作"孚,信"。

此外,切分出的詞條,釋詞與被釋詞意思要對等,否則不予立目。例如:

①《說命中》:"惟厥攸居。"《孔傳》:"其所居行。"
②《蔡仲之命》:"皇天無親。"《孔傳》:"天之於人,無有親疏。"
③《禹貢》:"淮夷蠙珠暨魚。"《孔傳》:"淮夷二水,出蠙珠及美魚。"

例①"居",《孔傳》對應"居行"。例②"親",《孔傳》對應"親疏",但是"居"和"居行""親"和"親疏"的意思不對等,所以不能立目。例③"魚",《孔傳》對應"美魚",但"美"是額外增加的輔助性詞語,和"魚"意思不對等,故不能立目。

3. 關於雙音節被釋詞的釐析立目

本書立目時,力求切分到最小的單音節詞,但是有時切分至雙音節詞就不能再切分了。關於雙音節被釋詞的切分立目,原則如下:

(1)雙音被釋詞的兩個語素在語義上往往結合緊密,而不是兩個語素意思的簡單相加。除了語義上聯繫緊密之外,兩個語素在結構上也不可拆分,不能在該組合中替換或添加其他語素。例如:

①《太甲下》:"一人元良,萬邦以貞。"《孔傳》:"一人,天子。"
②《五子之歌》:"今失厥道,亂其紀綱。"《孔傳》:"言失堯之道,亂其法制。"
③《益稷》:"予欲左右有民,汝翼。"《孔傳》:"左右,助也。"

例①"一人",《孔傳》對應訓作"天子",共 4 見,兩個語素之間不可拆分,因爲拆分之後就沒有"天子"義了。也不能在"一"和"人"之間增加量詞語素,否則就成了偏正短語了。所以"一人"作爲雙音被釋詞立目。例②"紀綱",作爲同義複合詞,兩個語素之間結合緊密,不可拆分,共同表示"法制"義,故不可再切分。例③"左右",《孔傳》對應訓作"助",被釋詞的兩個語素結合緊密,合在一起表示一個抽象的意思,而不是兩個語素的簡單相加。因此,如果兩個語素一起産生概括義、特指義或附加義等抽象的含義,則以雙音詞立目。

如果雙音被釋詞其中一個語素屬於成詞語素,且有對應訓釋的話,本書就再單獨爲這個語素立目。例如:

④《冏命》:"俾克紹先烈。"《孔傳》:"使能繼先王之功業。"

例④的"先烈",對應"先王之功業"。其中"先"對應"先王",是從上下文得來的意思,離開"先烈"未必就是"先王"義,也就是説"先烈"結合的比較緊密。而"烈",可以單獨訓作"功業",屬於成詞語素。因此,可以切分成"先烈,先王之功業"和"烈,功業"兩個詞條。

(2)有的語素兩相組合后,通過比喻、借代等修辭方式表示一個新的意義,與單個語素之間沒有直接的關係時,則以雙音被釋詞立目。例如:

①《益稷》:"元首叢脞哉!股肱惰哉!"《孔傳》:"君如此,則臣懈惰。"
②《召誥》:"上下勤恤。"《孔傳》:"言當君臣勤憂敬德。"

例①經文以"股肱"喻臣,故《孔傳》以"臣"訓"股肱"。"股肱"訓作"臣"義,顯然已經比較固定,《孔傳》共三見,故以"股肱,臣"立目。例②經文"上下"指代"君臣"。故《孔傳》以"君臣"訓"上下",與"上"和"下"本身沒有直接的關係,而是"上下"合起來表示君臣的意思,故以"上下,君臣"立目。

(3)雙音節的人名、地名、山名、水名等專有名詞,不再拆開立目。

①《冏命》:"穆王命伯冏爲周太僕正。"《孔傳》:"伯冏,臣名也。太僕長,太御中大夫。"
②《湯誓》:"遂與桀戰于鳴條之野。"《孔傳》:"地在安邑之西,桀逆拒湯。"

③《禹貢》:"過三澨,至于大別。"《孔傳》:"三澨,水名,入漢。大別,山名。"

以上例句中"伯冏"是人名,"鳴條"是地名,"三澨"是水名,"大別"是山名,作爲表示文化概念的專有名詞,不能再切分,都以雙音被釋詞立目。同理,多音節的專有名詞也不拆開立目。

(4)綜合被釋詞出現頻率或此前是否有用例,作爲雙音節被釋詞切分立目的標準。如果某個被釋詞語義結合的緊密,且《尚書孔傳》出現三次以上,那就可以立目。如果被釋的組合雖然語義結合的緊密,但結構較爲鬆散,此前没有用例,且《孔傳》只出現一兩次,那就不能立目。或者,與被釋組合處於同一語法位置的組合結構鬆散,那也不能立目。例如:

①《大誥》:"予曷敢不于前寧人攸受休畢?"《孔傳》:"天欲安民,我何敢不於前文王所受美命終畢之?"

"寧人",《孔傳》訓作"文王",3 見。但"寧人"訓作"文王"未被辭書採納。另有《大誥》"予曷其不于前寧人圖功攸終",《孔傳》作"我何其不於前文王安人之道,謀立其功所終乎","寧人"對應"文王安人"。這個釋義猶豫在"文王"和"安人"兩者之間了。這裏"寧"其實應該訓作"安",與"寧人,文王"有所不同。"寧人,文王"雖然未被辭書採納,但畢竟有幾處用例,所以可以切分立目。

②《太甲上》:"旁求俊彦,啓迪後人。"《孔傳》:"旁非一方。美士曰彦。開道後人。"

"啓迪",《孔傳》對應"開道",但"啓迪"《尚書》之前無用例,且結構相對鬆散。雖然後世"啓迪"被當作一個複合詞,但上例中,"啓迪"與"旁求"處於同樣的語法位置,"旁求"是偏正短語,那麼"啓迪"也不能以雙音詞立目,所以進一步切分作"啓,開""迪,道"兩條。

③《咸有一德》:"將告歸,乃陳戒于德。"《孔傳》:"告老歸邑,陳德以戒。"

"告歸",《孔傳》對應"告老歸邑",此前無用例,且《孔傳》只出現一次,以增加輔助性詞語"老"和"邑"進行訓釋。"告歸"結構相對鬆散,"歸"可以替換其他語素,像"病""老"等。而且《孔傳》的訓釋當是根據上下文推衍得來的,並非"告"和"歸"本來的意思。所以,雖然《漢語大詞典》爲"告歸"立目,但本書不把"告歸"作爲雙音詞立目,也不進行拆分。類似的還有"修輔,修職輔君"等。

(5)有的雙音被釋詞雖然此前無用例或辭書未收,但可作爲特殊含義來立目。例如:

> ①《太甲上》:"先王顧諟天之明命,以承上下神祇。"《孔傳》:"顧,謂常目在之。諟,是也。言敬奉天命以承順天地。"
> ②《顧命》:"越七日癸酉,伯相命士須材。"《孔傳》:"邦伯爲相。"

例①"顧""諟",《孔傳》分別訓作"顧,謂常目在之"和"諟,是也"。但是在串講中卻把"顧諟"作爲一個詞,對應訓作"敬奉"。雖然此前無用例,但"顧諟"訓作"敬奉",意思結合的比較緊密,因此,除"顧""諟"分開立目外,"顧諟"也可以作爲一個特殊含義立目。例②"伯相",此前無用例,辭書也未收,但此處專門列出,以"邦伯爲相",訓釋召公的雙重身份,既是邦伯,又是相,類似"師相",可作爲特殊含義立目。

以上是本書對《尚書孔傳》中直接的和串講中的訓詁材料進行釐析立目的做法。各類包含的內容及歸類標準,將在每一類研究中再具體探討。

(三)《尚書孔傳類詁》的優勢

《孔傳》所釐析的訓詁條目,皆參考《爾雅》《經籍籑詁》等進行立目。和阮元的《經籍籑詁》相比,《尚書孔傳類詁》具備如下優勢:

一是立目範圍更全面。《尚書孔傳類詁》釐析立目了除《舜典》注釋外的《古文尚書》全部篇目《孔傳》的訓詁材料。既有直接的訓詁材料,也有串講中的訓詁材料,基本能反映《尚書孔傳》詞義訓釋的全貌。而《經籍籑詁》在匯輯《孔傳》訓詁條目方面存在大量遺漏,幾乎都是以《孔傳》中直接的訓詁材料立目,沒有對串講中的訓詁資料進行釐析立目。而實際情況是,相當多的訓詁資料隱伏在《孔傳》的串講中,如果回避了這個問題,那麼大量的訓詁資源就被遺棄了。所以《尚書孔傳類詁》是真正爲全面探討《尚書孔傳》訓詁內容、訓詁方法等所作的一個基礎工作,沒有這個基礎工作,《尚書孔傳》訓詁研究就懸空了。

二是立目內容更完整。例如,"創,懲也"一條,《經籍籑詁》與《尚書孔傳類詁》的立目分列如下:

創｜－懲也〔書·益稷〕予－若時傳　　　　　　　（出自《經籍籑詁》）①

創 chuàng

懲。

○《益稷》:"予創若時。"《孔傳》:"創,懲也。"(217、5－14－14)

　　按:懲,有懲治、警誡義。《孔疏》:"'創'與'懲',皆是見惡自止之意,故云'創,懲也'。"　　　　　　　　　　　　　（出自《尚書孔傳類詁》）

兩相比較,《經籍籑詁》例證引文的經和注則比較簡略,使用時有的甚至需要重新翻查原書,而《尚書孔傳類詁》立目的内容更豐富,除讀音、義項、所在篇名、經、注外,《類詁》還標注了該訓釋所在清王先謙《尚書孔傳參正》及明萬曆北京國子監刻《尚書注疏》中的頁碼,且在"按語"中對該條訓釋作了進一步的解釋説明。

　　三是分類框架更系統。《尚書孔傳類詁》基本按照《爾雅》的框架進行了分類,盡量讓每一個條目的歸類都比較合理,總體來看,分類框架比較系統、明晰。而《經籍籑詁》按照韻部分類排列,這對於現在不熟悉韻部的使用者來説用起來比較困難。

　　四是檢索使用更方便。《類詁》中每個類別的條目按照被釋詞的音序進行排列,這可能和古法不合,不是最理想的方法,但對於現在的使用者來説更加熟悉,且《類詁》正文前面編有"筆畫索引",按被釋詞筆畫順序排列,每一個被釋詞的前面標注了編號,後面標注了類别,檢索使用更加方便。而《經籍籑詁》使用韻部的排列方法,雖然影印本書前有"筆畫檢字表",但是對不熟悉韻部的使用者來説還是不夠方便。

五、研究目標

　　本書的研究目標是認識《尚書孔傳》,評價《尚書孔傳》,在中國訓詁學史上給它一個應有的定位。

　　首先,對隨文釋義的《尚書孔傳》進行分類研究。全面清理、切分《孔傳》的訓詁資料,基本參照《爾雅》框架進行分類,克服隨文釋義的散亂,形成《尚書孔傳類詁》,作爲本書的主體内容之一。

　　其次,分類歸納《尚書孔傳》訓詁的内容、方法、特點及價值。在《尚書孔傳類詁》的基礎上,對《孔傳》訓詁的内容和方法進行分類歸納,總結訓詁通例,對訓詁的水平進行考量,對存在問題進行揭示。

---

① （清）阮元:《經籍籑詁》(全二册),成都古籍書店影印,1982 年,第 832 頁。

第三,探索《尚書孔傳》的訓詁依據。也就是説,《孔傳》的訓釋從哪繼承來的,是需要關注的問題。

第四,總結《尚書孔傳》訓詁的特點,明確《孔傳》在訓詁學史上的地位和價值。

最後,對《尚書孔傳》的真偽和出現時間作補充性的探索。

總而言之,本書在《尚書孔傳類詁》的基礎上,對《尚書孔傳》訓詁進行分類探討與研究,考量《尚書孔傳》中帶有普遍性的一些現象。通過總結《孔傳》訓釋的内容、方法,探求其訓詁依據,歸納訓詁術語等,從而加深對《尚書孔傳》的準確理解,進而更加準確地理解《尚書》。

上編

述　論

第一章 《尚書孔傳》普通語詞的訓釋

《爾雅》十九類中，前三類是普通語詞的訓詁，後十六類是專有名詞的訓詁。普通語詞的訓詁即《釋詁》《釋言》和《釋訓》三篇。《小爾雅》《廣雅》《比雅》等訓詁專書也基本沿襲了《爾雅》的分類體例。《尚書孔傳》普通語詞的訓詁亦分爲釋詁、釋言和釋訓三類。那麼，《爾雅》中釋詁、釋言之間有無非常明顯的界限，《尚書孔傳》普通語詞的訓釋又是如何參考《爾雅》進行歸類的，歸類標準是什麼，其訓詁方法和特點如何，其訓釋是如何參考前人舊注的，訓釋水平如何等，都是值得我們思考的問題。

第一節 《尚書孔傳》普通語詞的內容及歸類標準

《尚書孔傳類詁》參照《爾雅》普通語詞的分類，將《孔傳》對普通語詞的訓釋，亦歸作《釋詁》《釋言》《釋訓》三類。單從內容和形式來看的話，《爾雅》之《釋訓》似乎比較容易與《釋詁》和《釋言》區分開來。因爲《釋訓》以訓釋形貌爲主，包含相當一部分疊音詞與連綿詞。而《釋詁》和《釋言》之間的界限，則不甚明晰。

一、《爾雅》中《釋詁》與《釋言》的區別

關於《釋詁》和《釋言》的關係，前人說法雖然影響很大，但相對都比較泛泛。主要有以下幾種觀點：

《釋詁》是以今語釋古語，《釋言》是以通用語訓釋方言。宋邢昺《爾雅疏》云：“詁，古也。古今異言，解之使人知也。《釋言》則《釋詁》之別。”又云“今古方國殊別，學者莫能通，……後人不知，故爲之作釋也，是曰‘釋言’”。即認爲《釋詁》是以今語釋古語，《釋言》是以通用語訓釋方言。

《釋詁》訓釋古語詞，《釋言》訓釋常用詞。清郝懿行《爾雅義疏》云：“言

與詁異：詁之爲言古也，博舉古人之語而以今語釋之也；言之爲言衍也，約取常行之字而以異義釋之也。言即字也，釋言即解字也。"①即認爲《釋詁》訓釋古語詞，《釋言》訓釋常用詞。

《釋詁》訓釋的是詞的本義，《釋言》訓釋的是詞的引申義。像清俞樾《爾雅釋詁釋言釋訓三篇名義説》云："《釋詁》一篇所説皆字之本義，故謂之詁……《釋言》一篇所説，則字之本義不如此，而古人之言有如此者。"②也就是説，俞樾認爲《釋詁》訓釋的是詞的本義，《釋言》訓釋的是詞的引申義。

以上三種觀點出自大家之口，被許多人信從。像清邵晉涵《爾雅正義》："先王遺典，由今言以通古義，故《釋文》引張揖《雜字》云：'詁者，古今之異語也。'"又云"此〔釋言〕篇通古今之訓義，多爲釋《詩》而作"。邵晉涵雖然也指出《釋詁》《釋言》形式上的不同："上篇《釋詁》有十餘名而同一實者，此篇〔釋言〕所釋或連舉二字，或衹釋一言，惟'滷、矜、鹹，苦也'三言連舉爲異耳。"③但他依然認爲《釋詁》《釋言》是以今語釋古語。黃侃《爾雅音訓·釋言第二》曾云："《釋詁》字大氐本義，《釋言》字大氐非本義。"④

事實上，用上面的標準區分釋詁、釋言並不準確，或者只能説《釋詁》《釋言》篇中存在那三種情況，但作爲分類標準卻有失偏頗。

二十世紀八十年代，管錫華提出了《爾雅》前三篇"以形式分篇説"⑤。即《釋詁》和《釋言》的區别主要是形式上不同。因爲《釋詁》所釋不僅有古語詞，也有很多方言詞、常用詞。郭璞《爾雅注》在"始"條下指出："此所以釋古今異言，通方俗之殊語。"並在他的注釋中，對方言詞時有注明。例如，《釋詁》的"展、諶、詢……，信也"條，郭注："《方言》曰荆吴淮泗之間曰'展'，燕岱東齊曰'諶'，宋衛曰詢。"而《釋言》所釋不僅有方言詞、常用詞，而且亦有古語難詞。

根據劉乃叔的統計，《釋言》當中的方言詞，所占比重約 1/19⑥，所以説，《釋言》並非只解釋方言詞。此外劉乃叔還根據大量的數據統計、分析和比

① （清）郝懿行著，吳慶峰、張金霞、叢培卿、王其和點校：《爾雅義疏》，齊魯書社，2010 年，第2972 頁。
② （清）俞樾著，顧大鵬等點校：《弟一樓叢書》，浙江古籍出版社，《俞樾全集》之《弟一樓叢書》之八《詁經精舍自課文》卷二，2017 年，第 318 頁。
③ （清）邵晉涵撰，李嘉翼、祝鴻杰點校：《爾雅正義》，中華書局，2017 年，第 17、167 頁。
④ 黃侃著，黃焯輯，黃延祖重輯：《爾雅音訓》，中華書局，《黃侃全集》，2007 年，第 34 頁。
⑤ 管錫華：《〈爾雅〉中〈釋詁〉〈釋言〉〈釋訓〉形式分篇説——〈爾雅〉研究之一》，《安慶師範學院學報》，1987 年第 3 期，第 96—102 頁。
⑥ 劉乃叔：《〈釋言〉〈釋詁〉異同考辨》，《東北師大學報》，1990 年第 4 期，第 69—78 頁。

較,對第2、第3種觀點進行了反駁,其得出的結論是:《釋詁》《釋言》"就是因形式上的不同而獨立成篇,僅此而已"。也就是說,《釋詁》大都是以一詞釋多詞,而《釋言》大都是以一詞釋一詞或兩詞。這也再次印證了管錫華的觀點。

所以,《爾雅》中《釋詁》和《釋言》所收普通語詞的界限並沒有前人所說的那麼整齊明顯。內容上,都有對古語詞的訓釋,也都有對方言詞的訓釋。因此,兩者之間除了形式上的區別之外,并沒有本質上的不同。

二、《尚書孔傳》釋詁、釋言類語詞的歸類標準

《尚書孔傳類詁》雖然儘量模仿《爾雅》的分類框架對《孔傳》普通語詞的訓釋進行歸類,但因《爾雅》中《釋詁》與《釋言》的區別主要在形式上,而非內容上,其訓詁手法接近,所以《類詁》在《釋詁》《釋言》的歸類過程中還是遇到了一定的困難。比如,《孔傳》對某詞的訓釋既出現在《爾雅·釋詁》,又出現在《爾雅·釋言》,如何歸類? 某詞的訓釋在《爾雅》《廣雅》等訓詁專書中沒有收錄怎麼辦等等。所以,本書只能通過製定相應的標準,把《尚書孔傳》中的普通語詞分別歸入釋詁、釋言類。

(一) 按照訓釋所在《爾雅》的類目歸類

《尚書孔傳》的訓釋在《爾雅》中類別比較明確的,則直接按其在《爾雅》的類別歸類。例如:

①《堯典》:"允恭克讓,光被四表,格於上下。"《孔傳》:"允,信。克,能。光,充。格,至也。"

上例中的"允,信""格,至"可分別參照《爾雅·釋詁》"允、孚、誠……信也"條和"格、懷、摧……至也"條,歸入釋詁類。而"克,能"、"光,充"則分別參照《爾雅·釋言》"克,能也"和"桄、熲,充也"條歸入釋言類。其中"桄、熲,充也",孫炎本"桄"作"光",故"光,充"歸入釋言類。

此外,同詞不同訓的,按照訓釋實際所在《爾雅》的類別歸類。例如:

②《大禹謨》:"七旬,有苗格。"《孔傳》:"討而不服,不討自來,明御之者必有道。"

雖然例①中"格,至"歸入釋詁類,但例②的"格",《孔傳》對應訓作"來",則參照《爾雅·釋言》"格、懷,來也"條,歸入釋言類。類似的,筆者把"答,當"歸釋詁類,"答,對"歸釋言類。

（二）按照訓釋所在《廣雅》的類別歸類

如果《孔傳》的訓釋在《爾雅》中沒有對應的類別，則按照在《廣雅》的類別歸類。例如：

①《康誥》："于弟弗念天<u>顯</u>。"《孔傳》："於爲人弟，不念天之<u>明</u>道。"
②《洪範》："次五，曰建用皇<u>極</u>。"《孔傳》："皇，大。極，中也。"

例①"顯"訓作"明"，例②"極"訓作"中"，《爾雅》均未立目。那麼，筆者則參照《廣雅·釋詁》"顯、昭……明也"條和《廣雅·釋言》"央、極，中也"，把"顯，明"和"極，中"分別歸入釋詁類和釋言類。

（三）按被釋詞的近義詞、反義詞或者釋詞所在類目歸類

如果《爾雅》《廣雅》中都沒有對應的類別，則按被釋詞的近義詞、反義詞或者釋詞所在類目歸類。例如：

①《武成》："攻于後以<u>北</u>，血流漂杵。"《孔傳》："自攻于後以<u>北走</u>，血流漂春杵。"

上例中"北"，《孔傳》訓作"北走"，《爾雅》《廣雅》都沒有相應的訓釋立目。那麼，筆者就按被釋詞"北"的近義詞"敗"所在《爾雅》或《廣雅》類別歸類。因《廣雅·釋詁》有"伐……敗也"條，故"北，北走"歸入釋詁類。

②《秦誓》："邦之<u>榮</u>懷。"《孔傳》："國之<u>光榮</u>，爲民所歸。"

"榮，光榮"，《爾雅》《廣雅》亦沒有相應的訓釋立目。那麼，筆者按"榮"的反義詞"辱"所在的類別歸類。《爾雅·釋言》有"忝，辱也"，故"榮，光榮"歸入釋言類。

③《立政》："其克<u>詰</u>爾戎兵。"《孔傳》："其當能<u>治</u>汝戎服兵器。"

"詰，治"，在《爾雅》和《廣雅》中找不到分類的參照，但是《爾雅·釋詁》中有"乂、亂、靖……治也"條，故本書根據釋詞"治"所在類別，把"詰，治"歸入釋詁類。

（四）其他歸類標準

根據上述三個歸類標準，幾乎能把絕大多數釋詁和釋言類普通語詞進行歸類,但還有一些特殊情況不好歸類,所以本書製定了其他的標準。

如果某一訓釋在《爾雅》中分屬《釋詁》和《釋言》,則按更準確的歸類。例如:

《旅獒》:“無替厥服。”《孔傳》:“使無廢其職。”

《尚書孔傳》以“廢”訓“替”。《爾雅·釋詁》有“替、廢……止也”,《爾雅·釋言》有“替,廢也”。因爲後者更直接準確,故把“替,廢”歸釋言類。類似的還有“降,下”“逮,及”等。

如果同一訓釋在《爾雅》《廣雅》所屬類別不同,則按《爾雅》類目歸類。例如:

①《皋陶謨》:“允迪厥德。”《孔傳》:“迪,蹈。”
②《微子》:“詔王子出,迪。”《孔傳》:“我教王子出,合於道。”

例①中“迪”訓作“蹈”,例②中“迪”對應訓作“道”。《爾雅·釋詁》:“迪,道也。”《廣雅·釋言》:“迪,蹈也。”例①的《孔疏》云:“《釋詁》文:‘迪,道也。’‘道’聲借爲‘導’,‘導’音與‘蹈’同,故‘迪’又爲蹈也。”也就是説,“迪,道”和“迪,蹈”其實是一樣的,雖然在《爾雅》和《廣雅》中所屬類別不同,但本書統一按照《爾雅》的類別,歸入釋詁類。

如果是雙音節普通語詞,則根據中心語素所在類別歸類。例如:

①《説命下》:“敢對揚天子之休命。”《孔傳》:“對,答也。答受美命而稱揚之。”
②《召誥》:“拜手稽首曰。”《孔傳》:“拜手,首至手。稽首,首至地。”

例①“答受美命而稱揚之”是對雙音節詞“對揚”的訓釋,《爾雅》《廣雅》中沒有相應的參照。那麼,筆者就按照中心語素“對”所在的類別歸類。《廣雅·釋言》有“對,答也”的訓釋,故把“對揚”歸入釋言類。例②“拜手”和“稽首”是古代兩種跪拜禮,其中“拜手”,筆者按照中心語素“拜”所在類別歸類。《廣雅·釋詁》有“跪,捧(拜)也”的訓釋,故“拜手”歸入釋詁類。“稽首”同理,亦歸入釋詁類。

通過上述歸類標準,使得《尚書孔傳》中某些界限模糊的普通語詞,在分類操作上有了可能性,也爲《尚書孔傳類詁》的分類提供了依據。《尚書孔傳》釋詁、釋言類訓釋共 6 007 條(其中釋詁類 4 271 條,釋言類 1 736 條),占全部條目的 83.2%;兩類共計立目 1 206 個,占全部《尚書孔傳類詁》立目的 58.6%。

三、《尚書孔傳》釋訓類語詞的内容及歸類標準

通過《爾雅》普通語詞的分類框架可以看出,相比於釋詁、釋言類語詞,釋訓類語詞的判斷與歸類相對容易一些。下面就從《尚書孔傳》釋訓類語詞的内容及歸類標準兩個方面進行探討。

(一)《尚書孔傳》釋訓類語詞的内容

《爾雅·序》云:“《釋訓》,言形貌也。”古書如《詩經》中,有大量表示形貌的疊音詞、雙音詞以及單音詞,《毛傳》或《鄭箋》基本都對他們進行了訓釋。例如,“兢兢,恐也。業業,危也”(《大雅·雲漢》“兢兢業業”毛傳)、“祁祁,衆多也”(《商頌·玄鳥》“四海來假,來假祁祁”鄭箋)、“游龍,猶放縱也”(《鄭風·山有扶蘇》“隰有游龍”鄭箋)、“菀,茂貌”(《大雅·桑柔》“菀彼桑柔,其下侯旬”毛傳)等。此外,“三禮”鄭注中也涉及一些對形貌的訓釋。例如,“從從,謂大高。扈扈,謂大廣”(《禮記·檀弓上》“爾毋從從爾,爾毋扈扈爾”鄭注)、“匪,采貌也”(《周禮·考工記》“且其匪色,必似鳴矣”鄭注)等都是對形貌的訓釋。由此可見,對形貌的訓釋在古書舊注中比較豐富,占有相當的比重,值得研究者重視和探討。

《尚書孔傳》也有很多對形貌的訓釋,例如,“番番,勇武”、“懍懍,危懼不安”、“穆穆,敬敬”等。除此之外,還有相當一部分與“形貌”不相關的訓釋,例如,“孝,善父母”、“友,友兄弟”等,都可以在《爾雅·釋訓》中找到訓釋的依據。由此可見,《尚書孔傳》釋訓類語詞不僅包括訓釋形貌的内容,還包括一些非形貌訓釋的内容。

(二)《尚書孔傳》釋訓類語詞的歸類標準

爲避免不必要的麻煩,如遇到與上文類似的訓釋,本書不論其是否訓釋形貌,均歸入到《釋訓》中。也就是說,《尚書孔傳》釋訓類語詞的歸類,主要以能否在《爾雅》或《廣雅》找到依據進行討論。

1. 按照訓釋所在《爾雅》或《廣雅》的類目歸類

《尚書孔傳》中表示形貌的單音詞、複音詞以及詞組,如果《爾雅·釋訓》或《廣雅·釋訓》收録過,可直接歸入“釋訓”類。例如,“業業,危懼”、“譸張,誑也”、“朔,北稱朔,亦稱方”、“美士曰彦”等,《爾雅·釋訓》分别有“業業、翹翹,危也”、“譸張,誑也”、“朔,北方也”、“美士曰彦”等與之相似

或相同的訓釋,故可直接歸入"釋訓"類。再如,"憸,憸利",《廣雅·釋訓》有"憸,誠也"與之類似,也歸入"釋訓"類。

某些單音被釋詞,如果其疊音形式的訓釋屬於《爾雅》《廣雅》之《釋訓》篇的話,本書也把它的訓釋歸入"釋訓"類。例如"懋,勉也",《爾雅·釋訓》有"懋懋,勉也",故"懋,勉也"歸入"釋訓"類。進而"懋,勉勸"、"懋,勉敬"條,亦可歸入"釋訓"類。與"懋,勉也"類似的還有"綽,緩"、"穆,敬"等。

2. 確表形貌的訓釋,亦可歸入釋訓類

《尚書孔傳》中有些訓釋以"某貌""某然"等形式呈現,雖然在《爾雅》《廣雅》中找不到歸類依據,但確是對形貌訓釋的,也一併歸入"釋訓"類。例如,"懍,危貌"、"盡,盡然"等。

再如,《孔傳》中表形貌的疊音詞訓釋,雖然《爾雅》《廣雅》未立目,但一般可直接歸入"釋訓"類。例如,"蕩蕩,奔突"、"斷斷,專一"、"休休,樂善"、"孜孜,不怠"等表示形貌的訓釋,雖未被《爾雅》《廣雅》收錄,但可歸入"釋訓"類。

此外,有些表示形貌的非疊音複音詞的訓釋,也歸入"釋訓"類。例如,《冏命》"怵惕惟厲"中的"怵惕",是雙聲連綿詞,《孔傳》對應訓作"悚懼",表示憂懼之貌。再如,"叢脞""忸怩""杌隉"等連綿詞和"聰明""齊聖""弗咈""顏厚""自用"等非連綿複音詞的訓釋,因表形貌,也都可歸入"釋訓"類。

3. 其他歸類標準

被釋詞或釋詞中任何一個見於《爾雅》或《廣雅》之《釋訓》的話,該訓釋即可歸到"釋訓"類。例如,《武成》"大邦畏其力"中的"力",《孔傳》在串講中對應釋詞"威",《爾雅·釋訓》有"桓桓、烈烈,威也"條,故"力,威"條可歸入"釋訓"類。再如,《秦誓》"仡仡勇夫"中的"勇",《孔傳》對應訓作"壯勇",而《爾雅·釋訓》有"番番、矯矯,勇也"條,故"勇,壯勇"也可歸入"釋訓"類。

某些單音詞的訓釋如被《爾雅·釋訓》收錄,其引申之後的訓釋也可歸入"釋訓"類。例如,《洪範》"彊弗友剛克"中的"友",《孔傳》訓作"順也"。《孔疏》:"《釋訓》云:'善兄弟爲友。''友'是和順之名,故爲順也。"所以,"友,順也"算是"善兄弟爲友"訓釋的引申,可歸入"釋訓"類。同樣的,"友,僚友"、"友,賓友"、"友,朋友"等也可歸入"釋訓"類。

通過釐析歸類,《尚書孔傳》釋訓類語詞共 119 條,占全部條目的 1.6%,立目 62 個,占《尚書孔傳類詁》立目的 3.0%。其中,單音詞訓釋 64 條,複音詞訓釋 55 條。後者又分爲疊音詞(包括疊字詞,共 40 條)的訓釋和非疊音複音詞(15 條)的訓釋,非疊音複音詞又分爲非疊音連綿詞(6 條)的訓釋和非連綿詞(9 條)的訓釋。

第二節 《尚書孔傳》普通語詞的訓詁方法

對詞語意義的探求,前人大致總結了三種方法,即聲訓、形訓和義訓。黃侃先生[①]曾説:"義訓者,觀念相同,界説相同,特不説兩字之製造及其發音有何關係者也。"黃侃先生的定義雖然比較簡單,但已指明義訓不涉及字形、字音問題,只涉及觀念與界説,奠定了義訓法研究的基礎。

《尚書孔傳》普通語詞的訓釋,主要使用了義訓和聲訓方法。義訓直陳語義而不借助於音和形;聲訓則是從被釋詞的語音着眼,利用語音和語義的關係,推求詞義的一種方法。

一、《尚書孔傳》普通語詞共用的訓詁方法

《尚書孔傳》普通語詞的訓釋採用了多種訓詁方法,其中互訓、設立界説、變換形式釋義三種方法,是釋詁、釋言、釋訓類語詞共用的方法。

(一) 互訓

作爲義訓最常用的方法之一,陸宗達《訓詁簡論》説:"互訓是同義詞相互解釋的一種釋詞方法。"[②]這種方法取釋詞與被釋詞在詞義上相同的方面,即在特定的語言環境下,它們有相對的同義,而不是在一切環境中絕對的同義。本書分別從形式和内容兩方面進行探討。

從形式上看,互訓可以分爲以下幾種類型:

1. 以單音詞釋單音詞

《尚書孔傳》普通語詞中以單音詞釋單音詞約 4 553 見,包括單獨訓釋和串講中訓釋兩種情況。其中釋詁、釋言類有 4 518 見,釋訓類有 35 見,占普通類語詞訓釋的 74.3%。例如:

①《胤征》:"聖有謨訓,明徵定保。"《孔傳》:"保,安也。"

②《説命中》:"旨哉! 説乃言惟服。"《孔傳》:"旨,美也。"

③《説命下》:"監于先王成憲,其永無愆。"《孔傳》:"愆,過也。"

---

① 黃侃述,黃焯編:《文字聲韻訓詁筆記》,上海古籍出版社,1983 年,第 190 頁。

② 陸宗達:《訓詁簡論》,第 158 頁。

④《畢命》:"罔曰弗克,惟既厥心。"《孔傳》:"無曰不能,惟在盡其心而已。"

⑤《立政》"我則末惟成德之彥。"《孔傳》:"我則終惟有成德之美。"

上例中,《尚書孔傳》以"安"訓"保",以"美"訓"旨",以"過"訓"愆",以"盡"訓"記",以"勉"訓"懋"等,都是用單音詞釋單音詞。其中例①的"保"訓作"安",《孔傳》41 見。《孔疏》云:"能自保守,是安定之義,故爲安也。"《詩·小雅·楚茨》"神保是饗"的"保",《毛傳》亦訓作"安"。例②"旨"訓作"美",有美好義。《説文》:"旨,美也。"《詩·邶風·谷風》"我有旨蓄"《毛傳》,以及《儀禮·士冠禮》"旨酒令芳"鄭注皆訓"旨"作"美"。例③"愆",《爾雅·釋言》文,《説文》亦云:"愆,過也。"清徐灝注箋:"過者,越也,故引申爲過差。"①例④"既",《孔傳》訓作"盡",歸在釋言類。《説文》:"既,小食。"李孝定《甲骨文字集釋》:"契文像人食已,顧左右而將去之也。引申之義爲'盡'。"②"既"作"盡"義,《孔傳》僅 1 見,而訓作"已",表示"已經"義,《孔傳》40 見,歸在釋詁類。例如,《堯典》"九族既睦"之"既",《孔傳》訓作"已也"。例⑤"彥",《孔傳》訓作"美"。《孔疏》引《釋訓》云:"'美士爲彥。'故'彥'爲美。"以"美"訓"彥",《孔傳》3 見。

以單音詞釋單音詞有一種情況是"間隔爲釋",即是指被釋詞和釋詞之間,本當遞訓或中間有個推理的過程,而《尚書孔傳》只出現後訓,造成空缺,仍然成訓。本書稱之爲"間隔爲釋"。用公式表示,即"A,B 也,B,C 也,故A,C 也"。例如:

①《太甲中》:"欲敗度,縱敗禮,以速戾于厥躬。"《孔傳》:"速,召也。"

"速",《孔傳》訓作"召",《孔疏》認爲:"《釋言》云:'速,徵也。徵,召也。'轉以相訓,故'速'爲召也。"也就是說,"徵"是"速"訓作"召"的橋樑。《詩·小雅·伐木》:"既有肥羜,以速諸父。"鄭玄箋亦訓"速"作"召"。

②《皋陶謨》:"天秩有禮,自我五禮有庸哉!"《孔傳》:"自,用也。"

---

① (清)徐灝:《説文解字注箋》,上海古籍出版社,2002 年,《續修四庫全書》226 册卷十下第73b 頁。

② 胡奇光、方環海:《爾雅譯注》,上海古籍出版社,2007 年,第 148 頁。

"自"和"用"是通過"由"聯繫在一起的。《孔疏》云:"〔釋詁〕又云:'由,自也。''由'是'用',故'自'爲'用'也。"

③《堯典》:"异哉!試可乃已。"《孔傳》:"异,已也,退也。言餘人盡已,唯鯀可試,無成乃退。"

《孔傳》"已"訓作"退",中間由"止"義連接。《孔疏》云:"'已'訓爲止,是停住之意,故爲'退'也。"《詩·鄭風·風雨》"風雨如晦,雞鳴不已"之"已",鄭玄即訓作"止也"。

④《立政》:"我則末惟成德之彦。"《孔傳》:"我則終惟有成德之美。"

例④"彦",訓作"美",其實中間有個推理的過程,《孔疏》:"《釋訓》云:'美士爲彦。'故'彦'爲美。"這個推理過程就是"彦"和"美"的連接成分。《孔傳》省略了這個推理過程,直接以"美"訓"彦"。

以單音詞釋單音詞,有時兩個義同或義近的被釋詞合釋作一條。例如:

①《伊訓》"造攻自鳴條,朕哉自亳。"《孔傳》:"造、哉,皆始也。"
②《太甲上》:"先王昧爽丕顯,坐以待旦。"《孔傳》:"爽、顯,皆明也。"
③《盤庚下》:"各非敢違卜,用宏兹賁。"《孔傳》:"宏、賁,皆大也。"

上例中"造、哉,皆始也""爽、顯,皆明也""宏、賁,皆大也",以"某、某,皆某也"的形式,把兩個單音節被釋詞合釋作一條。

2. 以複音詞釋單音詞

以複音詞釋單音詞,在《尚書孔傳》普通語詞的訓釋中也爲數不少,主要有兩種情況:

(1)增字爲釋

劉師培《毛詩詞例舉要》有"增字爲釋例"①。即在單音被釋詞的基礎上增加一個詞素,使它變成複音詞,用作釋詞。根據所增詞素與被釋詞之間的關係,這種情況又可以分成三類:

第一類,義同義近而增字爲釋。例如:

---

① 黃侃認爲:"不增字解經,可以藥唐宋以後諸儒之病,而不可以律漢儒。蓋古人言辭質樸,有時非增字解之,不足以宣言意。"參見《文字聲韻訓詁筆記》第 218 頁。

①《畢命》:"邦之安危,惟兹殷士。"《孔傳》:"言邦國所以安危,惟在和此殷士而已。"

②《梓材》:"若作梓材,既勤樸斲。"《孔傳》:"爲政之術,如梓人治材爲器,已勞力樸治斲削。"

③《盤庚上》:"相時憸民,猶胥顧于箴言。"《孔傳》:"言憸利小民,尚相顧於箴誨。"

④《洛誥》:"享多儀,儀不及物,惟曰不享。"《孔傳》:"奉上之道多威儀,威儀不及禮物,惟曰不奉上。"

⑤《秦誓》:"仡仡勇夫。"《孔傳》:"仡仡壯勇之夫。"

《尚書孔傳》以"國"訓"邦"約60見,《説文》:"國,邦也。"即"國""邦"義同,故例①《孔傳》增"國"字,以"邦國"訓"邦"。例②"斲",《孔傳》訓作"斲削"。《説文》:"斲,斫也。"有用刀斧砍削之義。《周禮·考工記·弓人》"斲目必荼"之"斲"亦是砍、削義,故《孔傳》增"削"字以"斲削"訓"斲"。例③《孔傳》以"憸利"訓"憸"。《釋文》引馬融云:"憸,憸利,小小見事之人也。""憸"有姦佞、貪婪義。《説文》:"憸,憸詖也。憸利於上,佞人也。"而"利"亦有"貪婪"義。《禮記·坊記》"先財而後禮,則民利"中,鄭玄訓"利"作"猶貪也"是證。例④《孔傳》以"威儀"訓"儀"。"儀"有"容止儀表"義,和"威"有相似的氣勢和力量,故以"威儀"訓"儀"。鄭玄亦以"威儀"訓"儀",《孔疏》引鄭玄云:"朝聘之禮至大,其禮之儀不及物,謂所貢筐多而威儀簡也。威儀既簡,亦是不享也。"例⑤"勇",《孔傳》訓作"壯勇"。"壯"和"勇"都有强大義,故增"壯"字以"壯勇"訓"勇"。

義同義近而增字爲釋還有一種特殊形式,即用被釋詞的重疊形式進行訓釋。例如:

《盤庚上》:"世選爾勞。"《孔傳》:"言我世世選汝功勤。"

"世"與"世世",都有世代、累世之義。《微子之命》"世世享德,萬邦作式"中"世世",《孔傳》訓作"累世"。故《孔傳》用"世世"來訓釋"世"。《詩·大雅·崧高》"世執其功",《鄭箋》"世世持其政事,傳子孫也",亦用"世世"訓"世"。類似的還有"方,方方"等。

一般來説,《尚書孔傳》在串講中常用複音詞對應訓釋經文的詞語,而單獨訓釋時則常用單音詞訓釋。例如:

①《益稷》：“率作興事，慎乃憲，欽哉！”《孔傳》：“憲，法也。天子率臣下爲起治之事，當慎汝法度，敬其職。”

②《大禹謨》：“皋陶邁種德，德乃降，黎民懷之。”《孔傳》：“種，布。……皋陶布行其德，下治於民，民歸服之。”

③《泰誓下》：“上帝弗順，祝降時喪。”《孔傳》：“祝，斷也。天惡紂逆道，斷絶其命，故下是喪亡之誅。”

上例中，“憲，法也”、“種，布”、“祝，斷也”等都有單獨的訓釋，都是以單音詞釋單音詞。但是在串講中，“憲”對應“法度”，“種”對應“布行”，“祝”對應“斷絶”，都成了用複音詞進行訓釋。之所以出現這種情況，很大一部分原因是爲了協句，複音詞比單音詞更飽滿、生動。

第二類，義有兼括而增字爲釋。例如：

①《酒誥》：“惟土物愛。”《孔傳》：“惟土地所生之物，皆愛惜之。”

②《吕刑》：“人極于病。”《孔傳》：“欲使惡人極于病苦。”

③《洛誥》：“亦未克敉公功。”《孔傳》：“是亦未能撫順公之大功。”

例①《孔傳》以“愛惜”訓“愛”，“愛”實兼“惜”義，故增“惜”字以“愛惜”訓“愛”。例②以“病苦”訓“病”，“病”實兼“苦”義，故增“苦”以“病苦”訓“病”。例③以“撫順”訓“敉”，“撫”實兼“順”義，故增“順”字以“撫順”訓“敉”。

第三類，分別確指而增字爲釋。例如：

①《顧命》：“王乃洮頮水。”《孔傳》：“但洮盥頮面。”

這類方法是指根據上下文義，明確被釋詞的具體所指而增字爲訓。經文中“洮”“頮”均有“洗”義，具體來説“洮”是盥手義，“頮”是洗臉義，故《孔傳》增“面”以“頮面”訓“頮”。陸德明《釋文》：“頮，音悔，《説文》作‘沫’，云古文作‘頮’。馬〔融〕云：‘頮，頮面也。’”《孔疏》引《禮》云：“洗手謂之‘盥’，洗面謂之‘靧’。”“靧”亦通“沫”。

②《康誥》：“周公初基，作新大邑。”《孔傳》：“初造基，建作王城大都邑。”

“作”的表義範圍十分廣泛。根據上下文義,知此“作”有建造義,故《孔傳》增“建”以“建作”訓“作”。

（2）替换爲釋

替换爲釋,即用作釋詞的複音詞,雖然字面上好像與單音被釋詞關係不大,但在意思上與被釋詞一致的,故可成訓。例如:

①《微子》:“咈其耇長,舊有位人。”《孔傳》:“違戾耇老之長,致仕之賢。”

《説文》:“咈,違也。”“戾”亦有乖張、違逆義。《詩·小雅·節南山》“昊天不惠,降此大戾”之“戾”,鄭玄箋“戾,乖也”。故《孔傳》以“違戾”訓“咈”。

②《大禹謨》:“爾尚一乃心力。”《孔傳》:“尚,庶幾。”

“尚”訓作“庶幾”,《孔傳》26見。《孔疏》:“《釋言》云:‘庶幾,尚也。’反以相解,故‘尚’爲庶幾。”《左傳·昭公十三年》:“靈王卜曰:‘余尚得天下!’”杜預注:“尚,庶幾也。”

③《洪範》:“六曰弱。”《孔傳》:“尪劣。”

《孔傳》省略被釋詞“弱”,直接訓“弱”作“尪劣”。《孔疏》:“‘尪’‘劣’並是弱事,爲筋力弱,亦爲志氣弱。”也就是説,“尪劣”有孱弱、怯弱義,故《孔傳》替换爲釋。

3. 以單音詞釋複音詞

以單音詞釋複音詞,可以使句子簡潔明瞭。例如:

①《多士》:“移爾遐逖。”《孔傳》:“今移徙汝於洛邑,使汝遠於惡俗。”

“遐逖”連文,《孔傳》以單音詞“遠”訓之。“遐”“逖”同義,俱可訓爲“遠”,故《孔傳》以“遠”訓“遐逖”。類似的還有“荒墜,失”、“康寧,安”、“攘竊,盜”、“左右,助”等。

②《吕刑》:“皇帝清問下民,鰥寡有辭于苗。”《孔傳》:“帝堯詳問民患,皆有辭怨於苗民。”

"有辭"，《孔傳》訓作"怨"。"有辭"本身是個中性詞，此處根據上下文義當是有怨辭。此外，"有辭"在《君陳》"其爾之休，終有辭於永世"中，《孔傳》訓作"稱誦"。可見，"有辭"是由上下文義決定其具體的詞義。也就是説，"有辭"從用法上比較固定，但是《孔傳》訓釋不夠到位，只注意了他們不同語境下的意思而忽略了它們的共性。

③《吕刑》："民興胥漸，泯泯棼棼。"《孔傳》："起相漸化，泯泯爲亂，棼棼同惡。"

"泯泯"，《孔傳》訓作"亂"，而"棼棼同惡"亦當以"亂"訓"棼棼"。也就是説，"泯泯"和"棼棼"均作"亂"義。《孔疏》云："'棼棼'，擾攘之狀。'泯泯爲亂'，習爲亂也。'棼棼同惡'，共爲惡也。"

④《無逸》："民無或胥譸張爲幻。"《孔傳》："譸張，誑也。"

"譸張"俱是古端母，爲雙聲連綿詞，《孔傳》訓作"誑"，即欺誑義。《孔疏》："'譸張，誑也'，《釋訓》文。""譸"一作"侜"。《詩·陳風·防有鵲巢》"誰侜予美?"《毛傳》訓"侜"作"侜張，誑也"。可見，"譸""譸張"義同。

4. 以複音詞釋複音詞

（1）釋言、釋詁類語詞中，以複音詞釋複音詞有以下幾種類型：

a. 釋詞和被釋詞的語素分别對應

①《畢命》："弼亮四世。"《孔傳》："輔佐文、武、成、康，四世爲公卿。"

"弼亮"是並列結構的複音詞，《孔傳》訓作"輔佐"。"弼"和"亮"分别對應訓作"輔"和"佐"。"弼"有"輔"義，《説文》："弼，輔也。"《益稷》"予違汝弼"之"弼"，《孔傳》亦訓作"輔正"。孫星衍在解《舜典》"惟時亮天功"時云："亮爲相者，《釋詁》云：'亮、相，道也。'《詩》釋文引《韓詩》云：'亮彼武王。亮，相也。'"①

②《盤庚下》："嘉績于朕邦。"《孔傳》："立善功於我國。"

---

① （清）孫星衍撰，陳抗、盛冬鈴點校：《尚書今古文注疏》，中華書局，2011 年，第 72 頁。

"嘉績"是偏正結構的複音詞,《孔傳》訓作"善功","嘉""績"分別對應訓作"善"和"功"。《詩·豳風·東山》"其新孔嘉,其舊如之何"之"嘉",鄭玄箋訓作"善"。"績"有"功"義,《詩·大雅·文王有聲》"豐水東注,維禹之績"之"績",《鄭箋》亦訓作"功"。

《尚書孔傳》類似的訓釋還有很多,像"忱恂,誠信"等,都是複音釋詞兩字分別對應訓釋複音被釋詞的兩字。

b. 釋詞半釋被釋詞兩個詞素

釋詞僅對被釋詞其中一個詞素進行訓釋。分半釋上字和半釋下字兩種情況。

第一種是半釋上字。例如:

①《吕刑》:"哀敬折獄。"《孔傳》:"當憐下人之犯法,敬斷獄之害人。"

②《蔡仲之命》:"罔以側言改厥度。"《孔傳》:"無以邪巧之言,易其常度。"

例①"折獄",《孔傳》訓作"斷獄"。僅半釋上字"折"作"斷","獄"未訓。"折""斷"可互訓。"折獄,斷獄"在《孔傳》中 2 見。例②"側言",《孔傳》訓作"邪巧之言",僅半釋上字"側"作"邪巧","言"字未釋。"側",《說文》:"側,旁也。"引申作"不正""邪僻"義,故《孔傳》以"邪巧"訓"側"。類似的還有"中德,中正之德"等。

第二種是半釋下字。例如:

①《康誥》:"乃別播敷。"《孔傳》:"汝今往之國,當分別播布德教。"

《孔傳》以"播布"訓"播敷",僅半釋下字"敷"作"布","播"字未釋。"敷"訓作"布",《孔傳》23 見。例如《大禹謨》"文命敷于四海",《孔傳》在串講中對應訓作"布"。

②《畢命》:"道洽政治,澤潤生民。"《孔傳》:"道至普洽,政化治理,其德澤惠施,乃浸潤生民。"

"道洽",《孔傳》訓作"道至普洽",僅半釋下字"洽"作"普洽",上字

“道”未釋。“洽”，《説文》：“洽，霑也。”有浸潤、潤澤義，引申作“周遍”“普遍”“廣博”義，故《孔傳》以“普洽”釋“洽”。

c. 釋以同義複音詞

複音釋詞的兩個詞素不能對應解釋被釋詞的兩個詞素，但是被釋詞和釋詞在分别作爲一個整體時意思相同。

　　①《太甲上》：“先王顧諟天之明命。”《孔傳》：“顧，謂常目在之。諟，是也。言敬奉天命以承順天地。”

“顧諟”，《尚書孔傳》先是分别訓作“顧，謂常目在之。諟，是也”。但是在串講中卻又對應作“敬奉”。即“顧諟”作爲複音詞，與“敬奉”義同，都有恭敬奉行之義。後以“顧諟”指敬奉、稟順天命。

　　②《梓材》：“和懌先後迷民。”《孔傳》：“和悦先後天下迷愚之民。先後謂教訓，所以悦先王受命之義。”

“先後”，《孔傳》訓作“教訓”。《孔疏》：“‘先後’，若《詩》云‘予曰有先後’，謂於民心先未悟而啓之，已悟於後化成之，故訓‘教訓’也。”此“教訓”有輔導、輔助義。《周禮·秋官·士師》“以五戒先後刑罰”中，“先後”亦是此義，孫詒讓《正義》：“謂豫教導之，使民知避罪也。”①《孔傳》使用類似的訓釋方法的還有“姦宄，凶惡”、“逸豫，寬暇”等。

d. 釋被釋詞的特定含義

複音被釋詞在經文中没有字面本來的意思，而是根據語境，有特定的含義。《孔傳》即釋被釋詞的特定含義。例如：

　　《堯典》：“格於上下。”《孔傳》：“至于天地。”

“上下”，訓作“天地”，《孔傳》5 見。“上下”的本義非常清楚，即“高處和低處”，此處訓作“天地”，算是特定的含義。《後漢書·陳寵傳》“方今聖德充塞，假於上下”之“上下”，李賢亦訓作“天地”。“上下”，《尚書孔傳》有時訓作“君臣”“尊卑”等義，也算是特定含義。

（2）釋訓類語詞中，複音詞包括單純複音詞和合成複音詞。一般來説，

---

① （清）孫詒讓撰，王文錦、陳玉霞點校：《周禮正義》，中華書局，1987 年，第 2784 頁。

單純複音詞有疊音詞、連綿詞等類型,合成複音詞有並列複音詞和主從複音詞兩類。其中並列複音詞可以分成同義複音詞和反義複音詞,主從複音詞按照内部結構關係又可分爲偏正複音詞、主謂複音詞和動賓複音詞幾種。其訓釋類型有以下幾種:

a. 以合成詞釋疊音詞

①《秦誓》:"<u>斷斷</u>猗無他伎,其心<u>休休</u>焉。"《孔傳》:"斷斷猗然<u>專一</u>之臣,雖無他伎藝,其心休休爲<u>樂善</u>。"

"斷斷""休休"《孔傳》分別對應"專一"和"樂善"。《孔疏》云:"'斷斷',守善之貌。"疏破注。《疏》又引王肅云:"斷斷,守善之貌。無他技能,徒守善而已。休休,好善之貌。"與《孔傳》不同。王先謙《參正》:"《禮記·大學》引《秦誓》之文下鄭玄注云:'斷斷,誠一之貌。'"①也就是説《孔傳》、鄭玄認爲"斷斷"是專一、誠一之義,而王肅、《孔疏》認爲是守善之貌。究其原因,當是訓釋參照的對象不同,《孔傳》的訓釋參照的"無他伎",故以"專一"訓之,王肅的訓釋參照的是"休休"的"樂善"義,故以"守善"訓之。鄭玄對"休休"的訓釋與王、孔亦不同。《禮記·大學》釋文引鄭玄《尚書》注云:"〔休休〕,寬容貌。""休"常訓作"美""善"義,雖然"樂善""好善"和"寬容"義近,但《孔傳》、王肅的訓釋更貼近經義。

②《皋陶謨》:"<u>兢兢業業</u>,一日二日萬幾。"《孔傳》:"兢兢,戒慎。業業,危懼。"

"兢兢""業業",《孔傳》分別對應複音詞"戒慎"和"危懼"。《詩·小雅·小旻》"戰戰兢兢,如臨深淵",《毛傳》訓"兢兢"作"戒也",《詩·商頌·長發》"有震且業",《毛傳》訓"業"作"危"。《孔疏》:"《釋訓》云:'兢兢,戒也。業業,危也。'戒必慎,危必懼,傳言'慎''懼'以足之。"

③《洪範》:"無黨無偏,王道<u>平平</u>。"《孔傳》:"言辯治。"

"平平",《孔傳》以"言……"的形式,明確其義爲"辯治"。《詩·小雅·采菽》"平平左右,亦是率從",《毛傳》訓"平平"作"辯治也"。王先謙

---

① (清)王先謙撰,何晉點校:《尚書孔傳參正》,第984頁。

《參正》:"'平平',一作'便便'……《詩·采菽》'平平左右'釋文引《韓詩》作'便便',《韓詩》,今文;《毛詩》,古文。亦今文作'便便',古文作'平平'之證。"①《漢書·敍傳下》:"敞亦平平,文雅自贊。"顏師古注:"平讀曰便。便,辯也。"

b. 以合成詞釋連綿詞

被釋詞是連綿詞,釋詞爲合成詞。例如:

①《冏命》:"怵惕惟厲。"《孔傳》:"言常悚懼惟危。"

"怵惕"是雙聲連綿詞,《孔傳》訓作"悚懼",是並列合成詞。《孔疏》:"'怵惕'是心動之名,多憂懼之意也。'厲',訓危也,言常悚懼,惟恐傾危。《易》稱'夕惕若厲',即此義也。"

②《五子之歌》:"顔厚有忸怩。"《孔傳》:"忸怩,心慙,慙愧於仁人賢士。"

"忸怩",雙聲連綿詞,《孔傳》訓作"心慙",即慚愧義。《孔疏》云:"忸怩,羞不能言,心慙之狀。小人不足以知得失,故'慙愧於仁人賢士'。"

c. 以疊音詞釋疊音詞

以疊音詞釋疊音詞,即被釋詞與釋詞都是疊音詞。例如:

①《多方》:"亦則以穆穆在乃位。"《孔傳》:"亦則用敬敬常在汝位。"

《尚書孔傳》以"敬敬"訓"穆穆",除此之外,還有 2 見。《孔疏》:"《釋訓》云:'穆穆,敬也。'此戒小大正官之人,故云'敬敬常在汝位'。""穆"亦有"敬"義。《楚辭·九歌·東皇太一》"吉日兮辰良,穆將愉兮上皇"之"穆",王逸亦訓作"敬"。

②《顧命》:"眇眇予末小子。"《孔傳》:"言微微我淺末小子。"

"眇眇",《孔傳》訓作"微微"。《說文》:"眇,一目小也。"即眼睛小的意

---

① (清)王先謙撰,何晉點校:《尚書孔傳參正》,第 568 頁。

思,後引申爲細小、微小義。《莊子・德充符》"眇乎小哉"中,"眇"即微小義,故"眇眇"可以"微微"訓之。

③《大誥》:"天明畏,弼我丕丕基。"《孔傳》:"歎天之明德可畏,輔成我大大之基業。"

"丕丕",《孔傳》訓作"大大",《爾雅・釋訓》:"丕丕,大也。"《説文》:"丕,大也。"故"丕""大"義同。《立政》篇"率惟謀從容德,以並受此丕丕基"之"丕丕",《孔傳》亦訓作"大大"。

④《盤庚中》:"汝萬民乃不生生,暨予一人猷同心。"《孔傳》:"不進進謀同心徙。"

《尚書孔傳》以"進進"訓"生生",《孔疏》云:"物之生長,則必漸進,故以'生生'爲'進進'。王肅亦然。'進進',是同心原樂之意也。"

上文"斷斷""兢兢""休休"等疊音詞與此類中的被釋詞有所不同,前者是兩個字合在一起才有意義,不能拆開講,屬於單純複音詞。而何九盈在《古漢語詞彙講話》中認爲此類中的"敬敬""眇眇""丕丕""生生"以及上文的"業業"等形式上的疊音詞與其單字"敬""眇""丕""生""業"等的詞義有關係[1],應屬於合成複音詞或者稱之爲疊字詞。

d. 以合成詞釋合成詞

《五子之歌》:"鬱陶乎予心。"《孔傳》:"鬱陶,言哀思也。"

"鬱陶"是並列合成詞,《孔傳》以"某,言某"的形式,點明"鬱陶"的含義爲"哀思",憂思積聚貌。

5. 釋以同義詞組

這種訓詁方法,可分爲以下類型:

(1) 以詞組釋複音合成詞

①《君奭》:"弗克經歷。"《孔傳》:"不能經久歷遠。"

---

[1] 何九盈、蔣紹愚:《古漢語詞彙講話》,北京出版社,1980年,第27—28頁。

複音詞"經歷",《孔傳》以詞組"經久歷遠"訓釋。其中"經""歷"並不能對應訓作"經久"和"歷遠",只有"經歷"作爲一個整體時,才能訓作"經久歷遠"。也就是說"久"和"遠"是由"經歷"這個詞的整體意思推衍出來的,而不是"經"和"歷"本身所含有的意思。

②《畢命》:"道洽<u>政治</u>。"《孔傳》:"道至普洽,<u>政化治理</u>。"

"政治"一詞,《孔傳》訓作"政化治理",是政事得以治理之義。"治"可以訓作"治理",而"政"本身沒有"化"的意思,"化"有教化義,是由"道洽政治"推衍出來的詞義。

③《微子》:"今爾無指告予<u>顛隮</u>。"《孔傳》:"汝無指意告我殷邦<u>顛隕隮墜</u>。"

"顛隮"是並列合成詞,《孔傳》訓作"顛隕隮墜"。《孔疏》云:"'顛'謂從上而隕,'隮'謂墜於溝壑,皆滅亡之意也。"也就是說,"顛"和"隮"義近,都有跌落、損墜之義,兩者結合之後引申爲滅亡之義。"顛""隮"分別對應訓作"顛隕"和"隮墜"。《微子》"王子弗出,我乃顛隮"之"顛隮",《孔傳》在串講中訓作"損墜"。類似的還有"齊慄①,悚懼齊莊"等。

④《洛誥》:"予沖子,<u>夙夜</u>毖祀。"《孔傳》:"我童子徒<u>早起夜寐</u>。"

"夙夜",是並列合成詞,《孔傳》訓作"早起夜寐",表示日夜從事,勤勉的樣子。漢桓寬《鹽鐵論·刺復》"是以夙夜思念國家之用,寢而忘寐,飢而忘食"中的"夙夜"亦是此義。

⑤《仲虺之誥》:"好問則裕,<u>自用</u>則小。"《孔傳》:"問則有得,所以足,不問專固,所以小。"

"自用"是主謂合成詞,與"好問"的意思正好相反,《孔傳》訓作"不問專固",即不接受別人的意見,認爲自己的想法正確。成語"剛愎自用"中的

---

① 《大禹謨》"夔夔齊慄"孔傳。"齊慄"是同義複合詞,也作"齋慄",即敬慎恐懼貌。《孔疏》:"'夔夔'與'齋慄'共文,故爲悚懼之貌。"

“自用”也是這個意思。

（2）以詞組釋疊音（字）詞

①《泰誓》：“惟<u>截截</u>善諞言。”《孔傳》：“惟<u>察察便巧</u>，善爲辨佞之言。”

“截截”是疊音詞，巧辨貌，《孔傳》以並列詞組“察察便巧”訓之。“便”通“辨”，察看義。“察察”，明辨義，與“便巧”義近。《孔疏》：“‘截截’，猶‘察察’，明辯便巧之善。”《釋文》引馬融云：“〔截截〕，辭語截削省要也。”

②《泰誓下》：“爾其<u>孜孜</u>，奉予一人。”《孔傳》：“孜孜，勸勉不怠。”

“孜孜”是疊音詞，有勤勉、不懈怠之義，《孔傳》訓作“勸勉不怠”，亦是並列詞組。

③《泰誓中》：“百姓<u>懍懍</u>，若崩厥角。”《孔傳》：“言民畏紂之虐，<u>危懼不安</u>，若崩摧其角，無所容頭。”

“懍懍”是疊字詞，危懼、戒慎貌，《孔傳》以並列詞組“危懼不安”訓之。“危懼”與“不安”義近。《孔疏》：“‘懍懍’是怖懼之意，言民畏紂之虐，危懼不安，其志懍懍然。”

（3）以詞組釋詞組

①《微子之命》：“乃祖成湯，克<u>齊聖廣淵</u>。”《孔傳》：“言汝祖成湯，能<u>齊德聖達，廣大深遠</u>，澤流後世。”

“齊聖廣淵”，《孔傳》訓作“齊德聖達，廣大深遠”，把它當成了一個固定詞組。《左傳·文公十八年》有“昔高陽氏有才子八人……齊聖廣淵，明允篤誠。天下之民，謂之八愷”。此時，“齊聖廣淵”是指四種美好的德行。孔穎達《疏》云：“齊者，中也，率心由道，舉措皆中也。聖者，通也，博達衆務，庶事盡通也。廣也，寬也，器宇宏大，度量寬弘。淵者，深也，知能周備，思慮深遠也。”後來“齊聖廣淵”作爲成語，用來稱讚聖賢的品性德行。

②《費誓》：“汝則有無<u>餘刑</u>非殺。”《孔傳》：“汝則有無<u>餘之刑</u>。刑者非一也，然亦非殺汝。”

詞組"無餘刑"是法律術語,刑罰的一種,重於常刑,輕於死刑。《孔傳》先是訓作"無餘之刑",然後具體解釋作"刑者非一也,然亦非殺汝"。即並非僅一人受刑,但又不至於處死。《孔疏》引王肅注云:"汝則有無餘刑,父母妻子同產皆坐之,無遺免之者,故謂無餘之刑。然入於罪隸,亦不殺之。"又引鄭玄注:"無餘刑非殺者,謂盡奴其妻子,不遺其種類,在軍使給廝役,反則入於罪隸、舂槀,不殺之。"鄭、王、孔注類似,但鄭、王注較《孔傳》稍詳,把受刑對象及所受之刑均作明確,但不知所據爲何。

以上是從形式上,對《尚書孔傳》普通語詞"互訓"這一訓詁方法的考察。

下面再從内容上對"互訓"進行探討,主要有"釋以本義"和"釋以引申義"兩種情況。

1. 釋以本義

所謂本義是指一個詞本來的意義,即有文字形體可考、有文獻資料可證的最古的意義。

《尚書孔傳》釋詁和釋言中有很多是對被釋詞本義的訓釋。像"爽"訓作"明","孕"訓作"懷子","承"訓作"奉","降"訓作"下","儆"訓作"戒","訟"訓作"爭訟"等等。對本義的判斷,本書一般以《説文解字》爲參照。[1]例如:

①《大禹謨》:"降水儆予。"《孔傳》:"儆,戒也。"

"儆",《孔傳》以"戒"訓之。《説文》:"儆,戒也。""戒"是"儆"的本義。《伊訓》"制官刑,儆于有位"中,《孔傳》以"儆戒"訓"儆",也説明"儆""戒"同義。《國語·魯語》"夜儆百工,使無慆淫",韋昭亦訓"儆"作"戒"。

②《太甲中》:"皇天眷佑有商。"《孔傳》:"乃天之顧佑商家。"

"眷",《孔傳》訓作"顧"。《説文》:"眷,顧也。……《詩》曰:'乃眷西顧。'"段玉裁注:"顧者,還視也。眷者,顧之深也。顧止於側而已,眷則至於反。"也就是説,"顧"雖是"眷"的本義,兩者還是有細微的差別。《大禹謨》"皇天眷命,奄有四海"之"眷",《孔傳》直接單獨訓作"視",外延較"眷"更廣。

---

[1] 黄侃曾以"《説文》不盡爲本義,《爾雅》不盡爲引申義"爲題進行探討,所以要注意分辨《説文》所釋是否本義。參見《文字聲韻訓詁筆記》第 232 頁。

③《盤庚中》:"永敬大<u>恤</u>,無胥絶遠。"《孔傳》:"長敬我言,大<u>憂</u>行之,無相與絶遠棄廢之。"

"恤",《孔傳》訓作"憂",憂慮義。《爾雅·釋詁》《説文》均云:"恤,憂也。""憂"是"恤"的本義。"恤"訓作"憂",《孔傳》15見,屬於常訓。《詩·小雅·杕杜》:"而多爲恤",《毛傳》訓"恤"作"憂"。《國語·晉語》:"君欲勿恤,其可乎? 若大難至而恤之,其何及矣。"韋昭注亦訓"恤"作"憂"。

④《武成》:"爲天下<u>逋</u>逃主。"《孔傳》:"逋,亡也。"

"逋",《孔傳》訓作"亡也",是"逃亡"義。《孔疏》:"'逋'亦逃也,故以爲亡。"《説文》:"逋,亡。""亡"是"逋"的本義。《左傳·僖公十五年》:"六年其逋,逃歸其國。"杜預亦訓"逋"作"亡"。

⑤《康誥》:"我西土惟時<u>怙</u>。"《孔傳》:"我西土岐周,惟是<u>怙恃</u>文王之道。"

"怙",《孔傳》對應訓作"怙恃",有"依賴、憑恃"之義。《説文》:"怙,恃也。""恃"是"怙"的本義。故《孔傳》增"恃"字,以"怙恃"訓"怙",也證明了"怙""恃"同義。《畢命》"怙侈滅義"之"怙",《孔傳》亦以"怙恃"訓之。

按:《康誥》經文"越我一二邦以修。我西土惟時怙,冒聞于上帝,帝休",劉起釪《尚書校釋譯論》句讀作"越我一二邦,以修我西土,惟時怙冒聞于上帝,帝休"。[①] 劉起釪引于省吾《尚書新證》云:"僞孔訓'怙'爲怙恃文王之道,王引之讀'惟時怙冒'句,訓'怙冒'爲'大懋勉',並非。按《君奭》'冒聞于上帝'與此同,則讀至'冒'字句絶者非也。'時'讀'是','怙'即'古',即'故'。……王鳴盛云:'冒有上進義。''惟時怙冒聞于上帝'者,承上'越我一二邦,以修我西土',言'惟是之故上聞于上帝'也。"劉起釪同意于省吾的看法,即"怙"是"古",即"故",亦可備一説。

由上可見,釋詞作爲被釋詞的本義,有的是直接使用《説文》所列之義,有的是在《説文》所列之義的基礎上增加一個近義詞或同義詞,以同義複合詞訓釋被釋詞,像"怙"訓作"怙恃",即是如此。

---

① 顧頡剛、劉起釪:《尚書校釋譯論》,第1306頁。

2. 釋以引申義

所謂引申義,是從本義引申出來的意義。

《尚書孔傳》以引申義訓釋被釋詞的情況也很多。如“擾”訓作“亂”,“條”訓作“長”,“陟”訓作“升”,“厎”訓作“致”,“眚”訓作“過失”,等等。釋詞都是在被釋詞本義基礎上的引申。引申義的判斷,也是以《説文》所列之義爲參照。例如:

①《皋陶謨》:“彰厥有常,吉哉!”《孔傳》:“彰,明。”

“彰”,《尚書孔傳》訓作“明”,而《説文》訓作“文彰”,有錯綜駁雜的花紋或色彩的意思,可見“明”非“彰”的本義,而是在本義基礎上的引申。“彰”訓作“明”是常訓,《孔傳》9 見。雖然釋詞均作“明”,但其意思並不一樣,像本例“彰厥有常”之“彰”,是彰顯、顯揚義;《湯誥》“降災于夏,以彰厥罪”之“彰”,《孔傳》對應訓作“明”,卻是揭露、昭示義;《伊訓》“聖謨洋洋,嘉言孔彰”之“彰”,也訓作“明”,卻是顯著義。

②《説命上》:“王言,惟作命,不言,臣下罔攸稟令。”《孔傳》:“稟,受。”

“稟”《孔傳》訓作“受”,即“接受”義。《説文》:“稟,賜人以穀。”與“受”義相反。段玉裁注:“凡賜穀曰稟,受賜亦曰稟。”故“受”是“稟”本義的引申義。

③《益稷》:“外薄四海,咸建五長。”《孔傳》:“薄,迫也。”

“薄”,《孔傳》訓作“迫”。《孔疏》云:“《釋言》云:‘逼,迫也。’‘薄’者,逼近之義,故云迫也。”《酒誥》“矧惟若疇圻父,薄違農父”之“薄”,《孔傳》亦訓作“迫”。但“迫”並非“薄”的本義。《説文》:“薄,林薄也。”即草木叢生處。《淮南子·俶真訓》“鳥飛千仞之上,獸走叢薄之中”之“薄”,高誘注作“聚木曰叢,深草曰薄”,基本取其本義。段玉裁注:“《吳都賦》:‘傾藪薄。’劉〔逵〕注曰:‘薄,不入之叢也。’按:林木相迫不可入曰薄。”也就是説,“迫”是“薄”的引申義。

④《酒誥》:“純其藝黍稷。”《孔傳》:“爲純一之行,其當勤種黍稷。”

"純",《孔傳》訓作"純一",即純粹、專一之義。但"純"的本義是"絲",《説文》:"純,絲也。"即蠶絲,引申爲"同一顔色的絲織品",進而引申爲"不含雜質"以及"專一和單純"。《國語·周語上》:"帥舊德,而守終純固。"韋昭注:"純,專也。"

通過研究,發現不論是訓釋本義還是引申義,《孔傳》所用的釋詞,都是被釋詞在句子中的意思。特别是串講當中的訓詁,更是在句義清晰的基礎上,再把詞義從中理順出來,反映出《尚書孔傳》隨文釋義的特點。

（二）設立界説

設立界説,也叫義界。陸宗達《訓詁簡論》認爲義界是"用一句話或幾句話來闡明詞義的界限,對詞所表示的概念的内涵作出闡述或定義"。[1]《尚書孔傳》在普通語詞的訓釋中常常使用這個方法。常用的訓詁術語有"某曰某""某稱某""某爲某""某謂之某""某,謂某"等。例如:

①《益稷》:"皋陶拜手稽首颺言曰:'念哉!'"《孔傳》:"大言而疾曰颺。"

《尚書孔傳》以"大言而疾曰颺"爲"颺"下了定義。劉起釪《譯論》引王充耘《〔讀〕書管見》云:"所謂颺言者,乃歌之漸,非大言而疾也。與'工以納言,時而颺之'者同,蓋有韻則爲歌,無韻則爲言。而兩語皆以'欽哉'繫其後,有咏歎歌颺之意,亦歌之類也。"劉起釪認爲:"大抵釋'颺'爲'揚',即是,不必争執是否大言而疾。孫氏《注疏》據《爾雅·釋詁》云:'揚,續也。'但又引郭璞《爾雅》注云:'未詳。'皮氏《考證》則云:'《釋詁》云:'賡、揚,續也。'史公作"揚",當訓爲"續"。承上作歌而言,謂拜手稽首而續言也。'則可將此句説通。"[2]《孔傳》的訓釋準確與否先不做討論,這種使用"某曰某"術語,被釋詞在後,釋語在前的訓釋方法卻是《孔傳》最常用的下定義方式。類似的還有"大崩曰敗績"、"用功少曰略"、"不期而會曰遇"等。

②《無逸》:"不聞小人之勞,惟耽樂之從。"《孔傳》:"過樂謂之耽。"

《尚書孔傳》以"過樂謂之耽"爲"耽"作了定義。"耽"有"樂"義,《無逸》"今日耽樂"中,"耽樂"連言,《孔傳》訓作"樂"。《詩·衛風·氓》"于嗟

---

① 陸宗達:《訓詁簡論》,第 161 頁。
② 顧頡剛、劉起釪:《尚書校釋譯論》,第 497 頁。

女兮,無與士耽"之"耽",《毛傳》亦訓作"樂"。此例當中也是被釋詞在后,釋語在前,類似的還有"以酒爲凶謂之酗""於事無不通謂之聖"等。

③《堯典》:"嚚子,父頑,母嚚,象傲。"《孔傳》:"心不則德義之經爲頑。"

例③《孔傳》則以"某爲某"的方式爲"頑"下了定義。"心不則德義之經"出自《左傳·僖公二十四年》。這也説明,《孔傳》的訓釋的手段非常豐富,不僅利用同義或近義詞訓釋,還會引用前人的經書典籍進行訓釋,顯示出作傳之人的學識和融會貫通的能力。採用"某爲某"的方式進行定義的例子還有"發氣爲言"、"十萬爲億"等。

④《禹貢》:"厥賦惟上上錯。"《孔傳》:"賦,謂土地所生,以供天子。"

《説文》:"賦,斂也。"即斂取、徵收義。此處根據上下文則是"進貢天子的東西",故《孔傳》以"賦,謂土地所生,以供天子"來對"賦"定義。《孔疏》:"'賦'者税斂之名……謂税穀以供天子。"此例採用的訓詁術語"某,謂某",被釋詞在前,釋語在後。類似的還有"顧,謂常目在之"、"倍差,謂倍之又半"等。

⑤《堯典》:"申命和叔,宅朔方,曰幽都。平在朔易。"《孔傳》:"北稱朔,亦稱方。"

《孔傳》"北稱朔,亦稱方",給"朔"下了個定義。《孔疏》:"《釋訓》云:'朔,北方也。'舍人曰:'朔,盡也。北方萬物盡,故言朔也。'李巡曰:'萬物盡於北方,蘇而復生,故言北方。'是'北稱朔'也。羲和主四方之官,四時皆應言'方',于此言'方'者,即三方皆見矣。"

⑥《召誥》:"三月惟丙午朏。"《孔傳》:"朏,明也,月三日明生之名。"

《尚書孔傳》以"朏,明也,月三日明生之名"訓釋"朏"。以單音詞"明"訓釋,并不能完全明確"朏"的意思,所以又進一步爲"朏"下了定義"月三日明生之名"。《孔疏》:"《説文》云:'朏,月未盛之明',故爲'明'也。《〔逸〕

周書·月令》云：'三日粵朏。''朏'字從月出，是入月三日明生之名也。"類似的例子還有"煢，單，無兄弟"等。

⑦《大禹謨》："帝德廣運，乃聖乃神，乃武乃文。"《孔傳》："聖，無所不通。"

《尚書孔傳》直接以"無所不通"定義"聖"，也没有像前四例那樣使用訓詁術語。《孔疏》："《洪範》云'睿作聖'，言通知衆事，故爲'無所不通'。"類似的例子還有直接把"富"訓作"財豐備"，把"貧"訓作"困於財"等。

⑧《康誥》："矧惟不孝不友？"《孔傳》："況不善父母，不友兄弟者乎？"

上例中，《孔傳》以"善父母"和"友兄弟"分別爲"孝"和"友"進行了訓釋。《文侯之命》"追孝于前文人"中，《孔傳》以"繼先祖之志爲孝"訓釋"孝"。《孔疏》："先祖之志，在於平定天下，故子孫繼父祖之志爲孝也。"《牧誓》"我友邦冢君"中，《孔傳》以"同志爲友"訓"友"，對"友"的内涵作了闡釋。雖然對"孝"和"友"界定不同，但都是"孝"和"友"的不同表現形式。

⑨《益稷》："元首叢脞哉！"《孔傳》："叢脞，細碎無大略。"

"叢脞"，《孔傳》訓作"細碎無大略"，即瑣碎、雜亂義。《釋文》引馬融云："叢，總也。脞，小也。"《孔疏》："孔以'叢脞'爲細碎無大略，鄭〔玄〕以'叢脞總聚小小之事以亂大政'，皆是以意言耳。"也就是説鄭、孔的訓釋雖然略有不同，但都把"叢脞"當成一個整體進行訓釋，而馬融則是拆開訓釋的。

⑩《冏命》："昔在文武，聰明齊聖。"《孔傳》："聰明，視聽遠。齊通，無滯礙。"

"聰明"，《孔傳》訓作"視聽遠"。"聰""明"分別針對耳目來説，合在一起表示視聽靈敏。《孔疏》云："聰發於耳，明發於目，故爲'視聽遠'也。"

以上是設立界説的訓釋方法。這種方法常常使用訓詁術語來完成，當然也有不用訓詁術語，直接定義的。相比前面的"互訓"的訓釋方法，設立界説的方法對詞義的訓釋更加明確、直接。

(三) 變換形式釋義

變換形式釋義的訓詁方法有改變被釋詞語素順序、以否定形式釋肯定形式、以肯定形式釋否定形式幾種情況。

1. 倒置釋義

《尚書孔傳》有時通過倒置被釋複合詞兩個語素進行訓釋,即把"AB"被釋詞倒置爲"BA"作釋詞。倒置後,有的複合詞的語法結構會産生變化,但含義不變。例如:

①《洛誥》:"惟公德明光于上下。"《孔傳》:"言公明德光於天地。"

"德明"是主謂複合詞,《孔傳》串講中對應訓作"明德",變成了偏正複合詞。

②《禹貢》:"禹錫玄圭,告厥成功。"《孔傳》:"故堯賜玄圭以彰顯之。言天功成。"

"成功"是動賓複合詞,《孔傳》訓作"功成",變成主謂複合詞。雖然語法結構改變了,但是意思不變。

③《康誥》:"乃其乂民。"《孔傳》:"其乃治民。"

"乃其"連文,"乃"即"其",故《孔傳》倒置"乃其"作"其乃",意思不變。王引之《經傳釋詞》卷六①云:"'乃'由'其'也。……'乃'與'其'同義,故或以'乃其'連文,互見'其'字下。"

此外,《微子》"用亂敗厥德于下"之"亂敗",《旅獒》"德盛不狎侮"之"德盛",以及《畢命》"資富能訓"之"資富",《孔傳》分別對應訓作"敗亂""盛德"和"富資",均是類似的情況。

有的雖然也是倒置釋義,且語法結構未發生改變,但中間稍有輾轉。例如:

④《盤庚上》:"胥及逸勤。"《孔傳》:"相與同勞逸。"

---

① (清) 王引之撰,李花蕾點校:《經傳釋詞》,上海古籍出版社,2014 年,第 120 頁。

並列複合詞"逸勤"之"勤",可以訓作"勞",即"逸勤"可作"逸勞",而《孔傳》則是把"逸勞"倒置,訓作"勞逸"。這也屬於倒置釋義的一種類型。

2. 以否定形式釋肯定形式

上文以詞組訓釋的例句中,有的詞組是用肯定詞加否定詞組合而成的,像"勤勉不怠""危懼不安""不問專固"等。此外,還有僅以否定形式訓釋的情況。例如:

①《大禹謨》:"后克艱厥后,臣克艱厥臣。"《孔傳》:"能知爲君難,爲臣不易。"

"艱"有難的意思,其反義詞是"易",反義詞的否定形式就是"難"的意思,故《孔傳》以"不易"訓"難"。《孔疏》云:"'爲君難,爲臣不易',《論語》文。"也就是說,《孔傳》的訓釋是有出處的。類似的還有"陂,不正"、"側,不正"等。

②《太甲中》:"奉先思孝,接下思恭。"《孔傳》:"以念祖德爲孝,以不驕慢爲恭。"

"恭",有敬義,敬的反義詞就是不敬,即驕慢,故《孔傳》以"驕慢"的否定形式"不驕慢"訓"恭"。和上例類似。

③《冏命》:"小大之臣,咸懷忠良。"《孔傳》:"臣雖官有尊卑,無不忠良。"

"咸"一般訓作"皆"義,《孔傳》30見。此例中《孔傳》以"無不"訓"咸",即是雙重否定的形式表示肯定義。

④《説命中》:"惟事事乃其有備。"《孔傳》:"事事,非一事。"

"事事"就是每件事,《孔傳》以否定形式"非一事"訓之。類似的還有"旁,非一方"等。

⑤《益稷》:"罔晝夜頟頟。"《孔傳》:"無晝夜常頟頟肆惡無休息。"

"頿頿",《孔傳》訓作"無休息"。《孔疏》:"'頿頿',是不休息之意,⋯⋯晝夜常頿頿然縱恣爲惡,無休息時也。"蔡沈《集傳》"頿頿,不休息之狀",亦采此釋。

⑥《益稷》:"予思日<u>孜孜</u>。"《孔傳》:"言己思日孜孜<u>不怠</u>。"

"孜孜",此處《孔傳》對應"孜孜不怠",即"孜孜"訓作"不怠",即不懈怠,勤勉的樣子,是用否定形式進行訓釋。《孔疏》:"孜孜者,勉功①不怠之意。"

3. 以肯定形式釋否定形式

否定形式的被釋詞,《尚書孔傳》有時會用肯定形式進行釋義。例如:

①《洪範》:"家用<u>不寧</u>。"《孔傳》:"國家<u>亂</u>。"

"不寧",是"寧"的否定形式,"寧"的反義詞是"亂",故《孔傳》以"亂"訓"不寧"。類似的還有"不違"訓作"從","不明"訓作"闇",等等。

②《旅獒》:"<u>不矜</u>細行,終累大德。"《孔傳》:"<u>輕忽</u>小物,積害毀大。"

"不矜"是"矜"的否定形式,"矜"有憐惜、在乎義,《泰誓上》"天矜于民"之"矜",《孔傳》訓作"憐也"。故《孔傳》以"矜"的反義詞"輕忽"訓"不矜",即不在乎、輕視義。

③《大禹謨》:"任賢<u>勿貳</u>,去邪<u>勿疑</u>。"《孔傳》:"<u>一意</u>任賢,<u>果</u>於去邪。"

"勿貳""勿疑"《孔傳》分別訓作"一意"和"果",也是以肯定形式的釋詞訓釋否定形式的被釋詞。

④《伊訓》:"山川鬼神,亦<u>莫不</u>寧,"《孔傳》:"莫,無也。言<u>皆</u>安之。"

"莫不"是雙重否定形式的被釋詞,《尚書孔傳》串講中以"皆"訓之,亦

---

① "功",單、八、魏、毛作"力",是。參見杜澤遜《尚書注疏彙校》第663頁。

是以肯定形式的釋詞訓釋否定形式的被釋詞。

（四）連訓釋義

連訓，即《尚書孔傳》對同一被釋詞連續訓釋兩次。第二次是對第一次的進一步説明和强調。例如：

①《大禹謨》："無稽之言勿聽,弗詢之謀勿庸。"《孔傳》："無考,無信驗;不詢,專獨。"

"無稽""弗詢"作爲被釋詞《孔傳》未出現,因"稽"訓作"考","弗"訓作"不"是常訓,故省略之後不影響讀者的理解。《孔傳》先將"無稽""弗詢"分别訓作"無考"和"不詢",又進一步訓"無考"作"無信驗",訓"不詢"作"專獨",使得被釋詞的意思更加明晰。

②《秦誓》："邦之杌隉。"《孔傳》："杌隉,不安,言危也。"

"杌隉",是連綿詞,《孔傳》以"不安"和"危"連訓。其中"不安"是偏正結構的合成詞,與"危"義近。孫星衍《注疏》："'杌',俗字。《説文》作'阢',引見'隉'下,云:'隉,危也。'班固説:'不安也。'《周書》曰:'邦之阢隉。'讀若'虹蜺之蜺'。又云:'阢,石山戴土也。'"①"杌隉"連文,作爲連綿詞,表示不安、危險義。

④《冏命》："昔在文武,聰明齊聖。"《孔傳》："齊通,無滯礙。"

"齊聖"是並列合成詞,《孔傳》省略被釋詞"齊聖",以"齊通"和"無滯礙"連訓。"聖"有通義。《洪範》"聰作謀,睿作聖"之"聖",《孔傳》訓作"於事無不通謂之聖"。又《詩·小雅·小旻》"國雖靡止,或聖或否"中,《毛傳》以"通聖"訓之。故"齊聖"即"齊通",《孔疏》云:"'齊',訓中也,'聖',訓通也,動必得中,通而先識,是'無滯礙'也。"

二、《尚書孔傳》釋詁、釋言類語詞使用的其他訓詁方法

除了互訓、設立界説、變換形式釋義、連訓釋義這幾個普通語詞共用的訓詁方法外,釋詁、釋言類語詞還使用其他的訓詁方法。

---

① （清）孫星衍撰,陳抗、盛冬鈴點校:《尚書今古文注疏》,第555頁。

（一）連類辨析釋義

連類辨析釋義是指把詞性相同、詞義相近的普通語詞放在一起，主要對其差異進行訓釋。例如：

①《泰誓下》："爾衆士其尚迪果毅，以登乃辟。"《孔傳》："殺敵爲果，致果爲毅。"

"果""毅"，《孔傳》訓作"殺敵爲果，致果爲毅"。兩者都是形容詞，意思相近。《孔疏》云："'殺敵爲果，致果爲毅'，宣二年《左傳》文。'果'，謂果敢，'毅'，謂强決。能殺敵人謂之爲'果'，言能果敢以除賊；致此果敢是名爲'毅'，言能强決以立功，皆言其心不猶豫也。"也就是説，"果"和"毅"雖然都有勇敢、强決之義，但"毅"在"果"的基礎上産生，比"果"的程度更深。而且"殺敵爲果"把"果"具體化，是用具體釋抽象的訓釋方法。

②《盤庚中》："顛越不恭，暫遇姦宄。"《孔傳》："暫遇人而劫奪之，爲姦於外，爲宄於内。"

"姦""宄"，都是指違法作亂的事情。《孔傳》訓作"爲姦於外，爲宄於内"，强調了"姦""宄"使用的語境不同，《孔疏》云："成十七年《左傳》曰'亂在外爲姦，在内爲宄'，是劫奪之事，故以劫奪解其'姦宄'也。"《君陳》"狃于姦宄，敗常亂俗"之"姦宄"，《孔傳》訓作"姦宄兇惡"，即"姦宄"爲"兇惡"義。

③《費誓》："魯人三郊三遂，峙乃楨榦。"《孔傳》："題曰楨，旁曰榦。"

《爾雅·釋詁》："楨，榦也。""楨""榦"都是築墻時所用的木柱，《孔傳》訓作"題曰楨，旁曰榦"，即兩者的區別在於使用的位置。《孔疏》云："舍人曰：'楨，正也，築墻所立兩木也。榦，所以當墻兩邊障土者。'"

以上三個被釋詞中，"果毅""姦宄"的訓釋《孔傳》引用了《左傳》的原文，一方面能够準確訓釋，另一方面也反映了注者對經典的重視和熟悉。

（二）聲訓

聲訓也叫音訓，王力《同源字典》認爲"聲訓，是以同音或音近的字作爲訓詁，這是古人尋求語源的一種方法"[1]，即因聲求義。釋詞與被釋詞之間

---

[1] 王力：《同源字典》，中華書局，《王力全集》，2014 年，第 8 頁。

需滿足讀音相同或相近、意義相通這兩個條件。聲訓的方法早在先秦時期就已萌芽,散見於諸子論著中。如《孟子·滕文公上》:"庠者養也,校者教也"。兩漢和魏晉時期,是聲訓的繁盛時期。聲訓雖然存在一些缺點,但其在詞語考證和訓釋中仍有很大的作用。

《尚書孔傳》釋詁、釋言類普通語詞的聲訓,主要有雙聲爲訓、疊韻爲訓以及同音爲訓三種,所依據的古音均爲上古音。筆者參考王力《同源字典》和郭錫良《漢字古音手冊》進行探討。

1. 雙聲爲訓

雙聲爲訓,即利用釋詞與被釋詞的雙聲關係,訓釋被釋詞的含義。例如:

①《盤庚下》:"肆予沖人。"《孔傳》:"沖,童。"

"沖",古定母冬部;"童",古定母東部,兩者古聲母相同,可以通用,故《孔傳》以"童"訓"沖"。《孔疏》:"'沖''童'聲相近,皆是幼小之名。"

②《五子之歌》:"嗚呼!曷歸?"《孔傳》:"曷,何也。"

"曷",訓作"何",《孔傳》16見。"曷",古匣母月部;"何",古匣母歌部,兩者同聲通用。《説文》:"曷,何也。"段玉裁注:"雙聲也。《詩》有言'曷'者,如'曷不肅雝',《箋》云:'曷,何也。'有言'害'者。如'害澣害不',《傳》云:'害,何也。''害'者,'曷'之假借字。《詩》《書》多以'害'爲'曷'。"《廣雅·釋詁》:"害、曷、胡、盍,何也。"《疏證》:"皆一聲之轉也。"故《太甲下》"弗慮胡獲?弗爲胡成"之"胡",《孔傳》亦訓作"何"。

2. 疊韻爲訓

疊韻爲訓,即利用釋詞和被釋詞是疊韻關係,訓釋被釋詞的含義。例如:

①《洪範》:"是彝是訓。"《孔傳》:"不失其常,則人皆是順矣。"

"訓",訓作"順",《孔傳》12見。"訓",古曉母文部;"順",古船母文部,兩者古疊韻。故《孔傳》以"順"釋"訓"。《洪範》"于帝其訓,是訓是行"之"訓",《史記·宋世家》皆作"順"。

②《堯典》:"湯湯洪水方<u>割</u>。"《孔傳》:"割,害也。言大水方方爲害。"

"害",古匣母月部;"割",古見母月部,兩者古疊韻而通用。《釋名·釋天》:"害,割也,如割削物也。"而《孔疏》則試圖從語義上爲兩者找關係"刀害爲割,故'割'爲害也",稍顯牽强。

③《金縢》:"<u>植</u>璧秉珪。"《孔傳》:"植,置也,置於三王之坐。"

"植",古禪母職部;置,古端母職部,兩者古疊韻,故成訓。孫星衍《注疏》:"史遷'植'作'戴','珪'作'圭'。鄭康成曰:植,古置字。"①
按:"植璧秉珪","清華簡"《金縢》篇作"秉璧植珪"②。璧是一種平圓形、中心有孔的玉器。圭是一種上尖下方的玉器,"清華簡"作"秉璧植珪",更符合所持對象的特點。

3. 同音爲訓

同音爲訓,即利用釋詞與被釋詞是雙聲疊韻關係,訓釋被釋詞的含義。例如:

①《太甲上》:"先王顧<u>諟</u>天之明命。"《孔傳》:"諟,是也。"

"諟""是",古並禪母支部,故《孔傳》以"是"訓"諟"。《孔疏》:"'諟'與'是',古今之字異,故變文爲'是'也。"也就是説,"諟"和"是"用聲訓的方式體現了其古今字的性質。

②《湯誓》:"我后不恤我衆,舍我穡事,而割<u>正</u>夏③。"《孔傳》:"正,政也。言奪民農功,而爲割剥之政。"

"正""政",古並章母耕部字,故以"政"訓"正"。《釋名·釋言語》:"政,正也。下所取正也。"《甘誓》:"御非其馬之正"之"正",《孔傳》在申講中亦訓作"政"。《微子》"亂正四方",《史記·宋微子世家》作"亂政四方"。

---

① (清)孫星衍撰,陳抗、盛冬鈴點校:《尚書今古文注疏》,第 325 頁。
② 清華大學出土文獻研究與保護中心編,李學勤主編:《清華大學藏戰國竹簡》(壹),第 14 頁。
③ 據《孔傳》訓釋,疑經文"而割正夏",衍一"夏"字。王引之《經義述聞》卷三:"《史記·殷本紀》'舍我嗇事而割政'是其證矣。《正義》曰:'舍廢我稼穡之事,奪我農功之業,而爲割剥之政於夏邑',則唐初本已有夏字,此即涉下文'率割夏邑'而誤衍耳。"

③《康誥》:"用其義刑義殺。"《孔傳》:"義,宜也。用舊法典刑,宜於時世者以刑殺。"

"義""宜",古並疑母歌部,故《孔傳》以"宜"訓"義"。《釋名·釋言語》:"義,宜也。裁制事物,使各宜也。"《廣雅·釋言》:"義,宜也。"《疏證》:"《祭義》云:'義者,宜此者也。'《中庸》云:'義者,宜也。'"①《旅·象傳》曰:"以旅在上,其義焚也。"《釋文》:"一本作'宜其焚也'。"亦"義""宜"通用之證。

聲訓還有一種情況是被釋詞是釋詞的合音,即被釋詞與釋詞上字的同聲母,與釋詞下字同韻部。例如:

④《說命上》:"使百工營求諸野,得諸傅巖。"《孔傳》:"使百官以所夢之形②象,經求之於野③,得之於傅巖之谿。"

"諸"是代詞"之"和介詞"於"的合音。"諸""之",古並章母;"諸""於",古並魚部,故《孔傳》以"之於"訓"諸"。《廣雅·釋言》:"諸,之也。"《疏證》:"一聲之轉也。'諸'者'之於'之合聲,故'諸'訓爲'之',又訓爲'於'。"《禮記·檀弓上》"兄弟,吾哭諸廟"和《論語·衛靈公》"子張書諸紳"之"諸"都可以看作是"之於"的合音。

(三) 釋假借義

文字相通假是以聲音相同或相近爲前提。辨明正字與借字,也是以音同或音近爲重要依據之一。因此,假借釋義亦屬於聲訓。《孔傳》做《毛傳》,在訓釋時不用"讀若""讀爲"等表示假借關係的專門術語。遇到假借字時,《孔傳》或把它作爲正字進行解釋,或以正字解釋借字。例如:

1. 以假借字作正字訓釋

①《大誥》:"殷小腆,誕敢紀其敘。"《孔傳》:"言殷後小腆腆之祿父,大敢紀其王業。"

"敘",今文作"序",《孔傳》對應訓作"業"。"敘"本無"業"義,此借

---

① (清) 王念孫:《廣雅疏證》,鳳凰出版社,2000 年,第 145 頁下。
② "形",八行本作"刑",其他諸本均做"形"。參見杜澤遜《尚書注疏彙校》第 1439 頁。
③ "八、李、王、纂、魏、平、岳、毛、殿、庫'經'下有'營'字,'野'上有'外'字",當是監本脫。參見杜澤遜《尚書注疏彙校》第 1439 頁。

"敘"爲"緒"。《爾雅·釋詁》:"業,緒也。"《詩·魯頌·閟宫》"纘禹之緒",《毛傳》訓"緒"作"業"。《君牙》"嗣守文、武、成、康遺緒"、《五子之歌》"荒墜厥緒,覆宗絶祀"和《太甲上》"肆嗣王丕承基緒"之"緒",《孔傳》俱訓作"業"。

②《盤庚上》:"世選爾勞。"《孔傳》:"選,數也。言我世世選①汝功勤。"

《尚書孔傳》"選,數也",但是"選"本無"數"義,此借"選"爲"算"。"算"有"數"義,《説文》:"算,數也。"《孔疏》:"《釋詁》云:'算,數也。'舍人曰:'釋數之曰算。''選'即算也,故訓爲數。"

劉起釪《譯論》②引俞樾云"選當讀爲纂",認爲"世纂爾勞"者,世繼爾勞。可備一説。

③《無逸》:"無皇曰。"《孔傳》:"無敢自暇曰。"

"皇",《孔傳》訓作"暇"。"皇"本無"暇"義,此借"皇"爲"遑",作閑暇、空閑義。《詩·召南·殷其靁》"何斯違斯? 莫敢或遑"、《詩·小雅·四牡》:"王事靡盬,不遑啓處"之"遑",《毛傳》俱訓作"暇"。

④《多方》:"洪舒于民。"《孔傳》:"而大舒惰於治民。"

"舒",《孔傳》訓作"舒惰",但"舒"並無"惰"義,此處借"舒"爲"豫"。段玉裁《説文解字注·予部》:"舒,經傳……或假豫。"《洪範》"曰豫,恒燠若"之"豫",鄭、王本"豫"作"舒";《史記·五帝本紀》"富而不驕,貴而不舒"之"不舒",《大戴禮》作"不豫"等是其證。

⑤《武成》:"越翼日癸巳,王朝步自周,于征伐商。"《孔傳》:"翼,明。"

"翼"訓作"明",《孔傳》6見。"翼"本身没有"明"義,此處借"翼"爲"翌",《爾雅·釋言》:"翌,明也。"《説文》"昱"字下云"明日也",清朱駿聲《説文通訓定聲·頤部》:"翼,又爲'翌',實爲'昱'。《金縢》'王翼日乃

---

① "選",八、李、纂、魏、平、岳、永、毛本作"數",是。參見杜澤遜《尚書注疏彙校》第1340頁。
② 顧頡剛、劉起釪:《尚書校釋譯論》,第945頁。

癠’,《傳》‘明’也。《廣雅·釋訓》:‘翼翼,明也。’”①

⑥《顧命》:“王三宿,三祭,三咤。”《孔傳》:“王三進爵,三祭酒,三奠爵。”

“宿”,《孔傳》訓作“進”,但“宿”並無“進”義,此處借“宿”爲“肅”。“肅”有進義,《孔疏》:“《釋詁》云:‘肅,進也。’‘宿’即肅也,故以宿爵而續送。”《禮記·曲禮上》:“主人肅客而入。”鄭玄注:“肅,進也。”“宿”假借作“肅”,《儀禮》鄭注也有用例,如《儀禮·士冠禮》“乃宿賓”,鄭玄訓“宿”作“進”;又《特牲饋食禮》“乃宿尸”,鄭玄注云“宿讀爲肅。肅,進也”,都揭示了“宿”爲“肅”的假借。

2. 以正字釋假借字

①《文侯之命》:“閔予小子嗣,造天丕愆。”《孔傳》:“言我小子而遭天大罪過。”

“造”的本義爲“就”,有成就、功績義,此假借爲“遭”,《孔傳》即以“遭”釋之,即遭受義。朱駿聲《説文通訓定聲》:“造,又爲遭。《書·大誥》:‘予造天役。’馬注:‘遺也。’按:遺者,遭之誤字。”②《莊子·大宗師》:“造適不及笑,父死國敗,獻笑不及排。”于省吾《新證》:“造應讀作遭。”

②《禹貢》:“覃懷厎績,至于衡漳③。”《孔傳》:“漳水橫流入河,從覃懷致功至橫漳。”

由《孔傳》“漳水橫流入河”,知經文中“衡”字乃“橫”之假借,《孔傳》以正字釋之。《孔疏》:“‘衡’即古‘橫’字,漳水橫流入河,故云‘橫漳’。”

---

① (清)朱駿聲:《説文通訓定聲》,中華書局,2016 年,第 184a 頁.
② (清)朱駿聲:《説文通訓定聲》,第 289b 頁。“遺”是否誤字,看法不同。“予造天役”之“造”,《釋文》引馬融云:“遺也。”王鳴盛《尚書後案》云:“‘造’,《翟義傳》作‘遭’,疑馬本與之同。《甫刑》‘兩造具備’,《史記》作‘遭’。《文侯之命》云‘嗣造天丕愆’,僞傳亦訓爲‘遭’,是造、遭亦通也。今訓爲‘遺’,自天言之爲遺我役,自我言之爲遭天之役,意亦同也。”(參見(清)王鳴盛著,顧寶田、劉連朋校點:《尚書後案》,第 380 頁)也就是説王鳴盛認爲作‘遺’亦通,而朱駿聲認爲‘遺’是‘造’之誤字。
③ “衡漳”,馬融、王肅認爲“衡”與“漳”爲二水,而鄭玄則認爲“衡漳”爲一水。《孔傳》本鄭説。本書“釋水”節專門進行了討論。

（四）揭示經文語法現象

《尚書孔傳》有時通過揭示經文語法現象的方法來訓釋。主要有揭示虛詞功能、揭示經文詞類活用以及揭示經文賓語前置等幾種類型。

1. 揭示虛詞的語法功能

《尚書孔傳》基本不訓虛詞，當然有時也會根據需要進行訓釋。像"曷"，一般訓作"何"；"惟"，有時訓作"從"，有時訓作"由"。但更多的情況下，《孔傳》不訓釋虛詞，對某些不容易對其意思進行訓釋的虛詞，只能從其功能上加以揭示。例如：

①《大禹謨》："帝曰：'毋！惟汝諧。'"《孔傳》："言'毋'，所以禁其辭。"

②《大誥》："曰：'有大艱于西土，西土人亦不静，越兹蠢。'"《孔傳》："曰，語更端也。"

上例中，"言'毋'，所以禁其辭""曰，語更端也"等，《孔傳》揭示的是其功能用法而非釋義。這在《孔傳》訓釋中屬於比較特殊的一類。

2. 揭示詞類活用現象

《尚書孔傳》揭示經文詞類活用的情況較爲常見，一般有名詞活用作動詞、形容詞活用作名詞、動詞活用作名詞以及動詞的使動用法等幾種類型。例如：

①《盤庚下》："朕及篤敬，恭承民命，用永地于新邑。"《孔傳》："言我當與厚敬之臣，奉承民命，用長居新邑。"

"地"，本是名詞，《孔傳》訓作動詞"居"。也就是説，"地"在經文中是用作動詞的，屬於名詞活用作動詞的情況。

②《微子之命》："弘乃烈祖，律乃有民。"《孔傳》："大汝烈祖成湯之道，以法度齊汝所有之人。"

"律"一般作名詞，《孔傳》訓作"以法度齊"。揭示出"律"在經文中活用爲動詞，有"約束"義。

③《泰誓上》："犧牲粢盛，既于凶盗。"《孔傳》："凶人盡盗食之而

紂不罪。"

　　"凶"是形容詞,義爲不吉祥,《孔傳》訓作"凶人"。揭示出"凶"在經文中活用作爲名詞,有"惡人"義。

　　　　④《召誥》:"使召公先相宅。"《孔傳》:"相所居而卜之,遂以陳戒。"

　　"宅"一般作爲動詞,常訓作"居"。此例訓作"所居",揭示出"宅"在經文中活用作名詞。

　　　　⑤《益稷》:"撻以記之。"《孔傳》:"笞撻不是者,使記識其過。"

　　動詞"記",《孔傳》訓作"使記識",説明"記"在經文中以使動用法出現。
3. 揭示賓語前置現象

　　　　《多士》:"我不爾動。"《孔傳》:"我不先動誅汝。"

　　"爾",《孔傳》訓作"汝",放在"動誅"之後作賓語,揭示出"我不爾動"屬於賓語前置。
　　以上就是《尚書孔傳》釋詁、釋言類語詞所用的其他訓釋方法。

三、《尚書孔傳》釋訓類語詞使用的其他訓詁方法

　　除了互訓、設立界説、變換形式釋義、連訓釋義外,釋訓類語詞還使用"某,某貌""某,某然""某,某聲"等術語進行訓釋。
　　"某貌""某然""某聲"有的是單獨的訓釋,有的在串講中訓釋,即"……的樣子""……的聲音"義,是訓釋形貌的一種特有方式。例如:

　　　　①《五子之歌》:"懍乎若朽索之馭六馬。"《孔傳》:"懍,危貌。"

　　《孔傳》以"危貌"訓"懍",即"懍"是危險的樣子。《孔疏》:"懍懍,心懼之意,故爲危貌。"

　　　　②《牧誓》:"勗哉夫子! 尚桓桓。"《孔傳》:"桓桓,武貌。"

"桓桓",《孔傳》訓作"武貌",即勇武、威武的樣子。《孔疏》:"《釋訓》云:'桓桓,威也。'《詩序》云:'桓,武志也。'"《詩·魯頌·泮水》"桓桓于征,狄彼東南"之"桓桓",《毛傳》訓作"威武貌",與《孔傳》似。

③《堯典》:"湯湯洪水方割。"《孔傳》:"湯湯,流貌。"

"湯湯",《孔傳》訓作"流貌",即水流動的樣子,用在"洪水"之前,知"湯湯"應是水流盛大的樣子。《孔疏》:"湯湯,波動之狀,故爲'流貌'。"

④《大禹謨》:"濟濟有衆,咸聽朕命。"《孔傳》:"濟濟,衆盛之貌。"

"濟濟",《孔傳》訓作"衆盛之貌"。《孔疏》云:"美軍衆而言'濟濟',知是'衆盛之貌'。"《詩·大雅·旱麓》"瞻彼旱麓,榛楛濟濟"之"濟濟",《毛傳》亦訓作"衆多也"。

⑤《大禹謨》:"夔夔齊慄。"《孔傳》:"夔夔,悚懼之貌。"

"夔夔",《孔傳》訓作"悚懼之貌"。《孔疏》云:"'夔夔'與'齊慄'共文,故爲'悚懼之貌'。"

例①至⑤都是以"某,某貌"的形式進行訓釋。"某貌"之"某",或單音詞,如"危""武""流"等;或合成詞,如"衆盛"和"悚懼"等。

⑥《益稷》:"啓呱呱而泣。"《孔傳》:"禹治水過門不入,聞啓泣聲。"

"呱呱",《孔傳》訓作"泣聲",是嬰兒哭泣的聲音,屬於象聲詞。

⑦《立政》:"灼見三有俊心。"《孔傳》:"灼然見三有賢俊之心。"
⑧《酒誥》:"民罔不盡傷心。"《孔傳》:"民無不盡然痛傷其心。"

例⑦《孔傳》以"灼"加"然"字對"灼"進行訓釋。此處"灼"非燃燒義,而是作爲形容詞,有明白、彰著義,故"灼然"表示"明顯的樣子"。① 《孔疏》

---

① 《洛誥》"無若火始燄燄,厥攸灼敘"中的"灼",《孔傳》亦訓作"灼然",但作爲動詞,因爲此例中"然",是燃燒義,因此歸入"釋詁"類。

云：“賢人難識，故特言‘灼然’，言其知之審也。”例⑧“盡”，《孔傳》增“然”字，以“盡然”訓之。“盡”“傷”共文，故“盡”亦是悲傷義，“盡然”就是悲傷的樣子。

值得注意的是，有的“某然”形式的訓釋未必是對形貌的訓釋，需要注意區分。例如：

> 《秦誓》：“斷斷猗無他伎。”《孔傳》：“斷斷猗然專一之臣，雖無他伎藝。”

“猗”在經文中是語助詞，没有實際意義，相當於“兮”。《孔疏》：“‘猗’者，足句之辭，不爲義也。《禮記·大學》引此，作‘斷斷兮’，‘猗’是‘兮’之類，《詩》云‘河水清且漣猗’是也。”故《孔傳》以“猗然”對應“猗”，當是爲了協句，並非表示形貌。

普通語詞的訓釋在《尚書孔傳》中所占的比重是最大的，不僅有對單音詞、複音詞的訓釋，還有對疊音詞、疊字詞、連綿詞等的訓釋，其訓釋方法多種多樣，既有共同的方法，也有各自獨特的方法。《尚書孔傳》對普通語詞的訓釋，在疏通經義方面起到了重要的作用。

第三節　《尚書孔傳》普通語詞訓詁的特點

關於《尚書孔傳》訓詁的特點，孔穎達《尚書正義》曾專門做了闡述：

> 以聖道弘深，當須詳悉，於是研覈精審，覃靜思慮，以求其理，冀免乖違，既顧察經文，又取證於外，故須廣博推考群經六籍，又掇拾采摭群書之言，以此文證，造立訓解，爲之作傳，明不率爾。雖復廣證，亦不煩多，爲傳直約省文，令得申盡其義。明文要義通，不假煩多也。以此得申，故能徧布通暢《書》之旨意，是辭達而已，不求於煩。既義暢而文要，則觀者曉悟，故云庶幾有所補益於將來，讀之者得悟而有益也……“經籍”，五經是也；“群言”，子史是也。以《書》與經籍，理相因通，故云“博考”；子史時有所須，故云“採摭”耳。案孔君此傳，辭旨不多，是“約文”也。要文無不解，是“申義”也。其義既申，故云敷暢其義之旨趣耳。考其此注，不但言少，《書》之爲言，多須詁訓，而孔君爲例，一訓之後，重訓者少，此亦約文也。

除了《孔疏》所說的博考經籍,採摭子史,直約省文,義暢而文要等特點之外,《尚書孔傳》普通語詞的訓詁還有一些特殊之處。

一、同詞不同訓

同一被釋詞,根據上下文語境隨文釋義,用不同的釋詞進行訓釋。例如:

①《皋陶謨》:"無教逸欲有邦。"《孔傳》:"不爲逸豫貪欲之教,是有國者之常。"

《太甲中》:"欲敗度,縱敗禮。"《孔傳》:"言己放縱情欲,毁敗禮儀法度。"

②《大禹謨》:"以弼五教。"《孔傳》:"弼,輔。"

《説命上》:"夢帝賚予良弼。"《孔傳》:"夢天與我輔弼良佐。"

《多士》:"允罔固亂,弼我。"《孔傳》:"言(信)無堅固治者,故輔佐我。"

③《微子》:"小民方興,相爲敵讎。"《孔傳》:"小人各起一方,共爲敵讎。"

《盤庚下》:"予其懋簡相爾。"《孔傳》:"相,助也。"

《召誥》:"相古先民有夏。"《孔傳》:"視古先民有夏之王。"

《召誥》:"今相有殷。"《孔傳》:"次復觀有殷。"

《吕刑》:"今天相民,作配在下。"《孔傳》:"今天治民,人君爲配天在下。"

④《益稷》:"予思日孜孜。"《孔傳》:"言己思日孜孜不怠。"

《君陳》:"惟日孜孜,無敢逸豫。"《孔傳》:"惟當日孜孜勤行之,無敢自寬暇逸豫。"

《泰誓下》:"爾其孜孜,奉予一人,恭行天罰。"《孔傳》:"孜孜,勸勉不怠。"

例①中,"欲",根據文義,分別訓作"貪欲"和"情欲",兩者屬於以狹義釋廣義。例②"弼",分別訓作"輔""佐""輔佐",雖然三個釋詞的字面不同,但都有輔佐義。例③《微子》中的"相",訓作"共",其餘四例分別訓作"助""視""觀""治"。其中訓作"共"的"相"讀作"xiāng",後面四例中的"相"讀作"xiàng"。例④"孜孜",分別訓作"不怠""勤行"和"勸勉不怠",字面上不同,但表達的意思相同。所以,例①②④是同詞同音不同訓,例③

是同詞不同音不同訓,但都屬於隨文釋義。

二、同詞同訓不同義

當被釋詞是多義詞時,釋詞雖然字面上一樣,但根據上下文義,還是會得出不同的意思。例如:

①《皋陶謨》:"彰厥有常,吉哉!"《孔傳》:"彰,明。"

《湯誥》:"以彰厥罪。"《孔傳》:"故下災異以明桀罪惡。"

《伊訓》:"聖謨洋洋,嘉言孔彰。"《孔傳》:"洋洋,美。善言甚明,可法。"

《泰誓下》:"天有顯道,厥類惟彰。"《孔傳》:"言天有明道,其義類惟明。"

②《多士》:"爾小子乃興,從爾遷。"《孔傳》:"則子孫乃起從汝化而遷善。"

《冏命》:"怵惕惟厲,中夜以興。"《孔傳》:"言常悚懼惟危,夜半以起。"

③《堯典》:"分命羲仲,宅嵎夷,曰暘谷。"《孔傳》:"宅,居也。"

《召誥》:"惟太保先周公相宅。"《孔傳》:"召公于周公前相視洛居,周公後往。"

例①《皋陶謨》中的"彰"是動詞,有彰顯、表彰義;《湯誥》中的"彰"也是動詞,有揭示、昭示義;《伊訓》中的"彰"是形容詞,鮮明義;《泰誓下》中的"彰"是形容詞,有顯著、彰著義,但《孔傳》均訓作"明"。例②"興",《孔傳》均訓作"起",但《多士》中的"興"是興起義,《冏命》中的"興"是起身義。例③"宅",《孔傳》均訓作"居",但《堯典》中的"宅"是動詞,有居住義,《召誥》中的"宅"是名詞,有居處義。

三、不同詞同訓

有的被釋詞雖然字面上不同,但是都訓作同一個釋詞,也就是説被釋詞之間在某些語境下互爲同義詞或近義詞。例如:

①《大禹謨》:"與其殺不辜,寧失不經。"《孔傳》:"辜,罪。"

《湯誥》:"兹朕未知獲戾于上下。"《孔傳》:"此伐桀未知得罪於天地。"

《梓材》:"自古王若兹監,罔攸辟。"《孔傳》:"用古王道如此監,無所復罪。"

《吕刑》:"報以庶尤。"《孔傳》:"其報則以衆人見罪。"

②《洪範》:"曰建用皇極。"《孔傳》:"極,中也。"

《康王之誥》:"厎至齊信。"《孔傳》:"致行至中信之道。"

《禹貢》:"九江孔殷。"《孔傳》:"江於此州界,分爲九道,甚得地勢之中。"

上例中"辜""戾""辟""尤",《孔傳》均訓作"罪"。"極""齊""殷",《孔傳》均訓作"中"。也就是説,"辜""辟""戾""尤"在某些語境中屬於同義詞,"極""齊""殷"在某些語境中也屬於同義詞。

造成以上特殊情況的原因,是當時注者對於詞義的認知以及能够掌握的釋詞方法比較有限。雖然某些含義不一樣的詞用相同的釋詞去解釋,或者不同語境下的不一樣含義的詞之間的區别界限也不是特别明顯,但在當時的時代背景下,能够做到這種程度的訓釋,並且能够疏通經義,顯示出注者學識的廣博及行文之簡約。

第四節 《尚書孔傳》普通語詞訓詁之討論

《尚書孔傳》普通語詞的訓詁基本能够疏通經文大意,但因數量龐大,不能保證所有的訓釋全都準確或完備,有一些值得商榷的條目。例如:

①《微子之命》:"爾惟踐修厥猷,舊有令聞。"《孔傳》:"汝微子,言能踐湯德,久有善譽,昭聞遠近。"

"踐修",《孔傳》對應釋作"踐",把"踐修"當成了一個同義複合詞。從形式上看,孔傳顯得簡潔,但實際上却解釋得不够完備。因爲"修"所包含的"修治"義未能訓釋出來。

②《無逸》:"徽柔懿恭,懷保小民,惠鮮鰥寡。"《孔傳》:"以美道和民,故民懷之。以美政恭民,故民安之。又加惠鮮乏鰥寡之人。"

"鮮",《尚書孔傳》訓作"鮮乏",有缺少、乏少義。《孔疏》曰:"少乏鰥寡,尤是可憐,故别言'加惠於鮮乏鰥寡之人'也。"

按文例,"懷保"與"惠鮮"當是對應關係,"懷保"有"關愛""愛護"義,則"惠鮮"作"愛護"或"善待"解更爲恰當。"懷保"與"小民"相屬爲解,則"惠鮮"與"鰥寡"也當是如此方可對應。《蔡傳》"於小民則懷保之,於鰥寡則惠鮮之",甚得經旨。《孔傳》釋義不準確。

此外,皮錫瑞《今文尚書考證》:"《漢書·景十三王傳》曰:'惠于鰥寡。'《谷永傳》引經作'懷保小民,惠于鰥寡',班固《典引》曰'懷保鰥寡之惠浹',《後漢書·明帝紀》中元二年詔引'惠於鮮寡',皆不作'惠鮮'。"[1]從另一側面驗證了筆者的推斷。段玉裁《古文尚書撰異》云:"'惠鮮'恐是'惠于'之誤,'于'字與'羊'字略相似,又因下文'鰥'字魚旁誤增之。"[2]也可備一説。但"鮮"訓作"乏",與文義和文例不合。

③《太甲中》:"懋乃德,視乃厥祖,無時豫怠。"《孔傳》:"言當勉脩其德,法視其祖而行之,無爲是逸豫怠惰。"

"豫怠",《孔傳》對應訓作"逸豫怠惰"。其中"怠",《孔傳》認爲是"怠惰"義,但經文的"怠"字,疑當是"怡"字。《漢語大字典》:"'怠'通'怡'。安樂。《易·雜卦》:'《謙》輕,而《豫》怠也。'陸德明《釋文》:'怠,虞作"怡"。'《管子·侈靡》:'此百姓之怠生,百振而食,非獨自爲也。'郭沫若等集校:'沫若按:怠與怡古本一字,此"怠生"當讀爲"怡生",謂安居樂業也。'"[3]這樣一來,"豫怠"就是"豫怡",訓作"逸豫安樂",似與經義更合。

④《盤庚上》:"若顛木之有由蘖。"《孔傳》:"言今往遷都,更求昌盛,如顛仆之木,有用生蘖哉。"

上例中,"由",《孔傳》貌似對應訓作"用",因"由"訓作"用"是常訓;"蘖"活用作動詞"生蘖"。但"由",並非本字,今文作"甹"。《説文》"甹"下云:"木生條也。從弓由聲。《商書》曰:'若顛木之有甹枿。'古文言'由枿'。"如此,則"由"《孔傳》當訓作"生"義。《左傳·昭公八年》"猶將復由",與上"是以卒滅",語意以生、滅相對。故此處"由"亦是"生"義,本字當作"甹"。《詩序》:"《由儀》,萬物之生,各得其宜也。"以"生"訓"由",以"宜"訓"儀"亦是一證。所以《孔傳》應該是誤訓"由"作"用",誤把"蘖"當

① (清)皮錫瑞撰,盛冬鈴、陳抗點校:《今文尚書考證》,中華書局,2011 年,第 373 頁。
② (清)段玉裁:《古文尚書撰異》,《皇清經解》本,卷二十三第十頁。
③ 漢語大字典編輯委員會:《漢語大字典》,湖北辭書出版社、四川辭書出版社,1988 年,第 2283 頁。

成動詞。

以上例子中,有的是對經文訓釋不備,如例①;有的是於詞義訓釋不確,如例②;有的是經文本身改字之後導致的理解錯誤,如例③和④。

雖然《尚書孔傳》普通語詞中有訓釋不當之處,但是絕大部分訓釋比較準確,能夠起到疏通經義的作用。而且與《尚書》馬、鄭、王注等其他訓釋相比,《尚書孔傳》對某些普通語詞的訓釋有其獨到之處。例如:

①《五子之歌》:"鬱陶乎予心,顔厚有忸怩。"《孔傳》:"顔厚,色愧。"

"顔厚"現在常指臉皮厚,不知羞恥義。《詩·小雅·巧言》"巧言如簧,顔之厚矣",《鄭箋》云:"顔之厚者,出言虚僞而不知慚於人。"而《孔傳》訓作"色愧",是羞愧義,《孔疏》云:"羞愧之情,見於面貌,似如面皮厚然,故以'顔厚'爲色愧。"與《鄭箋》的訓釋相反,值得思考。後世蔡沈《書集傳》[①]訓"顔厚"爲"愧之見於色"也,也就是現在常説的"羞愧於色",承襲了《孔傳》。也就是説,"顔厚",鄭玄和《孔傳》的訓釋相反,《孔傳》倒是符合經義,卻與通常的理解不同。

②《盤庚上》:"今汝聒聒。"《孔傳》:"聒聒,無知之貌。"

"聒聒",《孔傳》訓作"無知之貌"。《釋文》引馬融、《説文》[②]皆云:"拒善自用之意。"

《孔疏》引鄭玄云:"'聒',讀如'聒耳'之聒,聒聒,難告之貌。"又引王肅云:"聒聒,拒[③]善自用之意也。"馬、王同作"拒善自用",鄭玄訓作"難告之貌",均與《孔傳》不同。《孔疏》:"此傳以'聒聒'爲'無知之貌',以'聒聒'是多言亂人之意也。"

而《説文》"善自用之意"是在"憇"下,而非"聒"下。"聒"即"聒"字,《説文》訓作"讙語",有喧嘩、嘈雜義。據王先謙考證,"今汝聒聒",今古文並當爲"今女憇憇"。作"聒聒",乃衛包所改。"今文之爲'憇'不爲'聒'固無疑也。""衛誤認憇、聒爲古今字。"[④]也就是説,《孔傳》"無知之貌",是對

① (宋)蔡沈著,錢宗武、錢忠弼整理:《書集傳》,鳳凰出版社,2010 年,第 70 頁。
② 許慎《説文解字》作"憇",云"善自用之意也。从心銛聲。《商書》曰:'今汝憇憇。'"
③ "善"上,單、八、魏、平、十、永、閩、阮無"拒"字。參見杜澤遜《尚書注疏彙校》第 1327 頁。
④ (清)王先謙撰,何晉點校:《尚書孔傳參正》,第 433 頁。

"憨憨"所釋，"聒聒"乃衛包妄改。"憨"有剛愎自用義，故引申作"無知之貌"或"難告之貌"，非《孔疏》所説由"多言亂人之意"而來。

③《康誥》："不敢侮<u>鰥寡</u>，<u>庸庸</u>，<u>祇祇</u>，<u>威威</u>，顯民。"《孔傳》："不慢鰥夫寡婦，<u>用可用</u>，<u>敬可敬</u>，<u>刑可刑</u>，明此道以示民。"

"庸庸""祇祇""威威"，雖然形式上是疊音詞，但是《孔傳》卻分別以詞組"用可用，敬可敬，刑可刑"來訓釋，也就是説前一個"庸""祇""威"是動詞，分別訓作"用""敬"和"刑"，後一個"庸""祇""威"是名詞，分別訓作"可用""可敬""可刑"，即"可用之人""可敬之人""應懲罰之人"。《孔疏》云："'用可用，敬可敬'，即'明德'也。'用可用'，謂小德小官，'敬可敬'，謂大德大官，'刑可刑'，謂'慎罰'也。"如此，則和疊音詞、疊字詞的訓釋均有所不同，值得關注。

④《洪範》："曰驛。"《孔傳》："氣落驛不連屬。"

"驛"，《孔傳》訓作"氣落驛不連屬"，《孔疏》："曰圛兆，氣落驛不連屬也。……'圛'即驛也，故以爲兆。'氣落驛不連屬'，'落驛'，希疎之意也。'雨''霽'既相對，則'蒙''驛'亦相對，故'驛'爲落驛氣不連屬，則'雾'爲氣連蒙闇也。"《孔疏》引王肅云："'圛，霍驛消滅如雲陰。雾，天氣下地不應，闇冥也。'其意如孔言。"又引鄭玄云："以'圛'爲明，言色澤光明也。'雾'者氣澤鬱鬱冥冥也。自以'明''闇'相對，異於孔也。"也就是説王、孔訓釋相類，與鄭異。

鄭玄參照上文"蒙"的訓釋，與"陰闇"相對成訓。王先謙《參正》引段玉裁考證，認爲"驛"是衛包所改，當是"圛"。① 《説文》："圛，升雲半有半無，讀若驛。""升雲半有半無"即"氣不連屬"之意，故王、孔的訓釋更貼切。

⑤《費誓》："善<u>敹</u>乃甲冑。"《孔傳》："言當善<u>簡</u>汝甲鎧冑兜鍪。"

"敹"，《尚書孔傳》訓作"簡"，有選擇義。《説文》："敹，擇也。"《孔傳》本《説文》。《孔疏》引鄭玄云："敹，謂穿徹之。謂甲繩有斷絶，當使敹理穿治之。"與《孔傳》異。"敹"作縫綴義是方言詞，章炳麟《新方言·釋器》：

---

① （清）王先謙撰，何晉點校：《尚書孔傳參正》，第576頁。

"凡非綻裂而粗率縫之謂之敊。"李春桃《説〈尚書〉中的"敊"及相關諸字》①
一文中,考證了"敊"的三種訓釋,藉助出土文字,認爲"敊"與🔲形體上近
似,且🔲在金文中讀爲"選",即"簡選"之義,强調出征前對武器裝備的選
擇。故《孔傳》理解爲"撿擇"不誤,且與經義合。鄭玄的訓釋屬于不同的
理解。

　　總而言之,《尚書孔傳》普通語詞的訓釋,作爲比重最大的訓詁類別,不
僅包括對單音節詞、雙音節詞的訓釋,還有對疊音詞、疊字詞、連綿詞以及合
成詞的訓釋。其訓詁方法多種多樣,有釋詁、釋言、釋訓共用的訓詁方法,也
有各自不同的訓詁方法。其中,互訓是使用最多,最常用的方法。同時,由
於釋訓類某些語詞構詞上的獨特性,即使使用互訓的方法,其訓釋方法在細
節上,與釋詁、釋言類語詞也有所差別。

　　雖然《孔傳》普通語詞的訓釋不盡完善,但基本能够幫助讀者理解經文
大意,且與馬融、鄭玄、王肅的訓釋相比,《孔傳》的某些訓釋更加準確,更符
合經義。因此可以説,《尚書孔傳》普通語詞的訓釋簡潔通暢,在疏通經義方
面起到了重要的作用,其參考前人舊注而又能有自己的訓釋,補充豐富了既
有普通詞語的訓釋,爲後世的注疏提供參考,具有較高的學術水平。

---

① 李春桃:《説〈尚書〉中的"敊"及相關諸字》,《出土文獻與古文字研究》,2015 年第 6 輯,第
703 頁。

第二章 《尚書孔傳》禮儀制度 類詞語的訓釋

《尚書孔傳》禮儀制度類詞語屬於專有名詞,包括釋親、釋宮、釋器、釋樂、釋官、釋人幾種類型。這幾類詞語的訓釋方法和訓釋特點與普通語詞稍有不同。下面分節進行歸納和總結。

第一節 《尚書孔傳》釋親的內容及方法

所謂釋親,主要指對血親和姻親兩大類稱謂的訓釋。中國人歷來重視血緣關係,血緣是由婚姻或生育而產生的一種人際關係,在人類社會產生之初就已存在。傳統社會中,血緣關係發揮着重要的社會功能,而婚姻則是產生血緣關係的重要條件之一。一般來説,没有婚姻關係作爲前提而產生的血緣關係不被世俗所認同。古書當中涉及很多與親屬關係有關的詞語。對這些詞語的訓釋,是古書注解當中的主要任務之一,除了能夠疏通文義之外,還可以展現一個民族的社會歷史、宗法制度和風俗民情。

一、《尚書孔傳》釋親的内容

《爾雅·釋親》把親屬分作四類:宗族、母黨、妻黨、婚姻。其中"婚姻"是對前三類的補充。這種分類反映了《爾雅》成書時代人們對親屬制度的認識與分類。

根據《爾雅·釋親》的内容來看,"宗族"即"父黨",主要是父系親屬,包括直系和旁系兩種。直系上至高祖,下至玄孫。旁系則主要指對兄弟姐妹及五服以内的兄弟姐妹的稱謂。"母黨"是對母親娘家親人的稱謂。"妻黨"主要是對妻子娘家親人的稱謂以及妻妾之間、姑嫂之間、妯娌之間的稱謂。"婚姻"則主要是女子對丈夫的父母和兄弟姐妹的稱謂,以及夫妻對兒女配偶及配偶家人的稱謂。

參照《爾雅·釋親》,《尚書孔傳》共釐析出了 53 條釋親類訓釋,其中直接的訓釋 11 條,融於串講中的訓釋 42 條,合計立目 33 個,占全部立目的 1.6%。《孔傳》釋親可以分成兩個小類。一類是"宗族",一類是"婚姻"。其中"婚姻"類還歸入了表示婚嫁的詞彙。《尚書孔傳》中沒有涉及"母黨"和"妻黨"類的詞彙。具體內容如下:

宗族類,《孔傳》49 見。其中直系的有"王父""文祖""祖考""文考""考""父母""孥""元子""子""孫""文子文孫"等。旁系的有"伯父""母弟""兄弟""屬婦""長"等。另外,和"宗族"相關的通名,如"九族""族""小子""後人""後""嗣""世"等也歸入此類。"宗族"類是傳統社會中最爲重要的一種血緣關係,也是父權社會、宗法制度的集中反映。

婚姻類,《孔傳》4 見。包括"婦""婚""女""嬪"等表示婚嫁的詞彙。

那麼,這些親屬類詞語《尚書孔傳》是如何訓釋的,採用了什麼訓釋方法,如何參考借鑒前人的訓釋,其訓釋的水平如何,是下面要探討的問題。

二、《尚書孔傳》釋親的方法

《尚書孔傳》釋親所涉及的詞彙,幾乎都是以皇室君主爲中心,在内部區分輩分,在外部展示家庭結構的親屬稱謂,其訓釋方法主要有以下幾種:

(一) 互訓

互訓,即用被釋詞的同義詞或近義詞進行訓釋。包括以單音詞釋單音詞,以複音詞釋單音詞,以複音詞釋複音詞,以單音詞釋複音詞等幾類。

1. 以單音詞釋單音詞

以單音詞釋單音詞,即被釋詞與釋詞都是單音詞。例如:

　　①《召誥》:"夫知保抱攜持厥婦子。"《孔傳》:"夫知保抱其子,攜持其妻。"

　　②《金縢》:"予仁若考。"《孔傳》:"我周公仁能順父。"

　　③《酒誥》:"奔走事厥考厥長。"《孔傳》:"奔走事其父兄。"

　　④《大禹謨》:"罰弗及嗣,賞延于世。"《孔傳》:"嗣,亦世,俱謂子。"

上例都屬於用同義詞進行訓釋。其中例①的"婦",《孔傳》根據文義訓作"妻"。《詩·衛風·氓》:"三歲爲婦,靡室勞矣。"鄭玄箋:"有舅姑曰婦。"舅姑是古代女子對公婆的稱呼,女子既然是公婆兒媳,那麼同時也是丈夫的妻子,故可訓作"妻"。例②的"考"訓作"父",屬於常訓。例③"長",

《孔傳》訓作"兄"。《爾雅·釋親》:"男子先生爲兄","兄"是同輩年長之男性,故成訓。後世以"兄長"稱哥哥。例④《孔傳》"嗣,亦世,俱謂子",首先明確"嗣"與"世"同義,然後合釋作"子"。這裏的"子"並非兒子的"子",而是子孫後代的意思。

2. 以複音詞釋單音詞

以複音詞釋單音詞,有兩種情況:

（1）替換爲釋

替換爲釋,即用與被釋詞同義的複音詞訓釋被釋詞。例如:

①《蔡仲之命》:"以垂憲乃後。"《孔傳》:"以垂法子孫。"
②《泰誓上》:"罪人以族,官人以世。"《孔傳》:"一人有罪,刑及父母兄弟妻子,言淫濫。官人不以賢才,而以父兄,所以政亂。"

例①《孔傳》以"子孫"訓"後",以"父兄"訓"世"。都是以複音詞釋單音詞。其中"後"是子孫後代的意思,故用"子孫"訓。例②"世"和"族"對應,是指家世,《孔傳》用"父兄"來表示。《孔疏》云:"'官人以世',惟當用其子耳,而《傳》兼言'兄'者,以紂爲惡,或當因兄用弟,故以'兄'協句耳。"

（2）增字爲釋

《尚書孔傳》釋親中的增字爲釋,一般是分別確指而增字爲釋。例如:

①《盤庚上》:"至于婚友。"《孔傳》:"于婚姻僚友。"
②《洛誥》:"萬年其永觀朕子懷德。"《孔傳》:"民其長觀我子孫而歸其德矣。"
③《盤庚中》:"作丕刑于朕孫。"《孔傳》:"作大刑於我子孫。"

例①《孔傳》以"婚姻"訓"婚","婚"和"姻"是因嫁娶而産生的一種並存關係,根據上下文經義,增字以"婚姻"訓"婚",可以成立。例②和例③的"子"和"孫"都訓作"子孫",根據上下文經義,"子"和"孫"不單指兒子和孫子,而是表示後代,故用"子孫"來訓釋。

3. 以複音詞釋複音詞

①《康誥》:"若保赤子。"《孔傳》:"愛養人如安孩兒赤子。"
②《西伯戡黎》:"非先王不相我後人。"《孔傳》:"非先祖不助子孫。"

③《微子之命》:"德垂後裔。"《孔傳》:"德澤垂及後世。"

④《梓材》:"至于敬寡,至于屬婦。"《孔傳》:"至於敬養寡弱,至於存恤妾婦。"

⑤《召誥》:"皇天上帝,改厥元子。"《孔傳》:"歎皇天改其大子。"

上例中,《孔傳》都是用複音同義詞訓釋被釋詞。例①"赤子"指嬰兒,《孔疏》:"子生赤色,故言'赤子'。"故《孔傳》用"孩兒"對應"赤子"。《孔傳》行文時,"赤子"未省略,放在了"孩兒"之後,也表明了兩者是同義詞。例②和例③《孔傳》分別以"子孫"訓"後人",以"後世"訓"後裔"。因爲"子孫"和"後人","後世"和"後裔"都有後代義,故成訓。例④《孔傳》以"妾婦"訓"屬婦"①,亦是以同義詞訓釋。《孔疏》云:"經言'屬婦',傳言'妾婦'者,以妾屬於人,故名'屬婦'。"例⑤"元子",《孔傳》訓作"大子",屬於"釋詞半釋連文兩字"的訓釋方法,即釋詞僅訓"元"訓作"大","子"未釋。《孔疏》云:"《釋詁》云:'元,首也。''首'是體之大,故傳言'大子'。"

4. 以單音詞釋複音詞

《泰誓下》:"非朕文考有罪。"《孔傳》:"非我父罪。"

周文王死後,武王頌之爲文考,後用"文考"作帝王亡父的尊稱。《孔傳》在《武成》篇訓作"文德之父",而此處僅訓尊稱"文考"作普通的稱謂"父"。

5. 以詞組釋詞組

這類訓釋中,有的是把組成被釋詞組的兩個詞分別訓釋,這樣整個被釋詞組的意思就清楚了。例如:

①《武成》:"我文考文王。"《孔傳》:"言我文德之父。"

②《洛誥》:"承保乃文祖受命民。"《孔傳》:"承安汝文德之祖文王所受命之民。"

例①的"文考",《孔傳》訓作"文德之父",就是把"文"和"考"分別訓釋之後再結合起來。"文"對應"文德",《國語·周語下》:"夫敬,文之恭也。"韋昭注:"文者,德之總名也。""考"訓作"父",那麼把"文"和"考"的訓釋合在一起就是"文德之父"。例②的"文祖"和"文考"類似,只是"祖"《孔傳》

———————————

① 參見後文《尚書孔傳類詁》"【屬婦】"條按語及腳注。

未訓,也歸入此類。

有的訓釋是把組成被釋詞組的兩個詞的意思合併在一起。例如:

③《立政》:"繼自今,<u>文子文孫</u>。"《孔傳》:"文子文孫,<u>文王之子孫</u>。"

例③"文子文孫",《孔傳》訓作"文王之子孫",是把"文子"和"文孫"的意思合併在一起而成。"文子文孫"後泛用爲稱美帝王的子孫。

(二)設立界説

設立界説,簡單來講就是用下定義的方式來訓釋親屬類詞語。常用"某曰某"等訓詁術語。例如:

①《康王之誥》:"今予一二伯父,尚胥暨顧。"《孔傳》:"<u>天子稱同姓諸侯曰伯父</u>。言今我一二伯父,庶幾相與顧念文武之道。"
②《堯典》:"克明俊德,以親<u>九族</u>。"《孔傳》:"能明俊德之士,任用之以睦<u>高祖玄孫之親</u>。"
③《牧誓》:"昏棄厥遺<u>王父母弟</u>不迪。"《孔傳》:"<u>王父,祖之昆弟。母弟,同母弟</u>。"

例①"伯父",並非《爾雅·釋親》"父之晜弟,先生爲世父,後生爲叔父"中的"世父",《孔傳》作"天子稱同姓諸侯曰伯父",給君主口中的"伯父"下了定義。《禮記·曲禮下》:"天子同姓,謂之'伯父';異姓,謂之'伯舅'。"《孔疏》引《儀禮·覲禮》言天子呼諸侯之禮云:"同姓大國則曰伯父,其異姓則曰伯舅;同姓小邦則曰叔父,其異姓則曰叔舅。"與《孔傳》正同。例②"九族",《孔傳》作"高祖玄孫之親",即以自己爲本位,上推四代至高祖,下推四代至玄孫。陸德明《釋文》云:"九族,上自高祖,下至玄孫,凡九族。馬、鄭同。"《詩·大雅·行葦》序"故能内睦九族",《毛傳》:"九族,自己上至高祖,下至玄孫之親也。"亦同《孔傳》。當然,此例中的"九族",指的是帝之九族。例③《孔傳》以"祖之昆弟"訓"王父",以"同母弟"訓"母弟",分別給被釋詞"王父""母弟"下了定義。其中"王父"一般是指祖父,《爾雅·釋親》:"父之考爲王父。"再如《儀禮·既夕禮》"盥于祖廟門外",鄭注:"祖,王父也。"《孔傳》之所以明確訓作"祖之昆弟",是因爲紂没有親祖父,《孔疏》云:"紂無親祖可棄,故爲'祖之昆弟'。""母弟",《孔傳》强調是同母之弟,顯示與庶出弟弟的區別。《孔疏》云:"《春秋》之例,母弟稱'弟',凡《春秋》稱'弟',皆是母弟也。"

（三）變換形式釋義

這裏的變換形式釋義，是指《尚書孔傳》釋親時，有時會倒置被釋詞進行釋義。例如：

①《酒誥》：“聰聽祖考之彝訓。”《孔傳》：“言子孫皆聰聽父祖之常教。”

②《君牙》：“率乃祖考之攸行。”《孔傳》：“言當循汝父祖之所行。”

上例中，《孔傳》均以“父祖”訓“祖考”。“祖考”是指祖和父兩代人。按正常順序，“祖考”對應的訓釋當是“祖父”，而“祖父”亦指父親的父親，如《禮記·喪服小記》：“祖父卒，而后爲祖母後者三年”中，“祖父”即爺爺義。爲避免誤解，《孔傳》把“祖父”倒置成“父祖”，這樣就不會混淆了。

（四）舉例釋義

《泰誓上》：“罪人以族，官人以世。”《孔傳》：“一人有罪，刑及父母、兄弟、妻、子。”

上例中，“族”，《孔傳》訓作“父母、兄弟、妻、子”，其實就是通過列舉三代親屬，來訓釋“族”這個抽象的概念。《孔疏》云：“秦政酷虐，有三族之刑，謂非止犯者之身，乃更上及其父，下及其子。經言‘罪人以族’，故以三族解之。父母，前世也；兄弟及妻，當世也；子孫，後世也。”故《孔傳》舉“父母、兄弟、妻、子”訓“族”。

（五）揭示經文語法現象

《尚書孔傳》釋親有時會通過揭示經文語法現象的方法進行訓釋，有兩種情況：

1. 揭示經文賓語前置現象

①《甘誓》：“予則孥戮汝。”①《孔傳》：“孥，子也。非但止汝身，辱及汝子。”

---

① 關於“孥戮”，李民、王健注云：“顏師古《匡謬正俗》卷二：‘按孥戮者，或以爲奴，或加刑戮，無有所赦耳。此非孥子之孥。’孥，即奴。戮，辱，懲罰。楊筠如《尚書覈詁》云：‘此文奴字，當從鄭司農釋為罪隸之奴也。奴戮連文，謂受刑辱之意。’”可備一說。參見李民、王健：《尚書譯注》，上海古籍出版社，2012 年，第 91 頁。

"孥"《孔傳》直訓作"子",經文的"孥戮汝",按説《孔傳》應該對應訓作"子辱汝",但是在串講中,《孔傳》卻對應作"辱及汝子"。也就是説,"孥"作爲賓語的一部分,應該放在"戮汝"後。《孔傳》以正常語序進行訓釋之後,揭示出經文賓語前置。

2. 揭示經文名詞活用現象

②《堯典》:"女于時,觀厥刑于二女。"《孔傳》:"女,妻。"

③《堯典》:"釐降二女于媯汭,嬪于虞。"《孔傳》:"嬪,婦也。舜爲匹夫,能以義理下帝女之心,於所居媯水之汭,使行婦道於虞氏。"

例②《孔傳》"女"訓作"妻",是動詞"嫁給某人爲妻"的意思,《孔疏》云:"以女妻人謂之女,故云'女,妻'也。"例③以"婦"訓"嬪",看起來都是名詞,但是《孔傳》在串講中把"嬪"對應"使行婦道",故"嬪"是動詞。這兩例都是通過《孔傳》的訓釋,揭示出了經文的名詞活用現象。

(六) 揭示經文修辭現象

《尚書孔傳》有時還通過揭示經文的修辭現象釋詞。例如:

①《泰誓上》:"惟天地萬物父母,惟人萬物之靈。"《孔傳》:"生之謂父母。"

《孔傳》訓"父母"作"生之謂父母",是從親緣的角度訓釋的。經文把"天地"稱作"萬物"的父母,因爲"天地"生"萬物",使用了類比的修辭手法。也就是説天地和萬物的關係就像父母和孩子的關係一樣。《孔疏》云:"萬物皆天地生之,故謂天地爲父母也。"通過類比,把原本抽象、深奧的天地和萬物具體化、通俗化了。

②《蔡仲之命》:"以蕃王室,以和兄弟。"《孔傳》:"以蕃屏王室,以和協同姓之邦。"

《孔傳》以"同姓之邦"對應"兄弟",可見"兄弟"在經文中並非"哥哥和弟弟"的意思,而是以"兄弟"代指同姓之邦。《孔傳》的訓釋揭示出經文使用了借代的修辭手法。

三、《尚書孔傳》釋親的特點

通過對《尚書孔傳》釋親內容與訓釋方法的探討,筆者發現《孔傳》的訓釋也存在同詞不同釋和同釋不同詞的現象，顯示出《孔傳》訓釋的靈活性。例如：

①《西伯戡黎》："非先王不相我<u>後人</u>。"《孔傳》："非先祖不助<u>子孫</u>。"
②《君牙》："啓佑我<u>後人</u>。"《孔傳》："開助我<u>後嗣</u>。"

　　例①和例②屬於同詞不同釋的情況。例①和例②的"後人"，《孔傳》分别訓作"子孫"和"後嗣"。雖然同詞不同釋，但是"子孫"和"後嗣"表示的意思是一樣的。

③《微子之命》："德垂<u>後裔</u>。"《孔傳》："德澤垂及<u>後世</u>。"
④《仲虺之誥》："垂裕<u>後昆</u>。"《孔傳》："垂優足之道示<u>後世</u>。"
⑤《洪範》："身其康彊，<u>子孫</u>其逢吉。"《孔傳》："動不違衆，故<u>後世</u>遇吉。"

　　例③、④、⑤中"後裔""後昆"和"子孫"，《孔傳》均訓作"後世"，屬於同釋不同詞的情況。"後裔""後昆""子孫"雖然字面不一樣，但是意思都是一樣的，所以同訓作"後世"。這兩種現象也恰恰説明了《孔傳》訓釋的靈活性和機動性。
　　總而言之，《尚書孔傳》釋親的內容涉及的範圍不是很廣泛，但數量不算少，基本以"宗族"類詞彙爲主，"婚姻"類詞彙很少，没有涉及"母黨""妻黨"類詞彙。《孔傳》釋親參考借鑒了前人的訓釋經驗，像《毛詩傳》、馬融和鄭玄的《尚書注》以及《儀禮》《左傳》等。《孔傳》釋親的方法多樣，除了常用的互訓、設立界説等，《孔傳》還通過揭示經文的語法和修辭現象進行訓釋。總體來説，《尚書孔傳》釋親緊扣經文，訓釋準確又相對靈活，能够幫助讀者讀懂經義。

第二節　《尚書孔傳》釋宮的内容及方法

　　所謂釋宮，主要是對宮室及與宮室相關詞彙的訓釋。宮室最早是房屋的通稱。人類在學會建造房屋之前，早期主要採用穴居的居住方式。《易·繫辭下》云："上古穴居而野處，後世聖人易之以宮室。"就是對古人居住條件變化的説明。宮室作爲人類生存必備條件之一,在古人生活中占有重要的地位。成語"登堂入室",就和古代宮室的兩個重要建築格局"堂"和"室"有關。

古書中關於宮室的内容隨處可見,前人舊注中對宮室的訓釋也由來已久。例如,"向,北出牖也"(《詩經·豳風·七月》"塞向墐户"毛傳)、"室中西南隅謂之奥"(《儀禮·士喪禮》"設于奥,東面"鄭注)、"前曰廟,後曰寢"(《禮記·月令》"寢廟畢備"鄭注)、"根,門楔也"(《禮記·玉藻》"士介拂根"鄭注)等。鄭玄作注的《周禮》也涉及很多與宮室相關的詞語,特别是《考工記·匠人》一節,專門有匠人規劃都城,設計王宮、明堂、宗廟、道路等記載。像"世室者,宗廟也"("夏后氏世室"鄭注)、"明堂者,明政教之堂"("周人明堂"鄭注)、"窗,助户爲明,每室四户八窗"("四旁兩夾,窗"鄭注)、"四阿若今四注屋"("四阿,重屋"鄭注)等等。

隨着生產力的不斷提高,一些宮室的建築格局、宮室名稱發生了變化,後人在閲讀前人有關宮室的記載時會産生疑惑。因此,對與宮室相關的詞語進行訓釋很有必要。

一、《尚書孔傳》釋宮的内容

《尚書孔傳》中涉及與宮室有關的訓釋不算太多,共 33 條,其中直接的訓釋 11 條,融於串講中的訓釋 22 條,共立目 26 個,占全部訓釋的1.3%。參照《爾雅·釋宮》收録的詞條,本書把《尚書孔傳》釋宮相關的詞彙分成"通名""宮室格局""宮室構件""廟寢""臺榭""道路""監禁"七個小類。

通名類,《孔傳》3 見,都是訓作"室家"的"室"。

宮室格局類,《孔傳》11 見。像"東堂""西堂""東垂""西垂""東房""西房""西夾""序""陳""阰""閭",都是表示宮室格局的詞語。

宮室構件類,《孔傳》5 見。主要是指組成宮室的門、窗、牆、梁、柱、階、屏等構件以及這些構件的零件也可歸入此類。如"畢門""側階""墉"以及訓作"堂基"的"堂"等都屬於此類。

廟寢類,《孔傳》8 見。主要指用來祭祀的宗廟和寢室。如"廟""太室""翼室",以及訓作"宗廟"的"宗"等都可歸入此類。

臺榭類,《孔傳》1 見。即"臺榭"。

道路類,《孔傳》3 見。如"道""路"以及"步"都歸入此類。

監禁類,《孔傳》2 見。即訓作"牿牢"的"牿"。

以上是《尚書孔傳》中釋宫類語詞的内容。雖然數量不算太多,但是類型比較豐富。

二、《尚書孔傳》釋宫的方法

關於《尚書孔傳》釋宫的方法,本書歸納了以下幾種:

(一)釋以所處方位

此種訓釋方法在《尚書孔傳》釋宫中最常見,例如:

①《顧命》:"一人冕,執戣,立于東垂。一人冕,執瞿,立于西垂。"《孔傳》:"立于東西下①之階上。"

②《顧命》:"一人冕,執鋭,立於側階。"《孔傳》:"側階,北下立階上。"

③《顧命》:"西夾南嚮。"《孔傳》:"西廂夾室之前。"

④《顧命》:"一人冕,執劉,立于東堂。一人冕,執鉞,立于西堂。"《孔傳》:"立於東西廂之前堂。"

例①"東垂""西垂"《孔傳》合釋作"東西下之階上"。根據經義,是説"東垂"和"西垂"是在東堂、西堂的階上。《孔疏》云:"堂上而言'東垂''西垂',知在堂上之遠地。堂之遠地②,當於序外東廂西廂,必有階上堂,知此立於東西堂之階上也。"例②"側階",《孔傳》對應作"北下立階上",但實際上"側階"的釋義當是"北下階",多出的文字"立"和"上",是從經文的"立"而來的。《孔疏》認爲"側階"當是堂北階,北階則惟堂北一階而已。也就是説,"側階"是指堂北下方的臺階。例③《孔傳》訓"西夾"作"西廂夾室",即"西夾"與"西廂"同在西邊。而後文"西房""東房"《孔傳》分别訓作"西夾坐東"和"東廂夾室。"也就是説"房"與"夾室",實同而異名。《孔疏》云:"天子之室有左右房,房,即室也。以其夾中央之大室,故謂之'夾室'。"例④"東堂""西堂",《孔傳》合訓作"東西廂之前堂",也點明了兩者所處方位。《孔疏》云:"此立於東堂、西堂者,當在東西廂,近階而立,以備升階之人也。"

(二)釋以别名

《孔傳》釋宫有時用"某,一名某"的訓詁術語,訓釋被釋詞的别名。例如:

---

① 王先謙《尚書孔傳參正》據《孔疏》"堂上而言東垂、西垂"徑改《孔傳》"下"字作"堂"字,於經義較合,但筆者未找到王氏改動的版本依據。

② "堂之遠地"四字,北監本無,單、八、平、要、殿、庫有。參見杜澤遜《尚書注疏彙校》第2926頁。

《顧命》:"二人雀弁,執惠,立于畢門之內。"《孔傳》:"路寢門,一名畢門。"

上例中,《孔傳》作"路寢門,一名畢門",被釋詞"畢門"是"路寢門"的別名,那麽反之"路寢門"也是"畢門"的別名。《孔疏》云:"天子五門,皋、庫、雉、應、路也。下云'王出在應門之內',出畢門始至應門之內,知畢門即是路寢之門,一名畢門也。"

（三）釋得名之由

釋得名之由,即《尚書孔傳》訓釋被釋詞的稱名原因。例如:

《顧命》:"諸侯出廟門俟。"《孔傳》:"殯之所處故曰廟。"

《孔疏》:"廟門,路寢門也。"此處成王在殯,故經文尊之爲廟門,《孔傳》即訓釋了稱"廟"的原因。《禮記·雜記上》:"至於廟門,不毁墙,遂入。"鄭玄注:"廟,所殯宫;廟門,殯宫之門也。"與此類似。

（四）互訓

《孔傳》釋宫類詞語中,也用到了互訓這種方法,分以下三種情況:

1. 以單音詞釋單音詞

以單音詞釋單音詞,即被釋詞與釋詞都是單音詞。例如:

①《畢命》:"王朝步自宗周。"《孔傳》:"王朝行自宗周。"
②《梓材》:"既勤垣墉。"《孔傳》:"已勤立垣牆。"
③《堯典》:"厥民隩,鳥獸氄毛。"《孔傳》:"隩,室也。"

例①"行""步"義近,《爾雅·釋宫》:"堂上謂之行,堂下謂之步。"《説文》云"步,行也","行,人之步趨也",故《孔傳》以"行"訓"步"。例②"牆""墉"義同。《詩·召南·行露》:"何以穿我墉?"《毛傳》:"墉,牆也。"例③"隩",通"奥",《爾雅·釋宫》:"西南隅謂之隩。"《説文》亦云:"奥,室之西南隅。"《孔疏》:"隩是室内之名,故以'隩'爲室也。""室"較"隩"來説,包含的範圍更廣,《孔傳》的訓釋屬於以廣義釋狹義。

2. 以複音詞訓單音詞

《尚書孔傳》釋宫類語詞中,以複音詞訓單音詞主要是通過增字爲釋的方式釋義。分以下兩種類型:

（1）義同義近而增字爲釋。例如:

①《旅獒》:"遂通道于九夷八蠻。"《孔傳》:"皆通道路,無遠不服。"
②《大誥》:"誕鄰胥伐于厥室。"《孔傳》:"大近相伐於其室家。"

例①"道""路"義近,《爾雅·釋宮》《説文》俱云"路,道也",故《孔傳》增"路"以"道路"訓"道"。例②"室""家"義近,故《孔傳》增"家"字以"室家"訓"室"。這種訓釋方法在串講句義時經常使用。

（2）分別確指而增字爲釋。例如:

①《大誥》:"厥子乃弗肯堂,矧肯構?"《孔傳》:"父已致法,子乃不肯爲堂基,況肯構立屋乎?"
②《伊訓》:"爾惟不德罔大,墜厥宗。"《孔傳》:"苟爲不德無大,言惡有類,以類相致,必墜失宗廟。"

根據經義,例①"堂"非"廳堂"義,而是"堂基"義。因爲古代的"堂"是建在高臺上,所以在建造廳堂之前,要先夯土使成高出地面的四方形堂基,故《孔傳》增"基"字,訓"堂"作"堂基"。例②"宗",有"祖先"義,也有"祖廟"義,根據經義,此處是説惡雖小猶能墜失其宗廟,故增"廟"字確指以成釋。

3. 以複音詞訓複音詞
以複音詞訓複音詞,即被釋詞和釋詞都是複音詞。例如:

《洛誥》:"王入太室祼。"《孔傳》:"太室,清廟。"

上例中,《孔傳》以"清廟"訓"太室"。"清廟"即太廟,是古代帝王的宗廟。"太室"是太廟中央之室,也可指太廟。故《孔傳》以"清廟"訓"太室"。《孔疏》云:"'太室',室之大者,故爲清廟。廟有五室,中央曰'太室'。"

（五）設立界説
設立界説,是用下定義的方式來訓釋宮室類詞語。常用"某曰某""某謂之某"等訓詁術語。例如:

①《顧命》:"四人綦弁,執戈上刃,夾兩階戺。"《孔傳》:"堂廉曰戺,士所立處。"
②《顧命》:"西序東嚮。"《孔傳》:"東西廂謂之序。"

例①《孔傳》以"堂廉曰阰"訓"阰"。"堂廉"是殿堂的側邊。《孔疏》云:"'堂廉曰阰',相傳爲然。'廉'者,稜也。所立在堂下,近於堂稜。"例②"序",《孔傳》訓作"東西廂謂之序"。也就是説"序"是堂兩旁東西廂房,又可稱爲東序、西序。

(六)連類辨析釋義

連類辨析釋義,是指把詞性相同、詞義相近的宫室類詞語放在一起,訓釋它們之間的差異。例如:

《泰誓上》:"惟宫室、臺榭、陂池、侈服,以殘害于爾萬姓。"《孔傳》:"土高曰臺,有木曰榭。"

"臺""榭"都是高臺建築,故《孔傳》並釋作"土高曰臺,有木曰榭",也就是説"臺"與"榭"相比,少了"木"這一元素。《孔疏》引李巡曰:"臺,積土爲之,所以觀望也。臺上有屋謂之榭。"

(七)連訓釋義

《尚書孔傳》釋宫有時也使用連訓的方式釋義。例如:

《顧命》:"延入翼①室,恤宅宗。"《孔傳》:"明室,路寝。"

上例中,《尚書孔傳》省略被釋詞"翼室",直接以"翼室"的釋詞"明室"作爲被釋詞,並進一步訓作"路寝"。《孔疏》:"《喪大記》云:'君大夫卒於路寝。'以諸侯薨於路寝,知天子亦崩於路寝。今延太子入室,必延入喪所,知翼室是明室,謂路寝也。"此外,曾運乾《尚書正讀》引江聲云:"路寝,旁室也。翼是左右兩旁之名。"②則代表了另外一種意見。

三、《尚書孔傳》釋宫之討論

《尚書孔傳》釋宫雖然内容不多,但也採用了多種訓釋方法,基本上能够幫助讀者讀懂經文。不過,有些訓釋值得討論。例如:

---

① 王先謙《尚書孔傳參正》第 878 頁引段玉裁云:"'翼',本作'翌',衛包改。《傳》作'明室',《疏》引《釋言》:'翌,明也。'則字必作'翌'。明室即明堂,明堂即路寝。"皮云:"《後漢·袁紹傳》注引經作'翌室'。"按:"《疏》引《釋言》:'翌,明也。'"中的"翌"字,宋版《爾雅·釋言》作"翌",但《尚書注疏》八行本等較早版本的疏文均作"翼",故段氏之説不知據何。皮氏所説倒可作一證。

② (清)曾運乾撰,黄曙輝點校:《尚書正讀》,華東師範大學出版社,2011 年,第 278 頁。

①《堯典》：“厥民隩，鳥獸氄毛。”《孔傳》：“隩，室也。”

“隩”，今古文並作“奧”，《孔傳》訓作“室”，而《釋文》引馬融云“煖也”。那麼究竟哪個訓釋正確呢？《孔疏》云：“隩是室内之名，故以‘隩’爲室也。……以天氣改歲，故入此室處，以避風寒。”而馬融的訓“煖”，則是入室躲避冬寒之後的引申。王先謙《參正》引段玉裁，認爲《史記·堯紀》作“其民煖”，可能就是後人因馬訓而加火旁。但讀“奧”爲“煖”，自可引伸兼煖義，不俟加火旁。① 此外，訓作“室”與“厥民析”的“析”相照應，“析”表示的是春天人們從屋裏走出來，分散到各處。故《孔傳》的訓釋更合理。

②《費誓》：“今惟淫舍牿牛馬。”《孔傳》：“今軍人惟大放舍牿牢之牛馬。”

“牿”，《孔傳》訓作“牿牢”。《孔疏》：“鄭玄以‘牿’爲桎梏之梏，施梏於牛馬之脚，使不得走失。”②鄭、孔訓釋不同，鄭玄的“桎梏”是枷鎖，屬於器具類，而《孔傳》的“牿牢”則是圈禁的空間，屬宫室類。王先謙《參正》認爲鄭注“讀‘牿’爲‘梏’而易其字也”。③《説文》“牿，牛馬牢也”，與《孔傳》亦合。《孔疏》：“然則掌牛馬之處，謂之牢閑，牢閑是周衛之名也。此言大舍牿牛馬，則是出之牢閑，牧於野澤，令其逐草而牧之。故謂此牢閑之牛馬爲‘牿牛馬’，而知‘牿’即閑牢之謂也。”故《孔傳》的訓釋更準確。

③《梓材》：“若作室家，既勤垣墉，惟其塗塈茨。”《孔傳》：“惟其當塗塈茨蓋之。”

“塗塈茨”的“茨”④，《尚書孔傳》訓作“茨蓋”，放在“之”前，是動詞，義爲“用茅草、蘆葦等蓋屋頂”。也就是説《孔傳》把“塗塈”連文，表示一個動作，“茨”增加同義詞“蓋”，訓作“茨蓋”，表示與“塗塈”並列的動作。而後面相對應的經文“若作梓材，既勤樸斲，惟其塗丹雘”的“塗丹雘”，《孔傳》則訓作“塗以漆丹以朱”，也就是説《孔傳》把“丹雘”連文訓釋，“雘”訓作名

---

① （清）王先謙撰，何晉點校：《尚書孔傳參正》，第 41 頁。
② “桎梏”之梏“施梏”之“梏”，北監本《尚書注疏》作“牿”。參見杜澤遜《尚書注疏彙校》第 3238 頁。
③ （清）王先謙撰，何晉點校：《尚書孔傳參正》，第 972 頁。
④ “茨”的訓釋，本書歸在“釋詁”類，但它與宫室有關，故放在此處討論。

詞。兩句經文前後對應,因此《孔傳》的訓釋也應該相照應。但是《孔傳》前後的訓釋在文例上顯然不統一,如果把"茨"當成名詞"蓋屋用的茅草",訓作"塗以泥,墍以茅草"的話,那麼就與後面"塗丹雘"的訓釋統一起來了。所以《孔傳》對"茨"的訓釋值得推敲。

總而言之,《尚書孔傳》釋宮較之《周禮》《儀禮》之鄭注中有關宮室的訓釋,其數量不算太多,但也頗具規模,這樣就有了分類討論的可能性,並從中總結出了若干訓詁方法。《孔傳》釋宮的內容與鄭注《周禮》《儀禮》及《毛傳》釋宮的內容具有互補性,有的訓釋雖然存在文例不統一的情況,但是對於疏通經義沒有障礙,而且還能幫助讀者了解古代宮室的建築格局和建築理念,具有一定的學術價值。

第三節 《尚書孔傳》釋器的內容及方法

古人對器物的訓釋由來已久,主要集中在類屬、形制、功用等方面。特別是《周禮》《儀禮》《禮記》等古代典籍的注釋中,往往有大量涉及器物的訓釋。例如,"豆,菹醢器也"(《周禮·秋官·司寇》"豆四十"鄭注)、"散,爵名,容五升"(《儀禮·大射禮》"實一散于篚"鄭注)。此外《周易》《詩經》也有一些關於器物的內容。例如,"缶,汲器"(《易·比卦》"有孚盈缶"鄭注[1])、"大鼎謂之鼐,小鼎謂之鼒。箋云:……鼎圜弇上謂之鼒"(《詩·周頌·絲衣》"鼐鼎及鼒"毛傳、鄭箋)、"筐,筥屬,所以行幣帛也"(《詩·小雅·鹿鳴》"承筐是將"毛傳)等。

當然,器物與草木等專有名詞的訓釋有所不同,它完全是根據需要訓釋。像"豆",通過訓釋,讀者知道它不是普通食物"豆",而是某種食器。再如"散",通過注釋,讀者不僅知道它在此處是飲器,還知道它的形制,而不會把它當成普通的形容詞。

《尚書》中涉及的器物品類繁多,功用複雜,通過訓釋能夠讓讀者真正讀懂古書。把與器物有關的訓釋加以匯集,就成了器物學專門知識的匯集,對相關學科的專業化、系統化會有良好的提升作用。

一、《尚書孔傳》釋器的內容

古時所謂的"器",不僅指器皿,像《爾雅·釋器》雖然沒有像《釋天》《釋

---

① (漢)鄭玄注,林忠軍導讀:《周易鄭注導讀》,華齡出版社,2019年,第54頁。

地》那樣劃分小類,但其實包括了生產之器和生活之器①兩類。生產之器主要包括農器、漁器和獵器,生活之器主要包括衣、食、行及其他。清郝懿行《爾雅義疏·釋器》云:"此篇所釋皆正名辨物,依類象形。至於豆籩甒瓺禮樂之事而略載於篇者,以皆器皿之屬也。若乃衣服、飲食,非可以器言,而雜見茲篇者,以本器用之原也。"②也就是說,古時"器"的概念比之今時範圍更廣,不只有器皿之屬,還包括衣服、飲食等現今不屬於器物的内容。

參照《爾雅·釋器》以及《廣雅·釋器》,我們從《尚書孔傳》中釐析釋器類訓釋約 143 條,立目 126 個,占全部立目的 6.1%。其中直接的訓釋 90 條,融於串講中的訓釋 53 條。《孔傳》釋器可以分成"器具""金玉""服飾""布帛""飯食""酒漿""車馬""器官""度量衡""顏色""氣味""席帳"12 小類。

下面,按照小類逐一檢視《尚書孔傳》釋器的内容。

器具類,主要指通常意義上的器具,《尚書孔傳》41 見。除了表示通名的"器""物"之外,還根據功用進一步細分,像"杵"是炊爨之器,"彝""同""卣"屬於飲器,"筐""匭"等是盛器,"攫""穽"等屬於獵器,"銍"是農器。某些不好歸類的器物,筆者稱之爲"雜器",也歸入此類,例如,"河圖""圖""木鐸",以及訓作"繫"的"羽",訓作"符節"的"節"等。此外,兵戎之器亦歸入器具類,如"赤刀""干""戈""惠""甲胄""志"等。

金玉類,《尚書孔傳》27 見,不僅包括金屬、玉石,與之相關的珠類和表示金玉加工的詞彙亦歸入此類。例如,"鏤""金""金三品"是金屬類,"大玉""天球""琳""璆""夷玉"等是玉名,"介圭""瑁""璋""圭瓚""琬琰"是玉製的器物,"琨""瑤""琅玕"是似玉之石,"怪石""礦""砥"是石,"璣""蠙珠"是珠類,"錯""礪""雕"等,是表示金玉加工的詞彙。

服飾類,《尚書孔傳》14 見。主要包括衣裳和弁冕兩種。例如,屬於弁冕的"綦弁""雀弁"以及通名"弁""冕"。屬於衣裳的"麻冕""舞衣""五服""蟻裳"以及通名"衣""服""衣裳"等。

布帛類,《尚書孔傳》15 見,包括皮布絲織等物。例如,"幣""絺""純""紛""縞""纊""絲""玄黄""織""織文""織皮""組"等,都屬此類。訓作"犀皮"的"革"也歸入此類。

飯食類,《尚書孔傳》3 見。例如,"粒""糇糧""玉食"等,屬於此類。

酒漿類,《尚書孔傳》2 見。例如,"秬鬯"即屬此類,是指古代以黑黍和

---

① 陳焕良、曹艷芝:《〈爾雅·釋器〉義類分析》,《中山大學學報》,2003 年第 5 期。
② (清)郝懿行著,吳慶峰、張金霞、叢培卿、王其和點校:《爾雅義疏》,第 578 頁。

鬱金香草釀造的酒,用於祭祀降神及賞賜有功的諸侯。

車馬類,《尚書孔傳》4見。例如,"大輅""綴輅""先輅""次輅"等,屬於此類。

器官類,《尚書孔傳》4見。表示"器官"的詞語歸入《釋器》,本之《廣雅》。毛髮亦歸入此類。例如,"心""齒""股肱""氂毛"等都屬"器官"類。

度量衡類,《尚書孔傳》3見。主要指表示長短、容積、輕重的基本單位。例如,表長度單位的"仞",表重量單位的"鍰"。此外,表示數量單位的"兩"也歸入此類。

顏色類,《尚書孔傳》16見。例如,表示顏色的"丹""華""盧""彤""玄""章""黼"等,與顏色相關的"丹臒""會""畫""繡"等亦入此類。

氣味類,《尚書孔傳》10見。表示氣味的詞語歸入《釋器》類,亦本《廣雅》。例如,"臭""鹹""酸""辛""苦""馨香""腥""朽"等都屬此類。

屏帳類,《尚書孔傳》4見。例如,表示屏風的"黼扆",訓作"幄帳"的"綴衣"屬於此類。其中,"扆",《爾雅》釋作"牖戶之間",即"古代宮殿窗和門之間的地方",歸入《釋宮》類,但此處"黼扆"確是用器,故歸入"釋器"。

由此可見,《尚書孔傳》釋器的内容十分豐富。除了有器具、金玉、屏帳等的訓釋之外,還有服飾、飲食、車馬、器官、顏色、氣味以及度量衡等的訓釋。

二、《尚書孔傳》釋器的方法

《尚書孔傳》釋器不僅内容豐富,而且訓釋方法多樣。那麼,《孔傳》釋器使用了哪些訓釋方法,是否參考了前人舊注的經驗,其訓釋水平如何等,都是需要思考的問題。

(一) 釋以類名

《尚書孔傳》釋器既有以明確類名的方式進行的訓釋,也有以明確屬名的方式進行的訓釋。"類"和"屬"是兩個不同的概念,兩者雖然都有種類的意思,但是"類"相對"屬"來說,涵蓋的内容更多,範圍更廣。簡單來說,"某屬"的"某"比"某類"的"某"更具體一些。但通覽全書發現,僅在本節中有"釋以屬名"的方法,故將其放在"釋以類名"下討論。

1. 僅以類名爲釋

①《洛誥》:"予以秬鬯二卣。"《孔傳》:"以黑黍酒二器。"
②《顧命》:"大玉、夷玉、天球、河圖,在東序。"《孔傳》:"三玉爲三重。"

③《説命中》：“惟干戈省厥躬。”《孔傳》：“兵不可任非其才。”
④《禹貢》：“礪、砥、砮、丹。”《孔傳》：“丹，朱類。”

　　例①的“卤”，《孔傳》對應“器”。器的種類很多，卤只是其中之一。例②的“大玉、夷玉、天球”，《孔傳》合釋作“三玉”，知三者都是“玉”類。“玉”的種類很多，“大玉、夷玉、天球”僅是其中幾種。例③的“干戈”，《孔傳》合釋作“兵”，知“干”和“戈”都是兵器類。例④中“丹”，《孔傳》訓作“朱類”。“丹”和“朱”都是紅色，但是“朱”的範圍比“丹”更廣，故以“朱類”訓“丹”。

　　2. 以類名加“名”字爲釋

③　⑤《顧命》：“上宗奉同瑁。”《孔傳》：“同，爵名。”
　　⑥《禹貢》：“淮夷蠙珠暨魚。”《孔傳》：“蠙珠，珠名。”

　　上例中“爵”和“珠”是分別是“同”和“蠙珠”類名，《孔傳》以“爵名”訓“同”，以“珠名”訓“蠙珠”，都是在類名後又加一“名”字以達到訓釋的目的。

　　3. 釋以屬名
　　“屬”比“類”的範圍小。《孔傳》所用釋詞，當是“器類”下的小類。例如：

　　①《禹貢》：“厥篚織文。”《孔傳》：“織文，錦綺之屬。”
　　②《顧命》：“一人冕，執劉，立于東垂。一人冕，執瞿，立于西垂。”《孔傳》：“劉、瞿，皆戟屬。”

　　上例中，《孔傳》以“錦綺之屬”訓“織文”，以“戟屬”訓“劉”和“瞿”，其中“錦綺”和“戟”是“器類”下的小類名。也就是説“織文”是“錦綺”的一種，“劉”和“瞿”是“戟”的一種，故《尚書孔傳》以“某屬”釋之。

　　（二）釋以特徵
　　《尚書孔傳》釋器，有時訓釋被釋器物的特徵。例如：

　　①《益稷》：“作會，宗彝。”《孔傳》：“會，五采也，以五采成此畫焉。”
　　②《顧命》：“大輅，在賓階面，綴輅，在阼階面。”《孔傳》：“大輅，玉。綴輅，金。”

③《顧命》：“先輅，在左塾之前，次輅，在右塾之前。”《孔傳》：“先輅，象。次輅，木。金、玉、象，皆以飾車，木則無飾，皆在路寢門内，左右塾前北面。”

上面例①中“會”，通“繪”，《孔傳》訓作“五采”，其實是“會”以“五采”爲特徵。例②和例③的“大輅”“綴輅”“先輅”“次輅”都是古代帝王所乘之車，其中“大輅”“綴輅”“先輅”分别用“金”“玉”“象”進行裝飾，“次輅”即“木輅”没有裝飾。也就是説《孔傳》所訓“金”“玉”“象”“木”其實是四種車各自不同的特徵，故歸入此類。

（三）釋以功用

《尚書孔傳》釋器，有時訓釋被釋器物的功用。常以“某以……”的形式，來訓釋被釋詞的用途。例如：

①《典寶》：“遂伐三朡，俘厥寶玉。”《孔傳》：“玉以禮神，使無水旱之災，故取而寶之。”

②《文侯之命》：“彤弓一，彤矢百，盧弓一，盧矢百。”《孔傳》：“諸侯有大功，賜弓矢，然後專征伐。彤弓以講德習射，藏示子孫。”

例①“玉”，《孔傳》釋其用途“玉以禮神，使無水旱之災”，《孔疏》引《國語·楚語》云：“玉足以庇廕嘉穀，使無水旱之災，則寶之。”韋昭注云：“玉，禮神之玉也。”也就是説，《孔傳》的訓釋有可能參考了《國語》及其注文。《孔疏》云：“用玉禮神，神享其德，使風雨調和，可以庇廕嘉穀，故取而寶之。”

例②“彤弓”，《孔傳》訓其作用“彤弓以講德習射，藏示子孫”。《孔疏》：“此傳及《毛傳》皆云：‘彤弓以講德習射’，用《周禮》爲説也。唐弓大弓以授學射者，是習射也；授使者、勞者，是講德也。講論知其有德，乃賜之耳。《襄八年左傳》：‘晉范宣子來聘，季武子賦《彤弓》。宣子曰：“城濮之役，我先君文公，受彤弓于襄王，以爲子孫藏。”’杜預云：‘藏之以示子孫。’”

從孔穎達的疏解可以看出，《尚書孔傳》的訓釋不僅參考了馬融、鄭玄、王肅對《尚書》的注釋，還參考過《周禮》《左傳》《國語》《毛傳》等典籍。

（四）釋以産地

《尚書孔傳》有時會訓釋被釋器物的産地。例如：

《顧命》：“大玉、夷玉、天球、河圖，在東序。”《孔傳》：“球，雍州所貢。”

"球"是玉類,《孔傳》以"雍州所貢"訓"球",明確"球"的産地。其依據當是《禹貢》"雍州所貢球、琳、琅玕"。

通過分析,筆者發現,上面所舉的例證,基本上都是器皿、金玉和布帛等具體的器物類的詞語,其訓釋方法或明確類屬,或訓釋特徵,或明確産地,或釋以用途等。

(五) 綜合訓釋

《尚書孔傳》有時會綜合被釋器物的類名、特徵、用途、來歷、形制等方面進行訓釋,本書稱之爲"綜合訓釋",具體來講可分爲以下幾種:

1. 釋以類名及特徵

①《禹貢》:"厥篚玄纁璣組。"《孔傳》:"璣,珠類,生於水。"
②《顧命》:"卿士邦君,麻冕蟻裳。"《孔傳》:"蟻,裳名,色玄。"
③《顧命》:"二人雀弁,執惠。"《孔傳》:"惠,三隅矛。"
④《禹貢》:"瑶、琨、篠蕩。"《孔傳》:"瑶、琨皆美玉①。"

例①"璣",《孔傳》分別釋以類名"珠類"和特徵"生於水"。《説文》:"璣,珠不圓者",故《孔傳》訓作"珠類"。例②"蟻裳"是玄色下衣,《孔傳》訓作"裳名"和"色玄",分別表示"蟻裳"的類名和特徵。以"蟻"命名,取其色黑。此例中"蟻裳"本是連文,《孔傳》省略了"裳"字,僅以"蟻"作被釋詞,也是一種訓釋方式,後文會提到。例③"惠",《孔傳》訓作"三隅矛"。"矛"是類屬,"三隅"也就是説矛有三棱,屬於特徵。例④"琨""瑶",《孔傳》合訓作"美玉"。其中"玉"是類屬,"美"是特徵。《孔疏》云:"美石似玉者也。玉、石其質相類,美惡别名也。"

2. 釋以類屬及用途

⑤《禹貢》:"礪、砥、砮、丹。"《孔傳》:"砮,石,中矢鏃。"

"砮"是荆州所貢器物之一,《孔傳》訓作"砮,石,中矢鏃"。其中"石"是"砮"的類屬,"中矢鏃"是"砮"的用途。也就是説"砮"是可以用來製造箭鏃的石頭。《孔疏》引《國語·魯語》曰:"肅慎氏貢楛矢石砮。"賈逵云:

---

① "美玉",當作"美石"。參見杜澤遜《尚書注疏校議》,中華書局,2018 年,第 6 頁。傳世《尚書注疏》各版本均作"美玉",或受《正義》"美石似玉者也"及王肅"瑶琨,美石次玉者也"之影響。

"砮,矢鏃之石也。"

3. 釋以形制及用途

⑥《顧命》:"太保承介圭,上宗奉同、瑁,由阼階隮。"《孔傳》:"大圭尺二寸,天子守之,故奉以奠康王所位。……瑁,所以冒諸侯圭,以齊瑞信,方四寸,邪刻之。"

《孔傳》"大圭尺二寸,天子守之,故奉以奠康王所位"和"瑁,所以冒諸侯圭,以齊瑞信,方四寸,邪刻之"分別訓釋了"介圭"和"瑁"的形制和用途。其中"大圭尺二寸""方四寸,邪刻之"屬於形制,"天子守之,故奉以奠康王所位"和"所以冒諸侯圭,以齊瑞信"屬於用途。

4. 釋以特徵及用途

⑦《胤征》:"遒人以木鐸徇于路。"《孔傳》:"木鐸,金鈴木舌,所以振文教。"

"木鐸",《孔傳》訓作"金鈴木舌,所以振文教",其中"金鈴木舌"是其特徵,"所以振文教"是其用途。《孔疏》云:"《禮》有'金鐸''木鐸','鐸'是鈴也,其體以金爲之,明舌有金木之異,知木鐸是木舌也。……《明堂位》云'振木鐸於朝',是武事振金鐸,文事振木鐸。"《尚書孔傳》的訓釋,應該借鑒了《禮記》。

5. 釋爲何物及用途

⑧《牧誓》:"武王戎車三百兩。"《孔傳》:"兵車,百夫長所載。"

"戎車",《孔傳》訓作"兵車,百夫長所載","兵車"就是指的"戎車","百夫長所載"是"戎車"的用途,即用來拉載百夫長。

6. 釋爲何物及來歷

⑨《顧命》:"大玉、夷玉、天球、河圖,在東序。"《孔傳》:"河圖,八卦。伏犧王天下,龍馬出河,遂則其文,以畫八卦,謂之河圖。"

《孔傳》先是以"八卦"釋"河圖",接着釋"河圖"之來歷,爲"伏犧王天下,龍馬出河,遂則其文,以畫八卦,謂之河圖"。《孔疏》引《漢書·五行志》

云:"劉歆以爲伏犧氏繼天而王,受河圖,則而畫之,八卦是也。"説明西漢時,關於八卦來源的"河圖"之説已有。

(六) 互訓

互訓,即用被釋詞的同義或近義詞(組)進行訓釋。包括以單音詞釋單音詞,以複音詞釋單音詞,以複音詞釋複音詞,以單音詞釋複音詞等幾種類型。

1. 以單音詞釋單音詞

    ①《禹貢》:"匭菁茅。"《孔傳》:"匭,匣也。"
    ②《太甲中》:"伊尹以冕服奉嗣王歸于亳。"《孔傳》:"冕,冠也。"
    ③《顧命》:"太保、太史、太宗皆麻冕彤裳。"《孔傳》:"彤,纁也。"
    ④《五子之歌》:"懍乎若朽索之馭六馬。"《孔傳》:"朽,腐也。"
    ⑤《牧誓》:"稱爾戈,比爾干。"《孔傳》:"戈,戟。干,楯也。"

以上例句中,《尚書孔傳》均是以單音詞釋單音詞,其中例①的"匭"和"匣",例②的"冕"和"冠"是同義詞。例③的"彤"和"纁",例④的"朽"和"腐"是近義詞,《廣雅·釋器》:"腐、朽……臭也。"例⑤以"戟"訓"戈",以"楯"訓"干",屬於以通語釋方言。《孔疏》:"《方言》云:'戟,楚謂之干,吳揚之間謂之戈。'是'戈'即戟也。……《方言》又云:'楯,自關而東或謂之楯,或謂之干,關西謂之楯。'是'干''楯'爲一也。"

2. 以複音詞釋單音詞

以複音詞釋單音詞,在《尚書孔傳》釋器中比較常見,主要有兩種情況。

(1) 增字爲釋

給單音被釋詞增加一個字,使它變成複音詞,用作釋詞以成釋。根據所增詞素與被釋詞之間的關係,此種情況又可分爲三類:

a. 義同義近而增字爲釋。例如:

    ①《盤庚中》:"若乘舟,汝弗濟,臭厥載。"《孔傳》:"言不徙之害,如舟在水中流不渡,臭敗其所載物。"
    ②《禹貢》:"厥篚織文。"《孔傳》:"織文,錦綺之屬。盛之筐篚而貢焉。"
    ③《盤庚上》:"予告汝于難,若射之有志。"《孔傳》:"告汝行事之難,當如射之有所準志,必中所志乃善。"

上例中,"臭"和"敗""筐"和"筐""準"和"志"義同或義近,所以,《尚書孔傳》以"臭敗"訓"臭",以"筐筐"訓"筐",以"準志"訓"志"。

b. 義有兼括而增字爲釋。例如:

④《畢命》:"服美于人。"《孔傳》:"服飾過制美於其民。"
⑤《盤庚中》:"乃咸大不宣乃心。"《孔傳》:"汝皆大不布腹心。"

上例中,《孔傳》以"服飾"訓"服",以"腹心"訓"心"。其中"服"實兼"飾"義,故以"服飾"訓之。"心"是腹內之心,實兼"腹"義,故以"腹心"訓之。

c. 分別確指而增字爲釋。如:

⑥《禹貢》:"厥筐檿絲。"《孔傳》:"檿桑蠶絲,中琴瑟弦。"
⑦《洛誥》:"伻來,以圖及獻卜。"《孔傳》:"遣使以所卜地圖,及獻所卜吉兆,來告成王。"

例①的"絲",根據經文"檿絲",知是蠶食檿桑,所得絲韌,故增"蠶"字確指訓作"蠶絲"。例②的"圖",根據經義,使者所獻當是"地圖",故增"地"字確指以成釋。

(2) 替換爲釋

《尚書孔傳》有時用同義或近義的釋詞替換被釋詞釋義。釋詞和被釋詞字面上貌似不相關,但是兩者同義。例如:

①《説命中》:"惟甲胄起戎。"《孔傳》:"胄,兜鍪也。"
②《顧命》:"雕玉仍几。"《孔傳》:"雕,刻鏤。"

例①"胄"和"兜鍪"都是指古代戰士戴的頭盔,故以"兜鍪"訓"胄"。《孔疏》云:"經傳之文①,無'鎧'與'兜鍪',蓋秦漢已來,始有此名,傳以今曉古也。"那麼此處也算以今語釋古語了。例②"雕",同"彫"。《孔疏》引《釋器》云:"玉謂之彫,金謂之鏤,木謂之刻。"也就是説,"彫"爲刻鏤之類,故以"刻鏤"訓"雕"。

---

① "之"下北監本《尚書注疏》無"文"字。參見杜澤遜《尚書注疏彙校》第 1456 頁。

3. 以單音詞釋複音詞

《説命中》:"惟衣裳在笥,惟干戈省厥躬。"《孔傳》:"言服不可加非其人,兵不可任非其才。"

《孔傳》以"服"訓"衣裳",以"兵"訓"干戈",皆是單音詞釋複音詞。因"服"和"兵"分别是"衣裳"和"干戈"的統稱,故可成訓。

4. 以複音詞釋複音詞

①《説命下》:"股肱惟人。"《孔傳》:"手足具,乃成人。"
②《顧命》:"出綴衣于庭。"《孔傳》:"綴衣,幄帳。"

"股肱"和"綴衣"都是複音詞,《尚書孔傳》分别以"手足"和"幄帳"訓之。例①"股肱"本指大腿和胳膊,《孔傳》以"手足"代替大腿和胳膊進行訓釋。例②"綴衣"是古代帝王臨終所用之物。《孔疏》:"'綴衣'者,連綴衣物,出之於庭,則是從内而出。下云'狄設黼扆,綴衣',則綴衣是黼扆之類。黼扆是王坐立之處,知綴衣是施張於王坐之上,故以爲'幄帳'也。"由此知"綴衣""幄帳"爲一,故成訓。

5. 以同義詞組訓釋

(1) 以同義詞組釋複音詞組

除了複音詞,《孔傳》還對《尚書》的複音詞組進行訓釋。例如:

①《洛誥》:"予以秬鬯二卣。"《孔傳》:"以黑黍酒二器。"
②《顧命》:"西夾南嚮,敷重筍席,玄紛純,漆仍几。"《孔傳》:"玄粉①,黑緣。"
③《費誓》:"峙乃糗糧。"《孔傳》:"皆當儲峙汝糗糒之糧。"

例①"秬鬯"是複音詞組,"秬"和"鬯"分别對應《孔傳》的"黑黍"和"酒"。《孔疏》云:"《釋草》云:'秬,黑黍。'……以黑黍爲酒,煮鬱金之草,築而和之,使芬香調暢,謂之'秬鬯'。"也就是說"秬鬯"就是用黑黍釀的酒,故《孔傳》訓作"黑黍酒"。例②"玄紛"是複音詞組,"玄"和"紛"分别對應《孔傳》的"黑"和"緣"。《孔疏》云:"'紛',則組之小别。鄭玄《周禮》注

---

① "粉",據經文"玄紛純",當作"紛"。

云：‘紛如綬，有文而狹者也。’”也就是説，“紛”“綬”一物，小大異名，故《孔傳》以“玄紛”作“黑綬”。例③“糗糧”連文，指行軍時用的乾糧。《孔傳》僅釋“糗”作“糗糒”，“糧”字未釋。

（2）以同義詞組釋複音詞

有的雙音節詞，《尚書孔傳》用詞組進行訓釋。例如：

    ①《堯典》：“鳥獸氄毛。”《孔傳》：“鳥獸皆生耎毳細毛以自温。”
    ②《君陳》：“至治馨香，感于神明。”《孔傳》：“政治之至者，芬芳馨氣，動於神明。”

例①的雙音詞“氄毛”，《孔傳》訓作“耎毳細毛”，“耎毳”和“細毛”組成並列結構的詞組。也就是説“氄毛”具有“耎”和“細”兩個特徵。例②的同義複音詞“馨香”，《孔傳》訓作“芬芳馨氣”，“芬芳”和“馨氣”組成並列結構的詞組。所以説，“氄毛”和“馨香”，《孔傳》分別用它們的同義詞組進行訓釋。

（七）設立界説

設立界説，簡單來説是用下定義的方式訓釋器物之義。常用“某曰某”“某爲某”等訓詁術語。例如：

    ①《益稷》：“烝民乃粒。”《孔傳》：“米食曰粒。”
    ②《顧命》：“畫純，雕玉仍几。”《孔傳》：“彩色爲畫。”
    ③《牧誓》：“王左杖黃鉞。”《孔傳》：“鉞以黃金飾斧。”
    ④《牧誓》：“武王戎車三百兩。”《孔傳》：“車稱兩。一車，步卒七十二人。”
    ⑤《文侯之命》：“用賚爾秬鬯一卣。”《孔傳》：“黑黍曰秬，釀以鬯草。”

上例中，《尚書孔傳》幾乎都是以下定義的方式進行訓釋。例①“粒”，《孔疏》云：“《説文》云：‘粒，糂也。’今人謂飯爲米糂，遺餘之飯，謂之一粒、兩粒，是米食曰粒，言是用米爲食之名也。”例②的“畫”，訓作“彩色”，孔疏引《考工記》云：“畫繢之事，雜五色。”故以“彩色爲畫”成訓。例③“黃鉞”，《孔傳》定義作“鉞以黃金飾斧”。《孔疏》云：“《廣雅》云：‘鉞，斧也。’斧稱‘黃鉞’，故知‘以黃金飾斧’也。”例④《孔傳》首先以“車稱兩”明確“兩”是量詞，然後具體描述了一車的建制“步卒七十二人”。例⑤“秬鬯”，《孔傳》曾在《洛誥》篇以“黑黍酒”訓之，此例中通過描寫“黑黍酒”的釀造方法，爲

"秬鬯"下定義。

《孔傳》釋器使用設立界説的方法時,某些被釋詞連文兩字,但僅舉一字爲訓。例如:

①《顧命》:"四人綦弁。"《孔傳》:"綦,文鹿子皮弁。"
②《顧命》:"卿士、邦君,麻冕蟻裳。"《孔傳》:"蟻,裳名,色玄。"

例①"綦弁"連文,《孔傳》僅舉"綦"字進行訓釋,但實際上"文鹿子皮弁"指的是"綦弁",而不單單指"綦"字。例②"蟻裳"連文,《孔傳》僅舉"蟻"字訓釋。《孔疏》云:"'蟻'者,蚍蜉蟲也,此蟲色黑,知蟻裳色玄,以色玄如蟻,故以蟻名之。"

(八) 連類辨析釋義

《孔傳》釋器有時把詞性相同、詞義相近的詞語放在一起,對其之間的差異進行訓釋。例如:

《禹貢》:"礪、砥、砮、丹。"《孔傳》:"砥細於礪,皆磨石也。"

"礪""砥"都是"磨石",《孔傳》"砥細於礪",即"砥""礪"雖然同類,但是有粗細之别。《孔疏》云:"'砥'以細密爲名,'礪'以粗糲爲稱。"《孔疏》引鄭玄注云:"礪,磨刀刃石也。精者曰砥。"鄭玄用"精"字訓"砥",與"細"字不同,但"精""細"是近義詞,表達的意思一樣,只是《孔傳》的訓釋更加簡潔明瞭。

(九) 舉例釋義

此類訓釋方法,只需全部或部分列舉被釋詞所包含的内容,被釋詞的含義就清楚了,不需要作别的解釋。例如:

①《禹貢》:"齒、革、羽、毛,惟木。"《孔傳》:"齒,象牙。革,犀皮。"
②《説命上》:"若金,用汝作礪。"《孔傳》:"鐵須礪以成利器。"
③《禹貢》:"厥貢惟金三品。"《孔傳》:"金、銀、銅也。"
④《皋陶謨》:"天命有德,五服五章哉!"《孔傳》:"五服,天子、諸侯、卿、大夫、士之服也。"

上面例①和例②《孔傳》只舉一例進行訓釋,例③和例④則是全部舉例進行訓釋。例①《孔傳》以"象牙"訓"齒",以"犀皮"訓"革",屬於特指,看似不甚相關,但是結合經義來看就有跡可循了。因爲經文是在講貢品之事,即進獻給帝王的最上乘的物品。"齒"以"象牙"爲最貴,"革"以"犀皮"爲最美,故成訓。例②"金"是金屬的統稱,一般指金、銀、銅、鐵等。此例《孔傳》僅舉"鐵"爲訓。例③"金三品","金"是總名,"三品"應是不同的品相,《孔傳》全舉"金、銀、銅"爲訓。《孔疏》認爲"黃金以下,惟有白銀與銅耳"。例④"五服",此處是指古代天子、諸侯、卿、大夫、士五等的服式,《孔傳》全舉以釋。

(十) 連訓釋義

《尚書孔傳》釋器有時使用連訓的方式進行釋義。例如:

①《顧命》:"赤刀、大訓、弘璧、琬琰,在西序。"《孔傳》:"寶刀,赤刀①(刃)削。"
②《禹貢》:"岱畎,絲枲鉛松怪石。"《孔傳》:"怪,異,好石似玉者。"

上例中分別省略了被釋詞"赤刀"和"怪石"。例①先是將"赤刀"訓作"寶刀",然後進一步解釋其特點是"赤刃"。《孔疏》:"上言'陳寶',非寶則不得陳之,故知'赤刀'爲寶刀也。謂之'赤刀(刃)'者,其刀必有赤處。刀一名'削',故名'赤刀(刃)削'也。"例②先訓"怪"作"異",接着省略"怪石",訓其作"好石似玉者",雖然省略了被釋詞,但是不會引起讀者誤解。

(十一) 揭示經文修辭現象

《尚書孔傳》的訓釋有時揭示出經文的修辭現象。例如:

①《禹貢》:"厥篚玄纖縞。"《孔傳》:"玄,黑繒。縞,白繒。"
②《武成》:"篚厥玄黃。"《孔傳》:"筐筐盛其絲帛。"

例①中"玄",本是黑色,《孔傳》訓作"黑繒",揭示出經文使用了借代的修辭手法,即用顏色借指物品。《孔疏》云:"玄是黑色之別名,故知玄是黑

---

① 北監本《尚書注疏》"刀"字誤,當作"刃"。後《孔疏》"刀"字亦誤。("刀削",八、王、岳作"刃削"。○山井鼎《考文》:寶刀,赤刀削。〔古本〕下"刀"作"刃"。宋板同……○岳本《考證》:寶刀,赤刃削。"刃",諸本並作"刀",誤。……○阮元《校記甲》:故名赤刀削也。"刀",宋板作"刃"。下"爲赤刀削"同。按:監本初似亦作"刀",後刊去一點。下"赤刀""白刀"同。阮元《校記乙》同。參見杜澤遜《尚書注疏彙校》第2896、2908頁)

繒也。"但是這個訓釋是否正確還值得思考。例②中"玄黃"應是指物品,故此處也《孔傳》以"絲帛"釋之。但"玄黃"本來是指天地的顏色,此處也是揭示經文使用了借代的修辭手法。類似的還有"鏤,鋼鐵"的訓釋,是用動詞"鏤"借指對象"鋼鐵"。

(十二) 揭示經文語法現象

《尚書孔傳》釋器有時也通過揭示經文語法現象的方法進行訓釋。例如:

> 《禹貢》:"厥篚織文。"《孔傳》:"織文,錦綺之屬。<u>盛之筐篚而貢焉</u>。"

"篚"本是名詞,義爲"筐篚",但上例放在"織文"之前,當活用作動詞。故《孔傳》訓作"盛之筐篚而貢焉",揭示出經文把名詞活用作動詞的語法現象。

三、《尚書孔傳》釋器之討論

《尚書孔傳》釋器中某些訓釋值得討論。有的訓釋不够合理和準確,有的訓釋則因爲解釋角度和標準不同而産生差別。例如:

> ①《禹貢》:"厥篚玄纖縞。"《孔傳》:"玄,黑繒。縞,白繒。纖,細也。纖在中,明二物皆當細。"

"玄纖縞",《孔傳》訓作"玄,黑繒。縞,白繒。纖,細也"。"縞"訓作"白繒"沒問題,但是"玄"訓作"黑繒"是否準確呢?《孔傳》爲了讓解釋看起來合理,在後面補充"纖在中,明二物皆當細",這個解釋其實是把形容詞"纖"置於兩個名詞之間,劉起釪認爲這樣顯然不合語法[1]。既然這樣不合理,那麼把"玄"訓作"黑繒"也就非常牽強了。那麼"玄"到底該訓作什麼呢?"玄"本來是"黑"的意思,如果把"玄"訓作黑,"纖"是細的意思,那麼就和"縞"没法組合了,因爲不可能有"黑細白縞"這種不合理的東西存在。所以,是否可以推測"玄"修飾"纖","纖"是名詞呢?劉起釪引《漢志》師古注云:"玄,黑也。纖,細繒也。縞,鮮支也,即今所謂素也。言獻黑細繒及鮮支也。"這樣的話,以"玄"爲形容詞,"纖""縞"皆名詞。那麼"纖"和黑能聯繫起來嗎?劉又引《禮記·間傳》"禫而纖"鄭注:"黑經白緯曰纖。"可知,

---

① 顧頡剛、劉起釪:《尚書校釋譯論》,第 622 頁。

"纖"確爲玄色經紗白色緯紗織成的織物名稱,可以認爲釋古代所説的繒。這樣的話,整個解釋就看起來比較合理了。即貢品爲"黑纖"和"白縞"兩種物品。

此外,《蔡傳》云:"玄,赤黑色帶也。""纖、縞,皆繒也。"以三者皆名詞,也可備一説。但是不管怎麽樣,《孔傳》的訓釋確實不夠合理。

②《禹貢》:"厥貢惟<u>金三品</u>。"《孔傳》:"金、銀、銅也。"

"金三品",《孔傳》訓作"金、銀、銅",《孔疏》解曰:"'金'既總名,而云'三品',黄金以下,惟有白銀與銅耳,故爲'金、銀、銅也'。"那麽《孔傳》此訓是否正確呢?

王先謙《參正》①對此訓釋亦有分析:

> 《詩·泮水》疏引王肅云:"三品,金、銀、銅也。"與《傳》合……《集解》引鄭云:"銅三色也"。案:三色,青、白、赤。孫云:"《禹貢》璆、鐵、錫、鉛、銀,各表其名,而不言銅,故知鄭義爲的。"

由上可知,《孔傳》的訓釋本自王肅,根據王先謙所引孫星衍的分析,筆者同意孫説,即鄭注較王、孔更準確。

③《金縢》:"王與大夫盡<u>弁</u>,以啓金縢之書。"《孔傳》:"<u>皮弁</u>質服以應天。"

"弁",《孔傳》訓作"皮弁",强調其材質。《詩·小雅·頍弁》"有頍者弁",《毛傳》亦訓"弁"作"皮弁"。而《孔疏》引鄭玄注爲"爵弁"。"爵弁"其實就是雀弁,"爵"通"雀","雀弁"以其色黑爲名。《孔傳》在《顧命》篇"二人雀弁,執惠"中訓"雀弁"作"雀韋弁",也就是説,"爵弁"也是"韋弁",即皮弁。《孔傳》的訓釋强調了弁的材質,而鄭玄的訓釋强調了其顏色,角度不同,都屬於分別確指而增字的訓釋方式。

④《旅獒》:"爲山九<u>仞</u>,功虧一簣。"《孔傳》:"八尺曰仞,喻向成也。"

---

① (清)王先謙撰,何晉點校:《尚書孔傳參正》,第273頁。

"仞",是長度單位,《孔傳》訓作"八尺曰仞"。《孔疏》引鄭玄云"七尺曰仞",與孔義異。又引王肅云"八尺曰仞",與孔義同。那麼到底一仞是幾尺呢?《辭源》列舉了幾種不同的説法,認爲八尺是周尺,七尺爲漢尺。可見鄭與王、孔的不同在於所參考標準的不同,即鄭玄用漢代的標準,而王、孔用周代的標準。

⑤《金縢》:"武王有疾,周公作《金縢》。"《孔傳》:"爲請命之書,藏之於匱,緘之以金,不欲人開之。"

"縢",《孔傳》對應訓作"緘",而《孔疏》引鄭玄、王肅注皆云:"縢,束也。"雖然釋詞用字不同,但"緘"與"束"爲近義詞,都有捆紮、約束之義。也就是説鄭玄、王肅注與《孔傳》訓釋相類。

通過比對發現,《尚書孔傳》的訓釋還參考了很多經書、訓詁專書以及前人舊注。像《顧命》篇涉及很多和喪葬有關的物品訓釋,《孔傳》參考或引用了《周禮》《禮記》等古書的內容。此外,《孔傳》與馬融、鄭玄、王肅的注釋相比,有一致的地方也有不一致的地方。其中不一致的地方,有些是訓釋的角度或標準不同,有些只是釋詞用字的不同,而意思基本相同。

總而言之,《孔傳》釋器既參考了前人的舊注,也有對舊注的改換,以期達到看起來與前注面貌不同的目的。雖然有的訓釋不够恰當,但整體來看,《孔傳》訓釋內容豐富,方法多樣,不僅能讓讀者了解器物的特徵、形制,還對掃除讀經障礙,理解經義大有幫助,並且基本做到了有據可依,因此具有較高的學術價值。

第四節　《尚書孔傳》釋樂的内容及方法

音樂是文化的重要組成部分,包括聲律、樂器和歌舞等內容。據《吕氏春秋》的記載,中國音樂起源的傳説一直可以追溯到黄帝時代,那時已經開始注意音律,並且設置了專門的樂官。早期歌、舞、樂一體。《禮記·樂記》:"詩,言其志;歌,詠其聲;舞,動其容也。三者本于心,然後樂器從之。"以入樂與否,區分歌和詩,歌是合樂的詩,《詩經》則是我國第一部詩歌總集。《周禮·春官·大司樂》和《儀禮》中也記載了很多與聲律、樂器、歌舞相關的內容。這些內容流傳到後世,有的需要專門的訓釋才能讀懂。因此,對與音樂相關的語詞進行訓釋很有必要。

一、《尚書孔傳》釋樂的内容

《爾雅》單列《釋樂》一篇,收録了很多關於聲律、樂器和歌舞的訓釋。《尚書孔傳》有關釋樂的内容 8 條,分別立目。參照《爾雅·釋樂》,《孔傳》釋樂分"樂器"和"聲樂"兩類。

樂器類,《尚書孔傳》5 見。如"搏拊""鼗鼓""戞擊""球""鏞"等。

聲樂類,《尚書孔傳》3 見。如"歌""韶",以及訓作"聲樂"的"聲"都歸入此類。

二、《尚書孔傳》釋樂的方法

《尚書孔傳》釋樂的方法,歸納如下:

(一) 釋以類名

釋以類名,即釋詞體現了被釋詞所屬類別。例如:

> 《仲虺之誥》:"惟王不邇聲色。"《孔傳》:"不近聲樂,言清簡;不近女色,言貞固。"

《尚書孔傳》以"聲樂"訓"聲",明確此處"聲"是指聲樂,而非普通的聲音。故以"聲樂"訓"聲",明確其類名。

(二) 綜合訓釋

《尚書孔傳》釋樂有時會綜合類名、特徵、做法、功能、形制、傳承等方面進行訓釋,具體可分爲以下幾種情況:

1. 釋以類名及特徵

有的訓釋,《孔傳》會綜合訓釋被釋詞的特徵和所屬類別。例如:

> ①《益稷》:"戞擊鳴球,搏拊琴瑟以詠。"《孔傳》:"球,玉磬。"
> ②《益稷》:"笙鏞以間,鳥獸蹌蹌。"《孔傳》:"鏞,大鐘。"

例①"球"本身是一種玉,《孔傳》訓作"玉磬",是根據"球"前的"鳴"而成訓的。"磬"明確了"球"是一種樂器,"玉"則表明這種樂器是用玉做成的。《孔疏》云:"《釋器》云:'球,玉也。''鳴球',謂擊球使鳴,樂器惟磬用玉,故球爲玉磬。"例②《孔傳》以"大鐘"訓"鏞"。"鏞""鐘"都是古代的樂器,"鐘"用青銅製作,懸掛於架上,以槌叩擊發音。較大的鐘稱作"鏞","大"是"鏞"的特徵。《孔疏》:"《釋樂》云:'大鐘謂之鏞。'李巡曰:'大鐘音聲大。鏞,大也。'"《詩·大雅·靈臺》:"虡業維樅,賁鼓維鏞。"鄭玄箋亦訓"鏞"作"大鐘"。

2. 釋以做法及功能

有的訓釋,《孔傳》會綜合訓釋某樂器的做法和功能。例如:

> 《益稷》:"戛擊鳴球,搏拊琴瑟以詠。"《孔傳》:"搏拊,以韋爲之,實之以糠,所以節樂。"

"搏拊",古樂器名。《尚書孔傳》以"以韋爲之,實之以糠"介紹其製作方法,以"所以節樂"明確其功能。《釋名·釋樂器》云:"搏拊,以韋盛糠,形如鼓,以手拊拍之也。"

3. 釋以形制及傳承

有的訓釋,《孔傳》會綜合訓釋其形制和流傳情況等。例如:

> 《顧命》:"胤之舞衣、大貝、鼖鼓,在西房。"《孔傳》:"鼖鼓,長八尺,商周傳寶之。"

《説文》:"大鼓謂之鼖。鼖八尺而兩面,以鼓軍事。"《孔傳》以"長八尺,商周傳寶之"訓"鼖鼓",其中"長八尺"是其形制,《周禮·考工記·韗人》:"鼓長八尺,鼓四尺,中圍加三之一,謂之鼖鼓。"鄭玄注:"大鼓謂之鼖。以鼖鼓鼓軍事。""商周傳寶之"是介紹其傳承情況,《孔疏》云:"周興至此未久,當是先代之器,故云'商周傳寶之'。"

4. 釋以類名并加區別字釋義

《尚書孔傳》釋樂有時除了訓釋被釋詞的類別,還會增加區別字以示區分。例如:

> 《益稷》:"《簫韶》九成,鳳皇來儀。"《孔傳》:"韶,舜樂名。"

《尚書孔傳》訓"韶"作"舜樂名",首先明確"韶"是一種樂名。《論語·述而》"子在齊聞韶,三月不知肉味"中的"韶"即是此樂。"樂名"前再增一"舜",明確其是虞舜時的樂名。《孔疏》:"'韶'是舜樂,經傳多矣。"

(三) 互訓

《尚書孔傳》釋樂類詞語訓釋,有時也使用互訓的方法。例如:

《大禹謨》:"九功惟敘,九敘惟歌。"《孔傳》:"言六府三事之功有次敘,皆可歌樂。"

"歌"是歌唱義,"樂"是奏樂義,唱歌、奏樂皆有歌頌的意思,兩者屬於近義詞,故《孔傳》增"樂"以"歌樂"訓"歌"。《孔疏》云:"事皆有敘,民必歌樂君德,故九敘皆可歌樂,乃人君德政之致也。"

三、《尚書孔傳》釋樂之討論

《尚書孔傳》釋樂的某些訓釋,後世可能會産生曲解。例如:

《益稷》:"戛擊鳴球,搏拊琴瑟以詠。"《孔傳》:"戛擊,柷敔,所以作止樂。"

"戛擊",《孔傳》訓作"戛擊,柷敔,所以作止樂"。按照《孔傳》的訓釋,"戛擊"是指樂器"柷敔",用來作樂和止樂。而《孔疏》卻云:"戛敔擊柷……'戛擊'是作用之名,非樂器也。故以'戛擊'爲柷敔……樂之初,擊柷以作之;樂之將末,戛敔以止之,故云'所以作止樂'雙解之。"孫星衍《尚書今古文注疏》和劉起釪《尚書校釋譯論》均引馬融云"戛,櫟也",又引鄭玄云"戛,櫟也。戛擊鳴球三者,皆總下樂,櫟擊此四器也"。"櫟"是敲擊義。屈萬里《尚書今注今譯》①引朱駿聲《尚書古注便讀》云"戛,刮也",亦是作用之辭。

王先謙《參正》引段玉裁云:"《禮記·明堂位》:'拊搏,玉磬,揩擊,大琴,大瑟,中琴,小瑟四代之樂器也。'拊搏即《書》之'搏拊',玉磬即'鳴球',揩擊即'戛擊',大琴,大瑟,中琴,小瑟即'琴瑟'。'戛'又作'揩'……鄭注《禮記》云:'揩擊謂柷敔也'古説不可易。"

也就是説,馬融、鄭玄的《尚書》注、《孔疏》以及後人孫星衍、屈萬里、劉起釪等認爲"戛擊"是作用之名,而《尚書孔傳》、鄭注《禮記·明堂位》以及段玉裁,認爲"戛擊"是樂器"柷敔"。

那麼,"戛擊"到底是什麼呢? 回到經文本身"戛擊鳴球,搏拊琴瑟以詠",如果説"戛擊"是作用之名,統領後面的四種樂器的話,鳴球和搏拊可以敲或擊,而琴瑟就不能敲擊了,琴瑟一般用"撥"或"鼓"之類的動作演奏。抑或如果把"戛擊"當成樂器"柷敔"的話,整句經文也是可以説得通的,即"柷敔、玉磬、搏拊、琴、瑟都是用來伴奏的"。所以,筆者認爲《孔傳》訓"戛

---

① 屈萬里:《尚書今注今譯》,新世界出版社,2011年,第22頁。

擊"作"枑敂"説得通。

總而言之,相比於"三禮"鄭玄注和《毛詩傳》,《孔傳》釋樂的内容不算豐富,但是依然採用了多種訓釋方法,有的還參考了前人或古書的訓釋,這對讀者疏通經文,了解古代樂器和聲樂大有幫助,具有較强的史料價值和音樂價值。

第五節 《尚書孔傳》釋官的内容及方法

職官是指在國家機構中擔任一定職務的官吏,是國家機器的産物。原始社會没有後世嚴格意義上的職官,當時氏族的首領,與國家産生之後設立的職官性質不同。古書中有不少關於古代職官制度的記載,不過先秦典籍對職官的記載大都比較簡單,直到《周禮》①出現,才對古代職官及職官制度有了專門的記載。

時代的發展、政權的更迭、名稱的改换,使得後人對某些職官的確認與理解出現困難,這就需要對職官進行訓釋。鄭玄注《周禮》,不僅訓釋職官的泛稱,也有對專稱的訓釋。例如,"百官,卿大夫也"(《周禮·夏官》"百官載旟"鄭注)中,"百官"是泛稱。再如,"甸師,主共野物官之長"(《周禮·天官》"甸師,下士二人"鄭注),就是對"甸師"職權範圍的訓釋。《儀禮》和《禮記》鄭玄注中也有對職官的訓釋。《毛詩傳》中也保存了一些職官的訓釋。例如,"田畯,田大夫也"(《詩·豳風·七月》"田畯至喜"毛傳)、"挈壺氏,掌漏刻者"(《詩·齊風·東方未明》序"挈壺氏不能掌其職焉"鄭箋)。也就是説,對職官的訓釋,古已有之。某些職官像"田畯"和"挈壺氏"等,如果不進行訓釋的話,後人很難分辨是姓氏還是官稱。

《尚書》雖然没有對職官的專門記載,但很多篇章中都有涉及職官的内容,特別是《周官》一篇,中心内容就是職官的設置。那麽,《尚書孔傳》訓釋的職官有哪些,如何進行分類,採用了什麽訓釋方法等,都值得思考和討論。

一、《尚書孔傳》釋官的内容

《尚書孔傳類詁》中的"釋官"類,是本書在《爾雅》十九類之外另立的一類,歸在禮儀制度大類下。

---

① 《周禮》的成書時代雖尚無定論,但大多數學者認爲出于戰國時人之手。通過大量金文材料的證明,其珍貴的史料價值不容忽視。

需要注意的是,《尚書孔傳》中"僚,官""伯,長"等訓釋條目,在《爾雅》中屬於"釋詁"類,爲了保持與《爾雅》的一貫性,筆者在《尚書孔傳類詁》中仍然把它們歸入"釋詁"類。其他没在《爾雅·釋詁》中立目的職官類的訓釋,本書在《尚書孔傳類詁》中歸入"釋官"類。《孔傳》對職官的訓釋共 153 條,立目 94 個。其中直接的訓釋 80 條,融於串講中的訓釋 73 條。其訓釋内容大概可以分成兩個小類:泛稱、專稱。其中對職官泛稱的訓釋 62 見,職官專稱的訓釋 91 見。

(一) 職官的泛稱

職官的泛稱,是與職官的專稱相對而言的,張政烺主編的《中國古代職官大辭典》(以下簡稱"職官大辭典")①一般不予立目。未被《職官大辭典》立目的職官的泛稱共 38 見。例如,"攜僕",《尚書孔傳》訓作"攜持器物之僕",是對某類近臣小官的泛稱,《職官大辭典》未立目,龔延明《中國歷代職官別名大辭典》②(以下簡稱"職官別名大辭典")也未見收録。再如"貳公",《孔傳》訓作"副貳三公",是輔佐三公的副職;"臣衛"是指屏藩擁衛之臣,類似這種都屬於特殊稱謂,《職官大辭典》亦未立目,屬於職官的泛稱,本書亦作爲職官類詞語。

有的職官,雖然被《職官大辭典》《職官別名大辭典》立目,但其本身爲泛稱,所以也歸在職官的泛稱一類。這類訓釋,《尚書孔傳》共 24 見。例如,"百工",作爲"百官"義時,雖然《職官大辭典》等立目,但是它本身還是一種泛稱。再如"官師",《孔傳》訓作"衆官",也是"百官"之義,屬於泛稱。

(二) 職官的專稱

職官的專稱即正式的官稱,職務相對確切、具體。本書主要參照《職官大辭典》所立目的"中國歷朝中央、地方政權的機構、職官、勛官、散官、封爵等名稱及常見的尊稱、別稱、俗稱、簡稱、合稱、聯稱等"來認定。《尚書孔傳》訓釋且被《職官大辭典》立目的正式官稱共 84 見。如"共工""阿衡""冢宰""常伯""百夫長""虎賁""左""右"等。

有的職官有具體職務或確切職掌,但未被《職官大辭典》立目,如"伯相""太僕正""五長""孟侯"等都是具體的職務,其中"伯相""太僕正"等《職官別名大辭典》收録了,也算職官的專稱,共 7 見。再如"嗇夫""庶府""訓人"等,都有確切的職掌,屬於職官的專稱。

《尚書》中出現的職官雖然不能反映夏、商、周時職官系統的全貌,但是

---

①　張政烺:《中國古代職官大辭典》,河南人民出版社,1990 年。

②　龔延明:《中國歷代職官別名大辭典》(增訂本),中華書局,2019 年。

通過一些職官的泛稱或後世不見的官稱,説明在當時職官設置還不規範,不完善,一部分職官分工不够嚴密,職掌不够固定。

二、《尚書孔傳》釋官的方法

不管是職官的泛稱還是專稱,《尚書孔傳》都採用了多種方法進行訓釋,歸納如下:

(一) 釋以類名

釋以類名,即釋詞明確被釋職官的類別。《孔傳》一般以類名或"某官"訓釋。例如:

①《堯典》:"胤子朱啓明。"《孔傳》:"胤,國。子,爵。朱,名。"
②《堯典》:"共工方鳩僝功。"《孔傳》:"共工,官稱。"
③《梓材》:"王啓監,厥亂爲民。"《孔傳》:"言王者開置監官,其治爲民,不可不勉。"

例①《孔傳》以"爵"訓"子",明確"子"是"爵"官的一種,即子是五等爵"公、侯、伯、子、男"之第四等。《孔疏》云:"'胤'既是國,自然'子'爲爵,'朱'爲名也。"類似的還有《湯征》"葛伯不祀,湯始征之"之"伯",《孔傳》亦訓"伯"作"爵",也明確"伯"屬於"爵"官的一種。例②"共工,官稱",明確"共工"是一種官稱。"共工"傳説爲帝堯時的治水之官。例③"監",是主管監察的官名,《孔傳》以"監官"訓之,亦明確"監"是一種職官。

釋以類名有時會把幾個同級別的職官放在一起合釋。例如:

④《梓材》:"司徒、司馬、司空、尹、旅曰。"《孔傳》:"言國之三卿、正官衆大夫,皆順典常,而曰。"
⑤《周官》:"少師、少傅、少保,曰三孤。"《孔傳》:"此三官,名曰三孤。"

例④"司徒、司馬、司空",《孔傳》合釋作"三卿",即被釋詞"司徒、司馬、司空"分別爲"卿官"的一種。《立政》"司徒、司馬、司空、亞旅"之"司徒、司馬、司空",《孔傳》亦合釋作"三卿"。例⑤"三孤",即"少師、少傅、少保",合釋作"三官",明確了被釋詞"少師""少傅""少保"也都是一種官稱。

此外,《周官》集中體現了周朝職官設置的内容。其中的"冢宰""司徒""宗伯""司馬""司寇""司空"六司,相當於《周禮》之天、地、春、夏、秋、冬六

官。所以,《尚書孔傳》會參照被釋職官所在《周禮》中的類別進行訓釋。例如:

①《周官》:"<u>冢宰</u>,掌邦治。"《孔傳》:"<u>《天官》</u>卿,稱太宰,主國政治。"
②《周官》:"<u>司徒</u>,掌邦教。"《孔傳》:"<u>《地官》</u>卿,司徒主國教化。"
③《周官》:"<u>宗伯</u>,掌邦禮。"《孔傳》:"<u>《春官》</u>卿,宗廟官長,主國禮。"
④《周官》:"<u>司空</u>,掌邦土。"《孔傳》:"<u>《冬官》</u>卿,主國空土。"

上例中,"冢宰""司徒""宗伯""司空"等分别以其所在《周禮》的類別進行訓釋,明確其在《周禮》中所對應的職官類別。

可見,職官的特殊性使得"釋以類名"的訓釋方法呈現多樣性。《尚書孔傳》不僅明確某些職官的類名,還會參照某些職官在《周禮》中的類別進行訓釋。

(二) 釋以別名

事物異名,是名物稱謂中一種特殊而廣泛存在的文化現象,職官的稱謂也不例外。某些職官有不同的稱名,《尚書孔傳》則通過"釋以別名"的方法對被釋職官進行訓釋。例如:

①《畢命》:"嗚呼! <u>父師</u>,惟文王、武王,敷大德于天下,用克受殷命。"《孔傳》:"歎告畢公代周公爲<u>大師</u>,爲東伯,命之代君陳。"

"父師",《孔傳》訓作"大師",即太師。"太師"是正式的官稱,與"太傅""太保"並稱三公,是天子的輔政大臣。"父師"是在口語中對"太師"的稱謂。以"父"稱"太師",可見太師地位之高及周王對太師的尊重。

②《酒誥》:"矧惟若疇<u>圻父</u>,薄違<u>農父</u>?"《孔傳》:"圻父,司馬。農父,司徒。"

"圻父""農父",《孔傳》分別訓作常見的官稱"司馬"和"司徒"。而"圻父"和"農父"爲"司馬"和"司徒"的尊稱。《孔疏》:"'圻父''農父''宏父'是諸侯之三卿。"又云"司馬主圻封,故云'圻父'。'父'者,尊之辭。以司徒教民五土之藝,故言'農父'也。"

③《伊訓》:"<u>邦君</u>有一于身,國必亡。"《孔傳》:"<u>諸侯</u>犯此,國亡之道。"

"邦君"即諸侯國的君主,《孔傳》以"諸侯"訓之。"諸侯"是古代帝王所分封的各國君主。所以"邦君"和"諸侯"是對同一職官的不同稱謂。

釋以別名的方法,在《尚書孔傳》職官訓釋中還有很多用例,此處不再一一羅列。

(三) 釋以職掌

某些職官,《尚書孔傳》通過明確其職權或所掌的方法進行訓釋。例如:

①《立政》:"王左右,常伯、常任、準人、綴衣、虎賁。"《孔傳》:"綴衣掌衣服,虎賁以武力事王。"

②《立政》:"左右攜僕、百司庶府。"《孔傳》:"雖左右攜持器物之僕,及百官有司主券契藏吏,亦皆擇人。"

例①"綴衣"即掌管衣服的近臣,"虎賁"是保護君王的近臣。《孔傳》"綴衣掌衣服,虎賁以武力事王"分別訓釋了"綴衣"和"虎賁"的職掌。例②"攜僕",《孔傳》以"攜持器物"爲其職掌。孫星衍疏:"左右攜僕,蓋若《周禮》太僕、射人也。……王氏鳴盛云:'左右攜持器物之僕,謂寺人、内小臣等也。'"①

(四) 釋以職級

某些職官,《尚書孔傳》會訓釋其在衆官中的地位。例如:

《微子》:"微子若曰:'父師、少師。'"《孔傳》:"父師,太師,三公,箕子也。少師,孤卿,比干。"

"少師",《孔傳》訓作"孤卿",即少師是三孤之一。"三孤",指的是少師、少傅、少保,是輔佐三公的。《孔傳》的訓釋,明確了比干的職級地位。

(五) 釋得名之由

《尚書孔傳》有時會訓釋被釋詞的得名之由。例如:

《康王之誥》:"一二臣衛,敢執壤奠。"《孔傳》:"〔諸侯〕爲蕃衛,故曰'臣衛'。"

"臣衛",指的是諸侯,《孔傳》以"爲蕃衛"訓釋了"臣衛"的得名之由。

---

① (清)孫星衍撰,陳抗、盛冬鈴點校:《尚書今古文注疏》,第473頁。

諸侯是天子之臣,且有護衛之責。《孔疏》又云:"言'衛'者,諸侯之在四方,皆爲天子蕃衛,故曰'臣衛'。"

(六) 綜合訓釋

綜合訓釋,即以綜合上文所列的兩種或以上的方法訓釋被釋職官。有以下幾種情況:

1. 釋以類名及職掌

《尚書孔傳》有的訓釋綜合被釋職官的類名和職掌。例如:

①《胤征》:"瞽奏鼓,嗇夫馳,庶人走。"《孔傳》:"瞽,樂官,樂官進鼓則伐之。嗇夫,主幣之官,馳取幣禮天神。"

"瞽,樂官""嗇夫,主幣之官"首先以"樂"和"主幣"明確"瞽"和"嗇夫"的職掌,然後明確了他們爲"官"名。"瞽",是主管音樂的職官,相傳夏朝即置,周朝亦置。"嗇夫",《孔傳》認爲是掌管幣禮的官員。

②《胤征》:"每歲孟春,遒人以木鐸徇于路。"《孔傳》:"遒人,宣令之官。"

《孔傳》"宣令之官"也是從職掌和類名兩方面對"遒人"進行訓釋的。《孔疏》:"《周禮》無此官,惟《小宰》云:'正歲帥理官之屬,而觀治象之法,徇以木鐸曰:"不用法者,國有常刑。"'宣令之事,略與此同。"

③《牧誓》:"亞旅、師氏。"《孔傳》:"師氏,大夫,官以兵守門者。"

"師氏",《孔傳》認爲它是"官以兵守門者",也是綜合訓釋了其類名和職掌。《孔疏》:"'師氏'亦大夫,其官掌以兵守門,所掌尤重,故別言之。《周禮》師氏中大夫,'使其屬帥四夷之隸,各以其兵服守王之門外。朝在野外,則守內列'。"

2. 釋以別名及職級

有的訓釋綜合被釋職官的別名和地位。例如:

《微子》:"微子若曰:'父師、少師。'"《孔傳》:"父師,太師,三公,箕子也。少師,孤卿,比干。"

《孔傳》以"太師"釋"父師","太師"是父師的別名;"三公"即太師、太傅、太保,相當於現在所謂的決策層,訓釋了"父師"的職級地位,即父師箕子是"三公"之一,爲周王的決策層。

3. 釋得名之由及別名

有的訓釋綜合被釋職官的得名之由及別名。例如:

> 《牧誓》:"虎賁三百人。"《孔傳》:"勇士稱也,若虎賁獸,言其猛也。皆百夫長。"

《孔傳》"勇士稱也,若虎賁獸,言其猛也"訓"虎賁"的得名之由。"百夫長"《孔傳》認爲是"虎賁"的別名。《孔疏》云:"《周禮》虎賁氏之官,其屬有虎士八百人,是'虎賁'爲'勇士稱'也。若虎之賁走逐獸,言其猛也。此'虎賁'必是軍內驍勇選而爲之,當時謂之'虎賁'。……孔意'虎賁'即是經之'百夫長',故云'皆百夫長'也。"

4. 釋以職掌及別名

有的訓釋綜合被釋職官的職掌和別名。例如:

> ①《立政》:"王左右,常伯、常任、準人、綴衣、虎賁。"《孔傳》:"準人平法,謂士官。"

"準人"是古代獄官,掌管司法刑獄。《孔傳》以"準人平法"訓其職掌,即掌刑獄之官。《周禮》"司寇之長在常任之内,此士官當謂士師也"之"士官"即謂此。也就是説,"士官"是"準人"的別名。《孔疏》云:"準,訓平也。平法之人,謂士官也。"

> ②《甘誓》:"右不攻于右,汝不恭命。"《孔傳》:"右,車右,勇力之士,執戈矛以退敵。"

"右",又稱"車右",《孔傳》訓作"車右,勇力之士,執戈矛以退敵"。車右勇士的職掌是奮力殺敵,保衛主將。也就是説,《孔傳》亦從別名和職掌兩方面對"右"進行訓釋。

(七) 互訓

互訓,即用被釋職官的同義詞或近義詞進行訓釋的方法。大部分職官是複音詞,所以,《尚書孔傳》一般用同義或近義的複音詞或詞組進行訓釋。

1. 以複音詞釋複音詞

①《皋陶謨》："百僚師師,百工惟時。"《孔傳》："僚、工,皆官也。師師,相師法。百官皆是,言政無非。"

複音詞"百僚"和"百工"俱訓作"百官"。"百工"訓作"百官",《尚書孔傳》7見。據《孔傳》"僚、工,皆官也",可以認爲"百官"分別半釋了被釋詞"百僚""百工"連文兩字的下字。類似的還有"小伯",《孔傳》訓作"小長"。

②《堯典》："九族既睦,平章百姓。"《孔傳》:"百姓,百官。"

"百姓"訓作"百官",《尚書孔傳》共5見。《孔疏》云:"'百姓',謂百官族姓。"《酒誥》"越百姓里居"之"百姓",《孔傳》就對應訓作"百官族姓"。"姓"是"族姓","族姓"一般是有代表的,這些代表就是"官",所以"百姓"可以指"百官"。《詩·小雅·天保》"群黎百姓,徧爲爾德"之"百姓",《毛傳》亦訓作"百官族姓"。

此外,"百姓"還有"黎民"以及"百官和黎民"之義。如《泰誓中》"百姓懍懍,若崩厥角"和《呂刑》"在今爾安百姓"中的"百姓",《孔傳》分別訓作"民"和"百姓兆民"。也就是説"百姓"在《尚書》中體現出了兩種不同的義項:"官"和"民"。之所以出現兩種義項,其實是由於隨文而產生的不同釋義,即同一個詞在不同的語境下所表示的含義不同。

2. 釋以同義詞組

①《立政》："左右攜僕、百司庶府。"《孔傳》:"雖左右攜持器物之僕,及百官有司主券契藏吏,亦皆擇人。"

"百司"連文,《孔傳》對應訓作並列詞組"百官有司"。"有司"也是指官吏,古代設官分職,各有專職,故稱"有司"。《大禹謨》"好生之德,洽于民心,兹用不犯于有司"之"有司"即是官吏義。所以"百官有司"即"百官"義。

②《胤征》："天吏逸德,烈於猛火。"《孔傳》:"天王之吏爲過惡之德,其傷害天下甚於火之害玉。"

"天吏",《孔傳》以偏正詞組"天王之吏"訓之,即天子的官吏義。也可以把"天吏"看作是"天王之吏"的簡稱。

（八）設立界説

設立界説,即用一句話或幾句話闡明被釋的職官詞義的界限,對被釋職官的内涵作出闡述或定義。例如:

①《益稷》:"外薄四海,咸建五長。"《孔傳》:"五國立賢者一人爲方伯,謂之五長,以相統治,以獎帝室。"

"五長",即五國諸侯之長。《孔傳》首先以"五國立賢者一人爲方伯,謂之五長",從身份、地位兩個方面對"五長"定義。接着以"以相統治,以獎帝室"訓其職責,即輔助君王的統治。

②《顧命》:"伯相命士須材。"《孔傳》:"邦伯爲相,則召公於丁卯七日癸酉,召公命士致材木,須待以供喪用。"

例②《孔傳》以"邦伯爲相"定義"伯相"。也就是説"伯相"是具備雙重身份的職官,既是邦伯,又是輔相。《孔疏》云:"成王既崩,事皆聽於冢宰,自非召公,無由發命,知'伯相',即召公也。"也就是説,因召公①既是諸侯國君,又輔政周王,故稱其爲"伯相"。

（九）舉例釋義

列舉訓釋,即列舉被釋職官包含的内容。例如:

①《武成》:"列爵惟五。"《孔傳》:"爵五等,公侯伯子男。"
②《大誥》:"武王崩,三監及淮夷叛。"《孔傳》:"三監,管、蔡、商。淮夷徐奄之屬皆叛周。"

例①"爵",即爵位,商周時皆置,是一種封號等級。《孔傳》列舉五等爵位"公、侯、伯、子、男"來訓釋"爵"。例②"三監",是周初對殷遺邶、鄘、衛三國派駐的三位大臣的合稱,即管叔、蔡叔、武庚,故《孔傳》列舉"管、蔡、商"訓"三監"。《孔疏》引《漢書·地理志》云:"周既滅殷,分其畿内爲三國,《詩·風》邶、鄘、衛是也。邶,以封紂子武庚;鄘,管叔尹之;衛,蔡叔尹之,以

---

① 召公,姓姬名奭,西周宗室,與周公姬旦、武王姬發同輩。周滅商前,始封地在召(今陝西省扶風縣城東北),故稱召公。周成王時,他出任太保,與周公旦分陝而治。

監殷民,謂之三監。"

(十) 連訓釋義

《孔傳》釋官有時也會採用連訓的方法進行訓釋。例如:

①《召誥》:"命庶殷侯、甸、男邦伯。"《孔傳》:"邦伯,方伯,即州牧也。"

②《立政》:"宅乃事,宅乃牧,宅乃準,茲惟后矣。"《孔傳》:"牧,牧民,九州之伯。"

例①"邦伯",是諸侯之長。《孔傳》先是訓作"方伯",接着訓作"州牧"。《孔疏》云:"'邦伯',諸國之長。故爲方伯州牧。《王制》云:'千里之外,設方伯。'即州牧也。"例②《孔傳》先以"牧民"訓"牧",即"牧"的職掌是治民。接着又以"九州之伯"訓"牧",明確"牧"爲一州之長。《孔疏》引《曲禮》云:"九州之長曰牧。"又引《王制》云:"千里之外設方伯,八州八伯。""伯"是一州的長官。也就是說,"牧""伯"一也。

(十一) 揭示經文修辭現象

《尚書孔傳》釋官,有時通過揭示經文修辭的方法進行訓釋。例如:

《益稷》:"股肱喜哉!"《孔傳》:"股肱之臣,喜樂盡忠。"

上例中"股肱"本義是胳膊和大腿,《尚書孔傳》均以"臣"釋之,比喻輔佐君王的大臣。揭示出經文使用了比喻的修辭手法。《孔傳》訓"股肱"作"臣"共三見。

(十二) 釋以任職者

除了上面這些訓釋職官的方法之外,《尚書孔傳》有時會以曾擔任某一職官的著名人物訓釋該職官。例如:

①《太甲上》:"惟嗣王不惠于阿衡。"《孔傳》:"阿,倚。衡,平。言不順伊尹之訓。"

②《說命下》:"昔先正保衡,作我先王。"《孔傳》:"保衡,伊尹也。"

上例中,"阿衡""保衡"同爲商代官名,都是指的伊尹曾擔任過的師保之官,故《孔傳》均以"伊尹"訓之。這在職官的訓釋中算是一種比較特殊的方法。也就是說,《尚書》中提到"阿衡""保衡",指的就是伊尹。伊尹是輔佐成湯、太甲、沃丁等商朝五代君王的大臣,所以這種訓釋方法也間接體現了伊尹所任之"阿衡"和"保衡",當是相當於冢宰,或是比冢宰地位更高的職官,甚至有可能是專爲伊尹而設置的職官。

三、《尚書孔傳》釋官之討論

由於夏、商、周三代職官的設置與後世多有不同,《孔傳》在對《尚書》中所涉及的職官進行訓釋時,也難免有不妥之處。或訓釋不確,或訓釋無據,或望文生訓等。例如:

①《康誥》:"王若曰:'孟侯,朕其弟,小子封。'"《孔傳》:"周公稱成王命,順康叔之德,命爲孟侯。孟,長也。五侯之長謂方伯,使康叔爲之。言王使我命其弟封。封,康叔名。稱小子,明當受教訓。"

"孟侯",《孔傳》訓作"五侯之長謂方伯,使康叔爲之"。《孔疏》云:"'五侯之長',五等諸侯之長也。"劉起釪認爲雖然"孟侯"指康叔是正確的,但是釋爲"諸侯之長"不確。劉氏的依據是史實上并不見康叔曾爲諸侯之長。如果居諸侯之長,按成例也應當稱伯。因此劉氏認爲把"孟侯"稱爲諸侯之長是非常勉強的。

此外,劉起釪認爲加藤常賢《真古文尚書集釋》中對"孟侯"稱名的觀點較爲可取。加藤常賢認爲:康叔封地衛,當時又稱妹邦(即沫邑),妹音轉爲孟,所以稱爲孟侯。①

②《立政》:"大都小伯、藝人表臣、百司。"《孔傳》:"小臣猶皆慎擇其人,況大都邑之小長,以道藝爲表幹之臣,及百官有司之職,可以非其任乎?"

"表臣",《孔傳》訓作"表幹之臣"。而通過上下文"左右攜僕、百司庶府"和"太史、尹伯、庶常吉士"可以推斷,"大都小伯、藝人表臣、百司"也都應該是職官。《尚書校釋譯論》引顧頡剛説:"'大都',是管理諸侯和王子、王弟們的采邑的,'小伯'是官卿、大夫的采邑的,'藝人'是居官的技術人員,如卜、祝、樂師、工師之流,'表臣百司'是在外廷分管政務的。"②也就是

---

① 顧頡剛、劉起釪:《尚書校釋譯論》,第 1300 頁。
② 顧頡剛、劉起釪:《尚書校釋譯論》,第 1677 頁。

説,"表臣"當是職官名,而《孔傳》卻當成偏正詞組,訓"表"作"表幹",屬於望文生訓。

　　總而言之,《尚書孔傳》釋官雖然很難全面反映上古職官體系,但也涉及了一些未見他書的職官,這能讓讀者在讀懂經文文義的基礎上,得以管窺上古的職官設置和職官制度。因此,探討《孔傳》釋官的内容及方法具有重要價值。

第六節　《尚書孔傳》釋人的内容及方法

　　所謂釋人,主要是對人名、人稱①等的訓釋。雖然經書當中有許多關於人名或人稱的訓釋,但是在訓詁專書中並未得到足夠的重視。像《爾雅》《小爾雅》《廣雅》等書中,並未對人名和人稱的訓釋進行歸納和分類。

　　其中,人名是個體的標誌符號,而人稱是對某一個體、群體人的稱謂,兩者都具有重要的識别作用。後世很多綜合性的辭書没有對歷史上的人名或人稱進行過系統而完備的搜集解釋,只有像《中國人名大辭典》②等專門的工具書中,才對歷史人物進行了系統梳理,提供了豐富的資料線索。因此,總結《尚書孔傳》釋人的内容和方法,對於讀者讀懂經文,了解上古帝王家族血緣關係、姓氏文化以及稱謂習慣等具有重要的意義。

一、《尚書孔傳》釋人的内容

　　《尚書孔傳》中有關人的訓釋共 194 條,立目 117 個,占全部立目的5.7%。其中直接的訓釋 87 條,融於串講中的訓釋 107 條。《孔傳》釋人可以分爲"人名"和"人稱"兩類。

　　《孔傳》有關人名的訓釋共 86 條。多是王公貴族和大臣的名字。例如,"丹朱"是堯的兒子,"公劉"是后稷曾孫,"伯冏"是周穆王大臣的名字,等等。上古時代,人的名氏十分複雜。像"虢叔"是周文王弟弟,姬姓,並非我們現代意義上"姓虢名叔"的人名,而是封地在虢的諸侯國君之稱名。

　　《孔傳》對人稱的訓詁,共 108 條,主要集中在對某一個體或群體人的稱謂的訓釋。像"寧人""寧王"是對周文王的稱謂;"百姓""黎民"等是對普通民衆的稱謂;"俊民""俊乂"等是對賢德之人的稱謂。這些詞語的訓釋統一歸

---

①　本書所用"人稱"一詞,不是語法範疇的含義,而是指"人的稱名",即對人的個體或群體的稱謂。

②　臧勵龢:《中國人名大辭典》,上海書店出版社,1980 年。

入"釋人"類。《尚書孔傳》釋人的内容豐富多樣,具有重要的研究價值。

二、《尚書孔傳》釋人的方法

上面列舉了幾個人名和人稱的例子,那麽,《尚書孔傳》是如何對這些人名和人稱進行訓釋的呢? 本書歸納了以下幾種方法:

(一) 釋以身份

釋以身份,即訓釋被釋詞的身份。主要有帝王、諸侯、臣以及爲王室服務的地位較低的工匠等幾種主要身份。例如:

①《盤庚上》:"盤庚。"《孔傳》:"盤庚,殷王名。"

②《五子之歌》:"有窮后羿。"《孔傳》:"有窮,國名。羿,諸侯名。"

③《冏命》:"穆王命伯冏爲周太僕正。"《孔傳》:"伯冏,臣名也。太僕長,太御中大夫。"

④《甘誓》:"啓與有扈戰于甘之野,作《甘誓》。"《孔傳》:"夏啓嗣禹位,伐有扈之罪。"

以上三例都明確了被釋人名的身份。例①"盤庚",殷王之名。例②"羿"是"有窮"國諸侯之名。例③"伯冏"是臣之名。例④"啓",《孔傳》對應作"夏啓",暗含了"啓"作爲夏朝之君的身份。

有的訓釋除了明確被釋詞身份,還會綜合訓釋被釋詞的品質、特質和所處時代的内容。例如:

⑤《説命上》:"高宗夢得説。"《孔傳》:"夢得賢相,其名曰説。"

⑥《旅巢命》:"巢伯來朝。"《孔傳》:"殷之諸侯伯爵也。"

⑦《顧命》:"兑之戈、和之弓、垂之竹矢,在東房。"《孔傳》:"兑、和,古之巧人。垂,舜共工。"

例⑤"説",訓作"賢相",説明"説"是臣名,且品性賢德。例⑥以"殷之諸侯伯爵"訓"巢伯",明確巢伯身處殷朝、身份爲伯爵這兩個方面的内容。例⑦"兑、和,古之巧人",明確了"兑""和"是匠人之名,並且具備手巧的特質;而"垂,舜共工"則綜合了"垂"的職務是"共工",以及處在虞舜時兩個方面的内容。

(二) 明確姓、氏、名、字

上古姓氏和稱名比較複雜,有的人名由氏和名組成,有的人名由所封國

名和字組成,有的人名由姓和所任職官組成,等等,這就需要在訓釋中明確被釋人名的姓、氏或名、字。例如:

①《堯典》:“有鰥在下,曰虞舜。”《孔傳》:“虞,氏。舜,名。”
②《君奭》:“有若散宜生,有若泰顛,有若南宮括。”《孔傳》:“散、泰、南宮皆氏。宜生、顛、括皆名。”
③《蔡仲之命》:“蔡仲之命。”《孔傳》:“蔡,國名。仲,字。因以名篇。”
④《君奭》:“時則有若伊尹,格于皇天。”《孔傳》:“尹摯佐湯,功至大天。”

例①《孔傳》以“虞,氏。舜,名”,明確了“虞舜”這一人名的構成。《孔疏》云:“‘虞氏舜名’者,舜之爲虞,猶禹之爲夏。”例②“散宜生”“泰顛”“南宮括”,《孔傳》點明了“散、泰、南宮”是氏,而“宜生、顛、括”是名。例③“蔡仲”,《孔傳》明確“蔡”是國名,“仲”是字。也就是説,“蔡仲”並非姓蔡名仲,而是姬姓,名胡,周文王之孫,西周時期諸侯國蔡國第二任國君。例④“伊尹”,湯以爲阿衡,《孔傳》訓作“尹摯”。《孔疏》云:“伊尹名摯,諸子傳記,多有其文。”也就是説,“摯”是伊尹之名。

有的訓釋只是明確被釋詞是經文所指之人的姓、氏、名或字。例如:

①《五子之歌》:“惟彼陶唐,有此冀方。”《孔傳》:“陶唐,帝堯氏。”
②《君奭》:“《君奭》”《孔傳》:“奭,名,〔周公〕同姓也。”
③《堯典》:“胤子朱啓明。”《孔傳》:“胤,國。子,爵。朱,名。”
④《堯典》:“於,鯀哉!”《孔傳》:“鯀,崇伯之名。”
⑤《文侯之命》:“父義和。”《孔傳》:“文侯同姓,故稱曰父。義和,字也。稱父者非一人,故以字別之。”
⑥《堯典》:“嚚子。父頑,母嚚,象傲。”《孔傳》:“象,舜弟之字,傲慢不友。”

例①的“陶唐”,《孔傳》訓作“帝堯氏”,即“陶唐”是帝堯的“氏”。《孔疏》云:“《世本》云:‘帝堯爲陶唐氏。’韋昭云:‘陶、唐皆國名,猶湯稱殷商也。’”《史記·五帝本紀》云:“帝嚳崩,而摯代立。帝摯立,不善,而弟放勳立,是爲帝堯。”

例②、③、④的“奭”“朱”“鯀”,《孔傳》訓作“某名”。例②“奭”是人的名。而且"奭"和周公同姓姬。例③《孔傳》"朱,名",知"朱"是胤國子爵的之名。《孔疏》云:"夏王仲康之時,胤侯命掌六師,《顧命》陳寶,有胤之舞衣,故知古有胤國。'胤'既是國,自然'子'爲爵,'朱'爲名也。"例④《孔傳》"鯀,崇伯之名",明確了"鯀"指的是崇伯。鯀是禹之父,因堯賜其封地在"崇",故稱崇伯。《國語·周語》稱鯀爲"崇伯鯀"。例⑤"羲和",《孔傳》訓作"字也",即文侯字"羲和"。《孔疏》云:"《左傳》以文侯名仇,今呼曰'羲和',知是字也。"例⑥《孔傳》訓"象"作"舜弟之字",明確了"象"是舜弟的字。

(三) 釋以親緣關係

有的被釋詞,《尚書孔傳》通過其親緣關係進行訓釋。一般來説,訓釋所參照的親緣對象是更被讀者熟悉的人。例如:

①《益稷》:"無若丹朱傲。"《孔傳》:"丹朱,堯子。"
②《伊訓》:"成湯既没,太甲元年。"《孔傳》:"太甲,太丁子,湯孫也。"
③《君奭》:"在太戊。"《孔傳》:"太甲之孫。"

例①"丹朱",《孔傳》訓作"堯子"。這樣讀者既能知道丹朱是人名,又能對其家族血緣關係有所了解。例②"太甲",《孔傳》訓作"太丁子,湯孫也"。利用"太甲""太丁""湯"三人之間的親緣關係進行訓釋,能使讀者快速地了解被釋詞"太甲"的身份。

《尚書孔傳》多次使用這種訓釋方法對人進行訓釋。像其他篇目的《孔傳》"沃丁,太甲子""太戊,沃丁弟之子""〔仲丁〕,太戊子""〔河亶甲〕,仲丁弟""〔祖乙〕,壇甲子"等都是訓釋被釋詞的親緣關係。讀者通過《尚書孔傳》的訓釋,也能勾畫出商湯至祖乙的商代親緣世系關係圖,可與《史記·殷本紀》互相對照,有助於對經文的理解。《尚書孔傳》使用這種方法進行訓釋時,常常省略被釋詞,因爲不會造成理解的障礙,且行文更顯簡潔。像上面例③即省略了被釋詞"太戊",《孔傳》僅作"太甲之孫"。

(四) 釋得名之由

《尚書孔傳》有時訓釋被釋人的得名之由。例如:

①《仲虺之誥》:"成湯放桀于南巢。"《孔傳》:"湯伐桀,武功成,故以爲號。"
②《大誥》:"寧王遺我大寶龜。"《孔傳》:"安天下之王,謂文王也。"

例①"成湯"即湯,商朝開國君主。《孔傳》以"湯伐桀,武功成,故以爲號"訓釋"成湯"得名之由。例②"寧王"即周文王。《孔傳》訓釋了稱文王爲"寧王"的原因,即因文王是"安天下之王"。《孔疏》:"紂爲昏虐,天下不安,言文王能安之,安天下之王,謂文王也。"

(五) 釋以別名

有的訓釋通過別名來訓釋被釋人名。例如:

①《無逸》:"無若殷王受之迷亂。"《孔傳》:"言紂心迷政亂。"
②《微子之命》:"成王既黜殷命,殺武庚。"《孔傳》:"一名禄父。"

例①"受",《孔傳》對應訓作"紂"。也就是說,"紂"即受的別名。《西伯戡黎》"奔告於受",《孔傳》:"受,紂也,音相亂。"也就是說,之所以稱"受"作"紂",《孔傳》認爲是音近致誤。例②"武庚",《孔傳》以"一名禄父",明確"禄父"是武庚的別名。

(六) 綜合訓釋

有些人名,《尚書孔傳》綜合其身份、姓名、字氏、事跡、別名、職掌、親緣關係、得名之由等方面進行訓釋。例如:

①《仲虺之誥》:"仲虺之誥。"《孔傳》:"仲虺,臣名,以諸侯相天子。"
②《西伯戡黎》:"祖伊恐。"《孔傳》:"祖己後,賢臣。"
③《堯典》:"分命羲仲,宅嵎夷,曰暘谷。"《孔傳》:"羲仲居治東方之官。"
④《顧命》:"太保命仲桓、南宮毛。"《孔傳》:"冢宰攝政,故命二臣。桓、毛,名。"
⑤《洪範》:"武王勝殷殺受,立武庚。"《孔傳》:"武庚,紂子,以爲王者後;一名禄父。"
⑥《堯典》:"乃命羲和,欽若昊天。"《孔傳》:"重黎之後,羲氏、和氏,世掌天地四時之官。"
⑦《君奭》:"在祖乙,時則有若巫賢。"《孔傳》:"賢,〔巫〕咸子。巫,氏。"
⑧《武成》:"公劉克篤前烈。"《孔傳》:"后稷曾孫。公,爵。劉,名。"
⑨《西伯戡黎》:"奔告於受。"《孔傳》:"受,紂也,音相亂。帝乙之子,嗣立,暴虐無道。"

上例中,例①《孔傳》"臣名,以諸侯相天子"綜合訓釋"仲虺"的身份和事跡。例②"祖己後,賢臣"訓釋了"祖伊"的親緣關係和身份。例③"居治東方之官",明確了"羲仲"的身份和職掌。例④《孔傳》首先明確仲桓、南宮毛的身份是"二臣",然後明確了"桓"和"毛"是二臣之名。例⑤《孔傳》以"紂子,以爲王者後"釋"武庚"的親緣關係,然後以"一名禄父"釋武庚之別名。例⑥《孔傳》以"重黎之後"釋"羲和"的親緣關係,以"世掌天地四時之官"釋羲氏、和氏的職掌。例⑦《孔傳》以"〔巫〕咸子"釋巫賢的親緣關係,然後明確"巫"是其氏。例⑧《孔傳》以"后稷曾孫"訓釋"公劉"的親緣關係,然後明確"公"是爵名,"劉"是"公劉"之名。例⑨《孔傳》首先明確"受"的別名是"紂",然後釋稱名之由,"音相亂"之故,接着以"帝乙之子"釋受之親緣關係,以"嗣立,暴虐無道"釋受之事跡。

通過探討發現,以上六種訓詁方法,幾乎都是訓釋人名時所使用的。那麼訓釋人稱時,《孔傳》又用到了哪些方法呢? 下面歸納總結了幾種方法:

(七) 互訓

《孔傳》釋人中有相當一部分内容採用了互訓的方法進行訓釋。從形式上看,主要有以下幾種類型。

1. 以單音詞釋複音詞

以單音詞釋複音詞,即用與被釋詞同義的單音詞進行訓釋。例如:

《洪範》:"俊民用微,家用不寧。"《孔傳》:"治闇賢隱,國家亂。"

俊民,指賢人,才智傑出的人,《孔傳》用單音詞"賢"訓釋,簡潔明瞭。另外,像《泰誓中》"百姓有過"之"百姓",《孔傳》對釋作"民",亦採用了以單音詞釋複音詞的方法。

2. 以複音詞釋複音詞

以複音詞釋複音詞的方法,《孔傳》釋人中有以下幾種情況:

(1) 釋以同義複音詞

釋以同義複音詞,即用與被釋詞同義的複音詞進行訓釋。例如:

①《費誓》:"竊馬牛,誘臣妾。"《孔傳》:"軍人盜竊馬牛,誘偷奴婢。"
②《大禹謨》:"君子在野,小人在位。"《孔傳》:"廢仁賢,任姦佞。"

例①"臣妾"指古時對奴隸的稱謂,男曰臣,女曰妾。故《孔傳》以同義複音詞"奴婢"訓釋。《費誓》"臣妾逋逃"之"臣妾",《孔傳》訓作"役人賤者,男曰臣,女曰妾",也再次明確了"臣妾"爲奴隸義。例②《孔傳》以"仁賢"訓"君子",以"姦佞"訓"小人",也都是釋以同義複音詞。此外,像"俊民,賢臣"、"民主,人君"、"哲人,賢智"等訓釋也都使用了此類訓詁方法。

（2）釋詞和被釋詞的語素分別對應

> 《顧命》:"皇后憑玉几。"《孔傳》:"大君成王。"

"皇后",即天子,《孔傳》訓作"大君"。"皇"和"后"分別對應訓作"大"和"君"。"皇"有"大"義,《説文》:"皇,大也。"《爾雅·釋詁》:"后,君也。"故《孔傳》以"大君"訓皇后。類似的還有"俊民,賢人""黎民,衆人""獻民,賢人"等,也都使用了這種方法進行訓釋。

（3）釋詞半釋被釋詞兩個詞素

釋詞僅對被釋詞其中一個詞素進行訓釋。分半釋上字和半釋下字兩種情況。例如:

> ①《盤庚下》:"肆予沖人,非廢厥謀。"《孔傳》:"沖,童。童人,謙也。"

"沖人",是指年幼的人,《孔傳》半釋上字"沖"作"童",將"沖人"訓作"童人"。《孔疏》:"自[①]稱'童人',言己幼小無知,故爲'謙也'。"也就是說《孔傳》以"謙也",同時明確了"沖人"是作爲謙稱來使用的,而且是古代帝王自稱的謙辭。類似的還有"沖子,童子"等。

> ②《伊訓》:"古有夏先后,方懋厥德。"《孔傳》:"先君,謂禹以下,少康以上賢王。"

"先后",即先世君王,《孔傳》半釋下字"后"作"君",訓"先后"作"先君"。本條之中,《孔傳》進一步明確了"先君"所指,"禹以下,少康以上賢王"。《孔疏》:"惟當禹、啓及少康耳。"

3. 釋以同義詞組

《孔傳》有時用被釋詞的同義詞組來進行訓釋。例如:

---

① "自",北監本作"將",單、八、魏、平、永、毛、殿、庫、阮本作"自",是。參見杜澤遜《尚書注疏彙校》第1383頁。

③《吕刑》:“在今爾安百姓。”《孔傳》:“在今爾安百姓兆民之道。”

《孔傳》以“百姓兆民”這一並列詞組訓“百姓”,知此處“百姓”非百官,而是普通民衆。類似的還有《泰誓中》“百姓有過”“百姓懍懍”之“百姓”,亦謂天下衆民。此外“高祖,高德之祖”、“寧考,寧祖聖考”、“穡夫,稼穡之夫”、“平民,平善之人”等訓釋,也都使用了以詞組釋複音詞的方法。

以上是互訓的幾種類型,這些訓釋方法,在《尚書孔傳》釋人的訓釋中爲數不少,可以爲中古漢語雙音稱謂詞研究提供參考。

(八) 舉例釋義

舉例釋義,即通過舉例的方式,訓釋被釋詞所包含的内容。例如:

《周官》:“司空,掌邦土,居四民。”《孔傳》:“《冬官》卿,主國空土,以居民士農工商四人。”

“四民”,《孔傳》訓作“士農工商四人”。也就是説,四民包括“士、農、工、商”等四個階層。《孔疏》引《齊語》云:“管仲制法,令士農工商,四民不雜。”此外,《穀梁傳·成公元年》云:“古者有四民:有士民,有商民,有農民,有工民。”可見,“四民”訓作“士農工商”當是常訓。

(九) 設立界説

設立界説,簡單來説就是用下定義的方式來訓釋詞義。例如:

《泰誓中》:“播棄犂老,昵比罪人。”《孔傳》:“鮐背之耇稱犂老,布棄不禮敬。”

“犂老”即老人,《孔傳》訓作“鮐背之耇稱犂老”,是對“犂老”的定義。《孔疏》:“《釋詁》云:‘鮐背、耇老,壽也。’舍人曰:‘鮐背,老人氣衰,皮膚消瘠,背若鮐魚也。’孫炎曰:‘耇,面凍犂色似浮垢也。’然則老人背皮似鮐,面色似犂,故‘鮐背之耇稱犂老’。”其中“鮐背”,是指老年人背上生斑如鮐魚之紋,是高壽的象徵。“耇”是年老的人,而老年人往往面色犂黑,因此《孔傳》是根據老年人的身體特徵對“犂老”進行了定義。

(十) 揭示經文語法現象

《尚書孔傳》釋人有時通過揭示經文語法現象的方法進行訓釋。例如:

①《多方》:“惟聖罔念作狂,惟狂克念作聖。”《孔傳》:“惟聖人無

念於善,則爲<u>狂人</u>。惟<u>狂人</u>能念於善,則爲<u>聖人</u>。"

②《洪範》:"無虐煢獨而畏<u>高明</u>。"《孔傳》:"高明,寵貴者。"

例①"聖""狂",《孔傳》分別訓作"聖人"和"狂人",説明形容詞"聖"和"狂"在經文中均活用作名詞。例②"高明"往往作爲形容詞,有高而明亮之義。《孔傳》此處訓"高明"作"寵貴者",即顯貴之人。説明"高明"在經文中是作爲名詞使用的。《孔疏》:"'高明'與'煢獨'相對,非謂才高,知寵貴之人位望高也。"

(十一) 揭示經文修辭現象

《尚書孔傳》釋人有時也通過揭示經文修辭現象的方法進行訓釋。例如:

①《堯典》:"咨!<u>四岳</u>。"《孔傳》:"四岳,即上羲和之四子,分掌四岳之諸侯,故稱焉。"

②《益稷》:"<u>元首</u>起哉!"《孔傳》:"元首,君也。"

例①"四岳"本義是四座山岳。《孔傳》訓作羲和四子、分掌四岳的諸侯。《孔疏》云:"上列羲和所掌云宅嵎夷、朔方,言四子居治四方,主於外事。岳者,四方之大山。今王朝大臣,皆號稱'四岳',是與羲和所掌,其事爲一,以此知'四岳即上羲和之四子'也。又解謂之岳者,以其'分掌四岳之諸侯,故稱焉'。"例②《孔傳》以單音詞"君"訓"元首",即國君義。《孔疏》:"'元'與'首'各爲頭之別名,此以'元首'共爲頭也。君臣大體猶如一身,故'元首,君也'。"兩例均揭示出經文使用了借代的修辭手法。

以上五個訓詁方法主要是《孔傳》在訓釋人稱時所用到的方法,基本上能保證疏通文意。當然《孔傳》釋人也有值得討論之處。

三、《尚書孔傳》釋人之討論

《尚書孔傳》釋人的内容豐富,方法多樣,訓釋簡潔通暢。當然,也有某些訓釋值得討論。例如:

①《胤征》:"<u>聖</u>有謨訓,明徵定保。"《孔傳》:"聖人所謀之教訓,爲世明證,所以定國安家。"

"聖",《尚書孔傳》訓作"聖人"。《孔疏》:"用聖人之謨訓,必有成功,故'所以定國安家'。"訓作"聖人",放在串講中倒也能够疏通經義。但如果單獨訓詁的話,《孔傳》的訓釋不夠到位。《説文》:"聖,通也。"即無所不通義。引申之後有"無所不通之人"義。《孔傳》雖然簡潔,可以疏通經義,但如果訓作"德行高尚的人",或"學識技藝有極高成就的人",則更準確到位。

　　②《泰誓中》:"受有億兆夷人,離心離德。"《孔傳》:"平人,凡人也。"

　　"夷人",往往理解爲夷狄之人。《孔疏》:"《昭二十四年左傳》此文,服虔、杜預以'夷人'爲夷狄之人。"但在這裏,《孔傳》没有將"夷人"訓作"夷狄之人",而是將其訓作"平人",接着又以"凡人"解釋了何謂"平人"。這樣一來,此處"夷人"的含義就比較明確了。孔穎達"疏不破注",認爲《孔傳》之所以訓作"平人""凡人",是因爲紂王"率其旅若林,即曾無華夏人矣"。也就是説,注者認爲紂王治下不可能只有夷狄之人而没有中原人。因此,《孔傳》訓"夷人"爲平人,爲凡人。只是"夷人"的這個義項好像並没有得到後世的認可,像《漢語大詞典》和《辭源》等常見工具書中並没有找到"夷人"釋作"平人"或"凡人"的詞條。

　　《尚書孔傳》釋人的内容和方法,不僅能夠幫助讀者疏通經義,而且也保存了很多珍貴的歷史資料,具有一定的史料價值。《尚書孔傳》的訓釋不僅能讓讀者了解詞義,而且能夠使讀者了解被釋人的身份及其社會關係等,幫助讀者正確地理解經文,把握經義,對後世有關人名的辭書編纂也産生了一定的影響。所以《尚書孔傳》釋人值得重視和關注。

　　總而言之,通過對《尚書孔傳》釋親、釋宮、釋器、釋樂、釋官、釋人六類詞語訓詁内容和方法的探討,發現《孔傳》禮儀制度類詞語的訓釋内容豐富,包羅廣泛,訓釋方法多樣。各類之間既有相同的訓詁方法,又有各自獨特的方法。例如各類均使用了"互訓"的方法進行訓釋;除"釋樂"外,均使用了"設立界説"的訓詁方法;"釋樂""釋器""釋官"均使用了"釋以類名"的方法;"釋樂""釋器""釋官""釋人"均使用了"綜合訓釋"的方法等。此外,各類別因訓釋對象和内容不同,還使用了很多獨特的方法。比如,"釋宮"中的"釋以所處方位","釋器"使用的"釋以特徵、功用、産地","釋樂"使用的"釋以做法及功能"以及"釋以形制及傳承","釋官"使用的"釋以職掌""釋以職級","釋人"使用的"釋以身份""明確姓氏名字""釋以親緣關係"等方法,都是各類獨有的方法。

　　雖然《尚書孔傳》的訓釋相對簡單,每條訓釋傳遞出來的線索相對較少,但是作爲經注來説,疏通文義的目的已經達到,並且在保存歷史資料、補充既有禮儀制度類詞語訓釋方面具有重要的作用和價值。

第三章 《尚書孔傳》天文地理類詞語的訓釋

《尚書孔傳》天文地理類語詞的訓釋包括釋天、釋地、釋丘、釋山、釋水等内容,本章分五節分别對它們訓釋的内容和方法進行歸納和總結。

第一節 《尚書孔傳》釋天的内容及方法

在中國古代文化當中,"天"非常重要,歷來爲人們所尊崇。《易·乾·象》云:"萬物資始,乃統天。"很早的時候,我們的祖先就注意觀察天象,殷商時期甲骨文裏有許多關於日食、月食的記載,秦漢時"蓋天説""渾天説"等都已經很完善了,天文學已達到了一個非常高的高度。同時天還被賦予了衆多的政治和文化含義,這也使得與天有關的詞彙的訓釋變得複雜化了,同時也使得對"天"的訓釋難度加大。

"天"和人類的生活緊密相關,名目繁多,其中以科學爲主,掺入了很多文化的成分,並且也存在一些類似於迷信的東西。所以古代典籍中關於天象的記載非常豐富,有關的訓釋則是一筆巨大的遺産。

《尚書孔傳》有關天的訓釋共 113 條,立目 78 個。尤其《堯典》一篇,對日月星辰的闡釋,隨處可見,後代的考證也不計其數,研究天文的學者非常重視。《尚書孔傳》釋天所涉及的内容包羅廣泛,且很多不爲讀者所熟悉,如果不進行訓釋的話,會産生混淆或疑惑,不利于正確理解經義。例如:

①《堯典》:"日中星鳥。"《孔傳》:"日中,謂春分之日。鳥,南方朱鳥七宿。"

②《説命中》:"明王奉若天道。"《孔傳》:"天有日月北斗五星二十八宿,皆有尊卑相正之法。"

③《武成》:"越三日庚戌,柴望,大告武成。"《孔傳》:"燔柴郊天,

望祀山川。"

例①的"日中",如果不訓作"春分之日"的話,讀者可能僅僅認爲是在講太陽的位置處於天的正中,而不會和"春分"這個節氣聯繫在一起,也就不能正確理解經文表達的意思了。"南方朱鳥七宿",則讓讀者明白此"鳥"是指星宿,而不會誤認爲普通的鳥類。例②的"天道",是一個比較抽象的概念,《孔傳》訓作"天有日月北斗五星二十八宿,皆有尊卑相正之法",則讓讀者明白是在説日月星宿的運行法則,而不會理解成"上天的道義"之類的意思。例③當中把"柴望"訓作"燔柴郊天,望祀山川",能讓讀者明瞭"柴望"是兩種祭祀名,解除了讀者疑惑。因此,《孔傳》對《尚書》中有關天的訓釋非常必要。

那麼,《尚書孔傳》釋天的內容,能否像《爾雅·釋天》那樣分成 12 小類呢,《孔傳》又是如何對與天有關的內容進行訓釋的,訓釋水平怎麼樣,這些都是本節需要探討的問題。

一、《尚書孔傳》釋天的内容

從訓詁學的角度來説,關於天的訓釋可以借鑒的經驗比較多。像《爾雅》單列《釋天》一篇,把關於天的內容分成"四時""災""祥""歲陽""歲名""月陽""月名""風雨""星名""祭祀""講武""旌旂"共 12 小類,蘊含着豐富的文化內涵,也反映出古人對天的認識和研究具有了系統性和相當的深度。

本書參照《爾雅·釋天》的分類,把《尚書孔傳》釋天的訓詁條目分成了"四時""災異""歲月名""風雨""星辰""祭祀""講武""旌旂"以及"時日""神祇""命數""卜筮"12 小類。前八類與《爾雅·釋天》基本一致,其中"祭名、講武、旌旂",按説不屬於釋天類,但是邢昺《疏》云:"案祭名、講武、旌旂,俱非天類,而亦在此者,以皆王者大事。又祭名則天曰燔柴,講武則類於上帝,旌旂則日月爲常。他篇不可攝,故繫之《釋天》也。"也就是説"祭名、講武、旌旂"等雖不屬自然天象,但也與天有關聯,且別篇無法統攝,故歸到《釋天》篇。同樣,後面"時日、神祇、命數、卜筮"四類內容在古代農業社會中也蘊含着某些不可抗拒的天命因素,故同歸在《釋天》類。下面就按照小類,一一檢視《尚書孔傳》釋天所包含的具體內容。

四時類,主要是表示春、夏、秋、冬四個季節以及與四季相關的專有名詞,《尚書孔傳》對四時類詞語的訓釋共 10 見。例如,"昊天""旻天"分別表示夏、秋兩季。"日中""日永""宵中""日短"分別代表了"春分""夏至"

“秋分”“冬至”四個節氣。另外用“五行之時”訓釋“五辰”，用“曆數節氣之度以爲曆，敬授民時”訓釋“曆數”，也可歸到“四時”小類中。因爲古代謂五星分主四時（木主春、火主夏、金主秋、水主冬、土分屬四時），孔穎達《正義》：“五行之時即四時也。”故“五辰”歸“四時”類。而“曆數”主要指四時節氣，用以指導農業生產，所以也可以歸到“四時”類。

災異類，是表示自然災害或某些異常的自然現象的詞語，但《孔傳》所訓，俱是通名，共 5 見。例如，用“災”分別訓釋“孽”“虐”，用“災異”“災禍”訓釋“災”，用“妖怪”訓釋“祥”等。“孽”“虐”“災”“祥”都是表示自然災害或異常的自然現象的通名，所以歸到“災異”類。

歲月名類，包括“歲名”和“月名”兩種，《孔傳》10 見。例如，用“年”訓釋“祀”和“載”，屬歲名。用“周之正月”訓釋“一月”，屬月名。

風雨類，《孔傳》2 見。一是“霽，雨止”，一是“霖，三日雨”，都是和“雨”相關的專名。

星辰類，《孔傳》11 見。例如，“火”“昴”“虛”“鳥”等是表示“星”的專名。“星”“辰”“天道”是表示日、月、星及其運行法則的專名。

祭名類，包括祭祀以及與祭祀相關的詞語，《孔傳》18 見。例如，“柴”“望”“旅”“肜”“宜”等是表示祭祀的專名，“祼”“三宿”“三祭”“三咤”“歆”“祝”“酢”等是與祭祀儀式相關的專名。其中“宜”，屬《爾雅·釋天》的“講武”類，但是《孔傳》訓作“祭社曰宜”，是表示祭祀祈禱福宜的專名，故可歸到“祭名”類。此外，訓作“祭祀冠禮”的“內吉”也歸入此類。

講武類，包括與狩獵、講習武事相關的詞語，《孔傳》12 見。例如，訓作“田獵”的“田”和“畋”，訓作“出師征伐”的“外”，以及訓作“武事”“武功”的“武”等，均歸入“講武”類。

旌旂類，《孔傳》僅 1 見，即“王之旌旗，畫日月，曰太常”。“太常”是古代的旌旗名，上畫日月以裝飾，故歸入“旌旂”類。

時日類，《孔傳》16 見，包括與時間、日期以及天數相關的詞語。例如，“昧爽”訓作“早旦”，“紀”訓作“時日”，“望”訓作“十五日，日月相望”，“哉生明”訓作“始生明，月三日”，“旬”訓作“十日”等等都可歸入“時日”類。其中“昧爽”“時日”等表示時間，“望”“哉生明”等表示日期，“旬”表示天數。

神祇類，《孔傳》15 見，主要指與天地、神靈、祖先相關的詞語。例如，用“社主”訓表示土地神的“社”，用“高明”指“天”，用“天地”訓“神祇”，用“天地神祇之主”訓“神主”，用“祖主”訓“祖”等，均屬於“神祇”類。

命數類，《孔傳》6 見，主要指與天數、命運相關的詞語。例如，訓作“天命”“壽命”“命數”的“命”,訓作“年命”的“年”,均屬於“命數”類。

卜筮類,《孔傳》7 見,主要指與卜筮、卦象相關的詞語。例如,訓作“卜兆”的“卜”,訓作“兆象交錯”的“克”,分別訓作“内卦”和“外卦”的“貞悔”等,均屬於“卜筮”類。

經過統計發現,《尚書孔傳》釋天的 113 個詞條中,直接的訓釋有 50 條,占 44.2%,融於串講中的訓釋有 63 條,占 55.8%。例如:

> ①《堯典》:“曆象日月星辰。”《孔傳》:“辰,日月所會。”
> ②《皋陶謨》:“撫于五辰。”《孔傳》:“言百官皆撫順五行之時。”

其中,“辰,日月所會”屬於直接訓釋;“五行之時”對應經文的“五辰”,屬於串講中的訓釋。後者在《尚書孔傳》中隨處可見,這類訓釋比較靈活,可以給被釋詞更準確的釋義。例如,同樣的“命”字,在不同的語境中串講時分別訓作“天命”“壽命”,細微的差別使得釋義更精準。

以上是《尚書孔傳》釋天的內容。與《爾雅·釋天》相比,《孔傳》釋天沒有“祥”“歲陽”“月陽”三個小類。此外,我們在歸類時合併了月名和歲名,多了“時日”“神祇”“命數”“卜筮”四個小類。

二、《尚書孔傳》釋天的方法

因爲《尚書》中有關天的內容較多,所以爲了疏通經義,解除疑惑,有必要對這些內容進行訓釋。《尚書孔傳》釋天使用的方法歸納總結如下:

(一) 互訓

互訓,即用被釋詞的同義或近義詞進行訓釋。從形式上看,有以單音詞釋單音詞,以複音詞釋複音詞,以複音詞釋單音詞等幾種類型。

1. 以單音詞釋單音詞

> ①《堯典》:“九載,績用弗成。”《孔傳》:“載,年也。”
> ②《無逸》:“自朝至于日中昃,不遑暇食。”《孔傳》:“從朝至日昃不暇食。”

例①的“載”和“年”是表示“歲名”的別稱。《爾雅·釋天》有“載,歲也。夏曰歲,商曰祀,周曰年,唐虞曰載”,故“載”和“年”屬同義相訓。此外,《説命上》“王宅憂,亮陰三祀”之“祀”,《孔傳》亦訓作“年”。例②經文“日中昃”出自《易·豐卦》象:“日中則昃。”也就是說太陽過中而斜昃也。

"昃"亦名"昳",言日蹉跌而下。因此,"昃"和"昳"都有"日西衰"的意思。

2. 以複音詞釋複音詞

《牧誓》:"時甲子昧爽。"《孔傳》:"昧,冥;爽,明。早旦。"

《孔疏》云:"'冥'是夜,'爽'是明,夜而未明謂早旦之時。"也就是説"昧爽"和"早旦"都是指天要明而未明的時候,即黎明之時,故《孔傳》用"早旦"釋"昧爽"。

3. 以複音詞釋單音詞

《尚書孔傳》釋天以複音詞釋單音詞的情況比較多見。可分爲兩種情況:

一類是增字爲釋。根據雙音節釋詞兩個詞素之間的關係,增字爲釋的方法又可分爲三類:

(1)義同義近而增字爲釋。例如:

①《伊訓》:"恒于遊畋。"《孔傳》:"常遊戲畋獵。"
②《伊訓》:"皇天降災。"《孔傳》:"天下禍災。"

"畋""獵"義同,"禍""災"義近,故《孔傳》在"畋"的基礎上增加"獵"字組成雙音節詞"畋獵"以訓"畋",在"災"的基礎上增加"禍"字組成"災禍"以訓"災"。這種方法比以單音詞釋單音詞更明晰,是一種比較進步的方式。

(2)義有兼括而增字爲釋。例如:

①《微子之命》:"上帝時歆,下民祇協。"《孔傳》:"孝恭之人,祭祀則神歆享,施令則人敬和。"
②《咸有一德》:"啓迪有命。"《孔傳》:"有天命者開道之。"

例①《孔傳》以"歆"實兼"享"義,故增加"享"字,以"歆享"訓"歆"。例②"命"字,兼有天意不可違背之義,故增"天"字,以"天命"訓"命"。

(3)分別確指而增字爲釋。例如:

①《洛誥》:"王入太室祼。"《孔傳》:"祼鬯告神。"
②《君牙》:"夏暑雨。"《孔傳》:"夏月暑雨。"

例①"祼"是以香酒灌地而求神的祭名,而"鬯"是宗廟祭祀用的香酒,故《孔傳》增"鬯"字,以"祼鬯"明確"祼"的含義。例②以"夏月"釋"夏",這裏應指的是夏天,一年當中最熱的幾個月,故增加"月"字以完足經句中"夏"的詞義。

另一類是替換爲釋。《孔傳》釋天有時用同義的複音詞來代替單音被釋詞。例如:

《咸乂》:"亳有祥,桑穀共生于朝。"《孔傳》:"祥,妖怪。"

"祥"有凶災、妖異之義。另如《莊子·庚桑楚》"孽狐爲之祥"之"祥",亦非吉兆。《孔疏》引《漢書·五行志》云:"凡草物之類謂之妖,自外來謂之祥。"所以"祥"是惡事先見的徵兆,故訓作"妖怪"。

4. 以單音詞釋複音詞

《武成》:"告于皇天后土。"《孔傳》:"后土,社也。"

"后土"一般與"皇天"相對,是對大地的尊稱,後引申爲"土地神"的意思,與"社"含義相同,故《孔傳》訓"后土"作"社"。《周禮·春官·大宗伯》"王大封,則先告后土",鄭玄注:"后土,土神也。"與《孔傳》訓釋同。

(二) 設立界説

設立界説,即《孔傳》對天類被釋詞表示的概念、内涵作出闡釋或定義。例如:

①《説命上》:"若歲大旱,用汝作霖雨。"《孔傳》:"霖,三日雨。"
②《顧命》:"王三宿,三祭,三咤。"《孔傳》:"禮成於三,故酌者實三爵於王,王三進爵,三祭酒,三奠爵,告已受群臣所傳顧命。"
③《洪範》:"曰雨,曰霽。"《孔傳》:"龜兆形有似雨者,有似雨止者。"
④《武成》:"惟一月壬辰旁死魄。"《孔傳》:"一月,周之正月。"

例①的"霖,三日雨",是根據雨持續時間的長短進行定義,雨下三天稱爲"霖"。《左傳·隱公九年》:"凡雨,自三日以往爲霖。"例②當中的"三宿""三祭""三咤"是祭祀當中的儀式動作,《孔傳》分別訓作"三進爵""三祭酒"和"三奠爵",從中也能看出三種儀式動作之間的差別。例③"霽",《孔傳》訓作"雨止",就是給"霽"下的定義。《説文》亦云:"霽,雨止也。"這與鄭玄"霽如雨止者,雲在上也"的訓釋類似。例④"一月"就是正月,但是《孔傳》增加"周之"二字以區別"夏之正月"。因爲夏、周的曆法不同,"周之正月",是夏三月,故《孔傳》用"周之"加以區別和限定。

需要注意的是,《孔傳》釋天有時會通過外延小的詞語來訓釋外延大的被釋詞,這算是設立界説的一種特殊形式,本書稱之爲"以狹義釋廣義"。例如:

①《胤征》:"俶擾天紀。"《孔傳》:"紀,謂時日。"
②《盤庚上》:"兹予大享于先王。"《孔傳》:"大享,烝嘗也。"

例①"紀"在《洪範》篇"五紀:一曰歲,二曰月,三曰日,四曰星辰,五曰曆數"中指"歲""月""日""星辰"以及"曆數"五種,所以此處"時日"是其中的一種,屬於以狹義釋廣義,"紀"此處特指"時日"。例②的《孔傳》中的"烝嘗"是"大享"的一種。《周禮·大宗伯》:祭祀之名,天神曰"祀",地祇曰"祭",人鬼曰"享"。"烝嘗"是秋冬祭名,此處用來訓釋"大享",是孔穎達所謂"事各有對",即"若烝嘗對禘祫[1],則禘祫爲大,烝嘗爲小;若四時自相對,則烝嘗爲大,礿祠[2]爲小。以秋冬物成,可薦者衆,故烝嘗爲大;春夏物未成,可薦者少,故礿祠爲小也"。所以"大享"訓作"烝嘗",亦是特指,屬於以狹義釋廣義。

此外,《孔傳》釋天在使用設立界説的方法時,某些被釋詞連文兩字,但僅釋其中一字。例如:

①《胤征》:"先時者殺無赦。"《孔傳》:"先時,謂曆象之法,四時節氣,弦望晦朔。先天時則罪死無赦。"
②《大禹謨》:"枚卜功臣,惟吉之從。"《孔傳》:"枚,謂歷卜之而從其吉。"

例①屬於連文兩字全舉而僅釋一字的情況。被釋詞"先時"連文,但是"曆象之法,四時節氣,弦望晦朔"只對應"時"字,而不釋"先"字。"先"限定"時"字,表明"先"的對象是"曆象之法,四時節氣,弦望晦朔"。例②屬於連文兩字僅舉一字爲訓的情況。"枚卜"連文,《孔傳》對應訓作"歷卜",以

[1] 禘祫,古代帝王祭祖的一種隆重儀禮。
[2] 礿祠,指春夏的祭祖禮。

"歷"字訓"枚"字,"卜"字未釋。"歷"和"枚"都有"逐個""一一"的意思,故可互訓。"卜"字常見,含義比較明確,故未訓。

（三）釋以類名

此類訓釋方法,主要體現在《孔傳》對星名的訓釋上。例如:

①《堯典》:"日永星火,以正仲夏。"《孔傳》:"火,蒼龍之中星。"
②《堯典》:"宵中星虛,以殷仲秋。"《孔傳》:"虛,玄武之中星。"
③《堯典》:"日短星昴,以正仲冬。"《孔傳》:"昴,白虎之中星。"
④《堯典》:"日中星鳥,以殷仲春。"《孔傳》:"鳥,南方朱鳥七宿。"

上例當中,"火""虛""昴""鳥",《孔傳》分別釋作"蒼龍之中星""玄武之中星""白虎之中星""南方朱鳥七宿",由此知四者都是星宿名,屬於釋天類。其中"鳥"是南方七星呈現鳥形,即朱雀,把七宿都包括在內了。

（四）連類辨析釋義

《孔傳》有時用辨析或比較的方式來訓釋兩個意義相近的天類詞語。例如:

①《武成》:"越三日庚戌,柴望,大告武成。"《孔傳》:"燔柴郊天,望祀山川,先祖後郊,自近始。"
②《洪範》:"擇建立卜筮人。"《孔傳》:"龜曰卜,蓍曰筮。"
③《高宗肜日》:"高宗肜日。"《孔傳》:"祭之明日又祭,殷曰肜,周曰繹。"

例①的"柴"和"望"是兩種祭祀名稱,《孔傳》"燔柴郊天,望祀山川"訓釋出兩者祭祀對象的不同,"柴"是祭天的祭名,"望"是祀山川的祭名。例②"卜""筮"是兩種占卜方法,"龜曰卜,蓍曰筮"則訓釋出"卜"和"筮"所用占卜工具的不同。例③《孔傳》以"殷曰肜,周曰繹",訓釋出同一祭名"肜"在不同朝代的稱名。

（五）釋得名之由

①《堯典》:"乃命羲和,欽若昊天。"《孔傳》:"昊天,言元氣廣大。"
②《大禹謨》:"日號泣于旻天,于父母。"《孔傳》:"仁覆愍下,謂之旻天。"
③《大禹謨》:"禹,宫占,惟先蔽志,昆命于元龜。"《孔傳》:"帝王立卜占之官,故曰官占。"

例①《孔傳》的"元氣廣大"其實對應的是"昊",而非"昊天"。之所以用"昊天"作爲被釋詞,是爲了説明稱天爲"昊天"的原因。例②的"旻天"的得名原因是上天"仁覆愍下",其中的關鍵詞在於"愍"。《釋名》云:"秋曰旻天。旻,閔也,物就枯落可閔傷也。""閔"通"愍",所以"旻天"得名於"愍傷"義。例③《孔傳》"帝王立卜占之官,故曰官占",其實在定義的同時也表明了之所以稱作"官占"的原因,即因"帝王"所立。

(六) 揭示經文修辭現象

《孔傳》釋天有時通過揭示經文修辭的方法進行訓釋。例如:

《洪範》:"高明柔克。"《孔傳》:"高明謂天。"

《孔傳》將"高明"訓作"天",揭示出"高明"和"天"之間是一種借代關係,與"高明柔克"對應的是"沈潛剛克"。"沉潛",《孔傳》訓作"地",亦揭示出《尚書》使用了借代的修辭手法。

以上釋例基本上都是從《尚書孔傳》的内容方面進行的歸納,下面的釋例則是從《孔傳》形式上歸納出來的。

(七) 變換形式釋義

變換形式釋義,此處指倒置爲釋,即複音詞被釋詞的兩個詞素互換順序訓釋。例如:

①《武成》:"既生魄。"《孔傳》:"魄生明死,十五日之後。"

"生魄"是動賓式複音詞結構,《孔傳》把兩字倒置,變成主謂式複音詞結構,用"魄生"訓釋"生魄",語法結構改變但意思没變。

此外,還有倒置之後再替換的訓釋方式。例如:

②《冏命》:"怵惕惟厲,中夜以興。"《孔傳》:"言常悚懼惟危,夜半以起。"

"中夜"二字倒置之後變"夜中",《孔傳》再用"夜半"替換"夜中",使詞義更加明確。

(八) 連訓釋義

《尚書孔傳》釋天有時使用連訓的方式訓釋。例如:

①《召誥》："惟二月既<u>望</u>。"《孔傳》："周公攝政七年,二月十五日,日月相望,因紀之。"

②《武成》："既<u>生魄</u>。"《孔傳》："魄生明死,十五日之後。"

③《武成》："厥四月<u>哉生明</u>。"《孔傳》："哉,始也。始生明,月三日,與死魄互言。"

例①連訓釋以規制及特徵。"望"首先表明"望"指的是夏曆的"十五日",接着訓釋其特徵是"日月相望"。例②的連訓正好與例①相反,釋以特徵和規制。"生魄",《孔傳》先是通過顛倒詞序訓作"魄生","魄生"和"明死"表達的意思相同,所以"生魄"的訓釋,首先明確其特徵是"魄生明死",接着訓釋"生魄"具體的時間範圍是"十五日以後"。例③"哉生明"訓作"始生明,月三日"。《孔傳》中"哉生明"没有作爲被釋詞出現,其實是承前"哉,始也"而省略,通過連續訓釋,明確"哉生明"的意思和具體時間,並與前文進行比對。

通過上面的歸納分析,筆者發現《孔傳》釋天涉及内容更加多元,訓釋方法更加多樣,不僅增加了《爾雅·釋天》没有的"時日""神祇""命數""卜筮"四個小類,而且存在同詞異訓和異詞同訓的情況。例如:

①《武成》："越三日庚戌,柴<u>望</u>。"《孔傳》："燔柴郊天,望祀山川。"

②《召誥》："惟二月既<u>望</u>。"《孔傳》："周公攝政七年,二月十五日,日月相望,因紀之。"

③《太甲中》："天作<u>孽</u>,猶可違。自作<u>孽</u>,不可逭。"《孔傳》："孽,災。"

④《盤庚中》："殷降大<u>虐</u>。"《孔傳》："我殷家於天降大災。"

例①和②"望"字分別訓作"望祀山川"和"十五日,日月相望",一個是祭名,一個表示日期,屬於同詞異訓。例③的"孽"和例④的"虐"都訓作"災",屬於異詞同訓,但是例③前一個"孽"字和例④的"虐"是災害義,例③後一個"孽"是災禍義,有細微的區别。

這種情況的存在,也説明隨着社會歷史的變遷及認知領域的擴展,古人對釋天類詞語的認識更加細緻和深入了。

三、《尚書孔傳》釋天之討論

《尚書孔傳》有關釋天的訓釋雖然與經文結合緊密,但是有些訓釋還需要思考或商榷。例如:

①《洪範》："曰克。"《孔傳》："兆相交錯。"

《尚書孔傳》認爲"克"是占卜時灼龜爲兆所出現的五種兆形之一,另有"雨""霽""蒙""驛"四種。而《疏》引鄭玄云:"克者,如雨氣色相侵入。"又引王肅云:"兆相侵入,蓋兆爲二拆,其拆相交也。"《孔傳》的訓釋接近於王肅注,而鄭玄的訓釋和雨相關,當是承上面四個兆形的訓釋而來。孔穎達認爲"卜筮之事,體用難明,故先儒各以意説,未知孰得其本"。劉起釪舉了大量例證認爲:"殷墟甲骨中灼龜所出現的兆形從來不見下雨形或雨止雲在上等形,只有大量卜雨、卜霽……的卜辭。……這五項並不是占卜時龜甲上的兆紋形,而是所要卜問之事。……可以設想,《洪範》的作者編寫文本時,一定手裏有一些早期卜辭的資料,就照抄到文章中。後來的注疏家已不懂,就望文生義地提出了他們那些'以意爲之'(王引之語)的錯誤解釋。"①劉氏觀點也可備一説。

②《洪範》:"四曰星辰。"《孔傳》:"二十八宿迭見以敘氣節,十二辰以紀日月所會。"

星,《尚書孔傳》訓作"二十八宿",與馬融訓釋同,《〈史記·宋微子世家〉集解》引馬融云:"星,二十八宿。辰,日月之所會。"②而《疏》引鄭以爲"星,五星也"。孔穎達認爲"五星所行,下民不以爲候③,故傳不以'星'爲五星也。"顯然,孔穎達傾向馬、孔的訓釋。

③《堯典》:"日中星鳥,以殷仲春。"《孔傳》:"鳥,南方朱鳥七宿。"

《尚書孔傳》"鳥,南方朱鳥七宿",是説南方七宿在天上作鳥形,即朱雀。而《疏》引馬融、鄭玄以爲"星鳥、星火,謂正在南方。春分之昏七星中,仲夏之昏心星中,秋分之昏虛星中,冬至之昏昴星中,皆舉正中之星,不爲一方盡見",二人訓釋與《孔傳》不同。《疏》引王肅亦以星鳥之屬,爲昏中之星。那麼《孔傳》的解釋是否正確呢?

《尚書孔傳》於"日永星火""宵中星虛""日短星昴"分別訓作"火,蒼龍之中星,舉中則七星見可知""虛,玄武之中星,亦言七星皆以秋分日見"

---

① 顧頡剛、劉起釪:《尚書校釋譯論》,第1180—1181頁。
② (清)王鳴盛著,顧寶田、劉連朋點校:《尚書後案》,第325頁。
③ 候,古代計時的單位。五天爲一候。引申爲節候、時令。

"昴,白虎之中星,亦以七星並見",三者均訓釋中星,馬、鄭、王的訓釋點明"昏中之星"應該也是基於此。但是《孔傳》爲什麼總舉七宿呢?《疏》認爲"春言'星鳥'。夏言'星火',獨指房、心、虛、昴惟舉一宿。文不同者,互相通也"。孔穎達的疏解也算爲《孔傳》提供了一個比較合理的説明。

④《洪範》:"<u>高明</u>柔克。"《孔傳》:"高明謂<u>天</u>,言天爲剛德,亦有柔克,不干四時,喻臣當執剛以正君,君亦當執柔以納臣。"

《史記·宋微子世家》集解引馬融云"高明君子亦以德懷也"[1],與《尚書孔傳》訓釋有類似之處,但《孔傳》更加詳細準確,先是把"高明"與"天"聯繫起來,然後才表明更加深層的意思是比喻君臣關係。《孔疏》進一步疏解"是言天亦有柔德,不干四時之序也。地柔而能剛,天剛而能柔,故以'喻臣當執剛以正君,君當執柔以納臣'也。"馬融注則把"高明"訓作"高明君子",没有上升到君臣相處之道。相較之下,《孔傳》略勝一籌。

綜上所述,古代農業社會的特點決定了天在人們生産、生活中的重要性,人們必須掌握天文曆法知識,了解農時,才能更好地進行農業生産。

《尚書孔傳》釋天的價值,首先體現在在内容上包羅甚廣。不僅有天文曆法,以及與之相關的災異、祭祀、時日等,還有田獵、講武、旌旗等。其訓釋方式多樣,不僅能够讓讀者理解詞義,讀懂經文,還能了解被釋詞的特徵、規制及其所以然,通過近義詞辨析,能讓讀者理解兩詞之間的細微差別。

其次,《尚書孔傳》釋天也參考了前人的舊注,有的基本一致,像"辰,日月所會",與鄭注同;有的根據文義稍加改造,如"鳥,南方朱鳥七宿",與馬、鄭、王的訓釋不同,但是符合經義。有的則比前人舊注更加準確,如對"高明"一詞的訓釋。

再次,《尚書孔傳》釋天訓釋的對象相對抽象,而《孔傳》卻能把抽象的内容用具體、易懂的語言進行訓解,如對"克""祥"的訓釋等。

因此,《尚書孔傳》釋天的内容和方法具備相當的學術水平,值得研究。

第二節 《尚書孔傳》釋地的内容及方法

邦國、都邑、州郡、地名、田土等内容在古代典籍中都有廣泛涉及,釋地

---

① (清)王鳴盛著,顧寶田、劉連朋點校:《尚書後案》,第337頁。

也成爲古書訓解中最普遍的任務之一,幾乎是無書不涉及這個問題。由於
地理形貌的變換,行政區劃及名稱的更替,後人在閱讀古籍中關於地名的内
容時,會出現障礙,所以學者們特別是注解古代經書的學者在這一方面常會
着力,注釋中均會涉及地名的訓釋。例如:

①《詩·邶風·泉水》:"出宿于沘,飲餞于禰。"《毛傳》:"沘,地名。"
②《詩·陳風·防有鵲巢》:"防有鵲巢,邛有旨苕。"《毛傳》:"防,
邑也。"
③《左傳·桓公九年》:"秋,虢仲、芮伯、梁伯、荀侯、賈伯伐曲沃。"
杜預注:"梁國,在馮翊夏陽縣。荀、賈,皆國名。"
④《左傳·襄公元年》:"秋,楚子辛救鄭,侵宋吕、留。"杜預注:
"吕、留二縣,今屬彭城郡。"

以上例句中的"沘""防""梁""荀""賈""吕""留"等,如果不對它們進
行訓釋的話,後人很難知道它們是地名、還是山川名抑或是姓氏。注釋者在
訓釋這些地名時有一套專門的訓釋方法。或明確其類名,如"沘,地名",
"防,邑也","荀、賈,皆國名","吕、留二縣";或訓釋其所在,如"梁國,在馮
翊夏陽縣";或訓釋其今屬何地,如"吕、留二縣,今屬彭城郡"。通過注者的
訓釋,讀者能夠避免混淆,并掃除經文中有關地名的障礙。

《尚書孔傳》中,除了上文提到的邦國、都邑、州郡、地名、田土之外,還有
什麽可以歸入釋地類呢? 參照《爾雅·釋地》來看,其有九州、十藪、八陵、九
府、五方、野、四極等小類,其中的"九府"和"五方"中,除了方位之外還包括
寶藏、特產和異氣。也就是説《爾雅·釋地》不僅包括各種地名和方位名,還
有與之相關的珍寶、土產等。本書參照《爾雅·釋地》,對《尚書孔傳》釋地
的有關内容進行一一檢視,總結其具體内容及訓釋方法。

一、《尚書孔傳》釋地的内容

《尚書孔傳》有關釋地内容共約 192 條,本書立目 139 個,占全部立目的
6.7%。其中直接的訓釋 96 條,融於串講中的訓釋 96 條。筆者參考《爾
雅·釋地》,把《孔傳》釋地的内容分成了"邦國""都邑州郡""淵藪""郊野"
"五方""四極"和"田土"七個小類,其中"田土"小類中除了田地、土地和相
關内容,還包括田土中的物產。那麽,《尚書孔傳》釋地每一小類包含哪些内
容呢? 下面,我們逐一臚列。

邦國類,《尚書孔傳》47 見,主要包括五服、諸侯國以及一些小國。例如

"侯""甸""男邦""采""衛"爲五服,"召""芮""肜""畢""衛""毛"等屬諸
侯國,"有窮""胤""黎""葛""三朡"等是小國。表示華夏的"方夏""華夏"
和表示東部區域的"東夏"等,以及和列地封國相關的詞彙也歸入了此類,如
"分土""封"等。

都邑州郡類,《尚書孔傳》47 見,包括都城、采邑、州郡、地名等。例如"成
周""豐""妹""宗周"等是都城,"洛"是邑名,《禹貢》篇中的"九州①""太原"
屬州郡,"大坰""東陵""費""甘""牧""萊夷""洛汭""河朔"等是地名。

淵藪類,《尚書孔傳》2 見,出現在《武城》篇"爲天下逋逃主,萃淵藪"句
中。其中"淵"和"藪"歸入此類,義爲聚積之地。此類與《爾雅·釋地·十
藪》所包括的內容不同,"十藪"所訓之詞爲藪澤,而非此處表聚集之處的
淵藪。

郊野類,《尚書孔傳》10 見,主要指城外之郊地、草野、斥鹵等。例如,訓
作"草野"的"草"、訓作"荒野"的"荒"、訓作"郊地"的"郊"、訓作"斥鹵"的
"斥"等。"隰""陂"也參照《爾雅》歸入此類。

五方類,《尚書孔傳》27 見,主要包括方位名及表示天下四方之義的內
容。例如,訓作"東方"的"東",訓作"衆方"的"多方",表示天下四方的
"方""四方""天下""萬方""萬邦"等。此外,分別訓作日出、日落之處的
"暘谷"和"昧谷"也歸入此類。

四極類,《尚書孔傳》27 見,主要包括蠻夷戎狄這種偏遠的地方或國家。
例如,"東夷""淮夷""蠻貊""徐戎""嵎夷"等戎夷之地,"崑崙""析支"
"渠""搜""庸""蜀""羌""髳""微""盧""彭""濮""西旅""有苗"等蠻夷
之國。此外訓作"蠻夷戎狄"的"海表"和表示邊疆、邊防義的"疆土"和"封
守"也歸入此類。

田土類,《尚書孔傳》32 見,包括與耕田、土地相關的詞語以及田土所出
的物產等。例如,與田土相關的"土""壤""井疆""農""畎""壇""壇""沈
潛""土中""冢土",表示土質的"沃""壚""埴",表示耕種義的"播""藝"
"菑""東作""稼穡"等,具有物產義的"方物""土物",以及訓作"放牧"的
"作牧"等都歸入此類。

以上就是《尚書孔傳》釋地類詞語的具體分類,以及每一小類包括的
內容。

---

① 《周禮·職方氏》九州之名,有幽、并,無徐、梁。周立州名,必因於古,知舜時當有幽、并。
《職方》幽、并山川,於《禹貢》皆冀州之域,知分冀州之域爲之也。《爾雅·釋地》九州之
名,於《禹貢》無梁、青,而有幽、營,云"燕曰幽州,齊曰營州"。孫炎以《爾雅》之文與《職
方》《禹貢》並皆不同,疑是殷制。

二、《尚書孔傳》釋地的方法

《尚書孔傳》釋地内容豐富,包括七個小類。那麽,《孔傳》是如何對釋地類詞語進行訓釋的,不同内容使用的方法是否相同呢。下面,我們就從具體地名的訓釋方法和通名、物産的訓釋方法兩個方面進行探討。

首先,對於邦國、都邑、州郡、四極等具體的地名,《尚書孔傳》的訓釋方法主要有以下八種:

(一) 釋以類名

釋以類名的方法,在《孔傳》釋地中又可以細分爲以下兩種情況:

1. 僅以類名爲釋

《尚書孔傳》釋地最常見的訓釋方法就是直接明確邦國、都邑、州郡的類名。例如:

①《堯典》:"胤子朱啓明。"《孔傳》:"胤,國。"
②《費誓》:"作《費誓》。"《孔傳》:"魯侯征之於費地而誓衆也。"
③《酒誥》:"越在外服,侯、甸、男、衛邦伯。"《孔傳》:"於在外國,侯服、甸服、男服、衛服國伯諸侯之長。"
④《洛誥》:"《洛誥》。"《孔傳》:"既成洛邑,將致政成王,告以居洛之義。"

以上例句中"胤",訓作"國";"費",訓作"費地";"侯、甸、男、衛"訓作"侯服、甸服、男服、衛服";"洛",訓作"洛邑",直接明確了"胤"是國名,"費"是地名,"侯、甸、男、衛"是服名,"洛"是邑名,這些都屬於地名類。

2. 以類名加"名"字爲釋

①《益稷》:"予創若時,娶于塗山。"《孔傳》:"塗山,國名。"
②《仲虺之誥》:"湯歸自夏,至于大坰。"《孔傳》:"大坰,地名。"
③《蔡仲之命》:"群叔流言,乃致辟管叔于商;囚蔡叔于郭鄰,以車七乘。"《孔傳》:"管、蔡,國名。"
④《顧命》:"乃同召太保奭、芮伯、彤伯、畢公、衛侯、毛公。"《孔傳》:"召、芮、彤、畢、衛、毛皆國名,入爲天子公卿。"

以上例句中,釋語都是類名加"名"字組成,如,"塗山"訓作"國名","大坰"訓作"地名"。例③和④是幾個被釋詞合釋,也是用類名加"名"的方式進行訓釋。“管、蔡,國名”,是兩國合釋,“召、芮、彤、畢、衛、毛皆國名”是六國合釋。

（二）釋以別名

《尚書孔傳》釋地,有時訓釋被釋之地的別名。例如:

《盤庚上》:“盤庚遷于<u>殷</u>。”《孔傳》:“亳之別名。”

《孔傳》訓“殷”作“亳之別名”。又《盤庚序》:“盤庚五遷,將治亳殷。”《孔疏》:“此《序》云:盤庚‘將治亳殷’,下《傳》云‘殷,亳之別名’,則‘亳殷’即是一都,湯遷還從先王居也。”《殷紀》集解引鄭云:“治於亳之殷地,商家自此徙,而改號曰殷亳。”①“亳殷”,在今河南安陽西北。

（三）釋以區域範圍

釋以範圍,即訓釋被釋詞所指的區域範圍或者下轄範圍。最典型的當屬《禹貢》篇中的九州,《孔傳》往往省略被釋詞並參照附近的山川進行訓釋。例如:

①《禹貢》:“荆及衡陽惟<u>荆州</u>。”《孔傳》:“北據荆山,南及衡山之陽。”
②《禹貢》:“濟河惟<u>兗州</u>。”《孔傳》:“東南據濟,西北距河。”
③《禹貢》:“華陽、黑水惟<u>梁州</u>。”《孔傳》:“東據華山之南,西距黑水。”

以上“荆州”“兗州”“梁州”都是參照山、水確定區域位置。其中“荆州”參照荆山和衡山,“兗州”參照濟水和黃河,“梁州”參照華山和黑水來確定區域位置。此外有的釋語是明確被釋地名包括的下轄區域。例如:

④《武成》:“以撫<u>方夏</u>。”《孔傳》:“以撫綏<u>四方中夏</u>。”
⑤《畢命》:“<u>四夷</u>左衽。”《孔傳》:“言東夷、西戎、南蠻、北狄。”
⑥《賄肅慎之命》:“成王既伐<u>東夷</u>。”《孔傳》:“海東諸夷,駒麗、扶餘、馯、貊之屬。”
⑦《益稷》:弼成<u>五服</u>。《孔傳》:五服,侯、甸、綏、要、荒服也。

例④“方夏”訓作“四方中夏”,指明華夏的區域是在中原地區,與“四夷”相對。例⑤的“四夷”包括“東夷、西戎、南蠻、北狄”四個邊遠的少數民

---

① （清）王先謙撰,何晉點校:《尚書孔傳參正》,第 428 頁。

族地區。例⑥的"東夷",《孔傳》用連訓的方式,首先點明是在"海東諸夷"
這個區域,接着明確這個區域下轄"駒麗、扶餘、馯、貊"幾個小國。例⑦《孔
傳》明確"五服"包括"侯、甸、綏、要、荒服"五個區域。

(四) 釋以地理位置

釋以地理位置,即訓釋被釋詞所在的地理位置。例如:

①《堯典》:"分命羲仲,宅嵎夷,曰暘谷。"《孔傳》:"東表之地稱
嵎夷。"

②《禹貢》:"五百里荒服。"《孔傳》:"要服外之五百里。"

③《武成》:"放牛于桃林之野。"《孔傳》:"桃林在華山東。"

④《召誥》:"太保乃以庶殷,攻位于洛汭。"《孔傳》:"以衆殷之民
治都邑之位於洛水北,今河南城也。"

⑤《湯誓》:"遂與桀戰于鳴條之野。"《孔傳》:"地在安邑之西。"

例①"嵎夷"訓作"東表之地",知其位處東部地區。例②"荒服",《孔
傳》釋其相對地理位置在"要服外之五百里"。例③"桃林",以"華山"爲參
照,明確其地理位置。例④"洛汭",對應《孔傳》"洛水北,今河南城也",不
僅訓釋其位處"洛水北",還明確了今時所在,即在當時的"河南城"。例⑤
雖然《孔傳》省略了被釋詞"鳴條",但以"地在安邑之西"明確了其地理
位置。

(五) 釋以政治地位

《尚書孔傳》釋地有時會訓解被釋之地的政治地位。例如:

《禹貢》:"冀州既載。"《孔傳》:"堯所都也。"

上例"冀州",訓作"堯所都也",明確其是唐堯時帝都的政治地位。"冀
州"是《禹貢》九州之中唯一沒有明確區域範圍的州。《五子之歌》"惟彼陶
唐,有此冀方"之《孔傳》"陶唐,帝堯氏,都冀州,統天下四方",亦明確了冀
州是堯時帝都。

(六) 釋得名之由

《尚書孔傳》釋地有時訓釋被釋詞的得名之由。例如:

①《堯典》:"分命和仲,宅西,曰昧谷。"《孔傳》:"昧,冥也。日入
於谷而天下冥,故曰昧谷。"

②《堯典》:"分命羲仲,宅嵎夷,曰暘谷。"《孔傳》:"暘,明也。日出於谷而天下明,故稱暘谷。"

③《周官》:"司空,掌邦土。"《孔傳》:"能吐生百穀,故曰土。"

例①和例②中,"暘谷"是東方日出之地,"昧谷"是西方日落之處。《孔傳》的"日入於谷而天下冥,故曰昧谷"和"日出於谷而天下明,故稱暘谷"分別訓釋了"昧谷"和"暘谷"的得名之由。例③的"能吐生百穀",則訓釋了"土"的得名原因。

(七) 綜合訓釋

《尚書孔傳》釋地時根據實際情況,把上述幾種訓釋方法綜合使用,甚至增加更多的內容。

1. 釋以類名及地理位置

有的訓釋明確類名和所在地理位置,這兩個要素或先類名後地理位置,或先地理位置後類名。例如:

①《河亶甲》:"河亶甲居相。"《孔傳》:"相,地名,在河北。"

②《甘誓》:"甘誓。"《孔傳》:"甘,有扈郊地名。"

③《禹貢》:"又東至于孟津。"《孔傳》:"孟津,地名。在洛北,都道所湊,古今以爲津。"

例①《孔傳》"相"訓作"地名,在河北",先明確"相"的類名是"地名",再訓釋其所在地理位置。例②《孔傳》"甘,有扈郊地名",則是用"有扈郊"修飾"地名",先明確"甘"所在位置是有扈國的郊外,再以"地名"明確其類名。例③"孟津"連文,《孔傳》訓作"地名",但是《孔疏》:"'孟'是地名,'津'是渡處,在孟地置津,謂之'孟津'。"也就是説《傳》云"地名",是謂"孟"爲地名,"孟津"兩字連文其實僅訓釋了"孟"一字。這種情況一定要注意分辨,否則容易誤把"孟津"當成是一個地名。

2. 釋以類名及政治地位

有的訓釋明確被釋詞的類名及其政治地位。例如:

①《畢命》:"王朝步自宗周,至于豐。"《孔傳》:"豐,文王所都。"

②《多士》:"成周既成。"《孔傳》:"洛陽下都。"

上例中,"豐"訓作"文王所都","成周"訓作"洛陽下都",在明確"豐"

和“成周”是都邑類的基礎上點明了它們的政治地位。“豐”是西周帝都,在今陝西省西安市西南;“成周”指洛邑,是西周的陪都,故址據傳在今河南省洛陽市東郊,也是當時的政治中心。《孔疏》云:“周之成周,於漢爲洛陽也。洛邑爲王都,故謂此爲‘下都’。遷殷頑民,以成周道,故名此邑爲成周。”

3. 釋區域範圍及地理位置

有的訓釋包括區域範圍和地理位置兩個方面。例如:

> 《大禹謨》:“七旬,有苗格。”《孔傳》:“三苗之國,左洞庭,右彭蠡,在荒服之例,去京師二千五百里也。”

“有苗”,即“三苗”,《孔傳》首先以“國名”明確類名。然後訓釋“三苗”區域範圍在洞庭和彭蠡間,最後明確所處位置“在荒服之例,去京師二千五百里也”。《經典釋文》引馬融、王肅注云:“三苗,國名也。縉雲氏之後爲諸侯,蓋饕餮也。”

4. 釋地理位置及得名之由

有的訓釋包括地理位置及得名之由兩個方面。例如:

> ①《禹貢》:“五百里侯服。”《孔傳》:“甸服外之五百里。侯,候也。斥候而服事。”
> ②《禹貢》:“五百里綏服。”《孔傳》:“侯服外之五百里,安服王者之政教。”
> ③《禹貢》:“五百里要服。”《孔傳》:“綏服外之五百里,要束以文教。”

上例中“侯服”“綏服”“要服”,《孔傳》除了明確根據五服的相對位置確定各自的地理位置之外,還訓釋了三服的得名原因。稱“侯服”,是因爲“斥候而服事”,《孔疏》云:“‘斥候’謂檢行險阻,伺候盜賊。此五百里主爲斥候而服事天子,故名‘侯服’。”稱“綏服”,是因爲“安服王者之政教”,《孔疏》云:“要服去京師已遠,王者以文教要束使服。此綏服路近,言‘王者政教’,以示不待要束,言安服自服也。”稱“要服”,是因爲“要束以文教”,《孔疏》云:“綏服自揆天子文教,恐其不稱上旨。此要服差遠,已慢王化,天子恐其不服,乃以文教要服之。”即前文所云“要服去京師已遠,王者以文教要束使服”。

5. 釋以類名、政治地位及地理位置

有的訓釋不僅明確被釋詞的類名、政治地位,還涉及其地理位置。例如:

①《酒誥》:"明大命于妹邦。"《孔傳》:"妹,地名,紂所都,朝歌以北是。"

②《牧誓》:"及庸、蜀、羌、髳、微、盧、彭、濮人。"《孔傳》:"八國,皆蠻夷戎狄屬文王者國名。羌在西蜀叟,髳、微在巴蜀,盧、彭在西北,庸、濮在江漢之南。"

③《旅巢命》:"巢伯來朝。"《孔傳》:"殷之諸侯伯爵也。南方遠國,武王克商,慕義來朝。"

例①《孔傳》首先以"地名"明確"妹"的類名。其政治地位是紂時的帝都,所在地理位置"朝歌以北",包括了三個要素。陸德明《經典釋文》引馬融云:"妹邦即牧養之地。"不知所訓據何,與《孔傳》訓釋的角度不同。例②首先把"庸、蜀、羌、髳、微、盧、彭、濮"合訓作"八國",即它們是八個國家,而且這八個國家是"蠻夷戎狄屬文王者國名",即是少數民族建立的國家,且隸屬於周王朝,最後訓釋了它們之間相對的地理位置"羌在西蜀叟,髳、微在巴蜀,盧、彭在西北,庸、濮在江漢之南"。也就是説《孔傳》不僅訓釋了他們的類名和地理位置,還點明了它們的性質和政治地位。例③《孔傳》省略了被釋詞"巢",但釋語中給出了兩個信息,"巢"首先是殷之諸侯國,然後是地處南方的遠國。明確了"巢"的類名、政治地位和地理位置。

6. 釋區域範圍、得名之由及地理位置

有的訓釋不僅明確被釋詞的區域範圍、得名之由,還涉及其地理位置。例如:

《禹貢》:"五百里甸服。"《孔傳》:"規方千里之内,謂之甸服。爲天子服治田,去王城面五百里。"

"甸服",《孔傳》首先明確其區域範圍"規方千里之内","爲天子服治田"即其稱名原因,《孔疏》引鄭玄云:"服治田,出穀税也。言甸者主治田,故服名甸也。"最後明確其位置"去王城面五百里"。

(八) 舉例釋義

《尚書孔傳》釋地有時通過列舉被釋詞包含的内容進行釋義。例如:

①《益稷》:"弼成五服。"《孔傳》:"五服,侯、甸、綏、要、荒服也。"

②《畢命》:"四夷左衽。"《孔傳》:"言東夷、西戎、南蠻、北狄,被髮左衽之人。"

以上例句中,"五服"訓作"侯、甸、綏、要、荒服","四夷"對應"東夷、西戎、南蠻、北狄",被釋詞沒有作别的解釋,只是列舉其所包含的内容,意思就清楚了。

以上八種訓釋方法主要是《尚書孔傳》在訓釋具體地名時使用的。《尚書孔傳》釋地的内容還包括了一些通名和物産類詞語,這些内容的訓釋,則主要使用了互訓、設立界説等方法。下面分别進行探討。

(九) 互訓

《尚書孔傳》釋地的互訓,從形式上看主要包括以單音詞釋單音詞,以複音詞釋單音詞,以複音詞釋複音詞、以詞組釋複音詞等類型。

1. 以單音詞釋單音詞

《酒誥》:"純其藝黍稷。"《孔傳》:"爲純一之行,其當勤種黍稷。"

"藝",《孔傳》訓作"種",《説文》"藝,種也",故"藝""種"爲同義相訓。"藝"亦作"蓺",《詩·唐風·鴇羽》"王事靡盬,不能蓺稷黍"中"蓺",也是"種植"義。用單音詞釋單音詞的情況在《尚書孔傳》釋地中比較少見。

2. 以複音詞釋單音詞

以複音詞釋單音詞在《孔傳》釋地中比較多見,包括兩種情況:

一是增字爲釋。根據雙音節釋詞兩個詞素之間的關係,《孔傳》釋地的增字爲釋可分爲三類:

(1) 義同義近而增字爲釋。例如:

①《禹貢》:"厥土白墳,海濱廣斥。"《孔傳》:"言復其斥鹵。"
②《禹貢》:"九澤既陂。"《孔傳》:"九州之澤,已陂障無決溢矣。"

例①"斥"有"鹵"義,陸德明《釋文》引鄭玄云:"斥,謂地鹹鹵。"即"斥""鹵"同義,《説文》"東方謂之斥,西方謂之鹵",故《孔傳》增"鹵",以"斥鹵"訓"斥"。例②"陂"有"障"義,《詩·陳風·澤陂》"彼澤之陂"的"陂",《毛傳》訓作"澤障",即"陂""障"義近,故《孔傳》增"障",以"陂障"訓"陂"。

(2) 義有兼括而增字爲釋。例如:

①《微子》"吾家耄遜于荒。"《孔傳》:"在家耄亂,故欲遜出於荒野。"
②《康王之誥》:"敢執壤奠。"《孔傳》:"敢執壤地所出而奠贄也。"

例①《孔傳》以"荒"兼有"野"義,故增"野"字,以"荒野"釋"荒"。例②"壤"兼有"土地"義,是土地的組成要素,故增"地"字,以"壤地"訓"壤"。

(3)分別確指而增字爲釋。例如:

①《五子之歌》:"惟彼陶唐,有此冀方。"《孔傳》:"陶唐,帝堯氏,都冀州,統天下四方。"

②《微子之命》:"尹兹東夏。"《孔傳》:"正此東方華夏之國。宋在京師東。"

例①中"冀"是州名,故增"州"字,以"冀州"訓"冀"。例②中"東"是方位詞,故增"方"字,以"東方"訓"東"。

二是替換爲釋。《孔傳》釋地有時用同義的複音詞替換單音詞。釋詞在字面上看起來與被釋詞並無關係,但實際上與被釋詞義同或義近。例如:

①《盤庚上》:"若農服田力穡。"《孔傳》:"穡,耕稼也。"

②《金縢》:"爲三壇,同墠。"《孔傳》:"壇築土,墠除地,大除地,於中爲三壇。"

例①"穡",訓作"耕稼",《孔疏》云:"'稼''穡'相對,則種之曰'稼',斂之曰'穡'。'穡'是秋收之名,得爲耕穫總稱。"也就是説"穡"可以泛指耕耘收種,故以"耕稼"訓"穡",也算釋以同義詞。例②的"壇"和"墠",《孔傳》分別訓作"築土"和"除地",都是用複音詞替換單音詞進行訓釋。《禮記·祭法》云"是故王立七廟,一壇一墠",鄭玄注:"封土曰壇,除地曰墠。"與《孔傳》訓釋基本相同。所以雖然"壇"訓作"築土","墠"訓作"除地",字面上被釋詞和釋詞看完全不同,但實爲一事。

3. 以複音詞釋複音詞

①《大禹謨》:"萬邦咸寧。"《孔傳》:"天下安寧。"

②《泰誓上》:"惟其克相上帝,寵綏四方。"《孔傳》:"當能助天寵安天下。"

③《多方》:"克以爾多方。"《孔傳》:"能用汝衆方之賢。"

例①和②中"萬邦"和"四方"《孔傳》均訓作"天下",知被釋詞"萬邦""四方"和釋詞"天下"所指的是同一事物。例③的"多方"訓作"衆方",《尚書孔傳》10見。但是"多方"連文,《孔傳》僅訓"多"作"衆","方"字未訓。

4. 以詞組釋複音詞

①《武成》:"爲天下逋逃主,萃淵藪。"《孔傳》:"天下罪人逃亡者,而紂爲魁主,窟聚淵府藪澤。"

②《畢命》:"弗率訓典,殊厥井疆。"《孔傳》:"其不循教道之常,則殊其井居田界。"

例①"淵藪"連文,《孔傳》分別訓作"淵府"和"藪澤",兩者結合就是"淵藪"的含義。例②《孔傳》把"井疆"分別對應"井居"和"田界"。此處《孔傳》訓作"井居田界",實際上是互文的手法,義爲井、田所在和井、田的邊界。

以上是互訓的幾種類型,特別是用複音詞釋單音詞的情況,在《尚書孔傳》釋地的訓釋中爲數不少,能爲研究中古漢語雙音詞發展的學者提供不少有價值的材料。

(十) 設立界說

《尚書孔傳》釋地有時用設立界說的方式進行釋義。常見的訓詁術語有"某曰某"或"某謂之某"。例如:

①《堯典》:"平秩東作。"《孔傳》:"歲起於東而始就耕,謂之東作。"
②《禹貢》:"原隰底績。"《孔傳》:"下濕曰隰。"
③《酒誥》:"惟土物愛。"《孔傳》:"惟土地所生之物,皆愛惜之。"
④《武成》:"華夏蠻貊,罔不率俾。"《孔傳》:"冕服采章曰華,大國曰夏。"

例①"東作"其實就是春耕,《孔傳》定義爲"歲起於東而始就耕",把"東"和"作"都包括在釋語中了。例②對"隰"進行了定義,《爾雅·釋地》"下濕曰隰",亦與之同。《孔傳》直接用"某曰某"的形式進行訓釋,簡潔明瞭。例③的"土物"和例①的"東作"類似,都是偏正結構的詞組,《孔傳》用"土地所生之物"定義"土物"。例④"華夏"連文,與"蠻貊"相對,表示中原地區,漢民族聚居地。"華"和"夏"《孔傳》分別訓作"冕服采章曰華"和"大國曰夏",同時這兩個定義也點明了"華夏"的特點及得名之由。《春秋左傳·定公十年》"裔不謀夏,夷不亂華",孔穎達《疏》云:"中國有禮儀之大,故稱夏;有章服之美,謂之華。"

《尚書孔傳》釋地使用設立界説的方法時,某些被釋詞的兩個義項會同時出現在釋語中。例如:

> ⑤《禹貢》:"既修太原,至于岳陽。"《孔傳》:"高平曰太原,今以爲郡名。"

"太原",尚書《孔傳》首先訓釋其原本的意思"高平曰太原"①,然後隨文釋義訓作"今以爲郡名",即"太原"在此例中是地名。《爾雅·釋地》云:"廣平曰原,高平曰陸。"《孔疏》圓曰:"孔以太原地高,故言'高平',其地高而廣也。"

(十一) 連類辨析釋義

《孔傳》釋地有時用辨析或比較的方式來訓釋兩個意義相近或相關的詞語。例如:

> ①《泰誓上》:"惟宫室、臺榭、陂池、侈服,以殘害于爾萬姓。"《孔傳》:"澤障曰陂,停水曰池。"
> ②《洪範》:"土爰稼穡。"《孔傳》:"種曰稼,斂曰穡。"

上例中"陂"和"池"同屬郊野小類,"稼"和"穡"同屬治田類,所以放在一起進行辨析釋義。《孔傳》以"澤障曰陂,停水曰池"訓"陂池",以"種曰稼,斂曰穡"訓"稼穡"。通過訓釋,發現"陂"和"池"的差别在於阻止水流的方式;"稼"和"穡"是治田的不同環節,一個是種植,一個是收穫。

(十二) 揭示經文語法現象

> 《帝告》《釐沃》:"作《帝告》《釐沃》。"《孔傳》:"告來居,治沃土,二篇皆亡。"

上例中,《孔傳》訓"沃"作"沃土",知"沃"在經文中是名詞,而"沃"的本義是把水從上澆下,是動詞。也就是説,《孔傳》揭示出經文的詞類活用,

---

① "太原",《爾雅·釋地》解釋得很清楚:"廣平曰原,高平曰陸。"《孔傳》把"高平"和"廣平"搞混了,顯然兩者是有區别的。《孔疏》也發現了這個問題,本着"疏不破注"的原則,《孔疏》云:"'太原',原之大者,《漢書》以爲郡名,傳欲省文,故云'高平曰太原,今以爲郡名',即晉陽縣是也。《釋地》云:'廣平曰原,高平曰陸。'孔以太原地高,故言'高平',其地高而廣也。"這樣一來,《孔疏》間接承認了《孔傳》此條訓釋存在混淆不清的問題。

即"沃"動詞活用作名詞。

(十三) 揭示經文修辭現象

《尚書孔傳》釋地有時通過揭示經文修辭的方法訓釋。例如:

> 《洪範》:"沈潛剛克,高明柔克。"《孔傳》:"沈潛謂地,雖柔亦有剛,能出金石。高明謂天,言天爲剛德,亦有柔克,不干四時,喻臣當執剛以正君,君亦當執柔以納臣。"

"某謂某"一般是被釋詞"指……"的訓釋方式,《孔傳》"沈潛謂地"與下文"高明謂天"相對應,即用"沈潛"借指"地",揭示出經文用"沈潛"是借代的修辭手法。因爲"天地"也可以代指"君臣",故後面"喻臣當執剛以正君"則是《孔傳》根據此前訓釋的引申,比喻君臣相處之道。如此,也能够與後面經文"惟辟作福,惟辟作威,惟辟玉食。臣無有作福作威玉食。臣之有作福作威玉食,其害于而家,凶于而國。人用側頗僻,民用僭忒"在文義上相承接。而《史記·宋微子世家》集解引馬融云:"沈,陰也。潛,伏也。陰伏之謀,謂亂臣賊子。"[①]與《孔傳》訓釋不同,中間沒有用"天""地"過渡,直接用"沈潛"指"臣子",顯得比較突兀。

以上是《尚書孔傳》釋地所用訓釋方法的歸納。和釋天類語詞的訓釋一樣,《尚書孔傳》釋地也存在同名異地和同名同地異訓的情況。例如:

> ①《微子》:"《微子》。"《孔傳》:"微,圻內國名。"
> ②《牧誓》:"及庸、蜀、羌、髳、微、盧、彭、濮人。"《孔傳》:"八國,皆蠻夷戎狄屬文王者國名。……髳、微在巴蜀。"
> ③《益稷》:"弼成五服。"《孔傳》:"五服,侯、甸、綏、要、荒服也。"
> ④《周官》:"五服一朝。"《孔傳》:"五服,侯、甸、男、采、衛。"

例①"微",《孔傳》訓作"圻內國名",《漢語大詞典》釋作"古國名。商代微子的封地,在今山西潞城縣東北"。例②"微",《孔傳》訓作"蠻夷戎狄屬文王者國名",是少數民族的國家。《漢語大詞典》釋作"古國名。商周時西南夷之國,曾和周武王會師討紂,地約在今四川巴縣"。可見兩個"微"國,屬於同名異地。

例③的"五服",《孔傳》訓作"侯、甸、綏、要、荒服"五個,屬於堯時之制。

---

① (清)王鳴盛著,顧寶田、劉連朋點校:《尚書後案》,第337頁。

而例④的"五服",孔傳訓作"侯、甸、男、采、衛"五個,是周例。所以"五服"因時代不同,其內涵也不一樣。

⑤《堯典》:"分命羲仲,宅嵎夷,曰暘谷。"《孔傳》:"東表之地稱嵎夷。"

⑥《禹貢》:"嵎夷既略。"《孔傳》:"嵎夷,地名。"

例⑤中"嵎夷"訓作"東表之地",即日出之處,例⑥"嵎夷"訓作"地名"而已,兩個訓釋在字面不同,但是《堯典》的《孔疏》云:"《禹貢》青州云:'嵎夷既略。'青州在東,界外之畔爲表,故云'東表之地稱嵎夷'也。"也就是說兩個"嵎夷",其實是指同一地方,只是《孔傳》的訓釋不同罷了。

上述同名異地情況,容易對讀者理解經文造成困擾,《孔傳》的訓釋則能明確其具體所指和內涵,幫助疏通經義,不至於產生誤解。

三、《禹貢》九州之土的訓釋

《禹貢》篇談及天下九州之時,對每州的疆域、山脈、河流、植被、土壤、物產、貢賦、少數民族、交通等自然和人文地理現象作簡要的描述,其中與土壤相關內容的訓釋就屬於釋地的內容,而且有一定的規律。因《孔傳》關於此類的訓釋比較集中且統一,故單獨進行討論。例如:

① 冀州:"厥土惟白壤。"《孔傳》:"無塊曰壤,水去土復,其性色白而壤。"

② 兗州:"厥土黑墳。"《孔傳》:"色黑而墳起。"

③ 青州:"厥土白墳,海濱廣斥。"《孔傳》:"濱,涯也。言復其斥鹵。"

④ 徐州:"厥土赤埴墳,草木漸包。"《孔傳》:土黏曰埴。

⑤ 揚州:"厥土惟塗泥。"《孔傳》:"地泉濕。"

⑥ 荊州:"厥土惟塗泥,厥田惟下中,厥賦上下。"《孔傳》:"田第八,賦第三,人功修。"

⑦ 豫州:"厥土惟壤,下土墳壚。"《孔傳》:"高者壤,下者壚。壚,疏也。○壚音盧,《説文》:'黑剛土也。'"

⑧ 梁州:"厥土青黎。"《孔傳》:"色青黑而沃壤。"

⑨ 雍州:"厥土惟黃壤,厥田惟上上,厥賦中下。"《孔傳》:"田第一,賦第六,人功少。"

通過上例發現,經文本身一般會涉及土的兩個方面,一個是顏色,一個是土質。例如,土的顏色上,有冀州、青州的白,兗州的黑,徐州的赤,梁州的青和雍州的黄;土質方面,有冀州、豫州、雍州的“壤”、兗州、青州的“墳”,揚州、荆州的塗泥,豫州的“墳壚”,徐州的“埴墳”,梁州的“黎”。那麼《孔傳》的訓釋是否妥當,能否和經文對應呢?

例①冀州的“壤”,《孔傳》訓作“無塊曰壤”,《釋文》引馬融云:“天性和美也。”《孔疏》引《九章算術》“穿地四爲壤五,壤爲息土”,則“壤”是土和緩之名,故云“無塊曰壤”。也就是説,雖然馬、孔訓“壤”時字面上不同,但是都表示土質較好的意思。同樣,例⑦豫州、例⑨雍州的“壤”也是此義,《孔傳》未再重訓。

例②兗州的“墳”,《孔傳》訓作“墳起”,似有不妥。《釋文》引馬融云:“有膏肥也。”也就是説馬融的釋義是土質肥沃,而《孔傳》“墳起”没有提及土質,與文例不協。《禮記·檀弓》鄭玄注“土之高者曰墳”,又《國語·晉語》“地墳”,韋昭注:“墳,起也。”《孔傳》的訓釋疑與之相關,但屬於望文生義。例③青州的“墳”未重訓。例④徐州“厥土赤埴墳”僅訓“埴”作“土黏曰埴”,“墳”未重訓,但實際上“埴墳”當是土質黏且肥的意思。

例⑤揚州“厥土惟塗泥”,《孔傳》訓作“地泉濕”,僅就土質而言。與當地的實際情況相符。劉起釪《譯論》引《中國土壤地理》釋爲“濕土”……自淮水以南至於浙江大片土地及福建一些地區,都是總稱水稻土的各種泥土,當即此塗泥①。例⑥荆州之“塗泥”亦是如此,《孔傳》未重訓。

例⑦豫州的“墳壚”,按文例當是土質,“墳”由上文知應是肥沃義,此處未重訓。“壚”,《孔傳》訓作“疏”。那麼“壚”爲什麼訓作“疏”呢?《參正》②:“僞孔‘下者壚’本馬説;‘壚,疏也’本鄭説。……陳祥道《禮書》引鄭云‘壚,疏也’。《史記集解》引馬云:‘豫州地有三等,下者墳壚也。’”王先謙找出了《孔傳》所本,但是没有考證出爲什麼訓“壚”爲“疏”。從聲音的角度來看的話,“壚”的上古音是來母魚部,“疏”的上古音是山母魚部,也就是説兩者在上古俱是魚部字,屬疊韻爲訓。《説文解字》:“壚,黑剛土。”“墳壚”連文,所以“壚”當與“墳”是近義詞。另據馬融訓“厥土黑黎”的“黎”作“小疏”推斷,“疏”可能有肥沃義。

例⑧梁州“厥土青黎”,《孔傳》訓作“色青黑而沃壤”,《孔疏》認爲:“孔以‘黎’爲黑,故云‘色青黑’。其地‘沃壤’,言其美也。”但是《釋文》所引馬融注和《孔疏》所引王肅注均訓“黎”爲“小疏”。《禹貢》九州之土均涉及顏

---

① 顧頡剛、劉起釪:《尚書校釋譯論》,第631頁。
② (清)王先謙撰,何晉點校:《尚書孔傳參正》,第290頁。

色和土質兩個方面或僅提及土質,所以按文例,"黎"當是針對土質而言。王先謙《參正》①引段玉裁認爲:"僞傳以沃壤釋黎,其説未聞。"又引段玉裁認爲:"馬氏豫州之'壚'爲疏,故釋'黎'爲小疏。……《釋名·釋地》云:'土青曰黎,似藜草色也。'"又引江聲云:"《史記》作'驪',似當解爲黑色焉。但此篇記九州之土色質,並言青是色,則黎當以質言,故馬訓小疏。"也就是説,孔穎達認爲《孔傳》釋"黎"作"黑",段玉裁認爲"黎"釋作"沃壤"無依據,當是"黑",而江聲則認爲"黎"表示土質,筆者讚成江聲"黎"是就土質言。《孔傳》"色青黑而沃壤"中和了"黎"的色和質兩種意見,既有顔色"黑",又有土質"疏",即所謂的"沃壤"。《孔傳》訓釋採取了一種模糊折中的方式。

綜上可知,《尚書孔傳》對《禹貢》九州之土的訓釋方式,大部分綜合色、質兩方面,也有個別僅訓其土質。其訓釋參考前人舊注,基本比較準確,不過也有個別訓釋望文生訓,不太妥當,有的爲了平衡前注甚至進行了模糊中庸的處理。

四、《尚書孔傳》釋地之商榷

雖然《尚書孔傳》釋地在訓釋內容和方法上都比較多樣,但是其中的某些訓釋值得商榷。例如:

①《禹貢》:"崑崙、析支、渠、搜,西戎即敘。"《孔傳》:"有此四國,在荒服之外,流沙之內,羌髳之屬,皆就次敘。"

《孔傳》訓"崑崙、析支、渠、搜"爲"四國",《孔疏》進一步疏解云:"崑崙也,析支也,渠也,搜也,四國皆是戎狄也。末以'西戎'總之。"但《孔疏》引鄭玄云:"衣皮之民,居此崑崙、析支、渠搜三山之野者,皆西戎也。"古代常以山名命國名,也就是説鄭玄認爲"崑崙、析支、渠搜"爲三國。《釋文》引馬融云:"崑崙在臨羌西,析支在河關西。"《疏》引王肅云:"崑崙在臨羌西,析支在河關西。西戎,西域也。"由此可知,"崑崙""析支"是没有爭議的,鄭、孔二人的爭議在於"渠搜"到底指幾國。王先謙引江聲云:"《五帝紀》:'西戎析支、渠瘦、氐羌。'瘦,借字。是析支、渠搜亦西戎也。"先謙又按:"《涼州異物志》:'古渠搜在大宛北界。'《隋書·西域傳》:'鏺汗國都蔥嶺之西五百餘里,古渠搜國也。'"②可見,"渠搜"在古代是一國名,不知《孔傳》把它當成

---

① (清)王先謙撰,何晉點校:《尚書孔傳參正》,第294頁。
② (清)王先謙撰,何晉點校:《尚書孔傳參正》,第304頁。

兩國名訓釋所據從何。如果説是傳鈔之誤,也没有找到校勘的證據,只能暫時當成訓釋不確。

　　②《禹貢》:"萊夷<u>作牧</u>。"《孔傳》:"萊夷,地名。可以<u>放牧</u>。"

　　"作牧",《孔傳》訓作"放牧"。據劉起釪[①]考證:"作牧"之義有數説,主要有:(一)放牧説(僞《孔傳》、《漢志》顔注、《東坡書傳》、《全解》、《山堂考索》、《蔡傳》、《經傳釋詞》、《會箋》等)。(二)耕作兼放牧説(《書纂言》《尚書日記》《錐指》等)。(三)以畜爲貢説(金氏《書經注》《今古文尚書》《尚書古注便讀》等)。(四)獻賄貢絲説(平心《卜辭金文中所見社會經濟史實考釋》)。劉起釪據《禹貢》以"貢"名篇之用意及此語敘在"厥貢"之下,自以第三説爲確。"萊夷作牧",是説萊族向中央王朝貢獻他的畜牧所得。筆者同意劉説,《孔傳》"作牧"的訓釋不確。

　　總而言之,《尚書孔傳》釋地包羅廣泛,既有對邦國、州郡等地名的訓釋,又有對田土及土産的訓釋。這些訓釋既參考沿襲前人經驗,又有根據實際情況進行的改造。《孔傳》運用了多種訓釋方法,參考了馬、鄭、王舊注,以及《説文》《爾雅》《釋名》等訓詁專書,對於疏通經文,辨析詞義大有幫助。雖然《孔傳》釋地也有不甚妥當的訓釋,但是這不妨礙它作爲《尚書》注釋所起的積極作用,學術價值不容小視。

第三節　《尚書孔傳》釋丘的内容及方法

　　丘是自然形成的小土山,"土高曰丘"(《周禮·地官·大司徒》"辨其山林、川澤、丘陵、墳衍、原隰之名物"鄭注)。《爾雅·釋丘》把丘分成了"丘"和"厓岸"兩類。郝懿行《爾雅義疏》云:"兹篇所釋,俱因形以定名,'宛丘'以下始兼地望,而以'厓岸'附焉。"[②]《尚書孔傳》釋丘雖然内容不算多,但也可以歸納出幾種訓釋方法。

一、《尚書孔傳》釋丘的内容

　　參照《爾雅·釋丘》,筆者把《尚書孔傳》中與釋丘有關的七條内容也分

　　①　顧頡剛、劉起釪:《尚書校釋譯論》,第588頁。
　　②　(清)郝懿行著,吳慶峰、張金霞、叢培卿、王其和點校:《爾雅義疏》,第737頁。

成"丘"和"厓岸"兩類:

丘類,《尚書孔傳》5 見。如"墳""畝""丘""陶丘"①等。

厓岸類,《尚書孔傳》2 見,即訓作"涯"的"濱"。

二、《尚書孔傳》釋丘的方法

《尚書孔傳》釋丘的方法,現歸納總結如下:

(一) 互訓

從形式上看,《孔傳》釋丘的互訓包括以單音詞釋單音詞,以複音詞釋單音詞等。

1. 以單音詞釋單音詞

①《禹貢》:"厥土白墳,海濱廣斥。"《孔傳》:"濱,涯也。"

②《歸禾》:"唐叔得禾,異畝同穎。"《孔傳》:"畝,壟。"

例①中,"涯"通"厓"。《孔傳》以"涯"訓"濱",兩者都有水邊義。《爾雅·釋丘》:"涘爲厓。"李巡曰:"涘,一名厓,謂水邊也。"例②"畝"有田壟義,故《孔傳》以"壟"訓"畝"。《國語·周語下》"天所崇之子孫,或在畎畝",韋昭云:"下曰畎,高曰畝。畝,壟也。"

2. 以複音詞釋單音詞

《孔傳》釋丘時,有時增加與被釋詞義同義近的字進行訓釋。例如:

《大誥》:"予曷敢不終朕畝?"《孔傳》:"我何敢不順天終竟我壟畝乎?"

"畝""壟"同義,故《孔傳》增"壟",以"壟畝"訓"畝"。

(二) 設立界説

《孔傳》釋丘以設立界説的方式來訓釋詞義時,常用"某曰某"等術語。例如:

①《禹貢》:"桑土既蠶,是降丘宅土。"《孔傳》:"地高曰丘。"

②《禹貢》:"東出于陶丘北。"《孔傳》:"陶丘,丘再成。"

---

① "陶丘"出現在《禹貢》"導沇水,東流爲濟,入于河,溢爲滎,東出于陶丘北"一句,故此處當是地名,但是《孔傳》是按其本義來訓釋的,故依然歸入"釋丘"。

例①《孔傳》以"地高曰丘",給"丘"下了一個定義。《孔疏》引《釋丘》云:"非人爲之丘。"孫炎曰:"地性自然也。"例②"陶丘",《孔傳》作"陶丘,丘再成",是從"陶丘"的形態上進行定義。《孔疏》引《釋丘》云:"再成爲陶丘。"李巡曰:"再成,其形再重也。""陶丘"在此例中其實是地名,在今山東定陶西北。郭璞云:"今濟陰定陶城中有陶丘。"

三、《尚書孔傳》釋丘之商榷

《禹貢》:"厥土黑墳。"《孔傳》:"色黑而墳起。"

"墳",《孔傳》訓作"墳起"。《禮記·檀弓》鄭玄注:"土之高者曰墳。"又《國語·晉語》"公祭之地,地墳",韋昭注:"墳,起也。"也就是説"墳"確實有"墳起"之義。但是該例出自《禹貢》"九州"之兗州。九州的每州之下,均有"其土……"的文句,幾乎都是涉及土色和土質兩方面。"厥土黑墳"之"墳",《釋文》引馬融云:"有膏肥也。"也就是説馬融的釋義是土質肥沃,而《孔傳》"墳起"没有提及土質,與文例不協。所以此處訓"墳"作"墳起",似有不妥,屬望文生義。

總之,雖然《尚書孔傳》釋丘的内容較少,但能夠讓讀者了解《孔傳》是如何訓釋丘類詞語的,並能幫助讀者疏通、理解經義。

第四節 《尚書孔傳》釋山的内容、方法及成就

《尚書》中涉及的山數量較多,大部分集中於《禹貢》一篇,另《胤征》《湯誓》《説命上》《武成》《秦誓》亦稍有涉及。對於爲什麼要釋山這個問題,本節首先以涉及山名最多的《禹貢》篇爲例來進行探討。

①《禹貢》:"導淮自桐柏。"《孔傳》:"桐柏山,在南陽之東。"
②《禹貢》:"蔡蒙旅平。"《孔傳》:"蔡、蒙,二山名。"
③《禹貢》:"終南、惇物,至于鳥鼠。"《孔傳》:"三山名,言相望。"

例①的"桐柏",如果《孔傳》不訓作"桐柏山",讀者未必把它們當作山,也許會當成地名,甚至樹名。"在南陽之東"則解決了讀者關於該山所在地理位置的疑惑。例②的"蔡蒙"合釋,孔傳釋作"二山名",那麼讀者就知道這是兩座山名,而不是指某一個地名、水名或人名等。例③的三座

山,終南、惇物、鳥鼠,如果《孔傳》不明確爲山名,不熟悉地理知識的讀者可能不知所云,特別是"鳥鼠"一詞。《孔傳》訓釋之後,才能真正理解文義。

因此,《孔傳》對《禹貢》所涉及的大部分山名進行了訓釋,這對於正確理解《禹貢》是必不可少的。如果《孔傳》不進行訓釋的話,讀者可能會産生疑惑或混淆。

一、《尚書孔傳》釋山的内容

《孔傳》釋山的内容共 65 條,立目 50 個,佔全部立目的 2.4%。其中直接的訓釋 42 條,串講中的訓釋 23 條。那麼,《尚書孔傳》釋山的内容包括哪些,如何訓釋,使用了哪些訓詁方法等,這些都是需要探討的問題。

《尚書孔傳》釋山時,往往對比較偏遠的山名進行訓釋,而名山則幾乎不訓。

所謂名山,主要指五嶽,而五嶽當中,除了"衡山"釋作"衡山,江所經,在荆州"①之外,上文提到的"岱"以及其他三嶽基本没有進行訓釋,有的就算串講當中提到,也僅明確其類名。例如:

　　①《禹貢》:"西傾朱圉鳥鼠,至於太華。"《孔傳》:"相首尾而東。"
　　②《禹貢》:"太行恒山,至于碣石,入于海。"《孔傳》:"此二山,連延東北,接碣石而入滄海。"

《爾雅·釋山》:"泰山爲東嶽,華山爲西嶽,霍山爲南嶽,恒山爲北嶽,嵩高爲中嶽。"例①中的"太華"其實是西嶽華山,《孔傳》没有對"太華"進行訓釋,僅承前三座山"西傾朱圉鳥鼠"言"相首尾而東",屬於串講,是説治理完三座山之後東行到達"太華"。例②中的"恒山"僅與"太行"合釋作"二山"而已。

《孔傳》之所以没有對五嶽進行詳細的訓釋,就是因爲它們作爲常見的名山,讀者對於它們的名稱及方位非常了解,不會産生疑惑,無須再釋。

由此可見,《尚書孔傳》釋山是有選擇的,往往針對比較生僻、偏遠,或讀者可能會有疑惑的山名進行訓釋,訓釋之後能够幫助讀者讀懂經文,不至於

---

① 《尚書孔傳》之所以對南嶽"衡山"進行訓釋,是因爲《爾雅》中提到南嶽爲"霍山",而《史記·封禪書》説:"五月巡狩至南嶽,南嶽,衡山也。"也就是説,歷史上曾出現過"南嶽衡山""南嶽霍山"兩種説法。《湖北文徵》第十一卷收録清楊守敬《衡山考》一文曾對這個問題有所考證。《孔傳》本《爾雅》,未把"衡山"當成南嶽,故訓釋。

産生混淆和疑惑。這也是《孔傳》釋山的一個重要特點。

二、《尚書孔傳》釋山的方法

一般來説,山的訓釋往往從其名稱、地理位置,得名原因等方面入手,《尚書孔傳》也不例外,甚至包含了更多内容,而且《孔傳》還有對山之樣貌的通名進行的訓釋,如"岯""岡"等。其訓釋方法歸納如下:

(一) 釋以類名

釋以類名的方法,在《孔傳》釋山中又可以分爲以下兩種情況:

1. 僅釋類名

《孔傳》釋山最常見的訓釋方法就是直接明確山的名稱及類名。例如:

①《禹貢》:"華陽、黑水惟梁州。"《孔傳》:"東據華山之南,西距黑水。"

②《禹貢》:"羽畎夏翟,嶧陽孤桐。"《孔傳》:"羽中旌旄,羽山之谷有之。……嶧山之陽特生桐,中琴瑟。"

③《胤征》:"火炎崑岡,玉石俱焚。"《孔傳》:"崑山出玉,言火逸而害玉。山脊曰岡。"

以上諸例幾乎都是在被釋詞後面加一"山"字來明確被釋詞的具體名稱,以"華山"釋"華",以"羽山"釋"羽",以"嶧山"釋"嶧",以"崑山"釋"崑",也就表明了被釋詞華、羽、嶧、崑等屬於山類詞語,而不會被誤認爲是一般語詞了。這種訓釋方法在隨文釋義的串講中比較常見。

2. 以類名加"名"字爲釋

①《禹貢》:"西傾因桓是來,浮于潛,逾于沔。"《孔傳》:"西傾,山名。"

②《禹貢》:"岷嶓既藝,沱潛既道。"《孔傳》:"岷山、嶓冢,皆山名。"

③《禹貢》:"終南、惇物,至于鳥鼠。"《孔傳》:"三山名,言相望。"

"山"爲類名,以上例句皆加"名"字以釋。就是説在被釋詞"西傾""岷""嶓""終南""惇物""鳥鼠"之後加上"山名"二字,以達到訓詁目的。其中例②、③爲幾山合釋,例②在明確山名的基礎上表明了類屬,例③省略了被釋詞"終南、惇物、鳥鼠",且用"言相望"説明了三座山的相對位置。

有的訓釋雖然没有加"名"字,實際上也隱含了其類屬,故歸在一類。例如:

④《禹貢》：“蒙羽其藝。”《孔傳》：“二山，已可種藝。”

例④中“二山”指蒙山和羽山，是兩山名，所以也屬於“以類名加‘名’字爲釋”例。

（二）釋以地理位置

對山的訓釋，也可以通過明確其所處地理位置進行釋義。例如：

①《湯誓》：“伊尹相湯伐桀，升自陑。”《孔傳》：“陑在河曲之南。”
②《禹貢》：“西傾、朱圉、鳥鼠。”《孔傳》：“西傾、朱圉，在積石以東。”
③《禹貢》：“夾右碣石入于河。”《孔傳》：“碣石，海畔山。”

以上諸例幾乎都是用“某山在某地”的形式對山所在的地理位置進行訓釋。其中例③的釋語“碣石，海畔山”，雖然沒有用“某山在某地”的形式訓釋，但是“海畔山”間接表明了其位置是在海邊，《孔疏》引《地理志》云：“碣石山在北平驪城縣西南，是碣石爲海畔山也。”進一步對《孔傳》的訓釋作了注解。

有的訓釋除了明確地理位置，還對被釋詞進行辨別。例如：

《禹貢》：“荊、岐既旅。”《孔傳》：“已旅祭，言治功畢。此荊在岐東，非荊州之荊。”

《孔傳》明確“此荊”地理位置在“岐東”，因前面經文有“荊及衡陽惟荊州”，嫌與上荊爲一，故云“非荊州之荊”也。

有的訓釋還會提及被釋詞的地位。例如：

《秦誓》：“晉襄公帥師敗諸崤。”《孔傳》：“崤，晉要塞也。”

此例除表明崤山在晉地，還强調其作爲“要塞”的軍事地位。《孔疏》：“杜預云：‘殽在弘農澠池縣西。’築城守道謂之‘塞’，言其要塞盜賊之路也。崤山險阨，是晉之要道關塞也。”

（三）綜合訓釋

《尚書孔傳》釋山不僅單獨釋以類名和地理位置，還會綜合其得名原因、軍事地位等進行訓釋，有的甚至對被釋詞進行辨別。這些訓釋方法的結合使用，本書稱之爲“綜合訓釋例”，包括以下幾種情况：

1. 釋以類名及地理位置

有的訓釋包括類名及地理位置。例如：

①《禹貢》：“厎柱、析城至于王屋。”《孔傳》：“此三山，在冀州南，河之北，東行。”

②《禹貢》：“導岍及岐，至于荆山。”《孔傳》：“三山皆在雍州。”

③《禹貢》：“三危既宅。”《孔傳》：“西裔之山已可居。”

④《禹貢》：“過九江，至于敷淺原。”《孔傳》：“敷淺原，一名博陽山，在揚州豫章界。”

以上諸例首先明確類名，即“三山”“山”，指明爲山名，在明確類名的基礎上，再增釋其地理位置。其中例③“三危，西裔之山”，既明確三危是座山，又表明其在西裔。三危山到底指什麼地方？《辭源》列出了幾個説法：“一説今甘肅敦煌有三危山，即古三危，見《書·禹貢》。一説在甘肅之西南，見清孫星衍《尚書今古文注疏·堯典》。一説在雲南，見《通志·地理略》。”另《孔疏》：“鄭玄引《地記書》云：‘三危之山在鳥鼠之西，南當岷山，則在積石之西南。’”但孔穎達認爲《地記》乃妄書，其言未必可信。例④先釋“敷淺原”又名作“博陽山”，表明其類名，然後再釋其地理位置“在揚州豫章界”。《孔疏》云：“《地理志》：豫章歷陵縣南有博陽山，古文以爲敷淺原。”

2. 釋以類名、地理位置及得名之由

有的訓釋在類名或地理位置之外，會涉及其得名之原因。例如：

①《禹貢》：“東至于厎柱。”《孔傳》：“厎柱，山名。河水分流，包山而過，山見水中若柱然，在西虢之界。”

②《禹貢》：“導渭，自鳥鼠同穴。”《孔傳》：“鳥鼠共爲雌雄，同穴處此山，遂名山曰鳥鼠，渭水出焉。”

③《禹貢》：“説築傅巖之野，惟肖。”《孔傳》：“傅氏之巖，在虞虢之界。”

例①中“厎柱”的得名原因是其形，“河水分流，包山而過，山見水中若柱然”。例②“鳥鼠同穴山”即“鳥鼠山”，得名是因其特點“鳥鼠共爲雌雄，同穴處此山”。例③“傅巖”的得名，是因爲此山是商代賢士傅説勞作之處，故稱之爲“傅氏之巖”，簡稱“傅巖”。

3. 釋以類名、地理位置并參照近旁水系

有的釋語除了地理位置或得名原因，還會參照近旁水系進行訓釋。《禹

貢》治山通水,山水相連,或釋某山何水所出,或釋某山何水所經等,進一步細化了對山的訓釋。例如:

①《禹貢》:"浮于<u>積石</u>,至于龍門西河。"《孔傳》:"積石山在金城西南,河所經也。"

②《禹貢》:"<u>岷山</u>之陽,至于<u>衡山</u>。"《孔傳》:"岷山,江所出,在梁州。衡山,江所經,在荆州。"

③《禹貢》:"西傾、朱圉、<u>鳥鼠</u>。"《孔傳》:"鳥鼠,渭水所出,在隴西之西。"

④《禹貢》:"<u>内方</u>至于<u>大別</u>。"《孔傳》:"内方、大別,二山名。在荆州,漢所經。"

以上例句不僅明確了被釋詞積石、岷山、衡山、鳥鼠、内方以及大別所屬類名和地理位置,還把此山何水所經或何水所出一一列出。相連兩山常常合釋一條,如例④"内方、大別"條,訓作"二山名。在荆州,漢所經"。

相連多山則先合釋它們的地理位置,再分釋每山與所參照水系的關係。例如:

⑤《禹貢》:"<u>熊耳、外方、桐柏</u>,至于<u>陪尾</u>。"《孔傳》:"四山相連,東南在豫州界。洛經熊耳,伊經外方,淮出桐柏,經陪尾。"

被釋詞熊耳、外方、桐柏以及陪尾,首先合釋作"四山",明確其類名,然後明確其地理位置在"豫州界",最後把四座山所經何水或何水所出一一對應。《孔傳》所謂"凡此皆先舉所施功之山於上,而後條列所治水於下,互相備",可以稱得上是此類訓釋的規律了。

(四)設立界説

《尚書孔傳》對於山之體貌有關的通名,通常採用"設立界説"的方式訓釋。例如:

①《禹貢》:"東過洛汭,至于大<u>伾</u>。"《孔傳》:"山再成曰伾。"

《孔傳》"山再成曰伾",爲"伾"下了定義。其中"伾",亦作"坯"或"岯",《説文》作"坏",釋爲"丘再成者也"。《孔疏》:"《釋山》云:'再成英,一成坯。'李巡曰:'山再重曰英,一重曰坯。'傳云'再成曰伾',與《爾雅》不同,蓋所見異也。"郝懿行《爾雅義疏》云:"坯者,當作'坏',《説文》云'丘再成也','再'蓋'一'字之誤。《水經·河水》注引許慎、呂忱並以爲'丘一成’可證……惟作‘坏’爲正,餘皆假借。”①郝説是。也就是説《尚書孔傳》和《説文》均作“再成”。

　　②《胤征》:“火炎崑岡,玉石俱焚。”《孔傳》:“山脊曰岡。”

《孔傳》以“山脊曰岡”訓“岡”。其訓同《爾雅·釋山》“山脊,岡”,邢昺疏:“孫炎云:‘長山之脊也。’言高山之長脊,名岡。《詩》云‘陟彼高岡’是也。”

　　③《禹貢》:“既修太原,至于岳陽。”《孔傳》:“山南曰陽。”

《尚書孔傳》以“山南曰陽”爲“陽”下了定義。《孔疏》:“山南見日,故‘山南曰陽’。”水北亦曰陽,例如,《公羊傳·僖公二十二年》:“宋公與楚人期戰于泓之陽。”何休注:“泓,水名。水北曰陽。”
　　以上諸例,訓釋的並非某座具體的山,而是山的樣貌或與之相關的某一部分,像“伾”“岡”屬於山的體貌,“陽”則屬於與山相關的通名。

(五) 據上下文爲釋
《尚書孔傳》釋山的有些釋語是根據上下文而成的。例如:

　　①《禹貢》:“岷山之陽,至于衡山。”《孔傳》:“岷山,江所出,在梁州。衡山,江所經,在荆州。”
　　②《禹貢》:“西傾因桓是來,浮於潛,逾於沔。”《孔傳》:“西傾,山名。……漢上曰沔。”

例①對應的《孔疏》云:“其下云‘岷山導江’,梁州‘岷、嶓既藝’,是岷山在梁州也。《地理志》云,衡山在長沙湘南縣東南。上言‘衡陽惟荆州’,是‘江所經,在荆州’也。”據此可知“岷山”的訓釋是根據下文內容得來的,“衡山”的訓釋是根據上文內容得來的。例②對應的《孔疏》云:“下文導山有‘西傾’,知是山名也。……下傳云‘泉始出山爲漾水,東南流爲沔水,至漢中東行爲漢水’,是‘漢上曰沔’。”説明《孔傳》釋語“山名”和“漢上曰沔”應是據下文而得。

三、《尚書孔傳》釋山的依據

《尚書孔傳》對山的訓釋是否一一目驗過呢?《孔傳》對《尚書》中涉及

① 　(清) 郝懿行著,吳慶峰、張金霞、叢培卿、王其和點校:《爾雅義疏》,第 755—756 頁。

的很多偏遠的山名進行了訓釋，所以顯然不可能一一進行實地考察，應該參考借鑒過其他一些資料。除了上文提到參考過的《爾雅》《説文解字》之外，筆者也從《孔疏》中多次提及《漢書·地理志》得到了綫索，此外也有可能參考過馬融、鄭玄、王肅的注釋成果。例如：

　　①《禹貢》：“導岍及岐，至于荆山。”《孔傳》：“更理説所治山川首尾所在，治山通水，故以山名之。三山皆在雍州。”

　　關於岍山、岐山以及荆山的位置，《孔疏》引《地理志》云，“吳岳在扶風岍縣西，古文以爲岍山，岐山在美陽縣西北，荆山在懷德縣。三山皆在雍州”。《孔傳》雖不及《地理志》説解詳細，但是採納了“三山皆在雍州”的説法。

　　②《禹貢》：“壺口。治梁及岐。”《孔傳》：“壺口在冀州。”

　　“壺口”，陸德明《釋文》引馬融云：“壺口，山名。”《史記·夏本紀》集解引鄭玄云：“《地理志》壺口在河東北屈縣之東南。”[1]相比較而言，馬融訓釋較簡，僅明確類名，鄭玄則引《地理志》釋其具體的位置，而《孔傳》直接明確其所在何州，其釋義雖未明確出處，但應是建立在鄭注和《地理志》的基礎之上，至於不明確類名，大概是因爲無須再釋。

　　③《禹貢》：“夾右碣石入于河。”《孔傳》：“碣石，海畔山。”

　　《孔疏》引《地理志》云：“碣石山在北平驪城縣西南，是碣石爲海畔山也。”又引鄭玄云：“《戰國策》碣石在九門縣，今屬常山郡，蓋別有碣石與此名同。今驗九門無此山也。”
　　《地理志》交代了碣石山較爲詳細的位置，而鄭玄此處獨未依《地理志》，而是把《戰國策》提過的同名不同山的另一個碣石山拿來辨別。《孔傳》則未進行辨別，直接按照《地理志》所云，明確其爲“海畔山”。

　　④《禹貢》：“三危既宅，三苗丕敘。”《孔傳》：“西裔之山已可居，三苗之族，大有次敘。”

---

① （清）王鳴盛著，顧寶田、劉連朋點校：《尚書後案》，第94頁。

"三危",《孔傳》訓作"西裔之山"。《舜典》云"竄三苗于三危",其中"三危",王肅釋作"西裔",可見《孔傳》可能參考過王注,只是不知西裔具體指何處。《地理志》杜林以爲敦煌郡,即古瓜州也。《孔疏》:"鄭玄引《地記書》云:'三危之山在鳥鼠之西,南當岷山,則在積石之西南。'"但是,孔穎達認爲《地記》乃妄書,其言不可信。

從上面幾個例子可以看出,鄭玄多引《地理志》進行訓釋,《地理志》不能明確的情況下,則引《地記》,但是《地記》不可信。《孔傳》釋山簡明清晰,一般不注明出處,但是大都與《地理志》和鄭注相符。所以從現有材料中可以推測,鄭、孔二注在釋山時均直接引用或參考過《漢書·地理志》,而且《孔傳》還參考馬融、王肅的訓釋方式,對訓釋內容稍作加工使其更加簡潔明瞭,便於閱讀和理解。

四、《尚書孔傳》釋山的成就

對於《尚書》當中的山,凡《孔傳》訓釋過的,筆者均作了完整的過濾并在《尚書孔傳類詁》當中條理出來。所歸納的《孔傳》釋山的方法,毫無疑問是有借鑒意義的。

第一,讓後世了解了古人是如何釋山的。從宏觀上講就是哪些山需要訓釋,訓釋的內容包含什麼要素,這些要素是固定的還是根據實際需要有所變通的,訓釋的方法有哪些等等。通過對《孔傳》釋山通例的總結,讀者對這些問題都有了一個大致了解。

第二,《尚書孔傳》在釋山方面相對來説比較嚴謹。根據宋元以來的研究,《孔傳》事實上吸收了班固、馬融、鄭玄、王肅等人的訓釋成果,而非作者一人之功,可以稱得上是古學的一個凝結體,甚至可以認爲是兩漢《尚書》學的一個滾動體。

第三,《尚書孔傳》在釋山方面已經達到了一個相當水準,後世對其成果也較爲認可。《孔傳》釋山中,至少有 10 條訓釋被代表當代傳統學術文化權威的辭書《辭源》引述過,而馬融、鄭玄的訓釋基本不見引述,這也證明了《辭源》對《孔傳》釋山水平的認可和重視。

第五節 《尚書孔傳》釋水的內容、方法及成就

古代典籍中記載的水也非常多,不僅包括江、河,還有湖、澤等。比較早的像先秦的《詩經》《左傳》等經書,以及《漢書·地理志》《水經注》等地理

專書,其中涉及很多與水有關的詞彙。對傳授這些典籍的學者,尤其是傳授經書的經學家們來説,釋水成了他們不可迴避的問題,因此學者們在釋水方面積累了很多的經驗,也形成了一些基本的方法和套路。

之所以要對水進行訓釋,是因爲有些水流如果不訓釋的話,讀者就可能産生疑問或混淆。例如:

　　①《禹貢》:"恒衛既從,大陸既作。"《孔傳》:"二水已治,從其故道,大陸之地,已可耕作。"
　　②《禹貢》:"北過降水,至于大陸。"《孔傳》:"降水,水名,入河。大陸,澤名。"
　　③《禹貢》:"導弱水,至于合黎。"《孔傳》:"合黎,水名,在流沙東。"

例①中的"恒衛",如果《孔傳》不訓作"二水",讀者可能會誤作兩座山名或某一地名。例②中的"降水""大陸"以及例③中的"合黎",《孔傳》訓作"水名"或"澤名",讀者才不至誤作地名或山名。"在流沙東"則解決了讀者關於合黎地理位置的疑惑。此外,"大陸"一詞,在例①"恒衛既從,大陸既作"中出現過,《孔傳》對應訓作"大陸之地",與例②直接訓作"澤名"比,有所變化,值得注意。

當然,《尚書孔傳》畢竟是爲《尚書》經文服務的,所以它不像《水經注》等可以無窮發揮,其整體的風格比較簡潔。雖然在《孔傳》之前有很多資料可以借鑒,但《尚書孔傳》在解釋河流的繁簡和角度方面,有自己的方法和模式,因此,《孔傳》釋水的内容、方法和特點還是值得總結的。

一、《尚書孔傳》釋水的内容

《尚書孔傳》關於水的訓釋有 87 條,其中直接的訓釋 45 條,串講中的訓釋 42 條。《孔傳》釋水共立目 64 個,占全部《類詁》立目的 3.1%。《孔傳》並非對《尚書》中涉及的每條水流都進行訓釋,主要對一些易混淆或不常見的水流進行訓釋。

(一)大川不釋

所謂大川,即"四瀆",《爾雅·釋水》:"江、河、淮、濟爲四瀆。"四瀆之中,《孔傳》除訓釋了濟水的類名和地理位置外,其餘三瀆幾乎没有被訓釋。例如:

　　①《禹貢》:"江漢朝宗于海。"《孔傳》:"二水經此州而入海。"

②《禹貢》:"荆河惟豫州。"《孔傳》:"西南至荆山,北距河水。"
③《禹貢》:"海岱及淮惟徐州。"《孔傳》:"東至海,北至岱,南及淮。"
④《禹貢》:"淮沂其乂。"《孔傳》:"二水已治。"
⑤《禹貢》:"淮夷蠙珠暨魚。"《孔傳》:"淮夷二水,出蠙珠及美魚。"

　　例①中,長江和漢水僅在串講中合釋作"二水",其發源地、流經地、最終流入何處均未涉及。例②中"河"對應"河水",幾乎不算訓釋。"淮"在《尚書》中出現三次,其中例③未訓釋,例④和⑤中分別與"沂水"和"夷水"合稱"二水",也基本没有訓釋。因著名的大川不會對讀者的閲讀造成障礙和疑惑,故《孔傳》未對"四瀆"進行訓釋。

　　(二) 常見之水不釋

　　《尚書》中還有一些比較常見的水名,《孔傳》也並未進行訓釋。例如:

①《禹貢》:"浮于汶,達于濟。"
②《禹貢》:"弱水既西。"《孔傳》:"導之西流,至於合黎。"

　　例①經文"浮于汶,達于濟",《孔傳》未作訓釋。其中的"汶",指"汶水",位處泰山之陽,讀者一般都能理解。《孔疏》引《地理志》云:"汶水出泰山萊蕪縣原山,西南入濟也。"例②中的"弱水"①,《孔傳》未釋。《辭源》解釋爲"古人稱水淺或地僻不通舟楫者爲弱水,意謂水弱不能勝舟"。古時稱"弱水"者甚多,算是常見的通名。神話《山海經》中多次提及"弱水",《禹貢》出現兩次,另見"導弱水,至于合黎"中,《孔傳》仍未訓釋。

　　由此可見,《尚書孔傳》釋水時,對一些常見的,不會産生疑惑或混淆的水名,一般不進行訓釋。《孔傳》訓釋的都是不常見或容易産生混淆的水名,以及一些與水相關的通名,如"島""畎""浮""達"等。這也是《孔傳》釋水的重要特點。其訓釋目的就是通過了解《尚書》中水流的情況,進而能夠疏通經義。

　　二、《尚書孔傳》釋水的方法

　　一般來説,釋水時最簡單的方法就是"某,水名"。這樣的訓釋只起到一個作用,即避免了把"某"當成普通語詞理解,没有其他的作用。而一旦涉及

---

①　劉起釪綜合諸家考述,認爲弱水是地處西北的一條河流名,發源於今甘肅山丹縣焉支山西麓,窮石山之東,西北流至張掖,繼而西北流經今高臺縣,過合黎水等,最後東北入於居延海。參見顧頡剛、劉起釪:《尚書校釋譯論》,第741頁。

其他要素的時候,它就豐富起來了。所以釋水的傳統由來已久,並且形成了固定的模式,和釋山不太一樣。

《尚書孔傳》釋水也幾乎集中在《禹貢》一篇,另《堯典》《益稷》《五子之歌》《説命》《微子》《召誥》亦有涉及。其訓釋方法歸納如下:

(一) 釋以類名

1. 僅釋類名

這種訓釋方法,《尚書孔傳》共 13 見。例如:

①《堯典》:"釐降二女于嬀汭。"《孔傳》:"舜爲匹夫,能以義理下帝女之心,於所居嬀水之汭。"

②《禹貢》:"西傾因桓是來。"《孔傳》:"桓水自西傾山南行,因桓水是來。"

③《五子之歌》:"畋于有洛之表。"《孔傳》:"洛水之表,水之南。"

④《禹貢》:"又東至于菏。"《孔傳》:"菏澤之水。"

以上諸例幾乎都是在被釋詞後面加一"水"或"澤"字來表明被釋詞的具體名稱,以"嬀水"釋"嬀",以"桓水"釋"桓",以"洛水"釋"洛",以"菏澤之水"釋"菏",也就表明了被釋詞嬀、桓、洛、菏屬於釋水類,而非一般語詞。這種訓釋方式在隨文釋義的串講中比較常見。

2. 以類名加"名"字爲釋例

這種訓釋方法,《尚書孔傳》共 11 見。例如:

①《禹貢》:"又東至于澧。"《孔傳》:"澧,水名。"

②《禹貢》:"三江既入,震澤底定。"《孔傳》:"震澤,吴南大湖名。"

③《禹貢》:"彭蠡既豬。"《孔傳》:"彭蠡,澤名。"

④《禹貢》:"浮于濟漯。"《孔傳》:"濟、漯,兩水名。"

"水""湖""澤"均屬水類,《孔傳》均在類名後面加"名"字以釋。"震澤"在"湖名"的基礎上還增加了其地理位置"吴南",以達到訓釋的目的。例④"濟漯"合釋,訓作"二水名",也是同樣的方式。

此外,有些串講當中的訓釋,類名後雖然没有加"名"字,但實際上隱含了"名"字,可歸在一類。共 9 見。例如:

⑤《禹貢》:"濰淄其道。"《孔傳》:"濰淄二水復其故道。"

⑥《禹貢》："東會于泗沂,東入于海。"《孔傳》："與泗沂二水合入海。"
⑦《禹貢》："東匯澤爲彭蠡。"《孔傳》："水東迴爲彭蠡大澤。"

以上例句中"濰淄""泗沂"均合釋,訓作"二水",其實表達的就是"濰,水名","淄,水名","泗,水名","沂,水名"等,訓釋當中暗含"名"字。"彭蠡"則是"大澤名",故可歸在一類。

(二) 釋以地理位置

①《禹貢》："導菏澤,被孟豬。"《孔傳》："菏澤,在胡陵。孟豬,澤名,在菏東北,水流溢覆被之。"
②《禹貢》："東北會于澗、瀍。"《孔傳》："會于河南城南。"
③《禹貢》："又東會于伊。"《孔傳》："合於洛陽之南。"

以上諸例均明確了水流所在地理位置。例①中"菏澤,在胡陵"、"孟豬,澤名,在菏東北"屬於直接訓釋。例②《孔傳》"河南城南"對應經文"澗瀍",例③《孔傳》"洛陽之南"對應經文"伊"。也就是説,"澗、瀍"二水位於河南城南,伊水位於洛陽之南,屬於串講中的訓釋。

(三) 釋得名之由

《禹貢》："九江孔殷。"《孔傳》："江於此州界,分爲九道,甚得地勢之中。"

"九江"得名自"江於此州界,分爲九道",即江分九道,故稱九江,簡單直接。"此州"即荆州。《孔疏》引鄭玄云："九江從山谿所出,其孔衆多,言治之難也。《地理志》：九江在今廬江潯陽縣南,皆東合爲大江。"但是孔穎達認爲"如鄭此意,九江各自別源,其源非大江也,下流合於大江耳。然則江以南水無大小,俗人皆呼爲江,或從江分出,或從外合來,故孔、鄭各爲別解"。也就是説,鄭玄引《地理志》認爲是九江各自別源,下流合於長江,而《孔傳》認爲是長江是九江之源,至荆州分成九道。

《孔疏》引晉張僧鑒《潯陽記》列出九江之名："一曰烏江,二曰蚌江,三曰烏白江,四曰嘉靡江,五曰畎江,六曰源江,七曰廩江,八曰提江,九曰箘江。"進一步補充完善了《孔傳》的訓釋。

(四) 釋在何處稱名

所謂"何處稱名",即被釋之水在何處被稱作某水的。例如:

①《禹貢》：“西傾因桓是來，浮于潛，逾于沔。”《孔傳》：“漢上曰沔。”

②《禹貢》：“導沇水，東流爲濟。”《孔傳》：“泉源爲沇，流去爲濟，在温西北平地。”

例①《孔傳》“漢上曰沔”，即漢水的上游稱作“沔水”。另“嶓冢導漾，東流爲漢”，《孔傳》訓作“泉始出山爲漾水，東南流爲沔水，至漢中東流爲漢水”，也表明了沔水在漢水的上游。例②的“泉源爲沇”，即從發源地流出的那段水流稱作沇水，沇水流至温西北平地的那段水流稱作濟水。《水經注》七《濟水》云：“濟水出河東垣縣東王屋山謂沇水。”是説沇水濟水爲一，發源於王屋山，只是不同的水段稱名不同。之所以同水不同名，大概是因爲古代的交通、通訊、交流等條件的限制，同一水流在流經不同地區時，人們約定俗成不同的名字所致。

（五）綜合訓釋

和山不同，水是動態的，所以除了類名、地理位置、得名原因之外，《孔傳》還會綜合何處發源、何處稱名、流經何處、流入何處等方面進行訓釋。

1. 釋以類名及地理位置

有的訓釋不僅明確類名，還會訓釋某水所在地理位置。例如：

①《禹貢》：“導弱水，至于合黎。”《孔傳》：“合黎，水名，在流沙東。”

②《禹貢》：“〔濟〕入于河，溢爲滎。”《孔傳》：“濟水入河，並流十數里，而南截河。又並流數里，溢爲滎澤，在敖倉東南。”

以上例句中，“水名”和“滎澤”，明確了“合黎”和“滎”的類名。接着以“在某地”的形式進一步明確其地理位置，合黎“在流沙東”，滎澤“在敖倉東南”。此外，上文提到的“震澤，吴南大湖名”也屬於此類。

2. 釋以類名及流入何處

有的訓釋除明確類名，還會增釋某水最終流入何處。例如：

①《禹貢》：“北過降水，至于大陸。”《孔傳》：“降水，水名，入河。”

②《禹貢》：“過三澨，至于大別。”《孔傳》：“三澨，水名，入漢。”

上兩例中，“水名”明確了“降水”和“三澨”的類名。緊接“水名”之後的“入河”與“入漢”，則分別訓釋了二水最終的歸宿：一個並入黄河，一個歸入漢江。

3. 釋以別名及得名之由

有的訓釋除了明確別名外,還會訓釋被釋之水得名的原因。例如:

> 《禹貢》:"黑水西河惟雍州。"《孔傳》:"西距黑水,東據河。龍門之河,在冀州西。"

"西河",古稱黃河上游南北流向的一段爲西河。《孔疏》云:"河在雍州之東,而謂之'西河'者,龍門之河在冀州西界,故謂之'西河'。"也就是説,"龍門之河"即"西河"之別名,且因地處冀州之西,故曰"西河"。顏師古《漢書·地理志》注"西河,即龍門之河也,在冀州西,故曰西河",亦類《孔傳》之訓釋。

4. 釋得名之由及地理位置

有的訓釋除了明確得名原因,還明確被釋之水的地理位置。例如:

> ①《禹貢》:"九河既道。"《孔傳》:"河水分爲九道,在此州界,平原以北是。"
> ②《禹貢》:"過九江,至于東陵。"《孔傳》:"江分爲九道,在荊州。"

"九河"的得名原因分別是"分爲九道",然後"在此州界,平原以北是"則明確其地理位置。"此州"即"兗州"。相比《爾雅·釋水》的"九河:徒駭、太史、馬頰、覆鬴、胡蘇、簡、絜、鉤盤、鬲津",《孔傳》的解釋雖然不夠完備,但也能讓讀者對九河有所了解,對理解文義有所幫助。孔傳所明確的地理位置其實是因爲九河在兗州下出現而已,故用"在此州界,平原以北是也"。"九江"亦是如此,"江分爲九道,在荊州"表明了"九江"的得名原因和所在地理位置,"在荊州",也是因爲"九江"曾出現在"荊州"下。所以《孔傳》的訓釋其實並不高明。

5. 釋以類名、別名及發源地

有的訓釋除類名外,還會明確被釋水的發源地。例如:

> 《禹貢》:"又東過漆沮,入于河。"《孔傳》:"漆沮,一水名,亦曰洛水,出馮翊北。"

"一水名,亦曰洛水",明確了"漆沮"的類名和別名,"出馮翊北"則明確了漆沮的發源地。按照《孔傳》的説法,"洛水"即"漆沮"的又名。那麽"漆沮”到底是否是“一水”呢？《尚書》前文另有“漆沮既從,灃水攸同”句,《孔傳》亦訓“漆沮”作“漆沮之水”,没有指明是兩條河流。《孔疏》:“《地理志》云,漆水出扶風漆縣。依《十三州記》,漆水在岐山東入渭,則與漆沮不同矣。”通過前後文“導渭自鳥鼠同穴,東會於灃,又東會於涇,又東過漆沮,入於河”可知,《尚書》描述的漆沮在涇水以東,而扶風漆水在涇水以西,可見此漆沮與扶風漆水確有不同。

又《孔疏》:“《水經》沮水出北地直路縣,東入洛水。又云鄭渠在太上皇陵東南,濯水入焉,俗謂之漆水,又謂之漆沮,其水東流注於洛水。《志》云,〔洛水〕出馮翊懷德縣,東南入渭。以水土驗之,與《毛詩》古公‘自土沮漆’者别也。彼漆即扶風漆水也,彼沮則未聞。”再次説明此漆沮與扶風漆水以及沮水不同,是指洛水。顏師古注《漢書·匈奴傳》之“武王居酆鎬,放逐戎夷涇洛之北”云:“此洛即漆沮水也。”亦同《孔傳》之説。

6. 釋發源地及流入何處

有的訓釋綜合了被釋水流的發源地以及流入何處。例如:

①《禹貢》:“伊洛瀍澗,既入于河。”《孔傳》:“伊出陸渾山,洛出上洛山,澗出沔池山,瀍出河南北山,四水合流而入河。”

②《禹貢》:“岷嶓既藝,沱潛既道。”《孔傳》:“沱潛發源此州,入荆州。”

例①中的“伊洛瀍澗”,孔傳以“四水”表明其類名。“伊出陸渾山,洛出上洛山,澗出沔池山,瀍出河南北山”,用“某河出某山”的方式,以山名作爲參照,分别訓釋了各水的發源地,然後四水合流最終流入黄河。例②的“沱潛”二水,發源地“此州”是指“梁州”。“沱出於江,潛出於漢”,二水發源梁州而後流入荆州,故荆州亦云“沱、潛既道”。

7. 釋流經何處及流入何處

有的訓釋明確被釋之水流經何處以及最終流入何處。例如:

《禹貢》:“導黑水,至于三危,入于南海。”《孔傳》:“黑水自北而南,經三危,過梁州,入南海。”

其實此例經文“至于三危,入于南海”本身已經明確了黑水流經何處以及最終歸宿,《孔傳》只是在經文的基礎上增加了“過梁州”而已。“黑水”在《尚書》中出現三次,另見“華陽、黑水惟梁州”和“黑水、西河惟雍州”中,且

《孔傳》均未訓釋。《疏》引《地理志》曰"不知水之所在",鄭玄參考《地理志》,故云"今中國無也"。而《孔傳》的解釋在孔穎達看來也不過是"順經文耳"。所以"黑水"出現三次卻幾乎没有被訓釋的原因,極有可能是缺乏可資參考的材料。《孔傳》只是根據"三危"和"南海"中間隔了梁州,增加了"過梁州"的訓釋。

（六）據上下文爲釋

《尚書孔傳》釋水有些釋語是根據上下文而成的。例如:

①《禹貢》:"沱潛既道。"《孔傳》:"沱,江别名。潛,水名。"
②《禹貢》:"岷山導江,東别爲沱。"《孔傳》:"江東南流,沱東行。"

例①訓"沱"作"江别名",是根據下文"岷山導江,東别爲沱"而來。例②《孔傳》"江東南流,沱東行",是根據上文"浮于江、沱、潛、漢"而來,四水的次序是自南而北,江在沱南,知"江東南流,而沱東行"。

（七）互訓

《孔傳》釋水時使用的互訓,一般是用於對通名的訓釋。例如:

①《禹貢》:"岱畎,絲枲鉛松怪石。"《孔傳》:"畎,谷也。"
②《説命下》:"既乃遯于荒野,入宅于河。"《孔傳》:"河,洲也。"

例①《孔傳》釋"畎"爲"谷",《爾雅·釋水》"水注谿曰谷",《廣雅·釋詁》"畎、谿,谷也"。也就是説,"畎""谷"義同。例②中"河"訓作"洲"。古代文獻中,"河"一般指黄河,而此處則指河洲。《孔疏》云:"'河'是水名,水不可居,而云'入宅于河',知在河之洲也。"所謂"河洲",《爾雅·釋水》云:"水中可居者曰洲。"即水中的陸地。

（八）設立界説

設立界説的方法主要用於和"水泉"相關的通名的訓釋。例如:

①《禹貢》:"浮于濟、漯,達于河。"《孔傳》:"順流曰浮……因水入水曰達。"
②《禹貢》:"沿于江海,達于淮泗。"《孔傳》:"順流而下曰沿。"
③《禹貢》:"會于渭汭。"《孔傳》:"逆流曰會。"
④《禹貢》:"入于渭,亂于河。"《孔傳》:"正絶流曰亂。"
⑤《禹貢》:"大野既豬,東原底平。"《孔傳》:"水所停曰豬。"

　　⑥《益稷》："濬畎澮距川。"《孔傳》："一畝之間,廣尺、深尺曰畎。方百里之間,廣二尋、深二仞曰澮。"

　　⑦《禹貢》："島夷皮服。"《孔傳》："海曲謂之島。"

　　以上例句中的"浮""達""沿""會""亂""豬""畎""澮"等,參照《爾雅·釋水》歸爲"水泉"小類,"島"歸爲"水中"小類,採用"某曰某""某謂之某"的形式,對人在水中的動態及和水相關的通名進行訓釋。

　　《爾雅·釋水》當中雖有類似的訓釋,但具體的内容幾乎都不相同。像《孔傳》的"順流"和"順流而下"分别表示"浮"和"沿"兩種狀態,而《爾雅·釋水》云"順流而下曰溯游","沿"和"溯游"屬同義不同詞;《孔傳》用"逆流"訓釋"會"的狀態,而《爾雅》則是"逆流而上曰溯洄";"正絶流曰亂",《孔傳》和《爾雅》相同;"因水入水曰達"、"水所停曰豬",《爾雅》未收。《孔疏》："言'因水入水曰達',當謂從水入水,不須舍舟而陸行也",表明《孔傳》的訓釋比較形象直觀。《經典釋文》引馬融云:"水所停止深者曰豬",與《孔傳》"水所停曰豬"相類。

　　"澮"是"水轉相灌注所入之處名",即通水之道。《爾雅·釋水》："水注川曰谿,注谿曰谷,注谷曰溝,注溝曰澮,注澮曰瀆。"畎是小水溝,澮是較大的水溝。例⑥"一畝之間,廣尺、深尺曰畎。方百里之間,廣二尋、深二仞曰澮",則是對"畎""澮"外觀的具體描述。

　　以上釋水的方法中,"互訓"和"設立界説"也是《尚書孔傳》訓釋普通名詞和其他專有名詞時常用的方法,而前六種則具有一定的獨特性,顯示了《尚書孔傳》因被釋對象的不同,訓詁方法的專門性。

三、《尚書孔傳》釋水的依據

　　《尚書孔傳》對具體水名訓釋的依據主要有兩種:目驗和參考舊注。

(一)目驗爲釋

　　所謂"目驗爲釋",是因爲所釋之水,去孔穎達所認爲的孔安國的家不遠,故孔穎達認爲孔安國完全可以實地勘察,一一目驗。例如:

　　①《禹貢》："導沇水,東流爲濟。"《孔傳》："泉源爲沇,流去爲濟,在温西北平地。"

　　②《禹貢》："〔濟〕入於河,溢爲滎。"《孔傳》："濟水入河,並流十數里,而南截河。又並流數里,溢爲滎澤,在敖倉東南。"

如上例,《孔傳》釋語與僅釋類名和地理位置等的條目相比,確實比較詳細準確。例①《孔傳》"在温西北平地"者,孔穎達認爲:"濟水近在河内,孔必驗而知之。見今濟水所出,在温之西北七十餘里,温是古之舊縣,故計温言之。"例②接續例①,其"濟水入河,並流十數里,而南截河。又並流數里,溢爲滎澤,在敖倉東南",訓解之詳細,《孔傳》前後皆不曾有,故孔穎達認爲"此皆目驗爲説也。濟水既入於河,與河相亂,而知截河過者,以河濁濟清,南出還清,故可知也"。

《孔傳》一般認爲是託名孔安國僞造的,真正的注釋者是誰不得而知。從孔穎達懷疑作注者見過濟水這一點來看,倒也不無這樣一種可能性,或者説爲筆者提供了一種設想:即託孔安國之名僞造《孔傳》者,應是熟悉兗州、曲阜或生活在附近的學者。

(二) 參考舊注訓釋

漢代學者在釋水時,往往使用明確類名、所在地理位置、發源流經之處等方法。例如:

①《詩·鄘風·桑中》:"送我乎淇之上矣。"《毛傳》:"淇,水名也。"
②《詩·大雅·大明》:"在洽之陽,在渭之涘。"《毛傳》:"洽,水也。渭,水也。"
③《詩·召南·江有汜》:"江有沱。"《毛傳》:"沱,江之別者。"
④《左傳·襄公十九年》:"取邿田,自漷水。"杜預注:"漷水出東海合鄉縣,西南經魯國至高平湖陸縣入泗。"
⑤《左傳·僖公二十九年》:"夏六月,會王人、晉人、宋人、齊人、陳人、蔡人、秦人,盟于翟泉。"杜預注:"翟泉,今洛陽城内大倉西南池水也。"

例①和②的《毛傳》"淇,水名也""洽,水也。渭,水也"是明確被釋詞"淇""洽""渭"的類名爲"水"。例③的"沱,江之別者"是明確"沱"爲長江的別流。例④杜預注訓釋了"漷水"的發源地爲"東海合鄉縣",西南流經"魯國至高平湖陸縣",最後流入"泗"。例⑤杜預注訓釋了"翟泉"所在地理位置。

有的傳注者還訓釋與水相關的通名,例如:

⑥《詩·鄘風·載馳》:"大夫跋涉,我心則憂。"《毛傳》:"水行曰涉。"

⑦《詩·周南·关雎》:"关关雎鸠,在河之洲。"《毛傳》:"水中可居者曰洲。"

上例當中的"水行曰涉"和"水中可居者曰洲",用"某曰某"的方式訓釋了與水相關的通名"涉"和"洲"。

《毛傳》的訓釋,爲《尚書孔傳》釋水提供了内容和方法上的參考。不僅如此,像《漢書·地理志》等地理專書的釋水經驗也都在起作用。例如:

①《漢書·地理志》:"伊水出弘農盧氏縣東熊耳山,東北入洛。"
②《山海經》:"昆侖之虚方八百里,高萬仞……河水出東北隅,以行其北,西南又入渤海,又出海外。"

例①的《漢書·地理志》也介紹了"伊水"的發源地爲"弘農盧氏縣東熊耳山",最終流入"洛"。這些專書的釋水方法無外乎發源地、流向以及流入何處等要素。例②《山海經》描述了"河水"的發源地爲"昆侖東北隅",流向是"以行其北",然後"西南入渤海,又出海外"。

可以説,《尚書孔傳》釋水的方法不僅繼承了其他經籍的訓注以及《尚書》馬、鄭、王舊注等成果,同時也吸收了在此之前長時期形成的釋水方法。正因爲《孔傳》有據可依,所以這也是孔穎達等人没有懷疑孔傳本《古文尚書》作僞的原因之一。

四、《尚書孔傳》釋水之商榷

《尚書孔傳》釋水的方法不僅能做到有據可依,而且能夠疏通經義,對於讀者讀懂《尚書》功不可没。當然,《孔傳》對水的訓釋並非都很完備,有的訓解值得商榷。例如:

①《禹貢》:"滎波既豬。"《孔傳》:"滎澤,波水已成遏豬。"

"滎波"二字,馬融、鄭玄、王肅的寫法與《尚書》不同,作"滎播"。《史記》此水亦作"播",而《説文》作"潘"。"播""潘""波"同音通用,故"滎播"寫作"滎波"亦無不可。但是馬、鄭、王與《孔傳》的釋義不同。《釋文》引馬融云:"滎播,澤名。"《孔疏》:"馬、鄭、王本皆作'滎播',謂此澤名'滎播'。"也就是説,馬、鄭、王認爲"滎播"即"滎澤",是一澤名。這與《孔傳》把"滎波"釋作"滎澤"和"波水"不同。《孔傳》認爲"滎"是澤名"滎澤","波水"

是"滎澤"的波浪。雖然他們都承認"滎澤"是一澤名,但是《孔傳》對"波"的訓釋似有不妥。

"播"有"播溢"之義①,而滎澤本來就是由濟水入河時播溢而成,有經文"入于河,溢爲滎"爲證。《孔傳》釋"滎"作"滎澤",大概是想與"溢爲滎"的訓釋"溢爲滎澤"前後照應,而訓"波"作"波水"則有些望文生義了。也就是說,"滎波"當釋爲"滎澤",而非另把"波"釋作"波水"。

②《禹貢》:"<u>淮夷</u>蠙珠暨魚。"《孔傳》:"<u>淮夷二水</u>,出蠙珠及美魚。"

"淮夷",《孔傳》訓作"二水",即"淮水"和"夷水"。《釋文》引馬融云:"淮夷,二水名。"據《孔疏》知"王肅亦以'淮夷'爲水名"。《釋文》引鄭玄云:"淮水之夷民也。"由此可知,《孔傳》的訓釋與馬融、王肅同,而與鄭玄異。《孔疏》"蠙之與魚皆是水物,而以'淮夷'冠之,知'淮夷'是二水之名。'淮'即四瀆之淮也。'夷'蓋小水,後來竭涸,不復有其處耳",認可《孔傳》的"二水"說。劉起釪引陳喬樅《經說考》云②:"今考經所云'淮夷'皆謂淮上之夷,馬獨以淮夷爲二水者,蓋古文家說,與今文異。鄭從今文說。王肅則從馬古文說,故亦以淮夷爲水名。"

據劉起釪考證③,"淮夷"在甲骨文中作"佳夷",是我國古代屬於東方鳥夷族的少數民族。而且釋作"淮水之夷民",經義亦通,所以《孔傳》的訓釋還有待于進一步的思考。

③《禹貢》:"沱潛既道。"《孔傳》:"沱,江别名。潛,水名。皆復其故道。"

關於"沱""潛",《爾雅·釋水》云:"水自江出爲沱,漢爲潛。"這裏的"沱""潛"是發源於江漢的水的通名。而此例中"沱"訓作"江别名",《孔疏》:"'岷山導江,東別爲沱',是'沱'爲江之别名④也。"也表達了沱是長江别名的意思,但這與事實不符。"梁州"下的"沱潛既道",《孔傳》訓作"沱、潛發源此州,入荆州",意味着沱水與長江非一水。而且《禹貢》還有"岷山

---

① 顧頡剛、劉起釪:《尚書校釋譯論》,第 676 頁。
② 顧頡剛、劉起釪:《尚書校釋譯論》,第 617 頁。
③ 顧頡剛、劉起釪:《尚書校釋譯論》,第 617 頁。
④ "是沱爲江之别名也",阮元《校記甲》和《校記乙》認爲當作"是沱爲江别之名也"。符合經義。

導江,東別爲沱"的説法,更是説明"沱"當是長江的別流,故不應該訓作"江別名",當是"江別流名"更妥。

④《禹貢》:"又東爲滄浪之水。"《孔傳》:"別流,在荆州。"

《尚書後案》引鄭玄注曰:"滄浪之水,今謂之夏水,即漢之別流也,來同,故世變名焉。《地説》曰:水出荆山,東南流爲滄浪之水。是近楚都,故《漁父歌》曰:'滄浪之水清兮,可以濯我纓;滄浪之水濁兮,可以濯我足。'是此水也。"①鄭玄也認爲"滄浪之水"是漢水別流。此例經文前有"嶓冢導漾,東流爲漢",即漾水東流至漢中爲漢水,漢水東流至荆州則稱滄浪之水。也就是説"漢水"和"滄浪之水"是同一水流在不同地區的不同名稱。故《孔傳》訓作"別流"不妥。

⑤《大禹謨》:"降水儆予。"《孔傳》:"水性流下,故曰下水。"

《孔傳》把"降"釋作"下","降水"即"下水",并解釋説因爲"水性流下,故曰下水"。《孔傳》的解釋與文義明顯不符,犯了望文生訓的錯誤。

王先謙《參正》:"《孟子》:'《書》云:"洚水警予"。'洚水者,洪水也。蓋'洚'讀爲'洪'。梅賾不識字,訓爲'下水'。"②也就是説,"降水"此處當訓作"洪水"。"降"當作"洚",有"洪""大"義。孔穎達"疏不破注",云:"'降水',洪水也。水性下流,故曰下水。"孔穎達明知"降水"當是"洪水"義,在注疏中也牽强地以"'降水',洪水也。水性下流,故曰下水"進行説解,對《尚書孔傳》望文生訓的錯誤進行彌縫,這是不應該的。

通過上面幾例可以看出,《尚書孔傳》釋水並不完美,但瑕不掩瑜,其訓釋方面的成就不能被低估。

五、《尚書孔傳》釋水的成就

與其他類別詞語的訓釋相比,《尚書孔傳》釋水的很多方法體現了其獨特性,具有重要的借鑒意義。

首先,讓後世了解了古人是如何釋水的。像哪些水需要訓釋,訓釋的内容包含哪些要素,訓釋的方法有哪些,有没有和釋山不一樣的地方,等等,通

① （清）王鳴盛著,顧寶田、劉連朋校點:《尚書後案》,第200頁。
② （清）王先謙撰,何晉點校:《尚書孔傳參正》,第153頁。

過對《孔傳》釋水條例的總結,能讓讀者有一個大致的了解。

其次,《孔傳》在釋水方面吸收利用了前人成果。馬融、鄭玄、王肅等的注解,《孔傳》都曾參考使用過。但是通過比較發現,馬、鄭、王注在訓釋的準確性上常不盡人意,而《孔傳》簡潔的訓釋,雖然籠統卻不無道理,能夠幫助疏通經義,故孔穎達的疏解選擇了《孔傳》而放棄了另外三家。

第三,《孔傳》的訓釋雖然並不完美,甚至有值得商榷的地方,但是並不妨礙後世對它的認可和肯定。除了孔穎達之外,顏師古在注解《漢書》時參考過《孔傳》,《辭源》在對某些水名進行解釋時也曾多次引述《孔傳》的訓釋。例如,在釋"菏"爲"水名"時,引述了"《書·禹貢》:'導沇水,東流爲濟……又東至于菏。'《傳》:'菏澤之水。'"的經注。後人引用《孔傳》,說明《孔傳》其實具備了相當的學術水平。

總而言之,《尚書孔傳》對天文地理類詞語的訓釋包羅內容廣博,訓詁方法多樣。由於每類專有名詞的獨特性,故而每類詞語在訓釋時都用到了一些獨特的方法,例如,"釋以類名""釋得名之由""釋以區域範圍""釋以地理位置""釋以政治地位"等等,都是在普通語詞的訓釋中沒有用過的方法。而且《孔傳》幾乎都是訓有所本,要麼來自經籍舊注,要麼來自親自目驗,其訓釋準確,風格簡潔,方法多樣,能夠幫助讀者疏通經義。因此,研究者不能被《尚書孔傳》的真僞問題所羈絆和干擾,應客觀公正地對待它的訓釋及其學術價值。

第四章 《尚書孔傳》動植物類
詞語的訓釋

《尚書孔傳》動植物類詞語的訓釋包括釋草、釋木、釋魚、釋鳥、釋獸、釋畜等幾類。下面,本章分四節對各類詞語的訓詁内容及方法進行歸納和總結。

第一節　《尚書孔傳》訓釋草木的内容及方法

上古時代,雜草、糧食、草药、百花混長在一起,人們無法分辨哪些植物能吃,哪些植物有毒,哪些植物治病,於是有了"神農嘗百草"的傳說。《越絕書》中的"神農嘗百草"當是先民與植物打交道的最早記載了。《詩經》《楚辭》《山海經》等古書中記録了很多植物的内容,《禮記》《周禮》中也有一些相關的内容。《毛詩傳》中有很多與植物相關的訓釋,三國吳陸璣的《毛詩草木鳥獸蟲魚疏》還進一步對《毛詩》的動植物進行疏解。可見,草木在古書及古注中占有相當的比重。

《尚書孔傳》中與草木相關的訓釋,雖然不像《毛傳》那麼豐富,但也值得對其訓釋内容和方法進行探討。

一、《尚書孔傳》訓釋草木的内容

參照《爾雅·釋草》和《爾雅·釋木》收録的條目,筆者把《尚書孔傳》中與植物相關的25條訓釋分成"草"類、"木"類、"竹"類、"菜"類、"糧食作物"類、"通名"類六個小類。其中"竹"類、"菜"類和"糧食作物"類,《爾雅》歸入《釋草》。每一小類所包含的具體内容如下:

草類,《尚書孔傳》5見。既有陸生的"菌""茅",也有水生的"厎""豐""藻"等。

木類,《尚書孔傳》5見。像"楛""栝""梇"等是樹名,另外,果樹的果實"橘柚"也歸入此類。

菜類,《尚書孔傳》1 見,即"菁"。

糧食作物類,《孔傳》5 見。糧食之外,還納入了禾槀、穎穗。像"秬"是糧食,"秸"是禾槀,"穎""銍""總"是穎穗。

竹類,《尚書孔傳》6 見。像"蕩""箘""簵""篦""筍""篠"等均歸入此類。

通名類,《尚書孔傳》3 見。如"卉""材""木"等歸入此類。

《孔傳》訓釋草木的内容共立目 25 個,雖然從數量上看不算多,但其涵蓋範圍較廣,分屬 6 個小類,因此值得研究探討。

二、《尚書孔傳》訓釋草木的方法

與《毛傳》相比,《尚書孔傳》訓釋草木的内容不算廣博,但也採用了多種的訓釋方法。現歸納總結如下:

(一)釋以類名

釋以類名,即明確被釋草木的類名。例如:

①《文侯之命》:"用賚爾秬鬯一卣。"《孔傳》:"黑黍曰秬,釀以鬯草。"
②《禹貢》:"厥篚檿絲。"《孔傳》:"檿桑蠶絲,中琴瑟弦。"

例①《孔傳》以"鬯草"訓"鬯",明確其類名。"鬯"是一種香草,《周禮·春官·鬯人》"凡王弔臨共介鬯"之"鬯",鄭玄注引鄭司農云:"鬯,香草。"例②"檿",《孔傳》訓作"檿桑",明確其爲木名。《詩·大雅·皇矣》:"攘之剔之,其檿其柘"中的"檿"也是此義。《孔疏》引《爾雅·釋木》云:"檿桑,山桑。"郭璞曰:"柘屬也。"

(二)釋以别名

《孔傳》有時訓釋被釋草木的别名。例如:

①《文侯之命》:"用賚爾秬鬯一卣。"《孔傳》:"黑黍曰秬。"

《孔傳》"黑黍曰秬",《孔疏》:"《釋草》云:'秬,黑黍。'李巡曰:'黑黍一名秬。'"另《詩·大雅·生民》"誕降嘉種,維秬維秠"中"秬",《毛傳》亦訓作"黑黍"。也就是説"黑黍"和"秬"一也,"黑黍"是"秬"的别名。

②《禹貢》:"篠簜既敷。"《孔傳》:"篠,竹箭。"

《孔傳》訓"篠"作"竹箭","竹箭"是"篠"的别名。《釋草》云:"篠,竹箭。"郭璞云:"別二名也。"《爾雅·釋地》有"東南之美者,有會稽之竹箭焉",此"竹箭"即"篠"。

③《禹貢》:"杶、榦、栝、柏。"《孔傳》:"榦,柘也。"

《孔傳》以"柘"訓"榦","柘"是桑屬,可製弓。《孔疏》:"'榦'爲弓榦,《考工記》云,弓人取榦之道也,以柘爲上,知此'榦'是柘也。"從經文"杶、榦、栝、柏"來看,"杶、栝、柏"三者都是樹名,那麼"榦"也應當是樹名才妥。《經籍籑詁》和《辭源》都收録了這個訓釋,把"榦"釋作"柘樹"。《史記集解》引鄭玄云:"四木名。"明確了"榦"是"木名"。

④《顧命》:"西夾南嚮,敷重筍席。"《孔傳》:"筍,蒻竹。"

"筍"是竹的嫩芽,《詩·大雅·韓奕》:"其蔌維何,維筍及蒲。"鄭玄箋:"筍,竹萌也。"《孔疏》:"《釋草》云:'筍,竹萌。'孫炎曰:'竹初萌生謂之筍。'是'筍'爲蒻竹,取筍竹之皮以爲席也。"《釋文》引馬融云:"筍,箁,箬也。"《説文》云:"箬,竹箬也。""箬"是竹筍的外殼,即馬融認爲"筍席"是竹筍的外殼作的席。《孔傳》單純從"筍"的角度訓釋,而馬融是從"筍席"的角度訓釋。

⑤《顧命》:"西序東嚮,敷重底席。"《孔傳》:"底,蒻苹。"

《孔傳》以"蒻苹"訓"底","蒻"是一種蒲草,"苹"是白蒿類的草。《釋文》引馬融云:"底,青蒲也。"《孔疏》云:"《禮》注,謂蒲席爲蒻苹,孔以'底席'爲蒻苹,當謂蒲爲蒲蒻之席也。史游《急就篇》云'蒲蒻藺席','蒲蒻',謂此也。王肅云:'底席,青蒲席也。'鄭玄云:'底,致也。筬纖致席也。'鄭謂此底席,亦竹席也。凡此重席,非有明文可據,各自以意説耳。"

⑥《顧命》:"東序西嚮,敷重豐席。"《孔傳》:"豐,莞。"

《孔傳》訓"豐"作"莞"。"莞",俗名水蔥、席子草。《孔疏》云:"《釋草》云:'莞,苻蘺。'郭璞曰:'今之西方人,呼蒲爲莞,用之爲席也。'……樊光①曰:

---

① 陸德明《經典釋文序録》:"樊光《爾雅注》六卷。京兆人,後漢中散大夫。沈旋疑非光注。"《隋志》著録三卷,兩《唐志》均著録爲六卷。

'《詩》云:"下莞上簟。"'郭璞曰:'似莞而纖細,今蜀中所出莞席是也。'王
肅亦云:'豐席莞。'鄭玄云:'豐席,刮凍竹席。'"可見,"豐席"亦有草席和竹
席兩説。

(三) 釋以特徵

釋以特徵,即訓釋被釋植物的外形特點。例如:

《禹貢》:"杶、榦、栝、柏。"《孔傳》:"柏葉松身曰栝。"

《孔傳》以"柏葉松身"訓"栝",精煉地概括了"栝"的特徵。《爾雅·釋
木》亦云:"栝,柏葉松身。"《釋文》引馬融云"栝,白栝也",不及"柏葉松身"
精準形象。

(四) 釋以功用

①《禹貢》:"包匭菁茅。"《孔傳》:"菁以爲菹,茅以縮酒。"

《孔傳》"菁以爲菹,茅以縮酒"分別訓釋了"菁"和"茅"的功用。《孔
疏》云:"《周禮·醢人》有'菁菹''鹿臡',故知'菁以爲菹'。鄭云:'菁,蔓
菁也。'"即"菁"可以做成"菹"進貢,《説文》云:"菹,酢菜也。""茅"用來
"縮酒",《孔疏》云:"《僖四年左傳》齊桓公責楚云'爾貢包茅不入,王祭不
供,無以縮酒',是'茅以縮酒'也。"

按:《釋文》引鄭玄注云:"茅有毛刺曰菁茅。"以"菁茅"爲一物,與《周
禮·醢人》注不同。王先謙《參正》:"《史記·集解》引鄭云:'匭,纏結也。
菁茅,茅有毛刺者。給宗廟縮酒,重之,故包裹又纏結也。'"①

②《禹貢》:"惟箘、簵、楛,三邦厎貢厥名。"《孔傳》:"楛,中矢榦。"

《孔傳》訓"楛"作"中矢榦",是説"楛"能用來製作"中矢榦"。《孔疏》
云:"'肅慎氏貢楛矢',知'楛,中矢榦'。"《釋文》引馬融云:"楛,木名,可以
爲箭。"又引《毛詩草木疏》云:"葉如荊而赤,莖似蓍。"

(五) 綜合訓釋

《孔傳》訓釋草木有時綜合類名和特徵兩個方面。例如:

---

① (清)王先謙撰,何晉點校:《尚書孔傳參正》,第284頁。

①《禹貢》:"篠簜既敷。"《孔傳》:"簜,大竹。"

《孔傳》以"大竹"訓"簜",一方面,明確"簜"是竹子的一種;另一方面,又强調其特徵"大"。《孔疏》:"李巡曰:'竹節相去一丈曰簜。'孫炎曰:'竹闊節者曰簜。'"都表明了"簜"是大竹。

②《禹貢》:"惟箘、簵、楛,三邦厎貢厥名①。"《孔傳》:"箘、簵,美竹。楛,中矢榦。三物皆出雲夢之澤,近澤三國,常致貢之,其名天下稱善。"

《孔傳》"箘""簵""楛"合稱"三物",即"箘""簵"是兩種竹,合釋作"美竹"。雖然簡短,但也是從類名和特徵兩方面進行訓釋的。《廣雅·釋草》:"箘、簵,箭也。""箭"也是竹名,細小而勁實,可製作箭杆。《孔疏》云:"竹有二名,或大小異也,'箘''簵'是兩種竹。"

《釋文》引韋昭云:"箘,一名聆風。"但是《孔傳》引鄭玄云"箘簵,聆風也"。也就是説,韋昭認爲"聆風"僅是箘竹的別名,而鄭玄認爲"箘簵"爲一,別名"聆風"。《説文》"箘,簵也",段玉裁認爲:"'箘簵'合二字爲名,乃一物。"

③《益稷》:"藻、火、粉米、黼黻、絺繡。"《孔傳》:"藻,水草有文者。"

"藻",《孔傳》訓作"水草有文者",明確了"藻"屬於水草類,其特點是"有文"。《孔疏》云:"《詩》云'魚在在藻',是'藻'爲水草。草類多矣,獨取此草者,謂此草有文故也。"

(六) 互訓

《孔傳》訓釋草木有時也採用互訓的方法。有以單音詞釋單音詞,複音詞釋單音詞等形式。

1. 以單音詞釋單音詞

①《禹貢》:"島夷卉服。"《孔傳》:"南海島夷,草服葛越。"
②《禹貢》:"三百里納秸服。"《孔傳》:"秸,稾也。"
③《歸禾》:"唐叔得禾,異畝同潁。"《孔傳》:"潁,穗也。"

---

① 《孔疏》引鄭玄以"厥名"下屬"包匭菁茅"。

例①中，"卉""草"同義，故《孔傳》以"草"訓"卉"。《詩·小雅·四月》："山有嘉卉，侯栗侯梅"，《毛傳》："卉，草也。"《孔疏》："《釋草》云：'卉，草。'舍人曰：'凡百草一名卉。'"又引鄭玄云："此州下濕，故衣草服。"例②"秸""稾"都是指農作物的莖稈，故《孔傳》以"稾"訓"秸"。《孔疏》引《禮記·郊特牲》云："莞簟之安，而稿秸之設。"此處"秸"亦"稾"，故雙言之耳。例③"穎"是帶芒的穀穗，《説文》："穎，禾末也。"故《孔傳》以"穗"訓之。《孔疏》云："《詩》述后稷種禾，於'實秀'之下，乃言'實穎'，《毛傳》云'穎垂'，言穗重而垂，是'穎'爲穗也。"

2. 以複音詞釋單音詞

> 《顧命》："伯相命士須材"。《孔傳》："召公命士致材木，須待以供喪用。"

此例屬於分別確指而增字爲釋，"材"是指木材，故《孔傳》增"木"以"材木"釋"材"。

（七）連類辨析釋義

《孔傳》訓釋草木有時把詞義相近的詞語放在一起，比較其差異。例如：

> 《禹貢》："厥包橘柚錫貢。"《孔傳》："小曰橘，大曰柚。"

"橘""柚"同是水果，《孔傳》"小曰橘，大曰柚"，從大小上區分兩者。《孔疏》："橘、柚二果，其種本別，以實相比，則柚大橘小，故云'小曰橘，大曰柚'。猶《詩傳》云'大曰鴻，小曰雁'，亦別種也。"

（八）揭示經文修辭現象

《孔傳》訓釋草木，有時通過揭示經文修辭的方法進行訓釋。例如：

> 《禹貢》："二百里納銍。"《孔傳》："銍，刈，謂禾穗。"

"銍"，《孔傳》訓作"刈，謂禾穗"，而"銍"其實是短鐮刀。《孔疏》引劉熙《釋名》云："銍，穫禾鐵也。"又引《説文》云："銍，穫禾短鐮也。"可見，此例是借工具指工具作用的對象。《孔傳》通過揭示經文修辭的方法，明確了"銍"在此處的準確含義。

三、《尚書孔傳》釋木之討論

《尚書孔傳》釋木也有值得討論之處。例如：

①《禹貢》：“齒革羽毛惟<u>木</u>。”《孔傳》：“木，楩、䅣、豫章。”

《孔傳》列舉了“楩、䅣、豫章”三種木名對應“木”。《孔疏》云：“‘楩、䅣、豫章’，此三者是揚州美木，故傳舉以言之，所貢之木不止於此。”也就是說，《孔傳》列舉的應該是揚州當地名貴的木材。

“木，楩、䅣、豫章”，這一訓釋並未解釋出“木”的含義，也並非特指這三種木材。有訓詁之形，但無訓詁之實，《經籍籑詁》未收，故《尚書孔傳類詁》中也没有收録。這裏用此例句，只是爲了説明《尚書孔傳》使用了“舉例”這種方法。

②《顧命》：“牖間南嚮，敷重篾席。”《孔傳》：“篾，桃枝竹。”

《孔傳》訓“篾”作“桃枝竹”，“桃枝竹”是竹的一種。《孔疏》云：“此篾席，與《周禮》‘次席’一也。鄭注彼云：‘次席，桃枝席，有次列成文。’鄭玄不見《孔傳》，亦言是桃枝席，則此席用桃枝之竹，必相傳有舊説也。鄭注此下則云：‘篾，析竹之次青者。’”《釋文》引馬融云：“蔑，纖蒻。”《孔疏》引王肅云：“‘篾席，纖蒻苹席。’並不知其所據也。”也就是説，鄭、孔認爲“篾席”是竹席，而馬、王認爲是草席。

《孔傳》訓釋草木的内容較之《毛傳》爲少，但是採用了多種方法進行訓釋，其訓釋大都簡潔清晰，對於疏通經義有幫助。

第二節　《尚書孔傳》釋魚的内容及方法

《爾雅·釋魚》所收條目，不僅有魚類，還有貝類和龜類，甚至蝌蚪也收入其中。參照《爾雅》，《尚書孔傳》釋魚的内容有三見，分别是對“貝”“大龜”和“文貝”的訓釋。

根據訓釋内容可知，《尚書孔傳》釋魚的方法主要是“釋以特徵”，即訓釋被釋詞的生活習性、大小、外形、産地等方面的特徵。例如：

①《禹貢》：“厥篚織<u>貝</u>。”《孔傳》：“貝，水物。”

《尚書孔傳》以“水物”訓“貝”，明確“貝”是水生的動物。《孔疏》云：“《釋魚》之篇貝有居陸居水，此州下濕，故云‘水物’。《釋魚》有‘玄貝，貽貝。餘貾,黄白文。餘泉,白黄文',當貢此有文之貝以爲器物之飾也。"

②《禹貢》:"九江納錫大龜。"《孔傳》:"尺二寸曰大龜,出於九江水中。"

《尚書孔傳》"尺二寸曰大龜",也就是説得達到一定的尺寸才能稱作"大龜"。《孔疏》:"《史記·龜策傳》云'龜千歲滿尺二寸',《漢書·食貨志》云'元龜距冉長尺二寸',故以'尺二寸爲大龜'。"此外,《孔傳》又根據上下文,交代了"大龜"的産地。由於經文冠以"九江",故《孔傳》云"出於九江水中"。

③《顧命》:"文貝仍几。"《孔傳》:"有文之貝飾几。"

"文貝",《孔傳》訓作"有文之貝"。從外形上看,文貝就是有花紋的貝。《孔疏》:"'貝'者,水虫,取其甲以飾器物。《釋魚》於'貝'下云:'餘貾,黄白文。餘泉,白黄文。'李巡曰:'貝甲以黄爲質,白爲文彩,名爲餘貾。貝甲以白爲質,黄爲文彩,名爲餘泉。'"

此外,《尚書孔傳》有時用比況的方式訓釋魚的特徵,雖然不是對被釋詞詞義的解釋,但是也可以放在此處進行討論。例如:

《顧命》:"胤之舞衣、大貝、鼖鼓,在西房。"《孔傳》:"大貝,如車渠。"

"大貝",《孔傳》訓作"如車渠",用比況的方式訓釋其特徵。《孔疏》云:"大貝必大於餘貝。伏生《書傳》云:'散宜生之江淮取大貝,如大車之渠。'是言大小如車渠也。《考工記》謂車罔爲渠。大小如車罔,其貝形曲如車罔,故比之也。"

以上是《尚書孔傳》釋魚的方法,雖然内容不多,但基本達到了疏通文義的目的。

第三節 《尚書孔傳》釋鳥的内容及方法

《爾雅》釋鳥的對象,較之現代意義上的鳥類要廣。除了天上的飛鳥之外,某些家禽等也歸入其中,像"雉""鵝"等。參照《爾雅》,筆者從《尚書孔傳》中也釐析了一些對鳥類詞語的訓釋。這對於了解上古禽鳥類動物具有一定的參考價值。

一、《尚書孔傳》釋鳥的内容

《尚書孔傳》釋鳥的内容共 8 見,其中大部分是鳥的專名,像"鴟""翟""鳳皇"等;也有個別通名,像"禽""蟲""羽"等。那麼,《孔傳》是如何對這些鳥類詞語進行訓釋的呢?

二、《尚書孔傳》釋鳥的方法

雖然《孔傳》釋鳥的内容有限,卻也使用了多種訓詁方法。現歸納如下:

(一)釋以類名

《禹貢》:"羽畎夏翟。"《孔傳》:"夏翟,翟,雉名。"

《孔傳》"翟,雉名",明確了"翟"的類名。《孔疏》:"《釋鳥》云:'翟,山雉。'此言'夏翟',則'夏翟'共爲雉名。《周禮》立夏采之官,取此名也。"

(二)互訓

《尚書孔傳》釋鳥最常使用的方法是"互訓"。從形式上看,包括以下三種情況:

1. 以單音詞釋單音詞

《益稷》:"山、龍、華蟲。"《孔傳》:"華,象草華;蟲,雉也。"

《孔傳》以"雉"訓"蟲",而"蟲"是鳥獸的總名,《孔疏》:"《月令》五時皆云其蟲,'蟲'是鳥獸之總名也。"故以"雉"訓"蟲"。

2. 以複音詞釋單音詞

以複音詞釋單音詞主要採用增字爲釋和替換爲釋的方法訓釋詞義。

(1)增字爲釋

根據釋詞兩個詞素關係的不同,又可以分成兩類:

一種是義同義近而增字爲釋。例如:

《吕刑》:"鴟義姦宄。"《孔傳》:"爲鴟梟之義以相奪攘。"

"鴟"和"梟"都是貓頭鷹一類的鳥,故《孔傳》以"鴟梟"訓"鴟"。《孔疏》："'鴟梟',貪殘之鳥。《詩》云:'爲梟爲鴟。'梟是鴟類。"

一種是分别確指而增字爲釋。例如:

《禹貢》:"齒革羽毛惟木。"《孔傳》:"羽,鳥羽。"

"羽"是鳥毛,《説文》云:"羽,鳥長毛也。"知"羽"是鳥羽。故《孔傳》增"鳥"以"鳥羽"訓"羽"。《孔疏》云:"南方之鳥,孔雀、翡翠之屬,其羽可以爲飾,故貢之也。"

（2）替换爲釋

《五子之歌》:"内作色荒,外作禽荒。"《孔傳》:"禽,鳥獸。"

"禽"有"鳥獸的泛稱"義,故《孔傳》以近義詞"鳥獸"訓"禽"。《孔疏》:"獵則鳥獸並取,故以'禽'爲鳥獸也。"《周禮·春官·大宗伯》:"以禽作六摯,以等諸臣,孤執皮帛,卿執羔,大夫執鴈,士執雉,庶人執鶩,工商執雞。"孫詒讓《正義》:"禽者,鳥獸之總名。"

3. 以複音詞釋複音詞

《君奭》:"我則鳴鳥不聞。"《孔傳》:"我周則鳴鳳不得聞。"

《孔傳》訓"鳴鳥"作"鳴鳳"。《孔疏》云:"政無所成,祥瑞不至,我周家則鳴鳳不得聞。則鳳是難聞之鳥,必爲靈瑞之物,故以'鳴鳥'爲'鳴鳳'。孔子稱'鳳鳥不至',是鳳鳥難聞也。"

上例中"蟲,雉""鳴鳥,鳴鳳"等訓釋,都屬於以狹義釋廣義的情況。

（三）連類辨析釋義

《孔傳》有時會把詞性相同、詞義相近的鳥類詞語放在一起訓釋,辨析其異同。例如:

《益稷》:"《簫韶》九成,鳳皇來儀。"《孔傳》:"雄曰鳳,雌曰皇,靈鳥也。"

"鳳""皇"同類連文,《孔傳》訓作"雄曰鳳,雌曰皇,靈鳥也"。一方面,"鳳"和"皇"都是靈鳥;另一方面,兩者的區別在於一雄一雌。《孔疏》:"《釋鳥》云:'鶠,鳳其雌皇。'是此鳥'雄曰鳳,雌曰皇'。"

（四）連訓釋義

《尚書孔傳》釋鳥，有時會對被釋詞連續訓釋兩次。例如：

> 《禹貢》："彭蠡既豬，<u>陽鳥</u>攸居。"《孔傳》："隨陽之鳥，鴻雁之屬。"

上例中，《孔傳》省略了被釋詞"陽鳥"，先以"隨陽之鳥"訓釋了何爲"陽鳥"，接着以"鴻雁之屬"明確了"陽鳥"的屬別。《詩·邶風·匏有苦葉》疏引鄭玄注云："陽鳥，鴻雁之屬，隨陽氣南北"，與《孔傳》同。

總而言之，《孔傳》釋鳥的内容雖然不算豐富，但是採用了多種方法進行訓釋，或釋以類屬，或釋以同義詞，或連類並釋，或連訓釋義，對於疏通文義大有幫助。

第四節　《尚書孔傳》訓釋獸畜的内容及方法

"獸"本是禽獸的總稱。《説文》："獸，守備者。"一説"四足而毛曰獸"，即四足而全身有毛的脊椎動物。《爾雅·釋獸》分"寓屬""鼠屬""齸屬""須屬"等小類。"畜"一般專指家養的禽獸。《爾雅》分"馬屬""牛屬""羊屬""狗屬""雞屬""六畜"等小類。《尚書孔傳》中亦有釋獸和釋畜的内容，本節放在一起進行探討。

一、《尚書孔傳》訓釋獸畜的内容

參照《爾雅》對《尚書孔傳》釋獸和釋畜的内容釐析，發現《孔傳》釋獸主要是針對山澤野獸進行的訓釋，釋畜主要是針對家畜進行的訓釋，兩類共 16 見。

其中，《尚書孔傳》釋獸 8 見，分別是對"虎""貙""熊""羆""狐""貍"等猛獸的訓釋；釋畜亦 8 見，分別是對"羧""黃朱""毛""牷""犧""牲""四匹"等的訓釋。這些條目中，既有對專名的訓釋，又有對通名的訓釋。那麼，《孔傳》訓釋獸畜使用了哪些方法呢？

二、《尚書孔傳》訓釋獸畜的方法

《尚書孔傳》訓釋獸畜的内容雖然不多，但也使用了多種方法，歸納總結如下：

（一）釋以類名

釋以類名，即明確被釋獸畜的類別。例如：

①《禹貢》:"熊羆狐貍織皮。"《孔傳》:"貢四獸之皮,織金罽。"

②《牧誓》:"如虎如貔,如熊如羆。"《孔傳》:"四獸皆猛健,欲使士衆法之,奮擊於牧野。"

上例中,"熊、羆、狐、貍"和"虎、貔、熊、羆",《孔傳》分別合釋作"四獸",明確這六種動物的類名爲"獸"。

(二) 綜合訓釋

1. 釋以類名和特徵

《孔傳》釋獸、釋畜有時會綜合訓釋被釋詞的類名和特徵。例如:

《旅獒》:"西旅獻獒。"《孔傳》:"西戎遠國貢大犬。"

《孔傳》以"大犬"訓"獒",首先明確"獒"是犬名,"大"則突出了"獒"的特徵。

2. 釋以別名及某屬

《孔傳》有時會綜合訓釋被釋獸畜的別名及類屬。例如:

《牧誓》:"如虎如貔,如熊如羆。"《孔傳》:"貔,執夷,虎屬也。"

上例中,"執夷"是"貔"的別名。"虎屬"則明確了"貔"是屬別。《孔疏》:"《釋獸》云:'貔,白狐,其子豰。'舍人曰:'貔名白狐,其子名豰。'郭璞曰:'一名執夷,虎豹屬。'""貔"訓作"執夷",除了《孔傳》,最早的可能就是東晉郭璞《爾雅注》了。

(三) 設立界説

《孔傳》訓釋獸畜有時通過設立界説的方法,對被釋詞進行闡釋或定義。例如:

①《旅獒》:"西旅厎貢厥獒。"《孔傳》:"犬高四尺曰獒,以大爲異。"

《孔傳》以"犬高四尺曰獒,以大爲異"給"獒"下了個定義。《孔疏》:"《左傳》晉靈公有犬謂之獒。旅國以犬爲異,故貢之也。"

②《微子》:"今殷民乃攘竊神祇之犧牷牲用。"《孔傳》:"色純曰犧。體完曰牷。牛羊豕曰牲。"

"犧牷牲",《孔傳》以"色純曰犧""體完曰牷""牛羊豕曰牲",分別給"犧""牷""牲"下了定義,其中"犧""牷"都是針對"牲"來說的。"牲",古代特指供祭祀宴饗用的牛羊豬。《孔疏》:"《說文》云:'犧,宗廟牲也。'《曲禮》云:'天子以犧牛。'天子祭牲必用純色,故知'色純曰犧'也。……以'牷'爲言,必是體全具也,故'體完曰牷'。經傳多言'三牲',知'牲'是牛羊豕也。"《說文》:"牲,牛完全;牷,牛純色。"與《孔傳》不同。

③《文侯之命》:"馬<u>四匹</u>。"《孔傳》:"馬供武用。四匹曰乘。"

古以"四匹曰乘"來訓"乘",《孔傳》則以"四匹曰乘"來訓"四匹",也算給"四匹"下了一個定義。《孔疏》:"《周禮·校人》云:'乘馬一師四圉。'圉養一馬,是四匹曰乘,乘車必駕四馬故也。"

(四)釋假借義

《孔傳》訓釋獸畜,有時會把經文中的假借字作正字進行解釋。例如:

《禹貢》:"齒革羽<u>毛</u>惟木。"《孔傳》:"毛,旄牛尾。"

《孔傳》訓"毛"作"旄牛尾",但實際上"毛"沒有"旄牛尾"的意思,而《說文》"氂"字下云:"氂,犛牛尾。"此借"毛"爲"氂",以假借字作正字釋義。《孔疏》:"《說文》云:'犛,西南夷長旄牛也。'此犛牛之尾可爲旌旗之飾,經傳通謂之'旄'。""氂"下段玉裁注云:"旄牛即犛牛,犛牛之尾名氂。以氂爲幢曰旄。因之呼氂爲旄……呼犛牛爲旄牛。凡云旄牛尾者是也。"

(五)揭示經文修辭現象

《孔傳》訓釋獸畜,有時通過揭示經文修辭的方法進行訓釋。例如:

《康王之誥》:"皆布乘<u>黃朱</u>。"《孔傳》:"諸侯皆陳四黃馬朱鬣以爲庭實。"

"黃朱"本爲顏色,《孔傳》訓作"黃馬朱鬣",《孔疏》:"言'乘黃',正是馬色黃矣。'黃'下言'朱','朱'非馬色……是古人貴朱鬣。知'朱'者,朱其尾、鬣也。"而把"黃朱"訓作"黃馬朱鬣",主要是因爲前面的表示馬四匹的"乘"字。也就是說,《孔傳》用"黃馬朱鬣"解釋"黃朱",揭示出經文採用了借代的修辭手法。

但是,"布乘",《白虎通·紱冕篇》作"黼黻",即禮服。"天子朱紱,諸侯赤紱。""皆布乘黃朱",是説諸侯都穿着黃紅色的禮服。所以,因前面的詞語不同而導致"黃朱"的含義不同。

劉起釪《尚書校釋譯論》針對"皆布乘黃朱",列舉了三種不同的解釋①。第一種即《孔傳》的訓釋。第二種讀爲"布乘""布黃朱"。"乘"爲馬,"黃朱"爲"厥篚玄黃"。第三種"布乘"讀爲"黼黻"。通過詳細的分析論述,劉起釪的結論是:"以上三説,自以第一説所有諸侯皆獻四馬陳於王庭爲不合理,第二説則爲第一説之不合理作調停之計,惟第三説爲漢代今文已有之説,當時文獻已有引用,宜可從。"劉氏觀點可備一説。

總而言之,《尚書孔傳》對動植物詞語訓釋的内容較少,卻也使用多種訓釋方法,對於疏通經義大有幫助,具有較高的史料價值和生物學價值。

---

① 顧頡剛、劉起釪:《尚書校釋譯論》,第 1840 頁。

第五章　關於《尚書孔傳》的
若干問題

通過以上探討,本書取得了若干認識:《尚書孔傳》的訓詁內容豐富,方法多樣,且幾乎都有據可循,雖偶有失當之處,但其訓詁的特點、價值等值得總結。

第一節　《尚書孔傳》訓詁的依據

在前文每一小類的訓詁研究中發現,《尚書孔傳》有本有源,多存故訓,態度嚴謹。《孔傳》成書於晉代,當時多見舊本,今日或不能盡知其來歷,而循其規範,可信其俱有依據。這也是孔穎達等人沒有懷疑孔傳本《古文尚書》作僞的原因之一。

《尚書序》云:"博考經籍,採摭群言,以立訓傳。"説明了《孔傳》的成書多有來源和參考,特別是對《爾雅》《尚書》舊注以及舊籍的參考。《四庫提要》也充分肯定了"僞孔傳"的學術價值:"根據古義,非盡無稽。"點明《孔傳》訓有所據。

一、參考《爾雅》《説文》或《廣雅》

章太炎《國學講義》云:"古文《尚書》讀應《爾雅》,自史遷、馬、鄭以及僞孔,俱依《爾雅》作訓。"①可見,《尚書孔傳》與《爾雅》關係十分密切。

關於《尚書孔傳》參考《爾雅》等訓詁專書的情況,筆者以《孔傳》釋詁類用單音詞釋單音詞的條目爲例進行分析。通過比對發現,《尚書孔傳》釋詁類以單音詞釋單音詞的條目約 3 091 條。其中包括直接的訓釋 334 條,串講中的訓釋 2 757 條。去掉重複及不見於三部訓詁專書的訓釋後,直接的訓釋

---

① 章太炎:《國學講義》,世界圖書出版公司北京公司,2014 年,第 128 頁。

有 234 條,串講中的訓釋 327 條,共 561 條。

筆者把這 561 條訓詁材料進行逐一排查,其參考《爾雅》的情況,列表如下:

直接的訓釋	234 條	直接從《爾雅》找到依據	118 條
		間接從《爾雅》找到依據	29 條
串講中訓釋	327 條	直接從《爾雅》找到依據	145 條
		間接從《爾雅》找到依據	67 條

通過上表可以統計出,《尚書孔傳》釋詁以單音詞釋單音詞的條目中,直接的訓釋能直接和間接從《爾雅》找到依據的共 147 條,占 62.8%;串講訓釋的訓釋能直接或間接從《爾雅》找到訓詁依據的共 212 條,占 64.8%。也就是說,能夠直接和間接從《爾雅》找到依據的共 359 條,占全部 561 條的 64%。如果算上重複出現的訓詁條目,《孔傳》參考《爾雅》的訓釋有 70.9%,占了十之七八。可見,《尚書孔傳》和《爾雅》的關係非常密切。這也說明,孔穎達《正義》中所謂的某個訓釋是有據可循的。

剩下 35.2%的條目,從《爾雅》中找不到依據,但是基本可以從《說文》和《廣雅》中找到綫索。因爲孔穎達認爲《尚書孔傳》是西漢孔安國所作,所以在其《疏》文中不會從西漢之後的《說文解字》和《廣雅》找《孔傳》訓釋的依據。但是通過比對,筆者發現,可以從《說文》找到依據的有 96 條,占 17.1%。可以從《廣雅》找到依據的有 176 條,占全部 561 個條目的 31.4%。當然,這個統計沒有去掉從《說文》《廣雅》都能找到依據的條目,而且很多語詞的訓釋只能在《說文》或《廣雅》中尋找依據。例如:

①《胤征》:"以干先王之誅。"《孔傳》:"干,犯也。"

"干,犯也",《爾雅》《廣雅》都找不到訓釋依據,但是《說文》有"干,犯也"的訓釋,《孔傳》的訓釋很可能來自《說文》。《國語·晉語五》:"河曲之役,趙孟使人以其乘車干行。"韋昭亦訓"干"作"犯"。

②《酒誥》:"矧曰其敢崇飲?"《孔傳》:"崇,聚也。"

雖然《孔疏》"《釋詁》云:'崇,充也。'充實則集聚,故'崇'爲聚也",爲

《孔傳》的訓釋找了理由,但是筆者可以直接從《廣雅·釋詁》"崇、集、會……,聚也"中找到依據,可以說《廣雅》才是《孔傳》的真正依據。此外,《左傳·隱公六年》:"爲國家者,如農夫之務去草焉,芟荑蘊崇之,絕其本根,勿使能殖。"杜預亦訓"崇"作"聚"。

③《酒誥》:"勿辯乃司民湎于酒。"《孔傳》:"辯,使也。"

"辯,使也",在《爾雅》《説文》中均找不到訓釋依據。而《廣雅·釋詁》有"辯"訓作"使"的條目。王念孫《疏證》:"辯之言俾也,俾亦使也。《書序》'王俾榮伯,作《賄肅慎之命》',馬融本'俾'作'辯',是辯、俾同聲同義。"①

④《大禹謨》:"政乃乂,黎民敏德。"《孔傳》:"敏,疾也。"

"敏,疾也",《爾雅》未收此訓。《孔疏》:"許慎《説文》云:'敏,疾也。'是相傳爲訓。"孔穎達認爲雖然在《爾雅》中未找到依據,但是"敏"訓作"疾"屬於"相傳爲訓",來源較早。殊不知,《説文》和《廣雅·釋詁》都有"敏,疾也"的訓釋,《孔傳》的訓釋或來源於此。

由上可知,《尚書孔傳》的大部分訓釋,都可以在訓詁專書中找到依據。我們在最初釐析立目的時候,也把能找到訓詁依據作爲立目的重要標準。可以說,《孔傳》絕大部分訓釋都是有據可依的。

二、參考其他《尚書》舊注

《尚書孔傳》的訓釋除參考訓詁專書外,還有一些來自《尚書》的其他舊注。這裏的舊注主要指馬融、鄭玄、王肅爲《尚書》作的注。《尚書孔傳》對《古文尚書》58 篇全部做了注,而馬融、鄭玄、王肅則主要對 28 篇所謂的"真古文"進行注釋。吳承仕《尚書傳王孔異同考》認爲:"王氏注本,蓋與馬、鄭大同。義多從馬而亦有同鄭者,《孔傳》義多從王,而亦有舍王而用鄭者。"②

在本書寫作膠着之際,幸得劉曉東先生指點,特別是對於馬融、鄭玄、王肅注與《孔傳》關係處理的問題上,啓發很大。劉先生認爲 25 篇僞篇中的

---

① （清）王念孫:《廣雅疏證》,鳳凰出版社,2000 年,第 39 頁上。
② 吳承仕:《尚書傳王孔異同考》,北平中國大學編《國學叢編》,1931 年第 1 期,第 1 頁。

"傳",牽涉較少,比較容易處理,但其中28篇所謂"真尚書",則與馬、鄭、王的關係很密切。研究《孔傳》無法迴避,可以說是"僞篇易説,真篇難理",而真篇中,又是"異者易説,同者難理",孔與馬、鄭、王説不同者容易比較,而與馬、鄭、王的訓詁大體相同者則要細緻比對。就這一點來説,基本上可以分爲"訓義與訓式皆同者"和"訓義相同而訓式不同者"兩類。

首先,來看訓義與訓式皆同者。例如:

①《禹貢》:"大野既豬,東原底平。"《孔傳》:"水所停曰豬。"

"豬",《釋文》引馬融注云:"水所停止深者曰豬。"可見,馬、孔訓義基本相同,且均以"某曰某"的方式對"豬"進行訓釋。

②《吕刑》:"上帝不蠲,降咎于苗。"《孔傳》:"天不潔其所爲,故下咎罪。"

"蠲",《孔傳》在串講中訓作"潔"。《孔疏》引鄭玄注云:"天以苗民所行,腥臊不潔,故下禍誅之。"可見,鄭、孔皆在串講中訓"蠲"作"潔",訓義、訓式皆同。

③《牧誓》:"千夫長、百夫長。"《孔傳》:"師帥,卒帥。"

"千夫長""百夫長"《孔疏》引王肅注云:"師長、卒長。"王注順經文而稱"長",義與孔同,訓式亦同。

像這種情況,《孔傳》和馬、鄭、王注無論在詞義確認方面,還是在訓詁方式方面全部相同。

其次,再來看訓義相同而訓式不同者。例如:

①《皋陶謨》:"曰贊贊襄哉。"《孔傳》:"徒役贊奏上古行事而言之。"

"贊贊",《孔傳》訓作"贊奏"。《孔疏》引王肅注:"贊贊,猶贊奏也。"

按:王、孔均將"贊贊"解釋爲"贊奏",是對詞義的確認相同,但王肅用"猶"字的訓詁方式,而孔傳用串講換字的方式,兩者不同。

②《金縢》:"植璧秉珪。"《孔傳》:"植,置也。"

"植",《孔疏》引鄭玄注云:"植,古置字。"

按:此例中鄭、孔都將"植"解釋爲"置",也是對詞義的確認相同,但鄭是以"古今字"的方式訓釋的,而《孔傳》則是以"聲訓"方式訓釋的。兩者不同。

③《堯典》:"曆象日月星辰。"《孔傳》:"辰,日月所會。"

"辰",《孔疏》引鄭玄云:"辰,謂日月所會十二次。"

按:鄭、孔訓義基本一致,只是鄭玄使用了"某,謂某"的方式,與《孔傳》"某,某"的訓式不同。

④《明居》:"咎單作《明居》。"《孔傳》:"咎單,臣名,主土地之官。"

"咎單",《孔疏》引馬融云:"咎單爲湯司空。"與《孔傳》訓義實同,因《孔傳》所言"主土地之官",即爲司空。但《孔傳》以連訓的方式訓釋"咎單",馬融直接以"某爲某"來訓釋,兩者訓式不同。

以上是對《孔傳》與馬、鄭、王訓釋相同之處的考察。不管訓式是否相同,但《孔傳》直接或間接使用了前人的舊注是肯定的。這樣起碼可以否定《孔傳》的原創性,當然從另一方面也可以說《孔傳》的"訓有所本",充分利用了其前的研究成果。

既然《尚書孔傳》參考過馬融、鄭玄、王肅的舊注,而且在孔穎達生活的年代,能夠見到馬、鄭、王注,尤其是鄭注曾多被推崇。但是,孔穎達爲什麼棄馬、鄭、王注而用《孔傳》呢?通過下面幾個例子可見一斑。

①《禹貢》:"導弱水,至于合黎。餘波入于流沙。"《孔傳》:"合黎,水名,在流沙東。弱水餘波西溢入流沙。"

"合黎",《孔傳》訓作"水名"。《釋文》引馬融云:"地名。"《孔疏》:"顧氏云:'《地記書》:合黎,山名。'……鄭玄亦以爲山名。"如此《孔傳》與馬、鄭二注皆異。《孔疏》認爲:"弱水得入合黎,知'合黎'是水名。……此水出合黎,因山爲名。"

可見,關於"合黎",《孔傳》與馬、鄭二注皆異。孔穎達"疏不破注",認爲:"弱水得入合黎,知'合黎'是水名。……此水出合黎,因山爲名。"清人、今人多訓作"山名"。按經文上下文例,作"山名"似乎更妥。

爲什麼孔穎達不用馬融"地名"説和鄭玄"山名"説呢? 鄭玄釋山水常直接引用《地理志》以及妄書《地記》,而《地理志》和《地記》有時並不可信。

例如,關於"流沙"的位置,孔疏:"《地理志》:張掖郡删丹縣,桑欽以爲導弱水自此,西至酒泉、合黎。張掖郡又有居延澤,在縣東北,古文以爲流沙。如《志》之言,酒泉郡在張掖郡西,居延屬張掖,合黎在酒泉,則流沙在合黎之東,與此傳不合。案經弱水西流,水既至於合黎,餘波入於流沙,當如傳文合黎在流沙之東,不得在其西也。"《孔疏》指出《地理志》連基本的地理位置都會弄錯,已然不可信,故經常引用《地理志》的鄭注也就不能完全靠得住。馬融將"合黎"訓作"地名",更是和文例不符,不知所據從何。李民、王健《尚書譯注》注釋云:"現在的張掖河即古時合黎水,其東有合黎山。"[1]從《譯注》來看的話,《孔傳》的訓釋也不無道理。

②《禹貢》:"導<u>黑水</u>,至於三危,入於南海。"《孔傳》:"黑水自北而南,經三危,過梁州,入南海。"

關於"黑水",《孔疏》:"《地理志》益州郡計在蜀郡西南三千餘里,故滇王國也。武帝元封二年始開爲郡。郡内有滇池縣,縣有黑水祠,止言有其祠,不知水之所在。鄭云:'今中國無也。'"鄭玄根據《地理志》的描述,斷定"今中國無也"。《孔傳》雖然僅增加了"自北而南"和"過梁州"幾個字,但是相較鄭玄更順應經義。

③《禹貢》:"覃懷厎績,至于<u>衡漳</u>。"《孔傳》:"<u>漳水橫流入河</u>,從覃懷致功至橫漳。"

關於"衡漳",《孔傳》訓作"漳水橫流",與《孔疏》所引鄭玄的訓釋"橫漳,漳水橫流"同,與王肅的"衡漳,二水名"異。王肅的訓釋來自馬融,《釋文》引馬融云:"衡,水名。"所以,這裏的異同主要圍繞"衡"字。那麼"衡"到底是表示"漳水"的狀態還是水名?《孔疏》:"'衡'即古'橫'字,漳水橫流入河,故云'橫漳'。漳在懷北五百餘里,從覃懷致功而北至橫漳也。"又引《地理志》證明漳水的存在。而馬、王訓"衡"爲"衡水"則屬望文生義。這也

① 李民、王健:《尚書譯注》,第79頁。

表明《孔傳》並非王肅所作。

通過上面的比對發現,鄭玄注《尚書》常不加辨證地引用《地理志》《地記》等進行訓解,有時其訓釋對疏通經義作用不大。王肅注常來自馬融,但或有望文生訓。《孔傳》對待前人舊注則比較謹慎,通常在參考前人注解的基礎上,根據經文文義進行訓釋,雖然簡括,卻不易出錯且能通暢經義,故孔穎達用《孔傳》而棄馬、鄭、王注。

三、徵引群書故訓

《尚書孔傳》作於晉時,有大量的書籍資料可以參考使用。《孔疏》對《孔傳》訓詁的依據曾多有揭示。就後人所能考見的而言,《孔傳》曾徵引《周易》《周禮》《禮記》《左傳》《穀梁傳》《國語》《論語》《孟子》《呂氏春秋》《史記》《漢書》等舊籍故訓。《孔傳》某些訓釋出何書甚至何篇,孔穎達都儘量在《疏》中注明了。例如:

①《湯誥》:"天命弗僭,賁若草木。"《孔傳》:"賁,飾也。"

《孔疏》云:"'賁,飾',《易·序卦》文也。"從《周易》中找到依據。

②《牧誓》:"牝雞之晨,惟家之索。"《孔傳》:"索,盡也。"

"索,盡也",在《爾雅》中找不到訓釋依據。孔穎達根據《禮記·檀弓》"吾離群而索居"的鄭注,爲《孔傳》的訓釋找到了依據。《孔疏》云:"'索居'爲散義。鄭玄云:'索,散也。'物散則盡,故'索'爲'盡'也。"

③《堯典》:"方命圮族。"《孔傳》:"族,類也。"

"族,類也",《爾雅》《説文》《廣雅》中均無此訓釋。孔穎達從《左傳》中找到了訓釋依據。《孔疏》云:"《左氏》稱'非我族類,其心必異',族、類義同,故'族'爲類也。"

④《多方》:"爾不克勸忱我命。"《孔傳》:"汝不能勸信我命。"

"忱",《孔傳》訓作"信",在《爾雅》《説文》《廣雅》均找不到訓釋。而《詩·大雅·大明》"天難忱斯,不易維王",《毛傳》:"忱,信也。"。也就是説,從《毛傳》中可以找到訓釋依據。類似的從舊籍故訓中找到訓釋依據的例子還有很多。

⑤《大禹謨》：毋！惟汝諧。《孔傳》：言毋，所以禁其辭。

毋，《孔傳》訓作"禁其辭"，即現代漢語中所説"勿""不要"，有禁止義。《爾雅》未見此訓，《説文》："毋，止之也。"《孔疏》："《説文》云：'毋，止之也。'其字從女，内有一畫，象有姦之者，禁止令勿姦也。古人言毋，猶今人言莫，是'言毋者，所以禁其辭'，令勿辭。"《詩·小雅·角弓》"毋教猱升木"箋云"毋，禁辭"，《禮記·檀弓下》"噫！毋"注云"毋，禁止之辭"，故《孔傳》的訓釋或來自鄭玄。

通過研究，筆者目前還没有看到能够證明《尚書孔傳》是漢代孔安國所作的證據，但《孔傳》作者對經籍的熟悉程度及淵博的學識，絲毫不亞於前代學者。作注者除了徵引《周易》《周禮》《左傳》等經籍，還借鑒了體系完備的《毛詩傳》，參考了馬融、鄭玄、王肅等人注釋《尚書》的材料，并利用了《爾雅》《説文》《廣雅》等訓詁專書。所以《尚書孔傳》注釋方式和注釋内容都達到了相當成熟的程度。不僅能做到訓而有據，而且能够疏通經義，對於讀者讀懂《尚書》功不可没。

第二節 《尚書孔傳》訓詁的特點

通過前文對《尚書孔傳》訓詁的分類研究發現，《孔傳》訓詁所包羅的内容非常廣泛，從普通語詞到禮儀制度，從天文地理到山川河流、動物植物等等，内容豐富多樣，行文簡潔流暢，不僅對經學、《尚書》學和詞彙學等研究具有重要意義，而且對於社會史、制度史、建築史、天文學、地理學以及動植物研究等方面都具有較大的參考價值。筆者對《尚書孔傳》的訓詁特點總結如下：

一、義訓爲主

通過前面的探討發現，《尚書孔傳》一共使用了 30 種訓詁方法，其中互訓、設立界説、釋以類名、綜合訓釋、連類辨析釋義、釋以別名、釋得名之由、舉例釋義、連訓釋義、變换形式釋義、揭示經文修辭現象、揭示經文語法現象等 12 種方法都有 5 個及以上的詞類使用。

下面,通過表格來看一下《孔傳》各類詞語訓詁所用到的方法及每種方法的分佈使用情況。

《尚書孔傳》訓詁方法簡表

序號	訓詁方法	釋詁釋言	釋訓	釋親	釋宮	釋器	釋樂	釋官	釋人	釋天	釋地	釋丘	釋山	釋水	釋草釋木	釋魚	釋鳥	釋獸釋畜	合計(類)
1	互訓	✓	✓	✓	✓	✓	✓	✓	✓	✓	✓	✓	✓	✓	✓		✓	✓	16
2	設立界説	✓	✓	✓	✓	✓		✓	✓	✓	✓	✓	✓	✓				✓	14
3	釋以類名				✓	✓		✓	✓	✓	✓	✓	✓	✓	✓		✓	✓	12
4	綜合訓釋				✓	✓		✓	✓	✓	✓	✓	✓	✓	✓			✓	11
5	揭示經文修辭現象			✓				✓	✓	✓			✓		✓				10
6	連類辨析釋義	✓			✓	✓			✓	✓			✓		✓		✓		9
7	連訓釋義	✓	✓		✓	✓		✓	✓								✓		7
8	釋以別名				✓			✓		✓					✓				6
9	揭示經文語法現象	✓		✓		✓			✓		✓								6
10	釋得名之由				✓			✓	✓	✓	✓		✓						6
11	舉例釋義			✓		✓		✓	✓	✓									5
12	變換形式釋義	✓	✓	✓					✓										5
13	釋假借義	✓																✓	4
14	釋以特徵					✓							✓	✓					4
15	釋以功用					✓								✓					3
16	釋以地理位置										✓		✓	✓					3
17	聲訓	✓																	2
18	據上下文爲釋												✓	✓					2
19	以"某然""某聲""某貌"等術語訓釋		✓																1

續　表

序號	訓詁方法	釋詁釋言	釋訓	釋親	釋宮	釋器	釋樂	釋官	釋人	釋天	釋地	釋丘	釋山	釋水	釋草釋木	釋魚	釋鳥	釋獸釋畜	合計（類）
20	釋以所處方位				✓														1
21	釋以産地					✓													1
22	釋以職掌							✓											1
23	釋以職級							✓											1
24	釋以身份								✓										1
25	釋以任職者							✓											1
26	明確姓氏名字								✓										1
27	釋以親緣關係								✓										1
28	釋以區域範圍										✓								1
29	釋以政治地位										✓								1
30	釋在何處稱名													✓					1
	合計（種）	8	5	6	7	12	3	12	11	8	13	2	5	8	8	1	4	5	

由上表可見，除釋樂、釋丘、釋魚、釋鳥之外，其餘小類都使用了5種以上的訓詁方法，其中釋地、釋器、釋官、釋人等使用了10種以上的訓詁方法。

需要注意的是，“綜合訓釋”的方法，在不同類別中所包含的具體方法是不同的。例如，《孔傳》釋器所用“綜合訓釋”包括“釋以類名及特徵、釋以類屬及用途、釋以形制及用途、釋以特徵及用途、釋爲何物及用途、釋爲何物及來歷”六種情況；釋樂所用“綜合訓釋”包括“釋以類名及特徵、釋以做法及功能、釋以形制及傳承、釋以類名并加區別字釋義”四種情況；釋水所用“綜合訓釋”包括“釋以類名及地理位置、釋以類名及流入何處、釋以別名及得名之由、釋得名之由及地理位置、釋以類名、別名及發源地、釋發源地及流入何處、釋流經何處及流入何處”七種情況。因此，《孔傳》會根據小類訓釋需求的不同，而綜合不同的方法進行訓釋。

每一類的訓詁方法雖然不盡相同，但幾乎都以義訓爲主，有少量聲訓，沒有形訓。因聲訓主要集中在釋詁和釋言類普通語詞的訓釋中，根據統計，釋詁、釋言類普通語詞的訓釋有 6 007 條,合併之後,共立目 1 206 個,其中使用聲訓的約 32 詞,占 2.5%,剩下的 97.5%幾乎都是義訓。因此,《尚書孔傳》的訓詁方法是以義訓爲主。

二、隨文釋義

通過全面系統的梳理,筆者共釐析出 7 226 條訓詁條目,其中直訓的訓詁條目 1 153 個,占 16.0%;融於申講中的訓詁條目 6 073 個,占 84%。《尚書孔傳》在詞義訓釋上比較靈活,不管是直訓還是在申講中釋義,往往根據文意訓釋詞義。

1. 一詞多義

同一被釋詞,由於所處語境的不同,往往釋義不同。此類情況前文曾有提及。現再舉幾例,如:

①《堯典》:"允恭克讓,光被四表。"《孔傳》:"克,能。"

《胤征》:"嗚呼!威克厥愛,允濟。"《孔傳》:"歎能以威勝所愛,則必有成功。"

《金縢》:"既克商二年。"《孔傳》:"伐紂明年。"

《洪範》:"曰雨,曰霽,曰蒙,曰驛,曰克。"《孔傳》:"兆相交錯。"

"克",根據所在經文文意的不同,訓作"能""勝""伐""兆象交錯"等。其中"克"訓作"能",乃常訓,《尚書孔傳》共 131 見。"克",《説文》:"肩也。象屋下刻木之形。"段玉裁注引徐鍇《説文繫傳》曰:"肩,任也,負何之名也。與人肩膊之義通,能勝此物謂之克。"因此,"克"在《胤征》《金縢》篇中根據文意作"勝""伐"之義;而訓作"兆象相錯",是用"克"字之形,因占卜時龜兆紋形有似交錯之形,與"克"字①形似。

②《堯典》:"蕩蕩懷山襄陵。"《孔傳》:"懷,包。"

《大禹謨》:"德乃降,黎民懷之。"《孔傳》:"懷,歸也。"

《五子之歌》:"予懷之悲。"《孔傳》:"言思而悲。"

"懷",《尚書孔傳》根據所在語境的不同,有"包""歸""思"三個義項。

---

① 劉起釪認爲,自來注疏家的解釋作占卜時灼龜爲兆所出現的兆形,都是望文生義的説法,"克"不是占卜時龜甲上的兆紋形,而是所要卜問之事。參見《尚書校釋譯論》第 1180 頁。

其中,"懷"訓作"歸",《尚書孔傳》9 見。《孔疏》云:"〔釋言〕又云:'懷,來也。'來亦歸也。"《詩·齊風·南山》:"既曰歸止,曷又懷止?"鄭玄箋:"懷,來。"《國語·周語上》:"民神怨痛,無所依懷。"韋昭亦訓"懷"作"歸也"。《五子之歌》"予懷之悲"中,"懷"訓作本義"思"。《説文》:"懷,念思也。"而在《堯典》中,根據文意,"懷"訓作"包"。《孔疏》云:"懷藏,包裹之義,故'懷'爲'包'也。"

　　類似這種例子,《尚書孔傳》中還有很多。一詞多義就是由於同一被釋詞所處經文語境不同造成的。

　　2. 傳多增字

　　隨文釋義還有一種情況,即在《尚書孔傳》的串講中,爲了音節韻律和精確表意等需要,常常採取增字爲訓的方法。段玉裁曾明確指出《尚書孔傳》"傳多增字"[1]。筆者稱這種情況爲"雙音化",即被釋詞的雙音化。前文提到《尚書孔傳》雙音化主要有"義同義近而增字爲釋"、"分别確指而增字爲釋"、"用同義的雙音節詞替換單音節詞"等幾種方法,這裏不再贅述。

　　以《尚書孔傳》釋詁、釋言類語詞爲例,釋詁、釋言類語詞的訓釋共 6 007條,"雙音化"的訓釋條目約 1 218 見,約占 20.3%,爲數不少。

　　此外,《尚書孔傳》有時會根據上下文,明確經文某詞所指爲何或釋以言外之意。例如,"衆,群臣以下"(《盤庚上》"王命衆,悉至于庭"孔傳),"仁人,謂大公、周、召之徒"(《武成》"予小子既獲仁人"孔傳)等,是根據上下文推斷出的訓釋。再如,"反,報紂也"(《西伯戡黎》"祖伊反曰"孔傳),"非廢,謂動謀於衆"(《盤庚下》"非廢厥謀"孔傳)等,訓的是被釋詞的言外之意。這種根據上下文意推斷的訓釋,雖然未在《尚書孔傳類詁》中立目,但也反映了《孔傳》根據文義訓釋詞義的特點。

三、一訓之後重訓者少

　　這一特點主要是針對直訓來説的。孔穎達《疏》云"《書》之爲言,多須詁訓,而孔君爲例,一訓之後,重訓者少,此亦約文也",着重提到《尚書孔傳》"一訓之後,重訓者少"的特點。

　　我們統計發現,《尚書孔傳》釐析出的直接訓詁條目共 1 153 條,其中一訓之後重複訓釋的 104 條,占全部直訓條目的 9.0%,涉及 52 個被釋詞。例如,"采,事",《堯典》和《皋陶謨》篇《孔傳》重訓;"或,有",《大禹謨》《微子》篇《孔傳》重訓;"仇,怨",《五子之歌》《仲虺之誥》篇《孔傳》重訓等等。

---

① 參見杜澤遜《尚書注疏彙校》第 1368 頁"作丕刑于朕孫"條校勘記。

還有一篇之内重訓的,例如,"允,信",《堯典》篇《孔傳》重訓;有的重訓訓式不同,例如,"旬",《大禹謨》篇《孔傳》作"旬,十日",《五子之歌》篇《孔傳》作"十日曰旬",訓式稍異。

可見,雖然《尚書孔傳》一訓之後有重訓,但是和全部的訓詁材料比就微乎其微了。所以《孔疏》所謂"一訓之後重訓者少"的概括非常貼切。

四、訓詁術語靈活多樣

《尚書孔傳》訓釋時,採用了 10 餘種訓詁術語。有的術語還有變體及不同的組合方式,統計下來,不下 40 種。現舉一些《孔傳》常用術語,并略加解釋分析,通过一斑以窺全豹。

1. 某,某也;某,某;某,亦某也

"某,某也"一組術語,是《尚書孔傳》中最常見的訓詁方式,採用判斷句的形式,解釋詞義。有"某,某也"、"某,某"、"某,亦某也"、"某非某"等幾種不同的變體,而且在《孔傳》中的位置也比較靈活。或句首,或句中,或句尾。有時還用作聲訓。例如:

①《堯典》:"將遜于位。"《孔傳》:"遜,遁也。"
②《堯典》:"厥民析,鳥獸孳尾。"《孔傳》:"冬寒無事,並入室處。春事既起,丁壯就功。厥,其也。言其民老壯分析。"
③《禹貢》:"江漢朝宗于海。"《孔傳》:"二水經此州而入海,有似於朝,百川以海爲宗。宗,尊也。"
④《酒誥》:"我聞亦惟曰,在今後嗣王酗身。"《孔傳》:"嗣王,紂也。"
⑤《太甲上》:"惟嗣王不惠于阿衡。"《孔傳》:"阿,倚。"
⑥《西伯戡黎》:"作《西伯戡黎》。"《孔傳》:"戡,亦勝也。"

上面例①至③,採用了"某,某也"的方式進行訓釋,且位置非常靈活,分別位於句首、句中和句末。例④雖然也是用"某,某也"的方式訓釋,但是釋詞是從上下文得來的,非對"嗣王"的釋義,有訓詁之形無訓詁之實。例⑤用"某,某"的形式的聲訓。《孔疏》云:"古人所讀'阿''倚'同音,故'阿'亦倚也。"筆者發現《尚書孔傳》的聲訓幾乎都是用這種形式進行訓釋,而不用"讀若""讀爲"等專門擬音的訓詁術語。例⑥"戡,亦勝也",是因爲前有"周人乘黎"之《孔傳》"乘,勝也",故此處用"亦"字。

當先後訓釋兩個或以上同類型的詞時,一般前面一組或幾組訓釋用

"某,某"的形式,最後一組訓釋的釋詞後用"也"字收尾。例如:

　　①《堯典》:"曰若稽古帝堯。"《孔傳》:"若,順。稽,考也。"
　　②《堯典》:"允恭克讓,光被四表,格于上下。"《孔傳》:"允,信。克,能。光,充。格,至也。"

　　上面例①先後訓釋了"若""稽"兩個詞,在最後一組訓釋的釋詞"考"後用"也"字收尾。例②先後訓釋"允""克""光""格"四個詞,也在最後一組的釋詞後用"也"字收尾。

　　2. 曰;爲;稱;謂之

　　這組術語"曰""爲""稱""謂之",相當於現在的"叫"或"叫做",主要用來下定義,立界説。被釋詞一般放在釋詞或釋語的後面。例如:

　　①《益稷》:"皋陶拜手稽首颺言曰。"《孔傳》:"大言而疾曰颺。"
　　②《皋陶謨》:"擾而毅。"《孔傳》:"致果爲毅。"
　　③《堯典》:"分命羲仲,宅嵎夷。"《孔傳》:"東表之地稱嵎夷。"
　　④《堯典》:"寅賓出日,平秩東作。"《孔傳》:"歲起於東而始就耕,謂之東作。"

　　有時同類的兩詞合釋時會用"某曰某,某曰某"或"某爲某,某爲某"的形式。例如:

　　①《益稷》:"《簫韶》九成,鳳皇來儀。"《孔傳》:"雄曰鳳,雌曰皇,靈鳥也。"
　　②《泰誓下》:"爾衆士其尚迪果毅以登乃辟。"《孔傳》:"殺敵爲果,致果爲毅。"

　　3. 謂;言

　　這組術語主要用來説明被釋詞在經文中特指某一事物。例如:

　　①《堯典》:"日中星鳥,以殷仲春。"《孔傳》:"日中,謂春分之日。"
　　②《胤征》:"惟時羲和,顛覆厥德。"《孔傳》:"顛覆,言反倒。"
　　③《大禹謨》:"惟帝時克。"《孔傳》:"帝,謂堯也。"

上面例①和②用"某,謂某""某,言某"的形式訓釋被釋詞,一般用來説明該詞在上下文中的特定含義。但例③"帝,謂堯也",雖然是説"帝"特指堯,但是並非對"帝"的釋義。

4. 貌;聲

"貌",用來指事物的形狀,"聲"一般用來指出象聲詞。《尚書孔傳》訓詁中用"貌"字,等於説"某某的樣子"。它們所訓釋的幾乎都是形容詞。例如;

①《牧誓》:"尚桓桓。"《孔傳》:"桓桓,武貌。"
②《益稷》:"啓呱呱而泣。"《孔傳》:"聞啓泣聲。"

例①"桓桓"訓作"武貌",義爲威武的樣子。例②"呱呱"作狀語,對應訓作"泣聲",指哭泣的聲音。

5. 類;屬

《尚書孔傳》訓詁中常用"類""屬"表示事物的種類。例如:

①《禹貢》:"礪、砥、砮、丹。"《孔傳》:"丹,朱類。"
②《牧誓》:"如虎如貔。"《孔傳》:"貔,執夷,虎屬也。"

上例中"丹,朱類""貔,執夷,虎屬也"用"某,某類""某,某屬"的形式説明了"丹"和"貔"所屬的類和屬。

6. 辭

《尚書孔傳》訓詁中把虛詞叫做"辭",從而明確被釋詞的詞性。例如:

①《堯典》:"吁!嚚訟可乎?"《孔傳》:"吁,疑怪之辭。"
②《金滕》:"噫! 公命,我勿敢言。"《孔傳》:"噫,恨辭。"

上例中,"吁"和"噫"都是表示語氣的虛詞,《孔傳》用"某辭"説明其虛詞的詞性。

7. 一名

"一名",一般用於訓釋人或事物的別名。被釋詞可在前也可在後。例如:

①《顧命》:"二人雀弁,執惠,立于畢門之内。"《孔傳》:"路寢門,一名畢門。"

②《微子之命》:"成王既黜殷命,殺武庚。"《孔傳》:"一名禄父。"

上例中《孔傳》用"某,一名某"的形式,明確了"畢門"和"武庚"的別名。

8. 所以;以

"所以""以",一般用來解釋被釋名詞的用途。例如:

①《益稷》:"戛擊鳴球,搏拊琴瑟以詠。"《孔傳》:"戛擊,柷敔,所以作止樂。搏拊,以韋爲之,實之以穅,所以節樂。"

②《禹貢》:"包匭菁茅。"《孔傳》:"菁以爲葅,茅以縮酒。"

上例中用"某,所以某"和"某以某"的形式,解釋了"戛擊""搏拊""菁""茅"的用途。

此外,《尚書孔傳》在釋山、釋水時常用"某,在某"、"某,某出"、"某,某所經"、"某,某水出"等形式訓釋山水的地理位置,水的發源地、流經地,某山何水所出等内容,算是比較特殊的一種情況。

總而言之,《尚書孔傳》在詞義的解釋上簡潔明晰,以義訓爲主,偶有聲訓,多根據文義解釋詞義,一訓之後很少重訓,採用了多種訓詁術語,訓釋方法靈活多樣,是一部重要的隨文釋義的訓詁著作。

第三節 《尚書孔傳》訓詁的價值

目前能見到的完整的《尚書》舊注,唐以前只有《尚書孔傳》。《孔傳》將訓詁理論隱含於訓詁實踐中,對上古的詞義作了不少精確的訓釋,在一定程度上反映了《尚書》詞彙的面貌。

《尚書孔傳》訓詁的價值主要體現在以下幾方面:

一、爲後世留下了寶貴的訓詁資料

《尚書》文字佶屈聱牙,《孔傳》的注解,對後人讀懂書經大有裨益。可以說,經義賴傳而明。與今文經學家注解的《尚書》相比,《尚書孔傳》對詞義的訓詁相對簡潔明瞭。顧頡剛對今文經學的解經方法評判道:"發議論和講故事的成分多,推求經義和解釋經字的成分很少。"①《尚書孔傳》擺脱了

---

① 顧頡剛、劉起釪:《尚書學史》,第84頁。

今文經學家解經的這一弊病,在詞義訓詁方面作出了很多成績,爲後代留下了寶貴的訓詁資料。

1. 爲研究詞的本義和古義保存了大量的資料

《尚書孔傳》各類訓詁資料分佈統計

類　名	直接的訓釋 (條)	串講中訓釋 (條)	全類條目 (條)	立目 (個)
釋詁	440	3 831	4 271	938
釋言	121	1 615	1 736	268
釋訓	32	87	119	62
釋親	11	42	53	33
釋宮	11	22	33	26
釋器	90	53	143	125
釋樂	6	2	8	8
釋官	80	73	153	94
釋人	87	107	194	117
釋天	50	63	113	78
釋地	96	96	192	139
釋丘	4	3	7	5
釋山	42	23	65	50
釋水	45	42	87	64
釋草	16	2	18	18
釋木	5	2	7	7
釋魚	2	1	3	3
釋鳥	5	3	8	8
釋獸	4	4	8	6
釋畜	6	2	8	7
總計	1 153	6 073	7 226	2 056

《尚書孔傳》正確解釋了不少詞的本義和古義。這些訓釋被《經籍籑詁》和《廣雅疏證》等訓詁名著大量收錄,對於讀者閲讀古書,研究漢語詞彙史很有幫助。例如:

《盤庚上》:"今汝聒聒,起信險膚,予弗知乃所訟。"《孔傳》:"聒聒,無知之貌。起信險偽膚受之言,我不知汝所訟言何謂。"

"膚",《孔傳》對應訓作"膚受"。"膚受"作何解? 現代漢語已經没有這個詞。《孔疏》云:"'起信險膚'者,言發起所行,專信此險偽膚受淺近之言。"從《孔疏》可知,"膚受"即"膚受淺近",也就是説"膚受"當有"淺近"之義。

"膚受"另見於《論語·顔淵》"子張問明。子曰:'浸潤之譖,膚受之愬,不行焉,可謂明也已矣。'"此處"膚受",馬融曰:"膚受,皮膚外語,非其内實也。"①即浮泛不實之義,與《孔疏》所謂"膚受淺近"意思相近。後世直接以"膚淺"代替"膚受",而《孔傳》則保存了"膚"的"膚受"義。

2. 爲漢語同義詞的研究提供了資料

《尚書》中的同義詞相當多,《孔傳》訓釋過的同義詞也爲數不少。這些同義詞大多數是多義詞,即在某一意義上同義,而在其他意義上不同義。《孔傳》的解釋對於讀者理解這些同義詞很有幫助。例如:

賁、阜、純、誕、光、廣、弘、宏、洪、荒、皇、假、簡、將、介、巨、駿、丕、祁、渠、戎、淫、元、冢 24 詞都有"大"義,《尚書孔傳》均訓作"大"。但"賁"還有"飾"義,"誕"有"欺誕"義,"荒"有"廢"義,"簡"有"簡選"義等,則有不同。

聖、爽、顯、暘、彰、昭、翼 7 詞都有"光明、明亮"義,《孔傳》均訓作"明"。但"聖"還有"通"義,"顯"還有"昭著"義,"翼"還有"輔翼"和"敬"之義等。

這些同義詞的來源多樣,有的是古今義並存,有的是方言詞並存,有的是同源詞分化,有的是不同詞的詞義引申的結果,這裏不再作具體探討。

3. 爲漢語古音研究提供了資料

前文研究中提到,《尚書孔傳》有時使用聲訓和釋假借義的方式釋詞。探討釋詞與被釋詞語音上的聯繫,可以爲上古、中古語音研究提供某些旁證。例如:

----

① 高華平:《論語集解校釋》,遼海出版社,2007 年,第 229 頁。

①《酒誥》:"薄違農父。"《孔傳》:"況能迫迴萬民之司徒乎?"

"違"《孔傳》對應訓作"迴"。"違""迴"中古分別是喻三和匣母字,上古"喻三歸匣",韻皆屬微部,上古聲韻並同,故《孔傳》訓"違"爲"迴"。

②《蔡仲之命》:"克慎厥猷。"《孔傳》:"能慎其道。"

"猷",《孔傳》對應訓作"道"。"猷""道"中古分別爲喻四和定母,上古"喻四歸(近)定",可知二字上古聲母相同或相近;韻又皆屬幽部,故《孔傳》"猷"訓作"道"。《廣雅疏證》:"《方言》:'裕、猷,道也。東齊曰裕,或曰猷。'猷、裕、墉聲並相近。"①

③《盤庚上》:"民咨胥怨。"《孔傳》:"胥,相也。"

"胥""相"上古分屬魚、陽二部,依"魚陽對轉"律,二字可通。

由上可見,《尚書孔傳》不僅訓詁内容豐富廣博,而且爲《尚書》訓詁學史及漢語詞彙史、語音史留下非常珍貴的訓詁材料和參考資料。

二、訓詁體系承前啓後

《尚書孔傳》訓詁不僅繼承《毛傳》訓詁體系,還參考了馬融、鄭玄、王肅的《尚書》注,摒棄繁瑣空疏的今文經説,爲後世學者提供了一個簡約易守的注本。

首先,《尚書孔傳》作爲託名孔安國的經注,必須要模仿漢代注經的方式。整體來看,《尚書孔傳》對《毛詩傳》的注釋内容和方法多有繼承。例如,《尚書孔傳》與《毛詩傳》一樣,不僅訓釋詞義,還串講句義。當然,《孔傳》還有魏晉時期注經的特點,即受到佛家講經的影響,對義理多有闡發,這點暫不作過多討論。

其次,《尚書孔傳》的注經方式還對後代《尚書》的注解産生了影響。孔穎達《尚書正義》自不必説,其本着"疏不破注"的理念進一步疏解經文和《孔傳》。孔穎達對《尚書》的理解幾乎完全賴於《孔傳》。此外,蔡沈的《書集傳》,雖然其書對《尚書孔傳》多有攻擊,但其訓釋詞義的方式及對詞義的解釋,相同和相似之處比比皆是。包括清人王鳴盛、孫星衍等人疏解《尚書》

---

① (清)王念孫:《廣雅疏證》,鳳凰出版社,2000年,第88頁下。

時,釋詞、解句亦直接或間接取用《尚書孔傳》。可見《尚書孔傳》對後世影響之大。

　　再次,《尚書孔傳》訓詁體系的建立,對於完善《尚書》訓詁學史及整個訓詁學史都很有價值。唐以前存下來的古注很有限,《尚書孔傳》是一家,且學術價值較高。總結訓詁體系,繞不過《尚書孔傳》。因此,對《尚書孔傳》訓詁內容、方法和特點的系統歸納,能夠完善《尚書》訓詁學史和古代訓詁學史。

　　綜上所述,《尚書孔傳》在《尚書》注疏史上是極其重要、不容忽視的一環。雖然《孔傳》的訓釋並不完美,但是瑕不掩瑜,作爲唐以前最完整的《尚書》經注,《孔傳》保存了大量的訓詁資料,對後世產生了深遠的影響,在訓詁學史上具有十分重要的地位。

下　編

尚書孔傳類詁

《尚書孔傳類詁》編纂説明

類詁之體起於《爾雅》,後來仿作者有《小爾雅》《廣雅》,以及宋代陸佃的《埤雅》,清人陳奂的《毛詩傳義類》,近人張舜徽的《鄭雅》等。《尚書孔傳》之類詁尚付闕如,今作《尚書孔傳類詁》(以下簡稱"類詁"),析取條目,予以注音、摘取原文,考辨附按,體例較諸家爲詳。

《類詁》是對《尚書孔傳》訓詁材料的分類成果。編纂過程中,有以下幾個問題需要説明:

1. 關於訓詁材料的釐析

《類詁》作爲《〈尚書孔傳〉訓詁研究》的主體構成部分之一,是對《孔傳》訓詁材料的分類成果。所立訓詁條目都是從《孔傳》中釐析出來的。其中有直接的訓詁資料,也有從《孔傳》串講中釐析出來的訓詁資料,共 7 226 條,立目 2 056 個。

直接的訓詁材料一般直接摘引原文立目,如"某,某也"、"某曰某"等;有些直接的訓詁材料需要進一步切分,如"易,謂歲改易北方"中"謂歲改易北方"不能直接立目,需要從中把真正的訓詁材料"易,改易"切分出來;因説明語法功能而附着的内容需要摒棄者,如"懋,勉敬者"、"孚,立信者"之類,釐析時作"懋,勉敬"、"孚,信"。

串講中的訓詁材料,根據《孔傳》和經文的對應,一一釐析出來。如《吕刑》:"哀敬折獄。"《孔傳》:"當憐下人之犯法,敬斷獄之害人。"其中《孔傳》的"憐"和"斷獄"分别訓釋了經文的"哀"和"折獄",故析爲"哀,憐"、"折獄,斷獄"兩條。

2. 關於雙音被釋詞的立目

本書傾向切分至單音詞,不得不用雙音詞的時候才以雙音詞立目。

一是如結合緊密且有抽象含義則以雙音詞立目。如"致辟,致法,謂誅殺"、"不寧,亂"等,因爲分離之後會破壞本來的意思。

二是如《孔傳》的訓釋不能對應單字的組合,則以雙音詞立目。如"暴虐,酷暴虐殺"。

三是改變雙音詞語法結構進行訓釋的也予立目,如"德盛,盛德"等。

四是相互依存且後世成詞的訓釋可立一目,如"鳳皇,雄曰鳳,雌曰皇,靈鳥也"等。

五是有的雙音詞結構鬆散,此前無用例,但表示特殊含義,則予以立目。如"五辭,五刑之辭"等屬於法律用語,可以立目。

六是有的雙音被釋詞分釋以古義,合釋則釋以引申義,則分三條立目。如《太甲上》:"先王顧諟天之明命。"《孔傳》:"顧,謂常目在之。諟,是也。言敬奉天命以承順天地。"除了"顧,謂常目在之"和"諟,是"兩條之外,"顧諟,敬奉"單立一目。

七是有的訓釋雖然詞典未立目,但是《孔傳》專門列出,可立目,如"伯相,邦伯爲相",類似"師相",是具備雙重身份的特指。

此外,雙音被釋詞拆分以後如果對應的訓釋是這兩個字的組合,則拆開立目。如"獲戾"對應"得罪",拆成兩條"獲,得"、"戾,罪"。有些比較常用的也可以單獨立目,如,"黎民"對應"衆人"可列"黎,衆"、"民,人"、"黎民,衆人"三條。

3. 關於特殊專有名詞的立目

訓釋山水的條目,因被釋對象的特殊性,除了泛稱之外,所釋山的名稱、地理位置、何水所出、何水所經以及所釋水的名稱、位置、發源地、流向等内容都可以立目。如"大別,山名。在荆州,漢所經"、"漆沮,一水名,亦曰洛水,出馮翊北"等。

合釋的山名、水名、動植物名等分開立目。如"終南、惇物,至于鳥鼠"對應《孔傳》"三山名,言相望",則分列"終南,山名"、"惇物,山名"、"鳥鼠,山名"三條;再如"恒衛,恒衛二水",分爲"恒,水〔名〕"、"衛,水〔名〕"兩條。

4. 關於不予立目的情況

釋詞與被釋詞之間意思不對等的不予立目。如,"親,親疏"、"家,國家"等。因爲以"親"訓"親"、以"家"訓"家"相當於没解釋,而"疏"和"國"又不是解釋"親"和"家"的,故不予立目。當然,如果兩者之間有特殊關係,也可立目。如"稽,考合"、"敬,憂敬"等。或者《經籍籑詁》收了,且不是孤例的也可立目。如"齒,象牙",該條出自《禹貢》篇,算特殊解釋。

有訓詁形式但非釋義,且《經籍籑詁》未收的不予立目。如"曆數,謂天道"。有的非釋義,但《經籍籑詁》收了,也可立目。如"軍旅曰誓"等。

用比喻義訓釋的不予立目。如"星,民象"。

用比況義訓釋的不予立目。如"大貝,如車渠"。

以總稱釋別稱的不予立目。如"水火金木土穀,六府"。

訓釋用字原因或言外之意的不予立目。如"父義和"對應"文侯同姓,故稱曰父",解釋稱"父"的原因,不構成訓詁;"可願,謂道德之美","可願"本身没有"道德之美"的意思,屬於言外之意,不算訓詁。

由上下文得來的訓釋的不予立目。如"相,謂攝政","攝政"是根據上下文義得出的,非本義或引申義,不予立目。

此前没有旁證,不能確定是否成詞的不予立目。如"簡賢附勢",現在作爲成語來用,但是在那之前没有用例,所以不予立目。

雙音被釋詞結構鬆散且此前無用例的不予立目。如"淫朋"對應"淫過朋黨",可以釐析爲"淫,淫過"和"朋,朋黨"兩條。

有的雙音被釋詞雖然之前有用例,但釋義結構較爲鬆散,則不予立目。如"狎侮,狎易侮慢"不可立目,需分成"狎,狎易"、"侮,侮慢"兩條。

有的雙音被釋詞雖然詞典有立目,但此前無用例,亦不予立目。如"宗工,尊官"。

有的雙音被釋詞通過增加輔助性詞語進行訓釋,不予立目。如"修輔"對應"修職輔君","魚"對應"美魚"等,是在被釋詞的基礎上增加原本没有的意思進行訓釋,故不立目。

5. 關於條目的歸類

《類詁》基本仿《爾雅》的類别分類,析爲20篇[①],包括普通語詞和專有名詞兩大類。其中《釋詁》《釋言》《釋訓》屬於普通語詞的訓釋。《釋親》《釋宫》《釋器》《釋樂》《釋官》《釋人》屬於禮儀制度類專有名詞的訓釋;《釋天》《釋地》《釋丘》《釋山》《釋水》屬於天文地理類專有名詞的訓釋;《釋魚》《釋鳥》《釋獸》《釋畜》《釋草》《釋木》屬於動植物類專有名詞的訓釋。

歸類時,先從《爾雅》中尋找歸類依據,如《爾雅》中不能找到對應類别的,則按《廣雅》的歸類。如"顯,明",此條訓釋《爾雅》未立目,《廣雅·釋詁》收了,則歸入《釋詁》。

如果《爾雅》《廣雅》都没有立目,則按被釋詞的近義詞、反義詞或者釋詞所在類目歸類。如"北",按近義詞"敗"所在的《釋詁》歸類;"私",則按其反義詞"公"所在的《釋詁》歸類。再如"詰"訓爲"治","詰"在《爾雅》《廣雅》中均未收"治"義,則按"治"在《爾雅》中的類目歸入《釋詁》。

某一訓釋在《爾雅》中分屬《釋詁》和《釋言》的,則按更準確的歸類。如"替,廢"條,《釋詁》有"替、廢……,止也",《釋言》有"替,廢也",而後者更

---

① 《尚書孔傳》無"釋蟲"類訓詁材料,故《類詁》不立"釋蟲"類,而新增"釋官""釋人"類,計20篇。

直接準確,故歸入《釋言》。

　　同一被釋詞因釋義不同而分屬兩類的分別歸類。如"答,當"歸入《釋詁》,"答,對"歸入《釋言》。

　　雙音節普通語詞,根據中心語素所在類屬歸類。如"稽首",中心語素"稽"《廣雅·釋詁》收録,故"稽首"歸入《釋詁》。

　　解釋形貌的訓釋,即使《爾雅》《廣雅》未立目,也一律歸《釋訓》。如"聰明""叢脞"等的訓釋。

　　職官和人名類的詞語,因數量較多,單設《釋官》《釋人》兩個小類,歸在禮儀制度大類中。

　　釋器中除器皿、食物、玉石、顏色、錢帛、服弁、兵戎、刻鏤的訓釋之外,車馬、席帳、酒漿、器官、氣味、度量衡以及雜器等的訓釋,據《廣雅》也歸《釋器》,不另設類。

　　釋天中除四時、災祥、星辰、風雨、祭祀、講武、旌旆等訓釋之外,時日、命數、卜筮、神祇等的訓釋亦歸《釋天》,不另設類。

　　釋地中除九州、十藪、五方、四極、野等訓釋之外,邦國、都邑、耕作、田土、土産等的訓釋亦歸《釋地》,不另設類。

　　6. 關於《類詁》的編排順序及格式

　　各類基本參照《爾雅》類別順序,釋官、釋人依次放在釋樂之後,釋天之前。

　　同一小類中,按被釋詞音序排列,雙音被釋詞字頭相同的,按照第二個字的音序排列,餘類推;同音被釋詞按起筆筆形橫、豎、撇、點、折的順序排列。

　　每一詞條包括被釋詞、拼音、義項、例證、例證所在頁碼等,並用不同字號加以區分。被釋詞、拼音字號最大并加粗,被釋詞前面加標通排的編號,方便查檢;義項另起一行縮進一格且字體加粗;義項、例證、按語的字號相同且小於被釋詞字號。按語另起一行,"按"字字體加粗,且比例證縮進兩格以示區隔。

　　拼音爲被釋詞之在經文中的讀音,如是多音詞則把幾個讀音都進行標注,用1、2、3……加以區分,并在相應的讀音下排列義項。

　　被釋詞僅有一個義項的,義項不編序號;同一被釋詞下如有多個義項,用①②③……爲序。先單音節義項,再多音節義項;音節數相同的義項,則據義項首次出現的篇目前後排序;義項之間儘量照顧相互的邏輯關係,且不進行義項合併。如"釋官"類中的"百姓"一詞有2個義項,分別是①百官;②百官族姓。兩者同是"官員"義,排在一起但不合併。

　　同一被釋詞的同一義項有 5 個及以上例證,則在義項後面增加“（N見)”,5 個以下不再標明。如釋詁類“孚,信”條,有 8 條例證,但標明“(9見)”,是因爲“孚,信”在某一例證中出現 2 次。

　　例證由被釋詞所在篇名、經文、《孔傳》,以及被釋詞所在《尚書孔傳參正》及北監本《尚書注疏》頁碼組成;被釋詞和釋詞所在句子,儘量簡潔完整,《孔傳》的截取對應經文,不論是否完結一句話,均以“。”結束;被釋詞和串講中的釋詞下面加短横以示突顯。

　　7. 關於按語的加注

　　《類詁》在需要的地方加注按語。按語的類型有如下幾種:

　　① 旁證依據類。《類詁》的立目,如果能在其他重要經籍訓釋中找到旁證,則在按語中加以説明,證明《類詁》的釐析是有依據的。如釋詁類“甸,治”條按語。

　　② 補充説明類。對不易理解的義項作補充説明或進一步解釋,如釋天類“昴,白虎之中星”條按語。

　　③ 句讀辨證類。如釋詁類“嘉,善”條第三個例證中“洋洋,美善言,甚明可法”後面的按語。

　　④ 經注校勘類。如釋官類“百工,百官”條按語。能進行是非判斷的則下斷語,否則僅列舉異同。

　　8. 關於《尚書》經注文本的依據

　　本書所引《尚書》經注皆出自杜澤遜《尚書注疏彙校》所影印明萬曆北京國子監刻《尚書注疏》,參考殿本句讀、《尚書注疏彙校》之校勘成果,以及清王先謙《尚書孔傳參正》;經注中的訛誤用“( )”注其正字,或附按訂正;確有脱字的加“〔 〕”補足,并附按説明;義項如有語意不完整者,用“〔 〕”添字以足義。

《尚書孔傳類詁》凡例

1. 《尚書孔傳類詁》分 20 類,以釋詁、釋言、釋訓、釋親、釋宮、釋器、釋樂、釋官、釋人、釋天、釋地、釋丘、釋山、釋水、釋草、釋木、釋魚、釋鳥、釋獸、釋畜之序排列。

2. 《尚書孔傳類詁》正文各類下的詞條按照音序排列並通排編號,首字相同則按第二字的音序排列,餘類推。同音被釋詞按起筆筆形横、竪、撇、點、折的順序排列。

3. 一詞多義的詞目,以①②③分義項排列;同一義項的多個例證按所在篇目的先後順序排列,每條例證前用"○"加以區隔,且不進行數量删減,以存其原貌。

4. 按語標注在需要的内容後,位置不盡統一。按語所引習見經籍,不再另外加注。

5. 每條例證後面( )内標注頁碼,前面數字爲被釋詞所在《尚書孔傳參正》①的頁碼,後面數字爲被釋詞所在北監本《尚書注疏》的卷-頁-行。

6. 爲方便檢索,正文前有詞目的"筆畫索引",按照被釋詞首字筆畫數及起筆筆形横、竪、撇、點、折的順序排列。被釋詞前標明編號,後標明所屬類别。首字相同者,則按第二字筆畫筆形排列,餘類推。

---

① (清)王先謙撰,何晉點校:《尚書孔傳參正》,中華書局,2011 年。

目　　録

一　釋詁 ……………………………………………… 224

二　釋言 ……………………………………………… 539

三　釋訓 ……………………………………………… 656

四　釋親 ……………………………………………… 670

五　釋宮 ……………………………………………… 677

六　釋器 ……………………………………………… 682

七　釋樂 ……………………………………………… 704

八　釋官 ……………………………………………… 706

九　釋人 ……………………………………………… 725

十　釋天 ……………………………………………… 747

十一　釋地 …………………………………………… 764

十二　釋丘 …………………………………………… 788

十三　釋山 …………………………………………… 789

十四　釋水 …………………………………………… 798

十五　釋草 …………………………………………… 810

十六　釋木 …………………………………………… 814

十七　釋魚 …………………………………………… 816

十八　釋鳥 …………………………………………… 817

十九　釋獸 …………………………………………… 819

二十　釋畜 …………………………………………… 821

一　釋　詁

0001 阿 ā

倚。

○《太甲上》:"惟嗣王不惠于阿衡。"《孔傳》:"阿,倚。"(410、8-24-13)

按:《孔疏》:"古人所讀'阿''倚'同音,故'阿'亦'倚'也。"上古"阿" "倚"同屬歌韻。蔡沈《書集傳》:"阿,倚;衡,平也。阿衡,商之官名。言 天下所倚平也。"①《詩·商頌·長發》"實維阿衡,實左右商王",《鄭箋》 云:"阿,倚;衡,平也。伊尹,湯所依倚而取平,故以爲官名。"

0002 哀 āi

憐。

○《吕刑》:"哀敬折獄。"《孔傳》:"當憐下人之犯法,敬斷獄之害人。" (956、19-43-18)

按:憐,爲憐憫義。《書集傳》"哀敬折獄"對應釋作"惻怛敬畏以求其情 也"②,"哀"即"惻怛",亦即惻隱、憐憫義。

0003 愛 ài

愛惜。

○《酒誥》:"惟土物愛。"《孔傳》:"惟土地所生之物,皆愛惜之。"(676、 14-22-18)

按:《詩·大雅·烝民》"維仲山甫舉之,愛莫助之",《毛傳》:"愛,隱也。" 《鄭箋》:"愛,惜也。"《禮記·表記》"我儀圖之,惟仲山甫舉之,愛莫助 之",《鄭注》:"愛,猶惜也。"

0004 安 ān

安逸。

○《盤庚上》:"惰農自安。"《孔傳》:"如怠惰之農,苟自安逸。"(436、9-8-7)

① 　(宋)蔡沈著,錢宗武、錢忠弼整理:《書集傳》,鳳凰出版社,2010年,第87頁。
② 　(宋)蔡沈著,錢宗武、錢忠弼整理:《書集傳》,第253頁。

0005 傲 ào

① 傲慢。

○《堯典》:"岳曰:瞽子,父頑,母嚚,象傲。"《孔傳》:"象,舜弟之字,傲慢不友。"(60、2-32-13)

○《盤庚上》:"無傲從康。"《孔傳》:"無傲慢從心所安。"(432、9-6-13)

按:《説文》:"傲,倨也。"《廣雅·釋詁》:"傲、慢,傷也。"蔡沈《書集傳》"象傲"注云:"傲,驕慢也。"[1]《國語·晉語》"小國傲,大國襲焉曰誅",韋昭注:"傲,慢也。"

② 傲戲。

○《益稷》:"傲虐是作。"《孔傳》:"傲戲而爲虐。"(215、5-14-10)

按:《爾雅·釋詁》:"敖,戲謔也。"《爾雅·釋言》:"敖,傲也。"《荀子·勸學》"未可與言而言傲",楊倞注云:"傲,亦戲傲也。"

0006 拜手 bài shǒu

首至手。

○《太甲中》:"伊尹拜手稽首。"《孔傳》:"拜手,首至手。"(416、8-30-5)

○《召誥》:"拜手稽首曰。"《孔傳》:"拜手,首至手。"(719、15-17-16)

按:《廣雅·釋詁》:"跪,拜也。""拜手"是古代男子跪拜禮的一種。跪後兩手相拱,俯頭至手。《孔疏》:"《周禮·大祝》:'辨九拜,一曰稽首,二曰頓首,三曰空首。'……此言'拜手稽首'者,初爲拜頭至手,乃復申頭以至于地,至手是爲'拜手',至地乃爲'稽首'。然則凡爲稽首者,皆先爲拜手,乃後爲稽首。"

0007 頒 bān

分。

○《洛誥》:"乃惟孺子,頒朕不暇。"《孔傳》:"我爲政常若不暇,汝爲小子,當分取我之不暇而行之。"(731、15-28-8)

按:分,即分擔義。《禮記·祭義》"古之道,五十不爲甸徒,頒禽隆諸長者",《鄭注》云:"頒之言分也。"孫星衍《尚書今古文注疏》:"頒者,鄭注《祭禮》云:'頒之言分也。'《説文》'頒'作'攽',云:'分也。'引《周書》曰:'乃惟孺子攽。'亦讀與彬同。攽,蓋孔壁古文。言聽政之事繁多,孺子分其任,我有所不遑也。"[2]

另:《説文》引《周書》"乃惟孺子攽","攽"字屬上,《尚書孔傳參正》點校

---

① (宋)蔡沈著,錢宗武、錢忠弼整理:《書集傳》,第6頁。

② (清)孫星衍撰,陳抗、盛冬鈴點校:《尚書今古文注疏》,第409頁。

本所施句讀亦同。而武英殿本《尚書注疏》"頒"字屬下。按照《孔傳》訓釋，"頒"字屬下更準確。

0008 邦 bāng

① 國。(60 見)

○《大禹謨》："后非衆,罔與守邦?"《孔傳》："君恃衆以守國,相須而立。"(154、4-12-7)

○《皋陶謨》："亮采有邦。"《孔傳》："有國,諸侯。"(170、4-28-1)

○《皋陶謨》："無教逸欲有邦。"《孔傳》："不爲逸豫貪欲之教,是有國者之常。"(172、4-29-12)

○《益稷》："萬邦黎獻,共惟帝臣。"《孔傳》："萬國衆賢,共爲帝臣。"(212、5-14-3)

○《禹貢》："惟箘、簵、楛,三邦厎貢厥名。"《孔傳》："三物皆出雲夢之澤,近澤三國,常致貢之,其名天下稱善。"(283、6-21-7)

○《五子之歌》："民惟邦本,本固邦寧。"《孔傳》："言人君當固民以安國。"(376、7-7-15)

○《五子之歌》："明明我祖,萬邦之君。"《孔傳》："君萬國爲天子。"(379、7-9-13)

○《仲虺之誥》："表正萬邦。"《孔傳》："儀表天下,法正萬國。"(395、8-9-7)

○《仲虺之誥》："肇我邦于有夏,若苗之有莠。"《孔傳》："始我商家,國於夏世,欲見翦除,若莠生苗。"(396、8-10-1)

○《仲虺之誥》："推亡固存,邦乃其昌。"《孔傳》："王者如此,國乃昌盛。"(398、8-11-13)

○《湯誥》："俾予一人,輯寧爾邦家。"《孔傳》："言天使我輯安汝國家。國,諸侯。"(401、8-16-1)

○《伊訓》："始于家邦,終于四海。"《孔傳》："家國並化,終洽四海。"(406、8-20-1)

○《太甲中》："並其有邦。"《孔傳》："湯俱與鄰並有國。"(417、8-30-17)

○《太甲下》："邦其永孚於休。"《孔傳》："言君臣各以其道,則國長信保於美。"(419、8-33-14)

○《盤庚下》："嘉績于朕邦。"《孔傳》："立善功於我國。"(463、9-22-15)

○《盤庚下》："邦伯師長百執事之人。"《孔傳》："國伯,二伯及州牧也。"(465、9-24-11)

○《説命中》："明王奉若天道,建邦設都。"《孔傳》："言明王奉順此道,以立國設都。"(471、10-5-6)

○《洪範》:"而邦其昌。"《孔傳》:"汝國其昌盛。"(565、12－17－10)

○《大誥》:"猷！大誥爾多邦。"《孔傳》:"順大道以誥天下衆國。"(622、13－21－5)

○《大誥》:"肆予告我友邦君。"《孔傳》:"以美故告我友國諸侯。"(629、13－25－11)

○《大誥》:"予惟以爾庶邦。"《孔傳》:"用汝衆國。"(629、13－25－13)

○《大誥》:"爾庶邦君,越庶士御事。"《孔傳》:"汝衆國上下。"(629、13－25－14)

○《大誥》:"義爾邦君,越爾多士、尹氏御事。"《孔傳》:"乃欲施義于汝衆國君臣上下至御治事者。"(631、13－27－6)

○《大誥》:"肆予大化誘我友邦君。"《孔傳》:"故大化天下,道我友國諸侯。"(633、13－28－17)

○《大誥》:"爽邦由哲。"《孔傳》:"有明國事、用智道。"(636、13－31－18)

○《微子之命》:"萬邦作式。"《孔傳》:"特爲萬國法式。"(641、13－37－20)

○《康誥》:"越厥邦厥民惟時敘。"《孔傳》:"於其國,於其民,惟是次序。"(649、14－5－1)

○《康誥》:"不迪,則罔政在厥邦。"《孔傳》:"不以道訓之,則無善政在其國。"(667、14－17－3)

○《酒誥》:"厥誥毖庶邦庶士。"《孔傳》:"文王其所告慎衆國衆士。"(674、14－20－17)

○《酒誥》:"明大命于妹邦。"《孔傳》:"欲令明施大教命於妹國。"(672、14－20－7)

○《酒誥》:"越小大邦用喪。"《孔傳》:"於小大之國所用喪亡。"(675、14－21－6)

○《酒誥》:"我西土棐徂邦君、御事、小子。"《孔傳》:"我文王在西土,輔訓往日國君及御治事者、下民子孫。"(680、14－26－4)

○《酒誥》:"越在外服,侯、甸、男、衛邦伯。"《孔傳》:"於在外國,侯服、甸服、男服、衛服國伯諸侯之長。"(682、14－27－2)

○《梓材》:"以厥臣達王,惟邦君。"《孔傳》:"言通民事於國,通王教於民,惟乃國君之道。"(693、14－34－5)

○《梓材》:"王其效邦君越御事。"《孔傳》:"王者其效實國君,及于御治事者。"(696、14－36－11)

○《梓材》:"庶邦享。"《孔傳》:"衆國朝享於王。"(699、14－38－7)

○《梓材》:"后式典,集庶邦,丕享。"《孔傳》:"君天下能用常法,則和集衆

國,大來朝享。"(700、14－38－10)

〇《洛誥》:"萬邦咸休。"《孔傳》:"使萬國皆被美德。"(741、15－34－6)

〇《多士》:"凡四方小大邦喪。"《孔傳》:"凡四方小大國喪滅。"(756、16－5－15)

〇《無逸》:"嘉靖殷邦。"《孔傳》:"善謀殷國。"(772、16－14－18)

〇《無逸》:"以庶邦惟正之供。"《孔傳》:"以衆國所取法則,當以正道供待之故。"(780、16－18－6)

〇《君奭》:"厥亂明我新造邦。"《孔傳》:"其治理足以明我新成國矣。"(799、16－31－6)

〇《多方》:"天降時喪,有邦間之。"《孔傳》:"天下是喪亡以禍之,使天下有國聖人代之。"(822、17－12－17)

〇《立政》:"同于厥邦。"《孔傳》:"同于其國。"(839、17－26－3)

〇《周官》:"惟周王撫萬邦。"《孔傳》:"即政撫萬國。"(852、18－2－9)

〇《周官》:"制治于未亂,保邦于未危。"《孔傳》:"制治安國,必于未亂未危之前。"(853、18－3－9)

〇《周官》:"論道經邦。"《孔傳》:"佐王論道,以經緯國事。"(854、18－5－3)

〇《周官》:"冢宰,掌邦治。"《孔傳》:"稱太宰,主國政治。"(855、18－5－11)

〇《周官》:"司徒掌邦教。"《孔傳》:"司徒主國教化。"(855、18－5－13)

〇《周官》:"宗伯,掌邦禮。"《孔傳》:"宗廟官長,主國禮。"(855、18－5－15)

〇《周官》:"司馬,掌邦政。"《孔傳》:"主戎馬之事,掌國征伐。"(855、18－5－17)

〇《周官》:"司空,掌邦土。"《孔傳》:"主國空土。"(855、18－6－4)

〇《周官》:"萬邦惟無斁。"《孔傳》:"天下萬國,惟乃無厭我周德。"(859、18－11－15)

〇《顧命》:"安勸小大庶邦。"《孔傳》:"安小大衆國,勸使爲善。"(874、18－23－1)

〇《顧命》:"臨君周邦。"《孔傳》:"用是道臨君周國。"(896、18－37－16)

〇《康王之誥》:"皇天改大邦殷之命。"《孔傳》:"大天改大國殷之王命,謂誅紂也。"(906、19－3－18)

〇《冏命》:"萬邦咸休。"《孔傳》:"萬國皆美其化。"(921、19－19－15)

〇《吕刑》:"有邦有土。"《孔傳》:"有國土諸侯。"(943、19－36－12)

〇《文侯之命》:"其歸視爾師,寧爾邦。"《孔傳》:"其歸視汝衆,安汝國内上下。"(966、20－6－8)

〇《秦誓》:"邦之榮懷。"《孔傳》:"國之光榮,爲民所歸。"(987、20－20－12)

② 家。

○《大誥》："反鄙我周邦。"《孔傳》："反鄙易我周家。"(627、13－24－1)

按："邦"訓作"國"，乃常訓也。此條"家"亦是"國家"之義。《周禮·天官·大宰》"以佐王治邦國"，《鄭注》："大曰邦，小曰國。"

③ 邦國。

○《武成》："邦甸侯衛，駿奔走，執豆籩。"《孔傳》："邦國甸侯衛服諸侯，皆大奔走于廟執事。"(531、11－26－17)

○《畢命》："邦之安危，惟茲殷士。"《孔傳》："言邦國所以安危，惟在和此殷士而已。"(916、19－13－8)

0009 邦治 bāng zhì

國政治。

○《周官》："冢宰，掌邦治。"《孔傳》："《天官》卿，稱太宰，主國政治。"(855、18－5－11)

按：邦治，此處爲名詞性詞語，《孔傳》訓作"國政治"，即國家的政事。《周禮·天官·冢宰》"乃立天官冢宰，使帥其屬而掌邦治，以佐王均邦國"，《鄭注》云："邦治，王所以治邦國也。"

0010 包 bāo

包裹。

○《禹貢》："厥包橘柚錫貢。"《孔傳》："其所包裹而致者，錫命乃貢。"(275、6－17－18)

按：《廣雅·釋詁》："包，裹也。"《詩·召南·野有死麕》"野有死麕，白茅包之"，《毛傳》："包，裹也。"《禹貢》："草木漸包。"陸德明《經典釋文》云："包，必茅反，字或作'苞'，非叢生也。馬云：'相包裹也。'"

0011 保 bǎo

① 安。(41 見)

○《胤征》："明徵定保。"《孔傳》："保，安也。"(381、7－12－17)

○《仲虺之誥》："欽崇天道，永保天命。"《孔傳》："王者如此上事，則敬天安命之道。"(399、8－13－7)

○《咸有一德》："常厥德，保厥位。"《孔傳》："人能常其德，則安其位。"(420、8－35－10)

○《咸有一德》："皇天弗保。"《孔傳》："言天不安桀所爲。"(421、8－35－15)

○《盤庚中》："保后胥慼。"《孔傳》："民亦安君之政，相與憂行君令。"(449、9－14－8)

○《盤庚下》："鞠人謀人之<u>保</u>居。"《孔傳》："人之窮困能謀<u>安</u>其居者。" （466、9 - 24 - 16）

○《説命下》："爾尚明<u>保</u>予。"《孔傳》："汝庶幾明<u>安</u>我事。"（476、10 - 11 - 12）

○《泰誓下》："放黜師<u>保</u>。"《孔傳》："可法以<u>安</u>者,反放退之。"（513、11 - 16 - 11）

○《洪範》："錫汝<u>保</u>極。"《孔傳》："與君以<u>安</u>中之善。"（563、12 - 14 - 16）

○《旅獒》："生民<u>保</u>厥居。"《孔傳》："生人<u>安</u>其居。"（598、13 - 6 - 15）

○《康誥》："用<u>保</u>乂民。"《孔傳》："用<u>安</u>治民。"（651、14 - 6 - 7）

○《康誥》："用康<u>保</u>民。"《孔傳》："用其<u>安</u>者以<u>安</u>民。"（651、14 - 6 - 10）

○《康誥》："小人難<u>保</u>。"《孔傳》："小人難<u>安</u>。"（652、14 - 7 - 10）

○《康誥》："應<u>保</u>殷民。"《孔傳》："上以應天,下以<u>安</u>我所受殷之民衆。" （653、14 - 7 - 15）

○《康誥》："若<u>保</u>赤子。"《孔傳》："愛養人如<u>安</u>孩兒赤子。"（656、14 - 9 - 10）

○《酒誥》："祇<u>保</u>越怨不易。"《孔傳》："所敬所<u>安</u>,皆在於怨,不可變易。" （684、14 - 28 - 16）

○《酒誥》："若<u>保</u>宏父。"《孔傳》："當順<u>安</u>之。"（689、14 - 31 - 4）

○《梓材》："子子孫孫永<u>保</u>民。"《孔傳》："又欲令其子孫累世長君國以<u>安</u> 民。"（700、14 - 38 - 18）

按：《孔傳》"君"字,八、李、王、魏、平、岳、十、永、閩、阮作"居"[1],是。

○《召誥》："天迪從子<u>保</u>。"《孔傳》："天道從而子<u>安</u>之。"（713、15 - 10 - 3）

○《召誥》："<u>保</u>受王威命明德。"《孔傳》："<u>安</u>受王之威命,明德奉行之。" （720、15 - 18 - 2）

○《洛誥》："予乃胤<u>保</u>。"《孔傳》："我乃繼文武<u>安</u>天下之道。"（723、15 - 20 - 15）

○《洛誥》："公明<u>保</u>予沖子。"《孔傳》："公當明<u>安</u>我童子。"（733、15 - 29 - 17）

○《洛誥》："誕<u>保</u>文武受民。"《孔傳》："大<u>安</u>文武所受之民。"（738、15 - 32 - 8）

○《洛誥》："承<u>保</u>乃文祖受命民。"《孔傳》："承<u>安</u>汝文德之祖文王所受命 之民。"（739、15 - 33 - 16）

○《洛誥》："惟周公誕<u>保</u>文武受命。"《孔傳》："大<u>安</u>文武受命之事。" （749、15 - 38 - 9）

○《多士》："惟時上帝不<u>保</u>。"《孔傳》："惟是紂惡,天不<u>安</u>之。"（756、16 -

---

① 杜澤遜：《尚書注疏彙校》,第 2203 頁。

5－13）

○《多士》："亦惟天丕建，保乂有殷。"《孔傳》："亦惟天大立安治於殷。"（755、16－5－5）

○《無逸》："能保惠于庶民。"《孔傳》："能安順於衆民。"（776、16－16－3）

○《無逸》："徽柔懿恭，懷保小民。"《孔傳》："以美道和民，故民懷之。以美政恭民，故民安之。"（778、16－18－1）

○《無逸》："胥保惠。"《孔傳》："相安順。"（784、16－21－2）

○《君奭》："時則有若保衡。"《孔傳》："時則有如此伊尹爲保衡，言天下所取安，所取平。"（795、16－27－15）

○《君奭》："率惟兹有陳，保乂有殷。"《孔傳》："循惟此道，有陳列之功，安治有殷。"（797、16－29－9）

○《君奭》："天壽平格，保乂有殷。"《孔傳》："言天壽有平至之君，故安治有殷。"（798、16－31－3）

○《多方》："大不克明保享于民。"《孔傳》："大不能明安享于民。"（820、17－10－14）

○《周官》："制治于未亂，保邦于未危。"《孔傳》："制治安國，必于未亂未危之前，思患預防之。"（853、18－3－9）

○《君陳》："昔周公，師保萬民。"《孔傳》："言周公師安天下之民。"（860、18－14－10）

○《顧命》："用敬保元子釗。"《孔傳》："用奉我言，敬安太子釗。"（874、18－22－17）

○《康王之誥》："保乂王家。"《孔傳》："安治王家。"（909、19－5－5）

○《畢命》："命畢公保釐東郊。"《孔傳》："命畢公使安理治正成周東郊。"（913、19－8－5）

○《秦誓》："以保我子孫黎民。"《孔傳》："用此好技聖之人，安我子孫衆人。"（985、20－19－14）

○《秦誓》："以不能保我子孫黎民。"《孔傳》："用之不能安我子孫衆人。"（986、20－20－4）

② 保安。

○《召誥》："天迪格保。"《孔傳》："言天道所以至於保安湯者，亦如禹。"（713、15－10－6）

○《周官》："立太師、太傅、太保，兹惟三公。"《孔傳》："保，保安天子於德義者。"（854、18－5－3）

按："保"訓作"安"，常訓也。《詩·唐風·山有樞》"宛其死矣，他人是保",《毛傳》:"保,安也。"《鄭箋》:"保,居也。"

0012 北 běi

北走。

〇《武成》:"攻于後以北。"《孔傳》:"攻于後以北走。"(537、11－32－11)

按:北走,即敗走,有戰敗而逃義。《甘誓》"弗用命,戮于社",《孔傳》:"不用命奔北者,則戮之于社主前。"《釋文》云:"軍走曰北。"《左傳·昭公二十一年》:"華氏北,複即之。"注云:"北,敗走。"

0013 備 bèi

① **備員。**

〇《周官》:"官不必備,惟其人。"《孔傳》:"三公之官,不必備員,惟其人有德乃處之。"(854、18－5－6)

按:備員,有充數、湊數義,是説居官有職無權或無所作爲。《史記·秦始皇本紀》:"博士雖七十人,特備員弗用。"

② **備具。**

〇《吕刑》:"其刑上備,有并兩刑。"《孔傳》:"其斷刑文書,上王府,皆當備具。"(957、19－44－6)

按:備具,有齊備、完備義。

0014 倍差 bèi chā

謂倍之又半。

〇《吕刑》:"刖辟疑赦,其罰倍差。"《孔傳》:"倍差,謂倍之又半,爲五百鍰。"(951、19－38－1)

按:《孔疏》:"而云'倍差',倍之又有差,則不啻一倍也。下句贖宫六百鍰,知倍之又半之,爲五百鍰也。"《漢語大詞典》釋"倍差"云:"增加一倍後又減去原數的三分之一。即增加到原數的一又三分之二倍。"《史記·周本紀》引此文,張守節《正義》:"倍中之差,二百去三分一,合三百三十三鍰二兩也。"

0015 悖 bèi

亂。

〇《畢命》:"實悖天道。"《孔傳》:"實亂天道。"(915、19－12－13)

按:《説文》:"悖,亂也。从言孛聲。"《廣雅·釋詁》:"悖,亂也。"

0016 被 bèi

① **及。**

〇《禹貢》:"漸于海,西被于流沙。"《孔傳》:"被,及也。"(358、6－45－6)

按:《孔疏》:"覆被是遠及之辭,故爲及也。"《廣雅·釋詁》:"被,加也。"

② 充溢。

○《堯典》:"允恭克讓,光被四表。"《孔傳》:"既有四德,又信恭能讓,故其名聞充溢四外。"(9、2-8-9)

按:溢,有充滿義。《孔疏》:"傳以'溢'解'被',言其饒多盈溢,故被及之也。"蔡沈《書集傳》訓作"及"①。

③ 覆被。

○《禹貢》:"導菏澤,被孟豬。"《孔傳》:"水流溢覆被之。"(289、6-23-15)

按:蔡沈《書集傳》訓"被"作"及"②。

0017 崩 bēng

崩摧。

○《泰誓中》:"若崩厥角。"《孔傳》:"若崩摧其角。"(511、11-14-13)

按:崩摧,即毀壞義。《説文》:"崩,山壞也。"《詩·魯頌·閟宮》"不虧不崩,不震不騰",《鄭箋》:"虧、崩,皆謂毀壞也。"

0018 伻 bēng

① 使。(5見)

○《洛誥》:"伻從王于周。"《孔傳》:"使從王於周。"(727、15-24-5)

○《洛誥》:"伻嚮即有僚。"《孔傳》:"使臣下各嚮就有官。"(730、15-25-1)

○《洛誥》:"伻來毖殷。"《孔傳》:"是文武使己來慎教殷民。"(741、15-35-14)

○《洛誥》:"王伻,殷乃承敘。"《孔傳》:"王使殷民上下相承有次序。"(744、15-36-6)

○《立政》:"乃伻我有夏。"《孔傳》:"使我周家。"(839、17-26-8)

按:伻,有使令義。《爾雅·釋詁》:"伻,使也。"

② 遣使。

○《洛誥》:"伻來,以圖及獻卜。"《孔傳》:"遣使以所卜地圖,及獻所卜吉兆,來告成王。"(724、15-21-17)

○《洛誥》:"伻來,來視予卜休恒吉。"《孔傳》:"遣使來,來視我以所卜之美,常吉之居,我與公共正其美。"(725、15-23-2)

按:遣,承上下文義增加,《孔疏》:"周公既至,即遣使以所卜地圖,及獻所

① (宋)蔡沈著,錢宗武、錢忠弼整理:《書集傳》,第2頁。
② (宋)蔡沈著,錢宗武、錢忠弼整理:《書集傳》,第53頁。

卜吉兆,來告於成王。"。

0019 比 bǐ

① **親比**。

○《伊訓》:"比頑童。"《孔傳》:"童稚頑嚚<u>親比</u>之。"(408、8 - 21 - 6)

② **比近**。

○《盤庚中》:"非汝有咎,<u>比</u>于罰。"《孔傳》:"非謂汝有惡徙汝,令<u>比近</u>於殃罰。"(450、9 - 15 - 1)

○《多士》:"<u>比</u>事臣我宗。"《孔傳》:"<u>比近</u>臣我宗周。"(763、16 - 9 - 14)

③ **同心**。

○《盤庚中》:"曷不暨朕幼孫有<u>比</u>?"《孔傳》:"比,同心。"(455、9 - 17 - 16)

按:"曷不暨朕幼孫有比"之"比",蔡沈《書集傳》訓作"同事"①。《廣雅·釋詁》:"比,近也。""親比""比近""同心"義近,即親近義。《左傳·文公十八年》"掩義隱賊,好行凶德,醜類惡物頑嚚不友,是與比周",注云:"比,近也。"

④ **比方**。

○《吕刑》:"上下<u>比</u>罪。"《孔傳》:"上下<u>比方</u>其罪。"(953、19 - 42 - 5)

按:比方,有比照、對照義。《孔疏》:"罪條雖有多數,犯者未必當條,當取故事並之,上下比方其罪之輕重。上比重罪,下比輕罪,觀其所犯,當與誰同。"也就是說,重罪本應該處以重刑,但如果有從輕的事由,則以較輕的罪處罰;反之亦然。

0020 鄙 bǐ

鄙易。

○《大誥》:"反<u>鄙</u>我周邦。"《孔傳》:"反<u>鄙易</u>我周家。"(627、13 - 24 - 1)

按:"鄙""易"均有輕視義,《左傳·襄公十五年》"豈其以千乘之相易淫樂之矇",《釋文》云:"易,以豉反,輕也。""鄙易",即鄙薄輕視義,《孔疏》:"反鄙薄輕易我周家。"

0021 俾 bǐ

使。(24 見)

按:"俾"訓作"使",常訓也。《詩·邶風·綠衣》"我思古人,俾無訧兮",《毛傳》:"俾,使。"《詩·小雅·菀柳》"俾予靖之,後予極焉",《鄭箋》云:"俾,使;極,誅也。"《左傳·成公十二年》"俾隊其師,無克胙國",注云:"俾,使也。"

---

① (宋)蔡沈著,錢宗武、錢忠弼整理:《書集傳》,第 103 頁。

○《堯典》"有能俾乂?"《孔傳》:"俾,使。"(54、2－26－8)

○《大禹謨》:"俾勿壞。"《孔傳》:"使政勿壞。"(149、4－6－8)

○《大禹謨》:"俾予從欲以治四方風動。"《孔傳》:"使我從心所欲而政以治,民動順上命,若草應風。"(152、4－10－15)

○《湯誥》:"俾予一人,輯寧爾邦家。"《孔傳》:"言天使我輯安汝國家。"(401、8－16－1)

○《伊訓》:"俾輔于爾后嗣。"《孔傳》:"使師輔於爾嗣王。"(407、8－20－17)

○《太甲上》:"無俾世迷。"《孔傳》:"不使世人迷惑怪之。"(411、8－27－14)

○《咸有一德》:"俾作神主。"《孔傳》:"使伐桀爲天地神祇之主。"(421、8－35－16)

○《盤庚中》:"承汝俾汝。"《孔傳》:"故承汝使汝徙。"(450、9－14－18)

○《盤庚中》:"無俾易種于茲新邑。"《孔傳》:"無使易種於此新邑。"(460、9－20－11)

○《説命上》:"俾率先王。"《孔傳》:"言匡正汝君,使循先王之道。"(471、10－4－13)

○《説命下》:"予弗克俾厥后惟堯舜。"《孔傳》:"言伊尹不能使其君如堯舜。"(476、10－11－7)

○《牧誓》:"俾暴虐于百姓,以姦宄于商邑。"《孔傳》:"使四方罪人暴虐姦宄于都邑。"(526、11－23－13)

○《武成》:"俾恭天成命。"《孔傳》:"使奉天成命。"(535、11－31－16)

○《微子之命》:"俾我有周無斁。"《孔傳》:"使我有周好汝無厭。"(641、13－37－4)

○《君奭》:"罔不率俾。"《孔傳》:"無不循化而使之。"(808、16－38－4)

○《立政》:"丕乃俾亂。"《孔傳》:"大乃使治之。"(845、17－32－10)

○《立政》:"兹乃俾乂。"《孔傳》:"乃使天下治。"(848、17－34－5)

○《賄肅慎之命》:"王俾榮伯,作《賄肅慎之命》。"《孔傳》:"王使之爲命書,以幣賄,賜肅慎之來賀。"(1059、18－12－5)

○《顧命》:"俾爰齊侯吕伋。"《孔傳》:"使桓、毛二臣,各執干戈,於齊侯吕伋。"(877、18－24－5)

○《畢命》:"俾克畏慕。"《孔傳》:"使能畏爲惡之禍,慕爲善之福。"(915、19－11－3)

○《冏命》:"俾克紹先烈。"《孔傳》:"使能繼先王之功業。"(921、19－20－8)

○《吕刑》:"天齊于民,俾我。"《孔傳》:"天整齊於下民,使我爲之。"(941、19－35－1)

○《秦誓》:"俾君子易辭。"《孔傳》:"使君子迴心易辭。"(982、20 - 18 - 8)

○《秦誓》:"而違之俾不達。"《孔傳》:"違背壅塞之,使不得上通。"(986、20 - 20 - 2)

0022 賁 1. bì

飾。

○《湯誥》:"賁若草木。"《孔傳》:"賁,飾也。"(401、8 - 15 - 14)

按:《孔疏》:"'賁,飾',《易·序卦》文也。"《周易正義》云:"贲,饰也。以刚柔二象交相文饰也。"《詩·小雅·白駒》"皎皎白駒,賁然來思",《毛傳》:"賁,飾也。"

2. fén

大。

○《盤庚下》:"用宏兹賁。"《孔傳》:"宏、賁皆大也。"(465、9 - 23 - 18)

按:《孔疏》:"樊光曰:《周禮》云'其聲大而宏',《詩》云'有賁其首',是宏、賁皆爲大之義也。"《尚書大傳》"天子賁庸",鄭玄注云:"賁,大也。"

○《大誥》:"敷賁,敷前人受命。"《孔傳》:"我求濟渡,在布行大道,在布陳文武受命"(625、13 - 21 - 17)

0023 蔽 bì

① 斷。

○《大禹謨》:"惟先蔽志。"《孔傳》:"蔽,斷。"(155、4 - 14 - 16)

○《康誥》:"丕蔽要囚。"《孔傳》:"要囚,謂察其要辭以斷獄。……乃大斷之。"(658、14 - 10 - 11)

○《康誥》:"蔽時忱。"《孔傳》:"斷行是誠道。"(668、14 - 18 - 14)

② 斷獄。

○《康誥》:"罰蔽殷彝。"《孔傳》:"刑罰斷獄,用殷家常法。"(659、14 - 11 - 3)

按:斷,有斷獄、審斷之義。《左傳·昭公十四年》"叔魚蔽罪邢侯",杜預注云:"蔽,斷也。"《孔疏》:"《周禮·大司寇》云'凡庶民之獄訟,以邦成蔽之',鄭玄云:'蔽之,斷其獄訟也。'《尚書·康誥》云:'服念五六日,至於旬時,丕蔽要囚。'孔安國云:'服膺思念五六日,至於十日,至於三月,乃大斷之。'皆以蔽爲斷,是相傳爲説。"

0024 毖 bì

① 勞。

○《大誥》:"無毖于恤。"《孔傳》:"無勞於憂。"(631、13 - 27 - 9)

按：勞,有操勞、勞苦義。《孔疏》：“言無勞於征伐之憂也。”《廣雅·釋
詁》：“祕,勞也。”王念孫《疏證》：“《大誥》‘無毖于恤’,傳云：無勞于
憂……祕與毖通。”①

○《大誥》：“天閟毖我成功所。”《孔傳》：“言天慎勞我周家成功所在。”
(633、13－28－14)

按：《孔疏》：“‘天慎勞我周家’者,美其德當天心,慎惜又勞來勸勉之,使
至成功所在,在於致太平也。”

② **慎。(7 見)**

○《酒誥》：“厥誥毖庶邦庶士。”《孔傳》：“文王其所告慎眾國眾士。”
(674、14－20－17)

○《酒誥》：“汝劼毖殷獻臣。”《孔傳》：“汝當固慎殷之善臣信用之。”
(686、14－30－14)

○《酒誥》：“汝典聽朕毖。”《孔傳》：“汝當常聽念我所慎而篤行之。”
(690、14－33－9)

○《召誥》：“毖祀于上下。”《孔傳》：“爲治當慎祀于天地。”(715、15－12－3)

○《洛誥》：“夙夜毖祀。”《孔傳》：“早起夜寐,慎其祭祀而已。”(736、15－
30－11)

○《洛誥》：“伻來毖殷。”《孔傳》：“使己來慎教殷民。”(741、15－35－14)

○《畢命》：“毖殷頑民。”《孔傳》：“惟(慎)殷頑民。”(913、19－8－18)

按：《孔傳》“惟殷頑民”之“惟”字,八、李、王、平、要、岳、永作“慎”②,是。
“慎”有謹慎、戒慎義。《詩·大雅·桑柔》“爲謀爲毖,亂兄斯削”,《毛傳》：
“毖,慎也。”《詩·周頌·小毖》“予其懲而毖後患”,《毛傳》：“毖,慎也。”

0025 畢 bì

① **盡。**

○《泰誓中》：“群后以師畢會。”《孔傳》：“諸侯盡會次也。”(508、11－10－7)

○《旅獒》：“畢獻方物。”《孔傳》：“盡貢其方土所生之物。”(597、13－2－13)

○《康誥》：“惟民其畢棄咎。”《孔傳》：“則惟民其盡棄惡修善。”(656、14－
9－9)

○《康王之誥》：“畢協賞罰。”《孔傳》：“盡和天下賞罰。”(906、19－4－3)

按：盡,有全部、統統義。《禮記·玉藻》“笏,畢用也,因飾焉”,鄭玄注云：
“畢,盡也。”

---

① （清）王念孫：《廣雅疏證》,第 31 頁下。
② 杜澤遜：《尚書注疏彙校》,第 3064 頁。

② 終畢。

○《大誥》:"予曷敢不于前寧人攸受休畢?"《孔傳》:"我何敢不於前文王所受美命終畢之?"(634、13-29-5)

按:《孔疏》:"上云'卒寧王圖事',又云'圖功攸終',此云'攸受休畢','畢',終也,三者文辭略同,義不甚異。"

0026 畀 bì

與。(9見)

○《洪範》:"不畀洪範九疇彝倫攸斁。"《孔傳》:"畀,與。"(545、12-3-13)

○《多士》:"惟天不畀。"《孔傳》:"惟天不與。"(753、16-2-18)

○《多士》:"惟帝不畀。"《孔傳》:"惟天不與紂。"(754、16-3-2)

○《多士》:"惟天不畀,不明厥德"《孔傳》:"惟天不與不明其德者。"(756、16-5-14)

○《多士》:"天惟畀矜爾。"《孔傳》:"爲天所與,爲天所憐。"(764、16-10-16)

○《多方》:"惟天不畀純。"《孔傳》:"惟天不與桀亦已大。"(819、17-10-11)

○《多方》:"簡畀殷命。"《孔傳》:"大與我殷之王命。"(824、17-14-15)

○《多方》:"天惟畀矜爾。"《孔傳》:"天惟與汝憐汝。"(830、17-18-14)

○《康王之誥》:"付畀四方。"《孔傳》:"付與四方之國王天下。"(909、19-5-8)

按:與,有賜與,給予義。《孔疏》:"'畀,與',《釋詁》文。"《詩·鄘風·干旄》"彼姝者子,何以畀之",《毛傳》:"畀,予也。"《左傳·襄公十七年》:"畀余而大璧",杜預注云:"畀,與也。"

0027 閉 bì

閉絕。

○《大誥》:"予不敢閉于天降威用。"《孔傳》:"言我不敢閉絕天所下威用而不行。"(625、13-22-1)

按:《孔疏》:"王者征伐刑獄,象天震曜殺戮,則征伐者,天之所威用,謂誅惡是也。天有此道,王者用之。用之則開,不用則閉,言我不敢閉絕天之所下威用而不行之。既不敢不行,故將伐四國。"

0028 閟 bì

慎。

○《大誥》:"天閟毖我成功所。"《孔傳》:"閟,慎也。"(633、13-28-14)

按:《釋文》:"閟,音祕。"《孔疏》:"'閟,慎',《釋詁》文。"

0029 弼 bì

① 輔。(8 見)

○《大禹謨》:"以弼五教。"《孔傳》:"弼,輔。"(151、4-9-11)

○《皋陶謨》:"謨明弼諧。"《孔傳》:"謀廣聰明以輔諧其政。"(162、4-22-16)

○《益稷》:"弼成五服。"《孔傳》:"五服……服五百里,四方相距爲方五千里,治洪水輔成之。"(219、5-15-1)

○《大誥》:"弼我丕丕基。"《孔傳》:"輔成我大大之基業。"(632、13-28-9)

○《洛誥》:"惟命曰:'汝受命篤,弼丕。'"《孔傳》:"汝受天命厚矣,當輔大天命。"(727、15-24-10)

○《周官》:"弼予一人。"《孔傳》:"輔我一人之治。"(854、18-5-10)

○《冏命》:"以旦夕承弼厥辟。"《孔傳》:"以旦夕承輔其君。"(921、19-19-13)

○《冏命》:"永弼乃后於彝憲。"《孔傳》:"長輔汝君於常法。"(922、19-22-9)

② 佐。

○《說命上》:"夢帝賚予良弼。"《孔傳》:"夢天與我輔弼良佐。"(470、10-2-16)

③ 輔臣。

○《益稷》:"其弼直。"《孔傳》:"其輔臣必用直人。"(191、5-5-1)

④ 輔正。

○《益稷》:"予違,汝弼。"《孔傳》:"我違道,汝當以義輔正我。"(209、5-7-4)

⑤ 輔佑。

○《多士》:"弼我。"《孔傳》:"輔佑我。"(753、16-2-18)

按:《爾雅·釋詁》:"弼、棐、輔、比,俌也。"《說文》:"弼,輔也。"《禮記·文王世子》"設四輔及三公",《孔疏》引《尚書大傳》云:"古者天子必有四鄰:前曰疑,後曰丞,左曰輔,右曰弼。"

0030 弼亮 bì liàng

輔佐。

○《畢命》:"弼亮四世。"《孔傳》:"輔佐文、武、成、康,四世爲公卿。"(914、19-9-9)

按:《孔疏》:"《釋詁》云:'亮,佐也。'《晉語》說文王之事云,'詢于八虞,訪于辛、尹,重之以周、召、畢、榮',則畢公於文王之世,已爲大臣,是'輔佐文、武、成、康四世爲公卿'也。"

0031 卞 biàn

法。

○《顧命》：“率循大卞。”《孔傳》：“率群臣，循大法。”（896、18－37－17）

按：《孔疏》：“‘卞’之爲法，無正訓也。告以爲法之道，令率群臣循之，明所循者法也，故以‘大卞’爲大法。”

0032 辯 biàn

使。

○《酒誥》：“勿辯乃司民湎于酒。”《孔傳》：“辯，使也。”（690、14－33－9）

0033 變 biàn

① 易。

○《畢命》：“世變風移。”《孔傳》：“世代民易，頑者漸化。”（913、19－9－2）

按：易，即變易、變化義。《詩·韓風·猗嗟》“四矢反兮，以禦亂兮”，《釋文》：“反如字，《韓詩》作‘變’。變，易。”《周禮·夏官·司爟》“四時變國火”，鄭玄注云：“變，猶易也。”

② 變化。

○《堯典》：“黎民於變時雍。”《孔傳》：“天下衆民皆變化從上，是以風俗大和。”（16、2－10－6）

○《君陳》：“時乃罔不變。”《孔傳》：“是乃無不變化其政教。”（864、18－18－12）

0034 表 biǎo

① 外。

○《堯典》：“光被四表。”《孔傳》：“其名聞充溢四外。”（9、2－8－9）

按：《廣雅·釋詁》：“外，表也。”蔡沈《書集傳》：“表，外。”①

② 表異。

○《畢命》：“旌別淑慝，表厥宅里。”《孔傳》：“言當識別頑民之善惡，表異其居里。”（915、19－10－18）

按：表異，有褒獎、顯揚義。《漢書·張良傳》“表商容之閭”，顏師古注：“表，謂顯異之。”。

0035 別 bié

① 分。

○《禹貢》：“禹別九州。”《孔傳》：“分其坼界。”（997、6－1－6）

---

① （宋）蔡沈：《書集傳》，第2頁。

按:《孔疏》:"分其疆界,使有分限。計九州之境,當應舊定,而云'禹別'者,以堯遭洪水,萬事改新,此爲作貢生文,故言'禹別'耳。"

② **分別**。

○《康誥》:"乃別播敷。"《孔傳》:"分別播布德教。"(664、14－14－16)

按:《孔疏》:"言'分別播布德教',謂分遣卿大夫爲之教民使善。"

0036 賓 bīn

① **導**。

○《堯典》:"寅賓出日。"《孔傳》:"賓,導。"(25、2－12－9)

按:賓,《釋文》引馬云作"從也"。《孔疏》:"賓者,主行導引,故'賓'爲導也。……鄭玄云:'寅賓出日,謂春分朝日。'"

② **賓客**。

○《洪範》:"七曰賓。"《孔傳》:"禮賓客,無不敬。"(560、12－12－1)

○《微子之命》:"作賓于王家。"《孔傳》:"爲時王賓客。"(640、13－35－7)

③ **賓服**。

○《旅獒》:"四夷咸賓。"《孔傳》:"四夷皆賓服。"(597、13－2－12)

按:《國語·楚語上》"蠻夷戎狄,其不賓也久矣",韋昭注云:"賓,服也。"

④ **賓外**。

○《多士》:"予惟四方罔攸賓。"《孔傳》:"無有遠近,無所賓外。"(763、16－10－10)

0037 秉 bǐng

① **把**。

○《牧誓》:"右秉白旄以麾。"《孔傳》:"右手把旄,示有事於教。"(518、11－20－9)

按:把,有執拿、拿着義。《詩·小雅·大田》"田祖有神,秉畀炎火",《鄭箋》云:"田祖之神不受此害,持之付與炎火,使自消亡。"《釋文》:"秉,如字。執,持也。"

② **持**。

○《酒誥》:"經德秉哲。"《孔傳》:"能常德持智。"(681、14－26－14)

○《君奭》:"王人罔不秉德。"《孔傳》:"其王人無不持德立業。"(797、16－30－2)

○《顧命》:"太史秉書。"《孔傳》:"太史持册書顧命。"(895、18－35－14)

③ **奉**。

○《顧命》:"秉璋以酢。"《孔傳》:"秉璋以酢祭。半圭曰璋,臣所奉。"(827、17－16－10)

④ 執。

○《多方》：“秉德不康寧。”《孔傳》：“執德不安寧自誅汝。”（898、18－38－15）

按：執，爲秉持義。《詩·小雅·小弁》“君子秉心”，《鄭箋》云：“秉，執也。”《大雅·烝民》“民之秉彝”，鄭玄亦訓“秉”作“執”。

0038 病 bìng

病苦。

○《吕刑》：“人極于病。”《孔傳》：“欲使惡人極于病苦。”（955、19－43－14）

按：《廣雅·釋詁》：“病，苦也。”

0039 播 bō

① 分。

○《禹貢》：“又北播爲九河。”《孔傳》：“北分爲九河以殺其溢。”（317、6－34－16）

按：分，有分散義。《周禮·考工記·桃氏》“鐘已厚則石，已薄則播”，注云“大薄則聲散”，訓“播”作“散”。

② 布。

○《盤庚上》：“王播告之修。”《孔傳》：“王布告人以所脩之政。”（432、9－6－18）

○《吕刑》：“今爾何監，非時伯夷播刑之迪？”《孔傳》：“言當視是伯夷布刑之道而法之。”（509、11－10－14）

○《泰誓中》：“播棄犂老。”《孔傳》：“鮐背之耇稱犂老，布棄不禮敬。”（939、19－33－10）

按：《孔疏》：“傳以‘播’爲布。布者，徧也，言徧棄之，不禮敬也。”

另：布，有傳布、傳揚之義。《國語·晉語》“必播於外”，韋昭注：“播，布也。”

③ 播率。

○《康誥》：“百工播民和，見士于周。”《孔傳》：“五服之百官，播率其民和悅，并見即事於周。”（644、14－2－15）

按：經文“百工播民和，見士于周”，屈萬里《尚書今注今譯》句讀作“百工播民，和見士于周”，云：“百工，百官。播，義同《大誥》逋播臣之播；播民，謂殷民。……〔譯文〕……還有周的官員以及有罪的人（殷民），都盡力爲周人來工作。”①

④ 播棄。

○《多方》：“爾乃屑播天命。”《孔傳》：“是汝乃盡播棄天命。”（826、17－

---

① 屈萬里：《尚書今注今譯》，第 96 頁。

15－18）

按：播棄,有背棄、捨棄義。《楚辭·劉向〈九歎·思古〉》“播規榘以背度兮,錯權衡而任意”,王逸注:“播,棄。”

0040 播敷　bō fū

播布。

○《康誥》:“乃别播敷。”《孔傳》:“分别播布德教。”(664、14－14－16)

按：播布,即傳布義。《孔疏》:“言‘分别播布德教’,謂分遣卿大夫爲之教民使善。”

0041 伯　bó

長。（8 見）

○《酒誥》:“越在外服,侯、甸、男、衛邦伯。”《孔傳》:“於在外國,侯服、甸服、男服、衛服國伯諸侯之長。”(682、14－27－2)

○《多方》:“越惟有胥伯小大多正。”《孔傳》:“於惟有相長事。”(828、17－18－4)

○《立政》:“王左右,常伯、常任、準人、綴衣、虎賁。”《孔傳》:“常所長事、常所委任,謂三公六卿。”(833、17－21－10)

○《立政》:“立民長伯。”《孔傳》:“立民正長。”(840、17－27－8)

按：《孔疏》:“‘伯’亦長也,故言‘立民正長’。”

○《立政》:“大都小伯。”《孔傳》:“小臣猶皆慎擇其人,況大都邑之小長。”(841、17－28－11)

○《周官》:“外有州牧侯伯。”《孔傳》:“外置州牧十二,及五國之長。”(853、18－3－15)

按：《孔疏》:“‘侯伯’謂諸侯之長。《益稷》篇,禹言治水時事云‘外薄四海,咸建五長’,知‘侯伯’是五國之長也。”

○《周官》:“宗伯,掌邦禮。”《孔傳》:“《春官》卿,宗廟官長。”(855、18－5－15)

按：《孔疏》:“‘伯’,長也。宗廟官之長,故名其官爲‘宗伯’。”

○《吕刑》:“官伯、族姓,朕言多懼。”《孔傳》:“官長,諸侯。”(957、19－45－6)

按：《爾雅·釋詁》:“伯,長也。”《周禮·天官·冢宰》“宫伯”,注云:“伯,長也。”《左傳·僖公十九年》“今邢方無道,諸侯無伯”注,亦訓“伯”作“長”。

0042 不啻　bù chì

不但。

○《多士》:“爾不啻不有爾土。”《孔傳》:“不但不得還本土而已。”(764、

16－10－17)

按：不啻，訓作"不但"，有"不僅"之義。另見《秦誓》"允若時，不啻不敢含怒"，《孔傳》未訓。

0043 不恭 bù gōng

不奉上命。

○《盤庚中》："顛越不恭。"《孔傳》："不恭，不奉上命。"(459、9－20－8)

按：《孟子·萬章下》"卻之，卻之爲不恭，何哉"中，"不恭"亦是此義。

0044 不矜 bù jīn

輕忽。

○《旅獒》："不矜細行，終累大德。"《孔傳》："輕忽小物，積害毀大。"(598、13－6－11)

按：《孔疏》："'矜'是憐惜之意，故以不惜細行爲'輕忽小物'。"

0045 不寧 bù níng

亂。

○《洪範》："家用不寧。"《孔傳》："國家亂。"(588、12－30－15)

0046 不惟 bù wéi

非徒。

○《酒誥》："不惟不敢，亦不暇。"《孔傳》："非徒不敢，志在助君敬法，亦不暇飲酒。"(683、14－27－7)

按：非徒，即不僅、不但義。

0047 不違 bù wéi

從。

○《大誥》："王害不違卜。"《孔傳》："則王室有害，故宜從卜。"(630、13－25－18)

按：從，有依從義。不違，另見《論語·爲政》："子曰：'吾與回言終日，不違，如愚。'"何晏《集解》引孔安國曰："不違者，無所怪問，於孔子之言，默而識之，如愚。"

0048 布 bù

① 行。

○《仲虺之誥》："矯誣上天以布命于下。"《孔傳》："言託天以行虐於民，乃桀之大罪。"(395、8－9－14)

按：行，有施行義。《孔疏》："夏王自有所欲，詐加上天，言天道須然，不可不爾，假此以布苛虐之命於天下，以困苦下民。"

② 陳。

○《康王之誥》:"皆布乘黃朱。"《孔傳》:"諸侯皆陳四黃馬朱鬣以爲庭實。"(904、19-1-17)

按:《左傳·昭公二年》"寡君使虎布之",注云:"布,陳也。"孫星衍《尚書今古文注疏》:"今文'布乘'作'鬴鬻',解之者以爲衣也。"①曾運乾《尚書正讀》從孫説。

0049 步 bù

行。

○《武成》:"王朝步自周,于征伐商。"《孔傳》:"步,行也。"(530、11-26-9)

○《召誥》:"王朝步自周。則至于豐。"《孔傳》:"成王朝行,從鎬京則至于豐。"(704、15-2-7)

按:《孔疏》:"《釋宮》云:'堂上謂之行,堂下謂之步。'彼相對爲名耳。散則可以通,故'步'爲行也。"《廣雅·釋詁》:"步,行也。"

0050 材 cái

才。

○《咸有一德》:"任官惟賢材。"《孔傳》:"官賢才而任之,非賢材不可任。"(422、8-36-17)

0051 財 cái

財貨。

○《禹貢》:"厎慎財賦。"《孔傳》:"致所慎者,財貨貢賦。"(351、6-38-15)

按:《廣雅·釋詁》:"財,貨也。"

0052 采 cǎi

事。(5見)

○《堯典》:"疇咨若予采?"《孔傳》:"采,事也。"(47、2-25-14)

按:《孔疏》:"'采,事',《釋詁》文。上已求順時,不得其人,故復求順我事者。順時順事,其義一也。"

○《皋陶謨》:"亦言其人有德,乃言曰,載采采。"《孔傳》:"采,事也。"(167、4-25-8)

○《皋陶謨》:"亮采有邦。"《孔傳》:"以信治政事。"(170、4-28-1)

○《禹貢》:"百里采。"《孔傳》:"侯服内之百里,供王事而已,不主一。"(354、6-42-6)

按:《孔疏》:"'采'訓爲'事',此百里之内,主供王事而已。'事'謂役也,

---

① (清)孫星衍撰,陳抗、盛冬鈴點校:《尚書今古文注疏》,第504頁。

有役則供,不主於一,故但言'采'。"

○《酒誥》:"服休服<u>采</u>。"《孔傳》:"服行美道,服<u>事</u>治民乎。"(687、14-30-18)

按:《孔疏》:"鄭玄以'服休'爲燕息之近臣,'服采'爲朝祭之近臣,非孔意也。"

0053 蔡 cài

法。

○《禹貢》:"二百里<u>蔡</u>。"《孔傳》:"蔡,法也。"(356、6-43-11)

按:《孔疏》:"'蔡'之爲法,無正訓也。上言'三百里夷','夷'訓'平也',言守平常教耳。此名爲'蔡',義簡於'夷',故訓'蔡'爲法。法則三百里者,去京師彌遠,差復簡易,言其不能守平常也。"孫星衍《疏》引鄭玄曰:"蔡之言殺,減殺其賦……依鄭差次,則六百里夷,四百里蔡矣。"[1]

0054 參 cān

參列。

○《西伯戡黎》:"乃罪多<u>參</u>在上。"《孔傳》:"汝罪惡衆多,<u>參列</u>於上天。"(490、10-18-13)

按:參列,有羅列義。《釋文》引馬融云:"參字累在上。"曾運乾《尚書正讀》:"參,森也,列也。"[2]

0055 藏 cáng

隱藏。

○《召誥》:"智<u>藏</u>瘝在。"《孔傳》:"賢智<u>隱藏</u>,瘝病者在位。"(712、15-9-1)

按:《説文》:"藏,匿也。"《廣雅·釋詁》:"匿,隱也。"

0056 册 cè

册書。(5見)

○《金縢》:"史乃<u>册</u>祝。"《孔傳》:"史爲<u>册書</u>祝辭也。"(602、13-10-15)

○《洛誥》:"王命周公後,作<u>册</u>逸誥。"《孔傳》:"王爲<u>册書</u>,使史逸誥伯禽封命之書。"(749、15-38-7)

○《多士》:"惟殷先人,有<u>册</u>有典。"《孔傳》:"殷先世有<u>册書</u>典籍。"(759、16-8-7)

○《顧命》:"丁卯,命作<u>册</u>度。"《孔傳》:"三日命史爲<u>册書</u>法度。"(878、18-24-10)

---

① (清)孫星衍撰,陳抗、盛冬鈴點校:《尚書今古文注疏》,第84頁。
② (清)曾運乾:《尚書正讀》,第122頁。

○《畢命》:"康王命作冊畢。"《孔傳》:"命爲冊書以命畢公。"(1063、19 -
7 - 8)

0057 側言 cè yán

邪巧之言。

○《蔡仲之命》:"罔以側言改厥度。"《孔傳》:"無以邪巧之言,易其常
度。"(814、17 - 4 - 16)

按:蔡沈《書集傳》:"側言,一偏之言也。"①與《孔傳》類。

0058 差 chā

差錯。

○《呂刑》:"察辭于差,非從惟從。"《孔傳》:"察囚辭,其難在於差錯,非從
其偏辭,惟從其本情。"(956、19 - 43 - 17)

0059 察 chá

清察。

○《呂刑》:"惟察惟法。"《孔傳》:"惟當清察罪人之辭,附以法理。"(954、
19 - 42 - 7)

按:清察,即清明公正地審察,有明審義。

0060 讒 chán

妄。

○《盤庚下》:"協比讒言,予一人。"《孔傳》:"合比凶人而妄言。"(463、9 -
21 - 18)

0061 昌 chāng

① 當。

○《大禹謨》:"禹拜昌言曰:'俞。'"《孔傳》:"昌,當也。"(159、4 - 19 - 11)

按:《孔疏》:"'昌,當也',《釋詁》文。禹以益言爲當,拜舜而已即還。"劉
起釪:"昌言,《史記》作'美言'。'禹拜昌言曰俞',《史記》作'禹拜美言
曰然'。《説文》:'昌,美言也。'《孟子》趙岐注引作'禹拜讜言'。《逸周
書·祭公解》作'黨言'。《字林》:'讜言,美言也,音黨。'"②

○《皋陶謨》:"禹拜昌言曰:'俞。'"《孔傳》:"以皋陶言爲當,故拜受而然
之。"(163、4 - 23 - 4)

○《益稷》:"汝亦昌言。"《孔傳》:"使亦陳當言。"(183、5 - 1 - 10)

○《益稷》:"師汝昌言。"《孔傳》:"言禹功甚當,可師法。"(191、5 - 2 - 14)

---

① 蔡沈著,錢宗武、錢忠弼整理:《書集傳》,第209頁。
② 顧頡剛、劉起釪:《尚書校釋譯論》,第396頁。

② 昌盛。

○《仲虺之誥》:"邦乃其昌。"《孔傳》:"國乃昌盛。"(398、8-11-13)

○《洪範》:"而邦其昌。"《孔傳》:"汝國其昌盛。"(565、12-17-11)

0062 長 1. cháng

長久。

○《盤庚中》:"汝不謀長。"《孔傳》:"汝不謀長久之計。"(452、9-16-4)

按:《國語·吴語》"以民生之不長",韋昭注云:"長,久也。"漢桓寬《鹽鐵論·徭役》"夫文猶可長用,而武難久行也","長"亦長久之義。

2. zhǎng

① 伯。

○《益稷》:"咸建五長。"《孔傳》:"五國立賢者一人爲方伯,謂之五長。"(225、5-15-6)

按:《爾雅·釋詁》:"伯,長也。""長"訓作"伯",有首領、君長之義。《孔疏》云:"《王制》云:'五國以爲屬,屬有長。'此'建五長'亦如彼文,故云'諸侯五國立賢者一人爲方伯,謂之五長,以相統治,欲以共獎帝室故'也。"

② 正。

○《立政》:"立民長伯。"《孔傳》:"立民正長。"(840、17-27-8)

按:《孔疏》:"'伯'亦長也,故言'立民正長'……立民長伯,謂建諸侯也。"

0063 倡 chàng

倡道。

○《周官》:"以倡九牧。"《孔傳》:"以倡道九州牧伯爲政。"(856、18-6-6)

按:倡道,即倡導義。

0064 臣 chén

臣服。

○《多方》:"今爾奔走臣我監。"《孔傳》:"今汝奔走來徙臣服我監。"(827、17-18-1)

按:據北監本《尚書注疏》,經文"臣",孔傳訓作"臣服"。但據《尚書注疏彙校》,"服",八、李、王、纂、平、要、岳、十、永、閩、阮作"我"[1],衍一"我"字。北監改上"我"字作"服",毛本、殿本、庫本從之。

---

[1] 杜澤遜:《尚書注疏彙校》,第2676頁。

0065 諶 chén

信。

○《咸有一德》：“天難諶,命靡常。”《孔傳》：“以其無常,故難信。”（420、8－35－9）

○《君奭》：“天難諶,乃其墜命。”《孔傳》：“天難信無德者,乃其墜失王命。”（793、16－26－7）

按：《爾雅·釋詁》：“諶,信也。”“信”,即相信義。

0066 沈 chén

① 醉冥。

○《胤征》：“沈亂于酒。”《孔傳》：“沈,謂醉冥。”（381、7－14－8）

② 沈溺。

○《盤庚上》：“恐沈於衆。”《孔傳》：“恐汝沈溺於衆。”（438、9－9－10）

○《盤庚中》：“惟胥以沈。”《孔傳》：“相與沈溺。”（452、9－15－17）

③ 沈湎。

○《微子》：“我用沈酗于酒。”《孔傳》：“沈湎酗醟。”（494、10－19－18）

按：《孔疏》：“人以酒亂,若沈於水,故以耽酒爲‘沈’也。湎然是齊同之意,《詩》云:‘天不湎爾以酒。’”

0067 沈酗 chén xù

沈湎。

○《微子》：“方興沈酗于酒。”《孔傳》：“四方化紂沈湎,不可如何。”（498、10－22－8）

0068 沉湎 chén miǎn

沉湎嗜酒。

○《泰誓上》：“沉湎冒色。”《孔傳》：“沉湎嗜酒,冒亂女色。”（504、11－5－13）

按：《孔疏》：“人被酒困,若沈於水,酒變其色,湎然齊同,故‘沉湎’爲嗜酒之狀。”

0069 忱 chén

① 誠。（9見）

○《湯誥》：“尚克時忱。”《孔傳》：“忱,誠也。”（402、8－16－14）

○《盤庚中》：“欽念以忱,動予一人。”《孔傳》：“敬念以誠感我。”（451、9－15－10）

○《説命中》：“王忱不艱。”《孔傳》：“王心誠不以行之爲難。”（473、10－8－15）

○《大誥》:"天棐忱辭。"《孔傳》:"言我周家有大化誠辭,爲天所輔。"(633、13 - 28 - 18)

○《大誥》:"越天棐忱。"《孔傳》:"於天輔誠。"(637、13 - 32 - 2)

○《康誥》:"天畏棐忱。"《孔傳》:"天德可畏,以其輔誠。"(652、14 - 7 - 9)

○《康誥》:"蔽時忱。"《孔傳》:"斷行是誠道。"(668、14 - 18 - 14)

○《君奭》:"若天棐忱。"《孔傳》:"順天輔誠,所以國也。"(791、16 - 25 - 8)

○《立政》:"迪知忱恂于九德之行。"《孔傳》:"蹈知誠信於九德之行。"(836、17 - 22 - 18)

② 信。

○《多方》:"爾乃自作不典圖忱于正。"《孔傳》:"汝乃自爲不常謀信于正道。"(826、17 - 16 - 2)

○《多方》:"爾不克勸忱我命。"《孔傳》:"汝不能勸信我命。"(831、17 - 19 - 18)

按:信,即相信、信任義。《詩·大雅·大明》"天難忱斯,不易維王",《毛傳》:"忱,信也。"《鄭箋》:"天之意難信矣。"

③ 忠誠。

○《盤庚中》:"爾忱不屬。"《孔傳》:"汝忠誠不屬逮古。"(452、9 - 15 - 17)

④ 誠信。

○《多方》:"爾曷不忱裕之于爾多方?"《孔傳》:"汝何不以誠信行寬裕之道於汝衆方?"(825、17 - 15 - 10)

0070 忱恂 chén xún

誠信。

○《立政》:"迪知忱恂于九德之行。"《孔傳》:"蹈知誠信於九德之行。"(836、17 - 22 - 18)

按:忱恂,蔡沈《書集傳》云:"忱恂者,誠信而非輕信也。"[1]

0071 陳 chén

① 陳列。

○《微子》:"我祖底遂陳于上。"《孔傳》:"言湯致遂其功,陳列於上世。"(494、10 - 19 - 17)

○《大誥》:"卜陳惟若兹。"《孔傳》:"卜兆陳列惟若此。"(638、13 - 33 - 10)

○《梓材》:"惟其陳修。"《孔傳》:"惟其陳列修治。"(697、14 - 37 - 5)

○《君奭》:"率惟兹有陳。"《孔傳》:"循惟此道,有陳列之功。"(797、16 -

---

① (宋)蔡沈著,錢宗武、錢忠弼整理:《書集傳》,第 217 頁。

29－9）

按：《周禮·地官·司市》"以陳肆辨物而平市"，鄭玄注云："陳，猶列也。"《周禮·春官·肆師》"陳告備"，鄭玄注云："陳，陳列也。"

② 布陳。

○《康誥》王曰："汝陳時臬。"《孔傳》："汝當布陳是法。"（657、14－10－8）

按：《國語·周語上》"陳錫載周"，韋昭注云："陳，布也。"

0072 成 chéng

① 行。

○《大禹謨》："疑謀勿成。"《孔傳》："疑則勿行。"（148、4－5－1）

按："成"訓"行"，無正訓也。"疑謀勿成"，《孔疏》："所疑之謀，勿成用之。"

② 敘。

○《大禹謨》："地平天成。"《孔傳》："水土治曰'平'，五行敘曰'成'。"（149、4－6－10）

按：《孔疏》："五行之神，佐天治物，繫之於天，故'五行敘曰成'。"《左傳·文公十八年》"地平天成"，杜預注云："成，亦平也。"故此條釐析時以"敘"訓"成"。

③ 平。

○《成王政》："作《成王政》。"《孔傳》："爲平淮夷徙奄之政令。亡。"（1056、17－5－9）

按：《孔疏》："'成'，訓平也，言平此叛逆之民，以爲王者政令，故以'成王政'爲篇名。"《左傳·隱公六年》"往歲，鄭伯請成于陳"，杜預注云："成，猶平也。"

④ 成功。

○《益稷》："屢省乃成。"《孔傳》："數顧省汝成功。"（240、5－23－8）

⑤ 成定。

○《畢命》："成周郊。"《孔傳》："成定東周郊境。"（1063、19－7－8）

0073 成功 chéng gōng

功成。

○《禹貢》："禹錫玄圭，告厥成功。"《孔傳》："禹功盡加於四海，故堯賜玄圭以彰顯之。言天功成。"（358、6－45－8）

0074 乘 chéng

勝。

○《西伯戡黎》："周人乘黎。"《孔傳》："乘，勝也。"（1025、10－15－15）

按:《孔疏》:"《詩毛傳》云:'乘,陵也.'乘駕是加陵之意,故'乘'爲勝也."曹丕《典論·論文》"余好擊劍,善以短乘長"①,"乘"亦"勝"義。

0075 懲 chéng

① 止。

○《泰誓上》:"罔懲其侮."《孔傳》:"無能<u>止</u>其慢心."(505、11－7－15)

按:止,有戒止、懲戒義。

② 懲戒。

○《吕刑》:"其今爾何懲?"《孔傳》:"其今汝何<u>懲戒</u>乎?"(940、19－33－11)

0076 誠 chéng

誠信。

○《太甲下》:"享于克誠."《孔傳》:"能<u>誠信</u>者,則享其祀."(417、8－31－18)

按:《爾雅·釋詁》及《説文》均訓"誠"作"信"。《禮記·郊特牲》"幣必誠",鄭玄注云:"誠,信也."

0077 齒 chǐ

齒録。

○《蔡仲之命》:"三年不齒."《孔傳》:"三年之後,乃<u>齒録</u>."(811、17－2－3)

按:齒録,有收録、録用義。《禮記·王制》"屏之遠方,終身不齒",鄭玄注云:"齒,猶録也."

0078 充 chōng

充備。

○《冏命》:"充耳目之官."《孔傳》:"<u>充備</u>侍從在視聽之官."(922、19－22－1)

按:充備,有充當、擔任義。《公羊傳·桓公四年》"三曰充君之庖",何休注云:"充,備也."

0079 崇 chóng

① 重。

○《盤庚中》:"高后丕乃崇降罪疾."《孔傳》:"崇,<u>重</u>也."(455、9－17－11)

○《盤庚中》:"丕乃崇降弗祥."《孔傳》:"大<u>重</u>下不善以罰汝."(458、9－19－9)

○《多方》:"乃大降罰崇亂有夏."《孔傳》:"桀乃大下罰於民<u>重</u>亂有夏."(818、17－9－6)

---

① (魏)文帝曹丕撰,(清)孫馮翼輯:《典論》,清嘉慶承德孫氏刻《問經堂叢書》本,第9頁。

按：《孔疏》：“《釋詁》云：‘崇，重也。’桀既爲惡政，無以悛改，乃復大下罪罰於民，重亂有夏之國。”《詩·大雅·鳬鷖》“福禄來崇”，《毛傳》：“崇，重也。”

② 尊。

○《泰誓下》：“崇信姦回。”《孔傳》：“姦邪之人，反尊信之。”（513、11 - 16 - 11）

○《牧誓》：“乃惟四方之多罪逋逃，是崇是長。”《孔傳》：“言紂棄其賢臣，而尊長逃亡罪人信用之。”（525、11 - 23 - 11）

○《武成》：“崇德報功。”《孔傳》：“有德尊以爵，有功報以禄。”（539、11 - 35 - 17）

○《微子之命》：“崇德象賢。”《孔傳》：“有尊德象賢之義。”（640、13 - 35 - 5）

按：《禮記·祭統》“崇事宗廟社稷”，鄭玄注云：“崇，猶尊也。”《國語·周語上》“崇立上帝明神而敬事之”，韋昭注云：“崇，尊也。”

③ 聚。

○《酒誥》：“矧曰其敢崇飲？”《孔傳》：“崇，聚也。”（682、14 - 27 - 1）

按：《孔疏》：“《釋詁》云：‘崇，充也。’充實則集聚，故‘崇’爲聚也。”

④ 高。

○《周官》：“功崇惟志。”《孔傳》：“功高由志。”（858、18 - 10 - 14）

按：《爾雅·釋詁》：“崇，高也。”《説文》：“崇，嵬高也。”《儀禮·大射禮》“大侯之崇，見鵠於參”，鄭玄注云：“崇，高也。”

0080 瘳 chōu

① 除。

○《説命上》：“若藥弗瞑眩，厥疾弗瘳。”《孔傳》：“如服藥必瞑眩極，其病乃除。”（470、10 - 4 - 3）

② 差。

○《金縢》：“王翼日乃瘳。”《孔傳》：“瘳，差也。”（607、13 - 13 - 14）

按：《孔疏》：“‘瘳’訓差，亦爲愈，病除之名也。”

0081 疇 chóu

① 誰。

○《堯典》：“疇咨若時登庸。”《孔傳》：“疇，誰。”（44、2 - 25 - 9）

○《堯典》：“疇咨若予采。”《孔傳》：“復求誰能順我事者。”（47、2 - 25 - 14）

○《五子之歌》：“予將疇依。”《孔傳》：“言當依誰以復國乎？”（379、7 - 10 - 14）

○《説命上》：“疇敢不祗若王之休命？”《孔傳》：“誰敢不敬順王之美命而諫者乎？”（471、10 - 4 - 18）

按:《爾雅·釋詁》:"疇,誰也。"《史記·司馬相如傳》"疇逆失而能存",《集解》引韋昭注云:"疇,誰也。"

② 類。

○《洪範》:"不畀洪範九疇彝倫攸斁。"《孔傳》:"疇,類也。"(545、12-3-13)

○《洪範》:"天乃錫禹洪範九疇。"《孔傳》:"天與禹,洛出書,神龜負文而出,列於背,有數至于九。禹遂因而第之,以成九類。"(545、12-3-18)

按:《孔疏》:"'疇'是輩類之名,故爲類也。"《戰國策·齊策三》"夫物各有疇",高誘注云:"疇,類也。"

③ 疇咨。

○《酒誥》:"矧惟若疇圻父,薄違農父?"《孔傳》:"況所順疇咨之司馬乎?況能迫迴萬民之司徒乎?"(688、14-31-1)

按:疇咨,有謀議、訪求義。

0082 儔 chóu

匹。

○《召誥》:"予小臣敢以王之儔民百君子。"《孔傳》:"言敢以王之匹民百君子。"(719、15-17-17)

按:《爾雅·釋詁》:"儔,匹也。"《孔疏》:"'儔'訓爲'匹',敢以王之匹民百君子。"

0083 醜 chǒu

醜惡。

○《汝鳩、汝方》:"既醜有夏,復歸於亳。"《孔傳》:"醜惡其政。不能用賢,故退還。"(1002、7-21-10)

0084 初 chū

始。

○《召誥》:"王乃初服。"《孔傳》:"言王新即政,始服行教化。"(717、15-15-9)

○《多士》:"惟三月,周公初于新邑洛。"《孔傳》:"周公致政明年三月,始於新邑洛。"(752、16-2-3)

按:《爾雅·釋詁》《説文》均訓"初"作"始"。《詩·大雅·生民》"厥初生民",《鄭箋》:"初,始也。"

0085 出 chū

生。

○《微子》:"我其發出狂。"《孔傳》:"我念殷亡,發疾生狂。"(497、10-

21－12)

按:《易·説卦》"萬物出乎震",李鼎祚《集解》引虞翻曰:"出,生也。"

0086 黜 chù

① 退。(6見)

○《湯誥》:"湯既黜夏命。"《孔傳》:"黜,退也,退其王命。"(1009、8－13－11)

○《湯誥》:"罪人黜伏。"《孔傳》:"桀知其罪,退伏遠屏。"(401、8－15－13)

○《盤庚上》:"汝猷黜乃心。"《孔傳》:"謀退汝違上之心。"(432、9－6－13)

○《盤庚上》:"汝克黜乃心。"《孔傳》:"汝群臣能退汝違上之心。"(436、9－8－3)

○《泰誓中》:"降黜夏命。"《孔傳》:"下退桀命。"(509、11－11－14)

○《泰誓下》:"放黜師保。"《孔傳》:"可法以安者,反放退之。"(513、11－16－11)

按:《廣雅·釋詁》:"黜、退,減也。"《左傳·襄公二十六年》"何以黜朱於朝",杜預注:"黜,退也。"

② 絶。

○《大誥》:"周公相成王,將黜殷,作《大誥》。"《孔傳》:"黜,絶也。"(1050、13－19－4)

按:《孔疏》:"'黜'實退名,但此'黜'乃殺其身,絶其爵,故以'黜'爲絶也。"

0087 俶 chù

始。

○《胤征》:"俶擾天紀。"《孔傳》:"俶,始。"(381、7－14－10)

按:《詩·大雅·既醉》"令終有俶",《毛傳》:"俶,始也。"《詩·大雅·大田》"俶載南畝",陸德明《釋文》:"俶,始也。"

0088 創 chuàng

懲。

○《益稷》:"予創若時。"《孔傳》:"創,懲也。"(217、5－14－14)

按:懲,有懲治、警誡義。《孔疏》:"'創'與'懲',皆是見惡自止之意,故云'創,懲也'。"

0089 純 chún

大。

○《君奭》:"天惟純佑命。"《孔傳》:"惟天大佑助其王命。"(797、16－29－12)

○《君奭》:"亦惟純佑。"《孔傳》:"文王亦如殷家惟天所大佑。"(802、16－33－5)

○《多方》:"惟天不畀純。"《孔傳》:"惟天不與桀亦已大。"(819、17－10－11)

○《文侯之命》:"侵戎我國家純。"《孔傳》:"侵兵傷我國,及卿大夫之家,禍甚大。"(964、20－4－1)

按:"純,大",常訓也。《詩·魯頌·閟宮》"天錫公純嘏,眉壽保魯",《鄭箋》:"純,大也。"

0090 蠢 chǔn

① 動。

○《大禹謨》:"蠢茲有苗。"《孔傳》:"蠢,動。"(157、4－16－18)

② 蠢動。

○《大誥》:"越茲蠢。"《孔傳》:"於此蠢動。"(626、13－23－13)

○《大誥》:"今蠢,今翼日。"《孔傳》:"今天下蠢動,今之明日。"(628、13－24－3)

○《大誥》:"允蠢鰥寡。"《孔傳》:"信蠢動天下,使無妻無夫者受其害。"(630、13－27－2)

按:《爾雅·釋詁》:"蠢,動也。""蠢""動"義同。

0091 疵 cī

① 病。

○《呂刑》:"五過之疵。"《孔傳》:"五過之所病。"(946、19－37－4)

② 疵病。

○《大誥》:"知我國有疵。"《孔傳》:"知我周國有疵病。"(627、13－23－17)

按:《爾雅·釋詁》:"疵,病也。""疵""病"義同。

0092 茨 cí

茨蓋。

○《梓材》:"惟其塗塈茨。"《孔傳》:"惟其當塗塈茨蓋之。"(697、14－37－8)

按:《説文》云:"茨,以茅葦蓋屋。从艸次聲。"《孔疏》:"茨,謂蓋覆也。"即覆蓋義。"茨"亦可指茅屋的頂蓋,《穀梁傳·成公二年》:"焚雍門之茨",范寧注:"茨,蓋也。"

0093 辭 cí

辭説。

○《多方》:"圖天之命,屑有辭。"《孔傳》:"共謀天之命,惡事盡有辭説。"(822、17－12－12)

0094 祠 cí

奠。

○《伊訓》:"伊尹祠于先王。"《孔傳》:"此湯崩踰月,太甲即位,奠殯而告。"

按:《孔疏》:"祠喪于殯斂,祭皆名爲奠,虞祔卒哭,始名爲祭。知'祠'非宗廟者,……'祠'實是奠。"(404、8-18-2)

0095 次 cì

① 止。

○《泰誓中》:"王次于河朔。"《孔傳》:"次,止也。"(508、11-10-2)

按:《孔疏》:"'次'是止舍之名,《穀梁傳》亦云:'次,止也。'……《莊三年左傳》例云:'凡師一宿爲舍,再宿爲信,過信爲次。'此'次'直取止舍之義,非《春秋》三日之例也。何則?商郊去河四百餘里,戊午渡河,甲子殺紂,相去纔六日耳。是今日次訖又誓,明日誓訖即行,不容三日止于河旁也。"

② 就。

○《康誥》:"勿庸以次汝封。"《孔傳》:"勿庸以就汝封之心所安。"(659、14-11-5)

③ 次位。

○《胤征》:"畔官離次。"《孔傳》:"失次位也。"(381、7-14-9)

0096 聰 cōng

微諦。

○《洪範》:"聽曰聰。"《孔傳》:"必微諦。"(556、12-10-2)

按:《孔疏》:"聽當別彼是非,必微妙而審諦也。"《管子·宙合》:"聞審謂之聰。"

0097 叢 cóng

叢聚。

○《無逸》:"是叢于厥身。"《孔傳》:"叢聚於其身。"(787、16-23-10)

按:《説文》:"叢,聚也。"《廣雅·釋詁》:"叢,聚也。"

0098 從 cóng

同。

○《泰誓上》:"天必從之。"《孔傳》:"言天除惡樹善與民同。"(507、11-9-14)

0099 徂 cú

往。(9見)

○《大禹謨》:"汝徂征。"《孔傳》:"徂,往也。"(156、4-16-15)

○《胤征》:"胤后承王命徂征。"《孔傳》:"徂,往也,就其私邑往討之。"

(381、7－12－8)

○《仲虺之誥》:"攸徂之民。"《孔傳》:"湯所往之民。"(397、8－11－7)

○《太甲上》:"王徂桐宮居憂。"《孔傳》:"往入桐宮,居憂位。"(412、8－28－3)

○《説命下》:"自河徂亳。"《孔傳》:"自河往居亳。"(474、10－9－13)

○《酒誥》:"我西土棐徂邦君、御事、小子。"《孔傳》:"我文王在西土,輔訓往日國君及御治事者、下民子孫,皆庶幾能用上教,不厚於酒。言不常飲。"(680、14－26－4)

按:《孔疏》:"'徂',往也。以事已過,故言'往日'。"

○《梓材》:"肆徂厥敬勞。"《孔傳》:"故汝往治民,必敬勞來之。"(693、14－34－11)

○《召誥》:"徂厥亡。"《孔傳》:"往其逃亡。"(712、15－9－3)

○《費誓》:"徂兹淮夷、徐戎並興。"《孔傳》:"今往征此淮浦之夷、徐州之戎,並起爲寇。"(970、20－9－11)

0100 萃 cuì

聚。

○《武成》:"萃淵藪。"《孔傳》:"窟聚淵府藪澤。"(535、11－31－6)

按:《孔疏》:"'萃'訓聚也,言若蟲獸入窟,故云'窟聚'。"

0101 錯 cuò

① 雜。(5見)

○《禹貢》:"厥賦惟上上錯。"《孔傳》:"錯,雜,雜出第二之賦。"(249、6－5－12)

○《禹貢》:"厥貢鹽、絺,海物惟錯。"《孔傳》:"錯,雜,非一種。"(262、6－12－16)

○《禹貢》:"厥田惟下下,厥賦下上上錯。"《孔傳》:"田第九,賦第七,雜出第六。"(273、6－16－14)

○《禹貢》:"厥田惟中上,厥賦錯上中。"《孔傳》:"田第四,賦第二,又雜出第一。"(290、6－24－4)

○《禹貢》:"厥田惟下上,厥賦下中三錯。"《孔傳》:"田第七,賦第八,雜出第七第九三等。"(294、6－25－4)

按:《孔疏》:"交錯是間雜之義,故'錯'爲雜也。"

② 亂。

○《微子》:"殷既錯天命。"《孔傳》:"錯,亂也。"(1025、10－19－2)

0102 達 dá

① 通。

○《梓材》：“以厥臣達王。”《孔傳》：“汝當信用其臣，以通王教於民。”（693、14－34－5）

○《顧命》：“用克達殷集大命。”《孔傳》：“能通殷爲周，成其大命。”（873、18－22－10）

○《秦誓》：“而違之俾不達。”《孔傳》：“而違背壅塞之，使不得上通。”（986、20－20－2）

② 通達。

○《梓材》：“達大家。”《孔傳》：“通達卿大夫及都家之政於國。”（692、14－34－3）

○《召誥》：“則達觀于新邑營。”《孔傳》：“周公通達觀新邑所營。”（706、15－4－18）

0103 大 dà

① 戎

○《大誥》：“我有大事休。”《孔傳》：“大事，戎事也。”（629、13－24－6）

按：《爾雅·釋詁》：“戎，大也。”《孔疏》：“《成十三年左傳》云：‘國之大事，在祀與戎。’今論伐叛，知‘大事，戎事也’。”“大”即“戎”義。另見“大事”條。

② 尊。

○《冏命》：“小大之臣，咸懷忠良。”《孔傳》：“臣雖官有尊卑，無不忠良。”（921、19－19－9）

0104 大賚 dà lài

施舍已責，救乏賙無。

○《武成》：“大賚于四海，而萬姓悦服。”《孔傳》：“施舍已責，救乏賙無，所謂周有大賚，天下皆悦仁服德。”（538、11－34－12）

按：大賚，即重賞義。

0105 大辟 dà pì

死刑。

○《吕刑》：“大辟疑赦。”《孔傳》：“〔大辟〕，死刑也。”（951、19－38－4）

按：《孔疏》：“《釋詁》云：‘辟，罪也。’死是罪之大者，故謂死罪爲‘大辟’。”

0106 大熟 dà shú

豐熟。

○《金縢》：“凡大木所偃，盡起而築之。歲則大熟。”《孔傳》：“木有偃拔，

起而立之,築有其根。禾木無虧,百穀豐熟。”(621、13 - 17 - 16)

0107 大刑 dà xíng

死刑。

○《費誓》:“汝則有大刑。”《孔傳》:“汝則有乏軍興之死刑。”(975、20 -
12 - 15)

0108 大譽 dà yù

大善之譽。

○《康誥》:“乃別播敷,造民大譽。”《孔傳》:“當分別播布德教,以立民大
善之譽。”(664、14 - 14 - 16)

0109 大正 dà zhèng

以兵征之也。

○《武成》:“惟有道曾孫周王發,將有大正于商。”《孔傳》:“大正,以兵征
之也。”(534、11 - 30 - 17)

按:“正”通“征”。

0110 殆 dài

危殆。

○《顧命》:“今天降疾殆,弗興弗悟。”《孔傳》:“今天下疾我身甚危殆,不
起不悟。”(874、18 - 22 - 1)

按:《孔疏》:“孔讀‘殆’上屬爲句,‘今天下疾我身甚危殆’也。”

○《秦誓》:“亦曰殆哉。”《孔傳》:“亦曰危殆哉。”(986、20 - 20 - 5)

0111 耽 dān

過樂謂之耽。

○《無逸》:“惟耽樂之從。”《孔傳》:“過樂謂之耽。”(777、16 - 17 - 8)

按:《詩·衛風·氓》“無與士耽”,《毛傳》:“耽,樂也。”

0112 耽樂 dān lè

樂。

○《無逸》:“今日耽樂。”《孔傳》:“惟今日樂。”(782、16 - 20 - 1)

0113 單 dān

盡。

○《洛誥》:“乃單文祖德。”《孔傳》:“乃盡文祖之德”(741、15 - 35 - 14)

○《君奭》:“丕單稱德。”《孔傳》:“大盡舉行其德。”(804、16 - 34 - 3)

按:“單”通“殫”,《説文》“殫”字下云:“殫,殛盡也。”段玉裁云:“古多假
‘單’字爲之。”《詩·小雅·天保》“俾爾單厚”鄭箋、《左傳·襄公廿七

年》"單斃其死"杜注,亦訓"單"作"盡也"。

0114 亶 dǎn

① 誠。

○《盤庚中》:"誕告用亶其有衆。"《孔傳》:"發善言大告,用誠於衆。"(448、9－13－14)

○《泰誓上》:"亶聰明。"《孔傳》:"人誠聰明。"(504、11－5－11)

② 信。

○《君奭》:"偁王在亶。"《孔傳》:"明勉配王,在於成信。"(915、19－10－18)

按:《詩·小雅·常棣》"是究是圖,亶其然乎",《毛傳》:"亶,信也。"

0115 誕 dàn

① 大。(21 見)

○《大禹謨》:"帝乃誕敷文德。"《孔傳》:"遠人不服,大布文德以來之。"(159、4－19－13)

○《湯誥》:"誕告萬方。"《孔傳》:"誕,大也。"(400、8－13－15)

○《盤庚中》:"誕告用亶其有衆。"《孔傳》:"發善言大告,用誠於衆。"(448、9－13－14)

○《盤庚中》:"汝誕勸憂。"《孔傳》:"是大勸憂之道。"(452、9－16－4)

○《泰誓下》:"惟我有周,誕受多方。"《孔傳》:"言文王德大,故受衆方之國。"(515、11－17－17)

按:"惟我有周,誕受多方"句讀,參照武英殿本《尚書注疏》。如依《孔傳》,則經文句讀疑當在"誕"後。

○《武成》:"誕膺天命。"《孔傳》:"大當天命。"(533、11－30－1)

○《大誥》:"誕敢紀其敘。"《孔傳》:"大敢紀其王業。"(627、13－23－15)

○《大誥》:"誕鄰胥伐于厥室。"《孔傳》:"大近相伐於其室家,謂叛逆也。"(637、13－32－5)

○《大誥》:"肆朕誕以爾東征。"《孔傳》:"以卜吉之故,大以汝衆東征四國。"(638、13－33－10)

○《微子之命》:"誕受厥命。"《孔傳》:"大受其命。"(640、13－35－10)

○《康誥》:"殪戎殷,誕受厥命。"《孔傳》:"大受其王命。"(649、14－4－17)

○《酒誥》:"誕惟厥縱淫泆于非彝。"《孔傳》:"紂大惟其縱淫泆于非常。"(684、14－28－18)

○《酒誥》:"誕惟民怨。"《孔傳》:"大行淫虐,惟爲民所怨咎。"(685、14－29－8)

○《洛誥》:"誕保文武受民。"《孔傳》:"大安文武所受之民。"(738、15－

32 - 7)

○《洛誥》:"惟周公<u>誕</u>保文武受命。"《孔傳》:"<u>大</u>安文武受命之事。"(749、15 - 38 - 9)

○《多士》:"<u>誕</u>罔顯于天。"《孔傳》:"<u>大</u>無明于天道。"(756、16 - 5 - 9)

○《多士》:"<u>誕</u>淫厥泆。"《孔傳》:"言紂<u>大</u>過其過。"(756、16 - 5 - 11)

○《君奭》:"<u>誕</u>無我責。"《孔傳》:"汝<u>大</u>無非責我留。"(804、16 - 34 - 12)

○《多方》:"有夏<u>誕</u>厥逸。"《孔傳》:"有夏桀不畏天戒,而<u>大</u>其逸豫。"(817、17 - 8 - 12)

○《多方》:"<u>誕</u>作民主。"《孔傳》:"紂<u>大</u>爲民主。"(823、17 - 13 - 10)

○《康王之誥》:"惟周文武,<u>誕</u>受羑若。"《孔傳》:"言文武<u>大</u>受天道而順之。"(906、19 - 4 - 1)

按:《爾雅·釋詁》:"誕,大也。"

② 欺誕。

○《無逸》:"既<u>誕</u>,否則侮厥父母。"《孔傳》:"已<u>欺誕</u>父母,不欺,則輕侮其父母。"(767、16 - 12 - 18)

按:欺誕,即欺騙、欺詐義。《呂氏春秋·應言》"秦王立帝,宜陽令許綰誕魏王",高誘注:"誕,詐也。"

0116 癉 dàn

病。

○《畢命》:"彰善<u>癉</u>惡。"《孔傳》:"明其爲善,<u>病</u>其爲惡。"(915、19 - 10 - 18)

按:《詩·大雅·板》"上帝板板,下民卒癉",《毛傳》:"癉,病也。"

0117 蕩 dàng

放蕩。

○《畢命》:"以<u>蕩</u>陵德。"《孔傳》:"<u>放蕩</u>陵邈有德者。"(915、19 - 12 - 13)

0118 島夷 dǎo yí

居島之夷。

○《禹貢》:"<u>島夷</u>皮服。"《孔傳》:"<u>居島之夷</u>,還服其皮。"(252、6 - 7 - 9)

按:《釋文》引馬融云:"島夷,北夷國。"《孔疏》:"鄭玄云:'鳥夷,東方之民,搏食鳥獸者也。'王肅云:'鳥夷,東北夷國名也。'與孔不同。"

0119 導 dǎo

治。

○《禹貢》:"<u>導</u>岍及岐,至于荆山。"《孔傳》:"更理説所治山川首尾所在,

治山通水,故以山名之。"(304、6-29-10)

0120 道 dào

① 法。

○《説命中》:"明王奉若天道。"《孔傳》:"天有日月北斗五星二十八宿,皆有尊卑相正之法。"(471、10-5-6)

② 道義。

○《太甲下》:"必求諸道。"《孔傳》:"必以道義求其意。"(418、8-32-18)

③ 道德。

○《武成》:"今商王受無道。"《孔傳》:"無道德。"(535、11-31-3)

④ 復其故道。

○《禹貢》:"岷夷既略,濰、淄其道。"《孔傳》:"濰、淄二水復其故道。"(260、6-12-8)

○《禹貢》:"沱潛既道。"《孔傳》:"皆復其故道。"(279、6-19-12)

0121 道洽 dào qià

道至普洽。

○《畢命》:"道洽政治。"《孔傳》:"道至普洽,政化治理。"(916、19-13-14)

按:道洽,某種學説和教義得到普及。唐玄奘《大唐西域記》:"道洽十方,智周萬物。"①

0122 德 dé

① 德義。

○《大禹謨》:"反道敗德。"《孔傳》:"反正道,敗德義。"(157、4-17-1)

○《盤庚下》:"式敷民德。"《孔傳》:"用布示民,必以德義。"(467、9-25-17)

② 道德。

○《仲虺之誥》:"矧予之德,言足聽聞。"《孔傳》:"況我之道德善言足聽聞乎。"(396、8-10-4)

○《湯誥》:"夏王滅德作威。"《孔傳》:"夏桀滅道德。"(400、8-14-6)

○《君陳》:"爾克敬典在德。"《孔傳》:"汝治人能敬常在道德。"(863、18-18-12)

○《冏命》:"惟予弗克于德。"《孔傳》:"我不能於道德。"(920、19-19-5)

③ 德福。

○《洪範》:"四曰攸好德。"《孔傳》:"所好者德福之道。"(592、12-33-4)

---

① (唐)玄奘著,廣西師範大學出版編:《大唐西域記》,廣西師範大學出版社,2007年,第194頁。

④ 德澤。

○《微子之命》："功加于時,德後裔。"《孔傳》:"德澤垂及後世。"(640、13－35－13)

⑤ 俊德。

○《康誥》："克明德慎罰。"《孔傳》:"能顯用俊德,慎去刑罰。"(647、14－4－8)

0123 德明 dé míng

明德。

○《洛誥》："惟公德明光于上下。"《孔傳》:"言公明德光於天地。"(734、15－30－6)

0124 德盛 dé shèng

盛德。

○《旅獒》："德盛不狎侮。"《孔傳》:"盛德必自敬,何狎易侮慢之有?"(597、13－4－2)

0125 登 dēng

① 升。

○《盤庚中》："盤庚乃登進厥民。"《孔傳》:"升進命使前。"(448、9－13－18)

○《酒誥》："登聞于天。"《孔傳》:"升聞於天。"(685、14－29－8)

② 成。

○《泰誓下》："爾眾士其尚迪果毅以登乃辟。"《孔傳》:"登,成也,成汝君之功。"(514、11－17－10)

0126 迪 dí

① 道。（21 見）

○《大禹謨》："惠迪吉。"《孔傳》:"迪,道也。順道吉。"(148、4－4－13)

○《太甲上》："啓迪後人。"《孔傳》:"開道後人。"(411、8－26－4)

○《咸有一德》："啓迪有命。"《孔傳》:"有天命者開道之。"(421、8－35－15)

○《盤庚中》："汝罔能迪。"《孔傳》:"汝無能道。"(455、9－17－18)

○《盤庚中》："迪高后。"《孔傳》:"言汝父祖開道湯。"(458、9－19－9)

○《盤庚中》："乃有不吉不迪。"《孔傳》:"不善不道,謂凶人。"(459、9－20－7)

○《微子》："詔王子出迪。"《孔傳》:"教王子出,合於道。"(501、10－23－5)

○《牧誓》："昏棄厥遺王父母弟不迪。"《孔傳》:"棄其骨肉,不接之以道。"(524、11－23－5)

○《大誥》:"弗造哲迪民康。"《孔傳》:"不能爲智道以安人。"(624、13－21－11)

○《康誥》:"爽惟民迪吉康。"《孔傳》:"明惟治民之道而善安之。"(667、14－16－18)

○《康誥》:"矧今民罔迪不適,不迪,則罔政在厥邦。"《孔傳》:"治民乃欲求等殷先智王,況今民無道不之。言從教也。不以道訓之,則無善政在其國。"(667、14－17－3)

○《召誥》:"天迪從子保。"《孔傳》:"天道從而子安之。"(713、15－10－3)

○《召誥》:"天迪格保。"《孔傳》:"言天道所以至於保安湯者。"(713、15－10－6)

○《洛誥》:"公功棐迪篤。"《孔傳》:"公之功,輔道我已厚矣。"(736、15－31－15)

○《洛誥》:"四方迪亂。"《孔傳》:"言四方雖道治。"(737、15－32－3)

○《君奭》:"茲迪彝教文王蔑德。"《孔傳》:"此道法,教文王以精微之德。"(802、16－33－2)

○《多方》:"不克終日勸于帝之迪。"《孔傳》:"不能終日勸於天之道。"(817、17－8－15)

○《立政》:"古之人迪。"《孔傳》:"古之人道。"(836、17－22－15)

○《冏命》:"迪上以非先王之典。"《孔傳》:"道君上以非先王之法。"(922、19－22－1)

○《吕刑》:"非時伯夷播刑之迪。"《孔傳》:"言當視是伯夷布刑之道而法之。"(939、19－33－10)

② 蹈。(12 見)

○《皋陶謨》:"允迪厥德。"《孔傳》:"迪,蹈。"(162、4－22－16)

○《益稷》:"各迪有功。"《孔傳》:"各蹈爲有功。"(225、5－15－8)

○《說命上》:"迪我高后,以康兆民。"《孔傳》:"蹈成湯之蹤,以安天下。"(471、10－4－13)

○《西伯戡黎》:"不迪率典。"《孔傳》:"所行不蹈循常法。"(489、10－17－16)

○《大誥》:"迪知上帝命。"《孔傳》:"蹈知天命。"(636、13－32－1)

○《酒誥》:"又惟殷之迪諸臣。"《孔傳》:"又惟殷家蹈惡俗諸臣。"(690、14－32－11)

○《無逸》:"自殷王中宗,及高宗,及祖甲,及我周文王,茲四人,迪哲。"《孔傳》:"言此四人皆蹈智明德以臨下。"(786、16－22－9)

○《君奭》:"秉德迪知天威。"《孔傳》:"秉德蹈知天威。"(802、16－33－5)

○《君奭》："尚迪有禄。"《孔傳》："庶幾輔相武王,蹈有天禄。"(803、16 -
33 -17)

○《多方》："迪簡在王庭。"《孔傳》："蹈大道在王庭。"(830、17 -18 -16)

○《立政》："迪知忱恂于九德之行。"《孔傳》："蹈知誠信於九德之行。"
(836、17 -22 -18)

○《周官》："訓迪厥官。"《孔傳》："訓蹈其所建官而則之。"(853、18 -5 -1)

按:《孔傳》"訓"字,八、李、平、岳、殿、庫作"順"①。《孔疏》:"《釋詁》文:
'迪,道也。'聲借爲導,導音與蹈同,故'迪'又爲蹈也。"

③ 進。

○《泰誓下》："爾衆士其尚迪果毅以登乃辟。"《孔傳》："迪,進也。"(514、
11 -17 -10)

④ **蹈行。(5 見)**

○《益稷》："迪朕德。"《孔傳》："言天下蹈行我德。"(226、5 -15 -10)

○《旅獒》："允迪兹,生民保厥居。"《孔傳》："言其能信蹈行此誠,則生人
安其居。"(598、13 -6 -15)

○《君奭》："迪惟前人光。"《孔傳》："蹈行先王光大之道。"(793、16 -26 -11)

○《君奭》："迪見,冒聞于上帝。"《孔傳》："蹈行顯見,覆冒下民,彰聞上
天。"(803、16 -33 -7)

○《多方》："爾乃迪屢不静。"《孔傳》："汝所蹈行,數爲不安。"(825、17 -
15 -17)

⑤ **教道。**

○《康誥》："未戾厥心,迪屢未同。"《孔傳》："未定其心,於周教道,屢數而
未和同。"(667、14 -17 -14)

○《酒誥》："惟曰我民迪小子。"《孔傳》："文王化我民,教道子孫。"(676、
14 -22 -17)

○《洛誥》："迪將其後。"《孔傳》："公留教道將助我,其今已後之政。"
(738、15 -32 -6)

⑥ **蹈道。**

○《酒誥》："迪畏天,顯小民。"《孔傳》："蹈道畏天,明著小民。"(681、14 -
26 -13)

○《多士》："夏迪簡在王庭。"《孔傳》："夏之衆士蹈道者,大在殷王庭。"
(759、16 -8 -8)

---

① 杜澤遜:《尚書注疏彙校》,第 2818 頁。

0127 滌 dí

滌除。

○《禹貢》:"九川滌源。"《孔傳》:"九州之川,已滌除泉源無壅塞矣。"(350、6－38－10)

0128 帝 dì

① 天。(14 見)

○《仲虺之誥》:"帝用不臧。"《孔傳》:"天用桀無道,故不善之。"(395、8－9－15)

○《說命上》:"夢帝賚予良弼。"《孔傳》:"夢天與我輔弼良佐。"(470、10－2－16)

○《洪範》:"帝乃震怒。"《孔傳》:"天動怒鯀。"(545、12－3－13)

○《洪範》:"曰皇極之敷言,是彝是訓,于帝其訓。"《孔傳》:"以大中之道布陳言教,不失其常,則人皆是順矣。天且其順,而況于人乎?"(569、12－19－11)

○《金縢》:"乃元孫不若旦多材多藝,不能事鬼神。乃命于帝庭,敷佑四方。"《孔傳》:"汝元孫受命于天庭爲天子,布其德教,以佑助四方。"(604、13－11－5)

○《康誥》:"冒聞于上帝,帝休。"《孔傳》:"其政教冒被四表,上聞于天,天美其治。"(648、14－4－14)

○《多士》:"則惟帝降格。"《孔傳》:"故天下至戒以譴告之。"(754、16－4－1)

○《多士》:"弗克庸帝,大淫泆有辭。"《孔傳》:"不能用天戒,大爲過逸之行,有惡辭聞於世。"(754、16－4－3)

○《多士》:"丕靈承帝事。"《孔傳》:"大神奉天事。"(757、16－6－18)

○《多士》:"告敕于帝。"《孔傳》:"告正於天。"(757、16－7－1)

○《多方》:"惟帝降格于夏。"《孔傳》:"惟天下至戒於夏以譴告之。"(817、17－8－10)

○《多方》:"不克終日勸于帝之迪。"《孔傳》:"不能終日勸於天之道。"(817、17－8－15)

○《多方》:"厥圖帝之命。"《孔傳》:"其謀天之命。"(817、17－9－4)

○《立政》:"帝欽罰之。"《孔傳》:"天以紂惡,故敬罰之。"(839、17－26－8)

② 帝王。

○《多士》:"敕殷命終于帝。"《孔傳》:"正黜殷命,終周於帝王。"(753、16－2－14)

0129 弔 dì

至。(6 見)

○《盤庚下》:"弔由靈。"《孔傳》:"弔,至。"(464、9 - 23 - 16)

○《大誥》:"弗弔,天降割于我家不少。"《孔傳》:"言周道不至,故天下凶害於我家不少。"(624、13 - 21 - 7)

○《康誥》:"惟弔茲。"《孔傳》:"惟人至此。"(662、14 - 13 - 1)

○《多士》:"弗弔,旻天大降喪于殷。"《孔傳》:"殷道不至,故旻天下喪亡於殷。"(752、16 - 2 - 10)

○《君奭》:"弗弔,天降喪于殷。"《孔傳》:"言殷道不至,故天下喪亡於殷。"(791、16 - 25 - 5)

○《費誓》:"無敢不弔。"《孔傳》:"無敢不令至攻堅使可用。"(971、20 - 9 - 14)

0130 顛 diān

① 隕。

○《盤庚中》:"顛越不恭。"《孔傳》:"顛,隕。"(459、9 - 20 - 8)

○《微子》:"我乃顛隮。"《孔傳》:"我殷家宗廟,乃隕墜無主。"(501、10 - 23 - 8)

② 顛仆。

○《盤庚上》:"若顛木之有由蘖。"《孔傳》:"如顛仆之木,有用生蘖哉。"(430、9 - 4 - 6)

③ 顛隕。

○《微子》:"今爾無指告予顛隮。"《孔傳》:"汝無指意告我殷邦顛隕隮墜。"(498、10 - 21 - 15)

按:《孔疏》:"'顛'謂從上而隕,'隮'謂墜於溝壑,皆滅亡之意也。"

0131 顛覆 diān fù

反倒。

○《胤征》:"顛覆厥德。"《孔傳》:"顛覆,言反倒。"(381、7 - 14 - 7)

0132 顛隮 diān jī

① 顛隕隮墜。

○《微子》:"今爾無指告予顛隮。"《孔傳》:"汝無指意告我殷邦顛隕隮墜。"(498、10 - 21 - 15)

② 隕墜。

○《微子》:"我乃顛隮。"《孔傳》:"我殷家宗廟,乃隕墜無主。"(501、10 - 23 - 8)

0133 典 diǎn

① **常**。(17 見)

○《堯典》："堯典。"《孔傳》："言堯可爲百代常行之道。"(1、2-7-15)

按:《孔疏》:"稱'典'者,以道可百代常行。……然'經'之與'典',俱訓爲常,名'典'不名'經'者,以'經'是總名,包殷、周以上,皆可爲後代常法,故以經爲名。'典'者,經中之别,特指堯、舜之德,于常行之内道最爲優,故名'典'不名'經'也。"

○《皋陶謨》："天敘有典,勑我五典五惇哉!"《孔傳》："天次敘人之常性,各有分義,當勑正我五常之敘,使合于五厚,厚天下。"(174、4-29-17)

○《典寶》："誼伯、仲伯作《典寶》。"《孔傳》："二臣作《典寶》一篇,言國之常寶也,亡。"(1006、8-7-13)

○《説命下》："念終始典于學。"《孔傳》："終始常念學。"(475、10-10-10)

○《高宗肜日》："惟天監下民,典厥義。"《孔傳》："言天視下民,以義爲常。"(480、10-13-17)

○《高宗肜日》："罔非天胤典。"《孔傳》："民事無非天所嗣常也。"(481、10-15-1)

○《泰誓下》："屏棄典刑。"《孔傳》："屏棄常法而不顧。"(513、11-16-13)

○《康誥》："自作不典。"《孔傳》："自爲不常。"(654、14-8-16)

○《康誥》："汝亦罔不克敬典。"《孔傳》："故戒以無不能敬常。"(666、14-15-9)

○《酒誥》："其爾典聽朕教。"《孔傳》："其汝常聽我教。"(678、14-24-5)

○《酒誥》："汝典聽朕毖。"《孔傳》："汝當常聽念我所慎而篤行之。"(690、14-33-8)

○《多方》："爾乃自作不典圖忱于正。"《孔傳》："汝乃自爲不常謀信于正道。"(826、17-16-2)

○《周官》："敷五典。"《孔傳》："布五常之教。"(855、18-5-13)

○《君陳》："爾克敬典在德。"《孔傳》："汝治人能敬常在道德"(863、18-18-11)

○《畢命》："弗率訓典。"《孔傳》："其不循教道之常。"(915、19-11-3)

○《君牙》："弘敷五典。"《孔傳》："大布五常之教。"(918、19-16-6)

② **主**。

○《多方》："惟典神天。"《孔傳》："惟可以主神天之祀。"(824、17-14-13)

○《呂刑》："典獄非訖于威。"《孔傳》："言堯時主獄,有威有德有恕,非絶於威。"(938、19-32-10)

③ 法。

○《冏命》:"迪上以非先王之典。"《孔傳》:"道君上以非先王之法。"(922、19-22-1)

④ 典法。

○《仲虺之誥》:"兹率厥典。"《孔傳》:"天意如此,但當循其典法。"(395、8-9-10)

⑤ 常法。

○《湯誥》:"各守爾典。"《孔傳》:"守其常法。"(402、8-16-9)

○《西伯戡黎》:"不迪率典。"《孔傳》:"所行不蹈循常法。"(489、10-17-16)

○《康誥》:"勿替敬典。"《孔傳》:"勿廢所宜敬之常法。"(670、14-19-13)

○《梓材》:"后式典。"《孔傳》:"君天下能用常法。"(700、14-38-10)

⑥ 典常。

○《洛誥》:"其大惇典殷獻民。"《孔傳》:"其大厚行典常於殷賢人。"(740、15-34-2)

0134 墊 diàn

墊溺。

○《益稷》:"下民昏墊。"《孔傳》:"天下民昏瞀墊溺,皆困水災。"(184、5-1-15)

0135 甸 diàn

治。

○《多士》:"俊民甸四方。"《孔傳》:"用其賢人治四方。"(755、16-4-9)

○《立政》:"奄甸萬姓。"《孔傳》:"同治萬姓。"(840、17-26-8)

按:"甸",有治理義。《詩·小雅·信南山》"信彼南山,惟禹甸之",《毛傳》:"甸,治也。"

0136 奠 diàn

定。

○《禹貢》:"奠高山大川。"《孔傳》:"奠,定也。"(245、6-2-14)

○《盤庚下》:"奠厥攸居。"《孔傳》:"定其所居。"(461、9-21-14)

○《顧命》:"奠麗陳教則肄。"《孔傳》:"定天命,施陳教,則勤勞。"(872、18-22-7)

0137 彫 diāo

飾畫。

○《五子之歌》:"峻宇彫牆。"《孔傳》:"彫,飾畫。"(378、7-9-4)

按:《禮記·少儀》"國家靡敝,則車不雕幾,甲不組縢",鄭玄注:"雕,畫也。"

0138 定 dìng

安定。

○《盤庚下》:"罔有定極。"《孔傳》:"無安定之極。"(463、9－22－17)

○《洛誥》:"王如弗敢及天基命定命。"《孔傳》:"不敢及知天始命周家安定天下之命。"(722、15－20－13)

○《洛誥》:"公定,予往已。"《孔傳》:"公留以安定我,我從公言,往至洛邑已矣。"(739、15－33－4)

按:《孔疏》:"讀文以'公定'爲句,王稱'定'者,言定已也,故傳言'公留以安定我','我'字《傳》加之。"

0139 董 dǒng

督。

○《大禹謨》:"董之用威。"《孔傳》:"董,督也。"(149、4－6－7)

○《周官》:"董正治官。"《孔傳》:"督正治理職司之百官。"(853、18－2－12)

0140 動 dòng

① 感。

○《盤庚中》:"欽念以忱,動予一人。"《孔傳》:"敬念以誠感我。"(451、9－15－10)

按:《爾雅·釋詁》:"感,動也。"

② 發。

○《金縢》:"今天動威以彰周公之德。"《孔傳》:"發雷風之威,以明周公之聖德。"(618、13－17－10)

按:《易·繫辭下傳》"效天下之動者也"虞注、《戰國策·齊策》"動於顏色"注,均訓"動"作"發"。

0141 都 dū

① 於,歎美之辭。

○《堯典》:"都! 共工方鳩僝功。"《孔傳》:"都,於,歎美之辭。"(47、2－25－16)

按:《孔疏》:"'都,於',《釋詁》文。'於'即'嗚'字,歎之辭也。將言共工之善,故先歎美之。"

② 所聚。

○《堯典》:"曰幽都。"《孔傳》:"都,謂所聚也。"(38、2－13－17)

按:《孔疏》:"'都,謂所聚'者,總言北方是萬物所聚之處,非指都邑聚居也。"

③ 歎美。

○《皋陶謨》:"都! 慎厥身修,思永。"《孔傳》:"歎美之重也。慎修其身,思爲長久之道。"(162、4－22－18)

④ 歎〔詞〕。

○《皋陶謨》:"都! 在知人,在安民。"《孔傳》:"歎修身親親之道,在知人所信任,在能安民。"(164、4－24－6)

○《益稷》:"都! 帝,予何言?"《孔傳》:"拜而歎,辭不言,欲使帝重皋陶所陳。"(184、5－1－11)

0142 獨 dú

無子曰獨。

○《洪範》:"無虐煢獨而畏高明。"《孔傳》:"無子曰獨。"(565、12－16－8)

0143 篤 dǔ

厚。(10 見)

○《盤庚下》:"朕及篤敬。"《孔傳》:"我當與厚敬之臣。"(464、9－23－14)

○《武成》:"公劉克篤前烈。"《孔傳》:"能厚先人之業。"(533、11－29－10)

○《微子之命》:"曰篤不忘。"《孔傳》:"謂厚不可忘。"(640、13－35－16)

○《洛誥》:"汝受命篤。"《孔傳》:"汝受天命厚矣。"(727、15－24－10)

○《洛誥》:"篤敘乃正父。"《孔傳》:"厚次敘汝正父之道而行之。"(732、15－28－13)

○《洛誥》:"公功棐迪篤。"《孔傳》:"公之功,輔道我已厚矣。"(736、15－31－1)

○《洛誥》:"篤前人成烈。"《孔傳》:"厚率行先王成業。"(741、15－34－8)

○《洛誥》:"惠篤敘。"《孔傳》:"汝爲政當順典常,厚行之使有次序。"(744、15－36－3)

○《君奭》:"篤棐時二人。"《孔傳》:"厚輔是文武之道而行之。"(808、16－38－1)

○《君牙》:"世篤忠貞。"《孔傳》:"世厚忠貞。"(918、19－15－11)

0144 杜 dù

杜塞。

○《費誓》:"杜乃擭。"《孔傳》:"擭,捕獸機檻,當杜塞之。"(972、20－11－6)

按:《小爾雅·釋詁》:"杜,塞也。"《孔疏》:"杜,塞之;窒,敛之,皆閉塞之義。"

0145 度 dù

法度。(8見)

○《五子之歌》:"乃盤遊無度。"《孔傳》:"盤樂遊逸無法度。"(374、7-6-10)

○《太甲中》:"欲敗度。"《孔傳》:"言己放縱情欲,毁敗禮儀法度。"(416、8-29-9)

○《盤庚上》:"齊乃位,度乃口。"《孔傳》:"正齊其位,以法度居汝口。"(446、9-13-8)

○《微子》:"卿士師師非度。"《孔傳》:"相師效爲非法度。"(495、10-20-4)

○《泰誓中》:"力行無度。"《孔傳》:"行無法度。"(509、11-10-13)

○《無逸》:"嚴恭寅畏,天命自度。"《孔傳》:"言太戊嚴恪恭敬,畏天命,用法度。"(769、16-14-3)

○《多士》:"惟爾洪無度。"《孔傳》:"惟汝大無法度。"(758、16-7-5)

○《顧命》:"命作册度。"《孔傳》:"三曰命史爲册書法度。"(878、18-24-10)

0146 端 duān

端直。

○《康王之誥》:"用端命于上帝。"《孔傳》:"用受端直之命於上天。"(909、19-5-7)

0147 短長 duǎn cháng

死生。

○《盤庚上》:"矧予制乃短長之命?"《孔傳》:"況我制汝死生之命。"(438、9-9-6)

0148 短折 duǎn zhé

短未六十,折未三十。

○《洪範》:"六極。一曰凶短折。"《孔傳》:"動不遇吉,短未六十,折未三十,言辛苦。"(593、12-33-6)

按:短折,即夭折、早死義。《孔疏》:"傳以'壽'爲百二十年,'短'者半之爲'未六十','折'又半爲'未三十'。……鄭玄以爲凶短折皆是夭枉之名,未齔曰凶,未冠曰短,未婚曰折。"

0149 鍛 duàn

鍛鍊。

○《費誓》:"鍛乃戈矛。"《孔傳》:"鍛鍊戈矛。"(972、20-9-16)

按:《說文》:"鍛,小冶。"《孔疏》:"云'鍛鍊戈矛,磨礪鋒刃',令其文互相通。"

0150 斷 duàn

斷絕。

○《盤庚上》：“罔知天之斷命。”《孔傳》：“無知天將斷絕汝命。”（430、9 - 4 - 4）

○《盤庚中》：“乃祖乃父乃斷棄汝。”《孔傳》：“汝父祖必斷絕棄汝命。”（456、9 - 18 - 12）

0151 憝 duì

惡。

○《康誥》：“暋不畏死，罔弗憝。”《孔傳》：“自强爲惡而不畏死，人無不惡之者。”（661、14 - 12 - 4）

按：憝，《説文》：“怨也。从心敦聲。《周書》曰：‘凡民罔不憝。’”《爾雅》有“憝，怨也”，《説文》與之音義皆同。《廣雅·釋詁》：“憝，惡也。”《孔傳》與之同，《書集傳》沿之。《説文》所引“凡民罔不憝”，較之《尚書》經文衍“凡民”二字，但與《孟子·萬章下》《康誥》曰‘殺越人於貨，閔不畏死，凡民罔不譈’”合，僅“憝”字作“譈”。

○《康誥》：“元惡大憝，矧惟不孝不友？”《孔傳》：“大惡之人，猶爲人所大惡，況不善父母，不友兄弟者乎？”（661、14 - 12 - 10）

○《康誥》：“時乃引惡，惟朕憝。”《孔傳》：“是汝長惡，惟我亦惡汝。”（664、14 - 14 - 16）

0152 惇 dūn

厚。（6 見）

○《皋陶謨》：“惇敘九族。”《孔傳》：“厚次敘九族。”（163、4 - 23 - 2）

○《皋陶謨》：“勑我五典五惇哉！”《孔傳》：“勑正我五常之敘，使合于五厚，厚天下。”（174、4 - 29 - 17）

○《武成》：“惇信明義。”《孔傳》：“使天下厚行言（信），顯忠義。”（539、11 - 35 - 16）

按：《孔傳》“言”字，八、李、王、纂、魏、岳、永、毛、殿、庫作“信”[1]，是。

○《洛誥》：“惇大成裕。”《孔傳》：“厚大成寬裕之德。”（730、15 - 25 - 1）

○《洛誥》：“惇宗將禮。”《孔傳》：“厚尊大禮。”（734、15 - 30 - 4）

○《洛誥》：“其大惇典殷獻民。”《孔傳》：“其大厚行典常於殷賢人。”（740、15 - 34 - 2）

---

① 杜澤遜：《尚書注疏彙校》，第 1685 頁。

0153 多 duō

① 衆。(22 見)

○《泰誓下》:"誕受多方。"《孔傳》:"言文王德大,故受衆方之國。"(515、11 - 17 - 17)

○《大誥》:"猷!大誥爾多邦。"《孔傳》:"順大道以誥天下衆國。"(622、13 - 21 - 5)

○《多士》:"《多士》。"《孔傳》:"所告者即衆士,故以名篇。"(751、16 - 1 - 10)

○《多士》:"爾殷遺多士。"《孔傳》:"順其事稱以告殷遺餘衆士。"(752、16 - 2 - 9)

○《多士》:"肆爾多士。"《孔傳》:"故汝衆士臣服我。"(753、16 - 2 - 16)

○《多士》:"猷,告爾多士。"《孔傳》:"以道告汝衆士。"(758、16 - 8 - 1)

○《多士》:"亦惟爾多士。"《孔傳》:"亦惟汝衆士。"(764、16 - 10 - 12)

○《多方》:"《多方》。"《孔傳》:"衆方,天下諸侯。"(814、17 - 6 - 18)

○《多方》:"惟夏之恭多士。"《孔傳》:"惟桀之所謂恭人衆士。"(820、17 - 10 - 14)

○《多方》:"克以爾多方。"《孔傳》:"能用汝衆方之賢。"(820、17 - 11 - 7)

○《多方》:"殄戮多罪。"《孔傳》:"絶戮衆罪。"(821、17 - 11 - 13)

○《多方》:"弗克以爾多方。"《孔傳》:"不能用汝衆方。"(821、17 - 11 - 16)

○《多方》:"誥告爾多方。"《孔傳》:"歎而順其事以告汝衆方。"(821、17 - 12 - 9)

○《多方》:"以爾多方大淫。"《孔傳》:"用汝衆方大爲過惡者。"(821、17 - 12 - 11)

○《多方》:"天惟求爾多方。"《孔傳》:"天惟求汝衆方之賢者。"(824、17 - 14 - 9)

○《多方》:"惟爾多方。"《孔傳》:"惟汝衆方之中。"(824、17 - 14 - 11)

○《多方》:"尹爾多方。"《孔傳》:"以正汝衆方之諸侯。"(824、17 - 14 - 15)

○《多方》:"爾曷不忱裕之于爾多方?"《孔傳》:"汝何不以誠信行寬裕之道於汝衆方?"(825、17 - 15 - 10)

○《多方》:"猷告爾有多方士。"《孔傳》:"王歎而以道告汝衆方。"(827、17 - 17 - 18)

按:經文"多方"二字,八、李、纂、平、要、岳、十、永、閩、阮作"方多"①。

○《多方》:"越惟有胥伯小大多正。"《孔傳》:"於惟有相長事,小大衆正官

---

① 杜澤遜:《尚書注疏彙校》,第 2672 頁。

之人。”(828、17 - 18 - 4)

○《多方》：“多士，爾不克勸忱我命。”《孔傳》：“衆士，汝不能勸信我命。”
(831、17 - 19 - 17)

○《多方》：“則惟爾多方。”《孔傳》：“則惟汝衆方。”(831、17 - 20 - 3)

② 多大。

○《盤庚下》：“將多于前功。”《孔傳》：“言以遷徙多大前人之功美。”
(463、9 - 22 - 14)

按：多大，有稱讚、光大義。

③ 衆多。

○《西伯戡黎》：“乃罪多參在上。”《孔傳》：“言汝罪惡衆多。”(490、10 - 18 - 13)

④ 戰功曰多。

○《文侯之命》：“汝多修扞我于艱。”《孔傳》：“戰功曰多。”(966、20 - 5 - 6)

按：《孔疏》：“‘戰功曰多’者，《周禮·司勳》文。又云：‘王功曰勳，國功
曰功，民功曰庸，事功曰勞，治功曰力，戰功曰多。’”

0154 奪 duó

奪取。

○《吕刑》：“惟時庶威奪貨。”《孔傳》：“惟是衆爲威虐者，任之以奪取人
貨，所以爲亂。”(940、19 - 33 - 14)

0155 墮 duò

墮廢。

○《益稷》：“萬事墮哉。”《孔傳》：“萬事墮廢。”(242、5 - 23 - 13)

0156 惡 è

醜陋。

○《洪範》：“五曰惡。”《孔傳》：“醜陋。”(593、12 - 33 - 8)

0157 遏 è

絕。

○《湯誓》：“夏王率遏衆力。”《孔傳》：“相率爲勞役之事，以絕衆力。”
(391、8 - 3 - 6)

○《武成》：“敢祇承上帝以遏亂略。”《孔傳》：“敬承天意以絕亂路。”
(535、11 - 31 - 14)

○《君奭》：“遏佚前人光。”《孔傳》：“絕失先王光大之道。”(792、16 - 26 - 4)

按：絕，有斷絕、禁絕義。《爾雅·釋詁》：“遏，止也。”《楚辭·天問》“永
遏在羽山，夫何三年不施”，王逸注：“遏，絕也。”

0158 耳目 ěr mù

視聽。

○《冏命》:"充耳目之官。"《孔傳》:"充備侍從在視聽之官。"(922、19 - 22 - 1)

按:《國語·晉語五》"則恐國人之屬耳目於我也"之"耳目",亦有"視聽"義。

0159 邇 ěr

近。(11見)

○《皋陶謨》:"邇可遠在兹。"《孔傳》:"近可推而遠者,在此道。"(163、4 - 23 - 2)

○《仲虺之誥》:"惟王不邇聲色。"《孔傳》:"邇,近也。"(396、8 - 10 - 7)

○《太甲上》:"密邇先王其訓。"《孔傳》:"近先王,則訓於義。"(411、8 - 27 - 14)

○《太甲下》:"若升高,必自下。若陟遐,必自邇。"《孔傳》:"言善政有漸,如登高升遠,必用下近爲始。"(418、8 - 32 - 13)

○《盤庚上》:"乃不畏戎毒于遠邇。"《孔傳》:"則是不畏大毒於遠近。"(436、9 - 8 - 6)

○《盤庚上》:"若火之燎于原,不可嚮邇,其猶可撲滅。"《孔傳》:"火炎不可嚮近,尚可撲滅。"(438、9 - 9 - 12)

○《旅獒》:"無有遠邇。"《孔傳》:"天下萬國無有遠近。"(597、13 - 2 - 13)

○《旅獒》:"所寶惟賢,則邇人安。"《孔傳》:"寶賢任能,則近人安。"(598、13 - 5 - 6)

○《顧命》:"柔遠能邇。"《孔傳》:"言當和遠,又能和近。"(874、18 - 23 - 1)

○《畢命》:"密邇王室。"《孔傳》:"密近王室。"(913、19 - 8 - 18)

○《文侯之命》:"柔遠能邇,惠康小民。"《孔傳》:"能柔遠者,必能柔近,然後國安。"(968、20 - 6 - 15)

0160 貳 èr

① 二心。

○《五子之歌》:"黎民咸貳。"《孔傳》:"眾民皆二心矣。"(374、7 - 6 - 9)

② 副貳。

○《周官》:"貳公弘化。"《孔傳》:"副貳三公,弘大道化。"(854、18 - 5 - 9)

0161 刵 èr

① 截耳。

○《康誥》:"非汝封又曰劓刵人。"《孔傳》:"刵,截耳。"(657、14 - 9 - 14)

② 截人耳。

○《吕刑》：“爰始淫爲劓、刵、椓、黥。”《孔傳》：“於是始大爲截人耳鼻，椓陰、黥面。”（928、19‐25‐11）

按：《説文》：“刵，斷耳也。”《廣雅·釋詁》：“刵，斷也。”《孔疏》引鄭玄亦云：“刵，斷耳。”

0162 發 fā

發動。

○《盤庚上》：“其發有逸口。”《孔傳》：“恐其發動有過口之患。”

0163 罰 fá

① 殃罰。

○《盤庚中》：“比于罰。”《孔傳》：“令比近於殃罰。”（450、9‐15‐1）

② 刑罰。（7見）

○《康誥》：“克明德慎罰。”《孔傳》：“能顯用俊德，慎去刑罰。”（647、14‐4‐8）

○《康誥》：“敬明乃罰。”《孔傳》：“凡行刑罰，汝必敬明之。”（654、14‐8‐14）

○《康誥》：“兹殷罰有倫。”《孔傳》：“此殷家刑罰有倫理者兼用之。”（657、14‐10‐8）

○《康誥》：“罰蔽殷彝。”《孔傳》：“其刑罰斷獄，用殷家常法。”（659、14‐11‐3）

○《多方》：“罔不明德慎罰。”《孔傳》：“無不明有德，慎去刑罰。”（821、17‐11‐11）

○《吕刑》：“輕重諸罰有權。”《孔傳》：“輕重諸刑罰，各有權宜。”（954、19‐42‐9）

○《吕刑》：“罰懲非死。”《孔傳》：“刑罰所以懲過，非殺人。”（955、19‐43‐13）

③ 誅罰。

○《多士》：“致王罰。”《孔傳》：“天命周致王者之誅罰。”（753、16‐2‐14）

0164 伐 fá

① 誅。

○《武成》：“武王伐殷。”《孔傳》：“往誅紂克定，偃武修文。”（1044、11‐25‐2）

② 滅。

○《康誥》：“成王既伐管叔、蔡叔。”《孔傳》：“滅三監。”（1052、14‐1‐7）

③ 征。

○《成王政》：“成王東伐淮夷。”《孔傳》：“成王即政，淮夷奄國又叛，王親

征之。"(1056、17－5－7)

④ 擊刺。

○《牧誓》:"不愆於四伐、五伐、六伐、七伐,乃止齊焉。"《孔傳》:"伐,謂擊刺,少則四五,多則六七以爲例。"(527、11－24－3)

⑤ 自功曰伐。

○《大禹謨》:"汝惟不伐,天下莫與汝争功。"《孔傳》:"自功曰伐。"(153、4－11－15)

按:《孔疏》:"自言己賢曰矜,自言己功曰伐。"

0165 法 fǎ

法理。

○《吕刑》:"惟察惟法。"《孔傳》:"惟當清察罪人之辭,附以法理。"(954、19－42－7)

0166 蕃 fān

蕃屏。

○《微子之命》:"以蕃王室。"《孔傳》:"以蕃屏周室。"(641、13－36－14)

○《蔡仲之命》:"以蕃王室,以和兄弟。"《孔傳》:"以蕃屏王室,以和協同姓之邦。"(813、17－4－11)

按:《説文》:"蕃,艸茂也",《孔傳》釋義似與之無涉。此處"蕃"通"藩",《説文》:"藩,屏也。从艸潘聲。"則"蕃"亦有"屏"義,《詩·大雅·板》"价人維藩",《毛傳》:"藩,屏也。"《詩·大雅·崧高》"四國于蕃,四方于宣",《鄭箋》:"四國有難則往扞禦之,爲之蕃屏。"亦訓"蕃"作"蕃屏"。

0167 繁 fán

繁多。

○《仲虺之誥》:"寔繁有徒。"《孔傳》:"若是者,繁多有徒衆。"(396、8－9－17)

0168 凡 fán

皆。

○《微子》:"凡有辜罪。"《孔傳》:"皆有辜罪。"(495、10－20－4)

按:《廣雅·釋詁》:"凡,皆也。"《公羊傳·襄公二十七年》"黜我者,非甯氏與孫氏,凡在爾","凡"亦是"皆"義。

0169 反 fǎn

反改。

○《周官》:"令出惟行,弗惟反。"《孔傳》:"令出必惟行之,不惟反改。"(85718－9－11)

0170 範 fàn

法。

○《洪範》：“《洪範》。”《孔傳》：“範，法也。”（541、12 - 2 - 6）

按：《孔疏》云：“‘洪，大’‘範，法’，皆《釋詁》文。”

0171 方 fāng

方方。

○《堯典》：“共工方鳩僝功。”《孔傳》：“共工能方方聚見其功。”（47、2 - 25 - 16）

○《堯典》：“湯湯洪水方割。”《孔傳》：“大水方方爲害。”（53、2 - 26 - 5）

○《吕刑》：“方告無辜于上。”《孔傳》：“方方各告無罪於天。”（931、19 - 26 - 1）

按：《孔疏》：“‘方方各告無罪於上天’，言其處處告也。”

0172 非 fēi

不。

○《盤庚下》：“各非敢違卜。”《孔傳》：“不敢違卜。”（465、9 - 23 - 18）

○《吕刑》：“罔非在中。”《孔傳》：“無不在中正。”（956、19 - 43 - 15）

0173 非罰 fēi fá

非常之罰。

○《盤庚上》：“予敢動用非罰？”《孔傳》：“我豈敢動用非常之罰脅汝乎？”（440、9 - 10 - 9）

按：蔡沈《書集傳》“非罰，非所當罰也”[1]，與《孔傳》稍有不同。

0174 匪 fěi

① 非。

○《湯誥》：“無從匪彝。”《孔傳》：“無從非常。”（402、8 - 16 - 7）

○《説命下》：“匪説攸聞。”《孔傳》：“非説所聞。”（475、10 - 10 - 5）

○《吕刑》：“惟時苗民匪察于獄之麗。”《孔傳》：“惟是苗民非察於獄之施刑。”（940、19 - 33 - 11）

② 不。

○《冏命》：“罔匪正人。”《孔傳》：“無不用中正之人。”（921、19 - 19 - 11）

③ 不能。

○《咸有一德》：“厥德匪常，九有以亡。”《孔傳》：“九有諸侯，桀不能常其德，湯伐而兼之。”（420、8 - 35 - 10）

---

① （宋）蔡沈著，錢宗武、錢忠弼整理：《書集傳》，第100頁。

0175 棐 fěi

① 輔。(10 見)

○《大誥》:"天棐忱辭。"《孔傳》:"言我周家有大化誠辭,爲天所輔。"(633、13-28-18)

○《大誥》:"越天棐忱。"《孔傳》:"於天輔誠。"(637、13-32-2)

○《康誥》:"天畏棐忱。"《孔傳》:"天德可畏,以其輔誠。"(652、14-7-9)

○《酒誥》:"我西土棐徂邦君。"《孔傳》:"我文王在西土,輔訓往日國君。"(680、14-26-3)

○《洛誥》:"聽朕教汝于棐民彝。"《孔傳》:"聽我教汝於輔民之常而用之。"(731、15-28-8)

○《洛誥》:"公功棐迪篤。"《孔傳》:"公之功,輔道我已厚矣。"(736、15-31-15)

○《君奭》:"若天棐忱。"《孔傳》:"順天輔誠。"(791、16-25-8)

○《君奭》:"篤棐時二人。"《孔傳》:"言我厚輔是文武之道而行之。"(808、16-38-1)

○《吕刑》:"明明棐常。"《孔傳》:"明明大道,輔行常法。"(934、19-29-3)

○《吕刑》:"率乂于民棐彝。"《孔傳》:"循道以治於民,輔成常教。"(938、19-32-1)

② 輔佐。

○《酒誥》:"惟御事厥棐有恭。"《孔傳》:"惟殷御治事之臣,其輔佐畏相之君,有恭敬之德。"(682、14-26-17)

0176 朏 fěi

明,月三日明生之名。

○《召誥》:"三月惟丙午朏。"《孔傳》:"朏,明也,月三日明生之名。於順來三月丙午朏。"(704、15-2-12)

按:朏,指新月開始生明發光,亦用於農曆每月初三日的代稱。《孔疏》:"《説文》云:'朏,月未盛之明',故爲'明'也。《〔逸〕周書·月令》云:'三日粤朏。''朏'字從月出,是入月三日明生之名也。"

0177 刜 fèi

刖足曰刜。

○《吕刑》:"刜辟疑赦。"《孔傳》:"刖足曰刜。"(951、19-38-1)

0178 廢 fèi

① 舍。

○《胤征》:"羲和廢厥職。"《孔傳》:"舍其職官。"(381、7-12-7)

② 棄。

〇《洛誥》:"不敢廢乃命。"《孔傳》:"不敢棄汝命。"(732、15-28-13)

0179 分 fēn

分别。

〇《畢命》:"分居里。"《孔傳》:"分别民之居里。"(1063、19-7-8)

按:《孔疏》:"'分'者,令其善惡分别,使惡者慕善,非分别其處,使之異居也。"

0180 封 fēng

國。

〇《康誥》:"以殷餘民封康叔。"《孔傳》:"以三監之民國康叔爲衛侯。"(1052、14-1-7)

按:《孔疏》:"然古字'邦''封'同,故漢有上邦、下邦縣,'邦'字如'封'字,此亦云'邦康叔',若《分器》序云'邦諸侯',故云'國康叔'。"

0181 風 fēng

① 教。

〇《説命下》:"四海之内,咸仰朕德,時乃風。"《孔傳》:"風,教也。"(475、10-10-18)

按:風,有風教、教化義。唐玄宗《〈孝經〉序》"朕聞上古,其風朴略",邢昺《疏》:"風,教也。"

② 風俗。

〇《伊訓》:"時謂淫風。"《孔傳》:"是淫過之風俗。"(408、8-21-4)

〇《伊訓》:"時謂亂風。"《孔傳》:"是荒亂之風俗。"(408、8-21-6)

③ 風佚。

〇《費誓》:"馬牛其風。"《孔傳》:"馬牛其有風佚。"(973、20-12-5)

按:風佚,有逃亡、逃走義。《孔疏》:"《左傳》云:'惟是風馬牛不相及也。'賈逵云:'風,放也。牝牡相誘謂之風。'然則馬牛風佚,因牝牡相逐而遂至放佚遠去也。"《廣雅疏證》"風,放也"條云:"馬牛其風,《魯世家》集解引鄭注云:'風,走逸也。'"[1]

0182 逢 féng

遇。

〇《洪範》:"子孫其逢吉。"《孔傳》:"故後世遇吉。"(580、12-22-18)

---

[1] （清）王念孫:《廣雅疏證》,第144頁下。

0183 奉 fèng

奉持。

○《盤庚上》:"乃奉其恫,汝悔身何及?"《孔傳》:"奉持所痛而悔之,則於身無所及。"(437、9-9-2)

按:《廣雅·釋詁》:"奉,持也。"

0184 否 fǒu

不。

○《堯典》:"否德,忝帝位。"《孔傳》:"否,不。"(57、2-32-4)

按:《孔疏》:"否,古今不字。"

○《益稷》:"否則威之。"《孔傳》:"不從教,則以刑威之。"(211、5-7-13)

○《太甲下》:"否德亂。"《孔傳》:"不以德則亂。"(418、8-32-1)

○《無逸》:"既誕,否則侮厥父母。"《孔傳》:"已欺誕父母,不欺,則輕侮其父母。"(767、16-12-18)

0185 敷 fū

① **布。(23見)**

○《大禹謨》:"文命敷于四海。"《孔傳》:"外布文德教命。"(146、4-2-10)

○《大禹謨》:"帝乃誕敷文德。"《孔傳》:"遠人不服,大布文德以來之。"(159、4-19-13)

○《皋陶謨》:"翕受敷施。"《孔傳》:"能合受三六之德,而用之以布施政教。"(170、4-28-3)

○《益稷》:"敷同日奏罔功。"《孔傳》:"遠近布同而日進於無功。"(214、5-14-7)

○《禹貢》:"禹敷土。"《孔傳》:"洪水汎溢,禹分布治九州之土。"(244、6-2-5)

○《禹貢》:"篠簜既敷。"《孔傳》:"水去已布生。"(272、6-16-8)

○《湯誥》:"以敷虐于爾萬方百姓。"《孔傳》:"以布行虐政於天下百官。"(400、8-14-6)

○《伊訓》:"敷求哲人。"《孔傳》:"布求賢智。"(407、8-20-17)

○《盤庚下》:"今予其敷心腹腎腸。"《孔傳》:"布心腹。"(462、9-21-16)

○《盤庚下》:"式敷民德。"《孔傳》:"用布示民,必以德義。"(467、9-25-17)

○《洪範》:"用敷錫厥庶民。"《孔傳》:"用布與眾民使慕之。"(563、12-14-14)

○《金縢》:"敷佑四方。"《孔傳》:"布其德教,以佑助四方。"(604、13-

11-5)

○《大誥》：“敷貴。”《孔傳》：“在布行大道。”（625、13-21-17）

○《微子之命》：“往敷乃訓。”《孔傳》：“往臨人布汝教訓。”（641、13-36-14）

○《康誥》：“往敷求于殷先哲王。”《孔傳》：“汝往之國，當布求殷先智王之道。”（650、14-6-7）

○《康誥》：“乃別播敷。”《孔傳》：“當分別播布德教。”（664、14-14-16）

○《梓材》“若稽田，既勤敷菑。”《孔傳》：“惟若農夫之考田，已勞力布發之。”（697、14-37-5）

○《君奭》：“前人敷乃心。”《孔傳》：“前人文武，布其乃心爲法度。”（806、16-36-10）

○《周官》：“敷五典。”《孔傳》：“布五常之教。”（855、18-5-13）

○《康王之誥》：“用敷遺後人休。”《孔傳》：“用布遺後人之美。”（906、19-4-3）

○《畢命》：“敷大德于天下。”《孔傳》：“布大德於天下。”（913、19-8-14）

○《君牙》：“弘敷五典。”《孔傳》：“大布五常之教。”（918、19-16-6）

○《文侯之命》：“敷聞在下。”《孔傳》：“布聞在下居。”（962、20-2-16）

按：“敷”同“尃”。《説文》：“尃，布也。从寸甫聲。”王筠《説文解字句讀》：“尃，大布，經典皆作‘敷’。”①則“敷”亦可訓作“布”義。《詩·小雅·小旻》“敷于下土”，《毛傳》亦訓作“敷，布也”。

② 陳。

○《洪範》：“極之敷言。”《孔傳》：“中心之所陳言。”（569、12-19-13）

③ 布陳。

○《洪範》：“曰皇極之敷言。”《孔傳》：“言以大中之道布陳言教。”（569、12-19-11）

○《大誥》：“敷前人受命。”《孔傳》：“布陳文武受命。”（625、13-21-17）

④ 陳布。

○《益稷》：“敷納以言。”《孔傳》：“陳布其言。”（2125-14-3）

0186 膚 fū

膚受。

○《盤庚上》：“起信險膚。”《孔傳》：“起信險僞膚受之言。”（433、9-7-5）

按：膚受，即淺顯義。《孔疏》：“‘起信險膚’者，言發起所行，專信此險僞膚受淺近之言。”《論語》：“子張問明。子曰：‘浸潤之譖，膚受之愬，不行

---

① （清）王筠撰：《説文解字句讀》，中華書局，1988年，第106頁。

焉,可謂明也已矣。'"邢昺《疏》云:"皮膚受塵,垢穢其外,不能入内也。以喻譖毁之語,但在外妻斐,構成其過惡,非其人内實有罪也。"朱熹《集注》云:"膚受,謂肌膚所受,利害切身。如《易》所謂'剥床以膚,切近災'者也。"①《漢書·谷永傳》"不聽浸潤之譖,不食膚受之愬",顔師古注:"膚受,謂入皮膚至骨髓,言其深也。"

0187 咈 fú

① 戾。

○《堯典》:"咈哉!方命圮族。"《孔傳》:"咈,戾。"(54、2 - 26 - 12)

○《大禹謨》:"罔咈百姓以從己之欲。"《孔傳》:"咈,戾也。"(148、4 - 5 - 4)

按:《孔疏》:"'咈'者,相乖詭之意,故爲戾也。"

② 違戾。

○《微子》:"咈其耇長。"《孔傳》:"違戾耇老之長。"(499、10 - 22 - 9)

按:《説文》:"咈,違也。从口弗聲。《周書》曰:'咈其耇長。'"

0188 俘 fú

取。

○《典寶》:"俘厥寶玉。"《孔傳》:"俘,取也。"(1006、8 - 7 - 6)

按:《爾雅·釋詁》:"俘,取也。"《説文》:"俘,軍所獲也。从人孚聲。《春秋傳》曰:'以爲俘聝。'"

0189 孚 fú

① 信。(9 見)

○《湯誥》:"上天孚佑下民。"《孔傳》:"孚,信也。"(401、8 - 15 - 12)

○《太甲下》:"邦其永孚於休。"《孔傳》:"國長信保於美。"(419、8 - 33 - 14)

○《高宗肜日》:"天既孚命正厥德。"《孔傳》:"天已信命正其德。"(481、10 - 14 - 3)

○《洛誥》:"作周孚先。"《孔傳》:"爲周家立信者之所推先。"(741、15 - 34 - 9)

○《君奭》:"厥基永孚于休。"《孔傳》:"其始長信於美道。"(791、16 - 25 - 8)

○《君奭》:"罔不是孚。"《孔傳》:"無不是而信之。"(798、16 - 30 - 7)

○《吕刑》:"五辭簡孚。"《孔傳》:"五辭簡核,信有罪驗。"(945、19 - 36 - 18)

○《吕刑》:"獄成而孚,輸而孚。"《孔傳》:"斷獄成辭而信,當輸汝信於王。"(957、19 - 44 - 4)

② 誠信。

○《吕刑》:"簡孚有衆。"《孔傳》:"簡核誠信,有合衆心。"(947、19 - 37 - 11)

0190 服 fú

① 事。

○《盤庚上》："以常舊服。"《孔傳》："用常故事。"(431、9-6-1)

② 職。

○《旅獒》："無替厥服。"《孔傳》："使無廢其職。"(597、13-2-17)

③ 行。

○《酒誥》："遠服賈。"《孔傳》："遠行賈賣。"(677、14-24-2)

④ 服事。

○《禹貢》："五百里侯服。"《孔傳》："斥候而服事。"(354、6-42-3)

○《酒誥》："百僚庶尹惟亞惟服宗工。"《孔傳》："治事百官衆正,及次大夫服事尊官。"(683、14-27-4)

○《君牙》："服勞王家。"《孔傳》："服事勤勞王家。"(918、19-15-11)

⑤ 服行。(12 見)

○《盤庚上》："先王有服。"《孔傳》："先王有所服行。"(429、9-3-18)

○《説命中》："説乃言惟服。"《孔傳》："美其所言皆可服行。"(473、10-8-12)

○《大誥》："嗣無疆大歷服。"《孔傳》："言子孫承繼祖考無窮大數,服行其政。"(624、13-21-11)

○《康誥》："紹聞衣德言。"《孔傳》："繼其所聞,服行其德言。"(650、14-6-5)

按:經文"衣"字,《定本校記》云"内野本、神宫本作'服'。"[①]依《孔傳》似應作"服"。

○《康誥》："乃服惟弘王。"《孔傳》："乃當服行德政,惟弘大王道。"(653、14-7-15)

○《康誥》："子弗祗服厥父事。"《孔傳》："不能敬身服行父道。"(662、14-12-13)

○《康誥》："明乃服命。"《孔傳》："當明汝所服行之命令。"(670、14-19-8)

○《酒誥》："服休服采。"《孔傳》："服行美道,服事治民乎?"(687、14-30-18)

○《召誥》："自服于土中。"《孔傳》："躬自服行教化,於地勢正中。"(714、15-11-17)

○《召誥》："王乃初服。"《孔傳》："言王新即政,始服行教化。"(717、15-

---

① 杜澤遜:《尚書注疏彙校》,第 2110 頁。

15－9)

○《多士》:"攸服奔走臣我。"《孔傳》:"所當服行奔走臣我。"(764、16－10－12)

○《多方》:"尚爾事有服在大僚。"《孔傳》:"庶幾修汝事,有所服行在大官。"(830、17－18－17)

⑥ 乘用。

○《武成》:"示天下弗服。"《孔傳》:"示天下不復乘用。"(530、11－26－14)

按:《史記·樂書》:"馬散華山之陽而弗復乘;牛散桃林之野而不復服。"張守節正義:"服,亦乘也。"

⑦ 服膺。

○《康誥》:"服念五六日。"《孔傳》:"服膺思念五六日。"(658、14－10－10)

⑧ 服治。

○《召誥》:"王先服殷御事。"《孔傳》:"言當先服治殷家御事之臣。"(716、15－13－1)

⑨ 服化。

○《立政》:"至于海表,罔有不服。"《孔傳》:"無[有]不服化者。"(850、17－35－8)

按:《孔傳》"無"後,八、李、平、要、岳有"有"字①,是。

⑩ 服位。

○《文侯之命》:"罔或耆壽俊在厥服。"《孔傳》:"無有耆宿壽考俊德在其服位。"(964、20－4－4)

0191 福 fú

爵禄。

○《洪範》:"汝則錫之福。"《孔傳》:"汝則與之爵禄。"(564、12－16－4)

○《洪範》:"汝雖錫之福。"《孔傳》:"汝雖與之爵禄。"(566、12－17－15)

0192 弗 fú

① 不。(83 見)

○《堯典》:"績用弗成。"《孔傳》:"功用不成。"(56、2－26－18)

○《大禹謨》:"罰弗及嗣。"《孔傳》:"父子罪不相及。"(152、4－9－16)

○《大禹謨》:"弗詢之謀勿庸。"《孔傳》:"不詢,專獨,終必無成,故戒勿聽用。"(154、4－12－5)

○《大禹謨》:"惟時有苗弗率。"《孔傳》:"不循帝道,言亂逆。"(156、4－

---

① 杜澤遜:《尚書注疏彙校》,第 2722 頁。

16－15）

○《益稷》："予弗子，惟荒度土功。"《孔傳》："不暇子名之，以大治度水土之功故。"（218、5－14－17）

○《益稷》："苗頑弗即工。"《孔傳》："三苗頑凶，不得就官。"（225、5－15－8）

○《甘誓》："弗用命，戮于社。"《孔傳》："不用命奔北者，則戮之于社主前。"（368、7－3－1）

○《五子之歌》："十旬弗反。"《孔傳》："田獵過百日不還。"（374、7－6－11）

○《五子之歌》："弗慎厥德。"《孔傳》："不慎其德。"（380、7－10－17）

○《胤征》："辰弗集于房。"《孔傳》："不合即日食可知。"（382、7－14－11）

○《湯誓》："有衆率怠弗協。"《孔傳》："衆下相率爲怠惰，不與上和合。"（391、8－3－9）

○《湯誥》："天命弗僭。"《孔傳》："福善禍淫之道不差。"（401、8－15－14）

○《湯誥》："爾有善，朕弗敢蔽。"《孔傳》："所以不蔽善人。"（402、8－16－10）

○《伊訓》："于其子孫弗率。"《孔傳》："言桀不循其祖道。"（405、8－19－9）

○《太甲中》："弗克于厥初。"《孔傳》："不能修德於其初。"（416、8－30－3）

○《咸有一德》："夏王弗克庸德。"《孔傳》："言桀不能常其德。"（421、8－35－13）

○《咸有一德》："皇天弗保。"《孔傳》："言天不安桀所爲。"（421、8－35－15）

○《盤庚上》："予弗知乃所訟。"《孔傳》："我不知汝所訟言何謂。"（433、9－7－5）

○《盤庚上》："汝曷弗告朕。"《孔傳》："責其不[以]情告上。"（438、9－9－9）
按："不"下，八、李、纂、魏、平、岳、毛、殿、庫有"以"字①。

○《盤庚中》："乃話民之弗率。"《孔傳》："民不循教。"（448、9－13－14）

○《盤庚中》："丕乃崇降弗祥。"《孔傳》："大重下不善以罰汝。"（458、9－19－9）

○《盤庚下》："罔有弗欽。"《孔傳》："無敢有不敬。"（467、9－25－14）

○《説命上》："其惟弗言。"《孔傳》："猶不言政。"（469、10－2－9）

○《説命上》："恐德弗類，茲故弗言。"《孔傳》："恐德不善，此故不言。"（469、10－2－14）

○《説命中》："黷于祭祀，時謂弗欽。"《孔傳》："祭不欲數，數則黷，黷則不敬。"（473、10－8－6）

○《説命下》："予弗克俾厥后惟堯舜。"《孔傳》："言伊尹不能使其君如堯

---

① 杜澤遜：《尚書注疏彙校》，第 1335 頁。

舜。”(476、10－11－7)

○《西伯戡黎》：“今我民罔弗欲喪。”《孔傳》：“民無不欲王之亡。”(489、10－18－6)

○《微子》：“殷其弗或亂正四方。”《孔傳》：“言殷其不有治正四方之事。”(494、10－19－16)

○《微子》：“王子弗出。”《孔傳》：“今若不出逃難。”(501、10－23－8)

○《泰誓上》：“時哉弗可失！”《孔傳》：“正是天人合同之時，不可違失。”(507、11－9－16)

○《泰誓中》：“有夏桀弗克若天。”《孔傳》：“桀不能順天。”(509、11－11－13)

○《泰誓下》：“荒怠弗敬。”《孔傳》：“大爲怠惰，不敬天地神明。”(512、11－15－15)

○《牧誓》：“昏棄厥肆祀弗答。”《孔傳》：“亂棄其所陳祭祀，不復當享鬼神。”(524、11－23－1)

○《牧誓》：“弗迓克奔以役西土。”《孔傳》：“不迎擊之，如此則所以役我西土之義。”(528、11－24－11)

○《牧誓》：“爾所弗勗。”《孔傳》：“臨敵所安汝不勉。”(528、11－24－16)

○《武成》：“示天下弗服。”《孔傳》：“示天下不復乘用。”(530、11－26－14)

○《洪範》：“汝弗能使有好于而家。”《孔傳》：“不能使正直之人，有好於國家。”(566、12－17－13)

○《洪範》：“彊弗友剛克。”《孔傳》：“世强禦不順，以剛能治之。”(571、12－20－6)

○《金縢》：“王有疾，弗豫。”《孔傳》：“武王有疾，不悦豫。”(599、13－9－3)

○《金縢》：“惟予沖人弗及知。”《孔傳》：“言己童幼，不及知周公昔日忠勤。”(618、13－17－9)

○《大誥》：“弗弔，天降割于我家不少。”《孔傳》：“言周道不至，故天下凶害於我家不少。”(624、13－21－7)

○《大誥》：“弗造哲迪民康。”《孔傳》：“不能爲智道以安人。”(624、13－21－11)

○《大誥》：“厥子乃弗肯堂。”《孔傳》：“子乃不肯爲堂基。”(634、13－30－8)

○《大誥》：“厥子乃弗肯播。”《孔傳》：“〔其〕子乃不肯播種。”(635、13－30－11)

按：《孔傳》“子”前，八、李、王、纂、平、岳、十、永、阮有“其”字[1]，是。

---

[1]　杜澤遜：《尚書注疏彙校》，第1992頁。

○《大誥》:"予有後,弗棄基?"《孔傳》:"其肯言我有後,不棄我基業乎?"(635、13-30-13)

○《大誥》:"民養其勸弗救。"《孔傳》:"民養其勸不救者。"(636、13-30-18)

○《大誥》:"敢弗于從?"《孔傳》:"敢不於從?"(638、13-33-6)

○《康誥》:"罔弗憝。"《孔傳》:"人無不惡之者。"(661、14-12-4)

○《康誥》:"于弟弗念天顯,乃弗克恭厥兄。"《孔傳》:"於爲人弟,不念天之明道,乃不能恭事其兄,是不恭。"(662、14-12-16)

○《康誥》:"弗念弗庸。"《孔傳》:"若不念我言、不用我法者。"(664、14-14-16)

○《酒誥》:"弗惟德馨香祀。"《孔傳》:"紂不念發聞其德,使祀見享。"(685、14-29-7)

○《酒誥》:"惟我一人弗恤,弗蠲乃事。"《孔傳》:"惟我一人不憂汝,乃不潔汝政事。"(690、14-32-15)

○《召誥》:"曷其奈何弗敬?"《孔傳》:"何其奈何不憂敬之?"(711、15-8-7)

○《洛誥》:"王如弗敢及天基命定命。"《孔傳》:"不敢及知天始命周家安定天下之命。"(722、15-20-13)

○《洛誥》:"弗其絶。"《孔傳》:"不其絶。"(729、15-24-15)

○《多士》:"弗弔,旻天大降喪于殷。"《孔傳》:"殷道不至,故旻天下喪亡於殷。"(752、16-2-10)

○《多士》:"弗克庸帝。"《孔傳》:"不能用天戒。"(754、16-4-3)

○《君奭》:"弗弔,天降喪于殷。"《孔傳》:"言殷道不至,故天下喪亡於殷。"(791、16-25-5)

○《君奭》:"弗永遠念天威。"《孔傳》:"言君不長遠念天之威。"(792、16-26-2)

○《君奭》:"大弗克恭上下。"《孔傳》:"大不能恭承天地。"(792、16-26-4)

○《君奭》:"弗克經歷。"《孔傳》:"不能經久歷遠。"(793、16-26-7)

○《君奭》:"惟時二人弗戡。"《孔傳》:"惟是文武不勝受。"(807、16-37-9)

○《多方》:"弗永寅念于祀。"《孔傳》:"不長敬念于祭祀。"(817、17-8-10)

○《多方》:"弗克以爾多方。"《孔傳》:"不能用汝衆方。"(821、17-11-16)

○《立政》:"惟乃弗作往任。"《孔傳》:"惟乃不爲其先王之法、往所委任。"(838、17-23-9)

○《周官》:"四征弗庭。"《孔傳》:"四面征討諸侯之不直者。"(852、18-2-10)

○《周官》:"弗惟反。"《孔傳》:"不惟反改。"(857、18-9-11)

○《周官》:"弗畏入畏。"《孔傳》:"若乃不畏,則入可畏之刑。"(858、18-

11-8)

○《君陳》:"有弗若于汝政,弗化于汝訓。"《孔傳》:"有不順於汝政,不變於汝教。"(863、18-16-16)

○《顧命》:"弗興弗悟。"《孔傳》:"不起不悟。"(874、18-22-15)

○《畢命》:"弗率訓典。"《孔傳》:"其不循教道之常。"(915、19-11-3)

○《畢命》:"罔曰弗克。"《孔傳》:"無曰不能。"(917、19-14-5)

○《君牙》:"罔敢弗正。"《孔傳》:"則下無敢不正。"(918、19-16-9)

○《冏命》:"惟予弗克于德。"《孔傳》:"言我不能於道德。"(920、19-19-5)

○《冏命》:"惟爾大弗克祗厥辟。"《孔傳》:"惟汝大不能敬其君。"(922、19-22-6)

○《吕刑》:"苗民弗用靈。"《孔傳》:"不用善化民。"(927、19-25-7)

○《秦誓》:"若弗云來。"《孔傳》:"如不復云來。"(979、20-16-18)

按:《廣雅·釋詁》:"弗,不也。"《周禮·諸子》《禮記·燕義》"司馬弗正",鄭玄注云:"弗,不也。"

② 非。

○《盤庚上》:"則惟汝衆自作弗靖。"《孔傳》:"是汝自爲非謀所致。"(439、9-9-15)

③ 無。

○《泰誓上》:"乃夷居弗事上帝神祇。"《孔傳》:"平居無故廢天地百神宗廟之祀。"(505、11-7-9)

④ 不能。

○《湯誥》:"弗忍荼毒。"《孔傳》:"不能堪忍。"(400、8-14-8)

○《康誥》:"子弗祗服厥父事。"《孔傳》:"爲人子,不能敬身服行父道。"(662、14-12-13)

0193 輔 fǔ

① 師輔。

○《伊訓》:"俾輔于爾后嗣。"《孔傳》:"使師輔於爾嗣王。"(407、8-20-17)

② 輔佑。

○《蔡仲之命》:"惟德是輔。"《孔傳》:"惟有德者則輔佑之。"(813、17-4-4)

0194 府 fǔ

聚。

○《吕刑》:"惟府辜功。"《孔傳》:"惟聚罪之事。"(958、19-45-15)

按:《戰國策·秦策》"此所謂天府",高誘注:"府,聚也。"

0195 賦 fù

① 貢賦。

○《禹貢》："厎慎財賦。"《孔傳》："致所慎者,財貨貢賦。"(351、6-38-15)

② 土地所生,以供天子。

○《禹貢》："厥賦惟上上錯。"《孔傳》："賦謂土地所生,以供天子。"(249、6-5-12)

0196 傅 fù

傅相。

○《周官》："立太師、太傅、太保,茲惟三公。"《孔傳》："傅,傅相天子。"(854、18-5-3)

0197 阜 fù

大。

○《周官》："阜成兆民。"《孔傳》："大成兆民之性命。"(856、18-6-6)

0198 富 fù

美。

○《康王之誥》："昔君文武,丕平富,不務咎。"《孔傳》："言先君文武道大,政化平美,不務咎惡。"(908、19-5-2)

0199 附 fù

依附。

○《武成》："天休震動用附我大邑周。"《孔傳》："天之美應,震動民心,故用依附我。"(535、11-32-4)

0200 改 gǎi

易。

○《蔡仲之命》："罔以側言改厥度。"《孔傳》："無以邪巧之言,易其常度。"(814、17-4-16)

按:《説文》《廣雅·釋詁》均訓"改"作"更",《國語·魯語下》"執政未改",韋昭訓"改"作"易"也,義近。

0201 干 gān

犯。

○《胤征》："以干先王之誅。"《孔傳》："干,犯也。"(384、7-14-17)

0202 感 gǎn

動。

○《君陳》："感于神明。"《孔傳》："動於神明。"(861、18-15-7)

0203 敢 gǎn

① 豈敢。

○《盤庚上》:"予敢動用非罰?"《孔傳》:"我豈敢動用非常之罰脅汝乎?"(440、9-10-8)

② 果敢。

○《召誥》:"亦敢殄戮用乂民。"《孔傳》:"亦當果敢絕刑戮之道用治民。"(718、15-16-1)

0204 幹 gàn

① 事。

○《多士》:"爾乃尚寧幹止。"《孔傳》:"乃庶幾安汝故事止居。"(764、16-10-14)

② 安事。

○《多士》:"爾厥有幹有年。"《孔傳》:"汝其有安事,有豐年"(764、16-11-2)

0205 剛 gāng

剛斷。

○《皋陶謨》:"剛而塞。"《孔傳》:"剛斷而實塞。"(168、4-26-5)

0206 告 gào

① 言。

○《禹貢》:"告厥成功。"《孔傳》:"言天功成。"(358、6-45-8)

② 謂祝辭。

○《金縢》:"植璧秉珪,乃告大王、王季、文王。"《孔傳》:"告,謂祝辭。"(601、13-9-11)

0207 誥 gào

① 告。

○《微子》:"微子作誥父師、少師。"《孔傳》:"告二師而去紂。"(1025、10-19-2)

○《酒誥》:"厥誥毖庶邦庶士"《孔傳》:"文王其所告慎衆國衆士。"(674、14-20-17)

② 戒。

○《康王之誥》:"惟予一人釗報誥。"《孔傳》:"報其戒。"(908、19-5-1)

③ 告令。

○《多士》:"周公以王命誥。"《孔傳》:"稱成王命告令之。"(1054、16-1-9)

④ **報誥**。

○《康王之誥》:"遂誥諸侯,作《康王之誥》。"《孔傳》:"既受顧命,群臣陳戒,遂報誥之。"(1062、19－1－8)

⑤ **會同曰誥**。

○《仲虺之誥》:"《仲虺之誥》。"《孔傳》:"會同曰誥。"(394、8－8－7)

按:陸德明《釋文》:"馬云:'軍旅曰誓,會同曰誥。'"《孔疏》:"誥、誓俱是號令之辭,意小異耳。"

0208 革 gé

① **改**。

○《堯典》:"鳥獸希革。"《孔傳》:"革,改也。"(33、2－13－6)

○《咸有一德》:"爰革夏正。"《孔傳》:"改其正。"(421、8－36－4)

○《多士》:"殷革夏命。"《孔傳》:"殷改夏王命之意。"(759、16－8－7)

② **改更**。

○《洪範》:"金曰從革。"《孔傳》:"金可以改更。"(552、12－7－17)

○《畢命》:"政由俗革。"《孔傳》:"政教有用俗改更之理。"(913、19－9－5)

③ **更代**。

○《多士》:"乃命爾先祖成湯革夏。"《孔傳》:"天命湯更代夏。"(755、16－4－9)

0209 格 gé

① **至**。(17 見)

○《堯典》:"格於上下。"《孔傳》:"格,至也。"(9、2－8－9)

○《堯典》:"不格姦。"《孔傳》:"不至於姦惡。"(60、2－32－16)

○《益稷》:"格則承之庸之。"《孔傳》:"天下人能至于道,則承用之任以官。"(211、5－7－13)

○《益稷》:"祖考來格。"《孔傳》:"祖考來至明之。"(227、5－19－10)

○《說命下》:"格于皇天。"《孔傳》:"功至大天,無能及者。"(476、10－11－11)

○《高宗肜日》:"惟先格王,正厥事。"《孔傳》:"言至道之王遭變異,正其事而異自消。"(479、10－13－9)

按:《孔疏》:"'格'訓至也。'至道之王',謂用心至極,行合於道。遭遇變異,改脩德教,正其事而異自消。"

○《西伯戡黎》:"格人元龜。"《孔傳》:"至人以人事觀殷。"(488、10－17－10)

○《大誥》:"矧曰其有能格知天命"?《孔傳》:"況其有能至知天命者乎?"(625、13－21－13)

○《召誥》：“天迪格保。”《孔傳》：“言天道所以至於保安湯者。”（713、15－10－6）

○《洛誥》：“王賓，殺禋，咸格。”《孔傳》：“王賓異周公，殺牲精意以享文武，皆至其廟親告也。”（748、15－38－5）

○《多士》：“則惟帝降格。”《孔傳》：“故天下至戒以譴告之。”（754、16－4－1）

○《君奭》：“時則有若伊尹，格于皇天。”《孔傳》：“尹摯佐湯，功至大天。”（794、16－27－13）

○《君奭》：“格于上帝。”《孔傳》：“至天之功不隕。”（795、16－27－17）

○《君奭》：“天壽平格。”《孔傳》：“言天壽有平至之君。”（798、16－31－3）

○《多方》：“惟帝降格于夏。”《孔傳》：“惟天下至戒於夏以譴告之。”（817、17－8－10）

○《吕刑》：“絶地天通，罔有降格。”《孔傳》：“言天神無有降地，地祇不至於天。”（933、19－28－17）

○《吕刑》：“庶有格命。”《孔傳》：“庶幾有至命。”（941、19－34－15）

② 撿。

○《冏命》：“繩愆糾謬，格其非心。”《孔傳》：“言恃左右之臣，彈正過誤，撿其非妄之心。”（921、19－20－8）

按：《孔疏》：“‘格’，謂撿括，其有非理枉妄之心，撿括，使妄心不作。”

0210 賡 gēng

續。

○《益稷》：“乃賡載歌曰。”《孔傳》：“賡，續。”（241、5－23－10）

按：《孔疏》：“《詩》云：‘西有長賡。’《毛傳》亦以‘賡’爲續，是相傳有此訓也。”

0211 耿 gěng

光。

○《立政》：“丕釐上帝之耿命。”《孔傳》：“大賜上天之光命，王天下。”（838、17－25－2）

0212 耿光 gěng guāng

光明。

○《立政》：“以覲文王之耿光。”《孔傳》：“能使四夷賓服，所以見祖之光明。”（850、17－35－9）

0213 工 gōng

① 官。（11見）

○《堯典》：“允釐百工。”《孔傳》：“工，官。”（44、2－14－13）

按:《孔疏》:"釋訓之例,有以聲相近而訓其義者,'鼇,治''工,官',皆以聲近爲訓,他皆倣此類也。"《廣雅·釋詁》:"工,官也。"

○《皋陶謨》:"百工惟時。"《孔傳》:"僚、工,皆官也。"(171、4-28-6)

○《皋陶謨》:"天工人其代之。"《孔傳》:"言人代天理官,不可以天官私非其才。"(174、4-29-15)

○《益稷》:"苗頑弗即工。"《孔傳》:"惟三苗頑凶,不得就官。"(225、5-15-8)

○《益稷》:"百工熙哉。"《孔傳》:"百官之業乃廣。"(240、5-23-4)

○《酒誥》:"百僚庶尹惟亞惟服宗工。"《孔傳》:"治事百官衆正,及次大夫服事尊官。"(683、14-27-4)

○《酒誥》:"越獻臣百宗工。"《孔傳》:"於善臣百尊官。"(687、14-30-18)

○《酒誥》:"惟工乃湎于酒。"《孔傳》:"惟衆官化紂日久,乃沉湎於酒。"(690、14-32-11)

○《洛誥》:"乃汝其悉自教工。"《孔傳》:"乃汝新即政,其當盡自教衆官。"(728、15-24-11)

○《洛誥》:"惟以在周工。"《孔傳》:"惟用在周之百官。"(729、15-24-18)

○《洛誥》:"監我士師工。"《孔傳》:"監篤我政事衆官。"(738、15-32-6)

② 樂官。

○《益稷》:"工以納言。"《孔傳》:"工,樂官,當(掌)誦詩以納諫。"(211、5-7-11)按:此處當是特指。

0214 攻 gōng

治。

○《甘誓》:"左不攻于左。"《孔傳》:"攻,治也,治其職。"(367、7-2-13)

○《召誥》:"太保乃以庶殷,攻位于洛汭。"《孔傳》:"以衆殷之民治都邑之位於洛水北,今河南城也。"(705、15-2-17)

0215 功 gōng

① 事。

○《金縢》:"公乃自以爲功。"《孔傳》:"周公乃自以請命爲己事。"(601、13-9-7)

○《吕刑》:"惟府辜功。"《孔傳》:"惟聚罪之事。"(958、19-45-15)

② 功事。

○《西伯戡黎》:"殷之即喪,指乃功。"《孔傳》:"言殷之就亡,指汝功事所致。"(491、10-18-15)

③ 功德。

○《召誥》:"嗣若功。"《孔傳》:"繼順其功德者而法則之。"(717、15-14-12)

④ 成功。

○《召誥》:"若有功。"《孔傳》:"順行禹湯所以(有)成功。"(719、15 - 16 - 2)

按:《孔傳》"以"字,八、李、王、纂、岳作"有"①,是。

0216 恭 gōng

① 奉。(6 見)

○《甘誓》:"今予惟恭行天之罰。"《孔傳》:"恭,奉也。"(367、7 - 2 - 12)

○《甘誓》:"汝不恭命。"《孔傳》:"皆不奉我命。"(368、7 - 2 - 16)

○《盤庚上》:"各恭爾事。"《孔傳》:"奉其職事。"(446、9 - 13 - 8)

○《盤庚中》:"顛越不恭。"《孔傳》:"不恭,不奉上命。"(459、9 - 20 - 8)

○《盤庚下》:"恭承民命。"《孔傳》:"奉承民命。"(464、9 - 23 - 14)

○《武成》:"恭天成命。"《孔傳》:"使奉天成命。"(535、11 - 31 - 16)

② 恭敬。

○《堯典》:"象恭滔天。"《孔傳》:"貌象恭敬,而心傲狠,若漫天。"(49、2 - 26 - 1)

③ 恭恪。

○《皋陶謨》:"愿而恭。"《孔傳》:"慤愿而恭恪。"(168、4 - 26 - 2)

④ 奉用。

○《盤庚下》:"敢恭生生。"《孔傳》:"敢奉用進進於善者。"(466、9 - 24 - 16)

⑤ 儼恪。

○《洪範》:"貌曰恭。"《孔傳》:"儼恪。"(556、12 - 10 - 1)

○《酒誥》:"惟御事厥棐有恭。"《孔傳》:"惟殷御治事之臣,其輔佐畏相之君,有恭敬之德。"(682、14 - 26 - 17)

○《召誥》:"惟恭奉幣。"《孔傳》:"惟恭敬奉其幣帛。"(720、15 - 18 - 5)

○《洛誥》:"作周恭先。"《孔傳》:"爲周家見恭敬之王,後世所推先也。"(740、15 - 34 - 4)

⑥ 恭奉。

○《洛誥》:"弘朕恭。"《孔傳》:"大使我恭奉其道。"(740、15 - 34 - 1)

○《君奭》:"嗣前人,恭明德。"《孔傳》:"繼先王之大業,恭奉其明德。"(793、16 - 26 - 9)

⑦ 恭承。

○《君奭》:"大弗克恭上下。"《孔傳》:"大不能恭承天地。"(792、16 - 26 - 4)

---

① 杜澤遜:《尚書注疏彙校》,第 2323 頁。

⑧ **不驕慢。**

○《太甲中》："接下思恭。"《孔傳》："以不驕慢爲恭。"(417、8-31-5)

0217 躬 gōng

身。(8見)

○《大禹謨》："天之曆數在汝躬。"《孔傳》："言天道在汝身。"(153、4-12-1)

○《太甲上》："惟尹躬先見于西邑夏。"《孔傳》："言身先見夏君臣。"(410、8-25-13)

○《太甲中》："以速戾于厥躬。"《孔傳》："以召罪於其身。"(416、8-29-10)

○《説命下》："道積於厥躬。"《孔傳》："則道積於其身。"(475、10-10-9)

○《牧誓》："其于爾躬有戮。"《孔傳》："則於汝身有戮矣。"(528、11-24-16)

○《多士》："予亦致天之罰于爾躬。"《孔傳》："我亦致天罰於汝身。"(764、16-10-18)

○《君奭》："其集大命于厥躬。"《孔傳》："故能成其大命於其身。"(799、16-32-2)

○《文侯之命》："其伊恤朕躬。"《孔傳》："其惟當憂念我身。"(964、20-4-16)

0218 公 gōng

公平。

○《周官》："以公滅私。"《孔傳》："從政以公平滅私情。"(857、18-9-14)

0219 宫 gōng

淫刑。男子割勢,婦人幽閉,次死之刑。

○《吕刑》："宫辟疑赦。"《孔傳》："宫,淫刑也。男子割勢,婦人幽閉,次死之刑。"(951、19-38-2)

按:古代刑法的一種。《孔疏》："伏生《書傳》云:'男女不以義交者,其刑宫。'是宫刑爲淫刑也。男子之陰,名爲勢,割去其勢,與椓去其陰,事亦同也。'婦人幽閉',閉於宫,使不得出也。本制宫刑,主爲淫者,後人被此罪者,未必盡皆爲淫。"

0220 貢 gòng

① **進。**

○《顧命》："爾無以釗冒貢于非幾。"《孔傳》："汝無以釗冒進于非危之事。"(875、18-23-3)

② 貢賦。

○《禹貢》:"任土作貢。"《孔傳》:"任其土地所有,定其貢賦之差。"(997、6-1-8)

0221 共 gòng

① 合。

○《咸义》:"桑穀共生于朝。"《孔傳》:"二木合生。"(1016、8-40-8)

② 皆。

○《洪範》:"龜筮共違于人。"《孔傳》:"皆逆。"(581、12-23-7)

0222 供 gòng

供待。

○《召誥》:"用供王能祈天永命。"《孔傳》:"用供待王能求天長命。"(720、15-18-5)

○《無逸》:"以萬民惟正之供。"《孔傳》:"用萬民當惟正身以供待之故。"(782、16-19-17)

○《無逸》:"以庶邦惟正之供。"《孔傳》:"以眾國所取法則,當以正道供待之故。"(780、16-18-6)

按:供待,有款待、招待義。

0223 耇 gǒu

① 老。

○《君奭》:"耇造德不降。"《孔傳》:"而老成德不降意爲之。"(805、16-34-15)

② 耇老。

○《微子》:"咈其耇長。"《孔傳》:"違戾耇老之長。"(499、10-22-10)

○《康誥》:"汝丕遠惟商耇成人。"《孔傳》:"汝當大遠求商家耇老成人之道。"(651、14-6-8)

③ 老成人。

○《酒誥》:"爾大克羞耇惟君。"《孔傳》:"汝大能進老成人之道,則爲君矣。"(678、14-24-7)

0224 遘 gòu

遇。

○《洛誥》:"無有遘自疾。"《孔傳》:"無有遇用患疾之道者。"(744、15-36-3)

0225 構 gòu

構立。

○《大誥》:"厥子乃弗肯堂,矧肯構?"《孔傳》:"子乃不肯爲堂基,況肯構

立屋乎?"(634、13－30－9)

0226 雊 gòu

鳴。

○《高宗肜日》:"有飛雉升鼎耳而雊。"《孔傳》:"雊,鳴。"(1024、10－12－3)

0227 辜 gū

① 罪。(16 見)

○《大禹謨》:"與其殺不辜。"《孔傳》:"辜,罪。"(152、4－10－11)

○《仲虺之誥》:"小大戰戰,罔不懼于非辜。"《孔傳》:"言商家小大憂危,恐其非罪見滅。"(396、8－10－4)

○《湯誥》:"並告無辜于上下神祇。"《孔傳》:"言百姓兆民並告無罪,稱冤訴天地。"(400、8－14－11)

○《説命下》:"則曰時予之辜。"《孔傳》:"則以爲己罪。"(476、10－11－10)

○《洪範》:"時人斯其辜。"《孔傳》:"則是人斯其詐取罪而去。"(566、12－17－14)

○《康誥》:"既道極厥辜。"《孔傳》:"汝盡聽訟之理以極其罪。"(655、14－8－18)

○《酒誥》:"亦罔非酒惟辜。"《孔傳》:"亦無不以酒爲罪也。"(675、14－21－6)

○《酒誥》:"惟民自速辜。"《孔傳》:"惟民行惡自召罪。"(686、14－29－12)

○《無逸》:"殺無辜。"《孔傳》:"罰殺無罪。"(787、16－23－10)

○《多方》:"開釋無辜。"《孔傳》:"開放無罪之人。"(821、17－11－13)

○《多方》:"乃惟爾自速辜。"《孔傳》:"乃惟汝自召罪以取誅。"(827、17－16－11)

○《冏命》:"惟予汝辜。"《孔傳》:"惟我則亦以此罪汝。"(922、19－22－7)

○《吕刑》:"殺戮無辜。"《孔傳》:"以殺戮無罪。"(928、19－25－11)

○《吕刑》:"方告無辜于上。"《孔傳》:"方方各告無罪於天。"(931、19－26－1)

○《吕刑》:"以亂無辜。"《孔傳》:"以亂加無罪。"(940、19－33－16)

○《吕刑》:"惟府辜功。"《孔傳》:"惟聚罪之事。"(958、19－45－15)

② 罪人。

○《酒誥》:"辜在商邑。"《孔傳》:"紂聚罪人在都邑而任之。"(685、14－29－6)

0228 孤 gū

特。

○《禹貢》:"嶧陽孤桐。"《孔傳》:"孤,特也。"(266、6－14－13)

○《周官》：“少師、少傅、少保，曰三孤。”《孔傳》：“此三官，名曰三孤。孤，特也。”（854、18－5－8）

0229 姑 gū

且。

○《酒誥》：“姑惟教之。”《孔傳》：“且惟教之。”（690、14－32－13）

○《秦誓》：“姑將以爲親。”《孔傳》：“我且將以爲親而用之。”（980、20－17－15）

0230 瞽 gǔ

無目曰瞽。

○《堯典》：“瞽子，父頑，母嚚，象傲。”《孔傳》：“無目曰瞽。舜父有目，不能分別好惡，故時人謂之瞽，配字曰瞍。瞍無目之稱。”（60、2－32－13）

0231 縠 gǔ

善。

○《洪範》：“既富方縠。”《孔傳》：“既當以爵禄富之，又當以善道接之。”（566、12－17－12）

0232 汩 gǔ

① 治。

○《汩作》：“作《汩作》。”《孔傳》：“汩，治。”（994、3－40－16）

② 亂。

○《洪範》：“汩陳其五行。”《孔傳》：“汩，亂也。”（544、12－3－11）

0233 固 gù

堅固。

○《多士》：“允罔固亂。”《孔傳》：“言（信）無堅固治者。”（753、16－2－18）

按：《孔傳》“言”字，八、李、王、纂、魏、平、毛、殿、庫作“信”[1]，是。

○《君奭》：“則有固命。”《孔傳》：“則有堅固王命。”（798、16－31－5）

○《畢命》：“慎固封守。”《孔傳》：“當謹慎堅固封疆之守備。”（915、19－11－5）

0234 顧 gù

① 顧省。

○《康誥》：“顧乃德。”《孔傳》：“顧省汝德。”（669、14－18－15）

---

[1] 杜澤遜：《尚書注疏彙校》，第2466頁。

② 顧念。

○《康王之誥》:"尚胥暨顧。"《孔傳》:"庶幾相與顧念文武之道。"(909、19－5－12)

③ 謂常目在之。

○《太甲上》:"先王顧諟天之明命。"《孔傳》:"顧,謂常目在之。"(410、8－25－1)

0235 顧命 gù mìng

臨終之命。

○《顧命》:"率諸侯相康王,作《顧命》。"《孔傳》:"臨終之命曰顧命。"(1062、18－19－7)

按:《孔疏》:"此言'臨終之命曰顧命',言臨將死去,回顧而爲語也。"

0236 顧諟 gù shì

敬奉。

○《太甲上》:"先王顧諟天之明命。"《孔傳》:"言敬奉天命以承順天地。"(410、8－25－1)

按:《孔疏》云:"《説文》云:'顧,還視也。''諟'與'是',古今之字異,故變文爲'是'也。言先王每有所行,必還回視是天之明命。"後以"顧諟"指敬奉、稟順天命。

0237 寡 guǎ

① 少。

○《畢命》:"罔曰民寡。"《孔傳》:"無曰人少不足治也。"(917、19－14－7)

② 寡婦。

○《康誥》:"不敢侮鰥寡。"《孔傳》:"不慢鰥夫寡婦。"(648、14－4－10)

③ 寡弱。

○《梓材》:"至于敬寡。"《孔傳》:"至於敬養寡弱。"(694、14－36－8)

④ 無夫者。

○《大誥》:"肆予沖人,永思艱曰,嗚呼! 允蠢鰥寡,哀哉!"《孔傳》:"故我童人成王,長思此難而歎曰:'信蠢動天下,使無妻無夫者受其害,可哀哉!'"(630、13－27－2)

0238 寡命 guǎ mìng

寡有之教命。

○《康王之誥》:"無壞我高祖寡命。"《孔傳》:"無壞我高德之祖寡有之教命。"(907、19－4－6)

按:寡命,有大命義。孫星衍云:"高祖謂文王。寡命,如《康誥》'乃寡兄勖',謂寡有之命。"①曾運乾《正讀》:"本文高祖寡命,即高祖大命也。"②

0239 寡兄 guǎ xiōng

寡有之兄。

○《康誥》:"乃寡兄勖。"《孔傳》:"汝寡有之兄武王,勉行文王之道。"(649、14-5-2)

按:寡有之兄,義爲武王賢明過人。

0240 觀 guān

① **視。**

○《盤庚上》:"予若觀火。"《孔傳》:"我視汝情如視火。"(434、9-7-10)

② **觀視。**

○《吕刑》:"觀于五刑之中。"《孔傳》:"觀視五刑之中正。"(940、19-33-13)

按:《説文》:"觀,諦視也。"即審視義。《穀梁傳》:"常事曰視,非常曰觀。"也就是説,一般地看叫"視",仔細地看叫"觀"。

0241 關 guān

通。

○《五子之歌》:"關石和鈞。"《孔傳》:"金鐵曰石,供民器用,通之使和平。"(379、7-9-15)

按:左思《魏都賦》"關石之所和鈞,財賦之所底慎",李善注云:"賈逵《國語》注曰:'關,通也。'"

0242 鰥 guān

① **無妻曰鰥。**

○《堯典》:"有鰥在下。"《孔傳》:"無妻曰鰥。"(58、2-32-8)

○《大誥》:"允蠢鰥寡。"《孔傳》:"信蠢動天下,使無妻無夫者受其害。"(630、13-27-2)

② **鰥夫。**

○《康誥》:"不敢侮鰥寡。"《孔傳》:"不慢鰥夫寡婦。"(648、14-4-10)

0243 鰥寡 guān guǎ

惸獨。

○《無逸》:"不敢侮鰥寡。"《孔傳》:"不敢侮慢惸獨。"(776、16-16-3)

---

① (清)孫星衍撰,陳抗、盛冬鈴點校:《尚書今古文注疏》,第507頁。
② (清)曾運乾撰:《尚書正讀》,第274頁。

0244 瘝 guān

① 病。

○《康誥》:"恫瘝乃身。"《孔傳》:"瘝,病。"(652、14 - 7 - 7)

○《康誥》:"瘝厥君。"《孔傳》:"病其君道。"(664、14 - 14 - 16)

○《冏命》:"若時瘝厥官。"《孔傳》:"則病其官職。"(922、19 - 22 - 5)

② 瘝病。

○《召誥》:"智藏瘝在。"《孔傳》:"賢智隱藏,瘝病者在位。"(712、15 - 9 - 1)

0245 官 guān

官職。

○《冏命》:"若時瘝厥官。"《孔傳》:"若用是行貨之人,則病其官職。"(922、19 - 22 - 5)

0246 盥 guàn

盥手。

○《顧命》:"盥,以異同。"《孔傳》:"太保以盥手洗異同。"(898、18 - 38 - 15)

0247 光 guāng

① 大。

○《洛誥》:"越乃光烈考武王。"《孔傳》:"於汝大業之父武王。"(740、15 - 33 - 18)

○《顧命》:"用答揚文武之光訓。"《孔傳》:"用對揚聖祖文武之大教。"(897、18 - 37 - 18)

② 光明。

○《泰誓中》:"于湯有光。"《孔傳》:"比於湯又有光明。"(511、11 - 13 - 17)

○《洪範》:"以近天子之光。"《孔傳》:"則可以近益天子之光明。"(569、12 - 19 - 14)

○《君牙》:"對揚文武之光命。"《孔傳》:"言當答揚文武光明之命。"(919、19 - 17 - 12)

③ 光大。

○《君奭》:"遏佚前人光。"《孔傳》:"絶失先王光大之道。"(792、16 - 26 - 4)

○《君奭》:"迪惟前人光。"《孔傳》:"蹈行先王光大之道。"(793、16 - 26 - 11)

0248 光烈 guāng liè

大業。

○《洛誥》:"越乃光烈考武王。"《孔傳》:"於汝大業之父武王。"(740、15 - 33 - 18)

0249 廣 guǎng

所覆者大。

○《大禹謨》:"帝德廣運。"《孔傳》:"廣,謂所覆者大。"(147、4 - 4 - 11)

0250 果毅 guǒ yì

殺敵爲果,致果爲毅。

○《泰誓下》:"爾衆士其尚迪果毅以登乃辟。"《孔傳》:"殺敵爲果,致果爲毅。"(514、11 - 17 - 10)

按:果毅,果敢堅毅。《孔疏》:"'殺敵爲果,致果爲毅',《宣二年左傳》文。'果',謂果敢;'毅',謂强決。能殺敵人謂之爲'果',言能果敢以除賊。致此果敢,是名爲'毅',言能强決以立功。"

0251 酣 hān

① **樂酒曰酣。**

○《伊訓》:"酣歌于室。"《孔傳》:"樂酒曰酣。"(407、8 - 21 - 2)

② **酣樂。**

○《酒誥》:"在今後嗣王酣身。"《孔傳》:"酣樂其身,不憂政事。"(684、14 - 28 - 15)

0252 昊 hào

廣大。

○《堯典》:"欽若昊天。"《孔傳》:"昊天,言元氣廣大。"(18、2 - 11 - 16)

按:《孔疏》:"昊天者,混元之氣,昊然廣大,故謂之'昊天'也。"

0253 和 hé

① **和悦。**

○《康誥》:"四方民大和會。"《孔傳》:"四方之民,大和悦而集會。"(643、14 - 2 - 13)

○《康誥》:"百工播民和,見士于周。"《孔傳》:"百官播率其民和悦即事。"(644、14 - 2 - 15)

② **和協。**

○《蔡仲之命》:"以和兄弟。"《孔傳》:"以和協同姓之邦,諸侯之道。"(813、17 - 4 - 11)

③ **和平。**

○《立政》:"和我庶獄庶慎。"《孔傳》:"和平我衆獄衆慎之事。"(845、17 - 32 - 14)

④ **和諧。**

○《周官》:"推賢讓能,庶官乃和。"《孔傳》:"賢能相讓,俊乂在官,所以和

諧。"(858、18－11－9)

0254 合 hé

和合。

○《梓材》:"合由以容。"《孔傳》:"和合其教,用大道以容之。"(694、14－36－8)

0255 恒 héng

常。(13 見)

○《湯誥》:"若有恒性。"《孔傳》:"順人有常之性。"(400、8－14－5)

○《伊訓》:"敢有恒舞于宮。"《孔傳》:"常舞則荒淫。"(407、8－21－1)

○《伊訓》:"恒于遊畋。"《孔傳》:"常遊戲畋獵。"(408、8－21－4)

○《微子》:"乃罔恒獲。"《孔傳》:"無秉常得中者。"(495、10－20－4)

○《洪範》:"曰狂,恒雨若。"《孔傳》:"則常雨順之。"(584、12－29－13)

○《洪範》:"曰僭,恒暘若。"《孔傳》:"則常暘順之。"(585、12－29－14)

○《洪範》:"曰豫,恒燠若。"《孔傳》:"則常燠(煖)順之。"(585、12－29－15)

按:《孔傳》"燠"字,八、李、王、纂、魏、平、岳作"煖"。

○《洪範》:"曰急,恒寒若。"《孔傳》:"則常寒順之。"(586、12－29－16)

○《洪範》:"曰蒙,恒風若。"《孔傳》:"則常風順之。"(586、12－29－17)

○《梓材》:"汝若恒越。"《孔傳》:"汝惟君道使順常。"(693、14－34－7)

○《洛誥》:"來視予卜休恒吉。"《孔傳》:"來視我以所卜之美、常吉之居。"(725、15－23－2)

○《洛誥》:"和恒四方民居師。"《孔傳》:"以和常四方之民,居處其衆。"(733、15－30－3)

○《畢命》:"政貴有恒。"《孔傳》:"政以仁義爲常。"(915、19－11－8)

0256 洪 hóng

大。(8 見)

○《堯典》:"湯湯洪水方割。"《孔傳》:"洪,大。"(53、2－26－5)

○《泰誓下》:"洪惟作威。"《孔傳》:"大作威殺無辜。"(513、11－17－5)

○《洪範》:"《洪範》。"《孔傳》:"洪,大。"(541、12－2－6)

○《大誥》:"延洪惟我幼沖人。"《孔傳》:"凶害延大,惟累我幼童人成王。"(624、13－21－9)

○《康誥》:"乃洪大誥治。"《孔傳》:"乃因大封命,大誥以治道。"(645、14－3－1)

○《多士》:"惟爾洪無度。"《孔傳》:"惟汝大無法度。"(758、16－7－5)

○《多方》:"洪惟圖天之命。"《孔傳》:"大惟爲王謀天之命。"(817、17-8-10)

○《多方》:"洪舒于民。"《孔傳》:"大舒惰於治民。"(818、17-9-9)

0257 洪範 hóng fàn

大法。

○《洪範》:"不畀洪範九疇。"《孔傳》:"不與大法九疇。"(545、12-3-13)

按:洪範,有大法、楷模義。

0258 宏 hóng

大。

○《盤庚下》:"用宏茲賁。"《孔傳》:"宏、賁皆大也。"(465、9-23-18)

○《酒誥》:"若保宏父。"《孔傳》:"宏,大也。宏父,司空。"(689、14-31-4)

0259 弘 hóng

① **大。**(6見)

○《微子之命》:"弘乃烈祖。"《孔傳》:"大汝烈祖成湯之道。"(641、13-36-18)

○《康誥》:"弘于天。"《孔傳》:"大于天。"(651、14-6-12)

○《洛誥》:"弘朕恭。"《孔傳》:"大使我恭奉其道。"(740、15-34-1)

○《顧命》:"弘濟于艱難。"《孔傳》:"大度於艱難。"(874、18-22-17)

○《顧命》:"赤刀、大訓、弘璧、琬琰,在西序。"《孔傳》:"大璧、琬琰之珪,爲二重。"(883、18-28-2)

○《君牙》:"弘敷五典。"《孔傳》:"大布五常之教。"(918、19-16-6)

② **弘大。**

○《康誥》:"乃服惟弘王。"《孔傳》:"惟弘大王道。"(653、14-7-15)

○《周官》:"貳公弘化。"《孔傳》:"副貳三公,弘大道化。"(854、18-5-9)

③ **闡大。**

○《君陳》:"爾惟弘周公丕訓。"《孔傳》:"當闡大周公之大訓。"(862、18-16-10)

0260 侯 hóu

① **候。**

○《禹貢》:"五百里侯服。"《孔傳》:"侯,候也。斥候而服事。"(354、6-42-3)

按:《孔疏》:"'侯'聲近'候',故爲'候'也。"

② **斥候。**

○《禹貢》:"三百里諸侯。"《孔傳》:"三百里同爲王者斥候,故合三爲一

名。”(354、6－42－10)

③ 諸侯。

○《多方》：“惟爾殷侯尹民。”《孔傳》：“殷之諸侯正民者。”(817、17－7－17)

○《康王之誥》：“乃命建侯樹屏。”《孔傳》：“言文武乃施政令，立諸侯，樹以爲藩屏。”(909、19－5－10)

0261 后 hòu

① 君。(37 見)

○《大禹謨》：“后克艱厥后，臣克艱厥臣。”《孔傳》：“能知爲君難爲臣不易。”(147、4－2－17)

○《大禹謨》：“汝終陟元后。”《孔傳》：“大君，天子。”(153、4－12－1)

○《大禹謨》：“非元后，何戴？后非衆，罔與守邦？”《孔傳》：“言衆戴君以自存，君恃衆以守國，相須而立。”(154、4－12－7)

○《仲虺之誥》：“徯予后，后來其蘇。”《孔傳》：“待我君來，其可蘇息。”(397、8－11－8)

○《湯誥》：“克綏厥猷惟后。”《孔傳》：“能安立其道教，則惟爲君之道。”(400、8－14－5)

○《伊訓》：“古有夏先后。”《孔傳》：“先君，謂禹以下，少康以上賢王。”(405、8－18－18)

○《太甲中》：“惟明后。”《孔傳》：“惟乃明君。”(416、8－30－14)

○《太甲中》：“徯我后，后來無罰。”《孔傳》：“待我君來。”(417、8－30－17)

○《太甲下》：“惟明明后。”《孔傳》：“則爲明王明君。”(418、8－32－7)

○《咸有一德》：“后非民罔使，民非后罔事。”《孔傳》：“君以使民自尊，民以事君自生。”(423、8－39－10)

○《盤庚中》：“汝曷弗念我古后之聞？”《孔傳》：“古后（君）先王之聞，謂遷事。”(450、9－14－17)

按：《孔傳》“后”字，八、魏、平作“君”①。

○《盤庚中》：“古我前后。”《孔傳》：“言我先世賢君。”(449、9－14－7)

○《盤庚中》：“保后胥慼。”《孔傳》：“民亦安君之政，相與憂行君令。”(449、9－14－8)

○《説命上》：“后從諫則聖。”《孔傳》：“君以諫明。”(471、10－4－15)

○《説命上》：“后克聖。”《孔傳》：“君能受諫。”(471、10－4－17)

○《説命下》：“予弗克俾厥后惟堯舜。”《孔傳》：“言伊尹不能使其君如堯

---

① 杜澤遜：《尚書注疏彙校》，第 1356 頁。

舜。"(476、10－11－7)

○《説命下》:"惟后非賢不乂,惟賢非后不食。"《孔傳》:"言君須賢治,賢須君食。"(476、10－11－14)

○《泰誓上》:"作元后,元后作民父母。"《孔傳》:"爲大君,而爲衆民父母。"(504、11－5－11)

○《梓材》:"后式典。"《孔傳》:"君天下能用常法。"(700、14－38－10)

○《立政》:"乃敢告教厥后曰:'拜手稽首,后矣!'……兹惟后矣。"《孔傳》:"乃敢告教其君以立政。君矣亦猶王矣。……則此惟君矣。"(837、17－23－3)

按:《孔疏》:"'君矣'亦猶言'王矣',言已爲君矣,不可不慎也。'君''王'一也,變文以相避爾。"

○《君陳》:"則入告爾后于内。"《孔傳》:"則入告汝君於内。"(862、18－16－4)

○《君陳》:"惟我后之德。"《孔傳》:"惟我君之德。"(862、18－16－6)

○《顧命》:"皇后憑玉几。"《孔傳》:"大君成王。言憑玉几所道。"(896、18－37－14)

○《畢命》:"三后協心。"《孔傳》:"三君合心爲一。"(916、19－13－14)

○《冏命》:"嗣先人宅丕后。"《孔傳》:"繼先人居大君之位。"(920、19－19－5)

○《冏命》:"懋乃后德。"《孔傳》:"當勉汝君爲德。"(921、19－20－16)

○《冏命》:"厥后克正。"《孔傳》:"則其君乃能正。"(922、19－21－15)

○《冏命》:"后德惟臣。"《孔傳》:"君之有德,惟臣成之。"(922、19－21－17)

○《冏命》:"永弼乃后於彝憲。"《孔傳》:"長輔汝君於常法。"(922、19－22－9)

○《吕刑》:"乃命三后,恤功于民。"《孔傳》:"所謂堯命三君,憂功於民。"(935、19－30－12)

② 侯。

○《大禹謨》:"禹乃會群后。"《孔傳》:"會諸侯共伐有苗。"(157、4－16－17)

○《益稷》:"群后德讓。"《孔傳》:"言與諸侯助祭,班爵同,推先有德。"(231、5－19－14)

○《泰誓中》:"群后以師畢會。"《孔傳》:"諸侯盡會次也。"(508、11－10－7)

○《武成》:"嗚呼!群后。"《孔傳》:"順其祖業歎美之,以告諸侯。"(533、11－29－6)

③ 王。

○《盤庚中》:"我先后綏乃祖乃父。"《孔傳》:"言我先王安汝父祖之忠。"

(456、9 - 18 - 12)

按:《爾雅·釋詁》:"王、后、侯,君也。"故"后"訓作"君""侯""王",乃常訓也。

0262 厚 hòu

敦厚。

○《君陳》:"惟民生厚。"《孔傳》:"言人自然之性敦厚。"(863、18 - 18 - 8)

0263 忽 hū

① **忽怠。**

○《益稷》:"予欲聞六律、五聲、八音,在治忽。"《孔傳》:"言欲以六律和聲音,在察天下治理及忽怠者。"(205、5 - 7 - 1)

② **忽略。**

○《周官》:"怠忽荒政。"《孔傳》:"怠惰忽略,必亂其政。"(857、18 - 10 - 11)

0264 譁 huá

喧譁。

○《費誓》:"人無譁,聽命。"《孔傳》:"使無喧譁,欲其静聽誓命。"(970、20 - 9 - 9)

0265 化 huà

① **易。**

○《益稷》:"懋遷有無化居。"《孔傳》:"化,易也。"(189、5 - 2 - 11)

按:《孔疏》:"變化是改易之義,故'化'爲易也。"

② **變。**

○《君陳》:"弗化于汝訓。"《孔傳》:"不變於汝教。"(863、18 - 16 - 16)

③ **道化。**

○《周官》:"貳公弘化。"《孔傳》:"副貳三公,弘大道化。"(854、18 - 5 - 9)

0266 畫 huà

規畫、分明。

○《畢命》:"申畫郊圻。"《孔傳》:"郊圻雖舊所規畫,當重分明之。"(915、19 - 11 - 5)

按:畫,有區分義。《説文》:"畫,界也。"《左傳·襄公四年》"畫謂九州",杜預注云:"畫,分也。"

0267 懷 huái

① **包。**

○《堯典》:"蕩蕩懷山襄陵。"《孔傳》:"懷,包。"(53、2 - 26 - 6)

② 思。

○《五子之歌》：“予懷之悲。”《孔傳》：“言思而悲。”（379、7－10－13）

○《太甲上》：“惟懷永圖。”《孔傳》：“思長世之謀。”（411、8－26－7）

○《盤庚中》：“先王不懷。”《孔傳》：“則先王不思故居而行徙。”（450、9－14－13）

0268 歡 huān

樂。

○《洛誥》：“公功肅將祇歡。”《孔傳》：“公功以進大，天下咸敬樂公功。”（739、15－33－4）

0269 荒 huāng

① 大。

○《益稷》：“惟荒度土功。”《孔傳》：“以大治度水土之功故。”（218、5－14－17）

○《泰誓下》：“荒怠弗敬。”《孔傳》：“大爲怠惰，不敬天地神明。”（512、11－15－15）

○《酒誥》：“惟荒腆于酒。”《孔傳》：“言紂大厚於酒。”。（685、14－29－3）

按：《詩·周頌·天作》“天作高山，大王荒之”，《毛傳》：“荒，大也。”

② 廢。

○《盤庚上》：“非予自荒兹德。”《孔傳》：“我之欲徙，非廢此德。”（434、9－7－9）

○《盤庚中》：“無荒失朕命。”《孔傳》：“荒，廢。”（449、9－14－7）

○《蔡仲之命》：“無荒棄朕命。”《孔傳》：“無廢棄我命。”（814、17－5－1）

③ 亂。

○《周官》：“怠忽荒政。”《孔傳》：“怠惰忽略，必亂其政。”（857、18－10－11）

④ 荒廢。

○《大禹謨》：“無怠無荒。”《孔傳》：“無怠惰荒廢。”（148、4－5－6）

○《文侯之命》：“惠康小民，無荒寧。”《孔傳》：“安小人之道必以順，無荒廢人事而自安。”（968、20－6－16）

⑤ 迷亂。

○《五子之歌》：“内作色荒，外作禽荒。”《孔傳》：“迷亂曰荒。”（377、7－9－1）

○《胤征》：“酒荒於厥邑。”《孔傳》：“以酒迷亂，不修其業。”（381、7－12－7）

⑥ 荒怠。

○《無逸》：“治民祇懼，不敢荒寧。”《孔傳》：“爲政敬身畏懼，不敢荒怠自

安。"(768、16－14－5)

○《無逸》:"言乃雍,不敢荒寧。"《孔傳》:"不敢荒怠自安。"(771、16－14－16)

⑦ 荒忽。

○《吕刑》:"王享國百年,耄荒。"《孔傳》:"穆王以享國百年,耄亂荒忽。"
(924、19－24－7)

按:《孔疏》:"《曲禮》云:'八十九十曰耄。'是'耄荒'爲年老精神耄亂荒
忽也。"

0270 荒墜 huāng zhuì

失。

○《五子之歌》:"荒墜厥緒。"《孔傳》:"太康失其業。"(379、7－9－16)

0271 黃髮 huáng fà

老〔人〕。

○《秦誓》:"尚猷詢兹黃髮。"《孔傳》:"今我庶幾以道謀此黃髮賢老。"
(980、20－18－2)

0272 皇 huáng

① 大。(18 見)

○《湯誥》:"惟皇上帝。"《孔傳》:"皇,大。"(400、8－14－2)

○《説命下》:"格于皇天。"《孔傳》:"功至大天。"(476、10－11－11)

○《洪範》:"曰建用皇極。"《孔傳》:"皇,大。"(548、12－5－11)

○《洪範》:"五皇極。皇建其有極。"《孔傳》:"大中之道,大立其有中。"
(562、12－14－13)

○《洪範》:"惟皇作極。"《孔傳》:"惟天下皆大爲中正。"(563、12－14－18)

○《洪範》:"皇則受之。"《孔傳》:"大法受之。"(564、12－16－2)

○《洪範》:"時人斯其惟皇之極。"《孔傳》:"是人此其惟大之中。"(565、
12－16－6)

○《洪範》:"曰皇極之敷言。"《孔傳》:"言以大中之道布陳言教。"(569、
12－19－10)

○《微子之命》:"皇天眷佑。"《孔傳》:"大天眷顧湯。"(640、13－35－10)

○《梓材》:"皇天既付中國民。"《孔傳》:"大天已付周家治中國民矣。"
(700、14－38－11)

○《無逸》:"則皇自敬德。"《孔傳》:"則大自敬德。"(786、16－22－11)

○《君奭》:"時則有若伊尹,格于皇天。"《孔傳》:"尹摯佐湯,功至大天。"
(794、16－27－13)

○《顧命》:"皇后憑玉几。"《孔傳》:"<u>大</u>君成王。言憑玉几所道。"(896、18－37－14)

○《康王之誥》:"皇天改大邦殷之命。"《孔傳》:"<u>大</u>天改大國殷之王命。"(906、19－3－17)

○《康王之誥》:"張皇六師。"《孔傳》:"言當張<u>大</u>六師之衆。"(907、19－4－6)

○《康王之誥》:"皇天用訓厥道。"《孔傳》:"<u>大</u>天用順其道。"(909、19－5－7)

○《秦誓》:"我皇多有之。"《孔傳》:"我前[<u>大</u>]多有之。"(982、20－18－8)

按:《孔疏》:"'皇',訓大也,我前大多有之,謂杞子之等,及在國從己之人。"知《孔傳》"前"字後當有"大"字。今據補。

② 君。

○《五子之歌》:"皇祖有訓。"《孔傳》:"皇,君也。"(376、7－7－13)

○《呂刑》:"皇帝哀矜庶戮之不辜。"《孔傳》:"<u>君帝</u>,帝堯也。"(932、19－26－4)

按:"君帝",八、李、王、纂、平、岳、十、永、閩、阮作"皇帝"。① 《爾雅·釋詁》:"皇,君也。"

0273 皇極 huáng jí

大中之道。

○《洪範》:"五<u>皇極</u>。"《孔傳》:"<u>大中之道</u>,大立其有中。"(569、12－19－10)

○《洪範》:"曰<u>皇極</u>之敷言。"《孔傳》:"言以<u>大中之道</u>布陳言教。"(569、12－19－10)

0274 徽 huī

美。

○《無逸》:"<u>徽</u>柔懿恭。"《孔傳》:"以<u>美</u>道和民,故民懷之。以美政恭民,故民安之。"(778、16－18－1)

○《立政》:"予旦已受人之<u>徽</u>言。"《孔傳》:"歎所受賢聖説禹湯之<u>美</u>言。"(847、17－33－18)

0275 回 huí

邪。

○《泰誓下》:"崇信姦<u>回</u>。"《孔傳》:"<u>回</u>,邪也。"(513、11－16－11)

按:回,有奸邪,邪僻義。《詩·小雅·小旻》"謀猶回遹",《毛傳》:"回,邪。"

---

① 杜澤遜:《尚書注疏彙校》,第3117頁。

0276 惠 huì

愛。

○《皋陶謨》：“安民則惠。”《孔傳》：“惠，愛也。”(165、4-24-9)

○《太甲中》：“先王子惠困窮。”《孔傳》：“言湯子愛困窮之人。”(416,8-30-15)

○《泰誓中》：“惟天惠民。”《孔傳》：“當奉天以愛民。”(509,11-11-12)

○《蔡仲之命》：“惟惠之懷。”《孔傳》：“惟愛己者則歸之。”(813、17-4-4)

0277 頮 huì

頮面。

○《顧命》：“王乃洮頮水。”《孔傳》：“王大發大命，臨群臣，必齊戒沐浴。今疾病故，但洮盥頮面。”(867、18-20-4)

按：陸德明《釋文》：“頮，音悔，《説文》作‘沬’，云古文作‘頮’。馬云：‘頮，頮面也。’”《説文》：“沬，洒面也。”段注：“《律曆志》引《顧命》曰‘王乃洮沬水’，師古曰：‘沬，洗面也。’《禮樂志》‘霑赤汗，沬流赭’，晉灼曰：‘沬，古“䵂”字。’《檀弓》‘瓦不成味’，鄭云：‘味當作沬。沬，䵂也。’按此，‘沬’謂瓦器之釉，如洗面之光澤也。”

0278 會 huì

合。

○《禹貢》：“又東北會于汶。”《孔傳》：“濟與汶合。”(343、6-37-6)

○《禹貢》：“東會于泗、沂，東入于海。”《孔傳》：“與泗、沂二水合入海。”(344、6-37-9)

○《禹貢》：“東會于灃，又東會于涇。”《孔傳》：“灃水自南，涇水自北而合。”(345、6-37-17)

○《禹貢》：“又東會于伊。”《孔傳》：“合於洛陽之南。”(349、6-38-7)

0279 誨 huì

① 諫誨。

○《説命上》：“朝夕納誨，以輔台德。”《孔傳》：“言當納諫誨直辭以輔我德。”(470、10-3-16)

② 教誨。

○《洛誥》：“拜手稽首誨言。”《孔傳》：“成王盡禮致敬於周公，求教誨之言。”(726、15-23-6)

0280 昏 hūn

① 强。

○《盤庚上》：“不昏作勞。”《孔傳》：“昏，强。”(436,9-8-7)

按：《孔疏》："孫炎曰：'昏，夙夜之强也。《書》曰："不昏作勞。"'引此解彼，是亦讀此爲昏也。"

② 亂。

○《牧誓》："昏棄厥肆祀弗答。"《孔傳》："昏，亂。"（524、11－23－1）

③ 昏瞀。

○《益稷》："下民昏墊。"《孔傳》："言天下民昏瞀墊溺，皆困水災。"（184、5－1－15）

按：昏、昬同。《孔疏》："'瞀'者，眩惑之意，故言'昏瞀'。"

④ 昏亂。

○《仲虺之誥》："有夏昏德。"《孔傳》："夏桀昏亂。"（395、8－9－6）

○《顧命》："無敢昏逾。"《孔傳》："無敢昏亂逾越。"（873、18－22－12）

0281 昏迷 hūnmí

閽錯，昏亂。

○《胤征》："昏迷于天象。"《孔傳》："閽錯天象，言昏亂之甚。"（384、7－14－17）

0282 或 huò

有。（18 見）

○《大禹謨》："罔或干予正。"《孔傳》："或，有也。"（151、4－9－9）

○《盤庚上》："無或敢伏小人之攸箴。"《孔傳》："言無有敢伏絕小人之所欲箴規上者。"（431、9－6－2）

○《微子》："殷其弗或亂正四方。"《孔傳》："或，有也。"（494、10－19－16）

○《泰誓中》："罔或無畏。"《孔傳》："無敢有無畏之心。"（511、11－14－6）

○《酒誥》："厥或誥曰。"《孔傳》："其有誥汝曰。"（689、14－32－7）

○《多士》："乃或言。"《孔傳》："乃有教誨之言。"（765、16－11－16）

○《無逸》："乃或亮陰。"《孔傳》："乃有信默。"（770、16－14－14）

○《無逸》："無時或怨。"《孔傳》："無是有怨者。"（772、16－14－18）

○《無逸》："亦罔或克壽。"《孔傳》："亦無有能壽考。"（777、16－17－10）

○《無逸》："民無或胥譸張爲幻。"《孔傳》："下民無有相欺誑幻惑也。"（784、16－21－3）

○《無逸》："厥或告之曰。"《孔傳》："其有告之。"（786、16－22－10）

○《無逸》："人乃或譸張爲幻。"《孔傳》："有人誑惑之。"（787、16－23－5）

○《君陳》："莫或不艱。"《孔傳》："無有不先慮其難。"（861、18－16－1）

○《君陳》："亦簡其或不修。"《孔傳》："簡別其德行修者，亦別其有不修者。"（863、18－18－1）

○《君陳》：“以率其<u>或</u>不良。”《孔傳》：“以率勉其<u>有</u>不良者。”（863、18－18－3）

○《吕刑》：“爾罔<u>或</u>戒不勤。”《孔傳》：“汝無<u>有</u>徒念戒而不勤。”（941、19－34－18）

○《吕刑》：“無<u>或</u>私家于獄之兩辭。”《孔傳》：“典獄無敢<u>有</u>受貨聽詐，成私家於獄之兩辭。”（958、19－45－14）

○《文侯之命》：“罔<u>或</u>耆壽俊在厥服。”《孔傳》：“無<u>有</u>耆宿壽考俊德在其服位。”（964、20－4－3）

按：《廣雅·釋詁》：“或，有也。”《微子》“殷其弗或亂正四方”，《史记·宋微子世家》作“殷不有治政”，即對應將“或”譯作“有”。

0283 貨 huò

① **資貨**。

○《仲虺之誥》：“不殖<u>貨</u>利。”《孔傳》：“不生<u>資貨</u>財利。”（396、8－10－7）

② **財貨**。

○《伊訓》：“敢有殉于<u>貨</u>色。”《孔傳》：“昧求<u>財貨</u>美色。”（408、8－21－4）

③ **用物**。

○《洪範》：“二曰<u>貨</u>。”《孔傳》：“寶<u>用物</u>。”（560、12－11－16）

按：《孔疏》：“‘貨’者，金玉布帛之總名，皆爲人用，故爲‘用物’。”

④ **貨利**。

○《康誥》：“殺越人于<u>貨</u>。”《孔傳》：“殺人顛越人，於是以取<u>貨利</u>。”（660、14－12－2）

⑤ **貨財**。

○《冏命》：“惟<u>貨</u>其吉。”《孔傳》：“惟以<u>貨財</u>配其吉良。”（922、19－22－4）

0284 穫 huò

收穫。

○《大誥》：“厥子乃弗肯播，矧肯<u>穫</u>？”《孔傳》：“〔其〕子乃不肯播種，況肯<u>收穫</u>之乎？”（635、13－30－11）

按：《孔傳》“子”字前，八、李、王、纂、平、岳、十、永、阮有“其”字[1]，是。

0285 獲 huò

得。（6見）

○《湯誥》：“兹朕未知<u>獲</u>戾于上下。”《孔傳》：“此伐桀未知<u>得</u>罪於天地。”（401、8－16－2）

---

[1]　杜澤遜：《尚書注疏彙校》，第1992頁。

○《太甲下》:"弗慮胡獲?"《孔傳》:"言常念慮道德,則得道德。"(418、8-33-3)

○《説命下》:"乃有獲。"《孔傳》:"乃有所得。"(475、10-10-4)

○《説命下》:"一夫不獲。"《孔傳》:"伊尹見一夫不得其所。"(476、10-11-10)

○《微子》:"乃罔恒獲。"《孔傳》:"無秉常得中者。"(495、10-20-4)

○《顧命》:"恐不獲誓言嗣。"《孔傳》:"恐不得結信出言嗣續我志。"(872、18-22-4)

0286 基 jī

① 始。

○《洛誥》:"王如弗敢及天基命定命。"《孔傳》:"不敢及知天始命周家安定天下之命。"(722、15-20-13)

○《洛誥》:"其基作民明辟。"《孔傳》:"其始爲民明君之治。"(723、15-20-15)

○《君奭》:"厥基永孚于休。"《孔傳》:"其始長信於美道。"(791、16-25-8)

② 基業。

○《大誥》:"弼我丕丕基。"《孔傳》:"輔成我大大之基業。"(632、13-28-9)

○《大誥》:"弗棄基。"《孔傳》:"不棄我基業乎?"(635、13-30-14)

○《立政》:"以並受此丕丕基。"《孔傳》:"並受此大大之基業。"(844、17-32-3)

○《畢命》:"建無窮之基。"《孔傳》:"爲周家立無窮之基業。"(917、19-14-2)

0287 隮 jī

① 墜。

○《微子》:"我乃顛隮。"《孔傳》:"我殷家宗廟,乃隕墜無主。"(501、10-23-8)

② 升。

○《顧命》:"由賓階隮。"《孔傳》:"用西階升。"(892、18-35-7)

○《顧命》:"由阼階隮。"《孔傳》:"用阼階升。"(893、18-35-12)

③ 隮墜。

○《微子》:"今爾無指告予顛隮。"《孔傳》:"汝無指意告我殷邦顛隕隮墜。"(498、10-21-15)

0288 幾 jī

① 微。

○《皋陶謨》:"一日二日萬幾。"《孔傳》:"幾,微也。"(173、4-29-14)

按:《孔疏》:"《易·繫辭》云:'幾者動之微。'故'幾'爲'微'也。"

○《益稷》:"惟時惟幾。"《孔傳》:"惟在順時,惟在慎微。"(239、5-23-1)

② 危。

○《顧命》:"爾無以釗冒貢于非幾。"《孔傳》:"汝無以釗冒進于非危之事。"(875、18-23-3)

③ 幾微。

○《益稷》禹曰:"惟幾惟康。"《孔傳》:"念慮幾微以保其安。"(191、5-5-1)

④ 危殆。

○《顧命》:"疾大漸,惟幾。"《孔傳》:"自歎其疾大進篤,惟危殆。"(871、18-22-3)

0289 吉 jí

① 善。(5見)

○《皋陶謨》:"彰厥有常,吉哉!"《孔傳》:"吉,善也。"(169、4-26-7)

○《盤庚中》:"乃有不吉不迪。"《孔傳》:"不善不道,謂凶人。"(459、9-20-7)

○《康誥》:"爽惟民迪吉康。"《孔傳》:"明惟治民之道而善安之。"(667、14-16-18)

○《立政》:"太史、尹伯、庶常吉士。"《孔傳》:"太史下大夫……及衆掌常事之善士,皆得其人。"(842、17-28-13)

○《吕刑》:"罔擇吉人。"《孔傳》:"言苗民無肯選擇善人。"(940、19-33-13)

② 吉良。

○《冏命》:"非人其吉,惟貨其吉。"《孔傳》:"若非人其實吉良,惟以貨財配其吉良。"(922、19-22-4)

0290 集 jí

① 成。

○《泰誓上》:"大勳未集。"《孔傳》:"功業未成而崩。"(505、11-7-6)

○《君奭》:"其集大命于厥躬。"《孔傳》:"能成其大命於其身。"(799、16-32-2)

○《多方》:"不集于享。"《孔傳》:"不成于享。"(822、17-12-17)

○《顧命》:"用克達殷集大命。"《孔傳》:"故能通殷爲周,成其大命。"(873、18-22-10)

② 就。

○《武成》:"大統未集。"《孔傳》:"大統未就。"(534、11-30-5)

③ 集成。

○《文侯之命》:"集厥命于文王。"《孔傳》:"集成其王命。"(962、20-2-17)

0291 及 jí

① 與。

○《湯誓》:"予及汝皆亡。"《孔傳》:"我與汝俱亡。"(391、8-3-9)

○《盤庚上》:"胥及逸勤。"《孔傳》:"相與同勞逸。"(440、9-10-8)

○《盤庚下》:"朕及篤敬。"《孔傳》:"言我當與厚敬之臣。"(464、9-23-14)

② 加。

○《說命中》:"官不及私昵。"《孔傳》:"不加私昵。"(472、10-7-6)

0292 疾 jí

① 病。

○《說命上》:"若藥弗瞑眩,厥疾弗瘳。"《孔傳》:"如服藥必瞑眩極,其病乃除。"(470、10-4-3)

② 疾苦。

○《洪範》:"二曰疾。"《孔傳》:"常抱疾苦。"(593、12-33-7)

③ 疾惡。

○《康誥》:"乃疾厥子。"《孔傳》:"乃疾惡其子。"(662、14-12-15)

④ 疾行。

○《召誥》:"王其疾敬德。"《孔傳》:"言王當疾行敬德。"(713、15-10-1)

⑤ 患疾。

○《洛誥》:"無有遘自疾。"《孔傳》:"無有遇用患疾之道者。"(744、15-36-3)

⑥ 疾害。

○《秦誓》:"冒疾以惡之。"《孔傳》:"蔽冒疾害以惡之。"(986、20-20-1)

0293 瘠 jí

瘠病。

○《微子》:"多瘠罔詔。"《孔傳》:"多瘠病,而無詔救之者。"(500、10-23-2)

0294 即 jí

就。(15見)

○《益稷》:"苗頑弗即工。"《孔傳》:"三苗頑凶,不得就官。"(225、5-15-8)

○《禹貢》:"崑崙、析支、渠搜、西戎即敘。"《孔傳》:"有此四國,在荒服之外,流沙之內,羌髳之屬,皆就次敘。"(303、6-29-1)

○《湯誥》：“無即慆淫。”《孔傳》：“無就慢過。”（402、8－16－7）

○《西伯戡黎》：“殷之即喪。”《孔傳》：“言殷之就亡。”（491、10－18－15）

○《金縢》：“今我即命于元龜。”《孔傳》：“就受三王之命於太龜。”（604、13－11－11）

○《大誥》：“紹天明即命。”《孔傳》：“以繼天明，就其命而言（行）之。”（626、13－22－3）

按：《孔傳》“言”字，八、王、纂、岳作“行”①。

○《洛誥》：“今王即命。”《孔傳》：“今王就行王命於洛邑。”（727、15－24－7）

○《洛誥》：“伻嚮即有僚。”《孔傳》：“當使臣下各嚮就有官。”（730、15－25－1）

○《洛誥》：“即辟于周。”《孔傳》：“便就君於周。”（736、15－32－2）

○《多士》：“即于殷大戾。”《孔傳》：“就於殷大罪而加誅者。”（758、16－7－7）

○《無逸》：“作其即位。”《孔傳》：“起就王位。”（776、16－16－2）

○《無逸》：“即康功田功。”《孔傳》：“以就其安人之功，以就田功。”（778、16－17－17）

○《蔡仲之命》：“往即乃封。”《孔傳》：“往就汝所封之國。”（812、17－3－14）

○《立政》：“乃用三有宅，克即宅，曰三有俊，克即俊。”《孔傳》：“湯乃用三有居惡人之法，能使就其居。言服罪。又曰能用剛柔正直三德之俊，能就其俊事。言明德。”（838、17－25－4）

0295　技　jì

技藝。

○《秦誓》：“人之有技。”《孔傳》：“見人之有技藝。”（986、20－20－1）

0296　嚌　jì

〔饗〕至齒。

○《顧命》：“太保受同，祭，嚌。”《孔傳》：“太宗既拜而祭，既祭受福。嚌至齒，則王亦至齒。”（899、18－39－1）

按：《孔傳》“太宗”之“宗”，八、王、纂、平、要、岳作“保”②。嚌，有淺嘗、微嘗義。《孔疏》：“禮之通例，啐入口，是嚌至於齒，示飲而實不飲也。”《説文》：“嚌，嘗也。從口齊聲。《周書》曰：‘大保受同，祭，嚌。’”即引此經爲證。《禮記·雜記下》“小祥之祭，主人之酢也，嚌之；衆賓兄弟，則皆啐

---

① 杜澤遜：《尚書注疏彙校》，第 1971 頁。

② 杜澤遜：《尚書注疏彙校》，第 2941 頁。

之",鄭玄注:"嚌、啐,皆嘗也。嚌至齒,啐入口。"

0297 伎 jì

伎藝。

○《秦誓》:"斷斷猗無他伎。"《孔傳》:"斷斷猗然專一之臣,雖無他伎藝。"(984、20 – 18 – 12)

0298 祭 jì

祭祀。

○《武成》:"惟食喪祭。"《孔傳》:"民以食爲命,喪禮篤〔事〕親愛,祭祀崇孝養,皆聖王所重。"(539、11 – 35 – 15)

按:《孔傳》"篤"字後,八有"事"字①。

0299 記 jì

記識。

○《益稷》:"撻以記之。"《孔傳》:"笞撻不是者,使記識其過。"(210、5 – 7 – 9)

0300 既 jì

已。（40 見）

○《堯典》:"九族既睦。"《孔傳》:"既,已也。"(15、2 – 10 – 5)

○《秦誓》:"旅力既愆。"《孔傳》:"衆力已過老。"(981、20 – 18 – 4)

○《禹貢》:"恒、衛既從,大陸既作。"《孔傳》:"二水已治,從其故道,大陸之地,已可耕作。"(251、6 – 6 – 18)

○《禹貢》:"三江既入。"《孔傳》:"三江已入。"(271、6 – 15 – 17)

○《禹貢》:"篠簜既敷。"《孔傳》:"篠,竹箭。簜,大竹。水去已布生。"(272、6 – 16 – 8)

○《禹貢》:"滎波既豬。"《孔傳》:"滎澤,波水已成遏豬。"(288、6 – 23 – 9)

○《禹貢》:"岷嶓既藝。"《孔傳》:"岷山、嶓塚皆山名。水去已可種藝。"(292、6 – 24 – 12)

○《禹貢》:"漆沮既從。"《孔傳》:"漆沮之水,已從入渭。"(300、6 – 26 – 16)

○《禹貢》:"荆、岐既旅。"《孔傳》:"已旅祭,言治功畢。"(300、6 – 27 – 3)

○《禹貢》:"三危既宅。"《孔傳》:"西裔之山已可居。"(301、6 – 27 – 13)

○《禹貢》:"四隩既宅。"《孔傳》:"四方之宅已可居。"(350、6 – 38 – 9)

○《禹貢》:"九澤既陂。"《孔傳》:"九州之澤,已陂障無決溢矣。"(350、6 – 38 – 10)

---

① 杜澤遜:《尚書注疏彙校》,第 1685 頁。

○《太甲中》:"既往背師保之訓。"《孔傳》:"言己已往之前,不能修德於其初,今庶幾賴教訓之德。"(416、8-30-2)

○《盤庚上》:"既爰宅于兹。"《孔傳》:"已居於此。"(428、9-3-13)

○《盤庚下》:"今我既羞告爾于朕志。"《孔傳》:"已進告汝之後,順於汝心與否,當以情告我。"(467、9-25-13)

○《高宗肜日》:"天既孚命正厥德。"《孔傳》:"天已信命正其德。"(481、10-14-3)

○《西伯戡黎》:"天既訖我殷命。"《孔傳》:"天已畢訖殷之王命。"(488、10-17-5)

○《洪範》:"日月歲時既易。"《孔傳》:"是三者已易,喻君臣易職。"(588、12-30-14)

○《大誥》:"既厎法。"《孔傳》:"父已致法。"(634、13-30-8)

○《嘉禾》:"周公既得命禾。"《孔傳》:"已得唐叔之禾。"(1052、13-38-6)

○《梓材》:"既勤樸斲。"《孔傳》:"已勞力樸治斲削。"(698、14-37-10)

○《梓材》:"既勤敷菑。"《孔傳》:"已勞力布發之。"(697、14-37-5)

○《梓材》:"既勤垣墉。"《孔傳》:"已勤立垣牆。"(697、14-37-8)

○《梓材》:"皇天既付中國民。"《孔傳》:"大天已付周家治中國民矣。"(700、14-38-11)

○《梓材》:"先王既勤用明德。"《孔傳》:"言文武已勤用明德。"(699、14-38-6)

○《梓材》:"亦既用明德。"《孔傳》:"亦已奉用先王之明德。"(699、14-38-8)

○《召誥》:"厥既得卜。"《孔傳》:"其已得吉卜。"(705、15-2-15)

○《召誥》:"厥既命殷庶。"《孔傳》:"其已命殷衆。"(709、15-5-9)

○《召誥》:"天既遐終大邦殷之命。"《孔傳》:"言天已遠終殷命。"(712、15-8-15)

○《洛誥》:"公既定宅。"《孔傳》:"言公前已定宅。"(725、15-23-2)

○《無逸》:"既誕,否則侮厥父母。"《孔傳》:"已欺誕父母,不欺,則輕侮其父母。"(767、16-12-18)

○《君奭》:"殷既墜厥命,我有周既受。"《孔傳》:"殷已墜失其王命,我有周道至已受之。"(791、16-25-6)

○《君奭》:"成湯既受命。"《孔傳》:"已放桀受命爲天子。"(794、16-27-12)

○《將蒲姑》:"成王既踐奄。"《孔傳》:"已滅奄。"(1057、17-6-3)

○《君陳》:"既見聖。"《孔傳》:"已見聖道。"(861、18-15-15)

○《顧命》:"既彌留。"《孔傳》:"已久留。"(872、18－22－4)

○《顧命》:"兹既受命還。"《孔傳》:"此群臣已受賜命,各還本位。"(876、18－23－18)

○《畢命》:"既歷三紀。"《孔傳》:"言殷民遷周,已經三紀。"(913、19－9－2)

0301 曁 jì

① 與。(14 見)

○《堯典》:"汝羲曁和。"《孔傳》:"曁,與也。"(42、2－14－8)

○《益稷》:"曁益奏庶鮮食。"《孔傳》:"與益槎木獲鳥獸,民以進食。"(186、5－2－3)

○《益稷》:"曁稷播奏庶艱食鮮食。"《孔傳》:"與稷教民播種之,決川有魚鱉,使民鮮食之。"(188、5－2－8)

○《禹貢》:"朔南曁聲教。"《孔傳》:"與王者聲教而朝見。"(358、6－45－6)

○《說命上》:"惟曁乃僚。"《孔傳》:"與汝並官。"(471、10－4－11)

○《說命下》:"曁厥終罔顯。"《孔傳》:"與今其終。"(474、10－9－13)

○《武成》:"庶邦冢君曁百工。"《孔傳》:"諸侯與百官。"(533、11－28－16)

○《梓材》:"以厥庶民,曁厥臣。"《孔傳》:"言當用其眾人之賢者與其小臣之良者。"(692、14－34－3)

○《無逸》:"爰曁小人。"《孔傳》:"與小人出入同事。"(769、16－14－12)

○《君奭》:"後曁武王。"《孔傳》:"後與武王。"(803、16－34－1)

○《君奭》:"曁汝奭其濟小子。"《孔傳》:"與汝奭其共濟渡。"(804、16－34－11)

○《多方》:"曁殷多士。"《孔傳》:"與殷多士。"(827、17－17－18)

○《康王之誥》:"太保曁芮伯。"《孔傳》:"冢宰與司徒。"(906、19－3－15)

○《康王之誥》:"尚胥曁顧。"《孔傳》:"庶幾相與顧念文武之道。"(909、19－5－12)

② 及。

○《禹貢》:"淮夷蠙珠曁魚。"《孔傳》:"淮夷二水,出蠙珠及美魚。"(267、6－14－18)

0302 績 jì

① 功。(12 見)

○《堯典》:"庶績咸熙。"《孔傳》:"績,功。"(44、2－14－13)

○《堯典》:"績用弗成。"《孔傳》:"功用不成。"(56、2－26－18)

○《皋陶謨》:"庶績其凝。"《孔傳》:"眾功皆成。"(172、4－28－7)

○《皋陶謨》:"乃言底可績。"《孔傳》:"用汝言,致可以立功。"(180、4－

32－11)

○《禹貢》:"和夷厎績。"《孔傳》:"和夷之地,致功可藝。"(293、6－24－16)

○《禹貢》:"原隰厎績。"《孔傳》:"言皆致功。"(301、6－27－11)

○《禹貢》:"覃懷厎績。"《孔傳》:"從覃懷致功至橫漳。"(248、6－5－3)

○《盤庚下》:"嘉績于朕邦。"《孔傳》:"立善功於我國。"(463、9－22－15)

○《洛誥》:"惟王有成績。"《孔傳》:"惟王乃有成功。"(741、15－34－6)

○《蔡仲之命》:"懋乃攸績。"《孔傳》:"勉汝所立之功。"(813、17－4－11)

○《畢命》:"嘉績多于先王。"《孔傳》:"公之善功多大先人之美。"(914、19－9－11)

○《君牙》:"厥有成績。"《孔傳》:"其有成功。"(918、19－15－11)

② 成功。

○《文侯之命》:"有績予一人,永綏在位。"《孔傳》:"能有成功,則我一人長安在王位。"(965、20－4－16)

0303 紀　jì

綱紀。

○《伊訓》:"先王肇修人紀。"《孔傳》:"言湯始修爲人綱紀。"(406、8－20－7)

0304 紀綱　jì gāng

法制。

○《五子之歌》:"亂其紀綱。"《孔傳》:"亂其法制。"(378、7－9－12)

0305 嘉　jiā

善。(13 見)

○《大禹謨》:"嘉言罔攸伏。"《孔傳》:"善言無所伏。"(147、4－3－1)

○《大禹謨》:"嘉乃丕績。"《孔傳》:"善禹有治水之大功。"(153、4－11－18)

○《伊訓》:"聖謨洋洋,嘉言孔彰。"《孔傳》:"洋洋,美善言,甚明可法。"(408、8－22－15)

按:《孔傳》句讀使用了武英殿本《尚書注疏》,但值得商榷。"洋洋,美善言,甚明可法",另有兩種句讀方式:一是"洋洋,美。善言甚明,可法"。一是"洋洋,美善。言甚明可法"。前一種與經合,後一種與《孔疏》"此歎聖人之謨,洋洋美善者,謂上湯作官刑所言三風十愆,令受下之諫,是善言甚明可法也"合。筆者傾向前一種,故"嘉"對應訓作"善"。

○《盤庚下》:"嘉績于朕邦。"《孔傳》:"立善功於我國。"(463、9－22－15)

○《微子之命》:"予嘉乃德。"《孔傳》:"我善汝德。"(640、13－35－16)

○《無逸》:"嘉靖殷邦。"《孔傳》:"善謀殷國。"(772、16-14-18)

○《蔡仲之命》:"則予一人汝嘉。"《孔傳》:"則我一人善汝矣。"(814、17-4-17)

○《君陳》:"爾有嘉謀嘉猷。"《孔傳》:"汝有善謀善道。"(862、18-16-4)

○《吕刑》:"農殖嘉穀。"《孔傳》:"農畝生善穀。"(935、19-30-14)

○《吕刑》:"受王嘉師。"《孔傳》:"受王之善衆而治之者。"(960、19-47-15)

○《畢命》:"嘉績多于先王。"《孔傳》:"公之善功多大先人之美。"(914、19-9-11)

○《文侯之命》:"若汝予嘉。"《孔傳》:"汝功我所善之。"(966、20-5-6)

按:《詩·豳風·東山》"其新孔嘉",《鄭箋》:"嘉,善也。"

0306 嘉績 jiā jì

善功。

○《盤庚下》:"嘉績于朕邦。"《孔傳》:"立善功於我國。"(463、9-22-15)

○《畢命》:"嘉績多于先王。"《孔傳》:"公之善功多大先人之美"(914、19-9-11)

按:善功,美善的功績。《國語·周語下》"帥象禹之功,度之於軌儀,莫非嘉績,克厭帝心"中的"嘉績"亦是此義。

0307 夾 jiā

近。

○《梓材》:"懷爲夾。"《孔傳》:"懷遠爲近。"(699、14-38-6)

○《多方》:"爾曷不夾介乂我周王,享天之命?"《孔傳》:"夾,近也。"(825、17-15-12)

按:《孔疏》:"'夾'者,是人左右而夾之,故言近也。"

0308 戞 jiá

常。

○《康誥》:"不率大戞。"《孔傳》:"戞,常也。"(663、14-14-14)

按:《爾雅·釋詁》:"戞,常也。"

0309 假 jiǎ

① 大。

○《大禹謨》:"不自滿假。"《孔傳》:"假,大也。"(153、4-11-13)

② 借。

○《伊訓》:"假手于我有命。"《孔傳》:"借手於我,有命商王誅討之。"(405、8-19-9)

0310 監 jiān

① 視。（17 見）

〇《太甲上》：“天監厥德。”《孔傳》：“監，視也。”（410、8－25－6）

〇《太甲下》：“尚監茲哉。”《孔傳》：“庶幾視祖此配天之德而法之。”（418、8－32－11）

〇《咸有一德》：“監于萬方。”《孔傳》：“廣視萬方。”（421、8－35－15）

〇《說命下》：“監于先王成憲。”《孔傳》：“視先王成法。”（475、10－10－14）

〇《高宗肜日》：“惟天監下民。”《孔傳》：“天視下民。”（480、10－13－17）

〇《微子》：“降監殷民。”《孔傳》：“下視殷民。”（500、10－22－16）

〇《泰誓中》：“厥監惟不遠。”《孔傳》：“其視紂罪。”（509、11－12－8）

〇《酒誥》：“人無於水監，當於民監。”《孔傳》：“人無於水監，當於民監。視水見己形，視民行事見吉凶。”（686、14－30－7）

〇《酒誥》：“我其可不大監撫于時。”《孔傳》：“我其可不大視此爲戒，撫安天下於是。”（686、14－30－9）

〇《召誥》：“我不可不監于有夏，亦不可不監于有殷。”《孔傳》：“言王當視夏殷，法其歷年，戒其不長。”（716、15－14－1）

〇《無逸》：“嗣王其監于茲。”《孔傳》：“視此亂罰之禍以爲戒。”（788、16－23－17）

〇《君奭》：“肆其監于茲。”《孔傳》：“故其當視於此。”（805、16－36－1）

〇《君奭》：“監于殷喪大否。”《孔傳》：“視於殷喪亡大否。”（807、16－37－3）

〇《呂刑》：“上帝監民。”《孔傳》：“天視苗民。”（931、19－26－1）

〇《呂刑》：“今爾何監，非時伯夷播刑之迪？”《孔傳》：“言當視是伯夷布刑之道而法之。”（939、19－33－9）

〇《呂刑》：“監于茲祥刑。”《孔傳》：“視於此善刑。”（960、19－47－15）

② 監視。

〇《康誥》：“予惟不可不監。”《孔傳》：“我惟不可不監視古義。”（667、14－17－11）

〇《呂刑》：“今往何監？”《孔傳》：“當何監視？”（959、19－47－10）

③ 監篤。

〇《洛誥》：“監我士師工。”《孔傳》：“監篤我政事衆官。”（738、15－32－6）

按：“篤”通“督”。

0311 艱 jiān

① 難。（13 見）

〇《大禹謨》：“后克艱厥后，臣克艱厥臣。”《孔傳》：“能知爲君難，爲臣不

易。"(147、4－2－17)

○《益稷》:"暨稷播奏庶艱食鮮食。"《孔傳》:"艱,難也。"(188、5－2－8)

○《伊訓》:"兹惟艱哉!"《孔傳》:"此自立之難。"(407、8－20－15)

○《太甲下》:"天位艱哉!"《孔傳》:"言居天子之位難。"(418、8－32－1)

○《大誥》:"有大艱于西土。"《孔傳》:"四國作大難於京師。"(626、13－23－13)

○《大誥》:"罔不反曰:'艱大。'"《孔傳》:"無不反曰:'征伐四國爲大難。'"(630、13－25－15)

○《大誥》:"永思艱曰。"《孔傳》:"長思此難而歎曰。"(630、13－27－1)

○《大誥》:"朕言艱日思。"《孔傳》:"我所言國家之難備矣,日思念之。"(634、13－30－6)

○《大誥》:"惟大艱人。"《孔傳》:"惟大爲難之人。"(637、13－32－5)

○《君陳》:"莫或不艱。"《孔傳》:"無有不先慮其難。"(861、18－16－1)

○《畢命》:"閑之惟艱。"《孔傳》:"以禮閑禦,其心惟難。"(916、19－13－2)

○《君牙》:"厥惟艱哉! 思其艱以圖其易。"《孔傳》:"治民其惟難哉! 當思慮其難以謀其易。"(919、19－16－13/14)

② 不易。

○《大禹謨》:"后克艱厥后,臣克艱厥臣。"《孔傳》:"能知爲君難,爲臣不易。"(147、4－2－17)

③ 艱難。

○《大誥》:"遺大投艱于朕身。"《孔傳》:"遺我甚大,投此艱難於我身。"(631、13－27－4)

○《君奭》:"亦大惟艱。"《孔傳》:"亦大惟艱難。"(805、16－36－1)

○《文侯之命》:"汝多修扞我于艱。"《孔傳》:"乃扞我於艱難。"(966、20－5－6)

0312 殲 jiān

① 滅。

○《胤征》:"殲厥渠魁。"《孔傳》:"殲,滅。"(385、7－18－1)

② 盡。

○《泰誓下》:"殄殲乃讎。"《孔傳》:"言欲行除惡之義,絶盡紂。"(514、11－17－9)

0313 間 jiān

代。

○《多方》:"有邦間之。"《孔傳》:"使天下有國聖人代之。"(822、17－12－18)

○《立政》:"時則勿有間之。"《孔傳》:"如是則勿有以代之。"(845、17-
32-14)

0314 肩 jiān

任。

○《盤庚下》:"朕不肩好貨。"《孔傳》:"肩,任也。我不任貪貨之人。"
(466,9-24-16)

按:《孔疏》:"《釋詁》云:'肩,勝也。'舍人曰:'肩,强之勝也。'强能勝重,
是堪任之義,故爲任也。"

○《盤庚下》:"永肩一心。"《孔傳》:"長在(任)一心以事君。"(467,9-25-17)

按:"在",八、李、王、纂、魏、平、岳、十、毛、殿、庫、阮作"任"①,是。兩字
形近,監本襲閩本而訛。

0315 姦 jiān

姦惡。

○《堯典》:"不格姦。"《孔傳》:"不至於姦惡。"(60、2-32-16)

0316 姦宄 jiān guǐ

① 劫奪。爲姦於外,爲宄於內。

○《盤庚中》:"暫遇姦宄。"《孔傳》:"暫遇人而劫奪之,爲姦於外,爲宄於
內。"(459、9-20-8)

按:《説文》:"宄,姦也,外爲盜,內爲宄。"《孔疏》:"成十七年《左傳》曰:
'亂在外爲姦,在內爲宄',是劫奪之事,故以劫奪解其'姦宄'也。"

② 凶惡。

○《君陳》:"狃于姦宄。"《孔傳》:"習於姦宄凶惡。"(863、18-16-18)

0317 姦慝 jiān tè

姦惡。

○《周官》:"詰姦慝。"《孔傳》:"治姦惡。"(855、18-6-2)

0318 簡 jiǎn

① 大。(5見)

○《盤庚下》:"予其懋簡相爾。"《孔傳》:"簡,大。"(465、9-24-14)

○《多士》:"夏迪簡在王庭。"《孔傳》:"簡,大也。"(759、16-8-8)

○《多方》:"簡代夏作民主。"《孔傳》:"大代夏政,爲天下民主。"(820、
17-11-7)

---

① 杜澤遜:《尚書注疏彙校》,第1388頁。

按：王先謙《參正》："《詩箋》：'簡，擇也。'言乃爲成湯，能以爾衆方諸侯推擇而代夏爲民之主。《殷本紀》：'於是諸侯畢服，湯乃踐天子位，平定四海。'與此證合。"[1]

○《多方》："簡畀殷命。"《孔傳》："大與我殷之王命。"(824、17 - 14 - 15)

○《多方》："迪簡在王庭。"《孔傳》："蹈大道在王庭。"(830、17 - 18 - 16)

② **簡大。**

○《皋陶謨》："簡而廉。"《孔傳》："性簡大而有廉隅。"(168、4 - 26 - 5)

③ **簡選。**

○《冏命》："慎簡乃僚。"《孔傳》："當謹慎簡選汝僚屬侍臣。"(921、19 - 20 - 18)

0319 踐 jiàn

滅。

○《成王政》："遂踐奄。"《孔傳》："遂滅奄而徙之。"(1056、17 - 5 - 7)

○《將蒲姑》："成王既踐奄。"《孔傳》："已滅奄。"(1057、17 - 6 - 3)

0320 漸 jiàn

① 入。

○《禹貢》："東漸于海。"《孔傳》："漸，入也。"(358、6 - 45 - 6)

② 進。

○《顧命》："疾大漸，惟幾。"《孔傳》："自歎其疾大進篤，惟危殆。"(871、18 - 22 - 3)

③ 進長。

○《禹貢》："草木漸包。"《孔傳》："漸，進長。"(265、6 - 13 - 17)

0321 建 jiàn

① 立。(11 見)

○《仲虺之誥》："建中于民。"《孔傳》："立大中之道於民。"(398、8 - 12 - 17)

○《盤庚中》："永建乃家。"《孔傳》："長立汝家。"(460、9 - 20 - 13)

○《盤庚下》："懋建大命。"《孔傳》："勉立大教。"(461、9 - 21 - 15)

○《説命中》："建邦設都。"《孔傳》："以立國設都。"(471、10 - 5 - 6)

○《説命下》："王，人求多聞，時惟建事。"《孔傳》："王者求多聞以立事。"(475、10 - 10 - 3)

○《武成》："建官惟賢。"《孔傳》："立官以官賢才。"(538、11 - 35 - 11)

○《洪範》："曰建用皇極。"《孔傳》："立事當用大中之道。"(548、12 - 5 - 11)

---

[1] （清）王先謙撰，何晉點校：《尚書孔傳參正》，第 821 頁。

○《洪範》:"皇建其有極。"《孔傳》:"大立其有中。"(562、12 - 14 - 13)

○《多士》:"亦惟天丕建,保乂有殷。"《孔傳》:"亦惟天大立安治於殷。"(755、16 - 5 - 5)

○《康王之誥》:"乃命建侯樹屏。"《孔傳》:"言文武乃施政令,立諸侯,樹以爲藩屏。"(909、19 - 5 - 10)

○《畢命》:"建無窮之基。"《孔傳》:"爲周家立無窮之基業。"(917、19 - 14 - 2)

② **封立**。

○《微子之命》:"庸建爾于上公。"《孔傳》:"用是封立汝於上公之位。"(640、13 - 36 - 11)

0322 **將** jiāng

① **行**。

○《胤征》:"奉將天罰。"《孔傳》:"將,行也。"(384、7 - 17 - 13)

○《湯誥》:"將天命明威。"《孔傳》:"行天威,謂誅之。"(401、8 - 14 - 14)

○《微子》:"以容將食無災。"《孔傳》:"相容行食之。"(499、10 - 22 - 13)

○《泰誓上》:"肅將天威。"《孔傳》:"命文王敬行天罰。"(505、11 - 7 - 5)

② **大**。

○《洛誥》:"惇宗將禮。"《孔傳》:"厚尊大禮。"(734、15 - 30 - 4)

○《洛誥》:"公功肅將祇歡。"《孔傳》:"公功以進大。"(739、15 - 33 - 4)

③ **奉**。

○《多士》:"將天明威。"《孔傳》:"故得奉天明威。"(753、16 - 2 - 13)

按:《詩·周頌·我將》"我將我享,維羊維牛,維天其右之",《鄭箋》:"將,猶奉也。"《孔疏》:"以將與享相類,當謂致之於神。"故"將"訓作"奉",即奉獻義。

0323 **疆** jiāng

① **界**。

○《畢命》:"殊厥井疆。"《孔傳》:"殊其井居田界。"(915、19 - 11 - 3)

② **郊疆**。

○《泰誓中》:"侵于之疆。"《孔傳》:"侵入紂郊疆伐之。"(511、11 - 13 - 16)

③ **疆畎**。

○《梓材》:"爲厥疆畎。"《孔傳》:"爲其疆畎畝壟。"(697、14 - 37 - 5)

0324 **驕** jiāo

驕恣。

○《畢命》:"驕淫矜侉。"《孔傳》:"驕恣過制,矜其所能,以自侉大。"

(916、19－13－1)

0325 交 jiāo

① 俱。

○《禹貢》：“庶土交正。”《孔傳》：“交，俱也。”(351、6－38－15)

② 更代。

○《冏命》：“交修不逮。”《孔傳》：“更代修進其所不及。”(921、19－20－16)

0326 敹 jiǎo

施。

○《費誓》：“敹乃干。”《孔傳》：“施汝楯紛。”(971、20－9－13)

按：《孔傳》以“施”對應“敹”，釋義不甚明確。《說文》訓“敹”作“擇連”。《孔疏》：“‘干’，是楯也，‘敹乃干’，必施功於楯，但楯無施功之處，惟繫紛於楯，故以爲‘施汝楯紛’。紛如綬而小，繫於楯以持之，其以爲飾。鄭云‘敹，猶繫也’，王肅云‘敹楯，當有紛繫持之’，是相傳爲此說也。”鄭、王之訓，當取自《說文》。

0327 劋 jiǎo

截。

○《甘誓》：“天用劋絶其命。”《孔傳》：“用其失道故。劋，截也。截絶，謂滅之。”(365、7－2－11)

按：《說文解字》未收錄“劋”字，而有“剿”字，云：“剿，絶也。……《周書》曰：‘天用剿絶其命。’”段玉裁注：“‘周’者，‘夏’之誤。”

另：《孔傳》“用其失道故。劋，截也。截絶，謂滅之”，殿本句讀作“用其失道。故劋截也。截絶，謂滅之”，不當。

0328 劋絶 jiǎo jué

截絶，謂滅之。

○《甘誓》：“天用劋絶其命。”《孔傳》：“截絶，謂滅之。”(365、7－2－11)

0329 教 jiào

教化。

○《周官》：“司徒掌邦教。”《孔傳》：“司徒主國教化。”(855、18－5－13)

按：《孔疏》：“《周禮》：‘司徒掌十有二教。一曰以祀禮教敬，則民不苟。二曰以陽禮教讓，則民不争。三曰以陰禮教親，則民不怨。四曰以樂禮教和，則民不乖。五曰以儀辨等，則民不越。六曰以俗教安，則民不偷。七曰以刑教中，則民不暴。八曰以誓教恤，則民不怠。九曰以度教節，則民知足。十曰以世事教能，則民不失職。十有一曰以賢制爵，則民慎德。十有二曰以庸制禄,則民興功。'"

0330 皆 jiē

俱。

○《湯誓》:"予及汝皆亡。"《孔傳》:"我與汝俱亡。"(391、8-3-9)

0331 嗟 jiē

歎。

○《費誓》:"公曰:'嗟!人無譁……'"《孔傳》:"歎而勑之,使無喧譁。"(970、20-9-9)

0332 劼 jié

固。

○《酒誥》:"汝劼毖殷獻臣。"《孔傳》:"劼,固也。"(686、14-30-14)

0333 詰 jié

治。

○《立政》:"其克詰爾戎兵。"《孔傳》:"其當能治汝戎服兵器。"(849、17-35-6)

○《周官》:"詰姦慝,刑暴亂。"《孔傳》:"治姦惡,刑强暴作亂者。"(855、18-6-1)

按:《孔疏》:"孔以'詰'爲治,是主寇賊法禁,治姦慝之人,刑殺其强暴作亂者。"

○《吕刑》:"度作刑以詰四方。"《孔傳》:"度時世所宜,訓作贖刑以治天下四方之民。"(925、19-24-10)

0334 介 jiè

① 大。(5見)

○《酒誥》:"爾乃自介用逸。"《孔傳》:"汝乃能自大用逸之道。"(679、14-24-12)

○《多方》:"爾曷不夾介乂我周王。"《孔傳》:"汝何不近大見治於我周王。"(825、17-15-12)

○《多方》:"克閲于乃邑謀介。"《孔傳》:"汝能使我閲具于汝邑,而以汝所謀爲大。"(829、17-18-11)

○《多方》:"惟其大介賚爾。"《孔傳》:"我有周惟其大大賜汝。"(830、17-18-14)

○《顧命》:"太保承介圭。"《孔傳》:"大圭尺二寸。"(893、18-35-11)

② 近。

○《召誥》:"比介于我有周御事。"《孔傳》:"比近於我有周治事之臣。"

(716、15 − 13 − 1)

按：古本"比介"作"比邇"①，疑是。

0335 屆 jiè

至。

○《大禹謨》："無遠弗屆。"《孔傳》："屆，至也。"（158、4 − 18 − 18）

0336 矜 jīn

① 憐。

○《泰誓上》："天矜于民。"《孔傳》："矜，憐也。"（507、11 − 9 − 14）

○《多士》："天惟畀矜爾。"《孔傳》："汝能敬行順事，則爲天所與，爲天所憐。"（764、16 − 10 − 16）

○《多方》："天惟畀矜爾。"《孔傳》："天惟與汝憐汝。"（830、17 − 18 − 14）

② 自賢。

○《大禹謨》："汝惟不矜。"《孔傳》："自賢曰矜。"（153、4 − 11 − 15）

③ 憐愍。

○《多士》："予惟率肆矜爾。"《孔傳》："惟我循殷故事，憐愍汝。"（760、16 − 8 − 13）

0337 覲 jìn

見。

○《立政》："以覲文王之耿光。"《孔傳》："能使四夷賓服，所以見祖之光明。"（850、17 − 35 − 9）

0338 近 jìn

① 親。

○《五子之歌》："皇祖有訓，民可近，不可下。"《孔傳》："近，謂親之。"（376、7 − 7 − 14）

② 近益。

○《洪範》："以近天子之光。"《孔傳》："則可以近益天子之光明。"（569、12 − 19 − 13）

0339 旌 jīng

識。

○《畢命》："旌別淑慝。"《孔傳》："言當識別頑民之善惡。"（915、19 − 10 − 18）

按：《孔疏》："旌旗所以表識貴賤，故傳以'旌'爲識。"

---

① 杜澤遜：《尚書注疏彙校》，第 2316 頁。

0340 經 jīng

① 常。

○《大禹謨》:"與其殺不辜,寧失不經。"《孔傳》:"經,常。"(152、4-10-11)

○《酒誥》:"經德秉哲。"《孔傳》:"能常德持智。"(681、14-26-14)

② 經緯。

○《周官》:"論道經邦。"《孔傳》:"佐王論道,以經緯國事。"(854、18-5-3)

0341 經歷 jīng lì

經久歷遠。

○《君奭》:"弗克經歷。"《孔傳》:"不能經久歷遠。"(793、16-26-7)

0342 經營 jīng yíng

規度。

○《召誥》:"厥既得卜,則經營。"《孔傳》:"其已得吉卜,則經營規度城郭郊廟朝市之位處。"(705、15-2-15)

按:《孔疏》:"'經營',《考工記》所云'匠人營國,方九里,左祖右社,面朝後市'是也。下有'丁巳郊',故知'規度城郭郊廟朝市之位處'也。"

0343 静 jìng

① 謀。

○《堯典》:"静言庸違。"《孔傳》:"静,謀。"(49、2-25-18)

② 安。(5見)

○《洪範》:"用静吉,用作凶。"《孔傳》:"安以守常則吉,動則凶。"(581、12-23-8)

○《大誥》:"西土人亦不静。"《孔傳》:"西土人亦不安。"(626、13-23-13)

○《大誥》:"民不静。"《孔傳》:"言四國不安。"(630、13-25-16)

○《康誥》:"今惟民不静。"《孔傳》:"假令今天下民不安。"(667、14-17-14)

○《多方》:"爾乃迪屢不静。"《孔傳》:"汝所蹈行,數爲不安。"(825、17-15-17)

0344 敬 jìng

① 崇。

○《康王之誥》:"今王敬之哉!"《孔傳》:"敬天道,務崇先人之美。"(907、19-4-5)

② 謹敬。

○《皋陶謨》:"亂而敬。"《孔傳》:"有治而能謹敬。"(168、4-26-3)

③ 憂敬。

○《召誥》:"曷其奈何弗敬?"《孔傳》:"何其奈何不憂敬之?"(711、15-8-7)

④ 敬順。

○《多士》:"爾不克敬。"《孔傳》:"汝不能敬順。"(764、16-10-17)

0345 靖 jìng

謀。

○《盤庚上》:"則惟汝衆自作弗靖。"《孔傳》:"靖,謀也。"(439、9-9-15)

○《微子》:"自靖,人自獻于先王。"《孔傳》:"各自謀行其志,人人自獻達于先王,以不失道。"(502、10-23-11)

○《無逸》:"嘉靖殷邦。"《孔傳》:"善謀殷國。"(772、16-14-18)

按:《詩·小雅·小明》"靖其爾位",《毛傳》:"靖,謀也。"

0346 鳩 jiū

聚。

○《堯典》:"共工方鳩僝功。"《孔傳》:"鳩,聚。"(47、2-25-16)

0347 舊 jiù

① 久。(8見)

○《胤征》:"舊染汙俗。"《孔傳》:"久染汙俗。"(385、7-18-3)

按:《詩·大雅》:"於乎小子,告爾舊止。"《箋》:"舊,久也。"

○《盤庚上》:"亦惟圖任舊人共政。"《孔傳》:"先王謀任久老成人,共治其政。"(432、9-6-14)

○《微子》:"我舊云刻子。"《孔傳》:"我久知子賢,言於帝乙。欲立子,帝乙不肯。病子不得立,則宜爲殷後者。"(501、10-23-7)

○《大誥》:"爾惟舊人。"《孔傳》:"特命久老之人,知文王故事者。"(633、13-28-11)

○《微子之命》:"舊有令聞。"《孔傳》:"久有善譽。"(640、13-35-14)

○《無逸》:"時舊勞于外。"《孔傳》:"使之久居民間,勞是稼穡。"(769、16-14-12)

○《無逸》:"舊爲小人。"《孔傳》:"久爲小人之行。"(774、16-16-1)

○《畢命》:"席寵惟舊。"《孔傳》:"居寵日久。"(915、19-12-17)

② 故。

○《仲虺之誥》:"纘禹舊服。"《孔傳》:"繼禹之功,統其故服。"(395、8-9-8)

○《盤庚上》：“以常舊服。”《孔傳》：“用常故事。”(431、9 - 6 - 1)

○《君牙》：“纘乃舊服。”《孔傳》：“繼汝先祖故所服忠勤。”(918、19 - 16 - 6)

0348 舊章 jiù zhāng

舊典文章。

○《蔡仲之命》：“無作聰明亂舊章。”《孔傳》：“無敢爲小聰明,作異辯,以變亂舊典文章。”(813、17 - 4 - 14)

0349 就 jiù

成。

○《秦誓》：“則曰未就予忌。”《孔傳》：“則曰:未成我所欲,反忌之耳。”(979、20 - 17 - 12)

0350 居 jū

居積。

○《益稷》：“懋遷有無化居。”《孔傳》：“居謂所宜居積者。”(189、5 - 2 - 11)

0351 巨 jù

大。

○《說命上》：“若濟巨川,用汝作舟楫。”《孔傳》：“渡大水待舟楫。”(470、10 - 3 - 18)

0352 具 jù

皆。

○《吕刑》：“具嚴天威。”《孔傳》：“皆當嚴敬天威。”(947、19 - 37 - 12)

0353 距 jù

① 至。

○《益稷》：“予決九川,距四海。”《孔傳》：“距,至也。”(187、5 - 2 - 5)

② 距違。

○《禹貢》：“不距朕行。”《孔傳》：“天下無距違我行者。”(351、6 - 40 - 4)

0354 懼 jù

① 畏。

○《泰誓上》：“予小子夙夜祗懼。”《孔傳》：“言我畏天之威。”(507、11 - 9 - 5)

② 畏懼。

○《無逸》：“治民祗懼,不敢荒寧。”《孔傳》：“爲政敬身畏懼,不敢荒怠自安。”(769、16 - 14 - 5)

③ 戒懼。

○《吕刑》：“朕言多懼。”《孔傳》：“我言多可戒懼以儆之。”(957、19 - 45 - 6)

0355 **蠲** juān

潔。

○《酒誥》:"弗蠲乃事。"《孔傳》:"不潔汝政事。"(690、14-32-15)

○《多方》:"不蠲烝。"《孔傳》:"不絜進于善。"(822、17-13-5)

按:"絜"通"潔"。

○《吕刑》:"上帝不蠲,降咎于苗。"《孔傳》:"天不潔其所爲,故下咎罪。"(940、19-33-16)

0356 **倦** juàn

厭倦。

○《大禹謨》:"耄期倦于勤。"《孔傳》:"言己年老,厭倦萬機。"(149、4-8-5)

0357 **眷** juàn

① 視。

○《大禹謨》:"皇天眷命。"《孔傳》:"眷,視。"(147、4-4-13)

按:回視、反顧義。《孔疏》:"《詩》云:'乃眷西顧。'謂視而迴首。《説文》亦以'眷'爲視。"

② 顧。

○《太甲中》:"皇天眷佑有商。"《孔傳》:"天之顧佑商家。"(415、8-29-5)

③ 眷顧。

○《微子之命》:"皇天眷佑,誕受厥命。"《孔傳》:"大天眷顧湯,佑助之。"(640、13-35-10)

④ 顧視。

○《召誥》:"其眷命用懋。"《孔傳》:"其顧視天下有德者,命用勉敬者爲民主。"(712、15-9-6)

0358 **絶** jué

亡。

○《五子之歌》:"荒墜厥緒,覆宗絶祀。"《孔傳》:"太康失其業,以取亡。"(379、7-9-16)

0359 **均** jūn

① 同。

○《吕刑》:"其罪惟均。"《孔傳》:"罪與犯法者同。"(946、19-37-7)

② 均平。

○《周官》:"均四海。"《孔傳》:"均平四海之内邦國。"(855、18-5-11)

0360 鈞 jūn

平。

〇《五子之歌》：“關石和鈞，王府則有。”《孔傳》：“金鐵曰石，供民器用，通之使和平，則官民足。”（379、7–9–15）

按：《孔疏》：“《律曆志》云：‘二十四銖爲兩，十六兩爲斤，三十斤爲鈞，四鈞爲石。’是石爲稱之最重……衡石所稱之物，以供民之器用，其土或有或無，通使和平也。”

0361 君 jūn

① 諸侯。

〇《大誥》：“肆予告我友邦君。”《孔傳》：“以美故告我友國諸侯。”（629、13–25–11）

〇《大誥》：“肆予大化誘我友邦君。”《孔傳》：“故大化天下，道我友國諸侯。”（633、13–28–17）

按：《國語·周語上》“夫事君者，險而不懟”，韋昭注：“君，諸侯也。”

② 尊〔稱〕。

〇《君奭》：“《君奭》。”《孔傳》：“尊之曰君。”（789、16–24–5）

按：《孔疏》：“周公呼爲‘君奭’，是周公尊之曰君也。‘奭’是其名，‘君’非名也。”

0362 駿 jùn

大。

〇《武成》：“邦甸、侯、衛，駿奔走，執豆籩。”《孔傳》：“駿，大也。”（531、11–26–17）

按：《詩·大雅·崧高》“崧高維嶽，駿極于天”，《毛傳》：“駿，大；極，至也。”

0363 峻 jùn

高大。

〇《五子之歌》：“峻宇彫牆。”《孔傳》：“峻，高大。”（378、7–9–4）

0364 浚 jùn

須。

〇《皋陶謨》：“日宣三德，夙夜浚明有家。”《孔傳》：“浚，須也。……言能日日布行三德，早夜思之，須明行之，可以爲卿大夫。”（169、4–27–16）

按：蔡沈《書集傳》：“浚，治也。亮亦明也。……浚明、亮采皆言家、邦政事明治之義。”①

---

① （宋）蔡沈著，錢宗武、錢忠弼整理：《書集傳》，第 145 頁。

0365 刊 kān

① 斬

〇《禹貢》:"禹敷土,隨山刊木。"《孔傳》:"洪水泛溢,禹布治九州之土,隨行山林,斬木通道。"(185、5-1-17)

② 槎。

〇《禹貢》:"九州刊旅。"《孔傳》:"九州名山,已槎木通道而旅祭矣。"(350、6-38-10)

③ 刊槎。

〇《益稷》:"予乘四載,隨山刊木。"《孔傳》:"所載者四,謂水乘舟,陸乘車,泥乘輴,山乘樏。隨行九州之山林,刊槎其木,開通道路,以治水也。"(185、5-1-17)

按:《孔疏》:"'刊'是除木之義也。《毛傳》云:'除木曰槎。'"又云:"於時平地盡爲流潦,鮮有陸行之路,故將欲治水,隨行山林,斬木通道。"

0366 戡 kān

勝。

〇《西伯戡黎》:"作《西伯戡黎》。"《孔傳》:"戡,亦勝也。"(1025、10-15-18)

〇《君奭》:"惟時二人弗戡。"《孔傳》:"惟是文武不勝受。"(807、16-37-9)

0367 康 kāng

① 安。(24 見)

〇《益稷》:"惟幾惟康。"《孔傳》:"念慮幾微以保其安。"(191、5-5-1)

〇《益稷》:"庶事康哉!"《孔傳》:"衆事乃安。"(241、5-23-10)

〇《盤庚上》:"無傲從康。"《孔傳》:"無傲慢從心所安。"(432、9-6-13)

〇《盤庚中》:"惟喜康共。"《孔傳》:"惟與汝共喜安。"(450、9-15-1)

〇《説命上》:"以康兆民。"《孔傳》:"以安天下。"(471、10-4-13)

〇《西伯戡黎》:"不有康食。"《孔傳》:"不有安食於天下。"(489、10-17-16)

〇《洪範》:"而康而色。"《孔傳》:"汝當安汝顔色,以謙下人。"(564、12-16-4)

〇《洪範》:"平康正直。"《孔傳》:"世平安,用正直治之。"(571、12-20-6)

〇《大誥》:"弗造哲迪民康。"《孔傳》:"不能爲智道以安人。"(624、13-21-11)

〇《大誥》:"民不康。曰:'予復。'"《孔傳》:"禄父言我殷當復,欺惑東國人,令不安。"(627、13-24-1)

〇《康誥》:"用康保民。"《孔傳》:"用其安者以安民。"(651、14-6-10)

○《康誥》：“無康好逸。”《孔傳》：“無自安好逸豫寬身。”（652、14－7－11）

○《康誥》：“惟民其康乂。”《孔傳》：“惟民其皆安治。”（656、14－9－10）

○《康誥》：“爽惟民迪吉康。”《孔傳》：“明惟治民之道而善安之。”（667、14－16－18）

○《康誥》：“用康乂民，作求。”《孔傳》：“用安治民，爲求等。”（667、14－17－1）

○《康誥》：“用康乃心。”《孔傳》：“用是誠道，安汝心。”（669、14－18－15）

○《康誥》：“高乃聽，用康乂民。”《孔傳》：“高汝聽，聽先王道德之言，以安治民。”（670、14－19－9）

○《洛誥》：“我惟無斁其康事。”《孔傳》：“我惟無厭其安天下事。”（739、15－33－6）

○《無逸》：“即康功田功。”《孔傳》：“以就其安人之功，以就田功。”（778、16－17－17）

○《蔡仲之命》：“康濟小民。”《孔傳》：“當安小民之居，成小民之業。”（813、17－4－13）

○《多方》：“秉德不康寧。”《孔傳》：“執德不安寧自誅汝。”（827、17－16－10）

○《周官》：“永康兆民。”《孔傳》：“長安天下兆民。”（859、18－11－15）

○《畢命》：“以康四海。”《孔傳》：“以安四海。”（915、19－11－6）

○《文侯之命》：“惠康小民。”《孔傳》：“安小人之道必以順。”（968、20－6－15）

② 寧。

○《洪範》：“家用平康。”《孔傳》：“國家平寧。”（588、12－30－13）

0368 康寧　kāng níng

① 安。

○《多士》：“非我一人奉德不康寧。”《孔傳》：“非我天子奉德，不能使民安之。”（758、16－8－4）

② 無疾病。

○《洪範》：“三曰康寧。”《孔傳》：“無疾病。”（592、12－33－3）

0369 考　kǎo

成。

○《大誥》：“其考我民。”《孔傳》：“其成我民矣。”（633、13－28－18）

○《洛誥》：“考朕昭子刑。”《孔傳》：“我所成明子法。”（741、15－35－13）

○《洛誥》：“殷乃引考。”《孔傳》：“殷乃長成爲周。”（744、15－36－4）

按：《禮記·禮運》“禮義以爲器，故事行有考也”，鄭玄注：“考，成也。器利則事成。”

0370 臯 kào

勞。

○《臯飫》：“《九共》九篇、《臯飫》。”《孔傳》：“臯，勞也。”（995、3－40－17）

按：“臯”通“犒”，犒勞義。

0371 克 kè

① 勝。

○《胤征》：“威克厥愛。”《孔傳》：“歡能以威勝所愛。”（385、7－18－5）

○《胤征》：“愛克厥威。”《孔傳》：“以愛勝威。”（385、7－18－6）

② 伐。

○《金縢》：“既克商二年。”《孔傳》：“伐紂明年。”（599、13－9－3）

0372 刻 kè

病。

○《微子》：“我舊云刻子。”《孔傳》：“刻，病也。”（501、10－23－7）

按：《孔疏》：“‘刻’者，傷害之義，故爲病也。”

0373 恪 kè

敬。

○《盤庚上》：“恪謹天命。”《孔傳》：“敬謹天命。”（429、9－3－18）

○《微子之命》：“恪慎克孝。”《孔傳》：“言微子敬慎能孝。”（640、13－35－15）

0374 寇 kòu

寇盜。

○《康誥》：“寇攘姦宄。”《孔傳》：“爲寇盜攘竊姦宄。”（660、14－12－2）

0375 寇攘 kòu rǎng

暴劫。

○《費誓》：“無敢寇攘。”《孔傳》：“軍人無敢暴劫人。”（974、20－12－11）

0376 寬 kuān

寬弘。

○《皋陶謨》：“寬而栗。”《孔傳》：“性寬弘而能莊栗。”（167、4－26－1）

按：《孔疏》：“《舜典》云‘寬而栗，直而溫’，與此正同。……寬弘者失於緩慢，故性寬弘而能矜莊嚴栗，乃成一德。”

0377 狂 kuáng

① 狂疾。

○《洪範》：“曰狂。”《孔傳》：“君行狂疾。”（584、12－29－13）

② 狂人。

○《多方》:"惟聖罔念作狂,惟狂克念作聖。"《孔傳》:"惟聖人無念於善,則爲狂人。惟狂人能念於善,則爲聖人。"(822、17 - 13 - 7 17 - 13 - 8)

0378 曠 kuàng

空。

○《皋陶謨》:"無曠庶官。"《孔傳》:"曠,空也。"(174、4 - 29 - 15)

按:《孔疏》:"'曠'之爲空,常訓也。位非其人,所職不治,是爲空官。"

0379 困 kùn

困窮。

○《蔡仲之命》:"慎厥初,惟厥終,終以不困。"《孔傳》:"慎其初,念其終,則終用不困窮。"(813、17 - 4 - 9)

0380 來 lái

① 歸。

○《大禹謨》:"四夷來王。"《孔傳》:"四夷歸往之。"(148、4 - 5 - 6)

② 至。

○《洪範》:"五者來備。"《孔傳》:"言五者備至。"(582、12 - 27 - 13)

0381 賚 lài

① 與。

○《湯誓》:"予其大賚汝。"《孔傳》:"賚,與也。"(392、8 - 3 - 13)

○《説命上》:"夢帝賚予良弼。"《孔傳》:"夢天與我輔弼良佐。"(470、10 - 2 - 16)

② 賜。

○《多方》:"惟其大介賚爾。"《孔傳》:"我有周惟其大大賜汝。"(830、17 - 18 - 14)

○《費誓》:"我商賚汝。"《孔傳》:"我則商度汝功,賜與汝。"(974、20 - 12 - 7)

按:《詩·商頌·烈祖》"既載清酤,賚我思成",《毛傳》:"賚,賜也。"

③ 錫。

○《文侯之命》:"用賚爾秬鬯一卣。"《孔傳》:"當以錫命告其始祖,故賜卣。"(966、20 - 6 - 9)

按:錫,有賜予義。《詩·大雅·崧高》"既成藐藐,王錫申伯",《鄭箋》:"召公營位,築之已成,以形貌告於王,王乃賜申伯。""錫"亦是"賜"義。

0382 勞 láo

① 功勤。

○《盤庚上》:"世選爾勞。"《孔傳》:"言我世世選(數)汝功勤。"(441、9 -

10－10)

按:"選",八、李、纂、魏、平、岳、永、毛作"數"①,是。

② 勞苦。

○《周官》:"作僞,心勞日拙。"《孔傳》:"爲僞,飾巧百端,於心勞苦,而事日拙不可爲。"(858、18－11－5)

③ 勤勞。

○《君牙》:"服勞王家。"《孔傳》:"服事勤勞王家。"(918、19－15－11)

0383 類 lèi

① 善。

○《太甲中》:"予小子不明于德,自底不類。"《孔傳》:"類,善也。闇於德,故自致不善。"(415、8－29－8)

○《説命上》:"以台正于四方,惟(台)恐德弗類。"《孔傳》:"類,善也。我正四方,恐德不善。"(469、10－2－14)

按:經文"惟",十、八、李、纂、魏、平、岳、毛作"台"②,監本襲閩本。

② 事類。

○《泰誓上》:"受命文考,類于上帝。"《孔傳》:"告文王廟,以事類告天。"(507、11－9－6)

按:《孔疏》:"《舜典》'類于上帝',傳云:'告天及五帝。'此'以事類告天',亦當如彼也。"

0384 釐 lí

① 治。

○《堯典》:"允釐百工。"《孔傳》:"釐,治。"(44、2－14－13)

按:《孔疏》:"釋訓之例,有以聲相近而訓其義者,'釐,治''工,官',皆以聲近爲訓,他皆做此類也。"

○《帝告》《釐沃》:"作《帝告》《釐沃》。"《孔傳》:"告來居,治沃土,二篇皆亡。"(999、7－19－6)

② 理。

○《汩作》:"帝釐下土。"《孔傳》:"言舜理四方諸侯。"(994、3－40－13)

按:陸德明《釋文》引馬融云:"賜也,理也。"

③ 賜。

○《立政》:"丕釐上帝之耿命。"《孔傳》:"大賜上天之光命。"(838、17－

① 杜澤遜:《尚書注疏彙校》,第1340頁。
② 杜澤遜:《尚書注疏彙校》,第1443頁。

25-2)

④ **義理**。

○《堯典》:"釐降二女于嬀汭。"《孔傳》:"舜爲匹夫,能以<u>義理</u>下帝女之心,於所居嬀水之汭。"(64、2-33-3)

按:"釐降二女于嬀汭",《史記·堯帝紀》作:"舜飭下二女於嬀汭,如婦禮。"以"飭下"釋"釐降","飭"爲"整飭"義。《孔疏》:"'釐降',謂能以義理下之,則女意初時不下,故傳解之,言舜爲匹夫,帝女下嫁,以貴適賤,必自驕矜,故美舜能以義理下帝女尊亢之心,於所居嬀水之汭,使之服行婦道於虞氏。"

⑤ **治正**。

○《畢命》:"命畢公保<u>釐</u>東郊。"《孔傳》:"命畢公使安理<u>治正</u>成周東郊。"(913、19-8-5)

0385 罹 lí

① **被**。

○《湯誥》:"爾萬方百姓<u>罹</u>其凶害。"《孔傳》:"<u>罹</u>,被。"(400、8-14-8)

② **憂懼**。

○《酒誥》:"越殷國滅無<u>罹</u>。"《孔傳》:"於殷國滅亡無<u>憂懼</u>。"(685、14-29-6)

0386 黎 lí

衆。(6見)

○《堯典》:"<u>黎</u>民於變時雍。"《孔傳》:"<u>黎</u>,<u>衆</u>。"(16、2-10-6)

○《大禹謨》:"<u>黎</u>民敏德。"《孔傳》:"<u>衆</u>民皆疾修德。"(147、4-2-17)

○《益稷》:"萬邦<u>黎</u>獻,共惟帝臣。"《孔傳》:"萬國<u>衆</u>賢,共爲帝臣。"(212、5-14-3)

○《五子之歌》:"<u>黎</u>民咸貳。"《孔傳》:"<u>衆</u>民皆二心矣。"(374、7-6-9)

○《秦誓》:"以保我子孫<u>黎</u>民。"《孔傳》:"安我子孫<u>衆</u>人。"(985、20-19-14)

○《秦誓》:"以不能保我子孫<u>黎</u>民。"《孔傳》:"用之不能安我子孫<u>衆</u>人。"(986、20-20-4)

0387 離 lí

失。

○《胤征》:"沈亂于酒,畔官<u>離</u>次。"《孔傳》:"<u>失</u>次位也。"(381、7-14-9)

0388 莅 lì

臨。

○《周官》:"<u>莅</u>事惟煩。"《孔傳》:"<u>臨</u>政事必煩。"(857、18-10-11)

0389 栗 lì

莊栗。

○《皋陶謨》:"寬而栗。"《孔傳》:"性寬弘而能莊栗。"。(167、4-26-1)

0390 麗 lì

施。(5見)

○《多方》:"不克開于民之麗。"《孔傳》:"麗,施也。"(817、17-9-5)

○《多方》:"慎厥麗,乃勸厥民。"《孔傳》:"湯慎其施政於民,民乃勸善。"(821、17-11-8)

○《顧命》:"奠麗陳教則肄。"《孔傳》:"定天命,施陳教,則勤勞。"(872、18-22-7)

○《吕刑》:"越兹麗刑。"《孔傳》:"苗民於此施刑。"(930、19-25-13)

○《吕刑》:"惟時苗民匪察于獄之麗。"《孔傳》:"所懲戒惟是苗民非察於獄之施刑,以取滅亡。"(940、19-33-11)

按:《廣雅·釋詁》:"麗,施也。"虞萬里教授認爲:分析字形聲韻,梳理夏商史實,可證"麗"確應讀爲"網羅"之"羅"而引申爲法網、法律、刑法等義。[1]

0391 厲 lì

① 危。

○《金滕》:"遘厲虐疾。"《孔傳》:"厲,危。"(602、13-10-15)

按:《孔疏》:"《易·乾卦》云:'夕惕若厲。''厲'爲'危'也。"

○《冏命》:"怵惕惟厲。"《孔傳》:"言常悚懼惟危。"(920、19-19-7)

② 厲虐。

○《梓材》:"予罔厲殺人。"《孔傳》:"我無厲虐殺人之事。"(693、14-34-9)

0392 勵 lì

勉勵。

○《皋陶謨》:"庶明勵翼。"《孔傳》:"衆庶皆明其教,而自勉勵翼戴上命。"(163、4-23-2)

0393 歷 lì

① 數。

○《大誥》:"嗣無疆大歷服。"《孔傳》:"言子孫承繼祖考無窮大數,服行其政。"(624、13-21-11)

② 經。

○《畢命》:"既歷三紀。"《孔傳》:"已經三紀。"(913、19-9-2)

---

① 虞萬里:《王念孫〈廣雅〉"麗,施也"疏證今析》,《古漢語研究》,2022年第3期,第44頁。

③ 過歷。

○《梓材》：“歷人宥。”《孔傳》：“所過歷之人,有所寬宥。”(693、14－34－13)

0394 詈 lì

詛詈。

○《無逸》：“小人怨汝詈汝。”《孔傳》：“小人怨憾詛詈汝。”(787、16－23－6)

按:《説文》：“詈,罵也。”“詛”“詈”“罵”義近。

0395 利 lì

財利。

○《仲虺之誥》：“不殖貨利。”《孔傳》：“不生資貨財利,言不貪也。”(396、8－10－7)

0396 慄 lì

莊。

○《大禹謨》：“夔夔齊慄。”《孔傳》：“悚懼齊莊。”(158、4－19－6)

按: 莊,有嚴肅、恭敬等義。

0397 戾 lì

① 罪。

○《湯誥》：“兹朕未知獲戾于上下。”《孔傳》：“此伐桀未知得罪於天地。”(401、8－16－2)

○《太甲中》：“以速戾于厥躬。”《孔傳》：“以召罪於其身。”(416、8－29－9)

○《大誥》：“矧今天降戾于周邦?”《孔傳》：“況今天下罪於周,使四國叛乎?”(637、13－32－3)

○《多士》：“即于殷大戾。”《孔傳》：“就於殷大罪而加誅者。”(758、16－7－8)

② 定。

○《康誥》：“未戾厥心。”《孔傳》：“未定其心。”(667、14－17－14)

③ 來。

○《洛誥》：“我民無遠用戾。”《孔傳》：“我民無遠用來。”(732、15－28－16)

0398 廉 lián

廉隅。

○《皋陶謨》：“簡而廉。”《孔傳》：“性簡大而有廉隅。”(168、4－26－5)

按: 廉隅,比喻端方不苟的行爲、品性。

0399 斂 liǎn

斂聚。

○《微子》：“用乂讎斂。”《孔傳》：“所用治者,皆重賦傷民、斂聚怨讎之

道。”(500、10－22－16)

0400 良 liáng

① 善。(5見)

○《太甲下》:“一人元良,萬邦以貞。”《孔傳》:“天子有大善,則天下得其正。”(418、8－33－3)

○《説命中》:“乃不良於言。”《孔傳》:“汝若不善於所言。”(473、10－8－13)

○《泰誓中》:“剝喪元良。”《孔傳》:“良,善。”(509、11－12－1)

○《泰誓下》:“惟予小子無良。”《孔傳》:“我之無善之致。”(515、11－18－3)

○《同命》:“惟予一人無良。”《孔傳》:“惟我一人無善。”(921、19－20－6)

② 賢良。

○《君陳》:“進厥良,以率其或不良。”《孔傳》:“進顯其賢良者,以率勉其有不良者,使爲善。”(863、18－18－3)

③ 平良。

○《吕刑》:“惟良折獄,罔非在中。”《孔傳》:“惟平良可以斷獄,無不在中正。”(956、19－43－15)

0401 亮 liàng

① 信。

○《皋陶謨》:“亮采有邦。”《孔傳》:“以信治政事,則可以爲諸侯。”(170、4－28－1)

○《説命上》:“王宅憂,亮陰三祀。”《孔傳》:“居憂信默三年不言。”(468、10－2－5)

○《無逸》:“乃或亮陰,三年不言。”《孔傳》:“乃有信默,三年不言。”(770、16－14－14)

○《周官》:“寅亮天地。”《孔傳》:“敬信天地之教。”(854、18－5－9)

按:《爾雅·釋詁》:“亮,信也。”

② 佐。

○《畢命》:“弼亮四世。”《孔傳》:“輔佐文、武、成、康,四世爲公卿。”(914、19－9－9)

0402 僚 liáo

① 官。(6見)

○《皋陶謨》:“百僚師師。”《孔傳》:“僚、工,皆官也。”(171、4－28－6)

○《説命上》:“惟暨乃僚。”《孔傳》:“與汝並官。”(471、10－4－11)

○《酒誥》:“百僚庶尹惟亞惟服宗工。”《孔傳》:“治事百官衆正,及次大夫

服事尊官。"(683、14－27－4)

○《洛誥》:"伻嚮即有僚。"《孔傳》:"使臣下各嚮就有官。"(730、15－25－1)

○《多士》:"有服在百僚。"《孔傳》:"有服職在百官。"(759、16－8－9)

○《多方》:"尚爾事有服在大僚。"《孔傳》:"庶幾修汝事,有所服行在大官。"(830、17－18－17)

② 僚屬。

○《冏命》:"慎簡乃僚。"《孔傳》:"當謹慎簡選汝僚屬侍臣。"(921、19－20－18)

0403 敹 liáo

簡。

○《費誓》:"善敹乃甲冑。"《孔傳》:"言當善簡汝甲鎧冑兜鍪。"(971、20－9－13)

按:敹,《說文》訓作"擇",與《孔傳》義近。段注:"《柴誓》某氏注'言當善簡汝甲冑',與許說合。"《孔疏》:"甲冑爲有善有惡,故令敹簡取其善者。鄭云:'敹,謂穿徹之。'謂甲繩有斷絶,當使敹理穿治之。"疏不破注。《鄭注》和《孔傳》理解角度不同,故訓釋有異。

0404 烈 liè

① 業。(8 見)

○《盤庚上》:"矧曰其克從先王之烈?"《孔傳》:"況能從先王之業乎?"(430、9－4－5)

○《武成》:"公劉克篤前烈。"《孔傳》:"能厚先人之業。"(533、11－29－10)

○《洛誥》:"以予小子揚文武烈。"《孔傳》:"用我小子,褒揚文武之業。"(733、15－30－1)

○《洛誥》:"越乃光烈考武王。"《孔傳》:"於汝大業之父武王。"(740、15－33－18)

○《洛誥》:"篤前人成烈。"《孔傳》:"厚率行先王成業。"(741、15－34－8)

○《立政》:"以揚武王之大烈。"《孔傳》:"揚父之大業。"(850、17－35－10)

○《畢命》:"欽若先王成烈。"《孔傳》:"敬順文武成業。"(917、19－14－8)

○《君牙》:"丕承哉,武王烈!"《孔傳》:"言武王業美,大可承奉。"(919、19－17－8)

② 功烈。

○《伊訓》:"伊尹乃明言烈祖之成德。"《孔傳》:"湯有功烈之祖,故稱焉。"(405、8－18－15)

按:《孔疏》:"'烈'訓'業'也,湯有定天下之功業,爲商家一代之太祖,故以'烈祖'稱焉。"

③ 功業。

○《冏命》:"俾克紹先烈。"《孔傳》:"使能繼先王之功業。"(921、19-20-9)

0405 鄰 lín

近。

○《益稷》:"臣哉鄰哉！鄰哉臣哉！"《孔傳》:"鄰,近也。"(193、5-5-7)

○《益稷》:"欽四鄰。"《孔傳》:"四近前後左右之臣,勑使敬其職。"(209、5-7-6)

○《大誥》:"誕鄰胥伐于厥室。"《孔傳》:"大近相伐於其室家,謂叛逆也。"(637、13-32-5)

0406 吝 lìn

吝惜。

○《仲虺之誥》:"改過不吝。"《孔傳》:"有過則改,無所吝惜。"(396、8-10-14)

0407 靈 líng

善。

○《盤庚下》:"弔由靈。"《孔傳》:"靈,善也。"(464、9-23-16)

○《多方》:"不克靈承于旅。"《孔傳》:"言桀不能善奉於人衆。"(818、17-9-9)

○《多方》:"惟我周王靈承于旅。"《孔傳》:"惟我周王善奉於衆。"(824、17-14-11)

○《呂刑》:"苗民弗用靈,制以刑。"《孔傳》:"三苗之君,習蚩尤之惡,不用善化民,而制以重刑。"(927、19-25-7)

0408 陵 líng

陵邈。

○《畢命》:"以蕩陵德。"《孔傳》:"以放蕩陵邈有德者。"(915、19-12-13)

按:陵邈,有傲慢、輕慢義。

0409 令 lìng

① 善。

○《太甲下》:"今王嗣有令緒。"《孔傳》:"令,善也。"(418、8-32-11)

○《微子之命》:"舊有令聞。"《孔傳》:"久有善譽。"(640、13-35-14)

○《呂刑》:"庶民罔有令政在于天下。"《孔傳》:"衆民無有善政在於天下。"(959、19-46-1)

② 命。

○《説命上》：“王言,惟作命,不言,臣下罔攸稟令。”《孔傳》：“令,亦命也。”(469、10-2-13)

0410 令聞 lìng wén

善譽。

○《微子之命》：“舊有令聞。”《孔傳》：“久有善譽。”(640、13-35-14)

按：令聞,美名,美好的聲譽。《詩經·大雅·文王》“亹亹文王,令聞不已”中,“令聞”亦是此義。

0411 劉 líu

殺。

○《盤庚上》：“無盡劉。”《孔傳》：“劉,殺也。”(429、9-3-15)

○《君奭》：“咸劉厥敵。”《孔傳》：“皆殺其敵。”(803、16-34-1)

0412 流 líu

① 移。

○《禹貢》：“二百里流。”《孔傳》：“流,移也。”(357、6-44-7)

② 放。

○《金縢》：“乃流言於國。”《孔傳》：“乃放言於國。”(608、13-14-16)

按：《孔疏》：“‘流言’者,宣布其言,使人聞知,若水流然。‘流’即放也,乃放言於國,以誣周公,以惑成王。”

0413 六師 liù shī

六軍。

○《周官》：“司馬,掌邦政,統六師,平邦國。”《孔傳》：“《夏官》卿,主戎馬之事,掌國征伐,統正六軍,平治王邦四方國之亂者。”(855、18-5-18)

0414 禄 lù

寵禄。

○《咸有一德》：“克綏先王之禄。”《孔傳》：“能保安先王之寵禄。”(422、8-38-6)

0415 戮 lù

① 辱。

○《甘誓》：“予則孥戮汝。”《孔傳》：“非但止汝身,辱及汝子。”(369、7-3-3)

② 刑戮。

○《召誥》：“亦敢殄戮用乂民。”《孔傳》：“亦當果敢絶刑戮之道用治民。”

（718、15－16－1）

0416 戮力 lùlì

陳力。

○《湯誥》:"聿求元聖,與之戮力。"《孔傳》:"大聖陳力,謂伊尹。"(401、8－15－5)

按:《孔疏》:"'戮力',猶勉力也。《論語》云:'陳力就列。'湯臣大賢惟有伊尹,故知'大聖陳力,謂伊尹'也。"

0417 亂 luàn

① 治。（13 見）

○《皋陶謨》:"亂而敬。"《孔傳》:"亂,治也。"(168、4－26－3)

○《盤庚中》:"兹予有亂政同位。"《孔傳》:"亂,治也。"(457、9－19－4)

○《説命中》:"不惟逸豫,惟以亂民。"《孔傳》:"不使有位者逸豫民上,言立之主,使治民。"(472、10－6－1)

○《微子》:"殷其弗或亂正四方。"《孔傳》:"言殷其不有治正四方之事,將必亡。"(494、10－19－16)

○《梓材》:"厥亂爲民。"《孔傳》:"其治爲民。"(694、14－36－6)

○《洛誥》:"四方迪亂,未定于宗禮。"《孔傳》:"言四方雖道治,猶未定於尊禮。"(737、15－32－3)

○《多士》:"允罔固亂。"《孔傳》:"言(信)無堅固治者。"(753、16－2－18)

按:"言",八、李、王、纂、魏、平、毛、殿、庫作"信"[1]。

○《立政》:"丕乃俾亂。"《孔傳》:"大乃使治之。"(845、17－32－10)

○《周官》:"亂爾有政。"《孔傳》:"治汝所有之職。"(859、18－11－13)

○《顧命》:"思夫人自亂于威儀。"《孔傳》:"群臣皆宜思夫人,夫人自治正於威儀。"(875、18－23－2)

○《顧命》:"其能而亂四方。"《孔傳》:"其能如父祖治四方。"(897、18－38－2)

○《君牙》:"克左右亂四方。"《孔傳》:"能佐助我治四方。"(918、19－15－15)

○《吕刑》:"民之亂,罔不中聽獄之兩辭。"《孔傳》:"民之所以治,由典獄之無不以中正聽獄之兩辭。"(958、19－45－12)

② 禍亂。

○《仲虺之誥》:"無主乃亂。"《孔傳》:"民無君主,則恣情欲,必致禍亂。"

---

① 杜澤遜:《尚書注疏彙校》,第2466頁。

（395、8－9－4）

③ 荒亂。

○《伊訓》：“時謂亂風。”《孔傳》：“是荒亂之風俗。”（408、8－21－6）

④ 治理。

○《泰誓中》：“予有亂臣十人，同心同德。”《孔傳》：“我治理之臣雖少而心德同。”（510、11－13－2）

○《洛誥》：“亂爲四方新辟。”《孔傳》：“言當治理天下，新其政化，爲四方之新君。”（740、15－34－4）

○《君奭》：“厥亂明我新造邦。”《孔傳》：“其治理足以明我新成國矣”。（799、16－31－6）

⑤ 變亂。

○《蔡仲之命》：“無作聰明亂舊章。”《孔傳》：“無敢爲小聰明，作異辯，以變亂舊典文章。”（813、17－4－14）

0418 亂越 luàn yuè

治理。

○《盤庚下》：“肆上帝將復我高祖之德，亂越我家。”《孔傳》：“以徙故，天將復湯德治理於我家。”（464、9－23－13）

按：《爾雅·釋詁》：“亂，治也。”《廣雅·釋詁》：“越、理……治也。”故“亂”“越”義同。

0419 倫 lún

① 道。

○《洪範》：“不畀洪範九疇彝倫攸斁。”《孔傳》：“不與大法九疇。……故常道所以敗。”（545、12－3－13）

○《洪範》：“彝倫攸敘。”《孔傳》：“常道所以次敘。”（545、12－3－18）

按：《説文》：“倫，一曰道也。”《詩·小雅·正月》“有倫有脊”，《毛傳》：“倫，道。”

② 道理。

○《洪範》：“我不知其彝倫攸敘。”《孔傳》：“言我不知天所以定民之常道理次敘。”（544、12－2－15）

③ 倫理。

○《康誥》：“兹殷罰有倫。”《孔傳》：“此殷家刑罰有倫理者兼用之。”（657、14－10－8）

○《吕刑》：“惟齊非齊，有倫有要。”《孔傳》：“凡刑所以齊非齊，各有倫理，有要善。”（955、19－42－12）

0420 淪 lún

没。

○《微子》:"今殷其淪喪。"《孔傳》:"淪,没也。"(496、10－20－7)

○《微子》:"商其淪喪。"《孔傳》:"商其没亡。"(501、10－23－5)

0421 淪喪 lúnsàng

没亡。

○《微子》:"今殷其淪喪,若涉大水,其無津涯。"《孔傳》:"言殷將没亡,如涉大水,無涯際,無所依就。"(496、10－20－7)

○《微子》:"商其淪喪,我罔爲臣僕。"《孔傳》:"商其没亡,我二人無所爲臣僕,欲以死諫紂。"(501、10－23－5)

0422 旅 lǚ

① 衆。(5見)

○《牧誓》:"亞旅、師氏。"《孔傳》:"旅,衆也。"(520、11－21－2)

○《武成》:"受率其旅若林。"《孔傳》:"旅,衆也。"(536、11－32－10)

○《梓材》:"司徒、司馬、司空、尹旅曰。"《孔傳》:"言國之三卿、正官衆大夫,皆順典常而曰。"(693、14－34－8)

○《多方》:"惟我周王靈承于旅。"《孔傳》:"惟我周王善奉於衆。"(824、17－14－11)

○《秦誓》:"旅力既愆。"《孔傳》:"雖衆力已過老。"(981、20－18－4)

② 陳。

○《旅獒》:"《旅獒》。"《孔傳》:"因獒而陳道義。"(596、13－1－9)

○《旅巢命》:"芮伯作《旅巢命》。"《孔傳》:"陳威德以命巢。亡。"(1049、13－7－16)

○《嘉禾》:"周公既得命禾,旅天子之命。"《孔傳》:"已得唐叔之禾,遂陳成王歸禾之命,而推美成王。"(1052、13－38－6)

○《召誥》:"旅王若公。"《孔傳》:"陳王所宜順周公之事。"(709、15－5－13)

③ 人衆。

○《多方》:"不克靈承于旅"《孔傳》:"言桀不能善奉於人衆。"(818、17－9－9)

0423 屢 lǚ

數。

○《益稷》:"屢省乃成。"《孔傳》:"屢,數也。"(240、5－23－8)

按:《爾雅·釋言》:"屢,亟也。"郭注:"亟亦數也。"《孔疏》:"《釋詁》云:

'屢、數,疾也。'俱訓爲'疾',故'屢'爲'數'也。"

0424 慮 lǜ

念慮。

○《太甲下》："弗慮胡獲？"《孔傳》："言常念慮道德,則得道德。"(418、8 -
33 - 3)

0425 律 lǜ

以法度齊。

○《微子之命》："律乃有民。"《孔傳》："以法度齊汝所有之人。"(641、13 -
36 - 18)

按：以法度齊,有約束義。

0426 略 lüè

① 路。

○《武成》："敢祇承上帝以遏亂略。"《孔傳》："略,路也。"(535、11 - 31 - 14)

按：蔡沈《書集傳》："略,謀略也。"①可備一説。

② 用功少曰略。

○《禹貢》："嵎夷既略,濰、淄其道。"《孔傳》："用功少曰略。"(260、6 -
12 - 8)

0427 勱 mài

勉。

○《立政》："用勱相我國家。"《孔傳》："用勉治我國家。"(849、17 - 34 - 17)

按：《説文》："勱,勉力也。《周書》曰：'用勱相我邦家。'"即引此經文爲證。

0428 滿 mǎn

① 盈實。

○《大禹謨》："不自滿假。"《孔傳》："滿,謂盈實。"(153、4 - 11 - 13)

按：《孔疏》："'滿'以器喻,故爲盈實也。"

② 自滿。

○《大禹謨》："滿招損,謙受益。"《孔傳》："自滿者人損之,自謙者人益
之。"(158、4 - 19 - 1)

③ 盈溢。

○《仲虺之誥》："志自滿,九族乃離。"《孔傳》："自滿,志盈溢。"(398、8 -
12 - 10)

---

① （宋）蔡沈著,錢宗武、錢忠弼整理：《書集傳》,第 134 頁。

0429 慢 màn

① **輕慢**。

○《大禹謨》：“侮慢自賢，反道敗德。”《孔傳》：“狎侮先王，輕慢典教，反正道，敗德義。”（157、4－17－1）

按：《孔疏》：“‘侮’謂輕人身，‘慢’謂忽言語，故爲‘狎侮先王，輕慢典教’。‘侮’‘慢’義同，因有二字而分釋之。”

② **不敬**。

○《咸有一德》：“夏王弗克庸德，慢神虐民。”《孔傳》：“言桀不能常其德，不敬神明，不恤下民。”（421、8－35－13）

0430 薶 máng

勉。

○《洛誥》：“汝乃是不薶。”《孔傳》：“汝乃是不勉爲政。”（731、15－28－11）

按：陸德明《釋文》引馬云：“勉也。”《孔疏》：“‘薶’之爲勉，相傳訓也。”

0431 厐 máng

亂。

○《周官》：“不和政厐。”《孔傳》：“厐，亂也。”（858、18－11－9）

按：厐，有雜義。《左傳·閔公二年》“衣之尨服”，杜預注：“尨，雜色。”

0432 耄 mào

① **八十、九十曰耄**。

○《大禹謨》：“耄期倦于勤。”《孔傳》：“八十、九十曰耄，百年曰期頤。”（149、4－8－5）

按：《孔疏》：“‘八十、九十曰耄，百年曰期頤’，《曲禮》文也。如《舜典》之傳，計舜年六十三即政，至今九十五矣。年在耄、期之間，故並言之。”

② **耄亂**。

○《微子》：“吾家耄遜于荒。”《孔傳》：“我念殷亡，發疾生狂，在家耄亂，故欲遜出於荒野。”（497、10－21－12）

按：《孔疏》：“在家思念之深，精神益以耄亂。鄭玄云：‘耄，昏亂也。’在家不堪耄亂，故欲遜出於荒野，言愁悶之至。”

○《呂刑》：“王享國百年，耄荒。”《孔傳》：“穆王以享國百年，耄亂荒忽。”（924、19－24－7）

0433 冒 mào

① **冒被**。

○《康誥》：“冒聞于上帝。”《孔傳》：“其政教冒被四表，上聞于天。”（648、

14-4-14)

② 覆冒。

○《君奭》："迪見,冒聞于上帝。"《孔傳》："蹈行顯見,覆冒下民。"(803、16-33-7)

○《君奭》："丕冒海隅出日。"《孔傳》："德教大覆冒海隅日所出之地。"(808、16-38-3)

③ 布冒。

○《君奭》："昭武王惟冒。"《孔傳》："明武王之德,使布冒天下。"(804、16-34-3)

④ 蔽冒。

○《秦誓》："冒疾以惡之。"《孔傳》："蔽冒疾害以惡之。"(986、20-20-1)

0434 貌 mào

容儀。

○《洪範》："二五事。一曰貌。"《孔傳》："容儀。"(554、12-9-16)

0435 孟 mèng

長。

○《康誥》："孟侯,朕其弟,小子封。"《孔傳》："孟,長也。"(645、14-4-4)

0436 彌 mí

久。

○《顧命》："病日臻,既彌留。"《孔傳》："病日至,言困甚。已久留,言無瘳。"(872、18-22-4)

0437 免 miǎn

除。

○《説命上》："既免喪,其惟弗言。"《孔傳》："除喪,猶不言政。"(469、10-2-9)

0438 湎 miǎn

① 沉湎。

○《酒誥》："罔敢湎于酒。"《孔傳》："無敢沈湎於酒。"(683、14-27-7)

○《酒誥》："惟工乃湎于酒。"《孔傳》："惟衆官化紂日久,乃沉湎於酒。"(690、14-32-11)

② 沉湎於酒。

○《胤征》："羲和湎淫。"《孔傳》："羲氏、和氏,……沉湎於酒,過差非度。"(998、7-11-11)

按：《説文》：“湎,沈於酒也。从水面聲。《周書》曰:‘罔敢湎于酒。’”

0439 面 miàn

前。

○《顧命》：“大輅,在賓階面,綴輅,在阼階面。”《孔傳》：“面,前。皆南向。”（886、18－28－13）

按：《孔疏》：“‘面,前’者,據人在堂上,面向南方,知面前皆南向,謂輅向南也。”

0440 薎 miè

精微。

○《君奭》：“兹迪彝教文王薎德。”《孔傳》：“以此道法,教文王以精微之德。”（802、16－33－2）

按：《孔疏》：“‘薎’,小也,小謂精微也。”

0441 滅 miè

① 喪。

○《五子之歌》：“滅厥德,黎民咸貳。”《孔傳》：“君喪其德,則衆民皆二心矣。”（374、7－6－9）

② 誅滅。

○《泰誓中》：“脅權相滅。”《孔傳》：“脅上權命,以相誅滅。”（509、11－11－6）

③ 滅亡。

○《酒誥》：“越殷國滅無罹。”《孔傳》：“於殷國滅亡無憂懼。”（685、14－29－6）

○《君奭》“天滅威。”《孔傳》：“天滅亡加之有威。”（798、16－31－4）

0442 民 mín

① 人。（19見）

○《微子》：“小民方興。”《孔傳》：“小人各起一方。”（496、10－20－5）

○《旅葵》：“生民保厥居。”《孔傳》：“生人安其居。”（598、13－6－15）

○《大誥》：“弗造哲迪民康。”《孔傳》：“不能爲智道以安人。”（624、13－21－11）

○《大誥》：“民不康。曰:‘予復。’”《孔傳》：“禄父言我殷當復,欺惑東國人,令不安。”（627、13－24－1）

○《大誥》：“民獻有十夫。”《孔傳》：“四國人賢者有十夫。”（628、13－24－3）

○《康誥》：“民情大可見。”《孔傳》：“人情大可見。”（652、14－7－9）

○《梓材》：“以厥庶<u>民</u>，暨厥臣。”《孔傳》：“言當用其衆<u>人</u>之賢者與其小臣之良者。”（692、14－34－3）

○《洛誥》：“凡<u>民</u>惟曰不享。”《孔傳》：“則凡<u>人</u>化之，惟曰不奉上矣。”（731、15－27－11）

○《洛誥》：“其大惇典殷獻<u>民</u>。”《孔傳》：“其大厚行典常於殷賢<u>人</u>。”（740、15－34－2）

○《多士》：“俊<u>民</u>甸四方。”《孔傳》：“用其賢<u>人</u>治四方。”（755、16－4－9）

○《多士》：“罔顧于天，顯<u>民</u>祗。”《孔傳》：“無顧於天，無能明<u>人</u>爲敬。”（756、16－5－11）

○《君奭》：“明我俊<u>民</u>在讓。”《孔傳》：“明我賢<u>人</u>在禮讓。”（807、16－37－11）

○《多方》：“乃勸厥<u>民</u>。”《孔傳》：“其<u>人</u>雖刑，亦用勸善。”（821、17－11－10）

○《君陳》：“殷<u>民</u>在辟。”《孔傳》：“殷<u>人</u>有罪在刑法者。”（863、18－16－13）

○《君陳》：“惟<u>民</u>生厚。”《孔傳》：“言<u>人</u>自然之性敦厚。”（863、18－18－8）

○《畢命》：“罔曰<u>民</u>寡。”《孔傳》：“無曰<u>人</u>少不足治也。”（917、19－14－7）

○《吕刑》：“延及于平<u>民</u>。”《孔傳》：“延及於平善之<u>人</u>。”（925、19－25－2）

○《秦誓》：“以保，我子孫黎<u>民</u>。”《孔傳》：“安我子孫衆<u>人</u>。”（985、20－19－14）

○《秦誓》：“以不能保我子孫黎<u>民</u>。”《孔傳》：“用之不能安我子孫衆<u>人</u>。”（986、20－20－4）

② <u>衆民</u>。

○《泰誓上》：“元后作<u>民</u>父母。”《孔傳》：“而爲<u>衆民</u>父母。”（504、11－5－11）

③ <u>民衆</u>。

○《康誥》：“應保殷<u>民</u>。”《孔傳》：“上以應天，下以安我所受殷之<u>民衆</u>。”（653、14－7－15）

0443 民事 mín shì

力役之事。

○《太甲下》：“無輕<u>民事</u>。”《孔傳》：“無輕爲<u>力役之事</u>。”（418、8－32－14）

0444 閔 mǐn

① <u>勉</u>。

○《君奭》：“予惟用<u>閔</u>于天越民。”《孔傳》：“我惟用<u>勉</u>於天道加於民。”（808、16－38－9）

② <u>痛傷</u>。

○《文侯之命》：“嗚呼！<u>閔</u>予小子嗣。”《孔傳》：“歎而自<u>痛傷</u>也。”（964、

20－3－17）

0445 旻 mǐn

愍。

○《大禹謨》:“日號泣于旻天。”‘《孔傳》:“仁覆愍下,謂之旻天。”(158、4－19－2)

按:《孔疏》:“‘仁覆愍下,謂之旻天’,《詩毛傳》文也。旻,愍也。求天愍己故呼曰‘旻天’。”

○《多士》:“弗弔,旻天大降喪于殷。”《孔傳》:“稱天以愍下,言愍道至者,殷道不至,故旻天下喪亡於殷。”(752、16－2－10)

0446 敏 mǐn

① 疾。

○《大禹謨》:“黎民敏德。”《孔傳》:“敏,疾也。”(147、4－2－17)

按:《説文》:“敏,疾也。从攴每聲。”《詩·小雅·甫田》“農夫克敏”、《詩·大雅·文王》“殷士膚敏”、《詩·大雅·生民》“履帝武敏歆”、《詩·大雅·江漢》“肇敏戎公”之“敏”,《毛傳》均訓作“疾”。

② 敏疾。

○《説命下》:“務時敏。”《孔傳》:“務是敏疾。”(475、10－10－7)

0447 泯 mǐn

滅。

○《康誥》:“天惟與我民彝大泯亂。”《孔傳》:“天與我民五常,使父義、母慈、兄友、弟恭、子孝,而廢棄不行,是大滅亂天道。”(662、14－13－4)

0448 暋 mǐn

强。

○《康誥》:“暋不畏死。”《孔傳》:“暋,强也。”(661、14－12－4)

按:《孔疏》:“‘暋,强也’,《盤庚》已訓,而此重詳之。”筆者遍查《盤庚》三篇,不得見此訓釋,《孔疏》説法恐誤。

○《立政》:“其在受德,暋,惟羞刑暴德之人。”《孔傳》:“受德……反大惡自强,惟進用刑,與暴德之人。”(839、17－26－3)

按:《孔疏》:“《釋詁》云:‘暋,强也。’‘暋’即昏也,故訓爲‘强’,言紂自强爲惡,惟進用刑罰。”

0449 明 míng

① 顯。

○《武成》:“惇信明義。”《孔傳》:“使天下厚行言(信),顯忠義。”(539、

11－35－16)

按:《孔傳》"言"字,八、李、王、纂、魏、岳、永、毛、殿、庫作"信"①,是。

○《康誥》:"克明德慎罰。"《孔傳》:"能顯用俊德,慎去刑罰。"(647、14－4－8)

○《多士》:"罔不明德恤祀。"《孔傳》:"無不顯用有德,憂念齊敬,奉其祭祀。"(755、16－5－3)

○《文侯之命》:"克慎明德。"《孔傳》:"能詳慎顯用有德。"(962、20－2－15)

② 聰明。

○《皋陶謨》:"謨明弼諧。"《孔傳》:"謀廣聰明以輔諧其政。"(162、4－22－16)

按:《孔疏》:"經惟言'明',傳亦有'聰'者,以耳目同是所用,故以'聰明'言之。"

③ 明白。

○《益稷》:"方施象刑惟明。"《孔傳》:"方,四方。……又施其法刑,皆明白。"(226、5－18－18)

④ 清審。

○《洪範》:"視曰明。"《孔傳》:"必清審。"(556、12－10－1)

⑤ 明潔。

○《洛誥》:"曰明禋。"《孔傳》:"明潔致敬。"(743、15－35－17)

0450 明清 míng qīng

清審。

○《吕刑》:"明清于單辭。"《孔傳》:"當清審單辭。"(958、19－45－9)

按:清審,即明察義。

0451 命 mìng

① 教。

○《盤庚下》:"懋建大命。"《孔傳》:"勉立大教。"(461、9－21－15)

② 令。

○《説命上》:"王言,惟作命。"《孔傳》:"令,亦命也。"(469、10－2－13)

○《君陳》:"違上所命。"《孔傳》:"不從其令。"(863、18－18－10)

③ 教命。(6 見)

○《大禹謨》:"文命敷于四海。"《孔傳》:"言其外布文德教命。"(146、4－2－10)

---

① 杜澤遜:《尚書注疏彙校》,第 1685 頁。

○《酒誥》:"明大命于妹邦。"《孔傳》:"欲令明施大教命於妹國。"(672、14-20-7)

○《酒誥》:"惟天降命。"《孔傳》:"惟天下教命。"(675、14-21-2)

○《梓材》:"厥命曷以。"《孔傳》:"知其教命所施何用,不可不勤。"(696、14-36-11)

○《康王之誥》:"無壞我高祖寡命。"《孔傳》:"無壞我高德之祖寡有之教命。"(907、19-4-6)

○《吕刑》:"惟人在命。"《孔傳》:"惟人在教命使不中。"(959、19-45-17)

④ **教令**。

○《太甲中》:"民服厥命。"《孔傳》:"民心服其教令。"(416、8-30-15)

⑤ **命令**。

○《康誥》:"享明乃服命。"《孔傳》:"享有國土,當明汝所服行之命令。"(670、14-19-8)

⑥ **政令**。

○《酒誥》:"厥命罔顯于民。"《孔傳》:"施其政令於民。"(684、14-28-16)

⑦ **施政令**。

○《康王之誥》:"乃命建侯樹屏。"《孔傳》:"言文武乃施政令,立諸侯,樹以爲藩屏。"(909、19-5-10)

⑧ **誓命**。

○《費誓》:"人無譁,聽命。"《孔傳》:"使無喧譁,欲其静聽誓命。"(970、20-9-9)

0452 謬 miù

誤。

○《冏命》:"繩愆糾謬。"《孔傳》:"彈正過誤"(921、19-20-8)

0453 謨 mó

謀。(6見)

○《大禹謨》:"作《大禹》《皋陶謨》。"《孔傳》:"大禹謀九功,皋陶謀九德。"(996、4-1-9)

○《大禹謨》:"《大禹謨》。"《孔傳》:"謨,謀也。"(146、4-2-2)

○《皋陶謨》:"《皋陶謨》。"《孔傳》:"謨,謀也。"(161、4-22-11)

○《皋陶謨》:"謨明弼諧。"《孔傳》:"謀廣聰明以輔諧其政。"(162、4-22-16)

○《胤征》:"聖有謨訓。"《孔傳》:"聖人所謀之教訓。"(381、7-12-17)

○《君牙》:"嗚呼! 丕顯哉,文王謨!"《孔傳》:"歎文王所謀大顯明。"

(919、19 - 17 - 7)

0454 末 mò

淺末。

○《顧命》：“眇眇予末小子。”《孔傳》：“言微微我淺末小子。”（897、18 -
38 -2）

0455 墨 mò

墨刑。鑿其額，涅以墨。

○《伊訓》：“臣下不匡，其刑墨。”《孔傳》：“臣不正君，服墨刑，鑿其額，涅
以墨。”（408、8 - 21 - 12）

按：《孔疏》：“墨刑，五刑之輕者。謂‘鑿其額，涅以墨’，《司刑》所謂‘墨
罪五百’者也。”

0456 墨辟 mò pì

墨刑。刻其顙而涅之曰墨刑。

○《吕刑》：“墨辟疑赦。”《孔傳》：“刻其顙而涅之曰墨刑。疑則赦從罰。”
（948、19 - 37 - 13）

按：《孔疏》：“《説文》云：‘顙，額也。’‘墨’一名‘黥’。”

0457 没 mò

卒。

○《蔡仲之命》：“蔡叔既没。”《孔傳》：“以罪放而卒。”（1055、17 - 1 - 7）

0458 謀 móu

謀慮。

○《洪範》：“汝則有大疑，謀及乃心，謀及卿士，謀及庶人，謀及卜筮。”《孔
傳》：“將舉事而汝則有大疑，先盡汝心以謀慮之，次及卿士衆民，然後卜筮
以決之。”（579、12 - 22 - 14）

0459 某 mǒu

名。臣諱君，故曰某。

○《金縢》：“惟爾元孫某。”《孔傳》：“某，名。臣諱君，故曰某。”（602、13 -
10 - 15）

按：《孔疏》：“‘某’者，武王之名，本告神云‘元孫發’，臣諱君，故曰
‘某’也。”

0460 睦 mù

親。

○《蔡仲之命》：“睦乃四鄰。”《孔傳》：“親汝四鄰之國。”（813、17 - 4 - 11）

0461 納 nà

入。

○《堯典》:“寅餞納日。”《孔傳》:“日出言導,日入言送。”(35、2-13-11)

按:《孔疏》:“納、入義同,故傳以‘入’解‘納’。”

○《禹貢》:“百里賦納總。”《孔傳》:“甸服内之百里近王城者。禾稾曰總,入之供飼國馬。”(352、6-41-8)

0462 男 nán

任。

○《禹貢》:“二百里男邦。”《孔傳》:“男,任也,任王者事。”(354、6-42-8)

0463 能 néng

① 能事。

○《武成》:“位事惟能。”《孔傳》:“居位理事,必任能事。”(538、11-35-11)

② 功能。

○《洪範》:“人之有能有爲。”《孔傳》:“功能有爲之士。”(565、12-17-10)

○《周官》:“惟爾之能。”《孔傳》:“惟亦汝之功能。”(859、18-11-11)

0464 昵 nì

① 近。

○《高宗肜日》:“祀無豐于昵。”《孔傳》:“昵,近也。”(481、10-14-18)

按:《孔疏》:“《釋詁》云:‘即,尼也。’孫炎曰:‘即猶今也,尼者,近也。’郭璞引《尸子》曰‘悦尼而來遠’,是‘尼’爲近也。‘尼’與‘昵’音義同。”

○《泰誓中》:“昵比罪人。”《孔傳》:“昵,近。罪人,謂天下逋逃之小人。”(509、11-10-15)

按:《孔疏》:“‘昵,近’,《釋詁》文。孫炎曰:‘昵,親近也。’”

② 親近。

○《冏命》:“爾無昵于憸人。”《孔傳》:“汝無親近於憸利小子之人。”(922、19-21-18)

0465 逆 nì

① 拒逆。

○《伊訓》:“逆忠直。”《孔傳》:“拒逆忠直之規而不納。”(408、8-21-6)

② 咈違。

○《太甲下》:“有言逆于汝心。”《孔傳》:“人以言咈違汝心。”(418、8-32-18)

按:“咈”,古同“拂”,違逆,乖戾義。也就是說“咈”“違”義同。

0466 念 niàn

① 念録。

○《洪範》:"汝則念之。"《孔傳》:"汝則念録敘之。"(563、12－16－1)

② 思念。

○《康誥》:"要囚,服念五六日。"《孔傳》:"要囚……既得其辭,服膺思念五六日。"(658、14－10－10)

0467 臬 niè

法。

○《康誥》:"外事,汝陳時臬。"《孔傳》:"言外土諸侯奉王事,汝當布陳是法。"(657、14－10－8)

○《康誥》:"汝陳時臬事。"《孔傳》:"陳是法事。"(659、14－11－3)

○《多方》:"爾罔不克臬。"《孔傳》:"汝無不能用法。"(828、17－18－4)

0468 敜 niè

窒敜。

○《費誓》:"杜乃擭,敜乃穽,無敢傷牿。"《孔傳》:"穽,穿地陷獸,當以土窒敜之。無敢令傷所以牿牢之牛馬。"(972、20－11－6)

按:《孔疏》:"杜塞之,窒敜之,皆閉塞之義。"

0469 凝 níng

成。

○《皋陶謨》:"庶績其凝。"《孔傳》:"凝,成也。"(172、4－28－7)

0470 寧 níng

① 安。(16 見)

○《五子之歌》:"民惟邦本,本固邦寧。"《孔傳》:"言人君當固民以安國。"(376、7－7－15)

○《湯誥》:"俾予一人,輯寧爾邦家。"《孔傳》:"言天使我輯安汝國家。"(401、8－16－1)

○《盤庚上》:"兹猶不常寧。"《孔傳》:"如此尚不常安。"(429、9－3－18)

○《大誥》:"寧王遺我大寶龜。"《孔傳》:"安天下之王,謂文王也。"(626、13－22－3)

○《大誥》:"予翼以于敉寧武圖功。"《孔傳》:"來翼佐我周,用撫安武事,謀立其功。"(628、13－24－4)

○《大誥》:"予曷其不于前寧人圖功攸終?"《孔傳》:"我何其不於前文王安人之道,謀立其功所終乎?"(634、13－29－2)

○《康誥》：“裕乃以民寧。”《孔傳》：“行寬政乃以民安。”（669、14－18－17）

○《洛誥》：“伻來毖殷，乃命寧。”《孔傳》：“是文武使己來慎教殷民，乃見命而安之。”（741、15－35－14）

○《多士》：“爾乃尚寧幹止。”《孔傳》：“乃庶幾安汝故事止居。”（764、16－10－14）

○《無逸》：“治民祇懼，不敢荒寧。”《孔傳》：“爲政敬身畏懼，不敢荒怠自安。”（766、16－14－5）

○《無逸》：“其惟不言，言乃雍，不敢荒寧。”《孔傳》：“其惟不言，喪畢發言，則天下和。亦法中宗，不敢荒怠自安。”（771、16－14－16）

○《君奭》：“我亦不敢寧于上帝命。”《孔傳》：“我亦不敢安于上天之命。”（792、16－25－18）

○《周官》：“萬國咸寧。”《孔傳》：“萬國皆安。”（853、18－3－18）

○《畢命》：“予一人以寧。”《孔傳》：“我天子用安矣。”（913、19－9－3）

○《文侯之命》：“寧爾邦。”《孔傳》：“安汝國內上下。”（966、20－6－8）

○《文侯之命》：“惠康小民，無荒寧。”《孔傳》：“安小人之道必以順，無荒廢人事而自安。”（968、20－6－16）

② **安寧**。

○《大禹謨》：“萬邦咸寧。”《孔傳》：“天下安寧。”（147、4－3－2）

○《君奭》：“我道惟寧王德延。”《孔傳》：“故我以道，惟安寧王之德，謀欲延久。”（794、16－27－4）

按：《孔疏》：“言‘寧王’者，即文王也，鄭、王亦同。”《孔傳》此處釋“寧”爲“安寧”，不確。

○《呂刑》：“其寧惟永。”《孔傳》：“其乃安寧長久之道。”（942、19－35－7）

0471 佞 nìng

口才。

○《呂刑》：“非佞折獄。”《孔傳》：“非口才可以斷獄。”（956、19－43－15）

0472 農 nóng

厚。

○《洪範》：“次三，曰農用八政。”《孔傳》：“農，厚也，厚用之政乃成。”（547、12－5－9）

按：《孔疏》：“鄭玄云：‘農讀爲醲。’則‘農’是醲意，故爲厚也。”《說文》：“醲，厚酒也。从酉農聲。”段玉裁注：“《鴻範》‘次三曰，農用八政’，鄭曰：‘農讀爲醲。’然則凡厚皆得爲醲也。”《廣雅·釋詁》：“醲，厚也。”楊樹達《積微居小學金石論叢》卷一：“重聲竹聲農聲字多含厚義……厚謂之農。

《書·洪範》云:'農用八政。'傳云:'農,厚也。'"①

0473 虐 nuè

① 暴。

○《金縢》:"遘厲虐疾。"《孔傳》:"虐,暴也。"(602、13 - 10 - 16)

② 不恤。

○《咸有一德》:"慢神虐民。"《孔傳》:"不敬神明,不恤下民。"(421、8 - 35 - 13)

③ 侵虐。

○《洪範》:"無虐煢獨而畏高明。"《孔傳》:"單獨者,不侵虐之;寵貴者,不枉法畏之。"(565、12 - 16 - 8)

④ 暴虐。

○《多方》:"乃胥惟虐于民。"《孔傳》:"相與惟暴虐於民。"(820、17 - 10 - 16)

0474 偶 ǒu

配。

○《君奭》:"汝明勖,偶王在亶。"《孔傳》:"汝以前人法度,明勉配王,在於成信。"(806、16 - 36 - 12)

0475 盤 pán

① 樂。

○《無逸》:"文王不敢盤于遊田。"《孔傳》:"文王不敢樂於遊逸田獵。"(780、16 - 18 - 5)

○《秦誓》:"民訖自若是多盤。"《孔傳》:"言民之行己盡用順道,是多樂。"(978、20 - 16 - 14)

② 盤樂。

○《五子之歌》:"乃盤遊無度。"《孔傳》:"盤樂遊逸無法度。"(374、7 - 6 - 10)

0476 旁 páng

① 廣。

○《說命下》:"旁招俊乂。"《孔傳》:"廣招俊乂。"(475、10 - 10 - 16)

② 近。

○《武成》:"惟一月壬辰旁死魄。"《孔傳》:"旁,近也。月二日,[近]死魄。"(530、11 - 26 - 7)

---

① 楊樹達:《積微居小學金石論叢》,商務印書館,2011 年,第 85—86 頁。

按：“死”前，八、李、王、纂、魏、平、岳、毛、庫有“近”字[1]，是。

③ 非一方。

○《太甲上》：“旁求俊彦。”《孔傳》：“旁，非一方。”(411、8－26－4)

0477 朋 péng

① 群。

○《益稷》：“朋淫于家。”《孔傳》：“朋，群也。”(216、5－14－12)

按：《孔疏》：“朋輩與群聚義同，故‘朋’爲群也。”

② 朋黨。

○《洪範》：“凡厥庶民，無有淫朋。”《孔傳》：“民有安中之善，則無淫過朋黨之惡。”(563、12－14－17)

○《洛誥》：“孺子其朋，孺子其朋，其往。”《孔傳》：“少子慎其朋黨，少子慎朋黨，戒其自今已往。”(728、15－24－13)

0478 朋家 péng jiā

朋黨。

○《泰誓中》：“朋家作仇，脅權相滅。”《孔傳》：“臣下朋黨，自爲仇怨，脅上權命，以相誅滅。”(509、11－11－6)

0479 丕 pī

大。(47 見)

○《大禹謨》：“嘉乃丕績。”《孔傳》：“丕，大也。”(153、4－11－18)

○《益稷》：“惟動丕應徯志。”《孔傳》：“帝先安所止，動則天下大應之，順命以待帝志。”(192、5－5－3)

○《禹貢》：“三苗丕敘。”《孔傳》：“三苗之族，大有次敘。”(301、6－27－13)

○《太甲上》：“肆嗣王丕承基緒。”《孔傳》：“故子孫得大承基業。”(410、8－25－11)

○《太甲上》：“先王昧爽丕顯。”《孔傳》：“先王昧明思大明其德。”(410、8－26－2)

○《盤庚上》：“王用丕欽，罔有逸言，民用丕變。”《孔傳》：“王用大敬其政教，無有逸豫之言，民用大變從化。”(433、9－7－3)

○《盤庚上》：“丕乃敢大言，汝有積德。”《孔傳》：“我大乃敢言汝有積德之臣。”(436、9－8－3)

○《盤庚中》：“故以丕從厥志。”《孔傳》：“故大從其志而徙之。”(451、9－

---

① 杜澤遜：《尚書注疏彙校》，第 1652—1653 頁。

15－6)

○《盤庚中》:"予<u>丕</u>克羞爾。"《孔傳》:"言我亦法湯<u>大</u>能進勞汝。"(454、9－17－4)

○《盤庚中》:"高后<u>丕</u>乃崇降罪疾。"《孔傳》:"湯必<u>大</u>重下罪疾於我。"(455、9－17－12)

○《盤庚中》:"<u>丕</u>乃告我高后曰:'作<u>丕</u>刑于朕孫。'"《孔傳》:"必<u>大</u>乃告湯曰:'作<u>大</u>刑於我子孫。'"(457、9－19－6)

○《盤庚中》:"<u>丕</u>乃崇降弗祥。"《孔傳》:"<u>大</u>重下不善以罰汝。"(457、9－19－7)

○《盤庚中》:"<u>丕</u>乃崇降弗祥。"《孔傳》:"<u>大</u>重下不善以罰汝。"(458、9－19－9)

○《金縢》:"是有<u>丕</u>子之責于天。"《孔傳》:"<u>大</u>子之責,謂疾不可救於天。"(603、13－10－17)

按:《孔傳》"大"字,八、李、王、纂、魏、平、十、永、阮作"太"。阮元《校記甲》:"'大',十行本誤作'太'。"阮元《校記乙》:"各本'太'作'大'。'太'字誤也。"①"大""太"古時通,不必究其對錯。

○《大誥》:"爾<u>丕</u>克遠省。"《孔傳》:"<u>大</u>能遠省識古事。"(633、13－28－11)

按:王鳴盛《尚書後案》:"傳以'丕'爲大,雖是古訓,但古多以'丕'與'不'通用。莽疑此云:'爾不克遠省,爾豈知太皇太后若此勤哉?'"②可備一説。

○《康誥》:"惟乃<u>丕</u>顯考文王。"《孔傳》:"惟汝<u>大</u>明父文王。"(647、14－4－8)

○《康誥》:"汝<u>丕</u>遠惟商考成人。"《孔傳》:"汝當<u>大</u>遠求商家考老成人之道。"(651、14－6－8)

○《康誥》:"要囚,服念五六日,至于旬時,<u>丕</u>蔽要囚。"《孔傳》:"既得其辭,服膺思念五六日,至於十日,至於三月,乃<u>大</u>斷之。"(658、14－10－11)

○《康誥》:"<u>丕</u>則敏德。"《孔傳》:"<u>大</u>法敏德。"(668、14－18－14)

○《酒誥》:"<u>丕</u>惟曰,爾克永觀省,作稽中德。"《孔傳》:"我<u>大</u>惟教汝曰,汝能長觀省古道,爲考中正之德,則君道成矣。"(679、14－24－10)

○《梓材》:"后式典,集庶邦,<u>丕</u>享。"《孔傳》:"君天下能用常法,則和集衆國,<u>大</u>來朝享。"(700、14－38－10)

---

① 杜澤遜:《尚書注疏彙校》,第1942頁。
② (清)王鳴盛著,顧寶田、劉連朋校點:《尚書後案》,第360頁。

〇《召誥》:"庶殷丕作。"《孔傳》:"衆殷之民大作。"(709、15－5－10)

〇《召誥》:"其丕能誠于小民。"《孔傳》:"而大爲天所子,其大能和於小民。"(714、15－11－7)

〇《召誥》:"丕若有夏歷年。"《孔傳》:"大順有夏之多歷年。"(719、15－17－13)

〇《洛誥》:"汝受命篤,弼丕。"《孔傳》:"汝受天命厚矣,當輔大天命。"(727、15－24－10)

〇《洛誥》:"公稱丕顯德。"《孔傳》:"言公當留舉大明德。"(733、15－29－18)

〇《多士》:"亦惟天丕建。"《孔傳》:"亦惟天大立安治於殷。"(755、16－5－5)

〇《多士》:"丕靈承帝事。"《孔傳》:"大神奉天事。"(757、16－6－18)

〇《無逸》:"時人丕則有愆。"《孔傳》:"是人則大有過矣。"(782、16－20－1)

〇《君奭》:"丕單稱德。"《孔傳》:"大盡舉行其德。"(804、16－34－3)

〇《君奭》:"丕承無疆之恤。"《孔傳》:"大承無窮之憂。"(806、16－36－14)

〇《君奭》:"後人于丕時。"《孔傳》:"則後代將於此道大且是。"(807、16－37－11)

〇《君奭》:"丕冒海隅出日。"《孔傳》:"大覆冒海隅日所出之地。"(808、16－38－3)

〇《多方》:"罔丕惟進之恭。"《孔傳》:"無大惟進恭德。"(818、17－9－9)

〇《立政》:"謀面用丕訓德。"《孔傳》:"謀所面見之事無疑,則能用大順德。"(837、17－23－6)

〇《立政》:"丕釐上帝之耿命。"《孔傳》:"得升大賜上天之光命。"(838、17－25－2)

〇《立政》:"嚴惟丕式。"《孔傳》:"言湯所以能嚴威,惟可大法象者。"(838、17－25－7)

〇《立政》:"用丕式見德。"《孔傳》:"其在四方用是大法,見其聖德。"(839、17－25－8)

〇《立政》:"丕乃俾亂。"《孔傳》:"則大乃使治之。"(845、17－32－10)

〇《君陳》:"王曰:'君陳,爾惟弘周公丕訓。'"《孔傳》:"汝爲政,當闡大周公之大訓。"(862、18－16－10)

〇《康王之誥》:"昔君文武,丕平富。"《孔傳》:"言先君文武道大,政化平美。"(908、19－5－2)

〇《君牙》:"嗚呼! 丕顯哉,文王謨!"《孔傳》:"歎文王所謀大顯明。"

(919、19－17－8)

○《君牙》:"丕承哉,武王烈!"《孔傳》:"言武王業美,大可承奉。"(919、19－17－7)

○《冏命》:"嗣先人宅丕后。"《孔傳》:"繼先人居大君之位。"(920、19－19－5)

○《文侯之命》:"丕顯文武。"《孔傳》:"大明乎文王、武王之道。"(962、20－2－15)

○《文侯之命》:"造天丕愆。"《孔傳》:"言我小子而遭天大罪過。"(964、20－3－17)

0480 毗 pí

輔。

○《微子之命》:"永綏厥位,毗予一人。"《孔傳》:"長安其位,以輔我一人。"(641、13－36－18)

0481 圮 pǐ

① 毀。

○《堯典》:"帝曰:'吁,咈哉! 方命圮族。'"《孔傳》:"圮,毀。……言鯀性狠戾,好此方名,命而行事,輒毀敗善類。"(54、2－26－12)

② 河水所毀曰圮。

○《祖乙》:"祖乙圮于耿。"《孔傳》:"亶甲子。圮於相,遷於耿。河水所毀曰圮。"(1019、8－42－5)

按:《孔疏》:"'圮于耿'者,孔意以爲毀于相地,乃遷于耿地,其篇蓋言毀意,故序特言'圮'也。"

0482 匹 pǐ

配。

○《洛誥》:"其作周匹休。"《孔傳》:"其作周以配天之美。"(725、15－22－17)

0483 辟 1. pì

① 法。

○《金縢》:"我之弗辟。"《孔傳》:"辟,法也。"(611、13－15－2)

○《酒誥》:"越尹人祇辟。"《孔傳》:"明其德於正人之道,必正身敬法。"(684、14－27－9)

② 罪。

○《梓材》:"自古王若兹監,罔攸辟。"《孔傳》:"用古王道如此,監無所復

罪。”(696、14－36－13)

③ 刑。(6 見)

○《君陳》：“殷民在辟，予曰辟，爾惟勿辟。”《孔傳》：“殷人有罪在刑法者，我曰：‘刑之。’汝勿刑。”(854、18－2－12)

○《君陳》：“辟以止辟，乃辟。”《孔傳》：“刑之而懲止犯刑者，乃刑之。”(863、18－16－13)

○《吕刑》：“墨辟疑赦。”《孔傳》：“刻其額而涅之曰墨刑。”(863、18－16－17)

○《吕刑》：“劓辟疑赦。”《孔傳》：“截鼻曰劓刑。”(948、19－37－14)

④ 刑法。

○《君陳》：“殷民在辟。”《孔傳》：“殷人有罪在刑法者。”(950、19－37－17)

2. bì

① 君。(27 見)

○《太甲中》：“后非民，罔以辟四方。”《孔傳》：“須民以君四方。”(415、8－29－4)

按：此處爲動詞義，作爲君王統率四方。

○《太甲上》：“祗爾厥辟，辟不辟，忝厥祖。”《孔傳》：“敬其君道，則能終。……爲君不君，則辱其祖。”(410、8－25－17)

○《説命下》：“其爾克紹乃辟于先王永綏民。”《孔傳》：“能繼汝君於先王長安民。”(476、10－11－15)

○《説命上》：“罔不同心以匡乃辟。”《孔傳》：“無不同心以匡正汝君。”(471、10－4－11)

○《泰誓中》：“惟天惠民，惟辟奉天。”《孔傳》：“言君天下者，當奉天以愛民。”(509、11－11－12)

○《泰誓下》：“爾衆士其尚迪果毅以登乃辟。”《孔傳》：“成汝君之功。”(514、11－17－10)

○《洪範》：“惟辟作福，惟辟作威，惟辟玉食。”《孔傳》：“言惟君得專威福，爲美食。”(572、12－20－11)

○《酒誥》：“若保宏父，定辟。”《孔傳》：“慎擇其人而任之，則君道定。”(689、14－31－5)

○《洛誥》：“朕復子明辟。”《孔傳》：“我復還明君之政於子。”(721、15－20－11)

○《洛誥》：“其基作民明辟。”《孔傳》：“其始爲民明君之治。”(723、15－20－15)

○《洛誥》："汝其敬識百辟享。"《孔傳》："其當敬識百君諸侯之奉上者。"（730、15 - 27 - 8）

○《洛誥》："予小子其退,即辟于周。"《孔傳》："我小子退坐之後,便就君於周。"（736、15 - 32 - 2）

○《洛誥》："亂爲四方新辟。"《孔傳》："言當治理天下,新其政化,爲四方之新君。"（740、15 - 34 - 4）

○《無逸》："不永念厥辟。"《孔傳》："不長念其爲君之道。"（787、16 - 23 - 8）

○《君奭》："惟茲,惟德稱用,乂厥辟。"《孔傳》："惟王此事,惟有德者舉,用治其君事。"（798、16 - 30 - 5）

○《多方》："今至于爾辟。"《孔傳》："今至于汝君。"（821、17 - 11 - 16）

○《多方》："乃惟爾辟。"《孔傳》："乃惟汝君紂。"（821、17 - 12 - 11）

○《周官》："以佑乃辟。"《孔傳》："言當敬治官政以助汝君。"（859、18 - 11 - 15）

○《君牙》："昭乃辟之有乂。"《孔傳》："明汝君之有治功。"（919、19 - 18 - 6）

○《冏命》："以旦夕承弼厥辟。"《孔傳》："以旦夕承輔其君。"（921、19 - 19 - 13）

○《冏命》："惟爾大弗克祇厥辟。"《孔傳》："惟汝大不能敬其君。"（922、19 - 22 - 7）

○《文侯之命》："克左右昭事厥辟。"《孔傳》："能左右明事其君。"（963、20 - 3 - 2）

○《文侯之命》："用會紹乃辟。"《孔傳》："當用是道合會繼汝君以善。"（965、20 - 5 - 3）

② 侯。

○《周官》："六服群辟。"《孔傳》："六服諸侯。"（863、18 - 16 - 13）

按:《詩·大雅·假樂》"百辟卿士,媚于天子",鄭玄箋云:"百辟,畿内諸侯也。"

0484 偏 piān

不平。

○《洪範》："無偏無陂。"《孔傳》："偏,不平。"（566、12 - 18 - 13）

0485 諞 pián

辨佞。

○《秦誓》："惟截截善諞言。"《孔傳》："惟察察便巧善爲辨佞之言。"（982、20 - 18 - 8）

按:《孔疏》:"'諞',猶辯也,由其便巧善爲辯佞之言,使君子聽之迴心易辭。”

0486 平 píng

① 均。

○《堯典》：“平在朔易。”《孔傳》：“平，均。”（38、2 - 13 - 17）

② 治。

○《大禹謨》：“地平天成。”《孔傳》：“水土治曰‘平’，五行敘曰‘成’。”（149、4 - 6 - 10）

按：《孔疏》：“《釋詁》云：‘平，成也。’是‘平’‘成’義同，天、地文異而分之耳。……禹平水土，故‘水土治曰平’。”

○《呂刑》：“禹平水土，主名山川。”《孔傳》：“禹治洪水，山川無名者主名之。”（935、19 - 30 - 13）

③ 平和。

○《堯典》：“九族既睦，平章百姓。”《孔傳》：“言化九族而平和章明。”（15、2 - 10 - 5）

④ 平均。

○《堯典》：“平秩東作。”《孔傳》：“平均次序東作之事，以務農也。”（25、2 - 12 - 9）

⑤ 平治。

○《周官》：“司馬，掌邦政，統六師，平邦國。”《孔傳》：“《夏官》卿，主戎馬之事，掌國征伐，統正六軍，平治王邦四方國之亂者。”（855、18 - 5 - 18）

⑥ 平善。

○《呂刑》：“延及于平民。”《孔傳》：“延及於平善之人。”（925、19 - 25 - 2）

0487 屏 1. píng

蕃屏（一作“藩屏”）。

○《君奭》：“明恤小臣屏侯甸。”《孔傳》：“明憂其小臣，使得其人，以爲蕃屏侯甸之服。”（797、16 - 30 - 2）

○《康王之誥》：“乃命建侯樹屏。”《孔傳》：“言文武乃施政令，立諸侯，樹以爲藩屏。”（909、19 - 5 - 10）

按：《孔傳》“藩”字，八、平、岳、阮作“蕃”①。

2. bǐng

藏。

○《金縢》：“我乃屏璧與珪。”《孔傳》：“屏，藏也。”（605、13 - 11 - 14）

---

① 杜澤遜：《尚書注疏彙校》，第 3055 頁。

0488 陂 pō

不正。

○《洪範》:"無偏無陂,遵王之義。"《孔傳》:"陂,不正。"(566、12-18-13)

0489 頗 pō

頗僻。

○《多方》:"爾乃惟逸惟頗。"《孔傳》:"若爾乃爲逸豫頗僻。"(831、17-20-2)

0490 痡 pū

病。

○《泰誓下》:"作威殺戮,毒痡四海。"《孔傳》:"痡,病也。"(512、11-16-9)

0491 戚 qī

近。

○《金縢》:"未可以戚我先王。"《孔傳》:"戚,近也。"(600、13-9-4)

0492 期 qī

① 當。

○《大禹謨》:"汝作士,明于五刑,以弼五教,期于予治。"《孔傳》:"期,當也。"(151、4-9-11)

按:《孔疏》:"期要是相當之言,故爲當也。傳言'當於治體',言皋陶用刑,輕重得中,於治體與正相當也。"

② 百年曰期頤。

○《大禹謨》:"耄期倦于勤。"《孔傳》:"百年曰期頤。"(149、4-8-5)

按:蔡沈《書集傳》:"九十曰耄,百年曰期。"①與《孔傳》同。

0493 慼 qī

憂。

○《盤庚上》:"率籲衆慼。"《孔傳》:"率和衆憂之人。"(428、9-3-12)

按:經文"慼"是衛包改字,本作"戚"。《説文》:"籲,呼也。《商書》曰'率籲衆戚'。"如此,則"戚"當訓爲作"近臣貴戚"。

○《盤庚中》:"保后胥慼。"《孔傳》:"民亦安君之政,相與憂行君令。"(449、9-14-8)

○《多方》:"不肯慼言于民。"《孔傳》:"不肯憂言於民。"(817、17-8-13)

按:《左傳·僖公二十四年》"《詩》曰:'自詒伊慼。'其子臧之謂矣",杜預注:"慼,憂也。"

---

① (宋)蔡沈著,錢宗武、錢忠弼整理:《書集傳》,第22頁。

0494 耆 qí

① 耆年。

○《伊訓》:"遠耆德。"《孔傳》:"耆年有德疏遠之。"(408、8 - 21 - 6)

② 耆宿。

○《文侯之命》:"罔或耆壽俊在厥服。"《孔傳》:"無有耆宿壽考俊德在其服位。"(964、20 - 4 - 3)

0495 其 qí

將。

○《說命上》:"其代予言。"《孔傳》:"將代我言政教。"(470、10 - 2 - 16)

○《微子》:"今殷其淪喪。"《孔傳》:"言殷將没亡。"(496、10 - 20 - 7)

0496 齊聖廣淵 qí shèng guǎng yuān

齊德聖達,廣大深遠。

○《微子之命》:"嗚呼! 乃祖成湯,克齊聖廣淵。"《孔傳》:"言汝祖成湯,能齊德聖達,廣大深遠,澤流後世。"

0497 祈 qí

求。

○《召誥》:"祈天永命。"《孔傳》:"求天長命以歷年。"(718、15 - 15 - 17)

○《召誥》:"用供王能祈天永命。"《孔傳》:"用供待王能求天長命。"(720、15 - 18 - 5)

0498 祁 qí

大。

○《君牙》:"冬祁寒。"《孔傳》:"冬大寒。"(918、19 - 16 - 12)

按:《詩·小雅·吉日》"瞻彼中原,其祁孔有",《毛傳》:"祁,大也。"

0499 稽首 qǐ shǒu

首至地。

○《召誥》:"拜手稽首曰。"《孔傳》:"稽首,首至地。"

○《康王之誥》:"皆再拜稽首。"《孔傳》:"諸侯拜送幣而首至地,盡禮也。"

按:稽首,是古時一種跪拜禮,叩頭至地,爲九拜中最恭敬者。《廣雅·釋詁》:"䭫,低也。"《疏證》云:"䭫者,《說文》:'䭫,下首也。'《周官·大祝》'辯九拜,一曰䭫首'。䭫,經傳通作'稽'。"[1]再如《公羊傳·宣公六年》"趙盾逡巡北面再拜稽首,趨而出"之"稽首"亦是首至地義。

---

[1] (清)王念孫:《廣雅疏證》,第 133 頁上。

0500 啓 qǐ

開。（9 見）

○《堯典》：“胤子朱啓明。”《孔傳》：“啓，開也。”（45、2-25-11）

按：《孔疏》：“‘啓’之爲開，書傳通訓，言此人心志開解而明達。”

○《太甲上》：“啓迪後人。”《孔傳》：“開道後人。”（411、8-26-4）

○《咸有一德》：“啓迪有命。”《孔傳》：“有天命者開道之。”（421、8-35-15）

○《説命上》：“啓乃心，沃朕心。”《孔傳》：“開汝心，以沃我心。”（470、10-4-3）

○《説命中》：“無啓寵納侮。”《孔傳》：“開寵非其人，則納侮之道。”（473、10-7-18）

○《金縢》：“啓籥見書，乃並是吉。”《孔傳》：“開籥見占兆書，乃亦並是吉。”（605、13-13-7）

○《梓材》：“王啓監，厥亂爲民。”《孔傳》：“言王者開置監官，其治爲民。”（694、14-36-6）

○《君牙》：“啓佑我後人。”《孔傳》：“開助我後嗣。”（919、19-17-8）

○《吕刑》：“明啓刑書胥占。”《孔傳》：“明開刑書，相與占之。”（956、19-43-18）

0501 訖 qì

① 盡。

○《禹貢》：“訖于四海。”《孔傳》：“禹功盡加於四海。”（358、6-45-8）

○《秦誓》：“民訖自若是多盤。”《孔傳》：“言民之行己盡用順道，是多樂。”（978、20-16-13）

② 絶。

○《吕刑》：“典獄非訖于威，惟訖于富。”《孔傳》：“言堯時主獄，有威有德有恕，非絶於威，惟絶於富。世治，貨賂不行。”（938、19-32-10）

③ 畢訖。

○《西伯戡黎》：“天既訖我殷命。”《孔傳》：“天已畢訖殷之王命。”（488、10-17-5）

0502 棄 qì

棄廢。

○《甘誓》：“怠棄三正。”《孔傳》：“怠惰棄廢天地人之正道。”（364、7-2-8）

0503 遷 qiān

① 徙。（8 見）

○《益稷》：“懋遷有無化居。”《孔傳》：“勉勸天下，徙有之無，魚鹽徙山林，

木徙川澤,交易其所居積。"(189、5－2－10)

○《帝告》《釐沃》:"自契至于成湯,八遷。"《孔傳》:"十四世,凡八徙國都。"(998、7－19－4)

○《盤庚中》:"涉河以民遷。"《孔傳》:"爲此南渡河之法用民徙。"(448、9－13－14)

○《盤庚中》:"視民利用遷。"《孔傳》:"視民有利,則用徙。"(450、9－14－16)

○《多士》:"遷殷頑民。"《孔傳》:"殷大夫士心不則德義之經,故徙近王都,教誨之。"(1054、16－1－7)

○《多士》:"予惟時其遷居西爾。"《孔傳》:"我惟汝未達德義,是以徙居西汝於洛邑,教誨汝。"(758、16－8－2)

○《將蒲姑》:"將遷其君於蒲姑。"《孔傳》:"而徙其君及人臣之惡者於蒲姑。"(1057、17－6－3)

○《畢命》:"遷于洛邑。"《孔傳》:"故徙於洛邑。"(913、19－8－18)

② 變置。

○《夏社》《疑至》《臣扈》:"欲遷其社不可。"《孔傳》:"故革命創制,改正易服,變置社稷,而後世無及句龍者,故不可而止。"(1005、8－5－17)

③ 遷變。

○《君陳》:"因物有遷。"《孔傳》:"因所見所習之物,有遷變之道。"(863、18－18－8)

0504 僉 qiān

皆。

○《堯典》:"僉曰:'於,鯀哉!'"《孔傳》:"僉,皆也。"(54、2－26－10)

0505 謙 qiān

自謙。

○《大禹謨》:"滿招損,謙受益。"《孔傳》:"自滿者人損之,自謙者人益之。"(158、4－19－1)

0506 虔 qián

固。

○《吕刑》:"鴟義姦宄,奪攘矯虔。"《孔傳》:"爲鴟梟之義以相奪攘,矯稱上命,若固有之。"(926、19－25－4)

按:《爾雅·釋詁》:"虔,固也。""固"有堅固、强固義,《詩·大雅·韓奕》"夙夜匪懈,虔共爾位",《毛傳》:"虔,固;共,執也。"孔穎達疏:"用心堅固,執持汝此侯伯之職位。""固"亦有殺戮義,《左傳·成公十三年》"芟夷我農功,虔劉我邊陲",杜預注:"虔、劉皆殺也。"此條之"固"引申爲劫掠、奪取義,《孔疏》云:"'若固有之',言取得人物,如己自有也。"孫星衍《疏》引韋昭云:"詐稱爲矯,强取爲虔。"[1]根據經義,"奪攘""矯虔",兩詞義近疊用,"虔"即"强取"義,劉起釪《譯論》亦作"强取"義[2]。

0507 前 qián

先。

○《盤庚中》:"古我前后。"《孔傳》:"言我先世賢君。"(449、9-14-7)

○《武成》:"公劉克篤前烈。"《孔傳》:"能厚先人之業。"(533、11-29-10)

○《周官》:"仰惟前代時若。"《孔傳》:"言仰惟先代之法是順。"(853、18-4-18)

0508 前烈 qián liè

先人之業。

○《武成》:"公劉克篤前烈。"《孔傳》:"能厚先人之業。"(533、11-29-10)

0509 戕 qiāng

① 殘。

○《盤庚中》:"汝有戕,則在乃心。"《孔傳》:"戕,殘也。"(456、9-18-10)

按:《孔疏》:"《左傳》云:'凡自虐其君曰弒,自外曰戕。''戕'爲殘害之義,故爲殘也。"

○《梓材》:"戕敗人宥。"《孔傳》:"察民以過誤殘敗人者,當寬宥之。"(693、14-34-15)

② 殘傷。

○《梓材》:"無胥戕,無胥虐。"《孔傳》:"當教民無得相殘傷,相虐殺。"(694、14-36-8)

0510 喬 qiáo

高。

○《禹貢》:"厥木惟喬。"《孔傳》:"喬,高也。"(273、6-16-11)

按:《孔疏》:"'喬,高',《釋詁》文。《詩》曰'南有喬木'是也。"

0511 誚 qiào

讓。

○《金縢》:"王亦未敢誚公。"《孔傳》:"王猶未悟,故欲讓公而未敢。"

---

[1] (清)孫星衍撰,陳抗、盛冬鈴點校:《尚書今古文注疏》,第520頁。
[2] 顧頡剛、劉起釪:《尚書校釋譯論》,第1934頁。

（614、13 – 15 –6）

按：孫星衍《尚書今古文注疏》：“誚者，《方言》云：‘讓也。’”①

0512 竊 qiè

① 竊盜。

○《微子》：“殷罔不小大好草竊姦宄。”《孔傳》：“草野竊盜，又爲姦宄於内外。”（495、10 – 20 –3）

② 盜竊。

○《費誓》：“竊馬牛，誘臣妾。”《孔傳》：“軍人盜竊馬牛，誘偷奴婢。”（975、20 – 12 – 12）

0513 欽 qīn

① 敬。（22 見）

○《堯典》：“欽明文思安安。”《孔傳》：“欽，敬也。”（7、2 – 8 –5）

○《堯典》：“欽若昊天。”《孔傳》：“使敬順昊天。”（18、2 – 11 – 16）

○《堯典》：“往欽哉！”《孔傳》：“命使敬其事。”（56、2 – 26 – 16）

○《堯典》：“帝曰：‘欽哉！’”《孔傳》：“歎舜能脩己行敬以安人。”（65、2 – 33 –6）

○《益稷》：“欽四鄰。”《孔傳》：“四近前後左右之臣，勑使敬其職。”（209、5 – 7 –6）

○《益稷》：“慎乃憲，欽哉！”《孔傳》：“當慎汝法度，敬其職。”（240、5 – 23 –7）

○《益稷》：“屢省乃成，欽哉！”《孔傳》：“當數顧省汝成功，敬終以善無懈怠。”（240、5 – 23 –8）

○《益稷》：“俞，往欽哉！”《孔傳》：“戒群臣自今以往，敬其職事哉。”（242、5 – 23 – 15）

○《盤庚上》：“王用丕欽。”《孔傳》：“王用大敬其政教。”（433、9 – 7 –3）

○《盤庚中》：“欽念以忱。”《孔傳》：“敬念以誠感我。”（451、9 – 15 – 10）

○《盤庚下》：“鞠人謀人之保居，敘欽。”《孔傳》：“人之窮困能謀安其居者，則我式序而敬之。”（466、9 – 24 – 17）

○《盤庚下》：“罔有弗欽。”《孔傳》：“無敢有不敬。”（467、9 – 25 – 14）

○《説命上》：“欽予時命。”《孔傳》：“敬我是命。”（471、10 – 4 – 14）

○《説命中》：“惟臣欽若。”《孔傳》：“臣敬順而奉之。”（472、10 – 6 –2）

○《説命中》：“黷于祭祀，時謂弗欽。”《孔傳》：“祭不欲數，數則黷，黷則不

---

① （清）孫星衍撰，陳抗、盛冬鈴點校：《尚書今古文注疏》，第 334 頁。

敬。"（473、10-8-6）

○《説命下》："惟説式克欽承。"《孔傳》："説亦用能敬承王志。"（475、10-10-16）

○《微子之命》："欽哉！往敷乃訓。"《孔傳》："敬哉，敬其爲君之德。往臨人布汝教。"（641、13-36-14）

○《立政》："帝欽罰之。"《孔傳》："天以討惡，故敬罰之。"（839、17-26-8）

○《周官》："欽乃攸司。"《孔傳》："使敬汝所司。"（857、18-9-11）

○《畢命》："欽若先王成烈。"《孔傳》："敬順文武成業。"（917、19-14-8）

○《冏命》："罔有不欽。"《孔傳》："無有不敬。"（921、19-19-13）

○《冏命》："嗚呼，欽哉！"《孔傳》："歎而勑之，使敬用所言。"（922、19-22-8）

② 尊敬。

○《多方》："曰欽劓割夏邑。"《孔傳》："於是桀日尊敬其能劓割夏邑者。"（818、17-9-11）

0514 欽崇 qīn chóng

敬。

○《仲虺之誥》："欽崇天道，永保天命。"《孔傳》："王者如此上事，則敬天安命之道。"（399、8-13-7）

0515 親 qīn

睦。

○《堯典》："以親九族。"《孔傳》："任用之以睦高祖玄孫之親。"（12、2-10-3）

0516 勤 qín

① 勞。

○《盤庚上》："胥及逸勤。"《孔傳》："相與同勞逸。"（440、9-10-8）

② 勤勞。

○《大誥》："爾知寧王若勤哉！"《孔傳》："汝知文王若彼之勤勞哉！"（633、13-28-11）

○《多士》："矧曰其有聽念于先王勤家？"《孔傳》："況曰其有聽念先祖、勤勞國家之事乎？"（756、16-5-9）

③ 勞勉。

○《康誥》："周公咸勤。"《孔傳》："周公皆勞勉五服之人。"（645、14-3-1）

④ 勞力。

○《梓材》："既勤敷菑。"《孔傳》："已勞力布發之。"（697、14-37-5）

○《梓材》:"既勤樸斲。"《孔傳》:"已勞力樸治斲削。"(698、14－37－10)

0517 勤毖 qín bì

勞慎。

○《大誥》:"天亦惟用勤毖我民。"《孔傳》:"天亦勞慎我民。"(634、13－29－3)

0518 勤恤 qín xù

勤憂。

○《召誥》:"上下勤恤。"《孔傳》:"言當君臣勤憂敬德。"(719、15－17－12)

0519 清 qīng

詳。

○《吕刑》:"皇帝清問下民。"《孔傳》:"帝堯詳問民患。"(934、19－29－5)

按:詳,有詳細、明察於事義。《禮記·玉藻》"視容清明注"中,"清"亦此義。

0520 黥 qíng

黥面。

○《吕刑》:"爰始淫爲劓、刵、椓、黥。"《孔傳》:"於是始大爲截人耳鼻,椓陰、黥面。"(928、19－25－11)

按:《孔疏》:"'黥面',即墨刑也。"

0521 請 qǐng

問。

○《湯誥》:"請罪有夏。"《孔傳》:"問桀百姓有何罪而加虐乎?"(401、8－14－16)

0522 慶 qìng

善。

○《酒誥》:"厥父母慶。"《孔傳》:"其父母善子之行。"(678、14－24－4)

按:《詩·大雅·皇矣》"則友其兄,則篤其慶",《毛傳》:"慶,善。"

○《吕刑》:"一人有慶。"《孔傳》:"天子有善。"(942、19－35－7)

○《吕刑》:"咸中有慶。"《孔傳》:"皆中有善。"(959、19－47－13)

○《秦誓》:"亦尚一人之慶。"《孔傳》:"亦庶幾其所任用賢之善也。"(987、20－20－13)

0523 煢 qióng

單,無兄弟。

○《洪範》:"無虐煢獨而畏高明。"《孔傳》:"煢,單,無兄弟也。"(565、12－

16-8）

按：《孔疏》："《詩》云：'獨行煢煢。'是爲單，謂無兄弟也。"

0524 煢獨 qióng dú

單獨。

○《洪範》："無虐煢獨而畏高明。"《孔傳》："煢，單，無兄弟也。無子曰獨。單獨者，不侵虐之；寵貴者，不枉法畏之。"（565、12-16-8）

0525 求 qiú

求等。

○《康誥》："用康乂民，作求。"《孔傳》："用安治民，爲求等。"（667、14-17-2）

按：《孔疏》："故我其惟念殷先智聖王之德，用安治民，爲求而等之。"屈萬里《尚書今注今譯》："'求'與'逑'及'仇'通，匹也。'作求'，猶'作匹'，'作配'，作對，王國維説。按：作求，猶言媲美。"①顧頡剛、劉起釪《尚書校釋譯論》："'求'，戴鈞衡謂通'逑'。其義爲匹（《詩·關雎》傳），相等（《孔傳》）。'作求'，周初成語。王國維云：'《詩·大雅》"王配于京，世得作求"。求者，仇之假借字。"仇"，匹也。"作求"猶《書》言作匹、作配，《詩》言作對也。《康誥》言與先王之德能安治民者爲仇匹，《大雅》言與先世之有德者爲仇匹，故同用此語。'（《與友人論詩書中成語書》）"②

0526 渠 qú

大。

○《胤征》："殲厥渠魁。"《孔傳》："渠，大。"（385、7-18-1）

按：《孔疏》："'渠，大''魁，帥'，無正訓。以上'殲厥渠魁'謂滅其元首，故以'渠'爲大，'魁'爲帥。"

0527 悛 quān

改。

○《泰誓上》："惟受罔有悛心。"《孔傳》："悛，改也。"（505、11-7-9）

按：《孔疏》："《左傳》稱'長惡不悛'，'悛'是退前創改之義，故爲改也。"

0528 權 quán

① 權命。

○《泰誓中》："朋家作仇，脅權相滅。"《孔傳》："臣下朋黨，自爲仇怨，脅上權命，以相誅滅。"（509、11-11-6）

---

① 屈萬里：《尚書今注今譯》，第 103 頁。
② 顧頡剛、劉起釪：《尚書校釋譯論》，第 1349 頁。

② 權宜。

○《吕刑》：“輕重諸罰有權。”《孔傳》：“輕重諸刑罰,各有權宜。”(954、19-42-10)

0529 群 qún

① 諸。(5見)

○《大禹謨》：“禹乃會群后。”《孔傳》：“會諸侯共伐有苗。”(157、4-16-17)

○《益稷》：“群后德讓。”《孔傳》：“言與諸侯助祭,班爵同,推先有德。”(231、5-19-14)

○《泰誓中》：“群后以師畢會。”《孔傳》：“諸侯盡會次也。”(508、11-10-7)

○《武成》：“王若曰：‘嗚呼! 群后。’”《孔傳》：“順其祖業歎美之,以告諸侯。”(533、11-29-6)

○《周官》：“六服群辟。”《孔傳》：“六服諸侯。”(853、18-2-11)

按：《舜典》“覲四嶽群牧”,《史記·五帝本紀》和《漢書·郊祀志》均作“見四嶽諸牧”,訓“群”作“諸”。

② 衆。

○《秦誓》：“予誓告汝群言之首。”《孔傳》：“衆言之本要。”(978、20-16-12)

③ 群聚。

○《酒誥》：“厥或誥曰：‘群飲。’”《孔傳》：“其有誥汝曰：民群聚飲酒。”(689、14-32-7)

0530 攘 rǎng

① 自來而取曰攘。

○《微子》：“今殷民乃攘竊神祇之犧牷牲用。”《孔傳》：“自來而取曰攘。”(499、10-22-12)

按：《孔疏》云：“攘、竊同文,則‘攘’是竊類。《釋詁》云：‘攘,因也。’是因其自來而取之名‘攘’也。”

② 攘竊。

○《康誥》：“寇攘姦宄。”《孔傳》：“爲寇盜攘竊姦宄。”(660、14-12-2)

按：實與上條義同。《禮記·禮器》“匹士大牢而祭謂之攘”,鄭玄注：“攘,盜竊也”。

0531 攘竊 rǎng qiè

盜。

○《微子》：“今殷民乃攘竊神祇之犧牷牲用。”《孔傳》：“盜天地宗廟牲

用。"(499、10－22－12)

0532 讓 ràng

① 禪。

○《堯典》:"將遜于位,讓于虞舜。"《孔傳》:"老使攝,遂禪之。"(992、2－5－2)

② 推。

○《益稷》:"虞賓在位,群后德讓。"《孔傳》:"言與諸侯助祭,班爵同,推先有德。"(231、5－19－14)

③ 禮讓。

○《君奭》:"明我俊民在讓。"《孔傳》:"明我賢人在禮讓。"(807、16－37－11)

0533 擾 rǎo

① 順。

○《皋陶謨》:"擾而毅。"《孔傳》:"擾,順也。"(168、4－26－3)

按:《孔疏》:"《周禮·太宰》云:'以擾萬民。'鄭玄云:'擾,猶馴也。'《司徒》云:'安擾邦國。'鄭云:'擾亦安也。''擾'是安馴之義,故爲順也。"

② 亂。

○《胤征》:"俶擾天紀。"《孔傳》:"擾,亂。"(381、7－14－10)

③ 安和。

○《周官》:"擾兆民。"《孔傳》:"以安和天下衆民。"(855、18－5－13)

0534 人 rén

① 民。

○《洪範》:"謀及乃心,謀及卿士,謀及庶人。"《孔傳》:"先盡汝心以謀慮之,次及卿士衆民。"(579、12－22－15)

○《康誥》:"矧惟外庶子訓人?"《孔傳》:"況在外掌衆子之官,主訓民者而親犯乎?"(663、14－14－14)

○《畢命》:"服美于人。"《孔傳》:"服飾過制美於其民。"(915、19－12－18)

② 人人。

○《微子》:"人自獻于先王。"《孔傳》:"人人自獻達于先王。"(502、10－23－11)

0535 壬 rén

佞。

○《皋陶謨》:"何畏乎巧言令色孔壬?"《孔傳》:"禹言有苗、驩兜之徒,甚

佞如此,堯畏其亂政,故遷放之。"(166、4-24-12)

按:孫星衍《注》:史遷"壬"作"佞"。①

0536 任 rèn

委任。

○《立政》:"王左右,常伯、常任、準人、綴衣、虎賁。"《孔傳》:"周公用王所立政之事,皆戒於王曰,常所長事、常所委任,謂三公六卿。"(833、17-21-10)

○《立政》:"惟乃弗作往任。"《孔傳》:"惟乃不爲其先王之法、往所委任。"(838、17-23-9)

0537 仍 réng

因。

○《顧命》:"華玉仍几。"《孔傳》:"仍,因也。"(880、18-27-7)

按:《孔疏》:"'仍,因也',《釋詁》文。《周禮》云:'凡吉事變几,凶事仍几。'禮之於几有變有仍,故特言'仍几',以見'因生時几,不改作'也。"

0538 戎 róng

① 大。

○《盤庚上》:"乃不畏戎毒于遠邇。"《孔傳》:"戎,大。"(436、9-8-6)

② 兵。

○《泰誓中》:"朕夢協朕卜,襲于休祥,戎商必克。"《孔傳》:"言我夢與卜俱合於美善,以兵誅紂,必克之占。"(510、11-12-11)

○《康誥》:"天乃大命文王,殪戎殷,誕受厥命。"《孔傳》:"天美文王,乃大命之殺兵殷,大受其王命。"(649、14-4-16)

○《文侯之命》:"殄資澤于下民,侵戎我國家純。"《孔傳》:"絕其資用惠澤於下民,侵兵傷我國,及卿大夫之家,禍甚大。"(964、20-4-1)

③ 伐惡。

○《大禹謨》:"惟口出好興戎。"《孔傳》:"戎,謂伐惡。"(155、4-12-12)

按:以上三例當中的"兵",均已活用作動詞,義爲"用兵征伐"。

0539 容 róng

① 寬容。

○《立政》:"率惟謀從容德。"《孔傳》:"武王循惟謀從文王寬容之德。"(844、17-32-2)

② 包容。

○《君陳》:"有容,德乃大。"《孔傳》:"有所包容,德乃爲大。"(863、18-

---

① (清)孫星衍撰,陳抗、盛冬鈴點校:《尚書今古文注疏》,第79頁。

17－17)

0540 柔 róu

① 和。

〇《無逸》:"徽柔懿恭,懷保小民。"《孔傳》:"以美道和民,故民懷之。以美政恭民,故民安之。"(778、16－18－1)

〇《顧命》:"柔遠能邇。"《孔傳》:"言當和遠,又能和近。"(874、18－23－1)

② 和柔。

〇《皋陶謨》:"柔而立。"《孔傳》:"和柔而能立事。"(168、4－26－1)

〇《洪範》:"三曰柔克。"《孔傳》:"和柔能治。"(570、12－20－5)

0541 柔遠 róu yuǎn

懷柔遠人。

〇《文侯之命》:"柔遠能邇。"《孔傳》:"懷柔遠人,必以文德。能柔遠者,必能柔近。"(968、20－6－15)

按:懷柔遠人,即安撫遠方的人或邦國。《漢書·段會宗傳》"足下以柔遠之令德,復典都護之重職"中,"柔遠"亦是此義。

0542 如 rú

往。

〇《洛誥》:"王如弗敢及天基命定命。"《孔傳》:"如,往也。"(722、15－20－13)

0543 入 rù

納。

〇《君陳》:"出入自爾師虞。"《孔傳》:"出納之事,當用汝衆言度之。"(861、18－16－1)

0544 潤 rùn

浸潤。

〇《畢命》:"澤潤生民。"《孔傳》:"其德澤惠施,乃浸潤生民。"(916、19－13－14)

0545 弱 ruò

弱易。

〇《盤庚上》:"汝無侮老成人,無弱孤有幼。"《孔傳》:"不用老成人之言,是侮老之。不徙則孤幼受害,是弱易之。"(444、9－12－8)

按:"弱易"當是"弱傷"。《説文》:"傷,輕也。""弱"亦有"輕"義。如《左傳·昭公四年》"無或如齊慶封,弑其君,弱其孤,以盟其大夫",杜預注:

"慶封以其幼小而輕弱之。"

0546 喪 sàng

① 亡。(6見)

○《西伯戡黎》:"今我民罔弗欲喪。"《孔傳》:"民無不欲王之亡。"(489、10－18－6)

○《西伯戡黎》:"殷之即喪。"《孔傳》:"言殷之就亡。"(491、10－18－15)

○《微子》:"今殷其淪喪。"《孔傳》:"言殷將没亡。"(496、10－20－7)

○《微子》:"商其淪喪。"《孔傳》:"商其没亡。"(501、10－23－5)

○《大誥》:"天惟喪殷。"《孔傳》:"我長念天亡殷惡主。"(637、13－33－3)

○《伊訓》:"惟兹三風十愆,卿士有一于身,家必喪。"《孔傳》:"有一過,則德義廢,失位亡家之道。"(408、8－21－10)

② 死。

○《金縢》:"武王既喪。"《孔傳》:"武王死。"(608、13－14－16)

③ 喪亡。(10見)

○《微子》:"殷遂喪。"《孔傳》:"言遂喪亡。"(497、10－20－8)

○《泰誓下》:"祝降時喪。"《孔傳》:"斷絶其命,故下是喪亡之誅。"(513、11－16－18)

○《酒誥》:"越小大邦用喪。"《孔傳》:"於小大之國所用喪亡。"(675、14－21－6)

○《酒誥》:"故天降喪于殷。"《孔傳》:"故天下喪亡於殷。"(685、14－29－10)

○《多士》:"旻天大降喪于殷。"《孔傳》:"旻天下喪亡於殷。"(752、16－2－10)

○《多士》:"降若兹大喪。"《孔傳》:"下若此大喪亡之誅。"(756、16－5－13)

○《君奭》:"天降喪于殷。"《孔傳》:"天下喪亡於殷。"(791、16－25－5)

○《君奭》:"監于殷喪大否。"《孔傳》:"視於殷喪亡大否。"(807、16－37－3)

○《多方》:"天降時喪。"《孔傳》:"天下是喪亡以禍之。"(822、17－12－17)

○《多方》:"天惟降時喪。"《孔傳》:"故天惟下其喪亡。"(822、17－13－6)

按:《孔傳》"其"字,八、李、王、纂、平、岳、殿、庫作"是"①。

④ 喪禮。

○《武成》:"惟食喪祭。"《孔傳》:"民以食爲命,喪禮篤[事]親愛,祭祀崇孝養,皆聖王所重。"(539、11－35－15)

---

① 杜澤遜:《尚書注疏彙校》,第 2662 頁。

按:《孔傳》"篤"字後,八有"事"字①。

⑤ 喪滅。

○《多士》:"凡四方小大邦喪。"《孔傳》:"凡四方小大國喪滅。"(756、16 - 5 - 15)

0547 色 sè

① 女色。

○《五子之歌》:"内作色荒。"《孔傳》:"色,女色。"(377、7 - 9 - 1)

按:《孔疏》:"女有美色,男子悦之,經傳通謂女人爲'色'。"

○《仲虺之誥》:"惟王不邇聲色。"《孔傳》:"不近聲樂,言清簡;不近女色,言貞固。"(396、8 - 10 - 7)

○《泰誓上》:"沉湎冒色。"《孔傳》:"沉湎嗜酒,冒亂女色。"(504、11 - 5 - 13)

② 美色。

○《伊訓》:"敢有殉于貨色。"《孔傳》:"昧求財貨美色。"(408、8 - 21 - 4)

0548 殺 shā

刑殺。

○《康誥》:"汝乃其速由茲義率殺。"《孔傳》:"汝乃其速用此典刑宜於時世者,循理以刑殺。"(665、14 - 15 - 4)

0549 傷 shāng

① 害。

○《説命上》:"若跣弗視地,厥足用傷。"《孔傳》:"跣必視地,足乃無害。"

② 痛傷。(471、10 - 4 - 10)

○《酒誥》:"民罔不盡傷心。"《孔傳》:"民無不盡然痛傷其心。"(684、14 - 28 - 18)

0550 商 shāng

商度。

○《費誓》:"我商賚汝。"《孔傳》:"我則商度汝功,賜與汝。"(974、20 - 12 - 7)

0551 上 shàng

① 天。

○《吕刑》:"方告無辜于上。"《孔傳》:"方方各告無罪於天。"(931、19 - 26 - 1)

---

① 杜澤遜:《尚書注疏彙校》,第 1685 頁。

○《文侯之命》："昭升于上。"《孔傳》："言文王聖德明升于天。"（962、20 -
2 - 16）

② 上天。

○《西伯戡黎》："乃罪多參在上。"《孔傳》："言汝罪惡衆多，參列於上
天。"（490、10 - 18 - 13）

○《酒誥》："腥聞在上。"《孔傳》："腥穢聞在上天。"（685、14 - 29 - 10）

③ 君上。

○《同命》："迪上以非先王之典。"《孔傳》："道君上以非先王之法。"
（922、19 - 22 - 1）

按：《廣雅·釋詁》："上，君也。"《禮記·中庸》"上焉者"，鄭玄注云："上
謂君也。"

0552 上帝　shàng dì

① 天。（16 見）

○《益稷》："以昭受上帝。"《孔傳》："乃明受天之報施。"（192、5 - 5 - 5）

○《湯誥》："惟皇上帝。"《孔傳》："上帝，天也。"（400、8 - 14 - 2）

○《湯誥》："惟簡在上帝之心。"《孔傳》："以其簡在天心故也。"（402、8 -
16 - 10）

○《太甲下》："克配上帝。"《孔傳》："能配天而行之。"（418、8 - 32 - 9）

○《盤庚下》："肆上帝將復我高祖之德。"《孔傳》："以徙故，天將復湯德治
理於我家。"（464、9 - 23 - 13）

○《泰誓上》："惟其克相上帝，寵綏四方。"《孔傳》："當能助天寵安天
下。"（506、11 - 8 - 1）

○《泰誓上》："類于上帝。"《孔傳》："以事類告天。"（507、11 - 9 - 6）

○《武成》："敢祇承上帝以遏亂略。"《孔傳》："言誅紂敬承天意以絶亂
路。"（535、11 - 31 - 13）

○《大誥》："不敢替上帝命。"《孔傳》："不敢廢天命。"（632、13 - 28 - 4）

○《大誥》："迪知上帝命。"《孔傳》："蹈知天命。"（636、13 - 32 - 1）

○《康誥》："冒聞于上帝。"《孔傳》："冒被四表，上聞于天。"（648、14 - 4 - 14）

○《召誥》："王來紹上帝。"《孔傳》："繼天爲治。"（714、15 - 11 - 17）

○《多士》："惟時上帝不保。"《孔傳》："惟是紂惡，天不安之。"（756、16 -
5 - 13）

○《君奭》："時則有若伊陟、臣扈，格于上帝。"《孔傳》："伊陟、臣扈，率伊
尹之職，使其君不隕祖業，故至天之功不隕。"（795、16 - 27 - 17）

○《吕刑》："上帝監民。"《孔傳》："天視苗民。"（931、19 - 26 - 1）

○《呂刑》:"上帝不蠲。"《孔傳》:"天不潔其所爲。"(940、19－33－16)

② 上天。(7見)

○《文侯之命》:"惟時上帝,集厥命于文王。"《孔傳》:"惟以是,故上天集成其王命。"(962、20－2－17)

○《多士》:"上帝引逸。"《孔傳》:"言上天欲民長逸樂。"(754、16－4－1)

○《君奭》:"我亦不敢寧于上帝命。"《孔傳》:"我亦不敢安于上天之命。"(792、16－25－18)

○《君奭》:"在昔上帝割。"《孔傳》:"在昔上天,割制其義。"(799、16－32－1)

○《立政》:"籲俊尊上帝。"《孔傳》:"招呼賢俊,與共尊事上天。"(836、17－22－16)

○《立政》:"丕釐上帝之耿命。"《孔傳》:"大賜上天之光命。"(838、17－25－2)

○《康王之誥》:"用端命于上帝。"《孔傳》:"用受端直之命於上天。"(909、19－5－7)

0553 上下 shàng xià

① 天地。(5見)

○《堯典》:"允恭克讓,光被四表,格於上下。"《孔傳》:"又信恭能讓,故其名聞充溢四外,至于天地。"(9、2－8－9)

○《湯誥》:"茲朕未知獲戾于上下。"《孔傳》:"此伐桀未知得罪於天地。"(401、8－16－2)

○《召誥》:"毖祀于上下。"《孔傳》:"爲治當慎祀于天地。"(715、15－12－3)

○《洛誥》:"惟公德明光于上下。"《孔傳》:"言公明德光於天地。"(734、15－30－6)

○《君奭》:"大弗克恭上下。"《孔傳》:"大不能恭承天地。"(792、16－26－4)

② 君臣。

○《召誥》:"上下勤恤。"《孔傳》:"言當君臣勤憂敬德。"(719、15－17－12)

③ 尊卑。

○《周官》:"宗伯,掌邦禮,治神人,和上下。"《孔傳》:"《春官》卿……以和上下尊卑等列。"(855、18－5－15)

0554 上刑 shàng xíng

重刑。

○《呂刑》:"上刑適輕下服。"《孔傳》:"重刑有可以虧減則之輕,服下罪。"(954、19－42－8)

0555 紹 shào

繼。(6 見)

○《説命下》:"其爾克紹乃辟于先王永綏民。"《孔傳》:"能繼汝君於先王長安民。"(476、10-11-15)

○《大誥》:"紹天明即命。"《孔傳》:"以繼天明,就其命而言(行)之。"(626、13-22-3)

按:《孔傳》"言"字,八、王、纂、岳作"行"①。

○《康誥》:"紹聞衣德言。"《孔傳》:"繼其所聞,服行其德言。"(650、14-6-5)

○《召誥》:"王來紹上帝。"《孔傳》:"言王今來居洛邑,繼天爲治。"(714、15-11-17)

○《冏命》:"俾克紹先烈。"《孔傳》:"使能繼先王之功業。"(921、19-20-9)

○《文侯之命》:"用會紹乃辟。"《孔傳》:"當用是道合會繼汝君以善。"(965、20-5-3)

0556 舍 shě

放舍。

○《費誓》:"今惟淫舍牿牛馬。"《孔傳》:"今軍人惟大放舍牿牢之牛馬。"(972、20-11-4)

0557 涉 shè

① 渡。

○《盤庚中》:"惟涉河以民遷。"《孔傳》:"爲此南渡河之法用民徙。"(448、9-13-14)

② 涉水。

○《泰誓下》:"斮朝涉之脛。"《孔傳》:"冬月見朝涉水者,謂其脛耐寒,斮而視之。"(512、11-16-3)

0558 社 shè

社稷。

○《夏社》《疑至》《臣扈》:"湯既勝夏,欲遷其社不可。"《孔傳》:"湯承堯、舜禪代之後……變置社稷,而後世無及句龍者,故不可而止。"(1005、8-5-17)

0559 申 shēn

① 重。(5 見)

○《堯典》:"申命羲叔,宅南交。"《孔傳》:"申,重也。"(30、2-12-18)

---

① 杜澤遜:《尚書注疏彙校》,第 1971 頁。

○《大禹謨》："帝舜申之。"《孔傳》："申,重也,重美二子之言。"(996、4-1-8)

○《益稷》："天其申命用休。"《孔傳》："天又重命用美。"(192、5-5-5)

○《君奭》："申勸寧王之德。"《孔傳》："重勸文王之德。"(799、16-32-1)

○《畢命》："申畫郊圻。"《孔傳》："郊圻雖舊所規畫,當重分明之。"(915、19-11-5)

② 申戒。

○《多士》："予惟時命有申。"《孔傳》："故惟是教命申戒之。"(763、16-10-9)

0560 神 shén

神妙。

○《大禹謨》："帝德廣運,乃聖乃神。"《孔傳》："聖無所不通,神妙無方。"(147、4-4-11)

按:《孔疏》："案《易》曰'神者,妙萬物而爲言也',又曰'神妙無方',此言神道微妙,無可比方,不知其所以然。《易》亦云:'陰陽不測之謂神。'"

0561 審 shěn

① 詳審。

○《顧命》："兹予審訓命汝。"《孔傳》："以此故我詳審教命汝。"(872、18-22-5)

○《吕刑》："惟察惟法,其審克之。"《孔傳》："惟當清察罪人之辭,附以法理,其當詳審能之。"(954、19-42-7)

○《吕刑》："其刑其罰,其審克之。"《孔傳》："其所刑,其所罰,其當詳審能之,無失中正。"(957、19-44-3)

② 清察。

○《吕刑》："其罪惟均,其審克之。"《孔傳》："以病所在,出入人罪,使在五過,罪與犯法者同。其當清察,能使之不行。"(946、19-37-7)

○《吕刑》："五刑之疑有赦,五罰之疑有赦,其審克之。"《孔傳》："刑疑赦從罰,罰疑赦從免。其當清察能得其理。"(947、19-37-9)

0562 慎 shèn

謹慎。

○《畢命》："慎固封守。"《孔傳》："當謹慎堅固封疆之守備。"(915、19-11-5)

○《冏命》："慎簡乃僚。"《孔傳》："當謹慎簡選汝僚屬侍臣。"(921、19-

20－18)

0563 生 shēng

姓。

○《汩作》《九共》《槀飫》："別生分類。"《孔傳》："生,姓也。"(994、3－40－14)

按:"生",通"姓"。

0564 升 shēng

①登。

○《太甲下》："若升高,必自下。"《孔傳》："言善政有漸,如登高升遠,必用下近爲始。"(418、8－32－12)

②上。

○《畢命》："道有升降。"《孔傳》："天道有上下交接之義。"(913、19－9－5)

0565 聖 shèng

①明。

○《說命上》："惟木從繩則正,后從諫則聖。"《孔傳》："言木以繩直,君以諫明。"(471、10－4－15)

②通。

○《洪範》："曰聖,時風若。"《孔傳》："君能通理,則時風順之。"(584、12－29－9)

○《冏命》："聰明齊聖。"《孔傳》："聰明,視聽遠。齊通,無滯礙。"(921、19－19－9)

③無所不通。

○《大禹謨》："帝德廣運,乃聖乃神。"《孔傳》："聖無所不通,神妙無方。"(147、4－4－11)

④於事無不通謂之聖。

○《洪範》："睿作聖。"《孔傳》："於事無不通謂之聖。"(559、12－10－5)

0566 失 shī

違失。

○《泰誓上》："時哉弗可失!"《孔傳》："言今我伐紂,正是天人合同之時,不可違失。"(507、11－9－16)

0567 師 shī

①衆。(17見)

○《堯典》："師錫帝曰。"《孔傳》："師,衆。"(58、2－32－7)

○《大禹謨》：“總朕師。”《孔傳》：“稱總我衆。”（149、4-8-4）

○《胤征》：“官師相規。”《孔傳》：“官衆，衆官。”（381、7-13-4）

按：《孔傳》“官衆”，八、李、岳作“官師”。○山井鼎《考文》：官衆，衆官。〔古本〕上‘衆’作‘師’。宋板同。○岳本《考證》：‘官師’，諸本並作‘官衆’。案：傳引經文，當從‘官師’。若作‘官衆’，則下不可更云‘衆官’矣。○盧文弨《拾補》：官師，衆官也，‘師’，毛本作‘衆’，疏亦譌。○阮元《校記甲》：官衆，衆官。上‘衆’字古本、岳本、宋板俱作‘師’，與疏標目不合。纂傳亦作‘官衆’。阮元《校記乙》同。”①筆者認爲：岳本《考證》所謂的“若作‘官衆’，則下不可更云‘衆官’矣”説法没有根據，其實在孔傳中確實存在“官衆，衆官”這種類型的釋例。盧文弨所謂的“疏亦譌”也不確，因爲宋板八行本只是《孔傳》“官衆”作“官師”，疏標目仍是“官衆”。稍晚的宋魏縣尉宅本《孔傳》作“官衆”也足以説明八行本作“官師”是改動過的，疏標目并不譌。由此可見，阮元的説法比較客觀。

○《仲虺之誥》：“用爽厥師。”《孔傳》：“用明其衆。”（395、8-9-15）

○《太甲上》：“惟尹躬克左右厥辟宅師。”《孔傳》：“伊尹言能助其君，居業天下之衆。”（410、8-25-8）

○《咸有一德》：“以有九有之師。”《孔傳》：“於得九有之衆。”（421、8-36-4）

○《盤庚下》：“邦伯師長百執事之人。”《孔傳》：“衆長，公卿也。”（465、9-24-11）

○《洪範》：“師尹惟日。”《孔傳》：“衆正官之吏，分治其職，如日之有歲月。”（588、12-30-10）

○《康誥》：“汝陳時臬，司師。”《孔傳》：“汝當布陳是法，司牧其衆。”（657、14-10-8）

○《洛誥》：“朝至于洛師。”《孔傳》：“本其春來至洛衆。”（723、15-21-12）

○《洛誥》：“和恒四方民居師。”《孔傳》：“以和常四方之民，居處其衆。”（733、15-30-3）

○《洛誥》：“監我士師工。”《孔傳》：“監篤我政事衆官。”（738、15-32-6）

○《洛誥》：“答其師，作周孚先。”《孔傳》：“當其衆心，爲周家立信者之所推先。”（741、15-34-8）

○《君陳》：“出入自爾師虞。”《孔傳》：“出納之事，當用汝衆言度之。”（861、18-16-1）

---

① 杜澤遜：《尚書注疏彙校》，第 1043 頁。

○《吕刑》:"兩造具備,師聽五辭。"《孔傳》:"兩至具備,則衆獄官,共聽其入五刑之辭。"(945、19-36-17)

○《吕刑》:"受王嘉師。"《孔傳》:"有邦有土,受王之善衆而治之者。"(960、19-47-15)

○《文侯之命》:"其歸視爾師。"《孔傳》:"其歸視汝衆。"(966、20-6-8)

② **法**。

○《説命下》:"事不師古。"《孔傳》:"事不法古訓。"(475、10-10-5)

○《泰誓下》:"放黜師保。"《孔傳》:"可法以安者,反放退之。"(513、11-16-11)

③ **師法**。(5見)

○《益稷》:"師汝昌言。"《孔傳》:"言禹功甚當,可師法。"(191、5-2-14)

○《梓材》:"我有師師。"《孔傳》:"我有典常之師,可師法。"(693、14-34-7)

○《周官》:"立太師、太傅、太保,兹惟三公。"《孔傳》:"師,天子所師法。"(854、18-5-3)

○《周官》:"其爾典常作之師。"《孔傳》:"其汝爲政當以舊典常故事爲師法。"(857、18-9-17)

○《畢命》:"惟公懋德,克勤小物,弼亮四世,正色率下,罔不祗師言。"《孔傳》:"言公勉行德,能勤小物,輔佐文、武、成、康,四世爲公卿,正色率下,下人無不敬仰師法。"(914、19-9-9)

0568 師師　shī shī

① **相師法**。

○《皋陶謨》:"百僚師師,百工惟時。"《孔傳》:"師師,相師法。"(171、4-28-6)

② **相師效**。

○《微子》:"卿士師師非度。"《孔傳》:"六卿典士,相師效爲非法度。"(495、10-20-4)

0569 尸　shī

主。

○《五子之歌》:"太康尸位以逸豫。"《孔傳》:"尸,主也。"(374、7-6-8)

○《胤征》:"羲和尸厥官,罔聞知。"《孔傳》:"主其官而無聞知於日食之變異。"(384、7-14-16)

○《康王之誥》:"康王既尸天子。"《孔傳》:"尸,主也,主天子之正號。"(1062、19-1-7)

0570 時 shí

是。(93 見)

○《堯典》:"黎民於變時雍。"《孔傳》:"時,是。"(16、2－10－6)

○《堯典》:"疇咨若時登庸。"《孔傳》:"誰能咸熙庶績,順是事者將登用之。"(44、2－25－9)

○《堯典》:"女于時,觀厥刑于二女。"《孔傳》:"堯於是以二女妻舜,觀其法度接二女,以治家觀治國。"(62、2－33－1)

○《大禹謨》:"萬世永賴,時乃功。"《孔傳》:"因禹陳九功而歎美之,言是汝之功。"(149、4－6－11)

○《大禹謨》:"民協于中,時乃功。"《孔傳》:"民皆合於大中之道,是汝之功。"(151、4－9－13)

○《大禹謨》:"時乃天道。"《孔傳》:"是天之常道。"(158、4－19－1)

○《皋陶謨》:"百僚師師,百工惟時。"《孔傳》:"百官皆是,言政無非。"(171、4－28－6)

○《益稷》:"若不在時。"《孔傳》:"若所行不在於是而爲非者。"(209、5－7－7)

○《益稷》:"時而颺之。"《孔傳》:"當是正其義而颺道之。"(211、5－7－12)

○《益稷》:"惟帝時舉。"《孔傳》:"帝舉是而用之。"(212、5－14－3)

○《益稷》:"帝不時,敷同日奏罔功。"《孔傳》:"帝用臣不是,則遠近布同而日進於無功。"(214、5－14－7)

○《益稷》:"時乃功惟敘。"《孔傳》:"是汝治水之功有次序。"(226、5－15－10)

○《湯誓》:"時日曷喪?"《孔傳》:"是日何時喪?"(391、8－3－9)

○《仲虺之誥》:"惟天生聰明時乂。"《孔傳》:"言天生聰明,是治民亂。"(395、8－9－5)

○《湯誥》:"尚克時忱。"《孔傳》:"庶幾能是誠道。"(402、8－16－14)

○《伊訓》:"先民時若。"《孔傳》:"必先民之言是順。"(406、8－20－7)

○《伊訓》:"時謂淫風。"《孔傳》:"是淫過之風俗。"(408、8－21－4)

○《伊訓》:"時謂亂風。"《孔傳》:"是荒亂之風俗。"(408、8－21－6)

○《太甲中》:"無時豫怠。"《孔傳》:"無爲是逸豫怠惰。"(417、8－31－3)

○《太甲下》:"先王惟時懋敬厥德。"《孔傳》:"言湯惟是終始所與之難,勉修其德。"(418、8－32－9)

○《咸有一德》:"時乃日新。"《孔傳》:"是乃日新之義。"(422、8－36－15)

○《說命上》:"欽予時命。"《孔傳》:"敬我是命。"(471、10－4－14)

○《説命下》：“務時敏。”《孔傳》：“務是敏疾。”（475、10－10－7）

○《説命下》：“四海之内，咸仰朕德，時乃風。”《孔傳》：“使天下皆仰我德，是汝教。”（475、10－10－18）

○《泰誓下》：“時厥明。”《孔傳》：“是其戊午明日。”（512、11－15－3）

○《泰誓下》：“祝降時喪。”《孔傳》：“斷絶其命，故下是喪亡之誅。”（513、11－16－18）

○《牧誓》：“時甲子昧爽。”《孔傳》：“是克紂之月甲子之日，二月四日。”（517、11－19－15）

○《洪範》：“斂時五福。”《孔傳》：“斂是五福之道以爲教。”（563、12－14－14）

○《洪範》：“時人斯其惟皇之極。”《孔傳》：“則是人此其惟大之中。”（565、12－16－6）

○《洪範》：“時人斯其辜。”《孔傳》：“則是人斯其詐取罪而去。”（566、12－17－14）

○《洪範》：“立時人作卜筮。”《孔傳》：“立是知卜筮人，使爲卜筮之事。”（578、12－22－11）

○《洪範》：“日月歲時既易。”《孔傳》：“是三者已易，喻君臣易職。”（588、12－30－14）

○《旅獒》：“時庸展親。”《孔傳》：“是用誠信其親親之道。”（597、13－2－18）

○《大誥》：“爾時罔敢易法。”《孔傳》：“汝天下是知無敢易天法。”（637、13－32－2）

○《康誥》：“我西土惟時怙。”《孔傳》：“我西土岐周，惟是怙恃文王之道。”（648、14－4－14）

○《康誥》：“越厥邦厥民惟時敘。”《孔傳》：“於其國，於其民，惟是次序，皆文王教。”（649、14－5－1）

○《康誥》：“時乃不可殺。”《孔傳》：“是人所犯，亦不可殺。”（655、14－8－18）

○《康誥》：“時乃大明服。”《孔傳》：“是乃治理大明，則民服。”（655、14－9－6）

○《康誥》：“汝陳時臬。”《孔傳》：“汝當布陳是法。”（657、14－10－8）

○《康誥》：“汝陳時臬事。”《孔傳》：“陳是法事。”（659、14－11－3）

○《康誥》：“乃汝盡遜，曰時敘。”《孔傳》：“乃使汝所行盡順，曰是有次敘。”（660、14－11－7）

○《康誥》：“時乃引惡。”《孔傳》：“是汝長惡。”（664、14－14－16）

○《康誥》：“我時其惟殷先哲王德。”《孔傳》：“我是其惟殷先智王之德。”（667、14－17－1）

○《康誥》："蔽時忱。"《孔傳》："斷行是誠道。"(668、14-18-14)

○《酒誥》："我其可不大監撫于時。"《孔傳》："我其可不大視此爲戒,撫安天下於是。"(686、14-30-9)

○《酒誥》："時同于殺。"《孔傳》："是汝同於見殺之罪。"(690、14-32-15)

○《召誥》："今時既墜厥命。"《孔傳》："今是桀棄禹之道,天已墜其王命。"(713、15-10-3)

○《召誥》："其自時配皇天。"《孔傳》："其用是大邑,配上天而爲治。"(715、15-12-1)

○《召誥》："其自時中乂。"《孔傳》："則其用是土中大致治。"(715、15-12-3)

○《洛誥》："乃時惟不永哉!"《孔傳》："汝是惟不可長哉!"(731、15-28-11)

○《洛誥》："罔不若時。"《孔傳》："無不順而是公之功。"(736、15-31-16)

○《洛誥》："其自時中乂。"《孔傳》："其當用是土中爲治。"(741、15-34-6)

○《多士》："惟時天罔念聞。"《孔傳》："惟是桀惡有辭,故天無所念聞。"(755、16-4-6)

○《多士》："惟時上帝不保。"《孔傳》："惟是紂惡。"(756、16-5-13)

○《多士》："予惟時其遷居西爾。"《孔傳》："我惟汝未達德義,是以徙居西汝於洛邑。"(758、16-8-2)

○《多士》："非我一人奉德不康寧,時惟天命。"《孔傳》："我徙汝,非我天子奉德,不能使民安之,是惟天命宜然。"(758、16-8-4)

○《多士》："非予罪,時惟天命。"《孔傳》："非我罪咎,是惟天命。"(760、16-8-13)

○《多士》："予惟時命有申。"《孔傳》："故惟是教命申戒之。"(763、16-10-8)

○《多士》："今爾惟時宅爾邑。"《孔傳》："今汝惟是敬順居汝邑。"(764、16-11-2)

○《多士》："又曰時予。"《孔傳》："言汝眾士當是我。"(765、16-11-16)

○《無逸》："無時或怨。"《孔傳》："人無是有怨者。"(772、16-14-18)

○《無逸》："自時厥後立王。"《孔傳》："從是三王,各承其後而立者。"(777、16-17-6)

○《無逸》："自時厥後。"《孔傳》："從是其後。"(777、16-17-10)

○《無逸》："時人丕則有愆。"《孔傳》："是人則大有過矣。"(782、16-20-1)

○《無逸》："允若時,不啻不敢含怒。"《孔傳》："信如是怨詈,則四王不啻不敢含怒以罪之。"(787、16-22-12)

○《無逸》:"則若時,不永念厥辟。"《孔傳》:"則如是信讒者,不長念其爲君之道。"(787、16－23－8)

○《君奭》:"曰時我,我亦不敢寧于上帝命。"《孔傳》:歎而言曰:"當是我之留,我亦不敢安于上天之命。"(792、16－25－18)

○《君奭》:"乃惟時昭文王。"《孔傳》:"乃惟是五人明文王之德。"(802、16－33－5)

○《君奭》:"惟時受有殷命哉!"《孔傳》:"惟是故受有殷之王命。"(803、16－33－7)

○《君奭》:"在時二人,天休滋至,惟時二人弗戡。"《孔傳》:"發言常在是文武,則天美周家日益至矣,惟是文武不勝受。"(807、16－37－8)

○《君奭》:"後人于丕時。"《孔傳》:"則後代將於此道大且是。"(807、16－37－11)

○《君奭》:"篤棐時二人。"《孔傳》:"言我厚輔是文武之道而行之。"(808、16－38－1)

○《多方》:"天惟時求民主。"《孔傳》:"天惟是桀惡,故更求民主以代之。"(819、17－10－8)

○《多方》:"天降時喪。"《孔傳》:"故天下是喪亡以禍之。"(822、17－12－17)

○《多方》:"天惟降時喪。"《孔傳》:"天惟下其(是)喪亡。"(822、17－13－6)
按:《孔傳》"其"字,八、李、王、纂、平、岳、殿、庫作"是"①。

○《多方》:"我惟時其教告之。"《孔傳》:"我惟汝如是不謀信于正道,故其教告之。"(826、17－16－3)

○《多方》:"爾乃自時洛邑。"《孔傳》:"汝乃用是洛邑。"(829、17－18－11)

○《多方》:"時惟爾初。"《孔傳》:"是惟汝初。"(831、17－20－13)

○《立政》:"時則勿有間之。"《孔傳》:"如是則勿有以代之。"(845、17－32－14)

○《周官》:"仰惟前代時若。"《孔傳》:"言仰惟先代之法是順,訓蹈其所建官而則之。"(853、18－4－18)

○《君陳》:"爾尚式時周公之猷訓。"《孔傳》:"汝庶幾用是周公之道教殷民。"(861、18－15－9)

○《君陳》:"臣人咸若時。"《孔傳》:"臣於人者,皆順此道,是惟良臣。"(862、18－16－8)

○《君陳》:"時乃罔不變。"《孔傳》:"是乃無不變化其政教。"(863、18－

---

① 杜澤遜:《尚書注疏彙校》,第2662頁。

18 - 12)

○《顧命》:"爾尚明<u>時</u>朕言。"《孔傳》:"汝當庶幾明<u>是</u>我言。"(874、18 - 22 - 15)

○《畢命》:"<u>時</u>乃大訓。"《孔傳》:"<u>是</u>乃大順。"(916、19 - 13 - 5)

○《畢命》:"公其惟<u>時</u>成周。"《孔傳》:"公其惟以<u>是</u>成周之治。"(917、19 - 14 - 2)

○《君牙》:"乃惟由先正舊典<u>時</u>式。"《孔傳》:"汝惟當奉用先正之臣,所行故事、舊典、文籍<u>是</u>法。"(919、19 - 18 - 3)

○《冏命》:"若<u>時</u>癏厥官。"《孔傳》:"若用<u>是</u>行貨之人,則病其官職。"(922、19 - 22 - 5)

○《呂刑》:"今爾何監,非<u>時</u>伯夷播刑之迪?"《孔傳》:"言當視<u>是</u>伯夷布刑之道而法之。"(939、19 - 33 - 10)

○《呂刑》:"惟<u>時</u>苗民匪察于獄之麗。"《孔傳》:"所懲戒惟<u>是</u>苗民非察於獄之施刑。"(940、19 - 33 - 11)

○《呂刑》:"惟<u>時</u>庶威奪貨。"《孔傳》:"惟<u>是</u>衆爲威虐者,任之以奪取人貨。"(940、19 - 33 - 13)

○《文侯之命》:"惟<u>時</u>上帝,集厥命于文王。"《孔傳》:"惟以<u>是</u>,故上天集成其王命。"(962、20 - 2 - 16)

0571 食 shí

偽。

○《湯誓》:"爾無不信,朕不<u>食</u>言。"《孔傳》:"<u>食</u>,盡其言<u>偽</u>不實。"(392、8 - 3 - 14)

按:《孔疏》:"《釋詁》云:'食,偽也。'孫炎曰:'食言之偽也。'……言而不行如食之消盡,後終不行前言爲偽,故通謂偽言爲'食言',故《爾雅》訓'食'爲偽也。"

0572 識 shí

記識。

○《武成》:"<u>識</u>其政事。"《孔傳》:"<u>記識</u>殷家政教善事以爲法。"(1044、11 - 25 - 3)

0573 寔 shí

是。

○《仲虺之誥》:"簡賢附勢,<u>寔</u>繁有徒。"《孔傳》:"賢而無勢則略之,不賢有勢則附之。若<u>是</u>者,繁多有徒衆。"(396、8 - 9 - 17)

0574 實 shí

① 是。

○《太甲中》：“實萬世無疆之休。”《孔傳》：“是商家萬世無窮之美。”
（415、8－29－5）

② 豐實。

○《君奭》：“則商實百姓。”《孔傳》：“使商家百姓豐實。”（797、16－29－12）

0575 矢 shǐ

① 陳。

○《大禹謨》：“皋陶矢厥謨。”《孔傳》：“矢，陳也。”（996、4－1－7）

② 正直。

○《盤庚上》：“率籲衆慼，出矢言。”《孔傳》：“率和衆憂之人，出正直之
言。”（428、9－3－12）

0576 矢言 shǐ yán

正直之言。

○《盤庚上》：“率籲衆慼，出矢言。”《孔傳》：“率和衆憂之人，出正直之
言。”（428、9－3－12）

按：《易·噬嗑》“得金矢”，注云：“矢，直也。”

0577 使 shǐ

① 用。

○《牧誓》：“乃惟四方之多罪逋逃，是崇是長，是信是使，是以爲大夫卿士。”
《孔傳》：“言紂棄其賢臣，而尊長逃亡罪人信用之。”（525、11－23－13）

② 遣使。

○《洛誥》：“周公往營成周，使來告卜。”《孔傳》：“周公自後至，經營作之，
遣使以所卜吉兆逆告成王。”（1054、15－19－10）

0578 始 shǐ

造始。

○《呂刑》：“蚩尤惟始作亂。”《孔傳》：“言蚩尤造始作亂。”（925、19－25－2）

0579 式 shì

① 法。（6見）

○《説命上》：“百官承式。”《孔傳》：“百官仰法。”（469、10－2－12）

○《立政》：“用丕式見德。”《孔傳》：“用是大法，見其聖德。”（839、17－
25－8）

○《立政》：“兹式有慎。”《孔傳》：“此法有所慎行。”（851、17－36－10）

○《立政》:"式敬爾由獄。"《孔傳》:"能用法,敬汝所用之獄。"(851、17 - 36 - 7)

○《畢命》:"子孫訓其成式惟乂。"《孔傳》:"言後世子孫,順公之成法,惟以治。"(917、19 - 14 - 4)

○《君牙》:"乃惟由先正舊典時式。"《孔傳》:"汝惟當奉用先正之臣,所行故事、舊典、文籍是法。"(919、19 - 18 - 3)

② **法式。**

○《微子之命》:"萬邦作式。"《孔傳》:"特爲萬國法式。"(641、13 - 37 - 3)

③ **法象。**

○《立政》:"嚴惟丕式,克用三宅三俊。"《孔傳》:"惟可大法象者,以能用三居三德之法。"(838、17 - 25 - 7)

0580 士 shì

事。

○《牧誓》:"是以爲大夫卿士。"《孔傳》:"士,事也。用爲卿大夫,典政事。"(525、11 - 23 - 13)

○《康誥》:"百工播民和,見士于周。"《孔傳》:"五服之百官,播率其民和悦,并見即事於周。"(644、14 - 2 - 15)

按:士,有任事、治事義。孫星衍《疏》:"士者,《詩傳》云'事也'。言百官布列,民皆和悦,效事於周。"[1]

○《洛誥》:"監我士師工。"《孔傳》:"監篤我政事衆官。"(738、15 - 32 - 6)

0581 逝 shì

往。

○《大誥》:"若昔朕其逝。"《孔傳》:"我其往東征矣。"(634、13 - 30 - 6)

0582 勢 shì

勢位。

○《君陳》:"無依勢作威。"《孔傳》:"無乘勢位作威人上。"(862、18 - 16 - 10)

0583 世 shì

世位。

○《吕刑》:"遏絶苗民,無世在下。"《孔傳》:"遏絶苗民,使無世位在下國也。"(932、19 - 26 - 5)

---

[1] (清)孫星衍撰,陳抗、盛冬鈴點校:《尚書今古文注疏》,第358頁。

0584 **事** shì

① **故。**

○《泰誓上》:"乃夷居弗事上帝神祇,遺厥先宗廟弗祀。"《孔傳》:"平居無故廢天地百神宗廟之祀。"(505、11-7-9)

② **職事。**

○《盤庚上》:"各恭爾事。"《孔傳》:"奉其職事。"(446、9-13-8)

○《多方》:"爾惟克勤乃事。"《孔傳》:"是汝惟能勤汝職事。"(829、17-18-7)

③ **理事。**

○《武成》:"位事惟能。"《孔傳》:"居位理事,必任能事。"(538、11-35-11)

0585 **事事** shì shì

非一事。

○《説命中》:"惟事事乃其有備。"《孔傳》:"事事,非一事。"(473、10-7-17)

0586 **釋** shì

① **廢。**

○《大禹謨》:"釋兹在兹。"《孔傳》:"釋,廢也。"(150、4-8-11)

② **放。**

○《多方》:"開釋無辜。"《孔傳》:"開放無罪之人。"(821、17-11-13)

③ **棄。**

○《多方》:"非天庸釋有殷。"《孔傳》:"非天用棄有殷。"(821、17-12-11)

④ **釋廢。**

○《君奭》:"天不庸釋于文王受命。"《孔傳》:"言天不用令釋廢於文王所受命。"(794、16-27-6)

⑤ **釋棄。**

○《多方》:"非天庸釋有夏。"《孔傳》:"非天用釋棄桀。"(821、17-12-9)

⑥ **脱去。**

○《康王之誥》:"王釋冕,反喪服。"《孔傳》:"脱去黼冕,反服喪服。"(911、19-7-3)

0587 **適** shì

之。(5見)

○《盤庚上》:"民不適有居。"《孔傳》:"適,之也。"(428、9-3-11)

○《康誥》:"矧今民罔迪不適。"《孔傳》:"況今民無道不之。"(667、14-17-3)

○《多士》：“有夏不適逸。”《孔傳》：“有夏桀爲政不之逸樂。”（754、16-4-1）

○《多士》：“惟我事不貳適，惟爾王家我適。”《孔傳》：“言天下事，已之我周矣，不貳之他，惟汝殷王家已之我，不復有變。”（757、16-7-3）

○《吕刑》：“上刑適輕，下服。”《孔傳》：“重刑有可以虧減，則之輕服下罪。”（954、19-42-8）

按：據武英殿本《孔傳》句讀作“重刑有可以虧減，則之輕服下罪。”，如此則“適”似有適宜義，楊筠如《尚書覈詁》引《吕覽·適威篇》注云：“宜也。”[1]屈萬里《尚書今注今譯》，江灝、錢宗武《今古文尚書全譯》，李民、王健《尚書譯注》亦採此説。孫星衍《尚書今古文注疏》引《詩傳》云：“適者，《詩傳》云：‘過也。’過謂罪過……言當服上刑者，其過輕，當以下刑治之。”[2]而據《尚書孔傳參正》整理本，句讀作“重刑有可以虧減則之輕，服下罪。”如此則“適”訓作“之”。《尚書校釋譯論》第2034頁對此亦有討論，朱駿聲《尚書便讀》訓作“之”。

另：“輕服下罪”之“輕”，物觀《補遺》云“輕”，古本作“惟”。阮元《校記甲》云：“古本作‘惟’，誤。”[3]

0588 視 shì

觀。

○《洪範》：“三曰視。”《孔傳》：“觀正。”（554、12-9-17）

0589 收 shōu

收徹。

○《顧命》：“太保降，收。”《孔傳》：“太保下堂，則王亦可知。有司於此盡收徹。”（900、18-39-5）

按：《孔傳》“則”字，八、要作“立”。“亦”字，八、王、平、要、岳作“下”[4]，當是。

0590 首 shǒu

本要。

○《秦誓》：“予誓告汝群言之首。”《孔傳》：“衆言之本要。”（978、20-16-13）

---

① 楊筠如：《尚書覈詁》，陝西人民出版社，1959年，第309頁。
② （清）孫星衍撰，陳抗、盛冬鈴點校：《尚書今古文注疏》，第537頁。
③ 杜澤遜：《尚書注疏彙校》，第3153頁。
④ 杜澤遜：《尚書注疏彙校》，第2942頁。

0591 守 shǒu

① 執守。

○《洪範》:"有猷有爲有守。"《孔傳》:"民戢有道,有所爲,有所執守。"(563、12-16-1)

② 守備。

○《畢命》:"慎固封守。"《孔傳》:"當謹慎堅固封疆之守備。"(915、19-11-5)

0592 壽 shòu

壽考。

○《無逸》:"亦罔或克壽。"《孔傳》:"亦無有能壽考。"(777、16-17-10)

○《文侯之命》:"罔或耆壽俊在厥服。"《孔傳》:"無有耆宿壽考俊德在其服位。"(964、20-4-3)

0593 淑 shū

善。

○《畢命》:"旌別淑慝。"《孔傳》:"言當識別頑民之善惡。"(915、19-10-18)

0594 書 shū

册書。

○《顧命》:"太史秉書。"《孔傳》:"太史持册書顧命。"(895、18-35-14)

0595 樹 shù

立。

○《説命中》:"樹后王君公。"《孔傳》:"言立君臣上下。"(472、10-5-13)

○《泰誓下》:"樹德務滋。"《孔傳》:"立德務滋長。"(514、11-17-7)

○《畢命》:"樹之風聲。"《孔傳》:"立其善風,揚其善聲。"(915、19-11-1)

0596 述 shù

循。

○《五子之歌》:"述大禹之戒以作歌。"《孔傳》:"述,循也。"(376、7-6-17)

按:《説文》:"述,循也。"《詩·邶風·日月》"報我不述",《毛傳》:"述,循也。"

0597 庶 shù

① 衆。**(59 見)**

○《堯典》:"庶績咸熙。"《孔傳》:"衆功皆廣。"(44、2-14-13)

○《皋陶謨》:"庶績其凝。"《孔傳》:"衆功皆成。"(172、4-28-7)

○《益稷》:"暨稷播奏庶艱食鮮食。"《孔傳》:"衆難得食處,則與稷教民播種之。"(188、5-2-8)

○《益稷》:"庶頑讒説。"《孔傳》:"衆頑愚讒説之人。"(209、5-7-6)

○《益稷》:"庶尹允諧。"《孔傳》:"衆正官之長。"(238、5-20-5)

○《益稷》:"庶事康哉!"《孔傳》:"衆事乃安,以成其義。"(241、5-23-10)

○《禹貢》:"庶土交正。"《孔傳》:"衆土俱得其正。"(351、6-38-15)

○《胤征》:"庶人走。"《孔傳》:"衆人走,供救日食之百役也。"(383、7-14-13)

○《説命下》:"旁招俊乂,列於庶位。"《孔傳》:"廣招俊乂,使列衆官。"(475、10-10-16)

○《泰誓上》:"越我御事庶士。"《孔傳》:"下及我治事衆士。"(504、11-5-1)

○《洪範》:"用敷錫厥庶民。"《孔傳》:"用布與衆民使慕之。"(563、12-14-14)

○《洪範》:"惟時厥庶民于汝極。"《孔傳》:"衆民於君取中。"(563、12-14-15)

○《洪範》:"凡厥庶民,極之敷言。"《孔傳》:"凡其衆民,中心之所陳言。"(569、12-19-13)

○《洪範》:"謀及卿士,謀及庶人。"《孔傳》:"次及卿士衆民。"(579、12-22-15)

○《洪範》:"八庶徵。曰雨,曰暘,曰燠,曰寒,曰風,曰時。"《孔傳》:"雨以潤物,暘以乾物,燠以長物,寒以成物,風以動物,五者各以其時,所以爲衆驗。"(581、12-27-7)

○《洪範》:"庶草蕃廡。"《孔傳》:"則衆草蕃滋。"(582、12-27-13)

○《洪範》:"庶民惟星。"《孔傳》:"故衆民惟若星。"(589、12-31-12)

○《大誥》:"越尹氏、庶士御事。"《孔傳》:"及於正官尹氏卿大夫、衆士御治事者。"(629、13-25-11)

○《大誥》:"予惟以爾庶邦。"《孔傳》:"用汝衆國。"(629、13-25-13)

○《大誥》:"爾庶邦君,越庶士御事。"《孔傳》:"汝衆國上下。"(629、13-25-14)

○《康誥》:"矧惟外庶子訓人?"《孔傳》:"況在外掌衆子之官,主訓民者而親犯乎?"(663、14-14-14)

○《酒誥》:"厥誥毖庶邦庶士。"《孔傳》:"文王其所告慎衆國衆士。"(674、14-20-17)

○《酒誥》："越庶國,飲惟祀。"《孔傳》："於所治衆國,飲酒惟當因祭祀。"(676、14-22-16)

○《酒誥》："庶士有正,越庶伯君子。"《孔傳》："衆伯君子、長官大夫、統庶(衆)士有正者。"(678、14-24-5)

按:《孔傳》"庶",八、李、王、纂、魏、平、岳作"衆"①,是。

○《酒誥》："百僚庶尹惟亞惟服宗工。"《孔傳》："治事百官衆正,及次大夫服事尊官。"(683、14-27-4)

○《酒誥》："庶群自酒。"《孔傳》："紂衆群臣,用酒沈荒。"(685、14-29-9)

○《梓材》："以厥庶民,暨厥臣。"《孔傳》："言當用其衆人之賢者與其小臣之良者。"(692、14-34-3)

○《梓材》："庶邦享。"《孔傳》："衆國朝享於王。"(699、14-38-7)

○《梓材》："集庶邦,丕享。"《孔傳》："和集衆國,大來朝享。"(700、14-38-10)

○《召誥》："太保乃以庶殷。"《孔傳》："以衆殷之民治都邑之位於洛水北……言衆殷,本其所由來。"(705、15-2-17)

○《召誥》："命庶殷侯、甸、男邦伯。"《孔傳》："命衆殷侯、甸、男服之邦伯。"(708、15-5-7)

○《召誥》："厥既命殷庶,庶殷丕作。"《孔傳》："其已命殷衆,衆殷之民大作。"(709、15-5-10)

○《召誥》："誥告庶殷。"《孔傳》："召公指戒成王,而以衆殷諸侯。"(711、15-8-1)

○《無逸》："能保惠于庶民。"《孔傳》："故能安順於衆民。"(776、16-16-3)

○《無逸》："以庶邦惟正之供。"《孔傳》："以衆國所取法則,當以正道供待之故。"(780、16-18-6)

○《立政》："乃惟庶習逸德之人。"《孔傳》："乃惟衆習爲過德之人。"(839、17-26-6)

○《立政》："太史、尹伯、庶常吉士。"《孔傳》："太史下大夫……及衆掌常事之善士,皆得其人。"(842、17-28-13)

○《立政》："文王罔攸兼于庶言,庶獄,庶慎。"《孔傳》："文王無所兼知,於毀譽衆言及衆刑獄,衆當所慎之事。"(844、17-31-6)

○《立政》："是訓用違,庶獄庶慎。"《孔傳》："是萬民順法,用違法衆獄,衆慎之事。"(844、17-31-9)

①　杜澤遜:《尚書注疏彙校》,第2162頁。

○《立政》:"相我受民,和我庶獄庶慎。"《孔傳》:"能治我所受天民,和平我衆獄衆慎之事。"(845、17-32-14)

○《立政》:"其勿誤于庶獄庶慎。"《孔傳》:"治衆獄衆慎,其勿誤。"(847、17-34-2)

○《立政》:"其勿誤于庶獄,惟有司之牧夫。"《孔傳》:"獨言衆獄、有司,欲其重刑慎官人。"(849、17-35-5)

○《周官》:"庶政惟和。"《孔傳》:"官職有序,故衆政惟和。"(853、18-3-17)

○《君陳》:"庶言同則繹。"《孔傳》:"衆言同則陳而布之。"(861、18-16-2)

○《顧命》:"柔遠能邇,安勸小大庶邦。"《孔傳》:"言當和遠,又能和近,安小大衆國。"(874、18-23-1)

○《畢命》:"兹殷庶士,席寵惟舊。"《孔傳》:"此殷衆士,居寵日久。"(915、19-12-17)

○《吕刑》:"虐威庶戮。"《孔傳》:"三苗虐政作威,衆被戮者。"(931、19-26-1)

○《吕刑》:"皇帝哀矜庶戮之不辜。"《孔傳》:"哀矜衆被戮者之不辜。"(932、19-26-4)

○《吕刑》:"惟時庶威奪貨。"《孔傳》:"惟是衆爲威虐者,任之以奪取人貨。"(940、19-33-13)

○《吕刑》:"報以庶尤。"《孔傳》:"其報則以衆人見罪。"(958、19-45-16)

○《吕刑》:"庶民罔有令政在于天下。"《孔傳》:"令衆民無有善政在於天下。"(959、19-46-1)

② 皆。

○《益稷》:"明庶以功。"《孔傳》:"明之皆以功大小爲差。"(212、5-14-3)

③ 衆庶。

○《皋陶謨》:"惇敘九族,庶明勵翼。"《孔傳》:"厚次敘九族,則衆庶皆明其教。"(163、4-23-2)

0598 率 shuài

① 循。(23見)

○《大禹謨》:"惟時有苗弗率。"《孔傳》:"率,循。"(156、4-16-15)

○《仲虺之誥》:"兹率厥典。"《孔傳》:"但當循其典法。"(395、8-9-9)

○《伊訓》:"于其子孫弗率。"《孔傳》:"言桀不循其祖道。"(405、8-19-9)

○《盤庚中》:"乃話民之弗率。"《孔傳》:"民不循教,發善言大告。"(448、9-13-14)

○《説命上》:"俾率先王。"《孔傳》:"使循先王之道。"(471、10－4－13)

○《西伯戡黎》:"不迪率典。"《孔傳》:"而所行不蹈循常法。"(489、10－17－16)

○《大誥》:"率寧人有指疆土。"《孔傳》:"循文王所有指意以安疆土則善矣。"(638、13－33－8)

○《微子之命》:"率由典常。"《孔傳》:"循用舊典,無失其常。"(641、13－36－14)

○《康誥》:"不率大。"《孔傳》:"凡民不循大常之教。"(663、14－14－14)

○《康誥》:"汝乃其速由兹義率。"《孔傳》:"汝乃其速用此典刑宜於時世者,循理以刑殺。"(665、14－15－4)

○《多士》:"予惟率肆矜爾。"《孔傳》:"惟我循殷故事,憐愍汝。"(760、16－8－13)

○《君奭》:"率惟兹有陳。"《孔傳》:"循惟此道,有陳列之功。"(797、16－29－9)

○《君奭》:"罔不率俾。"《孔傳》:"無不循化而使之。"(808、16－38－3)

○《蔡仲之命》:"惟爾率德改行。"《孔傳》:"言汝循祖之德,改父之行。"(812、17－3－12)

○《蔡仲之命》:"率乃祖文王之彝訓。"《孔傳》:"言當循文武之常教。"(812、17－4－2)

○《蔡仲之命》:"康濟小民,率自中。"《孔傳》:"當安小民之居,成小民之業,循用大中之道。"(813、17－4－13)

○《立政》:"亦越武王,率惟敉功,不敢替厥德。"《孔傳》:"亦於武王循惟文王撫安天下之功,不敢廢其義德,奉遵父道。"(844、17－31－18)

○《立政》:"率惟謀從容德。"《孔傳》:"武王循惟謀從文王寬容之德。"(844、17－32－2)

○《君陳》:"兹率厥常。"《孔傳》:"此循其常法而教訓之。"(860、18－14－11)

○《畢命》:"弗率訓典。"《孔傳》:"其不循教道之常。"(915、19－11－3)

○《君牙》:"率乃祖考之攸行。"《孔傳》:"言當循汝父祖之所行。"(919、19－18－5)

○《吕刑》:"率乂于民棐彝。"《孔傳》:"循道以治於民,輔成常教。"(938、19－32－1)

○《文侯之命》:"罔不率從。"《孔傳》:"天下無不循從其化。"(963、20－3－3)

② 率勉。

○《君陳》:"以率其或不良。"《孔傳》:"以率勉其有不良者。"(863、18 - 18 - 3)

0599 爽 shuǎng

明。(7 見)

○《仲虺之誥》:"用爽厥師。"《孔傳》:"爽,明也。"(395、8 - 9 - 15)

按:《孔疏》:"昭七年《左傳》云:'是以有精爽至於神明。'從爽以至於明,則'爽'是明之始,故'爽'爲明也。"

○《太甲上》:"先王昧爽丕顯。"《孔傳》:"爽,顯,皆明也。"(410、8 - 26 - 2)

○《盤庚中》:"故有爽德自上。"《孔傳》:"湯有明德在天。"(455、9 - 17 - 17)

○《牧誓》:"時甲子昧爽。"《孔傳》:"爽,明。"(517、11 - 19 - 15)

○《大誥》:"爽邦由哲。"《孔傳》:"有明國事,用智道。"(636、13 - 31 - 18)

○《康誥》:"爽惟民迪吉康。"《孔傳》:"明惟治民之道而善安之。"(667、14 - 16 - 18)

○《康誥》:"爽惟天其罰殛我。"《孔傳》:"明惟天其以民不安罰誅我。"(668、14 - 17 - 16)

按:《説文》:"爽,明也。从㸚从大。"《廣雅·釋詁》:"爽,明。"

0600 斯 sī

此。(6 見)

○《洪範》:"時人斯其惟皇之極。"《孔傳》:"則是人此其惟大之中。"(565、12 - 16 - 6)

○《金縢》:"則罪人斯得。"《孔傳》:"罪人此得。"(612、13 - 15 - 5)

○《酒誥》:"有斯明享。"《孔傳》:"則汝有此明訓以享國。"(690、14 - 32 - 13)

○《君陳》:"斯謀斯猷,惟我后之德。"《孔傳》:"此善謀,此善道,惟我君之德。"(862、18 - 16 - 6)

○《秦誓》:"責人斯無難。"《孔傳》:"人之有非,以義責之,此無難也。"(979、20 - 16 - 15)

0601 思 sī

① 念。

○《太甲上》:"復歸于亳,思庸。"《孔傳》:"念常道。"(1013、8 - 23 - 18)

② 思念。

○《大誥》:"朕言艱日思。"《孔傳》:"我所言國家之難備矣,日思念之。"(634、13 - 30 - 6)

③ **思慮。**

○《君牙》：“思其艱以圖其易。”《孔傳》：“當思慮其難以謀其易。”（919、19－16－13）

④ **心慮所行。**

○《洪範》：“五曰思。”《孔傳》：“心慮所行。”（554、12－9－18）

0602 私 sī

私情。

○《周官》：“以公滅私，民其允懷。”《孔傳》：“從政以公平滅私情，則民其信歸之。”（857、18－9－14）

0603 司 sī

① **主。(7 見)**

○《大禹謨》：“茲用不犯于有司。”《孔傳》：“司，主也。”（152、4－10－12）

○《胤征》：“遐棄厥司。”《孔傳》：“司，所主也。”（381、7－14－10）

○《高宗肜日》：“王司敬民。”《孔傳》：“王者主民，當敬民事。”（481、10－14－18）

○《酒誥》：“勿辯乃司民湎于酒。”《孔傳》：“勿使汝主民之吏湎於酒。”（690、14－33－10）

○《周官》：“司馬，掌邦政。”《孔傳》：“《夏官》卿，主戎馬之事，掌國征伐。”（855、18－5－17）

○《君陳》：“往慎乃司。”《孔傳》：“今往承其業，當慎汝所主。”（860、18－14－11）

○《呂刑》：“四方司政典獄。”《孔傳》：“主政典獄，謂諸侯也。”（939、19－33－7）

② **司牧。**

○《康誥》：“司師，茲殷罰有倫。”《孔傳》：“司牧其衆，及此殷家刑罰有倫理者兼用之。”（657、14－10－8）

0604 死 sǐ

殺。

○《呂刑》：“罰懲非死。”《孔傳》：“刑罰所以懲過，非殺人。”（955、19－43－14）

按：《國語·越語下》“死生因天地之刑”，韋昭注：“死，殺也。”

0605 肆 sì

① **故。(25 見)**

○《大禹謨》：“肆予以爾衆士。”《孔傳》：“肆，故也。”（158、4－17－5）

○《太甲上》：“肆嗣王丕承基緒。”《孔傳》：“肆，故也。”（410、8－25－11）

○《盤庚下》：“肆上帝將復我高祖之德。”《孔傳》：“以徙故，天將復湯德治理於我家。”（464、9－23－13）

○《泰誓上》：“肆予小子發，以爾友邦冢君，觀政于商。”《孔傳》：“故我與諸侯，觀紂政之善惡。”（505、11－7－7）

○《大誥》：“肆予告我友邦君。”《孔傳》：“以美故告我友國諸侯。”（629、13－25－10）

○《大誥》：“肆予沖人。”《孔傳》：“故我童人成王。”（630、13－27－1）

○《大誥》：“肆予曷敢不越卬敉寧王大命？”《孔傳》：“故我何敢不於今日撫循文王大命以征逆乎？”（635、13－30－15）

○《大誥》：“肆哉爾庶邦君，越爾御事。”《孔傳》：“故以告諸侯及臣下御治事者。”（636、13－31－17）

○《大誥》：“肆朕誕以爾東征。”《孔傳》：“以卜吉之故，大以汝衆東征四國。”（638、13－33－9）

○《康誥》：“肆汝小子封，惟命不于常。”《孔傳》：“故當念天命之不於常。”（669、14－19－5）

○《梓材》：“肆徂厥敬勞。”《孔傳》：“故汝往治民，必敬勞來之。”（693、14－34－11）

○《梓材》：“肆往，姦宄殺人，歷人宥。”《孔傳》：“以民當敬勞之故，汝往之國，又當詳察姦宄之人，及殺人賊，所過歷之人，有所寬宥。”（693、14－34－12）

○《梓材》：“肆亦見厥君事。”《孔傳》：“故往治民，亦當見其爲君之事。”（693、14－34－15）

○《康誥》：“肆汝小子封，在茲東土。”《孔傳》：“故汝小子封，得在此東土爲諸侯。”（649、14－5－2）

○《召誥》：“肆惟王其疾敬德。”《孔傳》：“故惟王其當疾行敬德。”（718、15－15－15）

○《多士》：“肆爾多士，非我小國敢弋殷命。”《孔傳》：“天佑我，故汝衆士臣服我。……非我敢取殷王命。”（753、16－2－16）

○《多士》：“予亦念天，即于殷大戾，肆不正。”《孔傳》：“我亦念天，就於殷大罪而加誅者，故以紂不能正身念法。”（758、16－7－8）

○《多士》：“肆予敢求爾于天邑商。”《孔傳》：“故我敢求汝於天邑商。”（759、16－8－11）

○《多士》：“予惟率肆矜爾。”《孔傳》：“惟我循殷故事，憐愍汝。”（760、

16－8－13)

○《無逸》:"<u>肆</u>高宗之享國,五十有九年。"《孔傳》:"高宗爲政,小大無怨,<u>故</u>亦享國永年。"(773、16－15－1)

○《無逸》:"<u>肆</u>祖甲之享國,三十有三年。"《孔傳》:"太甲亦以知小人之依,<u>故</u>得久年。"(776、16－16－5)

○《君奭》:"<u>肆</u>其監于兹。"《孔傳》:"<u>故</u>其當視於此。"(805、16－36－1)

○《君奭》:"<u>肆</u>念我天威。"《孔傳》:"以殷喪大<u>故</u>,當念我天德可畏。"(807、16－37－5)

○《蔡仲之命》:"<u>肆</u>予命爾侯于東土。"《孔傳》:"<u>故</u>我命汝爲諸侯於東土。"(812、17－3－14)

○《文侯之命》:"<u>肆</u>先祖懷在位。"《孔傳》:"<u>故</u>我後世先祖,歸在王位。"(963、20－3－3)

② 縱。

○《泰誓中》:"淫酗<u>肆</u>虐。"《孔傳》:"過酗<u>縱</u>虐。"(509、11－11－2)

按:《孔疏》:"'肆'是放縱之意,酒過則酗,縱情爲虐。"

③ 陳。

○《牧誓》:"昏棄厥<u>肆</u>祀弗答。"《孔傳》:"<u>肆</u>,<u>陳</u>。"(524、11－23－1)

按:《孔疏》:"《詩》云:'肆筵設席。''肆'者,陳設之意,《毛傳》亦以'肆'爲陳也。"

④ 遂。

○《梓材》:"越厥疆土于先王<u>肆</u>。"《孔傳》:"則於先王之道<u>遂</u>大。"(700、14－38－11)

按:《孔疏》:"'肆',遂也,申遂故爲大。"

0606 嗣　sì

① 繼。(10 見)

○《太甲下》:"今王<u>嗣</u>有令緒。"《孔傳》:"<u>繼</u>祖善業。"(418、8－32－11)

○《洪範》:"鯀則殛死,禹乃<u>嗣</u>興。"《孔傳》:"<u>嗣</u>,<u>繼</u>也。"(545、12－3－16)

○《酒誥》:"<u>嗣</u>爾股肱。"《孔傳》:"<u>繼</u>汝股肱之教。"(677、14－23－17)

○《召誥》:"今王<u>嗣</u>受厥命,我亦惟兹二國命,<u>嗣</u>若功。"《孔傳》:"其夏殷也,<u>繼</u>受其王命,亦惟當以此夏殷長短之命爲監戒,<u>繼</u>順其功德者而法則之。"(717、15－14－11)

○《君奭》:"<u>嗣</u>前人,恭明德。"《孔傳》:"<u>繼</u>先王之大業,恭奉其明德。"(793、16－26－9)

○《顧命》:"<u>嗣</u>守文武大訓。"《孔傳》:"言奉順<u>繼</u>守文武大教。"(873、18－

22 - 12)

○《康王之誥》:"王義嗣德。"《孔傳》:"康王以義繼先人明德。"(906、19 -
2 - 4)

○《君牙》:"惟予小子,嗣守文、武、成、康遺緒。"《孔傳》:"惟我小子,繼守
先王遺業。"(918、19 - 15 - 14)

○《冏命》:"嗣先人宅丕后。"《孔傳》:"繼先人居大君之位。"(920、19 - 19 - 5)

② 承繼。

○《大誥》:"嗣無疆大歷服。"《孔傳》:"言子孫承繼祖考無窮大數,服行其
政。"(624、13 - 21 - 11)

③ 嗣位。

○《召誥》:"今沖子嗣。"《孔傳》:"言成王少嗣位治政。"(713、15 - 10 - 8)

④ 嗣續。

○《顧命》:"恐不獲誓言嗣。"《孔傳》:"恐不得結信出言嗣續我志。"
(872、18 - 22 - 4)

⑤ 繼嗣。

○《顧命》:"命汝嗣訓。"《孔傳》:"命汝繼嗣其道。"(896、18 - 37 - 14)

0607 俟 sì

待。

○《武成》:"俟天休命。"《孔傳》:"待天休命。"(536、11 - 32 - 7)

○《金縢》:"歸俟爾命。"《孔傳》:"待命當以事神。"(605、13 - 11 - 12)

○《金縢》:"茲攸俟,能念予一人。"《孔傳》:"此所以待能念我天子事。"
(606、13 - 13 - 12)

○《顧命》:"諸侯出廟門俟。"《孔傳》:"言諸侯,則卿士已下亦可知。殯之
所處故曰廟。[皆]待王後命。"(900、18 - 41 - 4)

按:"待"前,八、李、王、纂、平、要、岳有"皆"字[1],是。

0608 祀 sì

① 祭祀。(8 見)

○《高宗肜日》:"祀無豐于昵。"《孔傳》:"祭祀有常,不當特豐於近廟。"
(481、10 - 15 - 1)

○《牧誓》:"昏棄厥肆祀弗答。"《孔傳》:"亂棄其所陳祭祀,不復當享鬼
神。"(524、11 - 23 - 1)

○《酒誥》:"朝夕曰:'祀茲酒。'"《孔傳》:"朝夕勅之:'惟祭祀而用此酒,

---

① 杜澤遜:《尚書注疏彙校》,第 2948 頁。

不常飲。’”(674、14 - 20 - 18)

○《酒誥》:“惟元祀。”《孔傳》:“惟爲祭祀。”(675、14 - 21 - 2)

○《酒誥》:“越庶國,飲惟祀。”《孔傳》:“於所治衆國,飲酒惟當因祭祀。”(676、14 - 22 - 16)

○《洛誥》:“予沖子,夙夜毖祀。”《孔傳》:“童子徒早起夜寐,慎其祭祀而已。”(736、15 - 30 - 11)

○《多士》:“罔不明德恤祀。”《孔傳》:“無不顯用有德,憂念齊敬,奉其祭祀。”(755、16 - 5 - 4)

○《多方》:“弗永寅念于祀。”《孔傳》:“不長敬念于祭祀。”(817、17 - 8 - 10)

② 祭告。

○《武成》:“丁未,祀于周廟。”《孔傳》:“四月丁未,祭告后稷以下、文考文王以上七世之祖。”(531、11 - 26 - 17)

③ 敬鬼神以成教。

○《洪範》:“三曰祀。”《孔傳》:“敬鬼神以成教。”(560、12 - 11 - 16)

0609 俗 sú

風俗。

○《君陳》:“敗常亂俗。”《孔傳》:“毀敗五常之道,以亂風俗之教。”(863、18 - 16 - 18)

0610 夙 sù

早。

○《皋陶謨》:“夙夜浚明有家。”《孔傳》:“夙,早。”(169、4 - 27 - 16)

○《旅獒》:“夙夜罔或不勤。”《孔傳》:“言當早起夜寐,常勤於德。”(598、13 - 6 - 10)

○《洛誥》:“予沖子,夙夜毖祀。”《孔傳》:“我童子徒早起夜寐,慎其祭祀而已。”(736、15 - 30 - 10)

0611 宿 sù

進。

○《顧命》:“王三宿,三祭,三咤。”《孔傳》:“王三進爵,三祭酒,三奠爵。”(897、18 - 38 - 10)

按:《孔疏》:“《釋詁》云:‘肅,進也。’‘宿’即肅也,故以宿爵而續送。”

0612 肅 sù

進。

○《洛誥》:“公功肅將祇歡。”《孔傳》:“公功以進大,天下咸敬樂公功。”

（739、15 - 33 - 4）

0613 遂 suì

① 進。

○《仲虺之誥》："顯忠遂良。"《孔傳》："忠則顯之，良則進之。"（397、8 -
11 - 10）

② 因事曰遂。

○《康王之誥》："遂誥諸侯。"《孔傳》："因事曰遂。"（1062、19 - 1 - 8）

0614 綏 suì

① 安。（14 見）

○《禹貢》："五百里綏服。"《孔傳》："綏，安也。"（355、6 - 42 - 13）

○《湯誥》："克綏厥猷惟后。"《孔傳》："能安立其道教，則惟爲君之道。"
（400、8 - 14 - 5）

○《太甲上》："撫綏萬方。"《孔傳》："撫安天下。"（410、8 - 25 - 6）

○《盤庚中》："我先后綏乃祖乃父。"《孔傳》："言我先王安汝父祖之忠。"
（456、9 - 18 - 12）

○《盤庚下》："綏爰有衆。"《孔傳》："安於有衆。"（461、9 - 21 - 15）

○《説命下》："其爾克紹乃辟于先王永綏民。"《孔傳》："能繼汝君於先王
長安民。"（476、10 - 11 - 15）

○《泰誓上》："惟其克相上帝，寵綏四方。"《孔傳》："當能助天寵安天
下。"（506、11 - 8 - 1）

○《大誥》："綏予曰：'……'"《孔傳》："汝衆國君臣，當安勉我曰：
'……'。"（631、13 - 27 - 9）

○《大誥》："克綏受兹命。"《孔傳》："能安受此天命。"（632、13 - 28 - 6）

○《微子之命》："永綏厥位。"《孔傳》："則長安其位。"（641、13 - 36 - 18）

○《周官》："四征弗庭，綏厥兆民。"《孔傳》："四面征討諸侯之不直者，所
以安其兆民。"（852、18 - 2 - 10）

○《康王之誥》："綏爾先公之臣服于先王。"《孔傳》："安汝先公之臣，服於
先王而法循之。"（909、19 - 5 - 12）

○《畢命》："惟周公左右先王，綏定厥家。"《孔傳》："言周公助先王安定其
家。"（913、19 - 8 - 17）

○《文侯之命》："有績予一人，永綏在位。"《孔傳》："能有成功，則我一人
長安在王位。"（965、20 - 4 - 17）

② 保安。

○《咸有一德》："克綏先王之禄。"《孔傳》："則能保安先王之寵禄。"

（422、8－38－6）

0615 索 suǒ

盡。

○《牧誓》：“牝雞之晨，惟家之索。”《孔傳》：“索，盡也。”（523、11－22－8）

按：《孔疏》：“《禮記·檀弓》曰：‘吾離群而索居。’‘索居’爲散義。鄭玄云：‘索，散也。’物散則盡，故‘索’爲盡也。”

0616 撻 tà

笞撻。

○《益稷》：“侯以明之，撻以記之。”《孔傳》：“當行射侯之禮，以明善惡之教。笞撻不是者，使記識其過。”（210、5－7－9）

0617 探 tàn

取。

○《多方》：“探天之威。”《孔傳》：“取天之威。”（831、17－20－3）

0618 叨 tāo

貪叨。

○《多方》：“亦惟有夏之民叨懫。”《孔傳》：“亦惟有夏之民，貪叨忿懫而逆命。”（818、17－9－11）

按：《孔疏》：“文十八年《左傳》云：‘縉雲氏有不才子，貪於飲食，冒於貨賄，天下之民，謂之饕餮。’説者皆言貪財爲饕，貪食爲餮。‘饕’即‘叨’也，叨餮，謂貪財貪食也。”

0619 慆 tāo

慢。

○《湯誥》：“凡我造邦，無從匪彝，無即慆淫。”《孔傳》：“慆，慢也。”（402、8－16－7）

按：慆，有怠慢義。《國語·周語》“必有慆淫之心閒之”，韋昭注：“慆，慢。”

0620 洮 táo

洮盥。

○《顧命》：“甲子，王乃洮頮水。”《孔傳》：“王大發大命，臨群臣，必齊戒沐浴。今疾病故，但洮盥頮面。”（867、18－20－4）

按：《孔疏》：“《禮》：洗手謂之‘盥’，洗面謂之‘靧’。”

0621 慝 tè

惡。

○《大禹謨》：“負罪引慝。”《孔傳》：“慝，惡。”（158、4－19－6）

○《周官》:"司寇,掌邦禁,詰姦慝。"《孔傳》:"《秋官》卿,主寇賊法禁,治姦惡。"(855、18-6-2)

○《畢命》:"旌別淑慝。"《孔傳》:"言當識別頑民之善惡。"(915、19-10-18)

0622 忒 tè

差。

○《洪範》:"民用僭忒。"《孔傳》:"則下民僭差。"(573、12-20-15)

0623 替 tì

廢。

○《旅獒》:"無替厥服。"《孔傳》:"使無廢其職。"(597、13-2-16)

○《大誥》:"不敢替上帝命。"《孔傳》:"不敢廢天命。"(632、13-28-4)

○《微子之命》:"無替朕命。"《孔傳》:"無廢我命。"(641、13-37-6)

○《康誥》:"勿替敬典。"《孔傳》:"勿廢所宜敬之常法。"(670、14-19-13)

0624 逖 tì

遠。

○《牧誓》:"逖矣,西土之人!"《孔傳》:"逖,遠也。"(518、11-20-9)

○《多方》:"離逖爾土。"《孔傳》:"離遠汝土。"(831、17-20-3)

0625 惕 tì

畏懼。

○《盤庚上》:"不惕予一人。"《孔傳》:"不畏懼我耳。"(434、9-7-10)

0626 天禄 tiān lù

天之禄籍。

○《大禹謨》:"天禄永終。"《孔傳》:"天之禄籍,長終汝身。"(154、4-12-10)

按:即天賜的福禄義。

0627 天威 tiān wēi

天之威命。

○《顧命》:"敬迓天威。"《孔傳》:"敬迎天之威命。"(873、18-22-12)

按:即上天的威嚴義。

0628 天顯 tiān xiǎn

天之明道。

○《康誥》:"于弟弗念天顯。"《孔傳》:"於爲人弟,不念天之明道。"(662、14-12-16)

按：即指上天顯示的意旨義。

0629 恬 tián

安。

○《梓材》："引養引恬。"《孔傳》："能長養民,長安民。"(696、14－36－13)

0630 殄 tiǎn

① 絕。(9 見)

○《益稷》："用殄厥世。"《孔傳》："用是絕其世不得嗣。"(216、5－14－12)

○《盤庚中》："我乃劓殄滅之。"《孔傳》："言不吉之人當割絕滅之。"(460、9－20－10)

○《泰誓下》："殄殲乃讎。"《孔傳》："言欲行除惡之義,絕盡紂。"(514、11－17－9)

○《武成》："暴殄天物。"《孔傳》："暴絕天物,言逆天也。"(535、11－31－3)

○《召誥》："亦敢殄戮用乂民。"《孔傳》："亦當果敢絕刑戮之道用治民。"(718、15－16－1)

○《多方》："刑殄有夏。"《孔傳》："命湯刑絕有夏。"(819、17－10－10)

○《多方》："殄戮多罪。"《孔傳》："絕戮衆罪。"(821、17－11－13)

○《畢命》："餘風未殄。"《孔傳》："餘風未絕。"(915、19－11－10)

○《文侯之命》："殄資澤于下民。"《孔傳》："絕其資用惠澤於下民。"(964、20－4－1)

② 絕亡。

○《康誥》："不汝瑕殄。"《孔傳》："則我不汝罪過,不絕亡汝。"(669、14－18－17)

③ 絕棄。

○《康誥》："汝念哉！無我殄。"《孔傳》："無絕棄我言而不念。"(669、14－19－7)

0631 殄殲 tiǎn jiān

絕盡。

○《泰誓下》："肆予小子,誕以爾衆士,殄殲乃讎。"《孔傳》："言欲行除惡之義,絕盡紂。"(514、11－17－9)

0632 腆 tiǎn

厚。

○《酒誥》："厥父母慶,自洗腆,致用酒。"《孔傳》："其父母善子之行,子乃

自潔厚,致用酒養也。"(678、14－24－4)

○《酒誥》:"不腆于酒。"《孔傳》:"不厚於酒。"(680、14－26－4)

○《酒誥》:"惟荒腆于酒。"《孔傳》:"言紂大厚於酒。"(685、14－29－3)

按:《左傳·襄公十四年》"我先君惠公有不腆之田",杜預注:"腆,厚也。"

0633 條 tiáo

① 長。

○《禹貢》:"厥草惟繇,厥木惟條。"《孔傳》:"條,長也。"(257、6－10－15)

② 條理。

○《盤庚上》:"有條而不紊。"《孔傳》:"各有條理而不亂也。"(435、9－7－17)

0634 聽 tīng

① 服。

○《高宗肜日》:"民有不若德,不聽罪。"《孔傳》:"不順德,言無義。不服罪,不改脩。"(481、10－14－3)

② 察。

○《洪範》:"四曰聽。"《孔傳》:"察是非。"(554、12－9－18)

③ 聽從。

○《盤庚上》:"聽予一人之作猷。"《孔傳》:"聽從遷徙之謀。"(445、9－12－12)

○《吕刑》:"皆聽朕言。"《孔傳》:"聽從我言。"(941、19－34－14)

④ 順從。

○《康誥》:"聽朕告汝。"《孔傳》:"順從我所告之言。"(670、14－19－15)

0635 庭 tíng

直。

○《周官》:"四征弗庭。"《孔傳》:"四面征討諸侯之不直者。"(852、18－2－10)

按:直,有正直義。《爾雅·釋詁》:"庭,直也。"《詩·小雅·大田》"既庭且碩,曾孫是若",《毛傳》:"庭,直也。"

0636 同 tóng

① 鈞。

○《泰誓上》:"同力度德,同德度義。"《孔傳》:"力鈞則有德者勝,德鈞則秉義者强。"(506、11－8－13)

② 和同。

○《康誥》:"迪屢未同。"《孔傳》:"屢數而未和同。"(667、14-17-14)

③ 不殊。

○《蔡仲之命》:"爲善不同,同歸于治。爲惡不同,同歸于亂。"《孔傳》:"言人爲善爲惡,各有百端,未必正同。而治亂所歸不殊,宜慎其微。"(813、17-4-6 17-4-7)

0637 統 tǒng

① 統理。

○《周官》:"冢宰,掌邦治,統百官。"《孔傳》:"《天官》卿,稱太宰,主國政治,統理百官。"(855、18-5-11)

② 統正。

○《周官》:"司馬,掌邦政,統六師。"《孔傳》:"《夏官》卿,主戎馬之事,掌國征伐,統正六軍。"(855、18-5-18)

0638 荼毒 tú dú

苦。

○《湯誥》:"爾萬方百姓罹其凶害,弗忍荼毒。"《孔傳》:"荼毒,苦也。"(400、8-14-8)

按:《孔疏》:"《釋草》云:'荼,苦菜。'此菜味苦,故假之以言人苦。'毒'謂螫人之蟲,蛇虺之類。實是人之所苦,故並言'荼毒'以喻苦也。"

0639 圖 tú

謀。(17見)

○《五子之歌》:"不見是圖。"《孔傳》:"不見是謀。"(376、7-7-17)

○《太甲上》:"惟懷永圖。"《孔傳》:"思長世之謀。"(411、8-26-7)

○《太甲中》:"圖惟厥終。"《孔傳》:"謀終於善。"(416、8-30-3)

○《盤庚上》:"亦惟圖任舊人共政。"《孔傳》:"先王謀任久老成人,共治其政。"(432、9-6-14)

○《金縢》:"惟永終是圖。"《孔傳》:"武王惟長終是謀周之道。"(606、13-13-10)

○《大誥》:"予翼以于敉寧武圖功。"《孔傳》:"用撫安武事,謀立其功。"(628、13-24-4)

○《大誥》:"不可不成乃寧考圖功。"《孔傳》:"不可不成汝寧祖聖考文武所謀之功。"(631、13-27-9)

○《大誥》:"予不敢不極卒寧王圖事。"《孔傳》:"我不敢不極盡文王所謀

之事。"（633、13 - 28 - 14）

○《大誥》："予曷其不于前寧人圖功攸終?"《孔傳》："我何其不於前文王安人之道,謀立其功所終乎?"（634、13 - 29 - 2）

○《多方》："洪惟圖天之命。"《孔傳》："大惟爲王謀天之命。"（817、17 - 8 - 10）

○《多方》："厥圖帝之命。"《孔傳》："桀其謀天之命。"（817、17 - 9 - 4）

○《多方》："圖天之命。"《孔傳》："共謀天之命。"（822、17 - 12 - 11）

○《多方》："乃惟有夏圖厥政。"《孔傳》："言桀謀其政。"（822、17 - 12 - 17）

○《多方》："圖厥政。"《孔傳》："紂謀其政。"（822、17 - 13 - 5）

○《多方》："爾乃自作不典圖忱于正。"《孔傳》："是汝乃自爲不常謀信于正道。"（826、17 - 16 - 2）

○《君陳》："圖厥政,莫或不艱。"《孔傳》："謀其政,無有不先慮其難。"（861、18 - 16 - 1）

○《君牙》："思其艱以圖其易。"《孔傳》："當思慮其難以謀其易。"（919、19 - 16 - 14）

0640 塗 tú

泥。

○《仲虺之誥》："有夏昏德,民墜塗炭。"《孔傳》："夏桀昏亂,不恤下民,民之危險,若陷泥墜火,無救之者。"（395、8 - 9 - 6）

0641 頑 wán

① 心不則德義之經爲頑。

○《堯典》："瞽子,父頑,母嚚,象傲。"《孔傳》："心不則德義之經爲頑。"（60、2 - 32 - 13）

按:心不則德義之經,有愚蠢無知頑固之義,《孔疏》："'心不則德義之經爲頑',僖二十四年《左傳》文。"

○《多士》："遷殷頑民。"《孔傳》："殷大夫士心不則德義之經,故徙近王都。"（1054、16 - 1 - 7）

② 頑愚。

○《益稷》："庶頑讒説。"《孔傳》："衆頑愚讒説之人。"（209、5 - 7 - 6）

③ 頑凶。

○《益稷》："苗頑弗即工。"《孔傳》："惟三苗頑凶,不得就官。"（225、5 - 15 - 8）

④ 頑嚚。

○《伊訓》："遠耆德,比頑童。"《孔傳》："耆年有德疏遠之,童稚頑嚚親比

之。"(408、8-21-6)

○《君陳》:"爾無忿疾于頑。"《孔傳》:"人有頑嚚不喻,汝當訓之,無忿怒疾之。"(863、18-17-15)

0642 萬 wàn

十千爲萬。

○《洛誥》:"公其以予萬億年敬天之休。"《孔傳》:"十千爲萬。"(726、15-23-5)

0643 王 wáng

① **君。**

○《太甲中》:"王拜手稽首曰。"《孔傳》:"君而稽首於臣。"(415、8-29-7)

② **王道。**

○《康誥》:"乃服惟弘王。"《孔傳》:"乃當服行德政,惟弘大王道。"(653、14-7-15)

○《酒誥》:"惟助成王德顯。"《孔傳》:"惟助其君成王道,明其德於正人之道。"(684、14-27-9)

○《梓材》:"自古王若茲監。"《孔傳》:"用古王道如此,監無所復罪。"(696、14-36-13)

③ **王者。**

○《康誥》:"亦惟助王宅天命,作新民。"《孔傳》:"亦所以惟助王者居順天命爲民日新之教。"(654、14-7-18)

○《酒誥》:"茲乃允惟王正事之臣。"《孔傳》:"此乃信任王者正事之大臣。"(679、14-24-14)

○《梓材》:"王啓監,厥亂爲民。"《孔傳》:"言王者開置監官,其治爲民。"(694、14-36-6)

○《梓材》:"王其效邦君越御事。"《孔傳》:"王者其效實國君,及于御治事者。"(696、14-36-11)

0644 往 wǎng

① **至。**

○《洛誥》:"周公往營成周。"《孔傳》:"周公自後至,經營作之。"(1054、15-19-10)

② **往至。**

○《洛誥》:"公定,予往已。"《孔傳》:"公留以安定我,我從公言,往至洛邑已矣。"(739、15-33-4)

③ 自今以往(一作"自今已往")。

○《君奭》:"祇若兹,往敬用治。"《孔傳》:"當敬順我此言,<u>自今以往</u>,敬用治民職事。"(809、16-38-15)

○《盤庚中》:"<u>往</u>哉生生。"《孔傳》:"<u>自今以往</u>,進進於善。"(460、9-20-13)

○《洛誥》:"孺子其朋,其<u>往</u>。"《孔傳》:"少子慎朋黨,戒其<u>自今已往</u>。"(728、15-24-13)

0645 威 wēi

① 罰。

○《泰誓上》:"肅將天<u>威</u>。"《孔傳》:"命文王敬行天<u>罰</u>。"(505、11-7-5)

② 威虐。

○《甘誓》:"有扈氏<u>威</u>侮五行。"《孔傳》:"有扈與夏同姓,恃親而不恭,是則<u>威虐</u>侮慢五行。"(364、7-2-8)

○《吕刑》:"惟時庶<u>威</u>奪貨。"《孔傳》:"惟是衆爲<u>威虐</u>者,任之以奪取人貨。"(940、19-33-13)

③ 威脅。

○《盤庚中》:"予豈汝<u>威</u>?"《孔傳》:"豈以<u>威脅</u>汝乎?"(454、9-16-17)

④ 威罰。

○《酒誥》:"天降<u>威</u>。"《孔傳》:"天下<u>威罰</u>。"(675、14-21-3)

⑤ 可畏。

○《君奭》:"肆念我天<u>威</u>。"《孔傳》:"以殷喪大故,當念我天德<u>可畏</u>。"(807、16-37-5)

0646 微 wēi

隱。

○《洪範》:"乂用昏不明,俊民用<u>微</u>。"《孔傳》:"治闇賢<u>隱</u>。"(588、12-30-15)

0647 危 wēi

危懼。

○《太甲下》:"無安厥位,惟<u>危</u>。"《孔傳》:"言當常自<u>危懼</u>,以保其位。"(418、8-32-15)

○《周官》:"居寵思<u>危</u>。"《孔傳》:"言雖居貴寵,當思<u>危懼</u>。"(858、18-11-7)

0648 惟 wéi

① 附。

○《大禹謨》:"罪疑<u>惟</u>輕,功疑<u>惟</u>重。"《孔傳》:"刑疑<u>附</u>輕,賞疑從重。"

（152、4－10－10）

② 從。

○《大禹謨》：“罪疑惟輕，功疑惟重。”《孔傳》：“刑疑附輕，賞疑從重。”（152、4－10－10）

③ 是。

○《大禹謨》：“惟乃之休。”《孔傳》：“是汝能明刑之美。”（152、4－10－15）

○《盤庚上》：“惟予一人有佚罰。”《孔傳》：“是己失政之罰。”（445、9－13－6）

④ 以。

○《西伯戡黎》：“惟王淫戲用自絕。”《孔傳》：“以王淫過戲逸，用自絕於先王。”（489、10－17－14）

⑤ 念。

○《康誥》：“惟命不于常。”《孔傳》：“故當念天命之不於常。”（669、14－19－5）

○《酒誥》：“不惟自息乃逸。”《孔傳》：“晝夜不念自息，乃過差。”（685、14－29－3）

○《酒誥》：“弗惟德馨香祀。”《孔傳》：“紂不念發聞其德，使祀見享。”（685、14－29－7）

⑥ 徒。

○《酒誥》：“不惟不敢，亦不暇。”《孔傳》：“非徒不敢，志在助君敬法，亦不暇飲酒。”（683、14－27－7）

⑦ 由。

○《周官》：“功崇惟志，業廣惟勤。”《孔傳》：“功高由志，業廣由勤。”（858、18－10－14）

⑧ 念慮。

○《益稷》：“惟幾惟康。”《孔傳》：“念慮幾微以保其安。”（191、5－5－1）

按：《孔疏》：“傳意以上‘惟’爲念，下‘惟’爲辭，故云念慮幾微，然後以保其好惡所安寧耳。”

⑨ 以……故。

○《益稷》：“啓呱呱而泣，予弗子，惟荒度土功。”《孔傳》：“禹治水過門不入，聞啓泣聲，不暇子名之，以大治度水土之功故。”（218、5－14－17）

0649 違 wéi

① 失。

○《大禹謨》：“罔違道以干百姓之譽。”《孔傳》：“失道求名，古人賤之。”

（148、4 - 5 - 3）

② 避。

○《太甲中》:"天作孽,猶可違。"《孔傳》:"言天災可避。"（416、8 - 29 - 14）

③ 逆。

○《洪範》:"龜筮共違于人。"《孔傳》:"皆逆。"（581、12 - 23 - 7）

④ 迴。

○《酒誥》:"矧惟若疇圻父,薄違農父?"《孔傳》:"況能迫迴萬民之司徒乎?"（688、14 - 31 - 2）

⑤ 違背。

○《堯典》:"静言庸違。"《孔傳》:"言共工自爲謀言,起用行事而違背之。"（49、2 - 25 - 18）

○《秦誓》:"而違之俾不達。"《孔傳》:"而違背壅塞之,使不得上通。"（986、20 - 20 - 2）

⑥ 不從。

○《君陳》:"違上所命,從厥攸好。"《孔傳》:"人之於上,不從其令,從其所好。"（863、18 - 18 - 10）

0650 僞 wěi

姦僞。

○《周官》:"恭儉惟德,無載爾僞。"《孔傳》:"言當恭儉,惟以立德,無行姦僞。"（858、18 - 11 - 4）

0651 尾 wěi

〔鳥獸〕交接曰尾。

○《堯典》:"鳥獸孳尾。"《孔傳》:"交接曰尾。"（29、2 - 12 - 16）

按:《孔疏》:"鳥獸皆以尾交接,故交接曰'尾'。"

0652 畏 wèi

① 畏敬。

○《酒誥》:"成王畏相。"《孔傳》:"猶保成其王道,畏敬輔相之臣。"（681、14 - 26 - 14）

○《無逸》:"克自抑畏。"《孔傳》:"言皆能以義自抑,畏敬天命。"（778、16 - 17 - 15）

② 敬畏。

○《吕刑》:"雖畏勿畏。"《孔傳》:"行事雖見畏,勿自謂可敬畏。"（942、19 - 35 - 5）

③ 畏懼。

○《吕刑》:"永畏惟罰。"《孔傳》:"當長畏懼惟爲天所罰。"(959、19 -45 -17)

0653 位 wèi

職位。

○《冏命》:"實賴左右前後有位之士。"《孔傳》:"實恃左右前後有職位之士。"(921、19 -20 -6)

0654 慰 wèi

安。

○《吕刑》:"今爾罔不由慰曰勤。"《孔傳》:"今汝無不用安自居曰當勤之。"(941、19 -34 -17)

按:《詩·邶風·凱風》"有子七人,莫慰母心",《毛傳》:"慰,安也。"

0655 温 wēn

温和。

○《皋陶謨》:"直而温。"《孔傳》:"行正直而氣温和。"(168、4 -26 -4)

0656 聞 wén

彰聞。

○《君奭》:"冒聞于上帝。"《孔傳》:"覆冒下民,彰聞上天。"(803、16 -33 -7)

0657 文 wén

① 文德。(5 見)

○《大禹謨》:曰:"文命敷于四海。"《孔傳》:"言其外布文德教命。"(146、4 -2 -10)

按:《國語·周語下》"夫敬,文之恭也",韋昭注:"文者,德之總名也。"

○《武成》:"我文考文王。"《孔傳》:"言我文德之父。"(533、11 -29 -18)

○《康誥》:"今民將在祗遹乃文考。"《孔傳》:"今治民將在敬循汝文德之父。"(650、14 -6 -5)

○《洛誥》:"承保乃文祖受命民。"《孔傳》:"承安汝文德之祖文王所受命之民。"(739、15 -33 -16)

○《文侯之命》:"追孝于前文人。"《孔傳》:"使追孝於前文德之人。"(965、20 -5 -3)

② 文教。

○《武成》:"乃偃武修文。"《孔傳》:"倒載干戈,包以虎皮示不用。行禮射,設庠序,修文教。"(530、11 -26 -13)

③ 禮文。

○《洛誥》:"祀于新邑,咸秩無文。"《孔傳》:"以禮典祀於新邑,皆次秩不在<u>禮文</u>者而祀之。"(726、15 - 24 - 3)

○《洛誥》:"惇宗將禮,稱秩元祀,咸秩無文。"《孔傳》:"厚尊大禮,舉秩大祀,皆次秩無<u>禮文</u>而宜在祀典者。"(734、15 - 30 - 4)

④ 文經天地。

○《大禹謨》:"乃聖乃神,乃武乃<u>文</u>。"《孔傳》:"聖無所不通,神妙無方,<u>文經天地</u>,武定禍亂。"(147、4 - 4 - 11)

按:《孔疏》:"《謚法》云:'經緯天地曰文,克定禍亂曰武。'經傳'文''武'倒者,經取韻句,傳以文重故也。"

0658 紊 wěn

亂。

○《盤庚上》:"若網在綱,有條而不<u>紊</u>。"《孔傳》:"<u>紊</u>,亂也。"(435、9 - 7 - 17)

按:《孔疏》:"'<u>紊</u>',是絲亂,故爲亂也。"

0659 巫 wū

事鬼神曰巫。

○《伊訓》:"時謂<u>巫</u>風。"《孔傳》:"<u>事鬼神曰巫</u>。"(407、8 - 21 -2)

0660 嗚呼 wū hū

歎〔辭〕。(27 見)

○《胤征》:"<u>嗚呼</u>! 威克厥愛。"《孔傳》:"<u>歎</u>能以威勝所愛。"(385、7 - 18 -5)

○《金縢》:"<u>嗚呼</u>! 無墜天之降寶命。"《孔傳》:"<u>歎</u>惜武王,言不救則墜天之寶命。"(604、13 - 11 - 9)

○《大誥》:"<u>嗚呼</u>! 天明畏。"《孔傳》:"<u>歎</u>天之明德可畏。"(632、13 - 28 -9)

○《大誥》:"<u>嗚呼</u>! 肆哉爾庶邦君。"《孔傳》:"<u>歎</u>今伐四國必克之,故以告諸侯及臣下御治事者。"(636、13 - 31 -17)

○《微子之命》:"<u>嗚呼</u>! 往哉惟休。"《孔傳》:"<u>歎</u>其德,遣往之國。"(641、13 - 37 -5)

○《康誥》:"<u>嗚呼</u>! 封,敬明乃罰。"《孔傳》:"<u>歎</u>而勅之,凡行刑罰,汝必敬明之。"(654、14 - 8 - 14)

○《康誥》:"<u>嗚呼</u>! 封,有敘。"《孔傳》:"<u>歎</u>政教有次敘。"(655、14 - 9 - 6)

○《召誥》:"<u>嗚呼</u>! 皇天上帝,改厥元子。"《孔傳》:"<u>歎</u>皇天改其大子。"(711、15 - 8 -2)

○《召誥》："嗚呼！有王雖小。"《孔傳》："召公歎曰：有成王雖少。"(714、15-11-6)

○《無逸》："嗚呼！君子所其無逸。"《孔傳》："歎美君子之道，所在念德其無逸豫。"(766、16-12-12)

○《無逸》："嗚呼！我聞曰，古之人。"《孔傳》："歎古之君臣。"(784、16-21-1)

○《君奭》："嗚呼！君已！"《孔傳》："歎而言曰：'君也'。"(792、16-25-18)

按：《孔傳》"也"字，八、李、王、纂、平、岳作"已"①。

○《蔡仲之命》："王曰：'嗚呼！小子胡。'"《孔傳》："歎而勑之。"(814、17-5-1)

○《多方》："嗚呼！王若曰，誥告爾多方。"《孔傳》："歎而順其事以告汝衆方。"(821、17-12-9)

○《多方》："嗚呼！猷告爾有多士。"《孔傳》："王歎而以道告汝衆方，與殷多士。"(827、17-17-18)

按：經文"多方"，八、李、纂、平、要、岳、十、永、閩、阮作"方多"②。

○《多方》："嗚呼！多士……"《孔傳》："王歎而言曰：'衆士……'"(831、17-19-17)

○《立政》："周公曰：'嗚呼！休兹，知恤鮮哉！'"《孔傳》："歎此五者立政之本，知憂得其人者少。"(835、17-21-14)

○《立政》："嗚呼！孺子王矣。"《孔傳》："歎稚子今已爲王矣。"(845、17-32-8)

按：《孔傳》"已"字，八、李、王、纂、平、岳、十、永、阮作"以"③。

○《立政》："嗚呼！予旦已受人之徽言。"《孔傳》："歎所受賢聖説禹湯之美言。"(847、17-33-18)

○《周官》："嗚呼！凡我有官君子，欽乃攸司，慎乃出令。"《孔傳》："歎而戒之，使敬汝所司，慎汝出令。"(857、18-9-10)

○《君陳》："嗚呼！臣人咸若時，惟良顯哉！"《孔傳》："歎而美之曰：'臣於人者，皆順此道，是惟良臣，則君顯明於世。'"(862、18-16-7)

○《顧命》："嗚呼！疾大漸。"《孔傳》："自歎其疾大進篤。"(871、18-22-3)

○《畢命》："嗚呼！父師。"《孔傳》："歎告畢公代周公爲大師，爲東伯，命之代君陳。"(913、19-8-13)

---

① 杜澤遜：《尚書注疏彙校》，第2523頁。
② 杜澤遜：《尚書注疏彙校》，第2674頁。
③ 杜澤遜：《尚書注疏彙校》，第2714頁。

○《君牙》:"嗚呼! 君牙。"《孔傳》:"順其事而歎,稱其名而命之。"(917、19－15－10)

○《君牙》:"嗚呼! 丕顯哉。"《孔傳》:"歎文王所謀大顯明。"(919、19－17－7)

○《冏命》:"嗚呼,欽哉!"《孔傳》:"歎而勅之,使敬用所言。"(922、19－22－8)

○《文侯之命》:"嗚呼! 閔予小子嗣,造天丕愆。"《孔傳》:"歎而自痛傷也。言我小子而遭天大罪過。"(964、20－3－17)

0661 於 wū

歎〔辭〕。

○《大禹謨》:"禹曰:'於! 帝念哉!'"《孔傳》:"歎而言念,重其言。"(148、4－6－2)

按:《孔疏》:"'於',歎辭。歎而言念,自重其言,欲使帝念之。"

0662 毋 wú

禁。

○《大禹謨》:"帝曰:'毋! 惟汝諧。'"《孔傳》:"言毋,所以禁其辭。"(156、4－15－4)

按:毋,是表示禁止的虛詞,相當於現代漢語的"不要"。《孔疏》:"《說文》云:'毋,止之也。'其字從女,內有一畫,象有姦之者,禁止令勿姦也。古人言毋,猶今人言莫,是'言毋者,所以禁其辭',令勿辭。"《禮記‧檀弓下》"曰:'噫! 毋'",鄭玄注:"毋,禁止之辭。"

0663 無告 wú gào

孤。

○《大禹謨》:"不虐無告,不廢困窮。"《孔傳》:"矜孤愍窮。"(147、4－3－4)

按:無告,指無處投訴的人,是對鰥寡孤獨的概括。《孔疏》:"《王制》云:'少而無父謂之孤,老而無子謂之獨,老而無妻謂之鰥,老而無夫謂之寡。此四者,天民之窮而無告者。'故此'無告',是彼四者。彼四者而此惟言孤,四者皆孤也,言'孤'足以總之。"

0664 無疆 wú jiāng

無窮。(7 見)

○《太甲中》:"實萬世無疆之休。"《孔傳》:"是商家萬世無窮之美。"(415、8－29－5)

○《大誥》:"嗣無疆大歷服。"《孔傳》:"言子孫承繼祖考無窮大數。"

（624、13－21－11）

○《召誥》：“無疆惟休。”《孔傳》：“乃無窮惟美。”（711、15－8－5）

○《君奭》“我受命無疆惟休。”《孔傳》：“我周受命無窮惟美。”（805、16－36－1）

○《君奭》：“丕承無疆之恤。”《孔傳》：“大承無窮之憂。”（806、16－36－14）

○《吕刑》：“哲人惟刑，無疆之辭。”《孔傳》：“言智人惟用刑，乃有無窮之善辭。”（959、19－47－13）

0665 無餘刑　wú yú xíng

無餘之刑。刑者非一也，然亦非殺汝。

○《費誓》：“無敢不供，汝則有無餘刑非殺。”《孔傳》：“不供，汝則有無餘之刑。刑者非一也，然亦非殺汝。”（976、20－13－3）

按：《孔疏》：“‘不供，汝則有無餘之刑’者，言刑者非一，謂合家盡刑之。”

0666 五辭　wǔ cí

五刑之辭。

○《吕刑》：“兩造具備，師聽五辭。”《孔傳》：“兩至具備，則衆獄官，共聽其入五刑之辭。”（945、19－36－17）

0667 五典　wǔ diǎn

五常之教。

○《周官》：“司徒掌邦教，敷五典。”《孔傳》：“《地官》卿，司徒主國教化，布五常之教。”（855、18－5－13）

○《君牙》：“無忝祖考，弘敷五典。”《孔傳》：“無辱累祖考之道，大布五常之教。”（918、19－16－6）

0668 五極　wǔ jí

五常之中正。

○《吕刑》：“哲人惟刑，無疆之辭，屬于五極。”《孔傳》：“以其折獄屬五常之中正。”（959、19－47－13）

按：《孔疏》：“‘五常’，謂仁義禮智信，人所常行之道也。言得有善辭，名聞於後世者，以其斷獄能屬著於五常之中正，皆得其理而法之有善，所以得然也。知‘五’是五常者，以人所常行，惟有五事，知是五常也。”

0669 五教　wǔ jiào

五常之教。

○《武成》：“重民五教。”《孔傳》：“所重在民及五常之教。”（538、11－35－12）

0670 侮 wǔ

① 慢。

○《泰誓上》:"罔懲其侮。"《孔傳》:"無能止其慢心。"(505、11－7－15)

○《康誥》:"不敢侮鰥寡。"《孔傳》:"不慢鰥夫寡婦。"(648、14－4－10)

② 狎侮。

○《大禹謨》:"侮慢自賢。"《孔傳》:"狎侮先王,輕慢典教。"(157、4－17－1)

○《伊訓》:"敢有侮聖言。"《孔傳》:"狎侮聖人之言而不行。"(408、8－21－6)

③ 侮慢。(5見)

○《甘誓》:"有扈氏威侮五行。"《孔傳》:"有扈與夏同姓,恃親而不恭,是則威虐侮慢五行。"(364、7－2－8)

○《泰誓下》:"狎侮五常。"《孔傳》:"輕狎五常之教,侮慢不行。"(512、11－15－15)

○《旅獒》:"德盛不狎侮。"《孔傳》:"盛德必自敬,何狎易侮慢之有?"(597、13－4－2)

○《洛誥》:"惟事其爽侮。"《孔傳》:"如此則惟政事其差錯侮慢不可治理。"(731、15－27－12)

○《無逸》:"不敢侮鰥寡。"《孔傳》:"不敢侮慢惸獨。"(776、16－16－3)

④ 輕侮。

○《無逸》:"否則侮厥父母。"《孔傳》:"已欺誕父母,不欺,則輕侮其父母。"(767、16－12－18)

0671 廡 wǔ

豐。

○《洪範》:"庶草蕃廡。"《孔傳》:"廡,豐也。"(582、12－27－14)

0672 勿貳 wù èr

一意。

○《大禹謨》:"任賢勿貳。"《孔傳》:"一意任賢。"(148、4－5－1)

0673 勿疑 wù yí

果。

○《大禹謨》:"去邪勿疑。"《孔傳》:"果於去邪,疑則勿行。"(148、4－5－1)

0674 昔 xī

① 古。

○《大誥》:"若昔朕其逝。"《孔傳》:"順古道,我其往東征矣。"(634、13－30－6)

○《周官》:"若昔大猷。"《孔傳》:"言當順古大道。"(853、18－3－9)

② 先。

○《康王之誥》:"昔君文武。"《孔傳》:"言先君文武道大。"(908、19－5－1)

③ 古老。

○《無逸》:"昔之人無聞知。"《孔傳》:"古老之人,無所聞知。"(767、16－12－18)

按:《孔疏》:"'昔'訓久也,自今而道遠久,故爲'古老之人'。《詩》云:'召彼故老。'"

0675 熙 xī

廣。

○《堯典》:"庶績咸熙。"《孔傳》:"熙,廣也。"(44、2－14－13)

按:《孔疏》:"'熙,廣',《周語》文。"

○《大禹謨》:"百志惟熙。"《孔傳》:"道義所存於心,日以廣矣。"(148、4－5－2)

○《益稷》:"百工熙哉!"《孔傳》:"百官之業乃廣。"(240、5－23－4)

○《多方》:"爾曷不惠王熙天之命?"《孔傳》:"汝何不順從王政,廣天之命,而自懷疑乎?"(825、17－15－14)

0676 析 xī

分析。

○《堯典》:"厥民析。"《孔傳》:"言其民老壯分析。"(29、2－12－15)

按:析,有分散、散開義。《孔疏》云:"其人老弱在室,丁壯適野,是老壯分析也。"

0677 徯 xī

待。

○《益稷》:"惟動丕應徯志。"《孔傳》:"徯,待也。"(192、5－5－3)

○《五子之歌》:"徯于洛之汭,五子咸怨。"《孔傳》:"待太康,怨其久畋失國。"(375、7－6－16)

○《仲虺之誥》:"徯予后,后來其蘇。"《孔傳》:"待我君來,其可蘇息。"(397、8－11－8)

○《太甲中》:"徯我后,后來無罰。"《孔傳》:"待我君來。言忻戴君來,無罰"(417、8－30－17)

0678 錫 xī

① 與。(6見)

○《堯典》:"師錫帝曰。"《孔傳》:"錫,與也。"(58、2－32－7)

○《洪範》:"天乃錫禹洪範九疇。"《孔傳》:"天與禹,洛出書,神龜負文而出,列於背,有數至于九。"(545、12-3-17)

○《洪範》:"用敷錫厥庶民。"《孔傳》:"用布與衆民使慕之。"(563、12-14-14)

○《洪範》:"錫汝保極。"《孔傳》:"與君以安中之善。"(563、12-14-16)

○《洪範》:"汝則錫之福。"《孔傳》:"汝則與之爵禄。"(564、12-16-4)

○《洪範》:"汝雖錫之福。"《孔傳》:"汝雖與之爵禄。"(566、12-17-15)

② **賜**。

○《禹貢》:"錫土姓,祇台德先。"《孔傳》:"謂有德之人生此地,以此地名賜之姓以顯之。"(351、6-40-4)

○《禹貢》:"訖于四海。禹錫玄圭。"《孔傳》:"禹功盡加於四海,故堯賜玄圭以彰顯之。"(358、6-45-8)

○《召誥》:"錫周公曰。"《孔傳》:"召公以幣入,稱成王命賜周公曰。"(709、15-5-13)

0679 翕 xī

合。

○《皋陶謨》:"翕受敷施。"《孔傳》:"翕,合也。能合受三六之德,而用之以布施政教。"(170、4-28-2)

0680 希 xī

希少。

○《堯典》:"鳥獸希革。"《孔傳》:"夏時鳥獸,毛羽希少改易。"(33、2-13-6)

按:"希"同"稀"。《論語·公冶長》"伯夷、叔齊不念舊惡,怨是用希"中,"希"亦"少"義。

0681 悉 xī

盡。

○《洛誥》:"乃汝其悉自教工。"《孔傳》:"乃汝新即政,其當盡自教衆官。"(728、15-24-10)

0682 襲 xí

合。

○《泰誓中》:"朕夢協朕卜,襲于休祥。"《孔傳》:"言我夢與卜俱合於美善。"(510、11-12-10)

按:《孔疏》:"《禮記》稱'卜筮不相襲','襲'者,重合之義。"

0683 習 xí

因。

○《大禹謨》:"卜不習吉。"《孔傳》:"習,因也。"(155、4-15-2)

按:《孔疏》:"《表記》云'卜筮不相襲'。鄭云:'襲,因也。'然則'習'與'襲'同。重衣謂之襲,習是後因前,故爲因也。"

○《金縢》:"乃卜三龜,一習吉。"《孔傳》:"習,因也。以三王之龜卜,一相因而吉。"(605、13-13-6)

0684 喜 xǐ

喜樂。

○《益稷》:"股肱喜哉!"《孔傳》:"股肱之臣,喜樂盡忠。"(240、5-23-3)

0685 洗 xǐ

潔。

○《酒誥》:"厥父母慶,自洗腆。"《孔傳》:"其父母善子之行,子乃自潔厚。"(678、14-24-4)

0686 洗腆 xǐtiǎn

潔厚。

○《酒誥》:"厥父母慶,自洗腆。"《孔傳》:"其父母善子之行,子乃自潔厚。"(678、14-24-4)

按:洗腆,指置辦潔淨豐盛的酒食。多指用來孝敬父母或款待客人。蔡沈《書集傳》:"洗以致其潔,腆以致其厚也。"①

0687 戲 xì

戲逸。

○《西伯戡黎》:"惟王淫戲用自絶。"《孔傳》:"以王淫過戲逸,用自絶於先王。"(489、10-17-14)

0688 細 xì

小。

○《君陳》:"三細不宥。"《孔傳》:"罪雖小,三犯不赦,所以絶惡源。"(863、18-16-18)

0689 細行 xì xíng

小物。

○《旅獒》:"不矜細行,終累大德。"《孔傳》:"輕忽小物,積害毀大。"

---

① (宋)蔡沈著,錢宗武、錢忠弼整理:《書集傳》,第172頁。

（598、13 - 6 - 11）

0690 狎 xiá

① 近。

○《太甲上》："予弗狎于弗順。"《孔傳》："狎,近也。"（411、8 - 27 - 13）

按:《孔疏》："'狎習',是相近之義,故訓爲'近'也。"

② 輕狎。

○《泰誓下》:"狎侮五常。"《孔傳》:"輕狎五常之教。"（512、11 - 15 - 15）

按:《孔疏》:"鄭玄《論語注》云:'狎,慣忽之。'言慣見而忽也,意與'侮'同,傳因文重而分之。"

③ 狎易。

○《旅獒》:"德盛不狎侮。"《孔傳》:"盛德必自敬,何狎易侮慢之有?"（597、13 - 4 -2）

0691 遐 xiá

遠。

○《胤征》:"遐棄厥司。"《孔傳》:"遐,遠也。"（381、7 - 14 - 10）

○《太甲下》:"若陟遐,必自邇。"《孔傳》:"如登高升遠,必用下近爲始。"（418、8 - 32 -12）

○《召誥》:"天既遐終大邦殷之命。"《孔傳》:"言天已遠終殷命。"（712、15 - 8 -15）

0692 遐逖 xiá tì

遠。

○《多士》:"移爾遐逖。"《孔傳》:"今移徙汝於洛邑,使汝遠於惡俗。"（763、16 - 9 -14）

按:逖,遙遠的、遠方的。《説文》:"逖,遠也。""遐""逖"義同。

0693 先 xiān

① 于……前。

○《召誥》:"惟太保先周公相宅。"《孔傳》:"召公于周公前相視洛居,周公後往。"（704、15 - 2 -10）

② 推先。

○《洛誥》:"作周恭先。"《孔傳》:"爲周家見恭敬之王,後世所推先也。"（740、15 - 34 -4）

○《洛誥》:"作周孚先。"《孔傳》:"爲周家立信者之所推先。"（741、15 - 34 -9）

按：推先,有推舉尊崇義。《後漢書·逸民傳·矯慎》"〔慎〕與馬融、蘇章鄉里並時,融以才博顯名,章以廉直稱,然皆推先於慎"中,"推先"亦是此義。

0694 先後 xiān hòu

教訓。

○《梓材》："和懌先後迷民。"《孔傳》："先後謂教訓,所以悦先王受命之義。"(700、14 - 38 - 14)

按：《孔疏》："'先後',若《詩》云'予曰有先後',謂於民心先未悟而啓之,已悟於後化成之,故謂'教訓'也。"

0695 先烈 xiān liè

先王之功烈。

○《冏命》："俾克紹先烈。"《孔傳》："使能繼先王之功業。"(921、19 - 20 - 9)

0696 鮮 1. xiān

鳥獸新殺曰鮮。

○《益稷》："暨益奏庶鮮食。"《孔傳》："鳥獸新殺曰鮮。"(186、5 - 2 - 3)

按：《孔疏》："《禮》有鮮魚腊,以其新殺鮮净,故名爲'鮮',是鳥獸新殺曰鮮,魚鼈新殺亦曰鮮也。"

2. xiǎn

① **少。**

○《立政》："知恤鮮哉!"《孔傳》："知憂得其人者少。"(835、17 - 21 - 14)

○《畢命》："鮮克由禮,以蕩陵德。"《孔傳》："而無禮教,少不以放蕩陵邈有德者。"(915、19 - 12 - 13)

○《盤庚中》："鮮以不浮于天時。"《孔傳》："少以不行於天時者。"(449、9 - 14 - 8)

② **鮮乏。**

○《無逸》："惠鮮鰥寡。"《孔傳》："又加惠鮮乏鰥寡之人。"(778、16 - 18 - 1)

0697 纖 xiān

細。

○《禹貢》："厥篚玄纖縞。"《孔傳》："纖,細也。"(268、6 - 15 - 7)

按：《説文》："纖,細也。"《史記·夏本紀》"厥篚玄纖縞",《集解》引鄭玄曰"纖,細也。祭喪服之材尚細"。

0698 咸 xián

① **皆。(31 見)**

○《堯典》："庶績咸熙。"《孔傳》："咸,皆。"(44、2 - 14 - 13)

○《皋陶謨》：“九德咸事。”《孔傳》：“使九德之人皆用事。”（170、4－28－3）

○《禹貢》：“咸則三壤。”《孔傳》：“皆法壤田上中下大較三品。”（351、6－38－17）

○《五子之歌》：“黎民咸貳。”《孔傳》：“則衆民皆二心矣。”（374、7－6－9）

○《胤征》：“咸與惟新。”《孔傳》：“皆與更新。”（385、7－18－3）

○《伊訓》：“暨鳥獸魚鱉咸若。”《孔傳》：“雖微物皆順之。”（405、8－19－5）

○《咸有一德》：“伊尹作《咸有一德》。”《孔傳》：“言君臣皆有純一之德，以戒太甲。”（419、8－33－18）

○《盤庚中》：“咸造，勿褻在王庭。”《孔傳》：“衆皆至王庭，無褻慢。”（448、9－13－17）

○《盤庚中》：“乃咸大不宣乃心。”《孔傳》：“汝皆大不布腹心。”（451、9－15－10）

○《説命下》：“咸仰朕德。”《孔傳》：“使天下皆仰我德。”（475、10－10－18）

○《旅獒》：“四夷咸賓。”《孔傳》：“故四夷皆賓服。”（597、13－2－12）

○《微子之命》：“與國咸休。”《孔傳》：“與時皆美。”（640、13－35－7）

○《康誥》：“周公咸勤。”《孔傳》：“周公皆勞勉五服之人。”（645、14－3－1）

○《洛誥》：“祀于新邑，咸秩無文。”《孔傳》：“以禮典祀於新邑，皆次秩不在禮文者而祀之。”（726、15－24－3）

○《洛誥》：“稱秩元祀，咸秩無文。”《孔傳》：“舉秩大祀，皆次秩無禮文。”（734、15－30－4）

○《洛誥》：“萬邦咸休。”《孔傳》：“使萬國皆被美德。”（741、15－34－6）

○《洛誥》：“咸格，王入太室裸。”《孔傳》：“皆至其廟親告也。”（748、15－38－5）

○《無逸》：“用咸和萬民。”《孔傳》：“用皆和萬民。”（779、16－18－4）

○《君奭》：“矧咸奔走。”《孔傳》：“況臣下得不皆奔走？”（798、16－30－5）

○《君奭》：“咸劉厥敵。”《孔傳》：“皆殺其敵。”（803、16－34－1）

○《君奭》：“我咸成文王功于不怠。”《孔傳》：“今我周家，皆成文王功于不懈怠。”（808、16－38－3）

○《立政》：“用咸戒于王曰。”《孔傳》：“皆戒於王曰。”（833、17－21－9）

○《立政》：“咸告孺子王矣。”《孔傳》：“皆以告稚子王矣。”（847、17－33－18）

○《周官》：“萬國咸寧。”《孔傳》：“萬國皆安。”（853、18－3－18）

○《君陳》：“臣人咸若時。”《孔傳》：“臣於人者，皆順此道。”（862、18－16－8）

○《康王之誥》：“太保暨芮伯，咸進相揖。”《孔傳》：“冢宰與司徒，皆共群臣諸侯並進陳戒。”（906、19－3－15）

○《畢命》:"罔不咸賴。"《孔傳》:"無不皆恃賴三君之德。"(917、19-13-17)

○《君牙》:"咸以正罔缺。"《孔傳》:"皆以正道無邪缺。"(919、19-17-9)

○《冏命》:"萬邦咸休。"《孔傳》:"萬國皆美其化。"(921、19-19-15)

○《呂刑》:"咸庶中正。"《孔傳》:"皆庶幾必得中正之道。"(956、19-43-18)

○《呂刑》:"咸中有慶。"《孔傳》:"皆中有善。"(959、19-47-13)

② **無不**。

○《冏命》:"咸懷忠良。"《孔傳》:"無不忠良。"(921、19-19-9)

0699 諴 xián

和。

○《大禹謨》:"至諴感神。"《孔傳》:"諴,和。"(159、4-19-9)

按:《説文》:"諴,和也。从言咸聲。《周書》曰:'不能諴于小民。'"《孔疏》"'諴',亦咸也,'咸'訓爲皆,皆能相從,亦和之義也",則稍顯迂曲。

○《召誥》:"其丕能諴于小民。"《孔傳》:"其大能和於小民。"(714、15-11-7)

0700 顯 xiǎn

① **明**。(12見)

○《太甲上》:"先王昧爽丕顯。"《孔傳》:"爽,顯,皆明也。"(410、8-26-2)

○《泰誓下》:"天有顯道。"《孔傳》:"言天有明道。"(512、11-15-10)

○《康誥》:"惟乃丕顯考文王。"《孔傳》:"惟汝大明父文王。"(647、14-4-8)

○《康誥》:"庸庸,祇祇,威威,顯民。"《孔傳》:"用可用,敬可敬,刑可刑,明此道以示民。"(648、14-4-10)

○《康誥》:"于弟弗念天顯。"《孔傳》:"於爲人弟,不念天之明道。"(662、14-12-16)

○《康誥》:"矧曰其尚顯聞于天?"《孔傳》:"況曰不慎罰,明聞於天者乎?"(668、14-18-1)

○《酒誥》:"惟助成王德顯。"《孔傳》:"惟助其君成王道,明其德於正人之道。"(684、14-27-9)

○《洛誥》:"公稱丕顯德。"《孔傳》:"言公當留擧大明德。"(733、15-30-1)

○《多士》:"罔顧于天,顯民祇。"《孔傳》:"無顧於天,無能明人爲敬。"(756、16-5-11)

○《多士》:"誕罔顯于天。"《孔傳》:"大無明于天道。"(756、16-5-9)

○《多方》:"乃大降顯休命于成湯。"《孔傳》:"大下明美之命於成湯。"(819、17-10-9)

○《文侯之命》:"丕顯文武。"《孔傳》:"大明乎文王、武王之道。"(962、

20－2－15)

② **顯明**。

〇《説命下》：“暨厥終罔顯。”《孔傳》：“與今其終,故遂無顯明之德。”(474、10－9－14)

〇《酒誥》：“厥命罔顯于民。”《孔傳》：“施其政令於民,無顯明之德。”(684、14－28－16)

〇《君陳》：“惟良顯哉!”《孔傳》：“是惟良臣,則君顯明於世。”(862、18－16－8)

〇《君牙》：“嗚呼! 丕顯哉,文王謨!”《孔傳》：“歎文王所謀大顯明。”(919、19－17－7)

③ **明著**。

〇《泰誓下》：“顯于西土。”《孔傳》：“明著岐周。”(514、11－17－15)

〇《酒誥》：“迪畏天,顯小民。”《孔傳》：“謂湯蹈道畏天,明著小民。”(681、14－26－13)

④ **光明**。

〇《召誥》：“越王顯。”《孔傳》：“言治政於王亦有光明。”(719、15－16－4)

⑤ **昭著**。

〇《召誥》：“王末有成命,王亦顯。”《孔傳》：“則王終有天成命,於王亦昭著。”(720、15－18－4)

0701 毨 xiǎn

理。

〇《堯典》：“厥民夷,鳥獸毛毨。”《孔傳》：“毨,理也。毛更生整理。”(37、2－13－15)

按：《孔疏》：“‘毨’者,毛羽美悦之狀,故爲理也。夏時毛羽希少,今則毛羽復生,夏改而少,秋更生多,故言‘更生整理’。”

0702 險 xiǎn

險僞。

〇《盤庚上》：“今汝聒聒,起信險膚,予弗知乃所訟。”《孔傳》：“起信險僞膚受之言,我不知汝所訟言何謂。”(433、9－7－4)

按：險,有邪惡義。“險膚”,即惡意中傷的謡傳之言。

0703 獻 xiàn

善。

〇《酒誥》：“汝劼毖殷獻臣。”《孔傳》：“汝當固慎殷之善臣信用之。”

(686、14－30－14)

○《酒誥》:"越獻臣百宗工。"《孔傳》:"於善臣百尊官。"(687、14－30－17)

0704 見 xiàn

顯見。

○《君奭》:"迪見,冒聞于上帝。"《孔傳》:"蹈行顯見,覆冒下民,彰聞上天。"(803、16－33－7)

按:見,當是今之"現"字。陸德明《釋文》:"見,賢遍反。注同。"

0705 憲 xiàn

法。(6見)

○《益稷》:"率作興事,慎乃憲,欽哉!"《孔傳》:"憲,法也。天子率臣下爲起治之事,當慎汝法度,敬其職。"(240、5－23－7)

○《胤征》:"臣人克有常憲。"《孔傳》:"臣能奉有常法。"(381、7－13－1)

○《説命中》:"惟聖時憲。"《孔傳》:"憲,法也。"(472、10－6－2)

○《説命下》:"監于先王成憲。"《孔傳》:"視先王成法。"(475、10－10－14)

○《蔡仲之命》:"以垂憲乃後。"《孔傳》:"以垂法子孫。"(812、17－3－18)

○《同命》:"永弼乃后於彝憲。"《孔傳》:"當長輔汝君於常法。"(922、19－22－9)

0706 相 1. xiāng

共。

○《微子》:"小民方興,相爲敵讎。"《孔傳》:"卿士既亂,而小人各起一方,共爲敵讎。"(496、10－20－6)

2. xiàng

① 助。(6見)

○《盤庚下》:"予其懋簡相爾。"《孔傳》:"相,助也。"(465、9－24－13)

○《西伯戡黎》:"非先王不相我後人。"《孔傳》:"非先祖不助子孫。"(489、10－17－14)

○《泰誓上》:"惟其克相上帝。"《孔傳》:"當能助天寵安天下。"(506、11－8－1)

○《武成》:"尚克相予。"《孔傳》:"神庶幾助我渡民危害。"(536、11－32－6)

○《洪範》:"相協厥居。"《孔傳》:"是助合其居。"(543、12－2－13)

○《大誥》:"今天其相民。"《孔傳》:"是天助民。"(632、13－28－7)

② 視。

○《召誥》:"相古先民有夏。"《孔傳》:"視古先民有夏之王。"(713、15－

10－2)

○《無逸》:"相小人,厥父母勤勞稼穡,厥子乃不知稼穡之艱難。"《孔傳》:"視小人不孝者,其父母躬勤艱難,而子乃不知其勞。"(767、16－12－15)

③ 觀。

○《召誥》:"今相有殷。"《孔傳》:"次復觀有殷。"(713、15－10－5)

④ 治。

○《立政》:"相我受民。"《孔傳》:"能治我所受天民。"(845、17－32－14)

按:《孔疏》:"'相'訓助也,助君所以治民事,故'相'爲治。"

○《立政》:"用勱相我國家。"《孔傳》:"用勉治我國家。"(849、17－34－17)

○《吕刑》:"今天相民。"《孔傳》:"今天治民。"(958、19－45－9)

⑤ 輔相。

○《酒誥》:"成王畏相。"《孔傳》:"猶保成其王道,畏敬輔相之臣。"(681、14－26－14)

⑥ 相視。

○《召誥》:"惟太保先周公相宅。"《孔傳》:"召公于周公前相視洛居。"(704、15－2－10)

⑦ 扶相者。

○《顧命》:"相被冕服。"《孔傳》:"扶相者被以冠冕,加朝服。"(867、18－20－4)

0707 襄　xiāng

因。

○《君奭》:"襄我二人。"《孔傳》:"當因我文武之道而行之。"(807、16－37－6)

按:《皋陶謨》"予未有知思曰贊贊襄哉",陸德明《釋文》云:"襄,息羊反,上也。馬云:'因也。'案《爾雅》作儴,因也,如羊反。"

0708 詳　xiáng

詳審。

○《蔡仲之命》:"詳乃視聽。"《孔傳》:"詳審汝視聽。"(814、17－4－16)

0709 祥　xiáng

善。(6見)

○《伊訓》:"降之百祥。"《孔傳》:"祥,善也。"(4088－22－17)

○《盤庚中》:"丕乃崇降弗祥。"《孔傳》:"大重下不善以罰汝。"(458、9－19－9)

○《泰誓中》:"朕夢協朕卜,襲于休<u>祥</u>。"《孔傳》:"言我夢與卜俱合於美<u>善</u>。"(510、11 - 12 - 11)

○《君奭》:"其終出于不<u>祥</u>。"《孔傳》:"以出於不<u>善</u>之故。"(792、16 - 25 - 10)

○《吕刑》:"告爾<u>祥</u>刑。"《孔傳》:"告汝以<u>善</u>用刑之道。"(943、19 - 36 - 12)

○《吕刑》:"監于兹<u>祥</u>刑。"《孔傳》:"視於此<u>善</u>刑。"(960、19 - 47 - 15)

0710 享 xiǎng

① 當。

○《咸有一德》:"克<u>享</u>天心,受天明命。"《孔傳》:"<u>享</u>,<u>當</u>也。"(421、8 - 35 - 17)

按:《孔疏》:"德<u>當</u>神意,神乃<u>享</u>之,故以'享'爲'當'也。"

② 享有。

○《康誥》:"<u>享</u>明乃服命。"《孔傳》:"<u>享有</u>國土,當明汝所服行之命令。"(670、14 - 19 - 8)

③ 奉上。

○《洛誥》:"汝其敬識百辟<u>享</u>,亦識其有不<u>享</u>。<u>享</u>多儀,儀不及物,惟曰不<u>享</u>。"《孔傳》:"<u>奉上</u>謂之<u>享</u>。"(730、15 - 27 - 8)

按:《孔疏》:"'享',訓獻也,獻是奉上之辭,故'奉上謂之享'。"

○《洛誥》:"惟不役志于<u>享</u>,凡民惟曰不<u>享</u>。"《孔傳》:"言人君惟不役志於<u>奉上</u>,則凡人化之,惟曰不奉上矣。"(731、15 - 27 - 11)

0711 象 xiàng

法。

○《益稷》:"皋方施<u>象</u>刑惟明。"《孔傳》:"又施其<u>法</u>刑,皆明白。"(226、5 - 18 - 18)

0712 小 xiǎo

① 少。

○《召誥》:"有王雖<u>小</u>,元子哉!"《孔傳》:"有成王雖<u>少</u>,而大爲天所子。"(714、15 - 11 - 6)

② 卑。

○《囧命》:"<u>小</u>大之臣,咸懷忠良。"《孔傳》:"臣雖官有尊<u>卑</u>,無不忠良。"(921、19 - 19 - 9)

0713 肖 xiào

似。

○《説命上》:"説築傅巖之野,惟<u>肖</u>。"《孔傳》:"<u>肖</u>,<u>似</u>,<u>似</u>所夢之形。"

(470、10－3－2)

0714 敩 xiào

教。

○《盤庚上》："盤庚敩于民。"《孔傳》："敩,教也。"(431、9－5－18)

○《説命下》："惟敩學半。"《孔傳》："敩,教也。"(475、10－10－10)

0715 攜 xié

攜持。

○《立政》："左右攜僕。"《孔傳》："雖左右攜持器物之僕。"(841、17－28－9)

0716 協 xié

① 合。(12 見)

○《堯典》："協和萬邦。"《孔傳》："協,合。"(16、2－10－6)

○《大禹謨》："民協于中。"《孔傳》："民皆合於大中之道。"(151、4－9－12)

○《大禹謨》："詢謀僉同,鬼神其依,龜筮協從。"《孔傳》："然已謀之於心,謀及卜筮,四者合從。"(155、4－15－2)

○《皋陶謨》："同寅協恭和衷哉!"《孔傳》："使同敬合恭而和善。"(176、4－30－3)

○《太甲中》："允德協于下。"《孔傳》："使信德合於群下。"(416、8－30－14)

○《咸有一德》："協于克一。"《孔傳》："言以合於能一爲常德。"(422、8－38－4)

○《盤庚下》："協比讒言。"《孔傳》："合比凶人而妄言。"(463、9－21－18)

○《説命中》："允協于先王成德。"《孔傳》："則信合於先王成德。"(473、10－8－15)

○《泰誓中》："朕夢協朕卜。"《孔傳》："言我夢與卜俱合於美善。"(510、11－12－10)

○《洪範》："相協厥居。"《孔傳》："是助合其居。"(543、12－2－13)

○《洪範》："不協于極。"《孔傳》："雖不合於中。"(564、12－16－2)

○《畢命》："三后協心。"《孔傳》："三君合心爲一。"(916、19－13－14)

按:《孔疏》："《釋詁》以'協'爲和,和、合義同,故訓'協'爲'合'也。"

② 和。

○《洪範》："次四,曰協用五紀。"《孔傳》："協,和也。"(547、12－5－10)

○《微子之命》："下民祇協。"《孔傳》："施令則人敬和。"(640、13－36－11)

○《立政》："用協于厥邑。"《孔傳》："用三宅三俊之道和其邑。"(839、17－25－8)

○《康王之誥》:"畢協賞罰。"《孔傳》:"當盡和天下賞罰。"(906、19 - 4 - 3)

③ 和合。

○《湯誓》:"有衆率怠弗協。"《孔傳》:"衆下相率爲怠惰,不與上和合。"
(391、8 - 3 - 9)

0717 諧 xié

① 和。

○《堯典》:"克諧以孝。"《孔傳》:"諧,和。"(60、2 - 32 - 16)

② 諧和。

○《大禹謨》:"帝曰:'俞!惟汝諧。'"《孔傳》:"禹有大功德,故能諧和元
后之任。"(156、4 - 15 - 4)

③ 和諧。

○《益稷》:"庶尹允諧。"《孔傳》:"信皆和諧。"(238、5 - 20 - 5)

0718 燮 xiè

和。

○《洪範》:"燮友柔克。"《孔傳》:"燮,和也。"(571、12 - 20 - 7)

○《周官》:"燮理陰陽。"《孔傳》:"和理陰陽。"(854、18 - 5 - 3)

○《顧命》:"燮和天下。"《孔傳》:"言用和道和天下。"(896、18 - 37 - 18)

0719 屑 xiè

盡。

○《多方》:"以爾多方大淫,圖天之命,屑有辭。"《孔傳》:"惡事盡有辭
説。"(822、17 - 12 - 12)

按:劉起釪《尚書校釋譯論》:"《多士》作'泆有辭'。馬氏云:屑,過也。
《玉篇》云:屑,碎也。……楊筠如《覈詁》云:'按《多士》"大淫泆有辭",
馬本"泆"作"屑"。是此本亦當以"大淫屑有辭"連文,"圖天之命"四字
疑因上文而衍也。'楊説有見。"①

○《多方》:"爾乃屑播天命。"《孔傳》:"是汝乃盡播棄天命。"(826、17 -
15 - 18)

0720 刑 xíng

① 法。(7 見)

○《堯典》:"觀厥刑于二女。"《孔傳》:"刑,法也。"(62、2 - 33 - 1)

○《泰誓下》:"屏棄典刑。"《孔傳》:"屏棄常法而不顧。"(513、11 - 16 - 13)

○《召誥》:"小民乃惟刑用于天下。"《孔傳》:"則小民乃惟用法於天下。"

---

① 顧頡剛、劉起釪《尚書校釋譯論》,第 1627 頁。

(719、15 - 16 - 4)

○《洛誥》:"考朕昭子刑。"《孔傳》:"我所成明子法。"(741、15 - 35 - 14)

○《無逸》:"乃變亂先王之正刑。"《孔傳》:"乃變亂先王之正法。"(785、16 - 21 - 5)

○《吕刑》:"折民惟刑。"《孔傳》:"教民而斷以法。"(935、19 - 30 - 13)

○《文侯之命》:"汝肇刑文武。"《孔傳》:"言汝今始法文武之道矣。"(965、20 - 5 - 3)

② 刑法。

○《伊訓》:"制官刑,儆于有位。"《孔傳》:"言湯制治官刑法,以儆戒百官。"(407、8 - 20 - 18)

③ 法則。

○《洛誥》:"公勿替刑,四方其世享。"《孔傳》:"公勿去以廢法則,四方其世世享公之德。"(739、15 - 33 - 6)

0721 省 xǐng

顧省。

○《益稷》:"屢省乃成。"《孔傳》:"當數顧省汝成功。"(240、5 - 23 - 8)

0722 凶 xiōng

① 凶惡。

○《盤庚下》:"用降我凶德。"《孔傳》:"下去凶惡之德。"(463、9 - 22 - 15)

② 凶人。

○《泰誓上》:"犧牲粢盛,既于凶盜。"《孔傳》:"凶人盡盜食之而紂不罪。"(505、11 - 7 - 14)

③ 動不遇吉。

○《洪範》:"六極。一曰凶短折。"《孔傳》:"動不遇吉,短未六十,折未三十,言辛苦。"(593、12 - 33 - 6)

0723 休 xiū

① 美。(38 見)

○《大禹謨》:"戒之用休。"《孔傳》:"休,美。"(149、4 - 6 - 7)

○《大禹謨》:"惟乃之休。"《孔傳》:"是汝能明刑之美。"(152、4 - 10 - 15)

○《益稷》:"天其申命用休。"《孔傳》:"天又重命用美。"(192、5 - 5 - 5)

○《太甲中》:"實萬世無疆之休。"《孔傳》:"是商家萬世無窮之美。"(415、8 - 29 - 6)

○《太甲中》:"朕承王之休無斁。"《孔傳》:"則我承王之美無斁。"(417、

8－31－9）

○《太甲下》："邦其永孚於休。"《孔傳》："則國長信保於美。"（419、8－33－14）

○《説命上》："疇敢不祇若王之休命?"《孔傳》："誰敢不敬順王之美命而諫者乎?"（471、10－4－18）

○《説命中》："乃罔不休。"《孔傳》："政乃無不美。"（472、10－7－4）

○《説命下》："敢對揚天子之休命。"《孔傳》："答受美命而稱揚之。"（476、10－11－17）

○《泰誓中》："朕夢協朕卜,襲于休祥。"《孔傳》："言我夢與卜俱合於美善。"（510、11－12－11）

○《武成》："天休震動用附我大邑周。"《孔傳》："天之美應,震動民心,故用依附我。"（535、11－32－4）

○《洪範》："曰休徵。"《孔傳》："敍美行之驗。"（583、12－29－5）

○《大誥》："我有大事休。"《孔傳》："人謀既從,卜又并吉,所以爲美。"（629、13－24－6）

○《大誥》："天休于寧王,興我小邦周。"《孔傳》："言天美文王興周者。"（632、13－28－5）

○《大誥》："予曷敢不于前寧人攸受休畢?"《孔傳》："我何敢不於前文王所受美命終畢之?"（634、13－29－5）

○《大誥》："天亦惟休于前寧人。"《孔傳》："天亦惟美于文王受命。"（638、13－33－6）

○《微子之命》："作賓于王家,與國咸休。"《孔傳》："爲時王賓客,與時皆美。"（640、13－35－7）

○《微子之命》："往哉惟休,無替朕命。"《孔傳》："言當惟爲美政,無廢我命。"（641、13－37－5）

○《康誥》："冒聞于上帝,帝休。"《孔傳》："故其政教冒被四表,上聞于天,天美其治。"（648、14－4－14）

○《召誥》："無疆惟休。"《孔傳》："乃無窮惟美。"（711、15－8－5）

○《召誥》："其丕能諴于小民,今休。"《孔傳》："其大能和於小民,成今之美。"（714、15－11－7）

○《召誥》："王厥有成命治民,今休。"《孔傳》："王其有天之成命治民,今獲太平之美。"（716、15－12－4）

○《洛誥》："公不敢不敬天之休,來相宅,其作周匹休。"《孔傳》："言公不敢不敬天之美,來相宅,其作周以配天之美。"（725、15－22－17）

○《洛誥》:"來視予卜休恒吉。"《孔傳》:"來視我以所卜之美、常吉之居。"(725、15－23－2)

○《洛誥》:"公其以予萬億年敬天之休。"《孔傳》:"公其當用我萬億年敬天之美。"(726、15－23－5)

○《洛誥》:"拜手稽首休享。"《孔傳》:"告文武以美享。"(743、15－35－17)

○《君奭》:"我受命無疆惟休。"《孔傳》:"我周受命無窮惟美。"(805、16－36－1)

○《君奭》:"天休滋至。"《孔傳》:"則天美周家日益至矣。"(807、16－37－8)

○《君奭》:"我式克至于今日休。"《孔傳》:"我用能至于今日其政美。"(808、16－38－1)

○《多方》:"乃大降顯休命于成湯。"《孔傳》:"大下明美之命於成湯。"(819、17－10－9)

○《周官》:"心逸日休。"《孔傳》:"於心逸豫,而名且(曰)美。"(858、18－11－5)

按:《孔傳》"且"字,八、李、王、纂、岳、殿、庫作"曰";平作"曰"。[1] 作"曰"是。

○《君陳》:"其爾之休。"《孔傳》:"其汝之美名。"(864、18－18－15)

○《康王之誥》:"用敷遺後人休。"《孔傳》:"用布遺後人之美。"(906、19－4－3)

○《畢命》:"以休于前政。"《孔傳》:"以美於前人之政。"(917、19－14－8)

○《囧命》:"萬邦咸休。"《孔傳》:"萬國皆美其化。"(921、19－19－15)

○《吕刑》:"雖畏勿畏,雖休勿休。"《孔傳》:"行事雖見畏,勿自謂可敬畏。雖見美,勿自謂有德美。"(942、19－35－5)

② 美道。

○《湯誥》:"以承天休。"《孔傳》:"承天美道。"(402、8－16－9)

○《酒誥》:"服休服采?"《孔傳》:"服行美道,服事治民乎?"(687、14－30－18)

○《君奭》:"厥基永孚于休。"《孔傳》:"言殷家其始長信於美道。"(791、16－25－8)

○《多方》:"天惟式教我用休。"《孔傳》:"天以我用德之故,惟用教我用美道代殷。"(824、17－14－15)

③ 美德。

○《洛誥》:"萬邦咸休,惟王有成績。"《孔傳》:"使萬國皆被美德,如此,惟

---

[1] 杜澤遜:《尚書注疏彙校》,第2836頁。

王乃有成功。"(741、15－34－6)

0724 休祥 xiū xiáng

美善。

○《泰誓中》:"朕夢協朕卜,襲于休祥。"《孔傳》:"言我夢與卜俱合於美善。"(510、11－12－11)

0725 修 xiū

① 修治。

○《禹貢》:"六府孔修。"《孔傳》:"水、火、金、木、土、穀甚修治。"(351、6－38－13)

○《康誥》:"越我一二邦以修。"《孔傳》:"故於一二邦皆以修治。"(648、14－4－12)

○《梓材》:"惟其陳修。"《孔傳》:"惟其陳列修治。"(697、14－37－5)

② 修立。

○《畢命》:"厥德允修。"《孔傳》:"則其德政信修立。"(916、19－13－9)

③ 修進。

○《冏命》:"交修不逮。"《孔傳》:"更代修進其所不及。"(921、19－20－16)

0726 羞 xiū

① 進。(6 見)

○《盤庚中》:"予丕克羞爾。"《孔傳》:"言我亦法湯大能進勞汝。"(454、9－17－4)

○《盤庚下》:"今我既羞告爾于朕志。"《孔傳》:"已進告汝之後,順於汝心與否。"(467、9－25－13)

○《洪範》:"使羞其行。"《孔傳》:"使進其所行。"(565、12－17－10)

○《酒誥》:"爾大克羞耇惟君。"《孔傳》:"汝大能進老成人之道,則爲君矣。"(678、14－24－7)

○《酒誥》:"爾尚克羞饋祀。"《孔傳》:"則汝庶幾能進饋祀於祖考矣。"(679、14－24－12)

○《立政》:"惟羞刑暴德之人。"《孔傳》:"惟進用刑,與暴德之人。"(839、17－26－3)

② 羞辱。

○《武成》:"無作神羞。"《孔傳》:"無爲神羞辱。"(536、11－32－6)

○《康王之誥》:"無遺鞠子羞。"《孔傳》:"無自荒怠,遺我稚子之羞辱。"(910、19－5－17)

0727 吁 xū

① 疑怪之辭。

○《堯典》:"帝曰:'吁!囂訟可乎?'"《孔傳》:"吁,疑怪之辭。"(45、2-25-11)

按:《孔疏》:"'吁'者,必有所嫌而爲此聲,故以爲'疑怪之辭'。"

② 歎〔辭〕。

○《吕刑》:"吁!來,有邦有土,告爾祥刑。"《孔傳》:"吁,歎也。有國土諸侯,告汝以善用刑之道。"(943、19-36-11)

0728 須 xū

① 待。

○《五子之歌》:"須于洛汭。"《孔傳》:"太康五弟,與其母,待太康于洛水之北。"(997、7-5-5)

按:《詩·邶風·匏有苦葉》"人涉卬否,卬須我友",《毛傳》:"人皆涉,我反未至,我獨待之而不涉。"《毛傳》亦訓"須"爲"待"。

② 須待。

○《顧命》:"伯相命士須材。"《孔傳》:"召公命士致材木,須待以供喪用。"(878、18-26-4)

0729 蓄 xù

積。

○《周官》:"蓄疑敗謀。"《孔傳》:"積疑不決,必敗其謀。"(857、18-10-11)

0730 酗 xù

① 湎。

○《微子》:"方興沈酗于酒。"《孔傳》:"四方化紂沈湎。"(498、10-22-8)

② 酗䣊。

○《微子》:"我用沈酗于酒,用亂敗厥德于下。"《孔傳》:"沈湎酗䣊,敗亂湯德於後世。"(494、10-19-18)

按:《孔疏》:"《説文》云:'酗,䣊也。'然則'酗''䣊'一物,謂飲酒醉而發怒。"

③ 以酒爲凶謂之酗。

○《無逸》:"無若殷王受之迷亂,酗于酒德哉!"《孔傳》:"以酒爲凶謂之酗。"(783、16-20-4)

按:《孔疏》:"'酗'從酒,以凶爲聲,是'酗'爲凶酒之名,故'以酒爲凶謂之酗'。'酗'是飲酒而益凶也。"

0731 勗 xù

① 勉。（5 見）

○《泰誓中》：“勗哉，夫子！”《孔傳》：“勗，勉也。”（511、11－14－6）

○《牧誓》：“爾所弗勗，其于爾躬有戮。”《孔傳》：“臨敵所安汝不勉，則於汝身有戮矣。”（528、11－24－16）

○《康誥》：“乃寡兄勗。”《孔傳》：“汝寡有之兄武王，勉行文王之道。”（649、14－5－2）

○《君奭》：“收罔勗不及。”《孔傳》：“今與汝留輔成王，欲收教無自勉不及道義者。”（805、16－34－15）

○《君奭》：“汝明勗，偶王在亶。”《孔傳》：“汝以前人法度，明勉配王，在於成信。”（806、16－36－12）

② 勉勵。

○《牧誓》：“夫子勗哉！”《孔傳》：“夫子，謂將士，勉勵之。”（527、11－24－2）

0732 敘 xù

① 業。

○《大誥》：“誕敢紀其敘。”《孔傳》：“大敢紀其王業。”（627、13－23－15）

② 次敘。（10 見）

○《大禹謨》：“九功惟敘。”《孔傳》：“言六府三事之功有次敘。”（149、4－6－6）

○《皋陶謨》：“惇敘九族。”《孔傳》：“厚次敘九族。”（163、4－23－2）

○《皋陶謨》：“天敘有典。”《孔傳》：“天次敘人之常性。”（174、4－29－17）

○《禹貢》：“三苗丕敘。”《孔傳》：“三苗之族，大有次敘。”（301、6－27－13）

○《禹貢》：“崑崙、析支、渠搜、西戎即敘。”《孔傳》：“有此四國，在荒服之外，流沙之内，羌髳之屬，皆就次敘。”（303、6－29－1）

○《洪範》：“我不知其彝倫攸敘。”《孔傳》：“言我不知天所以定民之常道理次敘。”（544、12－2－15）

○《洪範》：“彝倫攸敘。”《孔傳》：“常道所以次敘。”（545、12－3－18）

○《康誥》：“嗚呼！封，有敘。”《孔傳》：“歎政教有次敘。”（655、14－9－6）

○《康誥》：“乃汝盡遜，曰時敘。”《孔傳》：“乃使汝所行盡順，曰是有次敘。”（660、14－11－7）

○《洛誥》：“篤敘乃正父。”《孔傳》：“厚次敘汝正父之道而行之。”（732、15－28－13）

③ 次序。（7 見）

○《益稷》：“時乃功惟敘。”《孔傳》：“是汝治水之功有次序。”（226、5－

15－10)

○《益稷》："皋陶方祗厥<u>敘</u>。"《孔傳》："故皋陶敬行其九德考績之<u>次序</u>於四方。"(226、5－18－18)

○《洪範》："各以其<u>敘</u>。"《孔傳》："各以<u>次序</u>。"(582、12－27－13)

○《康誥》："越厥邦厥民惟時<u>敘</u>。"《孔傳》："於其國,於其民,惟是<u>次序</u>,皆文王教。"(649、14－5－1)

○《洛誥》："厥攸灼<u>敘</u>。"《孔傳》："灼然有<u>次序</u>。"(729、15－24－15)

○《洛誥》："惠篤<u>敘</u>,無有遘自疾。"《孔傳》："厚行之使有<u>次序</u>,無有遘用患疾之道者。"(744、15－36－3)

○《洛誥》："王伻,殷乃承<u>敘</u>。"《孔傳》："王使殷民上下相承有<u>次序</u>。"(744、15－36－7)

④ **式序**。

○《盤庚下》："鞠人謀人之保居,<u>敘</u>欽。"《孔傳》："人之窮困能謀安其居者,則我<u>式序</u>而敬之。"(466、9－24－17)

0733 畜 xù

① **治**。

○《盤庚中》："汝共作我<u>畜</u>民。"《孔傳》："汝共我<u>治</u>民。"(456、9－18－10)

② **畜養**。

○《盤庚中》："用奉<u>畜</u>汝衆。"《孔傳》："用奉<u>畜養</u>汝衆。"(454、9－16－17)

0734 恤 xù

① **憂**。（15 見）

○《盤庚中》："永敬大<u>恤</u>。"《孔傳》："長敬我言,大<u>憂</u>行之。"(458、9－20－4)

○《大誥》："不卬自<u>恤</u>。"《孔傳》："不惟自<u>憂</u>而已。"(631、13－27－6)

○《大誥》："無毖于<u>恤</u>。"《孔傳》："無勞於<u>憂</u>。"(631、13－27－9)

○《酒誥》："惟我一人弗<u>恤</u>。"《孔傳》："惟我一人不<u>憂</u>汝。"(690、14－32－15)

○《召誥》："亦無疆惟<u>恤</u>。"《孔傳》："亦無窮惟當<u>憂</u>之。"(711、15－8－5)

○《召誥》："上下勤<u>恤</u>。"《孔傳》："言當君臣勤<u>憂</u>敬德。"(719、15－17－12)

○《多士》："罔不明德<u>恤</u>祀。"《孔傳》："無不顯用有德,<u>憂</u>念齊敬,奉其祭祀。"(755、16－5－4)

○《君奭》："明<u>恤</u>小臣屏侯甸。"《孔傳》："明<u>憂</u>其小臣,使得其人,以爲蕃屏侯甸之服。"(797、16－30－2)

○《君奭》："丕承無疆之<u>恤</u>。"《孔傳》："大承無窮之<u>憂</u>。"(806、16－36－14)

○《立政》："知<u>恤</u>鮮哉!"《孔傳》："知<u>憂</u>得其人者少。"(835、17－21－14)

○《顧命》："延入翼室,<u>恤</u>宅宗。"《孔傳》："延之使居<u>憂</u>,爲天下宗主。"

（878、18－24－9）

○《康王之誥》：“克恤西土。”《孔傳》：“能憂我西土之民。”（906、19－4－1）

○《康王之誥》：“用奉恤厥若。”《孔傳》：“當各用心奉憂其所行順道。”（910、19－5－17）

○《吕刑》：“恤功于民。”《孔傳》：“憂功於民。”（935、19－30－12）

○《文侯之命》：“簡恤爾都。”《孔傳》：“當簡核汝所任，憂治汝都鄙之人。”（968、20－6－18）

② 憂念。

○《文侯之命》：曰：“其伊恤朕躬。”《孔傳》：“其惟當憂念我身。”（964、20－4－16）

0735 胥 xù

① 相。（18 見）

○《太甲中》：“罔克胥匡以生。”《孔傳》：“無能相匡，故須君以生。”（415、8－29－3）

○《盤庚上》：“民咨胥怨。”《孔傳》：“胥，相也。”（1021、9－1－8）

○《盤庚上》：“不能胥匡以生。”《孔傳》：“言民不能相匡以生。”（429、9－3－16）

○《盤庚上》：“猶胥顧于箴言。”《孔傳》：“尚相顧於箴誨。”（438、9－9－6）

○《盤庚上》：“而胥動以浮言。”《孔傳》：“而相恐動以浮言。”（438、9－9－10）

○《盤庚上》：“胥及逸勤。”《孔傳》：“相與同勞逸。”（440、9－10－8）

○《盤庚中》：“惟胥以沈。”《孔傳》：“相與沈溺。”（452、9－15－17）

○《大誥》：“誕鄰胥伐于厥室。”《孔傳》：“大近相伐於其室家。”（637、13－32－5）

○《梓材》：“無胥戕，無胥虐。”《孔傳》：“當教民無得相殘傷，相虐殺。”（694、14－36－8）

○《無逸》：“猶胥訓告，胥保惠，胥教誨。”《孔傳》：“猶相道告，相安順，相教誨以義方。”（784、16－21－2）

○《無逸》：“民無或胥譸張爲幻。”《孔傳》：“君臣以道相正，故下民無有相欺誑幻惑也。”（784、16－21－3）

○《多方》：“乃胥惟虐于民。”《孔傳》：“桀之衆士，乃相與惟暴虐於民。”（820、17－10－16）

○《多方》：“越惟有胥伯小大多正。”《孔傳》：“於惟有相長事，小大衆正官之人。”（828、17－18－4）

○《康王之誥》：“尚胥暨顧。”《孔傳》：“庶幾相與顧念文武之道。”（909、

19－5－12)

○《吕刑》:"民興胥漸。"《孔傳》:"三苗之民,潰於亂政,起相漸化。"(931、19－25－15)

② 相與。

○《盤庚中》:"保后胥慼。"《孔傳》:"民亦安君之政,相與憂行君令。"(449、9－14－8)

○《盤庚中》:"無胥絶遠。"《孔傳》:"無相與絶遠棄廢之。"(458、9－20－4)

○《吕刑》:"明啓刑書胥占。"《孔傳》:"明開刑書,相與占之。"(956、19－43－18)

0736 緒 xù

業。

○《君牙》:"嗣守文、武、成、康遺緒。"《孔傳》:"繼守先王遺業。"(918、19－15－14)

○《五子之歌》:"荒墜厥緒,覆宗絶祀。"《孔傳》:"而太康失其業,以取亡。"(379、7－9－16)

○《太甲上》:"肆嗣王丕承基緒。"《孔傳》:"故子孫得大承基業。"(410、8－25－11)

0737 宣 xuān

布。

○《皋陶謨》:"日宣三德,夙夜浚明有家。"《孔傳》:"宣,布。"(169、4－27－15)

按:《孔疏》:"《周語》云:'宣布哲人之令德。''宣'亦布義,故爲'布'也。"

○《益稷》:"予欲宣力四方。"《孔傳》:"布力立治之功。"(194、5－6－5)

○《盤庚中》:"乃咸大不宣乃心。"《孔傳》:"汝皆大不布腹心。"(451、9－15－10)

○《顧命》:"昔君文王、武王宣重光。"《孔傳》:"言昔先君文武布其重光累聖之德。"(872、18－22－7)

0738 選 xuǎn

數。

○《盤庚上》:"世選爾勞。"《孔傳》:"選,數也。"(441、9－10－10)

按:《孔疏》:"《釋詁》云:'算,數也。'舍人曰:'釋數之曰算。''選'即'算'也,故訓爲'數'。"《左傳·襄公三十一年》"不可選也"、《左傳·昭公元年》"弗去,懼選"之"選",杜預均訓作"數也"。

0739 削 xuē

刻削。

○《君陳》：“無倚法以削。”《孔傳》：“無倚法制以行刻削之政。”（862、18－16－10）

0740 勳 xūn

① 功。

○《堯典》：“曰放勳，欽明文思安安。”《孔傳》：“勳，功。”（7、2－8－5）

○《武成》：“克成厥勳。”《孔傳》：“能成其王功。”（533、11－30－1）

② 功業。

○《泰誓上》：“大勳未集。”《孔傳》：“功業未成而崩。”（505、11－7－5）

0741 殉 xún

求。

○《伊訓》：“敢有殉于貨色。”《孔傳》：“殉，求也。”（408、8－21－4）

0742 詢 xún

謀。

○《秦誓》：“尚猷詢茲黃髮。”《孔傳》：“今我庶幾以道謀此黃髮賢老。”（980、20－18－2）

0743 恂 xún

信。

○《立政》：“迪知忱恂于九德之行。”《孔傳》：“蹈知誠信於九德之行。”（836、17－22－18）

0744 巡 xún

巡行。

○《周官》：“惟周王撫萬邦，巡侯甸。”《孔傳》：“即政撫萬國，巡行天下，侯服、甸服。”（852、18－2－9）

0745 訓 xùn

① 教。（13 見）

○《說命下》：“予惟克邁乃訓。”《孔傳》：“言我能行汝教。”（474、10－10－1）

○《無逸》：“乃非民攸訓。”《孔傳》：“乃非所以教民。”（782、16－20－1）

○《無逸》：“此厥不聽，人乃訓之。”《孔傳》：“此其不聽中正之君，人乃教之以非法。”（785、16－21－5）

○《蔡仲之命》：“率乃祖文王之彝訓。”《孔傳》：“言當循文武之常教。”

（813、17－4－3）

○《君陳》：“懋昭周公之訓。”《孔傳》：“勉明周公之教。”（861、18－14－13）

○《君陳》：“爾尚式時周公之猷訓。”《孔傳》：“汝庶幾用是周公之道教殷民。”（861、18－15－10）

○《君陳》：“弗化于汝訓。”《孔傳》：“不變於汝教。”（863、18－16－17）

○《顧命》：“兹予審訓命汝。”《孔傳》：“以此故我詳審教命汝。”（872、18－22－5）

○《顧命》：“嗣守文武大訓。”《孔傳》：“言奉順繼守文武大教。”（873、18－22－12）

○《顧命》：“用答揚文武之光訓。”《孔傳》：“用對揚聖祖文武之大教。”（897、18－37－18）

○《畢命》：“式化厥訓。”《孔傳》：“用化其教。”（913、19－8－18）

○《畢命》：“弗率訓典。”《孔傳》：“其不循教道之常。”（915、19－11－3）

○《君牙》：“爾惟敬明乃訓。”《孔傳》：“汝惟當敬明汝五教。”（919、19－17－10）

② 順。（12 見）

○《洪範》：“是彝是訓，于帝其訓。”《孔傳》：“不失其常，則人皆是順矣。天且其順。”（569、12－19－11）

○《洪範》：“是訓是行，以近天子之光。”《孔傳》：“凡順是行之，則可以近益天子之光明。”（569、12－19－13）

○《立政》：“謀面用丕訓德。”《孔傳》：“謀所面見之事無疑，則能用大順德。”（837、17－23－6）

○《立政》：“是訓用違。”《孔傳》：“是萬民順法，用違法衆獄。”（844、17－31－9）

○《立政》：“不訓于德。”《孔傳》：“憸人不順於德。”（848、17－34－14）

○《周官》：“仰惟前代時若，訓迪厥官。”《孔傳》：“言仰惟先代之法是順，訓順蹈其所建官而則之。”（853、18－5－1）

按：《孔傳》“訓”字，八、李、平、岳、殷、庫作“順”①。且《孔疏》：“‘若’與‘訓’，俱訓爲‘順’也。”知“訓”當作“順”。

○《康王之誥》：“皇天用訓厥道。”《孔傳》：“大天用順其道。”（909、19－5－7）

---

① 杜澤遜：《尚書注疏彙校》，第 2818 頁。

○《畢命》:"資富能訓,惟以永年。惟德惟義,時乃大訓。不由古訓,于何其訓?"《孔傳》:"以富資而能順義,則惟可以長年命矣。惟有德義,是乃大順。若不用古訓典籍,於何其能順乎?"(916、19 - 13 - 5　19 - 13 - 6 19 - 13 - 6)

○《畢命》:"子孫訓其成式惟乂。"《孔傳》:"言後世子孫,順公之成法,惟以治。"(917、19 - 14 - 4)

③ **道**。

○《無逸》:"猶胥訓告。"《孔傳》:"猶相道告。"(784、16 - 21 - 2)

○《顧命》:"命汝嗣訓。"《孔傳》:"命汝繼嗣其道。"(896、18 - 37 - 14)

④ **訓戒**。

○《五子之歌》:"皇祖有訓。"《孔傳》:"君祖禹有訓戒。"(376、7 - 7 - 14)

⑤ **教訓**。

○《胤征》:"聖有謨訓。"《孔傳》:"聖人所謀之教訓。"(381、7 - 12 - 17)

○《説命下》:"爾惟訓于朕志。"《孔傳》:"言汝當教訓於我。"(474、10 - 9 - 15)

○《微子之命》:"往敷乃訓。"《孔傳》:"往臨人布汝教訓。"(641、13 - 36 - 14)

⑥ **訓暢**。

○《沃丁》:"咎單遂訓伊尹事。"《孔傳》:"訓暢其所行功德之事。"(1015、8 - 39 - 18)

○《吕刑》:"穆王訓夏贖刑。"《孔傳》:"吕侯以穆王命作書,訓暢夏禹贖刑之法。"(1064、19 - 22 - 13)

按:訓暢,有説教、訓誠義。

⑦ **法教**。

○《盤庚上》:"予告汝訓。"《孔傳》:"告汝以法教。"(432、9 - 6 - 12)

按:法教,即法制教化。

⑧ **訓諫**。

○《高宗肜日》:"乃訓于王曰。"《孔傳》:"祖己既言,遂以道訓諫王。"(480、10 - 13 - 17)

○《旅獒》:"大保乃作《旅獒》,用訓于王。"《孔傳》:"陳貢獒之義以訓諫王。"(596、13 - 1 - 18)

按:經文"大保",石、八、李、王、纂、魏、平、岳、十、永、阮本作"太保",[1]是。

---

① 杜澤遜:《尚書注疏彙校》,第 1922 頁。

0746 巽 xùn

順。

○《堯典》："汝能庸命,巽朕位?"《孔傳》:"巽,順也。"(57、2 - 32 - 3)

按:《孔疏》:"'巽,順',《易·説卦》文。"《廣雅·釋詁》:"巽,順也。"

0747 遜 xùn

順。(6 見)

○《太甲下》:"有言遜於汝志。"《孔傳》:"遜,順也。"(418、8 - 33 - 1)

○《説命下》:"惟學遜志。"《孔傳》:"學以順志。"(475、10 - 10 - 6)

○《康誥》:"乃汝盡遜,曰時敍,惟曰未有遜事。"《孔傳》:"乃使汝所行盡順,曰是有次敍,惟當自謂未有順事。"(660、14 - 11 - 7)

○《多士》:"比事臣我宗,多遜。"《孔傳》:"比近臣我宗周,多爲順道。"(763、16 - 9 - 14)

○《多士》:"攸服奔走臣我,多遜。"《孔傳》:"所當服行奔走臣我,多爲順事。"(764、16 - 10 - 12)

0748 迓 yà

① 迎。

○《盤庚中》:"予迓續乃命于天。"《孔傳》:"迓,迎也。"(454、9 - 16 - 17)

○《洛誥》:"旁作穆穆迓衡。"《孔傳》:"四方旁來爲敬敬之道,以迎太平之政。"(735、15 - 30 - 8)

○《顧命》:"敬迓天威。"《孔傳》:"敬迎天之威命。"(873、18 - 22 - 12)

② 迎擊。

○《牧誓》:"弗迓克奔以役西土。"《孔傳》:"商衆能奔來降者,不迎擊之,如此則所以役我西土之義。"(528、11 - 24 - 11)

0749 嚴 yán

① 嚴恪。

○《無逸》:"嚴恭寅畏。"《孔傳》:"言太戊嚴恪恭敬,畏天命。"(769、16 - 14 - 3)

按:《孔疏》:"《祭義》云'嚴威儼恪',故引'恪'配'嚴'。"

② 嚴威。

○《立政》:"嚴惟丕式。"《孔傳》:"言湯所以能嚴威,惟可大法象者。"(838、17 - 25 - 6)

③ 嚴敬。

○《吕刑》:"具嚴天威。"《孔傳》:"皆當嚴敬天威。"(947、19 - 37 - 12)

0750 嵒 yán

僭。

○《召誥》：“用顧畏于民嵒。”《孔傳》：“嵒，僭也。”(714、15－11－9)

按：劉起釪《尚書校釋譯論》云：“俞樾《平議》：‘《説文·石部》：“嵒，暫嵒也，從石、品。《周書》曰‘畏于民嵒’，讀與‘巖’同。”又《品部》：“喦，多言也，從品相連。《春秋傳》曰‘次于喦北’，讀與‘聶’同。”是《説文》引此經作“嵒”，不作“喦”。而王厚齋《困學紀聞》《藝文志考》二書皆云“《説文》‘顧畏于民喦’，多言也，尼輒切”，與《説文》不合。……疑王氏所見《説文》與今不同，其“嵒”篆下引《春秋傳》“次于嵒北”而云“讀與聶同”，其“喦”篆下引《周書》“畏于民喦”而云“讀與巖同”，此蓋許君之真本也。喦字與喦字相似。《説文·山部》：“嵒，山巖也，從山、品，讀若吟。”《尚書》“嵒”字傳寫誤作“喦”，則與暫嵒之“嵒”其義相近，因又誤爲“嵒”。枚《傳》不得其解，妄生僭差之訓，而古字古義俱失矣。……后人日習枚《傳》，遂據以改易《説文》，而《尚書》與《春秋傳》遂皆失其本字。夫“嵒”爲暫嵒，則《春秋》之“嵒北”蓋以地在山巖之北而得名也；今移置“喦”篆下則又失其義矣。“喦”爲多言，則《尚書》之“畏于民喦”即《詩》所謂“畏人之多言”也；今移置“嵒”篆下則又失其義矣。當從王厚齋所引訂正。’此説甚精覈，然即謂畏民言如暫喦，亦無不可。”[1]《孔疏》：“‘嵒’，即‘巖’也，參差不齊之意，故爲僭也。”疏不破注，均屬望文生義。

0751 延 yán

① 及。

○《大禹謨》：“賞延于世。”《孔傳》：“延，及也。”(152、4－9－16)

按：《孔疏》：“‘延’，訓‘長’，以長及物，故‘延’爲‘及’也。”

② 長久。

○《召誥》：“我不敢知曰，不其延。”《孔傳》：“言桀不謀長久。”(717、15－14－5)

③ 延久。

○《君奭》：“我道惟寧王德延。”《孔傳》：“故我以道，惟安寧王之德，謀欲延久。”(794、16－27－4)

0752 言 yán

① 稱。

○《皋陶謨》：“亦言其人有德。”《孔傳》：“稱其人有德。”(167、4－25－8)

---

① 顧頡剛、劉起釪：《尚書校釋譯論》，第1439頁。

② 道。

〇《金縢》:"公命,我勿敢言。"《孔傳》:"周公使我勿道。"(618、13-17-6)

③ 詞章。

〇《洪範》:"二曰言。"《孔傳》:"詞章。"(554、12-9-17)

④ 發言。

〇《無逸》:"其惟不言,言乃雍。"《孔傳》:"在喪,則其惟不言,喪畢發言,則天下和。"(771、16-14-16)

〇《君奭》:"言曰:'在時二人。'"《孔傳》:"發言常在是文武。"(807、16-37-8)

⑤ 發氣爲言。

〇《旅獒》:"志以道寧,言以道接。"《孔傳》:"在心爲志,發氣爲言,皆以道爲本,故君子勤道。"(598、13-4-17)

0753 偃 yǎn

① 倒載。

〇《武成》:"乃偃武修文。"《孔傳》:"倒載干戈,包以虎皮示不用。行禮射,設庠序,修文教。"(530、11-26-13)

② 偃拔。

〇《金縢》:"凡大木所偃,盡起而築之。"《孔傳》:"木有偃拔,起而立之,築有其根。"(621、13-17-16)

按:偃,《說文》:"偃,僵也。"段玉裁注:"凡仰仆曰偃。"即仰面倒下義。據武英殿本《尚書注疏》句讀,《孔傳》對應訓"偃"作"偃拔","偃""拔"意思相反,且與經義"將倒下的大樹扶起來"相違,如此則訓作"偃拔"值得商榷。或《孔傳》可斷作"木有偃,拔起而立之,築有其根",似更合經義。

0754 燕 yàn

燕安。

〇《酒誥》:"用燕喪威儀。"《孔傳》:"用燕安喪其威儀。"(684、14-28-18)

按:《禮記·樂記》"宋音燕女溺志",鄭玄注:"燕,安。"

0755 諺 yàn

叛諺。

〇《無逸》:"乃逸,乃諺。"《孔傳》:"力(乃)爲逸豫遊戲,乃叛諺不恭。"(767、16-12-18)

按:《孔疏》:"《論語》曰:'由也,諺。'諺則叛諺,欺誕不恭之貌。"另,《孔傳》"力"字,八、李、王、纂、魏、平、要、岳、毛、殿、庫作"乃"①,是。監本形近而訛。

0756 揚 yáng

① 舉。

○《堯典》:曰:"明明揚側陋。"《孔傳》:"明舉明人在側陋者。"(58、2-32-5)

按:《孔疏》:"《文王世子》論舉賢之法云:'或以事舉,或以言揚。'揚,亦舉也,故以'舉'解'揚'。經之'揚'字,在於二'明'之下,傳進'舉'字於兩'明'之中,經於'明'中宜有'揚'字,言明舉明人於側陋之處。'明'下有'揚',故上闕'揚'文。傳進'舉'於'明'上,互文以足之也。"

○《泰誓中》:"今朕必往,我武惟揚。"《孔傳》:"揚,舉也。"

② 稱揚。

○《說命下》:"敢對揚天子之休命。"《孔傳》:"答受美命而稱揚之。"(511、11-13-16)

○《顧命》:"皇后憑玉几,道揚末命。"《孔傳》:"言憑玉几所道,稱揚終命。"(476、10-11-17)

③ 褒揚。

○《洛誥》:"以予小子揚文武烈。"《孔傳》:"用我小子,褒揚文武之業。"(896、18-37-14)

0757 暘 yáng

明。

○《堯典》:"宅嵎夷,曰暘谷。"《孔傳》:"暘,明也。日出於谷而天下明,故稱暘谷。暘谷、嵎夷,一也。"(733、15-30-1)

按:《說文》:"暘,日出也。从日易聲。《虞書》曰:'暘谷。'"以《堯典》經文爲證。日出則天下明,進而直接引申出"明"義。

0758 颺 yáng

大言而疾曰颺。

○《益稷》:"皋陶拜手稽首颺言曰。"《孔傳》:"大言而疾曰颺。"(22、2-12-5)

0759 要 1. yāo

① 察。

○《康誥》:"要囚,服念五六日。"《孔傳》:"要囚,謂察其要辭以斷獄。"

---

① 杜澤遜:《尚書注疏彙校》,第2488頁。

（658、14 - 10 - 10）

② 要束。

○《禹貢》：“五百里要服。”《孔傳》：“綏服外之五百里，要束以文教。”
（355、6 - 43 - 7）

按：《孔疏》：“‘要’者，約束之義。”“要束”，即約束義。《左傳·隱公三
年》：“周鄭交惡。君子曰：‘信不由中，質無益也。明恕而行，要之以
禮。’”“要之以禮”之“要”，亦約束義。

③ 要察。

○《多方》：“要囚，殄戮多罪，亦克用勸。”《孔傳》：“帝乙已上，安（要）察
囚情，絕戮衆罪，亦能用勸善。”（821、17 - 11 - 13）

按：《孔傳》“安察囚情”之“安”字，八、李、王、纂、平、岳、十、永、庫、阮本
作“要”①，是。

2. yào

要善。

○《呂刑》：“有倫有要。”《孔傳》：“各有倫理，有要善。”（955、19 - 42 - 12）

按：孫星衍《疏》：“倫者，鄭注《學記》云：‘理也。’要者，鄭司農注《周禮》
云：‘簿書也。’”②有倫有要，後世形成“倫要”一詞，指根據倫理所規定的
準則。

0760 要囚 yāo qiú

① 察其要辭以斷獄。

○《康誥》：“要囚，服念五六日。”《孔傳》：“要囚，謂察其要辭以斷獄。”
（658、14 - 10 - 10）

② 要察囚情。

○《多方》：“要囚，殄戮多罪，亦克用勸。”《孔傳》：“帝乙已上，安（要）察
囚情，絕戮衆罪，亦能用勸善。”（821、17 - 11 - 13）

按：《孔傳》“安察囚情”之“安”字，八、李、王、纂、平、岳、十、永、庫、阮本
作“要”③，是。

0761 夭 yāo

少長曰夭。

○《禹貢》：“厥草惟夭，厥木惟喬。”《孔傳》：“少長曰夭。”（273、6 - 16 - 11）

---

① 杜澤遜：《尚書注疏彙校》，第 2659 頁。
② （清）孫星衍撰，陳抗、盛冬鈴點校：《尚書今古文注疏》，第 538 頁。
③ 杜澤遜：《尚書注疏彙校》，第 2659 頁。

按：《孔疏》：“夭是少長之貌，《詩》曰‘桃之夭夭’是也。”

0762 繇 yáo

茂。

○《禹貢》：“厥草惟繇。”《孔傳》：“繇，茂。”（257、6－10－15）

按：《說文》：“繇，隨從也。”《孔傳》訓釋與此無涉。“繇”通“蘨”，《說文》：“蘨，艸盛皃。从艸繇聲。《夏書》曰：‘厥艸惟蘨。’”即引《禹貢》經文爲證。

0763 噫 yī

恨辭。

○《金縢》：“噫！公命，我勿敢言。”《孔傳》：“噫，恨辭。”（618、13－17－6）

按：《孔疏》：“‘噫’者，心不平之聲，故爲‘恨辭’。”

0764 伊 yī

惟。

○《文侯之命》：“其伊恤朕躬。”《孔傳》：“其惟當憂念我身。”（964、20－4－16）

按：《儀禮·士冠禮》“旨酒既清，嘉薦伊脯”，鄭玄注：“伊，惟也。”

0765 夷 yí

① 平。

○《堯典》：“厥民夷，鳥獸毛毨。”《孔傳》：“夷，平也。”（37、2－13－15）

按：《孔疏》：“《釋詁》云：‘夷、平，易也。’俱訓爲‘易’，是‘夷’得爲平。”

○《泰誓上》：“乃夷居弗事上帝神祇。”《孔傳》：“平居無故廢天地百神宗廟之祀。”（505、11－7－9）

○《泰誓中》：“受有億兆夷人。”《孔傳》：“平人，凡人也。”（510、11－12－17）

② 常。

○《顧命》：“大玉、夷玉、天球、河圖，在東序。”《孔傳》：“夷，常也。”（884、18－28－4）

③ 平常。

○《禹貢》：“三百里夷。”《孔傳》：“守平常之教，事王者而已。”（355、6－43－10）

0766 遺 yí

遺餘。

○《多士》：“爾殷遺多士。”《孔傳》：“順其事稱以告殷遺餘衆士。”（752、16－2－9）

0767 移 yí

① 易。

○《畢命》:"既歷三紀,世變風移。"《孔傳》:"已經三紀,世代民易。"(913、19-9-2)

② 移徙。

○《多士》:"移爾遐逖。"《孔傳》:"今移徙汝於洛邑,使汝遠於惡俗。"(763、16-9-14)

0768 台 yí

我。(8見)

○《禹貢》:"錫土姓,祇台德先。"《孔傳》:"台,我也。"(351、6-40-4)

○《湯誓》:"非台小子,敢行稱亂。"《孔傳》:"非我小子敢行此事。"(389、8-2-16)

○《湯誓》:"夏罪其如台。"《孔傳》:"今汝其復言桀惡,其亦如我所聞之言。"(390、8-3-5)

○《盤庚上》:"其如台。"《孔傳》:"其如我所行。"(429、9-3-16)

○《説命上》:"以台正于四方。"《孔傳》:"我正四方。"(469、10-2-14)

○《説命上》:"朝夕納誨,以輔台德。"《孔傳》:"言當納諫誨直辭以輔我德。"(470、10-3-16)

○《高宗肜日》:"乃曰:'其如台。'"《孔傳》:"祖己恐王未受其言,故乃復曰,天道其如其(我)所言。"(481、10-14-17)

按:《孔傳》"如其",八、李、王、纂、魏、平、岳、毛、殿、庫作"如我"①,是。

○《西伯戡黎》:"今王其如台。"《孔傳》:"王之凶害,其如我所言。"(489、10-18-7)

0769 彝 yí

① 常。(15見)

○《湯誥》:"凡我造邦,無從匪彝。"《孔傳》:"彝,常。"(402、8-16-7)

○《洪範》:"我不知其彝倫攸敘。"《孔傳》:"言我不知天所以定民之常道理次敘。"(544、12-2-15)

○《洪範》:"不畀洪範九疇彝倫攸斁。"《孔傳》:"不與大法九疇。……故常道所以敗。"(545、12-3-13)

○《洪範》:"彝倫攸敘。"《孔傳》:"常道所以次敘。"(545、12-3-18)

○《洪範》:"是彝是訓。"《孔傳》:"不失其常,則人皆是順矣。"(569、12-

---

① 杜澤遜:《尚書注疏彙校》,第1476頁。

19－11）

○《康誥》：“天惟與我民彝大泯亂。”《孔傳》：“天與我民五常,使父義、母慈、兄友、弟恭、子孝,而廢棄不行,是大滅亂天道。”(662、14－13－4)

○《康誥》：“勿用非謀非彝。”《孔傳》：“勿用非善謀、非常法。”(668、14－18－12)

○《酒誥》：“有正有事,無彝酒。”《孔傳》：“正官治事,謂下群吏。教之皆無常飲酒。”(675、14－22－14)

○《酒誥》：“聰聽祖考之彝訓。”《孔傳》：“言子孫皆聰聽父祖之常教。”(676、14－23－1)

○《酒誥》：“誕惟厥縱淫泆于非彝。”《孔傳》：“紂大惟其縱淫泆于非常。”(684、14－28－18)

○《召誥》：“其惟王勿以小民淫用非彝。”《孔傳》：“勿用小民過用非常。”(718、15－15－18)

○《洛誥》：“聽朕教汝于棐民彝。”《孔傳》：“聽我教汝於輔民之常而用之。”(731、15－28－8)

○《蔡仲之命》：“率乃祖文王之彝訓。”《孔傳》：“言當循文武之常教。”(813、17－4－2)

○《冏命》：“永弼乃后於彝憲。”《孔傳》：“當長輔汝君於常法。”(922、19－22－9)

○《呂刑》：“率乂于民棐彝。”《孔傳》：“循道以治於民,輔成常教。”(938、19－32－1)

②**法**。

○《君奭》：“兹迪彝教文王蔑德。”《孔傳》：“而五人以此道法,教文王以精微之德,下政令於國人。”(802、16－33－2)

③**常法**。

○《康誥》：“罰蔽殷彝。”《孔傳》：“其刑罰斷獄,用殷家常法。”(659、14－11－3)

④**常道**。

○《洛誥》：“厥若彝。”《孔傳》：“其順常道。”(729、15－24－17)

0770 倚 yǐ

曲。

○《盤庚中》：“恐人倚乃身,迂乃心。”《孔傳》：“倚,曲。”(453、9－16－12)

0771 已 yǐ

① 退。

○《堯典》：“試可乃已。”《孔傳》：“唯鯀可試，無成乃退。”（55、2-26-15）

按：《孔疏》：“‘已’訓爲‘止’，是停住之意，故爲‘退’也。”

② 發端歎辭。

○《大誥》：“已！予惟小子，若涉淵水。”《孔傳》：“已，發端歎辭也。”（625、13-21-14）

0772 迆 yǐ

溢。

○《禹貢》：“東迆北會于匯。”《孔傳》：“迆，溢也。”（326、6-36-9）

按：《孔疏》：“‘迆’言靡迆，邪出之言，故爲‘溢’也。”

0773 以 yǐ

① 率。

○《仲虺之誥》：“以義制事，以禮制心，垂裕後昆。”《孔傳》：“率義奉禮，垂優足之道示後世。”（398、8-12-17）

② 奉。

○《仲虺之誥》：“以義制事，以禮制心，垂裕後昆。”《孔傳》：“率義奉禮，垂優足之道示後世。”（398、8-12-17）

③ 用。（23見）

○《湯誥》：“無以爾萬方。”《孔傳》：“無用爾萬方。”（402、8-16-13）

○《盤庚中》：“惟涉河以民遷。”《孔傳》：“爲此南渡河之法用民徙。”（448、9-13-14）

○《泰誓中》：“天其以予乂民。”《孔傳》：“用我治民。”（510、11-12-10）

○《牧誓》：“是以爲大夫卿士。”《孔傳》：“用爲卿大夫，典政事。”（525、11-23-12）

○《大誥》：“予惟以爾庶邦。”《孔傳》：“用汝衆國。”（629、13-25-13）

○《梓材》：“以厥庶民，暨厥臣。”《孔傳》：“言當用其衆人之賢者與其小臣之良者。”（692、14-34-3）

○《梓材》：“厥命曷以。”《孔傳》：“知其教命所施何用。”（696、14-36-12）

○《召誥》：“其惟王勿以小民淫用非彝。”《孔傳》：“勿用小民過用非常。”（718、15-15-18）

○《召誥》:"欲王以小民受天永命。"《孔傳》:"我欲王用小民,受天長命。"(719、15－17－15)

○《洛誥》:"公其以予萬億年敬天之休。"《孔傳》:"公其當用我萬億年敬天之美。"(726、15－23－4)

○《洛誥》:"惟以在周工。"《孔傳》:"惟用在周之百官。"(729、15－24－18)

○《洛誥》:"以予小子揚文武烈。"《孔傳》:"用我小子,褒揚文武之業。"(733、15－30－1)

○《無逸》:"以萬民惟正之供。"《孔傳》:"用萬民當惟正身以供待之故。"(782、16－19－17)

○《君奭》:"我不以後人迷。"《孔傳》:"我留與汝輔王,不用後人迷惑。"(805、16－36－4)

○《多方》:"乃惟以爾多方之義民。"《孔傳》:"以其乃惟用汝多方之義民爲臣。"(819、17－10－12)

○《多方》:"乃惟成湯,克以爾多方。"《孔傳》:"乃惟成湯,能用汝衆方之賢。"(820、17－11－7)

○《多方》:"弗克以爾多方。"《孔傳》:"謂紂不能用汝衆方。"(821、17－11－16)

○《多方》:"亦則以穆穆在乃位。"《孔傳》:"亦則用敬敬常在汝位。"(829、17－18－10)

○《立政》:"乃克立兹常事,司牧人以克俊有德。"《孔傳》:"乃能立此常事,司牧人,用能俊有德者。"(843、17－31－4)

○《畢命》:"以成周之衆。"《孔傳》:"用成周之民衆。"(913、19－8－4)

○《畢命》:"四方無虞,予一人以寧。"《孔傳》:"四方無可度之事,我天子用安矣。"(913、19－9－2)

○《冏命》:"無以巧言令色、便辟側媚。"《孔傳》:"無得用巧言無實、令色無質、便辟足恭、側媚諂諛之人。"(921、19－20－18)

○《秦誓》:"以不能保我子孫黎民。"《孔傳》:"用之不能安我子孫衆人。"(986、20－20－4)

④ 於。

○《咸有一德》:"以有九有之師。"《孔傳》:"於得九有之衆。"(421、8－36－4)

⑤ 與。

○《泰誓上》:"以爾友邦冢君。"《孔傳》:"故我與諸侯。"(505、11－7－7)

○《召誥》:"太保乃以庶邦冢君,出取幣。"《孔傳》:"召公與諸侯出取幣。"(709、15 - 5 - 11)

0774 懿 yì

美。

○《無逸》:"徽柔懿恭。"《孔傳》:"以美道和民,故民懷之。以美政恭民,故民安之。"(778、16 - 18 - 1)

0775 藝 yì

① 技藝。

○《胤征》:"工執藝事以諫。"《孔傳》:"百工各執其所治技藝以諫。"(381、7 - 13 - 4)

② 道藝。

○《立政》:"藝人表臣。"《孔傳》:"以道藝爲表幹之臣。"(841、17 - 28 - 11)

0776 殪 yì

殺。

○《康誥》:"天乃大命文王,殪戎殷。"《孔傳》:"天美文王,乃大命之殺兵殷。"(649、14 - 4 - 16)

0777 弋 yì

取。

○《多士》:"肆爾多士,非我小國敢弋殷命。"《孔傳》:"弋,取也。"(753、16 - 2 - 16)

按:《孔疏》:"'弋',射也,射而取之,故'弋'爲取也。"

0778 易 yì

① 改易。

○《堯典》:"平在朔易。"《孔傳》:"易,謂歲改易北方。"(38、2 - 13 - 17)

按:《孔疏》:"'易,謂歲改易於北方'者,人則三時在野,冬入隩室,物則三時生長,冬入囷倉,是人之與物,皆改易也。"

② 變易。

○《酒誥》:"祗保越怨不易。"《孔傳》:"所敬所安,皆在於怨,不可變易。"(684、14 - 28 - 16)

0779 邑 yì

① 邑居。

○《湯誓》:"率割夏邑。"《孔傳》:"相率割剝夏之邑居。"(391、8 - 3 - 7)

② 都邑。

○《康誥》:"作新大邑,于東國洛。"《孔傳》:"建作王城大都邑於東國洛汭。"(643、14－2－13)

0780 斁 yì

① 厭。

○《太甲中》:"朕承王之休無斁。"《孔傳》:"王所行如此,則我承王之美無厭。"(417、8－31－9)

○《微子之命》:"俾我有周無斁。"《孔傳》:"則使我有周好汝無厭。"(641、13－37－4)

○《洛誥》:"我惟無斁其康事。"《孔傳》:"我惟無厭其安天下事。"(739、15－33－6)

○《周官》:"萬邦惟無斁。"《孔傳》:"則天下萬國,惟乃無厭我周德。"(859、18－11－15)

按:《詩·周南·葛覃》"爲絺爲綌,服之無斁",《毛傳》:"斁,厭也。"

② 敗。

○《洪範》:"不畀洪範九疇彝倫攸斁。"《孔傳》:"斁,敗也。"(545、12－3－13)

按:《説文》:"斁,解也。从攴睪聲。"與《孔傳》訓釋不同。《説文》另有:"殬,敗也。从歺睪聲。《商書》曰:'彝倫攸殬。'"則知"斁""殬"同從"睪"聲,故通用。

0781 佚 yì

失。

○《盤庚上》:"惟予一人有佚罰。"《孔傳》:"佚,失也。"(445、9－13－6)

○《酒誥》:"汝勿佚。"《孔傳》:"勿令失也。"(689、14－32－7)

○《君奭》:"遏佚前人光。"《孔傳》:"絕失先王光大之道。"(792、16－26－4)

0782 役 yì

役事。

○《大誥》:"予造天役。"《孔傳》:"我周家爲天下役事。"(631、13－27－4)

0783 億 yì

十萬爲億。

○《洛誥》:"公其以予萬億年敬天之休。"《孔傳》:"十萬爲億。"(726、15－23－5)

0784 劓 yì

① 割。

○《盤庚中》：“我乃劓殄滅之。”《孔傳》：“劓,割。”（460、9－20－10）

② 截鼻。

○《康誥》：“非汝封又曰劓刵人。”《孔傳》：“劓,截鼻。”（657、14－9－14）

③ 截人鼻。

○《吕刑》：“爰始淫爲劓、刵、椓、黥。”《孔傳》：“於是始大爲截人耳鼻,椓陰、黥面。”（928、19－25－11）

0785 劓辟 yì pì

截鼻曰劓刑。

○《吕刑》：“劓辟疑赦。”《孔傳》：“截鼻曰劓刑。”（950、19－37－17）

0786 乂 yì

治。（38 見）

○《堯典》：“下民其咨,有能俾乂?”《孔傳》：“乂,治也。”（54、2－26－8）

○《大禹謨》：“政乃乂,黎民敏德。”《孔傳》：“則其政治,而衆民皆疾修德。”（147、4－2－17）

○《益稷》：“萬邦作乂。”《孔傳》：“言天下由此爲治本。”（190、5－2－13）

○《禹貢》：“淮沂其乂。”《孔傳》：“二水已治。”（263、6－13－9）

○《禹貢》：“雲土夢作乂。”《孔傳》：“雲夢之澤在江南,其中有平土丘,水去可爲耕作畎畝之治。”（281、6－20－7）

○《仲虺之誥》：“惟天生聰明時乂。”《孔傳》：“言天生聰明,是治民亂。”（395、8－9－5）

○《説命中》：“惟民從乂。”《孔傳》：“民以從上爲治。”（472、10－6－2）

○《説命下》：“惟后非賢不乂。”《孔傳》：“言君須賢治。”（476、10－11－14）

○《微子》：“降監殷民,用乂讎斂。”《孔傳》：“下視殷民,所用治者,皆重賦傷民、斂聚怨讎之道。”（500、10－22－16）

○《泰誓中》：“天其以予乂民。”《孔傳》：“用我治民。”（510、11－12－10）

○《洪範》：“次六,曰乂用三德。”《孔傳》：“治民必用剛柔正直之三德。”（549、12－5－12）

○《洪範》：“從作乂。”《孔傳》：“可以治。”（558、12－10－3）

○《洪範》：“百穀用成,乂用明。”《孔傳》：“君臣無易,則政治明。”（588、12－30－12）

○《洪範》:"乂用昏不明。"《孔傳》:"治闇賢隱。"(588、12－30－15)

○《康誥》:"用保乂民。"《孔傳》:"用安治民。"(651、14－6－7)

○《康誥》:"乃其乂民。"《孔傳》:"其乃治民。"(652、14－7－11)

○《康誥》:"惟民其康乂。"《孔傳》:"惟民其皆安治。"(656、14－9－10)

○《康誥》:"乃非德用乂。"《孔傳》:"乃由非德用治之故。"(665、14－15－6)

○《康誥》:"用康乂民,作求。"《孔傳》:"用安治民,爲求等。"(667、14－17－1)

○《康誥》:"高乃聽,用康乂民。"《孔傳》:"高汝聽,聽先王道德之言,以安治民。"(670、14－19－9)

○《召誥》:"其自時中乂。"《孔傳》:"則其用是土中大致治。"(715、15－12－3)

○《召誥》:"亦敢殄戮用乂民。"《孔傳》:"亦當果敢絕刑戮之道用治民。"(718、15－16－1)

○《洛誥》:"其自時中乂。"《孔傳》:"其當用是土中爲治。"(741、15－34－6)

○《多士》:"保乂有殷。"《孔傳》:"亦惟天大立安治於殷。"(755、16－5－6)

○《君奭》:"巫咸乂王家。"《孔傳》:"巫咸治王家。"(795、16－27－17)

○《君奭》:"率惟兹有陳,保乂有殷。"《孔傳》:"循惟此道,有陳列之功,以安治有殷。"(797、16－29－9)

○《君奭》:"惟德稱用,乂厥辟。"《孔傳》:"惟有德者舉,用治其君事。"(798、16－30－5)

○《君奭》:"天壽平格,保乂有殷。"《孔傳》:"言天壽有平至之君,故安治有殷。"(798、16－31－3)

○《多方》:"爾曷不夾介乂我周王。"《孔傳》:"汝何不近大見治於我周王。"(825、17－15－12)

○《立政》:"以乂我受民。"《孔傳》:"以治我所受之民。"(847、17－32－17)

○《立政》:"惟正是乂之。"《孔傳》:"惟以正是之道,治衆獄衆慎。"(847、17－34－2)

○《立政》:"則克宅之,克由繹之,兹乃俾乂。"《孔傳》:"能居之於心,能用陳之,此乃使天下治。"(848、17－34－5)

○《周官》:"夏商官倍,亦克用乂。"《孔傳》:"禹湯建官二百,亦能用治。"(853、18－4－1)

○《君陳》:"懋昭周公之訓,惟民其<u>乂</u>。"《孔傳》:"勉明周公之教,惟民其<u>治</u>。"(861、18-14-13)

○《康王之誥》:"不二心之臣,保<u>乂</u>王家。"《孔傳》:"忠一不二心之臣,共安<u>治</u>王家。"(909、19-5-5)

○《畢命》:"子孫訓其成式惟<u>乂</u>。"《孔傳》:"言後世子孫,順公之成法,惟以<u>治</u>。"(917、19-14-4)

○《君牙》:"昭乃辟之有<u>乂</u>。"《孔傳》:"明汝君之有<u>治</u>功。"(919、19-18-6)

○《吕刑》:"率<u>乂</u>于民棐彝。"《孔傳》:"循道以<u>治</u>於民,輔成常教。"(938、19-32-1)

按:乂,《説文》訓作"芟艸也",段注:"引申之,乂訓治也,見諸經傳。許'辟'部云'𠬧,治也'。引《唐書》'有能俾𠬧',則'𠬧'爲正字。"

0787 逸 yì

① **逸豫**。(13見)

○《皋陶謨》:"無教<u>逸</u>欲有邦。"《孔傳》:"不爲<u>逸豫</u>貪欲之教,是有國者之常。"(172、4-29-12)

○《盤庚上》:"罔有<u>逸</u>言。"《孔傳》:"無有<u>逸豫</u>之言。"(433、9-7-3)

○《酒誥》:"不敢自暇自<u>逸</u>。"《孔傳》:"不敢自寬暇自<u>逸豫</u>。"(682、14-26-17)

○《無逸》:"《無<u>逸</u>》。"《孔傳》:"成王即位,恐其<u>逸豫</u>,故以所戒名篇。"(766、16-12-7)

○《無逸》:"君子所其無<u>逸</u>。"《孔傳》:"所在念德其無<u>逸豫</u>。"(766、16-12-12)

○《無逸》:"先知稼穡之艱難,乃<u>逸</u>。"《孔傳》:"稼穡,農夫之艱難事,先知之,乃謀<u>逸豫</u>。"(767、16-12-14)

按:《尚書譯注》:"王念孫謂:'乃逸二字,乃因下文而衍。'若然,則文通字順,今從之。"[1]王説無據,不可輕從。

○《無逸》:"乃<u>逸</u>,乃諺。"《孔傳》:"力(乃)爲<u>逸豫</u>遊戲,乃叛諺不恭。"(767、16-12-17)

按:《孔傳》"力"字,八、李、王、纂、魏、平、要、岳、毛、殿、庫作"乃"[2],是。

○《無逸》:"生則<u>逸</u>。"《孔傳》:"生則<u>逸豫</u>無度。"(777、16-17-6)

---

① 李民、王健:《尚書譯注》,第313頁。
② 杜澤遜:《尚書注疏彙校》,第2488頁。

○《無逸》：“則其無淫于觀、于逸、于遊、于田。”《孔傳》：“所以無敢過於觀遊逸豫田獵者。”（782、16－19－17）

○《多方》：“有夏誕厥逸。”《孔傳》：“有夏桀不畏天戒，而大其逸豫。”（817、17－8－13）

○《多方》：“乃惟爾商後王，逸厥逸。”《孔傳》：“後王紂逸豫其過逸。”（822、17－13－4）

○《多方》：“爾乃惟逸惟頗。”《孔傳》：“若爾乃爲逸豫頗僻。”（831、17－20－2）

○《周官》：“作德，心逸日休。”《孔傳》：“爲德，直道而行，於心逸豫，而名且（日）美。”（858、18－11－5）

按：《孔傳》“且”字，八、李、王、纂、岳、殿、庫作“日”①，是。

② 奢逸。

○《酒誥》：“罔愛于殷，惟逸。”《孔傳》：“無愛於殷，惟以紂奢逸故。”（685、14－29－10）

③ 逸樂。

○《多士》：“我聞曰：‘上帝引逸。’有夏不適逸，則惟帝降格。”《孔傳》：“言上天欲民長逸樂，有夏桀爲政不之逸樂，故天下至戒以譴告之。”（754、16－4－1）

0788 逸勤 yì qín

勞逸。

○《盤庚上》：“胥及逸勤。”《孔傳》：“相與同勞逸。”（440、9－10－8）

0789 逸言 yì yán

逸豫之言。

○《盤庚上》：“王用丕欽，罔有逸言。”《孔傳》：“王用大敬其政教，無有逸豫之言。”（433、9－7－3）

0790 逸豫 yì yù

① 不勤。

○《五子之歌》：“太康尸位以逸豫。”《孔傳》：“主以尊位爲逸豫不勤。”（374、7－6－8）

② 寬暇。

○《君陳》：“惟日孜孜，無敢逸豫。”《孔傳》：“惟當日孜孜勤行之，無敢自寬暇逸豫。”（861、18－15－10）

---

① 杜澤遜：《尚書注疏彙校》，第2836頁。

0791 肄 yì

① 勞。

○《顧命》:"肄不違。"《孔傳》:"文武定命陳教,雖勞而不違道。"(873、18－22－10)

按:《詩·邶風·谷風》"有洸有潰,既詒我肄",《毛傳》:"肄,勞也。"

② 勤勞。

○《顧命》:"奠麗陳教則肄。"《孔傳》:"定天命,施陳教,則勤勞。"(872、18－22－7)

0792 裔 yì

末。

○《微子之命》:"功加于時,德垂後裔。"《孔傳》:"裔,末也。"(640、13－35－13)

0793 毅 yì

致果爲毅。

○《皋陶謨》:"擾而毅。"《孔傳》:"致果爲毅。"(168、4－26－3)

按:《孔疏》:"'致果爲毅',宣二年《左傳》文。彼文以'殺敵爲果,致果爲毅',謂能致果敢殺敵之心,是爲强毅也。"

0794 懌 yì

① 悦。

○《梓材》:"和懌先後迷民。"《孔傳》:"和悦先後天下迷愚之民。"(700、14－38－13)

○《梓材》:"用懌先王受命。"《孔傳》:"所以悦先王受命之義。"(700、14－38－14)

② 喜悦。

○《太甲上》:"惟朕以懌。"《孔傳》:"言能循汝祖所行,則我喜悦。"(411、8－26－12)

③ 悦懌。

○《康誥》:"則予一人以懌。"《孔傳》:"則我一人以此悦懌汝德。"(666、14－15－12)

○《顧命》:"王不懌。"《孔傳》:"王有疾,故不悦懌。"(865、18－20－2)

0795 异 yì

已,退。

○《堯典》:"异哉! 試可乃已。"《孔傳》:"异,已也,退也。"(55、2－26－15)

按:《孔疏》:"'异'聲近已,故爲'已'也。'已'訓爲'止',是停住之意,故爲'退'也。"

0796 翼 yì

① 敬。

○《大誥》:"越予小子考翼。"《孔傳》:"於我小子先卜敬成周道。"(630、13－25－18)

○《大誥》:"厥考翼。"《孔傳》:"其父敬事創業。"(635、13－30－13)

按:《诗经·小雅·六月》"有严有翼,共武之服",《毛傳》:"翼,敬也。"另成語"小心翼翼",形容恭敬小心,絲毫不敢疏忽懈怠,"翼"也有恭敬義。

② 翼佐。

○《大誥》:"予翼以于敉寧武圖功。"《孔傳》:"來翼佐我周,用撫安武事,謀立其功。"(628、13－24－3)

③ 輔翼。

○《君牙》:"今命爾予翼。"《孔傳》:"今命汝爲我輔翼股肱心體之臣。"(918、19－16－5)

0797 繹 yì

陳。

○《立政》:"克由繹之。"《孔傳》:"能用陳之。"(848、17－34－5)

○《君陳》:"庶言同則繹。"《孔傳》:"衆言同則陳而布之。"(861、18－16－2)

按:《爾雅·釋詁》:"繹,陳也。"《詩·小雅·車攻》"會同有繹",《毛傳》:"繹,陳也。"

0798 因 yīn

因就。

○《堯典》:"厥民因,鳥獸希革。"《孔傳》:"因,謂老弱因就在田之丁壯,以助農也。"(33、2－13－6)

按:《説文》:"因,就也"。《廣雅·釋詁》:"因,就。"《國語·鄭語》"其民沓貪而忍不可就也",韋昭亦訓"因"作"就"。

0799 殷 yīn

殷盛。

○《吕刑》:"三后成功,惟殷于民。"《孔傳》:"各成其功,惟所以殷盛於民。"(937、19－30－17)

按:《説文》:"作樂之盛稱殷。从月从殳。《易》曰:'殷薦之上帝。'"《文

選·王延壽〈魯靈光殿賦〉》"殷五代之純熙,紹伊唐之炎精",李善注:
"殷,盛也。"

0800 禋 yīn

① 敬。

○《洛誥》:"予以秬鬯二卣,曰明禋。"《孔傳》:"以黑黍酒二器,明潔致
敬。"(743、15-35-17)

按:《孔疏》:"《國語》稱:'精意以享謂之禋。'《釋注①》云:'禋,敬也。'是
'明禋'爲'明潔致敬'也。"

② 潔告。

○《洛誥》:"則禋于文王武王。"《孔傳》:"則潔告文武。"(744、15-
36-2)

③ 精意以享。

○《洛誥》:"王賓,殺禋,咸格。"《孔傳》:"王賓異周公,殺牲精意以享文
武,皆至其廟親告也。"(748、15-38-5)

0801 嚚 yín

言不忠信。

○《堯典》:"嚚訟可乎?"《孔傳》:"言不忠信爲嚚,又好争訟,可乎!"(45、
2-25-11)

按:《孔疏》:"《僖二十四年左傳》曰:'口不道忠信之言爲嚚。'是'言不忠
信爲嚚'也。"

0802 寅 yín

敬。

○《堯典》:"寅賓出日,平秩東作。"《孔傳》:"寅,敬。"(25、2-12-9)

○《皋陶謨》:"同寅協恭和衷哉!"《孔傳》:"使同敬合恭而和善。"(176、
4-30-3)

○《多方》:"弗永寅念于祀。"《孔傳》:"不長敬念于祭祀。"(817、17-8-10)

○《周官》:"寅亮天地,弼予一人。"《孔傳》:"敬信天地之教,以輔我一人
之治。"(854、18-5-9)

0803 淫 yín

大。

○《吕刑》:"爰始淫爲劓、刵、椓、黥。"《孔傳》:"於是始大爲截人耳鼻,椓
陰、黥面。"(928、19-25-11)

──────────

① "注",單、八、魏、平作"詁"。參見杜澤遜《尚書注疏彙校》第2372頁。

○《費誓》:"今惟淫舍牿牛馬。"《孔傳》:"今軍人惟大放舍牿牢之牛馬。"(972、20－11－4)

0804 飲 yǐn

飲酒。

○《酒誥》:"越庶國,飲惟祀。"《孔傳》:"於所治衆國,飲酒惟當因祭祀。"(676、14－22－16)

○《酒誥》:"矧曰其敢崇飲?"《孔傳》:"況敢聚會飲酒乎?"(682、14－27－1)

○《酒誥》:"厥或誥曰:'群飲。'"《孔傳》:"其有誥汝曰:'民群聚飲酒。'"(689、14－32－7)

0805 引 yǐn

長。(5見)

○《康誥》:"時乃引惡。"《孔傳》:"是汝長惡。"(664、14－14－16)

按:《詩·小雅·楚茨》"子子孫孫,勿替引之",《毛傳》:"引,長也。"

○《梓材》:"引養引恬。"《孔傳》:"能長養民,長安民。"(696、14－36－13)

○《洛誥》:"殷乃引考。"《孔傳》:"殷乃長成爲周。"(744、15－36－4)

○《多士》:"上帝引逸。"《孔傳》:"言上天欲民長逸樂。"(754、16－4－1)

0806 胤 yìn

① 嗣。

○《高宗肜日》:"罔非天胤典。"《孔傳》:"胤,嗣。"(481、10－15－1)

② 繼。

○《洛誥》:"予乃胤保。"《孔傳》:"我乃繼文武安天下之道。"(723、15－20－15)

0807 膺 yīng

當。

○《武成》:"誕膺天命,以撫方夏。"《孔傳》:"大當天命,以撫綏四方中夏。"(533、11－30－1)

○《君陳》:"膺受多福。"《孔傳》:"當受其多福無凶危。"(864、18－18－13)

0808 營 yíng

經營。

○《太甲上》:"營于桐宮。"《孔傳》:"經營桐墓立宮,令太甲居之。"(411、

8 - 27 - 13)

○《説命上》:"使百工營求諸野。"《孔傳》:"使百官以所夢之形象,經[營]求之於[外]野。"(1021、10 - 1 - 9)

按:據《尚書注疏彙校》,八、李、王、纂、魏、平、岳、毛、殿、庫,《孔傳》"經"後有"營"字,"野"前有"外"字,十行本、閩本、北監本俱無此兩字。[①]　據《孔疏》"使百官以所夢之形象,經營求於外野",當是北監本脱"營"及"外"。

○《洛誥》:"周公往營成周。"《孔傳》:"周公自後至,經營作之。"(1054、15 - 19 - 10)

0809 盈 yíng

滿。

○《泰誓上》:"商罪貫盈。"《孔傳》:"紂之爲惡,一以貫之,惡貫已滿。"(506、11 - 9 - 1)

0810 庸 yōng

① 用。(17 見)

○《堯典》:"疇咨若時登庸。"《孔傳》:"庸,用也。"(44、2 - 25 - 9)

按:《孔疏》:"'庸'聲近'用',故爲用也。"

○《堯典》:"静言庸違。"《孔傳》:"言共工自爲謀言,起用行事而違背之。"(49、2 - 25 - 18)

○《堯典》:"汝能庸命。"《孔傳》:"言四嶽能用帝命。"(57、2 - 32 - 3)

○《大禹謨》:"弗詢之謀勿庸。"《孔傳》:"不詢,專獨,終必無成,故戒勿聽用。"(154、4 - 12 - 5)

○《益稷》:"格則承之庸之。"《孔傳》:"天下人能至于道,則承用之任以官。"(211、5 - 7 - 13)

○《益稷》:"車服以庸。"《孔傳》:"以車服旌其能用之。"(212、5 - 14 - 4)

○《益稷》:"帝庸作歌曰。"《孔傳》:"用庶尹允諧之政,故作歌以戒。"(239、5 - 23 - 1)

○《盤庚下》:"生生自庸。"《孔傳》:"當進進皆自用功德。"(467、9 - 25 - 16)

○《旅獒》:"時庸展親。"《孔傳》:"是用誠信其親親之道。"(597、13 - 2 - 18)

○《微子之命》:"庸建爾于上公。"《孔傳》:"用是封立汝於上公之位。"(640、13 - 36 - 11)

---

① 杜澤遜:《尚書注疏彙校》,第1439頁。

○《康誥》:"弗念弗庸。"《孔傳》:"若不念我言、不用我法者。"(664、14-14-16)

○《酒誥》:"惟工乃湎于酒,勿庸殺之。"《孔傳》:"惟眾官化紂日久,乃沉湎於酒,勿用法殺之。"(690、14-32-11)

○《多士》:"弗克庸帝,大淫泆有辭。"《孔傳》:"桀不能用天戒,大爲過逸之行,有惡辭聞於世。"(754、16-4-3)

○《君奭》:"天不庸釋于文王受命。"《孔傳》:"言天不用令釋廢於文王所受命。"(794、16-27-6)

○《蔡仲之命》:"蔡仲克庸祗德。"《孔傳》:"蔡仲能用敬德。"(811、17-2-5)

○《多方》:"非天庸釋有夏。"《孔傳》:"非天用釋棄桀。"(821、17-12-9)

○《多方》:"非天庸釋有殷。"《孔傳》:"非天用棄有殷。"(821、17-12-11)

② 常。

○《皋陶謨》:"自我五禮有庸哉!"《孔傳》:"庸,常。"(175、4-30-2)

○《太甲上》:"王惟庸,罔念聞。"《孔傳》:"言太甲守常不改,無念聞伊尹之戒。"(410、8-26-1)

○《咸有一德》:"夏王弗克庸德。"《孔傳》:"言桀不能常其德。"(421、8-35-13)

③ 常道。

○《太甲上》:"復歸于亳,思庸。"《孔傳》:"念常道。"(1013、8-23-18)

0811 永 yǒng

① 長。(44見)

○《堯典》:"日永星火,以正仲夏。"《孔傳》:"永,長也,謂夏至之日。"(31、2-13-4)

○《大禹謨》:"天禄永終。"《孔傳》:"則天之禄籍,長終汝身。"(154、4-12-10)

○《太甲上》:"惟懷永圖。"《孔傳》:"思長世之謀。"(411、8-26-7)

○《太甲下》:"邦其永孚於休。"《孔傳》:"則國長信保於美。"(419、8-33-14)

○《咸有一德》:"永厎烝民之生。"《孔傳》:"長致眾民所以自生之道。"(422、8-38-6)

○《盤庚上》:"天其永我命于兹新邑。"《孔傳》:"言天其長我命於此新

邑。”（431、9 - 4 - 8）

○《盤庚中》：“<u>永</u>敬大恤。”《孔傳》：“<u>長</u>敬我言，大憂行之。”（458、9 -
20 - 4）

○《盤庚中》：“<u>永</u>建乃家。”《孔傳》：“<u>長</u>立汝家。”（460、9 - 20 - 13）

○《盤庚下》：“用<u>永</u>地于新邑。”《孔傳》：“用<u>長</u>居新邑。”（464、9 -
23 - 15）

○《盤庚下》：“式敷民德，<u>永</u>肩一心。”《孔傳》：“用布示民，必以德義，<u>長</u>在
（任）一心以事君。”（467、9 - 25 - 17）

按：《孔傳》“在”字，八、李、王、纂、魏、平、岳、十、毛、殿、庫、阮作“任”[1]，
是。監本形近而訛。

○《說命下》：“事不師古，以克<u>永</u>世。”《孔傳》：“事不法古訓，而以能<u>長</u>
世。”（475、10 - 10 - 5）

○《說命下》：“監于先王成憲，其<u>永</u>無愆。”《孔傳》：“視先王成法，其<u>長</u>無
過。”（475、10 - 10 - 14）

○《說命下》：“其爾克紹乃辟于先王<u>永</u>綏民。”《孔傳》：“能繼汝君於先王
<u>長</u>安民。”（476、10 - 11 - 15）

○《高宗肜日》：“降年有<u>永</u>有不<u>永</u>。”《孔傳》：“言天之下年與民，有義者
<u>長</u>，無義者不<u>長</u>。”（480、10 - 14 - 1）

○《泰誓上》：“<u>永</u>清四海。”《孔傳》：“則四海<u>長</u>清。”（507、11 - 9 - 15）

○《泰誓中》：“立定厥功，惟克<u>永</u>世。”《孔傳》：“汝同心立功，則能<u>長</u>世以
安民。”（511、11 - 14 - 17）

○《金縢》：“我先王亦<u>永</u>有依歸。”《孔傳》：“先王<u>長</u>有依歸。”（604、13 -
11 - 9）

○《金縢》：“惟<u>永</u>終是圖。”《孔傳》：“武王惟<u>長</u>終是謀周之道。”（606、13 -
13 - 10）

○《大誥》：“<u>永</u>思艱曰。”《孔傳》：“<u>長</u>思此難而歎曰。”（630、13 - 27 - 1）

○《大誥》：“予<u>永</u>念曰。”《孔傳》：“我<u>長</u>念天亡殷惡主，亦猶是矣。”（637、
13 - 33 - 3）

○《微子之命》：“<u>永</u>世無窮。”《孔傳》：“<u>長</u>世無竟。”（640、13 - 35 - 7）

○《微子之命》：“<u>永</u>綏厥位，毗予一人。”《孔傳》：“則<u>長</u>安其位，以輔我一
人。”（641、13 - 36 - 18）

○《酒誥》：“爾克<u>永</u>觀省。”《孔傳》：“汝能<u>長</u>觀省古道。”（679、14 -

---

① 杜澤遜：《尚書注疏彙校》，第 1388 頁。

24 - 10)

○《酒誥》:"<u>永</u>不忘在王家。"《孔傳》:"<u>長</u>不見忘在王家。"(679、14 -
24 - 16)

○《梓材》:"子子孫孫<u>永</u>保民。"《孔傳》:"又欲令其子孫累世<u>長</u>君(居)國
以安民。"(700、14 - 38 - 18)

按:《孔傳》"君"字,八、李、王、魏、平、岳、十、永、閩、阮作"居"[1],且《孔
疏》"今其子子孫孫累世<u>長</u>居國以安民",用"居"字,故"居"是。

○《召誥》:"祈天<u>永</u>命。"《孔傳》:"求天<u>長</u>命以歷年。"(718、15 - 15 - 17)

○《召誥》:"欲王以小民受天<u>永</u>命。"《孔傳》:"我欲王用小民,受天<u>長</u>
命。"(719、15 - 17 - 15)

○《召誥》:"用供王能祈天<u>永</u>命。"《孔傳》:"用供待王能求天<u>長</u>命。"
(720、15 - 18 - 5)

○《洛誥》:"汝<u>永</u>有辭。"《孔傳》:"則汝<u>長</u>有歎譽之辭於後世。"(730、15 -
25 - 2)

○《洛誥》:"乃時惟不<u>永</u>哉!"《孔傳》:"汝是惟不可<u>長</u>哉!"(731、15 -
28 - 11)

○《洛誥》:"萬年其<u>永</u>觀朕子懷德。"《孔傳》:"則萬年之道,民其<u>長</u>觀我子
孫而歸其德矣。"(744、15 - 36 - 7)

○《無逸》:"不<u>永</u>念厥辟。"《孔傳》:"不<u>長</u>念其爲君之道。"(787、16 -
23 - 8)

○《君奭》:"厥基<u>永</u>孚于休。"《孔傳》:"言殷家其始<u>長</u>信於美道。"(791、
16 - 25 - 8)

○《君奭》:"弗<u>永</u>遠念天威。"《孔傳》:"言君不<u>長</u>遠念天之威。"(792、16 -
26 - 2)

○《君奭》:"今汝<u>永</u>念。"《孔傳》:"今汝<u>長</u>念平至者安治。"(798、16 -
31 - 5)

○《多方》:"弗<u>永</u>寅念于祀。"《孔傳》:"不<u>長</u>敬念于祭祀。"(817、17 -
8 - 10)

○《多方》:"尚<u>永</u>力畋爾田。"《孔傳》:"庶幾<u>長</u>力畋汝田矣。"(829、17 -
18 - 12)

○《周官》:"<u>永</u>康兆民。"《孔傳》:"<u>長</u>安天下兆民。"(859、18 - 11 - 15)

○《君陳》:"終有辭於<u>永</u>世。"《孔傳》:"亦終見稱誦於<u>長</u>世。"(864、18 -

---

[1]　杜澤遜:《尚書注疏彙校》,第 2203 頁。

18－15)

○《畢命》：“資富能訓，惟以永年。”《孔傳》：“以富資而能順義，則惟可以長年命矣。”(916、19－13－5)

○《畢命》：“予小子永膺多福。”《孔傳》：“我小子亦長受其多福。”(917、19－13－17)

○《冏命》：“永弼乃后於彝憲。”《孔傳》：“當長輔汝君於常法。”(922、19－22－9)

○《吕刑》：“永畏惟罰。”《孔傳》：“當長畏懼惟爲天所罰。”(959、19－45－17)

○《文侯之命》：“有績予一人，永綏在位。”《孔傳》：“則我一人長安在王位。”(965、20－4－17)

② 長久。

○《皋陶謨》：“慎厥身修，思永。”《孔傳》：“慎修其身，思爲長久之道。”(162、4－23－1)

○《多方》：“不克永于多享。”《孔傳》：“而不能長久多享國故。”(819、17－10－12)

○《吕刑》：“其寧惟永。”《孔傳》：“其乃安寧長久之道。”(942、19－35－8)

0812 用 yòng

① 故。

○《甘誓》：“天用剿絶其命。”《孔傳》：“用其失道故。剿，截也。截絶，謂滅之。”(365、7－2－11)

按：《孔疏》：“言天用其失道之故，欲截絶其命，謂滅之也。”《孔傳》“用其失道故。剿，截也。截絶，謂滅之”，殿本《尚書注疏》句讀作“用其失道。故剿截也。截絶，謂滅之”不當。

○《顧命》：“肆不違，用克達殷集大命。”《孔傳》：“雖勞而不違道，故能通殷爲周，成其大命。”(873、18－22－10)

② 以。(5見)

○《盤庚中》：“用懷爾然。”《孔傳》：“以義懷汝心。”(454、9－17－4)

○《旅獒》：“用訓于王。”《孔傳》：“以訓諫王。”(596、13－1－18)

○《康誥》：“用康乂民。”《孔傳》：“以安治民。”(670、14－19－9)

○《召誥》：“周公乃朝用書。”《孔傳》：“周公乃昧爽，以賦功屬役書。”(708、15－5－6)

○《文侯之命》：“用賚爾秬鬯一卣。”《孔傳》：“當以錫命告其始祖，故賜鬯。”(966、20－6－9)

③ 則。

○《洪範》:"百穀用成,乂用明。"《孔傳》:"歲月日時無易,則百穀成。君臣無易,則政治明。"(588、12-30-12)

④ 信用。

○《牧誓》:"今商王受,惟婦言是用。"《孔傳》:"妲己惑紂,紂信用之。"(523、11-22-15)

0813 憂危 yōu wēi

危懼。

○《君牙》:"心之憂危。"《孔傳》:"故心懷危懼。"(918、19-15-16)

0814 尤 yóu

罪。

○《呂刑》:"報以庶尤。"《孔傳》:"其報則以衆人見罪。"(958、19-45-16)

按:"尤"同"訧"。《説文》:"訧,罪也。从言尤聲。《周書》曰:'報以庶訧。'"訧從尤聲,經文借"尤"表"訧"。

0815 由 yóu

① 用。(19見)

○《盤庚下》:"非廢厥謀,弔由靈。"《孔傳》:"非廢,謂勸謀於衆,至用其善。"(464、9-23-16)

按:《左傳·襄公三十年》"以晉國之多虞,不能由吾子",杜預注:"由,用也。"

○《武成》:"乃反商政,政由舊。"《孔傳》:"反紂惡政,用商先王善政。"(538、11-33-11)

○《大誥》:"爽邦由哲。"《孔傳》:"言其故,有明國事、用智道。"(636、13-31-18)

○《微子之命》:"慎乃服命,率由典常。"《孔傳》:"慎汝祖服命數,循用舊典。"(641、13-36-14)

○《康誥》:"別求聞由古先哲王。"《孔傳》:"又當別求所聞父兄用古先智王之道。"(651、14-6-10)

○《康誥》:"曰乃其速由文王作罰。"《孔傳》:"言當速用文王所作違教之罰。"(663、14-13-6)

○《康誥》:"汝乃其速由兹義率殺。"《孔傳》:"汝乃其速用此典刑宜於時世者,循理以刑殺。"(665、14-15-4)

○《康誥》:"乃由裕民。"《孔傳》:"汝用寬民之道。"(666、14-15-10)

○《梓材》:"至于屬婦,合由以容。"《孔傳》:"至於存恤妾婦,和合其教,用大道以容之。"(694、14-36-8)

○《立政》:"克由繹之。"《孔傳》:"能用陳之。"(848、17-34-5)

○《立政》:"式敬爾由獄。"《孔傳》:"敬汝所用之獄。"(851、17-36-7)

○《君陳》:"亦不克由聖。"《孔傳》:"已見聖道,而(亦)不能用之。"(861、18-15-15)

按:《孔傳》"而"字,八、李、王、纂、平、岳、永、殿、庫、阮作"亦"[1],是。監本形近而訛。

○《顧命》:"王麻冕黼裳,由賓階隮。"《孔傳》:"王及群臣皆吉服,用西階升。"(892、18-35-7)

○《顧命》:"由阼階隮。"《孔傳》:"用阼階升。"(893、18-35-11)

○《畢命》:"道有升降,政由俗革。"《孔傳》:"天道有上下交接之義,政教有用俗改更之理。"(913、19-9-5)

○《畢命》:"將由惡終。"《孔傳》:"將用惡自終。"(916、19-13-2)

○《畢命》:"不由古訓,于何其訓?"《孔傳》:"若不用古訓典籍,於何其能順乎?"(916、19-13-6)

○《君牙》:"乃惟由先正舊典時式。"《孔傳》:"汝惟當奉用先正之臣,所行故事、舊典、文籍是法。"(919、19-18-2)

○《吕刑》:"今爾罔不由慰日勤。"《孔傳》:"今汝無不用安自居日當勤之。"(941、19-34-17)

② 使用。

○《盤庚上》:"盤庚敩于民,由乃在位。"《孔傳》:"教人使用汝在位之命。"(431、9-5-18)

0816 遊 yóu

① 遊逸。

○《五子之歌》:"乃盤遊無度。"《孔傳》:"盤樂遊逸無法度。"(374、7-6-10)

○《無逸》:"文王不敢盤于遊田。"《孔傳》:"文王不敢樂於遊逸田獵。"(780、16-18-6)

② 遊戲。

○《伊訓》:"恒于遊畋,時謂淫風。"《孔傳》:"常遊戲畋獵,是淫過之風

---

① 杜澤遜:《尚書注疏彙校》,第2851頁。

俗。”（408、8－21－4）

0817 猷 yóu

① 謀。（7見）

○《盤庚上》：“汝猷黜乃心。”《孔傳》：“謀退汝違上之心。”（432、9－6－13）

○《盤庚上》：“聽予一人之作猷。”《孔傳》：“聽從遷徙之謀。”（445、9－12－12）

○《盤庚中》：“汝萬民乃不生生，暨予一人猷同心。”《孔傳》：“不進進謀同心徙。”（455、9－17－15）

○《盤庚中》：“汝分猷念以相從。”《孔傳》：“群臣當分朋（明）相與謀念。”（458、9－20－5）

○《康誥》：“遠乃猷。”《孔傳》：“遠汝謀，思爲長久。”（669、14－18－15）

○《君奭》：“告君乃猷裕。”《孔傳》：“告君汝謀寬饒之道。”（805、16－36－3）

② 道。（12見）

○《洪範》：“凡厥庶民，有猷有爲有守。”《孔傳》：“民戴有道，有所爲，有所執守。”（563、12－15－18）

按：《詩·小雅·巧言》“秩秩大猷，聖人莫之”，《鄭箋》：“猷，道也。大道，治國之禮法。”

○《微子之命》：“王若曰：‘猷！殷王元子。’”《孔傳》：“故順道本而稱之。”（640、13－35－4）

○《大誥》：“王若曰：‘猷！大誥爾多邦，越爾御事。’”《孔傳》：“周公稱成王命，順大道以誥天下衆國，及於御治事者盡及之。”（622、13－21－5）

按：蔡沈《書集傳》：“猷，發語辭。猶《虞書》‘咨’‘嗟’之例。按《爾雅》‘猷’訓最多，曰謀、曰言、曰已、曰圖，未知此何訓也。”[①]《孔疏》：“‘猷’訓道也，故云‘順大道以告天下衆國’也。……《漢書》王莽攝位，東郡太守翟義叛莽，莽依此作《大誥》，其書亦‘道’在‘誥’下。此本‘猷’在‘大’上，言以道誥衆國，於文爲便。”

○《多士》：“王曰：‘猷，告爾多士。’”《孔傳》：“以道告汝衆士。”（758、16－8－1）

○《蔡仲之命》：“克慎厥猷。”《孔傳》：“能慎其道。”（812、17－3－13）

○《多方》：“周公曰：‘王若曰：猷，告爾四國多方。’”《孔傳》：“周公以王

---

① （宋）蔡沈著，錢宗武、錢忠弼整理：《書集傳》，第157頁。

命順大道,告四方。"(816、17 - 7 - 15)

○《多方》:"王曰:'嗚呼!猷告爾有多方,暨殷多士。'"《孔傳》:"王歎而以道告汝衆方,與殷多士。"(827、17 - 17 - 18)

按:經文"多方",八、李、纂、平、要、岳、十、永、閩、阮作"方多"①,是。作"方多"與《孔傳》合。

○《周官》:"若昔大猷,制治于未亂。"《孔傳》:"言當順古大道,制治安國,必于未亂未危之前。"(853、18 - 3 - 9)

○《君陳》:"爾尚式時周公之猷訓。"《孔傳》:"汝庶幾用是周公之道教殷民。"(861、18 - 15 - 10)

○《君陳》:"爾有嘉謀嘉猷。"《孔傳》:"汝有善謀善道。"(862、18 - 16 - 4)

○《君陳》:"斯謀斯猷,惟我后之德。"《孔傳》:"此善謀,此善道,惟我君之德。"(862、18 - 16 - 6)

○《君陳》:"允升于大猷。"《孔傳》:"則信升于大道。"(864、18 - 18 - 12)

○《秦誓》:"尚猷詢茲黃髮。"《孔傳》:"今我庶幾以道謀此黃髮賢老。"(980、20 - 18 - 2)

③ 道教。

○《湯誥》:"克綏厥猷惟后。"《孔傳》:"能安立其道教,則惟爲君之道。"(400、8 - 14 - 5)

④ 道德。

○《文侯之命》:"越小大謀猷,罔不率從。"《孔傳》:"於小大所謀道德,天下無不循從其化。"(963、20 - 3 - 3)

0818 有 yǒu

① 得。

○《咸有一德》:"以有九有之師。"《孔傳》:"於得九有之衆。"(421、8 - 36 - 4)

② 置。

○《周官》:"内有百揆四岳,外有州牧侯伯。"《孔傳》:"内置百揆四岳,象天之有五行,外置州牧十二,及五國之長。"(853、18 - 3 - 14)

③ 所有。(5見)

○《益稷》:"予欲左右有民。"《孔傳》:"助我所有之民。"(193、5 - 6 - 4)

○《微子之命》:"律乃有民。"《孔傳》:"以法度齊汝所有之人。"(641、13 -

---

① 杜澤遜:《尚書注疏彙校》,第 2674 頁。

36－18）

○《君奭》：“尚克修和我有夏。”《孔傳》：“文王庶幾能修政化,以和我所有諸夏。”（800、16－32－4）

○《周官》：“敬爾有官,亂爾有政。”《孔傳》：“各敬居汝所有之官,治汝所有之職。”（859、18－11－13）

0819 有命 yǒu mìng

有天命者。

○《咸有一德》：“皇天弗保,監于萬方,啓迪有命。”《孔傳》：“言天不安桀所爲,廣視萬方,有天命者開道之。”（421、8－35－15）

0820 友 yǒu

友愛。

○《召誥》：“越友民,保受王威命明德。”《孔傳》：“於友愛民者,共安受王之威命,明德奉行之。”（720、15－18－2）

0821 羑 yǒu

道。

○《康王之誥》：“惟周文武,誕受羑若。”《孔傳》：“言文武大受天道而順之。”（906、19－4－1）

按：《孔疏》：“‘羑’聲近‘猷’,故訓之爲‘道’。”

0822 佑 yòu

① **助。**

○《仲虺之誥》：“佑賢輔德。”《孔傳》：“賢則助之,德則輔之。”（397、8－11－10）

○《泰誓中》：“天乃佑命成湯。”《孔傳》：“言天助湯命。”（509、11－11－14）

○《周官》：“以佑乃辟。”《孔傳》：“言當敬治官政以助汝君。”（859、18－11－15）

○《君牙》：“啓佑我後人。”《孔傳》：“開助我後嗣。”（919、19－17－8）

② **佑助。**（7 見）

○《湯誥》：“上天孚佑下民。”《孔傳》：“天信佑助下民。”（401、8－15－12）

○《咸有一德》：“非天私我有商,惟天佑于一德。”《孔傳》：“非天私商而王之,佑助一德所以王。”（421、8－36－6）

○《泰誓上》：“天佑下民,作之君,作之師。”《孔傳》：“言天佑助下民,爲立君以政之,爲立師以教之。”（505、11－7－17）

○《金縢》:"敷佑四方。"《孔傳》:"布其德教,以佑助四方。"(604、13 -
11 - 5)

○《微子之命》:"皇天眷佑。"《孔傳》:"大天眷顧湯,佑助之。"(640、13 -
35 - 10)

○《多士》:"我有周佑命。"《孔傳》:"言我有周受天佑助之命。"(753、16 -
2 - 13)

○《君奭》:"天惟純佑命。"《孔傳》:"殷禮配天,惟天大佑助其王命。"
(797、16 - 29 - 12)

③ 左右。

○《説命下》:"佑我烈祖,格于皇天。"《孔傳》:"言以此道左右成湯,功至
大天,無能及者。"(476、10 - 11 - 11)

0823 誘 yòu

道。

○《大誥》:"肆予大化誘我友邦君。"《孔傳》:"我欲極盡文王所謀,故大化
天下,道我友國諸侯。"(633、13 - 28 - 16)

按:道,此處有誘導、教導義。段玉裁注《説文》:"〔誘〕或从言秀。秀聲也。
《召南》曰:'有女懷春,吉士誘之。'《傳》曰:'誘,道也。'按道即導字。"

0824 迂 yū

僻。

○《盤庚中》:"恐人倚乃身,迂乃心。"《孔傳》:"迂,僻。"(453、9 - 16 - 12)

按:《孔疏》:"'迂'是'迴'也,迴行必僻,故'迂'爲'僻'也。"

0825 于 yú

① 於。

○《泰誓中》:"取彼凶殘,我伐用張,于湯有光。"《孔傳》:"紂行凶殘之德,
我以兵取之。伐惡之道張設,比於湯又有光明。"(511、11 - 13 - 17)

② 往。

○《武成》:"王朝步自周,于征伐商。"《孔傳》:"武王以正月三日行自周,
往征伐商。"(530、11 - 26 - 9)

○《大誥》:"于伐殷逋播臣。"《孔傳》:"往伐殷逋亡之臣。"(629、13 -
25 - 13)

0826 踰 yú

踰越。

○《費誓》:"無敢寇攘,踰垣牆。"《孔傳》:"軍人無敢暴劫人,踰越人垣

牆。"(974、20-12-11)

0827 逾 yú

① 越。

○《禹貢》:"浮于江沱潛漢,逾于洛。"《孔傳》:"逾,越也。"(286、6-22-17)

○《禹貢》:"西傾因桓是來,浮于潛,逾于沔。"《孔傳》:"桓水自西傾山南行,因桓水是來,浮于潛。漢上曰沔。越沔而北入渭。"(296、6-25-13)

② 逾越。

○《顧命》:"無敢昏逾。"《孔傳》:"無敢昏亂逾越。"(873、18-22-12)

按:《説文》:"逾,迆進也。从辵俞聲。《周書》曰:'無敢昏逾。'"

0828 予 yú

① 我。(119 見)

○《堯典》:"疇咨若予采?"《孔傳》:"復求誰能順我事者。"(47、2-25-14)

○《堯典》:"予聞,如何?"《孔傳》:"言我亦聞之,其德行如何?"(59、2-32-11)

○《大禹謨》:"罔或干予正。"《孔傳》:"無有干我正。"(151、4-9-10)

○《大禹謨》:"俾予從欲以治四方風動。"《孔傳》:"使我從心所欲而政以治,民動順上命,若草應風。"(152、4-10-15)

○《皋陶謨》:"予未有知思。"《孔傳》:"言我未有所知,未能思致於。"(180、4-32-12)

○《益稷》:"予違,汝弼。"《孔傳》:"我違道,汝當以義輔正我。"(209、5-7-4)

○《湯誓》:"予及汝皆亡!"《孔傳》:"我與汝俱亡!"(391、8-3-9)

○《湯誓》:"予其大賚汝。"《孔傳》:"我大與汝爵賞。"(392、8-3-13)

○《仲虺之誥》:"矧予之德,言足聽聞。"《孔傳》:"況我之道德善言足聽聞乎!"(396、8-10-4)

○《仲虺之誥》:"徯予后,后來其蘇。"《孔傳》:"待我君來,其可蘇息。"(397、8-11-8)

○《盤庚上》:"予弗知乃所訟。"《孔傳》:"我不知汝所訟言何謂。"(433、9-7-5)

○《盤庚上》:"非予自荒茲德。"《孔傳》:"我之欲徙,非廢此德。"(434、9-7-9)

○《盤庚上》:"予若觀火。"《孔傳》:"我視汝情如視火。"(434、9-7-10)

○《盤庚上》:"予亦拙謀。"《孔傳》:"是我拙謀成汝過。"(435、9-7-14)

○《盤庚上》:"矧予制乃短長之命?"《孔傳》:"況我制汝死生之命。"(438、9-9-6)

○《盤庚上》:"非予有咎。"《孔傳》:"非我咎也。"(439、9-9-15)

○《盤庚上》:"予敢動用非罰?"《孔傳》:"我豈敢動用非常之罰脅汝乎?"(440、9-10-8)

○《盤庚上》:"予亦不敢動用非德。"《孔傳》:"我不敢動用非罰加汝,非德賞汝乎?"(443、9-10-14)

○《盤庚中》:"予若籲懷茲新邑。"《孔傳》:"言我順和懷此新邑。"(451、9-15-5)

○《盤庚中》:"今予命汝一。"《孔傳》:"我一心命汝。"(453、9-16-10)

○《盤庚中》:"予迓續乃命于天。"《孔傳》:"言我徙,欲迎續汝命于天。"(454、9-16-17)

○《盤庚中》:"予念我先神后之勞爾先,予丕克羞爾。"《孔傳》:"言我亦法湯大能進勞汝。"(454、9-17-3)

○《盤庚中》:"茲予有亂政同位。"《孔傳》:"此我有治政之臣,同位於父祖。"(457、9-19-4)

○《盤庚中》:"今予將試以汝遷,永建乃家。"《孔傳》:"我乃以汝徙,長立汝家。"(460、9-20-13)

○《説命上》:"夢帝賚予良弼,其代予言。"《孔傳》:"夢天與我輔弼良佐,將代我言政教。"(470、10-2-16)

○《説命上》:"欽予時命。"《孔傳》:"敬我是命。"(471、10-4-14)

○《説命中》:"予罔聞於行。"《孔傳》:"則我無聞於所行之事。"(473、10-8-13)

○《説命下》:"予惟克邁乃訓。"《孔傳》:"言我能行汝教。"(474、10-10-1)

○《説命下》:"爾尚明保予。"《孔傳》:"汝庶幾明安我事。"(476、10-11-12)

○《微子》:"今爾無指告予顛隮。"《孔傳》:"汝無指意告我殷邦顛隕隮墜。"(498、10-21-15)

○《泰誓中》:"天其以予乂民。"《孔傳》:"用我治民。"(510、11-12-10)

○《泰誓中》:"予有亂臣十人,同心同德。"《孔傳》:"我治理之臣雖少而心德同。"(510、11-13-2)

○《泰誓下》:"受克予,非朕文考有罪。"《孔傳》:"若紂克我,非我父罪。"

(515、11 - 18 - 2)

○《武成》:"惟爾有神,尚克相予,以濟兆民。"《孔傳》:"神庶幾助我渡民危害。"(536、11 - 32 - 6)

○《洪範》:"予攸好德。"《孔傳》:"我所好者德。"(564、12 - 16 - 4)

○《金縢》:"予仁若考。"《孔傳》:"我周公仁能順父。"(603、13 - 11 - 2)

○《金縢》:"予小子新命于三王。"《孔傳》:"我小子新受三王之命。"(606、13 - 13 - 10)

○《金縢》:"能念予一人。"《孔傳》:"此所以待能念我天子事。"(606、13 - 13 - 12)

○《大誥》:"予惟小子。"《孔傳》:"我惟小子。"(625、13 - 21 - 14)

○《大誥》:"予不敢閉于天降威用。"《孔傳》:"言我不敢閉絕天所下威用而不行。"(625、13 - 22 - 1)

○《大誥》:"民不康。曰:'予復。'"《孔傳》:"禄父言我殷當復。"(627、13 - 24 - 1)

○《大誥》:"越予小子考翼。"《孔傳》:"於我小子先卜敬成周道。"(630、13 - 25 - 18)

○《大誥》:"肆予沖人。"《孔傳》:"故我童人成王。"(630、13 - 27 - 1)

○《大誥》:"予造天役。"《孔傳》:"我周家爲天下役事。"(631、13 - 27 - 4)

○《大誥》:"越予沖人,不卬自恤。"《孔傳》:"言征四國於我童人,不惟自憂而已。"(631、13 - 27 - 6)

○《大誥》:"綏予曰:'無毖于恤。'"《孔傳》:"汝衆國君臣,當安勉我曰:'無勞於憂。'"(631、13 - 27 - 9)

○《大誥》:"予不敢不極卒寧王圖事。"《孔傳》:"我不敢不極盡文王所謀之事。"(633、13 - 28 - 14)

○《大誥》:"肆予大化誘我友邦君。"《孔傳》:"我欲極盡文王所謀,故大化天下,道我友國諸侯。"(633、13 - 28 - 16)

○《大誥》:"予曷其不于前寧人圖功攸終?"《孔傳》:"我何其不於前文王安人之道,謀立其功所終乎?"(634、13 - 29 - 1)

○《大誥》:"予曷敢不于前寧人攸受休畢?"《孔傳》:"我何敢不於前文王所受美命終畢之?"(634、13 - 29 - 4)

○《大誥》:"予有後,弗棄基?"《孔傳》:"其肯言我有後,不棄我基業乎?"(635、13 - 30 - 13)

○《大誥》:"肆予曷敢不越卬敉寧王大命?"《孔傳》:"故我何敢不於今日

撫循文王大命以征逆乎?"(635、13 - 30 - 15)

〇《大誥》:"<u>予</u>永念曰,天惟喪殷,若穡夫,予曷敢不終朕畝?"《孔傳》:"<u>我</u>長念天亡殷惡主,亦猶是矣。我何敢不順天終竟我壄畝乎?"(637、13 - 33 - 3)

〇《大誥》:"<u>予</u>曷其極卜,敢弗于從?"《孔傳》:"<u>我</u>何其極卜法,敢不於從?"(638、13 - 33 - 6)

〇《微子之命》:"<u>予</u>嘉乃德,曰篤不忘。"《孔傳》:"<u>我</u>善汝德,謂厚不可忘。"(640、13 - 35 - 16)

〇《微子之命》:"毗<u>予</u>一人。"《孔傳》:"以輔<u>我</u>一人。"(641、13 - 36 - 18)

〇《康誥》:"則<u>予</u>一人以懌。"《孔傳》:"則<u>我</u>一人以此悦懌汝德。"(666、14 - 15 - 12)

〇《康誥》:"<u>予</u>惟不可不監。"《孔傳》:"<u>我</u>惟不可不監視古義。"(667、14 - 17 - 11)

〇《酒誥》:"<u>予</u>不惟若兹多誥。"《孔傳》:"<u>我</u>不惟若此多誥汝。"(686、14 - 30 - 5)

〇《酒誥》:"<u>予</u>惟曰,汝劼毖殷獻臣。"《孔傳》:"<u>我</u>惟告汝曰,汝當固慎殷之善臣信用之。"(686、14 - 30 - 14)

〇《酒誥》:"<u>予</u>其殺。"《孔傳》:"<u>我</u>其擇罪重者而殺之。"(689、14 - 32 - 9)

〇《梓材》:"<u>予</u>罔厲殺人。"《孔傳》:"<u>我</u>無厲虐殺人之事。"(693、14 - 34 - 9)

〇《召誥》:"<u>予</u>小臣敢以王之讎民百君子。"《孔傳》:"言<u>我</u>小臣,謙辭。"(719、15 - 17 - 17)

〇《洛誥》:"<u>予</u>乃胤保,大相東土。"《孔傳》:"<u>我</u>乃繼文武安天下之道,大相洛邑。"(723、15 - 20 - 15)

〇《洛誥》:"來視<u>予</u>卜休恒吉。"《孔傳》:"來視<u>我</u>以所卜之美、常吉之居。"(725、15 - 23 - 2)

〇《洛誥》:"公其以<u>予</u>萬億年敬天之休。"《孔傳》:"公其當用<u>我</u>萬億年敬天之美。"(726、15 - 23 - 4)

〇《洛誥》:"<u>予</u>齊百工。"《孔傳》:"<u>我</u>整齊百官。"(727、15 - 24 - 5)

〇《洛誥》:"及撫事如<u>予</u>。"《孔傳》:"及撫國事,如<u>我</u>所爲。"(729、15 - 24 - 18)

〇《洛誥》:"罔不若<u>予</u>。"《孔傳》:"無不順<u>我</u>所爲。"(732、15 - 28 - 13)

〇《洛誥》:"兹<u>予</u>其明農哉!"《孔傳》:"如此,<u>我</u>其退老,明教農人以義

哉!”(732、15－28－15)

○《洛誥》:“公明保予沖子。”《孔傳》:“言公當明安我童子。”(733、15－29－17)

○《洛誥》:“以予小子揚文武烈。”《孔傳》:“用我小子,褒揚文武之業。”(733、15－30－1)

○《洛誥》:“予沖子,夙夜毖祀。”《孔傳》:“我童子徒早起夜寐,慎其祭祀而已。”(736、15－30－10)

○《洛誥》:“予小子其退,即辟于周。”《孔傳》:“我小子退坐之後,便就君於周。”(736、15－32－1)

○《洛誥》:“公定,予往已。”《孔傳》:“公留以安定我,我從公言,往至洛邑已矣。”(739、15－33－4)

○《洛誥》:“王命予來。”《孔傳》:“言王命我來。”(739、15－33－16)

○《洛誥》:“予旦以多子越御事。”《孔傳》:“我旦以衆卿大夫,於御治事之臣。”(741、15－34－8)

○《多士》:“予其曰。”《孔傳》:“我其曰。”(758、16－7－5)

○《多士》:“予亦念天。”《孔傳》:“我亦念天。”(758、16－7－7)

○《多士》:“予惟時其遷居西爾。”《孔傳》:“我惟汝未達德義,是以徙居西汝於洛邑。”(758、16－8－2)

○《多士》:“肆予敢求爾于天邑商。”《孔傳》:“故我敢求汝於天邑商。”(759、16－8－11)

○《多士》:“予惟率肆矜爾。”《孔傳》:“惟我循殷故事,憐愍汝。”(760、16－8－12)

○《多士》:“非予罪,時惟天命。”《孔傳》:“非我罪咎,是惟天命。”(760、16－8－13)

○《多士》:“今予惟不爾殺。”《孔傳》:“是我不欲殺汝。”(763、16－10－8)

○《多士》:“予亦致天之罰于爾躬。”《孔傳》:“我亦致天罰於汝身。”(764、16－10－17)

○《君奭》:“在今予小子旦。”《孔傳》:“正在我今(今我)小子旦。”(793、16－26－9)

按:《孔傳》“我今”,八、李、王、纂、魏、岳、毛作“今我”①,是。

○《君奭》:“今在予小子旦。”《孔傳》:“今任重在我小子旦。”(804、16－

① 杜澤遜:《尚書注疏彙校》,第2526頁。

34 - 11)

○《君奭》:"予往,暨汝奭其濟小子。"《孔傳》:"我往與汝奭其共濟渡。"
(804、16 - 34 - 11)

○《君奭》:"其汝克敬以予。"《孔傳》:"勑使能敬以我言。"(807、16 -
37 - 3)

○《君奭》:"予不允惟若兹誥,予惟曰:'襄我二人。'"《孔傳》:"我不信惟
若此誥。我惟曰:'當因我文武之道而行之。'"(807、16 - 37 - 5)

○《君奭》:"予不惠若兹多誥,予惟用閔于天越民。"《孔傳》:"我不順若此
多誥而已,欲使汝念躬行之閔勉也。我惟用勉於天道加於民。"(808、16 -
38 - 8)

○《蔡仲之命》:"肆予命爾侯于東土。"《孔傳》:"故我命汝爲諸侯於東
土。"(812、17 - 3 - 14)

○《蔡仲之命》:"則予一人汝嘉。"《孔傳》:"則我一人善汝矣。"(814、17 -
4 - 16)

○《周官》:"今予小子,祗勤于德。"《孔傳》:"今我小子,敬勤於德。"
(853、18 - 4 - 16)

○《周官》:"弼予一人。"《孔傳》:"以輔我一人之治。"(854、18 - 5 - 10)

○《君陳》:"予曰辟,爾惟勿辟。予曰宥,爾惟勿宥。"《孔傳》:"我曰:'刑
之。'汝勿刑。我曰:'赦宥。'汝勿宥。"(863、18 - 16 - 13)

○《君陳》:"惟予一人,膺受多福。"《孔傳》:"則惟我一人,亦當受其多福
無凶危。"(864、18 - 18 - 13)

○《顧命》:"兹予審訓命汝。"《孔傳》:"以此故我詳審教命汝。"(872、18 -
22 - 5)

○《顧命》:"眇眇予末小子。"《孔傳》:"言微微我淺末小子。"(897、18 -
38 - 2)

○《康王之誥》:"今予一二伯父。"《孔傳》:"言今我一二伯父。"(909、19 -
5 - 11)

○《畢命》:"四方無虞,予一人以寧。"《孔傳》:"四方無可度之事,我天子
用安矣。"(913、19 - 9 - 2)

○《畢命》:"予小子垂拱仰成。"《孔傳》:"我小子爲王,垂拱仰公成理。"
(914、19 - 9 - 11)

○《畢命》:"今予祗命公以周公之事。"《孔傳》:"今我敬命公以周公所爲
之事。"(915、19 - 10 - 16)

○《畢命》:"予小子永膺多福。"《孔傳》:"我小子亦長受其多福。"(917、

19－13－17）

○《君牙》："惟予小子,嗣守文、武、成、康遺緒。"《孔傳》："惟我小子,繼守先王遺業。"（918、19－15－14）

○《君牙》："今命爾予翼,作股肱心膂。"《孔傳》："今命汝爲我輔翼股肱心體之臣。"（918、19－16－4）

○《冏命》："惟予弗克于德。"《孔傳》："言我不能於道德。"（920、19－19－5）

○《冏命》："惟予一人無良。"《孔傳》："惟我一人無善。"（921、19－20－6）

○《冏命》："惟予汝辜。"《孔傳》："惟我則亦以此罪汝。"（922、19－22－7）

○《文侯之命》："閔予小子嗣,造天丕愆。"《孔傳》："言我小子而遭天大罪過。"（964、20－3－17）

○《文侯之命》："予則罔克。"《孔傳》："我則材劣無能之致。"（964、20－4－4）

○《文侯之命》："有績予一人。"《孔傳》："能有成功,則我一人長安在王位。"（965、20－4－17）

○《文侯之命》："若汝予嘉。"《孔傳》："汝功我所善之。"（966、20－5－6）

○《秦誓》："則曰未就予忌。"《孔傳》："則曰:未成我所欲,反忌之耳。"（979、20－17－13）

② 己。

○《説命下》："則曰時予之辜。"《孔傳》："則以爲己罪。"（476、10－11－10）

○《金縢》："惟予沖人弗及知。"《孔傳》："言己童幼,不及知周公昔日忠勤。"（618、13－17－9）

0829 遇 yù

不期而會曰遇。

○《汝鳩》《汝方》："入自北門,乃遇汝鳩、汝方。"《孔傳》："不期而會曰遇。"（1003、7－21－11）

按:《孔疏》："'不期而會曰遇',《隱八年穀梁傳》文也。"

0830 御 yù

① 治。

○《泰誓上》："越我御事庶士。"《孔傳》："下及我治事衆士。"（504、11－5－1）

○《牧誓》："御事:司徒、司馬、司空。"《孔傳》："治事三卿。"（519、11－

20-15)

○《召誥》:"比介于我有周御事。"《孔傳》:"使比近於我有周治事之臣。"（716、15-13-1）

○《文侯之命》:"既（即）我御事。"《孔傳》:"即我治事之臣。"（964、20-4-3）

按：經文"既"字,石、八、李、纂、平、岳、十、永、閩、庫、阮作"即"①,是。

② 進。

○《顧命》:"太史秉書,由賓階隮,御王册命。"《孔傳》:"太史持册書顧命,進康王。"（895、18-35-14）

③ 御治。（7 見）

○《大誥》:"大誥爾多邦,越爾御事。"《孔傳》:"順大道以誥天下衆國,及於御治事者盡及之。"（622、13-21-5）

○《大誥》:"越尹氏、庶士御事。"《孔傳》:"及於正官尹氏卿大夫、衆士御治事者。"（629、13-25-11）

○《大誥》:"義爾邦君,越爾多士、尹氏御事。"《孔傳》:"乃欲施義于汝衆國君臣上下至御治事者。"（631、13-27-7）

○《大誥》:"肆哉爾庶邦君,越爾御事。"《孔傳》:"故以告諸侯及臣下御治事者。"（636、13-31-17）

○《召誥》:"誥告庶殷,越自乃御事。"《孔傳》:"而以衆殷諸侯,於自乃御治事爲辭。"（711、15-8-1）

○《洛誥》:"予旦以多子越御事。"《孔傳》:"我旦以衆卿大夫,於御治事之臣。"（741、15-34-8）

○《顧命》:"師氏、虎臣、百尹、御事。"《孔傳》:"師氏,大夫官。虎臣,虎賁氏。百尹,百官之長。及諸御治事者。"（871、18-20-14）

0831 欲 yù

① 貪欲。

○《皋陶謨》:"無教逸欲有邦。"《孔傳》:"不爲逸豫貪欲之教。"（172、4-29-12）

② 情欲。

○《仲虺之誥》:"惟天生民有欲。"《孔傳》:"民無君主,則恣情欲。"（395、8-9-4）

○《太甲中》:"欲敗度,縱敗禮。"《孔傳》:"言己放縱情欲,毀敗禮儀法

① 杜澤遜：《尚書注疏彙校》,第3214頁。

度。"(416、8-29-9)

按:《説文》:"欲,貪欲也。"①《孔傳》與之同。《論語·憲問》"克伐怨欲",《集解》引馬融云:"欲,貪欲也。"《廣雅·釋詁》:"貪,欲也。"

0832 飫 yù

賜。

○《櫜飫》:"《九共》九篇、《櫜飫》。"《孔傳》:"飫,賜也。"(995、3-40-17)

按:飫,指古代君主宴飲同姓的私宴。《孔疏》:"《襄二十六年左傳》云'將賞爲之加膳,加膳則飫賜。'是'飫'得爲賜也。"

0833 獄 yù

① 刑獄。

○《立政》:"文王罔攸兼于庶言,庶獄,庶慎。"《孔傳》:"文王無所兼知,於毁譽衆言及衆刑獄,衆當所慎之事。"(844、17-31-6)

② 斷獄。

○《吕刑》:"獄成而孚,輸而孚。"《孔傳》:"斷獄成辭而信,當輸汝信於王。"(957、19-44-4)

0834 育 yù

長。

○《盤庚中》:"我乃劓殄滅之,無遺育。"《孔傳》:"育,長也。"(460、9-20-10)

0835 遹 yù

循。

○《康誥》:"今民將在祇遹乃文考。"《孔傳》:"今治民將在敬循汝文德之父。"(650、14-6-4)

0836 豫 yù

① 逸豫。

○《太甲中》:"無時豫怠。"《孔傳》:"無爲是逸豫怠惰。"(417、8-31-3)

○《洪範》:"曰豫,恒燠若。"《孔傳》:"君行逸豫,則常燠(煖)順之。"(585、12-29-15)

按:《孔傳》"燠"字,八、李、王、纂、魏、平、岳作"煖"②。

② 悦豫。

○《金縢》:"王有疾,弗豫。"《孔傳》:"武王有疾,不悦豫。"(599、13-

---

① 段玉裁注:"'欲'者,衍字。貝部'貪'下云:'欲也。'二篆爲轉注。今貪下作'欲物'也。亦是淺人增字。"可備一説。

② 杜澤遜:《尚書注疏彙校》,第1829頁。

9－3)

0837 豫怠 yù dài

逸豫怠惰。

○《太甲中》："王懋乃德,視乃厥祖,無時豫怠。"《孔傳》："言當勉脩其德,法視其祖而行之,無爲是逸豫怠惰。"(417、8－31－3)

0838 元 yuán

①大。(13 見)

○《大禹謨》："汝終陟元后。"《孔傳》："元,大也。"(153、4－12－1)

按:《孔疏》:"《釋詁》'元'訓爲'首','首'是體之大也。"

○《湯誥》："聿求元聖。"《孔傳》："大聖陳力,謂伊尹。"(401、8－15－5)

○《太甲下》："一人元良,萬邦以貞。"《孔傳》："天子有大善,則天下得其正。"(418、8－33－3)

○《西伯戡黎》："格人元龜,罔敢知吉。"《孔傳》："至人以人事觀殷,大龜以神靈考之,皆無知吉。"(488、10－17－10)

○《泰誓上》："亶聰明,作元后。"《孔傳》："人誠聰明,則爲大君。"(504、11－5－11)

○《康誥》："元惡大憝。"《孔傳》："大惡之人,猶爲人所大惡。"(661、14－12－10)

○《酒誥》："茲亦惟天若元德。"《孔傳》："言此非但正事之臣,亦惟天順其大德而佑之。"(679、14－24－16)

○《召誥》："皇天上帝,改厥元子。"《孔傳》："歎皇天改其大子。"(711、15－8－3)

○《召誥》："有王雖小,元子哉!"《孔傳》："有成王雖少,而大爲天所子。"(714、15－11－6)

○《洛誥》："以功作元祀。"《孔傳》："有大功則列大祀。"(727、15－24－7)

○《洛誥》："惇宗將禮,稱秩元祀。"《孔傳》："厚尊大禮,舉秩大祀。"(734、15－30－4)

○《多士》："厥惟廢元命。"《孔傳》："其惟廢其大命。"(755、16－4－7)

○《吕刑》："惟克天德,自作元命。"《孔傳》："必是惟能天德,自爲大命。"(939、19－32－14)

②長。

○《泰誓中》："剝喪元良。"《孔傳》："元,善之長。"(509、11－12－1)

按:《孔疏》:"'元者善之長',《易》文言文。"《孔傳》訓釋爲"善之長",一方面可能受到《易·文言傳》的影響,另一方面也可能是受到"良"的影響而粘附上的意思,故釐析時僅以"長"作爲義項。

③ 太。

○《金縢》:"今我即命于元龜。"《孔傳》:"就受三王之命於太龜。"(604、13－11－11)

④ 首。

○《召誥》:"其惟王位在德元。"《孔傳》:"則其惟王居位在德之首。"(719、15－16－3)

0839 爰 yuán

① 於。

○《咸有一德》:"以有九有之師,爰革夏正。"《孔傳》:"爰,於也。"(421、8－36－4)

○《盤庚上》:"既爰宅于茲。"《孔傳》:"爰,於也。"(428、9－3－13)

○《盤庚下》:"綏爰有衆。"《孔傳》:"安於有衆。"(461、9－21－15)

○《顧命》:"俾爰齊侯吕伋。"《孔傳》:"使桓、毛二臣,各執干戈,於齊侯吕伋。"(877、18－24－5)

② 於是。

○《説命上》:"爰立作相,王置諸其左右。"《孔傳》:"於是禮命立以爲相,使在左右。"(470、10－3－15)

○《無逸》:"作其即位,爰知小人之依。"《孔傳》:"起就王位,於是知小人之所依。"(776、16－16－2)

○《吕刑》:"殺戮無辜,爰始淫爲劓、刵、椓、黥。"《孔傳》:"以殺戮無罪,於是始大爲截人耳鼻,椓陰、黥面。"(928、19－25－11)

0840 遠 yuǎn

疏遠。

○《伊訓》:"遠耆德。"《孔傳》:"耆年有德疏遠之。"(408、8－21－6)

0841 愿 yuàn

慤愿。

○《皋陶謨》:"愿而恭。"《孔傳》:"慤愿而恭恪。"(168、4－26－2)

按:《孔疏》:"'愿'者,慤謹良善之名。"

0842 曰 yuē

① 爲。

○《説命上》:"知之曰明哲,明哲實作則。"《孔傳》:"知事則爲明智,明智

則能制作法則。"(469、10 - 2 - 10)

② 言。(10 見)

○《高宗肜日》:"乃訓于王曰:'惟天監下民,典厥義。'"《孔傳》:"祖己既言,遂以道訓諫王,言天視下民,以義爲常。"(480、10 - 13 - 17)

○《泰誓上》:"乃曰:'吾有民有命。'"《孔傳》:"紂言:'吾所以有兆民,有天命。'"(505、11 - 7 - 15)

○《大誥》:"其肯曰:'予有後,弗棄基?'"《孔傳》:"其肯言我有後,不棄我基業乎?"(635、13 - 30 - 13)

○《康誥》:"曰乃其速由文王作罰。"《孔傳》:"言當速用文王所作違教之罰。"(663、14 - 13 - 6)

○《召誥》:"旦曰。"《孔傳》:"稱周公言。"(715、15 - 12 - 1)

○《洛誥》:"周公拜手稽首曰:'朕復子明辟。'"《孔傳》:"周公盡禮致敬,言我復還明君之政於子。"(721、15 - 20 - 11)

○《洛誥》:"周公拜手稽首曰:'王命予來。'"《孔傳》:"拜而後言,許成王留。言王命我來。"(739、15 - 33 - 16)

○《無逸》:"厥或告之曰:'小人怨汝詈汝。'"《孔傳》:"其有告之,言小人怨詈汝者。"(786、16 - 22 - 10)

○《無逸》:"人乃或譸張爲幻,曰:'小人怨汝詈汝。'"《孔傳》:"有人誑惑之,言小人怨憾詛詈汝。"(787、16 - 23 - 6)

○《立政》:"周公若曰:'拜手稽首,告嗣天子王矣。'"《孔傳》:"順古道,盡禮致敬,告成王,言:'嗣天子,今已爲王矣,不可不慎。'"(833、17 - 21 - 8)

③ 謂。

○《微子之命》:"曰篤不忘。"《孔傳》:"謂厚不可忘。"(640、13 - 35 - 16)

○《康誥》:"惟曰未有遜事。"《孔傳》:"惟當自謂未有順事。"(660、14 - 11 - 7)

○《酒誥》:"我聞惟曰,在昔殷先哲王,迪畏天。"《孔傳》:"聞之於古殷先智王,謂湯蹈道畏天。"(681、14 - 26 - 12)

④ 誥。

○《多方》:"又曰:'時惟爾初,不克敬于和,則無我怨。'"《孔傳》:"又誥汝:'是惟汝初不能敬于和道故誅汝。汝無怨我。'"(831、17 - 20 - 13)

⑤ 道。

○《周官》:"曰:'唐虞稽古,建官惟百。'"《孔傳》:"道堯舜考古,以建百官。"(853、18 - 3 - 14)

⑥ 語更端也。

○《大誥》:"曰:'有大艱于西土,西土人亦不静,越兹蠢。'"《孔傳》:"曰,語更端也。"(626、13－23－13)

按:《孔疏》:"周公丁寧其事,止而復言,别加一'曰',語更端也。"

0843 越 yuè

① 於。(45見)

○《盤庚上》:"越其罔有黍稷。"《孔傳》:"越,於也。"(436、9－8－7)

○《大誥》:"西土人亦不静,越兹蠢。"《孔傳》:"西土人亦不安,於此蠢動。"(626、13－23－13)

○《大誥》:"越予小子考翼。"《孔傳》:"於我小子先卜敬成周道。"(630、13－25－18)

○《大誥》:"越予沖人,不卬自恤。"《孔傳》:"言征四國於我童人,不惟自憂而已。"(631、13－27－6)

○《大誥》:"肆予曷敢不越卬敉寧王大命?"《孔傳》:"故我何敢不於今日撫循文王大命以征逆乎?"(635、13－30－15)

○《大誥》:"越天棐忱。"《孔傳》:"於天輔誠。"(637、13－32－2)

○《康誥》:"越我一二邦以修。"《孔傳》:"故於一二邦皆以修治。"(648、14－4－12)

○《康誥》:"越厥邦厥民惟時敘。"《孔傳》:"於其國,於其民,惟是次序。"(649、14－4－18)

○《康誥》:"越厥小臣外正。"《孔傳》:"則於其小臣外正官之吏。"(665、14－15－6)

○《酒誥》:"厥誥毖庶邦庶士,越少正、御事。"《孔傳》:"文王其所告慎衆國衆士,於少正官、御治事吏。"(674、14－20－17)

○《酒誥》:"越小大邦用喪。"《孔傳》:"於小大之國所用喪亡。"(675、14－21－6)

○《酒誥》:"越庶國,飲惟祀。"《孔傳》:"於所治衆國,飲酒惟當因祭祀。"(675、14－22－16)

○《酒誥》:"越小大德,小子惟一。"《孔傳》:"於小大之人皆念德,則子孫惟專一。"(676、14－23－1)

○《酒誥》:"越在外服,侯、甸、男、衛邦伯。"《孔傳》:"於在外國,侯服、甸服、男服、衛服國伯諸侯之長。"(682、14－27－2)

○《酒誥》:"越在内服,百僚庶尹惟亞惟服宗工。"《孔傳》:"於在内服,治事百官衆正,及次大夫服事尊官。"(683、14－27－4)

○《酒誥》："越百姓里居。"《孔傳》："於百官族姓。"（683、14－27－6）

○《酒誥》："惟助成王德顯，越尹人祗辟。"《孔傳》："惟助其君成王道，明其德於正人之道，必正身敬法。"（684、14－27－9）

○《酒誥》："越殷國滅無罹。"《孔傳》："於殷國滅亡無憂懼。"（685、14－29－6）

○《酒誥》："越獻臣百宗工。"《孔傳》："於善臣百尊官。"（687、14－30－17）

○《召誥》："越六日乙未。"《孔傳》："於已望後六日，二十一日。"（704、15－2－7）

○《召誥》："越若來，三月惟丙午朏。越三日戊申，太保朝至于洛，卜宅。"《孔傳》："於順來三月丙午朏。於朏三日，三月五日，召公早朝至於洛邑，相卜所居。"（704、15－2－12）

○《召誥》："越三日庚戌……越五日甲寅，位成。"《孔傳》："於戊申三日庚戌……於庚戌五日，所治之位皆成。"（705、15－2－17）

○《召誥》："越三日丁巳。"《孔傳》："於乙卯三日。"（706、15－5－1）

○《召誥》："越七日甲子。"《孔傳》："於戊午七日甲子。"（708、15－5－6）

○《召誥》："誥告庶殷，越自乃御事。"《孔傳》："而以衆殷諸侯，於自乃御治事爲辭。"（711、15－8－1）

○《召誥》："越厥後王後民。"《孔傳》："於其後王後民。"（712、15－8－18）

○《召誥》："小民乃惟刑用于天下，越王顯。"《孔傳》："小民乃惟用法於天下。言治政於王亦有光明。"（719、15－16－4）

○《召誥》："越友民，保受王威命明德。"《孔傳》："於友愛民者，共安受王之威命，明德奉行之。"（720、15－18－1）

○《洛誥》："越乃光烈考武王。"《孔傳》："於汝大業之父武王。"（740、15－33－18）

○《洛誥》："予旦以多子越御事。"《孔傳》："我旦以衆卿大夫，於御治事之臣。"（741、15－34－8）

○《君奭》："弗永遠念天威，曰（越）我民罔尤違。"《孔傳》："言君不長遠念天之威，而勤化於我民，使無過違之闕。"（792、16－26－2）

按：經文"曰"字，石、八、李、王、纂、魏、平、岳、十、永、閩、阮作"越"[1]，是。

○《君奭》："予惟用閔于天越民。"《孔傳》："我惟用勉於天道加於民。"（808、16－38－9）

---

① 杜澤遜：《尚書注疏彙校》，第2524頁。

○《多方》:"越惟有胥伯小大多正。"《孔傳》:"於惟有相長事,小大衆正官之人。"(828、17－18－3)

○《立政》:"亦越成湯陟。"《孔傳》:"亦於成湯之道,得升大賜上天之光命。"(838、17－25－1)

○《立政》:"亦越文王、武王。"《孔傳》:"紂之不善,亦於文武之道大行。"(840、17－27－5)

○《立政》:"亦越武王,率惟敉功。"《孔傳》:"亦於武王循惟文王撫安天下之功。"(844、17－31－18)

○《立政》:"自古商人,亦越我周文王立政、立事。"《孔傳》:"言用古商湯,亦於我周文王,立政立事。"(848、17－34－4)

○《顧命》:"越翼日乙丑,王崩。"《孔傳》:"於其明日,王崩。"(876、18－24－1)

○《顧命》:"越七日癸酉。"《孔傳》:"則召公於丁卯七日癸酉。"(878、18－26－4)

○《顧命》:"越玉五重,陳寶。"《孔傳》:"於東西序坐北,列玉五重,又陳先王所寶之器物。"(883、18－27－18)

按:《孔疏》:"越,訓於也。'於'者,於其處所。"

○《畢命》:"越三日壬申。"《孔傳》:"於朏三日壬申。"(912、19－8－2)

○《吕刑》:"越兹麗刑,并制。"《孔傳》:"苗民於此施刑,并制無罪。"(930、19－25－13)

○《文侯之命》:"越小大謀猷。"《孔傳》:"於小大所謀道德。"(963、20－3－3)

② 墜。

○《盤庚中》:"顚越不恭,暫遇姦宄。"《孔傳》:"越,墜也。"(459、9－20－8)

③ 及。

○《泰誓上》:"我友邦冢君,越我御事庶士。"《孔傳》:"下及我治事衆士。"(504、11－5－1)

○《大誥》:"肆哉爾庶邦君,越爾御事。"《孔傳》:"故以告諸侯及臣下御治事者。"(636、13－31－17)

④ 遠。

○《泰誓上》:"予曷敢有越厥志?"《孔傳》:"越,遠也。"(506、11－8－2)

按:《孔疏》:"'越'者,踰越超遠之義,故爲遠也。"

○《梓材》:"越厥疆土于先王肆。"《孔傳》:"能遠拓其界壤,則於先王之道遂大。"(700、14－38－11)

⑤ 于。

○《康誥》:"惟厥正人,越小臣諸節。"《孔傳》:"惟其正官之人,于小臣諸有符節之吏。"(664、14－14－16)

⑥ 統。

○《酒誥》:"庶士有正,越庶伯君子。"《孔傳》:"衆伯君子、長官大夫、統庶士有正者。"(678、14－24－5)

按:《孔傳》"庶"字,八、李、王、纂、魏、平、岳作"衆"①。

⑦ 墜失。

○《太甲上》:"無越厥命以自覆。"《孔傳》:"越,墜失也。"(411、8－26－5)

⑧ 於是。

○《微子》:"殷遂喪,越至于今。"《孔傳》:"言遂喪亡,於是至於今到不待久。"(497、10－20－8)

○《梓材》:"汝若恒越曰。"《孔傳》:"汝惟君道使順常,於是曰。"(693、14－34－7)

⑨ 及於(一作"及于")。

○《大誥》:"大誥爾多邦,越爾御事。"《孔傳》:"順大道以誥天下衆國,及於御治事者盡及之。"(622、13－21－5)

○《大誥》:"肆予告我友邦君,越尹氏、庶士御事。"《孔傳》:"以美故告我友國諸侯,及於正官尹氏卿大夫、衆士御治事者。"(629、13－25－11)

○《梓材》:"王其效邦君越御事。"《孔傳》:"王者其效實國君,及于御治。"(696、14－36－11)

⑩ 在於。

○《酒誥》:"祗保越怨不易。"《孔傳》:"所敬所安,皆在於怨,不可變易。"(684、14－28－16)

0844 悦 yuè

① 恣。

○《泰誓下》:"作奇技淫巧以悦婦人。"《孔傳》:"作過制技巧,以恣耳目之欲。"(513、11－16－14)

② 忻喜。

○《太甲中》:"罔有不悦。"《孔傳》:"無有不忻喜。"(416、8－30－16)

---

① 杜澤遜:《尚書注疏彙校》,第2162頁。

0845 云 yún

言。

○《微子》：“我舊云刻子。”《孔傳》：“我久知子賢,言於帝乙。”（501、10－23－7）

0846 隕 yǔn

墜。

○《湯誥》：“慄慄危懼,若將隕于深淵。”《孔傳》：“慄慄,危心,若墜深淵。”（401、8－16－5）

0847 允 yǔn

① 信。（24 見）

○《堯典》：“允恭克讓,光被四表。”《孔傳》：“允,信。”（9、2－8－8）

○《堯典》：“允釐百工,庶績咸熙。”《孔傳》：“允,信。”（44、2－14－12）

○《大禹謨》：“允出兹在兹。”《孔傳》：“信出此心,亦在此義。”（150、4－8－13）

○《大禹謨》：“成允成功。”《孔傳》：“能成聲教之信,成治水之功。”（152、4－11－10）

○《大禹謨》：“允執厥中。”《孔傳》：“信執其中。”（153、4－12－4）

○《大禹謨》：“夔夔齊慄,瞽亦允若。”《孔傳》：“言舜負罪引惡,敬以事見于父,悚懼齊莊,父亦信順之。”（158、4－19－6）

○《皋陶謨》：“允迪厥德,謨明弼諧。”《孔傳》：“言人君當信蹈行古人之德,謀廣聰明以輔諧其政。”（162、4－22－16）

○《益稷》：“庶尹允諧。”《孔傳》：“衆正官之長。信皆和諧。”（238、5－20－5）

○《胤征》：“愛克厥威,允罔功。”《孔傳》：“以愛勝威,無以濟衆,信無功。”（385、7－18－6）

○《湯誥》：“兆民允殖。”《孔傳》：“民信樂生。”（401、8－15－14）

○《伊訓》：“兆民允懷。”《孔傳》：“兆民以此皆信懷我商王之德。”（406、8－19－16）

○《太甲上》：“克終允德。”《孔傳》：“言能思念其祖,終其信德。”（412、8－28－5）

○《太甲中》：“允德協于下,惟明后。”《孔傳》：“使信德合於群下,惟乃明君。”（416、8－30－14）

○《說命中》：“王惟戒兹,允兹克明。”《孔傳》：“言王戒慎此四‘惟’之事,

信能明。"（472、10－7－4）

○《説命中》："允協于先王成德。"《孔傳》："信合於先王成德。"（473、10－8－15）

○《説命下》："允懷於兹，道積於厥躬。"《孔傳》："信懷此學志，則道積於其身。"（475、10－10－9）

○《旅獒》："允迪兹，生民保厥居。"《孔傳》："言其能信蹈行此誠，則生人安其居。"（598、13－6－15）

○《大誥》："允蠢鰥寡，哀哉！"《孔傳》："信蠢動天下，使無妻無夫者受其害，可哀哉！"（630、13－27－2）

○《多士》："惟天不畀，允罔固亂。"《孔傳》："惟天不與，言（信）無堅固治者。"（753、16－2－18）

按：《孔傳》"言"字，八、李、王、纂、魏、平、毛、殿、庫作"信"①，是。

○《無逸》："允若時，不啻不敢含怒。"《孔傳》："信如是怨詈，則四王不啻不敢含怒以罪之。"（787、16－22－12）

○《君奭》："予不允惟若兹誥。"《孔傳》："我不信惟若此誥。"（807、16－37－5）

○《周官》："民其允懷。"《孔傳》："則民其信歸之。"（857、18－9－14）

○《君陳》："允升于大猷。"《孔傳》："則信升于大道。"（864、18－18－12）

○《畢命》："厥德允修。"《孔傳》："則其德政信修立。"（916、19－13－9）

② 信任。

○《酒誥》："兹乃允惟王正事之臣。"《孔傳》："則此乃信任王者正事之大臣。"（679、14－24－14）

③ 誠信。

○《君奭》："告汝朕允。"《孔傳》："告汝以我之誠信也。"（806、16－37－2）

0848 孕 yùn

懷子。

○《泰誓上》："焚炙忠良，刳剔孕婦。"《孔傳》："忠良無罪，焚炙之，懷子之婦，刳剔視之。"（505、11－6－15）

0849 運 yùn

所及者遠。

○《大禹謨》："帝德廣運，乃聖乃神，乃武乃文。"《孔傳》："運，謂所及者

---

① 杜澤遜：《尚書注疏彙校》，第 2466 頁。

遠。”（147、4－4－11）

按：《孔疏》：“‘運’者，動之言，故爲‘所及者遠’。”

0850 哉 zāi

始。

○《伊訓》：“造攻自鳴條，朕哉自亳。”《孔傳》：“造，哉，皆始也。”（406、8－19－11）

○《武成》：“厥四月哉生明。”《孔傳》：“哉，始也。”（530、11－26－11）

○《康誥》：“惟三月哉生魄。”《孔傳》：“始生魄，月十六日，明消而魄生。”（643、14－2－11）

0851 災 zāi

① 災罪。

○《微子》：“以容將食無災。”《孔傳》：“相容行食之，無災罪之者。”（499、10－22－13）

② 災滅。

○《微子》：“商今其有災。”《孔傳》：“災滅在近。”（500、10－23－4）

0852 載 zài

① 事。

○《大禹謨》：“負罪引慝，祇載見瞽瞍。”《孔傳》：“載，事也。”（158、4－19－6）

按：《舜典》“能奮庸熙帝之載”，《史記·五帝本紀》作：“有能能奮庸美堯之事者”。《詩·大雅·文王》“上天之載”，《毛傳》云：“載，事也。”

② 行。

○《皋陶謨》：“亦言其人有德，乃言曰，載采采。”《孔傳》：“載，行。”（167、4－25－8）

按：《孔疏》：“‘載’者，運行之義，故爲行也。”

○《周官》：“恭儉惟德，無載爾僞。”《孔傳》：“言當恭儉，惟以立德，無行姦僞。”（858、18－11－4）

③ 成。

○《益稷》：“乃賡載歌曰。”《孔傳》：“載，成也。”（241、5－23－10）

按：《孔疏》：“鄭玄以‘載’爲始，孔以‘載’爲成，各以意訓耳。”

④ 所載物。

○《盤庚中》：“若乘舟，汝弗濟，臭厥載。”《孔傳》：“言不徙之害，如舟在水中流不渡，臭敗其所載物。”（452、9－15－13）

0853 在 zài

① 察。

○《堯典》:"平在朔易。"《孔傳》:"在,察其政以順天常。"(38、2－13－17)

按:《孔疏》:"《釋詁》云:'在,察也。'舍人曰:'在,見物之察。'是'在'爲察義,故言'平均在察其政,以順天常'。"

② 居。

○《洛誥》:"戊辰王在新邑。"《孔傳》:"成王既受周公誥,遂就居洛邑。"(744、15－37－17)

0854 贊 zàn

① 佐。

○《大禹謨》:"益贊于禹曰。"《孔傳》:"贊,佐。"(158、4－18－17)

按:《孔疏》:"《禮》有贊佐,是助祭之人,故'贊'爲佐也。"

② 告。

○《咸乂》:"伊陟贊于巫咸。"《孔傳》:"贊,告也。"(1016、8－40－10)

按:《孔疏》:"《禮》有贊者,皆以言告人,故'贊'爲告也。"

○《原命》《伊陟》:"太戊贊于伊陟。"《孔傳》:"告以改過自新。"(1017、8－41－9)

0855 贊贊 zàn zàn

贊奏。

○《皋陶謨》:"予未有知思,曰贊贊襄哉!"《孔傳》:"言我未有所知,未能思致於善,徒亦贊奏上古行事而言之。"(180、4－32－12)

按:《孔疏》引鄭玄云:"贊,明也。襄之言暢,言我未有所知所思,徒贊明帝德,暢我忠言而已。"蔡沈《書集傳》串講中對應訓作"贊助"。[1]

0856 臧 zāng

善。(6 見)

○《仲虺之誥》:"帝用不臧。"《孔傳》:"天用桀無道,故不善之。"(395、8－9－15)

按:《詩·邶風·雄雉》"不忮不求,何用不臧",《毛傳》:"臧,善也。"

○《盤庚上》:"邦之臧,惟汝衆。"《孔傳》:"有善則群臣之功。"(445、9－13－5)

○《酒誥》:"惟土物愛,厥心臧。"《孔傳》:"惟土地所生之物,皆愛惜之,則其心善。"(676、14－22－18)

---

① (宋)蔡沈著,錢宗武、錢忠弼整理:《書集傳》,第31頁。

○《畢命》:"不臧厥臧,民罔攸勸。"《孔傳》:"若乃不善其善,則民無所勸慕。"(913、19 - 9 - 5)

○《冏命》:"發號施令,罔有不臧。"《孔傳》:"言文武發號施令,無有不善。"(921、19 - 19 - 15)

0857 造 zào

① 始。

○《伊訓》:"造攻自鳴條,朕哉自亳。"《孔傳》:"造,哉,皆始也。"(406、8 - 19 - 11)

② 立。

○《康誥》:"乃別播敷,造民大譽。"《孔傳》:"當分別播布德教,以立民大善之譽。"(664、14 - 14 - 16)

③ 成。

○《君奭》:"厥亂明我新造邦。"《孔傳》:"其治理足以明我新成國矣"。(799、16 - 31 - 6)

○《君奭》:"耇造德不降。"《孔傳》:"老成德不降意爲之。"(805、16 - 34 - 15)

0858 責 zé

非責。

○《君奭》:"同未在位,誕無我責。"《孔傳》:"成王同於未在位即政時,汝大無非責我留。"(804、16 - 34 - 12)

0859 擇 zé

選擇。

○《洪範》:"七稽疑。擇建立卜筮人。"《孔傳》:"考正疑事,當選擇知卜筮人而建立之。"(574、12 - 22 - 4)

○《呂刑》:"罔擇吉人。"《孔傳》:"言苗民無肯選擇善人。"(940、19 - 33 - 13)

0860 則 zé

① 法。

○《禹貢》:"咸則三壤,成賦中邦。"《孔傳》:"皆法壤田上中下大較三品,成九州之賦,明水害除。"(351、6 - 38 - 17)

○《五子之歌》:"有典有則,貽厥子孫。"《孔傳》:"則,法。"(379、7 - 9 - 13)

○《康誥》:"蔽時忱,丕則敏德。"《孔傳》:"斷行是誠道,大法敏德。"(668、14 - 18 - 14)

② 故。

○《多士》：“有夏不適逸，則惟帝降格。”《孔傳》：“有夏桀爲政不之逸樂，<u>故</u>天下至戒以譴告之。”（754、16 - 4 - 1）

③ 法則。

○《説命上》：“明哲實作<u>則</u>。”《孔傳》：“明智則能制作<u>法則</u>。”（469、10 - 2 - 11）

○《君牙》：“弘敷五典，式和民<u>則</u>。”《孔傳》：“大布五常之教，用和民令有<u>法則</u>。”（918、19 - 16 - 6）

0861 賊 zéi

殺。

○《泰誓中》：“剥喪元良，<u>賊</u>虐諫輔。”《孔傳》：“賊，殺也。”（509、11 - 12 - 1）

按：《孔疏》：“殺人謂之‘賊’，故‘賊’爲殺也。”

0862 展 zhǎn

誠信。

○《旅獒》：“分寶玉于伯叔之國，時庸<u>展</u>親。”《孔傳》：“以寶玉分同姓之國，是用<u>誠信</u>其親親之道。”（597、13 - 2 - 18）

按：《詩·小雅·車攻》“允矣君子，展也大成”，《鄭箋》：“展，誠也。”

0863 章 zhāng

① 顯。

○《洪範》：“俊民用<u>章</u>，家用平康。”《孔傳》：“賢臣<u>顯</u>用，國家平寧。”（588、12 - 30 - 13）

② 章明。

○《堯典》：“九族既睦，平<u>章</u>百姓。”《孔傳》：“言化九族而平和<u>章明</u>。”（15、2 - 10 - 5）

0864 彰 zhāng

明。（9 見）

○《皋陶謨》：“<u>彰</u>厥有常。”《孔傳》：“彰，明。”（169、4 - 26 - 7）

○《益稷》：“以五采<u>彰</u>施于五色作服。”《孔傳》：“以五采<u>明</u>施于五色，作尊卑之服。”（204、5 - 6 - 15）

○《仲虺之誥》：“克寬克仁，<u>彰</u>信兆民。”《孔傳》：“言湯寬仁之德，<u>明</u>信於天下。”（396、8 - 10 - 17）

○《湯誥》：“降災于夏，以<u>彰</u>厥罪。”《孔傳》：“下災異以<u>明</u>桀罪惡。”（401、

8－14－13)

○《伊訓》：“聖謨洋洋，嘉言孔<u>彰</u>。”《孔傳》：“洋洋，美善言，甚<u>明</u>可法。”（408、8－22－15)

○《盤庚上》：“用德<u>彰</u>厥善。”《孔傳》：“德以<u>明</u>之，使勸慕競爲善。”（445、9－12－16)

○《泰誓下》：“天有顯道，厥類惟<u>彰</u>。”《孔傳》：“言天有明道，其義類惟<u>明</u>。”（512、11－15－10)

○《金縢》：“今天動威以<u>彰</u>周公之德。”《孔傳》：“發雷風之威，以<u>明</u>周公之聖德。”（618、13－17－11)

○《畢命》：“<u>彰</u>善癉惡，樹之風聲。”《孔傳》：“<u>明</u>其爲善，病其爲惡，立其善風，揚其善聲。”（915、19－10－18)

0865 張 zhāng

張設。

○《泰誓中》：“我伐用<u>張</u>，于湯有光。”《孔傳》：“伐惡之道<u>張設</u>，比於湯又有光明。”（511、11－13－17)

0866 掌 zhǎng

主。（5見）

○《周官》：“冢宰，<u>掌</u>邦治。”《孔傳》：“《天官》卿，稱太宰，<u>主</u>國政治。”（855、18－5－11)

○《周官》：“司徒<u>掌</u>邦教。”《孔傳》：“《地官》卿，司徒<u>主</u>國教化。”（855、18－5－13)

○《周官》：“宗伯，<u>掌</u>邦禮。”《孔傳》：“《春官》卿，宗廟官長，<u>主</u>國禮。”（855、18－5－15)

○《周官》：“司寇，<u>掌</u>邦禁。”《孔傳》：“《秋官》卿，<u>主</u>寇賊法禁。”（855、18－6－1)

○《周官》：“司空，<u>掌</u>邦土。”《孔傳》：“《冬官》卿，<u>主</u>國空土。”（855、18－6－4)

0867 朝 zhāo

① 早朝。

○《召誥》：“太保<u>朝</u>至于洛。”《孔傳》：“召公<u>早朝</u>至於洛邑。”（704、15－2－12)

② 昧爽。

○《召誥》：“周公乃<u>朝</u>用書。”《孔傳》：“周公乃<u>昧爽</u>，以賦功屬役書。”

(708、15－5－6)

0868 昭 zhāo

① 明。(14見)

○《堯典》:"百姓昭明,協和萬邦。"《孔傳》:"昭,亦明也。"(16、2－10－6)

按:《孔疏》:"《釋詁》以'昭'爲光,光、明義同,經已有'明',故云'昭亦明也'。"

○《益稷》:"以昭受上帝,天其申命用休。"《孔傳》:"昭,明也。"(192、5－5－5)

○《仲虺之誥》:"王懋昭大德。"《孔傳》:"欲王自勉明大德。"(398、8－12－17)

○《湯誥》:"敢用玄牡,敢昭告于上天神后,請罪有夏。"《孔傳》:"明告天,問桀百姓有何罪而加虐乎?"(401、8－14－16)

○《伊訓》:"惟我商王,布昭聖武。"《孔傳》:"言湯布明武德,以寬政代桀虐政。"(406、8－19－16)

○《武成》:"昭我周王。"《孔傳》:"明我周王爲之除害。"(535、11－32－2)

○《洛誥》:"考朕昭子刑。"《孔傳》:"我所成明子法。"(741、15－35－13)

○《君奭》:"乃惟時昭文王。"《孔傳》:"乃惟是五人明文王之德。"(802、16－33－5)

○《君奭》:"惟兹四人,昭武王惟冒。"《孔傳》:"惟此四人,明武王之德,使布冒天下。"(804、16－34－3)

○《君陳》:"懋昭周公之訓。"《孔傳》:"勉明周公之教。"(861、18－14－13)

○《君牙》:"昭乃辟之有乂。"《孔傳》:"明汝君之有治功。"(919、19－18－5)

○《文侯之命》:"昭升于上,敷聞在下。"《孔傳》:"言文王聖德明升于天,而布聞在下居。"(962、20－2－16)

○《文侯之命》:"克左右昭事厥辟。"《孔傳》:"能左右明事其君。"(963、20－3－1)

○《文侯之命》:"汝克昭乃顯祖。"《孔傳》:"言汝能明汝顯祖唐叔之道。"(965、20－5－1)

② 顯。

○《康王之誥》:"用昭明于天下。"《孔傳》:"用顯明於天下。"(909、19－5－3)

0869 兆 zhào

① 衆。

○《周官》:"敷五典,擾兆民。"《孔傳》:"布五常之教,以安和天下衆民。"(855、18 - 5 - 13)

② 十億曰兆。

○《五子之歌》:"予臨兆民。"《孔傳》:"十億曰兆,言多。"(376、7 - 8 - 1)

○《周官》:"綏厥兆民。"《孔傳》:"十億曰兆,言多。"(852、18 - 2 - 10)

0870 詔 zhào

教。

○《微子》:"詔王子出迪。"《孔傳》:"我教王子出,合於道。"(501、10 - 23 - 5)

按:《莊子·盜跖》"夫爲人父者,必能詔其子,爲人兄者,必能教其弟",陸德明《釋文》:"詔,如字,教也。"蔡沈《書集傳》:"詔,告也。告微子以去爲道。"①

0871 肇 zhào

始。(9見)

○《仲虺之誥》:"肇我邦于有夏若苗之有莠。"《孔傳》:"始我商家,國於夏世,欲見翦除,若莠生苗。"(396、8 - 10 - 1)

○《伊訓》:"先王肇修人紀。"《孔傳》:"言湯始修爲人綱紀。"(406、8 - 20 - 7)

○《武成》:"至于大王肇基王迹。"《孔傳》:"大王修德以翦齊商人,始王業之肇跡。"(533、11 - 29 - 14)

按:經文"肇"字,八、李、王、纂、魏、岳、十、永、阮作"肇"②。

○《康誥》:"用肇造我區夏。"《孔傳》:"用此明德慎罰之道,始爲政於我區域諸夏。"(648、14 - 4 - 12)

○《酒誥》:"肇國在西土。"《孔傳》:"將言始國在西土。"(674、14 - 20 - 12)

按:經文"肇"字,石、八、李作"肇"③。

○《酒誥》:"肇我民,惟元祀。"《孔傳》:"始令我民知作酒者,惟爲祭祀。"(675、14 - 21 - 2)

○《酒誥》:"肇牽車牛,遠服賈。"《孔傳》:"始牽車牛,載其所有,求易所

---

① (宋)蔡沈著,錢宗武、錢忠弼整理:《書集傳》,第121頁。
② 杜澤遜:《尚書注疏彙校》,第1662頁。
③ 杜澤遜:《尚書注疏彙校》,第2151頁。

無,遠行賈賣。"(677、14 - 24 - 1)

○《洛誥》:"王肇稱殷禮。"《孔傳》:"言王當始舉殷家祭祀。"(726、15 -
24 - 3)

○《文侯之命》:"汝肇刑文武。"《孔傳》:"言汝今始法文武之道矣。"
(965、20 - 5 - 3)

0872 折 zhé

斷。

○《吕刑》:"伯夷降典,折民惟刑。"《孔傳》:"伯夷下典禮,教民而斷以
法。"(935、19 - 30 - 13)

0873 折獄 zhé yù

斷獄。

○《吕刑》:"非佞折獄,惟良折獄,罔非在中。"《孔傳》:"非口才可以斷獄,
惟平良可以斷獄,無不在中正。"(956、19 - 43 - 15)

按:《易·豐》"君子以折獄致刑",《孔疏》:"斷決獄訟。"

○《吕刑》:"哀敬折獄。"《孔傳》:"當憐下人之犯法,敬斷獄之害人。"
(956、19 - 43 - 18)

0874 晢 zhé

① 照了。

○《洪範》:"明作晢。"《孔傳》:"照了。"(558、12 - 10 - 3)

② 照晢。

○《洪範》:"曰晢,時燠若。"《孔傳》:"君能照晢,則時燠順之。"(584、12 -
29 - 7)

0875 楨榦 zhēn gàn

題曰楨,旁曰榦。

○《費誓》:"魯人三郊三遂,峙乃楨榦。"《孔傳》:"題曰楨,旁曰榦。"
(975、20 - 12 - 18)

按:楨榦,即築墻時所用的木柱,豎在兩端的叫楨,豎在兩旁障土的叫榦。
《孔疏》:"'題曰楨',謂當墻兩端者也。'旁曰榦',謂在墻兩邊者也。
《釋詁》云:'楨,榦也。'舍人曰:'楨,正也,築墻所立兩木也。榦,所以當
墻兩邊障土者。'"

0876 臻 zhēn

至。

○《顧命》:"病日臻。"《孔傳》:"病日至,言困甚。"(872、18 - 22 - 4)

按:《詩·邶風·泉水》"遄臻于衛",《毛傳》:"臻,至。"

0877 震 zhèn

動。

○《洪範》:"帝乃震怒。"《孔傳》:"天動怒鯀。"(545、12 - 3 - 13)

按:《詩·魯頌·閟宮》"不虧不崩,不震不騰",《毛傳》:"震,動也。"

0878 朕 zhèn

① 我。(47 見)

○《大禹謨》:"汝惟不怠,總朕師。"《孔傳》:"汝不懈怠於位,稱總我衆。"(149、4 - 8 - 4)

○《益稷》:"迪朕德,時乃功惟敘。"《孔傳》:"言天下蹈行我德,是汝治水之功有次序。"(226、5 - 15 - 10)

○《禹貢》:"不距朕行。"《孔傳》:"天下無距違我行者。"(351、6 - 40 - 4)

○《湯誓》:"今朕必往。"《孔傳》:"我必往誅之。"(392、8 - 3 - 12)

○《伊訓》:"朕哉自亳。"《孔傳》:"由我始修德于亳。"(406、8 - 19 - 11)

○《太甲上》:"惟朕以懌。"《孔傳》:"言能循汝祖所行,則我喜悦。"(411、8 - 26 - 12)

○《太甲中》:"朕承王之休無斁。"《孔傳》:"則我承王之美無斁。"(417、8 - 31 - 9)

○《盤庚中》:"曷虐朕民?"《孔傳》:"何爲虐我民而不徙乎?"(455、9 - 17 - 12)

○《盤庚中》:"作丕刑于朕孫。"《孔傳》:"作大刑於我子孫。"(457、9 - 19 - 7)

○《盤庚下》:"嘉績于朕邦。"《孔傳》:"立善功於我國。"(463、9 - 22 - 15)

○《盤庚下》:"朕及篤敬,恭承民命。"《孔傳》:"言我當與厚敬之臣,奉承民命。"(464、9 - 23 - 14)

○《盤庚下》:"朕不肩好貨。"《孔傳》:"我不任貪貨之人。"(466、9 - 24 - 16)

○《説命上》:"啓乃心,沃朕心。"《孔傳》:"開汝心,以沃我心。"(470、10 - 4 - 3)

○《説命下》:"爾惟訓于朕志。"《孔傳》:"言汝當教訓於我。"(474、10 - 9 - 15)

○《説命下》:"咸仰朕德,時乃風。"《孔傳》:"使天下皆仰我德,是汝教。"(475、10 - 10 - 18)

（396、8－11－3）

④ 征伐。

○《湯征》：“湯征諸侯。”《孔傳》：“爲夏方伯，得專征伐。”（1001、7－20－15）

⑤ 征討。

○《周官》：“四征弗庭，綏厥兆民。”《孔傳》：“四面征討諸侯之不直者，所以安其兆民。”（852、18－2－10）

0880 徵 zhēng

① 證。

○《胤征》：“聖有謨訓，明徵定保。”《孔傳》：“徵，證。”（381、7－12－17）

② 驗。

○《洪範》：“八庶徵。曰雨，曰暘，曰燠，曰寒，曰風，曰時。”《孔傳》：“五者各以其時，所以爲衆驗。”（581、12－27－7）

○《洪範》：“曰休徵。”《孔傳》：“敘美行之驗。”（583、12－29－5）

○《洪範》：“曰咎徵。”《孔傳》：“敘惡行之驗。”（584、12－29－13）

0881 烝 zhēng

① 進。

○《堯典》：“烝烝乂，不格姦。”《孔傳》：“烝，進也。”（60、2－32－16）

○《多方》：“圖厥政，不蠲烝。”《孔傳》：“紂謀其政，不絜進于善。”（822、17－13－5）

② 衆。

○《咸有一德》：“永厎烝民之生。”《孔傳》：“長致衆民所以自生之道。”（422、8－38－6）

○《立政》：“夷微盧烝。”《孔傳》：“蠻夷微盧之衆帥。”（842、17－28－17）

0882 正 zhèng

① 政。

○《甘誓》：“御非其馬之正，汝不恭命。”《孔傳》：“御以正馬爲政。三者有失，皆不奉我命。”（368、7－2－15）

○《湯誓》：“我后不恤我衆，舍我穡事，而割正夏。”《孔傳》：“正，政也。”（389、8－3－1）

② 直。

○《説命上》：“惟木從繩則正。”《孔傳》：“言木以繩直。”（471、10－4－15）

③ 長。

○《説命下》:“昔先正保衡。”《孔傳》:“正,長也。”(475、10 - 11 - 2)

○《冏命》:“穆王命伯冏爲周太僕正。”《孔傳》:“太僕長,太御中大夫。”(1063、19 - 18 - 12)

④ 平。

○《洪範》:“無反無側,王道正直。”《孔傳》:“言所行無反道不正,則王道平直。”(568、12 - 18 - 18)

⑤ 正直。

○《洪範》:“凡厥正人,既富方穀。”《孔傳》:“凡其正直之人,既當以爵禄富之,又當以善道接之。”(566、12 - 17 - 12)

⑥ 正官。

○《康誥》:“越厥小臣外正。”《孔傳》:“則於其小臣外正官之吏。”(665、14 - 15 - 6)

○《酒誥》:“越少正、御事。”《孔傳》:“於少正官、御治事吏。”(674、14 - 20 - 17)

○《文侯之命》:“亦惟先正。”《孔傳》:“亦惟先正官賢臣。”(963、20 - 3 - 1)

0883 正直 zhèng zhí

平直。

○《洪範》:“無反無側,王道正直。”《孔傳》:“言所行無反道不正,則王道平直。”(568、12 - 18 - 18)

按:蔡沈《書集傳》:“正直,不偏邪也。”①

0884 政 zhèng

① 職。

○《周官》:“敬爾有官,亂爾有政。”《孔傳》:“各敬居汝所有之官,治汝所有之職。”(859、18 - 11 - 13)

② 政令。

《成王政》:“作《成王政》。”《孔傳》:“爲平淮夷徙奄之政令。”(1056、17 - 5 - 9)

○《君陳》:“克施有政。”《孔傳》:“能施有政令。”(859、18 - 14 - 8)

③ 征伐。

○《周官》:“司馬,掌邦政。”《孔傳》:“《夏官》卿,主戎馬之事,掌國征

---

① (宋)蔡沈著,錢宗武、錢忠弼整理:《書集傳》,第 145 頁。

伐。"(855、18－5－17)

按："政",通"征"。

0885 政治 zhèng zhì

政化治理。

○《畢命》："道洽政治,澤潤生民。"《孔傳》："道至普洽,政化治理,其德澤惠施,乃浸潤生民。"(916、19－13－14)

0886 祗 zhī

① **敬。(28 見)**

○《大禹謨》："文命敷于四海,祗承于帝。"《孔傳》："言其外布文德教命,内則敬承堯舜。"(146、4－2－11)

按:《孔疏》:"傳不訓'祗'而直言'敬',以易知而略之。"

○《大禹謨》："負罪引慝,祗載見瞽。"《孔傳》："言舜負罪引惡,敬以事見于父。"(158、4－19－6)

○《皋陶謨》："日嚴祗敬六德。"《孔傳》："日日嚴敬其身。"(170、4－27－18)

○《益稷》："皋陶方祗厥敘。"《孔傳》："故皋陶敬行其九德考績之次序於四方。"(226、5－18－18)

○《禹貢》："祗台德先。"《孔傳》："王者常自以敬我德爲先。"(351、6－40－4)

○《伊訓》："嗣王祗厥身。"《孔傳》："言當敬身,念祖德。"(408、8－22－14)

○《太甲上》："社稷宗廟,罔不祗肅。"《孔傳》："言能嚴敬鬼神而遠之。"(410、8－25－5)

○《太甲上》："祗爾厥辟。"《孔傳》："敬其君道。"(410、8－25－17)

○《説命上》："疇敢不祗若王之休命?"《孔傳》："誰敢不敬順王之美命而諫者乎?"(471、10－4－18)

○《武成》："敢祗承上帝以遏亂略。"《孔傳》："言誅紂敬承天意以絶亂路。"(535、11－31－13)

○《金滕》："四方之民,罔不祗畏。"《孔傳》："四方之民,無不敬畏。"(604、13－11－7)

○《微子之命》："上帝時歆,下民祗協。"《孔傳》："孝恭之人,祭祀則神歆享,施令則人敬和。"(640、13－36－11)

○《康誥》："今民將在祗遹乃文考。"《孔傳》："今治民將在敬循汝文德之父。"(650、14－6－4)

○《康誥》:"子弗祗服厥父事。"《孔傳》:"爲人子,不能敬身服行父道。"(662、14 - 12 - 13)

○《酒誥》:"惟助成王德顯,越尹人祗辟。"《孔傳》:"惟助其君成王道,明其德於正人之道,必正身敬法。"(684、14 - 27 - 9)

○《酒誥》:"祗保越怨不易。"《孔傳》:"所敬所安,皆在於怨,不可變易。"(684、14 - 28 - 16)

○《洛誥》:"公功肅將祗歡。"《孔傳》:"公功以進大,天下咸敬樂公功。"(739、15 - 33 - 4)

○《多士》:"罔顧于天,顯民祗。"《孔傳》:"無顧於天,無能明人爲敬。"(756、16 - 5 - 11)

○《無逸》:"治民祗懼。"《孔傳》:"爲政敬身畏懼。"(770、16 - 14 - 5)

○《君奭》:"祗若兹,往敬用治。"《孔傳》:"當敬順我此言,自今以往,敬用治民職事。"(809、16 - 38 - 15)

○《蔡仲之命》:"蔡仲克庸祗德。"《孔傳》:"蔡仲能用敬德。"(811、17 - 2 - 5)

○《多方》:"我惟祗告爾命。"《孔傳》:"我惟敬告汝吉凶之命。"(831、17 - 20 - 11)

○《周官》:"祗勤于德,夙夜不逮。"《孔傳》:"敬勤於德,雖夙夜匪懈,不能及古人。"(853、18 - 4 - 16)

○《畢命》:"今予祗命公以周公之事。"《孔傳》:"今我敬命公以周公所爲之事。"(915、19 - 10 - 16)

○《冏命》:"下民祗若,萬邦咸休。"《孔傳》:"下民敬順其命,萬國皆美其化。"(921、19 - 19 - 15)

○《冏命》:"惟爾大弗克祗厥辟。"《孔傳》:"惟汝大不能敬其君。"(922、19 - 22 - 7)

○《吕刑》:"以教祗德。"《孔傳》:"以教民爲敬德。"(937、19 - 31 - 1)

○《費誓》:"祗復之,我商賚汝。"《孔傳》:"皆敬還復之,我則商度汝功,賜與汝。"(974、20 - 12 - 7)

② 敬仰。

○《畢命》:"罔不祗師言。"《孔傳》:"下人無不敬仰師法。"(914、19 - 9 - 9)

0887 職 zhí

① 主。

○《秦誓》:"亦職有利哉!"《孔傳》:"亦主有利哉!"(985、20 - 19 - 14)

② 職官。

○《胤征》:"羲和廢厥職。"《孔傳》:"舍其職官。"(381、7－12－7)

0888 直 zhí

正直。

○《皋陶謨》:"直而溫。"《孔傳》:"行正直而氣溫和。"(168、4－26－4)

0889 植 zhí

置。

○《金縢》:"植璧秉珪。"《孔傳》:"植,置也。"(601、13－9－10)

0890 指 zhǐ

指意。

○《微子》:"今爾無指告予顛隮。"《孔傳》:"汝無指意告我殷邦顛隮墜。"(498、10－21－15)

○《大誥》:"率寧人有指疆土。"《孔傳》:"循文王所有指意以安疆土則善矣。"(638、13－33－8)

按:《微子》"無指告予",《史記集解》引王肅作"無意告我",對應訓"指"作"意"。"指",通"恉",《説文》:"恉,意也。"則"指"亦可訓作"意",《孔傳》增字,以"指意"訓"指"。

0891 止 zhǐ

安止。

○《太甲上》:"欽厥止,率乃祖攸行。"《孔傳》:"止,謂行所安止。"(411、8－26－11)

按:止,即停止義。《易·蒙》"山下有險,險而止"之"止",亦是停止義。

0892 旨 zhǐ

美。

○《説命中》:"旨哉! 説乃言惟服。"《孔傳》:"旨,美也。"(473、10－8－12)

0893 摯 zhì

至。

○《西伯戡黎》:"天曷不降威? 大命不摯?"《孔傳》:"摯,至也。"(489、10－18－6)

按:《孔疏》:"'摯''至'同音,故'摯'爲至也。"《説文》"摯"訓作"握持也",與《孔傳》訓釋無關,而在"埶"下云"至也。從女執聲。《周(商)書》曰:'大命不埶'。"許慎所見古文《尚書》與今本用字不同。

0894 至 zhì

距。

○《益稷》:“弼成五服,至于五千。”《孔傳》:“服五百里,四方相距爲方五千里。”(219、5 - 15 - 1)

0895 致辟 zhì pì

致法,謂誅殺。

○《蔡仲之命》:“群叔流言,乃致辟管叔于商。”《孔傳》:“致法,謂誅殺。”(810、17 - 1 - 18)

0896 峙 zhì

① 積。

○《費誓》:“魯人三郊三遂,峙乃芻茭。”《孔傳》:“郊遂多積芻茭,供軍牛馬。”(977、20 - 13 - 5)

② 儲峙。

○《費誓》:“峙乃糗糧,無敢不逮。”《孔傳》:“皆當儲峙汝糗糒之糧,使足食,無敢不相逮及。”(975、20 - 12 - 15)

按:《孔疏》:“‘峙’,具也。預貯米粟,謂之‘儲峙’。”

③ 峙具。

○《費誓》:“魯人三郊三遂,峙乃楨榦。”《孔傳》:“總諸侯(國)之兵,而但稱魯人。峙具楨榦,道近也。”(975、20 - 12 - 18)

按:《爾雅·釋詁》:“峙,具也。”“峙具”與“儲峙”義近。

0897 置 zhì

使在。

○《説命上》:“爰立作相,王置諸其左右。”《孔傳》:“於是禮命立以爲相,使在左右。”(470、10 - 3 - 15)

0898 制 zhì

斷。

○《酒誥》:“矧汝剛制于酒?”《孔傳》:“況汝剛斷於酒乎?”(689、14 - 31 - 5)

0899 秩 zhì

① 序。

○《堯典》:“寅賓出日,平秩東作。”《孔傳》:“秩,序也。”(25、2 - 12 - 9)

按:《孔疏》:“《釋詁》以‘秩’爲常,常即次第有序,故‘秩’爲序也。”疏不破注。而《説文》訓“秩”作“積也。从禾失聲。《詩》曰:‘稽之秩秩。’”似與次序無關。但《説文》在"翻"字下,引了《堯典》此句,訓作:"翻,爵之次弟也。从豊从弟。《虞書》曰:'平翻東作。'"

○《堯典》:"平秩南訛。"《孔傳》:"平敍南方化育之事。"(30、2－13－2)

按:《孔傳》"敍"字,八、李、魏、纂、平、要、岳作"序"①。

○《堯典》:"平秩西成。"《孔傳》:"平序其政,助成物。"(35、2－13－11)

② **次秩**。

○《皋陶謨》:"天秩有禮。"《孔傳》:"天次秩有禮。"(175、4－30－1)

○《洛誥》:"咸秩無文。"《孔傳》:"皆次秩不在禮文者而祀之。"(726、15－24－3)

○《洛誥》:"稱秩元祀,咸秩無文。"《孔傳》:"舉秩大祀,皆次秩無禮文而宜在祀典者。"(734、15－30－4)

0900 治 zhì

① **治理**。

○《益稷》:"予欲聞六律、五聲、八音,在治忽。"《孔傳》:"言欲以六律和聲音,在察天下治理及忽怠者。"(205、5－7－1)

○《周官》:"董正治官。"《孔傳》:"督正治理職司之百官。"(853、18－2－12)

○《畢命》:"道洽政治。"《孔傳》:"道至普洽,政化治理。"(916、19－13－14)

按:《左傳·文公六年》"治舊洿",杜預注云:"治,理也。"《國語·齊語》"教不善則政不治",韋昭注亦訓"治"作"理"。

② **政治**。

○《周官》:"冢宰,掌邦治。"《孔傳》:"《天官》卿,稱太宰,主國政治。"(855、18－5－11)

○《君陳》:"我聞曰:'至治馨香,感于神明。'"《孔傳》:"所聞之古聖賢之言,政治之至者,芬芳馨氣,動於神明。"(861、18－15－7)

按:《周禮·夏官·司士》"掌國中之士治",孫詒讓《正義》:"治,謂政治。"②

0901 陟 zhì

升。(6見)

○《大禹謨》:"汝終陟元后。"《孔傳》:"汝終當升爲天子。"(153、4－

① 杜澤遜:《尚書注疏彙校》,第201頁。
② (清)孫詒讓撰,王文錦、陳玉霞點校:《周禮正義》,第2467頁。

12 - 1）

按：《舜典》“三載，汝陟帝位”，《孔傳》：“陟，升也。”

○《太甲下》：“若升高，必自下。若陟遐，必自邇。”《孔傳》：“如登高升遠，必用下近爲始，然後終致高遠。”（418、8 - 32 - 12 ）

○《君奭》：“故殷禮陟配天。”《孔傳》：“故殷禮能升配天。”（797、16 - 29 - 9）

○《立政》：“亦越成湯陟。”《孔傳》：“亦於成湯之道，得升大賜上天之光命。”（838、17 - 25 - 2）

○《立政》：“以陟禹之跡。”《孔傳》：“以升禹治水之舊跡。”（849、17 - 35 - 6）

○《康王之誥》：“惟新陟王，畢協賞罰。”《孔傳》：“惟周家新升王位，當盡和天下賞罰。”（906、19 - 4 - 3）

0902 騭 zhì

定。

○《洪範》：“惟天陰騭下民。”《孔傳》：“騭，定也。”（543、12 - 2 - 13）

按：《孔疏》：“傳以‘騭’即‘質’也，‘質’訓爲‘成’，‘成’亦‘定’義，故爲‘定’也。”《史記·宋微子世家》“惟天陰定下民”，對應把“騭”譯作“定”。

0903 中德 zhōng dé

中正之德。

○《酒誥》：“作稽中德。”《孔傳》：“爲考中正之德。”（679、14 - 24 - 10）

0904 忠 zhōng

誠。

○《伊訓》：“爲下克忠。”《孔傳》：“事上竭誠。”（406、8 - 20 - 12）

0905 衷 zhōng

善。

○《皋陶謨》：“同寅協恭和衷哉！”《孔傳》：“衷，善也。”（176、4 - 30 - 4）

○《湯誥》：“降衷于下民。”《孔傳》：“衷，善也。”（400、8 - 14 - 2）

0906 終 zhōng

終竟。

○《大誥》：“予曷敢不終朕畝？”《孔傳》：“我何敢不順天終竟我壟畝乎？”（637、13 - 33 - 3）

0907 冢 zhǒng

大。（一作“太”）

○《泰誓上》:"我友邦<u>冢</u>君。"《孔傳》:"冢,大。"(504、11－5－1)

○《周官》:"<u>冢</u>宰,掌邦治,統百官,均四海。"《孔傳》:"《天官》卿,稱<u>太</u>宰,主國政治,統理百官,均平四海之内邦國。"(855、18－5－11)

0908 衆 zhòng

① 衆民。

○《盤庚下》:"念敬我<u>衆</u>。"《孔傳》:"念敬我<u>衆民</u>。"(465、9－24－14)

② 民衆。

○《畢命》:"以成周之<u>衆</u>。"《孔傳》:"用成周之<u>民衆</u>。"(913、19－8－4)

0909 種 zhòng

布。

○《大禹謨》:"皋陶邁<u>種</u>德。"《孔傳》:"種,布……皋陶布行其德,下治於民,民歸服之。"(150、4－8－8)

按:《孔疏》:"種物必布於地,故爲'布'也。"

0910 周 zhōu

① 至。

○《泰誓中》:"雖有<u>周</u>親,不如仁人。"《孔傳》:"周,至也。"(510、11－13－8)

② 忠信。

○《太甲上》:"自<u>周</u>有終,相亦惟終。"《孔傳》:"周,忠信也。"(410、8－25－14)

0911 誅 zhū

畢。

○《泰誓上》:"天命<u>誅</u>之。"《孔傳》:"天<u>畢</u>其命。"(506、11－9－1)

0912 逐 zhú

求逐。

○《費誓》:"馬牛其風,臣妾逋逃,勿敢越<u>逐</u>。"《孔傳》:"馬牛其有風佚,臣妾逋亡,勿敢棄越壘伍而<u>求逐</u>之。"(973、20－12－5)

0913 主 zhǔ

① 君主。

○《仲虺之誥》:"惟天生民有欲,無<u>主</u>乃亂。"《孔傳》:"民無<u>君主</u>,則恣情欲,必致禍亂。"(395、8－9－4)

② 魁主。

○《武成》:"爲天下逋逃<u>主</u>,萃淵藪。"《孔傳》:"天下罪人逃亡者,而紂爲

魁主,窟聚淵府藪澤。"(535、11 - 31 - 6)

按:《孔疏》:"'魁',首也,言受用逃亡者,與之爲魁首,爲主人。……據傳意,'主'字下讀爲便。昭七年《左傳》引此文,杜預云:'萃,集也。天下逋逃,悉以紂爲淵藪,集而歸之。'與孔異也。"

0914 祝 zhù

斷。

○《泰誓下》:"上帝弗順,祝降時喪。"《孔傳》:"祝,斷也。天惡紂逆道,斷絕其命,故下是喪亡之誅。"(513、11 - 16 - 18)

按:《孔疏》:"《哀十四年公羊傳》云:'子路死,子曰:"天祝予!"'何休云:'祝,斷也。'是相傳訓也。"

0915 僝 zhuàn

見。

○《堯典》:"共工方鳩僝功。"《孔傳》:"僝,見也。"(47、2 - 25 - 16)

按:"僝",《釋文》引馬融云"具也",與《説文》合。《孔疏》:"僝然,見之狀,故爲見。"《廣雅·釋詁》:"僝,見也。"

0916 墜 zhuì

① 陷。

○《仲虺之誥》:"民墜塗炭。"《孔傳》:"民之危險,若陷泥墜火。"(395、8 - 9 - 6)

② 墜失。(5 見)

○《伊訓》:"爾惟不德罔大,墜厥宗。"《孔傳》:"苟爲不德無大,言惡有類,以類相致,必墜失宗廟。"(409、8 - 23 - 2)

○《酒誥》:"今惟殷墜厥命。"《孔傳》:"今惟殷紂無道,墜失天命。"(686、14 - 30 - 9)

○《召誥》:"乃早墜厥命。"《孔傳》:"故乃早墜失其王命。"(717、15 - 14 - 5)

○《君奭》:"殷既墜厥命。"《孔傳》:"殷已墜失其王命。"(791、16 - 25 - 6)

○《君奭》:"天難諶,乃其墜命。"《孔傳》:"天難信無德者,乃其墜失王命。"(793、16 - 26 - 7)

0917 準 zhǔn

平。

○《立政》:"宅乃事,宅乃牧,宅乃準,兹惟后矣。"《孔傳》:"居内外之官,及平法者,皆得其人,則此惟君矣。"(837、17 - 23 - 3)

0918 斲 zhuó

斲。

○《泰誓下》:"斲朝涉之脛。"《孔傳》:"冬月見朝涉水者,謂其脛耐寒,斲而視之。"(512、11－16－3)

按:《孔疏》:"《釋器》云:'魚曰斲之。'樊光云:'斲,斫也。'《説文》云:'斲,斬也。'"《公羊傳·成公二年》"法斲",何休注云:"斲,斬。"

0919 椓 zhuó

椓陰。

○《吕刑》:"爰始淫爲劓、刵、椓、黥。"《孔傳》:"於是始大爲截人耳鼻、椓陰、黥面。"(928、19－25－11)

按:"椓",通"斀"。《説文》:"斀,去陰之刑也。从攴蜀聲。《周書》曰:'刖劓斀黥。'"《孔疏》:"'椓陰',即宮刑也。"

0920 灼 zhuó

灼然。

○《洛誥》:"無若火始燄燄,厥攸灼敘。"《孔傳》:"無令若火始然,燄燄尚微,其所及,灼然有次序,不其絶。"(729、15－24－14)

按:灼然,有灼燒義。《廣雅·釋詁》:"灼,爇也。"

0921 咨 zī

① 嗟。

○《堯典》:"咨!汝羲暨和。"《孔傳》:"咨,嗟。"(42、2－14－7)

② 咨嗟。

○《堯典》:"下民其咨。"《孔傳》:"言民咨嗟憂愁。"(54、2－26－8)

○《盤庚上》:"民咨胥怨。"《孔傳》:"民不欲徙,乃咨嗟憂愁,相與怨上。"(1021、9－1－8)

○《君牙》:"小民惟曰怨咨。"《孔傳》:"小人惟曰怨歎咨嗟。"(918、19－16－11)

0922 資 zī

資用。

○《文侯之命》:"殄資澤于下民。"《孔傳》:"絶其資用惠澤於下民。"(964、20－4－1)

0923 資富 zī fù

富資。

○《畢命》:"資富能訓,惟以永年。"《孔傳》:"以富資而能順義,則惟可以

長年命矣。"(916、19 - 13 - 5)

0924 兹 zī

此。（83見）

○《大禹謨》："允若兹,嘉言罔攸伏。"《孔傳》："善言無所伏,言必用。如此。"(147、4 - 3 - 1)

○《大禹謨》："念兹在兹,釋兹在兹。"《孔傳》："兹,此。"(150、4 - 8 - 11)

○《大禹謨》："名言兹在兹,允出兹在兹。"《孔傳》："名言此事,必在此義;信出此心,亦在此義。"(150、4 - 8 - 12、4 - 8 - 13)

○《皋陶謨》："邇可遠在兹。"《孔傳》："近可推而遠者,在此道。"(163、4 - 23 - 2)

○《湯誓》："夏德若兹,今朕必往。"《孔傳》："凶德如此,我必往誅之。"(392、8 - 3 - 12)

○《仲虺之誥》："兹率厥典。"《孔傳》："天意如此,但當循其典法。"(395、8 - 9 - 9)

○《伊訓》："以至于有萬邦,兹惟艱哉!"《孔傳》："以至爲天子,此自立之難。"(407、8 - 20 - 15)

○《太甲下》："今王嗣有令緒,尚監兹哉!"《孔傳》："繼祖善業,當夙夜庶幾視祖此配天之德而法之。"(418、8 - 32 - 11)

○《盤庚上》："我王來,既爰宅于兹。"《孔傳》："言祖乙已居於此。"(428、9 - 3 - 13)

○《盤庚上》："兹猶不常寧。"《孔傳》："如此尚不常安。"(429、9 - 3 - 18)

○《盤庚上》："天其永我命于兹新邑。"《孔傳》："言天其長我命於此新邑。"(431、9 - 4 - 8)

○《盤庚上》："非予自荒兹德。"《孔傳》："我之欲徙,非廢此德。"(434、9 - 7 - 9)

○《盤庚中》："予若籲懷兹新邑。"《孔傳》："言我順和懷此新邑。"(451、9 - 15 - 5)

○《盤庚中》："失于政,陳于兹。"《孔傳》："今既失政,而陳久於此而不徙。"(455、9 - 17 - 11)

○《盤庚中》："兹予有亂政同位。"《孔傳》："此我有治政之臣,同位於父祖。"(457、9 - 19 - 4)

○《盤庚中》："無俾易種于兹新邑。"《孔傳》："無使易種於此新邑。"(460、9 - 20 - 11)

○《盤庚下》："各非敢違卜,用宏兹賁。"《孔傳》："君臣用謀,不敢違卜,用

大<u>此</u>遷都大業。"(465、9－23－18)

○《説命上》："<u>兹</u>故弗言。"《孔傳》："<u>此</u>故不言。"(469、10－2－14)

○《説命中》："王惟戒<u>兹</u>,允<u>兹</u>克明。"《孔傳》："言王戒慎<u>此</u>四'惟'之事,信能明。"(472、10－7－4)

○《説命下》："允懷於<u>兹</u>。"《孔傳》："信懷<u>此</u>學志。"(475、10－10－9)

○《旅獒》："允迪<u>兹</u>,生民保厥居。"《孔傳》："言其能信蹈行<u>此</u>誠,則生人安其居。"(598、13－6－15)

○《金縢》："<u>兹</u>攸俟,能念予一人。"《孔傳》："<u>此</u>所以待能念我天子事。"(606、13－13－12)

○《大誥》："敷前人受命,<u>兹</u>不忘大功。"《孔傳》："在布陳文武受命,在<u>此</u>不忘大功。"(625、13－21－17)

○《大誥》："西土人亦不静,越<u>兹</u>蠢。"《孔傳》："西土人亦不安,於<u>此</u>蠢動。"(626、13－23－13)

○《大誥》："克綏受<u>兹</u>命。"《孔傳》："故能安受<u>此</u>天命。"(632、13－28－6)

○《大誥》："卜陳惟若<u>兹</u>。"《孔傳》："卜兆陳列惟若<u>此</u>。"(638、13－33－10)

○《微子之命》："尹<u>兹</u>東夏。"《孔傳》："正<u>此</u>東方華夏之國。"(640、13－36－11)

○《康誥》："肆汝小子封,在<u>兹</u>東土。"《孔傳》："故汝小子封,得在<u>此</u>東土爲諸侯。"(649、14－5－2)

○《康誥》："<u>兹</u>殷罰有倫。"《孔傳》："及<u>此</u>殷家刑罰有倫理者兼用之。"(657、14－10－8)

○《康誥》："惟弔<u>兹</u>,不于我政人得罪。"《孔傳》："惟人至<u>此</u>不孝、不慈、弗友、不恭,不於我執政之人得罪乎?"(662、14－13－1)

○《康誥》："刑<u>兹</u>無赦。"《孔傳》："刑<u>此</u>亂五常者,無得赦。"(663、14－13－6)

○《康誥》："汝乃其速由<u>兹</u>義率殺。"《孔傳》："汝乃其速用<u>此</u>典刑宜於時世者,循理以刑殺。"(665、14－15－4)

○《酒誥》："祀<u>兹</u>酒。"《孔傳》："惟祭祀而用<u>此</u>酒,不常飲。"(674、14－20－18)

○《酒誥》："<u>兹</u>乃允惟王正事之臣。"《孔傳》："<u>此</u>乃信任王者正事之大臣。"(679、14－24－14)

○《酒誥》："<u>兹</u>亦惟天若元德。"《孔傳》："言<u>此</u>非但正事之臣,亦惟天順其大德而佑之。"(679、14－24－16)

○《酒誥》：“予不惟若茲多誥。”《孔傳》：“我不惟若此多誥汝。”（686、14－30－5）

○《梓材》：“自古王若茲監。”《孔傳》：“用古王道如此，監無所復罪。”（696、14－36－13）

○《梓材》：“已若茲監。”《孔傳》：“爲監所行，已如此所陳法則。”（700、14－38－16）

○《召誥》：“茲大國殷之命。”《孔傳》：“此大國殷之命。”（711、15－8－3）

○《召誥》：“茲殷多先哲王在天。”《孔傳》：“此殷多先智王，精神在天不能救者。”（712、15－8－16）

○《召誥》：“茲服厥命。”《孔傳》：“此服其命。”（712、15－8－18）

○《召誥》：“我亦惟茲二國命。”《孔傳》：“亦惟當以此夏殷長短之命爲監戒。”（717、15－14－11）

○《洛誥》：“茲予其明農哉！”《孔傳》：“如此，我其退老，明教農人以義哉！”（732、15－28－15）

○《多士》：“降若茲大喪。”《孔傳》：“故下若此大喪亡之誅。”（756、16－5－13）

○《多士》：“今朕作大邑于茲洛。”《孔傳》：“今我作此洛邑。”（763、16－10－10）

○《多士》：“爾厥有幹有年，于茲洛。”《孔傳》：“則汝其有安事，有豐年，於此洛邑。”（764、16－11－2）

○《無逸》：“茲四人，迪哲。”《孔傳》：“言此四人皆蹈智明德以臨下。”（786、16－22－9）

○《無逸》：“嗣王其監于茲。”《孔傳》：“視此亂罰之禍以爲戒。”（788、16－23－17）

○《君奭》：“率惟茲有陳。”《孔傳》：“循惟此道，有陳列之功。”（797、16－29－9）

○《君奭》：“惟茲，惟德稱用。”《孔傳》：“惟王此事，惟有德者舉，用治其君事。”（798、16－30－5）

○《君奭》：“茲迪彝教文王蔑德。”《孔傳》：“而五人以此道法，教文王以精微之德。”（802、16－33－2）

○《君奭》：“武王惟茲四人。”《孔傳》：“文王没，武王立，惟此四人。”（803、16－33－17）

○《君奭》：“惟茲四人，昭武王惟冒。”《孔傳》：“惟此四人，明武王之德，使布冒天下。”（804、16－34－2）

○《君奭》："肆其監于兹。"《孔傳》："故其當視於此。"（805、16-36-1）

○《君奭》："乘兹大命。"《孔傳》："行此大命而已。"（806、16-36-12）

○《君奭》："予不允惟若兹誥。"《孔傳》："我不信惟若此誥。"（807、16-37-5）

○《君奭》："予不惠若兹多誥。"《孔傳》："我不順若此多誥而已。"（808、16-38-8）

○《君奭》："祇若兹,往敬用治。"《孔傳》："當敬順我此言,自今以往,敬用治民職事。"（809、16-38-15）

○《立政》："周公曰:'嗚呼! 休兹,知恤鮮哉!'"《孔傳》："歎此五者立政之本,知憂得其人者少。"（835、17-21-14）

○《立政》："兹惟后矣。"《孔傳》："則此惟君矣。"（837、17-23-3）

○《立政》："兹乃三宅無義民。"《孔傳》："若此則乃能三居無義民。"（837、17-23-6）

○《立政》："乃克立兹常事。"《孔傳》："乃能立此常事。"（843、17-31-4）

○《立政》："文王罔敢知于兹。"《孔傳》："文王一無敢自知,於此委任賢能而已。"（844、17-31-10）

○《立政》："兹乃俾乂。"《孔傳》："此乃使天下治。"（848、17-34-5）

○《立政》："兹式有慎。"《孔傳》："此法有所慎行。"（851、17-36-10）

○《周官》："立太師、太傅、太保,兹惟三公。"《孔傳》："此惟三公之任。"（854、18-5-3）

○《君陳》："命汝尹兹東郊。"《孔傳》："正此東郊,監殷頑民教訓之。"（860、18-14-9）

○《君陳》："兹率厥常。"《孔傳》："此循其常法而教訓之。"（860、18-14-11）

○《顧命》："兹予審訓命汝。"《孔傳》："以此故我詳審教命汝。"（872、18-22-4）

○《顧命》："兹既受命還。"《孔傳》："此群臣已受賜命,各還本位。"（876、18-23-18）

○《畢命》："兹殷庶士。"《孔傳》："此殷眾士。"（915、19-12-17）

○《畢命》："惟兹殷士。"《孔傳》："言邦國所以安危,惟在和此殷士而已。"（916、19-13-8）

○《君牙》："民之治亂在兹。"《孔傳》："民之治亂,在此而已。"（919、19-18-3）

○《吕刑》："越兹麗刑。"《孔傳》："苗民於此施刑。"（930、19-25-13）

○《吕刑》:"監于<u>兹</u>祥刑。"《孔傳》:"視於<u>此</u>善刑。"(960、19－47－15)

○《費誓》:"徂<u>兹</u>淮夷、徐戎並興。"《孔傳》:"今往征<u>此</u>淮浦之夷、徐州之戎,並起爲寇。"(970、20－9－11)

○《秦誓》:"尚猷詢<u>兹</u>黄髮。"《孔傳》:"今我庶幾以道謀<u>此</u>黄髮賢老。"(980、20－18－2)

0925　孳　zī

乳化曰孳。

○《堯典》:"厥民析,鳥獸<u>孳</u>尾。"《孔傳》:"<u>乳化曰孳</u>。"(29、2－12－16)

按:《孔疏》:"孳、字,古今同耳。'字',訓'愛'也,産生爲乳,胎孕爲化,孕産必愛之,故乳化曰'孳'。"

0926　自　zì

① **用。(20 見)**

○《皋陶謨》:"天秩有禮,<u>自</u>我五禮有庸哉!"《孔傳》:"<u>自</u>,<u>用</u>也。"(175、4－30－1)

按:《孔疏》:"〔《釋詁》〕又云:'由,自也。''由'是用,故'自'爲用也。"

○《皋陶謨》:"天聰明,<u>自</u>我民聰明。"《孔傳》:"天視聽人君之行,<u>用</u>民爲聰明。"(178、4－32－4)

○《皋陶謨》:"天明畏,<u>自</u>我民明威。"《孔傳》:"天明可畏,亦<u>用</u>民成其威。"(179、4－32－6)

○《太甲上》:"<u>自</u>周有終。"《孔傳》:"<u>用</u>忠信有終。"(410、8－25－13)

○《康誥》:"凡民<u>自</u>得罪。"《孔傳》:"凡民<u>用</u>得罪。"(660、14－12－2)

○《酒誥》:"庶群<u>自</u>酒,腥聞在上。"《孔傳》:"紂衆群臣,<u>用</u>酒沈荒,腥穢聞在上天。"(685、14－29－9)

○《梓材》:"<u>自</u>古王若兹監。"《孔傳》:"<u>用</u>古王道如此,監無所復罪。"(696、14－36－13)

○《召誥》:"其<u>自</u>時配皇天。"《孔傳》:"其<u>用</u>是大邑,配上天而爲治。"(715、15－12－1)

○《召誥》:"其<u>自</u>時中乂。"《孔傳》:"則其<u>用</u>是土中大致治。"(715、15－12－3)

○《洛誥》:"其<u>自</u>時中乂,萬邦咸休。"《孔傳》:"其當<u>用</u>是土中爲治,使萬國皆被美德。"(741、15－34－6)

○《洛誥》:"無有遘<u>自</u>疾。"《孔傳》:"無有遇<u>用</u>患疾之道者。"(744、15－36－3)

○《無逸》:"嚴恭寅畏,天命<u>自</u>度。"《孔傳》:"言太戊嚴恪恭敬,畏天命,<u>用</u>

法度。”（769、16－14－3）

○《蔡仲之命》：“爾乃邁迹自身。”《孔傳》：“汝乃行善迹用汝身。”（812、17－3－18）

○《蔡仲之命》：“率自中，無作聰明亂舊章。”《孔傳》：“循用大中之道，無敢爲小聰明，作異辯，以變亂舊典文章。”（813、17－4－14）

○《多方》：“爾乃自時洛邑。”《孔傳》：“則汝乃用是洛邑。”（829、17－18－11）

○《立政》：“繼自今。”《孔傳》：“繼用今已往。”（845、17－32－10）

○《立政》：“自一話一言。”《孔傳》：“言政當用一善，善在一言而已。”（847、17－32－16）

○《立政》：“自古商人。”《孔傳》：“言用古商湯。”（848、17－34－4）

○《君陳》：“出入自爾師虞。”《孔傳》：“出納之事，當用汝衆言度之。”（861、18－16－1）

○《秦誓》：“民訖自若是多盤。”《孔傳》：“言民之行己盡用順道，是多樂。”（978、20－16－13）

② 從。（10 見）

○《湯誓》：“伊尹相湯伐桀，升自陑。”《孔傳》：“桀都安邑，湯升道從陑。”（1004、8－1－5）

○《酒誥》：“經德秉哲，自成湯咸至于帝乙。”《孔傳》：“能常德持智，從湯至帝乙。”（681、14－26－14）

○《召誥》：“王朝步自周，則至于豐。”《孔傳》：“成王朝行，從鎬京則至于豐。”（704、15－2－7）

○《多士》：“我不爾動，自乃邑。”《孔傳》：“我不先動誅汝，亂從汝邑起。”（758、16－7－5）

○《多士》：“昔朕來自奄。”《孔傳》：“昔我來從奄。”（761、16－9－11）

○《無逸》：“自時厥後立王。”《孔傳》：“從是三王，各承其後而立者。”（777、16－17－6）

○《無逸》：“自時厥後，亦罔或克壽。”《孔傳》：“從是其後，亦無有能壽考。”（777、16－17－10）

○《無逸》：“自朝至于日中昃。”《孔傳》：“從朝至日昳不暇食。”（779、16－18－3）

○《無逸》：“周公曰：‘繼自今嗣王。’”《孔傳》：“繼從今已往，嗣世之王皆戒之。”（781、16－19－15）

○《立政》：“繼自今。”《孔傳》：“從今已往。”（847、17－34－2）

按:《孔傳》"已"字,八、李、王、纂、平、岳作"以"①。

③ 因。

○《泰誓中》:"天視<u>自</u>我民視,天聽<u>自</u>我民聽。"《孔傳》:"言天<u>因</u>民以視聽,民所惡者天誅之。"(510、11 - 13 - 11)

④ 躬自。

○《召誥》:"王來紹上帝,<u>自</u>服于土中。"《孔傳》:"言王今來居洛邑,繼天爲治,<u>躬自</u>服行教化,於地勢正中。"(714、15 - 11 - 17)

0927 自服 zì fú

躬<u>自服</u>行。

○《召誥》:"王來紹上帝,<u>自</u>服于土中。"《孔傳》:"言王今來居洛邑,繼天爲治,<u>躬自服行</u>教化,於地勢正中。"(714、15 - 11 - 17)

0928 字 zì

<u>字</u>愛。

○《康誥》:"于父不能<u>字</u>厥子。"《孔傳》:"於爲人父,不能<u>字愛</u>其子。"(662、14 - 12 - 15)

0929 宗 zōng

① 尊。(7 見)

○《禹貢》:"江漢朝<u>宗</u>于海。"《孔傳》:"宗,尊也。"(278、6 - 18 - 13)

按:《孔疏》:"《周禮·大宗伯》諸侯見天子之禮,'春見曰朝,夏見曰宗'。……'朝宗'是人事之名,水無性識,非有此義。以海水大而江、漢小,以小就大,似諸侯歸於天子,假人事而言之也。"

○《酒誥》:"百僚庶尹惟亞惟服<u>宗</u>工。"《孔傳》:"治事百官衆正,及次大夫服事<u>尊</u>官。"(683、14 - 27 - 4)

○《酒誥》:"越獻臣百<u>宗</u>工。"《孔傳》:"於善臣百<u>尊</u>官。"(687、14 - 30 - 18)

○《洛誥》:"記功<u>宗</u>,以功作元祀。"《孔傳》:"當記人之功,<u>尊</u>人亦當用功大小爲序,有大功則列大祀。"(727、15 - 24 - 7)

○《洛誥》:"惇<u>宗</u>將禮,稱秩元祀。"《孔傳》:"厚<u>尊</u>大禮,舉秩大祀。"(734、15 - 30 - 4)

○《洛誥》:"未定于<u>宗</u>禮。"《孔傳》:"猶未定於<u>尊</u>禮。"(737、15 - 32 - 3)

○《無逸》:"昔在殷王中<u>宗</u>。"《孔傳》:"太戊也,殷家中世<u>尊</u>其德,故稱宗。"(768、16 - 14 - 2)

---

① 杜澤遜:《尚書注疏彙校》,第 2718 頁。

② 宗主。

○《顧命》："延入翼室,恤宅宗。"《孔傳》:"延之使居憂,爲天下宗主。"（878、18 - 24 - 9）

0930 縱 zòng

放縱。

○《太甲中》："欲敗度,縱敗禮。"《孔傳》:"言己放縱情欲,毀敗禮儀法度。"（416、8 - 29 - 9）

0931 奏 zòu

進。

○《益稷》："暨益奏庶鮮食。"《孔傳》:"奏,謂進於民。"（186、5 - 2 - 3）

○《益稷》："敷同日奏罔功。"《孔傳》:"則遠近布同而日進於無功。"（214、5 - 14 - 7）

○《胤征》："瞽奏鼓,嗇夫馳,庶人走。"《孔傳》:"樂官進鼓則伐之。"（383、7 - 14 - 13）

0932 卒 zú

盡。

○《大誥》："予不敢不極卒寧王圖事。"《孔傳》:"我不敢不極盡文王所謀之事。"（633、13 - 28 - 14）

按:《詩·邶風·日月》"父兮母兮,畜我不卒",《鄭箋》:"卒,終也。""終"即"盡"義。

0933 族 zú

類。

○《堯典》："吁,咈哉! 方命圮族。"《孔傳》:"族,類也。"（54、2 - 26 - 12）

按:《孔疏》:"《左氏》稱'非我族類,其心必異',族、類義同,故'族'爲'類'也。"

0934 纘 zuǎn

繼。

○《仲虺之誥》："表正萬邦,纘禹舊服。"《孔傳》:"儀表天下,法正萬國,繼禹之功,統其故服。"（395、8 - 9 - 8）

按:《禮記·中庸》"武王纘大王、王季、文王之緒,壹戎衣而有天下",鄭玄注:"纘,繼也。"

○《君牙》："纘乃舊服。"《孔傳》:"繼汝先祖故所服忠勤。"（918、19 - 16 - 6）

0935 罪 zuì

① 惡。

○《湯誓》:"夏罪其如台。"《孔傳》:"今汝其復言桀惡,其亦如我所聞之言。"(390、8－3－5)

○《泰誓上》:"商罪貫盈。"《孔傳》:"紂之爲惡,一以貫之,惡貫已滿,天畢其命。"(506、11－9－1)

② 罪惡。

○《湯誥》:"以彰厥罪。"《孔傳》:"故下災異以明桀罪惡。"(401、8－14－13)

○《西伯戡黎》:"乃罪多參在上。"《孔傳》:"言汝罪惡衆多,參列於上天。"(490、10－18－13)

③ 罪咎。

○《多士》:"予惟率肆矜爾,非予罪。"《孔傳》:"惟我循殷故事,憐愍汝,故徙教汝,非我罪咎。"(760、16－8－13)

0936 遵 zūn

循。

○《洪範》:"無偏無陂,遵王之義。"《孔傳》:"言當循先王之正義以治民。"(566、12－18－13)

○《洪範》:"無有作好,遵王之道。無有作惡,遵王之路。"《孔傳》:"言無有亂爲私好惡,動必循先王之道路。"(567、12－18－15)

0937 左右 zuǒ yòu

① 助。

○《益稷》:"予欲左右有民。"《孔傳》:"左右,助也。"(193、5－6－4)

按:《孔疏》:"《釋詁》云:'左、右、助、勴也',同訓爲勴,是'左右'得爲助也。"

○《太甲上》:"惟尹躬克左右厥辟宅師。"《孔傳》:"伊尹言能助其君,居業天下之衆。"(410、8－25－8)

○《畢命》:"惟周公左右先王。"《孔傳》:"言周公助先王安定其家。"(913、19－8－17)

② 佐助。

○《君牙》:"克左右亂四方。"《孔傳》:"能佐助我治四方。"(918、19－15－15)

0938 作 zuò

① 耕。

○《堯典》:"寅賓出日,平秩東作。"《孔傳》:"歲起於東而始就耕,謂之東

作。"(25、2－12－9)

② 動。

○《洪範》："用静吉,用作凶。"《孔傳》："安以守常則吉,動則凶。"(581、12－23－8)

③ 耕作。

○《禹貢》："大陸既作。"《孔傳》："大陸之地,已可耕作。"(251、6－6－18)

○《禹貢》："雲土夢作乂。"《孔傳》："雲夢之澤在江南,其中有平土丘,水去可爲耕作畎畝之治。"(281、6－20－7)

④ 制作。

○《説命上》："明哲實作則。"《孔傳》："明智則能制作法則。"(469、10－2－11)

⑤ 建作。

○《康誥》："周公初基,作新大邑。"《孔傳》："初造基,建作王城大都邑於東國洛汭。"(643、14－2－13)

国家社科基金
后期资助项目
GUOJIA SHEKE JIJIN HOUQI ZIZHU XIANGMU

《尚書孔傳》訓詁研究 下

邵妍／著

上海古籍出版社

0943 暴 bào

強暴。

○《周官》：“詰姦慝，刑暴亂。”《孔傳》：“治姦惡，刑強暴作亂者。”（855、18－6－2）

0944 暴亂 bào luàn

強暴作亂。

○《周官》：“詰姦慝，刑暴亂。”《孔傳》：“治姦惡，刑強暴作亂者。”（855、18－6－2）

0945 表 biǎo

儀表。

○《仲虺之誥》：“表正萬邦。”《孔傳》：“儀表天下，法正萬國。”（395、8－9－7）

0946 稟 bǐng

受。

○《説命上》：“臣下罔攸稟令。”《孔傳》：“稟，受。”（469、10－2－13）

按：《説文》：“賜人以穀。”段注：“凡賜穀曰稟，受賜亦曰稟。”故《孔傳》訓“稟”作“受”。

0947 播 bō

亡。

○《大誥》：“于伐殷逋播臣。”《孔傳》：“往伐殷逋亡之臣。”（629、13－25－13）

按：亡，即逃亡義。

0948 剥 bō

傷害。

○《泰誓中》：“剥喪元良，賊虐諫輔。”《孔傳》：“剥，傷害也。”（509、11－12－1）

按：《孔疏》：“《説文》云：‘剥，裂也；一曰剥，割也。’裂與割，俱是傷害之義也。”

0949 薄 bó

迫。

○《益稷》：“外薄四海，咸建五長。”《孔傳》：“薄，迫也。”（225、5－15－5）

○《酒誥》：“矧惟若疇圻父，薄違農父？”《孔傳》：“況所順疇諮之司馬乎？況能迫迴萬民之司徒乎？”（688、14－31－2）

按：《孔疏》：“《釋言》云：‘逼，迫也。’‘薄’者，逼近之義，故云‘迫’也。”

0950 逋 bū

亡。

○《武成》:"爲天下逋逃主。"《孔傳》:"逋,亡也。"(535、11-31-6)

按:《孔疏》:"'逋'亦逃也,故以爲亡。"《左傳·僖公十五年》"六年其逋,逃歸其國",杜預注云:"逋,亡也。"《國語·晉語》"辱收其逋遷裔胄而建立之",韋昭注:"逋,亡也。"

0951 逋播 bū bō

逋亡。

○《大誥》:"于伐殷逋播臣。"《孔傳》:"往伐殷逋亡之臣。"(629、13-25-13)

按:《孔疏》:"'逋',逃也。'播'謂播蕩逃亡之意。"

0952 逋逃 bū táo

逋亡。

○《費誓》:"馬牛其風,臣妾逋逃。"《孔傳》:"馬牛其有風佚,臣妾逋亡。"(973、20-12-5)

按:《孔疏》:"'逋',亦逃也。""逋""亡"義同,"逋逃"即逃亡義,故以"逋亡"訓"逋逃"。

0953 不 bù

① 無。

○《仲虺之誥》:"用人惟己,改過不吝。"《孔傳》:"用人之言,若自己出;有過則改,無所吝惜。"(396、8-10-14)

○《冏命》:"后德惟臣,不德惟臣。"《孔傳》:"君之有德,惟臣成之。君之無德,惟臣誤之。"(922、19-21-17)

② 非。

○《酒誥》:"不惟不敢,亦不暇。"《孔傳》:"非徒不敢,志在助君敬法,亦不暇飲酒。"(683、14-27-7)

0954 不明 bù míng

闇。

○《太甲中》:"予小子不明于德,自底不類。"《孔傳》:"闇於德,故自致不善。"(415、8-29-7)

0955 不享 bù xiǎng

違上,不奉上。

○《洛誥》:"汝其敬識百辟享,亦識其有不享。享多儀,儀不及物,惟曰不享。"《孔傳》:"言汝爲王,其當敬識百君諸侯之奉上者,亦識其有違上者。奉上之道多威儀,威儀不及禮物,惟曰不奉上。"(730、15-27-8)

○《洛誥》:"凡民惟曰不享。"《孔傳》:"則凡人化之,惟曰不奉上矣。"(731、15-27-8)

0956 側 cè

① 邪巧。

○《蔡仲之命》"罔以側言改厥度。"《孔傳》:"無以邪巧之言,易其常度。"(814、17-4-16)

② 不正。

○《洪範》:"無反無側,王道正直。"《孔傳》:"言所行無反道不正,則王道平直。"(568、12-18-18)

按:《孔傳》訓"側"作"邪""不正",都有"不公正"之義。"無反無側",馬融注云:"側,傾側也。"蔡沈《書集傳》:"側,不正。"①

0957 稱 chēng

舉。(9見)

○《湯誓》:"非台小子,敢行稱亂。"《孔傳》:"稱,舉也。"(389、8-2-16)

○《牧誓》:"稱爾戈,比爾干,立爾矛,予其誓。"《孔傳》:"稱,舉也。"(522、11-22-1)

按:《孔疏》:"'稱,舉',《釋言》文。……戈短人執以舉之,故言'稱'。"

○《洛誥》:"王肇稱殷禮,祀于新邑。"《孔傳》:"言王當始舉殷家祭祀,以禮典祀於新邑。"(726、15-24-3)

○《洛誥》:"公稱丕顯德。"《孔傳》:"言公當留舉大明德。"(733、15-29-18)

○《洛誥》:"惇宗將禮,稱秩元祀。"《孔傳》:"厚尊大禮,舉秩大祀。"(734、15-30-4)

○《君奭》:"惟德稱用,乂厥辟。"《孔傳》:"惟有德者舉,用治其君事。"(798、16-30-5)

○《君奭》:"丕單稱德。"《孔傳》:"大盡舉行其德。"(804、16-34-3)

○《周官》:"稱匪其人,惟爾不任。"《孔傳》:所"舉非其人,亦惟汝之不勝其任。"(859、18-11-11)

○《康王之誥》:"賓稱奉圭兼幣。"《孔傳》:"舉奉圭兼幣之辭。"(905、19-1-18)

---

① (宋)蔡沈著,錢宗武、錢忠弼整理:《書集傳》,第145頁。

0958 乘 chéng

行。

○《君奭》:"乘兹大命。"《孔傳》:"行此大命而已。"(806、16-36-12)

按:《孔疏》:"《傳》以'乘'爲'行',蓋以乘車必行,故訓'乘'爲'行'。"

0959 承 chéng

① 仰。

○《説命上》:"天子惟君萬邦,百官承式。"《孔傳》:"天下待令,百官仰法。"(469、10-2-12)

② 奉。

○《多士》:"丕靈承帝事。"《孔傳》:"大神奉天事。"(757、16-6-18)

○《多方》:"不克靈承于旅。"《孔傳》:"言桀不能善奉於人衆。"(818、17-9-9)

○《多方》:"惟我周王靈承于旅。"《孔傳》:"惟我周王善奉於衆。"(824、17-14-11)

③ 承順。

○《太甲上》:"以承上下神祇。"《孔傳》:"言敬奉天命以承順天地。"(410、8-25-1)

④ 奉承。

○《周官》:"六服群辟,罔不承德。"《孔傳》:"六服諸侯,奉承周德。"(853、18-2-11)

⑤ 承奉。

○《君牙》:"丕承哉,武王烈!"《孔傳》:"言武王業美,大可承奉。"(919、19-17-8)

0960 侈 chǐ

① 過制。

○《泰誓上》:"惟宮室、臺榭、陂池、侈服,以殘害于爾萬姓。"《孔傳》:"侈,謂服飾過制。"(504、11-6-5)

② 奢侈。

○《畢命》:"怙侈滅義,服美于人。"《孔傳》:"怙恃奢侈,以滅德義。服飾過制美於其民。"(915、19-12-18)

0961 勑 chì

① 正。

○《益稷》:"勑天之命,惟時惟幾。"《孔傳》:"勑,正也。"(239、5-23-1)

○《多士》:"致王罰,勑殷命終于帝。"《孔傳》:"天命周致王者之誅罰,正黜殷命,終周於帝王。"(753、16-2-14)

○《多士》:"割殷,告勑于帝。"《孔傳》:"命周割絕殷命,告正於天。"(757、16-7-1)

② 勑正。

○《皋陶謨》:"勑我五典五惇哉!"《孔傳》:"當勑正我五常之敘,使合于五厚。"(174、4-29-17)

○《康誥》:"惟民其勑懋和。"《孔傳》:"民既服化,乃其自勑正,勉爲和。"(656、14-9-7)

0962 沖 chōng

童。

○《盤庚下》:"肆予沖人,非廢厥謀。"《孔傳》:"沖,童。"(464、9-23-16)

按:《孔疏》:"'沖''童'聲相近,皆是幼小之名。"《洪誠文集·訓詁學》第六節"通假略例"中談到:"凡古韻部不同而聲紐相同的字可以通用,這就是雙聲通用。……沖與童(沖,定紐冬部;童,定紐東部),這幾對字古聲紐相同,可以通用。"①

0963 寵 chǒng

貴寵。

○《周官》:"居寵思危。"《孔傳》:"言雖居貴寵,當思危懼。"(858、18-11-7)

0964 仇 chóu

① 怨。

○《五子之歌》:"萬姓仇予,予將疇依?"《孔傳》:"仇,怨也。"(379、7-10-14)

○《仲虺之誥》:"乃葛伯仇餉。"《孔傳》:"仇,怨也。"(396、8-11-3)

② 仇怨。

○《泰誓中》:"朋家作仇,脅權相滅。"《孔傳》:"臣下朋黨,自爲仇怨,脅上權命,以相誅滅。"(509、11-11-6)

0965 讎 chóu

怨讎。

○《微子》:"用乂讎斂。"《孔傳》:"所用治者,皆重賦傷民、斂聚怨讎之

----

① 洪誠:《洪誠文集·訓詁學》,江蘇古籍出版社,2000年,第116頁。

道。”(500、10－22－16)

0966 除 chú

去。

○《泰誓下》:“樹德務滋,除惡務本。”《孔傳》:“立德務滋長,去惡務除本。”(514、11－17－7)

0967 醇 chún

醇粹。

○《説命中》:“政事惟醇。”《孔傳》:“則王之政事醇粹。”(473、10－8－5)

0968 純 chún

純一。

○《酒誥》:“嗣爾股肱,純其藝黍稷。”《孔傳》:“繼汝股肱之教,爲純一之行,其當勤種黍稷。”(677、14－23－17)

0969 答 dá

① 當。

○《牧誓》:“昏棄厥肆祀弗答。”《孔傳》:“答,當也。”(524、11－23－2)

○《洛誥》:“奉答天命。”《孔傳》:“又當奉當天命。”(733、15－30－2)

○《洛誥》:“答其師,作周孚先。”《孔傳》:“當其衆心,爲周家立信者之所推先。”(741、15－34－8)

按:《孔疏》:“對答,相當之事,故‘答’爲‘當’也。”

② 對。

○《顧命》:“用答揚文武之光訓。”《孔傳》:“用對揚聖祖文武之大教。”(896、18－37－18)

0970 逮 dǎi

① 及。

○《周官》:“祗勤于德,夙夜不逮。”《孔傳》:“敬勤於德,雖夙夜匪懈,不能及古人。”(853、18－4－17)

按:《公羊傳·成公二年》:“郤克眇魯衛之使,使以其辭而爲之請,然後許之,逮于袁婁而與之盟。”何休注:“逮,及也,追及國佐于袁婁也。”

○《冏命》:“懋乃后德,交修不逮。”《孔傳》:“皆當勉汝君爲德,更代修進其所不及。”(921、19－20－16)

② 逮及。

○《費誓》:“峙乃糗糧,無敢不逮。”《孔傳》:“皆當儲峙汝糗糒之糧,使足食,無敢不相逮及。”(975、20－12－15)

0971 怠 dài

① 怠惰。（6見）

○《大禹謨》："無怠無荒，四夷來王。"《孔傳》："無怠惰荒廢，則四夷歸往之。"（148、4-5-6）

○《甘誓》："有扈氏威侮五行，怠棄三正。"《孔傳》："有扈與……是則威虐侮慢五行，怠惰棄廢天地人之正道。"（364、7-2-8）

○《湯誓》："有衆率怠弗協。"《孔傳》："衆下相率爲怠惰，不與上和合。"（391、8-3-9）

○《太甲中》："無時豫怠。"《孔傳》："無爲是逸豫怠惰。"（417、8-31-3）

○《泰誓下》："荒怠弗敬。"《孔傳》："大爲怠惰，不敬天地神明。"（512、11-15-15）

○《周官》："蓄疑敗謀，怠忽荒政。"《孔傳》："積疑不決，必敗其謀。怠惰忽略，必亂其政。"（857、18-10-11）

② 懈怠。

○《大禹謨》："汝惟不怠，總朕師。"《孔傳》："汝不懈怠於位，稱總我衆。"（149、4-8-5）

○《微子》："召敵讎不怠。"《孔傳》："自召敵讎，不解怠。"（500、10-22-16）

按：《孔傳》"解"字，八、魏、平、岳、十、閩作"懈"，李作"懈"，永作"懈"。阮元《校記甲》：注疏本載《釋文》云"解，佳賣反"，通志堂單行本《釋文》"解"作"懈"，但果係"懈"字，則陸氏不必作音，似當以"解"字爲正。[1] 按照阮元的說法"解"字正確，但在"汝不懈怠於位""皆成文王功于不懈怠"中，均寫作"懈"，好像又解釋不通。

○《君奭》："我咸成文王功于不怠。"《孔傳》："今我周家，皆成文王功于不懈怠。"（808、16-38-3）

按：《定本校記》："'皆成文王功于不懈怠。''懈怠'二字，九條本、內野本、神宮本倒。"

○《蔡仲之命》："克勤無怠。"《孔傳》："能勤無解怠。"（812、17-3-18）

按：《孔傳》"解"字，八、李、纂、平、岳、庫、阮作"懈"[2]。

0972 地 dì

居。

○《盤庚下》："用永地于新邑。"《孔傳》："用長居新邑。"（464、9-23-15）

---

① 杜澤遜：《尚書注疏彙校》，第1501頁。
② 杜澤遜：《尚書注疏彙校》，第2640頁。

按：地,作動詞,有居住義。《爾雅·釋言》:"宅,居也。"

0973 典 diǎn

① 經籍。

○《五子之歌》:"有典有則,貽厥子孫。"《孔傳》:"典謂經籍。"(379、7 -
9 - 13)

② 典籍。

○《胤征》:"政典曰:'先時者殺無赦。'"《孔傳》:"政典,夏后爲政之典
籍。"(384、7 - 14 - 18)

○《多士》:"惟殷先人,有册有典,殷革夏命。"《孔傳》:"殷先世有册書典
籍。説殷改夏王命之意。"(759、16 - 8 - 7)

③ 典禮。

○《吕刑》:"伯夷降典,折民惟刑。"《孔傳》:"伯夷下典禮,教民而斷以
法。"(935、19 - 30 - 13)

0974 奠 diàn

奠贄。

○《康王之誥》:"敢執壤奠。"《孔傳》:"敢執壤地所出而奠贄也。"(905、
19 - 2 - 1)

0975 毒 dú

毒害。

○《盤庚上》:"惟汝自生毒。"《孔傳》:"是自生毒害。"(437、9 - 8 - 15)

0976 黷 dú

不敬。

○《説命中》:"黷于祭祀,時謂弗欽。"《孔傳》:"祭不欲數,數則黷,黷則不
敬。"(473、10 - 8 - 6)

按:《孔疏》:"'祭不欲數,數則黷,黷則不敬',《禮記·祭義》文也。"

0977 度 dù

揆度。

○《泰誓上》:"同力度德,同德度義。"《孔傳》:"力鈞則有德者勝,德鈞則
秉義者强。揆度優劣,勝負可見。"(506、11 - 8 - 13)

0978 對 duì

答。

○《説命下》:"敢對揚天子之休命。"《孔傳》:"對,答也。"(476、10 -
11 - 17)

○《君牙》:"<u>對</u>揚文武之光命。"《孔傳》:"言當<u>答</u>揚文武光明之命。"(919、19－17－12)

按:《詩·大雅·蕩之什·桑柔》"聽言則對",《鄭箋》:"對,答也。"《廣雅·釋言》:"對,答也。"

0979 對揚 duì yáng

答受美命而稱揚。

○《説命下》:"敢<u>對揚</u>天子之休命。"《孔傳》:"答受美命而稱揚之。"(476、10－11－17)

按:對揚,屬於古代常用語,屢見於金文。凡臣受君賜時,多用此語,兼有答謝、頌揚之意。《詩·大雅·江漢》:"虎拜稽首,對揚王休,作召公考,天子萬壽"中,亦有此語。

0980 惰 duò

① **懈惰。**

○《益稷》:"股肱<u>惰</u>哉! 萬事墮哉!"《孔傳》:"君如此,則臣<u>懈惰</u>,萬事墮廢。"(242、5－23－13)

② **怠惰。**

○《盤庚上》:"<u>惰</u>農自安。"《孔傳》:"如<u>怠惰</u>之農,苟自安逸。"(436、9－8－6)

0981 訛 é

化。

○《堯典》:"平秩南<u>訛</u>,敬致。"《孔傳》:"<u>訛</u>,化也。"(30、2－13－2)

按:《孔疏》:"'訛,化',《釋言》文。"《詩·小雅·節南山》"式<u>訛</u>爾心",《鄭箋》:"訛,化。"《史記·五帝本紀》作:"申命羲叔,居南交。便程南爲,敬致。"司馬貞《索隱》:"春言東作,夏言南爲,皆是耕作營爲勸農之事。"劉起釪對此亦有校釋,依從《史記索引》,以"南爲"爲是。[①]

0982 而 ér

汝。

○《洪範》:"<u>而</u>康<u>而</u>色。"《孔傳》:"<u>汝</u>當安<u>汝</u>顔色。"(564、12－16－4)

○《洪範》:"使羞其行,<u>而</u>邦其昌。"《孔傳》:"使進其所行,<u>汝</u>國其昌盛。"(565、12－17－10)

○《吕刑》:"獄成<u>而</u>孚,輸<u>而</u>孚。"《孔傳》:"斷獄成辭而信,當輸<u>汝</u>信於王。"(957、19－44－4)

---

① 顧頡剛、劉起釪:《尚書校釋譯論》,第46頁。

0983 爾 ěr

汝。（152 見）

○《湯誓》：“今爾有衆，汝曰。”《孔傳》：“汝，汝有衆。”（389、8－3－1）

○《湯誓》：“爾尚輔予一人。”《孔傳》：“汝庶幾輔成我。”（392、8－3－12）

○《湯誥》：“輯寧爾邦家。”《孔傳》：“言天使我輯安汝國家。”（401、8－16－1）

○《盤庚上》：“世選爾勞，予不掩爾善。”《孔傳》：“言我世世選（數）汝功勤，不掩蔽汝善。”（441、9－10－10）

按：《孔傳》“選汝”，八、李、纂、魏、平、岳、永、毛作“數汝”①，是。

○《盤庚上》：“凡爾衆，其惟致告。”《孔傳》：“致我誠，告汝衆。”（446、9－13－7）

○《盤庚上》：“罰及爾身弗可悔。”《孔傳》：“不從我謀，罰及汝身，雖悔可及乎？”（446、9－13－10）

○《盤庚中》：“爾惟自鞠自苦。”《孔傳》：“言汝爲臣不忠，自取窮苦。”（451、9－15－12）

○《盤庚中》：“爾忱不屬，惟胥以沈。”《孔傳》：“汝忠誠不屬逮古，苟不欲徙，相與沈溺。”（452、9－15－17）

○《盤庚中》：“予念我先神后之勞爾先，予丕克羞爾，用懷爾然。”《孔傳》：“言我亦法湯大能進勞汝，以義懷汝心。”（454、9－17－4）

○《盤庚下》：“罔罪爾衆，爾無共怒我。”《孔傳》：“今我不罪汝，汝勿共怒我。”（463、9－21－18）

○《盤庚下》：“予其懋簡相爾，念敬我衆。”《孔傳》：“勉大助汝，念敬我衆民。”（465、9－24－14）

○《盤庚下》：“今我既羞告爾于朕志。”《孔傳》：“已進告汝之後，順於汝心與否。”（467、9－25－14）

○《説命下》：“爾惟訓于朕志。”《孔傳》：“言汝當教訓於我，使我志通達。”（474、10－9－14）

○《説命下》：“爾尚明保予。”《孔傳》：“汝庶幾明安我事。”（476、10－11－12）

○《微子》：“今爾無指告予顛隮。”《孔傳》：“汝無指意告我殷邦顛隕隮墜。”（498、10－21－15）

○《泰誓上》：“以爾有衆，厎天之罰。”《孔傳》：“用汝衆致天罰於紂。”

①　杜澤遜：《尚書注疏彙校》，第1340頁。

(507、11－9－6)

○《牧誓》:"爾所弗勗,其于爾躬有戮。"《孔傳》:"臨敵所安汝不勉,則於汝身有戮矣。"(528、11－24－16)

○《大誥》:"予惟以爾庶邦。"《孔傳》:"用汝衆國。"(629、13－25－13)

○《大誥》:"爾庶邦君,越庶士御事。"《孔傳》:"汝衆國上下。"(629、13－25－14)

○《大誥》:"義爾邦君,越爾多士、尹氏御事。"《孔傳》:"乃欲施義于汝衆國君臣上下至御治事者。"(631、13－27－6)

○《大誥》:"爾知寧王若勤哉!"《孔傳》:"汝知文王若彼之勤勞哉!"(633、13－28－11)

○《大誥》:"爾時罔敢易法。"《孔傳》:"汝天下是知無敢易天法。"(637、13－32－2)

○《大誥》:"肆朕誕以爾東征。"《孔傳》:"以卜吉之故,大以汝衆東征四國。"(638、13－33－10)

○《微子之命》:"爾惟踐修厥猷。"《孔傳》:"汝微子,言能踐湯德。"(640、13－35－14)

○《微子之命》:"庸建爾于上公。"《孔傳》:"用是封立汝於上公之位。"(640、13－35－14)

○《康誥》:"自作不典,式爾。"《孔傳》:"自爲不常,用犯汝。"(654、14－8－16)

○《酒誥》:"嗣爾股肱。"《孔傳》:"繼汝股肱之教。"(677、14－23－17)

○《酒誥》:"其爾典聽朕教。"《孔傳》:"其汝常聽我教。"(678、14－24－5)

○《酒誥》:"爾大克羞耇惟君,爾乃飲食醉飽。"《孔傳》:"汝大能進老成人之道,則爲君矣。如此汝乃飲食醉飽之道。"(678、14－24－7)

○《酒誥》:"爾克永觀省。"《孔傳》:"汝能長觀省古道。"(679、14－24－10)

○《酒誥》:"爾尚克羞饋祀,爾乃自介用逸。"《孔傳》:"汝庶幾能進饋祀於祖考矣。能進饋祀,則汝乃能自大用逸之道。"(679、14－24－12)

○《酒誥》:"矧惟爾事,服休服采?"《孔傳》:"況汝身事,服行美道,服事治民乎?"(687、14－30－18)

○《多士》:"肆爾多士,非我小國敢弋殷命。"《孔傳》:"天佑我,故汝衆士臣服我。"(753、16－2－16)

○《多士》:"惟爾王家我適。"《孔傳》:"惟汝殷王家已之我。"(757、16－7－3)

○《多士》：“惟爾洪無度，我不爾動，自乃邑。”《孔傳》：“惟汝大無法度，謂紂無道。我不先動誅汝，亂從汝邑起。”(758、16－7－5)

○《多士》：“告爾多士，予惟時其遷居西爾。”《孔傳》：“以道告汝衆士，我惟汝未達德義，是以徙居西汝於洛邑。”(758、16－8－1)

○《多士》：“惟爾知，惟殷先人，有册有典。”《孔傳》：“言汝所親知，殷先世有册書典籍。”(759、16－8－6)

○《多士》：“今爾又曰。”《孔傳》：“今汝又曰。”(759、16－8－8)

○《多士》：“肆予敢求爾于天邑商。”《孔傳》：“故我敢求汝於天邑商。”(759、16－8－11)

○《多士》：“予惟率肆矜爾。”《孔傳》：“惟我循殷故事，憐愍汝。”(760、16－8－13)

○《多士》：“予大降爾四國民命。”《孔傳》：“大下汝民命，謂誅四國君。”(761、16－9－11)

○《多士》：“移爾遐逖。”《孔傳》：“今移徙汝於洛邑，使汝遠於惡俗。”(763、16－9－14)

○《多士》：“今予惟不爾殺。”《孔傳》：“是我不欲殺汝。”(763、16－10－8)

○《多士》：“亦惟爾多士，攸服奔走臣我。”《孔傳》：“亦惟汝衆士，所當服行奔走臣我。”(764、16－10－12)

○《多士》：“爾乃尚有爾土，爾乃尚寧幹止。”《孔傳》：“汝多爲順事，乃庶幾還有汝本土，乃庶幾安汝故事止居。”(764、16－10－13、16－10－14)

○《多士》：“爾克敬，天惟畀矜爾。”《孔傳》：“汝能敬行順事，則爲天所與，爲天所憐。”(764、16－10－16)

○《多士》：“爾不克敬。”《孔傳》：“汝不能敬順。”(764、16－10－17)

○《多士》：“予亦致天之罰于爾躬。”《孔傳》：“我亦致天罰於汝身。”(764、16－10－18)

○《多士》：“今爾惟時宅爾邑，繼爾居，爾厥有幹有年。”《孔傳》：“今汝惟是敬順居汝邑，繼汝所當居爲，則汝其有安事，有豐年。”(764、16－11－2)

○《多士》：“爾小子乃興，從爾遷。”《孔傳》：“汝能敬，則子孫乃起從汝化而遷善。”(765、16－11－5)

○《多士》：“乃或言，爾攸居。”《孔傳》：“我乃有教誨之言，則汝所當居行也(之)。”(765、16－11－16)

○《蔡仲之命》：“惟爾率德改行。”《孔傳》：“言汝循祖之德，改父之行。”(812、17－3－12)

○《蔡仲之命》:"肆予命<u>爾</u>侯于東土。"《孔傳》:"以汝率德改行之故,故我命<u>汝</u>爲諸侯於東土。"(812、17 - 3 - 14)

○《蔡仲之命》:"<u>爾</u>尚蓋前人之愆。"《孔傳》:"<u>汝</u>當庶幾修德,掩蓋前人之過。"(812、17 - 3 - 16)

○《蔡仲之命》:"<u>爾</u>乃邁迹自身。"《孔傳》:"<u>汝</u>乃行善迹用汝身。"(812、17 - 3 - 18)

○《蔡仲之命》:"<u>爾</u>其戒哉!"《孔傳》:"<u>汝</u>其戒治亂之機哉!"(813、17 - 4 - 8)

○《多方》:"我惟大降<u>爾</u>命。"《孔傳》:"我大降<u>汝</u>命。"(817、17 - 7 - 17)

○《多方》:"乃<u>爾</u>攸聞。"《孔傳》:"言桀之惡,乃<u>汝</u>所聞。"(817、17 - 8 - 16)

○《多方》:"乃惟以<u>爾</u>多方之義民。"《孔傳》:"以其乃惟用<u>汝</u>多方之義民爲臣。"(819、17 - 10 - 12)

○《多方》:"克以<u>爾</u>多方。"《孔傳》:"能用<u>汝</u>衆方之賢。"(820、17 - 11 - 7)

○《多方》:"今至于<u>爾</u>辟,弗克以<u>爾</u>多方。"《孔傳》:"今至于<u>汝</u>君,謂紂不能用<u>汝</u>衆方。"(821、17 - 11 - 16)

○《多方》:"嗚呼! 王若曰,誥告<u>爾</u>多方。"《孔傳》:"歎而順其事以告<u>汝</u>衆方。"(821、17 - 12 - 9)

○《多方》:"乃惟<u>爾</u>辟,以<u>爾</u>多方大淫。"《孔傳》:"乃惟<u>汝</u>君紂,用<u>汝</u>衆方大爲過惡者。"(821、17 - 12 - 11)

○《多方》:"天惟求<u>爾</u>多方。"《孔傳》:"天惟求<u>汝</u>衆方之賢者。"(824、17 - 14 - 9)

○《多方》:"惟<u>爾</u>多方,罔堪顧之。"《孔傳》:"惟<u>汝</u>衆方之中,無堪顧天之道者。"(824、17 - 14 - 11)

○《多方》:"簡畀殷命,尹<u>爾</u>多方。"《孔傳》:"大與我殷之王命,以正<u>汝</u>衆方之諸侯。"(824、17 - 14 - 15)

○《多方》:"我惟大降<u>爾</u>四國民命。"《孔傳》:"我惟大下<u>汝</u>四國民命。"(824、17 - 15 - 8)

○《多方》:"<u>爾</u>曷不忱裕之于<u>爾</u>多方?"《孔傳》:"<u>汝</u>何不以誠信行寬裕之道於<u>汝</u>衆方?"(825、17 - 15 - 10)

○《多方》:"<u>爾</u>曷不夾介乂我周王。"《孔傳》:"<u>汝</u>何不近大見治於我周王。"(825、17 - 15 - 12)

○《多方》:"今<u>爾</u>尚宅<u>爾</u>宅,畋<u>爾</u>田,<u>爾</u>曷不惠王熙天之命?"《孔傳》:"今<u>汝</u>殷之諸侯,皆尚得居<u>汝</u>常居,臣民皆尚得畋<u>汝</u>故田,<u>汝</u>何不順從王政,廣

天之命,而自懷疑乎?”(825、17-15-14)

○《多方》:“爾乃迪屢不静,爾心未愛。”《孔傳》:“汝所蹈行,數爲不安,汝心未愛我周故。”(825、17-15-17)

○《多方》:“爾乃不大宅天命,爾乃屑播天命。”《孔傳》:“汝乃不大居安天命,是汝乃盡播棄天命。”(826、17-15-18)

○《多方》:“爾乃自作不典圖忱于正。”《孔傳》:“是汝乃自爲不常謀信于正道。”(826、17-16-1)

○《多方》:“乃有不用我降爾命。”《孔傳》:“汝其[有]不用我命,我乃大下誅汝君。”(826、17-16-8)

按:《孔傳》“其”字後,八、李、纂、岳、殿、庫有“有”字①。

○《多方》:“乃惟爾自速辜。”《孔傳》:“乃惟汝自召罪以取誅。”(827、17-16-11)

○《多方》:“今爾奔走臣我監。”《孔傳》:“今汝奔走來徙臣服我監。”(827、17-18-1)

按:《孔傳》“服”字,八、李、王、纂、平、要、岳、十、永、閩、阮作“我”。阮元《校記甲》:“臣服我監,古本無‘服’字。山井鼎曰:宋版、正、嘉三本作‘臣我我監’,衍一‘我’字。神廟本改上‘我’字爲‘服’,崇禎本據之。”②

○《多方》:“爾罔不克臬。”《孔傳》:“汝無不能用法。”(828、17-18-4)

○《多方》:“自作不和,爾惟和哉!爾室不睦,爾惟和哉!爾邑克明,爾惟克勤乃事。”《孔傳》:“自爲不和,汝有方多士,當和之哉!汝親近室家不睦,汝亦當和之哉!汝邑中能明,是汝惟能勤汝職事。”(829、17-18-6)

○《多方》:“爾尚不忌于凶德。”《孔傳》:“汝庶幾不自忌入於凶德。”(829、17-18-9)

○《多方》:“爾乃自時洛邑,尚永力畋爾田。”《孔傳》:“汝乃用是洛邑,庶幾長力畋汝田矣。”(829、17-18-11、17-18-12)

○《多方》:“天惟畀矜爾,我有周,惟其大介賚爾。”《孔傳》:“天惟與汝憐汝,我有周惟其大大賜汝。”(830、17-18-14)

○《多方》:“尚爾事有服在大僚。”《孔傳》:“庶幾修汝事,有所服行在大官。”(830、17-18-17)

○《多方》:“爾不克勸忱我命,爾亦則惟不克享。”《孔傳》:“汝不能勸信我命,汝亦則惟不能享天祚矣。”(831、17-19-17)

---

① 杜澤遜:《尚書注疏彙校》,第2670頁。
② 杜澤遜:《尚書注疏彙校》,第2676頁。

○《多方》：“則惟爾多方，探天之威，我則致天之罰，離逖爾土。”《孔傳》：“則惟汝衆方，取天之威，我則致行天罰，離遠汝土。”（831、17－20－2、17－20－3）

○《多方》：“我惟祗告爾命。”《孔傳》：“我惟敬告汝吉凶之命。”（831、17－20－12）

○《多方》：“時惟爾初，不克敬于和。”《孔傳》：“是惟汝初不能敬于和道故誅汝。”（831、17－20－13）

○《立政》：“其克詰爾戎兵。”《孔傳》：“其當能治汝戎服兵器。”（849、17－35－6）

○《立政》：“司寇蘇公，式敬爾由獄。”《孔傳》：“忿生爲武王司寇，封蘇國，能用法，敬汝所用之獄。”（851、17－36－7）

○《周官》：“其爾典常作之師。”《孔傳》：“其汝爲政當以舊典常故事爲師法。”（857、18－9－17）

○《周官》：“舉能其官，惟爾之能。稱匪其人，惟爾不任。”《孔傳》：“所舉能修其官，惟亦汝之功能。舉非其人，亦惟汝之不勝其任。”（859、18－11－11）

○《周官》：“敬爾有官，亂爾有政。”《孔傳》：“各敬居汝所有之官，治汝所有之職。”（859、18－11－13）

○《君陳》：“爾尚式時周公之猷訓。”《孔傳》：“汝庶幾用是周公之道教殷民。”（861、18－15－9）

○《君陳》：“爾其戒哉！”《孔傳》：“汝戒勿爲凡人之行。”（861、18－15－17）

○《君陳》：“出入自爾師虞。”《孔傳》：“出納之事，當用汝衆言度之。”（861、18－16－1）

○《君陳》：“爾有嘉謀嘉猷，則入告爾后于内，爾乃順之于外。”《孔傳》：“汝有善謀善道，則入告汝君於内，汝乃順行之於外。”（862、18－16－4、18－16－4、18－16－5）

○《君陳》：“爾惟弘周公丕訓。”《孔傳》：“汝爲政，當闡大周公之大訓。”（862、18－16－9）

○《君陳》：“予曰辟，爾惟勿辟。予曰宥，爾惟勿宥。”《孔傳》：“我曰：‘刑之。’汝勿刑。我曰：‘赦宥。’汝勿宥。”（863、18－16－13、18－16－14）

○《君陳》：“爾克敬典在德。”《孔傳》：“汝治人能敬常在道德。”（863、18－18－11）

○《君陳》：“其爾之休，終有辭於永世。”《孔傳》：“其汝之美名，亦終見稱

誦於長世。”(864、18－18－15)

○《顧命》：“<u>爾</u>尚明時朕言。”《孔傳》：“<u>汝</u>當庶幾明是我言。”(874、18－22－15)

○《顧命》：“<u>爾</u>無以釗冒貢于非幾。”《孔傳》：“<u>汝</u>無以釗冒進于非危之事。”(875、18－23－3)

○《康王之誥》：“綏<u>爾</u>先公之臣服于先王。”《孔傳》：“安<u>汝</u>先公之臣，服於先王而法循之。”(909、19－5－12)

○《康王之誥》：“雖<u>爾</u>身在外。”《孔傳》：“言雖<u>汝</u>身在外之(土)爲諸侯。”(910、19－5－15)

按：《孔傳》“之”字，八、平、岳、殿、庫作“土”①，是。

○《君牙》：“今命<u>爾</u>予翼，作股肱心膂。”《孔傳》：“今命<u>汝</u>爲我輔翼股肱心體之臣。”(918、19－16－4)

○《君牙》：“<u>爾</u>身克正，罔敢弗正，民心罔中，惟<u>爾</u>之中。”《孔傳》：“言<u>汝</u>身能正，則下無敢不正。民心無中，從<u>汝</u>取中。”(918、19－16－8、19－16－9)

○《君牙》：“<u>爾</u>惟敬明乃訓。”《孔傳》：“<u>汝</u>惟當敬明汝五教。”(919、19－17－10)

○《冏命》：“<u>爾</u>無昵于憸人。”《孔傳》：“<u>汝</u>無親近於憸利小子之人。”(922、19－21－18)

○《冏命》：“惟<u>爾</u>大弗克祇厥辟。”《孔傳》：“則惟<u>汝</u>大不能敬其君。”(922、19－22－6)

○《呂刑》：“非<u>爾</u>惟作天牧？”《孔傳》：“非<u>汝</u>惟爲天牧民乎？”(939、19－33－8)

○《呂刑》：“其今<u>爾</u>何懲？”《孔傳》：“其今<u>汝</u>何懲戒乎？”(940、19－33－11)

○《呂刑》：“今<u>爾</u>罔不由慰日勤，爾罔或戒不勤。”《孔傳》：“今<u>汝</u>無不用安自居日當勤之。<u>汝</u>無有徒念戒而不勤。”(941、19－34－17)

○《呂刑》：“<u>爾</u>尚敬逆天命。”《孔傳》：“<u>汝</u>當庶幾敬逆天命。”(942、19－35－4)

○《呂刑》：“有邦有土，告<u>爾</u>祥刑。”《孔傳》：“有國土諸侯，告<u>汝</u>以善用刑之道。”(943、19－36－12)

○《文侯之命》：“其歸視<u>爾</u>師，寧<u>爾</u>邦。”《孔傳》：“其歸視<u>汝</u>衆，安<u>汝</u>國內上下。”(966、20－6－8)

---

① 杜澤遜：《尚書注疏彙校》，第3056頁。

○《文侯之命》:"簡恤爾都,用成爾顯德。"《孔傳》:"當簡核汝所任,憂治汝都鄙之人,人和政治,則汝顯用有德之功成矣。"(968、20－6－18)

0984 二三 èr sān

不一。

○《咸有一德》:"德惟一,動罔不吉。德二三,動罔不凶。"《孔傳》:"二三,言不一。"(421、8－36－8)

按:不一,有不專一之義。

0985 反 fǎn

① 還。

○《五子之歌》:"畋于有洛之表,十旬弗反。"《孔傳》:"田獵過百日不還。"(374、7－6－12)

② 反道。

○《洪範》:"無反無側,王道正直。"《孔傳》:"言所行無反道不正,則王道平直。"(568、12－18－18)

0986 方 fāng

又。

○《洪範》:"凡厥正人,既富方穀,"《孔傳》:"凡其正直之人,既當以爵禄富之,又當以善道接之。"(566、12－17－12)

0987 放 fàng

放棄。

○《康誥》:"惟威惟虐,大放王命。"《孔傳》:"並爲威虐,大放棄王命。"(665、14－15－6)

0988 非 fēi

非妄。

○《冏命》:"繩愆糾謬,格其非心。"《孔傳》:"彈正過誤,撿其非妄之心。"(921、19－20－8)

0989 忿 fèn

忿怒。

○《君陳》:"爾無忿疾于頑。"《孔傳》:"人有頑嚚不喻,汝當訓之,無忿怒疾之。"(863、18－17－15)

0990 浮 fú

① 行。

○《盤庚中》:"保后胥慼,鮮以不浮于天時。"《孔傳》:"浮,行也。"(449、

9－14－9）

按：《孔疏》：“舟船浮水而行,故以‘浮’爲行也。”

② 過。

○《泰誓中》：“惟受罪浮於桀。”《孔傳》：“浮,過。”（509、11－11－15）

按：《孔疏》：“物在水上謂之浮,‘浮’者,高之意,故爲過也。”

0991 撫 fǔ

撫安。

○《酒誥》：“我其可不大監撫于時?”《孔傳》：“我其可不大視此爲戒,撫安天下於是?”（686、14－30－9）

0992 覆 fù

① 亡。

○《五子之歌》：“荒墜厥緒,覆宗絕祀。”《孔傳》：“而太康失其業,以取亡。”（379、7－9－16）

② 覆亡。

○《仲虺之誥》：“殖有禮,覆昏暴。”《孔傳》：“有禮者封殖之,昏暴者覆亡之。”（399、8－13－6）

③ 顛覆。

○《太甲上》：“無越厥命以自覆。”《孔傳》：“無失亡祖命,而不勤德,以自顛覆。”（411、8－26－6）

④ 反背。

○《吕刑》：“罔中于信,以覆詛盟。”《孔傳》：“無中于信義,以反背詛盟之約。”（931、19－25－16）

0993 復 fù

① 還。

○《咸有一德》：“伊尹既復政厥辟。”《孔傳》：“還政太甲。”（420、8－34－11）

○《費誓》：“乃越逐不復。”《孔傳》：“越逐爲失伍,不還爲攘盜。”（974、20－12－9）

② 復還。

○《洛誥》：“朕復子明辟。”《孔傳》：“言我復還明君之政於子。”（721、15－20－11）

③ 還復。

○《費誓》：“祗復之,我商賚汝。”《孔傳》：“敬還復之,我則商度汝功,賜與

汝。”(974、20-12-7)

0994 富 fù

財豐備。

○《洪範》:“二曰富。”《孔傳》:“財豐備。”(592、12-33-3)

0995 蓋 gài

掩蓋。

○《蔡仲之命》:“爾尚蓋前人之愆。”《孔傳》:“汝當庶幾修德,掩蓋前人之過。”(812、17-3-16)

○《吕刑》:“鰥寡無蓋。”《孔傳》:“使鰥寡得所,無有掩蓋。”(934、19-29-3)

0996 干 gān

求。

○《大禹謨》:“罔違道以干百姓之譽。”《孔傳》:“干,求也。”(148、4-5-3)

按:《孔疏》:“‘干,求’,《釋言》文。‘失道求名’,謂曲取人情,苟悦衆意,古人賤之。”

0997 割 gē

① **害。**

○《堯典》:“湯湯洪水方割。”《孔傳》:“割,害也。”(53、2-26-5)

按:《孔疏》:“刀害爲割,故‘割’爲害也。”《釋名》:“害,割也,如割削物也。”

② **割剥。**

○《湯誓》:“率割夏邑。”《孔傳》:“相率割剥夏之邑居。”(389、8-3-1)

○《湯誓》:“舍我穡事,而割正夏。”《孔傳》:“言奪民農功,而爲割剥之政。”(391、8-3-7)

③ **凶害。**

○《大誥》:“天降割于我家不少。”《孔傳》:“故天下凶害於我家不少。”(624、13-21-7)

④ **割絶。**

○《多士》:“割殷,告勅于帝。”《孔傳》:“命周割絶殷命,告正於天。”(757、16-7-1)

⑤ **割制。**

○《君奭》:“在昔上帝割,申勸寧王之德。”《孔傳》:“在昔上天,割制其義,

重勸文王之德。"(799、16－32－1)

0998 格 gé

來。

○《大禹謨》："七旬,有苗<u>格</u>。"《孔傳》："討而不服,不討自<u>來</u>。"(159、4－19－16)

按:《舜典》："帝曰:格汝舜,詢事考言,乃言底可績。三載汝陟帝位。"《傳》云:"<u>格,來</u>。"《儀禮‧士冠禮》"孝友時格,永乃保之",鄭玄注:"格,至也。""至"亦"來"也,故"格,來"成訓。

○《旅獒》："不寶遠物則遠人<u>格</u>。"《孔傳》："不侵奪其利,則<u>來</u>服矣。"(598、13－5－6)

0999 賈 gǔ

賈賣。

○《酒誥》："肇牽車牛,遠服<u>賈</u>。"《孔傳》："始牽車牛,載其所有,求易所無,遠行<u>賈賣</u>。"(677、14－24－2)

1000 怪 guài

異。

○《禹貢》："岱畎,絲枲鉛松<u>怪</u>石。"《孔傳》："<u>怪,異</u>。"(262、6－12－17)

1001 觀 guān

觀示。

○《益稷》："予欲<u>觀</u>古人之象。"《孔傳》："欲<u>觀示</u>法象之服制。"(194、5－6－6)

1002 光 guāng

① 充。

○《堯典》："允恭克讓,<u>光</u>被四表。"《孔傳》："<u>光,充</u>。"(9、2－8－9)

② 充塞。

○《泰誓下》："若日月之照臨,<u>光</u>于四方。"《孔傳》："言其明德<u>充塞</u>四方。"(514、11－17－15)

1003 歸 guī

① 還。

○《汝鳩》《汝方》："既醜有夏,復<u>歸</u>於亳。"《孔傳》："醜惡其政,不能用賢,故退<u>還</u>。"(1002、7－21－10)

○《仲虺之誥》："湯<u>歸</u>自夏,至于大坰。"《孔傳》："自三朡而<u>還</u>。"(1007、8－7－17)

② 還歸。

○《周官》:"歸于宗周,董正治官。"《孔傳》:"還歸於豐,督正治理職司之百官。"(853、18 - 2 - 12)

1004 過 guò

過誤。

○《大禹謨》:"宥過無大。"《孔傳》:"過誤所犯,雖大必宥。"(152、4 - 9 - 18)

○《説命中》:"無恥過作非。"《孔傳》:"恥過誤而文之,遂成大非。"(473、10 - 8 - 2)

1005 好 hào

① 貪。

○《盤庚下》:"朕不肩好貨,敢恭生生。"《孔傳》:"我不任貪貨之人,敢奉用進進於善者。"(466、9 - 24 - 16)

② 私好。

○《洪範》:"無有作好,遵王之道。無有作惡,遵王之路。"《孔傳》:"言無有亂爲私好惡,動必循先王之道路。"(567、12 - 18 - 15)

按:《史記·宋微子世家》引《洪範》作"毋有作好,遵王之道。毋有作惡,遵王之路",《集解》引馬融亦作"好,私好"。

1006 曷 hé

① 何。(16 見)

○《五子之歌》:"嗚呼!曷歸?"《孔傳》:"曷,何也。"(379、7 - 10 - 13)

○《盤庚上》:"汝曷弗告朕。"《孔傳》:"曷,何也。"(438、9 - 9 - 9)

按:《孔疏》:"'曷''何'同音,故'曷'爲何也。"

○《盤庚中》:"不其或稽,自怒曷瘳?"《孔傳》:"不考之先王,禍至自怒,何瘳差乎?"(452、9 - 15 - 18)

○《盤庚中》:"曷虐朕民?"《孔傳》:"何爲虐我民而不徙乎?"(455、9 - 17 - 12)

○《西伯戡黎》:"天曷不降威?"《孔傳》:"天何不下罪誅之?"(489、10 - 18 - 6)

○《大誥》:"予曷其不于前寧人圖功攸終?"《孔傳》:"我何其不於前文王安人之道,謀立其功所終乎?"(634、13 - 29 - 1)

○《大誥》:"予曷敢不于前寧人攸受休畢?"《孔傳》:"我何敢不於前文王所受美命終畢之?"(634、13 - 29 - 4)

○《大誥》:"肆予曷敢不越卬敉寧王大命?"《孔傳》:"故我何敢不於今日撫循文王大命以征逆乎?"(635、13-30-15)

○《大誥》:"予曷敢不終朕畝?"《孔傳》:"我何敢不順天終竟我壟畝乎?"(637、13-33-3)

○《大誥》:"予曷其極卜,敢弗于從?"《孔傳》:"我何其極卜法,敢不於從?"(638、13-33-6)

○《梓材》:"厥命曷以。"《孔傳》:"知其教命所施何用。"(696、14-36-12)

○《召誥》:"曷其奈何弗敬?"《孔傳》:"何其奈何不憂敬之?"(711、15-8-7)

○《多方》:"今我曷敢多誥。"《孔傳》:"今我何敢多誥汝而已。"(824、17-15-8)

○《多方》:"爾曷不忱裕之于爾多方?"《孔傳》:"汝何不以誠信行寬裕之道於汝衆方?"(825、17-15-10)

○《多方》:"爾曷不夾介乂我周王,享天之命?"《孔傳》:"汝何不近大見治於我周王,以享天之命?"(825、17-15-12)

○《多方》:"爾曷不惠王熙天之命?"《孔傳》:"汝何不順從王政,廣天之命,而自懷疑乎?"(825、17-15-14)

② **何時**。

○《湯誓》:"時日曷喪? 予及汝皆亡!"《孔傳》:"是日何時喪? 我與汝俱亡!"(391、8-3-9)

1007 衡 héng

① **橫**。

○《禹貢》:"覃懷厎績,至于衡漳。"《孔傳》:"漳水橫流入河,從覃懷致功至橫漳。"(248、6-5-3)

按:《孔疏》:"'衡'即古'橫'字,漳水橫流入河,故云'橫漳'。"

② **平**。

○《太甲上》:"惟嗣王不惠于阿衡。"《孔傳》:"衡,平。"(410、8-24-13)

按:《孔疏》:"稱上謂之'衡',故'衡'爲平也。"

○《君奭》:"時則有若保衡。"《孔傳》:"時則有如此伊尹爲保衡,言天下所取安,所取平。"(795、16-27-15)

③ **太平**。

○《洛誥》:"旁作穆穆迓衡。"《孔傳》:"四方旁來爲敬敬之道,以迎太平之政。"(735、15-30-8)

1008 胡 hú

何。

〇《太甲下》:"弗慮胡獲?弗爲胡成?"《孔傳》:"胡,何。"(418、8-33-3)

按:《孔疏》:"'胡'之與'何',方言之異耳。"

1009 怙 hù

怙恃。

〇《康誥》:"我西土惟時怙。"《孔傳》:"我西土岐周,惟是怙恃文王之道。"(648、14-4-14)

〇《畢命》:"怙侈滅義。"《孔傳》:"怙恃奢侈,以滅德義。"(915、19-12-17)

1010 懷 huái

歸。(9見)

〇《大禹謨》:"德乃降,黎民懷之。"《孔傳》:"懷,歸也。"(150、4-8-9)

〇《皋陶謨》:"安民則惠,黎民懷之。"《孔傳》:"愛則民歸之。"(165、4-24-9)

〇《太甲下》:"民罔常懷,懷于有仁。"《孔傳》:"民所歸無常,以仁政爲常。"(417、8-31-16)

〇《洛誥》:"萬年其永觀朕子懷德。"《孔傳》:"民其長觀我子孫而歸其德矣。"(744、15-36-7)

〇《蔡仲之命》:"民心無常,惟惠之懷。"《孔傳》:"民心於上,無有常主,惟愛己者則歸之。"(813、17-4-5)

〇《周官》:"以公滅私,民其允懷。"《孔傳》:"從政以公平滅私情,則民其信歸之。"(857、18-9-14)

〇《君陳》:"師保萬民,民懷其德。"《孔傳》:"言周公師安天下之民,民歸其德。"(860、18-14-11)

〇《文侯之命》:"肆先祖懷在位。"《孔傳》:"故我後世先祖,歸在王位。"(963、20-3-4)

〇《秦誓》:"邦之榮懷。"《孔傳》:"國之光榮,爲民所歸。"(987、20-20-12)

1011 逭 huàn

逃。

〇《太甲中》:"自作孽,不可逭。"《孔傳》:"逭,逃也。"(416、8-29-14)

按:《孔疏》:"樊光云:'行相避逃,謂之逭,亦行不相逢也。'"

1012 幻 huàn

① 惑。

〇《無逸》：“人乃或譸張爲幻。”《孔傳》：“有人誣惑之。”（787、16－23－5）

② 幻惑。

〇《無逸》：“民無或胥譸張爲幻。”《孔傳》：“下民無有相欺誣幻惑也。”（784、16－21－4）

1013 皇 huáng

暇。

〇《無逸》：“無皇曰：‘今日耽樂。’”《孔傳》：“無敢自暇曰：‘惟今日樂，後日止。’”（782、16－19－18）

按：“皇”，通“遑”，有閒暇、空閒義。《禮記·表記》云：“《國風》曰：‘我今不閱，皇恤我後。’終身之仁也。”今本《詩·邶風·谷風》作“遑”，《鄭箋》：“遑，暇。”《左傳·昭公七年》“社稷之不皇，況能懷思君德”，杜預注：“皇，暇也。”

1014 遑暇 huáng xiá

暇。

〇《無逸》：“自朝至于日中昃，不遑暇食。”《孔傳》：“從朝至日昳不暇食。”（779、16－18－3）

按：《孔疏》：“‘遑’，亦‘暇’也，重言之者，古人自有複語，猶云‘艱難’也。”

1015 惠 huì

① 順。（10 見）

〇《大禹謨》：“惠迪吉，從逆凶。”《孔傳》：“順道吉，從逆凶。”（148、4－4－13）

〇《皋陶謨》：“朕言惠，可厎行。”《孔傳》：“順於古道，可致行。”（180、4－32－10）

〇《太甲上》：“惟嗣王不惠于阿衡。”《孔傳》：“言不順伊尹之訓。”（410、8－24－13）

〇《康誥》：“惠不惠，懋不懋。”《孔傳》：“故當使不順者順，不勉者勉。”（653、14－7－13）

〇《洛誥》：“惠篤敘，無有遘自疾。”《孔傳》：“汝爲政當順典常，厚行之使有次序，無有遇用患疾之道者。”（744、15－36－3）

○《無逸》:"能保惠于庶民。"《孔傳》:"故能安順於衆民。"(776、16 -
16 - 3)

○《無逸》:"猶胥訓告,胥保惠,胥教誨。"《孔傳》:"猶相道告,相安順,相
教誨以義方。"(784、16 - 21 - 2)

○《君奭》:"予不惠若兹多誥。"《孔傳》:"我不順若此多誥而已。"(808、
16 - 38 - 8)

○《文侯之命》:"惠康小民,無荒寧。"《孔傳》:"安小人之道必以順,無荒
廢人事而自安。"(968、20 - 6 - 15)

按:《詩·邶風·燕燕》"終溫且惠,淑慎其身",《毛傳》:"惠,順也。"

② 順從。

○《多方》:"爾曷不惠王熙天之命?"《孔傳》:"汝何不順從王政,廣天之
命,而自懷疑乎?"(825、17 - 15 - 14)

1016 匯 huì

迴。

○《禹貢》:"東匯澤爲彭蠡。"《孔傳》:"匯,迴也。"(322、6 - 35 - 12)

1017 會 huì

集會。

○《康誥》:"四方民大和會。"《孔傳》:"四方之民,大和悦而集會。"(643、
14 - 2 - 13)

1018 昏 hūn

闇。

○《大禹謨》:"蠢兹有苗,昏迷不恭。"《孔傳》:"昏,闇也。"(157、4 -
17 - 1)

按:《孔疏》:"日入爲'昏',是爲'闇'也。"

○《胤征》:"昏迷于天象。"《孔傳》:"闇錯天象,言昏亂之甚。"(384、7 -
14 - 17)

○《洪範》:"乂用昏不明。"《孔傳》:"治闇賢隱,國家亂。"(588、12 -
30 - 15)

1019 稽 jī

① 考。(15 見)

○《堯典》:"曰若稽古帝堯。"《孔傳》:"稽,考也。"(4、2 - 8 - 4)

按:《孔疏》:"《詩》稱'考卜惟王',《洪範》考卜之事謂之'稽疑',是'稽'
爲'考',經傳常訓也。"

○《大禹謨》:"曰若稽古大禹。"《孔傳》:"順考古道而言之。"(146、4-2-10)

○《大禹謨》:"稽于衆,舍己從人,不虐無告,不廢困窮。"《孔傳》:"考衆從人,矜孤愍窮。"(147、4-3-3)

○《大禹謨》:"無稽之言勿聽。"《孔傳》:"無考,無信驗。"(153、4-12-5)

○《皋陶謨》:"曰若稽古皋陶。"《孔傳》:"亦順考古道以言之。"(161、4-22-14)

○《盤庚上》:"卜稽曰:'其如台。'"《孔傳》:"則當卜考於龜以徙,曰:'其如我所行。'"(429、9-3-16)

○《盤庚中》:"不其或稽,自怒曷瘳?"《孔傳》:"不考之先王,禍至自怒,何瘳差乎?"(452、9-15-18)

○《洪範》:"曰明用稽疑。"《孔傳》:"明用卜筮考疑之事。"(549、12-5-13)

○《洪範》:"七稽疑。擇建立卜筮人。"《孔傳》:"考正疑事,當選擇知卜筮人而建立之。"(574、12-22-4)

○《微子之命》:"惟稽古,崇德象賢。"《孔傳》:"惟考古典,有尊德象賢之義。"(640、13-35-5)

○《酒誥》:"爾克永觀省,作稽中德。"《孔傳》:"汝能長觀省古道,爲考中正之德。"(679、14-24-10)

○《梓材》:"若稽田,既勤敷菑。"《孔傳》:"惟若農夫之考田,已勞力布發之。"(697、14-37-5)

○《召誥》:"面稽天若。"《孔傳》:"禹亦面考天心而順之。"(713、15-10-3)

○《召誥》:"矧曰:其有能稽謀自天?"《孔傳》:"況曰其有能考謀從天道乎?言至善。"(713、15-10-9)

○《周官》:"唐虞稽古,建官惟百。"《孔傳》:"道堯舜考古,以建百官。"(853、18-3-14)

② 考行。

○《召誥》:"曰其稽我古人之德。"《孔傳》:"其考行古人之德則善矣。"(713、15-10-9)

③ 考合。

○《吕刑》:"簡孚有衆,惟貌有稽。"《孔傳》:"簡核誠信,有合衆心。惟察其貌,有所考合。"(947、19-37-11)

1020 稽古 jī gǔ

① 考古道。

○《堯典》:"曰若稽古帝堯。"《孔傳》:"能順考古道而行之者,帝堯。"(4、2－8－4)

○《大禹謨》:"曰若稽古大禹。"《孔傳》:"順考古道而言之。"(146、4－2－10)

○《皋陶謨》:"曰若稽古皋陶。"《孔傳》:"亦順考古道以言之。"(161、4－22－14)

② 考古典。

○《微子之命》:"惟稽古,崇德象賢。"《孔傳》:"惟考古典,有尊德象賢之義。"(640、13－35－5)

1021 極 jí

① 中。(11 見)

○《洪範》:"曰建用皇極。"《孔傳》:"極,中也。"(548、12－5－11)

○《洪範》:"五皇極。皇建其有極。"《孔傳》:"大中之道,大立其有中。"(562、12－14－13)

○《洪範》:"惟時厥庶民于汝極,錫汝保極。"《孔傳》:"眾民於君取中,與君以安中之善。"(563、12－14－15)

○《洪範》:"不協于極,不罹于咎。"《孔傳》:"雖不合於中,而不罹于咎惡。"(564、12－16－2)

○《洪範》:"時人斯其惟皇之極。"《孔傳》:"則是人此其惟大之中。"(565、12－16－6)

○《洪範》:"會其有極,歸其有極。"《孔傳》:"言會其有中而行之,則天下皆歸其有中矣。"(568、12－19－1、12－19－2)

○《洪範》:"曰皇極之敷言。"《孔傳》:"言以大中之道布陳言教。"(569、12－19－10)

○《吕刑》:"天罰不極。"《孔傳》:"天道罰不中。"(959、19－46－1)

② 中正。

○《洪範》:"惟皇作極。"《孔傳》:"惟天下皆大爲中正。"(563、12－14－18)

○《君奭》:"作汝民極。"《孔傳》:"爲汝民立中正矣。"(806、16－36－11)

○《吕刑》:"屬于五極,咸中有慶。"《孔傳》:"以其折獄屬五常之中正,皆中有善。"(959、19－47－13)

③ 中心。

○《洪範》:"凡厥庶民,極之敷言。"《孔傳》:"凡其眾民,中心之所陳言。"

(569、12 - 19 - 13)

1022 殛 jí

① 誅。

○《湯誓》:"有夏多罪,天命殛之。"《孔傳》:"桀有昏德,天命誅之。"
(389、8 - 2 - 16)

○《康誥》:"爽惟天其罰殛我。"《孔傳》:"明惟天其以民不安罰誅我。"
(668、14 - 17 - 16)

○《多方》:"我乃其大罰殛之。"《孔傳》:"我乃大下誅汝君。"(826、17 - 16 - 8)

② 放。

○《洪範》:"鯀則殛死,禹乃嗣興。"《孔傳》:"放鯀至死不赦。"(545、12 -
3 - 16)

按:殛,有流放義。《舜典》:"流共工于幽洲,放驩兜于崇山,竄三苗于三
危,殛鯀于羽山。"《孔疏》:"傳稱流四凶族者,皆是流而謂之'殛、竄、放、
流皆誅'者,流者移其居處若水流然,罪之正名,故先言也;放者使之自活;
竄者投棄之名;殛者誅責之稱,俱是流徙。異其文,述作之體也。"

1023 集 jí

① 合。

○《胤征》:"辰弗集于房。"《孔傳》:"集,合也。"(382、7 - 14 - 11)

按:《孔疏》:"《釋言》云:'集,會也。'會即是合,故爲'合'也。"

② 和集。

○《梓材》:"集庶邦,丕享。"《孔傳》:"和集衆國,大來朝享。"(700、14 -
38 - 10)

1024 既 jì

盡。

○《畢命》:"罔曰弗克,惟既厥心。"《孔傳》:"無曰不能,惟在盡其心而
已。"(917、19 - 14 - 5)

1025 紀 jì

紀錄。

○《君牙》:"厥有成績,紀于太常。"《孔傳》:"其有成功,見紀錄書于王之
太常以表顯之。"(918、19 - 15 - 11)

1026 濟 jì

① 渡。

○《盤庚中》:"若乘舟,汝弗濟。"《孔傳》:"如舟在水中流不渡。"(452、9 -

15－13)

○《説命上》:"若濟巨川,用汝作舟楫。"《孔傳》:"渡大水待舟楫。"(470、10－3－18)

○《武成》:"惟爾有神,尚克相予,以濟兆民。"《孔傳》:"神庶幾助我渡民危害。"(536、11－32－6)

○《顧命》:"弘濟于艱難。"《孔傳》:"大度於艱難,勤德政。"(874、18－22－17)

按:《孔傳》"度"字,八、王、纂、岳作"渡"①。

② 成。

○《蔡仲之命》:"康濟小民。"《孔傳》:"汝爲政,當安小民之居,成小民之業。"(813、17－4－13)

○《君陳》:"必有忍,其乃有濟。"《孔傳》:"必有所含忍,其乃有所成。"(863、18－17－17)

③ 成功。

○《胤征》:"威克厥愛,允濟。"《孔傳》:"歡能以威勝所愛,則必有成功。"(385、7－18－6)

④ 濟渡。

○《大誥》:"予惟往求朕攸濟。"《孔傳》:"往求我所以濟渡。"(625、13－21－15)

○《君奭》:"予往,暨汝奭其濟小子。"《孔傳》:"我往與汝奭其共濟渡。"(804、16－34－12)

1027 簡 jiǎn

① 略。

○《仲虺之誥》:"簡賢附勢,寔繁有徒。"《孔傳》:"簡,略也。"(396、8－9－17)

② 别。

○《君陳》:"簡厥修,亦簡其或不修。"《孔傳》:"簡别其德行修者,亦别其有不修者。"(863、18－18－1)

③ 簡别。

○《君陳》:"簡厥修,亦簡其或不修。"《孔傳》:"簡别其德行修者,亦别其有不修者。"(863、18－18－1)

④ 簡核。(5 見)

○《吕刑》:"五辭簡孚,正于五刑。"《孔傳》:"五辭簡核,信有罪驗,則正之

---

① 杜澤遜:《尚書注疏彙校》,第 2876 頁。

於五刑。"(945、19－36－18)

○《吕刑》："五刑不簡,正于五罰。"《孔傳》："不簡核,謂不應五刑。當正五罰,出金贖罪。"(945、19－37－2)

○《吕刑》："簡孚有衆,惟貌有稽。"《孔傳》："簡核誠信,有合衆心。惟察其貌,有所考合,重刑之至。"(947、19－37－10)

○《吕刑》："無簡不聽,具嚴天威。"《孔傳》："無簡核誠信,不聽理其獄,皆當嚴敬天威。"(947、19－37－12)

○《文侯之命》："簡恤爾都。"《孔傳》："當簡核汝所任,憂治汝都鄙之人。"(968、20－6－18)

1028 間 jiàn

迭。

○《益稷》："笙鏞以間,鳥獸蹌蹌。"《孔傳》："間,迭也。"(234、5－19－17)

按:《孔疏》："《釋詁》云:'間,代也。'孫炎曰:'間廁之代也。'《釋言》云:'遞,迭也。'李巡曰:'遞者,更迭間廁,相代之義。'故'間'爲'迭'也。"

1029 僭 jiàn

① 差。

○《湯誥》："天命弗僭,賁若草木。"《孔傳》："僭,差。"(401、8－15－14)

○《咸有一德》："惟吉凶不僭在人。"《孔傳》："行善則吉,行惡則凶,是不差。"(421、8－36－9)

② 僭差。

○《洪範》："曰僭,恒暘若。"《孔傳》："君行僭差,則常暘順之。"(585、12－29－14)

○《大誥》："天命不僭,卜陳惟若兹。"《孔傳》："天命不僭差,卜兆陳列惟若此。"(638、13－33－10)

按:僭差,有差失、差錯義。《詩·大雅·抑》"不僭不賊,鮮不爲則",《毛傳》："僭,差也。"

1030 餞 jiàn

送。

○《堯典》："寅餞納日,平秩西成。"《孔傳》："餞,送也。"(35、2－13－11)

按:《孔疏》："送行飲酒謂之'餞',故'餞'爲'送'也。"

1031 降 jiàng

① 下。(43 見)

○《堯典》："釐降二女于嬀汭。"《孔傳》："降,下。"(64、2－33－3)

○《大禹謨》:"皋陶邁種德,德乃降,黎民懷之。"《孔傳》:"降,下。"(150、4-8-9)

○《大禹謨》:"降水儆予。"《孔傳》:"水性流下,故曰下水。"(152、4-11-10)

按:王先謙《尚書孔傳參正》:"阮元《校勘記》云:'纂傳引朱子云:"降水,洪水也,古文作'洚'。"'……《孟子》:'《書》云:"洚水警予。"'洚水者,洪水也。蓋'洚'讀爲'洪'也。梅賾不識字,訓爲'下水'。"可備一説。

○《禹貢》:"桑土既蠶,是降丘宅土。"《孔傳》:"大水去,民下丘居平土,就桑蠶。"(256、6-10-8)

○《湯誥》:"降災于夏,以彰厥罪。"《孔傳》:"故下災異以明桀罪惡。"(401、8-14-12)

○《伊訓》:"于其子孫弗率,皇天降災。"《孔傳》:"言桀不循其祖道,故天下禍災。"(405、8-19-9)

○《盤庚中》:"高后丕乃崇降罪疾。"《孔傳》:"湯必大重下罪疾於我。"(455、9-17-12)

○《盤庚中》:"丕乃崇降弗祥。"《孔傳》:"大重下不善以罰汝。"(458、9-19-9)

○《盤庚下》:"用降我凶德,嘉績于朕邦。"《孔傳》:"下去凶惡之德,立善功於我國。"(463、9-22-15)

○《高宗肜日》:"降年有永有不永。"《孔傳》:"言天之下年與民,有義者長,無義者不長。"(480、10-13-18)

○《西伯戡黎》:"天曷不降威?"《孔傳》:"天何不下罪誅之?"(489、10-18-6)

○《微子》:"天毒降災荒殷邦。"《孔傳》:"天生紂爲亂,是天毒下災。"(498、10-22-8)

○《微子》:"降監殷民,用乂讎斂。"《孔傳》:"下視殷民,所用治者,皆重賦傷民、斂聚怨讎之道。"(500、10-22-16)

○《泰誓中》:"天乃佑命成湯,降黜夏命。"《孔傳》:"言天助湯命,使下退桀命。"(509、11-11-14)

○《泰誓下》:"上帝弗順,祝降時喪。"《孔傳》:"天惡紂逆道,斷絕其命,故下是喪亡之誅。"(513、11-16-18)

○《大誥》:"天降割于我家不少。"《孔傳》:"故天下凶害於我家不少。"(624、13-21-7)

○《大誥》:"予不敢閉于天降威用。"《孔傳》:"言我不敢閉絕天所下威用而不行。"(625、13-22-1)

○《大誥》:"天降威。"《孔傳》:"天下威。"(627、13－23－17)

○《大誥》:"矧今天降戾于周邦?"《孔傳》:"況今天下罪於周,使四國叛乎?"(637、13－32－3)

○《酒誥》:"惟天降命。"《孔傳》:"惟天下教命。"(675、14－21－2)

○《酒誥》:"天降威,我民用大亂喪德。"《孔傳》:"天下威罰,使民亂德。"(675、14－21－3)

○《酒誥》:"故天降喪于殷,罔愛于殷。"《孔傳》:"故天下喪亡於殷,無愛於殷。"(685、14－29－10)

○《多士》:"旻天大降喪于殷。"《孔傳》:"殷道不至,故旻天下喪亡於殷。"(752、16－2－10)

○《多士》:"有夏不適逸,則惟帝降格。"《孔傳》:"有夏桀爲政不之逸樂,故天下至戒以譴告之。"(754、16－4－1)

○《多士》:"厥惟廢元命,降致罰。"《孔傳》:"其惟廢其大命,下致天罰。"(755、16－4－7)

○《多士》:"降若兹大喪。"《孔傳》:"故下若此大喪亡之誅。"(756、16－5－13)

○《多士》:"予大降爾四國民命。"《孔傳》:"大下汝民命,謂誅四國君。"(761、16－9－11)

○《君奭》:"弗弔,天降喪于殷。"《孔傳》:"言殷道不至,故天下喪亡於殷。"(791、16－25－5)

○《君奭》:"兹迪彝教文王蔑德,降于國人。"《孔傳》:"而五人以此道法,教文王以精微之德,下政令於國人。"(802、16－33－2)

○《多方》:"惟帝降格于夏。"《孔傳》:"惟天下至戒於夏以譴告之。"(817、17－8－10)

○《多方》:"乃大降罰崇亂有夏。"《孔傳》:"桀乃大下罰於民重亂有夏。"(818、17－9－6)

○《多方》:"乃大降顯休命于成湯。"《孔傳》:"大下明美之命於成湯。"(819、17－10－9)

○《多方》:"天降時喪,有邦間之。"《孔傳》:"故天下是喪亡以禍之,使天下有國聖人代之。"(822、17－12－17)

○《多方》:"天惟降時喪。"《孔傳》:"故天惟下其(是)喪亡。"(822、17－13－6)

按:《孔傳》"其"字,八、李、王、纂、平、岳、殿、庫作"是"①,是。

---

① 杜澤遜:《尚書注疏彙校》,第2662頁。

○《多方》:"我惟大降爾四國民命。"《孔傳》:"我惟大下汝四國民命。"
(824、17－15－8)

○《多方》:"乃有不用我降爾命,我乃其大罰殛之。"《孔傳》:"汝其［有］
不用我命,我乃大下誅汝君,乃其大罰誅之。"(826、17－16－8)

按:《孔傳》"其"字後,八、李、纂、岳、殿、庫有"有"字①。

○《顧命》:"今天降疾殆。"《孔傳》:"今天下疾我身甚危殆。"(874、18－
22－15)

○《顧命》:"太保受同,降。"《孔傳》:"受王所饗同,下堂反於篚。"(898、
18－38－14)

○《顧命》:"太保降,收。"《孔傳》:"太保下堂,則王亦可知。有司於此盡
收徹。"(900、18－39－5)

按:《孔傳》"則"字,八、要作"立";"亦"字,八、王、平、要、岳作"下"②。

○《畢命》:"道有升降。"《孔傳》:"天道有上下交接之義。"(913、19－9－5)

○《吕刑》:"伯夷降典,折民惟刑。"《孔傳》:"伯夷下典禮,教民而斷以
法。"(935、19－30－13)

○《吕刑》:"稷降播種,農殖嘉穀。"《孔傳》:"后稷下教民播種,農畝生善
穀。"(935、19－30－13)

○《吕刑》:"上帝不蠲,降咎于苗。"《孔傳》:"天不潔其所爲,故下咎罪。"
(940、19－33－16)

② 退。

○《蔡仲之命》:"降霍叔于庶人。"《孔傳》:"罪輕故退爲庶人。"(811、17－
2－3)

按:《孔傳》"庶"字,八、李、王、纂、平、要、岳、永、阮作"衆"③。

1032 戒 jiè

戒慎。

○《説命中》:"王惟戒兹。"《孔傳》:"言王戒慎此四'惟'之事。"(472、
10－7－4)

1033 謹 jǐn

慎。

○《胤征》:"先王克謹天戒。"《孔傳》:"言君能慎戒。"(381、7－12－18)

---

① 杜澤遜:《尚書注疏彙校》,第 2670 頁。
② 杜澤遜:《尚書注疏彙校》,第 2942 頁。
③ 杜澤遜:《尚書注疏彙校》,第 2633 頁。

1034 禁 jìn

法禁。

○《周官》:"司寇,掌邦禁。"《孔傳》:"《秋官》卿,主寇賊法禁。"(855、18-6-1)

1035 儆 jǐng

① 戒。

○《大禹謨》:"降水儆予。"《孔傳》:"儆,戒也。"(152、4-11-10)

② 儆戒。

○《伊訓》:"制官刑,儆于有位。"《孔傳》:"言湯制治官刑法,以儆戒百官。"(407、8-20-18)

1036 競 jìng

强。

○《立政》:"乃有室大競。"《孔傳》:"乃有卿大夫室家大强。"(836、17-22-16)

1037 糾 jiū

彈正。

○《冏命》:"繩愆糾謬,格其非心。"《孔傳》:"彈正過誤,檢其非妄之心。"(921、19-20-8)

1038 咎 jiù

① 灾。

○《大禹謨》:"民棄不保,天降之咎。"《孔傳》:"言民叛,天灾之。"(158、4-17-4)

按:"灾",《尚書注疏》各本俱作此字形。《説文》:"咎,災也。从人从各。各者,相違也。"

② 惡。

○《盤庚中》:"非汝有咎,比于罰。"《孔傳》:"非謂汝有惡徙汝,令比近於殃罰。"(450、9-15-1)

○《西伯戡黎》:"殷始咎周。"《孔傳》:"咎,惡。"(1025、10-15-15)

○《洪範》:"其作汝用咎。"《孔傳》:"其爲汝用惡道以敗汝善。"(566、12-17-15)

○《康誥》:"惟民其畢棄咎。"《孔傳》:"惟民其盡棄惡修善。"(656、14-9-9)

③ 咎罪。

○《説命中》:"惟説不言有厥咎。"《孔傳》:"王能行善,而説不言,則有其

咎罪。"(473、10 - 8 - 17)

○《吕刑》:"上帝不蠲,降咎于苗。"《孔傳》:"天不潔其所爲,故下咎罪。"(940、19 - 33 - 16)

④ 咎惡。

○《洪範》:"不協于極,不罹于咎。"《孔傳》:"凡民之行,雖不合於中,而不罹于咎惡。"(564、12 - 16 - 2)

○《康王之誥》:"丕平富,不務咎。"《孔傳》:"言先君文武道大,政化平美,不務咎惡。"(908、19 - 5 - 2)

⑤ 惡行。

○《洪範》:"曰咎徵。"《孔傳》:"敘惡行之驗。"(584、12 - 29 - 13)

1039 鞠 jū

① 窮。

○《盤庚中》:"爾惟自鞠自苦。"《孔傳》:"鞠,窮也。"(451、9 - 15 - 12)

② 稚。

○《康誥》:"兄亦不念鞠子哀。"《孔傳》:"爲人兄,亦不念稚子之可哀。"(662、14 - 12 - 18)

○《康王之誥》:"無遺鞠子羞。"《孔傳》:"無自荒怠,遺我稚子之羞辱。"(910、19 - 5 - 17)

③ 窮困。

○《盤庚下》:"鞠人謀人之保居。"《孔傳》:"人之窮困能謀安其居者。"(466、9 - 24 - 16)

1040 厥 jué

其。(197 見)

○《堯典》:"厥民析,鳥獸孳尾。"《孔傳》:"厥,其也。"(29、2 - 12 - 15)

○《堯典》:"女于時,觀厥刑于二女。"《孔傳》:"堯於是以二女妻舜,觀其法度接二女。"(62、2 - 33 - 1)

○《大禹謨》:"禹成厥功。"《孔傳》:"陳其成功。"(996、4 - 1 - 7)

○《大禹謨》:"惟精惟一,允執厥中。"《孔傳》:"故戒以精一,信執其中。"(153、4 - 12 - 4)

○《皋陶謨》:"允迪厥德,謨明弼諧。"《孔傳》:"厥,其也。其,古人也。"(162、4 - 22 - 16)

○《皋陶謨》:"慎厥身修,思永。"《孔傳》:"慎修其身,思爲長久之道。"(162、4 - 23 - 1)

○《益稷》:"用殄厥世。"《孔傳》:"用是絕其世不得嗣。"(216、5 -

14 - 12)

○《禹貢》:"三邦厎貢<u>厥</u>名。"《孔傳》:"三物皆出雲夢之澤,近澤三國,常致貢之,<u>其</u>名天下稱善。"(283、6 - 21 - 7)

○《五子之歌》:"滅<u>厥</u>德,黎民咸貳。"《孔傳》:"君喪<u>其</u>德,則衆民皆二心矣。"(374、7 - 6 - 9)

○《五子之歌》:"荒墜<u>厥</u>緒,覆宗絶祀。"《孔傳》:"而太康失<u>其</u>業,以取亡。"(379、7 - 9 - 16)

○《五子之歌》:"弗慎<u>厥</u>德。"《孔傳》:"不慎<u>其</u>德。"(380、7 - 10 - 17)

○《胤征》:"羲和廢<u>厥</u>職,酒荒於<u>厥</u>邑。"《孔傳》:"舍<u>其</u>職官,還<u>其</u>私邑,以酒迷亂,不修<u>其</u>業。"(381、7 - 12 - 7)

○《胤征》:"羲和尸<u>厥</u>官,罔聞知。"《孔傳》:"主<u>其</u>官而無聞知於日食之變異。"(384、7 - 14 - 16)

○《仲虺之誥》:"兹率<u>厥</u>典。"《孔傳》:"但當循<u>其</u>典法。"(395、8 - 9 - 9)

○《仲虺之誥》:"用爽<u>厥</u>師。"《孔傳》:"用明<u>其</u>衆。"(395、8 - 9 - 15)

○《湯誥》:"克綏<u>厥</u>猷惟后。"《孔傳》:"能安立<u>其</u>道教,則惟爲君之道。"(400、8 - 14 - 5)

○《太甲上》:"祗爾<u>厥</u>辟。"《孔傳》:"敬<u>其</u>君道。"(410、8 - 25 - 17)

○《太甲中》:"俾嗣王克終<u>厥</u>德。"《孔傳》:"言王能終<u>其</u>德。"(415、8 - 29 - 5)

○《太甲中》:"以速戾于<u>厥</u>躬。"《孔傳》:"以召罪於<u>其</u>身。"(416、8 - 29 - 9)

○《太甲中》:"弗克于<u>厥</u>初。"《孔傳》:"不能修德於<u>其</u>初。"(416、8 - 30 - 3)

○《太甲中》:"脩<u>厥</u>身,允德協于下。"《孔傳》:"言脩<u>其</u>身,使信德合於群下。"(416、8 - 30 - 14)

○《太甲中》:"民服<u>厥</u>命。"《孔傳》:"故民心服<u>其</u>教令。"(416、8 - 30 - 15)

○《太甲中》:"視乃<u>厥</u>祖。"《孔傳》:"法視<u>其</u>祖而行之。"(417、8 - 31 - 3)

○《太甲下》:"終始慎<u>厥</u>與。"《孔傳》:"明慎<u>其</u>所與治亂之機。"(418、8 - 32 - 7)

○《太甲下》:"先王惟時懋敬<u>厥</u>德。"《孔傳》:"言湯惟是終始所與之難,勉修<u>其</u>德。"(418、8 - 32 - 9)

○《太甲下》:"無安<u>厥</u>位,惟危。"《孔傳》:"言當常自危懼,以保<u>其</u>位。"(418、8 - 32 - 15)

○《咸有一德》:"常<u>厥</u>德,保<u>厥</u>位。<u>厥</u>德匪常,九有以亡。"《孔傳》:"人能常<u>其</u>德,則安<u>其</u>位。九有諸侯。桀不能常<u>其</u>德,湯伐而兼之。"(420、8 -

35－10)

○《咸有一德》："今嗣王新服<u>厥</u>命,惟新<u>厥</u>德。"《孔傳》："<u>其</u>命,王命。新<u>其</u>德,戒勿怠。"(421、8－36－14)

○《盤庚上》："不匿<u>厥</u>指。"《孔傳》："不匿<u>其</u>指。"(432、9－6－18)

○《盤庚上》："各長于<u>厥</u>居。"《孔傳》："盤庚勑臣下各思長於<u>其</u>居。"(445、9－12－11)

○《盤庚上》："用罪伐<u>厥</u>死。"《孔傳》："罪以懲之使勿犯,伐去<u>其</u>死道。"(445、9－12－16)

○《盤庚中》："<u>厥</u>攸作,視民利用遷。"《孔傳》："<u>其</u>所爲,視民有利,則用徙。"(450、9－14－16)

○《盤庚中》："故以丕從<u>厥</u>志。"《孔傳》："故大從<u>其</u>志而徙之。"(451、9－15－6)

○《盤庚中》："若乘舟,汝弗濟,臭<u>厥</u>載。"《孔傳》："如舟在水中流不渡,臭敗<u>其</u>所載物。"(452、9－15－13)

○《盤庚下》："奠<u>厥</u>攸居。"《孔傳》："定<u>其</u>所居。"(461、9－21－14)

○《説命上》："乃審<u>厥</u>象。"《孔傳》："審所夢之人,刻<u>其</u>形象。"(470、10－2－18)

○《説命上》："若藥弗瞑眩,<u>厥</u>疾弗瘳。"《孔傳》："如服藥必瞑眩極,<u>其</u>病乃除。"(470、10－4－3)

○《説命中》："惟<u>厥</u>攸居,政事惟醇。"《孔傳》："<u>其</u>所居行,皆如所言,則王之政事醇粹。"(473、10－8－5)

○《説命中》："惟説不言有<u>厥</u>咎。"《孔傳》："王能行善,而説不言,則有<u>其</u>咎罪。"(473、10－8－17)

○《説命下》："暨<u>厥</u>終罔顯。"《孔傳》："與今<u>其</u>終,故遂無顯明之德。"(474、10－9－13)

○《説命下》："<u>厥</u>脩乃來。"《孔傳》："<u>其</u>德之脩乃來。"(475、10－10－7)

○《説命下》："道積於<u>厥</u>躬。"《孔傳》："道積於<u>其</u>身。"(475、10－10－9)

○《説命下》："<u>厥</u>德脩罔覺。"《孔傳》："<u>其</u>德之脩,無能自覺。"(475、10－10－10)

○《説命下》："予弗克俾<u>厥</u>后惟堯舜。"《孔傳》："言伊尹不能使<u>其</u>君如堯舜。"(476、10－11－7)

○《高宗肜日》："惟先格王,正<u>厥</u>事。"《孔傳》："言至道之王遭變異,正<u>其</u>事而異自消。"(479、10－13－9)

○《高宗肜日》："天既孚命正<u>厥</u>德。"《孔傳》："天已信命正<u>其</u>德。"(481、

10－14－4)

○《泰誓上》:"予曷敢有越<u>厥</u>志?"《孔傳》:"是與否不敢遠<u>其</u>志。"(506、11－8－2)

○《泰誓中》:"<u>厥</u>監惟不遠。"《孔傳》:"<u>其</u>視紂罪,與桀同辜。"(509、11－12－8)

○《泰誓中》:"若崩<u>厥</u>角。"《孔傳》:"若崩摧<u>其</u>角。"(511、11－14－13)

○《泰誓下》:"時<u>厥</u>明。"《孔傳》:"是<u>其</u>戊午明日。"(512、11－15－3)

○《泰誓下》:"<u>厥</u>類惟彰。"《孔傳》:"<u>其</u>義類惟明,言王所宜法則。"(512、11－15－10)

○《牧誓》:"昏棄<u>厥</u>肆祀弗答。"《孔傳》:"亂棄<u>其</u>所陳祭祀,不復當享鬼神。"(524、11－23－1)

○《牧誓》:"昏棄<u>厥</u>遺王父母弟不迪。"《孔傳》:"言棄<u>其</u>骨肉,不接之以道。"(524、11－23－5)

○《武成》:"<u>厥</u>四月哉生明。"《孔傳》:"<u>其</u>四月……始生明。"(530、11－26－11)

○《武成》:"克成<u>厥</u>勳。"《孔傳》:"能成<u>其</u>王功。"(533、11－30－1)

○《武成》:"惟其士女,筐<u>厥</u>玄黃。"《孔傳》:"言東國士女,筐筐盛<u>其</u>絲帛。"(535、11－32－2)

○《洪範》:"相協<u>厥</u>居。"《孔傳》:"是助合<u>其</u>居。"(543、12－2－13)

○《洪範》:"凡<u>厥</u>正人。"《孔傳》:"凡<u>其</u>正直之人。"(566、12－17－12)

○《洪範》:"凡<u>厥</u>庶民。"《孔傳》:"凡<u>其</u>衆民。"(569、12－19－13)

○《旅獒》:"無替<u>厥</u>服。"《孔傳》:"使無廢<u>其</u>職。"(597、13－2－17)

○《旅獒》:"生民保<u>厥</u>居。"《孔傳》:"則生人安<u>其</u>居。"(598、13－6－15)

○《大誥》:"<u>厥</u>父菑。"《孔傳》:"<u>其</u>父已菑耕其田。"(635、13－30－11)

○《大誥》:"<u>厥</u>考翼。"《孔傳》:"<u>其</u>父敬事創業。"(635、13－30－13)

○《大誥》:"乃有友伐<u>厥</u>子。"《孔傳》:"乃有朋友來伐<u>其</u>子。"(636、13－30－18)

○《大誥》:"誕鄰胥伐于<u>厥</u>室。"《孔傳》:"大近相伐於<u>其</u>室家。"(637、13－32－5)

○《微子之命》:"誕受<u>厥</u>命。"《孔傳》:"大受<u>其</u>命。"(640、13－35－10)

○《微子之命》:"永綏<u>厥</u>位,毗予一人。"《孔傳》:"長安<u>其</u>位,以輔我一人。"(641、13－36－18)

○《康誥》:"殪戎殷,誕受<u>厥</u>命。"《孔傳》:"乃大命之殺兵殷,大受<u>其</u>王命。"(649、14－4－17)

○《康誥》:"越厥邦厥民惟時敘。"《孔傳》:"於其國,於其民,惟是次序。"(649、14 - 5 - 1)

○《康誥》:"既道極厥辜。"《孔傳》:"汝盡聽訟之理以極其罪。"(655、14 - 8 - 17)

○《康誥》:"大傷厥考心。"《孔傳》:"大傷其父心。"(662、14 - 12 - 13)

○《康誥》:"于父不能字厥子,乃疾厥子。"《孔傳》:"於為人父,不能字愛其子,乃疾惡其子。"(662、14 - 12 - 15)

○《康誥》:"乃弗克恭厥兄。"《孔傳》:"乃不能恭事其兄。"(662、14 - 12 - 16)

○《康誥》:"瘝厥君,時乃引惡。"《孔傳》:"病其君道,是汝長惡。"(664、14 - 14 - 16)

○《康誥》:"不能厥家人,越厥小臣外正。"《孔傳》:"不能治其家人之道,則於其小臣外正官之吏。"(665、14 - 15 - 6)

○《康誥》:"則罔政在厥邦。"《孔傳》:"則無善政在其國。"(667、14 - 17 - 3)

○《康誥》:"未戾厥心。"《孔傳》:"未定其心。"(667、14 - 17 - 14)

○《酒誥》:"厥誥毖庶邦庶士。"《孔傳》:"文王其所告慎衆國衆士。"(674、14 - 20 - 17)

○《酒誥》:"惟土物愛,厥心臧。"《孔傳》:"惟土地所生之物,皆愛惜之,則其心善。"(676、14 - 22 - 18)

○《酒誥》:"奔走事厥考厥長。"《孔傳》:"奔走事其父兄。"(677、14 - 23 - 17)

○《酒誥》:"用孝養厥父母。"《孔傳》:"用其所得珍異,孝養其父母。"(677、14 - 24 - 2)

○《酒誥》:"厥父母慶。"《孔傳》:"其父母善子之行。"(678、14 - 24 - 4)

○《酒誥》:"惟御事厥棐有恭。"《孔傳》:"惟殷御治事之臣,其輔佐畏相之君,有恭敬之德。"(682、14 - 26 - 17)

○《酒誥》:"厥命罔顯于民。"《孔傳》:"言紂暴虐,施其政令於民,無顯明之德。"(684、14 - 28 - 16)

○《酒誥》:"誕惟厥縱淫泆于非彝。"《孔傳》:"紂大惟其縱淫泆于非常。"(684、14 - 28 - 18)

○《酒誥》:"厥或誥曰。"《孔傳》:"其有誥汝曰。"(689、14 - 32 - 7)

○《梓材》:"以厥庶民,暨厥臣。"《孔傳》:"言當用其衆人之賢者與其小臣之良者。"(692、14 - 34 - 3)

○《梓材》：“以厥臣達王。”《孔傳》：“汝當信用其臣，以通王教於民。”（693、14‒34‒5）

○《梓材》：“亦厥君先敬勞。”《孔傳》：“亦其爲君之道，當先敬勞民。”（693、14‒34‒10）

○《梓材》：“肆亦見厥君事。”《孔傳》：“故往治民，亦當見其爲君之事。”（693、14‒34‒15）

○《梓材》：“王啓監，厥亂爲民。”《孔傳》：“言王者開置監官，其治爲民。”（694、14‒36‒6）

○《梓材》：“王其效邦君越御事，厥命曷以。”《孔傳》：“王者其效實國君，及于御治事者，知其教命所施何用。”（696、14‒36‒11）

○《梓材》：“爲厥疆畎。”《孔傳》：“爲其疆畔畎壟。”（697、14‒37‒5）

○《梓材》：“皇天既付中國民，越厥疆土于先王肆。”《孔傳》：“大天已付周家治中國民矣，能遠拓其界壤，則於先王之道遂大。”（700、14‒38‒11）

○《召誥》：“厥既得卜，則經營。”《孔傳》：“其已得吉卜，則經營規度城郭郊廟朝市之位處。”（705、15‒2‒15）

○《召誥》：“厥既命殷庶。”《孔傳》：“其已命殷衆。”（709、15‒5‒9）

○《召誥》：“皇天上帝，改厥元子。”《孔傳》：“歎皇天改其大子。”（711、15‒8‒3）

○《召誥》：“越厥後王後民，兹服厥命。”《孔傳》：“於其後王後民……此服其命。”（712、15‒8‒18）

○《召誥》：“厥終，智藏瘝在。”《孔傳》：“其終……賢智隱藏，瘝病者在位。”（712、15‒9‒1）

○《召誥》：“夫知保抱攜持厥婦子。”《孔傳》：“夫知保抱其子，攜持其妻。”（712、15‒9‒3）

○《召誥》：“徂厥亡，出執。”《孔傳》：“往其逃亡，出見執殺。”（712、15‒9‒4）

○《召誥》：“天迪從子保，面稽天若，今時既墜厥命。”《孔傳》：“夏禹能敬德，天道從而子安之。禹亦面考天心而順之，今是桀棄禹之道，天已墜其王命。”（713、15‒10‒4）

○《召誥》：“今時既墜厥命。”《孔傳》：“墜其王命。”（713、15‒10‒7）

○《召誥》：“王厥有成命治民。”《孔傳》：“則王其有天之成命治民。”（716、15‒12‒4）

○《召誥》：“惟不敬厥德，乃早墜厥命。”《孔傳》：“惟以不敬其德，故乃早墜失其王命。”（717、15‒14‒5）

○《召誥》:"惟不敬<u>厥</u>德,乃早墜<u>厥</u>命。"《孔傳》:"紂早墜<u>其</u>命,猶桀不敬<u>其</u>德。"(717、15－14－9)

○《召誥》:"今王嗣受<u>厥</u>命。"《孔傳》:"其夏殷也,繼受<u>其</u>王命。"(718、15－15－10)

○《召誥》:"罔不在<u>厥</u>初生。"《孔傳》:"無不在<u>其</u>初生。"(717、15－14－11)

○《洛誥》:"無若火始燄燄,<u>厥</u>攸灼敘。"《孔傳》:"無令若火始然,燄燄尚微,<u>其</u>所及,灼然有次序。"(729、15－24－14)

○《洛誥》:"<u>厥</u>若彝,及撫事如予。"《孔傳》:"<u>其</u>順常道,及撫國事,如我所爲。"(729、15－24－17)

○《多士》:"誕淫<u>厥</u>泆。"《孔傳》:"言紂大過<u>其</u>過。"(756、16－5－11)

○《多士》:"惟天不畀,不明<u>厥</u>德。"《孔傳》:"惟天不與不明<u>其</u>德者。"(756、16－5－14)

○《多士》:"爾<u>厥</u>有幹有年。"《孔傳》:"則汝<u>其</u>有安事,有豐年。"(764、16－11－2)

○《無逸》:"<u>厥</u>父母勤勞稼穡。"《孔傳》:"<u>其</u>父母躬勤艱難。"(767、16－12－15)

○《無逸》:"否則侮<u>厥</u>父母。"《孔傳》:"不欺,則輕侮<u>其</u>父母。"(767、16－12－18)

○《無逸》:"自時<u>厥</u>後。"《孔傳》:"從是<u>其</u>後。"(777、16－17－10)

○《無逸》:"此<u>厥</u>不聽,人乃訓之。"《孔傳》:"此<u>其</u>不聽中正之君,人乃教之以非法。"(785、16－21－5)

○《無逸》:"民否則<u>厥</u>心違怨,否則<u>厥</u>口詛祝。"《孔傳》:"民否則<u>其</u>心違怨,否則<u>其</u>口詛祝。"(785、16－21－8)

○《無逸》:"<u>厥</u>或告之曰。"《孔傳》:"<u>其</u>有告之。"(786、16－22－10)

○《無逸》:"<u>厥</u>愆曰。"《孔傳》:"<u>其</u>人有過,則曰。"(787、16－22－12)

○《無逸》:"此<u>厥</u>不聽,人乃或譸張爲幻。"《孔傳》:"此<u>其</u>不聽中正之君,有人誑惑之。"(787、16－23－5)

○《無逸》:"不永念<u>厥</u>辟,不寬綽<u>厥</u>心。"《孔傳》:"不長念<u>其</u>爲君之道,不寬緩<u>其</u>心。"(787、16－23－8)

○《無逸》:"是叢于<u>厥</u>身。"《孔傳》:"叢聚於<u>其</u>身。"(787、16－23－10)

○《君奭》:"殷既墜<u>厥</u>命。"《孔傳》:"殷已墜失<u>其</u>王命。"(791、16－25－6)

○《君奭》:"<u>厥</u>基永孚于休。"《孔傳》:"言殷家<u>其</u>始長信於美道。"(791、

16－25－8）

○《君奭》:"惟德稱用,乂厥辟。"《孔傳》:"惟有德者舉,用治其君事。"（798、16－30－5）

○《君奭》:"厥亂明我新造邦。"《孔傳》:"其治理足以明我新成國矣。"（799、16－31－5）

○《君奭》:"其集大命于厥躬。"《孔傳》:"故能成其大命於其身。"（799、16－32－2）

○《君奭》:"咸劉厥敵。"《孔傳》:"皆殺其敵。"（803、16－34－1）

○《君奭》:"亦罔不能厥初。"《孔傳》:"亦無不能其初。"（808、16－38－12）

○《蔡仲之命》:"克慎厥猷。"《孔傳》:"能慎其道。"（812、17－3－13）

○《蔡仲之命》:"慎厥初,惟厥終。"《孔傳》:"必慎其初,念其終。"（813、17－4－9）

○《蔡仲之命》:"罔以側言改厥度。"《孔傳》:"無以邪巧之言,易其常度。"（814、17－4－16）

○《多方》:"有夏誕厥逸。"《孔傳》:"有夏桀不畏天戒,而大其逸豫。"（817、17－8－12）

○《多方》:"厥圖帝之命。"《孔傳》:"桀其謀天之命。"（817、17－9－4）

○《多方》:"慎厥麗,乃勸厥民。"《孔傳》:"湯慎其施政於民,民乃勸善。其人雖刑,亦用勸善。"（821、17－11－8、17－11－9）

○《多方》:"乃惟有夏圖厥政。"《孔傳》:"言桀謀其政。"（822、17－12－17）

○《多方》:"乃惟爾商後王,逸厥逸。"《孔傳》:"後王紂逸豫其過逸。"（822、17－13－4）

○《多方》:"圖厥政。"《孔傳》:"紂謀其政。"（822、17－13－5）

○《多方》:"開厥顧天。"《孔傳》:"開其能顧天可以代者。"（824、17－14－9）

○《立政》:"乃敢告教厥后。"《孔傳》:"乃敢告教其君以立政。"（836、17－23－2）

○《立政》:"用協于厥邑。"《孔傳》:"用三宅三俊之道和其邑。"（839、17－25－8）

○《立政》:"同于厥邦。"《孔傳》:"同于其國。"（839、17－26－3）

○《立政》:"同于厥政。"《孔傳》:"同于其政。"（839、17－26－7）

○《立政》:"文王惟克厥宅心。"《孔傳》:"文王惟其能居心遠惡舉善。"

（843、17－31－4）

○《立政》：“不敢替<u>厥</u>義德。”《孔傳》：“不敢廢<u>其</u>義德。”（844、17－31－18）

○《立政》：“我其克灼知<u>厥</u>若。”《孔傳》：“我其能灼然知<u>其</u>順者。”（845、17－32－10）

○《立政》：“是罔顯在<u>厥</u>世。”《孔傳》：“是使其君無顯名在<u>其</u>世。”（848、17－34－14）

○《周官》：“四征弗庭，綏<u>厥</u>兆民。”《孔傳》：“四面征討諸侯之不直者，所以安<u>其</u>兆民。”（852、18－2－10）

○《周官》：“訓迪<u>厥</u>官。”《孔傳》：“訓（順）蹈<u>其</u>所建官而則之。”（853、18－5－1）

○《周官》：“無以利口亂<u>厥</u>官。”《孔傳》：“無以利口辯佞，亂<u>其</u>官。”（857、18－9－18）

○《君陳》：“兹率<u>厥</u>常。”《孔傳》：“此循<u>其</u>常法而教訓之。”（860、18－14－11）

○《君陳》：“圖<u>厥</u>政，莫或不艱。”《孔傳》：“謀<u>其</u>政，無有不先慮其難。”（861、18－16－1）

○《君陳》：“爾惟勿宥。惟<u>厥</u>中。”《孔傳》：“汝勿宥。惟<u>其</u>當以中正平理斷之。”（863、18－16－14）

○《君陳》：“簡<u>厥</u>修，亦簡其或不修。”《孔傳》：“簡別<u>其</u>德行修者，亦別其有不修者。”（863、18－18－1）

○《君陳》：“進<u>厥</u>良，以率其或不良。”《孔傳》：“進顯<u>其</u>賢良者，以率勉其有不良者。”（863、18－18－3）

○《君陳》：“從<u>厥</u>攸好。”《孔傳》：“從<u>其</u>所好。”（863、18－18－10）

○《康王之誥》：“戡定<u>厥</u>功。”《孔傳》：“能定<u>其</u>功。”（906、19－4－3）

○《康王之誥》：“皇天用訓<u>厥</u>道。”《孔傳》：“大天用順<u>其</u>道。”（909、19－5－7）

○《康王之誥》：“用奉恤<u>厥</u>若。”《孔傳》：“當各用心奉憂<u>其</u>所行順道。”（910、19－5－17）

○《畢命》：“綏定<u>厥</u>家。”《孔傳》：“言周公助先王安定<u>其</u>家。”（913、19－8－17）

○《畢命》：“式化<u>厥</u>訓。”《孔傳》：“用化<u>其</u>教。”（913、19－8－18）

○《畢命》：“不臧<u>厥</u>臧，民罔攸勸。”《孔傳》：“若乃不善<u>其</u>善，則民無所勸慕。”（913、19－9－5）

○《畢命》：“表厥宅里。”《孔傳》：“表異其居里。”(915、19-10-18)

○《畢命》：“殊厥井疆。”《孔傳》：“則殊其井居田界。”(915、19-11-3)

○《畢命》：“厥德允修。”《孔傳》：“則其德政信修立。”(916、19-13-9)

○《畢命》：“惟周公克慎厥始，惟君陳克和厥中，惟公克成厥終。”《孔傳》：“周公遷殷頑民以消亂階，能慎其始。君陳弘周公之訓，能和其中。畢公闡二公之烈，能成其終。”(916、19-13-11、19-13-11、19-13-12)

○《畢命》：“惟既厥心。”《孔傳》：“惟在盡其心而已。”(917、19-14-6)

○《畢命》：“惟慎厥事。”《孔傳》：“惟在慎其政事。”(917、19-14-7)

○《君牙》：“厥有成績。”《孔傳》：“其有成功。”(918、19-15-11)

○《君牙》：“厥惟艱哉！”《孔傳》：“治民其惟難哉！”(919、19-16-13)

○《冏命》：“思免厥愆。”《孔傳》：“思所以免其過悔。”(920、19-19-7)

○《冏命》：“以旦夕承弼厥辟。”《孔傳》：“以旦夕承輔其君。”(921、19-19-13)

○《冏命》：“僕臣正，厥后克正。僕臣諛，厥后自聖。”《孔傳》：“言僕臣皆正，則其君乃能正。僕臣諂諛，則其君乃自謂聖。”(922、19-21-15)

○《冏命》：“若時瘝厥官。”《孔傳》：“則病其官職。”(922、19-22-5)

○《冏命》：“惟爾大弗克祗厥辟。”《孔傳》：“惟汝大不能敬其君。”(922、19-22-7)

○《吕刑》：“乃絶厥世。”《孔傳》：“故堯絶其世。”(940、19-33-18)

○《文侯之命》：“集厥命于文王。”《孔傳》：“故上天集成其王命。”(962、20-2-17)

○《文侯之命》：“克左右昭事厥辟。”《孔傳》：“能左右明事其君。”(963、20-3-2)

○《文侯之命》：“罔或耈壽俊在厥服。”《孔傳》：“無有耈宿壽考俊德在其服位。”(964、20-4-4)

1041 覺 jué

自覺。

○《説命下》：“厥德脩罔覺。”《孔傳》：“則其德之脩，無能自覺。”(475、10-10-11)

1042 俊 jùn

① **賢。**

○《多士》：“俊民甸四方。”《孔傳》：“用其賢人治四方。”(755、16-4-9)

○《君奭》：“明我俊民在讓。”《孔傳》：“明我賢人在禮讓。”(807、16-37-11)

② 德。

○《立政》：“克用三宅三俊。”《孔傳》：“以能用三居三德之法。”(838、17-25-7)

按：《説文》：“俊，材千人也。”即才智超群的人。《孔疏》：“‘三俊’，即是《洪範》所言‘剛克、柔克、正直’三德之俊也。”

③ 賢俊。

○《立政》：“籲俊尊上帝。”《孔傳》：“猶乃招呼賢俊，與共尊事上天。”(836、17-22-16)

○《立政》：“灼見三有俊心。”《孔傳》：“灼然見三有賢俊之心。”(840、17-27-6)

④ 俊德。

○《文侯之命》：“罔或耆壽俊在厥服。”《孔傳》：“無有耆宿壽考俊德在其服位。”(964、20-4-4)

1043 濬 jùn

深。

○《益稷》：“濬畎澮距川。”《孔傳》：“濬畎澮深之至川亦入海。”(187、5-2-5)

○《禹貢》：“隨山濬川。”《孔傳》：“刊其木，深其流。”(997、6-1-7)

按：《爾雅·釋言》：“濬，深也。”《舜典》：“濬哲文明。”《傳》云：“濬，深；哲，智也。”

1044 戡 kān

能。

○《康王之誥》：“戡定厥功。”《孔傳》：“能定其功。”(906、19-4-3)

1045 考 kǎo

考正。

○《周官》：“考制度于四岳。”《孔傳》：“考正制度禮法于四岳之下。”(857、18-8-9)

1046 克 kè

能。(131見)

○《堯典》：“允恭克讓，光被四表，格於上下。”《孔傳》：“克，能。”(9、2-8-8)

○《堯典》：“克明俊德，以親九族。”《孔傳》：“能明俊德之士，任用之以睦高祖玄孫之親。”(12、2-10-3)

○《堯典》：“克諧以孝。”《孔傳》：“言能以至孝和諧頑嚚昏傲。”(60、2-

32－16）

○《大禹謨》：“后克艱厥后，臣克艱厥臣。”《孔傳》：“能知爲君難，爲臣不易。”（147、4－2－17）

○《胤征》：“先王克謹天戒，臣人克有常憲。”《孔傳》：“言君能慎戒，臣能奉有常法。”（381、7－12－18）

○《湯誥》：“克綏厥猷惟后。”《孔傳》：“能安立其道教，則惟爲君之道。”（400、8－14－5）

○《湯誥》：“尚克時忱。”《孔傳》：“庶幾能是誠道。”（402、8－16－14）

○《太甲上》：“惟尹躬克左右厥辟宅師。”《孔傳》：“伊尹言能助其君，居業天下之衆。”（410、8－25－8）

○《太甲上》：“其後嗣王，罔克有終。”《孔傳》：“言桀君臣，滅先人之道德，不能終其業。”（410、8－25－15）

○《太甲上》：“王未克變。”《孔傳》：“未能變，不用訓。”（411、8－27－8）

○《太甲上》：“克終允德。”《孔傳》：“言能思念其祖，終其信德。”（412、8－28－5）

○《太甲中》：“俾嗣王克終厥德。”《孔傳》：“言王能終其德。”（415、8－29－5）

○《太甲中》：“弗克于厥初。”《孔傳》：“不能修德於其初。”（416、8－30－3）

○《太甲下》：“惟天無親，克敬惟親。”《孔傳》：“言天於人無有親疎，惟親能敬身者。”（417、8－31－13）

○《太甲下》：“鬼神無常享，享于克誠。”《孔傳》：“言鬼神不係一人，能誠信者，則享其祀。”（417、8－31－18）

○《太甲下》：“克配上帝。”《孔傳》：“能配天而行之。”（418、8－32－9）

○《咸有一德》：“夏王弗克庸德。”《孔傳》：“言桀不能常其德。”（421、8－35－13）

○《咸有一德》：“善無常主，協于克一。”《孔傳》：“言以合於能一爲常德。”（422、8－38－4）

○《咸有一德》：“克綏先王之禄。”《孔傳》：“則能保安先王之寵禄。”（422、8－38－6）

○《盤庚上》：“矧曰其克從先王之烈？”《孔傳》：“況能從先王之業乎？”（430、9－4－5）

○《盤庚上》：“汝克黜乃心。”《孔傳》：“汝群臣能退汝違上之心。”（436、9－8－3）

○《盤庚中》:"予丕克羞爾。"《孔傳》:"言我亦法湯大能進勞汝。"(454、9-17-4)

○《説命上》:"后克聖,臣不命其承。"《孔傳》:"君能受諫,則臣不待命,其承意而諫之。"(471、10-4-17)

○《説命中》:"允兹克明,乃罔不休。"《孔傳》:"信能明,政乃無不美。"(472、10-7-4)

○《説命下》:"予惟克邁乃訓。"《孔傳》:"言我能行汝教。"(474、10-10-1)

○《説命下》:"事不師古,以克永世。"《孔傳》:"事不法古訓,而以能長世。"(475、10-10-5)

○《説命下》:"惟説式克欽承。"《孔傳》:"言王能志學,説亦用能敬承王志。"(475、10-10-16)

○《説命下》:"予弗克俾厥后惟堯舜。"《孔傳》:"言伊尹不能使其君如堯舜。"(476、10-11-7)

○《説命下》:"其爾克紹乃辟于先王永綏民。"《孔傳》:"能繼汝君於先王長安民。"(476、10-11-15)

○《泰誓上》:"惟其克相上帝。"《孔傳》:"當能助天寵安天下。"(506、11-8-1)

○《泰誓中》:"有夏桀弗克若天。"《孔傳》:"桀不能順天。"(509、11-11-13)

○《泰誓中》:"立定厥功,惟克永世。"《孔傳》:"汝同心立功,則能長世以安民。"(511、11-14-17)

○《牧誓》:"弗迓克奔以役西土。"《孔傳》:"商衆能奔來降者,不迎擊之,如此則所以役我西土之義。"(528、11-24-11)

○《武成》:"公劉克篤前烈。"《孔傳》:"能厚先人之業。"(533、11-29-10)

○《武成》:"我文考文王,克成厥勳。"《孔傳》:"言我文德之父,能成其王功。"(533、11-29-18)

○《洪範》:"二曰剛克。"《孔傳》:"剛能立事。"(570、12-20-4)

○《洪範》:"三曰柔克。"《孔傳》:"和柔能治。"(570、12-20-5)

○《洪範》:"彊弗友剛克。"《孔傳》:"世强禦不順,以剛能治之。"(571、12-20-6)

○《洪範》:"燮友柔克。"《孔傳》:"世和順,以柔能治之。"(571、12-20-8)

○《大誥》：“克綏受兹命。”《孔傳》：“故能安受此天命。”（632、13－
28－6）

○《大誥》：“爾丕克遠省。”《孔傳》：“大能遠省識古事。”（633、13－
28－11）

○《微子之命》：“克齊聖廣淵。”《孔傳》：“能齊德聖達，廣大深遠。”（640、
13－35－9）

○《微子之命》：“恪慎克孝，肅恭神人。”《孔傳》：“言微子敬慎能孝，嚴恭
神人。”（640、13－35－15）

○《康誥》：“克明德慎罰。”《孔傳》：“能顯用俊德，慎去刑罰。”（647、14－
4－8）

○《康誥》：“乃弗克恭厥兄。”《孔傳》：“乃不能恭事其兄。”（662、14－
12－16）

○《康誥》：“汝亦罔不克敬典。”《孔傳》：“常事人之所輕，故戒以無不能敬
常。”（666、14－15－9）

○《酒誥》：“爾大克羞耉惟君。”《孔傳》：“汝大能進老成人之道，則爲君
矣。”（678、14－24－7）

○《酒誥》：“爾克永觀省。”《孔傳》：“汝能長觀省古道。”（679、14－
24－10）

○《酒誥》：“爾尚克羞饋祀。”《孔傳》：“則汝庶幾能進饋祀於祖考矣。”
（679、14－24－12）

○《酒誥》：“尚克用文王教。”《孔傳》：“皆庶幾能用上教。”（680、14－
26－4）

○《酒誥》：“克受殷之命。”《孔傳》：“能受殷王之命。”（681、14－26－6）

○《酒誥》：“不克畏死。”《孔傳》：“不能畏死。”（685、14－29－5）

○《洛誥》：“亦未克敉公功。”《孔傳》：“是亦未能撫順公之大功。”（737、
15－32－4）

○《多士》：“弗克庸帝。”《孔傳》：“桀不能用天戒。”（754、16－4－3）

○《多士》：“爾克敬，天惟畀矜爾。”《孔傳》：“汝能敬行順事，則爲天所與，
爲天所憐。”（764、16－10－16）

○《多士》：“爾不克敬。”《孔傳》：“汝不能敬順。”（764、16－10－17）

○《無逸》：“亦罔或克壽。”《孔傳》：“亦無有能壽考。”（777、16－17－10）

○《無逸》：“克自抑畏。”《孔傳》：“言皆能以義自抑，畏敬天命。”（778、
16－17－15）

○《君奭》：“大弗克恭上下。”《孔傳》：“若大不能恭承天地。”（792、16－

26 - 4)

○《君奭》:"弗克經歷。"《孔傳》:"不能經久歷遠。"(793、16 - 26 - 7)

○《君奭》:"非克有正。"《孔傳》:"我留非能有改正。"(793、16 - 26 - 11)

○《君奭》:"尚克修和我有夏。"《孔傳》:"文王庶幾能修政化,以和我所有諸夏。"(800、16 - 32 - 4)

○《君奭》:"其汝克敬以予。"《孔傳》:"勅使能敬以我言。"(807、16 - 37 - 3)

○《君奭》:"其汝克敬德。"《孔傳》:"其汝能敬行德。"(807、16 - 37 - 11)

○《君奭》:"我式克至于今日休。"《孔傳》:"我用能至于今日其政美。"(808、16 - 38 - 1)

○《蔡仲之命》:"蔡仲克庸祗德。"《孔傳》:"蔡仲能用敬德。"(811、17 - 2 - 4)

○《蔡仲之命》:"克慎厥猷。"《孔傳》:"能慎其道。"(812、17 - 3 - 13)

○《蔡仲之命》:"克勤無怠。"《孔傳》:"能勤無解怠。"(812、17 - 3 - 18)

按:《孔傳》"解"字,八、李、纂、平、岳、庫、阮作"懈"①。

○《多方》:"不克終日勸于帝之迪。"《孔傳》:"不能終日勸於天之道。"(817、17 - 8 - 14)

○《多方》:"不克開于民之麗。"《孔傳》:"不能開於民所施政教。"(817、17 - 9 - 5)

○《多方》:"不克靈承于旅。"《孔傳》:"言桀不能善奉於人衆。"(818、17 - 9 - 9)

○《多方》:"不克永于多享。"《孔傳》:"而不能長久多享國故。"(819、17 - 10 - 12)

○《多方》:"大不克明保享于民。"《孔傳》:"大不能明安享于民。"(820、17 - 10 - 14)

○《多方》:"大不克開。"《孔傳》:"大不能開民以善言。"(820、17 - 10 - 16)

○《多方》:"克以爾多方。"《孔傳》:"能用汝衆方之賢。"(820、17 - 11 - 7)

○《多方》:"亦克用勸。"《孔傳》:"亦能用勸善。"(821、17 - 11 - 11)

○《多方》:"殄戮多罪,亦克用勸。開釋無辜,亦克用勸。"《孔傳》:"絕戮衆罪,亦能用勸善。開放無罪之人,必無枉縱,亦能用勸善。"(821、17 - 11 - 13)

---

① 杜澤遜:《尚書注疏彙校》,第 2640 頁。

○《多方》：“弗克以爾多方，享天之命。”《孔傳》：“謂紂不能用汝衆方，享天之命。”（821、17－11－16）

○《多方》：“惟狂克念作聖。”《孔傳》：“惟狂人能念於善，則爲聖人。”（822、17－13－8）

○《多方》：“克堪用德。”《孔傳》：“言周文武能堪用德。”（824、17－14－13）

○《多方》：“爾罔不克臬。”《孔傳》：“汝無不能用法。”（828、17－18－4）

○《多方》：“爾邑克明，爾惟克勤乃事。”《孔傳》：“汝邑中能明，是汝惟能勤汝職事。”（829、17－18－7）

○《多方》：“克閲于乃邑謀介。”《孔傳》：“汝能使我閲具于汝邑，而以汝所謀爲大。”（829、17－18－11）

○《多方》：“爾不克勸忱我命，爾亦則惟不克享。”《孔傳》：“汝不能勸信我命，汝亦則惟不能享天祚矣。”（831、17－19－17 17－19－18）

○《多方》：“不克敬于和。”《孔傳》：“是惟汝初不能敬于和道故誅汝。汝無我。”（831、17－20－13）

○《立政》：“乃用三有宅，克即宅。”《孔傳》：“湯乃用三有居惡人之法，能使就其居。”（838、17－25－4）

○《立政》：“曰三有俊，克即俊。”《孔傳》：“又曰能用剛柔正直三德之俊，能就其俊事。”（838、17－25－4）

○《立政》：“克用三宅三俊。”《孔傳》：“以能用三居三德之法。”（838、17－25－7）

○《立政》：“克知三有宅心。”《孔傳》：“以能知三有居惡人之心。”（840、17－27－6）

○《立政》：“文王惟克厥宅心，乃克立兹常事，司牧人以克俊有德。”《孔傳》：“文王惟其能居心遠惡舉善，乃能立此常事，司牧人，用能俊有德者。”（843、17－31－4）

○《立政》：“我其克灼知厥若。”《孔傳》：“我其能灼然知其順者。”（845、17－32－10）

○《立政》：“則克宅之，克由繹之。”《孔傳》：“能居之於心，能用陳之。”（848、17－34－5）

○《立政》：“其克詰爾戎兵。”《孔傳》：“其當能治汝戎服兵器。”（849、17－35－6）

○《立政》：“其惟克用常人。”《孔傳》：“其惟能用賢才爲常人。”（850、17－35－11）

○《周官》：“亦克用乂。”《孔傳》：“亦能用治。”（853、18－4－1）

○《周官》:"惟克果斷,乃罔後艱。"《孔傳》:"惟能果斷行事,乃無後難。"(858、18-10-14)

○《君陳》:"克施有政。"《孔傳》:"能施有政令。"(859、18-14-8)

○《君陳》:"凡人未見聖,若不克見。既見聖,亦不克由聖。"《孔傳》:"此言凡人有初無終,未見聖道,如不能得見。已見聖道,而不能用之。"(861、18-15-15)

按:《孔傳》"而"字,八、李、王、纂、平、岳、永、殿、庫、阮作"亦"①,是。

○《君陳》:"爾克敬典在德。"《孔傳》:"汝治人能敬常在道德。"(863、18-18-11)

○《顧命》:"用克達殷集大命。"《孔傳》:"故能通殷爲周,成其大命。"(873、18-22-10)

○《康王之誥》:"克恤西土。"《孔傳》:"能憂我西土之民。"(906、19-4-1)

○《畢命》:"用克受殷命。"《孔傳》:"用能受殷王之命。"(913、19-8-14)

按:《孔傳》"王之"二字,八、李、纂、平、要、岳作"之王"②,與《孔疏》標目合,是。

○《畢命》:"克勤小物。"《孔傳》:"能勤小物。"(914、19-9-8)

○《畢命》:"俾克畏慕。"《孔傳》:"使能畏爲惡之禍,慕爲善之福。"(915、19-11-3)

○《畢命》:"惟周公克慎厥始,惟君陳克和厥中,惟公克成厥終。"《孔傳》:"周公遷殷頑民以消亂階,能慎其始。君陳弘周公之訓,能和其中。畢公闡二公之烈,能成其終。"(916、19-13-11)

○《畢命》:"罔曰弗克。"《孔傳》:"人之爲政,無曰不能。"(917、19-14-5)

○《君牙》:"克左右亂四方。"《孔傳》:"能佐助我治四方。"(918、19-15-15)

○《君牙》:"爾身克正。"《孔傳》:"言汝身能正。"(918、19-16-8)

○《冏命》:"惟予弗克于德。"《孔傳》:"言我不能於道德。"(920、19-19-5)

○《冏命》:"俾克紹先烈。"《孔傳》:"使能繼先王之功業。"(921、19-20-8)

○《冏命》:"僕臣正,厥后克正。"《孔傳》:"言僕臣皆正,則其君乃能正。"(922、19-21-15)

---

① 杜澤遜:《尚書注疏彙校》,第2851頁。
② 杜澤遜:《尚書注疏彙校》,第3063頁。

○《冏命》："惟爾大弗克祗厥辟。"《孔傳》："惟汝大不能敬其君。"（922、19－22－7）

○《吕刑》："惟克天德。"《孔傳》："必是惟能天德。"（939、19－32－14）

○《吕刑》："其罪惟均，其審克之。"《孔傳》："罪與犯法者同。其當清察，能使之不行。"（946、19－37－7）

○《吕刑》："五刑之疑有赦，五罰之疑有赦，其審克之。"《孔傳》："刑疑赦從罰，罰疑赦從免。其當清察能得其理。"（947、19－37－9）

○《吕刑》："惟察惟法，其審克之。"《孔傳》："惟當清察罪人之辭，附以法理，其當詳審能之。"（954、19－42－7）

○《吕刑》："其刑其罰，其審克之。"《孔傳》："其所刑，其所罰，其當詳審能之。"（957、19－44－3）

○《文侯之命》："丕顯文武，克慎明德。"《孔傳》："大明乎文王、武王之道，能詳慎顯用有德。"（962、20－2－15）

○《文侯之命》："克左右昭事厥辟。"《孔傳》："能左右明事其君。"（963、20－3－1）

○《文侯之命》："予則罔克。"《孔傳》："我則材劣無能之致。"（964、20－4－4）

1047 孔 kǒng

甚。

○《皋陶謨》："何畏乎巧言令色孔壬?"《孔傳》："孔，甚也。"（166、4－24－12）

○《禹貢》："九江孔殷。"《孔傳》："江於此州界，分爲九道，甚得地勢之中。"（278、6－19－2）

○《禹貢》："四海會同，六府孔修。"《孔傳》："四海之内，會同于京師，九州同風，萬國共貫，水、火、金、木、土、穀甚修治。"（351、6－38－13）

○《伊訓》："嘉言孔彰。"《孔傳》："善言甚明。"（408、8－22－15）

1048 侉 kuā

侉大。

○《畢命》："驕淫矜侉，將由惡終。"《孔傳》："驕恣過制，矜其所能，以自侉大，如此不變，將用惡自終。"（916、19－13－2）

1049 匡 kuāng

① 正。

○《伊訓》："臣下不匡。"《孔傳》："臣不正君。"（408、8－21－12）

② 匡正。

○《説命上》:"罔不同心以匡乃辟。"《孔傳》:"無不同心以匡正汝君。"(471、10 - 4 - 11)

○《冏命》:"匡其不及。"《孔傳》:"匡正其不及。"(921、19 - 20 - 6)

1050 揆 kuí

度。

○《禹貢》:"三百里揆文教。"《孔傳》:"揆,度也。"(355、6 - 42 - 18)

1051 魁 kuí

帥。

○《胤征》:"殲厥渠魁。"《孔傳》:"魁,帥也。"(385、7 - 18 - 1)

1052 愧恥 kuì chǐ

恥。

○《説命下》:"予弗克俾厥后惟堯舜,其心愧恥。"《孔傳》:"言伊尹不能使其君如堯舜,則恥之。"(476、10 - 11 - 8)

1053 昆 kūn

後。

○《大禹謨》:"惟先蔽志,昆命于元龜。"《孔傳》:"昆,後也。"(155、4 - 14 - 16)

1054 賴 lài

① 恃。

○《冏命》:"實賴左右前後有位之士。"《孔傳》:"實恃左右前後有職位之士。"(921、19 - 20 - 6)

② 恃賴。

○《畢命》:"四夷左衽,罔不咸賴。"《孔傳》:"言東夷、西戎、南蠻、北狄,被髮左衽之人,無不皆恃賴三君之德。"(917、19 - 13 - 17)

1055 累 lěi

積。

○《旅獒》:"不矜細行,終累大德。"《孔傳》:"輕忽小物,積害毀大。"(598、13 - 6 - 11)

1056 禮 lǐ

① 禮儀。

○《太甲中》:"欲敗度,縱敗禮。"《孔傳》:"言己放縱情欲,毀敗禮儀法度。"(416、8 - 29 - 9)

② 典禮。

○《微子之命》："統承先王,修其禮物。"《孔傳》:"言二王之後,各修其典禮、正朔服色。"(640、13－35－6)

③ 祭祀。

○《洛誥》："王肇稱殷禮。"《孔傳》:"言王當始舉殷家祭祀。"(726、15－24－3)

④ 吉、凶、賓、軍、嘉五禮。

○《周官》："宗伯,掌邦禮,治神人,和上下。"《孔傳》:"《春官》卿,宗廟官長,主國禮,治天地神祇人鬼之事,及國之吉、凶、賓、軍、嘉五禮,以和上下尊卑等列。"(855、18－5－15)

⑤ 禮教。

○《畢命》："世禄之家,鮮克由禮。"《孔傳》:"世有禄位,而無禮教。"(915、19－12－13)

1057 禮物 lǐ wù

典禮正朔服色。

○《微子之命》："統承先王,修其禮物。"《孔傳》:"言二王之後,各修其典禮正朔服色,與時王並通三統。"(640、13－35－6)

1058 亂 luàn

覆。

○《太甲下》："君罔以辯言亂舊政。"《孔傳》:"利口覆國家,故特慎焉。"(419、8－33－9)

1059 亂敗 luàn bài

敗亂。

○《微子》："我用沈酗于酒,用亂敗厥德于下。"《孔傳》:"沈湎酗醟,敗亂湯德於後世。"(494、10－19－18)

1060 屢 lǚ

① 數。

○《益稷》："屢省乃成。"《孔傳》:"屢,數也。"(240、5－23－8)

按:《爾雅·釋言》:"屢,亟也。"《左傳·成公十六年》:"吾先君之亟戰也",杜預注:"亟,數也。"故"屢"亦訓作"數"。

○《多方》："爾乃迪屢不静。"《孔傳》:"汝所蹈行,數爲不安。"(825、17－15－17)

② 屢數。

○《康誥》："未戾厥心,迪屢未同。"《孔傳》:"未定其心,於周教道,屢數而

未和同。"(667、14 - 17 - 14)

1061 邁 mài

行。

○《大禹謨》："皋陶邁種德。"《孔傳》："邁,行。"(150、4 - 8 - 8)

○《説命下》："予惟克邁乃訓。"《孔傳》："邁,行也。"(474、10 - 10 - 1)

○《召誥》："節性,惟日其邁。"《孔傳》："時節其性,令不失中,則道化惟日其行。"(716、15 - 13 - 4)

○《蔡仲之命》："爾乃邁迹自身。"《孔傳》："汝乃行善迹用汝身。"(812、17 - 3 - 18)

1062 冒 mào

冒亂。

○《泰誓上》："沉湎冒色,敢行暴虐。"《孔傳》："沉湎嗜酒,冒亂女色,敢行酷暴。"(504、11 - 5 - 13)

按:《孔疏》:"'冒'訓'貪'也,亂女色,荒也。"

1063 昧 mèi

① 冥。

○《堯典》："分命和仲,宅西,曰昧谷。"《孔傳》："昧,冥也。"(33、2 - 13 - 8)

○《牧誓》："時甲子昧爽。"《孔傳》："昧,冥。"(517、11 - 19 - 15)

② 闇。

○《仲虺之誥》："兼弱攻昧。"《孔傳》："弱則兼之,闇則攻之。"(398、8 - 11 - 12)

1064 蒙 méng

① 陰闇。

○《洪範》："曰蒙。"《孔傳》："蒙,陰闇。"(575、12 - 22 - 8)

② 蒙闇。

○《洪範》："曰蒙,恒風若。"《孔傳》："君行蒙闇,則常風順之。"(586、12 - 29 - 17)

1065 靡 mí

無。《咸有一德》："天難諶,命靡常。"《孔傳》："以其無常,故難信。"(420、8 - 35 - 9)

1066 迷 mí

① 錯、亂。

○《胤征》："昏迷于天象。"《孔傳》："闇錯天象,言昏亂之甚。"(384、7 -

14－17)

② 迷惑。

○《太甲上》:"無俾世迷。"《孔傳》:"不使世人迷惑怪之。"(411、8－27－14)

○《洛誥》:"不迷文武勤教。"《孔傳》:"不迷惑於文武所勤之教。"(735、15－30－8)

○《君奭》:"我不以後人迷。"《孔傳》:"不用後人迷惑。"(805、16－36－4)

③ 迷愚。

○《梓材》:"和懌先後迷民。"《孔傳》:"和悅先後天下迷愚之民。"(700、14－38－14)

④ 迷錯。

○《周官》:"政乃不迷。"《孔傳》:"政乃不迷錯。"(857、18－9－15)

1067 敉 mǐ

① 撫。

○《大誥》:"予翼以于敉寧武圖功。"《孔傳》:"來翼佐我周,用撫安武事。"(628、13－24－3)

② 撫循。

○《大誥》:"肆予曷敢不越卬敉寧王大命?"《孔傳》:"故我何敢不於今日撫循文王大命以征逆乎?"(635、13－30－16)

③ 撫順。

○《洛誥》:"亦未克敉公功。"《孔傳》:"是亦未能撫順公之大功。"(737、15－32－4)

④ 撫安。

○《立政》:"亦越武王,率惟敉功。"《孔傳》:"亦於武王循惟文王撫安天下之功。"(844、17－31－18)

按:《爾雅·釋言》《説文》均作:"敉,撫也。"《廣雅·釋詁》:"敉,安也。"孫星衍《尚書今古文注疏》:"敉者,鄭注《周禮》云'安也'。"①

1068 明 míng

明日。

○《泰誓下》:"時厥明,王乃大巡六師。"《孔傳》:"是其戊午明日,師出以律,三申令之,重難之義。"(512、11－15－3)

---

① (清)孫星衍撰,陳抗、盛冬鈴點校:《尚書今古文注疏》,第475頁。

1069 明哲 míng zhé

明智。

○《説命上》:"知之曰明哲,明哲實作則。"《孔傳》:"知事則爲明智,明智則能制作法則。"(469、10-2-10)

1070 末 mò

終。

○《召誥》:"王末有成命。"《孔傳》:"則王終有天成命。"(720、15-18-3)

○《立政》:"我則末惟成德之彦。"《孔傳》:"我則終惟有成德之美。"(847、17-32-17)

○《顧命》:"道揚末命。"《孔傳》:"稱揚終命。"(896、18-37-14)

按:《爾雅·釋言》:"彌,終也。"郭注:"終,竟也。"

1071 莫 mò

無。

○《伊訓》:"山川鬼神,亦莫不寧。"《孔傳》:"莫,無也。"(405、8-19-4)

○《君陳》:"圖厥政,莫或不艱。"《孔傳》:"謀其政,無有不先慮其難。"(861、18-16-1)

1072 莫不 mò bù

皆。

○《伊訓》:"山川鬼神,亦莫不寧。"《孔傳》:"莫,無也。言皆安之。"(405、8-19-4)

1073 乃 nǎi

① 汝。(103見)

○《大禹謨》:"萬世永賴,時乃功。"《孔傳》:"因禹陳九功而歎美之,言是汝之功。"(149、4-6-11)

○《大禹謨》:"時乃功,懋哉!"《孔傳》:"是汝之功,勉之。"(151、4-9-13)

○《大禹謨》:帝曰:"惟乃之休。"《孔傳》:"是汝能明刑之美。"(152、4-10-15)

○《大禹謨》:"爾尚一乃心力。"《孔傳》:"一汝心力,以從我命。"(158、4-17-6)

○《皋陶謨》:"乃言底可績。"《孔傳》:"用汝言,致可以立功。"(180、4-32-11)

○《益稷》:"時乃功惟敘。"《孔傳》:"是汝治水之功有次序。"(226、5-

15－10)

○《益稷》：“慎乃憲，欽哉！”《孔傳》：“當慎汝法度，敬其職。”(240、5－23－7)

○《益稷》：“屢省乃成，欽哉！”《孔傳》：“當數顧省汝成功，敬終以善無懈怠。”(240、5－23－8)

○《盤庚上》：“盤庚斂于民，由乃在位。”《孔傳》：“教人使用汝在位之命。”(431、9－5－18)

○《盤庚上》：“汝猷黜乃心。”《孔傳》：“謀退汝違上之心。”(432、9－6－13)

○《盤庚上》：“予弗知乃所訟。”《孔傳》：“我不知汝所訟言何謂。”(433、9－7－5)

○《盤庚上》：“予亦拙謀，作乃逸。”《孔傳》：“是我拙謀成汝過。”(435、9－7－14)

○《盤庚上》：“汝克黜乃心。”《孔傳》：“汝群臣能退汝違上之心。”(436、9－8－3)

○《盤庚上》：“矧予制乃短長之命？”《孔傳》：“況我制汝死生之命？”(438、9－9－6)

○《盤庚上》：“齊乃位，度乃口。”《孔傳》：“正齊其位，以法度居汝口。”(446、9－13－8)

○《盤庚中》：“乃咸大不宣乃心。”《孔傳》：“汝皆大不布腹心。”(451、9－15－10)

○《盤庚中》：“汝不謀長，以思乃災。”《孔傳》：“汝不謀長久之計，思汝不徙之災。”(452、9－16－4)

○《盤庚中》：“予迓續乃命于天。”《孔傳》：“欲迎續汝命于天。”(454、9－16－17)

○《盤庚中》：“我先后綏乃祖乃父，乃祖乃父乃斷棄汝，不救乃死。”《孔傳》：“言我先王安汝父祖之忠，今汝不忠，汝父祖必斷絕棄汝命，不救汝死。”(456、9－18－12)

○《盤庚中》：“乃祖先父。”《孔傳》：“言汝父祖見汝貪而不忠。”(457、9－19－6)

○《盤庚中》：“各設中于乃心。”《孔傳》：“各設中正於汝心。”(458、9－20－6)

○《盤庚中》：“永建乃家。”《孔傳》：“長立汝家。”(460、9－20－13)

○《説命上》：“惟暨乃僚，罔不同心以匡乃辟。”《孔傳》：“與汝並官，皆當

倡率,無不同心以匡正汝君。"(471、10-4-11)

○《説命上》:"啓乃心,沃朕心。"《孔傳》:"開汝心,以沃我心。"(470、10-4-3)

○《説命中》:"乃不良於言。"《孔傳》:"汝若不善於所言。"(473、10-8-13)

○《説命下》:"予惟克邁乃訓。"《孔傳》:"言我能行汝教。"(474、10-10-1)

○《説命下》:"咸仰朕德,時乃風。"《孔傳》:"使天下皆仰我德,是汝教。"(475、10-10-18)

○《説命下》:"其爾克紹乃辟于先王永綏民。"《孔傳》:"能繼汝君於先王長安民。"(476、10-11-15)

○《西伯戡黎》:"乃罪多參在上,乃能責命於天?"《孔傳》:"言汝罪惡衆多,參列於上天,天誅罰汝,汝能責命於天,拒天誅乎?"(490、10-18-13)

○《西伯戡黎》:"殷之即喪,指乃功。"《孔傳》:"言殷之就亡,指汝功事所致。"(491、10-18-15)

○《泰誓中》:"乃一德一心,立定厥功。"《孔傳》:"汝同心立功。"(511、11-14-17)

○《泰誓下》:"爾衆士其尚迪果毅以登乃辟。"《孔傳》:"成汝君之功。"(514、11-17-10)

○《洪範》:"謀及乃心。"《孔傳》:"先盡汝心以謀慮之。"(579、12-22-14)

○《金縢》:"乃元孫不若旦多材多藝。"《孔傳》:"汝元孫受命于天庭爲天子。"(604、13-11-4)

○《大誥》:"不可不成乃寧考圖功。"《孔傳》:"不可不成汝寧祖聖考文武所謀之功。"(631、13-27-9)

○《微子之命》:"乃祖成湯。"《孔傳》:"言汝祖成湯。"(640、13-35-9)

○《微子之命》:"予嘉乃德。"《孔傳》:"故我善汝德。"(640、13-35-16)

○《微子之命》:"往敷乃訓,慎乃服命。"《孔傳》:"往臨人布汝教訓,慎汝祖服命數。"(641、13-36-14)

○《微子之命》:"弘乃烈祖,律乃有民。"《孔傳》:"大汝烈祖成湯之道,以法度齊汝所有之人。"(641、13-36-18)

○《康誥》:"惟乃丕顯考文王。"《孔傳》:"惟汝大明父文王,能顯用俊德。"(647、14-4-8)

○《康誥》:"乃寡兄勗。"《孔傳》:"汝寡有之兄武王,勉行文王之道。"

（649、14－5－2）

○《康誥》：“今民將在祗遹乃文考。”《孔傳》：“今治民將在敬循汝文德之父。”（650、14－6－5）

○《康誥》：“小子封,恫瘝乃身。”《孔傳》：“當如痛病在汝身欲去之。”（652、14－7－7）

○《康誥》：“往盡乃心,無康好逸豫。”《孔傳》：“往當盡汝心爲政,無自安好逸豫寬身。”（652、14－7－11）

○《康誥》：“敬明乃罰。”《孔傳》：“凡行刑罰,汝必敬明之。”（654、14－8－14）

○《康誥》：“朕心朕德惟乃知。”《孔傳》：“我心我德,惟汝所知。”（660、14－11－9）

○《康誥》：“乃別播敷,造民大譽。”《孔傳》：“汝今往之國,當分別播布德教,以立民大善之譽。”（664、14－14－16）

○《康誥》：“時乃引惡,惟朕憝。”《孔傳》：“是汝長惡,惟我亦惡汝。”（664、14－14－16）

○《康誥》：“乃由裕民。”《孔傳》：“汝用寬民之道。”（666、14－15－9）

○《康誥》：“乃裕民曰。”《孔傳》：“汝行寬民之政曰。”（666、14－15－12）

○《康誥》：“用康乃心,顧乃德,遠乃猷。”《孔傳》：“用是誠道,安汝心,顧省汝德,無令有非,遠汝謀,思爲長久。”（669、14－18－15）

○《康誥》：“明乃服命。”《孔傳》：“當明汝所服行之命令。”（670、14－19－8）

○《康誥》：“高乃聽,用康乂民。”《孔傳》：“高汝聽,聽先王道德之言,以安治民。”（670、14－19－9）

○《酒誥》：“乃不用我教辭,惟我一人弗恤,弗蠲乃事,時同于殺。”《孔傳》：“汝若忽怠不用我教辭,惟我一人不憂汝,乃不潔汝政事,是汝同於見殺之罪。”（690、14－32－15）

○《酒誥》：“勿辯乃司民湎于酒。”《孔傳》：“勿使汝主民之吏湎於酒。”（690、14－33－9）

○《洛誥》：“乃惟孺子,頒朕不暇。”《孔傳》：“汝爲小子,當分取我之不暇而行之。”（731、15－28－8）

○《洛誥》：“乃時惟不永哉!”《孔傳》：“汝是惟不可長哉!”（731、15－28－11）

○《洛誥》：“篤敘乃正父,罔不若予,不敢廢乃命。”《孔傳》：“厚次敘汝正父之道而行之,無不順我所爲,則天下不敢棄汝命。”（732、15－28－13）

○《洛誥》："承保乃文祖受命民。"《孔傳》："承安汝文德之祖文王所受命之民。"（739、15－33－16）

○《洛誥》："越乃光烈考武王。"《孔傳》："於汝大業之父武王。"（740、15－33－18）

○《洛誥》："萬年厭于乃德。"《孔傳》："天下萬年厭於汝德。"（744、15－36－4）

○《多士》："我不爾動，自乃邑。"《孔傳》："我不先動誅汝，亂從汝邑起。"（758、16－7－5）

○《君奭》："告君乃猷裕。"《孔傳》："告君汝謀寬饒之道。"（805、16－36－3）

○《君奭》："惟乃知民德。"《孔傳》："惟汝所知民德。"（808、16－38－12）

○《蔡仲之命》："往即乃封，敬哉！"《孔傳》："往就汝所封之國，當修己以敬哉！"（812、17－3－14）

○《蔡仲之命》："懋乃攸績，睦乃四鄰。"《孔傳》："勉汝所立之功，親汝四鄰之國。"（813、17－4－11）

○《蔡仲之命》："詳乃視聽。"《孔傳》："詳審汝視聽。"（814、17－4－16）

○《多方》："乃有不用我降爾命。"《孔傳》："汝其［有］不用我命。"（826、17－16－7）

按：《孔傳》"其"字後，八、李、纂、岳、殿、庫有"有"字[1]。

○《多方》："爾惟克勤乃事。"《孔傳》："是汝惟能勤汝職事。"（829、17－18－7）

○《多方》："亦則以穆穆在乃位。"《孔傳》："亦則用敬敬常在汝位。"（829、17－18－10）

○《多方》："克閱于乃邑謀介。"《孔傳》："汝能使我閱具于汝邑，而以汝所謀爲大。"（829、17－18－11）

○《立政》："宅乃事。"《孔傳》："居汝事。"（836、17－23－2）

○《周官》："欽乃攸司，慎乃出令。"《孔傳》："使敬汝所司，慎汝出令。"（857、18－9－11）

○《周官》："以佑乃辟。"《孔傳》："言當敬治官政以助汝君。"（859、18－11－15）

○《君陳》："往慎乃司。"《孔傳》："當慎汝所主。"（860、18－14－11）

○《康王之誥》："乃心罔不在王室。"《孔傳》："汝心常當忠篤，無不在王

---

① 杜澤遜：《尚書注疏彙校》，第 2670 頁。

室。”(910、19－5－15)

〇《君牙》：“惟<u>乃</u>祖乃父，世篤忠貞。”《孔傳》：“言<u>汝</u>父祖，世厚忠貞。”(918、19－15－10)

〇《君牙》：“纘<u>乃</u>舊服。”《孔傳》：“繼<u>汝</u>先祖故所服忠勤。”(918、19－16－6)

〇《君牙》：“爾惟敬明<u>乃</u>訓。”《孔傳》：“<u>汝</u>惟當敬明<u>汝</u>五教。”(919、19－17－10)

〇《君牙》：“<u>乃</u>惟由先正舊典時式。”《孔傳》：“<u>汝</u>惟當奉用先正之臣，所行故事、舊典、文籍是法。”(919、19－18－2)

〇《君牙》：“率<u>乃</u>祖考之攸行，昭<u>乃</u>辟之有乂。”《孔傳》：“言當循<u>汝</u>父祖之所行，明<u>汝</u>君之有治功。”(919、19－18－5　19－18－6)

〇《冏命》：“懋<u>乃</u>后德。”《孔傳》：“皆當勉<u>汝</u>君爲德。”(921、19－20－16)

〇《冏命》：“慎簡<u>乃</u>僚。”《孔傳》：“當謹慎簡選<u>汝</u>僚屬侍臣。”(921、19－20－18)

〇《冏命》：“永弼<u>乃</u>后於彝憲。”《孔傳》：“當長輔<u>汝</u>君於常法。”(922、19－22－9)

〇《文侯之命》：“汝克昭<u>乃</u>顯祖。”《孔傳》：“言汝能明<u>汝</u>顯祖唐叔之道。”(965、20－5－1)

〇《文侯之命》：“用會紹<u>乃</u>辟。”《孔傳》：“當用是道合會繼<u>汝</u>君以善。”(965、20－5－3)

〇《費誓》：“善敹<u>乃</u>甲胄，敿乃干。”《孔傳》：“言當善簡<u>汝</u>甲鎧胄兜鍪，施<u>汝</u>楯紛。”(971、20－9－13)

〇《費誓》：“備<u>乃</u>弓矢。”《孔傳》：“備<u>汝</u>弓矢。”(972、20－9－16)

〇《費誓》：“峙<u>乃</u>糗糧。”《孔傳》：“皆當儲峙<u>汝</u>糗糒之糧。”(975、20－12－15)

② **是**。

〇《盤庚上》：“<u>乃</u>敗禍姦宄，以自災于厥身。”《孔傳》：“<u>是</u>爲敗禍奸宄以自災之道。”(437、9－8－18)

〇《盤庚上》：“<u>乃</u>既先惡于民。”《孔傳》：“<u>是</u>先惡於民。”(437、9－9－1)

③ **必**。

〇《盤庚中》：“乃祖乃父<u>乃</u>斷棄汝。”《孔傳》：“汝父祖<u>必</u>斷絕棄汝命。”(456、9－18－13)

④ **遂**。

〇《高宗肜日》：“<u>乃</u>訓于王曰。”《孔傳》：“祖己既言，<u>遂</u>以道訓諫王。”

（480、10 - 13 - 17）

⑤ 則是。

○《盤庚上》："乃不畏戎毒于遠邇。"《孔傳》："言不欲徙，<u>則是</u>不畏大毒於遠近。"（436、9 - 8 - 6）

1074 乃其 nǎi qí

其乃。

○《康誥》："往盡乃心，無康好逸豫，<u>乃其</u>乂民。"《孔傳》："往當盡汝心爲政，無自安好逸豫寬身，<u>其乃</u>治民。"（652、14 - 7 - 11）

1075 狃 niǔ

習。

○《君陳》："<u>狃</u>于姦宄，敗常亂俗。"《孔傳》："<u>習</u>於姦宄凶惡，毀敗五常之道。"（863、18 - 16 - 18）

按：《爾雅·釋言》："狃，復也。"《詩·鄭風·大叔于田》"將叔無狃，戒其傷女"，《毛傳》："狃，習也。"

1076 農 nóng

農人。

○《洛誥》："茲予其明<u>農</u>哉！"《孔傳》："如此，我其退老，明教<u>農人</u>以義哉！"（732、15 - 28 - 15）

1077 貧 pín

困於財。

○《洪範》："四曰<u>貧</u>。"《孔傳》："<u>困於財</u>。"（593、12 - 33 - 8）

1078 樸斲 pǔ zhuó

樸治斲削。

○《梓材》："若作梓材，既勤<u>樸斲</u>。"《孔傳》："爲政之術，如梓人治材爲器，已勞力<u>樸治斲削</u>。"（698、14 - 37 - 10）

按：樸斲，有砍斫、削治義。

1079 其 qí

乃其。

○《康誥》："惟民<u>其</u>勑懋和。"《孔傳》："民既服化，<u>乃其</u>自勑正，勉爲和。"（656、14 - 9 - 7）

1080 齊 qí

① 中。

○《康王之誥》："厎至<u>齊</u>信。"《孔傳》："致行至<u>中</u>信之道。"（909、19 -

5-3)

② 正齊。

○《盤庚上》:"各恭爾事,齊乃位。"《孔傳》:"奉其職事,正齊其位。"(446、9-13-8)

③ 整齊。

○《洛誥》:"予齊百工。"《孔傳》:"我整齊百官。"(727、15-24-5)

○《呂刑》:"天齊于民。"《孔傳》:"天整齊於下民。"(941、19-35-1)

1081 齊慄 qí lì

悚懼齊莊。

○《大禹謨》:"負罪引慝,祗載見瞽瞍,夔夔齊慄,瞽亦允若。"《孔傳》:"夔夔,悚懼之貌。言舜負罪引惡,敬以事見于父,悚懼齊莊,父亦信順之。"(158、4-19-6)

按:齊慄,也作"齋慄"。《尚書注疏彙校》:"石、八、李、王、纂、魏、十、永、阮作'齋'。"①《孔疏》:"'夔夔'與'齋慄'共文,故爲'悚懼之貌'。"《詩·大雅·思齊》"思齊",陸德明《釋文》:"齊,本亦作齋,齋,莊也。"

1082 愆 qiān

① 過。(11見)

○《大禹謨》:"帝德罔愆,臨下以簡,御衆以寬。"《孔傳》:"愆,過也。"(152、4-9-15)

○《伊訓》:"惟兹三風十愆,卿士有一于身,家必喪。"《孔傳》:"有一過,則德義廢,失位亡家之道。"(408、8-21-9)

○《無逸》:"時人丕則有愆。"《孔傳》:"是人則大有過矣。"(782、16-20-1)

○《無逸》:"厥愆曰:'朕之愆。'"《孔傳》:"其人有過,則曰:'我過,百姓有過,在予一人。'"(787、16-22-12)

○《蔡仲之命》:"爾尚蓋前人之愆。"《孔傳》:"汝當庶幾修德,掩蓋前人之過。"(812、17-3-16)

○《冏命》:"繩愆糾謬,格其非心。"《孔傳》:"言恃左右之臣,彈正過誤,檢其非妄之心。"(921、19-20-8)

○《文侯之命》:"閔予小子嗣,造天丕愆。"《孔傳》:"言我小子而遭天大罪過。"(964、20-3-17)

○《秦誓》:"尚猷詢兹黃髮,則罔所愆。"《孔傳》:"今我庶幾以道謀此黃髮

① 杜澤遜:《尚書注疏彙校》,第570頁。

賢老,則行事無所過矣。"(980、20-18-2)

○《説命下》:"監于先王成憲,其永無愆。"《孔傳》:"愆,過也。"(475、10-10-15)

○《牧誓》:"今日之事,不愆于六步、七步,乃止齊焉。"《孔傳》:"今日戰事,就敵不過六步、七步,乃止相齊。"(526、11-23-16)

○《秦誓》:"番番良士,旅力既愆。"《孔傳》:"勇武番番之良士,雖衆力已過老。"(981、20-18-4)

按:過,有過失、罪過義。《爾雅·釋言》與《説文》俱訓"愆"爲"過"。

② 過悔。

○《冏命》:"思免厥愆。"《孔傳》:"思所以免其過悔。"(920、19-19-7)

1083 彊 qiáng

① 彊禦。

○《洪範》:"彊弗友剛克。"《孔傳》:"世强禦不順,以剛能治之。"(571、12-20-6)

② 無所屈撓。

○《皋陶謨》:"彊而義。"《孔傳》:"無所屈撓,動必合義。"(168、4-26-6)

1084 侵 qīn

侵入。

○《泰誓中》:"我武惟揚,侵于之疆。"《孔傳》:"言我舉武事,侵入紂郊疆伐之。"(511、11-13-16)

按:《孔疏》:"《春秋》之例,有:'鐘鼓曰伐,無曰侵。'此實伐也,言'往侵'者,'侵'是入之意,非如《春秋》之例無鐘鼓也。"

1085 窮 qióng

竟。

○《微子之命》:"永世無窮。"《孔傳》:"長世無竟。"(640、13-35-7)

1086 囚 qiú

謂制其出入。

○《蔡仲之命》:"囚蔡叔于郭鄰,以車七乘。"《孔傳》:"囚,謂制其出入。"(810、17-1-18)

1087 忍 rěn

① 堪忍。

○《湯誥》:"弗忍荼毒。"《孔傳》:"不能堪忍,虐之甚。"(400、8-14-8)

② 含忍。

○《君陳》：“必有忍，其乃有濟。”《孔傳》：“爲人君長，必有所含忍，其乃有所成。”（863、18－17－17）

1088 榮　róng

光榮。

○《秦誓》：“邦之榮懷。”《孔傳》：“國之光榮，爲民所歸。”（987、20－20－12）

按：《易·繫辭上》“言行君子之樞機，樞機之發，榮辱之主也”之“榮”，亦是“光榮、榮耀”之義。

1089 孺　rú

① 稚。

○《金縢》：“公將不利於孺子。”《孔傳》：“孺，稚也。”（611、13－14－18）

按：《爾雅·釋言》：“幼，稚也。”《説文》：“孺，乳子也。”

○《立政》：“嗚呼！孺子王矣。”《孔傳》：“歎稚子今已爲王矣。”（845、17－32－8）

按：《孔傳》“已”字，八、李、王、纂、平、岳、十、永、阮作“以”①。

○《立政》：“咸告孺子王矣。”《孔傳》：“皆以告稚子王矣。”（847、17－33－18）

○《立政》：“今文子文孫，孺子王矣。”《孔傳》：“告文王之子孫，言稚子已即政爲王矣。”（849、17－35－3）

② 少。

○《洛誥》：“孺子其朋，孺子其朋，其往。”《孔傳》：“少子慎其朋黨，少子慎朋黨，戒其自今已往。”（728、15－24－13）

○《洛誥》：“孺子來相宅。”《孔傳》：“少子今所以來相宅於洛邑。”（740、15－34－2）

1090 睿　ruì

通於微。

○《洪範》：“思曰睿。”《孔傳》：“必通於微。”（556、12－10－2）

1091 若　ruò

① 順。（79 見）

○《堯典》：“曰若稽古帝堯。”《孔傳》：“若，順。”（4、2－8－4）

○《堯典》：“乃命羲和，欽若昊天。”《孔傳》：“使敬順昊天。”（18、2－

---

① 杜澤遜：《尚書注疏彙校》，第 2714 頁。

11-16)

○《堯典》:"疇咨若時登庸。"《孔傳》:"誰能咸熙庶績,順是事者將登用之。"(44、2-25-9)

○《堯典》:帝曰:"疇咨若予采?"《孔傳》:"復求誰能順我事者。"(47、2-25-14)

○《大禹謨》:"曰若稽古大禹。"《孔傳》:"順考古道而言之。"(146、4-2-10)

○《大禹謨》:"率百官,若帝之初。"《孔傳》:"順舜初攝帝位故事,奉行之。"(156、4-16-4)

按:《孔疏》:"《舜典》巡守之事,言如初者皆言'如',不言'若',知此'若'爲順也。"

○《大禹謨》:"瞽亦允若。"《孔傳》:"父亦信順之。"(158、4-19-6)

○《皋陶謨》:"曰若稽古皋陶。"《孔傳》:"亦順考古道以言之。"(161、4-22-14)

○《仲虺之誥》:"兹率厥典,奉若天命。"《孔傳》:"天意如此,但當循其典法,奉順天命而已。"(395、8-9-10)

○《湯誥》:"若有恒性,克綏厥猷惟后。"《孔傳》:"順人有常之性,能安立其道教,則惟爲君之道。"(400、8-14-4)

○《伊訓》:"暨鳥獸魚鱉咸若。"《孔傳》:"雖微物皆順之,明其餘無不順。"(405、8-19-5)

○《伊訓》:"先民時若。"《孔傳》:"必先民之言是順。"(406、8-20-7)

○《盤庚中》:"予若籲懷兹新邑。"《孔傳》:"言我順和懷此新邑。"(451、9-15-5)

○《盤庚下》:"若否,罔有弗欽。"《孔傳》:"順於汝心與否,當以情告我,無敢有不敬。"(467、9-25-14)

○《説命上》:"疇敢不祇若王之休命?"《孔傳》:"誰敢不敬順王之美命而諫者乎?"(471、10-4-18)

○《説命中》:"明王奉若天道。"《孔傳》:"言明王奉順此道。"(471、10-5-6)

○《説命中》:"惟臣欽若,惟民從义。"《孔傳》:"臣敬順而奉之,民以從上爲治。"(472、10-6-2)

○《高宗肜日》:"民有不若德,不聽罪。"《孔傳》:"不順德,言無義。不服罪,不改脩。"(481、10-14-3)

○《微子》:"微子若曰。"《孔傳》:"微子以紂距諫,知其必亡,順其事而言

之。"（492、10 - 19 - 14）

○《泰誓中》："有夏桀弗克若天。"《孔傳》："桀不能順天。"（509、11 -
11 - 13）

○《武成》："王若曰：'嗚呼！群后。'"《孔傳》："順其祖業歎美之，以告諸
侯。"（533、11 - 29 - 6）

○《洪範》："曰肅，時雨若。"《孔傳》："君行敬，則時雨順之。"（584、12 -
29 - 6）

○《洪範》："曰乂，時暘若。"《孔傳》："君行政治，則時暘順之。"（584、12 -
29 - 7）

○《洪範》："曰哲，時燠若。"《孔傳》："君能照哲，則時燠順之。"（584、12 -
29 - 8）

○《洪範》："曰謀，時寒若。"《孔傳》："君能謀，則時寒順之。"（584、12 -
29 - 9）

○《洪範》："曰聖，時風若。"《孔傳》："君能通理，則時風順之。"（584、12 -
29 - 9）

○《洪範》："曰狂，恒雨若。"《孔傳》："君行狂疾，則常雨順之。"（584、12 -
29 - 14）

○《洪範》："曰僭，恒暘若。"《孔傳》："君行僭差，則常暘順之。"（585、12 -
29 - 14）

○《洪範》："曰豫，恒燠若。"《孔傳》："君行逸豫，則常燠（煖）順之。"
（585、12 - 29 - 15）

○《洪範》："曰急，恒寒若。"《孔傳》："君行急，則常寒順之。"（586、12 -
29 - 16）

○《洪範》："曰蒙，恒風若。"《孔傳》："君行蒙闇，則常風順之。"（586、12 -
29 - 17）

○《金縢》："予仁若考，能多材多藝。"《孔傳》："我周公仁能順父，又多材
多藝。"（603、13 - 11 - 2）

○《大誥》："王若曰：'猷！大誥爾多邦，越爾御事。'"《孔傳》："周公稱成
王命，順大道以誥天下衆國，及於御治事者盡及之。"（622、13 - 21 - 5）

○《大誥》："若昔朕其逝。"《孔傳》："順古道，我其往東征矣。"（634、13 -
30 - 6）

○《微子之命》："王若曰：'猷！殷王元子。'"《孔傳》："故順道本而稱
之。"（640、13 - 35 - 4）

○《康誥》："若德裕乃身不廢。"《孔傳》："爲順德，則不見廢。"（651、14 -

6-12）

○《酒誥》："王若曰：'明大命于妹邦。'"《孔傳》："周公以成王命誥康叔，順其事而言之，欲令明施大教命於妹國。"（672、14-20-7）

○《酒誥》："兹亦惟天若元德。"《孔傳》："言此非但正事之臣，亦惟天順其大德而佑之。"（679、14-24-16）

○《酒誥》："矧惟若疇圻父。"《孔傳》："況所順疇諮之司馬乎？"（688、14-31-1）

○《酒誥》："若保宏父。"《孔傳》："宏父，司空。當順安之。"（688、14-31-4）

○《梓材》："汝若恒越曰。"《孔傳》："汝惟君道使順常，於是曰。"（693、14-34-7）

○《召誥》："越若來，三月惟丙午朏。"《孔傳》："於順來三月丙午朏。"（704、15-2-12）

○《召誥》："若翼日乙卯。"《孔傳》："周公順位成之明日。"（706、15-4-16）

○《召誥》："旅王若公。"《孔傳》："陳王所宜順周公之事。"（709、15-5-13）

○《召誥》："面稽天若。"《孔傳》："禹亦面考天心而順之。"（713、15-10-3）

○《召誥》："嗣若功。"《孔傳》："繼順其功德者而法則之。"（717、15-14-12）

○《召誥》："若有功。"《孔傳》："順行禹湯所以（有）成功。"（719、15-16-2）

○《召誥》："丕若有夏歷年。"《孔傳》："大順有夏之多歷年。"（719、15-17-13）

○《洛誥》："厥若彝。"《孔傳》："其順常道。"（729、15-24-17）

○《洛誥》："罔不若予。"《孔傳》："無不順我所爲。"（732、15-28-13）

○《洛誥》："王若曰：'公明保予沖子。'"《孔傳》："成王順周公意，請留之自輔。言公當明安我童子，不可去之。"（733、15-29-17）

○《洛誥》："公功棐迪篤，罔不若時。"《孔傳》："公之功，輔道我已厚矣，天下無不順而是公之功。"（736、15-31-15）

○《多士》："王若曰：'爾殷遺多士。'"《孔傳》："順其事稱以告殷遺餘衆士。"（752、16-2-9）

○《無逸》："非天攸若。"《孔傳》："非所以順天。"（782、16-20-1）

○《君奭》:"周公<u>若</u>曰君奭。"《孔傳》:"<u>順</u>古道呼其名而告之。"(791、16-25-5)

○《君奭》:"<u>若</u>天棐忱。"《孔傳》:"<u>順</u>天輔誠。"(791、16-25-8)

○《君奭》:"祇<u>若</u>兹,往敬用治。"《孔傳》:"當敬<u>順</u>我此言,自今以往,敬用治民職事。"(809、16-38-15)

○《蔡仲之命》:"王<u>若</u>曰:'小子胡。'"《孔傳》:"<u>順</u>其事而告之。"(812、17-3-11)

○《多方》:"嗚呼! 王<u>若</u>曰。"《孔傳》:"歎而<u>順</u>其事以告汝衆方。"(816、17-7-15)

○《立政》:"周公<u>若</u>曰:'拜手稽首,告嗣天子王矣。'"《孔傳》:"<u>順</u>古道,盡禮致敬,告成王。"(821、17-12-9)

○《立政》:"我其克灼知厥<u>若</u>。"《孔傳》:"我其能灼然知其<u>順</u>者。"(833、17-21-8)

○《立政》:"周公<u>若</u>曰:'太史。'"《孔傳》:"<u>順</u>其事並告太史。"(845、17-32-10)

○《多方》:"周公曰:'王<u>若</u>曰:猷,告爾四國多方。'"《孔傳》:"周公以王命<u>順</u>大道,告四方。"(851、17-36-6)

○《周官》:"<u>若</u>昔大猷。"《孔傳》:"言當<u>順</u>古大道。"(853、18-3-9)

○《周官》:"仰惟前代時<u>若</u>。"《孔傳》:"言仰惟先代之法是<u>順</u>。"(853、18-5-1)

○《君陳》:"臣人咸<u>若</u>時。"《孔傳》:"臣於人者,皆<u>順</u>此道。"(862、18-16-8)

○《君陳》:"有弗<u>若</u>于汝政。"《孔傳》:"有不<u>順</u>於汝政。"(863、18-16-16)

○《康王之誥》:"惟周文武,誕受羑<u>若</u>。"《孔傳》:"言文武大受天道而<u>順</u>之。"(906、19-4-1)

○《康王之誥》:"王<u>若</u>曰:'庶邦侯、甸、男、衛。'"《孔傳》:"<u>順</u>其戒而告之,不言群臣,以外見内。"(908、19-4-17)

○《康王之誥》:"用奉恤厥<u>若</u>。"《孔傳》:"當各用心奉憂其所行<u>順</u>道。"(910、19-5-17)

○《畢命》:"王<u>若</u>曰:'嗚呼! 父師。'"《孔傳》:"王<u>順</u>其事,歎告畢公代周公爲大師。"(913、19-8-13)

○《畢命》:"欽<u>若</u>先王成烈。"《孔傳》:"敬<u>順</u>文武成業。"(917、19-14-8)

○《君牙》:"王<u>若</u>曰:'嗚呼! 君牙。'"《孔傳》:"<u>順</u>其事而歎,稱其名而命之。"(917、19-15-10)

○《君牙》:"用奉<u>若</u>于先王。"《孔傳》:"用奉<u>順</u>於先王之道。"(919、19-

17 - 11)

○《冏命》：“王若曰：‘伯冏。’”《孔傳》：“順其事以命伯冏。”（920、19 - 19 - 5）

○《冏命》：“下民祇若，萬邦咸休。”《孔傳》：“下民敬順其命，萬國皆美其化。”（921、19 - 19 - 15）

○《吕刑》：“若古有訓，蚩尤惟始作亂。”《孔傳》：“順古有遺訓，言蚩尤造始作亂。”（925、19 - 25 - 1）

○《文侯之命》：“王若曰：‘父義和。’”《孔傳》：“順其功而命之。”（962、20 - 2 - 13）

○《秦誓》：“民訖自若是多盤。”《孔傳》：“言民之行己盡用順道，是多樂。”（978、20 - 16 - 13）

② 如。（29 見）

○《大禹謨》：“允若兹，嘉言罔攸伏，野無遺賢，萬邦咸寧。”《孔傳》：“善言無所伏，言必用。如此，則賢才在位，天下安寧。”（147、4 - 3 - 1）

○《湯誓》：“夏德若兹。”《孔傳》：“凶德如此。”（392、8 - 3 - 12）

○《伊訓》：“檢身若不及。”《孔傳》：“常如不及，恐有過。”（407、8 - 20 - 13）

○《太甲下》：“若升高，必自下。若陟遐，必自邇。”《孔傳》：“言善政有漸，如登高升遠，必用下近爲始，然後終致高遠。”（418、8 - 32 - 12）

○《盤庚上》：“若顛木之有由蘗。”《孔傳》：“如顛仆之木，有用生蘗哉。”（430、9 - 4 - 6）

○《盤庚上》：“予若觀火。”《孔傳》：“我視汝情如視火。”（434、9 - 7 - 10）

○《盤庚上》：“若網在綱，有條而不紊。”《孔傳》：“下之順上，當如網在綱，各有條理而不亂也。”（435、9 - 7 - 17）

○《盤庚上》：“予告汝于難，若射之有志。”《孔傳》：“告汝行事之難，當如射之有所準志。”（443、9 - 12 - 2）

○《盤庚中》：“若乘舟，汝弗濟，臭厥載。”《孔傳》：“言不徙之害，如舟在水中流不渡，臭敗其所載物。”（452、9 - 15 - 13）

○《説命上》：“若藥弗瞑眩，厥疾弗瘳。”《孔傳》：“如服藥必瞑眩極，其病乃除。”（470、10 - 4 - 3）

○《微子》：“今殷其淪喪，若涉大水。”《孔傳》：“言殷將没亡，如涉大水。”（496、10 - 20 - 7）

○《微子》：“今爾無指告予顛隮，若之何其?”《孔傳》：“汝無指意告我殷邦顛隕隮墜，如之何其救之?”（498、10 - 21 - 15）

○《武成》：“受率其旅若林。”《孔傳》：“如林，言盛多。”（536、11 - 32 - 10）

○《大誥》:"予惟小子,若涉淵水。"《孔傳》:"我惟小子,承先人之業,若(如)涉淵水。"(625、13－21－15)

按:《孔傳》"若"字,八、李、王、纂、平、岳作"如"[1],是。

○《大誥》:"天亦惟用勤毖我民,若有疾。"《孔傳》:"天亦勞慎我民,欲安之,如人有疾,欲已去之。"(634、13－29－3)

○《康誥》:"若有疾,惟民其畢棄咎。"《孔傳》:"如欲去疾,治之以理,則惟民其盡棄惡修善。"(656、14－9－8)

○《康誥》:"若保赤子。"《孔傳》:"愛養人如安孩兒赤子。"(656、14－9－10)

○《梓材》:"自古王若茲監。"《孔傳》:"用古王道如此,監無所復罪,當務之。"(696、14－36－13)

○《梓材》:"若作室家,既勤垣墉。"《孔傳》:"如人爲室家,已勤立垣牆。"(697、14－37－7)

○《梓材》:"若作梓材,既勤樸斲。"《孔傳》:"爲政之術,如梓人治材爲器,已勞力樸治斲削。"(698、14－37－10)

○《梓材》:"已若茲監,惟曰欲至于萬年。"《孔傳》:"爲監所行,已如此所陳法則,我周家惟欲使至於萬年。"(700、14－38－16)

○《召誥》:"若生子,罔不在厥初生。"《孔傳》:"當如子之初生,習爲善則善矣。自遺智命,無不在其初生。"(717、15－15－9)

○《無逸》:"無若殷王受之迷亂。"《孔傳》:"戒嗣王無如之。"(783、16－20－4)

○《無逸》:"允若時,不啻不敢含怒。"《孔傳》:"信如是怨詈,則四王不啻不敢含怒以罪之。"(787、16－22－12)

○《無逸》:"則若時,不永念厥辟。"《孔傳》:"則如是信讒者,不長念其爲君之道。"(787、16－23－8)

○《君奭》:"若卜筮,罔不是孚。"《孔傳》:"如卜筮,無不是而信之。"(798、16－30－7)

○《君陳》:"凡人未見聖,若不克見。"《孔傳》:"此言凡人有初無終,未見聖道,如不能得見。"(861、18－15－15)

○《秦誓》:"日月逾邁,若弗云來。"《孔傳》:"如日月並行過,如不復云來。"(979、20－16－18)

③ 如此。

○《君奭》:"時則有若保衡。"《孔傳》:"時則有如此伊尹爲保衡。"(795、

16－27－15）

○《君奭》:"時則有若巫賢。"《孔傳》:"時賢臣有如此巫賢。"(796、16－
28－1)

○《君奭》:"亦惟有若虢叔,有若閎夭。"《孔傳》:"亦惟賢臣之助爲治,有
如此虢、閎。"(800、16－32－4、16－32－5)

1092 弱 ruò

尩劣。

○《洪範》:"六曰弱。"《孔傳》:"尩劣。"(594、12－33－8)

按:《孔疏》:"'尩''劣'並是弱事,爲筋力弱,亦爲志氣弱。"

1093 三正 sān zhèng

天地人之正道。

○《甘誓》:"怠棄三正。"《孔傳》:"怠惰棄廢天地人之正道。"(364、7－
2－8)

按:《孔疏》:"《易・說卦》云:'立天之道曰陰與陽,立地之道曰柔與剛,
立人之道曰仁與義。'物之爲大,無大於此者,《周易》謂之'三才'。"陸德
明《釋文》引馬融曰:"建子、建丑、建寅,三正也。"也可備一說。劉起釪認
爲"三正"指的是一些主要的大臣。此外,他認爲被"三統說"的"三正"二
字所囿的說解則完全沒有歷史事實作根據,完全是漢儒的臆說。① 劉說則
提供了另外一種全新觀點。

1094 塞 sè

實塞。

○《皋陶謨》:"剛而塞。"《孔傳》:"剛斷而實塞。"(168、4－26－5)

按:《史記》作"剛而實",亦對應訓"塞"作"實"。"塞",《說文》訓作"隔
也",《孔傳》與之無涉。而在"塞"字下,《說文》:"寒,實也。从心,塞省
聲。《虞書》曰:'剛而寒。'"並引此經文爲證。王先謙《參正》:"段云:
'作"寒"者,壁書,孔安國以今文讀作"塞"也。'"

1095 尚 shàng

庶幾。(26 見)

○《大禹謨》:"爾尚一乃心力。"《孔傳》:"尚,庶幾。"(158、4－17－6)

○《湯誓》:"爾尚輔予一人。"《孔傳》:"汝庶幾輔成我。"(392、8－3－12)

○《湯誥》:"尚克時忱。"《孔傳》:"庶幾能是誠道。"(402、8－16－14)

○《太甲中》:"尚賴匡救之德。"《孔傳》:"今庶幾賴教訓之德。"(416、8－

① 顧頡剛、劉起釪:《尚書校釋譯論》,第 871 頁。

30－3）

○《太甲下》：“尚監兹哉！”《孔傳》：“當夙夜庶幾視祖此配天之德而法之。”（418、8－32－11）

○《盤庚下》：“尚皆隱哉！”《孔傳》：“言當庶幾相隱括共爲善政。”（465、9－24－12）

○《説命下》：“爾尚明保予。”《孔傳》：“汝庶幾明安我事。”（476、10－11－12）

○《武成》：“惟爾有神，尚克相予，以濟兆民。”《孔傳》：“神庶幾助我渡民危害。”（536、11－32－6）

○《酒誥》：“爾尚克羞饋祀。”《孔傳》：“則汝庶幾能進饋祀於祖考矣。”（679、14－24－12）

○《酒誥》：“尚克用文王教。”《孔傳》：“皆庶幾能用上教。”（680、14－26－4）

○《多士》：“爾乃尚有爾土，爾乃尚寧幹止。”《孔傳》：“汝多爲順事，乃庶幾還有汝本土，乃庶幾安汝故事止居。”（764、16－10－14）

○《君奭》：“惟文王，尚克修和我有夏。”《孔傳》：“文王庶幾能修政化，以和我所有諸夏。”（800、16－32－4）

○《君奭》：“尚迪有禄。”《孔傳》：“庶幾輔相武王，蹈有天禄。”（803、16－33－17）

○《蔡仲之命》：“爾尚蓋前人之愆。”《孔傳》：“汝當庶幾修德，掩蓋前人之過。”（812、17－3－16）

○《多方》：“爾尚不忌于凶德。”《孔傳》：“汝庶幾不自忌入於凶德。”（829、17－18－9）

○《多方》：“尚永力畋爾田。”《孔傳》：“庶幾長力畋汝田矣。”（829、17－18－12）

○《多方》：“尚爾事有服在大僚。”《孔傳》：“庶幾修汝事，有所服行在大官。”（830、17－18－16）

○《君陳》：“爾尚式時周公之猷訓。”《孔傳》：“汝庶幾用是周公之道教殷民。”（861、18－15－9）

○《顧命》：“爾尚明時朕言。”《孔傳》：“汝當庶幾明是我言。”（874、18－22－15）

○《康王之誥》：“今予一二伯父，尚胥暨顧。”《孔傳》：“言今我一二伯父，庶幾相與顧念文武之道。”（909、19－5－12）

○《吕刑》：“爾尚敬逆天命。”《孔傳》：“汝當庶幾敬逆天命。”（942、19－

1100 時巡 shí xún

周制十二年一巡守，春東、夏南、秋西、冬北，故曰時巡。

○《周官》："又六年，王乃時巡，考制度于四岳。"《孔傳》："周制十二年一巡守，春東、夏南、秋西、冬北，故曰時巡。"（857、18－8－9）

1101 式 shì

用。（12 見）

○《仲虺之誥》："式商受命。"《孔傳》："式，用。"（395、8－9－15）

○《盤庚下》："式敷民德。"《孔傳》："用布示民，必以德義。"（467、9－25－17）

○《説命下》："惟説式克欽承。"《孔傳》："説亦用能敬承王志。"（475、10－10－16）

○《康誥》："自作不典，式爾。"《孔傳》："自爲不常，用犯汝。"（654、14－8－16）

○《梓材》："后式典。"《孔傳》："君天下能用常法。"（700、14－38－10）

○《召誥》："式勿替有殷歷年。"《孔傳》："勿用廢有殷歷年。"（719、15－17－13）

○《君奭》："我式克至于今日休。"《孔傳》："我用能至于今日其政美。"（808、16－38－1）

○《多方》："天惟式教我用休。"《孔傳》："惟用教我用美道代殷。"（824、17－14－15）

○《立政》："式商受命。"《孔傳》："得用商所受天命。"（839、17－26－8）

○《君陳》："爾尚式時周公之猷訓。"《孔傳》："汝庶幾用是周公之道教殷民。"（861、18－15－9）

○《畢命》："式化厥訓。"《孔傳》："用化其教。"（913、19－8－18）

○《君牙》："式和民則。"《孔傳》："用和民令有法則。"（918、19－16－6）

1102 誓 shì

① 戒誓。

○《湯誓》："《湯誓》。"《孔傳》："戒誓湯士衆。"（388、8－2－12）

② 結信。

○《顧命》："恐不獲誓言嗣。"《孔傳》："恐不得結信出言嗣續我志。"（872、18－22－4）

③ 軍旅曰誓。

○《大禹謨》："禹乃會群后，誓與師曰。"《孔傳》："軍旅曰誓。"（157、4－

16 - 17)

1103 世 shì

① 世世。

○《盤庚上》:"世選爾勞。"《孔傳》:"言我世世選(數)汝功勤。"(441、9 - 10 - 10)

按:《孔傳》"選"字,八、李、纂、魏、平、岳、永、毛作"數"①。

○《旅獒》:"惟乃世王。"《孔傳》:"天子乃世世王天下。"(598、13 - 6 - 15)

○《康誥》:"乃以殷民世享。"《孔傳》:"即汝乃以殷民世世享國。"(670、14 - 19 - 15)

○《洛誥》:"四方其世享。"《孔傳》:"四方其世世享公之德。"(739、15 - 33 - 6)

② 累世。

○《泰誓下》:"乃汝世讎。"《孔傳》:"乃是汝累世之讎。"(514、11 - 17 - 5)

1104 世禄 shì lù

世有禄位。

○《畢命》:"世禄之家,鮮克由禮。"《孔傳》:"世有禄位,而無禮教,少不以放蕩陵邈有德者。"(915、19 - 12 - 13)

1105 世世 shì shì

累世。

○《微子之命》:"世世享德。"《孔傳》:"言微子累世享德。"(641、13 - 37 - 2)

1106 試 shì

用。

○《盤庚中》:"今予將試以汝遷,安定厥邦。"《孔傳》:"試,用。"(451、9 - 15 - 9)

○《盤庚中》:"今予將試以汝遷,永建乃家。"《孔傳》:"我乃(用)以汝徙,長立汝家。"(460、9 - 20 - 13)

按:《孔傳》"乃"字,八、李、王、纂、岳本作"用"②,是。

---

① 杜澤遜:《尚書注疏彙校》,第 1340 頁。
② 杜澤遜:《尚書注疏彙校》,第 1373 頁。

1107 諟 shì

是。

○《太甲上》:"先王顧諟天之明命。"《孔傳》:"諟,是也。"(410、8-25-1)

按:《孔疏》:"'諟'與'是',古今之字異,故變文爲'是'也。"

1108 舒 shū

舒惰。

○《多方》:"洪舒于民。"《孔傳》:"大舒惰於治民。"(818、17-9-9)

1109 屬 shǔ

① **逮。**

○《禹貢》:"涇屬渭汭。"《孔傳》:"屬,逮也。"(299、6-26-12)

按:《孔疏》:"'屬'謂相連屬,故訓爲'逮'。逮,及也,言水相及。"

② **屬逮。**

○《盤庚中》:"爾忱不屬。"《孔傳》:"汝忠誠不屬逮古。"(452、9-15-17)

1110 庶 shù

庶幾。

○《洛誥》:"予惟曰:'庶有事。'"《孔傳》:"我惟曰:'庶幾有善政事。'"(727、15-24-5)

按:庶幾,有推測、可能、差不多之義。《左傳·昭公十六年》"鄭其庶乎",杜預注:"庶幾於興盛。""庶"亦作"庶幾"解。劉起釪《尚書校釋譯論》不認同訓作"庶幾",認爲應訓"庶"爲"衆"義。[1] 可備一説。

○《吕刑》:"庶有格命。"《孔傳》:"庶幾有至命。"(941、19-34-14)

○《吕刑》:"咸庶中正。"《孔傳》:"皆庶幾必得中正之道。"(956、19-44-1)

1111 率 shuài

相率。

○《湯誓》:"夏王率遏衆力,率割夏邑。"《孔傳》:"言桀君臣相率爲勞役之事,以絶衆力,謂廢農功。相率割剥夏之邑居,謂征賦重。"(391、8-3-6、8-3-7)

○《湯誓》:"有衆率怠弗協。"《孔傳》:"衆下相率爲怠惰,不與上和合。"

---

① 顧頡剛、劉起釪:《尚書校釋譯論》,第1471頁。

（391、8－3－9）

○《武成》：“華夏蠻貊,罔不率俾。”《孔傳》：“冕服采章曰華,大國曰夏,及四夷皆相率。”（535、11－31－16）

1112 爽 shuǎng

差錯。

○《洛誥》：“惟事其爽侮。”《孔傳》：“則惟政事其差錯侮慢不可治理。”（731、15－27－12）

按：《爾雅·釋言》：“爽,差也。”《詩·衛風·氓》“女也不爽”,《毛傳》：“爽,差也。”

1113 訟 sòng

争訟。

○《堯典》：“嚚訟可乎?”《孔傳》：“言不忠信爲嚚,又好争訟,可乎?”（45、2－25－11）

1114 蘇 sū

蘇息。

○《仲虺之誥》：“徯予后,后來其蘇。”《孔傳》：“待我君來,其可蘇息。”（397、8－11－8）

1115 速 sù

召。

○《太甲中》：“以速戾于厥躬。”《孔傳》：“速,召也。”（416、8－29－9）

按：《孔疏》：“《釋言》云:‘速,徵也。徵,召也。’轉以相訓,故‘速’爲‘召’也。”

○《酒誥》：“惟民自速辜。”《孔傳》：“惟民行惡自召罪。”（686、14－29－12）

○《多方》：“乃惟爾自速辜。”《孔傳》：“乃惟汝自召罪以取誅。”（827、17－16－11）

1116 肅 sù

嚴。

○《太甲上》：“罔不祗肅。”《孔傳》：“肅,嚴也。”（410、8－25－5）

○《微子之命》：“恪慎克孝,肅恭神人。”《孔傳》：“言微子敬慎能孝,嚴恭神人。”（640、13－35－15）

1117 所 suǒ

所在。

○《大誥》：“天閟毖我成功所。”《孔傳》：“言天慎勞我周家成功所在。”

(633、13－28－14)

按：所在，有處所義。《廣雅·釋言》：“方，所也。”《後漢書·黄憲傳》“清濁未議其方”，李賢注即引自《廣雅》。

1118 炭 tàn

火。

○《仲虺之誥》：“有夏昏德，民墜塗炭。”《孔傳》：“夏桀昏亂，不恤下民，民之危險，若陷泥墜火。”(395、8－9－6)

1119 滔 tāo

漫。

○《堯典》：“静言庸違，象恭滔天。”《孔傳》：“滔，漫也。”(49、2－26－1)

○《堯典》：“浩浩滔天。”《孔傳》：“浩浩盛大若漫天。”(53、2－26－6)

按：《廣雅·釋言》：“滔，漫也。”疏證：“《説文》：‘滔，水漫漫大皃。’”《詩·小雅·四月》“滔滔江漢，南國之紀”，《毛傳》：“滔滔，大水貌。”即大水瀰漫之義。“象恭滔天”，《史記·五帝本紀》作“似恭漫天”，亦將“滔”對應譯作“漫”。

1120 替 tì

廢。(7見)

○《旅獒》：“無替厥服。”《孔傳》：“使無廢其職。”(597、13－2－16)

○《大誥》：“不敢替上帝命。”《孔傳》：“不敢廢天命。”(632、13－28－4)

○《微子之命》：“無替朕命。”《孔傳》：“無廢我命。”(641、13－37－6)

○《康誥》：“勿替敬典。”《孔傳》：“勿廢所宜敬之常法。”(670、14－19－13)

○《召誥》：“式勿替有殷歷年。”《孔傳》：“勿用廢有殷歷年。”(719、15－17－13)

○《洛誥》：“公勿替刑。”《孔傳》：“公勿去以廢法則。”(739、15－33－6)

○《立政》：“不敢替厥義德。”《孔傳》：“不敢廢其義德。”(844、17－31－18)

1121 忝 tiǎn

辱。

○《堯典》：“否德，忝帝位。”《孔傳》：“忝，辱也。”(57、2－32－4)

○《太甲上》：“祗爾厥辟，辟不辟，忝厥祖。”《孔傳》：“忝，辱也。”(410、8－25－17)

○《君牙》：“無忝祖考。”《孔傳》：“無辱累祖考之道。”(918、19－16－6)

1122 恫 tōng

痛。

○《盤庚上》：“乃既先惡于民，乃奉其恫。”《孔傳》：“恫，痛也。”（437、9-9-2）

○《康誥》：“小子封，恫瘝乃身。”《孔傳》：“恫，痛。”（873、18-22-12）

按：《孔疏》：“‘恫’聲類於‘痛’，故‘恫’爲‘痛’也。”

1123 侗 tóng

侗稚。

○《顧命》：“在後之侗，敬迓天威。”《孔傳》：“在文武後之侗稚，成王自斥。敬迎天之威命。”（408、8-21-6）

1124 童 tóng

童稚。

○《伊訓》：“遠耆德，比頑童。”《孔傳》：“耆年有德疏遠之，童稚頑嚚親比之。”（652、14-7-7）

1125 外事 wài shì

外土諸侯奉王事。

○《康誥》：“外事，汝陳時臬。”《孔傳》：“言外土諸侯奉王事，汝當布陳是法。”（657、14-10-8）

1126 玩 wán

戲弄。

○《旅獒》：“玩人喪德，玩物喪志。”《孔傳》：“以人爲戲弄，則喪其德，以器物爲戲弄，則喪其志。”（597、13-4-15）

1127 罔 wǎng

① 無。（119 見）

○《大禹謨》：“嘉言罔攸伏。”《孔傳》：“善言無所伏。”（147、4-3-1）

○《大禹謨》：“朕德罔克。”《孔傳》：“言己無德，民所不能依。”（150、4-8-8）

○《大禹謨》：“罔或干予正。”《孔傳》：“無有干我正。”（151、4-9-9）

○《益稷》：“敷同日奏罔功。”《孔傳》：“則遠近布同而日進於無功。”（214、5-14-7）

○《益稷》：“罔晝夜頟頟。”《孔傳》：“無晝夜常頟頟肆惡無休息。”（215、5-14-10）

○《益稷》：“罔水行舟。”《孔傳》：“丹朱習於無水陸地行舟，言無度。”

(216、5－14－12)

○《胤征》：“羲和尸厥官，罔聞知。”《孔傳》：“主其官而無聞知於日食之變異，所以罪重。”(384、7－14－16)

○《胤征》：“脅從罔治。”《孔傳》：“其脅從距王師者，皆無治。”(385、7－18－1)

○《胤征》：“愛克厥威，允罔功。”《孔傳》：“以愛勝威，無以濟衆，信無功。”(385、7－18－6)

○《湯誓》：“罔有攸赦。”《孔傳》：“無有所赦。”(392、8－3－17)

○《伊訓》：“罔不在初。”《孔傳》：“無不在初。”(406、8－19－18)

○《伊訓》：“爾惟德罔小。”《孔傳》：“修德無小。”(409、8－23－1)

○《伊訓》：“爾惟不德罔大。”《孔傳》：“苟爲不德無大。”(409、8－23－2)

○《太甲上》：“王惟庸，罔念聞。”《孔傳》：“言太甲守常不改，無念聞伊尹之戒。”(410、8－26－1)

○《太甲中》：“罔有不悦。”《孔傳》：“無有不忻喜。”(416、8－30－15)

○《太甲下》：“民罔常懷。”《孔傳》：“民所歸無常。”(417、8－31－16)

○《盤庚上》：“罔知天之斷命。”《孔傳》：“是無知天將斷絶汝命。”(430、9－4－4)

○《盤庚上》：“罔有逸言。”《孔傳》：“無有逸豫之言。”(433、9－7－3)

○《盤庚上》：“越其罔有黍稷。”《孔傳》：“則黍稷無所有。”(436、9－8－7)

○《盤庚中》：“罔不惟民之承。”《孔傳》：“無不承安民而恤之。”(449、9－14－7)

○《盤庚中》：“今其有今罔後。”《孔傳》：“言不徙，無後計。”(453、9－16－7)

○《盤庚中》：“汝罔能迪。”《孔傳》：“汝無能道。”(455、9－17－18)

○《盤庚下》：“罔有定極。”《孔傳》：“無安定之極。”(463、9－22－17)

○《盤庚下》：“罔有弗欽。”《孔傳》：“無敢有不敬。”(467、9－25－14)

○《説命上》：“罔不同心以匡乃辟。”《孔傳》：“無不同心以匡正汝君。”(471、10－4－11)

○《説命中》：“乃罔不休。”《孔傳》：“政乃無不美。”(472、10－7－4)

○《説命中》：“予罔聞於行。”《孔傳》：“則我無聞於所行之事。”(473、10－8－13)

○《説命下》：“暨厥終罔顯。”《孔傳》：“與今其終，故遂無顯明之德。”(474、10－9－13)

○《説命下》：“厥德脩罔覺。”《孔傳》：“則其德之脩，無能自覺。”（475、10－10－11）

○《高宗肜日》：“罔非天胤典。”《孔傳》：“民事無非天所嗣常也。”（481、10－14－18）

○《西伯戡黎》：“罔敢知吉。”《孔傳》：“皆無知吉。”（488、10－17－10）

○《西伯戡黎》：“今我民罔弗欲喪。”《孔傳》：“民無不欲王之亡。”（489、10－18－6）

○《微子》：“凡有辜罪，乃罔恒獲。”《孔傳》：“皆有辜罪，無秉常得中者。”（495、10－20－4）

○《微子》：“多瘠罔詔。”《孔傳》：“故使民多瘠病，而無詔救之者。”（500、10－23－2）

○《微子》：“我罔爲臣僕。”《孔傳》：“我二人無所爲臣僕。”（501、10－23－5）

○《泰誓上》：“惟受罔有悛心。”《孔傳》：“言紂縱惡無改心。”（505、11－7－9）

○《泰誓上》：“罔懲其侮。”《孔傳》：“無能止其慢心。”（505、11－7－15）

○《泰誓中》：“罔或無畏。”《孔傳》：“無敢有無畏之心。”（511、11－14－6）

○《武成》：“罔有敵于我師。”《孔傳》：“紂衆服周仁政，無有戰心。”（537、11－32－11）

○《金縢》：“罔不祗畏。”《孔傳》：“無不敬畏。”（604、13－11－7）

○《金縢》：“王其罔害。”《孔傳》：“王其無害。”（606、13－13－9）

○《大誥》：“罔不反曰：‘艱大。’”《孔傳》：“無不反曰：征伐四國爲大難。”（629、13－25－15）

○《大誥》：“爾時罔敢易法。”《孔傳》：“汝天下是知無敢易天法。”（637、13－32－3）

○《康誥》：“暋不畏死，罔弗憝。”《孔傳》：“自强爲惡而不畏死，人無不惡之者。”（661、14－12－4）

○《康誥》：“汝亦罔不克敬典。”《孔傳》：“故戒以無不能敬常。”（666、14－15－9）

○《康誥》：“矧今民罔迪不適，不迪，則罔政在厥邦。”《孔傳》：“況今民無道不之。言從教也。不以道訓之，則無善政在其國。”（667、14－17－3）

○《酒誥》：“亦罔非酒惟行。”《孔傳》：“亦無非以酒爲行者。”（675、14－21－4）

○《酒誥》:"亦罔非酒惟辜。"《孔傳》:"亦無不以酒爲罪也。"(675、14-21-6)

○《酒誥》:"罔敢湎于酒。"《孔傳》:"皆無敢沈湎於酒。"(683、14-27-7)

○《酒誥》:"厥命罔顯于民。"《孔傳》:"施其政令於民,無顯明之德。"(684、14-28-16)

○《酒誥》:"民罔不盡傷心。"《孔傳》:"民無不盡然痛傷其心。"(684、14-28-18)

○《酒誥》:"罔愛于殷。"《孔傳》:"無愛於殷。"(685、14-29-10)

○《梓材》:"予罔厲殺人。"《孔傳》:"我無厲虐殺人之事。"(693、14-34-9)

○《梓材》:"自古王若茲監,罔攸辟。"《孔傳》:"用古王道如此,監無所復罪。"(696、14-36-13)

○《召誥》:"罔不在厥初生。"《孔傳》:"無不在其初生。"(718、15-15-9)

○《洛誥》:"罔不若予。"《孔傳》:"無不順我所爲。"(732、15-28-13)

○《洛誥》:"罔不若時。"《孔傳》:"天下無不順而是公之功。"(736、15-31-15)

○《多士》:"允罔固亂。"《孔傳》:"言(信)無堅固治者。"(753、16-2-18)
按:《孔傳》"言"字,八、李、王、纂、魏、平、毛、殿、庫作"信"①,是。

○《多士》:"惟時天罔念聞。"《孔傳》:"惟是桀惡有辭,故天無所念聞。"(755、16-4-6)

○《多士》:"罔不明德恤祀。"《孔傳》:"無不顯用有德,憂念齊敬。"(755、16-5-3)

○《多士》:"殷王亦罔敢失帝,罔不配天其澤。"《孔傳》:"殷家諸王,皆能憂念祭祀,無敢失天道者,故無不配天布其德澤。"(755、16-5-6)

○《多士》:"誕罔顯于天。"《孔傳》:"大無明于天道。"(756、16-5-9)

○《多士》:"罔顧于天。"《孔傳》:"無顧於天。"(756、16-5-11)

○《多士》:"罔非有辭于罰。"《孔傳》:"無非有辭於天所罰。"(756、16-5-15)

○《多士》:"予惟四方罔攸賓。"《孔傳》:"今我作此洛邑,以待四方,無有遠近,無所賓外。"(763、16-10-10)

○《無逸》:"亦罔或克壽。"《孔傳》:"亦無有能壽考。"(777、16-17-10)

---

① 杜澤遜:《尚書注疏彙校》,第2466頁。

○《君奭》:"曰(越)我民罔尤違。"《孔傳》:"而勤化於我民,使無過違之闕。"(792、16-26-2)

按:經文"曰"字,石、八、李、王、纂、魏、平、岳、十、永、閩、毛、阮作"越"①。《孔傳》以"於"爲訓,故作"越"是。

○《君奭》:"王人罔不秉德。"《孔傳》:"其王人無不持德立業。"(797、16-30-2)

○《君奭》:"罔不是孚。"《孔傳》:"無不是而信之。"(798、16-30-7)

○《君奭》:"收罔勖不及。"《孔傳》:"欲收教無自勉不及道義者。"(805、16-34-15)

○《君奭》:"罔不率俾。"《孔傳》:"無不循化而使之。"(808、16-38-3)

○《君奭》:"亦罔不能厥初,惟其終。"《孔傳》:"亦無不能其初,鮮能有終,惟其終則惟君子。"(808、16-38-12)

按:《孔疏》:"《詩》云:'靡不有初,鮮克有終。'是凡民之德,無不能其初,少能有終者。凡民皆如是,有終則惟君子。"

○《蔡仲之命》:"罔以側言改厥度。"《孔傳》:"無以邪巧之言,易其常度。"(814、17-4-16)

○《多方》:"爾罔不知。"《孔傳》:"言天下無不知紂暴虐以取亡。"(817、17-7-17)

○《多方》:"罔丕惟進之恭。"《孔傳》:"無大惟進恭德。"(818、17-9-9)

○《多方》:"罔不明德慎罰。"《孔傳》:"無不明有德,慎去刑罰。"(821、17-11-10)

○《多方》:"罔可念聽。"《孔傳》:"言無可聽。"(823、17-13-10)

○《多方》:"罔堪顧之。"《孔傳》:"無堪顧天之道者。"(824、17-14-11)

○《多方》:"爾罔不克臬。"《孔傳》:"汝無不能用法。"(828、17-18-4)

○《立政》:"是惟暴德罔後。"《孔傳》:"是惟暴德之人,故絕世無後。"(838、17-23-9)

○《立政》:"文王罔敢知于兹。"《孔傳》:"文王一無敢自知,於此委任賢能而已。"(844、17-31-10)

○《立政》:"文王罔攸兼于庶言。"《孔傳》:"文王無所兼知。"(844、17-31-6)

○《立政》:"國則罔有立政用憸人,不訓于德,是罔顯在厥世。"《孔傳》:"商周賢聖之國,則無有立政用憸利之人者。憸人不順於德,是使其君無

① 杜澤遜:《尚書注疏彙校》,第2524頁。

顯名在其世。"(848、17－34－13、17－34－14)

○《立政》:"罔有不服。"《孔傳》:"無[有]不服化者。"(850、17－35－8)

按:《孔傳》"無"字後,八、李、平、要、岳有"有"字①,與《孔疏》合。

○《周官》:"乃罔後艱。"《孔傳》:"乃無後難。"(858、18－10－14)

○《周官》:"罔不惟畏。"《孔傳》:"無所不畏。"(858、18－11－7)

○《君陳》:"時乃罔不變。"《孔傳》:"是乃無不變化其政教。"(863、18－18－12)

○《康王之誥》:"乃心罔不在王室。"《孔傳》:"汝心常當忠篤,無不在王室。"(910、19－5－15)

○《畢命》:"民罔攸勸。"《孔傳》:"則民無所勸慕。"(913、19－9－5)

○《畢命》:"罔不祗師言。"《孔傳》:"下人無不敬仰師法。"(914、19－9－9)

○《畢命》:"罔不咸賴。"《孔傳》:"無不皆恃賴三君之德。"(917、19－13－17)

○《畢命》:"罔曰弗克。"《孔傳》:"人之爲政,無曰不能。"(917、19－14－5)

○《畢命》:"罔曰民寡。"《孔傳》:"無曰人少不足治也。"(917、19－14－6)

○《君牙》:"爾身克正,罔敢弗正,民心罔中,惟爾之中。"《孔傳》:"言汝身能正,則下無敢不正。民心無中,從汝取中。"(918、19－16－8、19－16－9)

○《君牙》:"咸以正罔缺。"《孔傳》:"皆以正道無邪缺。"(919、19－17－9)

○《冏命》:"罔匪正人。"《孔傳》:"無不用中正之人。"(921、19－19－11)

○《冏命》:"罔有不欽。"《孔傳》:"無有不敬。"(921、19－19－13)

○《冏命》:"罔有不臧。"《孔傳》:"無有不善。"(921、19－19－15)

○《吕刑》:"罔不寇賊。"《孔傳》:"無不相寇賊。"(926、19－25－4)

○《吕刑》:"罔差有辭。"《孔傳》:"無差有直辭者。"(930、19－25－14)

○《吕刑》:"罔中于信。"《孔傳》:"皆無中于信義。"(931、19－25－16)

○《吕刑》:"罔有馨香。"《孔傳》:"無有馨香之行。"(931、19－26－1)

○《吕刑》:"罔有降格。"《孔傳》:"言天神無有降地,地祇不至於天。"(933、19－28－17)

○《吕刑》:"罔不惟德之勤。"《孔傳》:"無不惟德之勤。"(938、19－31－16)

○《吕刑》:"罔有擇言在身。"《孔傳》:"無有可擇之言在其身。"(938、19－

---

① 杜澤遜:《尚書注疏彙校》,第2722頁。

32－12)

○《吕刑》：“<u>罔</u>擇吉人。”《孔傳》：“言苗民<u>無</u>肯選擇善人。”(940、19－33－13)

○《吕刑》：“今爾<u>罔</u>不由慰日勤,爾<u>罔</u>或戒不勤。”《孔傳》：“今汝<u>無</u>不用安自居日當勤之。汝<u>無</u>有徒念戒而不勤。”(941、19－34－17)

○《吕刑》：“<u>罔</u>非在中。”《孔傳》：“<u>無</u>不在中正。”(956、19－43－15)

○《吕刑》：“<u>罔</u>不中聽獄之兩辭。”《孔傳》：“由典獄之<u>無</u>不以中正聽獄之兩辭。”(958、19－45－12)

○《吕刑》：“庶民<u>罔</u>有令政在于天下。”《孔傳》：“令衆民<u>無</u>有善政在於天下。”(959、19－46－1)

○《文侯之命》：“<u>罔</u>不率從。”《孔傳》：“天下<u>無</u>不循從其化。”(963、20－3－3)

○《文侯之命》：“<u>罔</u>或耆壽俊在厥服,予則<u>罔</u>克。”《孔傳》：“<u>無</u>有耆宿壽考俊德在其服位,我則材劣<u>無</u>能之致。”(964、20－4－3)

○《秦誓》：“則<u>罔</u>所愆。”《孔傳》：“則行事<u>無</u>所過矣。”(980、20－18－2)

② 不。

○《太甲上》：“其後嗣王,<u>罔</u>克有終。”《孔傳》：“言桀君臣,滅先人之道德,<u>不</u>能終其業。”(410、8－25－15)

○《盤庚下》：“<u>罔</u>罪爾衆。”《孔傳》：“今我<u>不</u>罪汝。”(463、9－21－18)

○《微子》：“乃<u>罔</u>畏畏。”《孔傳》：“言起沈湎,<u>上不</u>畏天災,<u>下不</u>畏賢人。”(499、10－22－9)

1128 罔不 wǎng bù

皆。

○《武成》：“華夏蠻貊,<u>罔不</u>率俾。”《孔傳》：“冕服采章曰華,大國曰夏,及四夷<u>皆</u>相率。”(535、11－31－15)

1129 惟 wéi

爲。(7見)

○《益稷》：“萬邦黎獻,共<u>惟</u>帝臣。”《孔傳》：“萬國衆賢,共<u>爲</u>帝臣。”(212、5－14－3)

○《盤庚中》：“盤庚作,<u>惟</u>涉河以民遷。”《孔傳》：“<u>爲</u>此南渡河之法用民徙。”(448、9－13－14)

○《康誥》：“<u>惟</u>威<u>惟</u>虐,大放王命。”《孔傳》：“並<u>爲</u>威虐,大放棄王命。”(665、14－15－6)

○《酒誥》：“亦<u>罔</u>非酒<u>惟</u>行。”《孔傳》：“亦<u>無</u>非以酒<u>爲</u>行者。”(675、14－

21-4)

○《酒誥》:"亦罔非酒惟辜。"《孔傳》:"亦無不以酒爲罪也。"(675、14-21-6)

○《酒誥》:"爾大克羞耉惟君。"《孔傳》:"汝大能進老成人之道,則爲君矣。"(678、14-24-7)

○《多方》:"爾乃惟逸惟頗。"《孔傳》:"若爾乃爲逸豫頗僻。"(831、17-20-2)

1130 無 wú

① 不。(8 見)

○《皋陶謨》:"無教逸欲有邦。"《孔傳》:"不爲逸豫貪欲之教,是有國者之常。"(172、4-29-12)

○《太甲上》:"無俾世迷。"《孔傳》:"不使世人迷惑怪之。"(411、8-27-14)

○《高宗肜日》:"祀無豐于昵。"《孔傳》:"祭祀有常,不當特豐於近廟。"(481、10-15-1)

○《洪範》:"無虐煢獨而畏高明。"《孔傳》:"煢獨者,不侵虐之;寵貴者,不枉法畏之。"(565、12-16-8)

○《金縢》:"無墜天之降寶命。"《孔傳》:"言不救則墜天之寶命。"(604、13-11-9)

○《康誥》:"惟厥罪,無在大,亦無在多。"《孔傳》:"猶有罰誅,不在多大。"(668、14-17-18)

○《洛誥》:"咸秩無文。"《孔傳》:"皆次秩不在禮文者而祀之。"(726、15-24-3)

② 勿。

○《盤庚下》:"罔罪爾衆,爾無共怒。"《孔傳》:"今我不罪汝,汝勿共怒我。"(463、9-21-18)

1131 五禮 wǔ lǐ

公、侯、伯、子、男五等之禮。

○《皋陶謨》:"天秩有禮,自我五禮有庸哉!"《孔傳》:"天次秩有禮,當用我公、侯、伯、子、男五等之禮以接之。"(175、4-30-1)

1132 勿 wù

無。

○《盤庚中》:"咸造,勿褻在王庭。"《孔傳》:"衆皆至王庭,無褻慢。"(448、9-13-17)

1133 席 xí

居。

○《畢命》：“席寵惟舊。”《孔傳》：“居寵日久。”（915、19－12－17）

按：《孔疏》：“‘席’者人之所處，故爲‘居’之義。”

1134 瑕 xiá

罪過。

○《康誥》：“裕乃以民寧，不汝瑕殄。”《孔傳》：“行寬政乃以民安，則我不汝罪過，不絶亡汝。”（669、14－18－17）

1135 暇 xiá

寬暇。

○《酒誥》：“不敢自暇自逸。”《孔傳》：“不敢自寬暇自逸豫。”（682、14－26－17）

1136 賢 xián

賢才。

○《大禹謨》：“野無遺賢，萬邦咸寧。”《孔傳》：“則賢才在位，天下安寧。”（147、4－3－2）

○《武成》：“建官惟賢。”《孔傳》：“立官以官賢才。”（538、11－35－11）

1137 閑 xián

閑禦。

○《畢命》：“雖收放心，閑之惟艱。”《孔傳》：“雖今順從周制，心未厭服，以禮閑禦，其心惟難。”（916、19－13－2）

按：《孔疏》：“閑，謂防閑；禦，止也。”

1138 獻 xiàn

① 賢。

○《益稷》：“萬邦黎獻，共惟帝臣。”《孔傳》：“獻，賢也。”（212、5－14－3）

按：《孔疏》：“《釋言》云：‘獻，聖也。’賢是聖之次，臣德不宜言聖，故爲賢也。”

○《洛誥》：“其大惇典殷獻民。”《孔傳》：“其大厚行典常於殷賢人。”（740、15－34－2）

② 貢。

○《旅獒》：“西旅獻獒。”《孔傳》：“西戎遠國貢大犬。”（1047、13－1－7）

○《旅獒》：“無有遠邇，畢獻方物。”《孔傳》：“天下萬國無有遠近，盡貢其方土所生之物。”（597、13－2－14）

○《歸禾》:"獻諸天子。"《孔傳》:"拔而貢之。"(1051、13 - 37 - 10)

③ 賢者。

○《大誥》:"民獻有十夫。"《孔傳》:"四國人賢者有十夫。"(628、13 - 24 - 3)

1139 襄 xiāng

上。

○《堯典》:"蕩蕩懷山襄陵,浩浩滔天。"《孔傳》:"襄,上也。"(53、2 - 26 - 6)

○《皋陶謨》:"予未有知思,曰贊贊襄哉!"《孔傳》:"言我未有所知,未能思致於善,徒亦贊奏上古行事而言之。"(180、4 - 32 - 12)

按:《孔疏》:"《釋言》以'襄'爲駕,駕乘牛馬,皆車在其上,故'襄'爲'上'也。"

1140 宵 xiāo

夜。

○《堯典》:"宵中星虛,以殷仲秋。"《孔傳》:"宵,夜也。"(37、2 - 13 - 13)

按:《孔疏》:"'宵,夜',《釋言》文。舍人曰:'宵,陽氣消也'。"

1141 效 xiào

效實。

○《梓材》:"王其效邦君越御事。"《孔傳》:"王者其效實國君,及于御治事者。"(696、14 - 36 - 11)

按:效實,即效忠義。《三國志·魏書·荀彧傳》"故天下忠正效實之士咸願爲用"中,"效實"亦作此義。

1142 褻 xiè

褻慢。

○《盤庚中》:"咸造,勿褻在王庭。"《孔傳》:"衆皆至王庭,無褻慢。"(448、9 - 13 - 17)

1143 興 xīng

起。(10 見)

○《益稷》:"率作興事。"《孔傳》:"天子率臣下爲起治之事。"(240、5 - 23 - 7)

○《微子》:"小民方興。"《孔傳》:"而小人各起一方。"(496、10 - 20 - 6)

○《微子》:"我興受其敗。"《孔傳》:"我起受其敗。"(500、10 - 23 - 4)

○《多士》:"爾小子乃興。"《孔傳》:"汝能敬,則子孫乃起從汝化而遷善。"(765、16 - 11 - 5)

○《君陳》:"有廢有興。"《孔傳》:"有所廢,有所起。"(861、18 - 16 - 1)

○《顧命》:"今天降疾殆,弗興弗悟。"《孔傳》:"今天下疾我身甚危殆,不起不悟。"(874、18－22－15)

○《冏命》:"怵惕惟厲,中夜以興。"《孔傳》:"言常悚懼惟危,夜半以起。"(920、19－19－7)

○《吕刑》:"民興胥漸,泯泯棼棼。"《孔傳》:"起相漸化,泯泯爲亂,棼棼同惡。"(931、19－25－15)

○《費誓》:"徐、夷並興。"《孔傳》:"徐戎、淮夷,並起爲寇於魯。"(1065、20－8－15)

○《費誓》:"徂兹淮夷、徐戎並興。"《孔傳》:"今往征此淮浦之夷、徐州之戎,並起爲寇。"(970、20－9－11)

1144 形 xíng

形象。

○《説命上》:"乃審厥象,俾以形旁求于天下。"《孔傳》:"審所夢之人,刻其形象,以四方旁求之於民間。"(470、10－2－18)

1145 徇 xùn

循。

○《泰誓中》:"王乃徇師而誓。"《孔傳》:"徇,循也。"(508、11－10－8)

按:《孔疏》:"《説文》云:'徇,疾也。循,行也。''徇'是疾行之意,故以'徇'爲'循'也。"

1146 遜 xùn

① 遁。

○《堯典》:"將遜于位。"《孔傳》:"遜,遁也。"(992、2－5－1)

② 遯。

○《微子》:"吾家耄遜于荒。"《孔傳》:"在家耄亂,故欲遯出於荒野。"(497、10－21－12)

1147 亞 yà

次。

○《牧誓》:"亞旅、師氏。"《孔傳》:"亞,次。"(520、11－21－2)

○《酒誥》:"百僚庶尹惟亞惟服宗工。"《孔傳》:"治事百官衆正,及次大夫服事尊官。"(683、14－27－4)

1148 掩 yǎn

掩蔽。

○《盤庚上》:"予不掩爾善。"《孔傳》:"不掩蔽汝善,是我忠於汝。"(441、

9 - 10 - 10)

1149 奄 yǎn

同。

○《大禹謨》:"皇天眷命,奄有四海。"《孔傳》:"奄,同也。"(147、4 - 4 - 13)

○《立政》:"式商受命,奄甸萬姓。"《孔傳》:"得用商所受天命,同治萬姓。"(840、17 - 26 - 8)

1150 一 yī

① 同。

○《泰誓中》:"乃一德一心,立定厥功。"《孔傳》:"汝同心立功,則能長世以安民。"(511、11 - 14 - 17)

② 純一。

○《咸有一德》:"伊尹作《咸有一德》。"《孔傳》:"言君臣皆有純一之德,以戒太甲。"(419、8 - 33 - 18)

③ 專一。

○《酒誥》:"越小大德,小子惟一。"《孔傳》:"於小大之人皆念德,則子孫惟專一。"(676、14 - 23 - 2)

1151 依 yī

① 乘。

○《君陳》:"無依勢作威。"《孔傳》:"無乘勢位作威人上。"(862、18 - 16 - 10)

② 依怙。

○《無逸》:"則知小人之依。"《孔傳》:"則知小人之所依怙。"(767、16 - 12 - 14)

1152 貽 yí

遺。

○《五子之歌》:"有典有則,貽厥子孫。"《孔傳》:"貽,遺也。"(379、7 - 9 - 13)

○《金縢》:"公乃爲詩以貽王。"《孔傳》:"而作詩解所以宜誅之意以遺王。"(614、13 - 15 - 6)

○《召誥》:"罔不在厥初生,自貽哲命。"《孔傳》:"自遺智命,無不在其初生。"(718、15 - 15 - 10)

1153 遺 yí

遺棄。

○《召誥》:"今沖子嗣,則無遺壽耇。"《孔傳》:"無遺棄老成人之言,欲其

法之。"(713、15－10－8)

1154 逸 yì

① 過。

○《胤征》:"天吏逸德,烈于猛火。"《孔傳》:"逸,過也。"(384、7－17－17)

按:《孔疏》:"'逸',即'佚'也,'佚'是淫縱之名,故爲'過'也。"

○《盤庚上》:"予亦拙謀,作乃逸。"《孔傳》:"逸,過也。"(435、9－7－14)

○《盤庚上》:"其發有逸口,矧予制乃短長之命?"《孔傳》:"恐其發動有過口之患。"(438、9－9－6)

○《立政》:"乃惟庶習逸德之人。"《孔傳》:"乃惟衆習爲過德之人。"(839、17－26－6)

② 過差。

○《酒誥》:"惟荒腆于酒,不惟自息乃逸。"《孔傳》:"言紂大厚於酒,晝夜不念自息,乃過差。"(685、14－29－3)

③ 過逸。

○《多方》:"乃惟爾商後王,逸厥逸,"《孔傳》:"後王紂逸豫其過逸。"(822、17－13－4)

1155 義 yì

① 宜。

○《康誥》:"用其義刑義殺,勿庸以次汝封。"《孔傳》:"義,宜也。"(659、14－11－5)

○《康誥》:"汝乃其速由兹義率殺。"《孔傳》:"汝乃其速用此典刑宜於時世者,循理以刑殺。"(665、14－15－4)

② 忠義。

○《武成》:"惇信明義。"《孔傳》:"使天下厚行言(信),顯忠義。"(539、11－35－16)

按:《孔傳》"言"字,八、李、王、纂、魏、岳、永、毛、殿、庫作"信"①,是。

③ 正義。

○《洪範》:"無偏無陂,遵王之義。"《孔傳》:"言當循先王之正義以治民。"(566、12－18－13)

④ 德義。

○《畢命》:"席寵惟舊,怙侈滅義。"《孔傳》:"居寵日久,怙恃奢侈,以滅德義。"(915、19－12－18)

---

① 杜澤遜:《尚書注疏彙校》,第 1685 頁。

1156 泆 yì

過。

○《多士》:"誕淫厥泆,罔顧于天。"《孔傳》:"言紂大過其過,無顧於天。"(756、16-5-11)

1157 翼 yì

明。(6見)

○《武成》:"越翼日癸巳。"《孔傳》:"翼,明。"(530、11-26-9)

按:《孔疏》:"翼,明,《釋言》文。"

○《金縢》:"王翼日乃瘳。"《孔傳》:"翼,明。"(607、13-13-13)

○《大誥》:"今蠢,今翼日。"《孔傳》:"今天下蠢動,今之明日。"(628、13-24-3)

○《召誥》:"若翼日乙卯。"《孔傳》:"周公順位成之明日。"(706、15-4-16)

○《顧命》:"越翼日乙丑,王崩。"《孔傳》:"於其明日,王崩。"(876、18-24-1)

○《顧命》:"延入翼室,恤宅宗。"《孔傳》:"明室,路寢。"(878、18-24-9)

1158 翼日 yì rì

明日。

○《大誥》:"今蠢,今翼日。"《孔傳》:"今天下蠢動,今之明日。"(628、13-24-3)

○《召誥》:"若翼日乙卯。"《孔傳》:"周公順位成之明日。"(706、15-4-16)

○《顧命》:"越翼日乙丑,王崩。"《孔傳》:"於其明日,王崩。"(876、18-24-1)

1159 殷 yīn

① 正。

○《堯典》:"日中星鳥,以殷仲春。"《孔傳》:"殷,正也。"(27、2-12-12)

○《堯典》:"宵中星虛,以殷仲秋。"《孔傳》:"虛,玄武之中星,亦言七星皆以秋分日見,以正三秋。"(37、2-13-13)

② 中。

○《禹貢》:"九江孔殷。"《孔傳》:"江於此州界,分爲九道,甚得地勢之中。"(278、6-19-2)

1160 陻 yīn

塞。

○《洪範》:"我聞在昔,鯀陻洪水。"《孔傳》:"陻,塞。"(544、12-3-11)

1161 陰 yīn

默。

○《説命上》:"王宅憂,亮陰三祀。"《孔傳》:"陰,默也。"(468、10-2-5)

○《洪範》:"惟天陰騭下民。"《孔傳》:"天不言而默定下民。"(543、12-2-13)

○《無逸》:"乃或亮陰,三年不言。"《孔傳》:"乃有信默,三年不言。言孝行著。"(770、16-14-14)

按:《孔疏》:"'陰'者,幽闇之義,'默'亦闇義,故爲默也。"

1162 淫 yín

① 過。(10見)

○《大禹謨》:"罔遊于逸,罔淫于樂。"《孔傳》:"淫,過也。"(148、4-4-18)

○《胤征》:"羲和湎淫。"《孔傳》:"承太康之後,沉湎於酒,過差非度。"(998、7-11-11)

○《湯誥》:"無從匪彝,無即慆淫。"《孔傳》:"無從非常,無就慢過。"(402、8-16-7)

○《泰誓中》:"淫酗肆虐。"《孔傳》:"過酗縱虐,以酒成惡。"(509、11-11-2)

○《泰誓下》:"作奇技淫巧以悦婦人。"《孔傳》:"作過制技巧,以恣耳目之欲。"(513、11-16-14)

○《召誥》:"其惟王勿以小民淫用非彝。"《孔傳》:"勿用小民過用非常。"(718、15-15-18)

○《多士》:"誕淫厥泆,罔顧于天。"《孔傳》:"言紂大過其過,無顧於天。"(756、16-5-11)

○《無逸》:"則其無淫于觀、于逸、于遊、于田。"《孔傳》:"所以無敢過於觀遊逸豫田獵者。"(782、16-19-16)

○《多方》:"乃大淫昏。"《孔傳》:"言桀乃大爲過昏之行。"(817、17-8-14)

○《畢命》:"驕淫矜侉。"《孔傳》:"言殷衆士,驕恣過制。"(916、19-13-1)

② 淫過。

○《伊訓》：“時謂淫風。”《孔傳》：“是淫過之風俗。”（408、8－21－4）

○《西伯戡黎》：“惟王淫戲用自絶。”《孔傳》：“以王淫過戲逸，用自絶於先王。”（489、10－17－14）

○《洪範》：“凡厥庶民，無有淫朋。”《孔傳》：“民有安中之善，則無淫過朋黨之惡。”（563、12－14－17）

③ 過惡。

○《多方》：“以爾多方大淫。”《孔傳》：“用汝衆方大爲過惡者。”（822、17－12－11）

1163 淫泆 yín yì

過逸。

○《多士》：“大淫泆有辭。”《孔傳》：“大爲過逸之行，有惡辭聞於世。”（754、16－4－4）

1164 尹 yǐn

正。

○《微子之命》：“尹茲東夏。”《孔傳》：“正此東方華夏之國。”（640、13－36－11）

○《多方》：“惟爾殷侯尹民。”《孔傳》：“殷之諸侯正民者。”（817、17－7－17）

○《多方》：“尹爾多方。”《孔傳》：“以正汝衆方之諸侯。”（824、17－14－15）

○《君陳》：“命汝尹茲東郊，敬哉！”《孔傳》：“正此東郊，監殷頑民教訓之。”（860、18－14－9）

按：《爾雅·釋言》：“尹，正也。”《説文》：“尹，治。”即治理、主管義。《詩·小雅·魚藻之什·都人士》“謂之尹吉”，《毛傳》：“尹，正也。”

1165 隱 yǐn

隱括。

○《盤庚下》：“邦伯師長百執事之人，尚皆隱哉！”《孔傳》：“言當庶幾相隱括共爲善政。”（465、9－24－12）

按：《孔疏》：“‘隱’，謂隱審也。……‘隱括’必是舊語，不知本出何書。何休《公羊序》云：‘隱括使就繩墨焉。’”

1166 膺 yīng

受。

○《畢命》：“予小子永膺多福。”《孔傳》：“我小子亦長受其多福。”（917、

19－13－17）

1167 攸 yōu

① 所。（28 見）

○《大禹謨》：“嘉言罔攸伏。”《孔傳》：“攸，所也。”（147、4－3－1）

○《禹貢》：“陽鳥攸居。”《孔傳》：“隨陽之鳥，鴻雁之屬，冬月所居。”（271、6－15－12）

○《禹貢》：“灃水攸同。”《孔傳》：“灃水所同，同之於渭。”（300、6－26－16）

○《禹貢》：“九州攸同。”《孔傳》：“所同事在下。”（349、6－38－8）

○《湯誓》：“予則孥戮汝，罔有攸赦。”《孔傳》：“今云孥戮汝，無有所赦。”（392、8－3－17）

○《仲虺之誥》：“攸徂之民。”《孔傳》：“湯所往之民。”（397、8－11－7）

○《盤庚上》：“無或敢伏小人之攸箴。”《孔傳》：“言無有敢伏絕小人之所欲箴規上者。”（431、9－6－3）

○《盤庚中》：“厥攸作，視民利用遷。”《孔傳》：“其所爲，視民有利，則用徙。”（450、9－14－16）

○《盤庚中》：“汝不憂朕心之攸困。”《孔傳》：“所困，不順上命。”（451、9－15－9）

○《盤庚下》：“奠厥攸居，乃正厥位。”《孔傳》：“定其所居，正郊廟朝社之位。”（461、9－21－14）

○《説命中》：“惟厥攸居，政事惟醇。”《孔傳》：“其所居行，皆如所言，則王之政事醇粹。”（473、10－8－5）

○《説命下》：“匪説攸聞。”《孔傳》：“非説所聞。”（475、10－10－5）

○《洪範》：“予攸好德。”《孔傳》：“我所好者德。”（564、12－16－4）

○《洪範》：“四曰攸好德。”《孔傳》：“所好者德福之道。”（592、12－33－4）

○《大誥》：“予曷其不于前寧人圖功攸終？”《孔傳》：“我何其不於前文王安人之道，謀立其功所終乎？”（634、13－29－2）

○《大誥》：“予曷敢不于前寧人攸受休畢？”《孔傳》：“我何敢不於前文王所受美命終畢之？”（634、13－29－5）

○《梓材》：“自古王若兹監，罔攸辟。”《孔傳》：“用古王道如此，監無所復罪。”（696、14－36－13）

○《洛誥》：“厥攸灼敍。”《孔傳》：“其所及，灼然有次序。”（729、15－24－14）

○《多士》:"予惟四方罔攸賓。"《孔傳》:"今我作此洛邑,以待四方,無有遠近,無所賓外。"(763、16 - 10 - 10)

○《多士》:"攸服奔走臣我。"《孔傳》:"所當服行奔走臣我。"(764、16 - 10 - 12)

○《多士》:"乃或言,爾攸居。"《孔傳》:"我乃有教誨之言,則汝所當居行。"(765、16 - 11 - 16)

○《蔡仲之命》:"懋乃攸績。"《孔傳》:"勉汝所立之功。"(813、17 - 4 - 11)

○《多方》:"乃爾攸聞。"《孔傳》:"言桀之惡,乃汝所聞。"(817、17 - 8 - 16)

○《立政》:"文王罔攸兼于庶言。"《孔傳》:"文王無所兼知,於毀譽衆言及衆刑獄。"(844、17 - 31 - 6)

○《周官》:"欽乃攸司,慎乃出令。"《孔傳》:"使敬汝所司,慎汝出令。"(857、18 - 9 - 11)

○《君陳》:"違上所命,從厥攸好。"《孔傳》:"故人主不可不慎所好。"(863、18 - 18 - 10)

○《畢命》:"不臧厥臧,民罔攸勸。"《孔傳》:"若乃不善其善,則民無所勸慕。"(913、19 - 9 - 6)

○《君牙》:"率乃祖考之攸行。"《孔傳》:"言當循汝父祖之所行。"(919、19 - 18 - 5)

② **所以。(6 見)**

按:此"所以"非因果連詞,而是"所"+"以"的介詞結構,用在謂語前,表示"用來……的方法"或"導致……的原因"。

○《洪範》:"不畀洪範九疇彝倫攸斁。"《孔傳》:"不與大法九疇。……故常道所以敗。"(545、12 - 3 - 13)

○《洪範》:"彝倫攸敘。"《孔傳》:"常道所以次敘。"(545、12 - 3 - 18)

○《金縢》:"茲攸俟,能念予一人。"《孔傳》:"此所以待能念我天子事。"(606、13 - 13 - 12)

○《大誥》:"予惟往求朕攸濟。"《孔傳》:"往求我所以濟渡。"(625、13 - 21 - 15)

○《無逸》:"乃非民攸訓,非天攸若。"《孔傳》:"乃非所以教民,非所以順天。"(782、16 - 20 - 1)

1168 尤 yóu

過。

○《君奭》:"曰(越)我民罔尤違。"《孔傳》:"而勤化於我民,使無過違之

闕。"(792、16－26－2)

1169 由 yóu

生。

○《盤庚上》:"若顛木之有由蘖。"《孔傳》:"言今往遷都,更求昌盛,如顛仆之木,有用生蘖哉。"(430、9－4－6)

按:"由",通"甹"。《説文》:"甹,木生條也。《商書》曰:'若顛木之有甹枿。'古文言'由枿'。"徐鍇曰:"《説文》無'由'字,本作'甹'……今《商書》去'弓'作'由',蓋古文省。"段注:"今書作'由蘖'……《詩序》曰'《由儀》,萬物之生,各得其宜也',此以'生'釋'由',以'宜'釋'儀'。'由'亦'甹'之叚借。"

1170 猶 yóu

尚。

○《盤庚上》:"兹猶不常寧。"《孔傳》:"如此尚不常安。"(429、9－3－18)

○《盤庚上》:"猶胥顧于箴言。"《孔傳》:"尚相顧於箴誨。"(438、9－9－6)

○《盤庚上》:"若其猶可撲滅。"《孔傳》:"尚可撲滅。"(438、9－9－12)

1171 有辭 yǒu cí

① 怨。

○《吕刑》:"皇帝清問下民,鰥寡有辭于苗。"《孔傳》:"帝堯詳問民患,皆有辭怨於苗民。"(934、19－29－5)

② 稱誦。

○《君陳》:"其爾之休,終有辭於永世。"《孔傳》:"其汝之美名,亦終見稱誦於長世。"(864、18－18－15)

按:有辭,就是"有説法",根據上下文的不同,從而會呈現"怨"和"稱誦"等不同釋義。

1172 宥 yòu

① 赦。

○《君陳》:"三細不宥。"《孔傳》:"罪雖小,三犯不赦。"(863、18－16－18)

② 寬宥。

○《梓材》:"姦宄殺人,歷人宥。"《孔傳》:"又當詳察姦宄之人,及殺人賊,所過歷之人,有所寬宥。"(693、14－34－13)

○《梓材》:"戕敗人宥。"《孔傳》:"察民以過誤殘敗人者,當寬宥之。"

(693、14－34－15)

③ 赦宥。

○《君陳》:"予曰宥,爾惟勿宥。"《孔傳》:"我曰:'赦宥。'汝勿宥。"(863、18－16－14)

1173 虞 yú

度。(5 見)

○《大禹謨》:"儆戒無虞,罔失法度。"《孔傳》:"虞,度也。"(148、4－4－15)

○《太甲上》:"若虞機張,往省括于度,則釋。"《孔傳》:"虞,度也。"(411、8－26－8)

○《西伯戡黎》:"不虞天性,不迪率典。"《孔傳》:"而王不度知天性命所在,而所行不蹈循常法。"(489、10－17－16)

○《君陳》:"出入自爾師虞。"《孔傳》:"出納之事,當用汝衆言度之。"(861、18－16－2)

○《畢命》:"四方無虞,予一人以寧。"《孔傳》:"四方無可度之事,我天子用安矣。"(913、19－9－2)

1174 俞 yú

然。(6 見)

○《堯典》:"俞,予聞,如何?"《孔傳》:"俞,然也。"(59、2－32－11)

○《大禹謨》:"禹拜昌言曰:'俞!'"《孔傳》:"以益言爲當,故拜受而然之。"(159、4－19－11)

○《皋陶謨》:"俞,如何?"《孔傳》:"然其言,問所以行。"(162、4－22－18)

○《皋陶謨》:"禹拜昌言曰:'俞。'"《孔傳》:"以皋陶言爲當,故拜受而然之。"(163、4－23－5)

○《皋陶謨》:"禹曰:'俞,乃言厎可績。'"《孔傳》:"然其所陳,從而美之曰:'用汝言,致可以立功。'"(180、4－32－11)

○《益稷》:"禹曰:'都!帝,慎乃在位。'帝曰:'俞。'"《孔傳》:"然禹言,受其戒。"(191、5－4－18)

1175 逾邁 yú mài

行過。

○《秦誓》:"我心之憂,日月逾邁。"《孔傳》:"言我心之憂,欲改過自新,如日月並行過。"(979、20－16－18)

1176 諛 yú

諂諛。

○《冏命》：“僕臣諛，厥后自聖。”《孔傳》：“僕臣諂諛，則其君乃自謂聖。”（922、19 - 21 - 15）

1177 籲 yù

① 和。

○《盤庚上》：“率籲眾慼。”《孔傳》：“籲，和也。率和眾憂之人，出正直之言。”（428、9 - 3 - 12）

○《盤庚中》：“予若籲懷兹新邑。”《孔傳》：“言我順和懷此新邑。”（451、9 - 15 - 5）

按：《孔疏》：“‘籲’即裕也，是寬裕，故爲和也。”《孔疏》疏不破注，但稍顯牽強。《説文》：“籲，呼也。从頁籥聲。讀與籥同。《商書》曰：‘率籲眾慼。’”可見，許慎將此處“籲”訓作“呼”，爲其本義。《泰誓》“無辜籲天”、《召誥》“以哀籲天”、《立政》“籲俊尊上帝”中，《孔傳》均訓作“呼”。另：“慼”字，本作“戚”，指近臣貴戚。衛包改字作“慼”，不能訓作“憂戚”之義。《史記·殷本紀》述此文作“盤庚乃告諭諸侯大臣”，故《孔傳》所訓不確。《盤庚中》“予若籲懷兹新邑”中，《孔傳》亦訓“籲”作“和”，根據文意，似訓作“呼”更妥，義爲“我順呼你來此新邑”。

② 呼。

○《泰誓中》：“無辜籲天，穢德彰聞。”《孔傳》：“籲，呼也。”（509、11 - 11 - 6）

○《召誥》：“以哀籲天。”《孔傳》：“以哀號呼天。”（712、15 - 9 - 3）

○《立政》：“籲俊尊上帝。”《孔傳》：“猶乃招呼賢俊，與共尊事上天。”（836、17 - 22 - 16）

1178 御 yù

侍。

○《五子之歌》：“厥弟五人，御其母以從。”《孔傳》：“御，侍也，言從畋。”（375、7 - 6 - 15）

1179 燠 yù

煖。

○《洪範》：“曰雨，曰暘，曰燠。”《孔傳》：“雨以潤物，暘以乾物，燠以長物。”（581、12 - 27 - 11）

○《洪範》：“曰豫，恒燠若。”《孔傳》：“君行逸豫，則常燠（煖）順之。”

○《吕刑》:"兩造具備,師聽五辭。"《孔傳》:"造,至也。"(945、19-36-16)

② 爲。

○《大誥》:"予造天役。"《孔傳》:"我周家爲天下役事。"(631、13-27-4)

○《康誥》:"用肇造我區夏。"《孔傳》:"用此明德慎罰之道,始爲政於我區域諸夏。"(648、14-4-12)

③ 遭。

○《文侯之命》:"閔予小子嗣,造天丕愆。"《孔傳》:"言我小子而遭天大罪過。"(964、20-3-17)

按:"造",通"遭",有遭受、受到義。

1189 澤 zé

① 德澤。

○《畢命》:"道洽政治,澤潤生民。"《孔傳》:"道至普洽,政化治理,其德澤惠施,乃浸潤生民。"(916、19-13-14)

② 惠澤。

○《文侯之命》:"珍資澤于下民。"《孔傳》:"絕其資用惠澤於下民。"(964、20-4-1)

1190 宅 zhái

① 居。(35 見)

○《堯典》:"分命羲仲,宅嵎夷。"《孔傳》:"宅,居也。"(22、2-12-5)

○《堯典》:"申命羲叔,宅南交。"《孔傳》:"此居治南方之官。"(30、2-12-18)

○《堯典》:"分命和仲,宅西。"《孔傳》:"此居治西方之官。"(33、2-13-8)

○《禹貢》:"桑土既蠶,是降丘宅土。"《孔傳》:"民下丘居平土,就桑蠶。"(256、6-10-8)

○《禹貢》:"三危既宅。"《孔傳》:"西裔之山已可居。"(301、6-27-13)

○《禹貢》:"四隩既宅。"《孔傳》:"四方之宅已可居。"(350、6-38-9)

○《太甲上》:"惟尹躬克左右厥辟宅師。"《孔傳》:"伊尹言能助其君,居業天下之衆。"(410、8-25-8)

○《盤庚上》:"既爰宅于茲。"《孔傳》:"言祖乙已居於此。"(428、9-3-13)

○《説命上》:"王宅憂,亮陰三祀。"《孔傳》:"居憂信默三年不言。"(468、10-2-5)

○《説命下》:"既乃遯于荒野,入宅于河。"《孔傳》:"既學而中廢業,遯居

田野。”(474、10-9-8)

○《康誥》：“宅心知訓。”《孔傳》：“常以居心，則知訓民。”(651、14-6-9)

○《康誥》：“亦惟助王宅天命。”《孔傳》：“亦所以惟助王者居順天命爲民日新之教。”(654、14-7-18)

○《召誥》：“成王在豐，欲宅洛邑。”《孔傳》：“武王克商，遷九鼎於洛邑，欲以爲都，故成王居焉。”(1053、15-1-7)

○《召誥》：“惟太保先周公相宅。”《孔傳》：“召公于周公前相視洛居。”(704、15-2-10)

按：此“宅”是名詞，“居住之處”義。

○《召誥》：“知今我初服，宅新邑。”《孔傳》：“天已知我王，今初服政，居新邑洛都。”(718、15-15-15)

○《多士》：“今爾惟時宅爾邑。”《孔傳》：“今汝惟是敬順居汝邑。”(764、16-11-2)

○《多方》：“今爾尚宅爾宅。”《孔傳》：“皆尚得居汝常居。”(825、17-15-14)

按：第一個“宅”是動詞，第二個“宅”是名詞。

○《多方》：“爾乃不大宅天命。”《孔傳》：“汝乃不大居安天命。”(826、17-15-18)

○《立政》：“宅乃事，宅乃牧，宅乃準。”《孔傳》：“宅，居也。”(836、17-23-2)

○《立政》：“謀面用丕訓德，則乃宅人。”《孔傳》：“謀所面見之事無疑，則能用大順德，乃能居賢人于衆官。”(837、17-23-6)

○《立政》：“茲乃三宅無義民。”《孔傳》：“若此則乃能三居無義民。”(837、17-23-6)

○《立政》：“乃用三有宅，克即宅。”《孔傳》：“湯乃用三有居惡人之法，能使就其居。”(838、17-25-4)

○《立政》：“克用三宅三俊。”《孔傳》：“以能用三居三德之法。”(838、17-25-7)

○《立政》：“克知三有宅心。”《孔傳》：“以能知三有居惡人之心。”(840、17-27-6)

○《立政》：“文王惟克厥宅心。”《孔傳》：“文王惟其能居心遠惡舉善。”(843、17-31-4)

○《立政》：“則克宅之，克由繹之，茲乃俾乂。”《孔傳》：“能居之於心，能用

陳之,此乃使天下治。"(848、17－34－5)

○《顧命》:"延入翼室,恤宅宗。"《孔傳》:"延之使居憂,爲天下宗主。"
(878、18－24－9)

○《顧命》:"宅授宗人同。"《孔傳》:"太保居其所,授宗人同。"(900、18－
39－3)

○《畢命》:"旌别淑慝,表厥宅里。"《孔傳》:"言當識别頑民之善惡,表異
其居里。"(915、19－10－18)

○《同命》:"嗣先人宅丕后。"《孔傳》:"繼先人居大君之位。"(920、19－
19－5)

○《費誓》:"魯侯伯禽宅曲阜。"《孔傳》:"治封之國居曲阜。"(1065、20－
8－14)

② 所居。

○《召誥》:"使召公先相宅。"《孔傳》:"相所居而卜之。"(1053、15－
1－8)

○《召誥》:"太保朝至于洛,卜宅。"《孔傳》:"召公早朝至於洛邑,相卜所
居。"(704、15－2－12)

1191 占 zhān

卜。

○《洪範》:"三人占,則從二人之言。"《孔傳》:"三法並卜,從二人之言。"
(578、12－22－11)

1192 哲 zhé

智。(14 見)

○《皋陶謨》:"知人則哲,能官人。"《孔傳》:"哲,智也。"(165、4－24－9)

○《説命上》:"知之曰明哲。"《孔傳》:"知事則爲明智。"(469、10－
2－10)

○《大誥》:"弗造哲迪民康。"《孔傳》:"而不能爲智道以安人。"(624、13－
21－11)

○《大誥》:"爽邦由哲。"《孔傳》:"言其故,有明國事、用智道。"(636、13－
31－18)

○《康誥》:"往敷求于殷先哲王。"《孔傳》:"汝往之國,當布求殷先智王之
道。"(651、14－6－7)

○《康誥》:"别求聞由古先哲王。"《孔傳》:"又當别求所聞父兄用古先智
王之道。"(651、14－6－10)

○《康誥》:"我時其惟殷先哲王德。"《孔傳》:"我是其惟殷先智王之德。"

（667、14－17－1）

○《酒誥》：“在昔殷先哲王。”《孔傳》：“聞之於古殷先智王。”（681、14－26－12）

○《酒誥》：“經德秉哲。”《孔傳》：“能常德持智。”（681、14－26－14）

○《召誥》：“茲殷多先哲王在天。”《孔傳》：“此殷多先智王。”（712、15－8－16）

○《召誥》：“罔不在厥初生，自貽哲命。”《孔傳》：“自遺智命，無不在其初生。”（718、15－15－12）

○《召誥》：“今天其命哲。”《孔傳》：“今天制此三命，惟人所修。修敬德則有智。”（718、15－15－12）

○《無逸》：“茲四人，迪哲。”《孔傳》：“言此四人皆蹈智明德以臨下。”（786、16－22－9）

○《吕刑》：“哲人惟刑，無疆之辭。”《孔傳》：“言智人惟用刑，乃有無窮之善辭。”（959、19－47－13）

1193 貞 zhēn

正。

○《禹貢》：“厥賦貞。”《孔傳》：“貞，正也。”（257、6－10－18）

按：《孔疏》：“《周易》彖、象皆以‘貞’為正也。諸州賦無下下，‘貞’即下下，為第九也。”鄭玄注：“兗州賦下下。”但也有學者認為“貞”字乃“下下”之誤。金履祥云：“‘貞’字本‘下下’字也。古篆凡重字者或於上字下添二。兗賦下下，篆從‘下二’，或誤作‘正’，通為‘貞’。又篆文‘貞’字作‘圼’，與‘下下’相類，因以致誤。”①

○《太甲下》：“一人元良，萬邦以貞。”《孔傳》：“貞，正也。”（418、8－33－3）

○《旅獒》：“不役耳目，百度惟貞。”《孔傳》：“言不以聲色自役，則百度正。”（597、13－4－15）

○《洛誥》：“我二人共貞。”《孔傳》：“我與公共正其美。”（725、15－23－3）

1194 箴 zhēn

箴規。

○《盤庚上》：“無或敢伏小人之攸箴。”《孔傳》：“言無有敢伏絕小人之所欲箴規上者。”（431、9－6－3）

---

① （宋）金履祥：《通鑑綱目全編》，清康熙四十六年内府刻本，卷一第23頁。

1195 箴言 zhēn yán

箴誨。

○《盤庚上》:"猶胥顧于箴言。"《孔傳》:"尚相顧於箴誨。"(438、9-9-6)

1196 正 zhèng

① 法正。

○《仲虺之誥》:"表正萬邦,纘禹舊服。"《孔傳》:"儀表天下,法正萬國,繼禹之功,統其故服。"(395、8-9-7)

② 改正。

○《君奭》:"非克有正,迪惟前人光。"《孔傳》:"我留非能有改正,但欲蹈行先王光大之道。"(793、16-26-11)

③ 中正。

○《冏命》:"其侍御僕從,罔匪正人。"《孔傳》:"官雖微,無不用中正之人。"(921、19-19-11)

④ 教正。

○《冏命》:"正于群僕侍御之臣。"《孔傳》:"欲其教正群僕,無敢佞僞。"(921、19-20-15)

1197 殖 zhí

① 生。

○《仲虺之誥》:"惟王不邇聲色,不殖貨利。"《孔傳》:"殖,生也。"(396、8-10-7)

○《湯誥》:"賁若草木,兆民允殖。"《孔傳》:"若草木同華,民信樂生。"(401、8-15-14)

○《吕刑》:"稷降播種,農殖嘉穀。"《孔傳》:"后稷下教民播種,農畝生善穀。"(935、19-30-14)

② 封殖。

○《仲虺之誥》:"殖有禮,覆昏暴。"《孔傳》:"有禮者封殖之,昏暴者覆亡之。"(399、8-13-6)

按:封殖,亦作"封埴"或"封植",引申爲扶植勢力、培養人才。《國語·吳語》"今天王既封植越國",韋昭注:"封植,以草木自喻。壅本曰封;植,立也。"

1198 厎 zhǐ

致。(19見)

○《皋陶謨》:"朕言惠,可厎行。"《孔傳》:"順於古道,可致行。"(180、4-

32－10)

○《皋陶謨》:"乃言<u>厎</u>可績。"《孔傳》:"用汝言,<u>致</u>可以立功。"(180、4－32－11)

○《禹貢》:"覃懷<u>厎</u>績,至于衡漳。"《孔傳》:"漳水橫流入河,從覃懷<u>致</u>功至橫漳。"(248、6－5－3)

○《禹貢》:"大野既豬,東原<u>厎</u>平。"《孔傳》:"東原<u>致</u>功而平,言可耕。"(264、6－13－13)

○《禹貢》:"三江既入,震澤<u>厎</u>定。"《孔傳》:"言三江已入,<u>致</u>定爲震澤。"(271、6－15－17)

○《禹貢》:"三邦<u>厎</u>貢厥名。"《孔傳》:"近澤三國,常<u>致</u>貢之,其名天下稱善。"(283、6－21－7)

○《禹貢》:"蔡蒙旅平,和夷<u>厎</u>績。"《孔傳》:"和夷之地,<u>致</u>功可藝。"(293、6－24－16)

○《禹貢》:"原隰<u>厎</u>績,至于豬野。"《孔傳》:"言皆<u>致</u>功。"(301、6－27－11)

○《禹貢》:"庶土交正,<u>厎</u>慎財賦。"《孔傳》:"衆土俱得其正……<u>致</u>所慎者,財貨貢賦。"(351、6－38－15)

○《五子之歌》:"亂其紀綱,乃<u>厎</u>滅亡。"《孔傳》:"亂其法制,自<u>致</u>滅亡。"(378、7－9－12)

○《太甲中》:"予小子不明于德,自<u>厎</u>不類。"《孔傳》:"闇於德,故自<u>致</u>不善。"(415、8－29－8)

○《咸有一德》:"永<u>厎</u>烝民之生。"《孔傳》:"長<u>致</u>衆民所以自生之道。"(422、8－38－6)

○《微子》:"我祖<u>厎</u>遂陳于上。"《孔傳》:"言湯<u>致</u>遂其功,陳列於上世。"(494、10－19－17)

○《泰誓上》:"以爾有衆,<u>厎</u>天之罰。"《孔傳》:"用汝衆<u>致</u>天罰於紂。"(507、11－9－6)

○《武成》:"<u>厎</u>商之罪,告于皇天后土。"《孔傳》:"<u>致</u>商之罪,謂伐紂之時。"(534、11－30－10)

○《旅獒》:"西旅<u>厎</u>貢厥獒。"《孔傳》:"西戎之長,<u>致</u>貢其獒。"(596、13－1－16)

○《大誥》:"既<u>厎</u>法,厥子乃弗肯堂,矧肯構?"《孔傳》:"父已<u>致</u>法,子乃不肯爲堂基,況肯構立屋乎?"(634、13－30－8)

○《康王之誥》:"<u>厎</u>至齊信,用昭明于天下。"《孔傳》:"<u>致</u>行至中信之道,

用顯明於天下。"(909、19－5－3)

○《畢命》:"三后協心,同<u>厎</u>于道。"《孔傳》:"三君合心爲一,終始相成,同<u>致</u>于道。"(916、19－13－14)

按:《爾雅·釋言》:"厎,致也。"《説文》:"厎,柔石也。"段注:"柔石,石之精細者。……厎之引伸之義爲'致'也、'至'也、'平'也。"《左傳·宣公三年》"有所厎止",杜預亦訓"厎"作"致"。

1199 志 zhì

① 心。

○《太甲下》:"有言遜於汝<u>志</u>,必求諸非道。"《孔傳》:"言順汝<u>心</u>,必以非道察之。"(418、8－33－1)

② 意。

○《武成》:"予小子其承厥<u>志</u>。"《孔傳》:"言承文王本<u>意</u>。"(534、11－30－10)

③ 在心爲志。

○《旅獒》:"<u>志</u>以道寧,言以道接。"《孔傳》:"<u>在心爲志</u>,發氣爲言。"(598、13－4－17)

1200 智 zhì

賢智。

○《召誥》:"<u>智</u>藏瘝在。"《孔傳》:"<u>賢智</u>隱藏,瘝病者在位。"(712、15－9－1)

1201 懥 zhì

忿懥。

○《多方》:"亦惟有夏之民叨<u>懫</u>。"《孔傳》:"故亦惟有夏之民,貪叨<u>忿懥</u>而逆命。"(818、17－9－11)

1202 中 zhōng

中正。(8見)

○《盤庚中》:"各設<u>中</u>于乃心。"《孔傳》:"各設<u>中正</u>於汝心。"(458、9－20－6)

○《酒誥》:"作稽<u>中</u>德。"《孔傳》:"爲考<u>中正</u>之德。"(679、14－24－10)

○《君陳》:"予曰辟,爾惟勿辟。予曰宥,爾惟勿宥。惟厥<u>中</u>。"《孔傳》:"惟其當以<u>中正</u>平理斷之。"(863、18－16－14)

○《吕刑》:"故乃明于刑之<u>中</u>。"《孔傳》:"故乃能明於用刑之<u>中正</u>。"(938、19－32－1)

○《吕刑》:"觀于五刑之中。"《孔傳》:"使觀視五刑之中正。"(940、19-33-13)

○《吕刑》:"惟良折獄,罔非在中。"《孔傳》:"惟平良可以斷獄,無不在中正。"(956、19-43-16)

○《吕刑》:"罔不中聽獄之兩辭。"《孔傳》:"由典獄之無不以中正聽獄之兩辭。"(958、19-45-12)

○《吕刑》:"非德于民之中?"《孔傳》:"非當立德於民,爲之中正乎?"(959、19-47-10)

1203 諸 zhū

之於。

○《説命上》:"使百工營求諸野。"《孔傳》:"使百官以所夢之形象,經[營]求之於[外]野。"(1021、10-1-9)

按:《孔傳》"形"字,八行本作"刑",非。《孔傳》"經"字後,八、李、王、纂、魏、平、岳、毛、殿、庫本有"營"字,"野"字前有"外"字。[1]

1204 斲 zhuó

斲削。

○《梓材》:"若作梓材,既勤樸斲。"《孔傳》:"爲政之術,如梓人治材爲器,已勞力樸治斲削。"(698、14-37-11)

1205 滋 zī

① 益。

○《君奭》:"在時二人,天休滋至。"《孔傳》:"發言常在是文武,則天美周家日益至矣。"(807、16-37-8)

② 滋長。

○《泰誓下》:"樹德務滋,除惡務本。"《孔傳》:"立德務滋長,去惡務除本。"(514、11-17-7)

1206 作 zuò

① 興。

○《汨作》:"作《汨作》。"《孔傳》:"作,興也。"(994、3-40-16)

② 爲。(51見)

○《益稷》:"烝民乃粒,萬邦作乂。"《孔傳》:"言天下由此爲治本。"(190、5-2-13)

○《益稷》:"傲虐是作。"《孔傳》:"傲戲而爲虐。"(215、5-14-10)

---

① 杜澤遜:《尚書注疏彙校》,第1439頁。

○《益稷》："率作興事。"《孔傳》："天子率臣下爲起治之事。"(240、5-23-6)

○《五子之歌》："内作色荒,外作禽荒。"《孔傳》："作,爲也。"(377、7-9-1)

○《咸有一德》："眷求一德,俾作神主。"《孔傳》："天求一德,使伐桀爲天地神祇之主。"(421、8-35-16)

○《盤庚上》："則惟汝衆自作弗靖。"《孔傳》："是汝自爲非謀所致。"(439、9-9-14)

○《盤庚中》："厥攸作,視民利用遷。"《孔傳》："其所爲,視民有利,則用徙。"(450、9-14-16)

○《説命上》："爰立作相。"《孔傳》："於是禮命立以爲相。"(470、10-3-15)

○《泰誓上》："元后作民父母。"《孔傳》："則爲大君,而爲衆民父母。"(504、11-5-11)

○《泰誓上》："天佑下民,作之君,作之師。"《孔傳》："言天佑助下民,爲立君以政之,爲立師以教之。"(505、11-7-17)

○《泰誓中》："朋家作仇。"《孔傳》："臣下朋黨,自爲仇怨。"(509、11-11-6)

○《武成》："無作神羞。"《孔傳》："無爲神羞辱。"(536、11-32-6)

○《洪範》："惟皇作極。"《孔傳》："惟天下皆大爲中正。"(563、12-14-18)

○《洪範》："其作汝用咎。"《孔傳》："其爲汝用惡道以敗汝善。"(566、12-17-15)

○《洪範》："無有作好,遵王之道。無有作惡,遵王之路。"《孔傳》："言無有亂爲私好惡,動必循先王之道路。"(567、12-18-15)

○《洪範》："天子作民父母。"《孔傳》："言天子布德惠之教,爲兆民之父母。"(570、12-19-15)

○《微子之命》："世世享德,萬邦作式。"《孔傳》："言微子累世享德,不忝厥祖,雖同公侯,而特爲萬國法式。"(641、13-37-2)

○《康誥》："亦惟助王宅天命,作新民。"《孔傳》："亦所以惟助王者居順天命爲民日新之教。"(654、14-7-18)

○《康誥》："自作不典,式爾。"《孔傳》："自爲不常,用犯汝。"(654、14-8-16)

○《康誥》："用康乂民,作求。"《孔傳》："用安治民,爲求等。"(667、14-

17－1)

○《康誥》:"無作怨,勿用非謀非彝。"《孔傳》:"無爲可怨之事,勿用非善謀,非常法。"(668、14－18－12)

○《酒誥》:"作稽中德。"《孔傳》:"爲考中正之德。"(679、14－24－10)

○《梓材》:"若作室家,既勤垣墉。"《孔傳》:"如人爲室家,已勤立垣牆。"(697、14－37－8)

○《梓材》:"作兄弟方來。"《孔傳》:"爲兄弟之國,萬方皆來賓服。"(699、14－38－7)

按:《孔傳》"萬"字,八、李、王、魏、平、岳作"方"①,是。

○《召誥》:"其作大邑。"《孔傳》:"其爲大邑於土中。"(715、15－12－1)

○《召誥》:"王敬作所,不可不敬德。"《孔傳》:"敬爲所,不可不敬之德。"(716、15－13－6)

○《洛誥》:"其基作民明辟。"《孔傳》:"其始爲民明君之治。"(723、15－20－15)

○《洛誥》:"明作有功,惇大成裕。"《孔傳》:"明爲有功,厚大成寬裕之德。"(730、15－25－1)

○《洛誥》:"旁作穆穆迓衡。"《孔傳》:"四方旁來爲敬敬之道,以迎太平之政。"(735、15－30－8)

○《洛誥》:"亂爲四方新辟,作周恭先。"《孔傳》:"言當治理天下,新其政化,爲四方之新君,爲周家見恭敬之王,後世所推先也。"(740、15－34－4)

○《洛誥》:"答其師,作周孚先。"《孔傳》:"當其眾心,爲周家立信者之所推先。"(741、15－34－8)

○《洛誥》:"作册逸誥。"《孔傳》:"王爲册書,使史逸誥伯禽封命之書。"(749、15－38－7)

○《君奭》:"乃悉命汝,作汝民極。"《孔傳》:"乃悉以命汝矣,爲汝民立中正矣。"(806、16－36－10)

○《蔡仲之命》:"無作聰明亂舊章。"《孔傳》:"無敢爲小聰明,作異辯,以變亂舊典文章。"(813、17－4－14)

○《多方》:"簡代夏作民主。"《孔傳》:"大代夏政,爲天下民主。"(820、17－11－7)

○《多方》:"惟聖罔念作狂,惟狂克念作聖。"《孔傳》:"惟聖人無念於善,

---

① 杜澤遜:《尚書注疏彙校》,第 2202 頁。

則爲狂人。惟狂人能念於善,則爲聖人。”(822、17－13－7、17－13－8)

○《多方》:“誕作民主,罔可念聽。”《孔傳》:“而紂大爲民主,肆行無道,事無可念,言無可聽。”(823、17－13－10)

○《多方》:“爾乃自作不典圖忱于正。”《孔傳》:“汝未愛我周,播棄天命,是汝乃自爲不常謀信于正道。”(826、17－16－2)

○《多方》:“自作不和,爾惟和哉!”《孔傳》:“自爲不和,汝有方多士,當和之哉!”(829、17－18－6)

○《立政》:“惟乃弗作往任。”《孔傳》:“惟乃不爲其先王之法,往所委任。”(838、17－23－9)

○《立政》:“立政,任人、準夫、牧,作三事。”《孔傳》:“文武亦法禹湯以立政,常任、準人及牧,治爲天地人之三事。”(840、17－28－5)

○《周官》:“其爾典常作之師。”《孔傳》:“其汝爲政當以舊典常故事爲師法。”(857、18－9－17)

○《周官》:“作德,心逸日休。作僞,心勞日拙。”《孔傳》:“爲德,直道而行,於心逸豫,而名且(日)美。爲僞,飾巧百端,於心勞苦,而事日拙不可爲。”(858、18－11－5)

按:《孔傳》“且”字,八、李、王、纂、岳、殿、庫作“日”,平作“曰”①。

○《畢命》:“康王命作册畢。”《孔傳》:“命爲册書以命畢公。”(1063、19－7－8)

○《吕刑》:“惟作五虐之刑曰法。”《孔傳》:“惟爲五虐之刑,自謂得法。”(927、19－25－8)

○《吕刑》:“自作元命。”《孔傳》:“自爲大命。”(939、19－32－14)

○《吕刑》:“非爾惟作天牧?”《孔傳》:“非汝惟爲天牧民乎?”(939、19－33－8)

○《吕刑》:“今天相民,作配在下。”《孔傳》:“今天治民,人君爲配天在下。”(958、19－45－9)

③ 定。

○《禹貢》:“任土作貢。”《孔傳》:“任其土地所有,定其貢賦之差。”(997、6－1－8)

④ 成。

○《盤庚上》:“予亦拙謀,作乃逸。”《孔傳》:“我不威脅汝徙,是我拙謀成汝過。”(435、9－7－14)

---

① 杜澤遜:《尚書注疏彙校》,第2836頁。

○《説命中》:"無恥過作非。"《孔傳》:"恥過誤而文之,遂成大非。"(473、10－8－2)

⑤ 起。

○《説命下》:"昔先正保衡,作我先王。"《孔傳》:"作,起。"(475、10－11－3)

○《無逸》:"作其即位。"《孔傳》:"武丁起其即王位。"(770、16－14－14)

○《無逸》:"作其即位。"《孔傳》:"起就王位。"(776、16－16－2)

三　釋　訓

1207 怵惕 chù tì

悚懼。

○《冏命》：“怵惕惟厲。”《孔傳》：“言常悚懼惟危。”（920、19 – 19 – 7）

按：《孔疏》：“‘怵惕’是心動之名，多憂懼之意也。”

1208 綽 chuò

緩。

○《無逸》：“不寬綽厥心。”《孔傳》：“不寬緩其心。”（787、16 – 23 – 8）

按：《爾雅·釋訓》：“綽綽，緩也。”《詩·衛風·淇奥》“寬兮綽兮，倚重較兮”，《毛傳》：“綽，緩也。”

1209 聰明 cōng míng

視聽遠。

○《冏命》：“昔在文武，聰明齊聖。”《孔傳》：“聰明，視聽遠。”（921、19 – 19 – 9）

按：《孔疏》：“聰發於耳，明發於目，故爲‘視聽遠’也。”

1210 叢脞 cóng cuǒ

細碎無大略。

○《益稷》：“元首叢脞哉！”《孔傳》：“叢脞，細碎無大略。”（242、5 – 23 – 13）

1211 從容 cóng róng

動。

○《君陳》：“寬而有制，從容以和。”《孔傳》：“寬不失制，動不失和。”（862、18 – 16 – 12）

按：從容，有舉動義。《禮記·緇衣》“長民者衣服不貳，從容有常”，《孔疏》：“從容，謂舉動有其常度。”

1212 蕩蕩 dàng dàng

① 奔突。

○《堯典》：“蕩蕩懷山襄陵。”《孔傳》：“蕩蕩，言之奔突，有所滌除。”（53、

2-26-6)

按:《廣雅·釋訓》:"湯湯,平也。"《孔疏》:"蕩蕩,廣平之貌,'言水勢奔突有所滌除',謂平地之水,除地上之物,爲水漂流,無所復見,蕩然惟有水耳。"

② 開闢。

○《洪範》:"無偏無党,王道蕩蕩。"《孔傳》:"言開闢。"(568、12-18-17)

按:開闢,有平坦義。

1213 斷斷 duàn duàn

專一。

○《秦誓》:"如有一介臣,斷斷猗無他伎。"《孔傳》:"如有束脩一介臣,斷斷猗然專一之臣。"(984、20-18-12)

按:《孔疏》:"'斷斷',守善之貌。"蔡沈《書集傳》:"斷斷,誠一之貌。"[1]

1214 頟頟 é é

無休息。

○《益稷》:"傲虐是作,罔晝夜頟頟。"《孔傳》:"傲戲而爲虐,無晝夜常頟頟肆惡無休息。"(215、5-14-11)

按:《孔疏》:"頟頟,是不休息之意。'肆',謂縱恣也。晝夜常頟頟然縱恣爲惡,無休息時也。"

1215 番番 fān fān

勇武。

○《秦誓》:"番番良士,旅力既愆。"《孔傳》:"勇武番番之良士,雖衆力已過老。"(981、20-18-4)

按:《爾雅·釋訓》:"番番,勇也。"

1216 棼棼 fén fén

亂。

○《吕刑》:"民興胥漸,泯泯棼棼。"《孔傳》:"三苗之民,漬於亂政,起相漸化,泯泯爲亂,棼棼同惡。"(931、19-25-15)

按:《孔疏》:"'棼棼',擾攘之狀……'棼棼同惡',共爲惡也。"

1217 弗弗 fú fú

如流。

○《伊訓》:"先王肇修人紀,從諫弗弗。"《孔傳》:"言湯始修爲人綱紀,有

---

[1] （宋）蔡沈著,錢宗武、錢忠弼整理:《書集傳》,第260頁。

過則改,從諫如流。"(406、8-20-7)

按:咈,有違逆、乖戾義;"弗咈",則是不違,即如流。

1218 呱呱 gū gū

泣聲。

○《益稷》:"啓呱呱而泣。"《孔傳》:"禹治水過門不入,聞啓泣聲。"(218、5-14-17)

1219 聒聒 guō guō

無知之貌。

○《盤庚上》:"今汝聒聒,起信險膚。"《孔傳》:"聒聒,無知之貌。"(433、9-7-4)

按:《孔疏》:"此傳以'聒聒'爲'無知之貌',以'聒聒'是多言亂人之意也。"據王先謙《尚書孔傳參正》,"今汝聒聒",今、古文並當爲"今女愍愍"。作"聒聒",乃衛包所改。"今文之爲'愍'不爲'聒'固無疑也。""衛誤認愍、聒爲古今字。"也就是説,《孔傳》"無知之貌",是對"愍愍"所釋。"聒聒"乃衛包妄改。"愍"有剛愎自用義,故引申作"無知之貌"或"難告之貌",非《孔疏》所説由"多言亂人之意"而來。

1220 浩浩 hào hào

盛大。

○《堯典》:"蕩蕩懷山襄陵,浩浩滔天。"《孔傳》:"包山上陵,浩浩盛大若漫天。"(53、2-26-6)

按:《廣雅·釋訓》:"浩浩,流也。"

1221 桓桓 huán huán

武貌。

○《牧誓》:"勖哉夫子! 尚桓桓。"《孔傳》:"桓桓,武貌。"(527、11-24-7)

按:《孔疏》:"《釋訓》云:'桓桓,威也。'《詩序》云:'桓,武志也。'"

1222 濟濟 jǐ jǐ

衆盛之貌。

○《大禹謨》:"濟濟有衆,咸聽朕命。"《孔傳》:"濟濟,衆盛之貌。"(157、4-16-17)

按:《孔疏》:"美軍衆而言'濟濟',知是'衆盛之貌'。"

1223 截截 jié jié

察察便巧。

○《秦誓》:"惟截截善諞言。"《孔傳》:"惟察察便巧善爲辨佞之言。"

（982、20－18－8）

按：《孔疏》：“‘截截’，猶‘察察’，明辯便巧之意。”

1224 兢兢 jīng jīng

戒慎。

○《皋陶謨》：“兢兢業業，一日二日萬幾。”《孔傳》：“兢兢，戒慎。”（173、4－29－13）

按：《爾雅·釋訓》：“兢兢，戒也。”《孔疏》：“《釋訓》云：‘兢兢，戒也。業業，危也。’戒必慎，危必懼，傳言‘慎’‘懼’以足之。”

1225 夔夔 kuí kuí

悚懼之貌。

○《大禹謨》：“夔夔齊慄，瞽亦允若。”《孔傳》：“夔夔，悚懼之貌。”（158、4－19－6）

按：《孔疏》：“‘夔夔’與‘齋慄’共文，故爲‘悚懼之貌’。”

1226 力 lì

威。

○《武成》：“大邦畏其力，小邦懷其德。”《孔傳》：“言天下諸侯，大者畏威，小者懷德。”（534、11－30－2）

按：力，有威力義，故訓作“威”。《孟子·公孫丑上》“以力服人者，非心服也”之“力”，亦是此義。

1227 慄慄 lì lì

危心。

○《湯誥》：“慄慄危懼，若將隕于深淵。”《孔傳》：“慄慄，危心，若墜深淵。”（401、8－16－5）

按：危心，即心存畏懼貌。語本《孟子·盡心上》：“獨孤臣孽子，其操心也危。”《後漢書·明帝紀贊》“危心恭德，政察姦勝”，李賢注：“危心，言常危懼。”

1228 懍 lǐn

危貌。

○《五子之歌》：“予臨兆民，懍乎若朽索之馭六馬。”《孔傳》：“懍，危貌。”（376、7－8－1）

按：《孔疏》：“懍懍，心懼之意，故爲危貌。”

1229 懍懍 lǐn lǐn

危懼不安。

○《泰誓中》：“百姓懍懍，若崩厥角。”《孔傳》：“言民畏紂之虐，危懼不安，

若崩摧其角。"(511、11 - 14 - 13)

1230 懋 mào

① 勉。(19 見)

○《大禹謨》："時乃功,懋哉!"《孔傳》："是汝之功,勉之。"(151、4 - 9 - 13)

○《皋陶謨》："政事懋哉懋哉!"《孔傳》："聽政治事,不可以不自勉。"(178、4 - 30 - 8)

○《胤征》："其爾衆士,懋戒哉!"《孔傳》："言當勉以用命,戒以辟戮。"(998、7 - 18 - 7)

○《仲虺之誥》："德懋懋官,功懋懋賞。"《孔傳》："勉於德者,則勉之以官。勉於功者,則勉之以賞。"(396、8 - 10 - 14)

○《仲虺之誥》："王懋昭大德,建中于民。"《孔傳》："欲王自勉明大德,立大中之道於民。"(398、8 - 12 - 17)

○《太甲中》："王懋乃德,視乃厥祖。"《孔傳》："言當勉脩其德,法視其祖而行。"(417、8 - 31 - 3)

○《太甲下》："先王惟時懋敬厥德。"《孔傳》："言湯惟是終始所與之難,勉修其德。"(418、8 - 32 - 9)

○《盤庚下》："無戲怠,懋建大命。"《孔傳》："戒無戲怠,勉立大教。"(461、9 - 21 - 15)

○《盤庚下》："予其懋簡相爾。"《孔傳》："勉大助汝。"(465、9 - 24 - 13)

○《康誥》："惠不惠,懋不懋。"《孔傳》："故當使不順者順,不勉者勉。"(653、14 - 7 - 13)

○《康誥》："惟民其勑懋和。"《孔傳》："民既服化,乃其自勑正,勉爲和。"(656、14 - 9 - 7)

○《蔡仲之命》："懋乃攸績。"《孔傳》："勉汝所立之功。"(813、17 - 4 - 11)

○《君陳》："懋昭周公之訓。"《孔傳》："勉明周公之教。"(861、18 - 14 - 13)

○《畢命》："惟公懋德。"《孔傳》："言公勉行德。"(914、19 - 9 - 8)

○《冏命》："懋乃后德。"《孔傳》："皆當勉汝君爲德。"(921、19 - 20 - 16)

按:勉,有勤勉、勉勵義。《爾雅·釋訓》:"懋懋,勉也。"《説文》:"懋,勉也。"

② 勉勸。

○《益稷》："懋遷有無化居。"《孔傳》："勉勸天下,徙有之無……交易其所居積。"(189、5 - 2 - 10)

③ 勉敬。

○《召誥》:"其眷命用懋。"《孔傳》:"其顧視天下有德者,命用勉敬者爲民主。"(712、15-9-6)

1231 眇眇 miǎo miǎo

微微。

○《顧命》:"眇眇予末小子。"《孔傳》:"言微微我淺末小子。"(897、18-38-2)

按: 微微,即微末之義。《汉書·文帝紀》"朕獲保宗廟,以眇眇之身託于天下君王之上",顏師古注:"眇眇,猶言細末也。"

1232 泯泯 mǐn mǐn

亂。

○《吕刑》:"民興胥漸,泯泯棼棼。"《孔傳》:"三苗之民,漬於亂政,起相漸化,泯泯爲亂,棼棼同惡。"(931、19-25-15)

按:《孔疏》:"'泯泯',相似之意……'泯泯爲亂',習爲亂也。"

1233 穆 mù

敬。

○《金縢》:"我其爲王穆卜。"《孔傳》:"穆,敬。"(600、13-9-4)

○《金縢》:"其勿穆卜。"《孔傳》:"本欲敬卜吉凶,今天意可知,故止之。"(618、13-17-8)

1234 穆穆 mù mù

敬敬。

○《洛誥》:"旁作穆穆迓衡。"《孔傳》:"四方旁來爲敬敬之道,以迎太平之政。"(735、15-30-8)

○《多方》:"亦則以穆穆在乃位。"《孔傳》:"亦則用敬敬常在汝位。"(829、17-18-10)

按:《孔疏》:"《釋訓》云:'穆穆,敬也。'此戒小大正官之人,故云'敬敬常在汝位'。"

○《吕刑》:"穆穆在上。"《孔傳》:"堯躬行敬敬在上。"(938、19-31-16)

按:《孔疏》:"《釋訓》云:'穆穆,敬也。''穆穆'重敬,當敬天敬民,在於上位也。"

1235 忸怩 niǔ ní

心慙。

○《五子之歌》:"鬱陶乎予心,顏厚有忸怩。"《孔傳》:"忸怩,心慙。慙愧於仁人賢士。"(379、7-10-15)

按：《孔疏》："忸怩，羞不能言，心慙之狀。小人不足以知得失，故'慙愧於仁人賢士'。"

1236 丕丕　pī pī

大大。

○《大誥》："天明畏，弼我丕丕基。"《孔傳》："歎天之明德可畏，輔成我大大之基業。"（632、13 - 28 - 9）

○《立政》："以並受此丕丕基。"《孔傳》："故君臣並受此大大之基業。"（844、17 - 32 - 2）

按：《爾雅·釋訓》："丕丕，大也。"

1237 平平　píng píng

辯治。

○《洪範》："無党無偏，王道平平。"《孔傳》："言辯治。"（568、12 - 18 - 18）

按："辯治"，即治理有序義。陸德明《釋文》："平平，婢縣反。"《詩·采菽》"平平左右"，《毛傳》亦訓"平平"作"辯治"。《漢書·敘傳下》"敞亦平平，文雅自贊"，顏師古注："平讀曰便。便，辯也"。

1238 齊聖　qí shèng

齊通，無滯礙。

○《冏命》："昔在文武，聰明齊聖。"《孔傳》："齊通，無滯礙。"（921、19 - 19 - 9）

按：《孔疏》："'齊'，訓'中'也，'聖'，訓'通'也，動必得中，通而先識，是'無滯礙'也。"《詩·小雅·小宛》"人之齊聖"，《毛傳》："齊，正也。"《左傳·文公十八年》"齊聖廣淵"，杜預注："齊，中也。"

1239 蹌蹌　qiāng qiāng

蹌蹌然。

○《益稷》："笙鏞以間，鳥獸蹌蹌。"《孔傳》："吹笙擊鐘，鳥獸化德，相率而舞，蹌蹌然。"（234、5 - 19 - 17）

按："蹌蹌然"，即舞貌。《釋文》："蹌蹌，七羊反，舞貌。"蹌，《説文》："蹌，動也。"《孔疏》："下云'百獸率舞'，知此'蹌蹌然'，亦是舞也。《禮》云'凡行容惕惕'，'大夫濟濟，士蹌蹌'，是爲行動之貌，故爲舞也。"

1240 湯湯　shāng shāng

流貌。

○《堯典》："湯湯洪水方割。"《孔傳》："湯湯，流貌。"（53、2 - 26 - 4）

按：《孔疏》："湯湯，波動之狀，故爲'流貌'。"《詩·衛風·氓》"淇水湯湯,漸車帷裳",《毛傳》:"湯湯,水盛貌。"

1241 生生 shēng shēng

進進。

○《盤庚中》:"汝萬民乃不生生,暨予一人猷同心。"《孔傳》:"不進進謀同心徒。"(455、9-17-14)

按:《孔疏》:"物之生長,則必漸進,故以'生生'爲進進。"

○《盤庚中》:"往哉生生!"《孔傳》:"自今以往,進進於善。"(460、9-20-13)

○《盤庚下》:"朕不肩好貨,敢恭生生。"《孔傳》:"我不任貪貨之人,敢奉用進進於善者。"(466、9-24-16)

○《盤庚下》:"無總于貨寶,生生自庸。"《孔傳》:"無總貨寶以己位,當進進皆自用功德。"(467、9-25-16)

按:《孔傳》"已"字,八、李、王、纂、魏、平、岳、毛、殿、庫作"求"①,是。

1242 朔 shuò

① 北稱朔,亦稱方。

○《堯典》:"申命和叔,宅朔方,曰幽都。"《孔傳》:"北稱朔,亦稱方。言一方,則三方見矣。"(38、2-13-17)

按:《孔疏》:"《釋訓》云:'朔,北方也。'舍人曰:'朔,盡也。北方萬物盡,故言朔也。'李巡曰:'萬物盡於北方,蘇而復生,故言北方。'是'北稱朔'也。義和主四方之官,四時皆應言'方',于此言'方'者,即三方皆見矣。"

② 北。

○《泰誓中》:"惟戊午,王次于河朔。"《孔傳》:"戊午渡河而誓,既誓而止於河之北。"(508、11-10-2)

○《洛誥》:"我卜河朔黎水。"《孔傳》:"我使人卜河北黎水。"(723、15-21-14)

1243 夙夜 sù yè

早起夜寐。

○《旅獒》:"夙夜罔或不勤。"《孔傳》:"言當早起夜寐,常勤於德。"(598、13-6-10)

○《洛誥》:"予沖子,夙夜毖祀。"《孔傳》:"我童子徒早起夜寐,慎其祭祀而已。"(736、15-30-10)

---

① 杜澤遜:《尚書注疏彙校》,第1387頁。

1244 肅 sù

敬。

○《泰誓上》：“命我文考，肅將天威。”《孔傳》：“命文王敬行天罰。”（505、11－7－5）

○《洪範》：“恭作肅。”《孔傳》：“心敬。”（557、12－10－3）

按：《孔疏》：“貌能恭，則心肅敬也……恭在貌而敬在心，人有心慢而貌恭，必當緣恭以致敬，故貌恭作心敬也。”

○《洪範》：“曰肅，時雨若。”《孔傳》：“君行敬，則時雨順之。”（584、12－29－6）

1245 威威 wēi wēi

刑可刑。

○《康誥》：“不敢侮鰥寡，庸庸，祇祇，威威，顯民。”《孔傳》：“不慢鰥夫寡婦，用可用，敬可敬，刑可刑，明此道以示民。”（648、14－4－10）

按：刑可行，即懲罰當懲罰者之義。

1246 杌隉 wù niè

不安，言危也。

○《秦誓》：“邦之杌隉，曰由一人。”《孔傳》：“杌隉，不安，言危也。”（986、20－20－10）

按：孫星衍《尚書今古文注疏》：“‘杌’，俗字。《説文》作‘阢’，引見‘隉’下，云：‘隉，危也。班固説：‘不安也。’《周書》曰：‘邦之阢隉。’讀若‘虹蜺之蜺’。”①

1247 嘻 xì

嘻然。

○《酒誥》：“民罔不嘻傷心。”《孔傳》：“民無不嘻然痛傷其心。”（684、14－28－18）

按：嘻然，即悲傷痛苦貌。《説文》：“嘻，傷痛也。”

1248 憸 xiān

憸利。

○《盤庚上》：“相時憸民，猶胥顧于箴言。”《孔傳》：“言憸利小民，尚相顧於箴誨。”（438、9－9－5）

○《立政》：“國則罔有立政用憸人。”《孔傳》：“商周賢聖之國，則無有立政用憸利之人者。”（848、17－34－13）

---

① （清）孫星衍撰，陳抗、盛冬鈴點校：《尚書今古文注疏》，第555頁。

○《冏命》:"爾無昵于憸人。"《孔傳》:"汝無親近於憸利小子之人。"
(922、19－22－1)

按:憸利,有奸邪義。《説文》:"憸,誠也。憸利於上,佞人也。"《廣雅·
釋訓》:"憸,誠也。"《立政》"國則罔有立政用憸人",馬融注云:"憸利,佞
人也。"亦對應訓"憸"作"憸利"。

1249 孝 xiào

① 念祖德。

○《太甲中》:"奉先思孝,接下思恭。"《孔傳》:"以念祖德爲孝,以不驕慢
爲恭。"(417、8－31－5)

② 善〔事〕父母。

○《康誥》:"矧惟不孝不友?"《孔傳》:"況不善父母,不友兄弟者乎?"
(661、14－12－10)

○《君陳》:"君陳,惟爾令德孝恭。"《孔傳》:"言其有令德,善事父母,行己
以恭。"(859、18－14－7)

○《君陳》:"惟孝友于兄弟。"《孔傳》:"言善父母者,必友于兄弟。"(859、
18－14－8)

③ 繼先祖之志爲孝。

○《文侯之命》:"用會紹乃辟,追孝于前文人。"《孔傳》:"繼先祖之志爲
孝。"(965、20－5－3)

1250 休休 xiū xiū

樂善。

○《秦誓》:"斷斷猗無他伎,其心休休焉。"《孔傳》:"斷斷猗然專一之臣,
雖無他伎藝,其心休休焉樂善。"(984、20－18－12)

按:《孔疏》:"'休休',好善之意。"

1251 顔厚 yán hòu

色愧。

○《五子之歌》:"鬱陶乎予心,顔厚有忸怩。"《孔傳》:"顔厚,色愧。"
(379、7－10－15)

按:《孔疏》:"《詩》云:'顔之厚矣。'羞愧之情,見於面貌,似如面皮厚然,
故以'顔厚'爲色愧。"

1252 彦 yàn

① 美。

○《立政》:"我則末惟成德之彦。"《孔傳》:"我則終惟有成德之美。"

(847、17 - 32 - 17)

按:《孔疏》:"《釋訓》云:'美士爲彦。'故'彦'爲美。"

○《秦誓》:"人之彦聖,其心好之。"《孔傳》:"人之美聖,其心好之。"
(985、20 - 19 - 11)

○《秦誓》:"人之彦聖,而違之俾不達。"《孔傳》:"人之美聖,而違背壅塞
之,使不得上通。"(986、20 - 20 - 2)

② 美士曰彦。

○《太甲上》:"旁求俊彦,啓迪後人。"《孔傳》:"美士曰彦。"(411、8 -
26 - 4)

1253 燄燄 yàn yàn

〔然〕尚微。

○《洛誥》:"無若火始燄燄。"《孔傳》:"無令若火始然,燄燄尚微。"(729、
15 - 24 - 14)

按:燄燄,指火剛燃燒的樣子。

1254 洋洋 yáng yáng

美。

○《伊訓》:"聖謨洋洋,嘉言孔彰。"《孔傳》:"洋洋,美善言,甚明可法。"
(408、8 - 22 - 15)

按:"洋洋,美善言,甚明可法",另有兩種句讀方式:一是"洋洋,美。善
言甚明,可法。"一是"洋洋,美善。言甚明可法。"前一種和經合,後一種
和疏(《孔疏》:"此歎聖人之謨,洋洋美善者,謂上湯作官刑所言三風十
愆,令受下之諫,是善言甚明可法也。")合。筆者傾向前一種句讀方式,故
"洋洋"對應訓作"美"。

1255 業業 yè yè

危懼。

○《皋陶謨》:"兢兢業業,一日二日萬幾。"《孔傳》:"業業,危懼。"(173、
4 - 29 - 13)

1256 儀 yí

① 有容儀。

○《益稷》:"《簫韶》九成,鳳皇來儀。"《孔傳》:"儀,有容儀。"(236、5 -
20 - 2)

按:《孔疏》:"《易·漸卦》上九:'鴻漸于陸,其羽可用爲儀。'是'儀'謂
'有容儀'也。"

② 威儀。

○《洛誥》:"享多儀,儀不及物,惟曰不享。"《孔傳》:"奉上之道多威儀,威儀不及禮物,惟曰不奉上。"(730、15 - 27 - 8)

1257 驛 yì

氣落驛不連屬。

○《洪範》:"曰驛。"《孔傳》:"氣落驛不連屬。"(575、12 - 22 - 8)

按:《孔疏》:"'氣落驛不連屬',落驛,希疎之意也。'雨''霽'既相對,則'蒙''驛'亦相對,故'驛'爲落驛氣不連屬,則'霂'爲氣連蒙闇也。"

1258 庸庸 yōng yōng

用可用。

○《康誥》:"不敢侮鰥寡,庸庸,祇祇,威威,顯民。"《孔傳》:"不慢鰥夫寡婦,用可用,敬可敬,刑可刑,明此道以示民。"(648、14 - 4 - 10)

按:用可用,即任用受任用的人。《廣雅·釋訓》:"庸庸,用也。"《孔疏》:"'用可用',謂小德小官。"

1259 雍 yōng

和。

○《堯典》:"黎民於變時雍。"《孔傳》:"雍,和也。"(16、2 - 10 - 6)

○《無逸》:"其惟不言,言乃雍。"《孔傳》:"在喪,則其惟不言,喪畢發言,則天下和。"(771、16 - 14 - 16)

按:和,有和諧、和樂義。《爾雅·釋訓》:"廱廱,和也。""廱廱"亦作"雍雍"。

1260 勇 yǒng

壯勇。

○《秦誓》:"仡仡勇夫,射御不違。"《孔傳》:"仡仡壯勇之夫,雖射御不違。"(982、20 - 18 - 6)

1261 友 yǒu

① 順。

○《洪範》:"彊弗友剛克。"《孔傳》:"友,順也。"(571、12 - 20 - 6)

按:《孔疏》:"《釋訓》云:'善兄弟爲友。'友是和順之名,故爲順也。"

○《洪範》:"燮友柔克。"《孔傳》:"世和順,以柔能治之。"(571、12 - 20 - 8)

② 僚友。

○《盤庚上》:"至于婚友,丕乃敢大言,汝有積德。"《孔傳》:"至于婚姻僚友,則我大乃敢言汝有積德之臣。"(436、9 - 8 - 3)

③ **朋友**。

○《大誥》:"若兄考,乃有<u>友</u>伐厥子。"《孔傳》:"若兄弟父子之家,乃有<u>朋</u><u>友</u>來伐其子。"(636、13－30－18)

④ **賓友**。

○《酒誥》:"侯、甸、男、衛,矧太史<u>友</u>、内史<u>友</u>?"《孔傳》:"侯、甸、男、衛之國,當慎接之,況太史、内史掌國典法,所賓<u>友</u>乎?"(687、14－30－16)

⑤ **同志爲友**。

○《牧誓》:"我<u>友</u>邦冢君。"《孔傳》:"同志爲友。言志同滅紂。"(519、11－20－15)

⑥ **友兄弟**。

○《康誥》:"矧惟不孝不<u>友</u>?"《孔傳》:"況不善父母,不<u>友</u>兄弟者乎?"(661、14－12－10)

1262 鬱陶 yù táo

哀思。

○《五子之歌》:"<u>鬱陶</u>乎予心。"《孔傳》:"鬱陶,言哀思也。"(379、7－10－15)

按:陸德明《釋文》:"鬱陶,憂思也。"《孔疏》:"鬱陶,精神憤結積聚之意,故爲哀思也。"

1263 戰戰 zhàn zhàn

憂危。

○《仲虺之誥》:"小大<u>戰戰</u>,罔不懼于非辜。"《孔傳》:"言商家小大<u>憂危</u>,恐其非罪見滅。"(396、8－10－4)

按:"戰戰",《汉语大词典》引《逸周書·大匡》"在昔文考戰戰,惟時祗祗",將"戰戰"釋爲"戒慎貌、畏懼貌",與"憂危"義亦合。

1264 祗祗 zhǐ zhǐ

敬可敬。

○《康誥》:"不敢侮鰥寡,庸庸,<u>祗祗</u>,威威,顯民。"《孔傳》:"不慢鰥夫寡婦,用可用,<u>敬可敬</u>,刑可刑,明此道以示民。"(648、14－4－10)

按:"祗祗",即恭敬貌。《廣雅·釋訓》:"祗祗,敬也。"《孔疏》:"敬可敬,謂大德大官。"

1265 譸張 zhōu zhāng

誑。

○《無逸》:"民無或胥<u>譸張</u>爲幻。"《孔傳》:"<u>譸張</u>,誑也。"(784、16－21－3)

○《無逸》:"此厥不聽,人乃或譸張爲幻。"《孔傳》:"此其不聽中正之君,有人誑惑之。"(787、16－23－5)

按:譸張,即欺詐、诳骗義。《爾雅·釋訓》:"侜張,誑也。""侜張"亦作"譸張"。

1266 灼 zhuó

灼然。

○《立政》:"克知三有宅心,灼見三有俊心。"《孔傳》:"以能知三有居惡人之心,灼然見三有賢俊之心。"(840、17－27－6)

○《立政》:"我其克灼知厥若。"《孔傳》:"我其能灼然知其順者。"(845、17－32－10)

○《呂刑》:"灼于四方,罔不惟德之勤。"《孔傳》:"灼然彰著四方,故天下之士,無不惟德之勤。"(938、19－31－16)

按:此"灼然"是明白、明審義,非燃燒義。《説文》:"焯,明也。从火卓聲。《周書》曰:'焯見三有俊心。'"知"焯"當是"灼"的本字。

1267 孜孜 zī zī

① **不怠。**

○《益稷》:"予思日孜孜。"《孔傳》:"言己思日孜孜不怠。"(184、5－1－12)

② **勤行。**

○《君陳》:"惟日孜孜,無敢逸豫。"《孔傳》:"惟當日孜孜勤行之,無敢自寬暇逸豫。"(861、18－15－10)

③ **勸勉不怠。**

○《泰誓下》:"爾其孜孜,奉予一人,恭行天罰。"《孔傳》:"孜孜,勸勉不怠。"(513、11－17－3)

按:《説文》云:"孜孜,汲汲也。从攴子聲。《周書》曰:'孜孜無怠。'"《詩·大雅·大明》正義中有"《太誓》曰'師乃鼓噪,前歌後舞,格於上天下地。咸曰:"孜孜無怠。"',是樂勸武王之事。"可見,《説文》所見《泰誓》經注與《毛詩正義》同,均有"孜孜無怠"句。考今本《泰誓》篇,無《毛詩正義》所引之句。

1268 自用 zì yòng

不問專固。

○《仲虺之誥》:"好問則裕,自用則小。"《孔傳》:"問則有得,所以足,不問專固,所以小。"(399、8－13－3)

按:不問專固,即自行其是,固執己見。

四 釋 親

1269 伯父 bó fù

天子稱同姓諸侯曰伯父。

○《康王之誥》：“今予一二伯父。”《孔傳》：“天子稱同姓諸侯曰伯父。”（909、19－5－12）

按：《孔疏》：“《覲禮》言天子呼諸侯之禮云：‘同姓大國則曰伯父，其異姓則曰伯舅，同姓小邦則曰叔父，其異姓則曰叔舅。’計此時諸侯多矣，獨云‘伯父’，與同姓大國言之也。”

1270 赤子 chì zǐ

孩兒。

○《康誥》：“若保赤子，惟民其康乂。”《孔傳》：“愛養人如安孩兒赤子，不失其欲，惟民其皆安治。”（656、14－9－10）

按：《孔疏》：“子生赤色，故言‘赤子’。”

1271 父母 fù mǔ

生之謂父母。

○《泰誓上》：“惟天地萬物父母。”《孔傳》：“生之謂父母。”（504、11－5－6）

1272 婦 fù

妻。

○《召誥》：“夫知保抱攜持厥婦子。”《孔傳》：“夫知保抱其子，攜持其妻。”（712、15－9－3）

按：《詩・豳風・東山》“鸛鳴于垤，婦歎于室”中，“婦”亦“妻”義。

1273 後 hòu

子孫。

○《蔡仲之命》：“以垂憲乃後。”《孔傳》：“以垂法子孫。”（812、17－3－18）

1274 後昆　hòu kūn

後世。

○《仲虺之誥》:"垂裕後昆。"《孔傳》:"垂優足之道示後世。"(398、8-12-17)

1275 後人　hòu rén

① **子孫。**

○《西伯戡黎》:"非先王不相我後人。"《孔傳》:"非先祖不助子孫。"(489、10-17-14)

② **後嗣。**

○《君牙》:"啓佑我後人。"《孔傳》:"開助我後嗣。"(919、19-17-9)

1276 後裔　hòu yì

後世。

○《微子之命》:"德垂後裔。"《孔傳》:"德澤垂及後世。"(640、13-35-13)

1277 婚　hūn

婚姻。

○《盤庚上》:"至于婚友,丕乃敢大言,汝有積德。"《孔傳》:"至于婚姻僚友,則我大乃敢言汝有積德之臣。"(436、9-8-3)

1278 九族　jiǔ zú

高祖玄孫之親。

○《堯典》:"克明俊德,以親九族。"《孔傳》:"能明俊德之士,任用之以睦高祖玄孫之親。"(12、2-10-3)

按:《孔疏》:"上至高祖,下及玄孫,是爲九族。同出高曾,皆當親之,故言之'親'也。"

1279 考　kǎo

父。(14見)

○《泰誓下》:"非朕文考有罪,惟予小子無良。"《孔傳》:"非我父罪,我之無善之致。"(515、11-18-2)

按:《禮記·曲禮下》:"生曰父曰母曰妻,死曰考曰妣曰嬪。"

○《武成》:"我文考文王,克成厥勳。"《孔傳》:"言我文德之父,能成其王功。"(533、11-29-18)

○《金縢》:"予仁若考。"《孔傳》:"我周公仁能順父。"(603、13-11-2)

○《大誥》:"若考作室,既底法。"《孔傳》:"以作室喻治政也。父已致法。"(634、13-30-8)

○《大誥》:"厥考翼。"《孔傳》:"其父敬事創業。"(635、13-30-13)

○《大誥》:"若兄考,乃有友伐厥子。"《孔傳》:"若兄弟父子之家,乃有朋友來伐其子。"(636、13-30-17)

○《康誥》:"惟乃丕顯考文王。"《孔傳》:"惟汝大明父文王。"(647、14-4-8)

○《康誥》:"今民將在祗遹乃文考。"《孔傳》:"今治民將在敬循汝文德之父。"(650、14-6-5)

○《康誥》:"大傷厥考心。"《孔傳》:"大傷其父心。"(662、14-12-13)

○《酒誥》:"聰聽祖考之彝訓。"《孔傳》:"言子孫皆聰聽父祖之常教。"(676、14-23-1)

○《酒誥》:"奔走事厥考厥長。"《孔傳》:"奔走事其父兄。"(677、14-23-17)

○《洛誥》:"越乃光烈考武王。"《孔傳》:"於汝大業之父武王。"(740、15-33-18)

○《蔡仲之命》:"率乃祖文王之彝訓,無若爾考之違王命。"《孔傳》:"言當循文武之常教,以父違命爲世戒。"(813、17-4-3)

○《君牙》:"率乃祖考之攸行。"《孔傳》:"言當循汝父祖之所行。"(919、19-18-5)

1280 母弟 mǔ dì

同母弟。

○《牧誓》:"昏棄厥遺王父母弟不迪。"《孔傳》:"母弟,同母弟。"(524、11-23-5)

按:《孔疏》:"《春秋》之例,母弟稱'弟',凡《春秋》稱'弟',皆是母弟也。'母弟',謂同母之弟,同母尚棄,別生者必棄矣,舉尊親以見卑疎也。"

1281 孥 nú

子。

○《甘誓》:"予則孥戮汝。"《孔傳》:"孥,子也。"(369、7-3-3)

按:《孔疏》:"《詩》云'樂爾妻孥',對'妻'別文,是'孥'爲子也。"王先謙《參正》:"案:唐初孔傳本或作'帑',尚屬六書之假借,衛包改作'孥',則斷不可從。"

1282 女 nǔ

妻。

○《堯典》:"女于時,觀厥刑于二女。"《孔傳》:"女,妻。"(62、2-33-1)

按:《孔疏》:"以女妻人謂之女,故云'女,妻'也。"

1283 嬪 pín

婦。

○《堯典》：“釐降二女于嬀汭，嬪于虞。”《孔傳》：“嬪，婦也。”（64、2-33-3）

按：《孔疏》：“‘嬪’是‘婦’之別名，故以‘嬪’爲‘婦’。”《詩·大雅·大明》“來嫁於周，曰嬪於京”，《鄭箋》：“嫁爲婦於周之京。”

1284 世 shì

① 子。

○《大禹謨》：“罰弗及嗣，賞延于世。”《孔傳》：“嗣，亦世，俱謂子。”（152、4-9-16）

按：父子相繼爲一世。《周禮·秋官·大行人》“凡諸侯之邦交，歲相問也，殷相聘也，世相朝也”，鄭玄注云：“父死子立曰世。”《公羊傳·文公十三年》“世室世世不毁也”之“世”，亦是父子相繼之義。

② 父[子]。

○《泰誓上》：“罪人以族，官人以世。”《孔傳》：“一人有罪，刑及父母兄弟妻子，言淫濫。官人不以賢才，而以父兄。”（504、11-5-17）

按：《孔疏》：“‘官人以世’，惟當用其子耳，而傳兼言‘兄’者，以紂爲惡，或當因兄用弟，故以‘兄’協句耳。”

1285 屬婦 shǔ fù

妾婦。

○《梓材》：“無胥戕，無胥虐，至于敬寡，至于屬婦。”《孔傳》：“當教民無得相殘傷，相虐殺，至於敬養寡弱，至於存恤妾婦。”（694、14-36-8）

按：依照經文“至于敬寡”，《孔傳》訓作“至於敬養寡弱”，那麼“屬婦”對應“存恤妾婦”，即“屬”是“存恤”義。但據《釋文》“屬婦，上音蜀，妾之事妻也”、《孔疏》“以妾屬於人，故名屬婦”以及《小爾雅·廣義》“妾婦之賤者謂之屬婦，屬，逮也，逮婦之名，言其微也”來看，“屬婦”當作一詞。①

1286 嗣 sì

子。

○《大禹謨》：“罰弗及嗣，賞延于世。”《孔傳》：“嗣，亦世，俱謂子。”（152、4-9-16）

---

① “至於敬寡”之“敬”，似當作“鰥”。據王先謙《尚書孔傳參正》：今文“敬”作“矜”者，《大傳》《梓材》傳云“老而無妻謂之鰥，老而無夫謂之寡……必先施此，使無失職。”段云：“此釋‘至於矜寡’而推言之。蓋古文作‘敬’，今文作‘矜’，‘矜’亦作‘鰥’。……‘屬婦’與‘敬寡’儷句，則爲存恤連屬之誼。若今文《尚書》與‘鰥寡’儷句，則《小爾雅》所記是也。”

按:《孔疏》:"'嗣',謂繼父;'世',謂後胤,故'俱謂子'也。"

1287 嗣孫 sì sūn

嗣世子孫。

○《吕刑》:"嗣孫,今往何監?"《孔傳》:"嗣孫,諸侯嗣世子孫,非一世。"
(959、19-47-9)

1288 嗣王 sì wáng

嗣世之王。

○《無逸》:"繼自今嗣王。"《孔傳》:"繼從今已往,嗣世之王皆戒之。"
(781、16-19-15)

按:嗣王,即繼位之王。《禮記·曲禮下》"踐阼,臨祭祀,内事曰孝王某,
外事曰嗣王某"中,"嗣王"亦是此義。

1289 孫 sūn

子孫。

○《盤庚中》:"作丕刑于朕孫。"《孔傳》:"作大刑於我子孫。"(457、9-
19-7)

1290 王父 wáng fù

祖。

○《牧誓》:"昏棄厥遺王父母弟不迪。"《孔傳》:"王父,祖之昆弟。"(524、
11-23-5)

按:《孔疏》:"《釋親》云'父之考爲王父',則'王父'是祖也。紂無親祖可
棄,故爲'祖之昆弟'。"

1291 文考 wén kǎo

文德之父。

○《武成》:"我文考文王,克成厥勳。"《孔傳》:"言我文德之父,能成其王
功。"(533、11-29-18)

○《康誥》:"今民將在祗遹乃文考。"《孔傳》:"今治民將在敬循汝文德之
父。"(650、14-6-5)

按:文考,周文王死後,武王頌之爲文考。後用爲帝王亡父的尊稱。

1292 文子文孫 wén zǐ wén sūn

文王之子孫。

○《立政》:"文子文孫,其勿誤于庶獄庶慎。"《孔傳》:"文子文孫,文王之
子孫。"(847、17-34-2)

○《立政》:"今文子文孫,孺子王矣。"《孔傳》:"告文王之子孫,言稚子已

即政爲王矣。"(849、17－35－3)

按：文子文孫,指周文王的子孫。後泛用爲稱美帝王的子孫。

1293 文祖 wén zǔ

文德之祖。

○《洛誥》："王命予來,承保乃文祖受命民。"《孔傳》："言王命我來,承安汝文德之祖文王所受命之民。"(739、15－33－16)

按：《舜典》"正月上日,受終於文祖",《孔傳》："文祖者,堯文德之祖廟。"蔡沈《書集傳》："文祖者,堯始祖之廟。"①

1294 小子 xiǎo zǐ

子孫。

○《酒誥》："惟曰我民迪小子。"《孔傳》："文王化我民,教道子孫。"(676、14－22－17)

○《酒誥》："越小大德,小子惟一。"《孔傳》："於小大之人皆念德,則子孫惟專一。"(676、14－23－2)

○《多士》："爾小子乃興,從爾遷。"《孔傳》："汝能敬,則子孫乃起從汝化而遷善。"(765、16－11－5)

1295 兄弟 xiōng dì

同姓之邦。

○《蔡仲之命》："睦乃四鄰,以蕃王室,以和兄弟。"《孔傳》："親汝四鄰之國,以蕃屏王室,以和協同姓之邦。"(813、17－4－12)

1296 元子 yuán zǐ

① **大子。**

○《召誥》："皇天上帝,改厥元子。"《孔傳》："歎皇天改其大子。"(711、15－8－3)

按：《孔疏》："《釋詁》云：'元,首也。'首是體之大,故傳言'大子'。"

② **太子。**

○《顧命》："用敬保元子釗。"《孔傳》："用奉我言,敬安太子釗。"(874、18－22－17)

1297 長 zhǎng

兄。

○《酒誥》："奔走事厥考厥長。"《孔傳》："奔走事其父兄。"(677、14－

---

① （宋）蔡沈著,錢宗武、錢忠弼整理：《書集傳》,第9頁。

23 - 17)

1298 子 zǐ

子孫。

○《洛誥》：“萬年其永觀朕子懷德。”《孔傳》：“則萬年之道，民其長觀我子孫而歸其德矣。”（744、15 - 36 - 7）

1299 子孫 zǐ sūn

後世。

○《洪範》：“身其康彊，子孫其逢吉。”《孔傳》：“動不違衆，故後世遇吉。”（580、12 - 22 - 18）

1300 族 zú

父母兄弟妻子。

○《泰誓上》：“罪人以族。”《孔傳》：“一人有罪，刑及父母兄弟妻子，言淫濫。”（504、11 - 5 - 17）

按：《孔疏》：“經言‘罪人以族’，故以三族解之。父母，前世也；兄弟及妻，當世也；子孫，後世也。一人有罪，刑及三族，言淫濫也。”

1301 祖考 zǔ kǎo

父祖。

○《酒誥》：“聰聽祖考之彝訓。”《孔傳》：“言子孫皆聰聽父祖之常教。”（676、14 - 23 - 1）

○《君牙》：“率乃祖考之攸行。”《孔傳》：“言當循汝父祖之所行。”（919、19 - 18 - 5）

按：祖考，即祖先，遠祖。《君牙》“纘乃舊服，無忝祖考”亦是一證。《詩·小雅·信南山》“祭以清酒，從以騂牡，享于祖考”之“祖考”，也是祖先義。

五　釋　宮

1302 隩 ào

室。

○《堯典》:"厥民隩,鳥獸氄毛。"《孔傳》:"隩,室也。"(41、2－14－5)

按:《孔疏》:"《釋宮》云:'西南隅謂之隩。'孫炎云:'室中隱隩之處也。'隩是室內之名,故以'隩'爲室也。"

1303 畢門 bì mén

路寢門。

○《顧命》:"二人雀弁執惠,立于畢門之內。"《孔傳》:"路寢門,一名畢門。"(888、18－33－12)

按:《孔疏》:"天子五門,皋、庫、雉、應、路也。下云'王出在應門之內',出畢門始至應門之內,知畢門即是路寢之門,一名畢門也。"

1304 步 bù

行。

○《畢命》:"王朝步自宗周,至于豐。"《孔傳》:"王朝行自宗周,至于豐。"(912、19－8－2)

按:《爾雅·釋宮》:"室中謂之時,堂上謂之行,堂下謂之步,門外謂之趨,中庭謂之走,大路謂之奔。"

1305 側階 cè jiē

北下階。

○《顧命》:"一人冕,執銳,立於側階。"《孔傳》:"側階,北下立階上。"(891、18－33－18)

1306 道 dào

道路。

○《旅獒》:"遂通道于九夷八蠻。"《孔傳》:"皆通道路,無遠不服。"(596、13－1－15)

1307 東垂 dōng chuí

東〔堂〕之階上。

○《顧命》:"一人冕執戣,立于東垂。一人冕,執瞿,立于西垂。"《孔傳》: "立于東西下之階上。"(890、18‑33‑17)

1308 東房 dōng fáng

東廂夾室。

○《顧命》:"兌之戈、和之弓、垂之竹矢,在東房。"《孔傳》:"東房,東廂夾室。"(886、18‑28‑11)

按:《孔疏》:"東夾室無坐,故直言'東廂夾室',陳於夾室之前也。"

1309 東堂 dōng táng

東廂之前堂。

○《顧命》:"一人冕,執劉,立于東堂。一人冕,執鉞,立于西堂。"《孔傳》: "立於東西廂之前堂。"(889、18‑33‑15)

1310 牿 gù

牿牢。

○《費誓》:"今惟淫舍牿牛馬。"《孔傳》:"今軍人惟大放舍牿牢之牛馬。" (972、20‑11‑4)

按:《説文》:"牿,牛馬牢也。"《孔疏》:"鄭玄云:'牢,閑也。'……然則養牛馬之處,謂之牢閑,牢閑是周衛之名也。……故謂此牢閑之牛馬爲'牿牛馬',而知'牿'即'閑牢'之謂也。"

○《費誓》:"杜乃擭,敜乃穽,無敢傷牿。牿之傷,汝則有常刑。"《孔傳》: "無敢令傷所以牿牢之牛馬。牛馬之傷,汝則有殘人畜之常刑。"(972、20‑11‑6)

按:本條用"牿牢"指代牛馬。《孔疏》:"既言牛馬在牿,遂以'牿'爲牛馬之名,下云'無敢傷牿',謂傷牛馬,牿之傷謂牛馬傷也。"

1311 路 lù

道路。

○《洪範》:"無有作惡,遵王之路。"《孔傳》:"言無有亂爲私好惡,動必循先王之道路。"(567、12‑18‑15)

1312 閭 lú

閭巷。

○《武成》:"式商容閭。"《孔傳》:"商容,賢人,紂所貶退,式其閭巷以禮賢。"(538、11‑33‑12)

按:《孔疏》:"《説文》云:'閭,族居里門也。'武王過其閭而式之,言此内
有賢人,式之,禮賢也。"

1313 廟　miào

殯之所處故曰廟。

○《顧命》:"諸侯出廟門俟。"《孔傳》:"殯之所處故曰廟。"(900、18-41-4)

按:《禮記·雜記上》"至於廟門,不毀墻,遂入",鄭玄注:"廟,所殯宮;廟
門,殯宮之門也。"

1314 阰　shì

堂廉曰阰,士所立處。

○《顧命》:"四人綦弁,執戈上刃,夾兩階阰。"《孔傳》:"堂廉曰阰,士所立
處。"(889、18-33-13)

按:《孔疏》:"'堂廉曰阰',相傳爲然。廉者,稜也。所立在堂下,近於
堂稜。"

1315 室　shì

室家。

○《大誥》:"誕鄰胥伐于厥室。"《孔傳》:"大近相伐於其室家。"(637、13-
32-5)

○《多方》:"爾室不睦,爾惟和哉!"《孔傳》:"汝親近室家不睦,汝亦當和
之哉!"(829、17-18-6)

○《立政》:"乃有室大競。"《孔傳》:"乃有卿大夫室家大强。"(836、17-
22-15)

按:《孔疏》:"孔以'大夫'稱家,室,猶家也。"

1316 四隩　sì ào

四方之宅。

○《禹貢》:"四隩既宅。"《孔傳》:"四方之宅已可居。"(350、6-38-9)

1317 臺榭　tái xiè

土高曰臺,有木曰榭。

○《泰誓上》:"惟宮室、臺榭、陂池、侈服。"《孔傳》:"土高曰臺,有木曰
榭。"(504、11-6-5)

按:《孔疏》:"《釋宮》又云:'闍謂之臺。有木者謂之榭。'李巡曰:'臺,積
土爲之,所以觀望也。臺上有屋謂之榭。'又云:'無室曰榭,四方而高曰
臺。'孫炎曰:'榭但有堂也。'郭璞曰:'榭即今之堂堭也。'然則榭是臺上
之屋,歇前無室,今之廳是也。"

1318 太室 tài shì

清廟。

○《洛誥》:"王入太室裸。"《孔傳》:"太室,清廟。裸鬯告神。"(748、15－38－5)
按:太室,亦作"大室",即太廟中央之室。《孔疏》:"'太室',室之大者,故爲清廟。廟有五室,中央曰'太室'。"《春秋·文公十三年》"大室屋壞",杜預注:"大廟之室。"

1319 堂 táng

堂基。

○《大誥》:"厥子乃弗肯堂,矧肯構?"《孔傳》:"子乃不肯爲堂基,況肯構立屋乎?"(634、13－30－9)

1320 西垂 xī chuí

西〔堂〕下之階上。

○《顧命》:"一人冕執戣,立于東垂。一人冕,執瞿,立于西垂。"《孔傳》:"立于東西下之階上。"(890、18－33－17)

1321 西房 xī fáng

西夾坐東。

○《顧命》:"胤之舞衣、大貝、鼖鼓,在西房。"《孔傳》:"西房,西夾坐東。"(885、18－28－9)

1322 西夾 xī jiā

西廂夾室。

○《顧命》:"西夾南嚮,敷重筍席,玄紛純,漆仍几。"《孔傳》:"西廂夾室之前。"(882、18－27－15)

1323 西堂 xī táng

西廂之前堂。

○《顧命》:"一人冕,執劉,立于東堂。一人冕,執鉞,立于西堂。"《孔傳》:"立於東西廂之前堂。"(889、18－33－15)

1324 序 xù

東西廂謂之序。

○《顧命》:"西序東嚮,敷重底席,綴純,文貝仍几。"《孔傳》:"東西廂謂之序。"(881、18－27－11)

1325 翼室 yì shì

明室,路寢。

○《顧命》:"延入翼室,恤宅宗。"《孔傳》:"明室,路寢。"(878、18－

24-9)

按:《孔疏》:"《喪大記》云:'君大夫卒於路寢。'以諸侯薨於路寢,知天子亦崩於路寢。今延太子入室,必延入喪所,知'翼室'是明室,謂路寢也。"

王先謙《尚書孔傳參正》:"段云:'翼,'本作'翌',衛包改。傳作'明室',疏引《釋言》:'翌,明也。'則字必作'翌'。明室即明堂,明堂即路寢。"

1326 墉 yōng

牆。

○《梓材》:"若作室家,既勤垣墉。"《孔傳》:"如人爲室家,已勤立垣牆。"(697、14-37-8)

按:《詩·召南·行露》"何以穿我墉",《毛傳》:"墉,牆也。"

1327 宗 zōng

宗廟。(5見)

○《大禹謨》:"正月朔旦,受命于神宗。"《孔傳》:"受舜終事之命。神宗,文祖之宗廟,言'神'尊之。"(156、4-16-3)

○《益稷》:"作會,宗彝。"《孔傳》:"以五采成此畫焉。宗廟彝樽,亦以山、龍、華蟲爲飾。"(196、5-6-9)

○《伊訓》:"爾惟不德罔大,墜厥宗。"《孔傳》:"苟爲不德無大,言惡有類,以類相致,必墜失宗廟。"(409、8-23-2)

○《洪範》:"武王既勝殷,邦諸侯,班宗彝。"《孔傳》:"賦宗廟彝器酒鐏賜諸侯。"(1047、12-34-14)

○《周官》:"宗伯,掌邦禮。"《孔傳》:"《春官》卿,宗廟官長,主國禮。"(855、18-5-15)

按:《孔疏》:"'宗',廟也。"《周禮·肆師》"凡師甸用牲于社宗",杜預注:"宗,謂宗廟。"

六　釋　器

1328 幣 bì

幣帛。

○《召誥》：“我非敢勤,惟恭奉幣。”《孔傳》：“言我非敢獨勤而已,惟恭敬奉其幣帛。”（720、15－18－5）

按：《説文》：“幣,帛也。”古時把束帛爲祭祀或餽贈的禮物,稱爲“幣”。《儀禮·聘禮》“幣美則没禮”,鄭玄注：“幣,謂束帛也。”幣,後爲禮物的泛稱。

1329 弁 biàn

皮弁質服。

○《金滕》：“王與大夫盡弁,以啓金滕之書。”《孔傳》：“皮弁質服以應天。”（617、13－17－1）

按：《詩·小雅·頍弁》“有頍者弁”,《毛傳》：“弁,皮弁也。”《禮記·雜記上》：“大夫冕而祭於公,弁而祭於己。”鄭玄注：“弁,爵弁也。”《史記·魯周公世家》“成王與大夫朝服以開金滕書”,將“弁”對應譯作“朝服”。《孔傳》强調是“皮弁”,有排他性,增加“質服”二字,則有可能參考了《史記》譯文的“朝服”。

1330 絺 chī

① **葛之精者曰絺。**

○《益稷》：“藻、火、粉米、黼黻、絺繡。”《孔傳》：“葛之精者曰絺。”（199、5－6－12）

② **細葛。**

○《禹貢》：“厥貢鹽、絺,海物惟錯。”《孔傳》：“絺,細葛。”（262、6－12－16）

按：《詩·周南·葛覃》“爲絺爲綌”,《毛傳》：“精曰絺,麤曰綌。”《小爾雅·廣服》：“葛之精者曰絺。”《説文》：“絺,細葛也。”《孔疏》：“‘葛之精者曰絺’……《考工記》文也。”

1331 齒 chǐ

象牙。

○《禹貢》:“齒革羽毛惟木。”《孔傳》:“齒,象牙。”(274、6－17－1)

按:《孔疏》:“《詩》云‘元龜象齒’,知‘齒’是‘象牙’也。《説文》云:‘齒,口斷骨也。牙,牡齒也。’《隱五年左傳》云‘齒牙骨角’,牙、齒小别,統而名之,‘齒’亦‘牙’也。”

1332 赤刀 chì dāo

寶刀,赤刃削。

○《顧命》:“赤刀、大訓、弘璧、琬琰,在西序。”《孔傳》:“寶刀,赤刀(刃)削。”(883、18－28－2)

按:《孔傳》“赤刃削”,八、王、岳作“赤刃削”①,是。《孔疏》:“上言‘陳寶’,非寶則不得陳之,故知‘赤刀’爲寶刀也。謂之‘赤刀’者,其刀必有赤處。刀一名削,故名赤刃削也。”

1333 杵 chǔ

春杵。

○《武成》:“攻于後以北,血流漂杵。”《孔傳》:“自攻于後以北走,血流漂春杵。”(537、11－32－11)

按:《孔疏》:“《易·繫辭》云:‘斷木爲杵,掘地爲臼。’是‘杵’爲臼器也。”

1334 純 chún

緣。

○《顧命》:“牖間南嚮,敷重篾席,黼純。”《孔傳》:“白黑雜繒緣之。”(880、18－27－7)

按:《孔疏》:“《釋器》云:‘緣謂之純。’知黼純,是白黑雜繒緣之,蓋以白繒黑繒,錯雜彩以緣之。”《儀禮·士冠禮》“青絇繶純”,鄭玄注:“純,緣也。”賈公彥:“云‘純,緣也’者,謂繞口緣邊也。”

1335 次輅 cì lù

木〔輅〕。

○《顧命》:“先輅,在左塾之前,次輅,在右塾之前。”《孔傳》:“次輅,木〔輅〕。金、玉、象,皆以飾車,木則無飾,皆在路寢門内,左右塾前北面。”(887、18－28－14)

---

① 杜澤遜:《尚書注疏彙校》,第 2896 頁。

按:《孔疏》:"此言'先輅''次輅',兩者各自以前後爲文。五輅,金即次象,故言'先輅象'。其木輅在象輅之下,故云'次輅木'也。又解四輅之名,'金、玉、象皆以飾車',三者以飾爲之名;'木則無飾',故指木爲名耳。鄭玄《周禮》注云'革輅,輓之以革而漆之','木輅不輓以革,漆之而已',以直漆其木,故以'木'爲名。木輅之上猶有革輅,不以'次輅'爲革輅者,《禮》五輅而此四輅,於五之内必將少一,蓋以革輅是兵戎之用,於此不必陳之,故不云革輅而以木輅爲次。"

1336 錯 cuò

治玉石曰錯。

○《禹貢》:"錫貢磬錯。"《孔傳》:"治玉石曰錯。"(291、6－24－7)

1337 大輅 dà lù

玉〔輅〕。

○《顧命》:"大輅,在賓階面,綴輅,在阼階面。"《孔傳》:"大輅,玉〔輅〕。"(886、18－28－12)

按:《孔疏》:"《周禮》巾車'掌王之五輅',玉輅、金輅、象輅、革輅、木輅,是爲五輅也。此經所陳四輅,必是《周禮》五輅之四。'大輅',輅之最大,故知大輅,玉輅也。"

1338 大玉 dà yù

玉[名]。

○《顧命》:"大玉、夷玉、天球、河圖,在東序。"《孔傳》:"三玉爲三重。"(884、18－28－4)

1339 丹 dān

朱類。

○《禹貢》:"礪、砥、砮、丹。"《孔傳》:"丹,朱類。"(283、6－21－3)

1340 丹雘 dān huò

丹以朱。

○《梓材》:"若作梓材,既勤樸斲,惟其塗丹雘。"《孔傳》:"爲政之術,如梓人治材爲器,已勞力樸治斲削,惟其當塗以漆丹以朱而後成。"(698、14－37－11)

按:雘,《釋文》引馬融曰"善丹也",與《説文》同。《孔疏》:"器言'塗丹雘','塗''丹'皆飾物之名,謂塗丹以朱雘。'雘'是彩色之名,有青色者,有朱色者……此經知是'朱'者,與'丹'連文故也。"也就是説,《孔傳》把"塗"和"丹"都當成動詞,而非一般認爲的"塗"是動詞,"丹雘"作爲顏色是塗的對象。

1341 砥 dǐ

砥細於礪,磨石。

○《禹貢》:"礪、砥、砮、丹。"《孔傳》:"砥細於礪,皆磨石也。"(283、6-21-3)

按:《孔疏》:"'砥'以細密爲名,'礪'以粗糲爲稱。"

1342 雕 diāo

刻鏤。

○《顧命》:"東序西嚮,敷重豐席,畫純,雕玉仍几。"《孔傳》:"雕,刻鏤。"(882、18-27-13)

1343 篚 fěi

篚篚。

○《禹貢》:"厥篚織文。"《孔傳》:"織文,錦綺之屬。盛之篚篚而貢焉。"(258、6-11-9)

○《武成》:"惟其士女,篚厥玄黃。"《孔傳》:"言東國士女,篚篚盛其絲帛。"(535、11-32-2)

按:《孔疏》:"篚是入貢之時盛在於篚,故云'盛之篚篚而貢焉'。"

1344 紛 fēn

綬。

○《顧命》:"西夾南嚮,敷重筍席,玄紛純,漆仍几。"《孔傳》:"玄紛,黑綬。此親屬私宴之坐,故席几質飾。"(882、18-27-15)

按:《孔疏》:"紛,則組之小別。鄭玄《周禮》注云:'紛如綬,有文而狹者也。'然則紛、綬一物,小大異名,故傳以'玄紛'爲黑綬。"

1345 服 fú

① **衣服。**

○《無逸》:"文王卑服。"《孔傳》:"文王節儉,卑其衣服。"(778、16-17-17)

② **服飾。**

○《畢命》:"怙侈滅義,服美于人。"《孔傳》:"怙恃奢侈,以滅德義。服飾過制美於其民。"(915、19-12-18)

1346 黼 fǔ

白黑雜。

○《顧命》:"牖間南嚮,敷重篾席,黼純。"《孔傳》:"白黑雜繒緣之。"

（880、18－27－7）

按：《孔疏》：“《考工記》云：‘白與黑謂之黼。’”

1347 黼裳 fǔ cháng

吉服。

○《顧命》：“王麻冕黼裳。”《孔傳》：“王及群臣皆吉服。”（892、18－35－7）

按：黼裳，即繡有黑白斧形的下裳，王的祭服。《孔疏》：“言‘黼裳’者，以裳之章色，黼黻有文，故特取爲文。”蔡沈《書集傳》：“吕氏曰：‘麻冕黼裳，王祭服也。’”①

1348 黼扆 fǔ yǐ

屏風，畫爲斧文，置户牖間。

○《顧命》：“狄設黼扆、綴衣。”《孔傳》：“扆，屏風，畫爲斧文，置户牖間。”（879、18－26－6）

按：《孔疏》：“《釋宫》云：‘牖户之間謂之扆。’……《禮》云‘斧扆者’，以其所在處名之。郭璞又云：‘《禮》有斧扆，形如屏風，畫爲斧文，置於扆地，因名爲扆。’是先儒相傳黼扆者，屏風畫爲斧文，在於户牖之間。《考工記》云：‘畫繢之事，白與黑謂之黼。’是用白黑畫屏風，置之於扆地，故名此物爲‘黼扆’。”

1349 干 gān

楯。

○《大禹謨》：“舞干羽于兩階。”《孔傳》：“干，楯。”（159、4－19－14）

○《牧誓》：“稱爾戈，比爾干，立爾矛，予其誓。”《孔傳》：“干，楯也。（522、11－22－1）

○《費誓》：“善敹乃甲胄，敿乃干。”《孔傳》：“言當善簡汝甲鎧胄兜鍪，施汝楯紛。”（971、20－9－13）

1350 干戈 gān gē

兵。

○《説命中》：“惟衣裳在笥，惟干戈省厥躬。”《孔傳》：“言服不可加非其人，兵不可任非其才。”（472、10－6－9）

1351 縞 gǎo

白繒。

○《禹貢》：“厥篚玄纖縞。”《孔傳》：“縞，白繒。”（268、6－15－8）

---

① （宋）蔡沈著，錢宗武、錢忠弼整理：《書集傳》，第235頁。

1352 戈 gē

戟。

○《牧誓》:"稱爾戈,比爾干,立爾矛,予其誓。"《孔傳》:"戈,戟。"(522、
11-22-1)

按:《孔疏》:"方言云:'戟,楚謂之干,吴揚之間謂之戈。'是'戈'即戟也。
《考工記》云:'戈柲六尺有六寸,車戟常。'"

1353 革 gé

犀皮。

○《禹貢》:"齒革羽毛惟木。"《孔傳》:"革,犀皮。"(274、6-17-2)

按:《孔疏》:"甲之所用,犀革爲上;革之所美,莫過於犀。知'革'是犀皮也。"

1354 股肱 gǔ gōng

手足。

○《説命下》:"股肱惟人,良臣惟聖。"《孔傳》:"手足具,乃成人。有良臣,
乃成聖。"(475、10-11-1)

1355 怪石 guài shí

好石似玉者。

○《禹貢》:"岱畎,絲枲鉛松怪石。"《孔傳》:"好石似玉者。"(262、6-
12-17)

1356 圭瓚 guī zàn

以圭爲杓柄,謂之圭瓚。

○《文侯之命》:"平王錫晉文侯秬鬯圭瓚。"《孔傳》:"以圭爲杓柄,謂之圭
瓚。"(1064、20-1-7)

按:瓚,古代祭祀用的玉製酒勺。《孔疏》:"《周禮·典瑞》云:'祼圭有
瓚,以肆先王,以祼賓客。'鄭司農云:'於圭頭爲器,可以挹鬯祼祭,祼之
瓚。以肆先王,灌先王祭也。'"

1357 匭 guǐ

匣。

○《禹貢》:"匭菁茅。"《孔傳》:"匭,匣也。"(284、6-21-16)

按:《孔疏》:"《説文》云:'匚,受物之器。象形也。凡匚之屬皆從匚。'
'匱''匣'之字皆從匚,'匭'亦從匚,故'匭'是匣也。"

1358 河圖 hé tú

八卦。伏犧王天下,龍馬出河,遂則其文,以畫八卦,謂之河圖。

○《顧命》:"大玉、夷玉、天球、河圖,在東序。"《孔傳》:"河圖,八卦。伏犧

王天下,龍馬出河,遂則其文,以畫八卦,謂之河圖,及典謨皆歷代傳寶之。”(884、18-28-4)

按:《孔疏》:“《漢書·五行志》劉歆以爲伏犧氏繼天而王,受河圖,則而畫之,八卦是也。劉歆亦如孔説,是必有書明矣。”

1359 華 huá

① 冕服采章曰華。

○《武成》:“華夏蠻貊,罔不率俾。”《孔傳》:“冕服采章曰華。”(535、11-31-15)

按:《孔疏》:“‘冕服采章’,對‘被髮左衽’,則爲有光華也。”

② 彩色。

○《顧命》:“華玉仍几。”《孔傳》:“華,彩色。”(880、18-27-7)

按:《孔疏》:“‘華’是彩之別名,故以爲‘彩色,用華玉以飾憑几’也。”

1360 畫 huà

彩色爲畫。

○《顧命》:“東序西嚮,敷重豐席,畫純,雕玉仍几。”《孔傳》:“彩色爲畫。”(882、18-27-13)

按:《孔疏》:“《考工記》云:‘畫繢之事,雜五色。’是彩色爲畫,蓋以五彩色,畫帛以爲緣。”

1361 鍰 huán

六兩曰鍰。鍰,黃鐵也。

○《吕刑》:“墨辟疑赦,其罰百鍰。”《孔傳》:“六兩曰鍰。鍰,黃鐵也。”(948、19-37-14)

按:《釋文》云:“鍰,徐户關反,六兩也。鄭及《爾雅》同。《説文》云:‘六鋝也。’‘鋝,十一銖,二十五分銖之十三也。’馬同,又云:‘賈逵説俗儒以鋝重六兩,《周官》劍重九鋝,俗儒近是。’”筆者遍檢《爾雅》,不見釋“鍰”。盧文弨云:“《爾雅》當本是《小雅》,謂《小爾雅》也。”《小爾雅·廣衡》有“二十四銖曰兩,兩有半曰捷,倍捷曰舉,倍舉曰鋝,謂之鍰”之語,當是。

1362 黄鉞 huáng yuè

鉞以黃金飾斧。

○《牧誓》:“王左杖黃鉞。”《孔傳》:“鉞以黃金飾斧。”(518、11-20-8)

按:黃鉞,在天子儀仗或征伐時使用。《廣雅·釋器》:“鉞,斧也。”《孔疏》:“斧稱‘黃鉞’,故知‘以黃金飾斧’也。”

1363 惠 huì

三隅矛。

○《顧命》："二人雀弁,執惠。"《孔傳》:"惠,三隅矛。"(888、18-33-10)

按:三隅矛,形制不明。《孔疏》:"此經所陳七種之兵,惟戈,經傳多言之,《考工記》有其形制,其餘皆無文。傳惟言'惠,三隅矛',鋭亦矛也,'戣、瞿皆戟屬',不知何所據也。"

1364 會 huì

五采。

○《益稷》:"作會,宗彝。"《孔傳》:"會,五采也。以五采成此畫焉。"(196、5-6-9)

按:"會",通"繪",《釋文》云:"馬、鄭作'繪'。"《説文》:"繪,會五采繡也。"

1365 攫 huò

捕獸機檻。

○《費誓》:"杜乃攫,敜乃穽。"《孔傳》:"攫,捕獸機檻。當杜塞之。"(972、20-11-6)

按:《孔疏》:"《周禮》:冥氏掌'爲阱攫以攻猛獸'。知'穽''攫'皆是捕獸之器也。"

1366 璣 jī

珠類,生於水。

○《禹貢》:"厥篚玄纁璣組。"《孔傳》:"璣,珠類,生於水。"(285、6-22-7)

1367 機 jī

弩牙。

○《太甲上》:"若虞機張,往省括于度,則釋。"《孔傳》:"機,弩牙也。"(411、8-26-8)

按:《孔疏》:"'機'是轉關,故爲弩牙。"

1368 甲 jiǎ

鎧。

○《説命中》:"惟甲胄起戎。"《孔傳》:"甲,鎧。"(472、10-6-7)

1369 甲胄 jiǎ zhòu

甲鎧胄兜鍪。

○《費誓》:"善敕乃甲胄。"《孔傳》:"言當善簡汝甲鎧胄兜鍪。"(971、20-9-13)

按:《説文》:"胄,兜鍪也。""甲,鎧",古代戰士作戰時護身的服裝;"胄,

兜鍪”,是戰士戴的頭盔,“甲胄”即鎧甲和頭盔。《孔疏》:“古之甲胄,皆
用犀兕,未有用鐵者,而‘鍪’‘鎧’之字皆從金,蓋後世始用鐵耳。”《説命
中》“惟甲胄起戎”,《孔傳》“胄,兜鍪也”。《儀禮 · 既夕》“甲胄干筭”、
《禮記 · 曲禮上》“獻甲者執胄”,鄭玄注均作:“胄,兜鍪。”

1370 節 jié

符節。

○《康誥》:“惟厥正人,越小臣諸節。”《孔傳》:“惟其正官之人,于小臣諸
有符節之吏。”(664、14 - 14 - 16)

1371 介圭 jiè guī

大圭尺二寸,天子守之。

○《顧命》:“太保承介圭。”《孔傳》:“大圭尺二寸,天子守之,故奉以奠康
王所位。”(893、18 - 35 - 11)

按:《孔疏》:“《考工記 · 玉人》云:‘鎮圭,尺有二寸,天子守之。’鎮圭,圭
之大者。‘介’,訓大也,故知是彼鎮圭天子之所守,故奉之以奠康王所位,
以明正位爲天子也。”

1372 金 jīn

鐵。

○《説命上》:“若金,用汝作礪。”《孔傳》:“鐵須礪以成利器。”(470、10 -
3 - 17)

1373 金三品 jīn sān pǐn

金、銀、銅。

○《禹貢》:“厥貢惟金三品。”《孔傳》:“金、銀、銅也。”(273、6 - 16 - 15)

按:《孔疏》:“‘金’既總名,而云‘三品’,黃金以下,惟有白銀與銅
耳,……鄭玄以爲金三品者,銅三色也。”

1374 穽 jǐng

穿地陷獸。

○《費誓》:“杜乃擭,敜乃穽。”《孔傳》:“穽,穿地陷獸。當以土窒敜之。”
(972、20 - 11 - 6)

按:穽,是捕野獸用的陷坑。《禮記 · 中庸》“驅而納諸罟擭陷穽之中”,
《釋文》引《尚書孔傳》,亦訓“穽”作“穿地陷獸也”。

1375 秬鬯 jù chàng

① [酒],黑黍釀以鬯草[而成]。

○《文侯之命》:“用賚爾秬鬯一卣。”《孔傳》:“黑黍曰秬,釀以鬯草。”

（966、20 - 6 - 9）

② 黑黍酒。

〇《洛誥》:"予以秬鬯二卣,曰明禋。"《孔傳》:"周公攝政七年致太平,以黑黍酒二器,明潔致敬。"(743、15 - 35 - 16)

按:《孔疏》:"以黑黍爲酒,煮鬱金之草,築而和之,使芬香調暢,謂之'秬鬯'。"

1376 苦 kǔ

焦氣之味。

〇《洪範》:"炎上作苦。"《孔傳》:"焦氣之味。"(553、12 - 8 - 1)

按:《孔疏》:"火性炎上,焚物則焦,焦是苦氣。《月令·夏》云'其臭焦,其味苦',苦爲焦味,故云'焦氣之味'也。臭之曰'氣',在口曰'味'。"

1377 纊 kuàng

細綿。

〇《禹貢》:"厥篚纖纊。"《孔傳》:"纊,細綿。"(291、6 - 24 - 5)

1378 瞂 kuí

戟屬。

〇《顧命》:"一人冕,執瞂,立于東垂。一人冕,執瞿,立于西垂。"《孔傳》:"瞂、瞿,皆戟屬。"(890、18 - 33 - 16)

1379 琨 kūn

美玉。

〇《禹貢》:"瑤、琨、篠簜。"《孔傳》:"瑤、琨皆美玉。"(273、6 - 16 - 18)

按:《孔傳》"美玉"當是"美石"之訛。後"瑤"條同。[1]

1380 琅玕 láng gān

石而似珠。

〇《禹貢》:"厥貢惟球、琳、琅玕。"《孔傳》:"琅玕,石而似珠。"(302、6 - 28 - 7)

1381 粒 lì

米食曰粒。

〇《益稷》:"烝民乃粒,萬邦作乂。"《孔傳》:"米食曰粒。"(190、5 - 2 - 13)

按:據《廣雅》分類,米食類詞語歸入"釋器"類。《孔疏》:"《説文》云:'粒,糂也。'今人謂飯爲米糂,遺餘之飯,謂之一粒、兩粒,是米食曰粒,言

---

[1] 杜澤遜:《尚書注疏校議》,中華書局,2018 年,第 6 頁。

是用米爲食之名也。"

1382 礪 lì

① 磨石。

○《禹貢》："礪、砥、砮、丹。"《孔傳》："砥細於礪,皆磨石也。"(283、6 - 21 - 3)

按:《孔疏》："'砥'以細密爲名,'礪'以粗糲爲稱。"

② 磨礪。

○《費誓》："鍛乃戈矛,礪乃鋒刃。"《孔傳》："鍛鍊戈矛,磨礪鋒刃。"(972、20 - 9 - 16)

按:《説文》："礪,䃺也。"段玉裁注云:"䃺,今字省作'磨'。"也就是説,"䃺"同"磨",故"磨""礪"義同。《孔疏》："凡金爲兵器,皆須鍛礪,有刃之兵,非獨戈矛而已。云'鍛鍊戈矛,磨礪鋒刃',令其文互相通。"

1383 兩 liàng

車稱兩。

○《牧誓》："武王戎車三百兩。"《孔傳》："車稱兩。一車,步卒七十二人,凡二萬一千人,舉全數。"(1043、11 - 18 - 8)

按:《孔疏》："《詩》云'百兩迓之',是車稱兩也。《風俗通》説車有兩輪,故稱爲'兩'。猶履有兩隻,亦稱爲'兩'。"

1384 琳 lín

玉名。

○《禹貢》："厥貢惟球、琳、琅玕。"《孔傳》："球、琳皆玉名。"(302、6 - 28 - 7)

1385 劉 liú

鉞屬。

○《顧命》："一人冕,執劉,立于東堂。一人冕,執鉞,立于西堂。"《孔傳》："劉,鉞屬。"(889、18 - 33 - 15)

1386 鏤 lòu

剛鐵。

○《禹貢》："厥貢璆鐵銀鏤砮磬。"《孔傳》："鏤,剛鐵。"(295、6 - 25 - 8)

按:《説文》："鏤,剛鐵,可以刻鏤。从金婁聲。《夏書》曰:'梁州貢鏤。'"。段玉裁注:"鏤本剛鐵之名。剛鐵可受鐫刻,故鐫刻亦曰鏤……今則引申之義行而本義廢矣。"《史記·夏本紀》"貢璆、鐵、銀、鏤、砮、磬",《集解》引鄭玄注云:"鏤,剛鐵,可以刻鏤也。"《孔疏》："鏤者,可以刻鏤,故爲'剛鐵'也。"據段注,知"鋼鐵"爲"鏤"之本義,《孔疏》將引申義作本義了。

1387 盧 lú

黑。

○《文侯之命》:"彤弓一,彤矢百,盧弓一,盧矢百。"《孔傳》:"盧,黑也。"(966、20 - 6 - 12)

1388 麻冕 má miǎn

吉服。

○《顧命》:"王麻冕黼裳,由賓階隮。"《孔傳》:"王及群臣皆吉服,用西階升。"(892、18 - 35 - 7)

按:《孔疏》:"《禮》績麻三十升以爲冕,故稱'麻冕'。傳嫌麻非吉服,故言'王及群臣,皆吉服'也。'王麻冕'者,蓋袞冕也。"

1389 瑁 mào

所以冒諸侯圭,以齊瑞信,方四寸,邪刻之。

○《顧命》:"上宗奉同、瑁,由阼階隮。"《孔傳》:"瑁,所以冒諸侯圭,以齊瑞信,方四寸,邪刻之。"(893、18 - 35 - 11)

按:瑁,是指古代帝王所執的玉器,用以覆諸侯的圭。《説文》:"瑁,諸侯執圭朝天子,天子執玉以冒之,似犂冠。《周禮》曰:'天子執瑁四寸'。"

1390 冕 miǎn

① 冠。

○《太甲中》:"伊尹以冕服奉嗣王歸于亳。"《孔傳》:"冕,冠也。"(415、8 - 28 - 10)

② 冠冕。

○《顧命》:"相被冕服,憑玉几。"《孔傳》:"扶相者被以冠冕,加朝服,憑玉几。"(867、18 - 20 - 4)

1391 木鐸 mù duó

金鈴木舌,所以振文教。

○《胤征》:"每歲孟春,遒人以木鐸徇于路。"《孔傳》:"木鐸,金鈴木舌,所以振文教。"(381、7 - 13 - 3)

按:木鐸,古代宣佈政教法令時,巡行振鳴以引起衆人注意。《孔疏》:"《禮》有'金鐸''木鐸','鐸'是鈴也,其體以金爲之,明舌有金木之異,知木鐸是木舌也。……《明堂位》云'振木鐸於朝',是武事振金鐸,文事振木鐸。"

1392 砮 nǔ

石,中矢鏃。

○《禹貢》:"礪、砥、砮、丹。"《孔傳》:"砮,石,中矢鏃。"(283、6 - 21 - 3)

按:《説文》:"砮,石,可以爲矢鏃。"《孔疏》:"《魯語》曰:'肅慎氏貢楛矢石砮。'賈逵云:'砮,矢鏃之石也。'"

1393 蠙珠 pín zhū

珠名。

○《禹貢》:"泗濱浮磬,淮夷蠙珠暨魚。"《孔傳》:"蠙珠,珠名。"(267、6 - 14 - 18)

按:蠙,《説文》寫作"玭",云:"玭,珠也。从玉比聲。宋弘云:'淮水中出玭珠。'玭,珠之有聲。蠙,《夏書》'玭'从虫、賓。"《孔疏》云:"蠙是蚌之别名,此蚌出珠,遂以蠙爲珠名。"

1394 綦弁 qí biàn

文鹿子皮弁。

○《顧命》:"四人綦弁,執戈上刃,夾兩階阰。"《孔傳》:"綦,文鹿子皮弁。"(889、18 - 33 - 12)

按:文鹿,指梅花鹿;綦弁,是鹿皮冠。《孔疏》:"鄭玄云:'青黑曰綦。'王肅云:'綦,赤黑色。'孔以爲'綦,文鹿子皮弁。'各以意言,無正文也。"

1395 球 qiú

① 雍州所貢。

○《顧命》:"大玉、夷玉、天球、河圖,在東序。"《孔傳》:"球,雍州所貢。"(884、18 - 28 - 4)

按:《孔疏》:"《禹貢》雍州所貢球、琳、琅玕,知球是雍州所貢也。常玉、天球,傳不解'常''天'之義,未審孔意如何。"

② 玉名。

○《禹貢》:"厥貢惟球、琳、琅玕。"《孔傳》:"球、琳皆玉名。"(302、6 - 28 - 7)

1396 璆 qiú

玉名。

○《禹貢》:"厥貢璆鐵銀鏤砮磬。"《孔傳》:"璆,玉名。"(295、6 - 25 - 8)

1397 糗 qiǔ

糗糒。

○《費誓》:"峙乃糗糧,無敢不逮。"《孔傳》:"皆當儲峙汝糗糒之糧,使足

食,無敢不相逮及。"(975、20－12－15)

按:《孔疏》:"鄭衆云:'糗,熬大豆及米也。'《説文》云:'糗,熬米麥也。'
《説文》云:'糗,熬米麥也。'鄭玄云:'糗,擣熬穀也。'謂熬米麥使熟,又擣
之以爲粉也。'糒',乾飯也。'糗糒'是行軍之糧。皆當儲峙汝糗糒之
糧,使在軍足食。"

1398 糗糧 qiǔ liáng

糗糒之糧。

○《費誓》:"峙乃糗糧,無敢不逮。"《孔傳》:"皆當儲峙汝糗糒之糧,使足
食,無敢不相逮及。"(975、20－12－15)

1399 瞿 qú

戟屬。

○《顧命》:"一人冕,執戣,立于東垂。一人冕,執瞿,立于西垂。"《孔傳》:
"戣、瞿,皆戟屬。"(890、18－33－17)

1400 雀弁 què biàn

雀韋弁。

○《顧命》:"二人雀弁,執惠。"《孔傳》:"士衛殯,與在廟同,故雀韋弁。"
(888、18－33－11)

按:《孔疏》:"鄭玄云:'赤黑曰雀,言如雀頭色也,雀弁同如冕黑色,但無
藻耳。'然則雀弁所用,當與冕同。阮諶《二禮圖》云:'雀弁,以三十升布
爲之。'此傳言'雀韋弁'者,蓋以《周禮·司服》云'凡兵事,韋弁服',此人
執兵,宜以韋爲之,異於祭服,故言'雀韋弁'。"

1401 仞 rèn

八尺曰仞。

○《旅獒》:"爲山九仞,功虧一簣。"《孔傳》:"八尺曰仞。"(598、13－
6－12)

1402 戎兵 róng bīng

戎服兵器。

○《立政》:"其克詰爾戎兵。"《孔傳》:"其當能治汝戎服兵器。"(849、17－
35－6)

按:《孔疏》:"'戎'亦'兵'也,以其並言'戎兵'。"

1403 戎車 róng chē

兵車,百夫長所載。

○《牧誓》:"武王戎車三百兩。"《孔傳》:"兵車,百夫長所載。"(1043、11－

18-8)

1404 氄毛 rǒng máo

奧耎細毛。

○《堯典》:"厥民隩,鳥獸氄毛。"《孔傳》:"民改歲入此室處,以辟風寒。鳥獸皆生奧耎細毛以自温焉。"(41、2-14-5)

按:《孔傳》"温"字後,八、要無"焉"字①,與疏標目不合。

1405 銳 ruì

矛屬。

○《顧命》:"一人冕,執銳,立於側階。"《孔傳》:"銳,矛屬也。"(891、18-33-18)

按:《孔疏》引鄭玄亦作"銳,矛屬",引王肅云"兵器之名"。《説文》"銳"下云"芒也",與兵器義無關,反倒"銑"字下云:"侍臣所執兵也。从金允聲。《周書》曰:'一人冕,執銑。'讀若'允'。"據段注:"竊謂《顧命》本作'銳',《説文》亦本有'銳',無'銑'。'銳'篆厠於鋌下鉈上,訓曰'矛屬'。从金、兑聲。《周書》曰:"一人冕,執銳。"一曰芒也。'次出'剛'篆,訓云'籀文銳也'。今校《説文》,當如是改移,而徑删銑篆。"王先謙《參正》認爲"段説具有原委,並非武斷,似不可駁"。

1406 色 sè

顔色。

○《洪範》:"而康而色。"《孔傳》:"汝當安汝顔色。"(564、12-16-4)

1407 絲 sī

蠶絲。

○《禹貢》:"厥篚厤絲。"《孔傳》:"厤桑蠶絲,中琴瑟弦。"(262、6-13-5)

1408 酸 suān

木實之性。

○《洪範》:"曲直作酸。"《孔傳》:"木實之性。"(553、12-8-2)

按:《孔疏》:"木生子實,其味多酸,五果之味雖殊,其爲酸一也,是木實之性然也。"

1409 縢 téng

緘。

○《金縢》:"武王有疾,周公作《金縢》。"《孔傳》:"爲請命之書,藏之於

---

① 杜澤遜:《尚書注疏彙校》,第205頁。

匵,緘之以金,不欲人開之。"(1049、13－8－8)

按:《孔疏》:"《詩》述韔弓之事云:'竹閉緄縢。'《毛傳》云:'緄,繩。縢, 約也。'此傳言'緘之以金',則訓'縢'爲'緘'。"

1410 天球 tiān qiú

玉〔名〕。

○《顧命》:"大玉、夷玉、天球、河圖,在東序。"《孔傳》:"三玉爲三重。" (884、18－28－4)

1411 同 tóng

爵名。

○《顧命》:"上宗奉同、瑁,由阼階隮。"《孔傳》:"同,爵名。"(893、18－ 35－11)

按:"同",酒器名。《孔疏》:"《禮》於奠爵無名'同'者,但下文祭酢皆用 同奉酒,知'同'是酒爵之名也。"

1412 彤 tóng

① 纁。

○《顧命》:"太保、太史、太宗皆麻冕彤裳。"《孔傳》:"彤,纁也。"(893、 18－35－10)

按:《爾雅·釋器》:"一染謂之縓,再染謂之赬,三染謂之纁。"《孔疏》:"彤, 赤也。《禮》祭服纁裳。纁是赤色之淺者,故以'彤'爲纁,言是常祭服也。"

② 赤。

○《文侯之命》:"彤弓一,彤矢百。"《孔傳》:"彤,赤。"(966、20－6－11)

1413 彤弓 tóng gōng

〔赤弓〕,以講德習射,藏示子孫。

○《文侯之命》:"彤弓一,彤矢百,盧弓一,盧矢百。"《孔傳》:"彤,赤。盧, 黑也。諸侯有大功,賜弓矢,然後專征伐。彤弓以講德習射,藏示子孫。" (966、20－6－11)

按:彤弓,指朱漆弓,天子賜給有功之諸侯和大臣使專征伐。《孔疏》:"此 傳及《毛傳》皆云:'彤弓以講德習射',用《周禮》爲説也。……《襄八年左 傳》云,晉范宣子來聘,季武子賦《彤弓》。宣子曰:'城濮之役,我先君文 公,受彤弓于襄王,以爲子孫藏。'杜預云:'藏之以示子孫。'"

1414 圖 tú

地圖。

○《洛誥》:"來,以圖及獻卜。"《孔傳》:"遣使以所卜地圖,及獻所卜吉兆,

來告成王。"(724、15－21－17)

1415 琬琰 wǎn yǎn

珪[名]。

○《顧命》:"赤刀、大訓、弘璧、琬琰,在西序。"《孔傳》:"大璧、琬琰之珪,爲二重。"(883、18－28－2)

按:《孔疏》:"《周禮·典瑞》云'琬圭以治德,琰圭以易行',則琬琰別玉而共爲重者,蓋以其玉形質同,故不別爲重也。《考工記》琬圭、琰圭皆九寸。"

1416 五服 wǔ fú

天子、諸侯、卿、大夫、士之服。

○《皋陶謨》:"天命有德,五服五章哉!"《孔傳》:"五服,天子、諸侯、卿、大夫、士之服也。尊卑彩章各異,所以命有德。"(176、4－30－5)

按:五服,即古代天子、諸侯、卿、大夫、士五等服式。

1417 舞衣 wǔ yī

舞者之衣。

○《顧命》:"胤之舞衣、大貝、鼖鼓,在西房。"《孔傳》:"胤國所爲舞者之衣,皆中法。"(885、18－28－9)

1418 物 wù

器物。

○《旅獒》:"玩人喪德,玩物喪志。"《孔傳》:"以人爲戲弄,則喪其德,以器物爲戲弄,則喪其志。"(597、13－4－16)

1419 先輅 xiān lù

象[輅]。

○《顧命》:"先輅,在左塾之前;次輅,在右塾之前。"《孔傳》:"先輅,象[輅]。"(887、18－28－14)

按:先輅,是指天子或諸侯使用的一種用象牙裝飾的正車。

1420 鹹 xián

水鹵所生。

○《洪範》:"潤下作鹹。"《孔傳》:"水鹵所生。"(553、12－8－1)

按:《孔疏》:"水性本甘,久浸其地,變而爲鹵,鹵味乃鹹。《説文》云:'鹵,西方鹹地。東方謂之斥,西方謂之鹵。'"

1421 心 xīn

腹心。

○《盤庚中》:"乃咸大不宣乃心。"《孔傳》:"汝皆大不布腹心。"(451、9－

15-10)

1422 辛 xīn

金之氣味。

○《洪範》：“從革作辛。”《孔傳》：“金之氣味。”(554、12-8-2)

按：《孔疏》：“金之在火，別有腥氣，非苦非酸，其味近辛，故辛爲金之氣味。《月令·秋》云‘其味辛，其臭腥’是也。”

1423 馨香 xīn xiāng

芬芳馨氣。

○《君陳》：“至治馨香，感于神明。”《孔傳》：“政治之至者，芬芳馨氣，動於神明。”(861、18-15-7)

1424 腥 xīng

①**腥穢。**

○《酒誥》：“庶群自酒，腥聞在上。”《孔傳》：“紂衆群臣，用酒沈荒，腥穢聞在上天。”(685、14-29-9)

②**腥臭。**

○《吕刑》：“上帝監民，罔有馨香，德刑發聞惟腥。”《孔傳》：“天視苗民，無有馨香之行，其所以爲德刑，發聞惟乃腥臭。”(931、19-26-2)

1425 朽 xiǔ

腐。

○《五子之歌》：“懍乎若朽索之馭六馬。”《孔傳》：“朽，腐也。”(376、7-8-1)

按：《廣雅·釋器》：“腐、朽，臭也。”腐、朽義同。《孔疏》：“‘朽，腐’，常訓也。”

1426 臭 xiù

臭敗。

○《盤庚中》：“若乘舟，汝弗濟，臭厥載。”《孔傳》：“如舟在水中流不渡，臭敗其所載物。”(452、9-15-13)

○《盤庚中》：“今予命汝一，無起穢以自臭。”《孔傳》：“我一心命汝，汝違我，是自臭敗。”(453、9-16-10)

按：《廣雅》將氣味類詞語歸入“釋器”，此沿之。

1427 繡 xiù

五色備曰繡。

○《益稷》：“藻、火、粉米、黼黻、絺繡。”《孔傳》：“五色備曰繡。”(199、5-6-12)

按：《孔疏》：“‘五色備謂之繡’，《考工記》文也。”

1428 玄 xuán

① 黑。

○《顧命》:"玄紛純,漆仍几。"《孔傳》:"玄紛,黑綬。"(882、18－27－15)

② 黑繒。

○《禹貢》:"厥篚玄纖縞。"《孔傳》:"玄,黑繒。"(268、6－15－7)

③ 天色。

○《禹貢》:"禹錫玄圭,告厥成功。"《孔傳》:"玄,天色。"(358、6－45－8)

按:《孔疏》:"《考工記》'天謂之玄',是'玄'爲天色。"

1429 玄紛 xuán fēn

黑綬。

○《顧命》:"玄紛純,漆仍几。"《孔傳》:"玄紛,黑綬。"(882、18－27－15)

按:《孔疏》:"鄭玄《周禮》注云:'紛如綬,有文而狹者也。'然則紛、綬一物,小大異名,故傳以'玄紛'爲黑綬。"《孔傳》"紛"字,八、纂、平、要、岳、十、永、庫、阮作"紛",①與經文合。

1430 玄黄 xuán huáng

絲帛。

○《武成》:"惟其士女,篚厥玄黄。"《孔傳》:"言東國士女,筐篚盛其絲帛,奉迎道次。"(535、11－32－2)

1431 瑶 yáo

美玉。

○《禹貢》:"瑶、琨、篠簜。"《孔傳》:"瑶、琨皆美玉。"(273、6－16－18)

1432 衣 yī

服。

○《武成》:"一戎衣,天下大定。"《孔傳》:"衣,服也。"(537、11－33－10)

1433 衣裳 yī shang

服。

○《説命中》:"惟衣裳在笥,惟干戈省厥躬。"《孔傳》:"言服不可加非其人,兵不可任非其才。"(472、10－6－9)

1434 夷玉 yí yù

玉[名]。

○《顧命》:"大玉、夷玉、天球、河圖,在東序。"《孔傳》:"三玉爲三重。"

_____

① 杜澤遜:《尚書注疏彙校》,第2895頁。

（884、18－28－4）

1435 彝 yí

① 彝樽。

〇《益稷》：“作會，宗彝。”《孔傳》：“以五采成此畫焉。宗廟彝樽，亦以山、龍、華蟲爲飾。”（196、5－6－9）

按：彝樽，即古時祭享用的酒器。

② 彝器。

〇《洪範》：“武王既勝殷，邦諸侯，班宗彝。”《孔傳》：“賦宗廟彝器酒罇賜諸侯。”（1047、12－34－14）

按：彝器，指古代宗廟常用的青銅祭器的總稱。如鐘、鼎、尊、罍、俎、豆之屬。《左傳·襄公十九年》“取其所得以作彝器”，杜預注：“彝，常也。謂鐘鼎爲宗廟之常器。”

1436 蟻裳 yǐ cháng

裳名，色玄。

〇《顧命》：“卿士、邦君，麻冕蟻裳，入即位。”《孔傳》：“蟻，裳名，色玄。”（893、18－35－8）

按：《孔疏》：“《禮》無‘蟻裳’，今云‘蟻’者，裳之名也。‘蟻’者，蚍蜉蟲也，此蟲色黑，知蟻裳色玄，以色玄如蟻，故以蟻名之。”

1437 扆 yǐ

屏風。

〇《顧命》：“狄設黼扆、綴衣。”《孔傳》：“扆，屏風。”（879、18－26－6）

1438 用 yòng

器實曰用。

〇《微子》：“今殷民乃攘竊神祇之犧牷牲用，以容將食無災。”《孔傳》：“器實曰用。”（499、10－22－12）

按：《孔疏》：“‘用’者簠簋之實，謂黍稷稻粱，故云‘器實曰用’。”

1439 卣 yǒu

① 器〔名〕。

〇《洛誥》：“予以秬鬯二卣，曰明禋。”《孔傳》：“以黑黍酒二器，明潔致敬。”（743、15－35－17）

② 中罇。

〇《文侯之命》：“用賚爾秬鬯一卣。”《孔傳》：“卣，中罇也。”（966、20－6－9）

1440 羽 yǔ

翳。

○《大禹謨》:"舞干羽于兩階。"《孔傳》:"羽,翳也。"(159、4-19-14)

1441 玉 yù

玉以禮神,使無水旱之災。

○《典寶》:"遂伐三朡,俘厥寶玉。"《孔傳》:"玉以禮神,使無水旱之災,故取而寶之。"(1006、8-7-6)

按:《孔疏》:"《楚語》云:'玉足以庇廕嘉穀,使無水旱之災,則寶之。'韋昭云:'玉,禮神之玉也。'言用玉禮神,神享其德,使風雨調和,可以庇廕嘉穀,故取而寶之。"

1442 玉食 yù shí

美食。

○《洪範》:"惟辟作福,惟辟作威,惟辟玉食。"《孔傳》:"言惟君得專威福,爲美食。"(572、12-20-11)

1443 璋 zhāng

半圭曰璋。

○《顧命》:"秉璋以酢。"《孔傳》:"半圭曰璋,臣所奉。"(898、18-38-15)

1444 章 zhāng

彩章。

○《皋陶謨》:"天命有德,五服五章哉!"《孔傳》:"尊卑彩章各異,所以命有德。"(176、4-30-5)

1445 織 zhī

細紵。

○《禹貢》:"厥篚織貝。"《孔傳》:"織,細紵。"(275、6-17-14)

按:紵,是用紵麻爲原料織成的粗布。

1446 織文 zhī wén

錦綺之屬。

○《禹貢》:"厥貢漆絲,厥篚織文。"《孔傳》:"織文,錦綺之屬。"(258、6-11-9)

1447 織皮 zhī pí

毛布。

○《禹貢》:"織皮。崑崙、析支、渠搜、西戎即敍。"《孔傳》:"織皮,毛布。"(303、6-29-1)

1448 志 zhì

準志。

○《盤庚上》:"予告汝于難,若射之有志。"《孔傳》:"告汝行事之難,當如射之有所準志,必中所志乃善。"(443、9-12-2)

按:志,箭鏃。《爾雅·釋器》:"金鏃翦羽謂之鏃,骨鏃不翦羽謂之志。"此處當有"準"義。準,指箭靶的中心。《孔疏》引鄭玄云:"我告汝於我心至難矣。夫射者,張弓屬矢,而志在所射,必中然後發之。爲政之道,亦如是也,以己心度之,可施於彼,然後出之。"

1449 冑 zhòu

兜鍪。

○《説命中》:"惟口起羞,惟甲冑起戎。"《孔傳》:"冑,兜鍪也。"(472、10-6-7)

1450 綴輅 zhuì lù

金〔輅〕。

○《顧命》:"大輅,在賓階面,綴輅,在阼階面。"《孔傳》:"綴輅,金〔輅〕。"(886、18-28-13)

按:指古代天子所乘的一種車。《孔疏》:"綴輅,繫綴於下,必是玉輅之次,故爲金輅也。"

1451 綴衣 zhuì yī

幄帳。

○《顧命》:"出綴衣于庭。"《孔傳》:"綴衣,幄帳。"(876、18-23-18)

按:《孔疏》:"'綴衣'者,連綴衣物,出之於庭,則是從内而出。下云:'狄設黼扆,綴衣',則綴衣是黼扆之類。黼扆是王坐立之處,知綴衣是施張於王坐之上,故以爲'幄帳'也。"

○《顧命》:"狄設黼扆、綴衣。"《孔傳》:"復設幄帳,象平生所爲。"(879、18-26-6)

1452 組 zǔ

綬類。

○《禹貢》:"厥篚玄纁璣組。"《孔傳》:"組,綬類。"(285、6-22-7)

按:《孔疏》:"《玉藻》説佩玉所懸者皆云'組綬',是'組''綬'相類之物也。"

七　釋　樂

1453 搏拊 bó fǔ

以韋爲之,實之以糠,所以節樂。

○《益稷》:"戛擊鳴球,<u>搏拊</u>琴瑟以詠。"《孔傳》:"搏拊,以韋爲之,實之以糠,所以節樂。"(227、5－19－9)

按:"搏拊",樂器名。形狀像鼓而較小,懸掛于頸下,用兩手拍擊作聲。漢劉熙《釋名·釋樂器》:"搏拊,以韋盛糠,形如鼓,以手拊拍之。"

1454 鼖鼓 fén gǔ

長八尺,商周傳寶之。

○《顧命》:"胤之舞衣、大貝、<u>鼖鼓</u>,在西房。"《孔傳》:"鼖鼓,長八尺,商周傳寶之。"(885、18－28－9)

按:鼖鼓,大鼓。《孔疏》:"《考工記》云:'鼓長八尺,謂之鼖鼓。'"《周禮》鄭玄注云:"大鼓謂之鼖。以鼖鼓鼓軍事。"

1455 歌 gē

歌樂。

○《大禹謨》:"九功惟敍,九敍惟<u>歌</u>。"《孔傳》:"言六府三事之功有次敍,皆可歌樂。"(149、4－6－6)

1456 戛擊 jiá jī

戛擊,柷敔,所以作止樂。

○《益稷》:"<u>戛擊</u>鳴球,搏拊琴瑟以詠。"《孔傳》:"戛擊,柷敔,所以作止樂。"(227、5－19－9)

按:戛擊,亦作"揩擊"。《禮記》鄭玄注云:"揩擊,謂柷敔也。"《孔疏》:"柷敔之狀,經典無文,漢初以來,學者相傳,皆云柷如漆桶,中有椎柄,動而擊其旁也。敔狀如伏虎,背上有刻,戛之以爲聲也。樂之初,擊柷以作之;樂之將末,戛敔以止之,故云'所以作止樂'。"

1457 球 qiú

玉磬。

○《益稷》:"戞擊鳴<u>球</u>,搏拊琴瑟以詠。"《孔傳》:"球,玉磬。"(227、5 - 19 - 9)

1458 韶 sháo

舜樂名。

○《益稷》:"《簫<u>韶</u>》九成,鳳皇來儀。"《孔傳》:"韶,舜樂名。"(236、5 - 20 - 2)

1459 聲 shēng

聲樂。

○《仲虺之誥》:"惟王不邇<u>聲</u>色,不殖貨利。"《孔傳》:"不近聲樂,言清簡;不近女色,言貞固。"(396、8 - 10 - 7)

1460 鏞 yōng

大鐘。

○《益稷》:"笙<u>鏞</u>以間,鳥獸蹌蹌。"《孔傳》:"鏞,大鐘。"(234、5 - 19 - 17)

按:《孔疏》:"《釋樂》云:'大鐘謂之鏞。'李巡曰:'大鐘音聲大。鏞,大也。'孫炎曰:'鏞,深長之聲。'"

八 釋 官

1461 阿衡 ā héng

伊尹。

○《太甲上》:"惟嗣王不惠于阿衡。"《孔傳》:"言不順伊尹之訓。"(410、8－24－13)

按:阿衡,商代官名,師保之官。伊尹曾任此職,故以指伊尹。《孔疏》:"《詩毛傳》云:'阿衡,伊尹也。'"後引申爲任國家輔弼之任,宰相之職。

○《說命下》:"爾尚明保予,罔俾阿衡,專美有商。"《孔傳》:"汝庶幾明安我事,則與伊尹同美。"(476、10－11－12)

1462 百夫長 bǎi fū zhǎng

卒帥。

○《牧誓》:"千夫長、百夫長。"《孔傳》:"師帥,卒帥。"(520、11－21－7)

按:百夫長,即統率百人的軍帥,是武官中最卑微的職位。《孔疏》:"百人爲卒,卒長皆上士……百夫長爲卒帥。"

1463 百工 bǎi gōng

百官。(7見)

○《堯典》:"允釐百工。"《孔傳》:"信治百官。"(44、2－14－13)

○《皋陶謨》:"百僚師師,百工惟時。"《孔傳》:"百官皆是,言政無非。"(171、4－28－6)

○《說命上》:"使百工營求諸野。"《孔傳》:"使百官以所夢之形象,經[營]求之於[外]野。"(1021、10－1－9)

○《武成》:"庶邦冢君暨百工。"《孔傳》:"諸侯與百官。"(533、11－28－17)

○《康誥》:"侯、甸、男邦、采、衛,百工播民和。"《孔傳》:"五服之百官,播率其民和悅。"(644、14－2－15)

○《洛誥》:"予齊百工。"《孔傳》:"我整齊百官。"(727、15－24－5)

○《蔡仲之命》:"惟周公,位冢宰,正百工。"《孔傳》:"百官總己以聽冢

宰。"(810、17－1－17)

1464 百僚 bǎi liáo

百官。

○《皋陶謨》:"百僚師師,百工惟時。"《孔傳》:"百官皆是,言政無非。"
(171、4－28－6)

○《多士》:"有服在百僚。"《孔傳》:"有服職在百官。"(759、16－8－9)

1465 百司 bǎi sī

百官有司。

○《立政》:"百司庶府。"《孔傳》:"百官有司主券契藏吏,亦皆擇人。"
(841、17－28－9)

○《立政》:"藝人表臣、百司。"《孔傳》:"道藝爲表幹之臣,及百官有司之
職。"(841、17－28－11)

按:百官有司,指各種執管政事的大臣、官員。

1466 百姓 bǎi xìng

① 百官。(5見)

○《堯典》:"平章百姓。"《孔傳》:"百姓,百官。"(15、2－10－5)

按:《孔疏》:"'百姓',謂百官族姓。……或指天下百姓,此下句乃有'黎
民',故知'百姓'即百官也。"

○《湯誥》:"以敷虐于爾萬方百姓。"《孔傳》:"布行虐政於天下百官。"
(400、8－14－7)

○《盤庚上》:"汝不和吉言于百姓。"《孔傳》:"責公卿不能和喻百官。"
(437、9－8－15)

○《盤庚下》:"歷告爾百姓于朕志。"《孔傳》:"言輸誠於百官以告志。"
(462、9－21－17)

○《吕刑》:"士制百姓于刑之中。"《孔傳》:"皋陶作士,制百官於刑之
中。"(937、19－30－18)

② 百官族姓。

○《酒誥》:"越百姓里居。"《孔傳》:"於百官族姓,及卿大夫致仕居田里
者。"(683、14－27－6)

按:《孔疏》:"'百官族姓',謂其每官之族姓。"

1467 百尹 bǎi yǐn

百官之長。

○《顧命》:"師氏、虎臣、百尹、御事。"《孔傳》:"百尹,百官之長。"(871、

18－20－14)

1468 邦伯 bāng bó

① 國伯,二伯及州牧。

○《盤庚下》:"邦伯師長百執事之人。"《孔傳》:"國伯,二伯及州牧也。"(465、9－24－11)

按:《孔疏》:"'邦伯',邦國之伯,諸侯師長,故爲東西二伯,及九州之牧也。鄭玄注《禮記》云:'殷之州長曰伯,虞夏及周皆曰牧。'此殷時而言'牧'者,此乃鄭之所約,孔意不然,故總稱'牧'也。"

② 國伯,諸侯之長。

○《酒誥》:"越在外服,侯、甸、男、衛邦伯。"《孔傳》:"於在外國,侯服、甸服、男服、衛服國伯,諸侯之長。"(682、14－27－2)

③ 方伯,州牧。

○《召誥》:"命庶殷侯、甸、男邦伯。"《孔傳》:"邦伯,方伯,即州牧也。"(708、15－5－7)

按:《孔疏》:"'邦伯',諸國之長,故爲方伯州牧。《王制》云:'千里之外,設方伯。'即州牧也。"

1469 邦君 bāng jūn

諸侯。

○《伊訓》:"邦君有一于身,國必亡。"《孔傳》:"諸侯犯此,國亡之道。"(408、8－21－11)

○《大誥》:"肆哉爾庶邦君,越爾御事。"《孔傳》:"故以告諸侯及臣下御治事者。"(636、13－31－17)

○《顧命》:"卿士、邦君,麻冕蟻裳。"《孔傳》:"公卿大夫及諸侯皆同服。"(893、18－35－8)

1470 保衡 bǎo héng

伊尹。

○《説命下》:"昔先正保衡。"《孔傳》:"保衡,伊尹也。"(475、10－11－2)

按:《孔疏》:"保衡、阿衡俱伊尹也。《君奭》傳曰:'伊尹爲保衡,言天下所取,安所取平也。'《鄭箋》云:'阿,倚。衡,平也。伊尹,湯所依倚而取平也,故以爲官名。'又云:'太甲時曰保衡。'……計此阿衡、保衡非常人之官名,蓋當時特以此名號伊尹也。"

○《君奭》:"在太甲,時則有若保衡。"《孔傳》:"太甲繼湯,時則有如此伊尹爲保衡,言天下所取安,所取平。"(795、16－27－15)

1471 表臣 biǎo chén

表幹之臣。

○《立政》:"大都小伯、藝人表臣、百司。"《孔傳》:"小臣猶皆慎擇其人,況大都邑之小長,以道藝爲表幹之臣,及百官有司之職,可以非其任乎?"(841、17-28-11)

按:《孔疏》:"都邑之内,大夫士及邑宰之屬,以身有道藝,爲民之表的楨幹之臣。"顧頡剛認爲,表臣百司是在外廷分管政務的職官。[1]

1472 伯 bó

① 爵。

○《湯征》:"葛伯不祀。"《孔傳》:"伯,爵也。"(1002、7-20-16)

② 伯爵。

○《旅巢命》:"巢伯來朝。"《孔傳》:"殷之諸侯伯爵也。"(1049、13-7-15)

1473 伯相 bó xiàng

邦伯爲相。

○《顧命》:"伯相命士須材。"《孔傳》:"邦伯爲相,則召公於丁卯七日癸酉,召公命士致材木,須待以供喪用。"(878、18-26-4)

1474 常伯 cháng bó

常所長事,謂三公。

○《立政》:"王左右,常伯、常任、準人、綴衣、虎賁。"《孔傳》:"常所長事、常所委任,謂三公六卿。"(833、17-21-10)

按:常伯,周官名。君主左右管理民事的大臣。以從諸伯中選拔,故名。蔡沈《書集傳》:"有牧民之長曰常伯。"[2]

1475 常任 cháng rèn

常所委任,謂六卿。

○《立政》:"王左右,常伯、常任、準人、綴衣、虎賁。"《孔傳》:"常所長事、常所委任,謂三公六卿。"(833、17-21-10)

按:常任,指古代君主左右執掌政務的長官。蔡沈《書集傳》:"有任事之公卿曰常任。"[3]

---

① 顧頡剛、劉起釪:《尚書校釋譯論》,第 1677 頁。
② (宋)蔡沈著,錢宗武、錢忠弼整理:《書集傳》,第 217 頁。
③ (宋)蔡沈著,錢宗武、錢忠弼整理:《書集傳》,第 217 頁。

1476 臣衞 chén wèi

〔諸侯〕爲蕃衞,故曰"臣衞"。

○《康王之誥》:"一二臣衞,敢執壤奠。"《孔傳》:"爲蕃衞,故曰'臣衞'"。(905、19-1-18)

按:臣衞,指屏蕃擁衞之臣。《孔疏》:"言'衞'者,諸侯之在四方,皆爲天子蕃衞,故曰'臣衞'。"

1477 從 cóng

從官。

○《冏命》:"其侍御僕從,罔匪正人。"《孔傳》:"雖給侍、進御、僕役從官,官雖微,無不用中正之人。"(921、19-19-11)

1478 趣馬 cǒu mǎ

掌馬之官。

○《立政》:"虎賁、綴衣、趣馬、小尹。"《孔傳》:"趣馬,掌馬之官。"(841、17-28-7)

按:《孔疏》:"《周禮》趣馬爲校人屬官,馬一十二匹,立趣馬一人,'掌贊正良馬,而齊其飲食',是掌馬之小官也。"

1479 大家 dà jiā

卿大夫及都家。

○《梓材》:"達大家。"《孔傳》:"通達卿大夫及都家之政於國。"(692、14-34-3)

按:《孔疏》:"以大夫稱家,對士庶有家而非大,故云'大家',卿大夫在朝者。'都家',亦卿大夫所得邑也,又公邑而大夫所治亦是也。……卿大夫之政,謂在朝所掌者,都家之政,謂采邑所有政事,兩者並當通達之於國,故連言之。"

1480 狄 dí

下士。

○《顧命》:"狄設黼扆、綴衣。"《孔傳》:"狄,下士。"(879、18-26-6)

按:《孔疏》:"《禮記·祭統》云:'狄者,樂吏之賤者也。'是賤官有名爲狄者,故以狄爲下士。"

1481 多士 duō shì

衆士。

○《多士》:"肆爾多士。"《孔傳》:"故汝衆士臣服我。"(753、16-2-16)

○《多士》:"猷,告爾多士。"《孔傳》:"以道告汝衆士。"(758、16-8-1)

○《多士》：“亦惟爾<u>多士</u>。”《孔傳》：“亦惟汝<u>衆士</u>。”（764、16－
10－12）

○《多方》：“惟夏之恭<u>多士</u>。”《孔傳》：“惟桀之所謂恭人<u>衆士</u>。”（820、17－
10－14）

按：衆士，即衆多的賢士，也指百官。《孔疏》：“謂之‘頑民’，知是殷之大
夫士也。經止云‘士’，而知有大夫者……士者，在官之揔號，故言
‘士’也。”

1482 多子 duō zǐ

衆卿大夫。

○《洛誥》：“予旦以<u>多子</u>越御事。”《孔傳》：“我旦以<u>衆卿大夫</u>，於御治事之
臣。”（741、15－34－8）

按：《孔疏》：“‘子’者，有德之稱，大夫皆稱‘子’，故以‘多子’爲衆卿
大夫。”

1483 貳公 èr gōng

副貳三公。

○《周官》：“<u>貳公</u>弘化，寅亮天地，弼予一人。”《孔傳》：“<u>副貳三公</u>，弘大道
化，敬信天地之教，以輔我一人之治。”（854、18－5－9）

按：貳公，指輔佐三公的官員，借指朝廷大臣的副職。

1484 父師 fù shī

① **大師。**

○《畢命》：“王若曰：嗚呼！<u>父師</u>。”《孔傳》：“王順其事，歎告畢公代周公
爲<u>大師</u>。”（913、19－8－13）

② **太師，三公〔之一〕。**

○《微子》：“微子若曰：<u>父師</u>、少師。”《孔傳》：“<u>父師，太師，三公</u>，箕子
也。”（492、10－19－14）

按：《孔疏》：“以《畢命》之篇，王呼畢公爲‘父師’，畢公時爲太師也。《周
官》云：‘太師、太傅、太保，兹惟三公。少師、少傅、少保，曰三孤。’”遍檢
書傳，不見箕子之名，惟司馬彪注《莊子》云：“箕子名胥餘。”

1485 公 gōng

爵。

○《武成》：“<u>公</u>劉克篤前烈。”《孔傳》：“<u>公</u>，爵。劉，名。”（533、11－29－10）

按：《孔疏》：“《本紀》云，公劉之後有公非、公祖之類，知‘公’是爵。殷時
未諱，故稱劉名。”

1486 共工 gòng gōng

官稱。

○《堯典》：“共工方鳩僝功。”《孔傳》：“共工，官稱。”（47、2－25－16）

1487 瞽 gǔ

樂官。

○《胤征》：“瞽奏鼓。”《孔傳》：“瞽，樂官，樂官進鼓則伐之。”（383、7－14－13）

1488 股肱 gǔ gōng

臣。

○《益稷》：“股肱喜哉。”《孔傳》：“股肱之臣，喜樂盡忠。”（240、5－23－3）

○《益稷》：“股肱良哉。”《孔傳》：“續歌先君後臣。”（241、5－23－10）

○《益稷》：“股肱惰哉。”《孔傳》：“君如此，則臣懈惰。”（242、5－23－13）

1489 官伯 guān bó

官長，諸侯。

○《呂刑》：“官伯、族姓，朕言多懼。”《孔傳》：“〔官伯〕，官長，諸侯。”（957、19－45－6）

按：《孔疏》：“此篇主多戒諸侯百官之長，故知‘官長’即諸侯也。”蔡沈《書集傳》：“官，典獄之官也；伯，諸侯也。”①

1490 官師 guān shī

衆官。

○《胤征》：“官師相規，工執藝事以諫。”《孔傳》：“官衆，衆官。”（381、7－13－4）

按：《孔傳》“官衆”，八、李、岳本作“官師”②，與《疏》標目不合。

1491 宏父 hóng fù

司空。

○《酒誥》：“若保宏父。”《孔傳》：“宏父，司空。”（689、14－31－4）

1492 虎賁 hǔ bēn

① 勇士稱也，若虎賁獸，言其猛也。皆百夫長。

○《牧誓》：“虎賁三百人。”《孔傳》：“〔虎賁〕，勇士稱也，若虎賁獸，言其猛也。皆百夫長。”（1043、11－18－11）

---

① （宋）蔡沈著，錢宗武、錢忠弼整理：《書集傳》，第254頁。
② 杜澤遜：《尚書注疏彙校》，第1043頁。

　　按：《孔疏》：“孔以‘虎賁三百人’，與戎車數同，王於誓時，所呼有‘百夫長’，因謂‘虎賁’即是百夫之長。……《周禮》虎賁氏之官，其屬有虎士八百人，是‘虎賁’爲‘勇士稱’也。若虎之賁走逐獸，言其猛也。此‘虎賁’必是軍内驍勇選而爲之，當時謂之‘虎賁’。”

　　② 以武力事王。

　　○《立政》：“王左右，常伯、常任、準人、綴衣、虎賁。”《孔傳》：“虎賁以武力事王。”（833、17－21－10）

1493 虎臣 hǔ chén

　　虎賁氏。

　　○《顧命》：“師氏、虎臣、百尹、御事。”《孔傳》：“虎臣，虎賁氏。”（871、18－20－14）

1494 家 jiā

　　卿大夫。

　　○《皋陶謨》：“夙夜浚明有家。”《孔傳》：“卿大夫稱家。”（169、4－27－16）

　　按：《孔疏》：“大夫受采邑，賜氏族，立宗廟，世不絶祀，故稱‘家’。”

　　○《湯誥》：“輯寧爾邦家。”《孔傳》：“家，卿大夫。”（401、8－16－1）

1495 監 jiān

　　監官。

　　○《梓材》：“王啓監。”《孔傳》：“言王者開置監官。”（694、14－36－6）

1496 九牧 jiǔ mù

　　九州牧伯。

　　○《周官》：“以倡九牧。”《孔傳》：“以倡道九州牧伯爲政。”（856、18－6－6）

　　按：《周禮·秋官·掌交》：“九牧之維。”鄭玄注：“九牧，九州之牧。”

1497 爵 jué

　　五等，公侯伯子男。

　　○《武成》：“列爵惟五。”《孔傳》：“爵五等，公侯伯子男。”（538、11－35－2）

1498 六卿 liù qīng

　　天子六軍，其將皆命卿。

　　○《甘誓》：“大戰于甘，乃召六卿。”《孔傳》：“天子六軍，其將皆命卿。”（361、7－2－6）

1499 蒙士 méng shì

下士。

○《伊訓》:"具訓于蒙士。"《孔傳》:"蒙士,例謂下士。"(408、8 - 21 - 12)

按:《孔疏》:"'蒙',謂蒙稚,卑小之稱,故'蒙士例謂下士'也。顧氏亦以爲'蒙',謂蒙闇之士,'例'字宜從下讀,言此等流例謂下士也。"蔡沈《書集傳》:"童蒙始學之士,則詳悉以是訓之,欲其入官而知所以正諫也。"①

1500 孟侯 mèng hóu

五侯之長,謂方伯。

○《康誥》:"王若曰:'孟侯,朕其弟,小子封。'"《孔傳》:"周公稱成王命順康叔之德,命爲孟侯。孟,長也。五侯之長,謂方伯,使康叔爲之。"(645、14 - 4 - 4)

按:《孔疏》:"'五侯之長',五等諸侯之長也。"

1501 牧 mù

① 牧民,九州之伯。

○《立政》:"宅乃事,宅乃牧,宅乃準,茲惟后矣。"《孔傳》:"牧,牧民,九州之伯。"(836、17 - 23 - 2)

按:《孔疏》:"《曲禮》云:'九州之長曰牧。'《王制》云:'千里之外設方伯,八州八伯。'然則'牧''伯'一也。'伯'者言一州之長,'牧'者言牧養下民,'牧''伯'俱得言之,故孔以'伯'解'牧'。"

② 牧伯。

○《周官》:"以倡九牧。"《孔傳》:"以倡道九州牧伯爲政。"(856、18 - 6 - 6)

1502 農父 nóng fù

司徒。

○《酒誥》:"矧惟若疇圻父,薄違農父?"《孔傳》:"農父,司徒。"(688、14 - 31 - 2)

按:《孔疏》:"'圻父''農父''宏父'是諸侯之三卿。"

1503 僕 pú

僕役。

○《冏命》:"其侍御僕從,罔匪正人。"《孔傳》:"雖給侍、進御、僕役從官,官雖微,無不用中正之人。"(921、19 - 19 - 11)

---

① (宋)蔡沈著,錢宗武、錢忠弼整理:《書集傳》,第85頁。

1504 圻父 qí fù

司馬。

○《酒誥》：“矧惟若疇圻父。”《孔傳》：“圻父，司馬。”（688、14 - 31 - 1）

按：《孔疏》：“‘圻父’‘農父’‘宏父’是諸侯之三卿……司馬主圻封，故云‘圻父’。‘父’者，尊之辭。”

1505 千夫長 qiān fū zhǎng

師帥。

○《牧誓》：“千夫長、百夫長。”《孔傳》：“師帥，卒帥。”（520、11 - 21 - 7）

按：《孔疏》：“《周禮》二千五百人爲師，師帥皆中大夫……孔以師雖二千五百人，舉全數，亦得爲千夫長。長與帥其義同，是千夫長亦可以稱帥，故以千夫長爲師帥。”

1506 卿士 qīng shì

① 公卿大夫。

○《顧命》：“卿士、邦君，麻冕蟻裳，入即位。”《孔傳》：“公卿大夫及諸侯皆同服，亦廟中之禮。”（893、18 - 35 - 8）

② 六卿典士。

○《微子》：“卿士師師非度。”《孔傳》：“六卿典士，相師效爲非法度。”（495、10 - 20 - 4）

1507 遒人 qiú rén

宣令之官。

○《胤征》：“遒人以木鐸徇于路。”《孔傳》：“遒人，宣令之官。”（381、7 - 13 - 2）

1508 群后 qún hòu

諸侯。（5 見）

○《大禹謨》：“禹乃會群后。”《孔傳》：“會諸侯共伐有苗。”（157、4 - 16 - 17）

○《益稷》：“群后德讓。”《孔傳》：“言與諸侯助祭，班爵同，推先有德。”（231、5 - 19 - 14）

○《泰誓中》：“群后以師畢會。”《孔傳》：“諸侯盡會次也。”（508、11 - 10 - 7）

○《武成》：“王若曰：‘嗚呼！群后。’”《孔傳》：“順其祖業歎美之，以告諸侯。”（533、11 - 29 - 6）

○《吕刑》：“群后之逮在下。”《孔傳》：“群后諸侯之逮在下國。”（933、19 -

29－2）

1509 群辟 qún pì

諸侯。

〇《周官》:"六服群辟。"《孔傳》:"六服諸侯。"(853、18－2－11)

1510 任人 rèn rén

常任。

〇《立政》:"任人、準夫、牧,作三事。"《孔傳》:"常任、準人,及牧,治爲天地人之三事。"(840、17－28－5)

按:《孔疏》:"'任人',則前經所云:常任六卿也。"

1511 三監 sān jiān

管、蔡、商。

〇《大誥》:"武王崩,三監及淮夷叛。"《孔傳》:"三監,管、蔡、商。"(1050、13－19－3)

按:《孔疏》:"此序言三監叛,將征之,下篇之序,歷言伐得三人,足知下文管叔、蔡叔、武庚,即此'三監'之謂,知'三監'是管、蔡、商也。《漢書·地理志》云:'周既滅殷,分其畿内爲三國,《詩·風》邶、鄘、衛是也。邶,以封紂子武庚;鄘,管叔尹之;衛,蔡叔尹之,以監殷民,謂之三監。'"

1512 嗇夫 sè fū

主幣之官。

〇《胤征》:"瞽奏鼓,嗇夫馳,庶人走。"《孔傳》:"嗇夫,主幣之官,馳取幣禮天神。"(383、7－14－13)

按:《孔疏》:"《周禮》無嗇夫之官。《禮》云:'嗇夫承命告于天子。'鄭玄云:'嗇夫,蓋司空之屬也。'嗇夫主幣,《禮》無其文,此云'嗇夫馳',必馳走有所取也。《左傳》云:'諸侯用幣。'則天子亦當有用幣之處,嗇夫必是主幣之官,馳取幣也。"

1513 少保 shào bǎo

三孤〔之一〕。

〇《周官》:"少師、少傅、少保,曰三孤。"《孔傳》:"此三官,名曰三孤。"(854、18－5－7)

1514 少傅 shào fù

三孤〔之一〕。

〇《周官》:"少師、少傅、少保,曰三孤。"《孔傳》:"此三官,名曰三孤。"(854、18－5－7)

1515 少師 shào shī

① 三孤〔之一〕。

○《周官》:"少師、少傅、少保,曰三孤。"《孔傳》:"此三官,名曰三孤。"(854、18－5－7)

② 孤卿。

○《微子》:"微子若曰:'父師、少師。'"《孔傳》:"父師,太師,三公,箕子也。少師,孤卿,比干。"(492、10－19－14)

按:孤卿,指三孤。

1516 師氏 shī shì

① 大夫,官以兵守門者。

○《牧誓》:"亞旅、師氏。"《孔傳》:"師氏,大夫,官以兵守門者。"(520、11－21－2)

按:《孔疏》:"'師氏'亦大夫,其官掌以兵守門,所掌尤重,故別言之。《周禮》,師氏中大夫,'使其屬帥四夷之隸,各以其兵服守王之門外。朝在野外,則守內列'。鄭玄云:'內列,蕃營之在內者也,守之如守王宫。'"

② 大夫官。

○《顧命》:"師氏、虎臣、百尹、御事。"《孔傳》:"師氏,大夫官。"(871、18－20－14)

1517 師長 shī zhǎng

衆長,公卿。

○《盤庚下》:"邦伯師長百執事之人。"《孔傳》:"衆長,公卿也。"(465、9－24－11)

按:《孔疏》:"'師'訓爲衆,'衆長',衆官之長,故爲三公六卿也。"

1518 士 shì

群臣。

○《秦誓》:"我士,聽無譁。"《孔傳》:"誓其群臣,通稱士也。"(978、20－16－12)

1519 侍 shì

給侍。

○《同命》:"其侍御僕從。"《孔傳》:"雖給侍、進御、僕役從官。"(921、19－19－10)

1520 屬 shǔ

屬官。

○《周官》:"六卿分職,各率其屬。"《孔傳》:"六卿各率其屬官大夫士。"

(856、18－6－6)

1521 庶府 shù fǔ

主券契藏吏。

〇《立政》：“左右攜僕、百司庶府。”《孔傳》：“雖左右攜持器物之僕，及百官有司主券契藏吏，亦皆擇人。”(841、17－28－9)

1522 庶子 shù zǐ

掌衆子之官。

〇《康誥》：“不率大戛，矧惟外庶子訓人？”《孔傳》：“凡民不循大常之教，猶刑之無赦，況在外掌衆子之官，主訓民者而親犯乎？”(663、14－14－14)

按：庶子，是周代司馬的屬官。掌諸侯、卿大夫之庶子的教養等事。秦因之，置中庶子、庶子員。漢以後爲太子屬官。兩晉、南北朝稱中庶子、庶子。隋、唐以後，改稱左右庶子。歷代相沿，清末始廢。《禮記·燕義》“古者，周天子之官有庶子官”，鄭玄注：“庶子，猶諸子也。《周禮》諸子之官，司馬之屬也。”

1523 司空 sī kōng

① **三卿〔之一〕，主土。**

〇《牧誓》：“御事：司徒、司馬、司空。”《孔傳》：“治事三卿，司徒主民，司馬主兵，司空主土，指誓戰者。”(519、11－20－16)

② **主空土以居民。**

〇《洪範》：“四曰司空。”《孔傳》：“主空土以居民。”(560、12－11－17)

按：《孔疏》：“《周官》篇云：‘司空掌邦土，居四民，時地利。司徒掌邦教，敷五典，擾兆民。司寇掌邦禁，詰姦慝，刑暴亂。’”

③ **三卿〔之一〕。**

〇《梓材》：“司徒、司馬、司空、尹旅。”《孔傳》：“言國之三卿、正官衆大夫。”(693、14－34－8)

〇《立政》：“司徒、司馬、司空、亞旅。”《孔傳》：“此有三卿，及次卿，衆大夫。”(842、17－28－15)

④ **《冬官》卿。**

〇《周官》：“司空，掌邦土，居四民，時地利。”《孔傳》：“《冬官》卿，主國空土，以居民士農工商四人。使順天時，分地利，授之土。”(855、18－6－3)

1524 司寇 sī kòu

① **主姦盜，使無縱。**

〇《洪範》：“六曰司寇。”《孔傳》：“主姦盜，使無縱。”(560、12－11－18)

② 《秋官》卿。

○《周官》:"司寇,掌邦禁,詰姦慝,刑暴亂。"《孔傳》:"《秋官》卿,主寇賊法禁,治姦惡,刑强暴作亂者。"(855、18－6－1)

1525 司馬 sī mǎ

① 三卿〔之一〕,主兵。

○《牧誓》:"御事:司徒、司馬、司空。"《孔傳》:"治事三卿,司徒主民,司馬主兵,司空主土,指誓戰者。"(519、11－20－16)

② 三卿〔之一〕。

○《梓材》:"司徒、司馬、司空、尹旅。"《孔傳》:"言國之三卿、正官衆大夫。"(693、14－34－8)

○《立政》:"司徒、司馬、司空、亞旅。"《孔傳》:"此有三卿,及次卿,衆大夫。"(842、17－28－15)

③ 《夏官》卿,主戎馬之事。

○《周官》:"司馬,掌邦政,統六師,平邦國。"《孔傳》:"《夏官》卿,主戎馬之事,掌國征伐,統正六軍,平治王邦四方國之亂者。"(855、18－5－17)

1526 司民 sī mín

主民之吏。

○《酒誥》:"勿辯乃司民湎于酒。"《孔傳》:"勿使汝主民之吏湎於酒。"(690、14－33－10)

1527 司徒 sī tú

① 三卿〔之一〕,主民。

○《牧誓》:"御事:司徒、司馬、司空。"《孔傳》:"治事三卿,司徒主民,司馬主兵,司空主土,指誓戰者。"(519、11－20－16)

② 主徒衆教以禮義。

○《洪範》:"五曰司徒。"《孔傳》:"主徒衆教以禮義。"(560、12－11－17)

③ 三卿[之一]。

○《梓材》:"司徒、司馬、司空、尹旅。"《孔傳》:"言國之三卿、正官衆大夫。"(693、14－34－8)

○《立政》:"司徒、司馬、司空、亞旅。"《孔傳》:"此有三卿,及次卿,衆大夫。"(842、17－28－15)

④ 《地官》卿。

○《周官》:"司徒掌邦教,敷五典,擾兆民。"《孔傳》:"《地官》卿,司徒主國教化,布五常之教,以安和天下衆民,使小大皆協睦。"(855、18－

5－13）

1528 四輔 sì fǔ

四維之輔。

○《洛誥》:"亂爲四輔。"《孔傳》:"治之爲我四維之輔。"（738、15－32－8）

按:《孔疏》:"《文王世子》云'設四輔',謂設衆官爲四方輔助。周公一人,事無不統,故一人爲四輔。"

1529 太保 tài bǎo

① **三公官名。**

○《召誥》:"惟太保先周公相宅。"《孔傳》:"太保,三公官名,召公也。"（704、15－2－10）

② **保安天子於德義者,三公〔之一〕。**

○《周官》:"立太師、太傅、太保,茲惟三公。"《孔傳》:"師,天子所師法;傅,傅相天子;保,保安天子於德義者,此惟三公之任。"（854、18－5－3）

③ **冢宰。**

○《顧命》:"太保命仲桓、南宮毛。"《孔傳》:"冢宰攝政,故命二臣。"（877、18－24－4）

○《康王之誥》:"太保暨芮伯。"《孔傳》:"冢宰與司徒。"（906、19－3－15）

1530 太傅 tài fù

傅相天子,三公〔之一〕。

○《周官》:"立太師、太傅、太保,茲惟三公。"《孔傳》:"師,天子所師法;傅,傅相天子;保,保安天子於德義者,此惟三公之任。"（854、18－5－3）

1531 太師 tài shī

天子所師法,三公〔之一〕。

○《周官》:"立太師、太傅、太保,茲惟三公。"《孔傳》:"師,天子所師法;傅,傅相天子;保,保安天子於德義者,此惟三公之任。"（854、18－5－3）

1532 太史 tài shǐ

下大夫,掌邦六典之貳。

○《立政》:"太史、尹伯、庶常吉士。"《孔傳》:"太史,下大夫,掌邦六典之貳。"（842、17－28－13）

1533 太宗 tài zōng

上宗,即宗伯。

○《顧命》:"太保、太史、太宗皆麻冕彤裳。"《孔傳》:"太宗,上宗,即宗伯

也。"(893、18-35-10)

按:《孔疏》:"'太宗'與下文'上宗'一人,即宗伯之卿也。"

1534 太僕正 tài pú zhèng

太僕長,太御中大夫。

○《冏命》:"穆王命伯冏爲周太僕正。"《孔傳》:"太僕長,太御中大夫。"
(1063、19-18-12)

1535 天吏 tiān lì

天王之吏。

○《胤征》:"天吏逸德。"《孔傳》:"天王之吏,爲過惡之德。"(384、7-
17-17)

按:《孟子·公孫丑上》"無敵於天下者,天吏也",趙岐注:"天吏者,天使
之也。爲政當爲天所使,誅伐無道,故謂之天吏也。"

1536 五長 wǔ zhǎng

五國立賢者一人爲方伯,謂之五長。

○《益稷》:"外薄四海,咸建五長。"《孔傳》:"諸侯五國立賢者一人爲方
伯,謂之五長。"(225、5-15-6)

按:《孔疏》:"《王制》云:'五國以爲屬,屬有長。'此'建五長'亦如彼文,
故云'諸侯五國立賢者一人爲方伯,謂之五長,以相統治,欲以共獎帝室
故'也。"

1537 小伯 xiǎo bó

小長。

○《立政》:"大都小伯、藝人表臣、百司。"《孔傳》:"小臣猶皆慎擇其人,況
大都邑之小長。"(841、17-28-10)

按:《孔疏》:"其都邑之内屬官,謂之'小長'。"

1538 攜僕 xié pú

攜持器物之僕。

○《立政》:"左右攜僕。"《孔傳》:"雖左右攜持器物之僕。"(841、17-
28-9)

按:《孔疏》:"諸官有所務從業,從王左右攜持器物之僕,謂寺人、内小臣
等也。"

1539 訓人 xùn rén

主訓民者。

○《康誥》:"矧惟外庶子訓人?"《孔傳》:"況在外掌衆子之官,主訓民者而

親犯乎?"(663、14 – 14 – 14)

按:《孔疏》:"以致教諸子,故爲'訓人'。"

1540 亞旅 yà lǚ

衆大夫,其位次卿。

○《牧誓》:"亞旅、師氏。"《孔傳》:"亞,次。旅,衆也。衆大夫,其位次卿。"(520、11 – 21 – 2)

按:《孔疏》:"此及《左傳》皆卿下言'亞旅',知是'大夫,其位次卿'而數衆,故以亞次名之,謂諸是四命之大夫,在軍有職事者也。"

○《立政》:"司徒、司馬、司空、亞旅。"《孔傳》:"此有三卿,及次卿,衆大夫。"(842、17 – 28 – 15)

按:《孔疏》:"《周禮》六卿,而'此有三卿及次卿衆大夫',則是副卿之大夫,有若《周禮》小宰之類是也。"

1541 尹 yǐn

① **正。**

○《酒誥》:"百僚庶尹惟亞惟服宗工。"《孔傳》:"治事百官衆正,及次大夫服事尊官。"(683、14 – 27 – 4)

○《酒誥》:"惟助成王德顯,越尹人祇辟。"《孔傳》:"惟助其君成王道,明其德於正人之道。"(684、14 – 27 – 9)

② **正官。**

○《洪範》:"師尹惟日。"《孔傳》:"衆正官之吏,分治其職,如日之有歲月。"(588、12 – 30 – 10)

○《大誥》:"越尹氏、庶士御事。"《孔傳》:"及於正官尹氏卿大夫、衆士御治事者。"(630、13 – 25 – 12)

○《梓材》:"司徒、司馬、司空、尹旅曰。"《孔傳》:"言國之三卿、正官衆大夫,皆順典常,而曰。"(693、14 – 34 – 8)

③ **官長。**

○《立政》:"虎賁、綴衣、趣馬、小尹。"《孔傳》:"言此三者,雖小官長,必慎擇其人。"(841、17 – 28 – 7)

④ **尹長。**

○《立政》:"夷微盧烝,三亳,阪尹。"《孔傳》:"蠻夷微盧之衆帥,及亳人之歸文王者三所,爲之立監,及阪地之尹長,皆用賢。"(842、17 – 28 – 17)

⑤ **正,衆正官之長。**

○《益稷》:"百獸率舞,庶尹允諧。"《孔傳》:"尹,正也,衆正官之長。"(238、5 – 20 – 5)

1542 尹伯 yǐn bó

長官大夫。

○《立政》：“太史、尹伯、庶常吉士。”《孔傳》：“尹伯，長官大夫。”（842、17－28－13）

1543 右 yòu

車右，勇力之士，執戈矛以退敵。

○《甘誓》：“右不攻于右，汝不恭命。”《孔傳》：“右，車右，勇力之士，執戈矛以退敵。”（368、7－2－15）

1544 御 yù

進御。

○《冏命》：“其侍御僕從。”《孔傳》：“雖給侍、進御、僕役從官。”（921、19－19－11）

按：進御，近臣。《國語·吳語》“一介嫡男，奉槃匜以隨諸御”，韋昭注：“御，近臣宦豎之屬。”

1545 長伯 zhǎng bó

正長。

○《立政》：“以敬事上帝，立民長伯。”《孔傳》：“故能以敬事上天，立民正長。”（840、17－27－8）

1546 冢宰 zhǒng zǎi

《天官》卿，稱太宰。

○《周官》：“冢宰，掌邦治，統百官，均四海。”《孔傳》：“《天官》卿，稱太宰，主國政治，統理百官，均平四海之內邦國。”（855、18－5－11）

1547 綴衣 zhuì yī

掌衣服。

○《立政》：“王左右，常伯、常任、準人、綴衣、虎賁。”《孔傳》：“綴衣，掌衣服。”（833、17－21－10）

按：《孔疏》：“衣服必連綴著之，此歷言官人，知‘綴衣’是掌衣服者。此言親近大臣，必非造衣裳者。《周禮》：‘大僕，下大夫。掌正王之服位，出入王之大命。’此掌衣服者，當是大僕之官也。”

1548 準夫 zhǔn fū

準人。

○《立政》：“立政，任人、準夫、牧，作三事。”《孔傳》：“文武亦法禹湯以立政，常任、準人及牧，治爲天地人之三事。”（840、17－28－5）

按：準夫，爲古代獄官，掌管司法刑獄。《孔疏》：“‘準’，訓平也，平法之人，謂士官也。士，察也，察獄之官，用法必當均平，故謂獄官爲準人。《周禮》司寇之長，在常任之内，此士官當謂士師也。”

1549 準人 zhǔn rén

準人平法，謂士官。

○《立政》：“王左右，常伯、常任、準人、綴衣、虎賁。”《孔傳》：“準人平法，謂士官。”（833、17 - 21 - 10）

1550 子 zǐ

爵。

○《堯典》：“胤子朱啓明。”《孔傳》：“子，爵。”（45、2 - 25 - 10）

○《微子》：“《微子》。”《孔傳》：“子，爵。”（492、10 - 19 - 8）

1551 宗伯 zōng bó

《春官》卿，宗廟官長。

○《周官》：“宗伯，掌邦禮，治神人，和上下。”《孔傳》：“《春官》卿，宗廟官長，主國禮，治天地神祇人鬼之事，及國之吉、凶、賓、軍、嘉五禮，以和上下尊卑等列。”（855、18 - 5 - 15）

按：《孔疏》：“‘宗’，廟也。‘伯’，長也。宗廟官之長，故名其官爲‘宗伯’。”

1552 宗人 zōng rén

小宗伯，佐太宗者。

○《顧命》：“授宗人同。”《孔傳》：“宗人，小宗伯，佐太宗者。”（899、18 - 38 - 17）

按：《孔疏》：“‘上宗’爲大宗伯，知‘宗人’爲小宗伯也。”

1553 左 zuǒ

車左，左方主射。

○《甘誓》：“左不攻于左，汝不恭命。”《孔傳》：“左，車左，左方主射。”（367、7 - 2 - 13）

按：左，是比較固定的特指。《詩·鄭風·清人》“左旋右抽”，《鄭箋》：“左，左人，謂御者。右，車右也。中軍，爲將也。”

1554 左右 zuǒ yòu

近臣。

○《立政》：“王左右，常伯、常任、準人、綴衣、虎賁。”《孔傳》：“皆左右近臣。”（833、17 - 21 - 10）

按：左右，指近臣或侍從。《左傳·宣公二十年》“〔楚子〕左右曰：‘不可許也，得國無赦。’”之“左右”，亦是此義。

九　釋　人

1555 百姓 bǎi xìng

① 民。

○《泰誓中》:"百姓有過,在予一人。"《孔傳》:"民之有過,在我教不至。"(511、11 - 13 - 12)

按:《孔疏》:"此'百姓'與下'百姓懍懍',皆謂天下衆民也。"

○《泰誓中》:"百姓懍懍。"《孔傳》:"言民畏紂之虐,危懼不安。"(511、11 - 14 - 13)

② 百姓兆民。

○《吕刑》:"在今爾安百姓。"《孔傳》:"在今爾安百姓兆民之道。"(944、19 - 36 - 13)

1556 伯冏 bó jiǒng

臣名。

○《冏命》:"穆王命伯冏爲周太僕正。"《孔傳》:"伯冏,臣名也。"(1063、19 - 18 - 12)

1557 蔡仲 cài zhòng

蔡,國名;仲,字。

○《蔡仲之命》:"《蔡仲之命》。"《孔傳》:"蔡,國名。仲,字。因以名篇。"(810、17 - 1 - 9)

1558 巢伯 cháo bó

殷之諸侯伯爵。

○《旅巢命》:"巢伯來朝。"《孔傳》:"殷之諸侯伯爵也。"(1049、13 - 7 - 15)

1559 臣妾 chén qiè

① 役人賤者,男曰臣,女曰妾。

○《費誓》:"馬牛其風,臣妾逋逃。"《孔傳》:"役人賤者,男曰臣,女曰

妾。”(973、20 - 12 - 5)

按:《周禮·天官·大宰》“八曰臣妾”,鄭玄注云:“男女貧賤之稱。”

② 奴婢。

○《費誓》:“誘臣妾。”《孔傳》:“誘偷奴婢。”(975、20 - 12 - 12)

1560 成湯　chéng tāng

湯伐桀,武功成,故以爲號。

○《仲虺之誥》:“成湯放桀于南巢。”《孔傳》:“湯伐桀,武功成,故以爲號。”(394、8 - 8 - 18)

1561 蚩尤　chī yóu

九黎之君,號曰蚩尤。

○《吕刑》:“蚩尤惟始作亂。”《孔傳》:“九黎之君,號曰蚩尤。”(925、19 - 25 - 2)

按:《孔疏》:“‘九黎之君,號曰蚩尤’,當有舊說云然,不知出何書也。《史記·五帝本紀》云:‘神農氏世衰,諸侯相侵伐,蚩尤最爲暴虐,莫能伐之。黄帝乃征師諸侯,與蚩尤戰於涿鹿之野,遂擒殺蚩尤,而諸侯咸尊軒轅爲天子。’如《本紀》之言,蚩尤是炎帝之末諸侯名也。應劭云:‘蚩尤古天子。’……《楚語》曰:‘少昊氏之衰也,九黎亂德,顓頊受之,使復舊常。’則九黎在少昊之末,非蚩尤也。韋昭云:‘九黎氏九人,蚩尤之徒也。’韋昭雖以九黎爲蚩尤,要《史記》蚩尤在炎帝之末,《國語》九黎在少昊之末,兩者不得同也。‘九黎’之文,惟出楚語,孔以蚩尤爲九黎。下傳又云:‘蚩尤,黄帝所滅’,言‘黄帝所滅’,則與《史記》同矣。孔非不見《楚語》,而爲此説,蓋以蚩尤是九黎之君,黄帝雖滅蚩尤,猶有種類尚在,故下至少昊之末,更復作亂。若其不然,孔意不可知也。”

1562 遲任　chí rèn

古賢。

○《盤庚上》:“遲任有言曰。”《孔傳》:“遲任,古賢。”(439、9 - 10 - 6)

1563 沖人　chōng rén

① 童人。

○《盤庚下》:“肆予沖人。”《孔傳》:“沖,童。童人,謙也。”(464、9 - 23 - 16)

○《大誥》:“延洪惟我幼沖人。”《孔傳》:“凶害延大,惟累我幼童人成王。”(624、13 - 21 - 9)

○《大誥》:“肆予沖人。”《孔傳》:“故我童人成王。”(630、13 - 27 - 1)

○《大誥》:"越予沖人。"《孔傳》:"言征四國於我童人。"(631、13-27-6)

按:童人,是年幼的人。沖人,與"沖子"義同,爲古代帝王自稱的謙辭。《孔疏》:"沖、童,聲相近,皆是幼小之名。自稱童人,言己幼小無知,故爲謙也。"

② 童幼。

○《金縢》:"惟予沖人弗及知。"《孔傳》:"言己童幼,不及知周公昔日忠勤。"(618、13-17-9)

1564 沖子 chōng zǐ

童子。(5見)

○《召誥》:"今沖子嗣。"《孔傳》:"童子,言成王少嗣位治政。"(713、15-10-8)

○《洛誥》:"汝惟沖子,惟終。"《孔傳》:"汝惟童子,嗣父祖之位,惟當終其美業。"(730、15-27-6)

○《洛誥》:"公明保予沖子。"《孔傳》:"言公當明安我童子。"(733、15-29-18)○《洛誥》:"予沖子,夙夜毖祀。"《孔傳》:"我童子徒早起夜寐,慎其祭祀而已。"(736、15-30-10)

○《君奭》:"施于我沖子。"《孔傳》:"施正于我童子。童子,成王。"(793、16-26-11)

1565 垂 chuí

舜共工。

○《顧命》:"垂之竹矢。"《孔傳》:"垂,舜共工。"(886、18-28-10)

1566 大禹 dà yǔ

禹稱大,大其功。

○《大禹謨》:"《大禹謨》。"《孔傳》:"禹稱大,大其功。"(146、4-2-2)

1567 丹朱 dān zhū

堯子。

○《益稷》:"無若丹朱傲。"《孔傳》:"丹朱,堯子。"(215、5-14-9)

按:《孔疏》:"《漢書·律曆志》云:'堯讓舜,使子朱處於丹淵爲諸侯。'則'朱'是名,'丹'是國也。"

1568 兌 duì

古之巧人。

○《顧命》:"兌之戈、和之弓、垂之竹矢,在東房。"《孔傳》:"兌、和,古之巧

人。”(886、18 - 28 - 10)

1569 方 fāng

湯之賢臣。

○《汝鳩、汝方》:“入自北門,乃遇汝鳩、汝方。”《孔傳》:“鳩、方二人,湯之賢臣。”(1003、7 - 21 - 11)

1570 放齊 fàng qí

臣名。

○《堯典》:“放齊曰:‘胤子朱啓明。’”《孔傳》:“放齊,臣名。”(45、2 - 25 - 10)

1571 封 fēng

康叔名。

○《康誥》:“朕其弟,小子封。”《孔傳》:“封,康叔名。稱小子,明當受教訓。”(645、14 - 4 - 5)

1572 高明 gāo míng

寵貴者。

○《洪範》:“無虐煢獨而畏高明。”《孔傳》:“煢,單,無兄弟也。無子曰獨。單獨者,不侵虐之;寵貴者,不枉法畏之。”(565、12 - 16 - 8)

按:高明,指顯貴之人。《孔疏》:“‘高明’與‘煢獨’相對,非謂才高,知寵貴之人位望高也。”

1573 高宗 gāo zōng

德高可尊,故號高宗。

○《說命上》:“高宗夢得説。”《孔傳》:“盤庚弟,小乙子,名武丁。德高可尊,故號高宗。夢得賢相,其名曰説。”(1021、10 - 1 - 7)

1574 高祖 gāo zǔ

高德之祖。

○《康王之誥》:“無壞我高祖寡命。”《孔傳》:“無壞我高德之祖寡有之教命。”(907、19 - 4 - 6)

1575 甘盤 gān pán

殷賢臣有道德者。

○《説命下》:“台小子舊學于甘盤。”《孔傳》:“甘盤,殷賢臣有道德者。”(474、10 - 9 - 3)

1576 公劉 gōng liú

后稷曾孫。公,爵;劉,名。

○《武成》:“公劉克篤前烈。”《孔傳》:“后稷曾孫。公,爵。劉,名。能厚

先人之業。"(533、11－29－10)

按：《孔疏》："《周本紀》云：'后稷卒，子不窋立。卒，子鞠陶立。卒，子公劉立。'是公劉爲后稷曾孫也。《本紀》云，公劉之後有公非、公祖之類，知公是爵。殷時未諱，故稱劉名。"

1577 鮌 gǔn

崇伯之名。

○《堯典》："於，鮌哉！"《孔傳》："鮌，崇伯之名。"(54、2－26－10)

按：《孔疏》："《周語》云'有崇伯鮌'，即鮌，是崇君；伯，爵；故云'鮌，崇伯之名'。"

1578 虢叔 guó shū

虢，國；叔，字；文王弟。

○《君奭》："亦惟有若虢叔。"《孔傳》："虢，國；叔，字；文王弟。"(800、16－32－4)

1579 和 hé

和，古之巧人。

○《顧命》："兌之戈、和之弓、垂之竹矢。"《孔傳》："兌、和，古之巧人。"(886、18－28－10)

1580 和仲 hé zhòng

居治西方之官，掌秋天之政也。

○《堯典》："分命和仲，宅西。"《孔傳》："此居治西方之官，掌秋天之政也。"(33、2－13－8)

1581 河亶甲 hé dǎn jiǎ

仲丁弟。

○《河亶甲》："河亶甲居相。"《孔傳》："仲丁弟。"(1019、8－42－3)

1582 閎夭 hóng yāo

賢臣，閎，氏；夭，名。

○《君奭》："亦惟有若虢叔，有若閎夭。"《孔傳》："亦惟賢臣之助爲治，有如此虢閎。閎，氏。虢，國。叔，字。文王弟，夭，名。"(800、16－32－5)

按：閎夭爲西周的開國功臣，他與散宜生、太顛等共同輔佐西伯昌。

1583 胡 hú

〔蔡〕仲名。

○《蔡仲之命》："小子胡。"《孔傳》："言小子，明當受教訓。胡，〔蔡〕仲名。"(812、17－3－11)

1584 驩兜 huān dōu

臣名。

○《堯典》:"驩兜曰。"《孔傳》:"驩兜,臣名。"(47、2-25-15)

1585 皇后 huáng hòu

大君。

○《顧命》:"皇后憑玉几。"《孔傳》:"大君,成王。言憑玉几所道。"(896、18-37-14)

1586 稷 jì

后稷。

○《吕刑》:"稷降播種。"《孔傳》:"后稷下教民播種。"(935、19-30-13)

1587 鳩 jiū

湯之賢臣。

○《汝鳩、汝方》:"入自北門,乃遇汝鳩、汝方。"《孔傳》:"鳩、方二人,湯之賢臣。"(1003、7-21-11)

1588 舊人 jiù rén

① 久老成人。

○《盤庚上》:"亦惟圖任舊人共政。"《孔傳》:"先王謀任久老成人,共治其政。"(432、9-6-14)

② 久老之人。

○《大誥》:"爾惟舊人。"《孔傳》:"特命久老之人,知文王故事者。"(633、13-28-11)

按:久老成人、久老之人,均指年高德劭的重臣。

1589 咎單 jiù dān

① 臣名,主土地之官。

○《明居》:"咎單作《明居》。"《孔傳》:"咎單,臣名,主土地之官。"(無、8-16-17)

② 忠臣名。

○《沃丁》:"咎單遂訓伊尹事,作《沃丁》。"《孔傳》:"咎單,忠臣名。"(1015、8-39-18)

1590 鞠子 jū zǐ

稚子。

○《康誥》:"兄亦不念鞠子哀。"《孔傳》:"爲人兄,亦不念稚子之可哀。"(662、14-12-18)

○《康王之誥》:"無遺鞠子羞。"《孔傳》:"無自荒怠,遺我稚子之羞辱。稚子,康王自謂也。"(910、19-5-17)

1591 君陳 jūn chén

臣名。

○《君陳》:"《君陳》。"《孔傳》:"臣名也,因以名篇。"(859、18-14-6)

1592 君牙 jūn yá

臣名。

○《君牙》:"作《君牙》。"《孔傳》:"君牙,臣名。"(1063、19-15-8)

1593 君子 jūn zǐ

仁賢。

○《大禹謨》:"君子在野,小人在位。"《孔傳》:"廢仁賢,任姦佞。"(158、4-17-3)

1594 俊民 jùn mín

① **賢。**

○《洪範》:"俊民用微,家用不寧。"《孔傳》:"治闇賢隱,國家亂。"(588、12-30-15)

② **賢臣。**

○《洪範》:"俊民用章,家用平康。"《孔傳》:"賢臣顯用,國家平寧。"(588、12-30-13)

③ **賢人。**

○《君奭》:"明我俊民在讓。"《孔傳》:"明我賢人在禮讓。"(807、16-37-11)

○《多士》:"俊民甸四方。"《孔傳》:"用其賢人治四方。"(755、16-4-9)

1595 俊乂 jùn yì

俊德治能之士。

○《皋陶謨》:"俊乂在官。"《孔傳》:"俊德治能之士並在官。"(170、4-28-3)

1596 犁老 lí lǎo

鮐背之耇稱犁老。

○《泰誓中》:"播棄犁老。"《孔傳》:"鮐背之耇稱犁老,布棄不禮敬。"(509、11-10-14)

1597 黎民 lí mín

衆人。

○《秦誓》:"以保我子孫黎民。"《孔傳》:"安我子孫衆人。"(985、20-

19－14)

〇《秦誓》:"以不能保我子孫<u>黎民</u>。"《孔傳》:"用之不能安我子孫<u>衆人</u>。"
(986、20－20－4)

按:犁老,指老人。《孔疏》:"《釋詁》云:'鮐背、耉老,壽也。'舍人曰:'鮐
背,老人氣衰,皮膚消瘠,背若鮐魚也。'孫炎曰:'耉,面凍犁色似浮垢
也。'然則老人背皮似鮐,面色似犁,故'鮐背之耉'稱'犁老'。"

1598 民主 mín zhǔ

人君。

〇《咸有一德》:"不獲自盡,<u>民主</u>罔與成厥功。"《孔傳》:"然後乃能盡其
力,<u>人君</u>所以成功。"(424、8－39－12)

1599 南宮括 nán gōng kuò

南宮,氏;括,名。

〇《君奭》:"有若散宜生,有若泰顛,有若<u>南宮括</u>。"《孔傳》:"散、泰、<u>南宮</u>
皆<u>氏</u>。宜生、顛、括皆<u>名</u>。"(800、16－32－7)

1600 南宮毛 nán gōng máo

臣;毛,名。

〇《顧命》:"太保命仲桓、<u>南宮毛</u>。"《孔傳》:"冢宰攝政,故命二<u>臣</u>。桓、
<u>毛,名</u>。"(877、18－24－4)

1601 寧考 níng kǎo

寧祖聖考。

〇《大誥》:"不可不成乃<u>寧考</u>圖功。"《孔傳》:"不可不成汝<u>寧祖聖考</u>文武
所謀之功。"(631、13－27－9)

按:《孔疏》:"經言'寧',即文王,'考',即武王,故言'寧祖聖考'也。"屈
萬里《尚書今注今譯》:"寧考,即文考。文考,乃金文中習見之語,謂亡父
也;此指武王言。"①可備一説。

1602 寧人 níng rén

文王。

〇《大誥》:"予曷敢不于前<u>寧人</u>攸受休畢?"《孔傳》:"我何敢不於前<u>文王</u>
所受美命終畢之?"(634、13－29－5)

〇《大誥》:"天亦惟休于前<u>寧人</u>。"《孔傳》:"天亦惟美于<u>文王</u>受命。"
(638、13－33－6)

---

① 屈萬里:《尚書今注今譯》,第 77 頁。

○《大誥》:"率寧人有指疆土。"《孔傳》:"循文王所有指意以安疆土則善矣。"(638、13-33-8)

按:《大誥》:"予曷其不于前寧人圖功攸終?"《孔傳》:"我何其不於前文王安人之道,謀立其功所終乎?"這裏的"寧"可以説是對應"安","寧人"即"安人"。而"寧人"訓爲"文王"出現3次,雖然辭書中未採納"文王"這個義項,《孔傳》内部的釋義也不統一,筆者也無法有一個定論,姑且收入《類詁》。

1603 寧王 níng wáng

①安天下之王,謂文王也。

○《大誥》:"寧王遺我大寶龜。"《孔傳》:"安天下之王,謂文王也。"(626、13-22-3)

按:孫星衍《尚書今古文注疏》注引鄭玄曰:"受命曰寧王。"孫星衍疏:"鄭注見《書》疏,云'受命曰寧王'者,《君奭》云'惟寧王德',鄭注云'寧王者,文王也'。又注《洛誥》云'周公謂文王爲寧王,成王亦謂武王爲寧王。此一名而二人兼之。'"①曾運乾《尚書正讀》:"寧王,文王也,寧,當作'文',字之誤也。"②孫詒讓《尚書駢枝》云:"古鐘鼎款識,文皆作𢀳,即㤅字,與寧字絕相似。故此經文王、文武皆作寧。後文寧考、寧人亦竝文考、文人之誤。"③劉起釪《尚書校釋譯論》:"'寧'爲'文'的誤寫。據吳大澂《字説》闡明,金文中'文'作'𢥠',作'𢣏',漢人寫此時,誤認'文'作'寧',本篇中,此文字諸詞原皆誤作'寧'字,'寧人''寧王''寧考''寧武''前寧人'等都是……過去一般認爲是吳大澂始認出此字。今據裘錫圭先生《談清末學者利用金文校勘〈尚書〉的一個重要發現》文中闡述王懿榮最先提出此説,見陳介祺於同治十三年間致潘祖蔭書,介紹王氏根據金文指出《大誥》'寧'字是'文'字之誤。吳大澂則于光緒十二年刊出其《字説》,而後孫詒讓的《尚書駢枝》亦提出此説。另有方濬益《綴遺齋彝器款識考釋》一書則始自同治八年至光緒間完成,亦明白提出此説。"④由此可見,"寧"當是"文"字。

②文王。(6見)

○《大誥》:"天休于寧王,興我小邦周,寧王惟卜用,克綏受兹命。"《孔

---

① (清)孫星衍撰,陳抗、盛冬鈴點校:《尚書今古文注疏》,第344頁。

② (清)曾運乾撰,黄曙輝點校:《尚書正讀》,上海:華東師範大學出版社,2011年,第158頁。

③ (清)孫詒讓:《尚書駢枝》,《續修四庫全書》五一·經部·書類,第34—35頁。

④ 顧頡剛、劉起釪:《尚書校釋譯論》,第1267頁。

傳》："言天美<u>文王</u>興周者，以<u>文王</u>惟卜之用，故能安受此天命。明卜宜用。"（632、13－28－5）

○《大誥》："爾知<u>寧王</u>若勤哉！"《孔傳》："汝知<u>文王</u>若彼之勤勞哉！"（633、13－28－11）

○《大誥》："予不敢不極卒<u>寧王</u>圖事。"《孔傳》："我不敢不極盡<u>文王</u>所謀之事。"（633、13－28－14）

○《大誥》："肆予曷敢不越卬敉<u>寧王</u>大命？"《孔傳》："我何敢不於今日撫循<u>文王</u>大命以征逆乎？"（635、13－30－16）

○《君奭》："申勸<u>寧王</u>之德。"《孔傳》："重勸<u>文王</u>之德。"（799、16－32－1）

1604 盤庚 pán gēng

殷王名。

○《盤庚上》："《<u>盤庚</u>》。"《孔傳》："盤庚，殷王名。殷質，以名篇。"（425、9－2－16）

1605 平民 píng mín

平善之人。

○《吕刑》："延及于<u>平民</u>。"《孔傳》："延及於<u>平善之人</u>。"（925、19－25－2）

1606 啓 qǐ

① 夏啓。

○《甘誓》："<u>啓</u>與有扈戰于甘之野，作《甘誓》。"《孔傳》："<u>夏啓</u>嗣禹位，伐有扈之罪。"（997、7－1－6）

② 禹子。

○《益稷》："<u>啓</u>呱呱而泣。"《孔傳》："啓，禹子也。"（218、5－14－17）

1607 孺子 rú zǐ

① 稚子。

○《金縢》："公將不利於<u>孺子</u>。"《孔傳》："孺，稚也。<u>稚子</u>，成王。"（611、13－14－18）

○《立政》："嗚呼！<u>孺子</u>王矣。"《孔傳》："歎<u>稚子</u>今已爲王矣。"（845、17－32－8）

按：《孔傳》"已"字，八、李、王、纂、平、岳、十、永、阮作"以"①。

○《立政》："咸告<u>孺子</u>王矣。"《孔傳》："皆以告<u>稚子</u>王矣。"（847、17－33－18）

---

① 杜澤遜：《尚書注疏彙校》，第 2714 頁。

○《立政》:"今文子文孫,<u>孺子</u>王矣。"《孔傳》:"告文王之子孫,言稚子已即政爲王矣。"(849、17-35-3)

② 少子。

○《洛誥》:"<u>孺子</u>其朋,<u>孺子</u>其朋,其往。"《孔傳》:"<u>少子</u>慎其朋黨,<u>少子</u>慎朋黨,戒其自今已往。"(728、15-24-13)

○《洛誥》:"<u>孺子</u>來相宅。"《孔傳》:"<u>少子</u>今所以來相宅於洛邑。"(740、15-34-2)

③ 小子。

○《洛誥》:"乃惟<u>孺子</u>,頒朕不暇。"《孔傳》:"汝爲<u>小子</u>,當分取我之不暇而行之。"(731、15-28-8)

1608 芮伯 ruì bó

周同姓,爲卿大夫。

○《旅巢命》:"<u>芮伯</u>作《旅巢命》。"《孔傳》:"<u>芮伯</u>,<u>周同姓</u>,圻内之國,<u>爲卿大夫</u>。"(1049、13-7-16)

按:《孔疏》:"《世本》云'芮伯,姬姓',是'周同姓'也。杜預云:'芮,馮翊臨晉縣芮鄉是也。'知是'圻内之國'者,芮伯在朝作命,必是王臣。不得其官,故'卿'與'大夫'並言之。"

1609 散宜生 sàn yí shēng

散,氏;宜生,名。

○《君奭》:"有若<u>散宜生</u>,有若泰顛,有若南宮括。"《孔傳》:"<u>散</u>、泰、南宮皆<u>氏</u>。<u>宜生</u>、顛、括皆<u>名</u>。"(800、16-32-7)

1610 穡夫 sè fū

稼穡之夫。

○《大誥》:"若<u>穡夫</u>。"《孔傳》:"<u>稼穡之夫</u>,除草養苗。"(637、13-33-3)

1611 商容 shāng róng

賢人。

○《武成》:"釋箕子囚,封比干墓,式<u>商容</u>閭。"《孔傳》:"商容,賢人。紂所貶退,式其閭巷以禮賢。"(538、11-33-12)

1612 聖 shèng

聖人。

○《胤征》:"<u>聖</u>有謨訓。"《孔傳》:"<u>聖人</u>所謀之教訓。"(381、7-12-17)

○《伊訓》:"敢有侮<u>聖</u>言。"《孔傳》:"狎侮<u>聖人</u>之言而不行。"(408、8-21-6)

○《多方》:"惟聖罔念作狂,惟狂克念作聖。"《孔傳》:"惟聖人無念於善,則爲狂人。惟狂人能念於善,則爲聖人。"(822、17-13-7、17-13-8)

1613 奭 shì

名,〔周公〕同姓。

○《君奭》:"《君奭》。"《孔傳》:"奭,名,〔周公〕同姓也。"(789、16-24-5)

1614 壽耇 shòu gǒu

老成人。

○《召誥》:"則無遺壽耇。"《孔傳》:"無遺棄老成人之言。"(713、15-10-8)

按:《爾雅·釋詁》:"耇、老,壽也。"《孔疏》:"'壽',謂長命,'耇',是老稱,無遺棄長命之老人,欲其取老人之言而法效之,老人之言,即下云古人之德也。"

1615 受 shòu

① 紂,音相亂。帝乙之子,嗣立,暴虐無道。

○《西伯戡黎》:"奔告於受。"《孔傳》:"受,紂也,音相亂。帝乙之子,嗣立,暴虐無道。"(1025、10-15-17)

按:《孔疏》"'受'即'紂'也,音相亂,故字改易耳。……《謚法》云:'殘義損善曰紂。'殷時未有謚法,後人見其惡,爲作惡義耳。"

② 紂。

○《泰誓上》:"惟受罔有悛心。"《孔傳》:"言紂縱惡無改心。"(505、11-7-9)

○《牧誓》:"今商王受,惟婦言是用。"《孔傳》:"妲己惑紂,紂信用之。"(523、11-22-14)

○《無逸》:"無若殷王受之迷亂。"《孔傳》:"言紂心迷政亂。"(783、16-20-4)

1616 受德 shòu dé

紂字。

○《立政》:"嗚呼!其在受德。"《孔傳》:"受德,紂字。帝乙愛焉,爲作善字。"(839、17-26-3)

按:《孔疏》:"《泰誓》三篇,惟單言'受',而此云'受德'者,則'德'本配'受'共爲一人,故知'受德'是紂字也。既'受'之與'德',共爲紂字,而經或言'受',或言'受德'者,呼之有單復爾。其人實爲大惡,'德'字乃爲善名,非是時人呼有德。知是帝乙愛焉,爲作善字,望其爲善,而反爲大惡,以其行反其字,明非時人呼也。"

1617 四民　sì mín

士、農、工、商四人。

○《周官》："司空,掌邦土,居四民,時地利。"《孔傳》:"《冬官》卿,主國空土,以居民士農工商四人。使順天時,分地利,授之土。"(855、18－6－4)

按:《孔疏》:"《齊語》云:'管仲制法,令士農工商,四民不雜。'"

1618 四岳　sì yuè

羲和之四子,分掌四岳之諸侯。

○《堯典》:"帝曰:'咨! 四岳。'"《孔傳》:"四岳,即上羲和之四子,分掌四岳之諸侯,故稱焉。"(51、2－26－3)

按:堯臣羲、和四子,分管四方的諸侯,故名四岳。《孔疏》:"上列羲、和所掌云宅嵎夷、朔方,言四子居治四方,主於外事。岳者,四方之大山。今王朝大臣,皆號稱'四岳',是與羲和所掌,其事爲一,以此知'四岳即上羲和之四子'也。又解謂之岳者,以其'分掌四岳之諸侯,故稱焉。'"

1619 太康　tài kāng

啓子。

○《五子之歌》:"太康失邦。"《孔傳》:"啓子也。"(997、7－5－4)

1620 太甲　tài jiǎ

太丁子,湯孫。

○《伊訓》:"成湯既没,太甲元年。"《孔傳》:"太甲,太丁子,湯孫也。"(1010、8－17－5)

1621 太戊　tài wù

① 沃丁弟之子。

○《咸乂》:"伊陟相太戊。"《孔傳》:"太戊,沃丁弟之子。"(1016、8－40－7)

② 太甲之孫。

○《君奭》:"在太戊。"《孔傳》:"太甲之孫。"(795、16－27－16)

按:《孔疏》:"《史記·殷本紀》云,太甲崩,子沃丁立。崩,弟太庚立。崩,子小甲立。崩,弟雍已立。崩,弟太戊立。是太戊爲太甲之孫、太庚之子。……孔於《咸乂》序傳云'太戊,沃丁弟之子',是太戊爲太甲之孫也。"

1622 泰顛　tài diān

泰,氏;顛,名。

○《君奭》:"有若散宜生,有若泰顛,有若南宫括。"《孔傳》:"散、泰、南宫皆氏。宜生、顛、括皆名。"(800、16－32－7)

1623 湯 tāng

爲夏方伯。

○《湯征》：“湯征諸侯。”《孔傳》：“爲夏方伯，得專征伐。”（1001、7 - 20 - 15）

1624 唐叔 táng shū

〔周〕成王母弟。

○《歸禾》：“唐叔得禾。”《孔傳》：“唐叔，成王母弟。”（1051、13 - 37 - 8）

按：《孔疏》：“《昭十五年左傳》云：‘叔父唐叔，成王之母弟。’”

1625 唐虞 táng yú

堯舜。

○《周官》：“唐虞稽古，建官惟百。”《孔傳》：“道堯舜考古，以建百官。”（853、18 - 3 - 14）

1626 陶唐 táo táng

帝堯氏，都冀州，統天下四方。

○《五子之歌》：“惟彼陶唐，有此冀方。”《孔傳》：“陶唐，帝堯氏，都冀州，統天下四方。”（378、7 - 9 - 6）

按：《孔疏》：“《世本》云：‘帝堯爲陶唐氏。’韋昭云：‘陶、唐皆國名，猶湯稱殷商也。’案：書傳皆言堯以唐侯升爲天子，不言封于陶唐，‘陶唐’二字或共爲地名，未必如昭言也。”

1627 微子 wēi zǐ

紂卿士，去無道。

○《微子》：“《微子》。”《孔傳》：“微，圻内國名。子，爵。爲紂卿士，去無道。”（492、10 - 19 - 8）

按：《孔疏》：“微子，名啓，《世家》作開，避漢景帝諱也。啓與其弟仲衍，皆是紂之同母庶兄，《史記》稱‘微仲衍’。衍亦稱‘微’者，微子封微，以微爲氏，故弟亦稱微。”

1628 文人 wén rén

文德之人。

○《文侯之命》：“追孝于前文人。”《孔傳》：“使追孝於前文德之人。”（965、20 - 5 - 3）

按：《孔疏》：“《詩》稱‘告于文人’，《毛傳》云：‘文人，文德之人也。’”

1629 文武 wén wǔ

文王、武王。

○《文侯之命》：“丕顯文武。”《孔傳》：“大明乎文王、武王之道。”（962、

20－2－15）

1630 沃丁 wò dīng

太甲子。

○《沃丁》："沃丁既葬伊尹于亳。"《孔傳》："沃丁，太甲子。"（1015、8－39－17）

按：《孔疏》："《世本》《本紀》皆云'太甲崩，子沃丁立'，是爲太甲子也。"

1631 巫賢 wū xián

賢，〔巫〕咸子。巫，氏。

○《君奭》："在祖乙，時則有若巫賢。"《孔傳》："賢，〔巫〕咸子。巫，氏。"（796、16－28－1）

1632 巫咸 wū xián

臣名。

○《咸乂》："伊陟贊于巫咸，作《咸乂》四篇。"《孔傳》："巫咸，臣名。"（1016、8－40－10）

1633 武庚 wǔ gēng

紂子，以爲王者後；一名禄父。

○《洪範》："武王勝殷殺受，立武庚。"《孔傳》："武庚，紂子，以爲王者後；一名禄父。"（1046、12－1－7）

按：《孔疏》："《本紀》云'封紂子武庚禄父以續殷祀'，是以爲王者後也。《本紀》'武庚禄父'雙言之，伏生《尚書》云'武王勝殷，繼公子禄父'，是一名禄父也。"

○《微子之命》："成王既黜殷命，殺武庚。"《孔傳》："一名禄父。"（1051、13－34－7）

1634 羲和 xī hé

重黎之後。羲氏、和氏，世掌天地四時之官。

○《堯典》："乃命羲和。"《孔傳》："重黎之後，羲氏、和氏，世掌天地四時之官，故堯命之，使敬順昊天。"（18、2－11－16）

○《胤征》："羲和湎淫。"《孔傳》："羲氏、和氏，世掌天地四時之官。自唐虞至三代，世職不絶。"（998、7－11－11）

按：《孔疏》："羲和，是重黎之後。《楚語》稱堯育重黎之後，使典天地，以至于夏商，是'自唐虞至三代，世職不絶'，故此時羲和仍掌時日。"

1635 羲叔 xī shū

居治南方之官。

○《堯典》："申命羲叔，宅南交。"《孔傳》："此居治南方之官。"（30、2－

封命之書。”(749、15 - 38 - 8)

1648 義和 yì hé

〔文侯〕字。

○《文侯之命》:“父義和。”《孔傳》:“義和,字也。”(962、20 - 2 - 13)

按:《孔疏》:“《左傳》以文侯名仇,今呼曰‘義和’,知是字也。”

1649 誼伯 yì bó

臣〔名〕。

○《典寶》:“誼伯、仲伯作《典寶》。”《孔傳》:“二臣作《典寶》一篇,言國之常寶也,亡。”(1006、8 - 7 - 13)

1650 虞舜 yú shùn

虞,氏;舜,名。

○《堯典》:“有鰥在下,曰虞舜。”《孔傳》:“虞,氏。舜,名。”(58、2 - 32 - 8)

按:《孔疏》:“‘虞氏舜名’者,舜之爲虞,猶禹之爲夏,外傳稱禹氏曰‘有夏’,則此舜氏曰‘有虞’。”

1651 予小子 yú xiǎo zǐ

① 我。

○《泰誓上》:“予小子夙夜祗懼。”《孔傳》:“言我畏天之威。”(507、11 - 9 - 5)

○《泰誓下》:“惟予小子無良。”《孔傳》:“我之無善之致。”(515、11 - 18 - 2)

② 我小子。(9 見)

○《金縢》:“予小子新命于三王。”《孔傳》:“我小子新受三王之命。”(606、13 - 13 - 10)

○《大誥》:“越予小子考翼。”《孔傳》:“於我小子先卜敬成周道。”(630、13 - 25 - 18)

○《洛誥》:“予小子其退,即辟于周。”《孔傳》:“我小子退坐之後,便就君於周。”(736、15 - 32 - 1)

○《君奭》:“在今予小子旦。”《孔傳》:“在我今(今我)小子旦。”(793、16 - 26 - 9)

按:《孔傳》“我今”,八、李、王、纂、魏、岳、毛作“今我”[1],是。

○《周官》:“今予小子,祗勤于德。”《孔傳》:“今我小子,敬勤於德。”

---

[1]　杜澤遜:《尚書注疏彙校》,第 2526 頁。

（853、18－4－16）

○《畢命》：“予小子垂拱仰成。”《孔傳》：“我小子爲王，垂拱仰公成理。”（914、19－9－11）

○《畢命》：“予小子永膺多福。”《孔傳》：“我小子亦長受其多福。”（917、19－13－17）

○《君牙》：“惟予小子，嗣守文、武、成、康遺緒。”《孔傳》：“惟我小子，繼守先王遺業。”（918、19－15－14）

○《文侯之命》：“閔予小子嗣，造天丕愆。”《孔傳》：“言我小子而遭天大罪過。”（964、20－3－17）

1652 予一人 yú yī rén

① 我。（6 見）

○《湯誓》：“爾尚輔予一人。”《孔傳》：“汝庶幾輔成我。”（392、8－3－13）

○《湯誥》：“俾予一人，輯寧爾邦家。”《孔傳》：“言天使我輯安汝國家。”（401、8－16－1）

○《盤庚上》：“不惕予一人。”《孔傳》：“但不畏懼我耳。”（434、9－7－10）

○《盤庚中》：“欽念以忱，動予一人。”《孔傳》：“敬念以誠感我。”（451、9－15－10）

○《盤庚下》：“爾無共怒，協比讒言，予一人。”《孔傳》：“汝勿共怒我，合比凶人而妄言。”（463、9－21－18）

○《泰誓中》：“百姓有過，在予一人。”《孔傳》：“己能無惡于民，民之有過，在我教不至。”（511、11－13－12）

② 己。

○《盤庚上》：“邦之不臧，惟予一人有佚罰。”《孔傳》：“是己失政之罰。”（445、9－13－6）

③ 天子自稱。

○《湯誥》：“爾萬方有衆，明聽予一人誥。”《孔傳》：“天子自稱曰予一人，古今同義。”（400、8－14－1）

④ 我天子。

○《金縢》：“茲攸俟，能念予一人。”《孔傳》：“此所以待能念我天子事。”（606、13－13－12）

○《畢命》：“四方無虞，予一人以寧。”《孔傳》：“四方無可度之事，我天子用安矣。”（913、19－9－2）

⑤ 我一人。（7 見）

○《微子之命》：“毗予一人。”《孔傳》：“以輔我一人。”（641、13－36－18）

○《康誥》："則予一人以懌。"《孔傳》："則我一人以此悦懌汝德。"(666、14－15－12)

○《蔡仲之命》："則予一人汝嘉。"《孔傳》："則我一人善汝矣。"(814、17－4－16)

○《周官》："弼予一人。"《孔傳》："以輔我一人之治。"(854、18－5－10)

○《君陳》："惟予一人，膺受多福。"《孔傳》："惟我一人，亦當受其多福無凶危。"(864、18－18－13)

○《冏命》："惟予一人無良。"《孔傳》："惟我一人無善。"(921、19－20－6)

○《文侯之命》："有績予一人，永綏在位。"《孔傳》："能有成功，則我一人長安在王位。"(965、20－4－17)

1653 元后 yuán hòu

大君，天子。

○《大禹謨》："汝終陟元后。"《孔傳》："大君，天子。(153、4－12－1)

按：《孔疏》："《易》曰：'大君有命'，是'大君'謂天子也。"

○《泰誓上》："亶聰明，作元后。"《孔傳》："人誠聰明，則爲大君。"(504、11－5－11)

1654 元首 yuán shǒu

君。

○《益稷》："股肱喜哉！元首起哉！"《孔傳》："元首，君也。"(240、5－23－3)

○《益稷》："元首明哉！股肱良哉！"《孔傳》："故續歌先君後臣。"(241、5－23－10)

○《益稷》："元首叢脞哉！股肱惰哉！"《孔傳》："叢脞，細碎無大略。君如此，則臣懈惰。"(242、5－23－13)

1655 原 yuán

臣名。

○《原命》《伊陟》："作《伊陟》《原命》。"《孔傳》："原，臣名。"(1017、8－41－9)

1656 説 yuè

賢相名。

○《説命上》："高宗夢得説。"《孔傳》："夢得賢相，其名曰説。"(1021、10－1－7)

1657 孕婦 yùn fù

懷子之婦。

○《泰誓上》:"焚炙忠良,刳剔孕婦。"《孔傳》:"忠良無罪,焚炙之,懷子之婦,刳剔視之。"(505、11-6-15)

1658 釗 zhāo

康王名。

○《顧命》:"用敬保元子釗。"《孔傳》:"釗,康王名。"(874、18-22-17)

1659 哲人 zhé rén

賢智。

○《伊訓》:"敷求哲人,俾輔于爾後嗣。"《孔傳》:"布求賢智,使師輔於爾嗣王。"(407、8-20-17)

1660 冢君 zhǒng jūn

大君。

○《泰誓上》:"我友邦冢君。"《孔傳》:"大君,尊之。"(504、11-5-1)

1661 仲伯 zhòng bó

臣〔名〕。

○《典寶》:"誼伯、仲伯作《典寶》。"《孔傳》:"二臣作《典寶》一篇,言國之常寶也,亡。"(1006、8-7-13)

1662 仲丁 zhòng dīng

太戊子。

○《仲丁》:"仲丁遷于囂。"《孔傳》:"太戊子。"(1018、8-41-13)

1663 仲桓 zhòng huán

〔周代〕臣。桓,名。

○《顧命》:"太保命仲桓、南宮毛。"《孔傳》:"冢宰攝政,故命二臣。桓、毛,名。"(877、18-24-4)

1664 仲虺 zhòng huǐ

① 爲湯左相,奚仲之後。

○《仲虺之誥》:"仲虺作誥。"《孔傳》:"爲湯左相,奚仲之後。"(1007、8-7-18)

按:《孔疏》:"《定元年左傳》云:'薛之皇祖奚仲居薛,以爲夏車正。仲虺居薛以爲湯左相。'是其事也。"

② 臣名,以諸侯相天子。

○《仲虺之誥》:"《仲虺之誥》。"《孔傳》:"仲虺,臣名,以諸侯相天子。"

（394、8 - 8 - 7）

1665 重黎 zhòng lí

重即羲,黎即和。

○《吕刑》:"乃命重黎,絶地天通。"《孔傳》:"重即羲,黎即和。"（933、19 -
28 - 17）

1666 朱 zhū

〔胤國爵〕名。

○《堯典》:"胤子朱啓明。"《孔傳》:"朱,名。"（45、2 - 25 - 10）

1667 梓 zǐ

梓人。

○《梓材》:"若作梓材。"《孔傳》:"爲政之術,如梓人治材爲器。"（698、
14 - 37 - 10）

按:《周禮·考工記序》:"攻木之工,輪、輿、弓、廬、匠、車、梓。"鄭玄注引
鄭司農曰:"此七者,攻木之工官别名也。"《孔疏》:"'梓',木名,木之善
者,治之宜精,因以爲木之工匠之名。"

1668 祖己 zǔ jǐ

賢臣。

○《高宗肜日》:"祖己訓諸王。"《孔傳》:"賢臣也,以訓道諫王。"（1024、
10 - 12 - 4）

1669 祖甲 zǔ jiǎ

湯孫太甲。

○《無逸》:"其在祖甲,不義惟王,舊爲小人。"《孔傳》:"湯孫太甲,爲王不
義,久爲小人之行。"（774、16 - 16 - 1）

1670 祖伊 zǔ yī

祖己後,賢臣。

○《西伯戡黎》:"祖伊恐。"《孔傳》:"祖己後,賢臣。"（1025、10 - 15 - 16）

1671 祖乙 zǔ yǐ

亶甲子。

○《祖乙》:"祖乙圮于耿。"《孔傳》:"亶甲子。"（1019、8 - 42 - 5）

十 釋 天

1672 卜 bǔ

① 龜曰卜。

○《洪範》：“擇建立卜筮人。”《孔傳》：“龜曰卜，蓍曰筮。”（574、12－
22－5）

② 卜兆。

○《大誥》：“天命不僭，卜陳惟若兹。”《孔傳》：“天命不僭差，卜兆陳列惟
若此。”（638、13－33－10）

按：卜，指古人用火灼龜甲，根據裂紋來預測吉凶。《周禮·大卜》注云：
“問龜曰卜。”《孔疏》：“‘龜曰卜，蓍曰筮’，《曲禮》文也。”

1673 柴 chái

燔柴郊天。

○《武成》：“越三日庚戌，柴望。”《孔傳》：“燔柴郊天，望祀山川。”（531、
11－27－2）

按：柴，是古代燒柴祭天的一種祭禮。《舜典》“歲二月，東巡守，至于岱
宗，柴”，《傳》云：“燔柴祭天告至。”

1674 辰 chén

① 日月所會。

○《堯典》：“曆象日月星辰，敬授人時。”《孔傳》：“辰，日月所會。”（18、2－
11－17）

按：《孔疏》：“辰，時也，集會有時，故謂之辰。”

○《胤征》：“乃季秋月朔，辰弗集于房。”《孔傳》：“辰，日月所會。”（382、
7－14－11）

按：《孔疏》：“日月俱右行於天，日行遲，月行疾，日每日行一度，月日行十三
度十九分度之七，計二十九日過半，月已行天一周，又逐及日而與日聚會，謂
此聚會爲‘辰’。一歲十二會，故爲十二辰，即子、丑、寅、卯之屬是也。”

○《洪範》:"四曰星辰。"《孔傳》:"二十八宿迭見以敍氣節,十二辰以紀<u>日月所會</u>。"(561、12-13-6)

② 日月星。

○《益稷》:"<u>日月星辰</u>、山、龍、華蟲。"《孔傳》:"<u>日月星</u>爲三辰。"(194、5-6-7)

按:《孔疏》:"《桓二年左傳》云:'三辰旂旗,昭其明也。'三辰,謂此日月星也,故'日月星爲三辰'。辰,即時也,三者皆是示人時節,故並稱辰焉。"

1675 **大事** dà shì

戎事。

○《大誥》:"我有<u>大事</u>休。"《孔傳》:"大事,戎事也。"(629、13-24-6)

按:《孔疏》:"《成十三年左傳》云:'國之大事,在祀與戎。'今論伐叛,知'大事,戎事也'。"

1676 **大享** dà xiǎng

烝嘗。

○《盤庚上》:"兹予<u>大享</u>于先王。"《孔傳》:"大享,烝嘗也。"(441、9-10-12)

按:《孔疏》:"《周禮·大宗伯》祭祀之名,天神曰'祀',地祇曰'祭',人鬼曰'享'。……'大享,烝嘗'者,烝嘗是秋冬祭名,謂之'大享'者,以事各有對。"

1677 **高明** gāo míng

高明謂天。

○《洪範》:"<u>高明</u>柔克。"《孔傳》:"高明謂天,言天爲剛德,亦有柔克,不干四時。"(572、12-20-9)

按:《孔疏》:"《中庸》云:'博厚配地,高明配天。'高而明者,惟有天耳,知'高明謂天'也。"

1678 **官占** guān zhàn

帝王立卜占之官,故曰官占。

○《大禹謨》:"帝曰:'禹,<u>官占</u>,惟先蔽志,昆命于元龜。'"《孔傳》:"帝王立卜占之官,故曰官占。"(155、4-14-16)

1679 **祼** guàn

祼鬯。

○《洛誥》:"王入太室<u>祼</u>。"《孔傳》:"王賓異周公……太室清廟,祼鬯告

神。"(748、15－38－5)

按：裸鬯，古代祭祀儀式，以香酒灌地而告神。《孔疏》："'裸'者，灌也。王以圭瓚酌鬱鬯之酒，以獻尸，尸受祭而灌於地，因奠不飲謂之'裸'。"

1680 昊天 hào tiān

元氣廣大。

○《堯典》："乃命羲和，欽若昊天。"《孔傳》："昊天，言元氣廣大。"(18、2－11－16)

按：《孔疏》："昊天者，混元之氣，昊然廣大，故謂之'昊天'也。"《釋天》云："春爲蒼天，夏爲昊天，秋爲旻天，冬爲上天。"

1681 后土 hòu tǔ

社。

○《武成》："告于皇天后土。"《孔傳》："后土，社也。"(534、11－30－11)

按：《孔疏》："昭二十九年《左傳》稱'句龍爲后土'，后土爲社是也。"

1682 皇天 huáng tiān

① 大天。

○《説命下》："佑我烈祖，格于皇天。"《孔傳》："言以此道左右成湯，功至大天。"(476、10－11－11)

② 上天。

○《召誥》："其自時配皇天。"《孔傳》："其用是大邑，配上天而爲治。"(715、15－12－1)

1683 悔 huǐ

外卦曰悔。

○《洪範》："曰貞，曰悔。"《孔傳》："内卦曰貞，外卦曰悔。"(578、12－22－10)

按：悔，《説文》作"卟"，云："《易》卦之上體也。《商書》①曰'貞曰卟'。"卦本三畫，因而重之，則六畫成卦，故有上體、下體之分，下體爲貞，上體爲悔。筮法爻從下起，故又以下體爲内，上體爲外。也就是説，《説文》以上下分，而《孔傳》以内外訓。《左傳·僖公十五年》"《蠱》之貞，風也；其悔，山也"，杜預注："内卦爲貞，外卦爲悔。"

---

① 段注云：謂《洪範》也。按《左傳》三引《洪範》，《説文》五引，皆云"商書"，馬、鄭本皆不如是。蓋《今文尚書》説與？許謂《堯典》(《唐書》)、《咎繇謨》(《虞書》)、《禹貢》(《夏書》)皆今文説也，而三引《微子》，兩云"周書"，一云"商書"。疑"商"系"周"誤。蓋今文家以《微子》系《周書》，以《洪範》系《商書》，豈微子歸周故周之，箕子不臣故商之與？春秋時，卿大夫所習《洪範》皆《商書》，則今文家説乃古説也。

1684 火 huǒ

蒼龍之中星。

○《堯典》:"日永星<u>火</u>,以正仲夏。"《孔傳》:"火,蒼龍之中星,舉中則七星見可知。"(32、2-13-4)

按:火,是星宿之名,指大火,即心宿二。《孔疏》:"《左傳》言'火中''火見',《詩》稱'七月流火',皆指房、心爲火,故曰'火,蒼龍之中星'。"《左傳·昭公十八年》"夏五月,火始昏見",杜預注:"火,心星。"

1685 朞 jī

迊四時曰朞。

○《堯典》:"<u>朞</u>三百有六旬有六日,以閏月定四時成歲。"《孔傳》:"迊四時曰朞。"(42、2-14-8)

按:朞,即一周年。《孔疏》:"'匝四時曰朞','朞',即'迊'也。""朞",亦作"稘",《説文》:"稘,復其時也。從禾其聲。《虞書》曰:'稘,三百有六旬。'"

1686 霽 jì

雨止。

○《洪範》:"曰雨,曰<u>霽</u>。"《孔傳》:"龜兆形有似雨者,有似<u>雨止</u>者。"(574、12-22-7)

按:《爾雅·釋天》:"暴雨謂之涷,小雨謂之霡霂,久雨謂之淫,淫謂之霖,濟謂之霽。"《孔疏》:"《説文》云:'霽,雨止也。''霽'似雨止,則'雨'似雨下。"

1687 紀 jì

時日。

○《胤征》:"俶擾天<u>紀</u>,遐棄厥司。"《孔傳》:"紀,謂時日。"(381、7-14-10)

按:《孔疏》:"《洪範》五紀,'五曰曆數',曆數所以紀天時。此言'天紀',謂時日。"

1688 克 kè

兆相交錯。

○《洪範》:"曰<u>克</u>。"《孔傳》:"兆相交錯。"(578、12-22-9)

1689 曆數 lì shù

曆數節氣之度以爲曆,敬授民時。

○《洪範》:"五曰<u>曆數</u>。"《孔傳》:"曆數節氣之度以爲曆,敬授民時。"

（562、12 - 13 - 7）

按：曆數，猶曆法。推算日月星辰之運行以定歲時節氣的方法。《孔疏》：

"五曰曆數，算日月行道所歷，計氣朔早晚之數，所以爲一歲之曆。"

1690 霖 lín

三日雨。

○《説命上》："若歲大旱，用汝作霖雨。"《孔傳》："霖，三日雨。"（470、10 -
4 - 1）

按：《爾雅・釋天》："暴雨謂之涷，小雨謂之霢霂，久雨謂之淫，淫謂之
霖。"《左傳・隱公九年》："凡雨自三日已往爲霖。"

1691 靈 líng

神。

○《泰誓上》："惟天地萬物父母，惟人萬物之靈。"《孔傳》："靈，神也。"
（504、11 - 5 - 6）

按：《孔疏》："《老子》云：'神得一以靈。''靈''神'是一，故'靈'爲神也。"

○《多士》："今惟我周王，丕靈承帝事。"《孔傳》："大神奉天事，言明德恤
祀。"（757、16 - 6 - 18）

1692 旅 lǚ

① 祭山曰旅。

○《禹貢》："蔡蒙旅平，和夷厎績。"《孔傳》："祭山曰旅。"（293、6 - 24 - 16）

按：《孔疏》："《論語》云：'季氏旅於泰山。'是'祭山曰旅'也。"

② 旅祭。

○《禹貢》："荆、岐既旅。"《孔傳》："已旅祭，言治功畢。"（300、6 - 27 - 3）

○《禹貢》："九州刊旅。"《孔傳》："九州名山，已槎木通道而旅祭矣。"
（350、6 - 38 - 10）

1693 昴 mǎo

白虎之中星。

○《堯典》："日短星昴，以正仲冬。"《孔傳》："昴，白虎之中星，亦以七星並
見，以正冬之三節。"（39、2 - 14 - 3）

按：昴，星宿之名，白虎七宿中的第四宿。又名髦頭、旄頭。有亮星七顆
（古代以爲五顆，故有昴宿之精轉化爲五老的傳説）。

1694 枚卜 méi bǔ

歷卜。

○《大禹謨》："枚卜功臣，惟吉之從。"《孔傳》："枚，謂歷卜之而從其吉。"

（155、4－14－15）

按：歷卜，即——占卜。古代以占卜法選官，因以指選用官員。《孔疏》：
"《周禮》有銜枚氏，所銜之物狀如箸。今人數物云'一枚、兩枚'，則'枚'
是籌之名也。'枚卜'，謂人人以次歷申卜之，似若枚數然。"

1695 眜爽　mèi shuǎng

早旦。

○《牧誓》："時甲子眜爽。"《孔傳》："眜，冥；爽，明；早旦。"（517、11－
19－15）

按：《孔疏》："'冥'是夜，'爽'是明，夜而未明謂早旦之時，蓋雞鳴後
也。……'朝'即'眜爽'時也。"

1696 旻天　mín tiān

① **仁覆愍下，謂之旻天。**

○《大禹謨》："帝初于歷山，往于田，日號泣于旻天，于父母。"《孔傳》："仁
覆愍下，謂之旻天。"（158、4－19－2）

按：《孔疏》："'仁覆愍下，謂之旻天'，《詩毛傳》文也。旻，愍也。求天愍
己故呼曰'旻天'。"

② **稱天以愍下。**

○《多士》："弗弔，旻天大降喪于殷。"《孔傳》："稱天以愍下，言愍道至者，
殷道不至，故旻天下喪亡於殷。"（752、16－2－10）

1697 命　mìng

① **天命。**

○《咸有一德》："監于萬方，啓迪有命。"《孔傳》："廣視萬方，有天命者開
道之。"（421、8－35－15）

○《泰誓上》："吾有民有命。"《孔傳》："吾所以有兆民，有天命。"（505、
11－7－15）

○《立政》："乃伻我有夏，式商受命。"《孔傳》："乃使我周家，王有華夏，得
用商所受天命。"（840、17－26－8）

② **壽命。**

○《西伯戡黎》："我生不有命在天？"《孔傳》："言我生有壽命在天。"
（490、10－18－11）

③ **命數。**

○《微子之命》："往敷乃訓，慎乃服命。"《孔傳》："往臨人布汝教訓，慎汝
祖服命數。"（641、13－36－14）

1698 内吉 nèi jí

祭祀冠婚。

○《洪範》:"汝則從,龜從,筮逆,卿士逆,庶民逆,作内吉,作外凶。"《孔傳》:"二從三逆,龜筮相違,故可以祭祀冠婚,不可以出師征伐。"(581、12－23－5)

按:《孔疏》:"内,謂國内,'故可以祭祀冠婚'。"此處由"國内",進一步引申爲具體的可以在國内做的事情。

1699 年 nián

年命。

○《畢命》:"資富能訓,惟以永年。"《孔傳》:"以富資而能順義,則惟可以長年命矣。"(916、19－13－5)

按:年命,即壽命。

1700 鳥 niǎo

鳥〔星〕,南方朱鳥七宿。

○《堯典》:"日中星鳥,以殷仲春。"《孔傳》:"鳥,南方朱鳥七宿。"(27、2－12－12)

按:鳥,星宿名。《孔疏》:"'鳥,南方朱鳥七宿'者,在天成象,星作鳥形。《曲禮》說軍陳象天之行,'前朱雀,後玄武,左青龍,右白虎'。'雀',即'鳥'也。……四方皆有七宿,各成一形。……南方成鳥形……皆西首而東尾。以南方之宿象鳥,故言鳥謂朱鳥七宿也。"

1701 孽 niè

災。

○《太甲中》:"天作孽,猶可違。自作孽,不可逭。"《孔傳》:"孽,災。"(416、8－29－13)

按:《孔疏》:"《洪範五行傳》,有'妖、孽、眚、祥',《漢書·五行志》說云:'凡草物之類謂之妖,妖,猶夭胎,言尚微也;蟲豸之類謂之孽,孽,則牙孽矣;甚則異物生,謂之眚;自外來謂之祥。'是'孽'爲災初生之名,故爲災也。"

1702 虐 nüè

災。

○《盤庚中》:"殷降大虐,先王不懷。"《孔傳》:"我殷家於天降大災,則先王不思故居而行徙。"(450、9－14－12)

按:《孔疏》:"此傳以'虐'爲災,'懷'爲思,言'殷家於天降大災,則先王不思故居而行徙'者,以天時人事終是相將,邑居不可行化,必將天降之災。"

1703 旁死魄　páng sǐ pò

月二日,[近]死魄。

○《武成》:"惟一月壬辰旁死魄。"《孔傳》:"月二日,[近]死魄。"(530、11－26－7)

按:《孔疏》:"《律曆志》云:'死魄,朔也。生魄,望也。'"《孔傳》"死"字前,八、李、王、纂、魏、平、岳、毛、殿、庫有"近"字①,與疏合,是。

1704 日短　rì duǎn

冬至之日。

○《堯典》:"日短星昴,以正仲冬。"《孔傳》:"日短,冬至之日。"(39、2－14－3)

1705 日中　rì zhōng

春分之日。

○《堯典》:"日中星鳥,以殷仲春。"《孔傳》:"日中,謂春分之日。"(27、2－12－12)

1706 日永　rì yǒng

夏至之日。

○《堯典》:"日永星火,以正仲夏。"《孔傳》:"永,長也,謂夏至之日。"(31、2－13－4)

1707 肜　róng

祭之明日又祭,殷曰肜,周曰繹。

○《高宗肜日》:"《高宗肜日》。"《孔傳》:"祭之明日又祭,殷曰肜,周曰繹。"(477、10－13－2)

按:肜,是祭祀之名,指正祭之次日又祭。《孔疏》:"《釋天》云:'繹,又祭也。周曰繹,商曰肜。'孫炎曰:'祭之明日,尋繹復祭也。''肜'者,相尋不絕之意。"

1708 三祭　sān jì

三祭酒。

○《顧命》:"王三宿,三祭,三咤。"《孔傳》:"禮成於三,故酌者實三爵於王,王三進爵,三祭酒,三奠爵,告已受群臣所傳顧命。"(897、18－

---

① 杜澤遜:《尚書注疏彙校》,第 1652 頁。

38－10)

按：三祭酒,指三度酌酒於三處爲祭。《孔疏》：“三祭酒,三酳酒於神坐也。”《儀禮·鄉射禮》“俎與薦,皆三祭”,鄭玄注：“皆三祭,爲其將祭侯也,祭侯三處也。”

1709 三宿 sān sù

三進爵。

○《顧命》：“王三宿,三祭,三咤。”《孔傳》：“禮成於三,故酳者實三爵於王,王三進爵,三祭酒,三奠爵,告已受群臣所傳顧命。”(897、18－38－10)

按：三進爵,指進爵三次。《孔疏》：“《釋詁》云：‘肅,進也。’‘宿’即‘肅’也,故以宿爵而續送。祭各用一同爲一進,‘三宿’謂三進爵,從立處而三進至神所也。”

1710 三咤 sān zhà

三奠爵。

○《顧命》：“王三宿,三祭,三咤。”《孔傳》：“禮成於三,故酳者實三爵於王,王三進爵,三祭酒,三奠爵,告已受群臣所傳顧命。”(897、18－38－10)

按：三奠爵,指奠爵三次。《孔疏》：“每一酳酒,則一奠爵,三奠爵於地也……經典無此‘咤’字,‘咤’爲‘奠爵’,傳記無文。正以既祭必當奠爵,既言‘三祭’,知‘三咤’爲‘三奠爵’也。王肅亦以‘咤’爲‘奠爵’。鄭玄云：‘徐行前曰肅,却行曰咤。王徐行前三祭,又三却,復本位。’與孔異也。”《釋文》：“《説文》‘詫,丁故反,奠爵也。’馬融作‘詫’,與《説文》音義同。”

1711 社 shè

① 社主。

○《甘誓》：“弗用命,戮于社。”《孔傳》：“天子親征,又載社主,謂之社事,不用命奔北者,則戮之于社主前。”(368、7－3－1)

按：社主,指古代社稷之神。

② 祀句龍以爲社。

○《召誥》：“越翼日戊午,乃社于新邑。”《孔傳》：“共工氏子曰句龍,能平水土,祀以爲社。”(707、15－5－3)

按：社,指祭祀土地之神。《左傳·昭公二十九年》：“共工氏有子曰句龍,爲后土。”

1712 神 shén

① 神明。

○《咸有一德》:"慢神虐民。"《孔傳》:"不敬神明,不恤下民。"(421、8 - 35 - 13)

② 天地神祇。

○《咸有一德》:"眷求一德,俾作神主。"《孔傳》:"天求一德,使伐桀爲天地神祇之主。"(421、8 - 35 - 16)

1713 神人 shén rén

天地、神祇、人鬼。

○《周官》:"宗伯,掌邦禮,治神人,和上下。"《孔傳》:"《春官》卿,宗廟官長,主國禮,治天地神祇人鬼之事,及國之吉、凶、賓、軍、嘉五禮,以和上下尊卑等列。"(855、18 - 5 - 15)

按:神人,指神和人。《舜典》:"八音克諧,無相奪倫,神人以和。"

1714 神祇 shén qí

天地。

○《湯誥》:"並告無辜于上下神祇。"《孔傳》:"言百姓兆民並告無罪,稱冤訴天地。"(400、8 - 14 - 11)

○《太甲上》:"以承上下神祇。"《孔傳》:"言敬奉天命以承順天地。"(410、8 - 25 - 1)

○《微子》:"今殷民乃攘竊神祇之犧牷牲用。"《孔傳》:"盜天地宗廟牲用,相容行食之,無災罪之者。"(499、10 - 22 - 12)

按:《孔疏》:"《禮》'天曰神,地曰祇',舉天地則人鬼在其間矣,故總云'盜天地宗廟牲用'也。"

1715 神主 shén zhǔ

天地神祇之主。

○《咸有一德》:"眷求一德,俾作神主。"《孔傳》:"天求一德,使伐桀爲天地神祇之主。"(421、8 - 35 - 16)

1716 生魄 shēng pò

魄生。

○《武成》:"既生魄,庶邦冢君暨百工,受命于周。"《孔傳》:"魄生明死,十五日之後,諸侯與百官,受政命於周。"(533、11 - 28 - 16)

按:生魄,舊謂月亮的有光部分爲明,無光部分爲魄。朔後月明漸增,月魄漸減,故謂之死魄。反之,望後月明漸減,月魄漸生,即謂之生魄。

1717 時 shí

① 天時。

○《堯典》：“敬授人時。”《孔傳》：“敬記天時，以授人也。”（18、2 - 11 - 17）

○《胤征》：“羲和湎淫，廢時亂日。”《孔傳》：“沉湎於酒，過差非度，廢天時，亂甲乙。”（998、7 - 11 - 11）

○《周官》：“司空，掌邦土，居四民，時地利。”《孔傳》：“《冬官》卿，主國空土，以居民士農工商四人。使順天時，分地利，授之土。”（855、18 - 6 - 4）

② 天時。謂曆象之法，四時節氣，弦望晦朔。

○《胤征》：“先時者殺無赦。”《孔傳》：“先時，謂曆象之法，四時節氣，弦望晦朔。先天時則罪死無赦。”（384、7 - 14 - 18）

按：《孔傳》“謂曆象之法，四時節氣，弦望晦朔”當是釋“時”，非釋“先時”。

1718 筮 shì

蓍曰筮。

○《洪範》：“擇建立卜筮人。”《孔傳》：“龜曰卜，蓍曰筮。”（574、12 - 22 - 5）

按：筮，即用蓍草占卜休咎或卜問疑難的事。《孔疏》：“‘龜曰卜，蓍曰筮’，《曲禮》文也。”《周易·蒙》“初筮告，再三瀆，瀆則不告”，王弼注：“筮者，決疑之物也。”

1719 祀 sì

① 年。

○《太甲中》：“惟三祀，十有二月，朔。”《孔傳》：“湯以元年十一月崩，至此二十六月，三年服闋。”（413、8 - 28 - 9）

○《説命上》：“王宅憂，亮陰三祀。”《孔傳》：“居憂信默三年不言。”（468、10 - 2 - 5）

○《多方》：“今爾奔走臣我監，五祀。”《孔傳》：“今汝奔走來徙臣服我監，五年無過。”（827、17 - 18 - 2）

② 〔年〕，商曰祀。

○《洪範》：“惟十有三祀，王訪于箕子。”《孔傳》：“商曰祀，箕子稱祀，不忘本。此年四月歸宗，周先告武成，次問天道。”（541、12 - 2 - 11）

按：《爾雅·釋天》：“載，歲也。夏曰歲，商曰祀，周曰年，唐虞曰載。”

1720 **太常** tài cháng

王之旌旗,畫日月曰太常。

○《君牙》:"厥有成績,紀于<u>太常</u>。"《孔傳》:"王之旌旗,畫日月曰太常。"（918、19-15-11）

按:《孔疏》:"《周禮·司常》云:'日月爲常。'王建太常,是王之旌旗畫日月名之曰太常也。"

1721 **天道** tiān dào

天有日月北斗五星二十八宿,皆有尊卑相正之法。

○《説命中》:"明王奉若<u>天道</u>,建邦設都。"《孔傳》:"天有日月北斗五星二十八宿,皆有尊卑相正之法。言明王奉順此道,以立國設都。"（471、10-5-6）

按:天道,指自然界的變化規律。

1722 **田** tián

田獵。

○《無逸》:"文王不敢盤于遊<u>田</u>。"《孔傳》:"文王不敢樂於遊逸<u>田獵</u>。"（780、16-18-6）

○《無逸》:"則其無淫于觀、于逸、于遊、于<u>田</u>。"《孔傳》:"所以無敢過於觀遊逸豫<u>田獵</u>者。"（782、16-19-17）

按:田,古同"畋",打獵義。

1723 **畋** tián

① **田獵。**

○《五子之歌》:"<u>畋</u>于有洛之表,十旬弗反。"《孔傳》:"<u>田獵</u>過百日不還。"（374、7-6-11）

② **畋獵。**

○《伊訓》:"恒于遊<u>畋</u>。"《孔傳》:"常遊戲<u>畋獵</u>。"（408、8-21-4）

1724 **外凶** wài xiōng

出師征伐。

○《洪範》:"汝則從、龜從、筮逆,卿士逆,庶民逆,作内吉,作<u>外凶</u>。"《孔傳》:"二從三逆,龜筮相違,故可以祭祀冠婚,不可以<u>出師征伐</u>。"（581、12-23-5）

1725 **望** wàng

① **望祀山川。**

○《武成》:"越三日庚戌,柴<u>望</u>。"《孔傳》:"燔柴郊天,<u>望祀山川</u>。"（531、

11－27－2）

② **十五日，日月相望。**

○《召誥》：“惟二月既望。”《孔傳》：“周公攝政七年，二月十五日，日月相望，因紀之。”（702、15－2－6）

按：《孔疏》：“‘望’者，於月之半，月當日衝，〔日〕光照月光圓滿，面嚮相當，猶人之相望，故名‘望’也……孔云十五日即爲望，是己丑爲望，言‘己望’者，謂庚寅十六日也。”另：《孔疏》“光照”前，單、八、魏、平有“日”字①，是。

1726 武　wǔ

① **武定禍亂。**

○《大禹謨》：“乃聖乃神，乃武乃文。”《孔傳》：“聖無所不通，神妙無方，文經天地，武定禍亂。”（147、4－4－11）

按：《孔疏》：“《謚法》云：‘經緯天地曰文，克定禍亂曰武。’經傳‘文’‘武’倒者，經取韻句，傳以文重故也。”

② **武事。**

○《泰誓中》：“我武惟揚，侵于之疆。”《孔傳》：“言我舉武事，侵入紂郊疆伐之。”（511、11－13－16）

○《大誥》：“予翼以于敉寧武圖功。”《孔傳》：“來翼佐我周，用撫安武事，謀立其功。”（628、13－24－4）

③ **武功。**

○《武成》：“作《武成》。”《孔傳》：“武功成，文事修。”（1044、11－25－4）

○《武成》：“《武成》。”《孔傳》：“文王受命，有此武功，成於克商。”（529、11－25－10）

按：《孔疏》：“‘文王受命，有此武功’，《詩》之文也。”

1727 五辰　wǔ chén

五行之時。

○《皋陶謨》：“撫于五辰，庶績其凝。”《孔傳》：“言百官皆撫順五行之時，衆功皆成。”（172、4－28－7）

按：《孔疏》：“‘五行之時’，即四時也。《禮運》曰‘播五行於四時’，土寄王四季，故爲‘五行之時’也。”

1728 夏　xià

夏月。

○《君牙》：“夏暑雨。”《孔傳》：“夏月暑雨，天之常道。”（918、19－16－11）

---

① 杜澤遜：《尚書注疏彙校》，第2292頁。

1729 祥 xiáng

妖怪。

○《咸乂》："亳有祥,桑穀共生于朝。"《孔傳》:"祥,妖怪。"（1016、8 - 40 - 8）

按:《孔疏》:"《漢書·五行志》云:'凡草物之類謂之妖,自外來謂之祥。''祥'是惡事先見之徵,故爲'妖怪'也。"

1730 宵中 xiāo zhōng

秋分日。

○《堯典》:"宵中星虛,以殷仲秋。"《孔傳》:"宵,夜也。春言日,秋言夜,互相備。虛,玄武之中星,亦言七星皆以秋分日見,以正三秋。"（37、2 - 13 - 13）

按:《孔疏》:"明日中宵亦中,宵中日亦中,因此而推之,足知日永則宵短,日短則宵長,皆以此而備知也。"

1731 歆 xīn

歆享。

○《微子之命》:"上帝時歆。"《孔傳》:"孝恭之人,祭祀則神歆享。"（640、13 - 36 - 11）

按:《説文》:"歆,神食氣也。"歆享,即神靈享受祭品、香火。《詩·大雅·生民》"其香始升,上帝居歆",《鄭箋》:"其馨香始上行,上帝則安而歆享之。"《左傳·僖公三十一年》"鬼神非其族類,不歆其祀",杜預注:"歆,猶饗也。""享",通"饗"。

1732 星 xīng

二十八宿。

○《洪範》:"四曰星辰。"《孔傳》:"二十八宿迭見以敘氣節,十二辰以紀日月所會。"（561、12 - 13 - 5）

1733 虛 xū

玄武之中星。

○《堯典》:"宵中星虛,以殷仲秋。"《孔傳》:"虛,玄武之中星,亦言七星皆以秋分日見,以正三秋。"（37、2 - 13 - 13）

按:虛,星宿名。北方玄武七宿之一,居中間。《孔疏》:"北方七宿,則虛爲中,故虛爲玄武之中星。計仲秋日在角、亢而入於酉地,初昏之時,斗、牛在午,女、虛、危在巳,室、壁在辰,舉虛中星言之,亦言七星皆以秋分之日昏時並見,以正秋之三月。"

1734 旬 xún

十日。

〇《大禹謨》：“三旬，苗民逆命。”《孔傳》：“旬，十日也。”（158、4－18－14）

按：《孔疏》：“《堯典》云‘三百有六旬’，是知‘旬，十日’也。”

〇《五子之歌》：“畋于有洛之表，十旬弗反。”《孔傳》：“十日曰旬。”（374、7－6－11）

1735 旬時 xún shí

十日。

〇《康誥》：“服念五六日，至于旬時。”《孔傳》：“服膺思念五六日，至於十日。”（658、14－10－11）

1736 一月 yī yuè

① 正月。

〇《泰誓上》：“一月戊午，師渡孟津。”《孔傳》：“十三年正月二十八日，更與諸侯期而共伐紂。”（1027、11－1－10）

按：《孔疏》：“武王以殷之十二月發行，正月四日殺紂，既入商郊，始改正朔，以殷之正月，爲周之二月。其初發時猶是殷之十二月，未爲周之正月，改正在後，不可追名爲‘正月’，以其實是周之正月，故史以‘一月’名之。”

② 周之正月。

〇《武成》：“惟一月壬辰旁死魄。”《孔傳》：“一月，周之正月。”（530、11－26－7）

1737 宜 yí

祭社曰宜。

〇《泰誓上》：“類于上帝，宜于冢土。”《孔傳》：“祭社曰宜。”（507、11－9－5）

按：《孔疏》：“《釋天》引《詩》云：‘乃立冢土，戎醜攸行。’即云：‘起大事，動大衆，必先有事乎社而後出，謂之宜。’孫炎曰：‘宜，求見福佑也。’是‘祭社曰宜’。”

1738 災 zāi

① 災異。

〇《湯誥》：“降災于夏，以彰厥罪。”《孔傳》：“下災異以明桀罪惡。”（401、8－14－12）

② 禍災。

〇《伊訓》：“皇天降災。”《孔傳》：“故天下禍災。”（405、8－19－9）

1739 哉生明 zāi shēng míng

始生明,月三日。

○《武成》:"厥四月哉生明。"《孔傳》:"始生明,月三日。與死魄互言。"
(530、11 - 26 - 11)

按:《孔疏》:"《顧命》傳以'哉生魄'爲十六日,則'哉生明'爲月初矣。以
三日月光見,故傳言'始生明月三日'也。"

1740 哉生魄 zāi shēng pò

始生魄,月十六日,明消而魄生。

○《康誥》:"惟三月哉生魄。"《孔傳》:"始生魄,月十六日,明消而魄生。"
(643、14 - 2 - 11)

○《顧命》:"惟四月哉生魄。"《孔傳》:"成王崩年之四月始生魄,月十六
日。"(865、18 - 20 - 2)

按:《説文》"魄"作"霸",云:"月始生霸然也。承大月,二日;承小月,三
日。从月霎聲。《周書》曰:'哉生霸。'"與《孔傳》訓異。《孔疏》:"始生
魄,月十六日戊午,社于新邑之明日。'魄'與'明'反,故云'明消而魄
生'。"又云:"《〔漢書‧律曆〕志》又云:'死魄,朔也。生魄,望也。'明死
魄生,從望爲始,故始生魄爲月十六日,即是望之日也。"

1741 載 zǎi

年。

○《堯典》:"九載,績用弗成。"《孔傳》:"載,年也。"(56、2 - 26 - 18)

○《堯典》:"朕在位七十載。"《孔傳》:"堯年十六,以唐侯升爲天子,在位
七十年。"(57、2 - 32 - 1)

○《禹貢》:"作十有三載乃同。"《孔傳》:"治水十三年,乃有賦法,與他州
同。"(257、6 - 11 - 3)

1742 昃 zè

映。

○《無逸》:"自朝至于日中昃,不遑暇食。"《孔傳》:"從朝至日昳不暇
食。"(779、16 - 18 - 3)

按:昃,指日西斜。《孔疏》:"《易‧豐卦‧象》曰:'日中則昃。'謂過中而
斜昃也。'昃'亦名'昳',言日蹉跌而下,謂未時也。"

1743 咤 zhà

奠爵。

○《顧命》:"乃受同、瑁,王三宿,三祭,三咤。"《孔傳》:"王受瑁爲主,受同

以祭。禮成於三,故酌者實三爵於王,王三進爵,三祭酒,三奠爵。"(897、18-38-10)

按:陸德明《釋文》:"咤,陟嫁反,字亦作宅,又音妒,徐又音託,又豬夜反。《說文》作詫,丁故反,奠爵也。馬作詫,與《說文》音義同。"《孔疏》:"經典無此'咤'字,'咤'爲奠爵,傳記無文。"故"咤"字字形疑爲傳寫致誤,或應寫作"詫"。

1744 貞 zhēn

内卦曰貞。

○《洪範》:"曰貞,曰悔。"《孔傳》:"内卦曰貞,外卦曰悔。"(578、12-22-10)

按:貞,爲《易》的内卦,即下三爻。《說文》:"貞,卜問也。"《左傳·僖公十五年》"《蠱》之貞,風也;其悔,山也",杜預注:"内卦爲貞,外卦爲悔。"

1745 振旅 zhèn lǚ

兵入曰振旅。

○《大禹謨》:"班師振旅。"《孔傳》:"兵入曰振旅。"(159、4-19-11)

按:《孔疏》:"'兵入曰振旅',《釋天》文。與《春秋》二傳,皆有此文。振,整也。言整衆而還。"

1746 中夜 zhōng yè

夜半。

○《冏命》:"怵惕惟厲,中夜以興。"《孔傳》:"言常悚懼惟危,夜半以起。"(920、19-19-7)

1747 祝 zhù

祝辭。

○《金縢》:"史乃册祝。"《孔傳》:"史爲册書祝辭也。"(602、13-10-15)

1748 祖 zǔ

祖主。

○《甘誓》:"用命賞于祖。"《孔傳》:"有功則賞祖主前,示不專。"(368、7-2-17)

按:祖主,指祖先的靈位。

1749 酢 zuò

報祭曰酢。

○《顧命》:"秉璋以酢。"《孔傳》:"報祭曰酢。"(898、18-38-15)

按:報祭,指謝神的祭祀。《孔疏》:"秉璋以酢,是報祭之事。王已祭,太保又報祭也。'酢',訓報也,故'報祭曰酢'。"

十一　釋　地

1750 囂 áo

地名。

○《仲丁》："仲丁遷于囂。"《孔傳》："囂,地名。"(1018、8-41-13)

按:《釋文》："囂,五羔反。"《孔疏》："李顒云:'囂在陳留浚儀縣。'皇甫謐云:仲丁自亳徙囂,在河北也,或曰今河南敖倉。二説未知孰是也。"

1751 陂 bēi

① 陂障。

○《禹貢》："九州刊旅,九川滌源,九澤既陂。"《孔傳》："九州之澤,已陂障無決溢矣。"(350、6-38-10)

② 澤障曰陂。

○《泰誓上》："惟宫室、臺榭、陂池、侈服。"《孔傳》："澤障曰陂,停水曰池。"(504、11-6-5)

按:《爾雅·釋地》："陂者曰阪。"《孔疏》："障澤之水使不流洫(溢)謂之'陂'。"《詩·陳風·澤陂》"彼澤之陂,有蒲與荷",《毛傳》："陂,澤障也。"

1752 畢 bì

國名。

○《顧命》："乃同召太保奭、芮伯、彤伯、畢公、衛侯、毛公。"《孔傳》："召、芮、彤、畢、衛、毛皆國名,入爲天子公卿。"(869、18-20-9)

1753 費 bì

① 費地。

○《費誓》："作《費誓》。"《孔傳》："魯侯征之於費地而誓衆也。"(1065、20-8-16)

② 魯東郊之地名。

○《費誓》："《費誓》。"《孔傳》："費,魯東郊之地名。"(968、20-9-2)

按:費,地名。春秋時魯季氏邑,故址約在今山東省費縣西南。

1754 播 bō

播種。

○《益稷》:"暨稷播奏庶艱食鮮食。"《孔傳》:"衆難得食處,則與稷教民播種之,決川有魚鼈,使民鮮食之。"(188、5-2-8)

○《大誥》:"厥父菑,厥子乃弗肯播,矧肯穫?"《孔傳》:"其父已菑耕其田,[其]子乃不肯播種,況肯收穫之乎?"(635、13-30-11)

按:《舜典》"播時百穀",《傳》云"播,布也",當是"播種"義。《詩·周頌·噫嘻》"播厥百穀",《鄭箋》云:"播,猶種也。"

1755 采 cǎi

采服,〔去王城〕二千五百里。

○《康誥》:"侯、甸、男邦、采、衛。"《孔傳》:"此五服諸侯,服五百里。侯服去王城千里……采服〔去王城〕二千五百里。"(644、14-2-15)

按:采,是古代卿大夫的封地,亦稱"采邑"。

1756 蔡 cài

國名。

○《蔡仲之命》:"《蔡仲之命》。"《孔傳》:"蔡,國名。"(810、17-1-9)

○《蔡仲之命》:"群叔流言,乃致辟管叔于商,囚蔡叔于郭鄰。"《孔傳》:"管、蔡,國名。"(810、17-1-18)

按:《孔疏》:"《管蔡世家》云:'封叔鮮於管,封叔度於蔡',是管、蔡爲國名。杜預云:'管在滎陽京縣東北。'"

1757 草 cǎo

草野。

○《微子》:"殷罔不小大好草竊姦宄。"《孔傳》:"草野竊盜,又爲姦宄於内外。"(495、10-20-3)

1758 巢 cháo

南方遠國。

○《旅巢命》:"巢伯來朝。"《孔傳》:"南方遠國,武王克商,慕義來朝。"(1049、13-7-15)

按:《孔疏》:"《仲虺之誥》云'成湯放桀于南巢',或此'巢'是也,故先儒相傳皆以爲南方之國。"

1759 沈潛 chén qián

沈潛謂地。

○《洪範》:"沈潛剛克。"《孔傳》:"沈潛謂地,雖柔亦有剛,能出金石。"

（571、12－20－9）

按：《孔疏》：“高而明者，惟有天耳，知‘高明謂天’也。以此‘高明’是天，故上傳‘沈潛謂地’也。”劉起釪《尚書校釋譯論》：“‘沈潛’與下句‘高明’對舉，‘高明’指上層貴族，則‘沈潛’自指沉在下層的庶民。‘沈潛剛克’是説對下面的民衆，要以强硬方式統治。”①

1760 成周 chéng zhōu

洛陽下都。

○《多士》：“成周既成。”《孔傳》：“洛陽下都。”（1054、16－1－7）

按：《孔疏》：“周之成周，於漢爲洛陽也。洛邑爲王都，故謂此爲‘下都’。遷殷頑民，以成周道，故名此邑爲成周。”

1761 池 chí

停水曰池。

○《泰誓上》：“惟宮室、臺榭、陂池、侈服。”《孔傳》：“澤障曰陂，停水曰池。”（504、11－6－5）

按：《廣雅·釋地》：“陂，池也。”池，指水停積處，池塘。《孔疏》：“停水不流謂之‘池’。”

1762 斥 chì

斥鹵。

○《禹貢》：“厥土白墳，海濱廣斥。”《孔傳》：“言復其斥鹵。”（261、6－12－12）

按：斥鹵，指鹽鹹地。《説文》：“鹵，西方鹹地也。从西省，象鹽形。安定有鹵縣。東方謂之𪉖，西方謂之鹵。”《説文》未收“斥”字，《广部》收“𪉖”字。《正字通·广部》：“𪉖，斥本字。”也就是説斥、鹵義同。“海濱廣斥”《史記·夏本紀》譯作“海濱廣潟，其田斥鹵”，亦將“斥”對應訓作“斥鹵”。

1763 大坰 dà jiōng

地名。

○《仲虺之誥》：“湯歸自夏，至于大坰。”《孔傳》：“大坰，地名。”（1007、8－7－17）

1764 甸 diàn

① 甸服，〔去王城〕千五百里。

○《康誥》：“侯、甸、男邦、采、衛。”《孔傳》：“此五服諸侯，服五百里。侯服

---

① 顧頡剛、劉起釪：《尚書校釋譯論》，第1173頁。

去王城千里,甸服〔去王城〕千五百。"(644、14 - 2 - 15)

② 甸服。

○《酒誥》:"越在外服,侯、甸、男、衛邦伯。"《孔傳》:"於在外國,侯服、甸服、男服、衛服國伯諸侯之長。"(682、14 - 27 - 2)

○《周官》:"惟周王撫萬邦,巡侯甸。"《孔傳》:"即政撫萬國,巡行天下,侯服、甸服。"(852、18 - 2 - 9)

1765 甸服 diàn fú

規方千里之内,謂之甸服。爲天子服治田,去王城面五百里。

○《禹貢》:"五百里甸服。"《孔傳》:"規方千里之内,謂之甸服。爲天子服治田,去王城面五百里。"(352、6 - 40 - 16)

1766 東 dōng

東方。

○《微子之命》:"尹兹東夏。"《孔傳》:"正此東方華夏之國。"(640、13 - 36 - 11)

1767 東陵 dōng líng

地名。

○《禹貢》:"過九江,至于東陵。"《孔傳》:"東陵,地名。"(324、6 - 36 - 8)

1768 東夏 dōng xià

東方華夏之國。

○《微子之命》:"尹兹東夏。"《孔傳》:"正此東方華夏之國。"(640、13 - 36 - 11)

1769 東夷 dōng yí

海東諸夷,駒麗、扶餘、馯貊之屬。

○《賄肅慎之命》:"成王既伐東夷。"《孔傳》:"海東諸夷,駒麗、扶餘、馯貊之屬。武王克商,皆通道焉。"(1059、18 - 12 - 2)

1770 東作 dōng zuò

歲起於東而始就耕,謂之東作。

○《堯典》:"寅賓出日,平秩東作。"《孔傳》:"歲起於東而始就耕,謂之東作。"(25、2 - 12 - 9)

按:東作,指春耕。

1771 都 dū

都邑。

○《立政》:"大都小伯。"《孔傳》:"小臣猶皆慎擇其人,況大都邑之小

長。”(841、17－28－10)

1772 多方 duō fāng

衆方。(10見)

○《多方》:“《多方》。”《孔傳》:“衆方,天下諸侯。”(814、17－6－18)

○《多方》:“克以爾多方。”《孔傳》:“能用汝衆方之賢。”(820、17－11－7)

○《多方》:“弗克以爾多方。”《孔傳》:“謂紂不能用汝衆方。”(821、17－11－16)

○《多方》:“誥告爾多方。”《孔傳》:“歎而順其事以告汝衆方。”(821、17－12－9)

○《多方》:“以爾多方大淫。”《孔傳》:“用汝衆方大爲過惡者。”(821、17－12－11)

○《多方》:“天惟求爾多方。”《孔傳》:“天惟求汝衆方之賢者。”(824、17－14－9)

○《多方》:“惟爾多方,罔堪顧之。”《孔傳》:“惟汝衆方之中,無堪顧天之道者。”(824、17－14－11)

○《多方》:“尹爾多方。”《孔傳》:“以正汝衆方之諸侯。”(824、17－14－15)

○《多方》:“爾曷不忱裕之于爾多方?”《孔傳》:“汝何不以誠信行寬裕之道於汝衆方?”(825、17－15－10)

○《多方》:“則惟爾多方。”《孔傳》:“則惟汝衆方。”(831、17－20－3)

1773 方 fāng

四方。

○《益稷》:“皋陶方祇厥敘,方施象刑惟明。”《孔傳》:“方,四方。”(226、5－18－18)

○《五子之歌》:“惟彼陶唐,有此冀方。”《孔傳》:“陶唐,帝堯氏,都冀州,統天下四方。”(378、7－9－6)

○《微子》:“天毒降災荒殷邦,方興沈酗于酒。”《孔傳》:“天生紂爲亂,是天毒下災,四方化紂沈湎,不可如何。”(498、10－22－8)

○《立政》:“方行天下,至于海表。”《孔傳》:“方,四方。”(850、17－35－8)

1774 方物 fāng wù

方土所生之物。

○《旅獒》:“畢獻方物,惟服食器用。”《孔傳》:“盡貢其方土所生之物,惟可以供服食器用者。”(597、13－2－14)

按：方物,指地方土産。《孔疏》:"'惟可以供服食器用'者,玄纁絺紵,供服也,橘柚菁茅,供食也,羽毛齒革,瑶琨篠簜,供器用也。"

1775 方夏 fāng xià

四方中夏。

○《武成》:"誕膺天命,以撫方夏。"《孔傳》:"大當天命,以撫綏四方中夏。"(534、11 - 30 - 1)

按：方夏,即華夏。

1776 分土 fēn tǔ

列地封國。

○《武成》:"分土惟三。"《孔傳》:"列地封國,公侯方百里,伯七十里,子男五十里,爲三品。"(538、11 - 35 - 3)

按：分土,指分封土地。《荀子·王霸》"農分田而耕,賈分貨而販,百工分事而勸,士大夫分職而聽,建國諸侯之君分土而守"中,"分土"亦是此義。

1777 封 fēng

所封之國。

○《蔡仲之命》:"往即乃封,敬哉!"《孔傳》:"往就汝所封之國,當修己以敬哉!"(812、17 - 3 - 14)

1778 封守 fēng shǒu

封疆之守備。

○《畢命》:"慎固封守,以康四海。"《孔傳》:"又當謹慎堅固封疆之守備,以安四海。"(915、19 - 11 - 5)

按：封守,即邊防。《左傳·襄公二十八年》"必使而君棄而封守"之"封守"亦是此義。

1779 豐 fēng

文王所都。

○《畢命》:"王朝步自宗周,至于豐。"《孔傳》:"豐,文王所都。"(912、19 - 8 - 3)

按：文王邑豐,在今陝西西安西南豐水以西。武王遷鎬,在豐水以東。其後周公雖營洛邑,豐、鎬仍爲當時政治文化中心。豐、鎬兩京,也稱宗周,位於長安區西北部的灃河兩岸,豐在河西,鎬在河東,是西周王朝近300年間的政治、經濟中心。

1780 甘 gān

有扈郊地名。

○《甘誓》:"《甘誓》。"《孔傳》:"甘,有扈郊地名。"(360、7 - 1 - 14)

1794 冀州 jì zhōu

堯所都也。

〇《禹貢》:"冀州既載。"《孔傳》:"堯所都也。先施貢賦役載於書。"(245、6 - 3 - 10)

1795 家 jiā

卿大夫之家。

〇《文侯之命》:"侵戎我國家純。"《孔傳》:"侵兵傷我國,及卿大夫之家,禍甚大。"(964、20 - 4 - 1)

按:卿大夫之家,指大夫統治的政治區域,即卿大夫或卿大夫的采地食邑。《周禮·夏官·序官》"家司馬各使其臣以正於公司馬",鄭玄注"家,卿大夫采地"。

1796 稼穡 jià sè

① **種曰稼,斂曰穡。**

〇《洪範》:"土爰稼穡。"《孔傳》:"種曰稼,斂曰穡。"(553、12 - 7 - 18)

② **農夫事。**

〇《無逸》:"先知稼穡之艱難。"《孔傳》:"稼穡,農夫之艱難事。"(767、16 - 12 - 13)

1797 疆土 jiāng tǔ

界壤。

〇《梓材》:"越厥疆土于先王肆。"《孔傳》:"能遠拓其界壤,則於先王之道遂大。"(700、14 - 38 - 11)

1798 郊 jiāo

① **郊位。**

〇《召誥》:"用牲于郊,牛二。"《孔傳》:"用牲告立郊位於天,以后稷配,故二牛。"(706、15 - 5 - 1)

② **郊境。**

〇《畢命》:"分居里,成周郊。"《孔傳》:"分別民之居里,異其善惡。成定東周郊境,使有保護。"(1063、19 - 7 - 8)

1799 荆州 jīng zhōu

北據荆山,南及衡山之陽。

〇《禹貢》:"荆及衡陽惟荆州。"《孔傳》:"北據荆山,南及衡山之陽。"(277、6 - 18 - 10)

1800 井疆 jǐng jiāng

井居田界。

○《畢命》:"弗率訓典,殊厥井疆。"《孔傳》:"其不循教道之常,則殊其井居田界。"(915、19 - 11 - 3)

按: 井居田界,指井邑的疆界。

1801 康 kāng

圻内國名。

○《康誥》:"《康誥》。"《孔傳》:"命康叔之誥。康,圻内國名。"(642、14 - 1 - 10)

1802 崑崙 kūn lún

在荒服之外,流沙之内。

○《禹貢》:"崑崙、析支、渠、搜,西戎即敘。"《孔傳》:"有此四國,在荒服之外,流沙之内,羌髳之屬,皆就次敘。"(303、6 - 29 - 1)

按:《孔疏》:"崑崙也,析支也,渠也,搜也,四國皆是戎狄也。末以'西戎'總之。"

1803 萊夷 lái yí

地名。

○《禹貢》:"萊夷作牧。"《孔傳》:"萊夷,地名。可以放牧。"(262、6 - 13 - 4)

1804 黎 lí

① 沃壤。

○《禹貢》:"厥土青黎。"《孔傳》:"色青黑而沃壤。"(487、10 - 16 - 16)

按:《釋名·釋地》:"土青曰黎,似黎草色也。"

② 近王圻之諸侯,在上黨東北。

○《西伯戡黎》:"西伯既戡黎。"《孔傳》:"近王圻之諸侯,在上黨東北。"(294、6 - 25 - 2)

按:《孔疏》:"黎國,漢之上黨郡壺關所治黎亭是也。紂都朝歌,王圻千里,黎在朝歌之西,故爲'近王圻之諸侯'也。"

1805 梁州 liáng zhōu

東據華山之南,西距黑水。

○《禹貢》:"華陽、黑水惟梁州。"《孔傳》:"東據華山之南,西距黑水。"(291、6 - 24 - 9)

1806 壚 lú

疏。

○《禹貢》:"厥土惟壤,下土墳壚。"《孔傳》:"高者壤,下者壚,壚,疏也。"(290、6 - 24 - 3)

1807 盧 lú

蠻夷戎狄屬文王者國名。盧在西北。

〇《牧誓》：“及庸、蜀、羌、髳、微、盧、彭、濮人。”《孔傳》：“八國，皆蠻夷戎狄屬文王者國名……盧、彭在西北。”（521、11 - 21 - 10）

1808 洛 luò

洛邑。

〇《洛誥》：“《洛誥》。”《孔傳》：“既成洛邑，將致政成王，告以居洛之義。”（721、15 - 19 - 13）

〇《多士》：“今朕作大邑于兹洛。”《孔傳》：“今我作此洛邑。”（763、16 - 10 - 10）

〇《多士》：“爾厥有幹有年，于兹洛。”《孔傳》：“則汝其有安事，有豐年，於此洛邑。”（764、16 - 11 - 3）

1809 洛汭 luò ruì

① 洛入河處。

〇《禹貢》：“東過洛汭，至于大伾。”《孔傳》：“洛汭，洛入河處。”（314、6 - 34 - 6）

② 洛水之北。

〇《五子之歌》：“昆弟五人，須于洛汭。”《孔傳》：“太康五弟，與其母，待太康于洛水之北。”（997、7 - 5 - 5）

③ 洛水北，今河南城也。

〇《召誥》：“太保乃以庶殷，攻位于洛汭。”《孔傳》：“以衆殷之民治都邑之位於洛水北，今河南城也。”（705、15 - 2 - 17）

按：《孔疏》：“水内曰‘汭’，蓋以人南面望水，則北爲内，故‘洛汭’爲洛水之北。《漢書·地理志》河南郡治在洛陽縣，河南城，別爲河南縣。治都邑之位於洛北，今於漢河南城是也。”

1810 蠻貊 mán mò

四夷。

〇《武成》：“華夏蠻貊，罔不率俾。”《孔傳》：“冕服采章曰華，大國曰夏，及四夷皆相率。”（535、11 - 31 - 15）

1811 髳 máo

蠻夷戎狄屬文王者國名，在巴蜀。

〇《牧誓》：“及庸、蜀、羌、髳、微、盧、彭、濮人。”《孔傳》：“八國，皆蠻夷戎狄屬文王者國名。……髳、微在巴蜀。”（521、11 - 21 - 10）

1812 毛 máo

國名。

○《顧命》：“乃同召太保奭、芮伯、彤伯、畢公、衛侯、毛公。”《孔傳》：“召、芮、彤、畢、衛、毛皆國名，入爲天子公卿。”（869、18-20-9）

1813 昧谷 mèi gǔ

日入於谷而天下冥，故曰昧谷。

○《堯典》：“分命和仲，宅西，曰昧谷。”《孔傳》：“昧，冥也。日入於谷而天下冥，故曰昧谷。昧谷曰西，則嵎夷東可知。”（33、2-13-8）

按：昧谷，指西方日落之處。

1814 妹 mèi

地名，紂所都，朝歌以北是。

○《酒誥》：“明大命于妹邦。”《孔傳》：“妹，地名，紂所都，朝歌以北是。”（672、14-20-7）

按：《孔疏》：“此‘妹’與‘沬’，一也，故沬爲地名，紂所都，朝歌以北。但妹爲朝歌之所居也，朝歌近妹邑之南，故云‘以北是’。”

1815 孟津 mèng jīn

地名。在洛北，都道所湊，古今以爲津。

○《禹貢》：“又東至于孟津。”《孔傳》：“孟津，地名。在洛北，都道所湊，古今以爲津。”（314、6-34-3）

1816 鳴條 míng tiáo

地在安邑之西。

○《湯誓》：“遂與桀戰于鳴條之野。”《孔傳》：“地在安邑之西，桀逆拒湯。”（1004、8-1-10）

1817 牧 mù

① 〔地名〕，牧地。

○《牧誓》：“《牧誓》。”《孔傳》：“至牧地而誓衆。”（516、11-18-13）

② 紂近郊三十里地名牧。

○《牧誓》：“王朝至于商郊牧野，乃誓。”《孔傳》：“紂近郊三十里地名牧。”（518、11-20-2）

按：《説文》“坶”字下云：“朝歌南七十里地。《周書》：‘武王與紂戰于坶野。’”知“牧”，許慎所見古文《尚書》作“坶”。《孔疏》云：“皇甫謐云‘在朝歌南七十里’，不知所據何書。”皇甫謐的解釋應本自《説文》，而《孔傳》訓作“紂近郊三十里地”，則不知所據爲何。《孔疏》申曰“或當有所據也”。

1818 男　nán

男服。

○《酒誥》:"越在外服,侯、甸、<u>男</u>、衛邦伯。"《孔傳》:"於在外國,侯服、甸服、<u>男服</u>、衛服國伯諸侯之長。"(682、14－27－2)

1819 男邦　nán bāng

男服,去王城二千里。

○《康誥》:"侯、甸、<u>男邦</u>、采、衛。"《孔傳》:"此五服諸侯,服五百里。……男服,去王城二千里。"(644、14－2－15)

1820 南巢　nán cháo

地名。

○《仲虺之誥》:"成湯放桀于<u>南巢</u>。"《孔傳》:"南巢,地名。"(394、8－8－18)

1821 農　nóng

農畝。

○《呂刑》:"稷降播種,農殖嘉穀。"《孔傳》:"后稷下教民播種,農畝生善穀。"(935、19－30－14)

1822 彭　péng

蠻夷戎狄屬文王者國名。彭在西北。

○《牧誓》:"及庸、蜀、羌、髳、微、盧、<u>彭</u>、濮人。"《孔傳》:"八國,皆<u>蠻夷戎狄屬文王者國名</u>。……<u>盧、彭在西北</u>。"(521、11－21－10)

1823 蒲姑　pú gū

齊地,近中國。

○《將蒲姑》:"成王既踐奄,將遷其君於<u>蒲姑</u>。"《孔傳》:"蒲姑,齊地,近中國,教化之。"(1057、17－6－3)

按:《孔疏》:"杜預云:'樂安博昌縣北有蒲姑城。'是蒲姑爲齊地也。周公遷殷頑民於成周,近京師,教化之,知今遷奄君臣於蒲姑,爲'近中國,教化之'。"

1824 濮　pú

蠻夷戎狄屬文王者國名。濮在江漢之南。

○《牧誓》:"及庸、蜀、羌、髳、微、盧、彭、<u>濮</u>人。"《孔傳》:"八國,皆<u>蠻夷戎狄屬文王者國名</u>。……庸、<u>濮在江漢之南</u>。"(521、11－21－11)

1825 羌　qiāng

蠻夷戎狄屬文王者國名。羌在西蜀叟。

○《牧誓》:"及庸、蜀、<u>羌</u>、髳、微、盧、彭、濮人。"《孔傳》:"八國,皆<u>蠻夷戎</u>

狄屬文王者國名。羌在西蜀叟。"(521、11－21－10)

1826 覃懷 qín huái

近河地名。

○《禹貢》:"覃懷厎績,至于衡漳。"《孔傳》:"覃懷,近河地名。"(248、6－5－3)

1827 青州 qīng zhōu

東北據海,西南距岱。

○《禹貢》:"海、岱惟青州。"《孔傳》:"東北據海,西南距岱。"(259、6－12－4)

1828 區夏 qū xià

區域諸夏。

○《康誥》:"用肇造我區夏。"《孔傳》:"用此明德慎罰之道,始爲政於我區域諸夏。"(648、14－4－12)

按:區夏,亦指華夏。

1829 渠 qú

在荒服之外,流沙之內。

○《禹貢》:"崑崙、析支、渠、搜,西戎即敘。"《孔傳》:"有此四國,在荒服之外,流沙之內,羌髳之屬,皆就次敘。"(303、6－29－1)

按:《孔疏》:"崑崙也,析支也,渠也,搜也,四國皆是戎狄也。末以'西戎'總之。"

1830 畖 quǎn

畖壟。

○《梓材》:"惟其陳修,爲厥疆畖。"《孔傳》:"惟其陳列修治,爲其疆畔畖壟。"(697、14－37－5)

1831 壤 rǎng

①〔土〕**無塊曰壤。**

○《禹貢》:"厥土惟白壤。"《孔傳》:"無塊曰壤。"(249、6－5－9)

按:《説文》:"壤,柔土也。"王鳴盛《尚書後案》:"馬云:'壤,天性和美也'者,《地官·大司徒》鄭注云:'壤,和緩之貌。'"①

②**壤地。**

○《康王之誥》:"一二臣衛,敢執壤奠。"《孔傳》:"來朝而遇國喪,遂因見新王,敢執壤地所出而奠贄也。"(905、19－1－18)

---

① (清)王鳴盛著,顧寶田、劉連朋校點:《尚書後案》,第100頁。

1832 榮 róng

國名。

○《賄肅慎之命》："王俾<u>榮</u>伯,作《賄肅慎之命》。"《孔傳》："榮,國名。"（1059、18 - 12 - 5）

1833 芮 ruì

國名。

○《顧命》："乃同召太保奭、<u>芮</u>伯、彤伯、畢公、衛侯、毛公。"《孔傳》："召、芮、彤、畢、衛、毛皆<u>國名</u>,入爲天子公卿。"（869、18 - 20 - 9）

1834 三亳 sān bó

亳人之歸文王者三所。

○《立政》："夷微盧烝,<u>三亳</u>,阪尹。"《孔傳》："蠻夷微盧之衆帥,及<u>亳人之歸文王者三所</u>,爲之立監,及阪地之尹長,皆用賢。"（842、17 - 28 - 17）

按:《孔疏》："'亳'是湯之舊都,此言'三亳',必是亳民分爲三處。……皇甫謐以爲'三亳,三處之地,皆名爲亳。蒙爲北亳,穀熟爲南亳,偃師爲西亳'。古書亡滅,既無要證,未知誰得旨矣。"

1835 三朡 sān zōng

國名,桀走保之,今定陶也。

○《典寶》："遂伐<u>三朡</u>,俘厥寶玉。"《孔傳》："三朡,國名,桀走保之,今定陶也。"（1006、8 - 7 - 6）

1836 穡 sè

① **耕稼。**

○《盤庚上》："若農服田力<u>穡</u>,乃亦有秋。"《孔傳》："穡,耕稼也。"（435、9 - 7 - 17）

② **稼穡。**

○《大誥》："若<u>穡</u>夫,予曷敢不終朕畝?"《孔傳》："<u>稼穡</u>之夫,除草養苗。……我何敢不順天終竟我壟畝乎?"（637、13 - 33 - 3）

1837 墠 shàn

除地。

○《金縢》："爲三壇,同<u>墠</u>。"《孔傳》："壇築土,墠除地,大除地,於中爲三壇。"（601、13 - 9 - 7）

按:《孔疏》："除地爲墠,墠內築壇,爲三壇同墠。"

1838 召 shào

國名。

○《顧命》:"乃同<u>召</u>太保奭、芮伯、彤伯、畢公、衛侯、毛公。"《孔傳》:"召、芮、彤、畢、衛、毛皆<u>國名</u>,入爲天子公卿。"(869、18-20-9)

1839 蜀 shǔ

蠻夷戎狄屬文王者國名。

○《牧誓》:"及庸、<u>蜀</u>、羌、髳、微、盧、彭、濮人。"《孔傳》:"八國,皆<u>蠻夷戎狄屬文王者國名</u>。"(521、11-21-10)

1840 四方 sì fāng

① **天下。**

○《泰誓上》:"惟其克相上帝,寵綏<u>四方</u>。"《孔傳》:"當能助天寵安<u>天下</u>。"(506、11-8-1)

② **四海,萬邦四夷。**

○《洛誥》:"勤施于<u>四方</u>。"《孔傳》:"勤政施於<u>四海,萬邦四夷</u>。"(734、15-30-6)

1841 四夷 sì yí

東夷、西戎、南蠻、北狄。

○《畢命》:"<u>四夷左衽</u>,罔不咸賴。"《孔傳》:"言<u>東夷、西戎、南蠻、北狄</u>,被髮左衽之人,無不皆恃賴三君之德。"(917、19-13-17)

1842 搜 sōu

在荒服之外,流沙之內。

○《禹貢》:"崑崙、析支、渠、<u>搜</u>,西戎即敘。"《孔傳》:"有此四國,<u>在荒服之外,流沙之內</u>,羌髳之屬,皆就次敘。"(303、6-29-1)

按:《孔疏》:"崑崙也,析支也,渠也,搜也,四國皆是戎狄也。末以'西戎'總之。"

1843 藪 sǒu

藪澤。

○《武成》:"爲天下<u>逋逃主</u>,萃淵<u>藪</u>。"《孔傳》:"天下罪人逃亡者,而紂爲魁主,窟聚淵府<u>藪澤</u>。"(535、11-31-6)

按:《孔疏》:"水鐘謂之'澤',無水則名'藪'。'藪''澤'大同,故言'藪澤'。"

1844 綏服 suí fú

侯服外之五百里,安服王者之政教。

○《禹貢》:"五百里<u>綏服</u>。"《孔傳》:"<u>侯服外之五百里,安服王者之政教</u>。"(355、6-42-13)

1845 太原 tài yuán

高平曰太原,今以爲郡名。

○《禹貢》:"既修太原,至于岳陽。"《孔傳》:"高平曰太原,今以爲郡名。"(247、6 - 4 - 14)

1846 壇 tán

築土。

○《金縢》:"爲三壇,同墠。"《孔傳》:"壇築土,墠除地,大除地,於中爲三壇。"(601、13 - 9 - 7)

1847 桃林 táo lín

在華山東。

○《武成》:"歸馬于華山之陽,放牛于桃林之野。"《孔傳》:"桃林在華山東。"(530、11 - 26 - 14)

1848 天下 tiān xià

民間。

○《説命上》:"俾以形旁求于天下。"《孔傳》:"刻其形象,以四方旁求之於民間。"(470、10 - 2 - 18)

1849 肜 tóng

國名。

○《顧命》:"乃同召太保奭、芮伯、肜伯、畢公、衛侯、毛公。"《孔傳》:"召、芮、肜、畢、衛、毛皆國名,入爲天子公卿。"(869、18 - 20 - 9)

1850 桐 tóng

湯葬地。

○《太甲上》:"伊尹放諸桐。"《孔傳》:"湯葬地也。"(1013、8 - 23 - 17)

1851 塗山 tú shān

國名。

○《益稷》:"予創若時,娶于塗山。"《孔傳》:"塗山,國名。"(217、5 - 14 - 14)

1852 土 tǔ

① **土地。**

○《禹貢》:"任土作貢。"《孔傳》:"任其土地所有,定其貢賦之差。"(997、6 - 1 - 8)

② **平土。**

○《禹貢》:"桑土既蠶,是降丘宅土。"《孔傳》:"大水去,民下丘居平土,就桑蠶。"(256、6 - 10 - 8)

〇《禹貢》:"雲土夢作乂。"《孔傳》:"雲夢之澤在江南,其中有平土丘,水去可爲耕作畎畝之治。"(281、6-20-7)

按:殷本《考證》:"胡渭曰:'《漢書》作"雲夢土",《史記》《水經注》作"雲土夢"。沈括《夢溪筆談》云:《石經》倒"土夢"字,唐太宗得古本《尚書》,乃"雲土夢作乂",詔從古本。'"

另:阮元認爲"《筆談》所謂'太宗',乃宋太宗也。胡朏明《禹貢錐指》乃以爲唐太宗,殆誤矣。"①

③ 能吐生百穀,故曰土。

〇《周官》:"司空,掌邦土,居四民,時地利。"《孔傳》:"能吐生百穀,故曰土。"(855、18-6-4)

1853 土物 tǔ wù

土地所生之物。

〇《酒誥》:"惟土物愛,厥心臧。"《孔傳》:"惟土地所生之物,皆愛惜之,則其心善。"(676、14-22-17)

1854 土中 tǔ zhōng

地勢正中。

〇《召誥》:"王來紹上帝,自服于土中。"《孔傳》:"言王今來居洛邑,繼天爲治,躬自服行教化,於地勢正中。"(714、15-11-17)

1855 萬邦 wàn bāng

天下。(5見)

〇《堯典》:"百姓昭明,協和萬邦。"《孔傳》:"言天下衆民皆變化從上,是以風俗大和。"(16、2-10-6)

〇《大禹謨》:"嘉言罔攸伏,野無遺賢,萬邦咸寧。"《孔傳》:"如此,則賢才在位,天下安寧。"(147、4-3-2)

〇《益稷》:"烝民乃粒,萬邦作乂。"《孔傳》:"言天下由此爲治本。"(190、5-2-13)

〇《伊訓》:"爾惟德罔小,萬邦惟慶。"《孔傳》:"修德無小,則天下賚慶。"(409、8-23-1)

〇《太甲下》:"一人元良,萬邦以貞。"《孔傳》:"天子有大善,則天下得其正。"(418、8-33-3)

1856 萬方 wàn fāng

天下。

---

① 杜澤遜:《尚書注疏彙校》,第878頁。

○《湯誥》:"以敷虐于爾萬方百姓。"《孔傳》:"以布行虐政於天下百官。"(400、8-14-6)

○《太甲上》:"用集大命,撫綏萬方。"《孔傳》:"集王命於其身,撫安天下。"(410、8-25-6)

1857 微 wēi

① 圻内國名。

○《微子》:"《微子》。"《孔傳》:"微,圻内國名。"(492、10-19-8)

② 蠻夷戎狄屬文王者國名。微在巴蜀。

○《牧誓》:"及庸、蜀、羌、髳、微、盧、彭、濮人。"《孔傳》:"八國,皆蠻夷戎狄屬文王者國名。……髳、微在巴蜀。"(521、11-21-10)

1858 衛 wèi

① 衛服。〔去王城〕三千里。

○《康誥》:"侯、甸、男邦、采、衛。"《孔傳》:"此五服諸侯,服五百里。……衛服〔去王城〕三千里。"(644、14-2-15)

② 衛服。

○《酒誥》:"越在外服,侯、甸、男、衛邦伯。"《孔傳》:"於在外國,侯服、甸服、男服、衛服國伯諸侯之長。"(682、14-27-2)

③ 國名。

○《顧命》:"乃同召太保奭、芮伯、彤伯、畢公、衛侯、毛公。"《孔傳》:"召、芮、彤、畢、衛、毛皆國名,入爲天子公卿。"(869、18-20-9)

1859 沃 wò

沃土。

○《帝告》《釐沃》:"作《帝告》《釐沃》。"《孔傳》:"告來居,治沃土,二篇皆亡。"(999、7-19-6)

1860 五服 wǔ fú

① 侯、甸、綏、要、荒服。

○《益稷》:"弼成五服,至于五千,州十有二師。"《孔傳》:"五服,侯、甸、綏、要、荒服也。"(219、5-15-1)

② 侯、甸、男、采、衛。

○《周官》:"六年,五服一朝。"《孔傳》:"五服,侯、甸、男、采、衛。六年一朝會京師。"(856、18-8-8)

1861 西旅 xī lǚ

① 西戎遠國。

○《旅獒》：“西旅獻獒。”《孔傳》：“西戎遠國貢大犬。”（1047、13－1－7）

② 西戎。

○《旅獒》：“西旅厎貢厥獒。”《孔傳》：“西戎之長，致貢其獒。”（596、13－1－16）

1862 析支 xī zhī

在荒服之外，流沙之内。

○《禹貢》：“崐崘、析支、渠、搜，西戎即敘。”《孔傳》：“有此四國，在荒服之外，流沙之内，羌髳之屬，皆就次敘。”（303、6－29－1）

按：《孔疏》：“崐崘也，析支也，渠也，搜也，四國皆是戎狄也。末以‘西戎’總之。”

1863 隰 xí

下濕曰隰。

○《禹貢》：“原隰厎績，至于豬野。”《孔傳》：“下濕曰隰。”（301、6－27－11）

按：《爾雅·釋地》：“下濕曰隰。”《孔疏》：“鄭玄以爲《詩》云‘度其隰原’，即此‘原隰’是也。原隰，豳地。從此致功，西至豬野之澤也。”

1864 夏 xià

① **大國曰夏。**

○《武成》：“華夏蠻貊，罔不率俾。”《孔傳》：“大國曰夏。”

按：《孔疏》：“《釋詁》云：‘夏，大也。’故大國曰‘夏’。‘華夏’，謂中國也。”（535、11－31－15）

② **華夏之國。**

○《微子之命》：“尹兹東夏。”《孔傳》：“正此東方華夏之國。”（640、13－36－11）

③ **華夏。**

○《立政》：“乃伻我有夏，式商受命。”《孔傳》：“乃使我周家，王有華夏，得用商所受天命。”（839、17－26－8）

1865 相 xiàng

地名，在河北。

○《河亶甲》：“河亶甲居相。”《孔傳》：“相，地名，在河北。”（1019、8－42－3）

1866 徐州 xú zhōu

東至海，北至岱，南及淮。

○《禹貢》：“海岱及淮惟徐州。”《孔傳》：“東至海，北至岱，南及淮。”

(263、6 - 13 - 8)

1867 徐戎 xú róng

徐州之戎。

○《費誓》:"徂兹淮夷、徐戎並興。"《孔傳》:"今往征此淮浦之夷、徐州之戎,並起爲寇。"(970、20 - 9 - 11)

按:《孔疏》:"《詩》美宣王命程伯休父,'率彼淮浦,省此徐土',知'淮夷'是淮浦之夷,'徐戎'是徐州之戎也。"

1868 兗州 yǎn zhōu

東南據濟,西北距河。

○《禹貢》:"濟、河惟兗州。"《孔傳》:"東南據濟,西北距河。"(254、6 - 8 - 18)

1869 揚州 yáng zhōu

北據淮,南距海。

○《禹貢》:"淮海惟揚州。"《孔傳》:"北據淮,南距海。"(269、6 - 15 - 12)

1870 暘谷 yáng gǔ

日出於谷而天下明,故稱暘谷。暘谷、嵎夷一也。

○《堯典》:"分命羲仲,宅嵎夷,曰暘谷。"《孔傳》:"日出於谷而天下明,故稱暘谷。暘谷、嵎夷一也。"(22、2 - 12 - 5)

按:《孔疏》:"陰陽相對,陰闇而陽明也,故以'暘'爲明。谷無陰陽之異,以日出於谷而天下皆明,故謂日出之處爲'暘谷'。冬南夏北,不常厥處,但日由空道,似行自谷,故以'谷'言之,非實有深谷,而日從谷以出也。據日所出,謂之'暘谷',指其地名,即稱'嵎夷',故云'暘谷、嵎夷一也'。"

1871 要服 yāo fú

綏服外之五百里,要束以文教。

○《禹貢》:"五百里要服。"《孔傳》:"綏服外之五百里,要束以文教。"(355、6 - 43 - 7)

1872 夷 yí

蠻夷。

○《立政》:"夷微盧烝,三亳,阪尹。"《孔傳》:"蠻夷微盧之衆帥,及亳人之歸文王者三所,爲之立監,及阪地之尹長,皆用賢。"(842、17 - 28 - 16)

1873 藝 yì

① 種。

○《酒誥》:"純其藝黍稷。"《孔傳》:"爲純一之行,其當勤種黍稷。"(677、

14－23－17）

② 種藝。

○《禹貢》：“淮沂其乂，蒙羽其藝。”《孔傳》：“二水已治，二山已可種藝。”
（263、6－13－9）

○《禹貢》：“岷嶓既藝。”《孔傳》：“水去已可種藝。”（292、6－24－12）

按：《孔疏》：“《詩》云‘藝之荏菽’，故‘藝’爲‘種’也。”

1874 殷 yīn

亳之別名。

○《盤庚上》：“盤庚遷于殷。”《孔傳》：“亳之別名。”（428、9－3－11）

按：《盤庚序》云：“盤庚五遷，將治亳殷。”《孔疏》：“此《序》先‘亳’後‘殷’，
‘亳’是大名，‘殷’是亳内之別名。鄭玄云：‘商家自徙此而號曰殷。’鄭以此
前未有殷名也。……亳，是殷地大名，故殷社謂之亳社，其亳鄭玄以爲偃
師，皇甫謐以爲梁國穀熟縣，或云濟陰亳縣。説既不同，未知誰是。”

1875 胤 yìn

① 國〔名〕。

○《堯典》：“胤子朱啓明。”《孔傳》：“胤，國。”（45、2－25－10）

② 胤國。

○《顧命》：“胤之舞衣、大貝、鼖鼓，在西房。”《孔傳》：“胤國所爲舞者之
衣，皆中法。”（885、18－28－8）

1876 庸 yōng

蠻夷戎狄屬文王者國名。庸在江漢之南。

○《牧誓》：“及庸、蜀、羌、髳、微、盧、彭、濮人。”《孔傳》：“八國，皆蠻夷戎
狄屬文王者國名。……庸、濮在江漢之南。”（521、11－21－12）

1877 雍州 yōng zhōu

西距黑水，東據河。

○《禹貢》：“黑水西河惟雍州。”《孔傳》：“西距黑水，東據河。”（298、6－
26－4）

按：《孔疏》：“王肅云‘西據黑水，東距西河’，所言得其實也。遍檢孔本，
皆云‘西距黑水，東據河’，必是誤也。”

1878 有苗 yǒu miáo

① 三苗。

○《大禹謨》：“惟時有苗弗率。”《孔傳》：“三苗之民，數干王法。”（156、4－
16－15）

② 三苗之國,左洞庭,右彭蠡,在荒服之例,去京師二千五百里也。

○《大禹謨》:"七旬,有苗格。"《孔傳》:"三苗之國,左洞庭,右彭蠡,在荒服之例,去京師二千五百里也。"(159、4-19-16)

1879 有窮 yǒu qióng

國名。

○《五子之歌》:"有窮后羿,因民弗忍,距于河。"《孔傳》:"有窮,國名。"(374、7-6-13)

1880 嵎夷 yú yí

① 東表之地。

○《堯典》:"分命羲仲,宅嵎夷,曰暘谷。"《孔傳》:"東表之地稱嵎夷。"(22、2-12-5)

按:《釋文》云:"嵎,音隅,馬曰:'嵎,海嵎也。夷,萊夷也。'《尚書考靈曜》及《史記》作'禺銕'。"

② 地名。

○《禹貢》:"嵎夷既略,濰、淄其道。"《孔傳》:"嵎夷,地名。"(260、6-12-8)

1881 豫州 yù zhōu

西南至荊山,北距河水。

○《禹貢》:"荊河惟豫州。"《孔傳》:"西南至荊山,北距河水。"(287、6-23-2)

1882 淵 yuān

淵府。

○《武成》:"爲天下逋逃主,萃淵藪。"《孔傳》:"天下罪人逃亡者,而紂爲魁主,窟聚淵府藪澤。"(535、11-31-6)

按:《孔疏》:"水深謂之'淵',藏物,謂之'府'。史游《急就篇》云:'司農少府國之淵。''淵''府'類,故言'淵府'。"

1883 埴 zhí

土黏曰埴。

○《禹貢》:"厥土赤埴墳,草木漸包。"《孔傳》:"土黏曰埴。"(265、6-13-17)

按:《説文》:"埴,黏土也。"《釋名·釋地》:"土黃而細密曰埴。埴,膩也。"《孔疏》:"《考工記》用土爲瓦,謂之'摶埴之工',是'埴'謂黏土。"

1884 豬野 zhū yě

地名。

○《禹貢》:"原隰厎績,至于豬野。"《孔傳》:"豬野,地名。"(301、6-

27－11）

1885 冢土 zhǒng tǔ

社。

○《泰誓上》：“類于上帝,宜于冢土。”《孔傳》：“以事類告天,祭社。”
（507、11－9－6）

按：《孔疏》：“‘冢’訓大也,社是土神,故‘冢土,社也’。《毛詩傳》云：
‘冢土,大社也。’”

1886 菑 zī

菑耕。

○《大誥》：“厥父菑。”《孔傳》：“其父已菑耕其田。”（635、13－30－11）

按：菑耕,即開荒義。《孔疏》：“菑,謂殺草,故治田一歲曰菑,言其始殺
草也。”

1887 宗周 zōng zhōu

① 鎬京。

○《多方》：“王來自奄,至于宗周。”《孔傳》：“王親征奄,滅其國,五月還至
鎬京。”（815、17－7－1）

○《畢命》：“王朝步自宗周,至于豐。”《孔傳》：“宗周,鎬京。”（912、19－
8－2）

② 豐。

○《周官》：“歸于宗周,董正治官。”《孔傳》：“還歸於豐,督正治理職司之
百官。”（853、18－2－12）

按：《孔疏》：“序云‘還歸在豐’,知宗周即豐也。周爲天下所宗,王都所
在,皆得稱之,故豐、鎬與洛邑皆名‘宗周’。”

1888 作牧 zuò mù

放牧。

○《禹貢》：“萊夷作牧。”《孔傳》：“萊夷,地名。可以放牧。”（262、6－
13－4）

按：劉起釪認爲“萊夷作牧”,指萊族向中央王朝貢獻它的畜牧所得。[1]

---

[1]　顧頡剛、劉起釪《尚書校釋譯論》,第588頁。

十二　釋　丘

1889 濱 bīn

涯。

○《禹貢》：“厥土白墳,海濱廣斥。”《孔傳》：“濱,涯也。”(261、6 - 12 - 12)

○《禹貢》：“泗濱浮磬。”《孔傳》：“泗水涯水中見石,可以爲磬。”(267、6 - 14 - 17)

按:《爾雅·釋丘》：“涘爲厓。”邢昺《疏》：“李巡曰:‘涘,一名厓,謂水邊也。’”

1890 墳 fèn

墳起。

○《禹貢》：厥土黑墳,《孔傳》：色黑而墳起。(257、6 - 10 - 14)

按:《國語·晉語》“公祭之地,地墳”,韋昭注:“墳,起也。”馬融注“厥土黑墳”之“墳”作“有膏肥也”,即土地肥沃義,可備一説。

1891 畝 mǔ

①壟。

○《歸禾》：“唐叔得禾,異畝同穎。”《孔傳》：“畝,壟。”(1051、13 - 37 - 8)

②壟畝。

○《大誥》：“予曷敢不終朕畝?”《孔傳》：“我何敢不順天終竟我壟畝乎?”(637、13 - 33 - 3)

1892 丘 qiū

地高曰丘。

○《禹貢》：“桑土既蠶,是降丘宅土。”《孔傳》：“地高曰丘。”(256、6 - 10 - 8)

按:《孔疏》：“《釋丘》云:‘非人爲之丘。’孫炎曰:‘地性自然也。’”

1893 陶丘 táo qiū

丘再成。

○《禹貢》：“東出于陶丘北。”《孔傳》：“陶丘,丘再成。”(342、6 - 37 - 3)

十三　釋　山

1894 嶓 bō

嶓冢,山名。

○《禹貢》:“岷嶓既藝,沱潛既道。”《孔傳》:“岷山、嶓冢皆山名。”(292、6‑24‑12)

1895 蔡 cài

山名。

○《禹貢》:“蔡蒙旅平,和夷厎績。”《孔傳》:“蔡、蒙二山名。”(293、6‑24‑16)

1896 大別 dà bié

① 山名。在荆州,漢所經。

○《禹貢》:“内方至于大別。”《孔傳》:“内方、大別,二山名。在荆州,漢所經。”(309、6‑31‑15)

② 山名。

○《禹貢》:“過三澨,至于大別。”《孔傳》:“大別,山名。”(321、6‑35‑10)

1897 厎柱 dǐ zhù

① 在冀州南,河之北,東行。

○《禹貢》:“厎柱、析城至于王屋。”《孔傳》:“此三山,在冀州南,河之北,東行。”(306、6‑30‑7)

② 厎柱,山名。河水分流,包山而過,山見水中若柱然,在西虢之界。

○《禹貢》:“東至于厎柱。”《孔傳》:“厎柱,山名。河水分流,包山而過,山見水中若柱然,在西虢之界。”(314、6‑34‑1)

按:《孔疏》:“《地理志》不載‘厎柱’。”

1898 惇物 dūn wù

山名。

○《禹貢》:“終南、惇物,至于鳥鼠。”《孔傳》:“三山名,言相望。”(300、6‑27‑7)

1899 陑 ér

陑在河曲之南。

○《湯誓》:"伊尹相湯伐桀,升自陑。"《孔傳》:"陑在河曲之南。"(1004、8 - 1 - 5)

按:陑,古山名,在今山西永濟縣境。《孔疏》:"言陑當是山阜之地,歷險迂路,爲出不意故也。……陑在河曲之南,蓋今潼關左右。"

1900 敷淺原 fū qiǎn yuán

一名博陽山,在揚州豫章界。

○《禹貢》:"過九江,至于敷淺原。"《孔傳》:"敷淺原,一名博陽山,在揚州豫章界。"(310、6 - 32 - 4)

1901 傅巖 fù yán

傅氏之巖,在虞虢之界。

○《説命上》:"説築傅巖之野,惟肖。"《孔傳》:"傅氏之巖,在虞虢之界。通道所經,有間水壞道,常使胥靡刑人築護此道。"(470、10 - 3 - 1)

按:《孔疏》:"傅以'傅'爲氏,此巖以'傅'爲名,明巖傍有姓傅之民,故云'傅氏之巖'也。《尸子》云:'傅巖,在北海之洲。'"

1902 岡 gǎng

山脊曰岡。

○《胤征》:"火炎崑岡,玉石俱焚。"《孔傳》:"山脊曰岡。"(384、7 - 17 - 16)

1903 衡 héng

衡山。

○《禹貢》:"荆及衡陽惟荆州。"《孔傳》:"北據荆山,南及衡山之陽。"(277、6 - 18 - 10)

1904 衡山 héng shān

① **江所經,在荆州。**

○《禹貢》:"岷山之陽,至于衡山。"《孔傳》:"衡山,江所經,在荆州。"(309、6 - 32 - 1)

② **連延過九江,接敷淺原。**

○《禹貢》:"〔衡山〕過九江,至于敷淺原。"《孔傳》:"言衡山連延過九江,接敷淺原。"(310、6 - 32 - 4)

1905 衡陽 héng yáng

衡山之陽。

○《禹貢》:"荆及衡陽惟荆州。"《孔傳》:"北據荆山,南及衡山之陽。"

（277、6－18－10）

1906 恒山 héng shān

〔太行〕、恒山，連延東北。

○《禹貢》：“太行、恒山，至于碣石，入于海。”《孔傳》：“此二山，連延東北，接碣石而入滄海。”（306、6－30－11）

按：《孔疏》：“《地理志》云，大行山，在河内山陽縣西北；恒山，在常山上曲陽縣西北。”

1907 壺口 hú kǒu

① 在冀州。

○《禹貢》：“壺口。治梁及岐。”《孔傳》：“壺口在冀州，梁、岐在雍州，從東循山治水而西。”（247、6－4－6）

② 山〔名〕，在冀州。

○《禹貢》：“壺口、雷首，至于太岳。”《孔傳》：“三山在冀州。太岳，上党西。”（306、6－30－5）

按：《孔疏》：“《地理志》云，壺口在河東北屈縣東南，雷首在河東蒲阪縣南，太岳在河東彘縣東。是‘三山在冀州’。”

1908 華 huà

華山。

○《禹貢》：“華陽、黑水惟梁州。”《孔傳》：“東據華山之南，西距黑水。”（292、6－24－10）

1909 華陽 huà yáng

華山之南。

○《禹貢》：“華陽、黑水惟梁州。”《孔傳》：“東據華山之南，西距黑水。”（291、6－24－9）

1910 積石 jī shí

積石山，在金城西南，河所經也。

○《禹貢》：“浮于積石，至于龍門西河。”《孔傳》：“積石山在金城西南，河所經也。”（302、6－28－10）

按：《孔疏》：“《地理志》云，積石山在金城河關縣西南羌中，河行塞外，東北入塞内。”

1911 碣石 jié shí

海畔山。

○《禹貢》：“夾右碣石入于河。”《孔傳》：“碣石，海畔山。”（252、6－

7 – 13)

按:《孔疏》:"《地理志》碣石山在北平驪城縣西南,是碣石爲海畔山也。"

1912 荆 jīng

① 荆山。

○《禹貢》:"荆及衡陽惟荆州。"《孔傳》:"北據荆山,南及衡山之陽。" (277、6 – 18 – 10)

○《禹貢》:"荆河惟豫州。"《孔傳》:"西南至荆山,北距河水。"

② 〔荆山〕,在岐東,非荆州之荆。

○《禹貢》:"荆、岐既旅。"《孔傳》:"此荆在岐東,非荆州之荆。"(287、6 – 23 – 2)(300、6 – 27 – 3)

1913 荆山 jīng shān

① 在雍州。

○《禹貢》:"導岍及岐,至于荆山。"《孔傳》:"三山皆在雍州。"(304、6 – 29 – 10)

按:《孔疏》:"《地理志》云:《禹貢》北條荆山在馮翊懷德縣南。"荆山,在今陝西省富平縣西南。

② 在荆州。

○《禹貢》:"導嶓冢,至于荆山。"《孔傳》:"荆山在荆州。"(309、6 – 31 – 12)

按:此"荆山"在今湖北省南漳縣西部。

1914 崐 kūn

崐山。

○《胤征》:"火炎崐岡,玉石俱焚。"《孔傳》:"崐山出玉,言火逸而害玉。" (384、7 – 17 – 16)

1915 雷首 léi shǒu

山〔名〕,在冀州。

○《禹貢》:"壺口、雷首,至于太岳。"《孔傳》:"三山在冀州。"(306、6 – 30 – 5)

1916 梁 liáng

〔梁山〕,在雍州。

○《禹貢》:"壺口。治梁及岐。"《孔傳》:"壺口在冀州,梁、岐在雍州,從東循山治水而西。"(247、6 – 4 – 7)

1917 龍門 lóng mén

龍門山,在河東之西界。

○《禹貢》:"浮于積石,至于龍門西河。"《孔傳》:"龍門山,在河東之西

界。"（302、6-28-10）

按：《孔疏》："《地理志》云，龍門山在馮翊夏陽縣北。此山當河之道，禹鑿以通河東郡之西界也。禹至此渡河而還都白帝也。"

1918 蒙 méng

山〔名〕。

○《禹貢》："淮沂其乂，蒙羽其藝。"《孔傳》："二水已治，二山已可種藝。"（263、6-13-9）

按：《孔疏》："《地理志》云，蒙山在泰山蒙陰縣西南。"

○《禹貢》："蔡蒙旅平，和夷底績。"《孔傳》："蔡、蒙二山名。"（293、6-24-16）

按：《孔疏》："《地理志》云，蒙山在蜀郡青衣縣。應劭云：'順帝改曰漢嘉縣。'"

1919 岷 mín

岷山，山名。

○《禹貢》："岷嶓既藝，沱潛既道。"《孔傳》："岷山、嶓塚皆山名。"（292、6-24-12）

1920 岷山 mín shān

江所出，在梁州。

○《禹貢》："岷山之陽，至于衡山。"《孔傳》："岷山，江所出，在梁州。"（309、6-32-1）

1921 內方 nèi fāng

山名，在荊州，漢所經。

○《禹貢》："內方至于大別。"《孔傳》："內方、大別，二山名。在荊州，漢所經。"（309、6-31-15）

1922 鳥鼠 niǎo shǔ

① 山名。

○《禹貢》："終南、惇物，至于鳥鼠。"《孔傳》："三山名，言相望。"（300、6-27-7）

② 渭水所出，在隴西之西。

○《禹貢》："西傾、朱圉、鳥鼠。"《孔傳》："鳥鼠，渭水所出，在隴西之西。三者雍州之南山。"（307、6-30-19）

按：鳥鼠，此爲鳥鼠同穴山的省稱。

1923 鳥鼠同穴 niǎo shǔ tóng xué

鳥鼠共爲雌雄，同穴處此山，遂名山曰鳥鼠，渭水出焉。

○《禹貢》:"導渭,自鳥鼠同穴。"《孔傳》:"鳥鼠共爲雌雄,同穴處此山,遂名山曰鳥鼠,渭水出焉。"(345、6-37-12)

按:《孔疏》:"《釋文(鳥)》云:鳥鼠同穴,其鳥爲鵌,其鼠爲鼵。""釋文"二字,單、八、魏、平、要、永、阮作"釋鳥"①,是。

1924 陪尾 péi wěi

山〔名〕。四山相連,東南在豫州界……淮出桐柏,經陪尾。

○《禹貢》:"熊耳、外方、桐柏,至于陪尾。"《孔傳》:"四山相連,東南在豫州界。洛經熊耳,伊經外方,淮出桐柏,經陪尾。"(308、6-31-5)

1925 伾 pī

山再成曰伾。

○《禹貢》:"東過洛汭,至于大伾。"《孔傳》:"山再成曰伾。"(314、6-34-6)

按:《孔疏》:"《釋山》云:'再成英,一成坯。'李巡曰:'山再重曰英,一重曰坯。'傳云'再成曰坯',與《爾雅》不同,蓋所見異也。"

1926 岐 qí

山名,在雍州。

○《禹貢》:"壺口。治梁及岐。"《孔傳》:"壺口在冀州,梁、岐在雍州。"(247、6-4-7)

○《禹貢》:"導岍及岐,至于荆山。"《孔傳》:"三山皆在雍州。"(304、6-29-10)

1927 岍 qiān

山〔名〕,在雍州。

○《禹貢》:"導岍及岐,至于荆山。"《孔傳》:"三山皆在雍州。"(304、6-29-10)

1928 三危 sān wēi

西裔之山。

○《禹貢》:"三危既宅,三苗丕敘。"《孔傳》:"西裔之山已可居,三苗之族,大有次敘。"(301、6-27-13)

1929 太行 tài háng

太行、〔恒山〕,此二山,連延東北。

○《禹貢》:"太行、恒山,至于碣石,入于海。"《孔傳》:"此二山,連延東北,

---

① 杜澤遜:《尚書注疏彙校》,第946頁。

接碣石而入滄海。”(306、6－30－11)

按:《孔疏》:“《地理志》云,大行山,在河内山陽縣西北,恒山,在常山上曲陽縣西北。”

1930 太岳 tài yuè

山〔名〕,在冀州,〔在〕上党西。

○《禹貢》:“壺口、雷首,至于太岳。”《孔傳》:“三山在冀州。太岳,上党西。”(306、6－30－5)

1931 桐柏 tóng bǎi

① 山〔名〕。四山相連,東南在豫州界……淮出桐柏。

○《禹貢》:“熊耳、外方、桐柏,至于陪尾。”《孔傳》:“四山相連,東南在豫州界。……淮出桐柏,經陪尾。”(308、6－31－5)

② 桐柏山,在南陽之東。

○《禹貢》:“導淮自桐柏。”《孔傳》:“桐柏山,在南陽之東。”(344、6－37－7)

按:《孔疏》:“《地理志》云,桐柏山在南陽平氏縣東南,淮水所出。”

1932 外方 wài fāng

山〔名〕。四山相連,東南在豫州界……伊經外方。

○《禹貢》:“熊耳、外方、桐柏,至于陪尾。”《孔傳》:“四山相連,東南在豫州界。……伊經外方。”(308、6－31－5)

1933 王屋 wáng wū

〔山名〕,在冀州南河之北東行。

○《禹貢》:“厎柱、析城至于王屋。”《孔傳》:“此三山,在冀州南河之北東行。”(306、6－30－7)

1934 西傾 xī qīng

① 山名。

○《禹貢》:“西傾因桓是來,浮于潛,逾于沔。”《孔傳》:“西傾,山名。”(296、6－25－13)

按:《孔疏》:“《地理志》云,西傾在隴西臨洮縣西南。西傾在雍州,自西傾山南行,因桓水是來,浮於潛水也。”

② 在積石以東。

○《禹貢》:“西傾、朱圉、鳥鼠。”《孔傳》:“西傾、朱圉,在積石以東。”(307、6－30－18)

按:《孔疏》:“《地理志》云,西傾在隴西臨洮縣西南……言‘在積石以東',見河所經也。"

1935 析城 xī chéng

山〔名〕,在冀州南河之北東行。

○《禹貢》:"厎柱、析城至于王屋。"《孔傳》:"此三山,在冀州南河之北東行。"(306、6 - 30 - 7)

1936 崤 xiáo

〔山名〕,晉要塞。

○《秦誓》:"晉襄公帥師敗諸崤。"《孔傳》:"崤,晉要塞也。"(1065、20 - 15 - 5)

按:《孔疏》:"杜預云:'殽在弘農澠池縣西。'築城守道謂之塞,言其要塞盜賊之路也。崤山險阨,是晉之要道關塞也。"崤山,在今河南省洛寧縣北。

1937 熊耳 xióng ěr

① 在宜陽之西。

○《禹貢》:"導洛,自熊耳。"《孔傳》:"在宜陽之西。"(347、6 - 38 - 6)

② 山〔名〕。四山相連,東南在豫州界。洛經熊耳。

○《禹貢》:"熊耳、外方、桐柏,至于陪尾。"《孔傳》:"四山相連,東南在豫州界。洛經熊耳。"(308、6 - 31 - 5)

1938 陽 yáng

山南曰陽。

○《禹貢》:"既修太原,至于岳陽。"《孔傳》:"山南曰陽。"(247、6 - 4 - 14)

○《武成》:"歸馬于華山之陽。"《孔傳》:"山南曰陽。"(530、11 - 26 - 14)

按:《孔疏》:"《釋山》云:'山西曰夕陽,山東曰朝陽。'李巡曰:'山西暮乃見日,故曰夕陽。山東朝乃見日,故云朝陽。''陽'以見日爲名,故知'山南曰陽'。"

1939 嶧 yì

嶧山。

○《禹貢》:"羽畎夏翟,嶧陽孤桐。"《孔傳》:"羽中旌旄,羽山之谷有之。……嶧山之陽特生桐,中琴瑟。"(266、6 - 14 - 13)

按:《孔疏》:"《地理志》云,東海下邳縣西有葛嶧山,即此山也。"考《漢書·地理志》"東海郡"之"下邳":"葛嶧山在西,古文以爲'嶧陽'。"此"古文"當是《禹貢》。《水經注》卷四十二云:"嶧陽山在下邳縣之西。"《說文》:"嶧,葛嶧山,在東海下邳。从山睪聲。《夏書》曰:'嶧陽孤桐。'"綜上,嶧山又名"葛嶧山""嶧陽山",但據《孔傳》,"嶧山"和"嶧陽"非一。

1940 嶧陽 yì yáng

嶧山之陽。

○《禹貢》:"嶧陽孤桐。"《孔傳》:"嶧山之陽特生桐,中琴瑟。"(266、6-14-13)

1941 羽 yǔ

① 山〔名〕。

○《禹貢》:淮沂其乂,蒙羽其藝。《孔傳》:二水已治,二山已可種藝。(263、6-13-9)

② 羽山。

○《禹貢》:"羽畎夏翟。"《孔傳》:"羽中旄旌,羽山之谷有之。"(266、6-14-13)

1942 終南 zhōng nán

山名。

○《禹貢》:"終南、惇物,至于鳥鼠。"《孔傳》:"三山名,言相望。"(300、6-27-7)

1943 朱圉 zhū yǔ

山〔名〕。在積石〔山〕以東,雍州之南。

○《禹貢》:"西傾、朱圉、鳥鼠。"《孔傳》:"西傾、朱圉,在積石以東。……三者雍州之南山。"(307、6-30-18)

十四 釋 水

1944 波 bō

波水。

○《禹貢》:"滎波既豬。"《孔傳》:"滎澤,波水已成遏豬。"(288、6-23-9)

按:根據文例"岷嶓既藝""漆沮既從""荆岐既旅","滎波"當是二水。

1945 滄浪之水 cāng làng zhī shuǐ

〔漢〕別流,在荆州。

○《禹貢》:"又東爲滄浪之水。"《孔傳》:"別流,在荆州。"(320、6-35-8)

按:《孔疏》:"傳言'別流',似分爲異水。案經首尾相連,不是分別,當以名稱別流也。又上在梁州,故此云'在荆州'。"

1946 瀍 chán

① 水〔名〕。出河南北山,〔伊洛瀍澗〕四水合流而入河。

○《禹貢》:"伊洛瀍澗既入于河。"《孔傳》:"伊出陸渾山,洛出上洛山,澗出沔池山,瀍出河南北山,四水合流而入河。"(288、6-23-3)

② 〔水名〕,〔在〕河南城南。

○《禹貢》:"東北會于澗、瀍。"《孔傳》:"會于河南城南。"(348、6-38-6)

按:澗瀍,是二水名。均流經今洛陽市境注入洛水。《洛誥》"我乃卜澗水東、瀍水西,惟洛食",亦提及二水,《孔傳》:"又卜澗瀍之間,南近洛,吉。"

1947 川 chuān

① 流。

○《禹貢》:"隨山濬川。"《孔傳》:"刊其木,深其流。"(997、6-1-7)

② 水。

○《説命上》:"若濟巨川,用汝作舟楫。"《孔傳》:"渡大水待舟楫。"(470、10-3-18)

1948 達 dá

因水入水曰達。

○《禹貢》：“浮于濟、漯，達于河。”《孔傳》：“因水入水曰達。”（259、6－11－16）

1949 大陸 dà lù

澤名。

○《禹貢》：“北過降水，至于大陸。”《孔傳》：“大陸，澤名。”（315、6－34－11）

1950 大野 dà yě

澤名。

○《禹貢》：“大野既豬，東原厎平。”《孔傳》：“大野，澤名。”（264、6－13－13）

按：《孔疏》：“《地理志》云，大野澤，在山陽鉅野縣北。”

1951 島 dǎo

海曲謂之島。

○《禹貢》：“島夷皮服。”《孔傳》：“海曲謂之島。”（252、6－7－9）

按：《釋名·釋水》：“海中可居者曰島，島，到也，人所奔到也，亦言鳥也，物所赴如鳥之下也。”

1952 灃 fēng

灃水。

○《禹貢》：“東會于灃，又東會于涇。”《孔傳》：“灃水自南，涇水自北而合。”（345、6－37－17）

1953 浮 fú

順流曰浮。

○《禹貢》：“浮于濟、漯，達于河。”《孔傳》：“順流曰浮。”（259、6－11－16）

1954 嬀 guī

嬀水。

○《堯典》：“釐降二女于嬀汭，嬪于虞。”《孔傳》：“舜為匹夫，能以義理下帝女之心，於所居嬀水之汭，使行婦道於虞氏。”（64、2－33－3）

按：《孔疏》：“嬀水，在河東虞鄉縣歷山西，西流至蒲坂縣，南入於河，舜居其旁。周武王賜陳胡公之姓為嬀，為舜居嬀水故也。”

1955 漢 hàn

① 水〔名〕。

○《禹貢》：“江漢朝宗于海。”《孔傳》：“二水經此州而入海，有似於朝，百

川以海爲宗。"(278、6-18-13)

② 漢水。泉始出山爲漾水,東南流爲沔水,至漢中東流爲漢水。

○《禹貢》:"嶓冢導漾,東流爲漢。"《孔傳》:"泉始出山爲漾水,東南流爲沔水,至漢中東流爲漢水。"(318、6-35-3)

1956 菏 hé

菏澤之水。

○《禹貢》:"又東至于菏。"《孔傳》:"菏澤之水。"(343、6-37-5)

按:《説文》:"菏,菏澤水。在山陽胡陵。《禹貢》:'浮于淮泗,達于菏①。'"

1957 菏澤 hé zé

在胡陵。

○《禹貢》:"導菏澤,被孟豬。"《孔傳》:"菏澤,在胡陵。"(289、6-23-15)

按:《孔疏》:"《地理志》山陽郡有胡陵縣,不言其縣有菏澤也。又云,菏澤在濟陰定陶縣東。"

1958 合黎 hé lí

水名,在流沙東。

○《禹貢》:"導弱水,至于合黎。"《孔傳》:"合黎,水名,在流沙東。"(310、6-32-10)

按:《孔疏》:"弱水得入合黎,知'合黎'是水名。顧氏云:'《地説書》,合黎山名。'但此水出合黎,因山爲名。"

1959 河 hé

① 洲。

○《説命下》:"既乃遯于荒野,入宅于河。"《孔傳》:"河,洲也。"(287、6-23-2)

按:《孔疏》:"'河'是水名,水不可居,而云'入宅于河',知在河之洲也。《釋水》云:'水中可居者曰洲。'"

② 河水。

○《禹貢》:"荆河惟豫州。"《孔傳》:"西南至荆山,北距河水。"(474、10-

---

① 菏,《孔傳》未釋,北監本《尚書注疏》經文作"河",如此經義則大相徑庭。杜澤遜《尚書注疏彙校》(第859-860頁)"浮于淮泗。達于河"條:○殿本《考證》:金履祥曰:《説文》作"菏",今俗本誤作"河"耳。菏澤與濟水相通,而泗水上可通菏,下可通淮。徐州浮淮入泗,自泗達菏也。青州書"達于濟",則達河可知。故徐州書"達菏",則達濟可知。胡渭曰:許慎时經猶作"菏",而《史記》《漢書》並作"河"。蓋後人傳寫誤也。○阮元《校記甲》:達於河。諸本作"河",非也。案:説文"菏"字下,水經濟水篇引,並作"達於菏"。《古文尚書疏證》云:菏者,澤名。爲濟水所經,又東至于菏者,是在豫之東北,即徐之西北。舟則達自淮而泗,自泗而菏,然後由菏入濟,以達於河。此徐之貢道者也。阮元《校記乙》同。

9 - 8）

1960 黑水 hēi shuǐ

黑水自北而南,經三危,過梁州,入南海。

○《禹貢》:"導黑水,至于三危,入于南海。"《孔傳》:"黑水自北而南,經三危,過梁州,入南海。"(311、6 - 33 - 5)

按:《孔疏》:"案酈道元《水經注》:'黑水出張掖雞山,南流至敦煌,過三危山,南流入于南海。'"

1961 恒 héng

水〔名〕。

○《禹貢》:"恒、衛既從,大陸既作。"《孔傳》:"二水已治,從其故道,大陸之地,已可耕作。"(251、6 - 6 - 18)

按:《孔疏》:"《地理志》云,恒水出常山上曲陽縣,東入滱水。"

1962 淮 huái

水〔名〕。

○《禹貢》:"淮沂其乂,蒙羽其藝。"《孔傳》:"二水已治,二山已可種藝。"(263、6 - 13 - 9)

按:《孔疏》:"《地理志》云……淮出桐柏山,發源遠矣,於此州言之者,淮水至此而大,爲害尤甚,喜得其治,故於此記之。"

○《禹貢》:"泗濱浮磬,淮夷蠙珠暨魚。"《孔傳》:"淮夷二水,出蠙珠及美魚。"(267、6 - 14 - 18)

1963 桓 huán

桓水。

○《禹貢》:"西傾因桓是來,浮于潛,逾于沔。"《孔傳》:"桓水自西傾山南行,因桓水是來,浮于潛。漢上曰沔。"(296、6 - 25 - 13)

按:《孔疏》:"《地理志》云,桓水出蜀郡蜀山,西南行羌中入南海,則初發西傾未有水也,不知南行幾里得桓水也。"

1964 會 huì

逆流曰會。

○《禹貢》:"會于渭汭。"《孔傳》:"逆流曰會。"(302、6 - 28 - 16)

1965 澮 huì

方百里之間,廣二尋、深二仞曰澮。

○《益稷》:"予決九川,距四海,濬畎澮距川。"《孔傳》:"方百里之間,廣二尋、深二仞曰澮。"(187、5 - 2 - 5)

1966 濟 jǐ

①〔沇〕流去爲濟,在温西北平地。

〇《禹貢》:"導沇水,東流爲濟。"《孔傳》:"泉源爲沇,流去爲濟,在温西北平地。"(259、6－11－16)

② 水名。

〇《禹貢》:"浮于濟、漯,達于河。"《孔傳》:"濟、漯,兩水名。"(341、6－36－15)

1967 澗 jiàn

① 水〔名〕。出沔池山,[伊洛瀍澗]四水合流而入河。

〇《禹貢》:"伊洛瀍澗既入于河。"《孔傳》:"伊出陸渾山,洛出上洛山,澗出沔池山,瀍出河南北山,四水合流而入河。"(288、6－23－3)

②〔水名〕,[在]河南城南。

〇《禹貢》:"東北會于澗、瀍。"《孔傳》:"會于河南城南。"(348、6－38－6)

按:澗瀍,是二水名,均流經今洛陽市境注入洛水。《洛誥》"我乃卜澗水東、瀍水西,惟洛食",亦提及二水,《孔傳》:"又卜澗瀍之間,南近洛,吉。"

1968 江 jiāng

水〔名〕。

〇《禹貢》:"江漢朝宗于海。"《孔傳》:"二水經此州而入海,有似於朝,百川以海爲宗。"(278、6－18－13)

1969 降水 jiàng shuǐ

水名,入河。

〇《禹貢》:"北過降水,至于大陸。"《孔傳》:"降水,水名,入河。"(315、6－34－11)

1970 津涯 jīn yá

涯際。

〇《微子》:"今殷其淪喪,若涉大水,其無津涯。"《孔傳》:"言殷將没亡,如涉大水,無涯際,無所依就。"(496、10－20－7)

按:津涯,指岸邊,水邊。

1971 涇 jìng

涇水。

〇《禹貢》:"涇屬渭汭。"《孔傳》:"言治涇水入於渭。"(299、6－26－12)

按:《孔疏》:"《地理志》云,涇水出安定涇陽縣西岍頭山,東南至馮翊陽陵縣入渭,行千六百里。"

○《禹貢》:"東會于灃,又東會于涇。"《孔傳》:"灃水自南,涇水自北而合。"(345、6-37-17)

1972 九河 jiǔ hé

河水分爲九道。

○《禹貢》:"九河既道。"《孔傳》:"河水分爲九道,在此州界,平原以北是。"(255、6-9-6)

按:九河,禹時黄河的九條支流。近人多認爲是古代黄河下游許多支流的總稱。

1973 九江 jiǔ jiāng

① 江於此州界,分爲九道。

○《禹貢》:"九江孔殷。"《孔傳》:"江於此州界,分爲九道,甚得地勢之中。"(278、6-19-2)

② 江分爲九道,在荆州。

○《禹貢》:"過九江,至于東陵。"《孔傳》:"江分爲九道,在荆州。"(324、6-36-7)

按:關於"九江"江源,有不同説法:《漢書注》引應劭、郭璞《山海經注》《孔傳》都認爲源自大江,派分爲九;《孔疏》引鄭注則認爲九江各自別源,出自山溪;《經典釋文》引六朝人《尋陽地記》《緣江圖》,並列舉九江名目,而二書互有出入。

1974 沮 jù

水〔名〕。

○《禹貢》:"雷夏既澤,灉沮會同。"《孔傳》:"灉、沮,二水,會同此澤。"(256、6-10-5)

○《禹貢》:"漆沮既從,灃水攸同。"《孔傳》:"漆沮之水,已從入渭。灃水所同,同之於渭。"(300、6-26-16)

1975 雷夏 léi xià

澤名。

○《禹貢》:"雷夏既澤,灉沮會同。"《孔傳》:"雷夏,澤名。"(256、6-10-5)

按:《孔疏》:"《地理志》云,雷澤在濟陰城陽縣西北。"

1976 灃 lǐ

水名。

○《禹貢》:"又東至于灃。"《孔傳》:"灃,水名。"(324、6-36-4)

1977 亂 luàn

正絶流曰亂。

○《禹貢》:"入于渭,亂于河。"《孔傳》:"正絶流曰亂。"(298、6-26-1)

1978 洛 luò

① **水〔名〕。出上洛山,〔伊洛瀍澗〕四水合流而入河。**

○《禹貢》:"伊洛瀍澗既入于河。"《孔傳》:"伊出陸渾山,洛出上洛山,澗出沔池山,瀍出河南北山,四水合流而入河。"(288、6-23-3)

按:《孔疏》:"洛水出弘農上洛縣冢領山,東北至鞏縣入河。"

② **洛水。**

○《五子之歌》:"昆弟五人,須于洛汭。"《孔傳》:"太康五弟,與其母,待太康于洛水之北。"(997、7-5-5)

○《五子之歌》:"畋于有洛之表。"《孔傳》:"洛水之表,水之南。"(374、7-6-11)

○《召誥》:"太保乃以庶殷,攻位于洛汭。"《孔傳》:"以衆殷之民治都邑之位於洛水北。"(705、15-2-17)

按:《孔疏》:"水内曰'汭',蓋以人南面望水,則北爲内,故'洛汭'爲洛水之北。"

1979 孟豬 mèng zhū

澤名,在菏東北。

○《禹貢》:"導菏澤,被孟豬。"《孔傳》:"孟豬,澤名,在菏東北,水流溢覆被之。"(289、6-23-15)

1980 沔 miǎn

漢上曰沔。

○《禹貢》:"西傾因桓是來,浮于潛,逾于沔。"《孔傳》:"漢上曰沔。"(296、6-25-13)

1981 彭蠡 péng lǐ

① **澤名。**

○《禹貢》:"彭蠡既豬,陽鳥攸居。"《孔傳》:"彭蠡,澤名。"(271、6-15-12)

② **大澤。**

○《禹貢》:"東匯澤爲彭蠡。"《孔傳》:"水東迴爲彭蠡大澤。"(322、6-35-12)

1982 漆 qī

水〔名〕。

○《禹貢》:"漆沮既從。"《孔傳》:"漆沮之水,已從入渭。"(300、6-

26－16）

按：《孔疏》：“《地理志》云,漆水出扶風漆縣西。闞駰《十三州志》云：‘漆水出漆縣西北岐山,東入渭。’”

1983 漆沮　qī jǔ

一水名,亦曰洛水,出馮翊北。

○《禹貢》：“又東過漆沮,入于河。”《孔傳》：“漆沮,一水名,亦曰洛水,出馮翊北。”（346、6－37－18）

1984 潛　qián

① **水名。**

○《禹貢》：“沱潛既道。”《孔傳》：“潛,水名。”（279、6－19－12）

② **發源〔梁〕州,入荆州。**

○《禹貢》：“岷、嶓既藝,沱、潛既道。”《孔傳》：“沱、潛發源此〔梁〕州,入荆州。”（292、6－24－12）

1985 畎　quǎn

① **一畝之間,廣尺、深尺曰畎。**

○《益稷》：“予決九川,距四海,濬畎澮距川。”《孔傳》：“一畝之間,廣尺、深尺曰畎。”（187、5－2－5）

按：畎,指田間的小水溝。

② **谷。**

○《禹貢》：“岱畎,絲枲鉛松怪石。”《孔傳》：“畎,谷也。”（262、6－12－17）

○《禹貢》：“羽畎夏翟。”《孔傳》：“羽中旌旄,羽山之谷有之。”（266、6－14－13）

按：《孔疏》：“《釋水》云：‘水注川曰谿,注谿曰谷。’谷是兩山之間流水之道。”

1986 汭　ruì

① **水之北。**

○《五子之歌》：“昆弟五人,須于洛汭,作《五子之歌》。”《孔傳》：“太康五弟,與其母,待太康于洛水之北,怨其不反,故作歌。”（299、6－26－12）

② **水北曰汭。**

○《禹貢》：“涇屬渭汭。”《孔傳》：“水北曰汭。”（997、7－5－5）

按：《孔疏》：“《詩毛傳》云：‘汭,水涯也。’……蓋以人皆南面望水,則北爲汭也。”

1987 三澨 sān shì

水名,入漢。

○《禹貢》:"過三澨,至于大別。"《孔傳》:"三澨,水名,入漢。"(321、6-35-10)

按:澨,《説文》云:"埤增水邊土。人所止者。从水筮聲。《夏書》曰:'過三澨。'"三澨,《水經注》卷四十云:"地在南郡邔縣北沱。"酈道元注:"馬融、鄭玄、王肅、孔安國等咸以爲三澨水名也。許慎言澨者'埤增水邊土,人所止也'。"也就是説,《説文》《水經注》俱訓"三澨"作地名,與《孔傳》異。

1988 泗 sì

① 泗水。

○《禹貢》:"泗濱浮磬。"《孔傳》:"泗水涯水中見石,可以爲磬。"(267、6-14-17)

② 水〔名〕。

○《禹貢》:"東會于泗、沂,東入于海。"《孔傳》:"與泗、沂二水合入海。"(344、6-37-9)

按:《孔疏》:"《地理志》云,沂水出泰山蓋縣,南至下邳入泗。泗水出濟陰乘氏縣,至臨淮睢陵縣入淮。乃沂水先入泗,泗入淮耳。"

1989 漯 tà

水名。

○《禹貢》:"浮于濟、漯,達于河。"《孔傳》:"濟、漯,兩水名。"(259、6-11-16)

1990 沱 tuó

① 江別名。

○《禹貢》:"沱潛既道。"《孔傳》:"沱,江別名。"(279、6-19-12)

② 發源〔梁〕州,入荆州。

○《禹貢》:"岷、嶓既藝,沱、潛既道。"《孔傳》:"沱、潛發源此〔梁〕州,入荆州。"(292、6-24-12)

1991 濰 wéi

水〔名〕。

○《禹貢》:"嵎夷既略,濰、淄其道。"《孔傳》:"濰、淄二水復其故道。"(260、6-12-8)

按:《孔疏》:"《地理志》云,濰水出琅邪箕屋山,北至都昌縣入海,過郡三,行五百二十里。”

1992 渭 wèi

渭水。

○《禹貢》:“導渭,自鳥鼠同穴。”《孔傳》:“鳥鼠共爲雌雄,同穴處此山,遂名山曰鳥鼠,渭水出焉。”(345、6-37-12)

1993 衞 wèi

水〔名〕。

○《禹貢》:“恒、衞既從,大陸既作。”《孔傳》:“二水已治,從其故道,大陸之地,已可耕作。”(251、6-6-18)

1994 西河 xī hé

龍門之河,在冀州西。

○《禹貢》:“黑水西河惟雍州。”《孔傳》:“龍門之河,在冀州西。”(298、6-26-4)

按:《孔疏》:“龍門之河在冀州西界,故謂之‘西河’。《王制》云:‘自東河至於西河,千里而近。’是河相對而爲東西也。”

1995 滎 xíng

① 滎澤。

○《禹貢》:“滎波既豬。”《孔傳》:“滎澤,波水已成遏豬。”(288、6-23-9)

② 滎澤,在敖倉東南。

○《禹貢》:“入于河,溢爲滎。”《孔傳》:“濟水入河,並流十數里,而南截河。又並流數里,溢爲滎澤,在敖倉東南。”(341、6-36-19)

1996 沿 yán

順流而下曰沿。

○《禹貢》:“沿于江海,達于淮泗。”《孔傳》:“順流而下曰沿。”(276、6-18-7)

按:沿,沿着,順着。《爾雅·釋水》:“順流而下曰溯游。”

1997 沇 yǎn

泉源爲沇,流去爲濟,在温西北平地。

○《禹貢》:“導沇水,東流爲濟。”《孔傳》:“泉源爲沇,流去爲濟,在温西北平地。”(341、6-36-15)

1998 漾 yàng

漾水。泉始出山爲漾水,東南流爲沔水。

○《禹貢》:“嶓冢導漾,東流爲漢。”《孔傳》:“泉始出山爲漾水,東南流爲

沔水,至漢中東流爲漢水。"(318、6 - 35 - 2)

按:《孔疏》:"《地理志》云,漾水出隴西氐道縣,至武都爲漢水。"

1999 伊 yī

① 水〔名〕。出陸渾山,〔伊洛瀍澗〕四水合流而入河。

○《禹貢》:"伊洛瀍澗既入于河。"《孔傳》:"伊出陸渾山,洛出上洛山,澗出沔池山,瀍出河南北山,四水合流而入河。"(288、6 - 23 - 3)

② 〔在〕洛陽之南。

○《禹貢》:"又東會于伊。"《孔傳》:"合於洛陽之南。"(349、6 - 38 - 7)

2000 夷 yí

水〔名〕。

○《禹貢》:"泗濱浮磬,淮夷蠙珠暨魚。"《孔傳》:"淮夷二水,出蠙珠及美魚。"(267、6 - 14 - 18)

按:《孔疏》:"'淮'即四瀆之淮也。'夷'蓋小水,後來竭涸,不復有其處耳。"

2001 沂 yí

水〔名〕。

○《禹貢》:"淮沂其乂,蒙羽其藝。"《孔傳》:"二水已治,二山已可種藝。"(263、6 - 13 - 9)

按:《孔疏》:"《地理志》云,沂水出泰山,蓋縣臨樂子山,南至下邳入泗,過郡五,行六百里。"

○《禹貢》:"東會于泗、沂,東入于海。"《孔傳》:"與泗、沂二水合入海。"(344、6 - 37 - 9)

2002 灉 yōng

水〔名〕。

○《禹貢》:"雷夏既澤,灉沮會同。"《孔傳》:"灉、沮,二水,會同此澤。"(256、6 - 10 - 5)

2003 源 yuán

泉源。

○《禹貢》:"九川滌源。"《孔傳》:"九州之川,已滌除泉源無壅塞矣。"(350、6 - 38 - 10)

2004 漳 zhāng

漳水。

○《禹貢》:"覃懷底績,至于衡漳。"《孔傳》:"漳水橫流入河,從覃懷致功

至横漳。"(248、6－5－3)

2005 震澤 zhèn zé

吳南大湖名。

○《禹貢》:"三江既入,震澤厎定。"《孔傳》:"震澤,吳南大湖名。"(271、
6－15－17)

2006 豬 zhū

水所停曰豬。

○《禹貢》:"大野既豬,東原厎平。"《孔傳》:"水所停曰豬。"(264、6－
13－13)

2007 淄 zī

水〔名〕。

○《禹貢》:"嵎夷既略,濰、淄其道。"《孔傳》:"濰、淄二水復其故道。"
(260、6－12－8)

十五　釋　草

2008 鬯 chàng

鬯草。

○《文侯之命》:"用賚爾秬鬯一卣。"《孔傳》:"黑黍曰秬,釀以鬯草。……當以錫命告其始祖,故賜鬯。"(966、20-6-9)

按:鬯草,指香草。《周禮·春官·鬯人》"凡王弔臨共介鬯",鄭玄引鄭司農注云:"鬯,香草。"

2009 簜 dàng

大竹。

○《禹貢》:"篠簜既敷。"《孔傳》:"簜,大竹。"(272、6-16-8)

按:《孔疏》:"《釋草》云:'篠,竹箭。'郭璞云:'別二名也。'李巡曰:'竹節相去一丈曰簜。'孫炎曰:'竹闊節者曰簜。'郭璞云:'竹別名。'是篠爲小竹,簜爲大竹。"

2010 厎 dǐ

蒻苹。

○《顧命》:"西序東嚮,敷重厎席,綴純,文貝仍几。"《孔傳》:"厎,蒻苹。"(881、18-27-11)

按:《孔疏》:"《禮》注,謂蒲席爲蒻苹,孔以'厎席'爲蒻苹,當謂蒲爲蒲蒻之席也。史游《急就篇》云'蒲蒻藺席','蒲蒻',謂此也。"

2011 豐 fēng

莞。

○《顧命》:"東序西嚮,敷重豐席,畫純,雕玉仍几。"《孔傳》:"豐,莞。"(882、18-27-13)

按:莞,俗名水蔥、席子草。《孔疏》:"《釋草》云:'莞,苻蘺。'郭璞曰:'今之西方人,呼蒲爲莞,用之爲席也。'"

另:《孔疏》"今"字後,單、八、要無"之"字①。

2012 卉 huì

草。

○《禹貢》:"島夷卉服。"《孔傳》:"南海島夷,草服葛越。"(275、6-17-9)

按:《詩·小雅·四月》"山有嘉卉,侯栗侯梅",《毛傳》:"卉,草也。"

2013 秸 jié

稾。

○《禹貢》:"三百里納秸服。"《孔傳》:"秸,稾也。"(353、6-41-15)

按:秸,指農作物的莖稈。《孔疏》:"《郊特牲》云:'莞簟之安,而稾秸之設。''秸'亦'稾'也,雙言之耳。"

2014 菁 jīng

菁以爲菹。

○《禹貢》:"甌菁茅。"《孔傳》:"菁以爲菹。"(284、6-21-16)

按:菁,指蔓菁。《孔疏》:"《周禮·醢人》有'菁菹''鹿臡',故知'菁以爲菹'。鄭云:'菁,蔓菁也。'蔓菁處處皆有,而令此州貢者,蓋以其味善也。"

2015 秬 jù

黑黍曰秬。

○《文侯之命》:"用賚爾秬鬯一卣。"《孔傳》:"黑黍曰秬。"(966、20-6-9)

2016 箇 jùn

美竹。

○《禹貢》:"惟箇、簵、楛,三邦厎貢厥名。"《孔傳》:"箇、簵,美竹。"(283、6-21-7)

按:《孔疏》:"'箇、簵,美竹',當時之名猶然。……竹有二名,或大小異也,箇、簵是兩種竹也。"

2017 簵 lù

美竹。

○《禹貢》:"惟箇、簵、楛,三邦厎貢厥名。"《孔傳》:"箇、簵,美竹。"(283、6-21-7)

2018 茅 máo

茅以縮酒。

---

① 杜澤遜:《尚書注疏彙校》,第2906頁。

○《禹貢》：“厥菁<u>茅</u>。”《孔傳》：“茅以縮酒。”(284、6-21-16)

按：《孔疏》：“《僖四年左傳》齊桓公責楚云‘爾貢包茅不入，王祭不供，無以縮酒’，是‘茅以縮酒’也。《郊特牲》云：‘縮酒用茅，明酌也。’鄭注云：‘以茅縮酒也。’”

2019 篾 miè

桃枝竹。

○《顧命》：“牖間南嚮，敷重<u>篾</u>席，黼純，華玉仍几。”《孔傳》：“篾，桃枝竹。”(880、18-27-7)

按：篾，《説文》“莫”字下有“《周書》曰：‘布重莫席。’纖蒻席也。莫，讀與蔑同。”《釋文》引馬融注云“纖蒻”。《孔疏》：“此篾席，與《周禮》‘次席’一也。鄭注彼云：‘次席，桃枝席，有次列成文。’鄭玄不見《孔傳》，亦言是桃枝席，則此席用桃枝之竹，必相傳有舊説也。……王肅云：‘篾席，纖蒻苹席。’並不知其所據也。”由此可見，《孔傳》與鄭注同，王肅的訓釋很有可能取自馬融或《説文》。

2020 筍 sǔn

蒻竹。

○《顧命》：“西夾南嚮，敷重<u>筍</u>席，玄紛純，漆仍几。”《孔傳》：“筍，蒻竹。”(882、18-27-15)

按：《孔疏》：“《釋草》云：‘筍，竹萌。’孫炎曰：‘竹初萌生謂之筍。’是‘筍’爲蒻竹，取筍竹之皮以爲席也。”

2021 篠 xiǎo

竹箭。

○《禹貢》：“<u>篠</u>簜既敷。”《孔傳》：“篠，竹箭。”(272、6-16-8)

按：竹箭，指細竹。《孔疏》：“《釋草》云：‘篠，竹箭。’郭璞云：‘別二名也。’李巡曰：‘竹節相去一丈曰簜。’孫炎曰：‘竹闊節者曰簜。’郭璞云：‘竹別名。’是篠爲小竹，簜爲大竹。”

2022 穎 yǐng

穗。

○《歸禾》：“唐叔得禾，異畝同<u>穎</u>。”《孔傳》：“穎，穗也。”(1051、13-37-8)

按：《孔疏》：“《詩》述后稷種禾，於‘實秀’之下，乃言‘實穎’，《毛傳》云‘穎垂’，言穗重而垂，是‘穎’爲穗也。”

2023 藻 zǎo

水草有文者。

○《益稷》：“藻、火、粉米、黼黻、絺繡。”《孔傳》：“藻，水草有文者。”（199、5－6－11）

按：《孔疏》：“《詩》云‘魚在在藻’，是‘藻’爲水草。草類多矣，獨取此草者，謂此草有文故也。”

2024 銍 zhì

刈，謂禾穗。

○《禹貢》：“二百里納銍。”《孔傳》：“銍，刈，謂禾穗。”（353、6－41－12）

按：銍，指割下的禾穗。《孔疏》：“劉熙《釋名》云：‘銍，穫禾鐵也。’《説文》云：‘銍，穫禾短鐮也。’《詩》云‘奄觀銍刈’，用銍刈者，謂禾穗也。禾穗用銍以刈，故以‘銍’表禾穗也。”

2025 總 zǒng

禾稾曰總，入之供飼國馬。

○《禹貢》：“百里賦納總。”《孔傳》：“禾稾曰總，入之供飼國馬。”（352、6－41－8）

按：總，謂聚禾稾成束。《説文》：“總，聚束也。”

十六 釋　木

2026 材 cái

材木。

〇《顧命》：“越七日癸酉，伯相命士須材。”《孔傳》：“邦伯爲相，則召公於丁卯七日癸酉，召公命士致材木。”（878、18－26－4）

2027 楛 hù

中矢榦。

〇《禹貢》：“惟箘、簵、楛，三邦底貢厥名。”《孔傳》：“楛，中矢榦。”（283、6－21－7）

按：楛，木名，荆屬，可用來製作箭杆。《釋文》引馬融云：“木名，可以爲箭。”《詩·大雅·旱麓》：“瞻彼旱麓，榛楛濟濟”，《孔疏》引陸璣曰：“楛，其形似荆而赤，莖似蓍。上黨人織以爲牛笪箱器，又屈以爲釵。”

2028 橘 jú

小曰橘。

〇《禹貢》：“厥包橘柚錫貢。”《孔傳》：“小曰橘，大曰柚。”（275、6－17－18）

按：《説文》：“橘，果，出江南。”《孔疏》：“橘、柚二果，其種本别，以實相比，則柚大橘小，故云‘小曰橘，大曰柚’。”

2029 榦 gàn

柘。

〇《禹貢》：“杶、榦、栝、柏。”《孔傳》：“榦，柘也。”（283、6－20－18）

按：《孔疏》：“‘榦’爲弓榦，《考工記》云，弓人取榦之道也，以柘爲上，知此‘榦’是柘也。”

2030 栝 kuò

柏葉松身曰栝。

〇《禹貢》：“杶、榦、栝、柏。”《孔傳》：“柏葉松身曰栝。”（283、6－20－19）

按：《孔疏》：“《釋木》云：‘栝，柏葉松身。’陸機《毛詩義疏》云‘杻、樿、栲、漆相似如一’則杻似樿漆也。杻、栝、柏皆木名也，以其所施多矣。”

2031 壓 yǎn

壓桑。

○《禹貢》：“厥篚壓丝。”《孔傳》：“壓桑蠶絲，中琴瑟弦。”（262、6 - 13 - 5）

按：《孔疏》：“《釋木》云：‘壓桑，山桑。’郭璞曰：‘柘屬也。’”

2032 柚 yòu

大曰柚。

○《禹貢》：“厥包橘柚錫貢。”《孔傳》：“小曰橘，大曰柚。”（275、6 - 17 - 18）

按：《説文》：“柚，條也，似橙而酢。”徐灝注箋：“柚謂之條者，古音相近也。”《孔疏》：“橘、柚二果，其種本別，以實相比，則柚大橘小，故云‘小曰橘，大曰柚’。”

十七 釋 魚

2033 貝 bèi

水物。

○《禹貢》:"厥篚織貝。"《孔傳》:"貝,水物。"(275、6 - 17 - 14)

按:《孔疏》:"《釋魚》之篇貝有居陸居水,此州下濕,故云'水物'。《釋魚》有'玄貝,貽貝。餘貾,黄白文。餘泉,白黄文',當貢此有文之貝以爲器物之飾也。"

2034 大龜 dà guī

尺二寸曰大龜,出於九江水中。

○《禹貢》:"九江納錫大龜。"《孔傳》:"尺二寸曰大龜,出於九江水中。"(285、6 - 22 - 14)

按:《孔疏》:"《史記·龜策傳》云:'龜千歲滿尺二寸。'《漢書·食貨志》云:'元龜距冄長尺二寸。'故以'尺二寸爲大龜'。冠以'九江',知'出九江水中'也。"

2035 文貝 wén bèi

有文之貝。

○《顧命》:"西序東嚮,敷重底席,綴純,文貝仍几。"《孔傳》:"有文之貝飾几。"(881、18 - 27 - 11)

按:文貝,指有花紋的貝殼,可以用來裝飾器物。《孔疏》:"'貝'者,水虫,取其甲以飾器物。"

十八　釋　鳥

2036 鴟 chī

鴟梟。

○《吕刑》：“鴟義姦宄,奪攘矯虔。”《孔傳》：“爲鴟梟之義以相奪攘,矯稱上命,若固有之。”(926、19-25-4)

按：鴟梟,是貓頭鷹一類的鳥,比喻邪惡之人。《孔疏》：“‘鴟梟’,貪殘之鳥。《詩》云:‘爲梟爲鴟。’梟是鴟類。”

2037 蟲 chóng

雉。

○《益稷》：“日、月、星辰、山、龍、華蟲。”《孔傳》：“蟲,雉也。”(194、5-6-8)

按：《孔疏》：“《月令》五時皆云其蟲,‘蟲’是鳥獸之總名也。”

2038 翟 dí

雉名。

○《禹貢》：“羽畎夏翟。”《孔傳》：“夏翟,翟,雉名。”(266、6-14-13)

2039 鳳皇 fèng huáng

雄曰鳳,雌曰皇,靈鳥也。

○《益稷》：“《簫韶》九成,鳳皇來儀。”《孔傳》：“雄曰鳳,雌曰皇,靈鳥也。”(236、5-20-2)

按：《山海經·南山經》：“五采而文名曰鳳皇。”《白虎通》：“鳳凰者,禽之長也。”

2040 鳴鳥 míng niǎo

鳴鳳。

○《君奭》：“我則鳴鳥不聞,矧曰其有能格?”《孔傳》：“我周則鳴鳳不得聞,況曰其有能格于皇天乎?”(805、16-34-15)

按：《孔疏》：“政無所成,祥瑞不至,我周家則鳴鳳不得聞。則鳳是難聞之鳥,必爲靈瑞之物,故以'鳴鳥'爲鳴鳳。孔子稱'鳳鳥不至',是鳳鳥難聞也。"

2041 禽 qín

鳥獸。

○《五子之歌》:"内作色荒,外作禽荒。"《孔傳》:"禽,鳥獸。"(377、7-9-1)

按:《孔疏》:"獵則鳥獸並取,故以'禽'爲鳥獸也。"

2042 陽鳥 yáng niǎo

隨陽之鳥,鴻雁之屬。

○《禹貢》:"彭蠡既豬,陽鳥攸居。"《孔傳》:"隨陽之鳥,鴻雁之屬。"(271、6-15-12)

按:《孔疏》:"此鳥南北與日進退,隨陽之鳥,故稱陽鳥。"

2043 羽 yǔ

鳥羽。

○《禹貢》:"齒革羽毛惟木。"《孔傳》:"羽,鳥羽。"(274、6-17-2)

按:《孔疏》:"《説文》云:'羽,鳥長毛也。'知'羽'是鳥羽。南方之鳥,孔雀、翡翠之屬,其羽可以爲飾,故貢之也。"

十九　釋　獸

2044 狐 hú

獸〔名〕。

○《禹貢》：“熊羆狐貍織皮。”《孔傳》：“貢四獸之皮，織金罽。”（296、6－
25－10）

2045 虎 hǔ

獸〔名〕。

○《牧誓》：“如虎如貔，如熊如羆。”《孔傳》：“四獸皆猛健。”（52711－
24－8）

2046 貍 lí

獸〔名〕。

○《禹貢》：“熊羆狐貍織皮。”《孔傳》：“貢四獸之皮，織金罽。”（296、6－
25－10）

2047 羆 pí

獸〔名〕。

○《禹貢》：“熊羆狐貍織皮。”《孔傳》：“貢四獸之皮，織金罽。”（296、6－
25－10）

○《牧誓》：“如虎如貔，如熊如羆。”《孔傳》：“四獸皆猛健。”（527、11－
24－8）

2048 貔 pí

執夷，虎屬。

○《牧誓》：“如虎如貔，如熊如羆，于商郊。”《孔傳》：“貔，執夷，虎屬也。”
（527、11－24－8）

按：《爾雅·釋獸》“貔，白狐，其子縠”，郭璞注：“一名執夷，虎豹之屬。”

2049 熊 xióng

獸〔名〕。

○《禹貢》:"熊羆狐貍織皮。"《孔傳》:"貢<u>四獸</u>之皮,織金罽。"(296、6 -
25 - 10)

○《牧誓》:"如虎如貔,如<u>熊</u>如羆。"《孔傳》:"<u>四獸</u>皆猛健。"(527、11 -
24 - 8)

二十　釋　畜

2050 獒 áo

① 大犬。

○《旅獒》：“西旅獻獒。”《孔傳》：“西戎遠國貢大犬。”（1047、13-1-7）

② 犬高四尺曰獒。

○《旅獒》：“西旅厎貢厥獒。”《孔傳》：“犬高四尺曰獒，以大爲異。”（596、13-1-17）

按：《孔疏》：“《左傳》晉靈公有犬謂之獒。旅國以犬爲異，故貢之也。”

2051 黄朱 huáng zhū

黄馬朱鬣。

○《康王之誥》：“皆布乘黄朱。”《孔傳》：“諸侯皆陳四黄馬朱鬣以爲庭實。”（904、19-1-17）

按：《孔疏》：“言‘乘黄’，正是馬色黄矣。‘黄’下言‘朱’，‘朱’非馬色……是古人貴朱鬣。知‘朱’者，朱其尾、鬣也。”

2052 毛 máo

旄牛尾。

○《禹貢》：“齒革羽毛惟木。”《孔傳》：“毛，旄牛尾。”（274、6-17-2）

按：《孔疏》：“《説文》云：‘犛，西南夷長旄牛也。’此犛牛之尾可爲旌旗之飾，經傳通謂之‘旄’。”王先謙《尚書孔傳參正》：“今、古文‘毛’皆作‘旄’……段云：‘僞傳“毛，旄牛尾”及經“毛”並衛包所改。’……經、傳本是‘旄’字。”

2053 牷 quán

〔牲〕體完曰牷。

○《微子》：“今殷民乃攘竊神衹之犧牷牲用。”《孔傳》：“體完曰牷。”（499、10-22-12）

按：《孔疏》：“《周禮》：‘牧人掌牧六牲，以供祭祀之牲牷。’以‘牷’爲言，必是體全具也,故'體完曰牷'。"

2054 牲 shēng

牛羊豕曰牲。

○《微子》:"今殷民乃攘竊神祇之犧牷<u>牲</u>用。"《孔傳》:"牛羊豕曰牲。"(499、10 - 22 - 12)

按:《孔疏》:"經傳多言'三牲',知'牲'是牛羊豕也。"

2055 四匹 sì pǐ

四匹曰乘。

○《文侯之命》:"馬<u>四匹</u>。"《孔傳》:"馬供武用。四匹曰乘。"(967、20 - 6 - 14)

按:《孔疏》:"《周禮·校人》云:'乘馬一師四圉。'圉養一馬,是四匹曰乘,乘車必駕四馬故也。"

2056 犧 xī

[牲]色純曰犧。

○《微子》:"今殷民乃攘竊神祇之<u>犧</u>牷牲用。"《孔傳》:"色純曰犧。"(499、10 - 22 - 12)

按:《孔疏》:"《說文》云:'犧,宗廟牲也。'《曲禮》云:'天子以犧牛。'天子祭牲必用純色,故'色純曰犧'也。"

筆 畫 索 引

一畫

1150	一	釋言
1642	一人	釋人
1736	一月	釋天

二畫

0984	二三	釋言
1672	卜	釋天
0786	乂	釋詁
0534	人	釋詁
0543	入	釋詁
1973	九江	釋水
1496	九牧	釋官
1972	九河	釋水
1278	九族	釋親
1073	乃	釋言
1074	乃其	釋言
1226	力	釋訓

三畫

1093	三正	釋言
1928	三危	釋山
1710	三吒	釋天
1834	三亳	釋地
1708	三祭	釋天
1709	三宿	釋天
1835	三腏	釋地
1511	三監	釋官
1987	三澨	釋水
0825	于	釋詁
0201	干	釋詁
0996	干	釋言
1349	干	釋器
1350	干戈	釋器
1852	土	釋地
1854	土中	釋地
1853	土物	釋地
0579	士	釋詁
1518	士	釋官
0213	工	釋詁
0103	大	釋詁
1338	大玉	釋器
0109	大正	釋詁
0107	大刑	釋詁
1896	大別	釋山
1763	大坰	釋地
1675	大事	釋天
1676	大享	釋天
1566	大禹	釋人
1479	大家	釋官
1949	大陸	釋水
1950	大野	釋水
1337	大輅	釋器
0105	大辟	釋詁
0104	大賚	釋詁
0106	大熟	釋詁
2034	大鱷	釋魚
0108	大譽	釋詁
0777	弋	釋詁
0551	上	釋詁
0553	上下	釋詁
0554	上刑	釋詁
0552	上帝	釋詁
0712	小	釋詁
1641	小人	釋人
1294	小子	釋親
1537	小伯	釋官
1505	千夫長	釋官
1947	川	釋水
0168	凡	釋詁
0291	及	釋詁

0569	尸	釋詁	1930	太岳	釋山
0771	已	釋詁	1533	太宗	釋官
1298	子	釋親	1529	太保	釋官
1550	子	釋官	1318	太室	釋宮
1299	子孫	釋親	1845	太原	釋地
1282	女	釋親	1531	太師	釋官
			1720	太常	釋天
四畫			1619	太康	釋人
0643	王	釋詁	1530	太傅	釋官
1290	王父	釋親	1534	太僕正	釋官
1933	王屋	釋山	0820	友	釋詁
1800	井疆	釋地	1261	友	釋訓
1848	天下	釋地	0814	尤	釋詁
1535	天吏	釋官	1168	尤	釋言
0627	天威	釋詁	0482	匹	釋詁
1410	天球	釋器	0351	巨	釋詁
1721	天道	釋天	1352	戈	釋器
0626	天禄	釋詁	0019	比	釋詁
0628	天顯	釋詁	0891	止	釋詁
0838	元	釋詁	1513	少保	釋官
1296	元子	釋親	1515	少師	釋官
1653	元后	釋人	1514	少傅	釋官
1654	元首	釋人	1705	日中	釋天
0845	云	釋詁	1706	日永	釋天
1391	木鐸	釋器	1704	日短	釋天
1727	五辰	釋天	0842	日	釋詁
1536	五長	釋官	1202	中	釋言
0667	五典	釋詁	1746	中夜	釋天
1416	五服	釋器	0903	中德	釋詁
1860	五服	釋地	1921	内方	釋山
0669	五教	釋詁	1698	内吉	釋天
0668	五極	釋詁	1812	毛	釋地
1131	五禮	釋言	2052	毛	釋畜
0666	五辭	釋詁	0535	壬	釋詁
0953	不	釋言	0564	升	釋詁
0954	不明	釋言	0761	夭	釋山
0955	不享	釋言	0964	仇	釋言
0044	不矜	釋詁	0265	化	釋詁
0043	不恭	釋詁	0537	仍	釋詁
0046	不惟	釋詁	0169	反	釋詁
0042	不啻	釋詁	0985	反	釋言
0047	不違	釋詁	0334	介	釋詁
0045	不寧	釋詁	1371	介圭	釋器
1621	太戊	釋人	1271	父母	釋親
1620	太甲	釋人	1484	父師	釋官
1532	太史	釋官	0722	凶	釋詁
1929	太行	釋山	0179	分	釋詁

1776	分土	釋地	1070	末	釋言
0218	公	釋詁	0882	正	釋詁
1485	公	釋官	1196	正	釋言
1576	公劉	釋人	0883	正直	釋詁
1132	勿	釋言	2012	卉	釋草
0672	勿貳	釋詁	0215	功	釋詁
0673	勿疑	釋詁	1780	甘	釋地
1339	丹	釋器	1575	甘盤	釋人
1567	丹朱	釋人	0583	世	釋詁
1340	丹臒	釋器	1103	世	釋言
0031	卞	釋詁	1284	世	釋親
0413	六師	釋詁	1105	世世	釋言
1498	六卿	釋官	1104	世禄	釋言
0657	文	釋詁	1553	左	釋官
1628	文人	釋人	0937	左右	釋詁
1292	文子文孫	釋親	1554	左右	釋官
1291	文考	釋親	0479	丕	釋詁
2035	文貝	釋魚	1236	丕丕	釋訓
1629	文武	釋人	1543	右	釋官
1293	文祖	釋親	0048	布	釋詁
0171	方	釋詁	0486	平	釋詁
0986	方	釋言	1237	平平	釋訓
1569	方	釋人	1605	平民	釋人
1773	方	釋地	0012	北	釋詁
1774	方物	釋地	1191	占	釋言
1775	方夏	釋地	1368	甲	釋器
1684	火	釋天	1369	甲冑	釋器
1421	心	釋器	0559	申	釋詁
1164	尹	釋言	1722	田	釋天
1541	尹	釋官	0815	由	釋詁
1542	尹伯	釋官	1169	由	釋言
0129	弔	釋詁	1295	兄弟	釋親
0805	引	釋詁	0618	叨	釋詁
1047	孔	釋言	0056	册	釋詁
0773	以	釋詁	1086	囚	釋言
0847	允	釋詁	2055	四匹	釋畜
0828	予	釋詁	1840	四方	釋地
1652	予一人	釋人	1617	四民	釋人
1651	予小子	釋人	1841	四夷	釋地
0662	毋	釋詁	1618	四岳	釋人
1012	幻	釋言	1528	四輔	釋官
			1316	四隩	釋宮
	五畫		0563	生	釋詁
1441	玉	釋器	1241	生生	釋訓
1442	玉食	釋器	1716	生魄	釋天
0365	刊	釋詁	0566	失	釋詁
0454	末	釋詁	1099	失	釋言

0575	矢	釋詁		0824	迁	釋詁
0576	矢言	釋詁		0720	刑	釋詁
1892	丘	釋丘		0538	戎	釋詁
1401	仞	釋器		1403	戎車	釋器
1762	斥	釋地		1402	戎兵	釋器
0409	令	釋詁		1356	圭瓚	釋器
0410	令聞	釋詁		0289	吉	釋詁
0812	用	釋詁		0369	考	釋詁
1438	用	釋器		1045	考	釋言
1724	外凶	釋天		1279	考	釋親
1932	外方	釋山		0481	圮	釋詁
1125	外事	釋言		0972	地	釋言
0010	包	釋詁		0158	耳目	釋詁
0942	包	釋言		0221	共	釋詁
0913	主	釋詁		1486	共工	釋官
1428	玄	釋器		1425	朽	釋器
1429	玄纁	釋器		0064	臣	釋詁
1430	玄黃	釋器		1559	臣妾	釋人
0811	永	釋詁		1476	臣衛	釋官
0603	司	釋詁		1322	西夾	釋宮
1526	司民	釋官		1320	西垂	釋宮
1523	司空	釋官		1994	西河	釋水
1525	司馬	釋官		1321	西房	釋宮
1527	司徒	釋官		1861	西旅	釋地
1524	司寇	釋官		1323	西堂	釋宮
0442	民	釋詁		1934	西傾	釋山
1598	民主	釋人		0853	在	釋詁
0443	民事	釋詁		0818	有	釋詁
0192	弗	釋詁		1878	有苗	釋地
1217	弗咈	釋訓		0819	有命	釋詁
0259	弘	釋詁		1879	有窮	釋地
0085	出	釋詁		1171	有辭	釋言
1838	召	釋地		1463	百工	釋官
0848	孕	釋詁		1462	百夫長	釋官
1657	孕婦	釋人		1467	百尹	釋官
1329	弁	釋器		1465	百司	釋官
0768	台	釋詁		1466	百姓	釋官
1280	母弟	釋親		1555	百姓	釋人
				1464	百僚	釋官
	六畫			0982	而	釋言
1049	匡	釋言		0604	死	釋詁
0008	邦	釋詁		0072	成	釋詁
1468	邦伯	釋官		0073	成功	釋詁
1469	邦君	釋官		1760	成周	釋地
0009	邦治	釋詁		1560	成湯	釋人
0580	式	釋詁		0765	夷	釋詁
1101	式	釋言		1872	夷	釋地

2000	夷	釋水	1243	夙夜	釋訓
1645	夷人	釋人	0647	危	釋詁
1434	夷玉	釋器	0892	旨	釋詁
0894	至	釋詁	1734	旬	釋天
0247	光	釋詁	1735	旬時	釋天
1002	光	釋言	0153	多	釋詁
0248	光烈	釋詁	1481	多士	釋官
0727	吁	釋詁	1482	多子	釋官
0636	同	釋詁	1772	多方	釋地
1411	同	釋器	0547	色	釋詁
0798	因	釋詁	1406	色	釋器
0275	回	釋詁	0325	交	釋詁
1699	年	釋天	0095	次	釋詁
1666	朱	釋人	1335	次輅	釋器
1943	朱圉	釋山	1432	衣	釋器
0693	先	釋詁	1433	衣裳	釋器
1638	先人	釋人	0078	充	釋詁
1637	先后	釋人	1968	江	釋水
0694	先後	釋詁	1761	池	釋地
0695	先烈	釋詁	0591	守	釋詁
1419	先輅	釋器	1190	宅	釋言
0723	休	釋詁	0928	字	釋詁
1250	休休	釋訓	0004	安	釋詁
0724	休祥	釋詁	0498	祁	釋詁
0297	伎	釋詁	1181	聿	釋言
0164	伐	釋詁	0795	异	釋詁
0751	延	釋詁	0589	收	釋詁
1662	仲丁	釋人	0772	迆	釋詁
1661	仲伯	釋人	0542	如	釋詁
1664	仲虺	釋人	1005	好	釋言
1663	仲桓	釋人	1440	羽	釋器
0536	任	釋詁	1941	羽	釋山
1510	任人	釋官	2043	羽	釋鳥
0782	伇	釋詁	0744	巡	釋詁
0926	自	釋詁			
1268	自用	釋訓		**七畫**	
0927	自服	釋詁			
0764	伊	釋詁	1144	形	釋言
1999	伊	釋水	1032	戒	釋言
1643	伊尹	釋人	0295	技	釋詁
1644	伊陟	釋人	0214	攻	釋詁
0261	后	釋詁	1332	赤刀	釋器
1681	后土	釋天	1270	赤子	釋親
0254	合	釋詁	1504	圻父	釋官
1958	合黎	釋水	0872	折	釋詁
0869	兆	釋詁	0873	折獄	釋詁
0610	夙	釋詁	1249	孝	釋訓
			0359	均	釋詁

1199	志	釋言	1206	作	釋言
1448	志	釋器	1888	作牧	釋地
1833	芮	釋地	0041	伯	釋詁
1608	芮伯	釋人	1472	伯	釋官
0371	克	釋詁	1269	伯父	釋親
1046	克	釋言	1556	伯冏	釋人
1688	克	釋天	1473	伯相	釋官
0144	杜	釋詁	0653	位	釋詁
0050	材	釋詁	0338	近	釋詁
2026	材	釋木	0680	希	釋詁
1246	杋隉	釋訓	1568	兌	釋人
0659	巫	釋詁	0189	孚	釋詁
1632	巫咸	釋人	1707	肜	釋天
1631	巫賢	釋人	0135	甸	釋詁
0525	求	釋詁	1764	甸	釋地
1674	辰	釋天	1765	甸服	釋地
0184	否	釋詁	0437	免	釋詁
1198	厎	釋言	0377	狂	釋詁
2010	厎	釋草	1480	狄	釋官
1897	厎柱	釋山	1075	狃	釋言
0307	夾	釋詁	1412	肜	釋器
0622	忒	釋詁	1849	肜	釋地
0748	迓	釋詁	1413	肜弓	釋器
0049	步	釋詁	0752	言	釋詁
1304	步	釋宮	0406	吝	釋詁
1439	卣	釋器	1324	序	釋宮
0713	肖	釋詁	1422	辛	釋器
2033	貝	釋魚	1825	羌	釋地
0704	見	釋詁	0920	灼	釋詁
0462	男	釋詁	1266	灼	釋訓
1818	男	釋地	1980	沔	釋水
1819	男邦	釋地	0232	汨	釋詁
0379	困	釋詁	0962	沖	釋言
0035	別	釋詁	1563	沖人	釋人
0779	邑	釋詁	1564	沖子	釋人
1927	岍	釋山	1986	汭	釋水
1926	岐	釋山	1859	沃	釋地
0206	告	釋詁	1630	沃丁	釋人
0395	利	釋詁	2001	沂	釋水
0602	私	釋詁	0457	沒	釋詁
0471	佞	釋詁	0066	沈	釋詁
1925	伾	釋山	0067	沈酗	釋詁
0822	佑	釋詁	1759	沈潛	釋地
0018	伻	釋詁	0068	沉湎	釋詁
1167	攸	釋言	1997	沇	釋水
0781	佚	釋詁	0069	忱	釋詁
0938	作	釋詁	0070	忱恂	釋詁

1235	忸怩	釋訓		0674	昔	釋詁
0258	宏	釋詁		1091	若	釋言
1491	宏父	釋官		0888	直	釋詁
0400	良	釋詁		2018	茅	釋草
1314	厖	釋宮		1333	杵	釋器
0084	初	釋詁		1694	枚卜	釋天
0558	社	釋詁		0676	析	釋詁
1711	社	釋天		1862	析支	釋地
0608	祀	釋詁		1935	析城	釋山
1719	祀	釋天		0380	來	釋詁
0361	君	釋詁		0596	述	釋詁
1593	君子	釋人		1766	東	釋地
1592	君牙	釋人		1769	東夷	釋地
1591	君陳	釋人		1770	東作	釋地
0294	即	釋詁		1307	東垂	釋宮
0651	尾	釋詁		1308	東房	釋宮
0200	改	釋詁		1768	東夏	釋地
0001	阿	釋詁		1767	東陵	釋地
1461	阿衡	釋官		1309	東堂	釋宮
1267	孜孜	釋訓		0282	或	釋詁
0199	附	釋詁		0584	事	釋詁
0488	陂	釋詁		0585	事事	釋詁
1751	陂	釋地		1383	兩	釋器
1087	忍	釋言		0716	協	釋詁
0851	災	釋詁		1149	奄	釋言
1738	災	釋天		0172	非	釋詁
				0988	非	釋言
	八畫			0173	非罸	釋詁
0183	奉	釋詁		2045	虎	釋獸
1126	玩	釋言		1493	虎臣	釋官
1726	武	釋天		1492	虎賁	釋官
1633	武庚	釋人		1095	尚	釋言
1827	青州	釋地		0352	具	釋詁
0034	表	釋詁		0252	昊	釋詁
0945	表	釋言		1680	昊天	釋天
1471	表臣	釋官		0250	果毅	釋詁
1121	忝	釋言		1742	昃	釋天
0062	長	釋詁		1053	昆	釋言
1297	長	釋親		0061	昌	釋詁
1545	長伯	釋官		0449	明	釋詁
0332	劼	釋詁		1068	明	釋言
1147	亞	釋言		1069	明哲	釋言
1540	亞旅	釋官		0450	明清	釋詁
0161	刵	釋詁		0778	易	釋詁
0495	其	釋詁		0445	旻	釋詁
1079	其	釋言		1696	旻天	釋天
1376	苦	釋器		0026	畀	釋詁

0126	迪	釋詁		1487	股肱	釋官
0133	典	釋詁		0190	服	釋詁
0973	典	釋言		1345	服	釋器
0233	固	釋詁		0910	周	釋詁
0904	忠	釋詁		1018	昏	釋言
1218	呱呱	釋訓		0281	昏迷	釋詁
0187	咈	釋詁		0690	狙	釋詁
1919	岷	釋山		2044	狐	釋獸
1920	岷山	釋山		0263	忽	釋詁
1902	岡	釋山		1038	咎	釋言
1127	罔	釋言		1589	咎單	釋人
1128	罔不	釋言		1868	兗州	釋地
0898	制	釋詁		0710	享	釋詁
1565	垂	釋人		0194	府	釋詁
1501	牧	釋官		0932	卒	釋詁
1817	牧	釋地		1798	郊	釋地
1418	物	釋器		0987	放	釋言
0253	和	釋詁		1570	放齊	釋人
1579	和	釋人		0372	刻	釋詁
1580	和仲	釋人		0661	於	釋詁
0037	秉	釋詁		0834	育	釋詁
1519	侍	釋官		0165	法	釋詁
0222	供	釋詁		1959	河	釋水
0577	使	釋詁		1785	河朔	釋地
1048	侉	釋言		1581	河亶甲	釋人
1123	侗	釋言		1358	河圖	釋器
0960	侈	釋言		1974	沮	釋水
1151	依	釋言		1988	泗	釋水
0197	阜	釋詁		1156	洗	釋言
0879	征	釋詁		1996	沿	釋水
0099	徂	釋詁		1990	沱	釋水
0644	往	釋詁		0447	泯	釋詁
1117	所	釋言		1232	泯泯	釋訓
0556	舍	釋詁		1944	波	釋水
1372	金	釋器		0900	治	釋詁
1373	金三品	釋器		1009	怙	釋言
0451	命	釋詁		1207	怵惕	釋訓
1697	命	釋天		1000	怪	釋言
0052	采	釋詁		1355	怪石	釋器
1755	采	釋地		0929	宗	釋詁
1615	受	釋人		1327	宗	釋宮
1616	受德	釋人		1552	宗人	釋官
0466	念	釋詁		1551	宗伯	釋官
0989	忿	釋言		1887	宗周	釋地
0477	朋	釋詁		0138	定	釋詁
0478	朋家	釋詁		1737	宜	釋天
1354	股肱	釋器		0245	官	釋詁

1678	官占	釋天	0269	荒	釋詁
1489	官伯	釋官	1790	荒	釋地
1490	官師	釋官	1791	荒服	釋地
0397	戾	釋詁	1792	荒野	釋地
0314	肩	釋詁	0270	荒墜	釋詁
0497	祈	釋詁	1008	胡	釋言
0321	建	釋詁	1583	胡	釋人
0350	居	釋詁	1600	南宮毛	釋人
0335	屆	釋詁	1599	南宮括	釋人
0959	承	釋言	1820	南巢	釋地
0435	孟	釋詁	0706	相	釋詁
1500	孟侯	釋官	1865	相	釋地
1815	孟津	釋地	2032	柚	釋木
1979	孟豬	釋水	0759	要	釋詁
0509	戕	釋詁	0760	要囚	釋詁
1899	陋	釋山	1871	要服	釋地
0228	孤	釋詁	0698	咸	釋詁
1031	降	釋言	0645	威	釋詁
1969	降水	釋水	1245	威威	釋訓
1814	妹	釋地	0262	厚	釋詁
0229	姑	釋詁	0439	面	釋詁
0578	始	釋詁	0630	殄	釋詁
1281	孥	釋親	0631	殄殲	釋詁
1037	糾	釋言	0110	殆	釋詁
	九畫		0330	皆	釋詁
			0024	毖	釋詁
0931	奏	釋詁	1193	貞	釋言
0975	毒	釋言	1744	貞	釋天
0180	封	釋詁	0473	虐	釋詁
1571	封	釋人	1702	虐	釋天
1777	封	釋地	0721	省	釋詁
1778	封守	釋地	0739	削	釋詁
0884	政	釋詁	1063	昧	釋言
0885	政治	釋詁	1813	昧谷	釋地
0850	哉	釋詁	1695	昧爽	釋天
1739	哉生明	釋天	1231	眇眇	釋訓
1740	哉生魄	釋天	0860	則	釋詁
0223	耇	釋詁	0433	冒	釋詁
0890	指	釋詁	1062	冒	釋言
0459	某	釋詁	1732	星	釋天
1912	荊	釋山	1006	曷	釋言
1913	荊山	釋山	1693	昂	釋天
1799	荊州	釋地	0464	昵	釋詁
0208	革	釋詁	0868	昭	釋詁
1353	革	釋器	1830	畎	釋地
1757	草	釋地	1985	畎	釋水
0092	茨	釋詁	0652	畏	釋詁

0480	毗	釋詁	0002	哀	釋詁
1449	胄	釋器	0401	亮	釋詁
1723	昳	釋天	0145	度	釋詁
0601	思	釋詁	0977	度	釋言
1743	咤	釋天	0635	庭	釋詁
0896	峙	釋詁	1252	彥	釋訓
1118	炭	釋言	0924	茲	釋詁
0006	拜手	釋詁	0921	咨	釋詁
1096	剄	釋言	0128	帝	釋詁
2054	牲	釋畜	0058	差	釋詁
2015	秬	釋草	0821	羑	釋詁
1375	秬鬯	釋器	1066	迷	釋言
1665	重黎	釋人	0507	前	釋詁
0725	修	釋詁	0508	前烈	釋詁
0011	保	釋詁	0590	首	釋詁
1470	保衡	釋官	0465	逆	釋詁
0670	侮	釋詁	0256	洪	釋詁
0609	俗	釋詁	0257	洪範	釋詁
0188	俘	釋詁	0685	洗	釋詁
0272	皇	釋詁	0686	洗腆	釋詁
1013	皇	釋言	0620	洮	釋詁
1682	皇天	釋天	1808	洛	釋地
1585	皇后	釋人	1978	洛	釋水
0273	皇極	釋詁	1809	洛汭	釋地
1084	侵	釋言	1254	洋洋	釋訓
0260	侯	釋詁	1970	津涯	釋水
1786	侯	釋地	0255	恒	釋詁
1787	侯服	釋地	1961	恒	釋水
0607	俟	釋詁	1906	恒山	釋山
1042	俊	釋言	1122	恫	釋言
1595	俊乂	釋人	0629	恬	釋詁
1594	俊民	釋人	0734	恤	釋詁
1145	徇	釋言	0743	恂	釋詁
0425	律	釋詁	0373	恪	釋詁
1273	後	釋親	0737	宣	釋詁
1275	後人	釋親	1172	宥	釋言
1274	後昆	釋親	1315	室	釋宮
1276	後裔	釋親	1374	穿	釋器
1174	俞	釋言	0886	祇	釋詁
0839	爰	釋詁	1264	祇祇	釋詁
0571	食	釋詁	1748	祖	釋天
0176	胙	釋詁	1671	祖乙	釋人
0181	風	釋詁	1668	祖己	釋人
1183	怨	釋言	1669	祖甲	釋人
1184	怨咨	釋言	1301	祖考	釋親
0806	胤	釋詁	1670	祖伊	釋人
1875	胤	釋地	0560	神	釋詁

1712	神	釋天
1713	神人	釋天
1715	神主	釋天
1714	神祇	釋天
0914	祝	釋詁
1747	祝	釋天
0094	祠	釋詁
0300	既	釋詁
1024	既	釋言
0487	屏	釋詁
0280	昬	釋詁
0735	胥	釋詁
0901	陟	釋詁
0966	除	釋言
0315	姦	釋詁
0316	姦宄	釋詁
0317	姦慝	釋詁
0809	盈	釋詁
1646	羿	釋人
1260	勇	釋訓
0971	怠	釋言
0540	柔	釋詁
0541	柔遠	釋詁
0336	矜	釋詁
0303	紀	釋詁
1025	紀	釋言
1687	紀	釋天
0304	紀綱	釋詁

十畫

1622	泰顛	釋人
0941	班	釋言
0174	匪	釋詁
1745	振旅	釋天
0220	貢	釋詁
0141	都	釋詁
1771	都	釋地
1192	哲	釋言
1659	哲人	釋人
0581	逝	釋詁
0494	耆	釋詁
0432	耄	釋詁
0211	耿	釋詁
0212	耿光	釋詁
0111	耽	釋詁
0112	耽樂	釋詁
1359	華	釋器

1908	華	釋山
1788	華夏	釋地
1909	華陽	釋山
0216	恭	釋詁
1071	莫	釋言
1072	莫不	釋言
0388	莅	釋詁
0638	荼毒	釋詁
1963	桓	釋水
1221	桓桓	釋訓
1850	桐	釋地
1931	桐柏	釋山
2030	栝	釋木
1847	桃林	釋地
0961	勑	釋言
0209	格	釋詁
0998	格	釋言
0615	索	釋詁
0950	逋	釋言
0952	逋逃	釋言
0951	逋播	釋言
1115	速	釋言
0389	栗	釋詁
1728	夏	釋天
1864	夏	釋地
1341	砥	釋器
1655	原	釋人
0912	逐	釋詁
0404	烈	釋詁
0741	殉	釋詁
0895	致辟	釋詁
0177	挩	釋詁
1673	柴	釋天
0506	虔	釋詁
0570	時	釋詁
1717	時	釋天
1100	時巡	釋言
0025	畢	釋詁
1752	畢	釋地
1303	畢門	釋宮
0051	財	釋詁
0363	峻	釋詁
0205	剛	釋詁
1098	凷	釋言
0701	毧	釋詁
0857	造	釋詁
1188	造	釋言

2053	牷	釋畜	0292	疾	釋詁
0074	乘	釋詁	1141	效	釋言
0958	乘	釋言	0658	紊	釋詁
0899	秩	釋詁	1624	唐叔	釋人
0770	倚	釋詁	1625	唐虞	釋人
0087	俶	釋詁	0476	旁	釋詁
0633	條	釋詁	1703	旁死魄	釋天
0063	倡	釋詁	0422	旅	釋詁
0021	俾	釋詁	1692	旅	釋天
0419	倫	釋詁	0733	畜	釋詁
0014	倍差	釋詁	0726	羞	釋詁
0356	倦	釋詁	1067	杈	釋言
0467	臬	釋詁	1242	朔	釋訓
1426	臬	釋器	1971	涇	釋水
0217	躬	釋詁	0557	涉	釋詁
1951	島	釋水	1220	浩浩	釋訓
0118	島夷	釋詁	1784	海表	釋地
0567	師	釋詁	0990	浮	釋言
1516	師氏	釋官	1953	浮	釋水
1517	師長	釋官	0412	流	釋詁
0568	師師	釋詁	0364	浚	釋詁
1867	徐戎	釋地	0015	悖	釋詁
1866	徐州	釋地	1683	悔	釋天
0799	殷	釋詁	0844	悦	釋詁
1159	殷	釋言	0527	悛	釋詁
1874	殷	釋地	1494	家	釋官
1658	剉	釋人	1795	家	釋地
0548	殺	釋詁	1140	宵	釋言
2008	邕	釋草	1730	宵中	釋天
0878	朕	釋詁	0219	宮	釋詁
0624	逃	釋詁	0539	容	釋詁
1506	卿士	釋官	1437	宬	釋器
0182	逢	釋詁	0907	冢	釋詁
0501	訖	釋詁	1885	冢土	釋地
0745	訓	釋詁	1660	冢君	釋人
1539	訓人	釋官	1546	冢宰	釋官
0299	記	釋詁	0016	被	釋詁
1891	畝	釋丘	0709	祥	釋詁
0905	衷	釋詁	1729	祥	釋天
1572	高明	釋人	0594	書	釋詁
1677	高明	釋天	0862	展	釋詁
1573	高宗	釋人	0719	屑	釋詁
1574	高祖	釋人	0545	弱	釋詁
1783	郭鄰	釋地	1092	弱	釋言
1133	席	釋言	0408	陵	釋詁
0431	庬	釋詁	0071	陳	釋詁
0038	病	釋詁	1289	孫	釋親

1561	蚩尤	釋人		1390	冕	釋器
1161	陰	釋言		0353	距	釋詁
1893	陶丘	釋丘		0426	略	釋詁
1626	陶唐	釋人		1055	累	釋言
1924	陪尾	釋山		0908	衆	釋詁
0881	烝	釋詁		1914	崏	釋山
1392	䈽	釋器		1802	崐崘	釋地
0463	能	釋詁		1936	崝	釋山
0948	剝	釋言		0017	崩	釋詁
0089	純	釋詁		0079	崇	釋詁
0968	純	釋言		1004	過	釋言
1334	純	釋器		1310	恓	釋宮
0461	納	釋詁		2013	秸	釋草
1344	紛	釋器		0767	移	釋詁
				0140	動	釋詁
	十一畫			0446	敏	釋詁
				0753	偃	釋詁
1395	球	釋器		0956	側	釋言
1457	球	釋樂		0057	側言	釋詁
0858	責	釋詁		1305	側階	釋宮
1380	琅玕	釋器		0474	偶	釋詁
1357	甌	釋器		0283	貨	釋詁
1883	埸	釋地		0484	偏	釋詁
1148	掩	釋言		1700	鳥	釋天
0329	教	釋詁		1922	鳥鼠	釋山
0617	探	釋詁		1923	鳥鼠同穴	釋山
0286	基	釋詁		0309	假	釋詁
2014	菁	釋草		0098	從	釋詁
1803	萊夷	釋地		1477	從	釋官
0100	萃	釋詁		1211	從容	釋訓
1956	菏	釋水		0732	敘	釋詁
1957	菏澤	釋水		0681	悉	釋詁
1667	梓	釋人		0831	欲	釋詁
1828	區夏	釋地		1077	貧	釋言
0730	䣄	釋詁		0137	彫	釋詁
0491	戚	釋詁		0711	象	釋詁
0308	戛	釋詁		1640	象	釋人
1456	戛擊	釋樂		0787	逸	釋詁
0599	爽	釋詁		1154	逸	釋言
1112	爽	釋言		1647	逸	釋人
1400	雀弁	釋器		0789	逸言	釋詁
1319	堂	釋宮		0788	逸勤	釋詁
1475	常任	釋官		0790	逸豫	釋詁
1474	常伯	釋官		0298	祭	釋詁
0939	敗	釋言		0981	訛	釋言
0940	敗績	釋言		1113	訟	釋言
0027	閉	釋詁		0597	庶	釋詁
0731	勗	釋詁				

1110	庶	釋言		1606	啓	釋人
1522	庶子	釋官		0588	視	釋詁
1521	庶府	釋官		0970	逮	釋言
1388	麻冕	釋器		0203	敢	釋詁
0091	疵	釋詁		0865	張	釋詁
0367	康	釋詁		1160	陞	釋言
1801	康	釋地		0322	將	釋詁
0368	康寧	釋詁		1938	陽	釋山
0810	庸	釋詁		2042	陽鳥	釋鳥
1876	庸	釋地		1277	婚	釋親
1258	庸庸	釋訓		1272	婦	釋親
0863	章	釋詁		0683	習	釋詁
1443	章	釋器		0054	參	釋詁
0550	商	釋詁		1452	組	釋器
1611	商容	釋人		0688	細	釋詁
0339	旌	釋詁		0689	細行	釋詁
0933	族	釋詁		0906	終	釋詁
1300	族	釋親		1942	終南	釋山
1725	望	釋天		0555	紹	釋詁
0598	率	釋詁		1758	巢	釋地
1111	率	釋言		1558	巢伯	釋人
0357	眷	釋詁				
1381	粒	釋器		**十二畫**		
0519	清	釋詁				
0526	渠	釋詁		0160	貳	釋詁
1829	渠	釋地		1483	貳公	釋官
0593	淑	釋詁		1384	琳	釋器
1962	淮	釋水		1379	琨	釋器
1789	淮夷	釋地		1415	琬琰	釋器
0420	淪	釋詁		0623	替	釋詁
0421	淪喪	釋詁		1120	替	釋言
0803	淫	釋詁		0843	越	釋詁
1162	淫	釋言		1185	越	釋言
1163	淫泆	釋言		0022	貫	釋詁
1916	梁	釋山		0756	揚	釋詁
1805	梁州	釋地		1869	揚州	釋地
2007	淄	釋水		0684	喜	釋詁
0625	惕	釋詁		1822	彭	釋地
0648	惟	釋詁		1981	彭蠡	釋水
1129	惟	釋言		1842	搜	釋地
0152	惇	釋詁		0102	達	釋詁
1898	惇物	釋山		1948	達	釋水
0375	寇攘	釋詁		1907	壺口	釋山
0802	寅	釋詁		1050	揆	釋言
1011	道	釋言		0156	惡	釋詁
0611	宿	釋詁		1219	聒聒	釋訓
0500	啓	釋詁		1685	莘	釋天
				0600	斯	釋詁

0492	期	釋詁	0663	無告	釋詁
2051	黃朱	釋畜	0665	無餘刑	釋詁
1362	黃鉞	釋器	0664	無疆	釋詁
0271	黃髮	釋詁	0148	短折	釋詁
1609	散宜生	釋人	0147	短長	釋詁
0918	斲	釋詁	1200	智	釋言
1886	藚	釋地	1596	犁老	釋人
0642	萬	釋詁	0510	喬	釋詁
1856	萬方	釋地	0969	答	釋言
1855	萬邦	釋地	2020	筍	釋草
1781	葛	釋地	0005	傲	釋詁
0139	董	釋詁	0013	備	釋詁
0344	敬	釋詁	0196	傅	釋詁
0867	朝	釋詁	1901	傅巖	釋山
0546	喪	釋詁	0290	集	釋詁
0227	辜	釋詁	1023	集	釋言
2027	楉	釋木	1014	遑暇	釋言
0889	植	釋詁	0830	御	釋詁
1216	芬芬	釋訓	1178	御	釋言
0919	椓	釋詁	1544	御	釋官
1021	極	釋言	0993	復	釋言
0276	惠	釋詁	0728	須	釋詁
1015	惠	釋言	1108	舒	釋言
1363	惠	釋器	0513	欽	釋詁
1826	覃懷	釋地	0514	欽崇	釋詁
0251	酣	釋詁	0360	鈞	釋詁
1749	酢	釋天	0827	逾	釋詁
1040	厥	釋言	1175	逾邁	釋言
1197	殖	釋言	0679	翕	釋詁
1022	殛	釋言	1215	番番	釋訓
0175	棐	釋詁	2041	禽	釋鳥
1733	虛	釋天	0088	創	釋詁
0866	掌	釋詁	0832	飫	釋詁
1152	貽	釋言	0804	飲	釋詁
1137	閑	釋言	0468	敜	釋詁
1582	閎夭	釋人	0632	腆	釋詁
0313	間	釋詁	1170	猶	釋言
1028	間	釋言	0870	詔	釋詁
0444	閔	釋詁	0349	就	釋詁
0829	遇	釋詁	0490	痛	釋詁
0157	遏	釋詁	1124	童	釋言
0113	單	釋詁	0816	遊	釋詁
0331	嗟	釋詁	0502	棄	釋詁
0394	罥	釋詁	0136	奠	釋詁
1880	嵎夷	釋地	0974	奠	釋言
1960	黑水	釋水	1507	酋人	釋官
1130	無	釋言	0120	道	釋詁

1306	道	釋宮	1187	載	釋言
0121	道洽	釋詁	1741	載	釋天
0613	遂	釋詁	1453	搏拊	釋樂
0925	孶	釋詁	0840	遠	釋詁
0382	勞	釋詁	1182	遠	釋言
0438	湎	釋詁	0582	勢	釋詁
1623	湯	釋人	0565	聖	釋詁
1240	湯湯	釋訓	1612	聖	釋人
1993	渭	釋水	0366	戡	釋詁
1882	淵	釋地	1044	戡	釋言
1205	滋	釋言	0995	蓋	釋言
0980	惰	釋言	0516	勤	釋詁
1052	愧恥	釋言	0517	勤愍	釋詁
0997	割	釋言	0518	勤恤	釋詁
0198	富	釋詁	0729	蓄	釋詁
0994	富	釋言	1823	蒲姑	釋地
0573	寔	釋詁	1064	蒙	釋言
0374	窹	釋詁	1918	蒙	釋山
0849	運	釋詁	1499	蒙士	釋官
1180	裕	釋言	0204	幹	釋詁
1679	祼	釋天	1034	禁	釋言
0414	禄	釋詁	0875	楨榦	釋詁
0266	畫	釋詁	0874	晢	釋詁
1360	畫	釋器	1512	嗇夫	釋官
0691	退	釋詁	0999	賈	釋言
0692	退遜	釋詁	0202	感	釋詁
0029	弼	釋詁	1016	匯	釋言
0030	弼亮	釋詁	1915	雷首	釋山
1753	費	釋地	1975	雷夏	釋水
0746	巽	釋詁	1173	虞	釋言
0649	違	釋詁	1650	虞舜	釋人
0846	隕	釋詁	1255	業業	釋訓
1954	媯	釋水	0460	睦	釋詁
0125	登	釋詁	0861	賊	釋詁
0162	發	釋詁	0020	鄙	釋詁
0637	統	釋詁	0757	暘	釋詁
0358	絕	釋詁	1870	暘谷	釋地
1407	絲	釋器	0028	閟	釋詁
0288	幾	釋詁	1135	暇	釋言
			1311	路	釋宮
	十三畫		0472	農	釋詁
			1076	農	釋言
1389	瑁	釋器	1821	農	釋地
1134	瑕	釋言	1502	農父	釋官
0224	遘	釋詁	0606	嗣	釋詁
0641	頑	釋詁	1286	嗣	釋親
0605	肆	釋詁	1288	嗣王	釋親
0852	載	釋詁			

1287	嗣孫	釋親		1877	雍州	釋地
0660	嗚呼	釋詁		1155	義	釋言
0897	置	釋詁		1648	義和	釋人
0935	罪	釋詁		0817	猷	釋詁
1839	蜀	釋地		0523	煢	釋詁
1718	筮	釋天		0524	煢獨	釋詁
1370	節	釋器		0440	滅	釋詁
0549	傷	釋詁		2003	源	釋水
1051	魁	釋言		0655	溫	釋詁
0646	微	釋詁		0127	滌	釋詁
1857	微	釋地		0917	準	釋詁
1627	微子	釋人		1549	準人	釋官
0677	徯	釋詁		1548	準夫	釋官
1082	愆	釋言		0640	塗	釋詁
0504	僉	釋詁		1851	塗山	釋地
0278	會	釋詁		1119	滔	釋言
1017	會	釋言		1945	滄浪之水	釋水
1364	會	釋器		0562	慎	釋詁
1964	會	釋水		0396	慄	釋詁
0003	愛	釋詁		1227	慄慄	釋訓
0417	亂	釋詁		0619	慆	釋詁
1058	亂	釋言		1094	塞	釋言
1977	亂	釋水		0191	福	釋詁
1059	亂敗	釋言		0800	裡	釋詁
0418	亂越	釋詁		0612	肅	釋詁
0007	頌	釋詁		1116	肅	釋言
1424	腥	釋器		1244	肅	釋訓
0226	雛	釋詁		0529	群	釋詁
0791	肄	釋詁		1508	群后	釋官
0346	鳩	釋詁		1509	群辟	釋官
1587	鳩	釋人		0483	辟	釋詁
1106	試	釋言		1562	遲任	釋人
0333	詰	釋詁		0448	瘖	釋詁
0076	誠	釋詁		0747	遜	釋詁
0911	誅	釋詁		1146	遜	釋言
0115	誕	釋詁		1378	粲	釋器
0742	詢	釋詁		0340	經	釋詁
0708	詳	釋詁		0341	經歷	釋詁
0114	亶	釋詁		0342	經營	釋詁
0946	稟	釋言		1330	綌	釋器
0398	廉	釋詁		0614	綏	釋詁
0922	資	釋詁		1844	綏服	釋地
0923	資富	釋詁		0327	剿	釋詁
0792	裔	釋詁		0328	剿絕	釋詁
0345	靖	釋詁				
1731	歆	釋天			**十四畫**	
1259	雍	釋訓		1431	瑤	釋器

2050	獒	釋畜	0909	種	釋詁
0621	懇	釋詁	0957	稱	釋言
0305	嘉	釋詁	2016	蔔	釋草
0306	嘉績	釋詁	1782	管	釋地
1317	臺榭	釋宮	1035	儆	釋言
1223	截截	釋訓	0402	僚	釋詁
1102	誓	釋言	1029	僭	釋言
1326	墉	釋宮	1503	僕	釋官
0134	墊	釋詁	0650	僞	釋詁
0592	壽	釋詁	0915	僢	釋詁
1614	壽耇	釋人	2024	銍	釋草
1394	綦弁	釋器	2046	貍	釋獸
0427	勩	釋詁	0434	貌	釋詁
0441	蔑	釋詁	2039	鳳皇	釋鳥
2019	蔑	釋草	0833	獄	釋詁
0053	蔡	釋詁	0511	誚	釋詁
1756	蔡	釋地	0207	誥	釋詁
1895	蔡	釋山	0823	誘	釋詁
1557	蔡仲	釋人	0279	誨	釋詁
0023	蔽	釋詁	1656	說	釋人
2029	榦	釋木	0249	廣	釋詁
0675	熙	釋詁	0864	彰	釋詁
1224	兢兢	釋訓	1458	韶	釋樂
0225	構	釋詁	0146	端	釋詁
0193	輔	釋詁	0587	適	釋詁
1455	歌	釋樂	1080	齊	釋言
0310	監	釋詁	1238	齊聖	釋訓
1495	監	釋官	0496	齊聖廣淵	釋詁
1408	酸	釋器	1081	齊慄	釋言
0391	厲	釋詁	0405	鄰	釋詁
1911	碣石	釋山	1328	幣	釋器
0841	愿	釋詁	1088	榮	釋言
0983	爾	釋言	1832	榮	釋地
0154	奪	釋詁	1995	滎	釋水
0856	臧	釋詁	1955	漢	釋水
1090	睿	釋言	0428	滿	釋詁
0978	對	釋言	1982	漆	釋水
0979	對揚	釋言	1983	漆沮	釋水
0656	聞	釋詁	0320	漸	釋詁
1312	閨	釋宮	1989	潔	釋水
0750	㫑	釋詁	2004	漳	釋水
1816	鳴條	釋地	1998	漾	釋水
2040	鳴鳥	釋鳥	0429	慢	釋詁
0163	罰	釋詁	0376	寬	釋詁
0639	圖	釋詁	0237	寡	釋詁
1414	圖	釋器	0239	寡兄	釋詁
1417	舞衣	釋器	0238	寡命	釋詁

編號	字	篇	編號	字	篇
0059	察	釋詁	1900	敷淺原	釋山
0470	寧	釋詁	1136	賢	釋言
1602	寧人	釋人	0503	遷	釋詁
1603	寧王	釋人	0967	醇	釋言
1601	寧考	釋人	0493	慼	釋詁
0036	賓	釋詁	0813	憂危	釋詁
0574	實	釋詁	2006	豬	釋水
0871	肇	釋詁	1884	豬野	釋地
0301	暨	釋詁	0877	震	釋詁
0423	屢	釋詁	2005	震澤	釋水
1060	屢	釋言	0077	齒	釋詁
0155	墮	釋詁	1331	齒	釋器
1302	隩	釋宮	0403	敆	釋詁
0916	墜	釋詁	0186	膚	釋詁
0489	頗	釋詁	0424	慮	釋詁
2038	翟	釋鳥	0943	暴	釋言
2049	熊	釋獸	0944	暴亂	釋言
1937	熊耳	釋山	0195	賦	釋詁
1204	斳	釋言	1186	閱	釋言
0736	緒	釋詁	0319	踐	釋詁
1208	綽	釋訓	0766	遺	釋詁
1451	綴衣	釋器	1153	遺	釋言
1547	綴衣	釋官	1894	嶓	釋山
1450	綴輅	釋器	0455	墨	釋詁
			0456	墨辟	釋詁
十五畫			1019	稽	釋言
1444	璋	釋器	1020	稽古	釋言
1396	璆	釋器	0499	稽首	釋詁
1613	奭	釋人	1586	稷	釋人
1811	髳	釋地	0386	黎	釋詁
1890	墳	釋丘	1804	黎	釋地
0616	撻	釋詁	1597	黎民	釋人
1478	趣馬	釋官	1796	稼穡	釋地
1837	墿	釋地	0170	範	釋詁
0991	撫	釋言	1194	箴	釋言
0039	播	釋詁	1195	箴言	釋言
0947	播	釋言	0783	億	釋詁
1754	播	釋地	1256	儀	釋訓
0040	播敷	釋詁	0122	德	釋詁
0893	摯	釋詁	0123	德明	釋詁
0231	穀	釋詁	0124	德盛	釋詁
1061	邁	釋言	0274	徵	釋詁
0166	蕃	釋詁	0880	徵	釋詁
0117	蕩	釋詁	1858	衛	釋地
1212	蕩蕩	釋訓	1992	衛	釋水
0381	賚	釋詁	0475	盤	釋詁
0185	敷	釋詁	1604	盤庚	釋人

1405	鋭	釋器		1054	賴	釋言
1578	虢叔	釋人		0083	醜	釋詁
1214	頷頷	釋訓		0392	勵	釋詁
0411	劉	釋詁		0393	歷	釋詁
1385	劉	釋器		1689	曆數	釋天
0521	請	釋詁		0776	殣	釋詁
1203	諸	釋言		1690	霖	釋天
1176	諏	釋言		0876	臻	釋詁
1649	諆伯	釋人		1793	冀	釋地
0370	稾	釋詁		1794	冀州	釋地
1313	廟	釋宮		1387	盧	釋器
0671	廡	釋詁		1807	盧	釋地
0244	瘵	釋詁		0826	踰	釋詁
0293	瘠	釋詁		1263	戰戰	釋訓
0210	賡	釋詁		0763	噫	釋詁
0522	慶	釋詁		0385	罹	釋詁
0178	廢	釋詁		1939	嶧	釋山
0793	毅	釋詁		1940	嶧陽	釋山
0936	遵	釋詁		0277	穎	釋詁
0119	導	釋詁		1910	積石	釋山
1984	潛	釋水		1233	穆	釋訓
0544	潤	釋詁		1234	穆穆	釋訓
1967	澗	釋水		0740	勳	釋詁
0561	審	釋詁		0326	斂	釋詁
1085	窮	釋言		1343	篚	釋器
0654	慰	釋詁		0143	篤	釋詁
0738	選	釋詁		2021	篠	釋草
0702	險	釋詁		1143	興	釋言
0415	戮	釋詁		0246	盥	釋詁
0416	戮力	釋詁		0784	劓	釋詁
0835	遹	釋詁		0785	劓辟	釋詁
0836	豫	釋詁		1007	衡	釋言
1881	豫州	釋地		1903	衡	釋山
0837	豫怠	釋詁		1904	衡山	釋山
				1905	衡陽	釋山
	十六畫			0101	錯	釋詁
0343	静	釋詁		1336	錯	釋器
1366	璣	釋器		0678	錫	釋詁
1365	擭	釋器		1030	餤	釋言
0859	擇	釋詁		1409	縢	釋器
1846	壇	釋地		1342	雕	釋器
0754	燕	釋詁		2036	鴟	釋鳥
0949	薄	釋言		0285	獲	釋詁
0595	樹	釋詁		2022	穎	釋草
1078	樸斲	釋言		1253	燄燄	釋訓
2028	橘	釋木		0142	獨	釋詁
1367	機	釋器		0458	謀	釋詁

0065	諶	釋詁	0687	戲	釋詁
0699	諴	釋詁	1239	蹌蹌	釋訓
0717	諧	釋詁	0296	嚌	釋詁
1107	諰	釋言	0780	斀	釋詁
0755	諺	釋詁	0086	黜	釋詁
0485	諞	釋詁	0167	繁	釋詁
0151	憝	釋詁	0149	鍛	釋詁
0080	瘳	釋詁	1361	錣	釋器
0469	凝	釋詁	0399	斂	釋詁
0515	親	釋詁	1497	爵	釋官
1917	龍門	釋山	0762	繇	釋詁
1636	羲仲	釋人	2048	貔	釋獸
1635	羲叔	釋人	0696	鮮	釋詁
1634	羲和	釋人	0264	譁	釋詁
1397	糗	釋器	0453	謨	釋詁
1398	糗糧	釋器	0505	謙	釋詁
1179	燠	釋言	0718	燮	釋詁
0808	營	釋詁	1142	襃	釋言
1976	澧	釋水	0707	襄	釋詁
1189	澤	釋言	1139	襄	釋言
1965	澮	釋水	0807	膺	釋詁
0794	懌	釋詁	1166	膺	釋言
1248	憸	釋訓	0116	癉	釋詁
1228	懆	釋訓	1043	濌	釋言
1229	懆懆	釋訓	1824	濮	釋地
0705	憲	釋詁	1026	濟	釋言
1083	彊	釋言	1966	濟	釋水
1863	隩	釋地	1222	濟濟	釋訓
1165	隱	釋言	1889	濱	釋丘
0287	隋	釋詁	1991	濰	釋水
1404	氂毛	釋器	1056	禮	釋言
1351	縞	釋器	1057	禮物	釋言
			0436	彌	釋詁
十七畫			1089	孺	釋言
0362	駿	釋詁	1607	孺子	釋人
1459	聲	釋樂	1283	嬪	釋親
0096	聰	釋詁	0796	翼	釋詁
1209	聰明	釋訓	1157	翼	釋言
0311	艱	釋詁	1158	翼日	釋言
1039	鞠	釋言	1325	翼室	釋宮
1590	鞠子	釋人	0302	績	釋詁
0055	藏	釋詁	2025	總	釋草
0347	舊	釋詁	0930	縱	釋詁
1588	舊人	釋人			
0348	舊章	釋詁	**十八畫**		
1230	懋	釋訓	0384	釐	釋詁
0159	邁	釋詁	0533	擾	釋詁

1454	鼖鼓	釋樂		0130	顛	釋詁
0230	瞽	釋詁		0132	顛隮	釋詁
1488	瞽	釋官		0131	顛覆	釋詁
0887	職	釋詁		0390	麗	釋詁
0775	藝	釋詁		1382	礦	釋器
1873	藝	釋地		1346	黼	釋器
0337	覲	釋詁		1348	黼扆	釋器
1843	藪	釋地		1347	黼裳	釋器
0992	覆	釋言		0241	關	釋詁
2031	㮚	釋木		0081	疇	釋詁
1779	豐	釋地		1436	蟻裳	釋器
2011	豐	釋草		0749	嚴	釋詁
0097	叢	釋詁		2047	羆	釋獸
1210	叢脞	釋訓		0854	贊	釋言
1399	瞿	釋器		0855	贊贊	釋詁
0378	曠	釋詁		2017	籍	釋草
2037	蟲	釋鳥		0075	懲	釋詁
0801	囂	釋詁		1386	鏤	釋器
0284	穫	釋詁		1460	鏞	釋樂
1836	穡	釋地		0093	辭	釋詁
1610	穡夫	釋人		0572	識	釋詁
0318	簡	釋詁		1065	靡	釋言
1027	簡	釋言		0383	類	釋詁
2009	簜	釋草		0267	懷	釋詁
1003	歸	釋言		1010	懷	釋言
1577	鯀	釋人		0963	寵	釋言
0758	颺	釋詁		0323	疆	釋詁
1033	謹	釋言		1797	疆土	釋地
0452	謬	釋詁		0902	驚	釋詁
1251	顏厚	釋訓		1097	繩	釋言
0387	離	釋詁		0797	繹	釋詁
1946	瀍	釋水		1427	繡	釋器
1201	憤	釋言				
0769	彝	釋詁			**二十畫**	
1435	彝	釋器				
1445	織	釋器		1831	壤	釋地
1446	織文	釋器		0530	攘	釋詁
1447	織皮	釋器		0531	攘竊	釋詁
0150	斷	釋詁		1423	馨香	釋器
1213	斷斷	釋訓		1420	鹹	釋器
				0703	獻	釋詁
	十九畫			1138	獻	釋言
				1639	獻民	釋人
1806	壚	釋地		1393	蠙珠	釋器
0430	覆	釋詁		0520	黥	釋詁
1701	孽	釋天		2056	犧	釋畜
1114	蘇	釋言		1041	覺	釋言
2023	藻	釋草		0714	敫	釋詁

0586	釋	釋詁
0532	讓	釋詁
1036	競	釋言
1377	纘	釋器

二十一畫

0090	蠢	釋詁
0715	攜	釋詁
1538	攜僕	釋官
0268	歡	釋詁
0528	權	釋詁
0312	殲	釋詁
1750	囂	釋地
0242	鰥	釋詁
0243	鰥寡	釋詁
1265	譸張	釋訓
0032	辯	釋詁
1225	夒夒	釋訓
1952	灃	釋水
2002	灘	釋水
0354	懼	釋詁
0234	顧	釋詁
0235	顧命	釋詁
0236	顧諟	釋詁
1109	屬	釋言
1520	屬	釋官
1285	屬婦	釋親

二十二畫

0324	驕	釋詁
0774	懿	釋詁
0634	聽	釋詁
1686	霽	釋天

0682	襲	釋詁
0512	竊	釋詁

二十三畫

1257	驛	釋訓
0700	顯	釋詁
0082	讎	釋詁
0965	讎	釋言
0033	變	釋詁
0355	斶	釋詁
0697	纖	釋詁

二十四畫

0240	觀	釋詁
1001	觀	釋言
0407	靈	釋詁
1691	靈	釋天
0060	讒	釋詁
1247	盡	釋訓

二十五畫

1810	蠻貊	釋地
0934	纘	釋詁

二十七畫

1584	驪兜	釋人
0976	矙	釋言

二十八畫

1262	鬱陶	釋訓

三十二畫

1177	籲	釋言

參 考 文 獻

學 術 著 作

［漢］班固著，［唐］顏師古注，中華書局編輯部點校：《漢書》，北京：中華書局，1962 年。

［漢］託名孔安國注，［唐］孔穎達疏：《尚書注疏》，明萬曆北監本。

［漢］司馬遷撰，［宋］裴駰集解，［唐］司馬貞索隱，［唐］張守節正義，中華書局編輯部點校：《史記》，北京：中華書局，1982 年。

［東漢］劉熙：《釋名》，北京：中華書局，1985 年。

［漢］許慎撰，［宋］徐鉉校定：《說文解字》，北京：中華書局，2002 年。

［漢］許慎撰，［清］段玉裁注：《說文解字》，上海：上海古籍出版社，1988 年。

［漢］鄭玄：《尚書鄭注》，民國叢書集成初編本，上海：商務印書館，1937 年。

［漢］鄭玄注，林忠軍導讀：《周易鄭注導讀》，北京：華齡出版社，2019 年。

［三國吳］陸璣：《毛詩草木鳥獸蟲魚疏》（叢書集成初編本），北京：中華書局，1985 年。

［晉］郭璞注，［宋］邢昺疏，王世偉整理：《爾雅注疏》，上海：上海古籍出版社，2016 年。

［南朝宋］范曄撰，［唐］李賢等注，中華書局編輯部點校：《後漢書》，北京：中華書局，1965 年。

［唐］陸德明：《經典釋文》，上海：上海古籍出版社，1985 年。

［宋］蔡沈著，錢宗武、錢忠弼整理：《書集傳》，南京：鳳凰出版社，2010 年。

［宋］陳彭年等：《宋本廣韻》，南京：江蘇教育出版社，2002 年。

［宋］朱熹撰，金良年今譯：《四書章句集注》，上海：上海古籍出版社，2013 年。

［明］梅鷟撰，姜廣輝點校：《尚書考異》，上海：上海古籍出版社，2015 年。

［清］段玉裁：《古文尚書撰異》，皇清經解本。

［清］段玉裁：《説文解字注》，上海：上海古籍出版社，1981 年。

［清］郝懿行撰，吳慶峰、張金霞、叢培卿、王其和點校：《爾雅義疏》，濟南：齊魯書社，2010 年。

［清］焦循：《尚書補疏》，上海：上海古籍出版社，1996 年。

［清］皮錫瑞撰，盛冬鈴、陳抗點校：《今文尚書考證》，北京：中華書局，2004 年。

［清］阮元校刻：《十三經注疏》（清嘉慶刊本，全 5 册），北京：中華書局，2009 年。

［清］阮元：《經籍籑詁》，成都：成都古籍書店影印，1982 年。

［清］邵晉涵撰，李嘉翼、祝鴻杰點校：《爾雅正義》，北京：中華書局，2017 年。

［清］孫星衍撰，陳抗、盛冬鈴點校：《尚書今古文注疏》，北京：中華書局，2011 年。

［清］孫詒讓撰，王文錦、陳玉霞點校：《周禮正義》，北京：中華書局，1987 年。

［清］王鳴盛著，顧寶田、劉連鵬校點：《尚書後案》，北京：北京大學出版社，2012 年。

［清］王念孫：《廣雅疏證》，南京：鳳凰出版社，2000 年。

［清］王先謙撰，何晉點校：《尚書孔傳參正》，北京：中華書局，2011 年。

［清］王引之：《經義述聞》，南京：鳳凰出版社，2000 年。

［清］王引之撰，李花蕾點校：《經傳釋詞》，上海：上海古籍出版社，2014 年。

［清］王筠：《説文解字句讀》，北京：中華書局，1988 年。

［清］閻若璩、毛奇齡撰，黄懷信、吕翊欣校點，《尚書古文疏證》（附《古文尚書冤詞》），上海：上海古籍出版社 2010 年。

［清］俞樾：《俞樾全集》，杭州：浙江古籍出版社，2017 年。

［清］曾運乾撰，黄曙輝點校：《尚書正讀》，上海：華東師範大學出版社，2011 年。

［清］趙爾巽等：《清史稿》，北京：中華書局，1977 年。

［清］朱駿聲：《説文通訓定聲》，北京：中華書局，2016 年。

陳夢家：《尚書通論》，北京：中華書局，1985 年。

陳新雄：《訓詁學》，臺北：臺灣學生書局，1997 年。

程元敏：《尚書學史》，臺北：五南圖書出版公司，2008 年。

辭源修訂組：《辭源》（合訂本），北京：商務印書館，1988 年。

杜澤遜：《文獻學概要》（修訂本），北京：中華書局，2008 年。

杜澤遜：《尚書注疏彙校》，北京：中華書局，2018 年。

杜澤遜：《尚書注疏校議》，北京：中華書局，2018 年。

方向東：《孫詒讓訓詁研究》，北京：中華書局，2007 年。

方一新：《訓詁學概論》，南京：江蘇教育出版社，2008 年。

馮春田等：《王力語言學詞典》，濟南：山東教育出版社，1995 年。

馮浩菲：《毛詩訓詁研究》，武漢：華中師範大學出版社，1988 年。

高華平：《論語集解校釋》，沈陽：遼海出版社，2007 年。

龔延明：《中國歷代職官別名大辭典》（增訂本），北京：中華書局，2019 年。

顧頡剛、劉起釪：《尚書校釋譯論》，北京：中華書局，2005 年。

郭愛濤：《〈尚書孔傳〉虛詞研究》，鄭州：河南大學出版社，2017 年。

郭錫良：《漢字古音手冊》（增訂本），北京：商務印書館，2010 年。

郭在貽：《訓詁學》，北京：中華書局，2005 年。

漢語大字典編輯委員會：《漢語大字典》，湖北辭書出版社、四川辭書出版社，1988 年。

何九盈、蔣紹愚：《古漢語詞彙講話》，北京：北京出版社，1980 年。

洪誠：《訓詁學》，南京：江蘇古籍出版社，《洪誠文集》，2000 年。

胡樸安：《中國訓詁學史》，北京：中國書店，1983 年。

胡奇光、方環海：《爾雅譯注》，上海：上海古籍出版社，2012 年。

黃懷信：《小爾雅匯校集釋》，西安：三秦出版社，2003 年。

黃侃著，黃焯輯，黃延祖重輯：《爾雅音訓》，北京：中華書局，《黃侃文集》，2007 年。

黃侃述，黃焯編：《文字聲韻訓詁筆記》，上海：上海古籍出版社，1983 年。

黃侃：《黃侃論學雜著》，上海：上海古籍出版社，1980 年。

蔣善國：《尚書綜述》，上海：上海古籍出版社，1988 年。

李民：《尚書與古史研究》，鄭州：中州書畫社，1983 年。

李民、王健：《尚書譯注》，上海：上海古籍出版社，2012 年。

劉德漢等：《尚書研究論集》，北京：黎明文化事業股份有限公司，1981 年。

劉國忠：《走近清華簡》，北京：高等教育出版社，2011 年。

劉起釪：《尚書源流及傳本考》，沈陽：遼寧大學出版社，1987 年。

劉起釪：《尚書學史》，北京：中華書局，1989 年。

劉起釪：《尚書研究要論》，濟南：齊魯書社，2007 年。

劉師培：《尚書源流考》，南京：江蘇古籍出版社，2011 年。

劉師培：《儀征劉申叔遺書·毛詩詞例舉要》,揚州：廣陵書社,2014 年。

劉信芳：《楚系簡帛釋例》,合肥：安徽大學出版社,2012 年。

陸宗達：《訓詁簡論》,北京：北京出版社,1980 年。

羅竹風等：《漢語大詞典》,上海：漢語大詞典出版社,1994 年。

吕友仁：《讀經識小録》,上海：上海古籍出版社,2017 年。

吕友仁：《訓詁識小録》,上海：上海古籍出版社,2017 年。

馬士遠：《兩漢〈尚書〉學研究》,北京：中國社會科學出版社,2014 年。

馬雍：《尚書史話》,北京：中華書局,1985 年。

馬宗霍：《説文解字引經考》,北京：中華書局,2013 年。

錢伯成：《白話十三經·尚書》,北京：國際文化出版公司,1996 年。

錢宗武：《〈尚書〉詮釋研究》,鄭州：河南大學出版社,2017 年。

清華大學出土文獻研究與保護中心編,李學勤主編：《清華大學藏戰國竹簡》(壹),上海：中西書局,2010 年。

屈萬里：《尚書今注今譯》,北京：新世界出版社,2011 年。

王力：《漢語史稿》,北京：中華書局,1980 年。

王力：《同源字典》,北京：中華書局,2014 年。

王寧：《訓詁學》,北京：高等教育出版社,2010 年。

吴承仕：《經典釋文敘録疏證》,北京：中華書局,2008 年。

向熹：《〈詩經〉語文論集》,成都：四川民族出版社,2002 年。

許錟輝：《尚書著述考》,臺北：國立編譯館,2003 年。

楊伯峻、徐提：《春秋左傳詞典》,北京：中華書局,1985 年。

楊寬：《西周史》,上海：上海人民出版社,2004 年。

楊樹達：《積微居小學金石論叢》,北京：商務印書館,2011 年。

楊天宇：《鄭玄三禮注研究》,天津：天津人民出版社,2007 年。

楊筠如：《尚書覈詁》,西安：陝西人民出版社,1959 年。

殷孟倫：《子雲鄉人類稿》,濟南：齊魯書社,1985 年。

袁珂：《山海經校注》,上海：上海古籍出版社,1980 年。

臧勵龢：《中國人名大辭典》,上海：上海書店出版社,1980 年。

張舜徽：《鄭學叢著》,武漢：華中師範大學出版社,2005 年。

張西堂：《尚書引論》,西安：陝西人民出版社,1958 年。

張岩：《審核古文〈尚書〉案》,北京：中華書局,2006 年。

張政烺：《中國古代職官大辭典》,鄭州：河南人民出版社,1990 年。

周秉鈞：《尚書易解》,長沙：嶽麓書社,1984 年。

周大璞：《訓詁學初稿》,武漢：武漢大學出版社,2011 年。

周民:《尚書詞典》,成都:四川人民出版社,1993 年。

周祖謨:《爾雅校箋》,昆明:雲南人民出版社,2004 年。

宗福邦、陳世鐃、蕭海波:《故訓匯纂》,北京:商務印書館,2003 年。

學 位 論 文

程興麗:《魏晉南北朝〈尚書〉學研究》,揚州大學,2012 年博士學位論文。

嵇銀宏:《今文〈尚書〉複合詞研究》,揚州大學,2009 年碩士學位論文。

李艷芳:《東晉古文〈尚書〉真偽研究》,遼寧師範大學,2009 年碩士學位
論文。

期 刊 論 文

陳焕良,曹艷芝:《〈爾雅·釋器〉義類分析》,《中山大學學報》,2003 年第
5 期。

陳樹:《朱彬〈尚書〉學三種探論》,《中國典籍與文化》,2015 年第 1 期。

陳以鳳:《〈尚書孔傳〉成書問題新探》,《史學史研究》,2010 年第 1 期。

陳以鳳:《近三十年的晚出古文〈尚書〉及〈孔傳〉研究述議》,《古籍整理研
究學刊》,2013 年 3 月第 2 期。

丁鼎:《"偽〈古文尚書〉案"平議》,《古籍整理研究學刊》,2010 年第 2 期。

管錫華:《〈爾雅〉中〈釋詁〉〈釋言〉〈釋訓〉形式分篇説——〈爾雅〉研究之
一》,《安慶師範學院學報》,1987 年第 3 期。

何志華:《尚書》偽孔傳因襲史遷證,《中國文化研究所學報》,2000 年新第
9 期。

黄蕭:《梅賾〈尚書〉古文真偽管見》,《許昌師專學報》,1987 年第 3 期。

金良年:《〈尚書〉孔傳校讀劄記》,《文史》,2013 年第 3 輯。

李春桃:《説〈尚書〉中的"敉"及相關諸字》,《出土文獻與古文字研究》,
2015 年第 6 輯。

李學勤:《〈尚書孔傳〉的出現時間》,《古籍整理研究學刊》,2002 年第 1 期。

廖名春:《清華簡〈尹誥〉研究》,《史學史研究》,2011 年第 6 期。

劉乃叔:《釋言》《釋詁》異同考辨,《東北師大學報》1990 年第 4 期。

馬楠:《馬融鄭玄王肅本〈尚書〉性質討論》,《文史》,2016 年第 3 輯。

馬真:《先秦複音詞初探》,《北京大學學報》,1980 年第 5 期。

錢宗武:《〈尚書〉述略》,《古漢語研究》,2001 年第 4 期。

錢宗武:《〈孔傳〉或成于漢末晉初》,《南京師範大學文學院學報》,2011 年
第 1 期。

王鍔:《〈儀禮〉中之"側"字解》,《古籍整理研究學刊》,2000 年第 3 期。

王樹民:《〈古文尚書〉與偽孔安國〈尚書傳〉》,《文史知識》,2003 年 10 月。

吴承仕:《尚書古今文説》,《中大季刊》,1926 年第 1 卷第 1 期。

吴承仕:《尚書傳王孔異同考》,北平中國大學編《國學叢編》,1931 年第 1、
2 期。

徐新强、馬士遠:《〈尚書孔傳〉成書蠡測——從訓詁學角度與〈詩經毛傳〉
〈毛詩鄭箋〉比較》,《孔子研究》,2017 年第 6 期。

許嘉璐:《〈爾雅〉分卷與分類的再認識——〈爾雅〉的文化學研究之一》,
《中國語文》,1996 年第 5 期。

于亭:《談〈故訓匯纂〉對〈經籍籑詁〉資料的擴展》,《中國典籍與文化》,
2001 年第 4 期。

虞萬里:《王念孫〈廣雅〉"麗,施也"疏證今析》,《古漢語研究》,2022 年第
3 期。

鄭傑文:《〈墨子〉引〈書〉與歷代〈尚書〉傳本之比較:兼議"偽〈古文尚書〉"
不偽》,《孔子研究》,2006 年第 1 期。

後　　記

　　《〈尚書孔傳〉訓詁研究》一書即將付梓，從博士学位論文開始寫作到本書出版，忽忽已過 12 年。

　　我的求學經歷算不上一帆風順。2000 年我開啓了大學生涯，起點是泰安師專（泰山學院前身）中文系。兩年後，專升本考入聊城大學文學院。2004 年考研進入山東大學文史哲研究院，跟隨馮春田師學習漢語史，多少跟學術沾上了一點兒關係。2007 年碩士畢業後，回到泰山學院擔任學生輔導員。2012 年，我又在職考回山東大學儒學高等研究院，從杜澤遜師攻讀博士學位，正式開啓了學術之路。

　　我剛入學時，杜師正帶領團隊進行《尚書注疏彙校》項目，"校經處"當時在中心校區老晶體所南樓 307 房間。一走進去，我就明顯感受到一種蕭然的學術氛圍，沒有過多寒暄，就加入了其中。杜師和師母程遠芬師體諒我已成家且孩子年幼，催我每周末回家照看家人。爲了不耽誤大家的進度，我一般是周五完成當天工作後離校，周日午飯後返回項目組，平日則會多做一些。讀博的前兩年，我先後參加了《尚書注疏》和《周易注疏》的彙校工作。

　　參加項目，於我而言，除了掌握彙校的流程和方法外，更是非常寶貴的學術訓練過程，也爲我後來從事古籍整理與研究工作打下了很好的基礎。

　　我的博論就是在做項目的過程中寫就的。入學不久，杜師就結合我的研究基礎和當時從事的《尚書注疏彙校》項目，爲我擬定了《〈尚書孔傳〉訓詁研究》一題。彙校的過程，不僅讓我熟悉了《尚書注疏》不同版本的樣貌，更可以借機熟悉《尚書》經、注、疏的文本。遵照老師的指導，我在彙校工作之餘，開始爲博論積累基礎資料，逐卷逐篇釐析《尚書孔傳》的訓詁條目，製作卡片。

　　卡片的内容是逐步完善的。剛開始用手抄，進度比較慢，卡片上的内容也比較少。預答辯後，在老師們的建議下，改爲用電腦重新製作電子卡片，效率大大提高了，内容拓展爲被釋詞所在卷頁行、所屬篇目、類屬、拼音、訓釋條目、經文、孔傳、釋文、疏、《尚書》馬鄭王注，以及説明和備注等欄目，相當於擁有了一個《尚書孔傳》訓詁的資料庫,這使得後面的整合、分類、排列、論析都非常便利,極大提高了論文的寫作進度。

在此期間,圍繞如何確定研究範圍,如何設定立目標準,以及如何加注按語,如何編製《尚書孔傳類詁》等諸多難題,杜師不斷給出細緻的指導,甚至幫我聯繫已經退休在家的劉曉東先生審讀指點。每每在校經過程中遇到與我論文有關的內容,杜師都會提示我記下,並指導我把積累的校勘劄記連綴成小文謀求發表,以達到畢業要求。

在全部訓詁條例釐析完成之後,杜師抽出專門的時間,對我釐析的條目逐一進行審閱、修正和指導。最終,我基本參照《爾雅》的分類,將釐析出的7 000餘個條目分成了20小類,形成《尚書孔傳類詁》,作爲研究的基礎。

有了這個基礎,上篇"述論"的寫作就比較順利了。當時用了三個月完成。杜師讓我先寫"釋山"一節試水,以問答的方式,將搜集的資料凝成一篇文字,做一個總體觀察,夾敘夾議,分段表達,讓讀者一看每段第一句話就知道這段要講什麼。而在一段話當中,除了敘述語之外,必然要舉例,這樣一來內容就會充實又有條理。一周後,我寫出了《孔傳》"釋山"的初稿,老師又幫我細細修改,形成了一個範式。有了這個示範,後面的19類再寫作時,就相對容易操作了。

博論初稿完成之後,杜師又對我初稿各章節的編排、語言表述、摘要等進行了更加具體的指導和修改。

可以説,我的博論寫作傾注了杜師大量的心血。從論文選題、釐析立目,到框架搭建、行文詞句,每一個步驟,每一個環節,老師給了我大大小小無數的指導,僅我記錄下的指導談話就多達69次。博論也在老師的指導下逐步完善,最後答辯時,獲得了答辯委員會老師們的一致認可。

回想讀博的四年裏,杜師的豐富學識和高尚品德,對學術的執著追求和淡泊名利的人生態度,以及與人爲善、虛懷若谷的氣度,都深深感染了我,影響了我。而師母待學生也如同自己的孩子,令我們這些求學在外的學子感受到家的溫暖。她教會了我們使用四角號碼,耐心傾聽我們的喜怒哀樂,用自己生活的智慧幫我們解疑答惑,精心烹製的美食大餐更是讓我們回味無窮。

還要感謝鄭傑文、徐傳武、王承略、劉心明、何朝暉諸位先生在論文和學業上對我的教導,感謝巴金文、李鵬程、劉麗麗、王敏諸位老師的關心幫助。

"校經處"同仁也在我博論寫作過程中給予了很大的支持。江曦師兄、周録祥師兄,孫齊、李振聚、郭沖、王寧在我搜集、查找資料時提供的幫助;沈暢、劉曉、姚文昌、郭偉黎、畢麗紅、潘素雅、許倩、張鑫龍幫我簡核行文和錯別字;徐泳老師、何燦、趙晨、王曉静、韓李良、孫藴、李鈺等同仁爲我打氣加油,我們在"校經處"這個大家庭中共同學習、共同進步,收穫了深厚的情誼。

畢業返校後,我轉崗成爲一名專任教師。讀博期間養成的學習慣性,讓我在認真完成教學之餘,科研上一刻也不敢鬆懈。2021 年,我又到北京大學中文系隨劉玉才老師做了一年訪問學者,開闊了學術眼界,受益頗多。可以説,我在教學、科研以及個人發展上的每一次進步,離不開校院領導的支持、校内外前輩們的鼓勵,以及同事們的幫助。所以也借此機會,表達我的感謝。

家人一直以來不計回報的付出與支持,更是我前進的動力。特別是愛人殷濤的理解與包容,讓我能够全身心地投入到工作中,不斷追求進步。博士畢業時,大寶殷悦心剛六歲,如今已是初三的學生了,二寶殷悦雅今年也開啓了小學生涯。

2020 年 10 月,我以博士論文爲基礎申報的項目,幸運獲批了國家社科基金後期資助。在杜師的指導下,繼續打磨修改,反復推敲。《〈尚書孔傳〉訓詁研究》一書的出版,算是對我多年求學與研究經歷的階段性總結。感謝責編郭沖師弟和外審專家孫燕紅爲本書付出的辛勞。

學術研究永無止境,幸人生路上多遇良師,惜個人資質愚鈍、學力有限,書中難免瑕疵錯漏,倘蒙讀者賜正,將無任感荷。

圖書在版編目（CIP）數據

《尚書孔傳》訓詁研究 / 邵妍著. -- 上海：上海
古籍出版社，2024. 12. -- ISBN 978-7-5732-1503-1

Ⅰ. K221.04

中國國家版本館 CIP 數據核字第 20257GL153 號

《尚書孔傳》訓詁研究

（全二册）

邵　妍　著

上海古籍出版社出版發行

（上海市閔行區號景路 159 弄 1－5 號 A 座 5F　郵政編碼 201101）

（1）網址：www.guji.com.cn

（2）E-mail：guji1@guji.com.cn

（3）易文網網址：www.ewen.co

商務印書館上海印刷有限公司印刷

開本 700×1000　1/16　印張 54.25　插頁 4　字數 945,000

2024 年 12 月第 1 版　2024 年 12 月第 1 次印刷

ISBN 978－7－5732－1503－1

H·288　定價：258.00 元

如有質量問題，請與承印公司聯繫